U0646977

本书系国家社会科学基金项目"《甬言稽诂》校注及研究"
（19BYY160）最终研究成果

本书出版得到宁波大学科学技术学院人文学院学科建设项目经费资助

《甬言稽诂》校注及研究

周志锋 著

浙江大学出版社

ZHEJIANG UNIVERSITY PRESS

·杭州·

图书在版编目（CIP）数据

《甬言稽诂》校注及研究 / 周志锋著. -- 杭州：
浙江大学出版社，2023.5
ISBN 978-7-308-23743-7

Ⅰ. ①甬… Ⅱ. ①周… Ⅲ. ①吴语—方言研究—宁波
Ⅳ. ①H173

中国国家版本馆CIP数据核字（2023）第076583号

《甬言稽诂》校注及研究

周志锋　著

责任编辑　胡　畔
责任校对　赵　静
封面设计　周　灵
出版发行　浙江大学出版社
　　　　　（杭州天目山路148号　邮政编码：310007）
　　　　　（网址：http://www.zjupress.com）
排　　版　浙江时代出版服务有限公司
印　　刷　杭州宏雅印刷有限公司
开　　本　787mm × 1092mm　1/16
印　　张　49
插　　页　1
字　　数　1200千
版 印 次　2023年5月第1版　2023年5月第1次印刷
书　　号　ISBN 978-7-308-23743-7
定　　价　168.00元

版权所有　翻印必究　　印装差错　负责调换
浙江大学出版社市场运营中心联系方式：（0571）88925591；http://zjdxcbs.tmall.com

釋天　從爾雅廣雅例時令災祥祭祀鬼神附焉

鄞縣應　鍾霜倏纂述

霡

說文雨部「霢小雨財零也讀若斯」段玉裁注「財今字作纔」霢本訓小雨初下引伸為小雨亦云霢廣韻五支斯紐「霢小雨」俗稱小雨曰「雨絲」即霢也或呼雨毛絲毛即霢字說詳後霢字說本有其字後人習其語而遺其字妄取絲毛字為之以為絲毛皆細物乃狀事義

霡霖

爾雅釋天「小雨謂之霡霖」霡霖雙聲聯語疾呼聲合仍如霢說文霖從沐聲沐又從木聲木聲卯聲古音同在幽類從殷氏六書音均表說殷氏謂之第三部同部相轉音變為卯遂流入豪韻俗字作毛今謂小雨曰「毛毛雨」曰「雨毛絲」毛皆

霡霖合聲之變也

溟濛

說文水部「溟小雨溟溟也」又「濛微雨兒」溟濛一聲之轉陶潛停雲詩「濛濛時雨」則濛亦作重言形況詞今稱微雨如飛塵曰「雨濛濛」或音轉為「雨麋麋」麋即溟濛從冥聲古音在耕類耕支對轉陽聲轉陰音變為麋

激浽

或曰麋是激之音變說文「激小雨也」音微廣韻作激八微「激浽微小」玉篇「浽七悲切」激玉篇亡非亡悲二切古無輕脣音今微紐字古脣讀重脣明紐七悲轉明紐則激讀如眉眉聲似也小雨連縣俗亦曰「激激浽浽」浽激聯語廣韻巳著錄弟甬語顛倒用之方言多古音之遺

「雨麋麋」為麋霖霖即溟濛之音轉溟從冥聲古音在耕類

故微紐字多作明紐如尾音弭蚊音如門遠望之望呼如忙晚娘呼如曼皆其例

应钟先生《甬言稽诂》手稿正文第一页

目 录

上编 《甬言稽诂》校注

应钟 原著

周志锋 校注

说　明

1.《甬言稽诂》是近代鄞县人应钟撰写的一部考释宁波方言的著作，稿本，藏于宁波天一阁博物院。

2.原稿本用小黑点、小圆圈断句，引文加直角引号，书名加波浪号，人名、地名加竖线，今一律改用现代汉语通行标点符号。原稿本引古书断句有误的，予以订正；行文中断句不符合现代汉语表达习惯的，亦予以订正。一书中的某个篇章应氏往往加"篇"或"章"字，"篇"或"章"统一放在书名号里，如《庄子·秋水篇》《水经注·桓水章》等。

3.本书用简化字排印，原稿本繁体字、异体字一般径改为简体字、正体字。如果要影响文字音形义的则不改，如反切上下字"於""並""隻""獲"等保留原样；或用括号注明通用字，如"罷（疲）""餧（喂）""瘍（疡）""祆（妖）"。应氏好用古字，如"混同"写作"掍同"，"相混"写作"相溷"，"著"写作"箸"，"验"写作"譣"，"拟"写作"儗"等，除了引用文献及用作条目用字以外，径改为通用字。段玉裁《六书音均表》、章炳麟《成均图》，"均"是"韵"的古字，循旧不改。原稿本中的错字，有的直接订正，有的出校记订正。

4.原稿本竖版抄写，注解用双行小字，有些注解内容还用"○"隔开；补充说明部分用单行小字。今将双行小字改为小字号，保留原"○"符号；单行小字仍用小字号。有些条目原稿天头有增补文字，今根据具体内容分别补入正文相应位置，用小号字，且前面加"◇"，以示区别。

5.应氏引书比较严谨，但也偶有出入。差异较小不影响文意的，一般不作改动，不出校记；差异较大影响文意的，或不改动而出校记，或既改动又出校记。

6.本编末尾附有主要参考文献。校注时所征引的文献见诸主要参考文献的，不出版本等信息，其中不易检索的文献还注明页码；未列入主要参考文献的在征引时都注明具体出处。引用《广韵》《集韵》，反切统一放在末尾。

7.校注采用脚注形式。校注内容大致包括两大方面，一是对稿本文字进行校勘注释，二是对部分条目进行分析考辨。就后者而言，由于方言考证是一项难度很大的工作，加上校注者水平有限，因而不可能对所有条目都予以评析，主要是对明显有误的说法提出一些看法，以便读者更好地了解某些方言词语的来源和理据。校注者的观点也是一家之言，仅供参考。至于注解中经常提到"A 的本字不是 B""A 不是 B 的音转""A 不是 BC 的合声"等，却往往没有回答 A 的本字究竟是什么，这是无奈之举，因为提出问题相对比较容易，解决问题却绝非易事，故仅质疑，以俟来哲。

卷一　释天

从《尔雅》《广雅》例，时令、灾祥、祭祀、鬼神附焉。

目　录

（括号内小字为俗音及讹字）

霹（雨丝）[1]　霢霂（毛毛雨）　溟濛（雨糜糜　雨濛濛）　溦溞（湄湄碎碎）　霎霰（雨丝散散）霝（淋雨）　零（落雨　落雪）　俄顷霡（硬壳雨）　俄晏（开雪眼）　稷（雪子）　晛晏涷淮（做赧大）　烈晒澍淮（秋赖寨）　电霆（雷阵雨）　沱霶（阵头雨）　靐霣雷（龙三）　暴（打暴）飙猋（风暴）　幽冥（乌风猛暴）　霒曀（阴矮）　雩（吼）　曋天（日头）　宿（五更萧　黄昏萧）轡飁黑（夜冷亨）　黄昏轡（桓欢头）　度（铁娘头　昼果头　夜祷头）　加午（昼果）　黓黮（夜祷）寯（半夜过）[2]　辰光蓦（早上　一上　马上）　间（前惯　该惯　有惯）　顷（前羌　该羌　有羌）景（天家晴　天家落雨）　昧（今末　今蔑　昨末）　来（耐年）　余闰（运年　运月）　递代（大前日　大后日）　故（刚刚　刚暂）　監（刚刚　刚好）　早已前时（早贤之　闲早之）　期间（夏场　秋场）　介间（节日头裥）　刻（节肯）　区（岁口　年口）　瀩清（冷瀩瀩　冷吔吔）　凄淬（冰冷气出）　洞痺（阴凉　阴煞　阴督督）　凛涇澿（寒澿澿）　涸洛澤（格冻冻）　滞凝（阵拢打冻）　庭冻（澄糖　庭糖）　释（雪杀水）　燠奥（倭暖）　燠浡躁（映气浡躁）　晥烈（豁劣劣）　暍暴（秋暍暴）　曝熙（起燥）　炀（抢）　修缩（抽燥）　炕焅焟（燥炕炕　燥壳壳　燥索）昁垎（纷刮头燥）　晅暅（纷刮燥）　殆枯（燥敷敷）　稪（燥迫迫）　泽漫（潮气）　滑发（还潮　反潮）　兽（生肖）　禙送（谢年　送年）　祮（甲马）　禬（行会）　爝（打醮）　厌殃（厌阳）宗祢享（宗仰）　祖宗来享（宗仰）　贡膰（羹饭　夜羹饭）　福釐（福礼　神福）　彑（利市头）糈糂（施散米）　冥食（面席）　赠承（重被　情被）　吟祈祓（念祈　念盘）　魅厉魔昴（赤老）

---

① 每个条目的具体页码，详见《条目首字音序索引》。

② 本条原无，据正文补。

祟（老三）　　贞（打卦　打家宅）　　卜（起课）　　契开（课）　　尅（课头　兆头　谶头）　　谶（作忖）
签（签诗）

霹　《说文·雨部》："霹，小雨财零也。读若斯。"段玉裁注："财，今字作才。"霹本训小雨初下，引申为小雨亦云霹。《广韵·五支》斯纽："霹，小雨。"俗称小雨曰"雨丝"，丝，即霹也。或呼"雨毛丝"，毛即霖字。说详后"霢霖"条。古称小雨为霹、为霖，本有其字。后人习其语而遗其字，妄取"丝""毛"字为之，以为"丝""毛"皆细物，乃状事义。①

霢霖　《尔雅·释天》："小雨谓之霢霖。""霢霖"双声联语，疾呼声合仍如霖。《说文》霖从沐声，沐又从木声。木声、卯声，古音同在幽类。从段氏《六书音均表》说，段氏谓之第三部。同部相转，音变为卯，遂流入豪韵，俗字作毛。今谓小雨曰"毛毛雨"，曰"雨毛丝"，毛皆"霢霖"合声之变也。

溟濛　《说文·水部》："溟，小雨溟溟也。"又："濛，微雨儿。"溟、濛一声之转。陶潜《停云》诗："濛濛时雨。"则濛亦作重言形况词。今称微雨如飞尘曰"雨濛濛"。或音转为"雨糜糜"。糜，靡为切。糜即溟之音转。溟从冥声，古音在耕类。耕、支对转，阳声转阴，音变为糜。②

溦溇　或曰，糜是溦之音变。《说文》："溦，小雨也。"音微。《广韵》作溦。《八微》："溦，溇溦，小雨。"溦，《玉篇》亡非、亡悲二切。古无轻唇音，今微纽字，古皆读重唇明纽。亡悲转明纽，则溦读如眉，眉、糜声似也。小雨连绵，俗亦曰"溦溦溇溇"。③《玉篇》："溇，先悲切。小雨也。""溇溦"联语，《广韵》已著录，第甬语颠倒用之。方言多古音之遗，故微纽字多作明纽。如尾音弭，蚊音如门，远望之望呼如忙，晚娘呼如曼娘，皆其例。

霅霠　《说文·雨部》："霅，微雨也。从雨，𠬟声。又读若芟。"今谓小雨微下，曰"雨丝散散"。散即霅字，读若芟也。散翰韵，芟衔韵，今音除闻、广读侵、覃、盐、咸诸韵，尚存闭口收音于唇外，余皆读与真、寒、删、先相混。故霅音若散，讹作散。

---

① "霹"条与下文"霢霖"条都求之过深，不确。写作"雨丝""毛毛雨""雨毛丝"，不误。今"雨丝""毛毛雨"是通语，"雨毛丝"是方言。
② "雨濛濛（雨蒙蒙）"今为通语。"雨糜糜"今宁波话不说。
③ 宁波话有"枚枚碎碎"一词，有两个意思：①形容隐约细微的酸痛感觉：腰缚时格枚枚碎碎来的痛。②细小零碎：家务事体枚枚碎碎个，看看看勿出，做做做勿完。"枚枚碎碎"与表示小雨连绵的"溦溦溇溇"当有一定关联。

或曰，散者霰之音变。《说文》："霰，小雨也。"素官切。古音桓、寒同部。今平水韵桓、寒亦合为一，通用。散，寒韵，为开口；霰，桓韵，为合口。方音侈敛不齐，合口转开口，遂转寒韵音如散。①

霝　《说文·雨部》："霝，雨零也。从雨皿，象霝形。《诗》曰：'霝雨其濛。'"《豳风·东山》文。郎丁切。段本据《广韵》，改"雨零"为"雨霝"。《广韵·十五青》："霝，落也，堕也。《说文》曰：'雨霝也。'"其注曰："霝与零义殊。许引《东山》'霝雨'，今作'零雨'，讹字也。《定之方中》：'灵雨既零。'传曰：'零，落也'。零亦当作霝。雨曰霝霝，草木曰零落。"钟案：今称雨沾曰"淋"，正字当作"霝"。《说文》："淋，以水沃也。"沃者，浇也。人工浇水曰"淋"，天雨下沾曰"霝"，此其别。

霝　《说文·雨部》："霝，雨霝也。"卢各切。段玉裁注："此下雨本字。今则落行而霝废矣。"钟案：落为草木零落字，引申为凡物下坠皆曰落。然下雨曰落，自有霝正字。犹僧尼剃度曰落发，其正字为铬②。皆同音相借之讹也。

俄顷霸　《说文·雨部》："霸，雨止云罢兒。"苦郭切。甬俗称雨之须臾即霁者谓之"硬壳雨"。壳即霸也。硬者，"俄顷"疾呼之合声。《公羊传·桓二年》："俄而可以为其有矣。"何休注："俄者，谓须臾之间，创得之顷也。"《玉篇·人部》："俄，俄顷，须臾也。"甬音硬在阳韵，"俄顷"声合，又耕、清转阳也。"俄顷霸雨"者，谓须臾雨止云罢之雨也。

俄晏　《说文·日部》："晏，天清也。"乌谏切。《汉书·郊祀志上》："至中山，晏温。"如淳注："三辅谓日出清济为晏。"济霁通。甬俗称雪天乍霁日出，少顷复雪者，谓之"开雪眼"。眼即"俄晏"之合声，谓俄顷之日出清霁也。③

稷　《说文·雨部》："霰，稷雪也。"段玉裁注："谓雪之如稷者。俗谓米雪，或谓粒雪。"钟案：甬语谓之"雪子"，即"雪稷"之音变。"稷雪"，盖汉人语，许君取以为训，昭事物也。甬语则颠倒名之。《尔雅·释草》孙炎及舍人注皆云："稷，粟也。"见《齐民要术》及《左传·桓二年》疏引。今称"雪子"者，形固如粟。稷，精纽，职韵。职为止入，长言转上声，稷转止韵，遂讹作子。④

晛晏涷淮　《诗·小雅·角弓》："雨雪瀌瀌，见晛曰消。"传曰："晛，日气也。"

---

① 今宁波话无"雨丝散散"说法，且对"散"本字的考证不够准确。
② "铬"（luò），剃发。《说文·金部》："铬，鬀（剃）也。"
③ "开雪眼"为形象说法，"眼"非"俄晏"之合声。
④ 本字即为"雪子"。冀鲁官话、中原官话、晋语、江淮官话、西南官话、赣语、吴语等均有"雪子"的说法，参看《汉语方言大词典》"雪子"条（4650 页）。

释文："晛，乃见反。"此谓雨雪霁而日出也。《说文·日部》："晛，日见也。"《广韵·廿七铣》："晛，日出好皃。"《说文》列字，以类相从，晛后次晏字。"晏，天清也。"如淳注《汉书》："谓日出清济为晏。"参看上条。盖晛、晏义似。《汉书·郊祀志》"晏温"，《史记·封禅书》作"曣㬈"，曣犹晛也。《诗·角弓》"见晛曰消"，《韩诗》作"见曣聿消"。然则晏、曣、晛三字，义实相通。方言名物，每类聚同义字为词。如生活、菜蔬、朋友、饵糕、榱桷、盾橹、饧糖，皆是。"晛晏"联语，声合则为赧。夏末秋初，晒新谷之时，乍雨乍晴，雨则暴霁如注，俄而清霁日出，反复无定，甬俗谓之"做赧大"，亦称"晒新谷"。"赧大"无正字，方音若是而已。赧，谓雨霁日出，即"晛晏"之合声。大者，"涷淮"声合之变。《尔雅·释天》："暴雨谓之涷。"郭璞注："今江东呼夏月暴雨为涷雨。涷音东西之东。"《尚书大传·嘉禾篇》："久矣，天之无别风淮雨①。"郑玄注："淮，暴雨之名也。""涷""淮"皆暴雨，方言类聚以呼，声合则为带。舌音端清转定浊，则变为大。②凡五音清浊，每相对转。说详后《声母清浊对转说》。端定互变，如断音缎，亦读如短；肚音杜，又读如睹；亶音疸，又读为但；顿亦读如钝；垫音店，俗皆读如簟。例多不胜枚举。

烈晒澍淮 赧大，镇海人或称"秋赖寨"。赖者，"烈晒"之合声；寨者，"澍淮"之合声。"烈""晒"皆曝义，"澍""淮"皆暴雨义，方言并类聚同义字为词。谓既有烈日，复有暴雨也。《方言》十三："烈，暴也。"又七："晒，暴也，凡暴五谷之类，秦晋之间谓之晒。"《广雅·释诂二》："烈、晒，曝也。"曹宪音晒所卖反。晒，《方言》郭璞音霜智反，郭音为寘韵，曹音为卦韵。寘变为卦，犹支变为佳也。淮为暴雨，见《尚书大传》。见上条。《御览》又引《大传》曰："久矣，天之无烈风澍雨。"注："澍，暴雨也。"《大传》文字，所据不同，"别风淮雨"或作"烈风澍雨"。而"澍""淮"并训暴雨，方言兼取为词，斯亦奇矣。③

电霆 《说文·雨部》："电，阴阳激耀也。从雨，申声。"从系传本。段玉裁注："古音在十二部，读如陈。"《诗·小雅·十月之交》电与令为韵。钟案：段氏之十二部，谓真、臻、先韵。上去例推。古音真、先同部。电读如陈，犹田古音与陈同也。今呼雷雨为"雷阵雨"，即"雷电雨"。电读古音如陈也。

或谓阵是霆之音变。"雷""电"固相承联语，"雷""霆"亦恒相缀为词。《易·系辞上》："鼓之以雷霆。"《左传·襄十四年》："畏之如雷霆。"《说文》："霆，

---

① "别风淮雨"及下条所引"烈风澍雨"，原文均系"列风淫雨"之讹。南朝梁刘勰《文心雕龙·练字》："《尚书大传》有'别风淮雨'，《帝王世纪》云'列风淫雨'。'别''列'，'淮''淫'，字似潜移。"

② 解释"赧大"来源不确。今宁波话没有"做赧大"的说法。

③ 解释"赖寨"来源不确。今镇海话没有"秋赖寨"的说法。

雷余声也。铃铃，所以挺出万物。"称"雷电雨"者，言其光；称"雷霆雨"者，言其声。各有所指。霆为定纽，定、澄类隔相转，音变为呈。呈、阵音近，顾炎武所谓吴人读耕、清、青，皆作真音是也。[1]

钱大昕曰："古无舌头、舌上之分。知、彻、澄三母，以今音读之，与照、穿、床无别。求之古音，则与端、透、定无异。"见《十驾斋养新录·舌音类隔之说不可信章》。是定纽与床纽，以今古音之变，竟相通转也。床、禅同浊，今音又多互读，故禅亦得与定通。黄侃《音略》亦谓古音无澄、神、禅，神纽，即床之三等音。今澄、神、禅字，于古皆定纽也。霆、定纽，或转禅、床，音如盛。乡农谓夜有雷雨，曰"做夜盛"。盛即霆也。甬音呼晴如盛，晴本从纽，从、床类隔，床、禅同浊，故从、禅亦相通转，如成、城、诚、囚、泅，本禅纽，今反读从纽，亦其例。乍闻如云"做夜晴"，于是惑不可解矣。[2]

沱霈 《诗·小雅·渐渐之石》："月离于毕，俾滂沱矣。"《陈风·泽陂》："涕泗滂沱。"滂沱，本谓水盛流溢，故可喻雨大，亦可喻涕多。词或简作沱。《易·离卦》："出涕沱若。"韩愈诗："濯手[3]大雨沱。"沱，歌韵。歌、侯同入相转，同入于铎。沱转侯韵，音变为头。今称雷电大雨曰"阵头雨"。阵者，电或霆字。参看上条。头即沱字也。

或曰，头者，"大霂"之合声。《玉篇·雨部》："霂，古候切。大雨也。"凡方言名事物，词末有云头者，皆有义理相切之字。或为同音，或为双声叠韵之转，或为合声，变化繁多。翟灏《通俗编》概以助词目之，未允也。[4]

霝霣雪 《说文·雨部》："雪，雪雪，震电皃。"段玉裁注："雪雪，声光杂沓之皃。"《汉书·叙传上·答宾戏》："煜雪其间者。"师古注："煜雪，光皃也。"雪，丈甲切，亦读苏合切，如飒。见《广韵·廿九叶》及《廿七合》。飒在合韵，合为覃入，长言转平，雪转覃韵，音转为三。甬俗称雷电闪光，呼如"龙三"。三即雪读飒之音变也。龙三之龙，或谓即隆字。《诗·大雅·云汉》："隆隆而雷。"愚谓龙者，"雷霣"声合之变，霣亦雷也，方言恒以同义字类聚为词。参看后《方言合声说》。《说文》："霣，齐人谓靁为霣。"霝古雷字。音阴。"雷霣"声合，本为轮上声。音转为龙者，以真、文与东、冬，古相通转，参看后《方言真东相转说》。故甬语真、文韵字，往往有转

---

① "雷阵雨"是通语，指伴有雷电的一阵一阵的雨。"阵"不是"电"或"霆"的音变。
② 今宁波话无"做夜盛"说法。"盛即霆也"，亦可商。
③ "手"，原作"乎"，误，径改。唐韩愈《读东方朔杂事》诗作"濯手大雨沱"。
④ "阵雨"宁波话又叫"阵头雨"（江淮官话及其他吴语也有这种说法），"阵"与"电"或"霆"无关，"头"也不是"沱"的变音或"大霂"的合音，"阵""头"均为正字。"词末有云头者……翟灏《通俗编》概以助词目之，未允也"，翟说见《通俗编·语辞》"头"条，其实翟说不误。

作东、冬者。① 如船脊木曰龙骨，即艐骨也。② 又如呼笋若松，云若庸，军若龏③，醮若凶，峻若宋，④ 占验曰准，音若宗，赡养为振，亦呼若宗。⑤ 反之，风呼若分，凤呼若文，蜂糖呼若粉塘，裁缝呼若裁纹。

　　暴　《尔雅·释天》："日出而风为暴。"《诗·邶风·终风》："终风且暴。"传曰："暴，疾也。"疏引孙炎曰："阴云不兴，而大风暴起。"钟案：孙说融合两说而为一。"阴云不兴"，是日出之互词，"大风暴起"，是《诗》传训疾义。然后人遂因袭孙说，用暴为大风名矣。暴，并纽，浊音转清，并转帮纽，音变为报。甬俗称刮⑥大风曰"打暴"，暴音如报。

　　飙猋　或曰，大风呼如报，本是飙字。字亦作猋。《说文·风部》："飙，扶摇风也。"《尔雅·释天》："扶摇谓之猋。"郭璞注："暴风从下上。"钟案：此即俗称"龙卷风"，为风之最猛厉成灾者。飓风初起时，湖海中往往见有黑云如柱，腾空上升，于是风云大作，"扶摇"即谓此也。《汉书·刑法志》："猋起云合。"《五行志下之上》："厥风，大猋发屋。"师古注并云："猋，疾风也。音必遥反。"猋声、报声，古音相似，同在幽部。同部相转，故音变为报。暴本非大风义，《说文·日部》："暴，晞也。"《本部》："暴，疾有所趣也。"隶皆作暴，遂合为一字，皆非风义。不若飙义之精确矣。

　　幽冥　《说文·冥部》："冥，幽也。"《广雅·释训》："冥冥，暗也。"《小尔雅·广诂》："幽，冥也。"《诗·小雅·隰桑》："其叶有幽。"传曰："幽，黑色也。"幽、冥皆有黑暗昏昧义。甬俗称大风起而天地昏暗曰"乌风猛暴"，猛，甬音在阳韵。即"幽风冥暴"之变音。幽训黑，幽风即小说家所谓"黑风"也。幽、模同入相转，音变为乌。青、阳声近，冥转庚、阳，音变为猛。幽冥风暴，分言之，亦犹词章之骈语耳。冥音似明似鸣，今月色皎明，俗呼"月亮猛猛"，猛即明字。纸鸢俗呼鹞子，纸鸢上施藤片，风吹作响，俗呼"鹞猛"，猛即鸣字。与冥转为猛，例正同。○ 幽，暗也，不明也。故火不明，俗云幽。其火熄而暗，俗云乌，乌即幽之转音。亦可证乌风即幽风。⑦

————————————

① 宁波话称闪电为"龙光闪"，也有人叫"龙三"，字或作"龙山"，俗谚有"龙山闪北，三日出脯"之说。"龙"即本字，非"雷霠"声合之变。"三"或"山"本字不明，但与"雪"没有关系。

② "龙骨"之"龙"亦为正字，非"艐"之音变。

③ "龏"（gōng），《广韵·用韵》"龏，居用切，又九容切。"义同"恭"。

④ 谓宁波话呼"峻若宋"，是。如"峻路""地垟倒笪峻""山交关峻，爬勿上"，"峻"音宋 [soŋ⁴⁴]。"峻"《广韵·稕韵》私闰切，折合成宁波话正读宋 [soŋ⁴⁴]。俗作"耸"，不确。参看笔者《宁波方言里的若干本字——基于〈甬言稽诂〉的考察》，《宁波大学学报》（人文科学版，下同）2022 年第 4 期。

⑤ "赡养为振，亦呼若宗"，本字为"供"。参看《周志锋解说宁波话》，185—187 页。

⑥ "刮"字原无，据文意补。"打暴"是动词。

⑦ "乌风猛暴"非"幽风冥暴"之变音。"乌"本来就有黑色义，与"幽"无关；"猛"，猛烈，与"冥"无关。

　　霠暳　《说文·云部》：“霠，云覆日也。”於今切。《玉篇》云：“今作阴。”霠即今之阴晴字也。《开元占经》引《说文》：“暳，天地阴沉也。”《释名·释天》：“暳，翳也，言掩翳日光使不明也。”暳，於计切，音翳。古音霠、泰同部，皆脂部。同部相转，暳转泰韵，变作於大切，如俗音之矮。甬称重云翳日曰“阴矮”，即霠暳也。①

　　雺　《尔雅·释天》：“螮蝀谓之雺。螮蝀，虹也。”郭璞注：“江东呼雺，音苄。”甬即古江东地。今甬人呼虹音如“吼”，然则吼音即雺之演变矣。郝懿行《尔雅义疏》曰：“释文云：‘雺，今借为苄。’然则雺犹苄也。苄，惊吁②也。苄即芌。《说文》：‘芌，大叶实根，骇人，故谓之芌也。’螮蝀映日，倏然成质，光气骇人，乍见惊吁也。”郝氏以苄释雺。苄为伟大义。然则苄当读若《诗》“君子攸芋”之芋。《诗》释文：“芋，毛香于反，郑火吴反。或作吁。”《小雅·斯干篇》。毛为晓纽细音，郑为粗音，音等随时地而异，于此可见。雺既通苄，雺亦有读如郑音者。《史记·匈奴传》：“郎中系雺浅。”裴骃：“音火胡反。”是也。雺既为晓纽开口虞韵，虞、侯通转，音变为吼。今呼虹为吼，即雺字矣。

　　《鄞县通志·方言编》曰：“虹，甬读如鲎者，虹为匣母，鲎为晓母，今北音匣母字犹多读为晓母。又虹为东韵，鲎为侯韵，古音东、侯二部本对转也。《余冬叙录》：‘俗谓螮蝀曰鲎。’径作鲎字。光绪《鄞县志》及民国《象山县志》皆以为即《尔雅》‘螮蝀为雺’之雺字。因雺释文有于句反也。”钟案：吼为虹音变，章炳麟《新方言》亦主是说。释音之转变，尚不若《通志》之简明。愚取雺之音转而为释者，以江东古呼为雺，甬固江东地，循古今演变而言之。且虹、雺音本相通。虹，匣纽东韵；雺，晓纽虞韵。北音匣为晓浊，东、虞亦同入于屋。同入可对转，声纽清浊亦得对转。古人呼虹为雺，固有其音转之自然也。然则郝氏以惊吁释雺，其謽③欤？曰：未也。凡警伟作声，辄作喉音开口呼。《史记·陈涉世家》：见宫室之盛，惊呼曰“夥颐”。夥亦开口喉音，与虹为双声。故虹亦惊呼之声，与雺同也。

　　暳天　《管子·五行篇》：“货暳神庐。”尹知章注：“日所次隅曰暳。”暳字各字书无音。以六书恒例推之，当从覃声，读如覃也。覃侵同居，与幽尤对转，音变

---

① “阴矮”之“矮”的本字不是“暳”。民国《鄞县通志·方言（二）》认为本字是“嗳”（2922页），各家从之。本字实为“霭”。南宋楼钥（1137—1213，宁波人）《湖上次袁起岩安抚韵》诗：“山外斜阳湖外雪，夜来阴霭晓来晴。”又《夫人携家泛湖》诗：“阴霭在前雷雨后，特晴此日称君游。”是其证。参看笔者《宁波方言里的若干本字——基于〈甬言稽诂〉的考察》，《宁波大学学报》2022年第4期。

② “吁”，原作“呼”，误，径改。

③ “謽”（wèi），虚妄不实。

为头。幽尤声轻清，侯声重浊，故幽尤无舌头音，而有舌上音字。反之，侯韵无舌上音，而有舌头音字。凡定纽字，转入幽尤韵，故必变作头音。今呼日为"日头"，即"日暕"也，谓日所次隅也。犹星曰"星宿"。宿，止也，谓星各止其处也。见《说文》及《释名》。参看下条。

　　或曰，俗称日为"日头"，月为"月亮"，皆以日月有光而明，日则明且暖也。就此音义求其字，头当为炗之音变。《说文·火部》："炗，小热也。从火，干声。《诗》曰：'忧心炗炗。'"《小雅·节南山》曰："忧心如惔。"释文："惔，徒蓝反。《说文》作炗。"疏亦云然。《广韵·廿四盐》引《字林》："炗，小热也。"直廉切。《玉篇》音徒甘切，如谈；《广韵·廿三谈》同。皆与今本《毛诗》"忧心如惔"之惔同音。《广雅·释诂四》："炗，明也。"曹宪音淫。诸音虽歧，然音在盐、谈、侵韵，固相近也。盐为侵变，侵、谈通转。日头之头，盖炗读如谈之音变。日明且暖，故云炗。炗训小热，即暖义也。谈、覃音近，对转于幽，音变为头。定纽尤韵，必转侯韵，变作头音，说见上。○ 炗，直廉切，为澄纽盐韵；徒甘切，为定纽谈韵。定、澄古音类隔之转，盐、谈古音亦同部（谈从炎声，与廉声严可均皆入谈类）。两音虽歧，实同本合原。古无澄纽，今澄纽字，古皆读定纽。然则炗古音当如谈也。方言多古音之遗，故炗读谈音，遂变为头。今火光曰"火头"，头亦炗字也，以火光亦明而热也。惟曹宪音淫，颇疑其异，或从郭璞注《方言》茨字而致。《方言》十二："茨，明也。"郭音淫。淫为喻纽，然喻、定两纽字多有通读者，如蟫、撢亦音淫，潭亦音以荏切也。明郎瑛《七修类稿》载宋神童《咏伞诗》云："当时撑向马前去，真个有天没日头。"则"日头"之语宋已有之。①

　　宿　《说文·宀部》："宿，止也。"《释名·释天》："宿，宿也，星各止其处也。"《说苑·辨物篇》："所谓宿者，日月五星之所宿也。"《玉篇》："宿，思宙切。星宿也。"今称星辰曰星宿。建除家②称岁月神煞，亦曰星宿。宿，皆读如秀，如二十八宿是也。宿从佰声，与秀声、肃声古音同在幽类。亦幽、尤韵字，与萧、肴、豪韵，同源互转之故。宿转萧韵，音转为萧。甬俗称太白启明为"五更宿"，日暮长庚为"黄昏宿"。黄昏，音变如桓欢。说详"黄昏蛮③"条。宿皆呼如萧。萧从肃声，古音与宿同在幽部也。

　　蛮䕺黑　《说文·日部》："蛮，日且昏时也。读若新城纑中。"《广韵·廿六桓》："蛮，日夕昏时。"落管切，音銮。凡旦时，日初出地；昏时，日将入地。皆天光晦不甚明。《释名·释采帛》："黑，晦也，如晦冥时色也。"甬俗称日暮将暗之时曰"夜蛮黑"，音转如"夜冷亨"。冷亨，甬音皆在阳韵。盖蛮古音为元类，元、阳声近相转，本严可均说。

────────────────

① "日头"之"头"是词缀，非"暕"或"炗"之音变。表示太阳的"日头"唐已有之，如唐寒山《以我栖迟处》诗："午时庵内坐，始觉日头暾。"
② "建除家"，古代指根据天象占测人事吉凶祸福的人。
③ "蛮"字原脱，径补。

音变为冷。落羊切。亦为"孿飂"之合声。《说文·冥部》："飂，冥也。读若黾蛙之黾。"武庚切。同义字类聚为词，固方言恒例。参看后《方言合声说》。黑本入声，长言转平，随上字孿转阳韵同化而叠韵，故变为亨。

　　黄昏孿　《说文·日部》："昏，日冥也。从日，氐省。氐者，下也。"谓日下至于地也。《说文》氐字下曰："氐，至也。"《淮南子·天文训》："日至于虞渊，是谓黄昏。"昏在魂韵。《六书音均表》曰："文、欣、魂、痕韵，音转于元、寒、桓、删、山、仙。"故昏转桓韵，音变为欢。今视不清明曰"眼花"，花即昏字。① 凡古语欢字，今多变为花，阳声转阴，元、歌对转也。昏一转为欢，再转变为花。亦"昏孿"之合声。《说文》："孿，日旦昏时也。"《说文》叙字，以类相从。昏后次孿字，以其义相同也。方言措词，又每取同义字类聚以呼。"昏孿"联呼，声合则为欢。犹睍晏联语，声合则为赧。说详前"睍晏涑淮"条。睍、晏两字，《说文》亦相前后。黄昏既变为"黄欢"，俗或又语转为"桓欢"。阳、元声近，从严可均说。黄固得音变为桓。犹俗呼犬为"桓狗"，或呼为"黄狗"，即其例。亦上字随下字之音同化而叠韵，黄随欢声转入桓韵，变为桓也。参看后《方言上下字同化而叠韵说》。甬语称日暮将暗曰"桓欢头"。长庚星见于黄昏，呼为"桓欢萧"。头者，度之音变，说详后"度"字条。萧者，宿之音变，已详前。

　　度　《说文·又部》："度，法制也。"引申为制度、程度义。凡立制分其差等，皆曰度。周天三百六十五度，其一端也。《礼·乐记下》："百度得数而有常。"郑玄注："百度，百刻也。言日月昼夜不失正也。"是昼夜所分时刻，亦谓之度。度遂为时刻语。度，古音为鱼类。鱼、侯声近相转，度转侯韵，音变为头。俗呼平旦曰"铁娘头"，铁娘即"天日亮"之声促，"天日"声合为铁，"日亮"声合为娘。甬呼日音如匿，在泥娘纽也。② 午曰"昼果头"，果者，"加午"之合声。说详后。夜曰"夜祷头"。祷者，"氐酉"之合声。说详后。③ 头非助词，实时刻义，即度字也。④ 度读如头，犹湘、鄂呼杜姓如窦。甬语诮人鲁钝如偶象者，谓之"行乐图气"，图亦呼如头。《诗·大雅·绵》："度之薨薨。"笺曰："度，犹投也。"朱骏声曰："度为投之假借。"度、投一声之转。今以头为度，犹古以度为投也。甬谚祝人出行有利，曰"头头顺流"。头头，即"途途"之音变。谓所经之途皆畅遂也。

---

① "眼花"是通语，"花"非"昏"之音转。

② "铁娘"非"天日"声合为铁，"日亮"声合为娘，正字即为"天亮"。"天"语音促化读作"铁"，"亮"读n声母"娘"是受"天"尾韵n同化的结果。

③ 此说"夜曰'夜祷头'。祷者，'氐酉'之合声"，下文"黓黮"条说"今称夜为'夜祷'。俗或作倒，即黓、黮字"，两者矛盾。"祷"，正字就是"到"。

④ "铁娘头"（早晨，当作"天亮头"）、"昼果头"（中午，当作"昼过头"）、"夜祷头"（晚上，当作"夜到头"）之"头"是词缀，非"度"之音转。

加午　《汉书·翼奉传》："日加申，有暴风从西南来。"《后汉书·郎颛传》："日加申，风从寅来。"《说文·食部》："铺，日加申时食也。"《三国·魏书·管辂传》："日加午而风发。"云加申、加午，犹今谓申时、午时也。《越绝书·吴王占梦篇》："今日壬午时加南方。"又《叙外传记》："年加申酉，怀道而终。"谓午时及申酉年也。古人谓某年某时，辄云"加某"。加犹在也，盖当时词例如此。今称午刻曰"昼果"。果即"加午"合声之变。午本姥韵，古音为鱼类。鱼、歌声近相转，音变为我，慈溪人读午，正如我也。午时而云"加午"，犹古语之遗。不曰"日加午"，而云"加午"者，省词也。犹"日冬至""日夏至"，省呼为"冬至""夏至"矣。①

黗黮　《说文·黑部》："黗，滓垢也。"都感切。垢浊，甚则黑。引申为黑义。《文选·潘岳〈藉田赋〉》："翠幕黗以云布。"李善注："黗，黑貌也。"曹丕《愁霖赋》："玄云黗其四塞。"《文选》注引。皆谓天色黑暗，日光不见也。字亦通作黮。《家语》："黮而黑。"王肃注："黮，黑貌。"《广雅·释器》："黮，黑也。"《庄子·齐物论》："则人固受其黮暗。"李轨注："黮暗，不明貌。"《方言》十三郭璞注云："黮、黺，皆冥暗。"黮，《广雅》曹宪亦音都甚反。见《释器》及《释诂四》"私也"条。黗从尤声，黮从甚声，古音皆侵类。侵、幽对转，幽通萧、豪，音变为祷。今称夜为"夜祷"。俗或作倒，即黗、黮字，谓夜景黑暗也。又曰"夜祷头"。头者，度之音转，谓时刻也。见上文。谓黑暗时也。杭州人或呼"夜战头"。战亦黗、黮字，侵变为盐，故音如战。侵韵无舌头音，凡侵类字，作端、透、定纽，必转覃、盐、添韵，或对转入萧、豪韵。萧、豪韵字，古音多在幽类也。②

甯　《诗·墉风·墙有茨》："中冓之言。"释文引《韩诗》云："中冓，中夜。"冓，本训交积材。见《说文》。《广雅》作甯，《释诂四》："甯，夜也。"《玉篇·宀部》："甯，古候切。夜也。《诗》曰：'中甯③之言。'中夜之言也。本亦作冓。"甯，候韵。候、箇同入相转，同入于铎。音变为过。今呼中夜为"半夜过"，即半夜甯也。④

辰光蔂　《说文·火部》："光，明也。"古以日月星为三光，皆以其有明也。日月星辰转移，而时刻生焉。故光又引申为时义。俗称时曰"时光"，亦曰"辰光"，辰亦时也。时、辰禅组双声，时为之类，之、脂同类，脂、真对转，时从脂转真，音变为辰。《诗·小雅·小弁》："我辰安在？"《大雅·桑柔》："我生不辰。"传、笺并云："辰，时也。"

---

① 中午称"昼果"，字当作"昼过"，"果"非"加午"合声之变。
② 晚上称"夜祷"，字当作"夜到"，"祷"非黗、黮之音变。
③ "甯"，原作"冓"，误，径改。
④ 午夜称"半夜过"，"过"即"昼过"之"过"，与"甯"无关。

《魏都赋》："侚辰光而罔定。"唐张祜诗："时光早晚到天涯。""时光""辰光"，急呼声合皆为尚，俗作上。朝曰"早上"，午曰"中上"，夜曰"晚上"。时之短暂曰"一上"。即时曰"马上"。马为蓦之音变。《说文·马部》："蓦，上马也。"段玉裁注："上马必捷，故引申为猝乍之称。"蓦，陌韵。陌为麻入，江永《四声切韵表》。长言转上声，音变为马。犹骂人贱恶为"貉子"，今亦讹作"码子"矣。苏吴有"三江码子""姻嫪码子"等语。①

　　间　《庄子·大宗师》："莫然有间。"释文引崔撰、李轨注曰："间，顷也。"《吕氏春秋·去私篇》："居有间。"高诱注同。《文选·东京赋》："怅然有间。"薛综注："有间，谓有顷之间也。"顷为时日义。参看下文"顷"字条。《汉书·文帝纪》："间者诸吕用事擅权。"师古注："间者，犹言中间之时也。"又《叙传上》："帝间颜色瘦黑。"师古注："间，谓比日也。""比日"，犹言"有顷"，皆为时不多之意。间为时日之称，今语亦云"期间""时间"矣。间本古闲切，山韵，见纽，开口呼。亦读去声古苋切，或读齐齿呼居延切者，音之讹变也。今房间、分间字，读开口呼；间谍、离间字，读齐齿呼。其或转合口呼，则音如"关"，如"惯"。甬俗称时期，有作"惯"音者，即间字也。如称前一时期为"前惯"，目前时期为"该惯"，有一时期曰"有惯"。间之转阖口为惯，犹干之为关。今曰"关系""不相关"，本是"干系""不相干"字。参看《变音篇（上）·音等自转说》及《释语篇》"干"字条释。其例正同。②

　　顷　《庄子·秋水篇》："不为顷久推移。"释文引司马彪曰："顷久，犹早晚。"早谓时之暂，晚谓时之久，则顷训早，犹暂也。《国策·秦策一》："苟政有顷。"高诱注："有顷，言未久。""未久"者，可以言时，亦可言年。则有顷者，如今语乃"一段时间"矣。《齐策》"居有顷""后有顷"，皆如是。盖顷者，犹向也。《说文》："向，不久也。"而《尔雅·释言》曰："曩，向也。"《释诂》："曩，久也。"由曩反释，则向又可训久。郝懿行曰："对远日言，则向为不久；对今日言，则向又为久。"其期虽有长短，毕竟暂而不永。顷亦然也。顷，古音为耕类。耕、阳邻转，音变为羌。甬语谓有一时期曰"有羌"，前一时期曰"前羌"，当今时期曰"该羌"。羌即顷字。顷之为羌，犹"謦欬"之謦，俗语声转，字讹作呛矣。

　　景　《说文·日部》："景，日光也。"居影切。梗韵，见纽，齐齿呼。庚、麻同入相转，同入于陌。○梗为庚上声。景转麻韵，音变居牙切，如家。甬俗称天之景色曰"天

---

① "早上""中上""晚上""马上"之"上"非"时光"或"辰光"之合音。"一上"（一会儿）当作"一晌"。

② 今宁波话无"前惯""该惯""有惯"等说法。

家"。如云"晴天家""落雨天家"。家读开口呼，古牙切。家本开口呼，见《韵谱》。俗呼"张家""李家"，以及家财曰"家赀"、即移切。曰"家当"，本帑字。皆其例。而诗书读音作居牙切者，音等自转，粗音变细也。景转麻韵，本为细音，而语音为开口古牙切者，细音变粗也。以家、嘉等音变喻之，可晓然矣。嘉靖、嘉庆年号之嘉，俗读居牙切；若地名嘉兴、嘉善之嘉，则呼古牙切。音等变异不定，如此。①

昧　《说文·日部》："昧，昧爽，且明也②。"昧为日之初明。犹朝从㚇，㚇者日始出，今称早晨为朝是也。凡事物之首始者，往往即以名其物。如举将帅之名，即概其全军之例。又如呼日为"日甲"、为"日子"，以甲、子为纪日之首也。故称今日曰"今朝"，翌日曰"明朝"；元日曰"元旦"，吉日曰"吉旦"。朝、旦，亦日之初始也。甬语呼今日为"今昧"，昨日为"昨昧"。甬音呼昨如淑，盖从、床类隔，床、禅声通，铎、屋声近，皆得相转。铎、屋为唐、东之入，唐、东固亦相转。昧音转入如末。称日为昧，犹称日为旦、为朝之意。昧声或转为蔑。亦呼"今蔑""昨蔑"。则末韵与屑韵，本相通转。如醸、糱、潎，俱从蔑声，亦读末音。◇《论语·子罕》："虽欲从之，末由也已。"《史记·孔子世家》作"蔑由也已"。末通为蔑，其例正同。昧从未声，古音为脂类。末、屑韵固脂类之入，同部通转也。③

来　来为半舌音，江永谓为泥之余，故来纽易转为泥母。甬语来年呼若"耐年"，职此故耳。犹日为半齿音，为禅之余，并江永说。日纽字往往转为禅纽。如人、日、芮皆日纽，甬读人如纯，读日如十，读芮如瑞，皆其证。④

余闰　《说文·王部》："闰，余分之月也，五岁再闰也。"《广韵·廿二稕》："闰，闰余也。"如顺切，日纽。今江南苏浙诸地，日纽字多读为禅、床纽。禅、床同浊，而床尤浊。故读禅更浊之，便转于床。故杭州人呼闰月，音如纯月。甬人读闰如运，声转喻纽。

---

① "天家"之"家"即为正字，非"景"之音变。吴语宁波、绍兴、舟山、台州等地均称天气为"天家"。有些方言"家"音近"价"，声调特殊，王福堂先生认为该词早先可能曾是儿化词"天家儿"，后来丢失儿尾形成特殊变调。参看《绍兴方言研究》，98 页。

② 原作"昧，爽且明也"，据小徐本改。

③ 把"今末""昨末"之"末"看作是"昧"之音转，不确。汪维辉先生认为，"今"为侵韵字，早期韵尾为 m，"今日"连读，"日"受"今"韵尾 m 影响，声母同化音变，读作 m 声母"密"；"今密"韵母逆同化，读作"即密"，后来"密"又音变读作"末"，于是"今天"有"今密""即密""即末"等说法。"昨日"说"昨密""昨末"，则是"今密""即末"的类推。其说甚确。参看汪维辉《宁波话"昨天、今天、明天"系列词探源》，《浙江大学学报》（人文社会科学版）2018 年第 5 期。

④ 谓"耐年（明年）"的"耐"本字是"来"，是。盛益民等认为，"来"读鼻音声母，也可能是受了"年"的声母逆同化。参看盛益民、马俊铭《老派宁波方言同音字汇——基于〈宁波方言词典〉的字音汇编与校释》，126 页。

盖"余闰"之合声，字训联言也。①

递代　《说文·辵部》："递，更易也。"《广雅·释诂三》："递，代也。"凡称代者，以此易彼，以后续前。称递者，由甲传乙，由乙传丙。递、代皆有层次相推、渐近渐远之义。递，古音为支类，支、歌通转，音变为大。音驮。甬称昨日之昨曰"前日"，前日之昨曰"大前日"，更前之昨曰"大大前日"。翌日之翌曰"后日"，后日之翌曰"大后日"，更后之昱②曰"大大后日"。递转歌韵，既变为大，或由歌而复转之，歌、侯同入相转，同入于铎。音又变为头。凡称大前日、大后日者，大或呼为头。皆递之双声转变、层次推移之意。③

故　《尔雅·释诂》："古，故也。故，今也。"朱骏声曰："今者，对古而言。古为旧，今之旧事亦为古。"见《说文通训定声》故字释。钟案：朱氏说题矣。《穀梁传·襄九年》："故宋也。"范宁注："故，犹先也。"目前事，有所先后。其先者，即今之旧事。凡事之先，甫在瞬息之间者，俗呼曰"刚刚"，或呼曰"刚才"。刚即故之音变，阴声转阳，模、唐同入对转故也。同入于铎。《广雅·释言》："才，暂也。"暂，不久也。见《说文》。"故才"云者，谓今兹之先而不久也。④

甬语称"刚刚"，或音转为"嫁嫁'"。古讶切。嫁，亦故之音变，鱼、模转麻也。⑤

盬　《方言》十二："盬，猝也。"凡猝暴者，谓非意料所及，不期而遇也。引申之，不期而适相值亦曰盬。鱼、阳对转，音变为刚。今称适然之词曰"刚刚"。如事恰如其分曰"刚好"，谓不期而适如其分也。刚即盬之引申义。盬音变刚，乃当今适然之词。上条故音变刚，乃甫经已然之词。乍视之，两者似相若；细辨之，固自有异。⑥

早已前时　《礼记·礼器》："不麾蚤。"疏："蚤，谓先时也。"甬俗谓往昔呼如"早贤之"。早即先时义。贤者，"已前"之合声。已本喻组，"已前"声合变为匣组之贤者，喻无粗音，喻音转粗，必归于匣。反之，匣音转细，必归于喻。歌诀所谓"匣亏三四喻中觅，喻亏一二匣中穷"也。之者，时变音也。时，禅组。禅、床同浊，禅呼重音即归床。禅仅三等音，床有二等音。床浊转照清，时转照组，音变之。"早贤之"者，谓早昔已前时也。

---

① "闰年""闰月"读作"运年""运月"，"运"非"余闰"之合声，而是"闰"的音变。宁波话日组字也有读作匣组ɦ声母的，如戎、冗、荣等。尤其是"闰""月"每连言，"月"是匣组字，"闰月"声母逆同化，"闰"就读成了ɦ声母。

② "昱"（yù），明天。后作"翌"（yì）。

③ "大前日""大后日"之"大"即为正字，非"递"之双声转变。

④ "刚刚""刚才"之"刚"非"故"之音变。

⑤ "刚刚"说成"嫁嫁"（古讶切），乃韵尾脱落所致，"嫁"亦非"故"之音变。

⑥ "刚好"之"刚"非"盬"之引申音变。

或呼往昔为"闲早之"。闲亦"已前"合声之变。"已前"合声本为贤，音变为闲者，真、先与寒、删声邻相转也。①

期间 《吕氏春秋·去私篇》："居有间。"高诱注："间，顷也。"犹《齐策》所云"居有顷"，谓有一段时日也。参看上文"顷"字条释。《汉书·叙传上》："太后泣曰：'帝间颜色瘦黑。'"师古注："间，谓比日也。"通以今语，犹云"近日来"也。故间有时日义。今通语犹曰"时间"，曰"期间"，即其义。"期间"疾呼声合，为山韵，群纽。寒、删、山韵，皆无其字。元、阳声近，参看后《韵转概说》中严可均《声类表》。乃流入阳韵，音变为场。甬称夏季曰"夏场"，秋季曰"秋场"。②

介间 《说文·八③部》："介，画也。"画以区分，孳乳为界。《田部》："界，境也。"今画分用界字。一岁节气，皆有测定时刻，所以画分岁序阴阳。立春为岁始，冬至为阳复。介、界古音并为泰类。从朱骏声说。泰、寒对转，音变为祄。古瓣切。甬称节日曰"节日头祄"。头即度之音变，为时刻义。说详上文"度"字条。谓节日时刻之界也。或曰，祄者，间字。间有时义，见上条。亦有代义。《尔雅·释诂》："间，代也。"谓节日时刻之代序也。④

刻 《诗·齐风·东方未明·序》笺曰："挈壶氏，掌漏刻者。"疏："刻谓置箭壶内，刻⑤以为节，而浮之水上，令水漏而刻下，以记昼夜昏明之度数也。"时刻之义，实原于此。一岁廿四节，节各有时刻，故称节为"节刻"。俗语音转，呼如"节肯"。刻，德韵。德为登入，长言转平，还归登韵。登韵无其字，故借上声肯字为之。而浅人犹引骨节肯綮之说相涂附，荒矣。

区 《论语·子张》："譬诸草木，区以别矣。"马融注："区，别也。"《华严经音义上》引。别犹分也。《说文》："别，分解也。"凡区域、区别、区画，皆分辨之义。区，今入虞韵，溪纽，撮口呼，古音则为侯类。从区声字，如呕、欧、呕、瓯、鸥、殴等，今犹在侯韵。侯声侈，为开口呼。区在侯韵，当读如彄。客侯切。区音同抠，抠亦入侯韵，读同彄也。后人音等转细，韵徇纽便，侯、鱼声近，侯侈虞弇，故转入虞韵，为撮口，如今音。参看后《变音篇(下)·纽韵相应说》。凡年月，所以区分时期也。故年称"年分"，月称"月分"。

---

① "早贤之""闲早之"之"贤"和"闲"，非"已前"之合声或"已前"合声之变；"之"亦非"时"变音，今作"子"，为后缀。今宁波话有"闲早子"一词而无"早贤子"说法。
② "夏场""秋场"之"场"非"期间"疾呼声合之音变。"场"当是由表示空间引申为表示时间。
③ "八"，原作"人"，误，径改。"介"字在《说文·八部》。
④ "节日头祄"当作"节日头间"（间白读），即节日期间。"头"非"度"之音变，"间"与"介、界"没有关系，与"代"义也没有关系。
⑤ "刻"字原脱，今据《十三经注疏》本补。

分俗作份。年分，甬亦呼"年口"，或称"岁口"。岁音如庶。口即区也，方言犹古音之遗。年区，犹云"年[①]分"，区与分义同也。俗称岁中民生康泰、无疫疠之患曰"年口好"。反之，曰"年口憯"，或称"岁口极"。极者，穷也，困也，《书·洪范》"六极"是也。俗讹作直。[②]◇区，溪纽，古音为侯类，音等转细作齐齿，则变入幽类，音如丘。以侯洪为开口，幽纤为齐撮，侯无齐齿，作齐齿，必入幽、尤韵也。故"区盖"亦作"丘盖"，丘、区讳不嫌名也。参看下文《释地篇》"区"字条。◇乡村稗贩定期集市之所，鄞人呼为"市口"，口亦区字。"市口"即"市区"，谓集市之区也。

　　瀳清　《说文·水部》："瀳，冷寒也。"七定切。《仌部》："清，寒也。"七正切。瀳、清音义皆同。今谓形寒料峭曰"冷瀳瀳"。清，声促转入，音如刺。七迹切。抚物而冷曰"冷刺刺"。[③]

　　凄淬　《玉篇·冫部》："凄，七西切。寒也。"俗音近气。《广雅·释诂四》："冷、淬，寒也。"曹宪音："淬，七碎反。"声促转入，音如出。卒、出，皆在《六术》。今谓物态之冷者曰"冰冷凄淬"。俗语讹转为"冰冷气出"。又泛用为景色凄清之词。[④]

　　泂痎　《广雅·释诂四》："泂，寒也。"曹宪音乎茗反，匣纽，迥韵。匣浊影清，浊音转清，泂转影纽，音变如瘿。慈溪山北人称天寒为泂，正读如瘿。鄞人称有寒意曰"阴凉"，阴亦泂字。或曰"阴痎"。《玉篇·疒部》："痎，山革切。瘆痎，寒病。"瘆，山锦切。"瘆痎"疾呼声合仍为痎。《广韵·廿一麦》："痎，瘆痎，寒皃。"或重言之，曰"泂痎痎"。山北人则曰"泂督督"。督即冻之入声，犹鄞人曰"冷冻冻"矣。[⑤]

　　凛淫潒　《说文·仌部》："凛，寒也。"《广雅·释诂四》："淫，寒也。"《玉篇》巨井切。《广韵·四十静》作泾。淫音似潒。《玉篇·冫部》："潒，渠锦切。寒极也。"今谓凄沧而寒曰"寒潒潒"[⑥]，亦曰"寒凛凛"。

　　凅洛澤　《左传·昭四年》："固阴冱寒。"杜预注："冱，闭也。"字亦作冱。《庄子·齐物论》："河汉冱而不能寒。"释文引向秀注："冱，冻也。"崔撰云："冱，犹凅也。"《史记·封禅书》："秋凅冻。"索隐引小颜云："凅，读与冱同。冱，凝也。音下

---

① "年"，原作"月"，据文意改。
② "年口""岁口"之"口"非"区"之音变。
③ 本条目录作"瀳清（冷瀳瀳 冷叱叱）"，这里说"音如刺"，因"刺"《广韵·昔韵》有七迹切读法，宁波话与"叱"同音。"叱（刺）"非"清"之声促转入音变。
④ "冰冷气出"即为正字，写作"冰冷凄淬"反而迂曲难通。
⑤ "阴凉""阴督督"等之"阴"即为本字，非"泂"之音转。
⑥ "寒潒潒"（潒音近）当是形容因受寒或受惊而身体哆嗦。《广韵·沁韵》："潒，寒潒。巨禁切。"《正字通·冫部》："潒，寒战貌。"

故反。"字亦作涸。《汉书·五行志上》:"金铁冰滞涸坚。"师古注即上文索隐所引者是。然则涸本沍之或体。《广韵·十一暮》:"涸,凝也,闭也。"音顾。其义即颜、杜所训。其音变为顾者,盖喉、牙音转,而匣、见通读尤夥。如降有下江、古巷两读;减有下斩、古斩两读;合有侯合、古沓两读;莞有户板、古丸两读;罣、诖并有胡卦、古卖两读;系、系并有古计、胡计两读皆是。而其义总为凝冻闭塞不流也。沍既孳乳为涸,音变为顾,声促转入,又变为格。暮亦入于陌。甬语谓天寒体形蜷局曰"格冻冻",耳、指不胜寒冽曰"好像格落"。格皆涸字,落乃"洛泽"之合声。洛,《集韵》音落,泽音铎。《玉篇》:"洛泽,冰兒。"谓肢体受寒,如凝冻而冰也。[1]

滞凝 《说文·水部》:"滞,凝也。凝者,冰之俗字。《说文》"凝"篆解曰:"俗冰作凝[2]。"从水,带声。"直例切。古音为脂类。脂、真对转,音变为阵。寒天水液凝结,甬俗呼凝为阵,如凝固曰"阵拢"是也。或曰,即字训联言,"滞凝"之合声。"滞凝"声合为澄,甬音读澄与阵若也。

滞,古音似在端纽,读如带。滞,今读澄纽,古无舌上音,今澄纽字古则为定纽。定浊端清,清浊对转,即在端纽。《周礼·地官·泉府》:"货之滞于民用者。"郑众注:"故书滞为癉。"杜子春云:"癉,当为滞。"释文:"癉,音旦。又丁左反。"寒、歌对转,故变丁左反。盖滞从带声,亦取双声为声。犹容从谷声,谷本读如欲,喻纽。脂、歌声近,脂、元两类又同入相转。本段玉裁说。脂类,即段《表》之十五部;元类,即段《表》之十四部。故滞音通癉,又通转为丁左反。滞既古通读哆,丁左反。歌、阳同入相转,音变为打。滞读为癉,元、阳声近,亦变为打。寒天鱼肉之洎[3]凝固如胶,俗呼"打冻"。打无凝义,盖即滞之音变矣。[4]

庭冻 《说文·仌部》:"冻,仌也。"东转江、阳,音变为当。清音转浊,端转定纽,又变为糖。如决断之断,亦读断裂之断,敦亦读如屯,"敦煌"是也;顿首之顿,亦读如钝,"莫邪为顿"是也;亶亦读作但。今寒天屋雷山岩间滴水凝聚,垂冰柱如狼牙,短者寸许,长者盈尺,俗呼音如"澄糖",即"长冻"之音变。长音变澄,阳、庚邻转也。或呼为"庭糖",庭、澄又类隔相转,且庭有直义。《尔雅·释诂》:"庭,直也。"直与长义近,以形况冰柱,义各有当。[5]

---

[1] "耳、指不胜寒冽曰'好像格落'","格落"实即"割落",谓冷得像刀割一样。
[2] "俗冰作凝",《说文》原文作"俗冰从疑"。
[3] "洎"(jì),汤汁。
[4] "打冻"之"打"即为正字,非"滞"之音变。
[5] "澄糖"非"长冻"之音变。

或以糖为澤之音变。澤，音铎，为唐之入，长言转平，固为糖音。然《玉篇》《广韵》"洛"下皆云："洛澤，冰皃。"盖叠韵形况字，如尴尬、龌龊之例，非独用之实字。恽敬《大云山房杂记》云："《天宝遗事》：杨妃以檐际冰条为冰筋，今淋澤也。《九思》云：'冰冻兮洛泽。'"钟案：恽氏引《楚词》"洛泽"字，以为"冰筋"今名"淋泽"之据，颇怪其不伦。检《九思·悯上篇》："冰冻兮洛泽。"王逸注："洛，竭也。寒而水泽竭成冰。"于冰筋之义遐不相涉。《康熙字典·冫部》"洛"字下引《九思》云："冰冻兮洛澤。"改"洛泽"为"洛澤"。疑其妄据《广韵》以改《楚词》。《广韵》"澤"字下注云："《楚词》云：冬冰之洛澤。"据此以改《九思》，已武断失实。《中华大字典》于"洛"字、"澤"字下，皆踵《康熙字典》之误而为注。《蓬岛樵歌》据谬改《九思》之"洛澤"语，谓澤读若糖，檐冰曰"庭糖"。《鄞县通志》载入《方言编》。皆辗转舭谬，不可从。①

释　《说文·釆部》："释，解也。"《礼记·月令》"季冬"："冰冻消释。"《老子》十五章："涣兮若冰之将释。"河上公注："释者，消亡。"甬称冰雪之消曰"释"。而音转陌韵，为施泽切。②以陌、麦、昔为庚、耕、清之入。清、庚既多通转，故其入昔韵字，亦往往读入陌韵。如尺、赤、石、只、觋、郝诸字，皆语转陌韵。引申之，脂膏之融化，亦曰释。惟铅、锡镕冶为液，甬语音如冰消之释，而字当为铄。《说文》："铄，销金也。"铄本审纽三等齐齿呼，今读作开口呼者，非正也。

燠奥　《尔雅·释言》："燠，暖也。"字亦作奥。《诗·小雅·小明》："日月方奥。"传："奥，暖也。"燠、奥并於六切。长言转上、去，则在晧、号韵。豪、歌同入相转，同入于铎。奥转歌韵，音变为倭。今天暖呼曰"倭暖"，正"燠""暖"字训联言之音变。俗皆作"和暖"。和，匣纽。匣浊影清，浊音转清，和转影纽，固亦得变为倭。顾郭璞《尔雅》注云："今江东通言燠。"甬固江东地，则倭正燠之遗音。且语转由于双声者多也。③

燠浡躁④　《说文·火部》："燠，热在中也。"《广韵·卅二晧》："燠，甚热。"乌晧切。豪、唐同入相转，音变为映。乌郎切。今天热令人躁不宁静者曰"映气浡躁"。《尔雅·释诂》："浡，作也。"郭璞注："浡然，兴作貌。"《论语·季氏》："言未及之而言谓之躁。"郑注："躁，不安静也。"

---

① "或以糖为澤之音变"这个观点，应氏持否定态度，但当代吴语学者大多认为"糖"为"澤儿"的合音。参看盛益民、李旭平《富阳方言研究》，91 页。
② 《广韵·昔韵》："释，解也，散也，消也。施隻切。""施隻（只）切"即为色音。
③ "倭暖"之"倭"也作"矮"。《集韵·戈韵》："矮，暖貌。乌禾切。"
④ 条目原作"燠"，今据目录改。

　　晄烈　《玉篇·日部》：“晄，呼晃切。日旱热也。”《广韵·卅七荡》作“晄”。《说文·火部》：“烈，火猛也。”《方言》十三：“烈，暴也。”《尔雅·释诂》：“烈，光也。”俗语状夏日之炎威，明而且炽，谓之“晄烈烈”，音变如“豁劣劣”。烈、劣皆薛韵，轻重之转耳。晄音转豁，随下字劣声同化叠韵而转入也。①

　　暍暴　《说文·日部》：“暍，伤暑也。”於歇切。段玉裁注：“今俗语谓郁蒸之曰暍，声如遏，即此字。”钟案：《广韵·十月》谒纽下：“暍，伤热。”则暍、谒同音。今谒亦读如遏。暍、谒、遏皆从曷声。遏在曷韵，曷为寒入；暍、谒在月韵，月为元入。曷、月相转，犹元、寒声相通也。俗称秋热曰“秋暍暴”，郁热曰“暍暴暴”。暴音仆。《说文·日部》：“暴，晞也。”《夲部》：“暴，疾有所趣也。”引申为迫切义。隶皆作“暴”，遂混为一字。俗语谓日光之苛烈，盖兼两义而用之。

　　晹熙　《通俗文》：“欲燥曰晹。”《一切经音义》卷廿二引。《玉篇》：“晹，丘立切。欲干也。”晹，古音为侵类。侵变为盐，音变为欠。今气候干燥，虽润物亦随之而燥，俗呼“起燥”。起即“晹”之转音如欠之讹也。或曰，起乃“晹熙”之合声。《说文·火部》：“熙，燥也。”“晹”“熙”皆燥义，方言类聚而言之，声促遂合为一。熙、起，古音皆之类；晹、起，皆溪纽，齐齿。声韵皆合。②

　　炀　《说文》：“炀，炙燥也。”余亮切。“晹”“炀”皆令物燥，方言类聚以呼，声合如呛。丘亮切。俗作抢。今贮物于瓮，瓮内藉石灰，密闭而燥之，谓之“抢”。其瓮曰“抢甏”。◇晹，侵类，侵、东声近，东、阳亦声近。晹由东转阳，音变为抢。俗称石灰燥物曰抢，或云即“晹”之音转。③犹雨帽曰笠，今呼“凉帽篷”，凉即笠也。④

　　修缩　晹为侵类，侵、幽对转，长言转平，音变为抽。今湿物纳灰中漉干其水，谓之“抽”。亦“晹修”或“晹缩”之合声。缩转去声为秀，犹宿读为星宿之宿。《释名·释饮食》：“修，缩也，干燥而缩也。”修、缩同在幽部，取同音为训也。缩有漉义。《左传·僖四年》：“尔贡苞茅不入，无以缩酒。”疏：“缩，渗也。”《方言》五：“炊䉛谓之缩。”郭璞注：“漉米䉛也。”“修”“缩”皆所以燥之，与“晹”义同，

———————————

① 今宁波话形容夏天阳光炽热说“豁辣辣”或“灼辣辣”（灼音结）。
② “起燥”即为正字，“起”非“晹”之转音，亦非“晹熙”之合声。
③ “石灰燥物曰抢”（如“石灰抢柿子”，抢读去声）之“抢”本字不明，但不可能是“晹炀”之合声，也不可能是“晹”之音转。《明清吴语词典》“炝”字条：“防腐的方法，长时间地保存在石灰等中。……又作‘戗’。”“抢”与“炝”音义当有关联。参看石汝杰、宫田一郎主编《明清吴语词典》，上海辞书出版社2005年版，500页。
④ “斗笠”宁波话叫“凉帽篷”，又叫“阳帽篷”，“凉”非“笠”之音变。

故方言合呼之。①

炕焆焆　《说文·火部》："燥，干也。""炕，干也。"苦浪切。"燥""炕"义同，故方言类聚以呼，曰"燥炕炕"。《说文》："焆，旱气也。"苦沃切。旱气者，不润而干之谓。今谓物将干者曰"燥焆焆"。《广雅·释诂二》："焆，干也。"曹宪音昔。《广韵·廿二昔》："焆，火干。"古音昔、铎同部，皆鱼类之入。参严可均说。焆转铎韵，音变为索。今谓燥为"燥索"。段玉裁以为"肃"字，见其《说文》"膌"字下注，今不从。②

晲垎　《方言》十："晲，干物也。扬、楚通语也。"《广韵·八未》："晲，物干也。"音费。微、文同入相转，同入于物。音变为纷去声。故《集韵》亦音芳问切。今谓燥曰"纷燥"。

方言称"纷燥"，或曼衍其语曰"纷虢头燥"。虢者，垎之音变。《说文·土部》："垎，水干也。"胡格切。《玉篇》《广韵》则云："土干也。"喉、牙通转，匣转见纽合口，音变为虢。犹滑读滑稽之滑；会读会稽之会；祜音活，亦读刮；莞音完，亦读官。头者，大之转音。大亦入箇韵，读如驮。甬音正如此。歌、侯同入对转，同入于铎。音变为头。大燥者，谓燥之甚也。◇大音转为头，方言中不仅此也。如事情重大曰"重头"；坚硬甚者曰"石骨头硬"，谓"大硬"也。"晲垎"云者，类聚诸干义字为词也。③

晅晛　或曰，"纷虢燥"之虢，亦晅、晛之入声。《易·说卦传》："日益晅之。"释文晅作晅，引京房云："干也。"本又作晛，徐邈音古邓反。《玉篇》晅亦音古邓切，"晛，古邓切。干燥也。"晅、晛并见纽开口呼，嶝韵。嶝入于德，音等变而为合口。德韵合口见纽为腘。甬音腘、虢相似，"晲晛"相联为词，同义类聚之例也。④

殟枯　晲训干，枯亦训干，字亦作殟。《广雅·释诂二》："殟，干也。"从王氏疏证本订正。《庄子·外物》："曾不如早索我于枯鱼之肆。"释文引李注："枯鱼，犹干鱼也。"《荀子·劝学篇》："玉生山而草木润，渊生珠而崖不枯。"杨倞注："枯，

---

① 本字即为"抽"，而非"晲修"或"晲缩"之合声。
② 干燥叫"燥索"，"索"恐非"焆"之音变。《说文·肉部》："膌，干鱼尾肃肃也。"段玉裁注："肃肃各本作膌膌，今正。肃肃，干皃。今俗尚有'干肃肃'之语。"《集韵·屋韵》："晡，燥也。"肃、膌、晡均有干燥义，段说可从。今一般写作"燥晡"。
③ "纷燥"当作"粉燥"，"纷虢头燥"当作"粉刮头燥"。"粉刮头燥"也说"粉刮斯燥"等，其中"刮头""刮斯"均为词缀。
④ "纷虢燥"之"虢"亦非"晅""晛"之入声。"纷虢燥"一般写作"粉刮燥"，"刮"是中缀，用来构成三字格形容词。宁波话用例很多，如：冰刮冷、雪刮淡、黑刮嫩、贼刮老、簇刮新、嫡刮亲。

燥。""㷀""枯"义同，方言类聚以呼，声合为敷。俗谓物之色味不润者曰"燥敷敷"。①

　　㸆　《说文·火部》："㸆，以火干肉也。"《广雅·释诂二》："㸆，干也。"曹宪音贫力反。浊音转清，并转为帮，音变如逼。职、德同类相转，职、德皆之类。又变布德切，甬音如迫。德韵帮纽字为北，甬音读北如剥，在觉韵，故不用。谓物之色味不润曰"燥㸆㸆"。口干欲饮水，俗亦呼为"口㸆"。

　　泽溔　《说文·水部》："泽，光润也。"《诗·秦风·无衣》："与子同泽。"传："泽，润泽也。"《素问·经络论》："热多则淖泽。"王冰注："泽，润液也。"润与燥对。《素问·玉机真藏论》："色夭不泽。"注云："不泽，谓枯燥也。"泽甚则为溔。《说文·水部》："溔，泽多也。《诗》曰：'既溔既渥。'"《小雅·信南山》文，今《毛诗》作"既优既渥"。传："优，渥也。"泽、溔义同，方言类聚为词。"泽溔"声合为稠。幽、萧古音为同类，萧韵字古音多在幽类。稠转萧韵，音变字讹作潮。今称润泽之气为"潮气"。潮从朝声，朝从舟声，潮之古音亦在幽类。潮为潮汐字，非其义，借声用之耳。②

　　滑发　润气曰"潮气"，潮为"泽溔"字。俗语或呼"还潮"。还者，滑之音变，滑亦泽也。《广雅·释言》："滑，泽也。"滑在黠韵，为删之入。长言转平，还归删韵，音变如还。或呼还潮为"反潮"。反者，发之音变。发在月韵，月为元入。长言转上声，还入阮韵，故音如反。③

　　兽　《尔雅·释鸟》："二足而羽谓之禽，四足而毛谓之兽。"《尔雅》释文引《说文》："两足曰禽，四足曰兽。"此通说也。然《说文·内部》："禽，走兽总名。从厹，象形。"段玉裁注曰："厹为兽迹，鸟迹不云厹也。然则仓颉造字之本意，谓四足而走者明矣。以名毛属者名羽属，此乃称谓之转移假借。及其久也，遂为羽属之定名矣。《尔雅》自其转移者言之，许指造字之本言之。凡经典禽字，有谓毛属者，有谓羽属者，有兼举者。故《白虎通》曰：'禽者何？鸟兽之总名。'《田猎篇》。"钟案：《论衡·物势篇》：寅禽虎，戌禽犬，巳禽蛇，十二辰皆谓之禽。则禽亦晐龙蛇为言，包及鱼虫矣。然其仓龙、白虎、朱鸟、玄武又谓之四兽。郑玄注《曲礼上》，于朱雀、玄武、青龙、白虎亦称四兽。疏云："朱雀是禽，而摠（总）言兽者，通言耳。"然则兽亦可晐禽，并及鳞介，不仅毛属也。《大戴礼·曾子天圆》及《易·本命篇》，又以人为倮（裸）虫，蛟龙为鳞虫，龟为介虫，凤凰为羽虫，麒麟为毛虫。《礼·月令》亦云："其虫

---

① "燥敷敷"之"敷"本字不明，但不可能是"㷀枯"之合音。
② "潮气"今为通语，"潮"自有潮湿义，非"泽溔"声合之变。
③ "反潮"（今作"返潮"）今为通语，宁波话也说"还潮"。"还""反（返）"同义，都是返回义，与"滑"或"发"无涉。

鳞。"郑玄注："龙蛇之属。""其虫羽。"注："飞鸟之属。""其虫毛。"注："狐貉之属。""其虫介。"注："龟鳖之属。"以上例之，则羽、毛、鳞、介，皆可称禽，亦可称兽、称虫矣。虎云大虫，鼠云老虫，呵叱人鲁钝曰骏虫，谓之虫者，盖亦有所本。

地支十二辰，四足而毛者九，二足而羽者惟酉鸡一，辰巳龙蛇鳞属也。以众咳寡为言，谓之十二禽，不如十二兽矣。今谓十二辰，为十二生肖。宋王逵《蠡海集》亦有十二肖属之说。外地人谓人生年子曰属鼠，丑曰属牛。甬俗则曰肖鼠，肖牛。属，丑类也。如《尔雅》有羊属、鸡属之例。鼠属子，牛属丑，十二动物分属于支辰，古固如是。北周宇文护母贻护书亦有属兔、属鼠之说。若肖则训似也，谓鼠似子，牛似丑，何所似而云似乎？义不可通，字当有误。王逵亦未能申其正诂，盖徇俗而漫记之耳。愚谓十二肖，肖即兽之转音。幽、尤转宵、萧，其音最近。兽之转肖，犹修亦读如宵，而形转为脩。《礼·郊特牲》："绣黼丹朱中衣。"郑玄注："绣，读为绡。"星宿之宿，徐邈音秀。见《礼·月令》"孟春"释文。俗亦呼为萧，启明谓之"五更萧"，长庚呼为"黄昏萧"。参看上文"宿"字条。又田野大蛇曰"虎梢蛇"，即"腹修蛇"之讹。参看后《释鱼虫篇》。皆其例矣。①

禂送　《广雅·释天》："禂、腊，祭也。"又曰："周曰大禂，秦曰腊。"是禂与腊，其祭同，第异代而殊名耳。蔡邕《独断》："腊者，岁终大祭。"《左传·僖五年》："虞不腊矣。"杜预注："腊，岁终祭众神之名。"《广韵·四十祃》："禂，年终祭名。或作蜡。"是禂、腊皆年终祭神也。《说文》："腊，冬至后三戌，腊祭百神。"则其祭当在冬至后廿五日至卅六日之间，于时为丑月②中旬至下旬初，亦年将终矣。禂，曹宪音士驾反，为床组祃韵。床、禅同浊，禅、邪类隔，故床、邪音亦相通。禂转邪组，音如谢。甬俗年终祭神谓之"谢年"。谢即禂也。其祀神之纸模，俗称纸马。马即模之音变，鱼、歌声近相转故也。模，象也，神模谓神象，象印于纸，故曰纸模。题曰"南朝一切圣众"，即杜云"祭众神"、许云"祭百神"之意。或傅会谢为辞谢、拜谢义，以为岁莫（暮）代谢而祭，故云谢；或谓拜赐岁中神佑，故云谢，皆迷失本字，妄为之辞。③

禂祭，俗称"谢年"，亦称为"送年"者何？曰：亦本蔡邕说也。《独断》云："腊者，岁终大祭，纵吏民宴饮。非迎气故，但送不迎。"年祭云"送"，盖取于此。

祜　祭神彩画神象，俗称"纸马"，即"纸模"之音变，说已见上条。亦有呼"甲马"者，元明小说中亦屡见之。今市肆中称神模纸幅大小之等别，有"甲四""甲五""甲

---

① 宁波话"肖鼠""肖牛"之"肖"非"兽"之转音，而是"生肖"用作动词之省说，义为"生肖属于"。
② "丑月"，即腊月，农历十二月。
③ "谢年"之"谢"即为本字，"谢"非"禂"之音转。

六"诸名。甲者，秸之音变。《说文·示部》："秸，祀也。"古末切。喉牙见匣对转，如降、减、合、莞、襘诸字，皆见、匣两读。《玉篇》则音胡括切，又训"法也"。《集韵》引《广雅》云"法也"，《玉篇》盖本《广雅》。《广韵·十三[①]末》活纽："秸，祠也。"《十五辖》刮纽："秸，禳祠名。"亦见、匣两读。秸音刮，为见纽合口。音等转开口，则音如葛，俗讹作甲。"秸模"者，谓祀祭之模象也。且秸又训法，模亦训法，《小尔雅·广诂》："模，法也。"方言又类聚同义字为名。[②]

　　襘　《说文·示部》："襘，会福祭也。"古外切，音桧。刘昌宗音会。见《周礼·春官·大祝》释文。见、匣对转，通读也。如会亦读见纽，为"会稽"字。《周礼·天官·女祝》："掌以时招、梗、襘、禳之事，以除疾殃。"郑玄注："除灾害曰襘。"又《春官》："凡以神仕者……以襘国之凶荒，民之札丧。"杜子春注："襘，除也。"是《周礼》之襘乃除疾殃凶札之祭，而其制失传。女祝所掌招、梗、襘、禳四礼，郑玄注曰："惟禳其遗象今存。"可知招、梗、襘三者东汉时已失传。与《说文》之"会福祭"不同，甬俗有迎神出巡，谓之"行会"。谓神所省方，能厌灾徼福。僧道亦有醮祭，曰"九皇会""盂兰盆会"之举。与《周礼》《说文》除殃会福之义，皆有所契。然则会即襘也。[③]

　　爝　《说文·火部》："爝，苣火祓也。"子肖切。段玉裁注："苣，束苇烧之也。祓，除恶之祭也。"钟案：今家有妖祲事，及引柩入圹，辄取苴麻老秆，爇以祓之，并其遗意。又俗遇疫疠水火灾厄，延僧道诵经祈禳，谓之"打醮"。本是爝字。《说文·酉部》："醮，冠娶礼祭也。"妇女再嫁，故谓之"再醮"。朱骏声曰：凡冠娶必于祢庙，故《广雅·释天》："醮，祭也。"非祓除灾恶义。若王念孙《广雅疏证》所释，引《文选·高唐赋》："醮诸神，礼太一。"李善注："醮，祭也。"《汉书·郊祀志》："益州有金马碧鸡之神，可醮祭而致。"此祈福之祭而用醮名，段玉裁所谓"是后世醮祀之始[④]"，非古经义。祓除灾恶之祭而名醮者，当以爝为正字。僧道以经咒代苣火而祓，虽有醮祀之科仪，其本旨固为爝也。[⑤]

　　厌殃　《玉篇·示部》："䄃，於琰切。䄃[⑥]禳也。"又："禳，而羊切。却变异也。"䄃疑厌之俗。《史记·高祖纪》："秦始皇常曰'东南有天子气'，于是因东游以厌之。"

---

① "三"，原作"二"，误，径改。
② "甲马"非"秸模"之音变。
③ "行会"之"会"当是集会义，与"襘"字无涉。
④ 《说文》"醮"字段注作"此后世醮祀之始见也"。
⑤ 道士设坛做法事称为"打醮"，"醮"即为正字。《说文》"醮"字段注："盖古本作'冠娶妻礼也。一曰祭也'。""醮"自古就有祭义，而"祈福"和"禳灾"是祭祀的主要目的，两者很难截然分开。
⑥ "䄃"字原脱，径补。

索隐引《广雅》云："厌,镇也。"《说文》:"厌,笮也。"笮与镇皆自上抑下之义。《汉书·王莽传下》:"莽欲以厌凶。"又:"性好时日小数,及时迫急,亶为厌胜。"此诸厌字,皆为制伏义。制伏祸害,即禳义也。《说文》:"禳,祀除厉殃也。"今习俗有假阴阳制胜、物候感应之理,或以鬼神祈祓之术,私作厌胜,以冀弭灾徼福,谓之"厌殃"。犹《汉书》之"厌凶"也。殃音转如阳。盖喉音影、喻相转,如焉亦读如蔫,于亦读如於,甬、勇本喻纽(余陇切),今则读如拥。钱大昕所谓"影母字引而长之则为喻"是也。或谓此即"禳禳"字,就《玉篇》字训联言之例而为词。《广韵·五十琰》:"禳,禳禳。"禳、阳虽声近,然日纽字转为喻纽者,少见。

宗祢享 《说文·宀部》:"宗,尊祖庙也。"郑玄注《丧服小记》曰:"宗者,祖祢之正体。"见"尊祖故敬宗"句下。《周礼·春官·甸祝》:"舍奠于祖庙,祢亦如之。"郑众注:"祢,父庙。"何休注《公羊传》曰:"生称父,死称考,入庙称祢。"见《隐元年》"隐之考也"句下。《汉书·郊祀志上》:"鼎宜视宗祢庙。"则"宗祢"统言之。致祭献食于神鬼曰亯,今作享。《说文·亯部》:"亯,献也。从高省。曰,象进孰物形。"郝懿行曰:"孰物,即食物。"舍人注《尔雅·释诂》曰:"献食物曰享。"见《文选·羽猎赋》"移珍来享"李善注引。故《广雅·释言》:"亯,祀也。"祀必献食也。甬俗祭祖献食,俗语音如"宗仰",即"宗祢享"之合声,"祢享"声合为仰。

祖宗来飨 或曰,祭祖曰"宗仰"者,"祖宗来飨"之合声。"祖宗"精纽双声,疾呼声合仍为宗。来为泥之余,江永说。故易流于泥。如甬呼"来年"音若"耐年"是也。来变为泥,"来享"声合乃为仰。《诗·商颂·列祖》:"来假来飨。"飨、享通。"来享"成语也。

贡膰 《广雅·释言》:"贡,献也。"贡、献,皆奉上之词。祭鬼神献食,故亦云贡。古者祭必具牲。膰,祭肉也。《左传·成十三年》:"祀有执膰。"杜预注:"膰,祭肉也。"祭祀献牲,故曰"贡膰"。俗语音变,字讹为"羹饭"。盖东、阳声近,贡转阳韵为羹。甬音[1]羹在阳韵。膰、饭音同,平、上之别耳。后世习用旧名,虽未具牲,亦谓之"贡膰"矣。[2]

禳解厉祟,设筵以祭之,俗呼"夜羹饭"。夜者,野之讹。夜、野本皆喻纽,俗读野在影纽者,音讹转也,盖喻纽敛而促之则为影。参看上文"厌殃"条引钱大昕说。谓非所祭而祭之,故云"野"。《礼记·仲尼燕居》:"子曰:敬而不中礼谓之野。"《论语·子路》:"野哉,

---

① "音",原作"在",误,径改。
② "羹饭"当祭奠死者的饭菜讲,"羹饭"就是本字,而不是"贡膰"之音转。

由也！"孔安国曰："野，犹不达。"《贾子·道术》："容志审道谓之僴，反僴为野。"若谓禳厉之祭必在昏夜，故云夜，然甬俗元宵、除夕等祀亦在昏夜，未尝以"夜"称也。①

　　福釐　《国语·晋语二》："必速祠而归福。"韦昭注："福，胙肉也。"《说文》："胙，祭福肉也。"《史记·周本纪》："（显王）九年，致文、武胙于秦孝公。"集解："胙，膰肉也。"《后汉书·邓彪传》："四时致宗庙之胙。"章怀注："胙，祭庙肉也。"福、胙、膰皆祭肉，故古籍为互训。甬俗称祭神之肉为"福釐"。釐亦福也。《史记·贾谊传》："孝文帝方受釐。"集解引徐广曰："釐，祭祀福胙也。"《汉书·贾谊传》注引应劭曰："釐，祭余肉也。"②

　　福釐，镇海人或称为"神福"。神乃脤之讹，祭肉亦曰"脤"。《周礼·春官·大宗伯》："以脤膰之礼，亲兄弟之国。"郑玄注："脤膰，社稷宗庙之肉也。"《谷梁传·定十四年》："脤者，何也？俎实也，祭肉也。生曰脤，熟曰膰。"彼析言之，则脤、膰有别；若统言之，脤、膰皆祭肉。甬语统言之耳。③

　　互　釐、脤，皆祭肉。以豕首致祭，俗呼为"利市"，即"釐脤互"之合声。《说文·互部》："互，豕之头。"居例切。字亦作彐。见《广韵·十三祭》。"脤互"声合为誓，誓音近市。皆禅纽，止、祭声近。俗为谐声取吉，借《易·说卦》"（巽）为近④利，市三倍"，以为徼福饶益之谶。"利市"本称祭肉之豕首，后泛称豕首为"利市"，虽非祭肉亦名之矣。⑤

　　糈粢　《楚辞·离骚》："怀椒糈而要之。"王逸注："糈，精米，所以享神也。"《淮南·说山训》："巫之用糈藉⑥。"高诱注："糈，米，所以享神。"段玉裁曰："祭神米曰糈。"见《说文》"疈"字下注。钟案：今祀鬼神，延僧道放焰口，例有精米一杯。先由近事男女逐粒简选，汰除碎屑，并诵佛号以咒之。僧道供米于神佛前，施食于饿鬼，则掷米以饶，俗称"施散米"。或云"须弥山米"之合声，"须弥"声合似施。谓仗佛力

----

① "夜羮饭"，"夜"当是正字，而非"野"。

② "福釐"当作"福礼"。《史记》"方受釐"索隐引应劭云："釐，祭余肉也。音僖。"《汉书》"方受釐"注引应劭曰："釐，祭余肉也。……釐音禧。"当"祭余肉"讲的"釐"音僖或禧，不读厘。"福礼"近代汉语习见，如元无名氏《黄孝子》第十六折："酌水献时花，三牲福礼，银杯酒泛霞。"《古今小说》第三十八卷："连忙请一个塑佛高手，塑起任珪神像……虔备三牲福礼祭献。"

③ "神福"之"神"即为正字，非"脤"之讹。管祭神之肉（也可泛指供品）为"神福"，近代汉语用例很多，如元无名氏《冯玉兰》第二折："只等那船头上烧了利市纸马，分些神福，吃得醉饱了，便撑动篙来，开起船来。"《二刻拍案惊奇》卷二："止留下主会几个父老，亭中同分神福，享其祭余，尽醉方休。""神福"一词，湘语、赣语亦有之。

④ "近"字原脱，径补。

⑤ "祭肉之豕首"叫"利市"，非"釐脤互"之合声。

⑥ "藉"字原脱，径补。

之变化，粒米大如须弥山也。实乃"糈糕米"之讹传。《说文·米部》："糕，粒也。"《荀子·宥坐篇》杨倞注：糕音苏览反。以米享神，其制甚古。后之僧道因袭旧俗，而缘饰以宗教变食之说，以飨饿鬼。然犹循旧名曰"糈糕"。后人习其语而遗其字，遂妄为之说。①

冥食 《说文·冥部》："冥，幽也。"《诗·小雅·斯干》："哕哕其冥。"笺云："冥，夜也。"人死则长夜窀穸，幽暗难明，故幽冥又用为鬼道义。甬俗祭亡灵，溲面屑为馒头十六，为粝廿四，号曰"冥食"。俗音转字易，讹作"面席"。"冥食"者，犹"冥衣""冥钱"之谓。冥音转面，犹"瞑眩"字，亦读如面。耕、清与真声近，而真、先同部，故骈、骈、骈并从并声而读如骗。《洪范》："王道平平。"平亦读如便。

赠承 《说文·贝部》："赠，玩好相送也。"段玉裁注："《既夕礼》云：'知死者赠，知生者赗。'何休云：'知生②者赗赙，知死者赠襚。'文见《公羊传·隐元年》"车马曰赗，货财曰赙，衣被曰襚"注。按：以玩好送死者，亦赠之一端也。"《礼记·文王世子》："至于赗赙承含，皆有正焉。"郑玄注："承读为赠，声之误也。"释文："车马曰赗，布帛曰赙，珠玉曰含，衣服曰襚，总谓之赠。"是送死者之物，皆得谓之赠。故《荀子·大略篇》云："赠襚，所以送死也。"若《文王世子篇》，赠误为承，盖赠，从纽，嶝韵；承，禅纽，蒸韵。古音蒸、嶝同部。从、床类隔，禅、床亦同浊，故从、禅时相通转。见后"从邪床禅相转说"。赠声误承，职缘此故。赠古音为蒸类，蒸、东声近，赠转东韵，音变为丛。段氏《六书音均表》谓第五部至第八部音转皆入于东、冬、钟，蒸、登第六部也。丛、重声似。丛，从纽；重，澄纽。甬音从、澄相混。甬称送死者棺敛襚被曰"重被"。重本赠字，谓送死之被也。③

友朋送襚被，亦呼"情被"。情者，承之讹。送死为承，本《文王世子》之误文，俗因其误而复误之。甬音读承若情，以为友朋致襚，系于情谊，故易作情。④犹会礼之财为賮⑤，见《说文》。俗读賮若情，賮，邪纽；情，从纽。从、邪同浊相转。亦讹作情。送财礼曰"送人情"，其误正同。⑥

吟祈被 《说文·口部》："吟，呻也。"呻者，声之曼。引申之，凡言词曼声皆曰吟。

---

① "施散米"非"糈糕米"之讹传。
② "生"与下文"死"，段注原文两字互倒。此处应氏据《公羊传·隐公元年》何休注给纠正了。
③ "重被"之"重"本字待考。谓"重本赠字"，可备一说。
④ "情被"之"情"字面可以讲通，恐非承（赠）之讹。
⑤ "賮"（jìn），同"赆（賮）"，古代指见面时赠送的礼物。
⑥ "送人情"之"情"即为本字，非"賮（赆）"之字讹或音借。

故《广雅·释乐》："吟，歌也。"《汉书·礼乐志》："吟青黄。"师古注："吟，谓歌诵也。"今僧道诵经曰"念经"，曰"念佛"。学士读书曰"念书"。念即吟也。吟、念皆从今声，侵变为盐，吟音转如念，俗遂借思念字为之。或以诵吟从口，于念旁著口，借"念吣"字为之。皆讹俗非正。甬之觋者，为人诵经咒，祷神祭鬼，祈福禳灾，镇海人谓之"念祈"。《说文·示部》："祈，求福也。"《尔雅·释诂》："祈，告也。"《释言》："祈，叫也。"郭璞注："祈，祭者叫呼而请事。"孙炎曰："祈，为民求福，叫告之词也。"见《一切经音义》卷九引。"念祈"者，谓歌诵叫告之词，为民求福云尔。俗音呼祈如件。盖脂、真对转，真、先相变故耳。

若鄞县、奉化、慈溪等处，呼"念祈"为"念盘"。盘者，祓之音变。《说文》："祓，除恶祭也。"《玉篇》："祓，孚物切。除灾求福也。又方吠切。福也。"《广韵·八物》拂纽：祓又音废。古无轻唇音，祓音拂，当读如泼；祓音废，当读如背。清者转浊，则皆入并纽，泼又变为拔，背又变为佩。祓从犮声，古音为泰类。泰、寒对转，拔、佩转桓韵，皆变为盘。祓为除灾求福，祈亦求福也。曰"念祈"，曰"念祓"，方言用字虽异，而命意则同。①

魖厉魔昴　《说文·鬼部》："魖，厉鬼也。"《玉篇》云："魑魅之类。亦作殊。"盖鬼而祆（妖）者也。《广韵》：魖，丑吏切。声促转入，故《集韵》又音敕栗切。今称恶鬼曰"赤老"，赤即"魖"也。老者，"厉魔"声合之变。《左传·成十年》："晋侯梦大厉。"杜预注："厉，鬼也。"《襄十七年》："尔父为厉。"《廿六年》："厉之不如。"注并云："厉，恶鬼。"《说文·鬼部新附》："魔，鬼也。"佛经屡言魔，亦鬼而祆者。"厉魔"皆恶鬼义，方言类聚以呼，声合为罗。歌、豪同入相转，同入于铎。音变为老。犹萝葍，甬或呼"老葍"。《老学庵笔记》谓闽人谓劳为罗，正其反例。

◇厉，古音为脂类，脂、之合类，之、宵亦合类。厉由之转宵，亦音变为老。王念孙谓脂部字多有与萧部相转者，参看《释地篇》"厉"字条释。又俗呼老鹰、老虎之"老"，亦皆"厉"字，说见《释禽兽篇》。

或曰，"老"者，"厉昴"之合声。昴宫主厉鬼之气也。郑玄注《礼·月令》"孟春"云："昴有大陵、积尸之气。气佚，则厉鬼随而出行。"故"厉昴"联言之。大陵、积尸，今欧西星图皆在英仙座，昴星则在金牛座。然古人周天分度，大陵、积尸在昴之分野，故云尔。②

祟　俗称恶鬼曰"赤老"，或称"老山"。山者，祟之音变。《说文·示部》："祟，

---

① "念祈"今未闻，"念盘"则有之。朱彰年等编《宁波方言词典》"念伴"条："一种不僧不道的巫祝，专门从事建醮、放焰口、祷神、驱鬼等事。又叫'念先生'。"（214页）"盘"非"祓"之音变。

② 称鬼为"赤老"，除宁波外，上海、苏州等地也有这种说法。"赤老"本字不明。谓"老"是"厉魔"声合之变，或"厉"之音变，或"厉昴"之合声，均不确。

神祸也。"段玉裁注："释玄应《众经音义》曰：'谓鬼神作灾祸也。'"《庄子·天地篇》："其鬼不祟。"是鬼为人祸，亦谓之祟。今俗称鬼为"鬼祟"，即原于此。祟，古音为脂类，脂、元两类同入相转，参段玉裁说。脂类，即段表之十五部；元类，即段表之十四部。故祟转山韵，音变为山。犹游说之说，音亦变为山。俗诮人言辞坚定曰"老三"，今音山、三混似。即"牢说"也。①

贞　《说文·卜部》："贞，卜问也。"陟盈切。知纽，清韵。古无舌上音，今知纽字古读舌头音，为端纽。故贞古音当如丁。耕、清转阳，音又变为打。甬音打在阳韵。今占卦曰"打卦"，占家宅曰"打家宅"。打无卜筮义，即"贞"之音变。②

卟　《说文·卜部》："卟，卜以问疑也。读与稽同。"《广韵·十一荠》："卟，问卜也。"音启，犹稽亦读若䭫首之稽矣。今卜筮曰"卟课"，正音如启。俗不得其字，讹作"起"。③

契开　《诗·大雅·绵》："爰契我龟。"传曰："契，开也。"笺曰："契灼其龟而卜之。"释文："契，苦计反。"与开为双声。今读契为溪纽齐齿呼，古今音等粗细有异也。《周礼·春官·卜师》："掌开龟之四兆。"开犹契也。古卜灼龟，视其裂文为朕兆，本皆坼裂义。朕，甲缝也，见《考工记》；兆，《说文》作𠁬，灼龟坼也，参看下条。坼裂形状以验吉凶，遂引申朕兆为征验义。契、开，亦坼裂也，是契、开亦可引申为朕兆义。契、开古音并为脂类，脂、歌声近相转，音变为课。今开在咍韵，歌、咍同入相转，同入于曷。音亦变为课。今呼卦为课。《玉篇》："卦，兆也。"契、开，亦兆也。然则朕兆呼为课者，正开之转音。课训试，见《说文》。本无朕兆义。占课者，即"占开"，谓占其坼裂也。明人《六壬大全》载宋人邵彦和之说，已名卦为课。然则卦呼为课，宋已云然。章炳麟《新方言》以为课即卦之变音，今不从。章氏意谓卦从圭声，古音为支类，支、歌通转；又卦见纽，课溪纽，皆牙音，亦可通转。然见、溪通转，究非恒例。

或曰，课者，考之音变。《诗·大雅·文王有声》："考卜维王。"笺："考犹稽也，稽疑之法，必契灼龟而卜之。"《广雅·释诂二》："考，问也。"凡卜皆为问也。《说文》："占，视兆问也。""贞，卜问也。""卟，卜问也。""卟，卜以问疑也。"皆以问为训。称"占考"者，

<hr/>

① 称鬼为"老山"，一般写作"老三"，理据不明。但"三"或"山"恐非"祟"之音变。另外，"诮人言辞坚定曰'老三'"，"老三"本字亦非"牢说"。
② "打卦""打家宅"之"打"非"贞"之音变。正字就是"打"，"打"是个泛义动词。今宁波话无"打卦""打家宅"等说法。
③ 文献均作"起课"。《汉语大词典》"起课"条："占卜方法的一种。古代方士六壬术，有四课式，用占目之干支为推算之本，后因称求卜为'起课'。"

犹云"占卜"，类聚同义字为词也。考，晧韵。豪、歌同入相转，同入于铎。音变为课。虚字实用①，后又泛称卜得之兆亦云课矣。如饭本食义，后称所食之物亦云饭。②

　　卟　《说文·卜部》："卟，灼龟坼也。"治小切。澄纽，小韵。经传多作兆。引申之，凡可征验之先见皆云兆。古无舌上音，今澄纽字于古为定纽，故兆古音当如窕。宵、幽声近，宛转幽部，音变徒酉切。幽、尤无定纽字，不得不转入声近之侯韵，音变为头。侯部声重浊，故有舌头音，而无舌上音。幽部声清细，故有舌上音，而无舌头音。故侯部字欲作知、彻、澄纽音，不得不呼作幽韵。反之，幽韵字欲作端、透、定纽音，不得不呼作侯韵。皆声势使之然也。今呼卦为"卦头"，课为"课头"，朕兆曰"兆头"，亦曰"谶头"，头皆兆字。谓吉凶之征验也。③

　　谶　《说文·言部》："谶，验也。"楚荫切。今以事物触机占验曰"作谶"。又谓吉凶事有征验之先见谓之"谶头"。谶音皆转如甑，七曾切。盖侵、蒸两类声近相转故也。"谶头"又音转，讹作"彩头"。盖彩在海韵，古音为之类。谶音转甑，为蒸类。蒸、之对转，故甑变为彩。头即兆字，说见上条。

　　签　《说文·竹部》："籤（签），验也。一曰锐也，贯也。"《通俗文》："记识曰签。"《一切经音义》卷十四引。今剡竹片为尺寸之筹，其端锐者，谓之"签"，即《说文》之后一义也。或以竹片之短而阔者，上记名号，谓之"签条"，即《通俗文》义也。朱骏声《通训定声》曰："今俗谓神示占验之文曰签。"此即《说文》之前一义也。钟案：朱氏所云"神示占验之文"，即今神庙中之"签诗"，以其文作韵语，故云诗。祷神求占签诗之法不一，有以玅杯定阴阳胜爻，玅杯二只，俱覆为阴，俱仰为阳，一覆一仰为胜。四演成兆，以与其占书相核验者；有以钱之阴阳，五演成兆，以与其占书相核验者；如俗流传之《关帝签》是。有以竹签数十百条，分记数号，合置一筒，摇出其一以为兆，与其占书相核验者。总名曰"签诗"。《说文》系传曰："签出其处为验也。"似指上三占之后一种而言。俗以为"签诗"者，乃用竹签摇占而得名。不知签之本义，原有占验之训。

<hr>

① "虚字实用"，这是沿用古人的语法术语。我国古代对于实字和虚字的分类，有一种是按"有形体"和"无形体"来区分的，基本对应于名词与非名词的区分。这里的"虚字实用"相当于动词活用为名词。
② 称占卜及卦兆为"课"，"课"非"开"或"考"之音转。
③ "卦头""课头""兆头""谶头"之"头"都是名词词尾，非"兆"之音变。

卷一　释地

目　录

（括号内小字为俗音及讹字）

冈　《尔雅·释山》："山脊，冈。"《广韵·十一唐》古郎切，见纽开口呼。唐、阳古同部相转，又见、群清浊对转，音变阳韵群纽开口呼，读若轧阳切。轧读轧账之轧，如英文 G 硬音。有声无字。甬之山区人谓越山而去曰"过一冈"。冈即如"轧阳"音。

阿　《说文·阜部》：“阿，一曰曲阜也。”《诗·卫风·考盘》传曰：“曲陵曰阿。”《楚辞·九歌·山鬼》：“若有人兮山之阿。”王逸注：“阿，曲隅也。”《广雅·释丘》：“四起曰京，曲京曰阿。”郝懿行曰：“四边高，而中央卷曲低下也。”今地处山曲深入曰“阿”。歌、豪同入相转，同入于铎。音变为奥。俗作隩，又简作峇。奥亦有深曲义。《说文》：“奥，宛也。室之西南隅。”第未尝名山中地如“阿”之深切著明耳。若《尔雅·释丘》“厓内为澳”，此澳同澳，为水曲，非山曲也。[①]

◇《说文·谷部》：“泉出通川为谷。”《尔雅·释水》：“水注川曰溪，注溪曰谷。”谷，屋韵，见纽，合口呼。今屋韵多读开口，音之变也。屋为东入，洽、乏为咸、凡入，东与咸、凡相转（風、鳳从凡声，贛、灨亦读贡，嬰亦读方勇切，等是），故屋与洽、乏亦相转。谷转乏韵，为括法切，音近聒。甬俗称山溪之水曰“山聒水”，即“山谷水”也。谷音转如聒，犹秃甬呼如脱，肃厉之气曰“肃风”，俗讹为“杀风”也。[②]

敦　《尔雅·释丘》：“丘，一成为敦丘。”郭璞注：“成，犹重也。今江东呼地高堆者为敦。”今俗字作墩。地有以墩名者，皆谓其地势高于邻地也。

隈　《尔雅·释丘》：“澳，隈。”郭璞注引《淮南子》曰：“渔者不争隈。”按：高诱注《淮南·览冥训》曰：“隈，曲深处，鱼所聚也。”孙炎注《尔雅》曰：“隈，水曲中也。”见《诗·卫风·淇奥篇》释文。《说文·阜部》：“隈，水曲隩也。”郝懿行曰：“隈有深曲之义。澳犹奥也，亦深隐之义。”澳、隈皆影纽双声，所异音等开合之转耳。声系通者，义每相似。隈从畏声，古音为脂类，与元类同入对转，参段玉裁说，见《释天篇》“崇”字条下注。隈转寒、删，音变为弯，俗作湾。古无湾字，《说文》《玉篇》皆未见，郦道元《水经注》始见之，当是齐梁后俗体。《广韵·廿七删》有湾字，训“水曲”。今谓水厓凹入为湾，水环绕其地亦曰湾。地以湾名者，不出此两义。若物曲云弯，本是枉之音变，元、阳声近相转也。详后“枉”字条。

汭澳　《说文·水部》：“汭，水相入也。从水，从内，会意。”《广韵·十三祭》：“汭，水曲。”《诗》假“芮”为之。《大雅·公刘》：“芮鞫之即。”笺曰：“芮之言内也。水之内曰澳。”然则，芮犹澳也。《说文·阜部》：“澳，水[③]隈厓也。”《说文》：“隈，水曲澳也。”芮、澳皆水入于内之谓。甬称河流曲入于内为“漕”，读禅纽，市豪切，即“芮澳”联言之合声，方言类聚同义字为词也。汭、芮本日纽，而锐切。日为半齿音，乃禅之余，

---

①“隩（峇）”恐非“阿”之音变。谓“奥亦有深曲义”，是。“奥”为深室，“澳”“澳”为水涯深曲处，“峇”为山深处，音义相通，是一组同源词。

②这段文字原补在正文“冈”“阿”两条之天头，就内容看，是讨论“谷”及“山谷水”，但未出条目字，故附于此。

③“水”，原作“小”，误，径改。

故日纽字易流于禅。禅、床同浊，读禅而更浊之，又流于床。如人、仁、忍读若辰；髯读若蟾；乳、儒读若竖、殊；肉、辱读若属；日读若实。今读汭、芮故若瑞。"汭澳"声合斯为甬音之漕。漕本音曹，从纽。《说文》："漕，水转谷也。"往昔舟输粮谷之京称漕运，是其本义。今甬地以"漕"名者，不可胜数，皆其地有河流深入可稽。①

枝　漕，俗又呼"漕注"，雅人或书作"漕渚"，皆非是。注训灌，固无当。渚，水中小洲也，见《诗·召南·江有汜》传。义尤不切。正字当作"枝"。谓河流枝歧入内也。《管子·度地》："水别于他水，入于大水及海者，命曰枝水。"尹知章注："言为之枝。"支、鱼声近，故音转如渚。②

渚沚　《尔雅·释水》："水中可居者曰洲，小洲曰陼，小陼曰沚。"陼亦作渚。《释名·释水》："小洲曰渚。渚，遮也，体高能遮水，使从旁回也。小渚曰沚。沚，止也，小可以止息其上也。"甬乡河中有横地障遮其流，突出如岛或如半岛者，多堪舆家为之，使水不直流，旁回其地，谓可令其村民饶益，俗称"止水墩"。止，正当作沚，亦可作渚。《释名》所云正其义。渚、沚大小之别，其音则支、鱼声近相转。墩者，敦之俗。见上文"敦"字条释。③

洦泊　《说文·水部》："洦，浅水也。"段玉裁注："隶作泊，亦古今字也。浅水易停，故泊又为停泊。"《玉篇》："泊，步各切。止舟也。"泊，铎韵。铎为模入。缓气读之，转去声暮韵，如步。俗作埠。今称舣舟上岸之处曰"埠头"。头者，浔之音变。说见下条"浔"字释。或引任昉《述异记》，以为吴、楚读浦如步，埠即浦字。浦，滂纽，北音转浊为并纽，固得变为步。然"浦"，厓也，为水滨，未即为止舟义。今不从，考定为"泊"字。◇ 埠头之"头"，或谓"道"之音变，豪、侯同入相转也。参看后《释宫篇》"洦"字条。④

浔裔　《广雅·释丘》："浔，厓也。"《淮南·原道训》："故虽游于江浔海裔。"高诱注："浔，厓也。裔，边也。浔读葛覃之覃也。"覃，古音为侵类，侵、幽对转，幽、尤无舌头音，势必归转邻部侯韵，则音如头。凡河头，江头字，皆滨厓义。泊舟登岸，必在水厓，故云"浔"。河滨曰"河边裔"，物之边缘曰"边裔头"，皆本古训。

---

① "漕"非"芮澳"之合声。"漕"本指水道运输，引申为可供漕运的河道。宁波话则指一头不通的河汊，多用于地名。

② 写作"漕注""漕渚"固不确，写作"漕枝"亦可商。《阿拉宁波话》（修订版，下同）写作"漕嘴"，释为"一头不通的河汊子"（6页），可参。

③ "止水墩"的"止"就是本字，无烦假借。今无此语。

④ 清翟灏《通俗编·地理》"步"字条："俗谓问渡处曰'埠头'。据诸书当作'步'字，而《宋史》皆从俗作'埠'。""埠"字宋以前写作"步"，宋以后才写作"埠"。"埠"正字作"步"，非"泊"之音转。"埠头"之"头"亦非"浔"或"道"之音转。

裔，俗作"沿"，非。顺流而下为沿，见《书·禹贡》传，非边义。凡幽、尤韵字读定纽，必转侯韵作头音。说详《释天篇》"暉"字及"犁"字下注。①

桥窦 《说文·木部》："桥，水梁也。从木，乔声。"古音为宵类。宵、谈对转，桥转谈韵，音变巨甘切。桥本巨娇切。有声无字。覃、谈、咸、凡韵，皆无群纽字。甬人呼"桥"为地名者，往往作此音。如镇安桥、米行桥、鄞东乡之盛家桥、陆家桥、姚郎桥等处，桥或呼作巨甘音。略如英文之J。桥音转作巨甘切，犹呼猫音如獿也，亦宵、谈对转之例。覃、谈、咸、凡韵皆无明纽字，故借用删韵獿字以状其声。今音覃、谈、咸、凡与寒、删几混同也。

俗称桥为"桥头"，碶桥为"碶头"。头本窦字。《说文·穴部》："窦，空也。"《玉篇》云："水道也，决也。"凡桥跨水道，莫不下空以通舟楫，故云窦。窦为侯类，侯、东对转，音又变为洞。俗称桥穴曰"桥洞"。鄞西有"十三洞桥"，慈溪有"五洞闸"。洞亦窦字。《说文》："洞，疾流也。"非其义。洞达、洞悉字，乃"迵"之假借。《广韵·一送》："洞，空也。"此后人义。即"窦"之变音，俗借"洞"为用，久假不归，《广韵》徇俗收入之耳。②

◇《尔雅·释水》："江、河、淮、济为四渎。四渎者，发原注海者也。"凡百川入海，其原多出于山溪，故《释山》以溪、渎并称，《说文》以山渎释溪。《太平御览》卷七十五引《尔雅》旧注云："水流不绝曰渎。"溪流不绝，通注于河，故河之始，即溪、渎之末。甬俗称溪、河相连处曰"河头"，如地名"沙叶河头""横溪河头"皆是。头即渎也。渎从卖声，古音为侯类。长言转平，故音如头。犹"句读"呼为"句头"，受人谴谪曰"牵头"。窦亦卖声。然橇舟登陆之所曰"河埠头"者，亦简称为"河头"，此头乃"道"字。③

唐 坝曰"坝头"，堰曰"堰头"。此头皆唐字。唐、塘古今字。《说文·阜部》："隄，唐也。"《玉篇》云："隄，塘也。"唐、隄（堤）亦双声。隄音低，又音提。李巡注《尔雅·释宫》曰："隄，防也，障也。"隄、唐皆以土石壅遏其川。坝堰固其义，故云唐。唐、侯同入于铎，同入故得对转。唐转侯韵为头。李巡注见《一切经音义》卷二引。○ 坝从贝声，今俗作"堨"，从具，非是。④

壙岩 《楚辞·七谏·哀命》："穴岩石而窟伏。"王逸注："岩，穴也。"字亦作壙。《汉书·礼乐志·郊祀歌》"青阳三章"："壙处顷听。"注引晋灼曰："壙，穴也。"今谓孔穴为"洞眼"，即"窦壙"之讹。甬地有名"两眼桥""三眼桥""四眼碶"等者，

---

① "河头""江头"之"头"非"浔"之音转。"河边裔""边裔头"之"裔"，本字就是"沿"。

② "桥头""碶头"之"头"本字非"窦"字。"桥洞"之"洞"亦非"窦"之音转。

③ 地名"河头"之"头"本字非"渎"字。

④ "坝头""堰头"之"头"是词尾，非"唐（塘）"之音转。

眼谓其窦孔之数也。正当作"壪"。①

徛　《说文·彳部》："徛，举胫有渡也。"去奇切。"举胫"，《玉篇》作"举足"。举足有渡者，谓跨步有可渡也。夫沟浍咫尺之水，固一跨而渡。若涧溪水阔，需数步方登彼岸者，则中流必须有换步可履之石。《尔雅·释宫》："石杠谓之徛。"郭璞注："聚石水中，以为步渡彴②也。"是徛即中流换步之石。盖《说文》以徛为状渡之名，《尔雅》虚字实用，即以状渡之名名其所渡之具。马瑞辰曰："石矼，今南方谓之石步。"钟案：甬山区涧中多有之，俗呼"溪步"。溪、徛音近，正字当为"徛"。

阪　《说文·阜部》："阪，坡者曰阪。"《土部》："坡，阪也。"阪音反。古无轻唇音，今非纽字于古为重唇帮纽。然则阪古音当如板。清音转浊，帮转并纽，又变为瓣。今称山地一区为"一瓣山"。瓣即阪也。凡山无不为阪，即凡山无不为坡也。

垩　《说文·土部》："垩③，地平也。"皮命切。字亦作坪。垩从平声，古音为耕类。耕支、对转，音变为被，俗作皮。今谓平地曰"地皮"，即"地坪"也。④

◇《玉篇》："剖，分判也。"案：此乃"剖"之假借（从朱骏声说）。剖、剖皆从音声，古音为同类，并⑤、滂声近，故相转。凡有分判，即各有归属，故引申为部分、部曲、部落义，地区之分亦称部。《山海经·西山经》："司天之九部。"郭璞注："主九域之部界。"今称领土为"地盘"，即"地部"也。《广韵·十姥》：部，裴古切。姥为鱼类，鱼由戈转元，故讹为盘。今桓、缓、换韵字，甬音往往如虞、模也。盘为器名，无界域义。⑥

畴　《说文·田部》："畴，耕治之田也。"直由切。澄纽，尤韵。古无舌上音，今澄纽字于古为定纽。今幽、尤韵又无定纽字，声势所移，不得不转入侯韵，音变为头。参看《释天篇》"曋"字及"秌"字下注。今称耕田曰"田头"，即"田畴"也。"田畴"自古为成语。《礼·月令》"季夏"："可以粪田畴。"《左传·襄三十年》："取我田畴而伍之。"《孟子·尽心上》："易其田畴。"皆是也。畴音变头，犹《淮南·主术训》"鸡鸐"之"鸐"，高诱注读为头。鸐、畴音同也。⑦

井畴　《一切经音义》卷一引贾逵注《国语·周语下》曰："一井为畴。"赵岐注《孟

---

① "洞眼"非"窦壪"之讹。"眼"唐代即有孔穴义，如唐杜甫《石笋行》诗："古来相传是海眼，苔藓蚀尽波涛痕。"

② "渡"字原脱，径补。"彴"（zhuó），溪流中用来渡涉的踏脚石。

③ 此据小徐本，大徐本作"坪"。

④ "地皮"之"皮"非"坪"之音转。

⑤ "并"，原作"帮"，误，径改。

⑥ "地盘"之"盘"当由盘子义引申而来，非"部"之音转。

⑦ "田头"之"头"是词缀，非"畴"之音转。

子·尽心上》曰："畴，一井也。"古者井田区分以耕，故畴又引申为区界义。《文选·魏都赋》："均田画畴。"刘逵注："畴者，界也。埒畔际也。"《蜀都赋》："瓜畴芋区。"注："畴者，界埒小畔际也。"畴古音既读定组，又阴声转阳，幽、侵对转，音变为潭。甬乡地名有以"潭"称者，如孔家潭、钟家潭、王家潭等。顾其地并无深渊，盖潭者即畴之音变，谓孔姓、钟姓、王姓之田界也。

◇地名称"潭"者，其村多处河滨，潭盖浔字。高诱注《淮南·原道训》云："浔读如葛覃之覃也。"《广雅·释丘》："浔，厓也。"王念孙曰："浔与潭通。"《楚辞·渔父》："游于江潭。"即江滨也。孔家潭者，谓孔姓河滨也。[1]

井、畴义同，方言或类聚言之以名地。而畴音变为头，如"王家井头"是也。[2]

畷 《说文·田部》："畷，两陌间道也。"义与畛似。《说文》："畛，井田间陌也。"《尔雅》释文："畛，田间道。"见《释言》"障，畛也"条下。《广韵·十三祭》缀组："畷，《礼》注云：'井田间道。'《吴都赋》云：'畛畷无数。'又张劣切。"钟案：间道所以为界。《吴都赋》"畛畷"联言，畛固训界，《小尔雅·广诂》："畛，界也。"则畷亦有界义。张劣切为知组。古音无舌上，今知组字于古读端组。则畷古音如掇。畷、缀同音，犹缀亦读丁劣切也。今鄞地名，有康家畷、傅家畷、屠家畷等者，畣即畷之讹。谓其地康姓、傅姓、屠姓之界也。畣后出俗字。[3]

畦 《仓颉篇》："田五十亩曰畦。畦，埒也。"《一切经音义》卷十七引。故畦亦有区界义。《楚辞·招魂》："倚沼畦瀛兮，遥望博。"王逸注："畦，犹区也。"畦本户圭切，与携同音。今携、畦皆读如奚，音等转细，变合口为齐齿故也。户圭音似汇。甬乡有以"汇"名者，如李家汇、鲍家汇、符家汇。汇即畦也，谓李姓、鲍姓、符姓之区界也。汇本训器，见《说文》。又借为回。见《书·禹贡》。其地无大水回受，乌得云"汇"？[4]

畦从圭声，古音为支类。支、耕对转，耕、庚声近，音变为横。鄞地名有以"横"称者，如童家横、任家横。横即畦之转音，谓童姓、任姓之区界也。[5]

---

① 地名"孔家潭"之"潭"，非"畴"（田界义）之音变，亦非"浔"（河滨义）之音变。《阿拉宁波话》"潭"条："音队阳平。地名用词，小池沼之意：甘溪潭｜蒋家潭。"（9页）可参。

② 此说不确。宁波话称"井"为"井头"，地名"王家井头"当是以王姓之井作为地名的。

③ "畷"恐非本字。《阿拉宁波话》"畣"条："音答。地名用词，意为一块地方：康家畣｜杨家畣。俗语：西乡十八畣。《集韵·盍韵》：'畣，地之区处。德盍切。'"（7页）可参。

④ 地名"李家汇"之"汇"，本字即为"汇"，而非"畦"。《阿拉宁波话》"汇"条："地名用词，本指众水合流之处：李家汇｜唐家汇。"（9页）可参。

⑤ 地名"童家横"之"横"，本字即为"横"，而非"畦"之音转。《阿拉宁波话》"横"条："地名用词，指区域横延：任家横｜童家横。"（9页）可参。

畔 《说文·田部》："畔，田界也。"薄半切。浊音转清，并转帮纽，音变为半。桓、寒、元、删同类相转，又变为板。犹绊足而仆为"绊跌"，俗音如"板跌"；又呼"豆瓣"为"豆板"，其例正同。畔既纽、韵俱变，俗字作畈。鄞地名有林家畈、薛家畈等，谓林姓、薛姓之田界也。今谓平原曰"田畈"，《广韵·廿五愿》："畈，田畈。"方愿切。类隔则为博愿切。此后出字，疑即"平原"疾呼之合声，由浊音并纽转为清音帮纽也。犹坂亦音甫晚、蒲板二切（见《玉篇》），亦清浊两读也。①

"田界"疾呼声合为大。卦、泰声近。地有以"埭"名者，如周家埭、孟家埭、应家埭等。埭读如大。本谓周姓、孟姓、应姓之田界。《玉篇》："埭，徒赉切。以土堨水。"考其地无堨水处，故知其为谐声借字。②

场疆 《诗·小雅·信南山》："疆场翼翼。"传曰："场，畔也。"畔，田界也。见《说文》。故《广雅·释诂三》："疆、场、畔，界也。"《说文新附》："场，疆也。"场从易声，古音为支类。支、耕对转，耕、阳声近，音变为洋。"场疆"字训联言，声合亦为洋。甬地名有以"洋"称者，其地本不濒海，如何家洋、李家洋、鲍家洋等。谓其地何姓、李姓、鲍姓之界也。或附会"洋"为众多义，以其人宅繁聚，故云"洋"。然以"洋"名者，多孤僻小村，可知其闭门造车，罔识轨辙矣。③

边界 《尔雅·释诂》："疆、界、边，垂也。"垂、陲古今字。边与疆、界同训，则边有疆界义。地有以"边"名者，如孙家边、钱家边。谓孙姓、钱姓之界也。

或径以"界"名，而字讹作"隘"。甬读隘如界，如邱隘、郑隘、殷隘。谓邱、郑、殷姓之疆土。隘本乌懈切，训狭，训陋，俗称居处狭小曰"隘窄"，音却不误。音义皆无当。鄞县东乡地以"隘"名者最多，乡谚所谓"东乡十八隘，南乡十八埭"是也。虽名"隘"之村大小不一，然皆平原夷易。《鄞县通志》乃谓地名"隘"者，皆地处险要。望文生义，可笑已甚。④

垠 《说文·土部》："垠，地垠也。"语斤切。段玉裁注："古者边界谓之垠咢。"是垠为界义。《后汉书·班固传下》"东都赋"："南趯朱垠。"李贤注引《说文》曰："垠，界也。"是李氏所据《说文》垠正训界。垠从艮声，古音为真类。真、寒声近

---

① 地名"林家畈"之"畈"取田畈义，与当"田界"讲的"畔"无关。又，"畈"非"平原"之合声。
② 地名"周家埭"之"埭"取土坝义，"埭"非"田界"之合声。
③ 地名"何家洋"之"洋"非"场"之音变，亦非"场疆"之合声。《阿拉宁波话》"洋"条："地名用词，本指滨海之处：白塔洋｜徐洋。"（9页）可参。
④ 地名"邱隘"之"隘"读音特殊，本字是什么，各家说法不一。笔者认为，地名"隘"读gà，本字当作"隑"，声母由影母变为见母。"水溢出"的"溢"宁波话读隑[kɐʔ/⁵⁵]，可以旁证。参看拙文《请为"隘"字补一个宁波地名特殊读音》，《宁波大学学报》2014年第6期，又见人大复印报刊资料《语言文字学》2015年第2期。应氏"或径以'界'名，而字讹作'隘'"，亦可备为一说。

相转，音变为岸。犹眼、限、艰亦从艮声。甬乡地名有以"岸"称者，其地未尝濒厓大川，如周家岸、祝家岸。正谓其地乃周姓、祝姓之界也。①

　◇家，古音在鱼类，读如姑。鱼、阳对转，音变为冈。今读港如冈（港从巷声，本在东类）。今地名曰"某港岸"者，港盖家字，岸盖垠字。②

畖　地名"家岸"，亦有呼为"港岸"者，如励港岸、舒港岸等是。家、港固一声之转，麻、庚同入于陌。然作港声，自有其字义。《说文·田部》："畖，境也。"古朗切。畖、港音似。畖字僻，俗遂借港为之。江与阳、唐今音相似。凡地以"港"名，实无大川临之者，皆畖字也。如西港、五港、郭家港皆是。③

州　《说文·川部》："州，水中可居者曰洲。水周饶其旁，从重川。《诗》曰：'在河之州。'《周南·关雎》文，今本《毛诗》作洲。一曰州，畴也。各畴其土而生也。"畴，耕治之田也。州，照纽，尤韵。今音知、照混同，于古皆为端纽。端、定为清、浊。州训畴者，盖畴之借字。古有读畴转清音为端纽者，乃借州为之。许君并录之耳。州古音既在端纽，而幽、尤韵今无舌头音字，声势所归，不得不邻转侯韵，音变为斗。参看《释天篇》"曋"字及"斝"字条注。吾乡地名"施家斗"者，四周皆河，无桥以通，所谓水中之州。即《说文》前一义也。然则斗即州之古音。又鄞东山中有小村曰"龙家斗"，俗讹作"龙角斗"。镇海江南有"姚家斗"。此斗即田畴义，《说文》后一义也。州尚有聚居之义，如五百家为党，"五党为州"，见《周礼》；"里十为术，术十为州"，见《管子》。然皆千万家之大处，与今名"斗"之村落田野小处者不符，兹不取。④

党所　《国语·越语》："夫上党之国。"韦昭注："党，所也。"《释名·释州国》："上党，党，所也。在山上，其所最高，故曰上党也。"《三苍》："所，处也。"《一切经音义》卷二引。《论语·为政》："居其所，而众星共之。"皇侃疏："所，犹地也。"党⑤、所皆地处义，故《广雅·释诂二》与"里、衖、处古处字、落"同训"尻"，尻，居处本字。盖皆为民居之名。所，本疏举切，音糈。鱼变为麻，故今读所如捨。苏吴人称

---

① 地名"周家岸"之"岸"用的是字面义，非"垠"之音变。
② 地名"某港岸"一般写作"某江岸"（港、江宁波话音近），如：尹江岸、范江岸。"江岸"用的是字面义，非"家垠"之音变。
③ 地名中的"港"非"畖"之借字。
④ 地名中的"斗"非"州"或"畴"之借字，当由形状如"斗"得名。字或作"圷"。浙江湖州地名中"圷"字使用很普遍，同治《湖州府志》卷四十三引《水利备考》："凡田之在污下（低洼）及当水之冲者，必有圩岸围之，如斗之状，其名曰圷。"参看刘美娟《浙江地名疑难字研究》，中国社会科学出版社2012年版，93—95页。
⑤ 《广雅·释诂二》"党"作"鄀"。王念孙疏证："鄀，古通作党。"

外方，音如外稍。稍即所字，犹存本音未变。地名有称"沙"、称"厍①"者，如钟家沙、杨家厍。上海乡村以"厍"名者最多，俗皆作"沙"。本皆所字。党，端纽，清音转浊，变入定纽为塘，如王家塘、裘家塘、冯家塘等。其地并无堤塘之迹，盖本党字，谓其姓之居处也。②

坟茔墓垄　《说文·土部》："坟，墓也。""茔，墓地。""墓，丘也。""垄，丘垄也。"垄亦坟墓义。《周礼·春官·序官》"冢人"郑玄注："冢，封土为丘垄。"是丘垄即冢也。鄞南有村曰"胡家坟"；鄞东有村曰"张家营"，营即茔之讹；曰"史家码"，码即墓之音变，模转麻也；曰"姜家陇"，陇即垄也。皆以其姓之宅兆名其地。

垗兆　《说文·土部》："垗，畔也。畔者，田界也。为四時界，祭其中。《周礼》曰：'垗五帝于四郊。'"《春官·小宗伯》文。治小切。《广雅·释丘》："垗，葬地也。"经传多作兆。澄纽，小韵。古无舌上音，今澄纽字于古为定纽。故垗古音当如窕。北音定为透浊，浊音转清，垗变透纽，音变为跳。鄞南有村曰"董家跳"。跳即垗也。谓董姓所葬地，亦董姓田界也。③

圹　《说文·土部》："圹，堑穴也。"苦谤切。段玉裁注："谓堑地为穴也，墓穴也。《周礼·方相氏》：'及墓，入圹，以戈击四隅。'郑曰：'圹，穿地中也。'"《广韵·四十二宕》："圹，墓穴。"圹本溪纽合口，音等自转为开口，则变为坑。鄞东有村曰"殷家坑"。其地平旷，无洼谷之迹。盖坑即圹也，为殷姓墓穴所在也。④

趄爰辕　《说文·走部》："趄，趄田，易居也。"羽元切。经传或借作爰，作辕。《左传·僖十五年》："晋于是乎作爰田。"疏："服虔、孔晁皆云：'爰，易也。'赏众以田，易其疆畔。"《国语·晋语三》"作辕田"韦昭注："贾侍中云：'辕，易也。赏众以田。易者，易疆界也。'唐曰：'让肥取硗也。'"钟案：晋惠公为秦获，将归，欲以悦众，故以公田之肥，易群臣之硗者。而《汉书·地理志下》："秦孝公用商君，制辕田。"张晏曰："周制三年一易，以同美恶。"孟康曰："三年爰土易居，古制也。"此谓农田三年易耕之制，与晋赏田、易硗予肥不同。然爰、辕训易，其为换易土田，则一也。甬地有以"园"名者，如"张家园""王家园"等。顾其地，古今无园囿、园陵之迹。方俗名地，多以其姓号其疆界，本篇所列⑤甚众。则园者，盖亦疆界之谓。

---

① "厍"（shè），村庄，多用于地名。
② "王家塘""裘家塘""冯家塘"之"塘"本字当为"塘"（堤坝义），而非"党"。
③ "跳"恐非"垗"之音转。《阿拉宁波话》"跳"条："地名用词，指地势突然高出的地方：董家跳。"（7页）可参。
④ "坑"恐非"圹"之音转。《阿拉宁波话》"坑"条："地名用词，本指低陷之处：东坑｜上兆坑。"（8页）可参。
⑤ "列"，原作"例"，误，径改。

意者，其地乃易得者也。"趄田"疾呼声合如园，乃借园为之。张家园者，谓张姓易居于此也。

◇《后汉书·光武纪》"二年"："发掘园陵。"李贤注："园谓茔域。"引申为凡墓之称。甬地有以"园"名者，如"滕家园""张家园"等，皆谓其地本滕姓、张姓之墓所也。与"胡家坟""姜家陇""史家墓"例同。或谓园乃"趄"字，以"趄田"义当之，义逊于此。存参。①

畹　《说文·田部》："畹，田三十亩曰畹。"於阮切。元、删古音同部，北音读畹正若湾。地有以"湾"名，而非处水曲，即畹之讹。如鄞东乡有小村曰"唐家湾"，在后河相近。西南乡有"董家湾"。地皆平原，无水曲山隈之迹。谓唐姓、董姓之田也。②

畮　《说文·田部》："畮，六尺为步，步百为畮。秦田二百四十步为畮。"今作亩。畮从每声，每又从母声，古音为之类。之、蒸对转，音变如萌，弥登切，见《尔雅·释训》释文。重唇闭口，鼻音呼之。甬称阿母曰"阿姆"，姆同畮音，亦即此理。甬称田之面积曰几亩，亩音即如萌。鄞东乡有小村曰"秦家亩"，俗音正如萌，英文爱姆之姆。谓秦姓之田也。③

自除垛洫　《说文·自部》："自，小阜也。"都回切。古音为脂类。脂、歌邻转，音变丁果切，而形作除。《字林》："除，小堆也。吴人谓积土为除。"《一切经音义》卷十七引。字又作垛。《通俗文》："积土曰垛。"《一切经音义》卷十二引。今旱地种菽麦蔬蓏者，必开凿畎沟以泄其潦，即以其土积于田为小阜。畎阜相间，相去三五尺，坐次行列，甬俗呼为"田掇"。掇俗字，音如掇，即"自除"急呼之入声。自，灰韵，灰入于没，则为咄。除，果韵，果入于末，则为掇。

或云，掇者，"自洫"之合声。洫，畎沟也。虽洫大于畎，析言之，固大小有别；洫倍于沟，沟倍于遂，遂倍于畎。见《说文》及《考工记》。混言之，则未尝不互称。凡田掇皆畎阜相间，故"自洫"联言之。洫，况域反，见《考工记》释文。"自洫"声合如德。掇、德，甬音同也。④

田掇，或曼衍其词，称为"田掇田浱"。音弭。浱即亩字。亩古音在之类，为莫履切也。⑤

沟　《释名·释水》："田间之水亦曰沟。沟，构也，纵横相交构也。"《广雅·释水》："畎、沟，坑也。"畎、沟义同，故得互称。甬称田中畎为"田沟"，音转为"田

---

① 地名"园"非"趄田"之合声，亦非墓地义。
② 地名"湾"非"畹"之音转，本字就是"湾"。
③ 《尔雅·释训》释文不载"畮"弥登切读音。"萌"与"畮、姆"不同音，应氏视作同音，反映应氏有地方口音。这种情况也见于其他条目，如《释亲》"妈"条谓"姆、鱼、吴、五"等字音转庚韵。
④ "田掇"之"掇"非"自除"急呼之入声，亦非"自洫"之合声。
⑤ "田掇田浱"之"浱"（音弭）的本字不是"亩"，当是"尾"或"面"。"田掇田浱"今未闻。

江"。盖沟从冓声，古音为侯类。侯、东对转，东、江同部，故沟音转为江。犹讲、
構并古项切，亦从冓声也。《史记·甘茂传》："樗里子与魏讲罢兵。"索隐："讲，
读曰媾。"又《虞卿传》："不如发重使为媾。"索隐："媾，亦讲。"《国策》正
作"讲"。皆侯、江通转之证。

　　陵　《释名·释山》："陵，隆也，体隆高也。"陵、隆双声，亦蒸、东声近相转也。
凡旱田为田塍，积土为小阜，毗次成行，俗称小阜一行为"一陵"。盖取其地形之高为名。
或曰，此乃垄之转音，东、蒸声近也。《汉书·陈胜传》："辍耕之垄上。"师古注：
"垄，田中之高处。"正切小阜、田塍义。又陵、垄皆训墓。《广雅·释丘》："坟、
垄、陵、墓，冢也。"今谓造坟积土使高谓之"陵"，实字虚用[1]也。或曰，此是垄字，
说详下条。

　　◇《玉篇》："塕，力陈切。陇也。"《广韵·十七真》："塕，菜畦。"音邻。与甬语垄阜称"塕"
颇相合。然此字疑非古。

　　◇鄞西有镇曰"黄古林"者，予谓此或"黄家陵"之讹字。家古音本如古，后汉曹大家，今犹读如古。
"黄家陵"者，谓其地本黄姓墓也，与"胡家坟""姜家陇"同例。

　　厽絫垒　《说文·厽部》："厽，絫坺土为墙壁。"力诡切。《通训定声》曰："坺
土者，如苏俗筑坟所用之草皮泥。"孳乳为絫。《说文》："絫，增也。"俗作累。
或借为垒。《广雅·释诂一[2]》："垒，积也。"厽、絫，古音为支类。支、耕对转，
音变为岭。垒，古音为脂类。脂、真对转，音变为嶙。甬俗造坟，累土如丘，呼之音如岭，
如嶙。即絫、垒字，谓增积其土也。

　　区　《文选·东京赋》："造我区夏矣。"薛综注："区，区域也。"区，古音如丘。
丘古音如欺，汉时始读尤韵，如今音。《礼记·曲礼上》卷三："礼不讳嫌名。"郑玄注："嫌
名，谓音声相近。若禹与雨、丘与区也。"正谓区、丘同音。《荀子·大略篇》："言
之信者，在乎区盖之间。"杨倞注引《汉书·儒林·王式传》作"丘盖不言"。《素问》"黄
帝师鬼臾区"，《亢苍子》作"鬼容邱"。皆区、丘同音相假之证。甬称农田一所曰"一丘"。
凡田在阡陌町埒之内，不论其大小，概呼"一丘"，即一区也。丘为丘陵，土之高也，
见《说文》。非其义。区，古音本在侯类，音等转细作齐齿，则变入幽类，音如丘。说见《释天篇》。

　　町　《仓颉篇》："町，田区也。"《一切经音义》卷八引。《广韵·十五青》："町，
田处。"他丁切。今指区处，音如忒。读他麦切。以麦韵无透纽字，故借用德韵忒字。一处曰"一忒"，

---

① "实字虚用"，这是沿用古人的语法术语。我国古代对于实字和虚字的分类，有一种是按"有形体"
　　和"无形体"来区分的，基本对应于名词与非名词的区分。这里的"实字虚用"相当于名词活用为动词。
② "一"，原作"二"，误，径改。

此处曰"该弍"。弍即町转入声所变。青入于锡，今音如他麦切者，以青、耕同部相转，耕入于麦，故其入，锡、麦亦相转耳。①

　　町从丁声，古音为耕类。耕、真声近，真、先同居。町转先韵，故亦读他典切，如䑕。字亦通作畋。今指区处，彼处曰"该畋"，此处曰"唐畋"，唐即当之音变，说详后。亦即町字也。②

　　乡　《诗·小雅·采芑》："于此中乡。"《商颂·殷武》："居国南乡。"传并云："乡，所也。"《荀子·赋篇》："天地易位，四时易乡。"《文选·东京赋》："授时顺乡。"杨倞、薛综注并云："乡，方也。"训方，训所，皆区处之义。今俗云"里乡""外乡"苏吴人则云"里糈""外糈"，糈即所之本音。乡犹所也。"顺乡""倒乡"。讹作向。颜师古《匡谬正俗》卷八"享"字条曰："向对之向，古文典籍卒无向字。寻其旨趣，本因乡字始有向音。今之向字，若于六书自是北牖耳。《诗》云'塞向墐户'是也。"③

　　党　党，所也。参看上文"党所"条。凡训所者，皆有区处方域义。犹乡训所，亦用为方域之词。今称上方曰"上党"，下方曰"下党"。党音转多耿切，俗讹作等。盖党从尚声，多朗切，古音为阳类。阳、耕声近，阳洪耕细。方俗语有洪细，党音转细，便入耕类，由多朗切变为多耿切。若"上等""下等"，等为等次义，非区处义也。④

　　浔湄厓边　《广雅·释丘》："浔、湄，厓也。"厓犹边也。《说文》："厓，山边也。"《尔雅·释水》孙炎注："厓，水边也。"故《广雅·释诂四》边、厓同训方。厓通涯。《文选·古诗》："各在天一涯。"李善注引《广雅》云："涯，方也。"王氏疏证引苏武《诗》"各在天一方"相例。然则方犹涯也。方有方域义，故用为区处之词，如"东方""西方""前方""后方"。故边亦用为区处之词，如"这边""那边""里边""外边"。凡称方、称边以指区处者，俗语或称头、称面。如云"里头""外头""前面""后面"。头、面于义皆无当，即浔、湄字也。浔、湄训厓，故亦有方义。浔古音与潭近，故高诱注《淮南·原道训》云："浔，读葛蕈之蕈。"参看上文"浔"字条。《楚辞·渔父篇》："游于江潭。"王念孙曰："潭与浔通。"潭、浔皆侵类，侵、幽对转，音变为头。参看《释天篇》"曋"字条下注。湄读轻音如麋，故湄亦作"濂"。赤眉，《汉书·王莽传

---

① "一弍""该弍"之"弍"非"町"转入声所变。正字当是"垯"。《集韵·盍韵》："垯，地之区处。德盍切。""垯"义为一块地方。作为地名用词，音答，如：康家垯、杨家垯，俗语"西乡十八垯"。当"处"讲，音塔，如：做垯、各垯，俗语"死人臭，一垯臭；活人臭，垯垯臭"。

② "该畋""唐畋"之"畋"（tiǎn）亦非"町"之音转。"畋"今多读不送气，字一般写作"底"。

③ "里乡""外乡"，有的写作"里厢""外厢"，"乡""厢"的本字为"向"。参看盛益民、马俊铭《老派宁波方言同音字汇——基于〈宁波方言词典〉的字音汇编与校释》，134 页。

④ "上等""下等""箱子等""屋头等"之"等"乃"顶"之音转，而非"党"之音转。

下》作"赤羆"。今呼眉毛，音如"米毛"。米、面又声近通转，故门楣讹作"门面"。脂、元两部同入通转故也。参段玉裁说。○ 面，线韵。线为仙去声，仙为元类。甬呼彼方曰"该岸"，此方曰"唐岸"。唐即当字音变，说详后。○ 该岸亦曰"该头""该面"，唐岸亦曰"唐头""唐面"。岸即厓字，厓亦方也。厓本五佳切，疑纽，佳韵。今读喻纽者，牙、喉音转，方俗之讹也。佳、删同入相转，同入于黠。故音如岸。且岸亦厓义，字亦可通。①

边厓方所　《广雅·释诂四》："边、厓，方也。"方为方所义，故边、厓俗亦用为区处之词。边从臱声，古音为元类。从朱骏声及严可均说。元、歌对转，歌、麻同居，音变为巴。今指区处，谓该处曰"该巴"，或曰"该巴里"。里，居也，见《说文》。亦区处之词。厓，疑纽。疑之细音，今多转泥、娘。如疑、宜、仪、虞、牛、钮诸字，今皆读娘纽。又字从圭声，古音为支类。支、耕对转，耕、阳声近，纽转娘而韵转阳，音变为瓤。今指区处谓"瓤巴"，如该处曰"该底瓤巴"是也。即"厓边"字也。

或曰，边、厓训方，方，所也。见《后汉书·黄宪传》注引《广雅》。区处称"巴"者，即"边所"之合声。今读所，在马韵。称"瓤"者，即"厓方"之合声。厓转娘纽。皆类聚同义字为词而合声。亦通。②

地　《释名·释地》："地，底也。亦言谛也。"地，定纽；底、谛，端纽。浊音转清，故地音如底。地亦区处之词，故通语此处曰"此地"。甬语则曰"该底"。底即地也。③

里在於处所郎　《广雅·释诂二》："里、在、於、处古处字、所、郎古通党，凥也。"凥即居处本字。钟案：本条与"闾、衖、闬、廛、聚、落"诸字同条共训。其训居者，居为实字，乃地区之名，谓民居之处也。於，古音如乌，故"乌虖"亦作"於戏"。党，端纽，端清转定浊，音变为荡。今称区处音如"乌荡"，即《广雅》本条"於郎"两字缀合为词也。甬语称"乌荡"，或称"乌赛"。赛即"所在"之合声。或称"乌爽"。爽即"所郎"之合声。或称"乌待"。待即"党在"之合声。称家曰"乌里"，或音转为"挖里"。挖即"於"之入声。其词音错综变化，皆取《广雅》本条诸字交互缀合为语也。或曰，称家为"乌里"，为"挖里"，皆"屋里"之转音。参看后《释宫篇》。④

---

① 谓"里头""外头"之"头"是"浔"之音转，误；谓"前面""后面"之"面"是"湄"之音转，亦误。
② "该巴""该巴里"之"巴"非"边"之音转，亦非"边所"之合声。"该底瓤巴"之"瓤"非"厓"之音转，亦非"厓方"之合声。以上当是镇海、北仑、鄞州一带的说法，今宁波话不说。"巴""瓤"本字不明。
③ "底"也可用为区处之词，相当于"边""里"，如明汤显祖《邯郸记·度世》："这底是三楚三齐，那底是三秦三晋，更有找不着的三吴三蜀。"
④ 今宁波话表地方义的"乌荡"也说"乌汤"，"乌待"多说"乌态"，不说"乌爽"，还有一个常见的说法是"乌采"。称家或家里为"乌里"或"挖里"，当以"屋里"之转音为长。

渡　《说文·水部》:"渡,济也。"《广雅·释诂三》:"渡,过也。"桥为水梁,所以为渡。故俗称桥之数为渡,而音转为条,如云"一条桥"是也。盖模、萧同入相转,同入于屋。渡转萧韵为条,非取长义也。甬音则呼条音转如跳,又从北音,定透为浊清,浊音转清故也;或呼作"一透桥",则渡为鱼类,鱼、侯声近相转,又定、透浊清相变,纽亦转也。[①]

断　《释名·释言语》:"断,段也,分为异段也。"《说文》:"段,椎物也。"段玉裁曰:"分段字,自应作断,盖古今字不同如此。"观《释名》,则分段字汉已用之。段、断皆定纽。北音定为透浊,浊音转清,音变为彖。俗呼道路不全程者为"一段",甬音则为"一彖"。犹桥一条,亦转透纽为跳矣。

达通　《广雅·释诂一》:"达,通也。"《释名·释言语》:"达,彻也。"《尔雅·释宫篇》释道路有"一达"至"九达"之说。甬称道路一歧曰"一达"。凡行路彻其全程亦曰"一达"。达音皆如大。盖达在曷韵,曷为泰入,长言转去,还归泰韵,故音如大。[②]

达,定纽。或从北音转清音,则入透纽,又读如阄,与通为双声。《说文》:"通,达也。"即以双声为训。今行路彻其全程称"一达"者,或呼为"一趟"。趟音如傥,即通之音变。东、阳声近相转也。《广韵·四十三映》:"趟,趟趟,行皃。"猪孟切。音义皆非。[③]

窞　《说文·穴部》:"窞,坎中小坎也。"徒感切。《易·坎卦》:"入于坎窞。"干宝注:"坎之深者也。"俗称室(洼)陷曰"窞"。俗讹作潭。如蹄涔曰"水潭",靥酾曰"酒潭",舟中纳桅墙之坎窞曰"帆窞"。

淖壤泞烂　《说文·水部》:"淖,泥也。"奴教切。《仓颉篇》:"淖,深泥也。"《一切经音义》卷十二引。字训联言,今呼泥曰"淖泥"。音转为"壤泥"。壤读阳韵,奴亮切。盖淖效韵,肴、阳同入相转,同入于药。淖转漾韵,故音如奴亮切。

或曰,泥呼"壤泥",乃"壤泥"之变音。《说文·土部》:"壤,柔土也。"如两切。日纽字多转为泥、娘,壤转泥纽,故为奴亮切。壤、泥同土义,故方言类聚言之。

[①] "一条桥"的"条"非"渡"之音转,本字即为条。"一透桥"之"透"亦非"渡"之音转。"透",量词,宁波话多用于房屋,此用于桥梁,犹普通话量词"座"既可用于房屋,也可用于桥梁。

[②] 本字不是"达"而是"埭"。"埭"本指土坝,《广韵·代韵》:"埭,以土堨水。徒耐切。"引申用作量词。《阿拉宁波话》"埭"条:"音大文读阳平。①条;排:一埭路丨一埭河丨一埭字丨一埭痕。《海上花列传》第三十一回:'该面一埭才是书箱。'②次;趟:走一埭丨俗语:乡下人上埭街,嘴巴讲勒歪。《海上花列传》第二回:'头一埭到上海。'"(121页)

[③] "一趟"之"趟"非"通"之音变。

或曰，乃“泞泥”之转音。《广雅·释诂三》：“泞，泥也。”《左传·僖十五年》：“晋戎马还泞而止。”杜预注：“泞，泥也。”《广韵》泞乃定、乃挺二切。耕、清转阳，故音变奴亮切。[①]

《管子·水地篇》：“夫水淖弱以清。”尹知章注：“淖，和也。”《通俗文》：“和泥曰淖。”《一切经音义》卷十一引。和谓柔也，则淖亦柔义。《字林》：“濡甚曰淖。”《长阿含经》卷十八音义引。钟案：淖者，谓湿泥之柔甚者。故《左传·成十六年》：“左右相违于淖。”谓湿泥不可履，履则陷溺。故淖又训溺。见《楚辞·七谏·怨世》王逸注。淖泥，甬亦呼“爤泥”。《尔雅·释器》：“抟者谓之糷。”释文引李巡曰：“饭淖糜相箸也。”今谓饭濡甚而柔若泥者曰“糷”，泥之濡甚者故亦曰“糷”。饭之濡甚而柔者，或亦呼如“南”，南即“淖”之音变。淖从卓声，古音为宵类。宵、谈对转，音变为南，俗作楠。甬称物之柔弱如湿泥者皆呼为“楠”，即“淖”字也。《通俗文》：“物柔曰耎。”耎，乳兖切，日纽，狝韵。日通泥、娘，仙、寒同类，音亦得变为奴寒切，若南。又稬，奴卧切，稻之柔黏者。愞、懦，弱也。皆义与柔近。歌、寒对转，音皆得变为奴寒切。方言中音同义似，而其本字迥异者，所在多有。检其可记者并述之，见知见仁，博雅君子有取焉。[②]

淤腐　《说文·水部》：“淤，淀滓浊泥也。”依据切。《方言》十二：“水中可居为洲，三辅谓之淤。”此即淤积义之引申，今人所谓“泥涂”是也。凡淤积之泥，多濡弱如淖，观海濒江浦泥涂可知。故甬语称物体柔耎如淖泥者谓之“淤淤动”，或称为“淖淤淤”，音转为“南瀀瀀”。淖音变南，已见上条。淤，御韵；亦音於，鱼韵。鱼、幽同入于屋，又同入于药，故相对转，淤转幽韵，音如瀀。[③]

《说文·肉部》：“腐，烂也。”凡物烂者，辄柔弱如泥。烂通糷。故《尔雅》以饭之淖糜者谓之糷。见上文引李巡注。今亦称物之糜烂如淖泥者谓之“腐”，豆腐、乳腐是也。腐，奉纽。古无轻唇音，今奉纽字古音为重唇並纽，故腐古音如簿。甬称物柔如湿泥者谓之“南簿簿”，即“淖腐腐”也。或声促转入，呼作“南帛帛”。帛，陌韵，陌为鱼类之入。腐，麌韵，古音为鱼类也。

淦　《说文·水部》：“淦，一曰泥也。”古暗切。字从金，盖取黄意，谓黄泥也。犹荃，黄荃也，即药草黄芩。黔，黄黑也。字皆从金取黄意，皆其例。○ 泥、淖、淦皆土属，而从水部，

---

① 宁波话泥土叫“奶泥”（奶文读），而不是叫“壤泥”（壤读奴亮切）。“奶泥”不是“淖泥”“壤泥”或“泞泥”之音转，而是“烂泥”之音变。参看《周志锋解说宁波话》，198—201页。

② 表示“松软”“饭等煮得过湿过烂”等意思的方言词叫“皶”（音内，而非音南），不是“淖”之音变。与“皶”声近义通的同源词较多，一般写作“皶”。《集韵·勘韵》：“皶，柔革。奴绀切。”

③“南瀀瀀”非“淖淤淤”之音转。今宁波话没有“南瀀瀀”的说法。

盖取湿土意。甬田土下层之泥，色暗黄，如陈锈铁，俗呼音如"蛤底泥"，亦呼如"蛤泥①"。蛤即淦之入声。②

洿污　《说文·水部》："洿，一曰窊下也。"哀都切。窊下则深陷，故引申为深，为陷。字通作污。《广雅·释诂三》："洿，深也。"《楚辞·天问》："川谷何洿。"《淮南·说山训》："文王污膺。"高诱注："污膺，陷胸也。"今谓深陷曰"洿"。凡柔耎之物，虽非泥淖，身陷其中亦曰"洿"。

过溢　《说文·水部》："溢，器满也。"《华严经音义》引《说文》作"器满余也"，义较长。《庄子·人间世》："夫两喜必多溢美之言，两怒必多溢恶之言。"《文选·东京赋》："规摹逾溢。"郭象及薛综注并云："溢，过也。"是过犹溢也。歌入于曷，过转入声为葛。又"过溢"字训联言，声合则为隔。以溢从益声，与鬲声古音为同部。皆支类。"过溢"合声，则为见纽开口呼，故音当如隔。《广韵》溢在《五质》，与"过"合声，质韵无见纽开口呼字，势必移归邻韵曷韵，方有见纽开口之葛字。葛、隔声似。今谓水满外溢呼如"隔"。③

鬻　《说文·鬻部》："鬻，吹釜溢也。"蒲没切。引申为溢义。字声字古音为泰类。从《通训定声》说。泰、歌声近相转，鬻转麻韵，音变为杷。今田塍中，水满相溢俗呼为"杷"。檐霤水下，缸满外溢俗呼"隔出"，亦呼"杷出"。④

釜沸吹溢，必多泡沤。引申为泡沤亦呼为"鬻"。俗讹作浡。浡无泡沤义。

泌毖流　《说文·水部》："泌，侠流也。"兵媚切。段玉裁注："侠者，甹也。三辅谓轻财者为甹。侠流者，轻快之流，如侠士然。"钟案：侠为挟借字。《玉篇》作"狭流也"。狭、挟义近。凡物被挟，则狭窄也。许君作训，用假借或引申义甚多。段氏泥于以经解经之法，以为许君解字必用本义，以是往往有抵牾不可通者。《汉书·季布传》注曰："侠之言挟也，以权力侠⑤辅人也。"《礼乐志》："侠嘉夜。"注："侠，与挟同。"以权力挟水，胁之疾流，则水激射如矢，或飞空作长条，俗呼音如"焱"，救火器射水龙头出水，俗即呼为焱。即泌之音转也。泌从必声，古音为之类。从严可均说。之、宵声近相转，音变为焱。《通训定声》从必声字入履部，履即严氏之脂类。脂、之同类，脂由之转宵，亦得音转为焱。王念孙谓"凡脂部之字，多有与萧部相转者"，是也（说见《广雅疏证·释宫篇》"趀，犇也"条下）。

---

① "蛤泥"，原作"泥蛤"，误，径改。
② 宁波话称水田表土下面较硬的土层为"蛤泥"。"蛤"恐非"淦"之音转。《绍兴方言研究》写作"塥"，解释说："生土层。《正字通》各额切，《管子·地员》：'沙土之次曰五塥。'"（80 页）可参。
③ "水满外溢呼如'隔'"，"隔"非"过溢"之合声，笔者以为是"溢"之音转。
④ 此"杷"当读去声，白驾切。本字待考，恐非"鬻"之音转。
⑤ "侠"，原作"挟"，误，径改。

泌通毖。《广雅·释言》："毖，流也。"《文选·魏都赋》李善注引《说文》曰："泌，駃流也。"与毖同。駃流者，疾奔之流也。水激射今呼为"猋"者，与疾奔义似。"駃流"与"侠流"，词异而义可通，用相参证。

或曰，俗称"猋"者，乃"泌流"声合之变，字训联言例也。"泌流"声合为彪。幽、尤与萧、宵声近，故今读彪亦如猋。髟、飍皆幽韵字，而兼读猋音，是其例也。①

欱　《说文·欠部》："欱，歠也。"呼合切。段玉裁注："欱与吸意相近，与歠（喷）为反对。"钟案：俗称饮为"喝"，正字当作"欱"。欱从合声，古音为侵类。从段玉裁及朱骏声说。段氏为第七部，朱氏则为临部。侵、蒸声近相转，音变呼恒切，有声无字，蒸、登韵无晓纽开口呼字。如俗语称甚之很。很本胡垦切，今读火垦切。今谓水为燥物吸干呼为"很燥"，吸墨水纸呼"很水纸"，其义皆为吸受也。或以为"烜"之音变，非。烜，干也，火远切。《易·说卦传》曰："日以烜之。"元、真声近，邻转混、很，音固相合。然"烜"为燥水以热，非吸受而干也。不可以不辨。②

汭涡　《说文·水部》："汭，水相入也。"如锐切。日纽通转禅、床，说见前。今相承读市锐切。汭从内声，古音为脂类。脂、歌声近，音转如甬音之座。座本从纽，甬音读床纽，类隔相转也。今洼窐水渗其中，俗呼为"座"。本汭字也。

或曰，水渗入洼窐呼如"座"者，乃"汭涡"之合声。《广韵·八戈》倭纽："涡，水坳。"水湿就下，惟涡下水乃渗入，故"汭涡"乃相因成词。然涡读倭音，训水坳，疑后出俗字，乃洼、窊之音转，麻、戈古同部也。《文选·江赋》："盘涡谷转。"李善注："涡，水旋流也。"朱骏声以为蜗之假借，亦未允。凡旋流成涡，中必窊下，仍是窊义。③

浥淫　《说文·水部》："浥，湿也。"《诗·召南·行露》："厌浥行露。"传曰："厌浥，湿意也。"厌、浥双声成语，疾呼声合仍为浥。浥，缉韵，为侵之入。长言转平，还归侵韵。音变为阴。今履湿地，鞋渐濡湿，俗呼"阴湿"，或曰"阴进"。阴皆浥字也。

或曰，水湿渐入称为"阴"者，乃淫之音变。《说文》："淫，浸淫随理也。"段玉裁注："浸淫者，以渐而入也。"淫，喻纽。凡喻纽字，敛而促之则为影纽。参钱大昕说而隔反

---

① "水激射今呼为'猋'者"，"猋"非"泌"之音转，亦非"泌流"之合声，本字即为"猋"（biāo）。"猋"由群犬奔貌，引申为人奔跑，再引申为液体急速射出，其核心意思都是"飞速移动"。应氏"水激射今呼为'猋'者，与疾奔义似"这一说法可取。参看郑晓芳、周志锋《方言比较与本字考释——以汉语方言喷射义"biāo"为例》，《宁波大学学报》2022年第2期，又见人大复印报刊资料《语言文字学》2022年第7期。

② "很燥""很水纸"之"很"（读去声）恐非"欱"之音转，本字待考。

③ "水渗入洼窐呼如'座'者"，不是"汭"之音转或"汭涡"之合声，本字就是"坐"。"坐"在汉语方言里有放置、下沉、蓄积等义，水渗入凹陷的地方叫"坐"，与这些意思有一定关联。

之。淫转影纽则为"阴"。凡俗云"阴湿"者，固浸淫以渐也。

澤　《说文·水部》："澤，小湿也。"遵诔切。今谓小湿而不甚者曰"湿澤澤"。声促转入，变为"湿卒卒"。盖澤从翠声，翠又从卒声，故澤声促如卒。

滴渧　《说文·水部》："滴，水注也。从水，啻声。"段玉裁注："《埤苍》有渧字，读去声，即滴字也。"滴从帝声，故去声如帝。古音为支类。支入于麦、锡，今滴入锡韵，然亦可入于麦，则音转如丁麦切，麦韵无端纽字，故欲注直音，无其字。声近得。今湿甚而水断续下注者俗呼"得得帝"，即"滴滴渧"也。①

涿　《说文·水部》："涿，流下滴也。"竹角切。段玉裁注："今俗谓一滴曰一涿，音如笃。"钟案：古无舌上音，今知纽字古读为端纽。方言多古音，故呼涿犹如笃。《后汉书·马融传》："乃命壶涿驱水蛊。"李贤注："涿，音丁角反。"丁角即笃音，则唐时读涿犹如笃也。又《后汉书·杜笃传》："催天督。"李贤注："即天竺国也。"是竺音后汉时亦同督。武昌城外十里有关羽"卓刀泉"，鄂人呼卓，亦如笃。皆知纽类隔读端纽之证。然段氏谓一滴为一涿，验诸甬语，滴、涿似微有别。大抵水液清薄者为"滴"，稠厚者为"涿"。则涿与冻为双声，冻则凝而不薄矣。此于训诂虽无所征，而其义趣则犁然有当，确乎不可易。凡声系同者，义多相通贯，义本于声故也。犹舀、掏皆挹抒义，而俗语称"掏"者义近于大抒，称"舀"（音如杳）者义近于小抒，则掏音近"大"、舀音近"小"故也。②

滔　《说文·水部》："滔，水漫漫大皃。"凡大水，则荡析流行，故引申为荡，为流，为行。《淮南·本经训》："共工振滔洪水。"高诱注："滔，荡也。"《诗·齐风·载驱》："汶水滔滔。"传曰："流貌。"《楚辞·七谏·谬谏》："年滔滔而日远兮。"王逸注："滔滔，行皃。"滔从舀声，古音在幽类。《论语·微子篇》："滔滔者，天下若是也。"释文引郑本，"滔滔"作"悠悠"。《史记·孔子世家》引桀溺曰，正作"悠悠"。古音相近也。幽、侵对转，侵、蒸声近，蒸浊于侵。滔转阳声而浊之，便入蒸类，音变为鼟，他登切。俗作佟。今谓大水荡行呼为"佟"，物被水飘荡亦曰"佟"。③

潸　《说文·水部》："潸，污洒也。"则旰切，音赞。引申之，凡水飞洒皆曰"潸"。《广韵·廿八翰》："潸，水溅。"溅音义皆同湔。《三苍》："江南言潸，山东言湔。"

---

① 《阿拉宁波话》"溚溚滴"条："溚音答。形容很湿或液体不断往下滴的样子：衣裳淋勒溚溚滴｜眼泪水溚溚滴。《集韵·合韵》：'溚，湿也。德合切。'"（260页）可参。
② 水液稠厚者为"涿"，俗作"浉"。《集韵·铎韵》："浉，滴也。当各切。"《何典》第四回："（雌鬼）自己穿了包拍大红衫，打扮得一浉胭脂一浉粉的。"
③ "佟"非"滔"之音转。

《一切经音义》卷十八引。今谓激水飞洒谓之"灒"，音正如赞，而书契多用"溅"。[1]

淀　《说文·水部》："淀，滓垽也。"堂练切。淀从殿声，古音为真类。犹臀亦殿声，真、先本同部也。又"堂练"为定纽，定浊转端清，其音为敦。今谓水中浊滓下沉，呼如都刃切，震韵无端纽字，故无直音。即淀字也。敦声转为都刃切，重浊转轻清，犹屯、论在魂韵，亦在谆韵，其例正同。

溷　《说文·水部》："溷，乱也。一曰水浊皃。"胡困切。钟案：水静止则清，动乱则浊，两义固相因。《广雅·释诂三》："溷，浊也。"今谓水不清曰"溷浊浊"。俗作混。混之本训，丰流也。见《说文》。《孟子》曰："源泉混混。"古音如衮，今作滚。

澈澄湜　《方言》十二："澈、澄，清也。"《说文·水部》："澄，清也。""湜，水清底见也。"澈，郭璞音匹计切。声促转入，故《广韵·十七薛》亦收澈字。然滂、帮多相通，犹其类隔之非、敷，今音竟混同也。故薛韵之瘪，与澈同为滂纽，而今读瘪在帮纽，如分别之别[2]，即其例也。今谓水清见底者，甬语呼如"泌停纸"，即"澈澄湜"之转音。澄，澄纽。古无舌上音，今澄纽字于古为定纽，故澄古音当如定陵切。蒸韵无定纽字，故无直音可拟。今呼如停者，音转清[3]也。湜为是入声，长言转上声，则为是。禅、床同浊，浊音转清，入照纽，故湜音转纸。[4]

滓　《说文·水部》："滓，淀也。"阻史切，音第。照纽，止韵。滓从宰声，古音为之类，其入在德。声促转入，音变照德切。德韵无照纽字，故无以作直音。俗讹作脚。脚，药韵，为宵、阳之入。之、宵声近相转，故其入德、药亦声近相转也。脚，见纽齿呼。甬音见纽细音往往与知、精、照纽相混，如药韵知纽之"着"，精纽之"爵"，照纽之"酌"，与"脚"音竟无所别。今水中沉淀之秽浊谓之"脚"。如泔脚、水缸脚。脚即滓之音转。乡鄙妇女叱人馋食曰"昏滓"。昏，古活切，《说文》："塞口也。"滓音如第，或如脚。谓口塞浊秽之物，以畜喻之也。苏州人谓之"龁滓"。龁者，"麒麟"之合声。《广雅·释诂三》："麒、麟，啮也。"麒，音欺；麟，士角反。谓啮浊秽，亦以其馋如畜也。[5]

叱人为"昏滓"者，或曼衍其词曰"裁头昏滓"。滓音如第。裁者，茹之音变。茹，贪饮食也。见《方言》七。头者，逗字，亦粗恶之物。附释于后。逗音若头，滓音变脚，

---

[1] 谓表激水飞洒义的本字为"灒"，是。

[2] 分别之"别"为并纽字，而非帮纽字。

[3] "澄"古音如"定陵切"，"今呼如停者"，音并非"转清"了，"停"也是定纽字。

[4] "泌停纸"今未闻，亦非"澈澄湜"之转音。

[5] "泔脚""水缸脚"之"脚"本字就是"脚"，非"滓"之音转。

俗遂误认"头脚"为对举之文，以为上梢下末，皆非中腴之品。则傅会之曲说耳。①

逗　《说文·辵部》："逗，止也。"田候切。凡粉屑粗劣者，格于筛上不得下，俗谓之"逗"。以其留止不下也。用是引申为粗恶义。与滓之沉淀于下，同为劣质。盖屑米、麦为粉，取精去粗。以筛取细，则粗者为逗。或以水淀取精，则粗恶者为滓。逗与滓皆粗劣，视同糟粕，故贱之。本条本应入《释食篇》，以其与滓浊义为联语，故系附于此。

涂　滓既音转为脚，又从脚转平，音变为浆。如水缸中沉滓，或呼为"水缸浆"是也。盖脚药韵，药为宵入，亦为阳入。故其长言转平，可转宵，亦可转阳，转阳则音如浆。如俗呼烂脚为"烂浆"，拐脚为"拐浆"，皆其例证。今谓沟洼泥水之稠浊者曰"腐泥潼浆"。亦呼"烂泥潼浆"。烂、腐义同也。浆即滓字，凡滓淀无不稠浊。潼者，涂之音变。《诗·小雅·角弓》："如涂涂附。"传曰："涂，泥也。"模、东同入相转，同入于屋。音变为潼。凡以泥涂附，俗亦呼如"潼"，亦涂之音变。②

厉　《尔雅·释水》："以衣涉水为厉。"李巡注："不解衣而渡水曰厉。"见《左传·襄十四年》正义引。郭璞注："衣，谓裤。"裤者，今谓之裤。以衣涉水者，濡裤以渡也。厉古音在脂类。脂、之同类，之、宵声近，脂由之转宵，音变为撩。甬语涉水呼如"撩"，即厉字也。王念孙曰："脂部之字，多有与萧部相转者。若'有鹭雉鸣'之'鹭'，《诗·邶风·匏有苦叶》文。音以水、以小二反。《周官》'追师'之'追'，音丁回、丁聊二反。《天官·序官》释文："追丁文反。一曰雕。"《郊特牲》'壹与之齐'，'齐'或为'醮'。《史记·万石君传》'谯呵'，音'谁何'。见《卫绾传》索隐。皆其例也。"王氏说见《广雅疏证·释宫篇》"趏，犇也"下。古义谓濡裤涉水为"厉"，今则凡涉水，虽浅而不必濡裤者亦云"厉"矣。

深叟没　《说文·又部》："叟，入水有所取也。从又，在冋下。冋，古文回。回，渊水也。读若沫。"莫勃切。经传多以"没"为之。没，《说文》作"溲"，云："沉也。"今入水下潜，俗呼音如"搬"。即"深没"之合声。或呼下潜为"搬攻"。《广雅·释诂三》："攻，伏也。"入水潜形，亦伏藏义也。泥鳅潜入泥水中，俗亦呼"搬攻"。③

---

① "裁头昏滓"之"头"非"以筛取细，则粗者为逗"之"逗"，"滓"本字即为"脚"。"'头脚'为对举之文"，不误。另外，"裁"非"茹"之音变。

② 谓"水缸浆"之"浆"为"脚"之音转，是；但此"脚"不是由"滓"音转而来，"脚"就是本字，"脚"读"浆"为儿化音残留。

③ "搬攻"之"搬"非"深没"之合声。表下潜义的"搬攻"本字可能就是"杀拱"。《阿拉宁波话》写作"煞拱"（168 页）。

頧揾 《说文·页部》："頧，内头入水①也。"乌没切。今称不能泅而溺死为"頧杀"。頧音同揾。《说文·手部》："揾，没也。"乌没、乌困二切。揾从手，谓提物入水而没之。俗毙猫犬，提入水中湛（沉）溺之，亦曰"揾杀"。与"頧杀"音同，皆为溺死，而字义固异。②

坡壤 《说文·土部》："坡，一曰尘皃。"蒲拨切，音跋。坡从皮声，古音为脂类。脂、真对转，真、耕声近，音变为彭。今谓尘埃飞腾曰"灰尘彭彭扬"。彭即坡也。或曰，彭者，"坡壤"之合声。《广雅·释诂三》："壤、坡，尘也。"方言类聚同义字为词，声促遂合为一。且壤之训尘，兼有纷解义。《周礼·地官·草人》："勃壤用狐。"郑玄注："勃壤，纷解者。"亦为"坡块"之合声。《说文》："块，尘埃也。"於亮切。③

坋埲 《说文·土部》："坋，尘也。"房吻切。段玉裁注："其音则《后汉书·东夷传》注④引《说文》'蒲顿反'为长。见《东夷·倭国传》"并丹朱坋身"句下。今俗语如蓬去声。"钟案："房吻"为奉纽，"蒲顿"为并纽。古有重唇无轻唇，奉、并类隔相转，故其音异如此。坋亦作坌。《广雅·释诂三》："坌，尘也。"曹宪音步顿反，《玉篇》蒲顿切，皆与《东夷传》注引相合。音变如蓬者，真、文与东、冬相转故也。俗作埲。《广韵·一董》："埲，塕埲，尘起。"蒲蠓切。《玉篇》："塕，乌孔切。尘也。"今称尘埃久积，附丽屋隅梁栋间如线如缯者为"埲尘"。又尘多曰"灰尘彭埲"。彭即坡也，说详上条。

党埃 《说文·黑部》："党（黨），不鲜也。从黑，尚声。"章炳麟《新方言·释言》："默、党、黕、黵四字，《说文》列为一联。默训'滓垢也'，黕训'握持垢也'，黵训'大污也'，则党亦为污垢之义，污垢故'不鲜'也。今人谓污垢曰党，音如脏，借脏为之。"钟案：党音变为脏，端、知类隔相转故也。荡韵无知纽字，故借精纽之脏为之。今音知、照混同，而荡韵亦无照纽字，照、精则类隔相通，故以精纽字最为切近。党既纽变而为脏，或复转其韵。豪、唐同入相转，同入于铎。脏转豪韵，音变为糟。甬称污垢为"埃糟"，糟亦党字。

奥澳 埃糟，或音转为"鏖糟"。则上字随下字同化而叠韵。参看后《方言上下字同

---

① "入水"，《说文》原文作"水中"。"内"，同"纳"。
② 人溺死和猫狗被溺死都是"頧杀"，不必分为"頧杀"和"揾杀"。读乌困切的"揾"，音温去声，义为蘸，如：鸡肉揾酱油，俗语"嫖赌勿论钱，吃饭要揾盐"。
③ "灰尘彭彭扬"之"彭彭"形容尘埃飞扬貌，本字很难确定，也不一定有本字。应氏"坡"之音转、"坡壤"之合声、"坡块"之合声等三说，均可酌。
④ "注"字原脱，径补。

化叠韵说》。埃随糟音，转豪韵而为鏖①。明人《辍耕录》中已有"鏖糟"为不洁语。然鏖音同奥，奥亦浊义。《文选·班固〈典引〉》："有沉而奥，有浮而清。"蔡邕注："奥，浊也。"然则"鏖糟"正可作"奥糟"。②

溄澳浊　《广雅·释诂三》："溄、澳，浊也。"曹宪音溄，乌禾反；澳，於六反。溄转入声则为恶，澳转开口则为龊。今谓污秽为"龌龊"，即"溄浊"或"澳浊"，字训联言之变音也。浊，澄纽，北音澄为彻之浊。浊音转清，浊转彻纽则为龊。龊本穿纽，惟今音知、彻、澄与照、穿、床相若也。"龌龊"本不训污秽，《文选·吴都赋》："龌龊而算。"刘注："龌龊，好苛局小之貌。"《广韵·四觉》："龊，龌龊，齿相近。"焦竑谓是"恶浊"之谐声。恶固训垢秽，《左传·成六年》："有汾③浍以流其恶。"杜预注："恶，垢秽也。"然不若"澳浊"字训联言之为浑成矣。

溄蘶溷蔫　《楚辞·九叹·惜贤》："荡㵉溄之奸咎兮。"王逸注："㵉溄，污秽也。"溄，音义并同蘶。《淮南·俶真训》："夫鉴明者，尘垢弗能蘶。"高诱注："蘶，污也。蘶读倭语之倭。"今称污秽音如倭，即溄或蘶字，非矢溺俗音之倭也。

或称污秽曰"烂溄"。烂，腐也。凡物腐则可秽。《淮南·说山训》："烂灰生蝇。"高诱注："烂，腐也。"此"烂溄"亦非下利便溏之谓。

俗称物之污秽不鲜明者曰"烂蘶溷蔫"。"溷蔫"者，《说文·水部》："溷，浊也。"古忽切。《艸部》："蔫，菸也。""菸，郁也。一曰矮也。"凡物郁则腐败，其形可秽。矮病者，其色不鲜，故《广韵·二仙》："蔫，物不鲜也。"方言集诸污浊不鲜明字为词也。或曰，"溷蔫"之"溷"，当是"䅈"之入声。《说文·多部》："䅈，大也。"《广韵·十六怪》音怪。"䅈蔫"云者，谓大不鲜明也。亦通。④

砾碎　《说文·石部》："砾，小石也。"《文选·西京赋》："烂若碛砾。"薛综注："石细者曰砾。"《说文》："碎，䃺也。"从段本订正。《广雅·释诂一》："碎，坏也。"今谓物不完整者曰"零碎"，即"砾碎"之转音。《说文》："零，余雨也。"零非其义。盖今砾读郎击切，为锡韵一等音。锡为青入，长言转平，还归青韵。故音变郎丁切，为零。然从乐声字，古音为宵类，其入在药韵，当为郎药切。药韵来纽如掠、略等，皆三等细

---

① "鏖"，原作"糟"，据文意改。
② 本条条目为"奥澳"，但正文未及"澳"字，恐有疏忽。今为补说：《广雅·释诂三》："澳，浊也。" 王念孙疏证："奥者，浊也。……奥，与澳同。"然则奥、澳均有浊义。
③ "汾"，原作"沟"，误，径改。
④ 宁波话管粪便叫"屙"（音窝去声，本字有恶、污、涴等说法），称物不新鲜为"烂蘶溷蔫"，当作"烂屙刮蔫"（蔫音烟），"刮"是词缀。

音，无一等粗音。俗称细碎废物以及扫集尘埃曰"垃圾"，甬音如"拉飒"。"垃圾"俗字，即"砾碎"之转音。砾音转拉者，拉从立声，为谈类，从严可均说。宵、谈对转故也。碎之入声本在没韵，如窣。而作飒音，与拉同在合韵者，以下字随上字同化而叠韵故也。说见后《方言上下字同化叠韵说》。然"拉飒"作秽杂义，已见《晋书·五行志》，其载京口《谣》云："黄雌鸡，莫作雄父啼。一旦去毛衣，衣被拉飒栖。"设以六书训诂求之，"拉飒"之于秽杂，义固无当。但史述童谣，循声谐俗，初无暇推究其本字。《广韵·廿八盍》有"攋擸"字，云："破坏也。"乃后出俗字。攋本训"理持"，见《说文》，无破折义。苏吴人呼垃圾，圾音如西上声，即碎读轻音之转也。碎，队韵，与荠韵同为脂类，故音通转。若圾从及声，为侵、谈类字，欲与荠韵相转，其遥如风马牛矣。段玉裁谓十五部字（即脂类）与八部字（即谈类）谐声通融，难以枚数。说见"渫"字下注。严可均亦谓脂从之、宵可通转谈。然此毕竟三转四转而后相通，非平易之说，未可为恒例也。[①]

糁塪黢　郑玄注《大射礼》曰："糁，杂也。"见"参七十"句下注。《通俗文》："沙入饭曰糁。"《太平御览》卷八百五十引。糁即杂义。糁，桑感切。心、审与清、穿相转，如侈，尺是反，穿纽，又式是反，则审纽（见《诗·巷伯》释文）。啸，心纽，亦读为叱，穿纽（见《礼·内则》释文）。帜，音试，又昌志切，审、穿两读。础，穿纽，鱼、阳对转，字作碜，为心纽。产，所简切，审纽，而今通穿纽，如划。鼠，舒吕切，审纽，而甬读如杵。暑音同鼠，而杭州人读如杵。翅，施智切，审纽，今呼鸟翅，翅或如厕，穿纽。皆其证也。◇ 参商之参音森，为审纽，参军之参音骖，为清纽。音变，字又作塪。《通俗文》："沙土入食中曰塪。"《一切经音义》卷七[②]引。是塪犹糁也。《文选·陆机〈汉高祖功臣颂〉》："茫茫宇宙，上塪下黢。"李善注："塪，不清澄之貌也。"不清澄，即混杂义。李周翰注："塪，垢。黢，浊也。"塪又通作碜。《玉篇》："碜，初甚切。食有沙。"《隋书·许善心传》："沸腾碜黢，三[③]季所未闻。"甬俗称垢杂浊乱音如"涩沓"，即"塪黢"之转音。盖塪读糁，转入则为涩。黢从卖声，古音为幽类。幽、侵对转，侵、谈声近，沓为谈入也。[④]

㳶汰　《汉书·扬雄传》"反离骚"："纷累以其㳶涊兮。"应劭注："㳶涊，秽浊也。"师古注："㳶，吐典反。涊，乃典反。""㳶涊"，叠韵形况字，疾言声合仍为"㳶"。

[①] "零碎"非"砾碎"之转音，"拉飒"亦非"砾碎"之转音。

[②] "七"，原作"廿七"，误，径改。唐玄应《一切经音义》共二十五卷，其引《通俗文》"沙土入食中曰塪"凡两见，一为卷七，一为卷二十二。《汉语大词典》"塪"字条引此而谓出自唐玄应《一切经音义》卷二六（第一版第二卷1211页、第二版第五册征求意见本257页），亦误，当出自唐慧琳《一切经音义》卷二六。

[③] "三"，原作"王"，误，径改。

[④] "涩沓"非"塪黢"之转音。

渜字固亦有单用为词，如枚乘《七发》"输写渜浊"是也。甬语秽浊不洁曰"渜汰"。汰，不洁也。《贾子·道术》："反洁为汰。"或云，"渜汰"乃"涕唾"之音转，非。

贰沈　《广雅·释言》："贰，污也。"王念孙、朱骏声皆谓腻之假借。《玉篇·肉部》："腻，垢腻也。"《说文·水部》："沈，一曰浊黕也。"直深切，又尸甚切。黕者，滓垢也。见《说文·黑部》。是沈亦浊垢义。今沈作浮沉字，乃湛之假借。甬俗称湿浊之垢秽曰"贰沈"。沈读尸甚切。①

坋拂滓　《说文·土部》："坋，尘也。"房吻切。奉浊转非清，又真、东相转，音变为叆。方勇切。慈溪山北人称垢秽为"叆"，即坋字也。参看上文坋音转蓬。或曼衍其词以状垢秽貌，曰"叆拂第糟"。拂者，《楚辞·九叹·远逝②》："埃拂拂③兮。"王逸注："拂拂，尘埃貌。"第者，滓也。第、滓同音，阻史切。今读滓如子者，照转精纽，类隔故也。滓，淀也。见《说文》。泥浊下淀者垢黑，故泥之黑者曰滓。见《释名·释采帛》。糟为俗字脏之转音，实即党字。说见上文"党"字条。滓、党皆黑义，黑近于秽，故与尘埃相联为词。

溛壤座坺　《广雅·释诂三》："溛，浊也。"又："壤、座、坺，尘也。"曹宪音溛，乌禾反；壤，而养反；座，音磨；坺，步葛反。训浊，训尘，皆垢秽义。"壤座"联言，声合为"罗"。鄞之鄙人状物之垢秽不堪曰"溛糟罗坺"。乍闻而讹若"溛糟萝葡"。糟者，俗字脏之转音，本为党字。见上文"党"字条。溛、党、壤、座、坺，集诸垢秽字为词也。"壤"本日纽，日、来声近，故合"座"声若"罗"。

蕴蕰　《方言》十二："蕴，崇也。"十三："蕴，饶也。"字本作蕰。《左传·隐六年》："芟夷蕰崇之。"杜预注："蕰，积也。"农家施肥与土壤，谓之"壅田"。壅即蕴字。壅为闭塞，非崇积饶益之谓。甬语真、谆、文韵字，往往转为东、冬。参看《释天篇》"靁霣"字条下注引证。

　　　　　　　　　　　　　　　　　释天　八十七条　一七二九二字
　　　　　　　　　　　　　　　　　释地　八十五条　一四〇二三字

---

① 说"贰（腻）"是。"沈"之浊垢义实通"黕"，《说文·水部》"沈"字段注："《黑部》曰：'黕，滓垢也。'黕、沈同音通用。"此义冷僻，可疑。一般写作"腻腥"。《鄞县通志·方言（二）》："甬称不洁曰腻腥，谓垢腻腥臊也。"（2954 页）
② "远逝"，原作"怨思"，误，径改。
③ 《楚辞》及王逸注的原文"拂拂"均作"坲坲"，应氏引书有误。

卷二　释亲

附婚姻、色欲、雇佣、优伶。

目　录
（括号内小字为俗音及讹字）

爸　《广雅·释亲》："爸，父也。"曹宪音步可反。王念孙疏证："爸者，父声之转。"盖父奉纽，古无轻唇音，今奉纽字古读重唇並纽，故父古音当如薄。鱼、歌邻转，故形变而音步可反。后人浊音转清，並转帮纽，又歌变为麻，故《集韵·四十祃》又音必驾切，如霸，云："吴人呼父为爸。"麻入于陌，爸声促转入为伯。甬人呼父为"阿伯"。犹春秋"五霸"，亦作"五伯"矣。①

　　爹爹　《方言》六："南楚瀑洭之间，谓妇姑曰母爹，称妇考曰父爹。"郭璞注："古者通以考妣为生存之称。爹音多。"是爹为生时尊称之词。朱骏声曰："俗字作爹。"《广雅·释亲》："爹，父也。"曹宪音大可反，如柁（舵），定纽。爹端纽，清音转浊，而形亦变也。《玉篇》"爹"又音陟斜切，是亦"爹"读多声之转，端、知类隔相转，又歌变麻也。甬人呼父或称"爹爹"，读如帝斜切，则又从陟斜切返归端纽。俳优家或读"爹爹"音如"坻坻"，当礼切。则歌、支又声近相转。如宜、义、丽、离等声，古皆在歌类。《方言》之爹，《广韵》收在《四纸》，而音读禅纽如氏，则由知清转澄浊，澄、床今相混，禅、床又同浊故耳。

　　妈　《字书》："妈，母也。今以女老者为姥也。"《广雅》疏证本据《集韵》《类篇》所引录补亦云："妈，母也。"《玉篇》："妈，莫补切。"音姥。钟案："爸、妈"并"父、母"之声转。爸之释详前。母，厚韵，母古音本在之类，之、幽声近相转，侯为幽之浊，故母由幽转侯入厚韵。侯、鱼声近相转，形随声变为"妈"，从女马声。马之古音本在鱼类，读如姥也。今读妈，复变明寡切，如马今音。而以撮口亢音读之，则又鱼、模转麻矣。妈既姥韵，鱼、阳对转，流入庚韵，俗字作"姆"。满衡切，闭口鼻音，作亢音。姆本训女师，《说文》作嬔，读若母，今俗读如英文 M 之殿声。甬俗呼母曰"阿姆"，姆本"母"音之再变也。甬语鱼、吴、五等字，多音转庚韵。②或呼母音如"姆妈"，而妈读如北音之马，转为开口侈音，实皆"母母"两字重言之音变。

　　伯　《说文·人部》："伯，长也。"伯，陌韵，古音为鱼类。鱼、阳对转，音变博阳切，如俗音河浜之浜。今甬人呼伯父曰"伯伯"。音转平声，正如浜。浜音同偋，《广韵·卅八梗》："偋，诈伪人也。"今谓委托非人，反被所误，曰"托人托了王伯伯"。伯即"偋"之入声。伯音转偋，犹偋音转伯，可以隔反互证。王伯伯之"王"，即"妄"之转音也。③

　　叔　《白虎通·姓名》："叔者，少也。"伯叔之叔，本少之假借。少、叔审纽双声。

---

① "甬人呼父为'阿伯'"，恐非"爸声促转入为伯"，本字就是"伯"。《说文·人部》："伯，长也。"汉语方言很多地方管父亲叫"伯"或"阿伯"。
② 今宁波话"姆"不读满衡切，"鱼、吴、五"亦不读庚韵。读庚韵恐怕是应氏的个人口音。
③ 伯父叫"伯伯"，"伯"读"浜"为儿化音残留。参看徐通锵《宁波方言的"鸭"[ɛ] 类词和"儿化"的残迹——从残存现象看语言的发展》，《中国语文》1985 年第 3 期（以下涉及儿化音残留的语言现象，大多参考徐通锵先生说法，不一一出注）。俗语"托人托了王伯伯"，"王伯伯"当是一个假托的人物，犹戏谑语所谓"隔壁老王"，"王"非"妄"之转音，"伯"亦非"偋"之入声。

又古音少为宵类，叔为幽类，宵、幽声近，故相通假。父弟为叔父，甬人简呼为"阿叔"。叔音或转为"崧"。盖叔幽类，幽、东同入相转，同入于屋。叔转东韵，故如"崧"。①

叔媞　《说文·女部》："媞，一曰江淮之间谓母为媞。"承旨切。《广韵·四纸》氏组："媞，江淮呼母也。又音啼。"鄞乡呼叔母音如"阿西"。西即"叔媞"之合声，媞读啼音也，叔媞犹叔母耳。西，齐韵，脂、真对转，音变为新，俗作婶。《集韵·四十七寝》："俗称叔母曰婶。"他处则呼叔母曰"阿婶"。西之古音，本如先巾切也。从《说文通训定声》所音。②

羃昆兄　《说文·弟部》："羃，周人谓兄为羃。"古魂切。《尔雅》作"晜"，《释亲》："晜，兄也。"郭璞注："今江东通言曰晜。"经传皆以"昆"为之。《诗·王风·葛藟》："谓他人昆。"传曰："昆，兄也。"《仪礼·丧服》"昆弟"郑玄注："昆，兄也。"段玉裁曰："昆弟字当作羃，昆行而羃废矣。《诗》惟《王风》有昆字，此周人谓兄之证。诸经皆言兄，惟《礼·丧服》经传'大功'已上皆曰'昆弟'，'小功'已下同异姓皆曰'兄弟'，不相淆乱。盖《礼经》欲别服之亲疏隆杀，遂以周人谓兄者专系之同姓'大功'已上，以为立言之别也。"钟案：昆既代羃，昆兄之别，昆亲而兄疏。后人呼兄为"哥"，哥即"昆兄"合呼之音变。不仅呼兄，而兼呼昆者，亲之也。方言浮夸，每举其类之尤者，相协为词。伦叙以亲者为尤，故呼兄协以昆声。《释名·释亲属》："兄，荒也。荒，大也。故青徐人谓兄为荒也。"兄古音如况，在阳类。"昆兄"合呼，则声如光。阳、鱼对转，音变为姑。慈溪山北人呼兄正如"阿姑"。"羃兄"合呼，或音等转开口，则声如冈。歌、唐同入相转，同入于铎。音变为"哥"。《说文·可部》："哥，声也。古文以为歌字。"《广韵·七歌》："哥，古作歌字。今呼为兄也。"《广韵》此条是否为隋陆法言原本所有，抑宋陈彭年等重修所沾入，不可考。然检《旧唐书·邠王守礼传》，岐王等上奏，称守礼为"邠哥"。《酉阳杂俎》载帝明皇呼宁王为"宁哥"。又明皇幸宁王第，叙家人礼，呼为"大哥"。见张九龄《敕赐宁王池宴诗序》。是呼兄为哥，唐时已然。而郭注《尔雅》犹谓"江东通言晜"，是晜音变哥，当在六朝时矣。③

姊　《说文·女部》："姊，女兄也。"将几切。脂、皆古同部，脂变皆。今鄞南乡呼姊音如"阿皆"。居谐切。皆古音如几。见江永《古音标准》。江氏曰"皆"古音举里切。按：当举履切。《诗·周颂·丰年》："降福孔皆。"皆与秭、醴、妣、礼为韵，姊、皆古

---

① 阿叔叫"阿崧"，"叔"读"崧"为儿化音残留。

② "阿西"之"西"非"叔媞"之合声，"婶"亦非"西"之音转。鄞州陶公山、东乡及四明山一带叔母叫"阿西"，象山叫"阿世"，都非常特殊，"西""世"当是同一个词的音转，本字待考。

③ "哥"非"昆兄"合呼之音变。

音本相似，姊精纽，皆见纽，见纽三等细音往往与精纽相混。故姊音流变，如今音之皆也。皆、麻又同入相转，同入于黠。音又变为借。他处呼姊音或转侈为"阿借"。借为麻类，俗字乃求麻类女傍之姐为之，今相率以姐代姊，以谐俗音。《说文》："姐，蜀人谓母曰姐。读若左。"兹也切。甬语"左手"呼为"姐手"，左、姐古正同音。姐不训姊，俗讹之耳。①

　　姑　《尔雅·释亲》："父之姊妹为姑。"孙炎曰："姑之言古，尊老之名也。"见《诗·邶风·泉水》正义引。《白虎通·三纲六纪》："亲如母而非母者，姑也。"故称女为姑，犹称男为父，为公，皆尊称之词。虽非父之姊妹，夫之母，意欲尊之，皆得云"姑"。妇称夫女弟曰"小姑"，修真之女曰"仙姑"，比丘尼曰"尼姑"，姑皆尊称之也。姑，模韵，鱼、模转麻，音变为家。家之古音本如姑。曹大家，家犹读如姑。北音读家似姐。家见纽，读细音，遂与姐之精纽相混。今称尊贵之闺女曰"小姐"，姐即"姑"之音变。犹尊称未婚之男曰"小爷"，爷为父义，与姑为母义例正相对。章炳麟《新方言》以为"小姐"乃"小妊"之讹。妊固训少女，见《说文》。然无尊称义，且声纽亦隔，妊音坼下切，为彻纽。未可通转，今不从。姐本有母义，尊称闺女曰"小姐"，何舍姐本字，而取姑之转音？曰：少女称姑，自古已然。《古乐府》有《青溪小姑曲》，后人承用不替；而姑音变家，又极自然。故舍姐而取姑字。若翟灏《通俗编》以为姐乃乐妓，甚贱之称，引《文选·繁钦〈与魏文帝笺〉》"史妠②、謇姐"注"谓当时乐人"，《开天遗事》宁王有乐妓"宠姐"，陶谷《清异录》有平康妓"莹姐"，《东坡集》有妓人"杨姐"。姐，俗惟贵家女得呼之，何相戾也？③钟案：今北方称妓女曰"窑姐儿"，姐亦贱称。盖妓女称姐，乃妊之讹字。《玉篇》："妊，竹亚切。美女也。"犹妓女亦称"倌人"，倌乃婠之讹，婠亦容美义，皆以美色夸炫为名也。④

　　嬭　《广雅·释亲》："嬭，母也。"曹宪音乃弟又奴解二反。《广韵·十一荠》："嬭，楚人呼母。又奴蟹切。"凡训母义字，俗皆用为尊呼妇女之词。今尊称贵妇曰"嬭嬭"，俗作奶，音读奴蟹切。又《广韵·十二蟹》嬭训乳，俗亦作奶。

　　嬭媓　《方言》六："南楚瀑洭之间母谓之媓。"《广雅·释亲》："嬭、媓，母也。"方言类聚以呼，"嬭媓"声合，俗字作"孃"。⑤《玉篇》："孃，女良切。母也。"《说文》："孃，烦扰也。一曰肥大也。"可知孃之训母，乃借字，非本义。《广韵·十阳》："孃，母称。"《木兰诗》："朝辞爷孃去。"则六朝时已有称母为孃矣。孃与娘别，《玉篇》："娘，

──────────

① "姐姐"宁波话有两种说法，一是"阿姊"，姊读将几切，今音几；一是"阿姐"，姐读兹也切，今音贾。
② "妠"原作"纳"，误，径改。
③ 上述文字见清翟灏《通俗编·妇女》"小姐"条。
④ 称尊贵之闺女为"小姐"，"姐"非"姑"之音变；称妓女为"姐"，"姐"非"妊"之讹字，两者正字即为"姐"。"姐儿""姐姐""姑娘""小娘""姊妹"等词语既可用作一般称呼，又可指妓女，可以比勘。
⑤ "孃"非"嬭媓"之合声。

少女之号。"俗称"小娘"是也。甬旧俗妇呼威姑①曰"孃孃"。而象山及沪俗呼父妹亦曰"孃孃"，而读上声，转鼻作亢音。今鄞人或亦效之。凡疑、泥、娘、明、微、来六组字，往往转鼻作亢音，《鄞县通志》谓之"反浊音"。反浊即清，与清音义混，其名可商。

我那　《说文·我部》："我，施身自谓也。"五可切。歌变麻，甬人自称我音如"瓦"。惟奉化读如字不误。或长言之曰"瓦那"。那，语末助词。《后汉书·逸民·韩康传》："公是韩伯休那。"李贤注："那，语余声也。音乃贺反。"

阿类　《三国·魏志·东夷·辰韩传》："东方人名我为阿。"《尔雅·释诂》"阳，予也"条下郭璞注云："今巴、濮之人自呼阿阳。"郝懿行义疏："我声近阿。《木兰诗》：'阿耶无大儿。'阿耶犹言我父也。《晋书·潘岳传》云：'负阿母。'阿母犹言我母也。"阿，歌韵，歌入于曷。阿声促转入，变为遏。今呼"阿姆""阿叔"，阿皆音如遏。称我侪曰"阿辣"。辣者，伦、类之入声。《说文》："伦，辈也。"真、脂对转，义亦通类。《国语·周语下》："其类维何？"韦昭注："类，族也。""阿辣"即我辈，亦即我族。犹他处称"我们"，们者，门之俗。门、类本皆家族义，引申用为区分众庶之词。甬语用"类"字，他处语用"门"字，其意一也。伦、类之入，本在术韵为律，今音转如辣在曷韵者，以下字随上字同化而叠韵，上字阿读遏，在曷韵也。②

尔戎　《诗·卫风·氓》："尔卜尔筮。"《论语·公冶长》："非尔所及也。"郑笺、皇疏并云："尔，汝也。"尔，日组，纸韵。日通泥、娘，支、歌声通。尔转泥组，俗字作你。复转歌韵，音变为娜。奴可切。甬语称汝为"娜"。《诗·大雅·民劳》："戎虽小子。"又《烝民》："缵戎祖考。"笺并云："戎，犹女也。"女、汝通。戎亦日组，转泥组，音变为侬。今称汝或亦云"侬"。侬本苏沪语，甬人旅沪者多，遂传习其语。

乃　《书·舜典》："乃言底可绩。"传曰："乃，汝。"《礼记·祭统》："乃祖庄叔。"郑玄注："乃，犹汝也。"苏州人称汝即云"乃"。乃，泥组，海韵。泥、疑通转。海、等对转，乃转疑组等韵，音变牙能切。有声无字。甬语称汝或作此音。

嫽　《说文·女部》："嫽，姻也。"郎到切。"姻，嫽也。"胡误切。《玉篇》："姻，恋也。"《声类》："嫽，惜也。谓恋而不能去也。"《一切经音义》卷十三引

---

① "威姑"，丈夫的母亲。

② 谓"阿辣"（我们）之"阿"本字是"我"，是。北仑说"额辣"[ŋɐʔ¹² lɐʔ¹²]，"额""我"都是疑母字，可证。"我"随下字"辣"同化而叠韵，故读"阿"或"额"。"辣"早期读"拉"，"拉"是吴语复数标记之一，语义演变过程比较复杂。参看盛益民《吴语人称代词复数标记来源的类型学考察》，《语言学论丛》第48辑，商务印书馆2013年版。

今苏沪人称男女所私者为"姻嫪码子"，码即貉字，说详后。即其义，谓相恋绸缪之甚也。凡男女之恋，根系于淫欲，故嫪又为善淫义。秦始皇母所私大阴人曰"嫪毐"，即以其善淫而名之。甬称娼妓曰"花老"，老亦嫪字，谓其善淫也。又俗骂人曰"嫪生子"，犹法家所谓"奸生子"，谓嫪人所生者也。呼妻曰"老婆"，婆者，媻之误，说见后。呼夫曰"老公"，公者，"官人"声合之变，说详后。老皆嫪之讹，亦谓伉俪相恋之甚，有如私淫之缠绵不离。虽夫妇相恋，未必有如私淫之甚，而方言浮夸，每就其事物之尤者为言。彼新婚夫妻，既非年老，安得云老？若以"君子偕老"之义相涂附，亦为曲说。凡俗语事涉淫秽而称老者，如"老婊子""老鸨"，并此嫪字。[①]

媻 《说文·女部》："媻，一曰小妻也。"从系传本。薄波切。俗称妻为"老婆"，即此"嫪媻"字，谓其恋惜如小妻，正谓其伉俪笃好之甚。方言浮夸，每就其事类之尤者为词。人性好色甚于好德，妻以德配，小妻以色取。恋惜其妻之甚者，故以小妻之义名之。初则呼此为戏弄，寖久讹以成俗，遂为妇之代词矣。婆本训舞。《尔雅·释训》："婆娑，舞也。"《说文》无婆字，"婆娑"亦作"媻娑"。《玉篇》："婆，母也。"《广韵·八戈》："婆，老母称也。"此皆后人义，然皆不训妇。若谓妻曰"老婆"，夫曰"老公"，公、婆相对成文，不知公亦谐声借词。说见后。其相对，偶值之耳。[②]

娘 《广韵·十阳》："娘，少女之号。"少女多风情，故古诗中以"郎""娘"为男女相悦之称。如《子夜歌》"见娘喜容媚，愿得结金兰"、《江陵女歌》"拾得娘裙带，同心结两头"等皆是。展转引用，遂以娘为妻名。明陶宗仪《辍耕录》且谓"士庶人之妻，通称曰娘子"，今亦以新婚男女为新郎新娘。娘，阳韵，阳与东、耕声近，侈之则转东，弇之则转耕。娘转东、钟，音变为秾；转耕、青，音变为宁。甬俗呼妻为"嫪秾"，或声敛为"嫪宁"，皆谓相恋惜之少女也。

或谓"嫪秾""嫪宁"，秾、宁皆"女人"声合之变。"嫪女人"者，谓相恋之妇也。人，日纽，日通泥、娘，故甬语呼人如"银"。真韵无泥纽字，娘纽仅纫字，而甬读纫为禅纽。银本疑纽，而甬读娘纽，故借用银字。"女人"声合，仍如银。真、东相转，音变为秾。犹妇呼夫婿为"男人"，俗音亦如"男秾"。银、宁音似，真、青本相近。说亦通。[③]

官君 《广雅·释诂一》："官、郎，君也。"妻以夫为君，故称夫为"君"。

---

① "花老""老婊子""老鸨""老婆""老公"等词语中的"老"，本字均非"嫪"。

② "老婆"本字不是"嫪媻"。

③ 老婆，今宁波市区、镇海、北仑西部叫"老娜"（音浓），北仑东部、慈溪、余姚叫"老人"，鄞州、奉化"老娜""老人"两说都有。其中"老"是前缀，"娜"本字"侬"，义为"人"。"老娜"与"老人"命名理据相同。

亦称为"郎"，亦称为"官人"。今俗亦呼新婚之男为"新郎官""新官人"。古诗歌男女相悦，亦以"郎"以"君"称其男。真、东相转，甬语"人"或在东韵，殊东切。则"官人"声合变公。君，见纽，撮口。音等转洪为开口，又真、东相转，音亦变为公。甬呼夫婿为"嫪公"，公即"君"或"官人"之转音。①

苗童　《广雅·释诂一》："苗，末也。"王念孙疏证："禾之始生曰苗。苗，犹杪也。"引申之，人幼少者亦云苗。《楚辞·离骚》："帝高阳之苗裔兮。"王逸注："苗，胤也。"胤者，后嗣，亦人伦之幼少。俗称初生婴儿曰"毛头"，毛即苗之音转。萧、肴、豪古音相通。古经传苗、毛常通用。《书·舜典》："窜三苗于三危。"《山海经》作"三毛"。《公羊传·桓四年》："春曰苗。"何休注："苗，毛也。"故不苗之地曰"不毛之地"。毛音同茅，茅亦通苗。《仪礼·士相见礼》："在野则为草茅之臣。"郑玄注："古文茅作苗。"茅亦有小义，故《尔雅·释虫》小蝉为"茅蜩"，为"茅蜩"；甬俗称寸长小鱼曰"茅鱼"。俗讹作"猫鱼"，谓小不堪食，只足饲猫耳。甬音呼猫或如茅。皆其例。

"毛头"之头，乃"童"之音变，东、侯对转也。今儿童字，正字本作僮。《说文·人部》："僮，未冠也。"《广雅·释言》："僮，稚也。"经传多作童。《易·观卦》"童观"郑玄注："童，稚也。"引申凡人物幼小皆曰童。《易·大畜》："童牛之吉。"《释名·释长幼》："牛羊之无角者曰童。女子之未笄者亦称之也。"今称婴儿曰"毛头"，犹云幼童耳。童女俗呼"小娘头"，头亦童字；呼婢曰"丫头"，头亦童字。童本训奴，后借僮为童，字遂互易。婢，奴也，故云僮。②

縠孺　《说文·子部》："孺，乳子也。""縠，乳也。"杨倞注《荀子·礼论》曰："縠，乳也。谓哺乳小儿也。"见"君子以倍叛之心接藏縠，犹且羞之"句下。字亦作縠。《广雅·释亲》："縠，子也。"曹宪音乃口反。王念孙疏证："縠之言孺也。字本作縠。"又引《庄子·骈拇篇》崔撰注云："孺子曰縠。"钟案：縠从彀声，古音在幽部。从段说，段氏名为第三部。孺从需声，与乳同在侯部。幽、侯清浊之殊，本同类也。江永《古韵标准》及平水韵侯、尤、幽皆合为一部。然则《说文》以乳训縠、以乳子训孺，于古音皆取叠韵。且乳、孺皆日组，古无日、娘，皆归泥组，然则縠、孺、乳三字古同组。则《说文》以乳训縠、以乳子训孺，又取古双声为训也。縠古音既为幽类，幽、侵对转，音变乃含切，如諵。孺为侯类，读侯清之则为幽，幽、侵对转，亦得变为諵。今音元、寒、删与覃、咸相混，如山与三、甘与干、蚶与汉、谈与檀、寒与含、担与单、赧与南、颜与岩、烦与凡等，

---

① "嫪公"正字当作"老公"，"公"非"君"或"官人"之音转。
② "毛头"非"苗童"之音变。"小娘头""丫头"之"头"亦非"童"之音变。

皆是。遂音与"暖"若，俗字作"囡"。称小儿曰"小囡"，本毃、孺字也。[①]

儿 或曰，小儿曰"小囡"，囡本儿之音变。《说文·儿部》："儿，孺子也。"儿、孺皆日纽双声。日通泥、娘，故吴人呼儿子音如"尼子"。余少时犹闻父老呼小儿音如"小尼"也。儿，古音在支类。支、歌相通，歌、寒对转，音变为暖。说亦可通。支类，《通训定声》名为解部，脂类名为履部，寒类名为乾部。《通训定声》论声转曰：解转履、泰、乾。支、脂固同类，脂、寒二类同入相转，段亦言之。

婴 《仓颉篇》："女曰婴，男曰儿。"《玉篇》《广韵》"婴"字下皆引。此析言之也。若统言之，男女皆得称婴，称儿。《释名·释长幼》："人始生曰婴儿。胸前曰婴，抱之婴前，乳养之也。"婴，清韵，耕、清转阳、唐，音变为姎。乌郎切。今奉化人称婴儿呼若"姎姎"。

孥帑 《书·甘誓》："予则孥戮汝。"孔传："孥，子也。"子者，该（赅）男女而言。《国语·郑语》："寄孥与贿焉。"韦昭注："妻子曰孥。"字通作帑。《诗·小雅·常棣》："乐尔妻帑。"毛传："帑，子也。"《礼·中庸》引此诗，郑玄注云："古者谓子孙曰帑。"《左传·文六年》："宣子使臾骈送其帑。"杜预注："帑，妻子也。"孥、帑并音奴，泥纽。泥、疑声通，鱼、阳对转，音变俄衡切，如苏浙读四五之五，开口鼻音。或鱼、歌邻转，歌、麻同部，则音变奴华切，如捉拿之拿。甬语称所生子女音如"五拿"，或总呼妻儿曰"老婆五拿"。"五拿"本"孥"之重言而变异其音耳。犹母呼"姆买"，本皆"母"之变音。参看上文"妈"字条释。又如贯彻曰"通透"，透即"通"之变音。东、侯对转，通转侯韵，故变透。透本训惊也，见《方言》二，郭璞音式六反，是也。若《说文新附》"透，跳也，过也"，音他候切，此本跳之转音，孳乳而讹为透字。盖兆声在宵部，秀声在幽部，音最相近，易相转，而幽、尤韵无舌头音字，欲作透纽而重浊其音，不得不转入侯韵，变为偷去声。称无曰"呒没"，皆"无"之变音而类隔转明纽者，呒则声亢为鼻音，没则声促为入声。[②]

女 俗称女儿为"囡"，音如暖。囡俗字，即女之变音。盖"女"娘纽，语韵。古无舌上音，娘纽字古读泥纽；鱼、歌声近，歌、元对转，女由歌转元，音变为暖。杭州呼女儿音如"拿"，在麻韵，即鱼、歌邻转而止，未再转入元也。雅人或以媛为囡。《说文》："媛，美女也。"王眷切。音义皆非。甬俗呼宅舍南向者曰"朝南向暖"，暖音如女。此暖音反变为女，可证其声相通。暖本通煗。（见《广韵》）今从奥声字，如顿（软）、奭、馃等，甬音

[①] "囡"（nān），小孩，特指小男孩。宁波方言文献里也可用同"囡"，如《鄞县通志·方言（三）》："廿岁囡不由娘，廿岁儿子不由爹。"（3316 页）"囡""囡"其实是同一个词的不同写法。

[②] "五拿"非"孥"重言之音变。本字即为"儿女"。参看潘悟云《"囡"所反映的吴语历史层次》，《语言研究》1995 年第 1 期。

皆若女，亦可证鱼、元通转也。①

幺甝 《方言》十二："甝、律，始也。"章炳麟《新方言·释言》："今通谓小儿为小甝子。吴越之间谓小儿为小律子。俗或作娃，作栗，皆无义。凡儿始生，即以训始之义名之。"钟案：甝为甝甼字，本不训始。其训始者，为假借无疑。朱骏声以为规之假借，谓规律皆法则，故为始。见《说文通训定声》"甝"字注。甝从圭声，古音与规同属支类。朱氏名为解部。朱氏名古声类，不用《广韵》旧名，别取《周易》卦名为部。虽取同部相假，然以规律为法则，傅会为始义，终非通论。《广雅·释诂一》"甝、律"作"甝、莩"。《广韵·六术》："莩，《音谱》云：草子甲。"《集韵》："莩，草孚甲出也。"然则律为莩之借字，其训始宜矣。愚意甝者，幺之假借。《说文·幺部》："幺，小也。象子初生之形。"故可训始。幺又孳乳为幼。《说文》："幼，少也。"幼亦有始义。甝与幺、幼皆影纽双声，且幺、幼古音皆幽类，今幺转萧韵，而萧、幽同入于药，麻亦有入于药者，见《入声谱》。同入相转，故幺、幼转麻韵为甝。惟音等自转，易齐齿为撮口耳。然则今小儿为"娃"，正幼之音变。娃本训美女，西施处馆娃宫是也。甝、蛙古今字，故《方言》甝字郭璞音蛙。《广韵》蛙入《九麻》，亦入《十三佳》，则佳、麻又同入相转故也。同入于麦。甝既讹为娃，娃在佳韵，佳麻、删山同入相转，同入于黠。娃转删韵，音变为弯。今称小儿音如"弯"。慈溪及苏沪赅男女言之，鄞则专呼男孩矣。

或曰，小儿呼为"弯"，即"幼"之音变。鄞呼男孩为"弯"，即"幼男"合声之变。盖幼为幽类，幽、侵对转，音等转粗，幼转咸凡韵而为开口，则为乌陷或乌梵切。吴越读咸凡同于删山，故音混如弯。幼本形况字，而为名词者，虚字实用也。若"幼男"合声，男本覃韵，为侵类。覃、咸同部相转，故音等转粗，亦变乌陷切。称"幼男"者，犹呼小女为"小娘"之例矣。②

孙女 《尔雅·释亲》："子之子为孙。"凡称子者，赅男女而言。《论语·公冶长》："以其子妻之。"又："以其兄之子妻之。"子皆女也。故女之女谓"外孙女"，亦以孙称也。慈溪山北人称孙女曰"女孙"，音如"暖孙"，或如"拿孙"。女音转为暖，为拿，说已详前。鄞人称孙女音如"暖数"。暖即女字，数者"孙女"之合声。"孙女"声合本为糈，音变为数者，鱼、虞同部相转。犹数计之数俗亦呼若糈，如数铜钱呼为"糈铜钿"是。而读蔬又如苏，蔬本山於切，俗语呼菜蔬，蔬音如胥，却不误。皆侈弇洪细相转也。《说文》："谞，

---

① "囡"是"女"儿化后产生的新词。参看潘悟云《"囡"所反映的吴语历史层次》，《语言研究》
  1995 年第 1 期。
② 宁波话称男孩为"弯"或"小弯"，本字就是"娃"，为儿化音残留。

知也。"今谓心知其事曰"有数",不可逆知者曰"无数",数皆谓字,其语转正同。今呼须亦如数。①

爹　《广雅·释亲》:"爹,父也。"曹宪音大可反。歌、泰同入相转,同入于曷。音变为大。镇海人呼叔父音如"阿大",大读泰韵。即"阿爹"之变音。叔父亦父也,故以爹称之。②

悍男　通语称男为"汉",随其形态而冠以词。如大汉、好汉、老汉,则名之善者;如狂汉、风汉、醉汉,则名之恶者。大抵称汉者,皆其人有矫强之意,善则近于刚健有为,恶则流于暴戾狷悍。余谓汉者,"悍男"之合声。覃、寒音相近。《说文·心部》:"悍,勇也。"侯旰切。北音匣晓为浊清,今读悍相承作晓纽火旰切者,从北音故也。"悍男"合声为蚶,蚶、汉声似也。勇者,气也。见《说文》。任气充体,与通语称汉之涵义正合。明人《询刍录》以为匈奴称汉兵为汉儿,亦曰好汉,称人为汉,其名义盖肇原于此。说嫌附会。方俗名物多本于自然,文字音义即本于自然者也。

女有秽行俗称"偷汉子",又称荡妇所私之面首为"汉郎头"。此汉皆壮男之意。郎者,嫽之音变。豪、唐同入相转,同入于铎。故音如郎。嫽谓其善淫也。说见上。头者,俦之音变,说见后。③

雠俦特　《尔雅·释诂》:"仇、雠,匹也。""仇、匹,合也。"郭璞注:"皆谓对合也。《诗》云:'君子好仇。'雠犹俦也。"今《诗·周南·关雎》作"君子好逑",疏引孙炎曰:"逑,相求之匹也。"郭注引作"仇",是仇与逑通,亦相求之匹。《说文》:"仇,雠也。"雠亦相求之匹矣。仇、逑并巨鸠切,群纽。雠,市流切,禅纽。《玉篇》:"俦,直流切。侣也。"澄纽。群之细音似澄,澄、床相混,禅、床同浊又相通,故禅或流转于澄。如俗读韶如朝,读蛇、佘如茶,读成、城如程,读承、丞如澄,读雠、酬如绸,皆变禅为澄纽者。若读兆、肇如绍,读储如殊,又变澄为禅纽矣。郭云"雠犹俦也",以既叠韵,纽亦通转。仇、逑、雠、俦展转相通,亦缘是故。古无澄、禅纽,皆读定纽,故雠、俦古音当如定由切。幽、尤韵无舌头音字,欲作定纽,势必转归邻近侯韵,则音如头。今称男女私合曰"姘头",所私之男曰"汉郎头",妓院宴乐,为入幕宾者曰"做花头"。头皆对合相匹义,

---

① 孙女多称为"挪孙囡","挪"即"女"。我们推测,"孙"本读合口,韵尾 n 与"囡"声母 n 合并,故读数,于是叫"挪数囡",省称"挪数",又叫"暖数"。"心知其事曰'有数',不可逆知者曰'无(呒)数'","数"就是本字,而非"谓"之借字。

② 汉语方言里,称谓词"大"或"大大"用法很多,可指称祖父、父亲、母亲、伯父、伯母、叔父、姑妈、哥哥、姐姐等(参看《汉语方言大词典》"大""大大""阿大"等条)。就吴语明州片"叔父"称谓而言,象山、舟山都有"大大"或"阿大"的说法,镇海旧有"阿大"的说法。"大"文读,说明是个外来词,而非"爹"之变音。

③ "汉郎头"之"郎"非"嫽"之音变,"头"亦非"俦"之音变。"汉郎头"今未闻。

雠、俦古音之变也。

◇江有诰《等韵丛说·释神珙五音图》曰："床、禅互相讹混。"又《辨七音十类粗细》曰："禅母音，亦有混入澄母者。"

或曰，男女相匹称"头"者，乃"特"之音转。《诗·墉风·柏舟》："实维我特。"传："特，匹也。"《小雅·我行其野》："不思旧姻，求尔新特。"传："新特，外昏（婚）也。"此特亦匹义，并配偶之谓。特从寺声，古音为之类。之、幽声近，幽侯为清浊。古之类字故后有转入幽、尤、侯韵者。如牛、丘、又、右、妇、负等字，今在尤韵；母、某、剖等，在侯韵。特转侯韵，则音如头。说亦可通。①

鲐耇　《尔雅·释诂》："鲐、耇、老，寿也。"《诗·大雅·行苇》："黄耇台背。"台即鲐也。《小雅·南山有台》："遐不黄耇。"传曰："耇，老也。"鲐、耇义同，或类聚联绵言之。《方言》一："鲐，老也。秦晋之郊、陈兖之会曰耇鲐。"倒言之，则为"鲐耇"，疾呼声促则为"头"。"鲐寿"字训联言，声合亦为"头"。俗呼老人曰"老头"，头即"鲐耇"字，亦即"鲐寿"字。且鲐从台声，古音为之类。之、幽声近，幽侯为清浊，"鲐"亦得音转侯韵为"头"。然呼婴儿曰"毛头"，此头非老寿义，乃"童"字音变，东、侯对转也。②

孤鳏　《书·尧典》："有鳏在下。"传曰："无妻曰鳏。"字亦作鳏。《楚辞·天问》："舜闵在家，父何以鳏？"王逸注："无妻曰鳏。"鳏，古音在真类。《天问》鳏韵亲，《诗·齐风·敝笱》鳏韵云，释文"鳏，郑古魂反"是也。今在山韵，真、元两类声近相转。故《释名·释亲属》："无妻曰鳏。鳏，昆也。昆，明也。愁悒不寐，目恒鳏鳏然也。"是鳏有昆音，与《齐风》郑读音合。今称无妻曰"光棍"，棍即鳏之古音，光者，孤之音变。《广雅·释诂三》："孤，独也。"《吕氏春秋·怀宠篇》："求其孤寡，而振恤之。"高诱注："无子曰孤。"无妻斯亦无子。孤，模韵，模、唐同入相转，同入于铎。音变为光。"光棍"即"孤鳏"字耳。莠民俗亦称"光棍"，此乃"啀乖"字之音变，说详后《释流品篇》。③

欢　《古诗》多称男女所昵者为"欢"，如"欢作沉水香，侬作博山炉。"《子夜歌》："自从别欢来，奁器了不开。"亦称"所欢"。《古乐府》："风吹窗帘动，疑是所欢来。"欢，桓韵，古音为元类。元、歌对转，歌、麻同部，音变为花。歌、戈皆无晓组撮口呼字，故流入麻韵为花。今称妇有所私者为"花老"，即"欢嫽"字。嫽，谓其善淫也，说详前。引申称倡妓亦曰"花老"。

---

① "姘头""汉郎头"等之"头"都是词尾。

② 老人叫"老头"，"头"即本字，"头"非"鲐耇"或"鲐寿"之合音，亦非"鲐"之音转。

③ 单身汉称"光棍"，与"孤鳏"无涉。

凡事涉男女之私，俗皆以"花"名，实俱"欢"字。如讼为奸淫曰"花案"，思慕不遂而病狂易曰"花癫"，妓院宴乐曰"花酒"，优伶饰淫艳风流之女曰"花旦"，"旦"字说详后。又泛称好色曰"爱花"，皆"欢"之引申义耳。①

嬖 《说文·女部》："嬖，便嬖，爱也。"爱、爱古今字。《释名》："嬖，卑贱婢妾媚以色事人得幸者也。"《一切经音义》卷二十引。《国语·郑语》："而嬖是女也。"韦昭注："以邪僻取爱曰嬖。"《诗·邶风·绿衣序》释文："嬖，补计反。《谥法》云：'贱而得爱曰嬖。'嬖，卑也，媟也。"今嬖在霁韵，齐、萧同入相转，同入于锡。俗字作婊。今称荡妇以色蛊人为"婊子"，引申为倡妓亦曰"婊子"。明周祈《名义考》云："俗称倡曰表子，私倡者②曰夃老。表对里之称，表子犹言外妇。"说嫌附会。"夃老"即"姻嫪"之讹，《说文通训定声》引俗语作"孤老"，见"姻"字及"嫪"字下注。盖姻音护、音户，皆匣纽，喉牙匣见常相转（见《释天篇》"涸"及"峈"字下注），故《集韵》姻又音顾。"夃老"即"姻嫪"字，"表子"应是"嬖子"。前人罔究音训，皆坐考订未精之失。若陶宗仪《辍耕录》作"脿子"，《直语补证》为之说曰："脿同膘，肥泽之意。"其义益晦而不切矣。③

美女 古音马在鱼类，鱼、虞、模韵，上去类推。观段氏《六书音均表》所集古经传叶韵可征。《说文》："马，怒也，武也。"即以叠韵为训。故江有诰谓马古音读莫户切，是也。莫户为姥音。郝懿行云：马古音如姥。即其证。见《尔雅义疏·释虫篇》"负劳"条下注。"美女"两字，疾呼声合亦为姥。鱼类上声语、麌、姥三韵，惟姥韵有明纽字，语、麌无之，故女转明纽，势必转入姥韵。鱼、模转麻，"美女"合声故亦变为马。俗称为人媒通妇女为"拉马"，畜养少女作妓妾为"养瘦马"，马皆"美女"字也。瘦即少之音变。少为宵类，瘦为幽类，宵、幽声近相转。"瘦马"，即"少美女"耳。或引白居易诗"莫养瘦马驹，莫教小妓女"，以为属辞比事，典出于此。顾隋唐以还，诗家往往采里巷猥语俗字入诗，以求清新悦众。猥语俗字何由形成，彼固不详。执此以论方言之本，宜其疏矣。④

遥嫽婸妷 《说文·女部》："妷，私逸也。"经传多借淫为之。惟佛经中多作妷，以是知译经者精于小学。妷为侵类，侵、幽对转，幽、萧同居，字变为遥。《方言》十："遥，妷也。九嶷荆郊之鄙谓妷曰遥。"郭注曰："言心遥荡也。"失之。《方言》六："婸，妷也。"《广雅·释诂一》："嫽、婸，妷也。"嫽亦淫之转音。倡妓以妷为业，北人称妓院为"窑子"，吴越称"堂子"。窑即遥、嫽字，堂即婸字，皆以妷义名其家。北人称妓女曰"窑

---

① "花老"本字非"欢嫪"。"花老""花案""花癫""花酒""花旦"之"花"均与"欢"无关。
② "者"字原脱，径补。
③ 应氏谓"表子"应是"嬖子"，不确。周祈《名义考》解释可从。
④ "拉马""养瘦马"之"马"非"美女"之合音。

姐"，吴越称妓女外出应客曰"出堂拆"。姐、拆皆妦之讹变。《说文·女部》："妦，少女也。"坼下切。《玉篇》："妦，耻下、竹亚二切。美女也。"竹亚，音讹为姐。《说文》："蜀人呼母为姐。"非妓义。耻下、坼下两切皆彻纽，声促转入，又音等自转为齐齿，遂变为拆，陌为麻入故也。倡妓未必皆少女、皆美女，方言浮夸，辄就其尤者而称之。①

美人窠　《广雅·释宫②》："窠，巢也。"引申为凡可栖止皆曰窠，今俗语犹然。歌、寒对转，音变为刊。寒删、覃咸声似，刊音若槛。槛本匣纽，胡黤切，与舰同音。今槛、舰皆读溪纽苦滥切。甬俗称妓院为"门槛"，槛即窠也。门者，"美人"之合声。"美人"声合本为闽，真魂、同类，闽声转侈则为门。绍兴人读门如闽，反侈为弇也。"门槛"云者，即"美人窠"之变音耳。③

佻妭婸　《说文·女部》："妭，美妇也。"蒲拨切。《广韵·十三末》"妭"下引《说文》曰："妇人美皃。"《尔雅·释言》："佻，偷也。"郭璞注："谓苟且。"李巡曰："佻，偷薄之偷也。"《左传·昭十年》"佻之谓甚矣"疏引。偷薄谓轻佻无行，与苟且义近。颜师古《匡谬正俗》八："行无廉隅，不存礼义，谓之苟且。"佻，吐雕切。阳、萧同入相转，同入于药。音变为汤，俗作淌。都市暗倡游于园囿歌榭以诱狎客者，俗呼"淌白"，即"佻妭"也。谓轻佻无行之美妇也。俗音妭或转如牌去声，盖妭末韵，末为泰入，妭缓气读之，转归泰韵，故如牌去声。

或曰，淌者，婸之转音。《方言》六："婸，婬也。"今多作淫荡。婸，定纽，北音定为透浊，浊音转清，婸读透纽，音变为淌。"婸妭"谓淫佚美妇也。"淌白"本苏沪语，而流传于甬。④

淫女　《诗·邶风·雄雉序》疏："淫，谓色欲过度。"淫，喻纽侵韵。喻无粗音，苟粗之则流于匣。歌诀所谓"匣阙三四喻中觅，喻亏一二匣中穷"是也（见《七音略》）。侵、咸同类亦相转，淫转匣纽咸韵，音变为咸。倡妓有夜进御数客，俗名"咸肉"，即"淫女"之转音。淫谓其色欲过度也。肉，日纽，日通泥、娘，吴越读肉如女之入声。女，语韵，语、遇声通，遇入于烛，故音如肉。⑤

婠　《通俗文》："容美曰婠。乌活反。"《太平御览》三百八十一引。《广雅·释诂一》："婠，

---

① "堂子"当是正字，"秦楼楚馆"的"楼""馆"也是以建筑物指称妓院，可以比勘。

② "宫"，原作"室"，径改。《广雅·释宫》之"宫"或作"室"，王念孙校定为"宫"。应氏"宫""室"互用，今统一作"宫"，以下不出校。

③ "门槛"非"美人窠"之变音。称妓院为"门槛"当是老派方言，今未闻。

④ "淌白"亦称"淌牌"，旧时上海对女流氓或私娼的称呼，理据不明。"佻妭"或"婸妭"音转说不可靠。

⑤ "咸肉"非"淫女"之转音。

好也。”曹宪音一丸、一刮两反，皆影纽。惟《广韵·廿九换》：“婠，好皃。”音贯，见纽。盖俗有读其谐声之官音者，习久成风，《广韵》乃并音之耳。字音方俗误读若是者，往往有之。今称妓女曰“倌人”，倌为婠之讹。“婠人”犹云美人耳。《诗·鄘风·定之方中》：“命彼倌人。”传云：“倌人，主驾者。”于义无当。绍兴乱弹戏伶人为旦者，亦多以“倌”为号，如云“某某倌”，倌亦婠字。旦号为“婠”，亦谓其色美也。

　　妉娃　《晋书》何超《音义上》：“妉，老女称。武酣切。”微纽，谈韵。今音微、匣常相混，匣纽粗音之胡、户，与微纽之无、武，几不能别。故“妉”与胡甘切之“酣”音相若。而北音匣为晓浊，浊音转清，故今读酣作晓纽，为火甘切，如蚶。吴扬人呼老妪为“好婆”，好即妉读为蚶之音变。盖妉因微、匣之混，讹入匣纽。又从匣而转清为晓纽，遂读如蚶。谈、宵对转，故音如好。方言字音亦有误读者。妉读为蚶，误读亦未可知。如坩锅之坩本苦甘切，而俗误读如甘，即其例。好，亦为“妉媪”之合声。《说文》：“媪，女老称也。读若奥。”妉、媪义同，方言类聚呼之，声合则为“好”。

　　苏吴猥语，称老妇妖冶者为“老蟹”。蟹本匣纽，今皆转晓纽，北人为细音，吴越为粗音，火解切，亦匣晓浊清相转。蟹者，“妉娃”之合声。妉为老女，娃为美女，“妉娃”谓老美女也。《说文·女部》：“娃，吴楚之间谓好娃。”《方言》二：“娃，美也。吴楚衡淮之间曰娃。故吴有馆娃之宫。”《广韵·十三佳》：“娃，美女皃。”此本非甬语，而甬人近亦习言，故《鄞县通志》亦并志之，而其释殊谬。

　　◇或曰，蟹即“好娃”之合声，字训联言也。娃从圭声，古音为支类。支、佳同部，佳韵上声为蟹也。[1]

　　色风　《孟子·尽心上》：“形色，天性也。”赵岐注：“色者，妇人妖丽之容也。”色，职韵，古音为之类。之、幽声近相转，音变所好切，俗作骚。盖好声、保声、老声、报声等，古音皆在幽类，今皆转入豪韵，以幽尤与萧肴豪声最近故也。骚，摩马也，见《说文》。扰也，见《诗》传。愁也，见《楚辞》。皆无妖丽惑人义。里巷猥语叱女容妖冶惑人为“骚屄”。屄者，嬖之讹。嬖者，卑贱婢妾媚以色事人者也。俗语婊子之婊，即其本字。参看上文“嬖”字条释。嬖音似屄，屄为女阴之俗体。俗习其语，不得其字，遂讹作屄。方言多循古语。考古经传无以男女之阴为诟谇词，其诟人者，皆斥其品德种族之贱。而其字音有与男女之阴相若者，后人谫陋，不悉其本，而傅会之；或更推波助澜，煊染而曼衍其语。流俗成风，遂不可究诘矣。欧西俗诟人，亦无以男女之阴作诟词者，故其闻华语以男女之阴相谇，大奇。[2]

　　《左传·僖四年》：“惟是风马牛不相及也。”服虔注：“牝牡相诱谓之风。”今

----

① 解释“好婆”“老蟹”之理据均可酌。
② “屄”即为正字，非“嬖”之讹。

谓女容妖冶，其婬泆之意溢于颜面足以惑人者曰"骚"，亦曰"风骚"。风亦诱惑义也。

敂姘 《仓颉篇》："男女私合曰姘。"《广韵·十三耕》引。《说文·女部》："姘，汉律，齐人与妻婢奸曰姘。"普耕切。今音转清细，读如甹。男女非礼相合曰"轧姘头"。轧，共厄切。轧者，敂之讹。《说文·攴部》："敂，合会也。"《尔雅·释诂》："敂，合也。"郭璞注："谓对合也。"《玉篇》："敂，公答切。"见纽开口呼。清音转浊，变群纽开口呼，故音如俗字之轧。头者，俦之音变，侣也，匹也。说见上文。[①]

缀媟 《说文·叕部》："缀，合箸也。"《广雅·释诂四》："缀，连也。"曹宪音陟月反。古无舌上音，知纽字古读端纽，故缀古音当如《檀弓下》释文丁劣反是也。见"殷主缀重焉"句下注。今称事物相连合曰缀，俗作搭。男女私合曰"搭识"，其所私者曰"搭头"。识者，媟之讹。《说文·女部》："媟，嬻也。"《方言》十三："媟，狎也。""缀媟"谓相合而狎也。

◇或曰，搭识之搭，乃耽之入声。《诗·卫风·氓》："无与士耽。"传曰："耽，乐也。女与士耽，则伤礼义。"《诗》又曰："士之耽兮，犹可说也。女之耽兮，不可说也。"则耽为士女贪欢之乐。《书·无逸》传："过乐谓之耽。"男女淫乱之乐，固乐之最甚者也。耽本作媅。《广韵·廿二覃》："媅，淫过。"覃入于合，音正如答。[②]

鵰姅姝 《说文·目部》："鵰，目孰视也。读若雕。"都僚切。孰视，即熟视，谓注目久视，凝神不移。《方言》一："凡好而轻者，赵魏燕代之间曰姝，或曰姅。"姅，郭璞音蜂；姝，又音株。蜂，敷纽，古无轻唇音，敷纽字皆读重唇滂纽。又东钟转江，姅转滂纽江韵，音变为胮。匹江切。○姅从丰声，蚌、桙（棒）亦丰声，今入讲韵，可例证。今男女互视，色授魂与，俗称"吊榜子"，屈赋所谓"目成"也。其正字当为"鵰姅姝"。谓凝神注视美好轻佻之人。凡男女互视所好，鲜有不涉奸邪，故引申用为私通相诱之名。胮、榜声近相转，今音江与阳唐相若，词曲家遂浑称为江阳韵。犹镑、磅本音滂，今皆读如榜是也。牙音、舌音、齿音之清与次清，多互相通转，惟唇音非敷既相混，故其类隔之帮滂尤多通转。鱼、支声近，故姝音变如子，支、之今又混同也。

吊榜子，鄞乡或称"吊翠"。翠亦姝字。《方言》郭璞音：姝，昌朱反。鱼、支声近，姝转支韵重音，如吹，今音吹、翠混同也。犹吹风之吹，俗呼如姝。其例正相反，可证。或曰，翠者，"姝美"之合声。《说文》："姝，色美也。"《华严经音义》引。《诗·邶风·静女》：

---

① 方言"轧"有许多意思，在"轧姘头"这个词语当中，"敂"讲得通，在其他用法中却讲不通，所以"敂"未必是本字；且合、敂古今字，"合"字更古老。又，"头"非"俦"之音变。

② "搭识"指男女不正当的结识，其中"识"即为本字，而非"媟"之讹；"搭"在方言里用法很多，来源待考。

"静女其姝。"传曰："姝，美色也。""姝美"字训联言，方言恒例。说亦可通。①

　　誂　或曰，吊榜子之"吊"应是"誂"字。誂，徒了切。定浊转端清，则音如吊。《说文·言部》："誂，相呼诱也。"《国策·秦策一》："楚人有两妻者②，人誂其长者，长者詈之；誂其少者，少者许之。"《广雅·释诂二》："誂，娆也，《说文》："娆，扰也，戏弄也。"戏也。"誂戏妇女，誂为正字，俗讹作调。凡戏弄女人而诱通之，正是誂义。"誂婏姝"，犹云戏诱美人耳。

　　被裯　《诗·召南·小星》："抱衾与裯。"传曰："裯，禅被也。"释文："裯，直留反。"今呼被为"被头"，头即裯之音变。盖裯澄纽，古无舌上音，今澄纽字于古读定纽。尤幽韵无定纽字，故不得不邻转侯韵，变作头音。凡幽尤韵字转舌头音者，必归于侯韵。反之，侯韵字转舌上音者，必归于幽尤韵。③

　　裯从周声，古音为幽类。今萧韵中，有从焦声、翏声、条声等字，古音亦在幽类。故幽尤萧韵字，音多相通转。孔广森《诗声类》谓古音萧在幽类，严可均《说文声类》宗之。裯古音既读定纽，或语转入萧韵，则裯声如条。犹调亦周声，今音同条也。俗称媒合男女私通曰"拉皮条"。"皮条"即"被裯"字。"拉被裯"者，谓曳衾裯而往，即《诗》"抱衾与裯"之意，同寝合欢云尔。④

　　禅裯　古幽类字今多转入豪、晧、号韵者，如道从首声，涛从寿声，嫂从叟声，尻从九声，皆是。他如好、牢、考、卯等字，古音亦在幽类。裯古音为幽类定纽，音之流变，亦或转入豪韵。定浊又转端清，则读如刀，《广韵》都牢切是也。犹觩音刀，鋽音桃，亦并从周声。○ 裯音刀，义为短衣。然方言中字往往有读别义之音者，所在多有。此或由于流俗误读，或古音本相通用，难以推断。裯可转条音，亦可转刀音，萧、豪声近，古本通转。媒合男女私通，甬俗呼为"背大刀"。大，读如驮；"大刀"即"禅裯"之音变。《诗·小星》传："裯，禅被也。"禅裯犹禅被。禅音转驮者，禅，端纽寒韵，端清转定浊，则为弹。寒、歌对转，弹转歌韵，则为驮。犹鼉从单声，本读如檀，今亦读如鸵，参看《诗·灵台》释文。《说文》："撣，提持也。"甬呼为驮，亦其例。"背大刀"者，即负禅裯，与"拉被裯"异语同义也。⑤

　　赘婿　《公羊传·襄十六年》："君若赘旒然。"何休注："赘，系属之辞。若

---

① "吊榜子"，今写作"吊膀子"，正字不是"鴡婏姝"。"吊翠"解说也不确。
② "者"字原脱，径补。
③ "被头"之"头"非"裯"之音变，"头"是名词后缀。
④ "拉皮条"正字非"拉被裯"。
⑤ "背大刀"理据不明，但"大刀"非"禅裯"之音变。

今俗名就婿为赘婿矣。”疏曰：“亦是妻所持挈[1]，故名之云尔。”赘，本有假相连属之义。见《文选·陈琳〈为袁绍檄豫州〉》“操赘阉遗丑”句下李善注。赘婿，谓系属之婿，故妻得持挈之也。婿从胥声，古音在鱼类。《说文》：“婿，夫也。”以叠韵为训可征。“赘婿”声合为诸。鱼、宵同入相转，同入于药。音变为招。今入赘齐民俗呼“招女婿”，赘于王室尚公主曰“招驸马”。俗以招来之义为释，浅言之，非其本也。[2]

◇赘古音为脂类，脂、萧恒相转，“赘”独字亦得为“招”。

“赘婿”声合，或侈之，变入豪韵，音变为糟。外地人读招固有如糟者。宵、豪固相通。犹“赘余”之合声，字变为找，俗呼市物余值曰找。其例同。青楼薄幸，别恋新欢，猥语谓之“跳槽”。而呼槽如糟，即“赘婿”合声之变。盖妓女视所私为“赘婿”，亦假相连属之意。弃旧恋新曰“跳槽”者，谓跳赘而婿于彼也。或谓槽为糟枥义，俗称马厩为马槽。而猥语又以马名女，如云“拉马”，云“瘦马”（马即“美女”合声之变），以是谓妓女之所处为槽。“跳槽”者，跳至他马之厩，即隐谓入别女之处，盖廋词也。槽音如糟，浊音转清也。其说存参。[3]

放别合　《诗·大雅·大明》：“天作之合。”传曰：“合，配也。”郑玄注《地官·媒氏》曰：“得耦为合。”合，匣纽，喉牙匣见相转，例见前。音变为敆。古沓切。犹升合字，今亦读如敆。敆亦训合，《尔雅·释诂》敆与偶、妃同训，则敆亦配偶义。今取不贞之女，私奔所欢而遁，俗呼“放白鸽”。即“放别合”也。放，弃也，见《小尔雅·广言》。去也。见《广雅·释诂二》。谓弃去而别配也。[4]

姼　《说文·女部》：“姼，美女也。”尺氏切。姼从多声，古音为歌类，故《方言》郭璞音多。多为舌音，尺氏切为齿音。钱大昕谓：“古人多舌音，后代多变为齿音，不独知、彻、澄三母为然也。”姼之古今音异，亦由是耳。歌、鱼声近相转，音转形变作妒，或作姹。见《玉篇》。《广韵·十一暮》：“妒，美女。”音妒。又《四十祃》：“姹，美女。又丁故切。”皆是。妒本训少女，见《说文》。其训美女作妒音者，先儒并谓本是姼之音训是也。今吴人称美而多姿者，音如“爹”，帝夜切。俗作“嗲”，亦“姼”之音变。歌、麻同部相转，姼读多之转耳。犹《方言》姼之俗体为爹，朱骏声说。今亦读帝夜切也。姹音似都，郭璞注《史记·司马相如传》曰：“都，犹姣也。”鱼模转麻，亦为嗲。甬语谓男有女态者曰“女刁理气”，“刁”亦“姼”之音转。姼既变姹，音妒，入暮韵，模、萧同入相转，同

---

①“挈”，原作“絜”，误，径改。

②“招女婿”“招驸马”，“招”即为本字，而非“赘婿”声合之变。又，下文说“‘赘’独字亦得为‘招’”，亦不确。

③“跳槽”之“槽”指马槽，而非“赘婿”合声之变。文末“存参”说法正确。

④“放白鸽”即为正字，非“放别合”之音变。

入于屋。故音为刁。姼古音既音多，歌、寒对转，音变为单。单、旦音似。今优伶饰妇女谓之"旦"，即"姼"训美女之义也。盖从单声字往往转歌韵，《史记·高祖功臣侯年表》"郸侯"索隐：郸音多。《汉书·地理志上》沛郡有"郸县"，孟康音多。斢、瘅为丁可切，惮亦丁佐切。鼍从单声，读如驼，驒、蠠亦音驼。皆其例证。而从多声字亦或转寒韵。《说文》"疼"字下引《诗》"疼疼骆马"，今《小雅·四牡》作"啴啴骆马"。《广雅·释训》曹宪音疼吐案反，又吐佐反。《汉书·司马相如传下·大人赋》"疼以陆离"，《史记》作"坛以陆离"。他如从番、从难声字，亦出入歌、寒韵互见。俗知呼女美而作旦音，不得其字，遂借旦为之。

恽敬《大云山房杂记》云："《武林旧事·杂剧段数》有双卖妲、老姑遣妲等目，《舞队段数》有粗妲、细妲等目。是旦儿本作妲。元后省作旦也。"钟案：《武林旧事》南宋末叶周密撰。据恽氏所考，则南宋末叶尚未立旦名，而俗语所呼已有旦音。字作妲者，乃仿六书从女旦声之例，以谐其语音耳。妲本妲己字，本非优伶饰妇女之义，不足为其音训之正字。然当时饰女呼作旦音者，自有所本，惜未有考定之者。若《坚瓠集》《庄岳委谈》等所言，直解颐耳。

嫽宛　《方言》二："嫽、宛，美也。南楚之外曰嫽，陈楚周南之间曰宛，自关而西秦晋之间凡美色或谓之好，或谓之宛。美状为宛。"《通俗文》："形美曰嫽。"《太平御览》卷三百八十一引。《广雅·释诂一》："嫽、宛，好也。"曹宪音嫽大果反。歌、唐同入相转，同入于铎。音变为棠。宛，筱韵，萧、阳同入相转，同入于药。音亦变为棠。阳、唐两韵，阳韵有舌上音，而无舌头音，唐韵反之。故阳韵字转定组，必入唐韵。甬俗旧呼优伶花旦曰"旦棠"。旦为姼字，美女也；嫽、宛亦美义。方言类聚同义字为词也。

北人称妇女为"堂客"，鄂人呼妻为"堂客"，堂亦嫽、宛字。"堂客"犹云佳人耳。妇女不必尽美，而悉冠以美称者，方言浮夸，率以其尤者为名。犹称女婿为"娇客"，娇亦美辞也。苏轼《和王子立》诗："王郎非娇客。"注："女婿曰娇客。"陆游《老学庵笔记》谓秦桧家以爱婿吴益为娇客。是女婿云"娇客"，宋已云然。[①]

嫰　《说文·女部》："嫰，媚也。"《广雅·释诂一》："嫰，好也。"曹宪音休六反。王念孙疏证："孟康注《汉书·张敞传》云：'北方人谓媚好为诩畜。'畜与嫰通。故媚好谓之畜。好、畜古声相近。"好声、畜声古音皆在幽类。又好、畜皆晓纽，好为一等音，畜为三等音，故云。段玉裁注《说文》"嫰"字下云："嫰有媚悦之义。"昆剧专饰美艳风流之女者曰"贴旦"，甬俗谓之"小旦"。小即嫰之音变。盖嫰为屋韵晓母三等音，屋为萧入，缓言转上声，则还归筱韵，音变为晓。而晓母细音易与心审混，

──────────

① "旦棠""堂客"之"棠""堂"非"嫽"或"宛"之音转。

故俗讹作心纽之小耳。小无媚好义。①

　　娧　《说文·女部》："娧，好也。"《广雅》曹宪音通外反。见《释诂一》"好也"条。
声促转入，音变为脱。犹倪、捝、脱、茺诸字皆从兑声，今皆读末韵透纽也。贴、脱声似。
贴在帖韵，本收声于唇，吴越无闭口音，故与脱同音。昆剧专饰美艳风流之女谓之"贴
旦"。贴即娧也，谓其美好也。或曰，贴者，佻之转入。佻，苟且义。见《尔雅·释言》：
"佻，偷也。"说详上文"佻婬"条下释。以所饰多风流佚嫚女也。佻，萧韵，萧入于药，音
为吐约切。药韵无其字，乃借声似之贴为之。

　　论戏曲诸书，多谓贴旦乃旦之副色，贴取俗语帮贴之义。以王国维之博学，亦从其说。民国十年前，甬
地犹盛行昆剧，伶人饰旦者，各专身分，不相混淆。老旦专饰老妇，正旦不施脂粉，专饰端庄大妇（如《琵
琶记》蔡伯喈妻、《写本》《斩杨》之杨继盛妻等），武旦以刀马为主，刺旦以刺杀为任（如《劈棺》《刺梁》《盗令》
等戏），杀旦任悍戾之妇，捉旦专任活捉鬼怪等女，共有七种，而贴居其末。外地昆曲亦有四旦五旦等名，
初无副色之义。顾凡演风流佻健之女，悉由贴任（如《跳墙》《着棋》《思凡》《下山》《偷诗》《醉酒》
《闹学》《游园》等戏），并非帮贴之义，故愚以为贴者，谐声借字耳。②

　　醜　《说文·鬼部》："醜，可恶也。"今俗语犹称之。伶人专饰苟且夸毗之徒，
形态猥鄙，可憎可恶者，谓之"丑"，即醜之讹简。

　　狰狞　《集韵·十三耕》："狰，狰狞，恶也。"《广韵》："狰，又音净。"
狰狞相承用为面貌凶恶义。"狰狞"疾呼声合，仍为净。优伶饰猛士以及奸暴之辈，
五彩文面，形状可怖者，谓之"净"，即"狰狞"声合之谓。

　　艾　《方言》六③："艾、长，老也。东齐鲁卫之间，凡尊老或谓之艾。"《礼记·曲
礼上》："五十曰艾。"郑玄注："艾，老也。"今犹称人容貌衰老者曰"老艾艾"。
古亦借艾为外。《国语·晋语一》："国君好艾，大夫殆。"韦昭注："艾当为外，
声相似误也。好外，多嬖臣也。"以今音例古，艾五盖切，外五会切，皆疑纽泰韵，
惟艾为开口，外为合口。音等变易，合口变开口，故外变为艾耳。今吴越书契读外，犹作
合口，惟转喻纽。若方俗称里外字，则外为开口，其音之误变正同。优伶专饰白髯老叟者谓之"外"，
或称"老外"。外即艾之讹。古讹外为艾，今讹艾为外，皆音等开合变异而致。四十年
前，京剧脚本犹有外名，如《八义图》《珠砂痣》皆由生、外分饰合演；若《三娘教子》之薛保，《龙凤
配》之桥玄，皆由外饰。今则外并于生，外角戏谓之"衰派老生"。惟绍兴乱弹剧中，犹严分生、外两角，
各演其戏。

―――――――――――――

① "小旦"之"小"即为本字，而非"婥"之音变。
② 谓"贴旦"之"贴"即"娧"或"佻"之音转，可商。
③ "六"，原作"七"，误，径改。

生 《史记·儒林传序》："言《诗》于齐则辕固生。言《书》自济南伏生。言《礼》自鲁高堂生。"正义："生，其处号也。"索隐："云生者，自汉已来儒者皆号'生'，亦'先生'省字呼之耳。"故生为尊称正人君子之词。《汉书·贡禹传》载元帝报贡禹书曰："朕以生有伯夷之廉，史鱼之直。"师古注曰："生，谓先生也。"今优伶饰正人君子者谓之"生"，即其遗意。

冒 《说文·冃部》："冒，冢而前也。"引申为突前义。故《说文》"木"篆解曰："木，冒也，冒地而生[1]。"又《释名·释首饰》："帽，冒也。"帽，冠也。列于前者谓之冠，则冒亦有前列义。冒亦读入声。《广雅·释诂四》："冒，揆也。"曹宪音墨。揆犹突，见王念孙疏证。墨音近末。旧时优伶演剧，率先由末角开场，为吉庆祝嘏之剧。末即冒读为墨之讹简，谓突前而登场，为诸剧之冠也。旧京剧脚本犹有末名，今并入生行，已不复见。所谓"扫边老生"者，即旧末角也。[2]

优伶生旦等名，说者多谓起于元曲之院本，后之昆、乱、皮黄因袭之，而稍有异同。其名义释之者众，多凭臆说，如《坚瓠集》谓生、旦、净、丑为四兽之名，生，狌也，旦，狚也，净，猙也，丑，狃也。《庄岳委谈》以为传奇以戏为称，其名欲颠倒而无实也，故曲欲熟而命以生也，妇宜夜而命以旦也，开场始事而命以末也，涂污不洁而命以净也。说皆诡诞不足信。或谓丑即"爨"之误，宋徽宗使优人效爨国人来朝为戏而得名；或谓净即"参军"之合声；或谓末即"末泥"之省，而"末泥"为西域乐曲名"摩尼"之音变；或谓旦者《晋书·乐志》"但歌四曲"之"但"字省文，或为"姐"之省。余谓方言发声名物，初皆出于自然之声义，文字雅训，即自然声义之标识。因推名物形义可征古训声义者释之，以备博雅君子览焉。

招 《说文·音部》："韶，虞舜乐也。"字或借作招。《左传·襄廿九年》："见舞《韶濩》者。"释文："韶，本亦作招。"《独断》上："舜曰《大韶》，一曰《大招》。"皆是。韶、招本舜乐名，泛用为乐章皆云招。《尚书大传·虞夏传》："招为宾客，而雍为主人。"郑玄注："招雍皆乐章名。宾入奏招。"《孟子·梁惠王下》："召大师，作君臣相说之乐[3]。盖《徵招》《角招》是也。"赵岐注："《征招》《角招》，所作乐章名也。"借招作韶，招亦读如韶。韶，禅纽，古无禅纽音，今禅纽字古读如定纽，参黄侃说。故韶之古音如调。今称乐章辞韵为"调"，本韶之音义。《说文》："调，和也。"原非歌乐义。魏晋时始有声调之名，魏武始获杜夔，使定乐器声调。见《晋书·律历志》。陶潜《闲情赋》："曲调将半。"颜延年《秋胡诗》："义心多苦调。"又曰："声急由调起。"李善注曰："调，犹辞也，犹韵也。"调之训为歌辞，六朝时始著其义，非古也。◇ 歌辞称调，本是謠字，《尔雅·释乐》"徒歌谓

---

[1] "生"，原作"出"，误，径改。
[2] "末"非"冒"之音转。
[3] "召大师，作君臣相说之乐"，《孟子》原文作："召大师曰：'为我作君臣相说之乐！'"

之谣"是也。《说文》作"喜"，云："徒歌。从言、肉，肉即人声①。"谣，喻纽，喻、定多互转，故柚之为条，台读为臺，歙、揄、陶、铫、蟫等字，皆定、喻二读。谣转②定纽，形随音变，遂借用调字。韶、招既并用为乐章义，俗或读招如字，作照纽，声促转入，音变为脚。俗称戏曲词编曰"脚本"，又称优伶饰旦者曰"旦脚"，饰丑者曰"丑脚"，生、净、末等如其例。"招本"谓歌词之名。"旦招""丑招"犹"宫调""羽调"之比，后遂引申，名其专歌之人。犹匠本训木工，引申为工艺皆名"匠"，又引申专某艺者曰"某匠"，专漆艺者曰"漆匠"，专铜艺者曰"铜匠"。脚或作角。脚，药韵；角，觉韵。药、觉并为宵入。招，宵韵也。

生、旦、净、丑、末诸伶，俗又总其名曰"脚色"。色即《虞书》"五采""五色"之引申义，品庶之谓也。或谓色者，生之入声。生，业也。见《文选·陆机〈乐府·君子有所思行〉》"营生奥且博"注引《汉书》韦昭注。又《诗·邶风》："既生既育。"笺云："生，谓财业也。"伶人以歌为业，故云"招生"，音转为"脚色"。俗称人之才器亦呼"脚色"，此乃"质性"之转音，说详后。③

族 《仪礼·士丧礼》："族长莅卜。"郑玄注："族长，有司掌族人亲疏者。"今聚族而居，推行辈最长者为族长，主宗庙之祭。经传注疏多云："族，属也。"故朱骏声谓宗族、亲族字乃属之假借。《说文·㫃部》："族，矢锋也。"属（屬）从蜀声，与族声古音皆幽类。族，从纽；属，禅纽。禅、床同浊，床、从类隔，其声系固相通。属、蜀本同音，今巴蜀字读从纽，即其反证。幽、侵对转，侵、谈声近，族读属声，转谈类，音变为煠。士洽切。○甬俗语汤烹曰"煠"。族长，俗呼如"煠长"。雅人或书作"祏长"，非。《说文》："祏，宗庙主也。"主谓神主，不当名人。

或云，族长呼如"煠长"，煠乃祀之入声。族长主宗庙之祭，故云"祀长"。《尔雅·释诂》："祀，祭也。"祀为之类，邪纽，其入在职德。祀转德韵为似则切，如俗语乌鰂之鰂。鰂本昨则切，从纽，俗读禅纽者，亦从、床类隔，床、禅同浊相转也。甬语鰂、煠声似，而德韵无其字，乃借祏为之。④

劳拼 《尔雅·释诂》："拼，使也。"释文："拼，北萌反。以利使人曰拼。"耕、阳声近相转，音变北阳切，如俗语河浜之浜。浜亦帮纽耕韵转读阳韵者。阳韵无重唇音字，

---

① 《说文》原文无"肉即人声"四字。
② "转"，原作"传"，误，径改。
③ "脚本""旦脚""脚色"之"脚"非"招"之音转。
④ 今宁波话"族长"无"煠长"的读法。

故无帮纽直音字。甬俗称佣保曰“劳拼”。拼本动词，训以利使人。虚字实用[①]，以利所使之人亦名拼矣。劳俗作老，非。佣保不尽皆年老。若老为尊称，义尤未当。《尔雅·释诂》：“劳，勤也。”《论语·为政》：“有事，弟子服其劳。”皇侃疏：“劳，苦也。”训勤、训苦，皆谓尽力其事，故劳又训事。《礼记·儒行》：“先劳而后禄。”郑玄注：“劳，犹事也。”佣保称“劳拼”者，谓勤事之雇使人也。鄞人书牍，拼多书作伻。《书·洛诰》：“伻来，以图及献卜。”伻亦使义。释文：“伻，普耕反。”帮、滂重唇相转，清与次清相转，惟唇音为多。以类隔之轻唇非、敷，亦相混似。《韵会》虽亦音悲萌切，然其音转较曲。[②]

女嫨婭 《说文·女部》：“嫨，女隶也。”胡鸡切。《周礼·春官·序官》：“守祧，奚四人。”郑玄注：“奚，女奴也。”借奚为之。今人家女佣俗呼为“娘姨”，即“女奚”之音转。鱼、阳对转，女转阳声为娘也。或曰，娘者，“婭”之音转。《广雅·释诂四》：“婭，婢也。”曹宪音五丁反。疑、娘纽通，耕青转阳，音亦变为娘。娘为少女，见《广韵·十阳》。姨为妻妹，见《说文》。于义皆悖。佣妇称“娘姨”，本苏沪语，流传于甬，今已深入乡曲。甬呼佣妇本如“矮姆”，今反少闻。“矮姆”乃“娭侮”字，说见下条。[③]

娭侮 《说文·女部》：“娭，一曰卑贱名也。”遏在切，埃上声。《仓颉篇》：“娭，妇人贱称。”《广韵·七之》僖纽引。《广雅·释诂四》：“娭、侮，婢也。”曹宪娭音熙。钟案，遏在切为影纽，海韵；音熙为晓纽，之韵。之、咍古同类，影、晓皆喉音。钱大昕谓喉音四母古音盖相混无别。然则娭音熙及埃上声，实纽、韵自变耳。《方言》三：“侮、获，奴婢贱称也。秦晋之间骂奴婢曰侮。”郭璞注：“言为人所轻弄。”侮，今在麌韵，微纽。微、明类隔，鱼、阳对转，音变满衡切，如俗音之姆。英文M之尾声。甬称女佣音如“矮姆”，即“娭侮”字也，犹云婢也。娭读埃上声，之、支声近，故转蟹韵如矮。[④]

绍兴人称堕民音如“老满”。满亦侮字。侮转明纽为姥。麌无明纽字，而姥韵有之，故麌韵字转明纽，必入姥韵。鱼、歌声近，歌、元对转，故桓、模韵字，音多相混。侮读姥声，转缓韵，则为满。老者，虏之音变。虏本罪俘之名，古罪人罚为奴隶，故虏又引申为奴义。堕民为罪人后裔，世执贱役，齐民不与通婚嫁，读书不得应科举，贱之，故称虏，称侮。

---

① “虚字实用”，这是沿用古人的语法术语。我国古代对于实字和虚字的分类，有一种是按“有形体”和“无形体”来区分的，基本对应于名词与非名词的区分。“虚字实用”相当于动词、形容词活用为名词。

② 今宁波话佣保无“劳拼”的说法。

③ “娘姨”非“女奚”或“婭奚”之音转。

④ 表女佣义的“矮姆”非“娭侮”之音转。

虏，姥韵，模、豪同入相转，同入于铎。故音变为老。参看后"虏"字条。①

　　徒婢　甬人称堕民音如"堕婢"，或作"惰贫"。堕、惰皆无义，盖徒之语转。《论衡·四讳》："被刑谓之徒。"今刑法亦有"徒"名。古刑余之人，多执贱役。今堕民不与齐民同列，世执贱役，故云徒。鱼、歌声近，音转为堕。婢，《方言》云："贱称也。"②"徒婢"云者，谓蒙罪之贱人。婢从卑声，古音为支类。支、耕对转，音变为瓶。顾炎武谓"吴人读耕、清、青，皆作真音"。故又讹为"惰贫"。徒音转堕，犹"秫米"俗呼为"大米"矣。俗音大读箇韵。

　　鄞之乡鄙骂人，曰"花老瓶阿七"。瓶亦婢之音转。"花老"乃"欢嫽"字，说见前。阿音如遏，娭之入声，咍入于曷也。七即妾字。其语之本字为"欢嫽婢娭妾"。集诸卑贱称，辱之也。③

　　媒僮　《说文·女部》："媒，一曰女侍曰媒。读若騧，一曰若委。孟轲曰：'舜为天子，二女媒。'"乌果切。今本《孟子·尽心篇下》作"二女果"，赵岐注："果，侍也。"果即媒。委，古音为歌类，音如倭。乌果切，即委古音也。《广韵·九麻》："媒，女侍。又於果切。"与騧同组，皆古华切，则歌、麻韵变，喉、牙组通。戈转麻，音变为哑，俗作丫。通称女婢为"丫头"，丫即媒也。头者，僮之音变，东、侯对转也。僮亦婢义。《史记·货殖传》："僮手指千。"集解："僮，奴婢也。"《汉书·司马相如传》："卓王孙僮客八百人。"颜师古注："僮，谓奴。""丫头"即"媒僮"，谓女侍之奴婢也。④

　　甬俗称妇女曰"女人头"。辞意含有轻蔑，头亦僮字。《汉书·贾谊传》"今民卖僮者"注引如淳曰："僮，谓隶妾也。"僮为奴婢，亦训隶妾，皆女之贱者。方言称头者，固轻蔑之也。童女则云"小娘头"。此头乃童字，亦东、侯对转而致。童，稚也，未冠之称。见《易·蒙卦》郑玄注。本为男称，泛用为少女亦曰童。⑤

　　僮奴　《说文·女部》："奴，奴、婢，皆古罪人。《周礼》曰：'其奴，男子入于罪隶，女子入于春槀。'"《秋官·司厉》文。郑玄注《司厉》曰："奴，从坐而没入县官者，男女同名。"李奇注《汉书·刑法志》曰："男女徒，总名为奴。"故《论语·微子篇》"箕子为之奴"，男亦称奴也。今称奴隶，亦晐男女而言。甬称男佣执劳役者为"头脑"，实即"僮奴"字。东、侯对转，僮音如头。模、豪同入相转，奴

---

① 绍兴话"老满"非"虏侮"之音转。"老"为前缀。
② "婢"，《方言》实无"贱称也"之训，此系误读《方言》卷三"臧、甬、侮、获，奴婢贱称也"所致。
③ "花老瓶阿七"本字非"欢嫽婢娭妾"。
④ "丫头"非"媒僮"之音变。
⑤ "女人头""小娘头"之"头"都是后缀，与"僮"或"童"无关。

音如脑。凡为人服贱役者，于古皆罪人。后虽废其制，服贱役者，以利雇用使之。然名其人曰奚，曰僮，曰奴，犹因袭旧词，习用不替。音之讹变，本字且隐，呼之者不知其嫚，受之者不觉其侮焉。浅人或为之说曰："头脑"乃魁首之意，犹队伍之头目也，尊尚之称。何其谬欤！众庶工役中，为之长者，俗亦呼为"头脑"。此等名义，如"大头脑""二头脑"，大抵欧西人所营者为多，华人或仿效之，此真魁率之意。然其名本袭吾国旧称，"僮奴"音变，字讹作"头脑"。后人望文生义，遂名于魁率之辈。郭璞所谓"因讹成俗"，亦其例也。然畴昔士绅之家，所佣一二男仆，本称"头脑"，其何魁率之有？①

婢　《说文·女部》："婢，女之卑者也。从女，从卑，卑亦声。"《左传·僖廿二年》："使婢子侍执巾栉。"杜预注："婢子，妇人之卑称也。"婢古音在支类，支、歌通气，支韵中如为声、隋声、皮声、多声、宜声、离声、丽声等字，古皆在歌类。歌、元对转，婢转寒删，音变为瓣。支、佳同部，佳、删同入相转，同入于黠。音亦转为瓣。犹牌从卑声，今呼赌具之牌音亦如瓣。今俗呼妇女，或贱之曰"女人瓣"，或曰"老秾瓣"。瓣即婢也。

甬获　《方言》三："甬、获，奴婢贱称也。荆淮海岱杂齐之间，骂婢曰获。齐之北鄙、燕之北郊，凡女而妇②奴谓之获。皆异方骂奴婢之丑称也。自关而东，陈魏宋楚之间，保庸谓之甬。"甬，余陇切，喻纽，与庸、佣同音，平、上之异耳。今甬、勇、俑字读若拥为影纽者，盖古音，章炳麟谓"喻类古音读入影类"是也。见《小学略说·纽目表》。今俗谓家中僮仆为"佣人"，为"下人"，意含卑贱，佣即"甬"也，下即"获"也。获，麦韵，麦为麻入，故缓言转上声则为下。俗不得其字，以其卑贱也，乃取上下字为之。获音为下，犹吴越烹煮糕面曰"下"，即"鐄"之实字虚用。《尔雅·释训》："鐄，煮之也。"参看《释食篇》。③

或难之曰：《说文》："甬，艸木华甬甬然也。"甬不训佣保。《方言》甬与奴婢同列，本佣之借字。舍假借而用本字，焉用议？曰：以甬代佣，汉代已然。习俗意识甬有贱称，而佣则非然。《方言》载之，所以明其熏染之异也。字有同训而异用。卖力受直为佣，如今之工农，《一切经音义》六引蔡邕《劝学》注："佣，卖力也。"又引孟氏："佣，役也。谓役力受直曰佣。"非如奴婢之卑贱，故陈涉"与人佣耕"，见《史记》。班超"为官佣书"，见《后汉书》。佣无贱意。今称佣人而意含轻贱，故非"佣"，当为"甬"也。④

---

① 今宁波话没有男佣男仆叫"头脑"的说法。谓"头脑"及"大头脑""二头脑"之"头脑"是"僮奴"音变，不确。
② "妇"，原作"归"，误，径改。
③ "下人"即为正字，"下"非"获"之音转。烹煮糕面曰"下"，"下"即为本字，而非"鐄"之假借字。
④ "佣人"之"佣"即为本字，而非"甬"之假借字。

管斡 茶寮酒肆之佣保俗称"堂倌",商肆主卖物者俗称"店倌"。倌当作管,或作斡。《史记·范雎传》:"崔杼、淖齿管齐。"索隐引高诱曰:"管,典也。"典谓主其事。《汉书·食货志下》:"浮食奇民欲擅斡山海之货,以致富羡。"师古注:"斡,谓主领也。读与管同。"字亦作筦。《汉书·王莽传中》:"初设六筦之令。"师古注:"筦,亦管字也。管,主也。""堂管""店管",主司堂中、店中之事,故云"管"。《说文》:"倌,小臣也。"《诗·鄘风·定之方中》:"命彼倌人。"传:"倌人,主驾者。"商肆之人,安得云"倌"? 浅人易倌字,以求雅尔。①

贾顾 《说文·贝部》:"贾,市也。"公户切。《左传·昭廿九年》:"平子每岁贾马。"杜预注:"贾,买也。"字亦通顾。《汉书·晁错传》:"故功多赏厚,少者赏薄。如此②敛民财以顾其功。"师古注:"顾,雠也,若今言雇赁也。"犹今言薪酬,买劳力也。《后汉书·张让传》:"诸郡材木及文石,送至京师,黄门常侍辄令谴诃不中者。因强折钱买,十分顾③一。"李贤注:"顾,谓酬其价也。"酬价,即买者付值。十分顾一,谓强买之,付值仅十一也。买者商廛称"顾客",亦称"主顾",即本于此。顾谓贾也,买也。贾,姥韵,鱼、歌声近,歌、元对转,桓、模韵字,故常转相似。俗称买物多者为"大老倌",买者骄侈自称"出钱老倌"。倌即顾也,亦贾也。倌非其义,说见上条。④

侪 《说文·人部》:"侪,等辈也。"士皆切。床纽,皆韵。浊音转清,床转照纽,则音如斋。古音皆、脂同部,皆侈脂弇。斋音弇之则为跻,音近计。见纽三四等细音,往往与精、照相若。俗称同伴曰"伙计",即"伙侪"也,犹《木兰诗》中之"伙伴"。今工商雇佣者金称"伙计",本雇佣者同寮相互之称,鄂人朋侪相昵,犹呼曰"伙计"。后遂为被雇者之名。⑤

雠畴俦 《尔雅·释诂》:"雠,匹也。"郭璞注:"雠,犹俦也。《广雅》云:'雠,辈也。'"俦又通畴。《荀子·劝学篇》:"草木畴生。"杨倞注:"畴与俦同,类也。"畴亦匹义。《楚辞·九思·疾世》:"居嵺廓兮尠畴。"王逸注:"畴,匹也。"《玉篇》:"俦,侣也。"畴、俦并从寿声,古音为幽类。曹声、匋声、卯声、蚤声等今在肴豪韵者,

---

① "堂倌""店倌"之"倌",本字不是"管"或"斡"。
② "此",原作"以",误,径改。《汉书·晁错传》原文作:"故功多者赏厚,功少者赏薄。如此,敛民财以顾其功。"
③ 《后汉书》及李贤注的原文"顾"均作"雇"。古书"顾"可通"雇"。
④ "顾客"之"顾"非谓"贾也,买也",当是看视、顾访的意思。"大老倌""出钱老倌"之"倌"与"堂倌""店倌"之"倌"用法相同,是同一个词。
⑤ "伙计"之"计"即为本字,"计"非"侪"之音转。

古音亦在幽类。故幽尤韵字多与萧豪相通转。今澄纽字古又读定纽，故俦转豪韵定纽，亦音如涛，《玉篇》及《广韵·卅七①号》徒到切是也。今同处朋侪曰"淘伙"，曰"淘伴"。或作道，曰"敆道"，曰"一道"。淘、道皆俦字也。犹赌花牌者其胜算之数曰"道"，道本筹字，其例同。或引蝗子曰蜪，蝗子群飞，故朋随称"蜪伴"，此真齐东之语，不足为典要也。

令士　《说文·卪部》："令，发号也。"古者牧民称令，即发号义之引申。大则中书令，小则县令，令即官也，《说文·叙》所谓"依声托事，令长是也"。《尔雅·释言》："髦士，官也。"《诗·大雅·棫朴》："髦士攸宜。"笺云："士，卿士也。"则士亦官义。象山人佣工呼雇主曰"令士"，雇主妇曰"令士婶"。令音转庚韵，如吴越呼冷热之冷。骆彭切。犹北人呼为"老爷"，皆以仕宦义尊称其主。

或曰，称"令士"者，善人之谓。《尔雅·释诂》："令，善也。"《论语·泰伯篇》："士不可以不弘毅。"皇侃疏："士，通谓丈夫也。"《贾子·道术》："守道者谓之士。"誉为"令士"者，犹德门望族之意。

膠本　《周礼·地官·泉府》"凡民之贷者"郑众注："贷者，谓从官借本贾也。"母则称本，汉时已然。工商出资者俗称"老板"，板即本之转音。本，混韵。真、元声近，常相通转，故真文魂韵字与元寒删相通甚多。如颁、鸹、扮并从分声；艰、限、眼并从艮声；顈读况万反；纶音鳏，而鳏音又读昆；殷读为乌闲切；鲧从完声读如混；俗呼挥为甩（音韗）；灯盏盆俗呼"灯盏办"。皆其例证。老者，应是膠字。《广韵·五肴》："膠，谜语云钱。"力嘲切。"膠本"犹云本钱也。雅人嫌板义不当，易作闆。《玉篇》："闆，匹限切。门中视也。"音义皆非。②

柂舵　《释名·释船》："其尾曰柂。柂，拕也，在后见拕曳也，且弼正船，使顺流，不使③他戾也。"字亦作舵。《玉篇·舟部》："舵，正船木。"柂主舟之方向，故主柂者为舟人之长。俗称舟人曰"老柂"。歌、泰同入相转，同入于曷。音变为"老大"，犹大俗亦呼如柂矣。虽非舟人长亦呼为"老大"者，尊之耳。④

虏　《史记·李斯传》"慈母有败子而严家无格虏者"索隐："虏，奴隶也。"虏本罪俘之名，《诗·大雅·常武》"仍执丑虏"者是。古以罪人为奴，故称奴隶亦为虏。又引申为丑称之词。南北朝时，南谓北曰"索虏"，索谓结辫也。北谓南曰"岛夷"。见《通鉴·魏纪·文帝二年》。《梁书》载荧惑入南斗，谶语有"天子下殿走"之征，梁武

---

① "七"，原作"二"，误，径改。
② "老板"非"膠本"音转。
③ "使"字原脱，径补。
④ "老大"之"大"（文读）即为正字，"柂"非"大"之本字。

帝跣足下殿以禳之。及魏主西奔，梁武帝惭曰："虏亦应天象耶？"◇《三国·吴志·孙权传》黄武五年："今北虏缩窜。"虏，指曹魏也。虏，姥韵。模、唐同入相转，同入于铎。音变为郎。甬俗称抬轿夫曰"抬轿郎"，剃发匠曰"剃头郎"。旧时甬业抬轿、剃头者，皆堕民为之。堕民固罪俘后裔，世执贱役者，故以虏名之。及其音转为郎，郎为美名，呼之者不为嫚，受之者不为侮焉。①

夥罗　《方言》一："凡物盛多谓之寇，齐宋之郊，楚魏之际曰夥。"郭璞音祸。字亦作夥。《说文·多部》："夥，齐人谓多也。"乎果切。北音匣晓为浊清，今读夥如火者，从北音转清为晓纽也。《说文》大小徐本、《玉篇》、《广韵》皆音祸，与郭璞同。惟段注《说文》作呼果切，为晓纽。《方言》七："罗谓之离，离谓之罗。"郭璞注："皆行列物也。"《广雅·释诂一》："罗，列也。"歌、唐同入相转，同入于铎。音变为郎。今稗贩杂列各种妇孺家用小物者谓之"货郎担"，即"夥罗担"之转音耳。②

酪　《说文新附》："酪，乳浆也。"《释名·释饮食》："酪，泽也，乳汁所作，使人肥泽也。"豆腐未凝时，其液如乳浆，俗称"豆腐浆"，或亦称"豆乳"，饮之有益，如乳之肥人也。及其凝结，又似干酪，欧西名译称"白脱"。故豆腐犹酪也。酪，铎韵。铎为唐入，长言转平入唐，音变为郎。今称业豆腐者曰"豆腐郎"，即"豆腐酪"也。初本名其物，旋则讹而名其人，以郎音近人称也。③

蓐婴　《说文·蓐部》："蓐，一曰蔟也。"蔟者，蚕席也，引申为席义。《尔雅·释器》："蓐谓之兹。"郭璞注："蓐，席也④。"席亦名荐，故《三苍》："蓐，荐也。"《一切经音义》卷廿一引。《左传·宣十二年》："左追蓐。"疏："蓐，谓卧止之草。"钟案：蓐者，今之草荐。古产妇分娩，必坐蓐上，既取其柔以适体，亦以承秽。故分娩谓之"坐蓐"，或称"坐草"，亦曰"临蓐"。蓐，日纽，而蜀切。日、来声近，日为英文R音，来为L音。今北音读日纽，犹得其正。故日易流于来。蓐从辱声，古音在幽类，从段玉裁说。幽类字多有转入看豪韵者。如包、卯、保、好、老诸声皆是。蓐既流来纽，又转豪韵，则音如老。今称接生稳婆曰"老娘"，老即蓐也。引申为临产义。宋祝穆《事文类聚》载苗振答晏殊云："岂有三十年老娘而倒绷孩儿者乎？"则稳婆称"老娘"，宋已云然。⑤

---

① "抬轿郎""剃头郎"之"郎"即为正字，非"虏"之音转。"郎"是旧时对从事某种职业（往往是低贱职业）者的称呼，不限于宁波方言。

② "货郎担"即为正字，非"夥罗担"之转音。

③ "豆腐郎"之"郎"与"抬轿郎""剃头郎""货郎"之"郎"同义，非"酪"之转音。

④ 郭璞注原文作："兹者，蓐席也。"

⑤ "老娘"之"老"为前缀，非"蓐"之音转。

或问接生妇曰"稳婆",稳义不切,果何字?曰,此婴字也。《释名·释长幼》："人始生曰婴儿。"司其事者,故曰"婴婆"。耕、真声近相转,音变为隐,侈之则为稳。安稳字于古本作"安隐"也。佛经中犹多作"安隐"。

卷二 释流品

目　录

（括号内小字为俗音及讹字）

质性　《广雅·释诂三》："性，质也。"《礼记·礼器》："增美质。"郑玄注："质，犹性也。"《淮南·说林训》："石生而坚，兰生而芳，少自其质，长而愈明。"高诱注：

"质，性也。"质、性义同，字训或联言之。俗称人物之性曰"性质"，或称人性曰"质性"。声促转入，性之入声为澄。山责切。俗谓人之德性才器为"质澄"，字讹作"脚色"。聪慧干练者曰"脚色好"，险恶者曰"脚色厉害"。脚为见纽齐齿，质为照纽齐齿，见纽细音，最易与精、照相混，犹脚、酌同在药韵，吴越呼之无别，然酌亦是照纽齐齿。[1]

品度　《说文·品部》："品，众庶也。"凡物情众则不齐，故引为等差阶次义。《礼记·檀弓下》："品节斯，斯之谓礼。"疏云："品，阶格也。"故官品亦云官阶。《汉书·匈奴传上》："给缯絮食物有品，以和亲。"师古注："品，谓等差也。"又《货殖传·序》："死生之制，各有差品。"《扬雄传·法言·目序》注："定其差品。"品、差义同，品、阶义亦通。方言类聚为词，"品差"声合音变为"派"，差亦入佳韵，《广韵·十三佳》："差，差殊。又不齐。""品阶"声合亦为"派"。俗称人之行藏曰"派头"，曰"派气"，派即品差、品阶字也。头者，度之音变。鱼、侯声近，度转侯韵为头。《说文·又部》："度，法制也。"凡制法，定爵禄刑赏，必有等差，如度量衡是也。引申为人之才德高下亦云度，恒言"程度""风度""气度""态度"皆是。品、度义相若，故方言联言之。《一切经音义》卷廿四引《广雅·释器》："品，法也。"《广雅·释诂四》："品，式也。"《说文》："式，法也。"是品有法义，与度训法制义通。[2]

休铄介　《尔雅·释诂》："休、铄，美也。"又："介，善也。"甬俗称誉子弟纯良安分者曰"铄铄介"，即"休铄介"之语转。盖休声转入亦为铄，尤亦入于药也。见《等韵切音指南》。集诸美善字以为赞词。[3]

迫苟　《说文·苟部》："苟，自急敕也。"己力切。《攴部》："敕，诫也。"《尔雅·释诂》："敕，劳也。"《释名·释书契》："敕，饬也，使自警饬，不敢废慢也。"苟训"自急敕"者，谓急自诚饬，劳于所事也。钟案：苟音职。俗称勤奋不懈为"巴职"，即此苟字。苟从羊、从包省，从口，会意，与善、美皆从羊同意。敬字即从苟，敬、苟双声。与从艸、从句之"苟"字异。巴者，迫之去声。《广雅·释诂一》："迫，急也。"迫即自急敕之急义。迫，陌韵。陌亦为麻入，长言转平，故音如巴。迫音同伯，故"五伯"亦作"五霸"。盖迫从白声，与巴声古音皆在鱼类，鱼、歌邻转，歌、麻同部也。俗称渴欲其事亦云"巴"，如云"巴勿能够""眼巴巴"，并皆迫字。

---

① "脚色"即为正字，非"质性"之音转。

② "派头"即为正字，"派"非"品差"或"品阶"之合音，"头"亦非"度"之音变。

③ "休铄介"一般写作"息息介"（介是助词）。《阿拉宁波话》"息息介"条："形容小孩安分，听话：其拉儿子交关息息介，一眼豁拨大人加气个｜俗语：息息介，尿厮屋里犀。又：息息介，好还债。"（238 页）可参。

或云，巴者，"不惰"合声之变。"不惰"声合为播，歌、麻同部相转，音变为巴。《广雅·释诂二》："惰，懒也。"《说文》作憜。《心部》："憜，不敬也。"懒与劳相反，不敬与自诫相反，然则惰者即苟之对文，不惰即苟矣。"巴职"云者，谓不惰而勤奋也。古今词例，固有以相反字义冠以"不"字以为形况词者。如古称愚顽为"不才"，疾曰"不豫"，非曰"不韪"，薄曰"不腆"；今称多曰"不少"，善其事曰"不错"，恶曰"不好"，皆是。勤奋曰"不惰"，亦其例也。又章炳麟《新方言》云："不穀"声合即为"仆"。与"不惰"声合变为"巴"，词例合声，无不相似。[①]

儇懁　《方言》一："儇，慧也。晋谓之㦍。自关而东，赵魏之间或谓之鬼。"《广韵·二仙》："儇，智也，慧也。"许缘切。《十四皆》："懁，慧也。"音霾。卢文弨曰："今以小儿慧者曰乖，当即懁之转音。"钟案：乖者，"鬼懁"之合声，方言类聚同义字为词，疾呼声合为一也。且皆韵字吴越往往转读删韵，以皆、删同入相转。同入于黠。故今读乖若关，读懁若蛮。埋、霾同。○又怀、淮、槐读若还，牌呼若办，北音读坏败字亦在谏韵，并其故。鬼古音为脂类，脂类字多与元类相转，参段玉裁说。鬼亦得自转为关音。鬼、乖双声，懁、乖叠韵。与其取叠韵，宁取双声，以方音流变双声为多也。

甬语称智慧为"儇"，音如忽还切。盖儇许缘切，仙韵，晓纽细音。仙与删山同部相转，又音等转粗，故变忽还音。儇从睘声，本在删韵，还、环、阛、寰、圜、轘皆是。儇与麾双声，麾从麻声，古音为歌类，歌、寒对转，音亦变为儇。麾亦善义。《礼记·礼器》："祭祀不麾蚤。"郑玄注："齐人所善曰麾。"甬之长者称誉儿曹善其事曰"儇"，其涵义不尽为智慧者，盖即"麾"之转音。所善曰麾，朱骏声谓"迩"之假借。迩训近，于所善之义殊不似。愚谓乃"欢"之音转。欢，喜乐也，所喜故善之。欢、麾双声，又元、歌对转也。

儇、懁并训慧，慧有两义：曰智慧，曰爽慧。《论语·卫灵公》："好行小慧。"郑玄注："慧，谓才知。"此智慧义也。《方言》三："南楚病愈者谓之差，或谓之慧。"《素问·藏气[②]法时论》："肝病者，平旦慧。"王冰注："慧，清爽也。"《广雅·释诂一》："慧，瘳也。"此皆爽慧义。精神爽慧，故又引申为健康。《诗·齐风·还》："揖我谓我儇兮。"传曰："儇，利也。"利谓轻利，田猎身手矫捷，亦健康之谓。甬俗称智慧既云"儇"，又称小儿健康亦云"儇"，即取爽慧义。又称小儿壮硕者为"懁"，此懁亦爽慧义。[③]

薰　《说文·艸部》："薰，香艸也。"《周礼·天官·女巫》："掌岁时被除衅浴。"郑玄注："谓以香熏草药沐浴。"齐桓公优礼管仲，"三衅三浴之"，见《齐语》。

---

① "巴职"一般写作"巴结"，"巴"非"'不惰'合声之变"，"结"本字亦非"苟"。
② "气"，原作"器"，误，径改。
③ "小儿壮硕者为'懁'"，字当作"蛮"。

韦昭注："以香涂身曰釁。亦或为薰。"韩愈《答吕毉山人书》："方将坐足下三浴而三薰①之。"亦谓尊礼之也。今称人有令誉、受人敬仰者为"薰香"。②

鲜省淑 《尔雅·释诂》："淑、鲜、省，善也。"鲜、省、淑三字，疾呼，"省淑"声合为"叔"，故三字促成两字，为"鲜叔"。甬称人物之善为"鲜叔"，不善为"不鲜叔"。然俗语往往有借褒作贬，以嘉美之辞为反语以诮人者。甬语诮人之可鄙者曰"鲜叔"。探其词意，犹云"善邪"，则"鲜叔"又为贬词矣。③此犹苏沪语诮人物之贱者曰"贵"。俗讹作"桂"，又复踵益其词曰"桂花"。④贵本尊尚义，而反为下贱之词。

士髦 《诗·大雅·棫朴》："髦士攸宜。"传："髦，俊也。"笺："士，卿士也。"又《思齐》："誉髦斯士。"《尔雅·释言》："髦士，官也。"官者为民上，为庶民所尊。故髦士为尊称之词。甬则倒其词曰"士髦"，又语转为"殊髦"。盖"士"床纽止韵，"殊"禅纽虞韵，床、禅同浊，之由歌而转鱼故也。"士髦"本为尊贵词，然甬或取为反词以诮人，叱可贱者曰"士髦"。犹云："其官邪？何尊贵乃尔！"⑤

豪良郎 《楚辞·大招》："豪杰执政。"王逸注："千人才曰豪。"《吕氏春秋·功名篇》："人主贤，则豪桀归之。"高诱注："才过百人曰豪。"两者所释虽数有高下，然皆英彦魁特之意。豪，匣纽，北音匣为晓浊，匣浊转晓清，音变为好。俗称奇才魁特之士曰"好老"，即"豪良"之变音。良随好之余韵同化叠韵而为老。参看后《方言上下字同化叠韵说》。且良义通郎。郎，唐韵，唐、豪同入相转，同入于铎。音亦变为老。《尔雅·释诂》："良，首也。"《广雅·释诂一》："良，长也。"首、长亦魁特之意。良或声侈假借为郎。朱骏声说。○ 郎本地名，《说文》："郎，鲁亭也。"《广雅·释诂一》："郎，君也。"疏证曰："郎之言良也。良与郎声之侈弇耳，犹古者妇称夫曰良，今谓之郎也。"君亦魁特义。若"好老"虽亦美称，好训美，老亦尊称，见《地官·序官》"乡老"注。然无奇才魁特义。苟深辨之，自知其不切。⑥

好老，或增益其词曰"大好老"，即"大豪良"也。俗有称地方豪酋为"大亨"者，

---

① "薰"，韩愈原文实作"熏"。"熏"用同"釁"，用香料涂身。
② 今宁波话无"薰香"一词。
③ "鲜叔"一般写作"鲜索"。《阿拉宁波话》"鲜索"条："自以为了不起而神气、得意：蓝扮得个第一名，鲜索煞嘻 | 侬好猵鲜索个，该东西阿拉屋里也有个。清范寅《越谚》卷上：'告化子吃死蟹——鲜索煞哉。'"（244 页）"鲜索"不是"鲜省淑"之合音。
④ 今北仑话尚有"桂花"一词，指人特别娇贵。如：我人桂花个，每日快活的身体还介推扳。
⑤ "士髦"，今作"时髦"。
⑥ "好老"恐非"豪良"或"豪郎"之音变。"好老"亦作"侾佬"（侾音蒿）。《玉篇·人部》："侾，火交切。大皃。""佬，力雕切。侾佬也，大皃也。"

亦即"大豪良"之合声。盖豪转晓纽为好，良读如字，"好良"疾呼，声合为"亨"。今音亨读阳韵，庚、阳古本同部。《易》称"大亨"多矣。亨，通也。大亨，谓所遇大通，岂足为豪酋义。

豪绅 豪，匣纽，匣纽字往往有与微、奉相混者。如户、胡、护之与武、无、务；松江人读会、汇、活等字，亦在微纽。既混入微，又从微类隔转明纽，则音如毛。甬俗称杰出英彦为"大豪绅"，音误为"大毛绅"，俗复讹为"大毛笋"。谓如毛笋之奋出地中，矗然异于凡卉。郢书燕说，讹以成理，往往若此。参看《释亲篇》"妞"字条。①

夰 《说文·大部》："夰，大也。"段玉裁注："此为分画之大。""分画"云者，谓画分等次之大，如大中小三等之大。故夰之训大，有最上之义。夰，古拜切，《广韵》与戒、界同纽，为见纽开口呼。今读戒、界、介有作居拜切者，音等转细也。音等自转为合口，则音如怪。犹艾、外互变，见《释亲篇》。今称人物之卓异者曰"顶怪怪"。②

蹶昭 《尔雅·释诂》："蹶，嘉也。"《广韵·十三祭》：蹶，居卫切；《十月》：居月切。皆见纽撮口细音。音等有读粗者，如《集韵》音姑卫切是也。居月转粗音，则为姑月切。月韵无见纽粗音，邻转没韵，音变为骨。月为元入、没为魂入，元、魂相通，故月、没亦相通。今称人物嘉善者曰"骨骨昭"。昭亦善义。《逸周书·谥法》："容仪恭美曰昭。圣闻周达曰昭。"③

俶傥 《广雅·释训》："俶傥，卓异也。"曹宪音汀历、他朗二切。字亦作倜傥。《说文新附》："倜，倜傥不羁也。他历切。"章炳麟《新方言·释言》："江南、浙江谓人快阔曰倜傥，其嗫嚅不能应对者曰不倜傥。倜音如出。"钟案：倜、俶皆透纽，出穿纽。透、彻类隔相通，而知、彻、澄今者又同照、穿、床，故倜、俶音转如出。俶亦音昌六切，固通穿纽也。甬俗称人善于交际应对为"出跳"，即"俶傥"字。阳、萧同入相转，同入于药。傥转萧韵为跳。又称妇女行不婉嫕、荡检逾闲者亦曰"出跳"，此正倜傥不羁之谓。或曰，妇女"出跳"，乃"轻佻"之转入。《广韵》："佻，轻佻。"轻，溪纽细音，与清、穿相似，故音如出。④

耽陶 《诗·卫风·氓》："无与士耽。"传："耽，乐也。"疏云："耽者，过礼之乐。"《礼记·中庸》："和乐且耽。"疏云："耽之者，是相好之甚也。"《诗·小

---

① "大毛笋"非"大豪绅"之讹变。"大毛笋"即为正字。
② "顶怪怪"今作"顶呱呱"或"顶刮刮"，已由方言变为通语。语源不明，但"呱""刮"的本字不是"夰"。
③ "骨骨昭"今作"呱呱叫"或"刮刮叫"，与"蹶""昭"两字无涉。
④ "出跳"非"俶傥"或"轻佻"之音转。

雅·常棣》释文引《韩诗》云："乐之甚也。"耽从尤声，古音为侵类。侵、幽对转，音变为刀。清音转浊，端转定纽，音变为陶。甬俗称乐群好友者谓之"陶"，即《礼》疏"相好之甚"之谓。①

或曰，友好称"陶"者，即陶字。《诗·王风·君子阳阳②》："君子陶陶。"传："陶，和乐貌。"《礼记·祭义》："陶陶遂遂。"郑玄注："陶陶，相随行之貌。""相随行"者，亦和乐与人同之义。此诸陶字《诗》《礼》释文本皆音遥，俗讹读豪韵，如字耳。方言中字有用古义而讹读别义之音，所在多有。如傤侣之傤，亦音涛，训翳也。见《说文》。而今伴侣曰"道"，如同道、故道。道即傤读翳义之涛音耳。参看《释亲篇》"傤"字释。

姽 《说文·女部》："姽，好皃。"而充切。段玉裁注："此谓柔奭之好也。"日纽字今多转泥、娘。如让、戎、日、肉、二、人等字，皆呼泥纽。姽从奭声，古音在元类。元、歌又对转，纽韵双转，为泥纽歌韵，则音如糯。犹懦之本字为偄，亦而充切，与姽同音也。今称人和乐无违者谓之"懦"，即姽字也。懦非美词，《孟子》所谓"懦夫有立志"是也。段玉裁又谓："姽，俗作輭。俗音奴困切，又改其字作嫩。"钟案：《广韵·廿六慁》嫩、姽同字，故段注云然。姽音变嫩，亦纽韵双转，日纽转泥，元、真声近又邻转也。然甬言涵义，偄音如糯，与嫩义悬殊。俗称嫩音，如草木初生，柔弱易茹。引申为人年幼少，世故未深，暗弱易欺亦云"嫩"，或称"嫩势"。反嫩为老。干练定慧者谓之"老气"。

稚小 《方言》二："稺，小也。稺，年小也。"字训联言，"稺（稚）小"声合为赵。宵、谈对转，音变直覃切，如甬呼瓜茄之茄。亦如英文字母之 J，参看《释地篇》"桥"字释。甬称懦弱易欺者谓之"嫩茄"。③

娝姣良佚 《方言》一："凡好而轻者，河济之间或谓之姣。赵魏燕代之间或曰娝。"《广雅·释诂一》："娝、姣，好也。"娝，郭璞音蜂，曹宪音丰，皆敷纽。古无轻唇音，今敷纽字古皆读重唇滂纽。故娝古音当如吴越今呼捧茶之捧。匹奉切。○ 捧本亦敷纽，吴越读匹奉切者，犹古音之未变。娝、姣义同，方言类聚以呼，"娝姣"声合为漂。娝亦得自转为漂音，以东、萧同入相转故也。同入于屋。今称人物之好曰"漂亮"，曰"漂逸"，皆此娝姣字。初本谓容仪之美好，后泛用一切事物美誉之词。然俗称"漂亮""漂逸"，其涵义固非指端庄玮丽，《方言》所谓"好而轻"者是也。漂亮之"亮"，应是良字。《诗·唐风·绸缪》："见此良人。"传曰："良，美室也。"漂逸之"逸"，应是佚字。《楚辞·离

---

① 今宁波话没有"乐群好友者谓之'陶'"的说法。
② 原脱一"阳"字，径补。
③ "嫩茄"之"茄"非"稺小"声合之变。"嫩茄"与上文"大毛笋"一样，都是以物喻人。

骚》："见有娀之佚女。"王逸注："佚，美也。"良、佚皆训美，与姌、姣训好义通，故方言联缀为词。

◇或谓漂逸之"逸"是奕字，亦僷字。《方言》二："奕、僷，容也。自关而西，凡美容谓之奕，或谓之僷。宋卫曰僷，陈楚汝颍之间谓之奕。"郭璞注："奕、僷，皆轻丽之貌。"僷音叶。然则姌、僷皆用《方言》文也，尤精当。

代 《说文·人部》："代，更也。"凡以此易彼、以新易旧皆曰代。引申为朝代、时代义。时序新陈代谢，故代之者有新意。甬语称人物形态合于时新者曰"时道"，即"时代"之变音。代古音为之类，之、幽声近，幽包萧、豪。代转幽部，故音如道。道从首声，古音亦幽类也。他处人则曰"时髦"。或谓甬语"时道"即"时髦"之语转，非。髦、道虽叠韵，然髦明纽，道定纽，明、定无通转之理。[①]

妩媚 《说文·女部》："妩，媚也。""媚，说也。" 说、悦通。属文者或字训联言曰"妩媚"。妩亦作娬。《汉书·司马相如传·上林赋》："妩媚孅弱。"《史记》作"娬媚"。索隐引《埤苍》曰："妩媚，悦也。"《通俗文》："颊妍美曰妩媚。"《御览》三百八十一引。《广雅·释诂一》："妩、媚，好也。"美好故令人悦，义固相通。妩音武，微纽虞韵。古无轻唇音，微纽字古读明纽，则妩媚古音如姥媚，为双声。"妩媚"联言，上字或随下字同化而叠韵，参看后《方言上下字同化而叠韵说》。则音变为"媚媚"。甬俗称男人有妇女态者曰"妹妹头型"。"妹妹"即"媚媚"之讹，而"媚媚"本"妩媚"字也。[②]

嫋象 《文选·吴都赋》："嫋嫋素女。"李善注引《埤苍》云："嫋嫋，美也。"方廷珪曰："娉婷之意。"《文选大成》注。嫋（裊）奴鸟切。萧、阳同入相转，同入于药。音变为娘。今男人有妇女态者俗呼为"娘娘腔"，此本苏吴语而流传于甬者。即"嫋嫋"字也。腔，俗音如枪，盖"气象"之合声。《素问·五藏生成论》"五藏之象"王冰注："象，谓气象也。"象，邪纽，邪、从同浊，故象有读作从纽者。如象山、象坎（鄞地名），象皆呼如伴，在良切。而北音从为清纽之浊，象从北音转清，则亦变为枪。《说文新附》："腔，内空也。枯江切。"音义皆不切。[③]

俎祖䙢 《方言》十三："俎，好也。美也。"郭璞音祖。朱骏声曰："俎为祖之假借。"《说文·衣部》："祖，事好也。"才与切。浊音转清，从转精纽，又鱼、歌邻转，故《广

---

① "时道"固非"时髦"之语转，亦非"时代"之变音。
② 今宁波话没有"妹妹头型"的说法。又，"妹妹"即为正字，宁波话称娘娘腔的男人为"阿姐婢"，两者可以互证。
③ "娘娘腔"即为正字，与"嫋""象"等无涉。

韵》亦音子邪切，如嗟。歌、元对转，音又变为嬳。《广韵·八语》："姐，嬳也。"
《说文·女部》："嬳，白好也。"《广韵·二十八翰》："嬳，一曰美好皃。"音赞。
今称人物之好者皆云"嬳"。俗作"崭"。《广雅·释训》："崭崭，高也。"《史记·司
马相如传·上林赋》："崭岩嵾嵳。"正义："崭，音咸，又仕衔反。颜云：崭岩，
尖锐皃。"皆非美好义。美好曰嬳，本苏沪语，今则渐通行于南方。甬虽山乡僻地，皆习知其语。[1]

憒嬒 《广雅·释诂三》："憒，恶也。"曹宪音乌外反。《广韵·十七夬》亦
音乌快切，音义皆同嬒。《通俗文》："可恶曰嬒。"《太平御览》卷三百八十二引。《广韵·十
三末》引《方言》曰："嬒，可憎也。"今称人物之不好者正呼作"憒"。俗作"孬"。
识者或知孬字之非正，乃作"坏"。坏本败坏字，虽影、匣清浊相通转，其义终非是。

枉横 《说文·木部》："枉，衺曲也。"段玉裁注："本谓木衺曲，因以为凡
衺曲之称。"《论语·为政篇》："举直措诸枉，则民服。"皇侃疏："枉，委曲邪
佞之人也。"枉与直为对文。凡事理曲而不直者，今皆呼为"枉"。而音转弇，为委
快切。谚云"正理一条，枉理十八条"。固持于理不直之词相抗衡者，谓之"枉对"。

枉与直对，为曲直是非之对；横与直对，为纵横形势之对。枉、横古叠韵。枉影纽，
横匣纽，影清匣浊。语音清浊，时相对转。故古亦有借横为枉者，以声纽所变，字随更易。
《后汉书·酷吏传序》："至于重文横入。"李贤注："横，犹枉也。"《荀子·修身篇》：
"横行天下。"杨倞注："横行，不顺理而行也。"《孟子·万章下》："横政之所出，
横民之所止。"朱熹集注："横，谓不循法度。"此诸横字，今读去声。俗称人胆大妄为、
罔顾法理者曰"横肆无忌"，音变为"黄山无矜"。黄、横双声，唐、庚古本同部相转。
肆、山心审类隔相通，肆古音为脂类，脂、元两类同入，故亦相转。参段玉裁《六书音均表》
说。忌古音为之类，之、蒸对转，故音如矜。

敓乖弧胡 《说文·攴部》："敓，戾也。"戾者，乖背也。见《字林》。凡乖背
理性亦谓之戾。《贾子·道术》："心兼爱人谓之仁，反仁为戾。"故戾引申为暴戾，
《庄子·天道》："鳖万物而不为戾。"释文："戾，暴也。"为忿戾，《荀子·修身》："勇胆猛戾。"
杨倞注："戾，忿恶也。"为很戾。《广雅·释诂三》："戾，很也。"敓既训戾，则敓亦有暴忿
不仁诸义。敓音韦，古音为脂类。微、皆同类相转，音变为怀，俗作"坏"。甬称暴
戾忿恶之莠民为"坏户"。坏即敓也。户应作弧。《广雅·释诂四》："敓、弧，鳌
也。"鳌通戾。《说文·弦部》："鳌，弻戾。"段注："此为乖戾正字。"敓、弧义同，皆恶词，
故方言类聚言之。犹称善曰"休铄介"，曰"鲜省淑"，皆取《尔雅》同条义训字为辞。

---

[1] "嬳"由"赞"派生，不是由"姐"或"祖"音变而来。

并见本篇上文。此则取《广雅》同条字也。

或曰，敳音变坏，乃"敳乖"之合声。《说文》敳训戾，乖亦训戾。《说文·丫部》："乖，戾也。"《广雅·释诂二》："敳、乖，衺也。"衺为邪恶本字。亦类聚同义字为词。"坏户"之户为胡字。胡，北夷也。羌胡异族，非华夏礼义之人。凡夷族曰胡，曰蛮，曰倭，今皆用为无理蔑性之辞。①

辟　《诗·大雅·板》："民之多辟。"释文："辟，匹亦反。邪也。"《贾子·道术》："袭常缘道谓之道，反道为辟。"反道者，犹通语不正当也。辟，昔韵，为支之入。长言之，音转为譬，俗作痞。今地方邪恶之徒曰"地痞"，曰"痞子"。

乖乖　《说文·丫部》："乖，戾也。"《广雅·释诂二》："乖，衺也。"乖，皆韵，今音为脂类。脂、真对转，音变为棍。◇乖，见组合口呼，古音当在支类。支、耕对转。今耕清韵中见纽皆无合口呼字，欲作合口，势必移转真类，音如棍，真、耕固相近也。今里闾邪恶之人俗称"恶棍"，或"光棍"。棍即乖也。光者，乖之讹。《说文·臣部》："乖，乖也。读若诳。"居况切，见纽撮口呼。音等转洪为合口，则变为光。乖、乖义同，字训联言之耳。此与无妻之人曰"光棍"，音同而字异。无妻曰"光棍"，乃"孤鳏"字，参看《释亲篇》"孤鳏"条。②

衺邪　《周礼·地官·比长》："有皋奇衺则相及。"郑玄注："衺，犹恶也。"释文："衺，似嗟反。"又《天官·宫正》："去其淫怠与奇衺之民。"注："奇衺，谲觚非常。"疏："谓谲诈桀出，觚角非常也。"释文："衺，亦作邪。"经传多假邪为衺。《贾子·道术》："方直不曲谓之正，反正为邪。"不正为邪，今俗语犹然。衺，邪纽，邪、禅类隔通转，音变为蛇。今称地方衺恶之民曰"地头蛇"。蛇，即衺也。正谓其邪恶、谲诈桀出也。称奸民为衺，本古义。犹光棍之"乖乖"，痞子之"辟"字。音变附会为蛇字。蛇为毒虫，能害人，遂据作正字。此亦郢书燕说、讹以成理之例。犹霡，小雨也。震霖，小雨也。霡讹为丝，曰"雨丝"。震霖音变为毛毛，曰"毛毛雨"。以为丝、毛皆细物，所以状雨之细也。方言中若是之例，实不胜枚举。③

怖　《说文·心部》："怖，恨怒也。《诗》曰：'视我怖怖。'"蒲昧切。据今《毛诗·小雅·白华篇》"视我迈迈"释文引《说文》作"怖，很怒也"。又据释文，知许所引为《韩诗》，《韩诗》云："怖怖，意不说好也。"段玉裁云："今《说文》作恨，似宜从很。"很者，不听从也，鳌也。见《说文》。很怒者，谓怒而佷戾，不听人言也。怖，《诗》、

---

① 今宁波话没有"坏户"一词。另外，民间口语，本乎自然，其来源不可能如此深奥复杂。
② 邪恶之人俗称"恶棍"或"光棍"，"棍"非"乖"之音转，"光"非"乖"之讹变。
③ "地头蛇"即为正字，"蛇"非"衺（邪）"之音转。

释文亦音匹代反，《玉篇》亦音普大切。皆滂纽。大徐蒲昧切为帮纽。帮、滂固相转。普大音如派。今称人很戾而怒盛气凌人者曰"怖人"，其形态谓之"怖相"，或曰"怖式"。怖音正如派。①

怖嫇 怖亦读入声，《诗·白华》释文音孚葛反是也。敷、滂类隔相转，则音如泼。《广韵·十三末》："怖，意不悦皃。"音拨，帮纽。帮、滂两纽，恒相通转。今称恶妇很戾凌人者曰"泼妇"，其形态谓之"泼剌"，剌音辣。《说文》："剌，戾也。"《谥法》："愎很遂过曰剌。"其作为谓之"撒泼"。或曰，泼者，"怖嫇"之合声。《广雅·释诂二》："怖、嫇，怒也。"亦类聚同义字为词之例。《说文·女部》："嫇，疾悍也。"丁滑切。今称"泼妇""泼剌"者，不仅很戾而怒，亦有悍意。②

肆 撒泼之撒，俗音如色，盖肆之入声。肆本训放恣。《礼记·表记》："安肆日偷。"郑玄注云："肆，放恣也。"其转职韵者，乃"肆力"或"肆极"之合声。《尔雅·释言》："肆，力也。"郭璞注："肆，极力。"《小尔雅·广言》："肆，极也。"凡俗语称"撒"者，如"撒泼""撒娇"，撒之涵义固肆力为之，亦有甚极义。③

倱伅 《玉篇·人部》："倱，户本切。帝鸿氏有不才子，天下之民谓之倱伅。""伅，徒损切。倱伅。"倱伅，《左传》作"浑敦"。《文十八年》："昔帝鸿氏有不才子，掩义隐贼，好行凶德，丑类恶物，顽嚚不友，是与比周。天下之民谓之浑敦。"杜预注："浑敦，不开通之貌。"按：此取《庄子·应帝王篇》凿窍之"浑沌"为训，似未正诂。释文："浑，户本反。敦，徒本反。"真文转寒删，伅转寒韵，音变为蛋。今呼不才者曰"混蛋"。"伅敦"音转为蛋，犹《诗·豳风·东山》"有敦瓜苦"之敦释文音徒丹反，亦其例矣。④

顽僮 或曰，混蛋之蛋，犹光蛋、坏蛋、贼蛋之蛋。蛋者，丑称之词，实僮之音变。僮音台，咍韵。咍、寒同入相转，同入于曷。僮转寒韵，故音如蛋。《方言》三："僮，农夫之丑称也。南楚凡骂庸贱谓之田僮。"郭璞注："仆臣僮，亦至贱之号也。"遂言庸贱而丑称之，皆曰僮。《广雅·释诂二》："僮，丑也。""混蛋""坏蛋"皆"顽僮"之音转。《左传·僖廿四年》："心不则德义之经为顽。"《国语·郑语》："非亲则顽。"韦昭注："顽，谓蛮夷戎狄也。"蛮夷异族，非华夏礼义之人，故亦谓之顽。"顽僮"者，谓无德义之丑人也。顽音转混，元、真声近，又牙、喉通转，疑变匣喻也。甬音读顽如还者，即变入匣纽。他如伍、午、涯、崖、危、桅、嵬、雅、鱼、阮诸字，或读匣纽，亦读喻纽。

---

① 今宁波话没有"怖人""怖相""怖式"等说法。
② "泼妇""泼剌""撒泼"之"泼"非"怖"之音转，亦非"怖嫇"之合声。
③ "撒泼""撒娇"之"撒"非"肆"之入声，亦非"肆力"或"肆极"之合声。
④ "混蛋"非"伅敦"之音转。

顽音转坏，坏怪韵，怪、删同入相转，同入于黠。又疑、匣通转也。①

丑媸 《说文·鬼部》："丑，可恶也。"《女部》："媸，一曰丑也。"许惟切，晓纽脂韵。或音等转粗，而读脂韵重音，则为虎眉切。《集韵》亦读虎癸切，是其例矣。甬俗骂人曰"臭灰蛋"，即"丑媸儴"字，类聚诸丑义字为词以叱人耳。甬称盐卵为"灰蛋"，谓以盐拌湿灰腌之也。灰蛋臭者其卵黄必变黑。释之者曰：此喻恶人黑心之瘦词。亦郢书燕说、穿凿附会之词。媸音转如灰，犹"戏下"通作"麾下"矣。②

貉 《广雅·释诂三》："貉，恶也。"曹宪音麦。《说文·豸部》："貉，北方豸穜也。孔子曰：'貉之为言恶也。'"蛮貉无礼义，如父死妻母，见《汉书·匈奴传》。行类禽兽，故云恶。王念孙《广雅疏证》于此无释，盖为异族讳。◇关羽骂孙权为"貉子"，见《三国·蜀志·羽传》注引《典略》。《世说新语·惑溺篇》载孙秀妻蒯氏骂秀为貉字。《北史·王罴传》载神武军潜袭，罴寐中惊起，叱之曰："老罴当道卧，貉子安得过。"皆以貉子为骂人贱恶之词。貉，陌韵，陌为麻入，长言转上声，字讹作码。今称贱恶之人为"码子"。如男女私通者曰"姻嬝码子"，诃喝横行者曰"汕讲码子"。即古语"貉子"之变。貉音转码，犹师祭曰祃，见《尔雅·释天》及《说文》。《周礼·春官·肆师》作貉矣，郑玄注："貉，师祭也。"本条及下条，本皆苏沪语，今甬人亦渐习言之。

瞳愍 《玉篇·心部》："愍，力本切。瞳愍，行无廉隅。"瞳亦作睡。《广韵·廿一混》："睡，睡愍，行无廉隅。他衮切。"真、元声近相转，音变为"痎卵"。上吐短反，下乱上声。盖瞳本读缓韵，《诗·豳风·东山》"町瞳鹿场"是也。今谓青年无行者为"小瞳愍"，正皆读缓韵。

鄙掺肖 《广雅·释诂二》："掺、肖、鄙，小也。"掺，曹宪音所舰反。王念孙疏证引《诗·郑风·遵大路篇》正义引《说文》云："掺，敛也。"故《方言》云："敛物而细，或谓之掺。"又引《史记·太史公自序》云："申、吕肖矣。"徐广曰："肖音痟。痟犹衰微。"又引《释名》云："鄙，否也，小邑不能远通也。"《说文》："嗇，啬也。"义与鄙同。钟案：王氏说审矣。鄙有贱陋义，见《左传·昭十六年》注及《史记·乐书》。肖有衰微义，掺有敛缩义，敛缩则拮据矣。《广雅》统于小训者，大义侈而近贵，小义夼而近贱也。今称落魄之人曰"鄙掺"，音转字讹为"瘪三"。三亦肖之音变，宵、谈对转也。皆谓贱陋敛缩而衰微。方言每集雅训同条字为词，此亦其例。或曰"瘪三"乃"屑衫"字，说详下条。

———————————

① "混蛋""坏蛋"亦非"顽儴"之音转。
② "臭灰蛋"即为正字，本字不是"丑媸儴"。

㣈敝 《说文·㣈部》：“㣈，败衣也。”毗际切。或从北音转清入滂组，而又声促转入，《集韵》又音瞥，匹曳切是也。字又孳乳为敝。《说文·㣈部》：“敝，一曰败衣。”㣈、敝本并纽，南音帮、并为清浊，㣈转帮清，又声促转入，则音如瘪。今称“瘪三”者，即“㣈衫”字，谓败衣衫也。落魄者衣多破败，故云尔。“㣈衫”与“纨绔”为对词，即以其衣服称其贫富。然今言“纨绔”者，隐有富而无行，言“㣈衫”者，亦有贫而丧志。

㣈尐 《广雅·释诂二》：“㣈、尐，小也。”㣈，曹宪音弊。尐，子列反。朱骏声谓㣈为蔽之假借。《尔雅·释诂》：“蔽，微也。”《方言》十二：“尐，小也。”凡小义近陋近贱。今人物之贱陋曰“㣈尐”，音转字讹为“蹩脚”。蹩，固为㣈之入。尐，薛韵，脚，药韵，本不相通。以“蹩脚”为常语称跛蹇之词，“㣈尐”音与之近，遂讹致耳。①

少劣 《说文·力部》：“劣，弱也。从力、少。”《广雅·释言》：“劣，鄙也。”鄙有贱小义，见上文注释。弱义亦近小，故今以优劣为对称，即贵贱义也。《广雅·释诂三》：“劣，少也。”少犹小也，与鄙贱义近。字训联言，“少劣”声合为薛。今慈溪山北及余姚人称人物之下劣者呼如“薛”，凡不善，亦云“薛”。或云，薛即婎之入声。婎，丑也，香季切。丑之，即贱之也。②

替黬姗 《说文·並部》：“替，篆作暜。废一偏下也。”《六书故》引《说文》作“废也。一曰偏下也”，词意较醒。替今在霁韵。凡支脂、齐祭韵中字，皆有轻重音两类。重音近于灰。齐祭之重音字，如圭、闺、刲、携、桂、畦、暌、携、慧、惠、脆、列、岁等。替为轻音，或转重音，则变如退。今称人物之下劣者音如“退班”。退即替字，偏下义也。班者，“黬姗”之合声。《说文·黑部》：“黬，黬姗，下色也。”薄官切。浊音转清，并转帮纽，则音如班。犹瘢、般皆与黬同音，今皆读如班。“替”“黬姗”皆下义，方言类聚为词也。③

下底 人物下劣俗呼“退班”，或亦呼“退回”。回虽有衺回义，然非其字，衺回乃奸恶，与下劣意稍异，须辨。乃“下”之音变也。“替”亦下义，故与之相应成词。下今音胡雅切，匣纽马韵，古音则在鱼类，江有诰谓古读胡五切是也。鱼、歌声近，歌、麻同部，

---

① “蹩脚”即为正字，非“㣈尐”之音转字讹。
② “薛”非“少劣”字训联言之合音，亦非“婎”之入声，本字为“疲”。《说文·疒部》：“疲，病劣也。”《集韵·缉韵》迄及切，音吸。这个词不仅慈溪、余姚话里习用，宁波话里也有，有“身体瘦弱”“器物不坚固”“不好；差”等三义，参看《阿拉宁波话》“疲”条（234页）；其他吴语如浙江绍兴话、杭州话、金华岩下话，徽语如浙江建德话也有这个词，义为“不好；差”，参看《汉语方言大词典》“疲”条（3131页）。
③ “退班”（又写作“推扳”等）吴语当差、不好讲，其理据有多种说法，说服力都不强。应氏认为“退”即“替”字，“班”为“黬姗”之合声，也难以服人。

故下今音转在马韵。犹马古音亦在鱼类，读如姥（郝懿行说）；所本音稍，而今读如捨。皆其例。鱼、支声近相转，下转支韵重音，则如为。为、回今音似也。

或曰，"退回"之回，乃"下底"合声之变。《说文·丄①部》："下，底也。"《广部》："底，一曰下也。"《说文》无低字，底即低也。《说文新附》方有低字，云："低，下也。"字训联言曰"下底"，曰"低下"，今俗语犹然。"下底"疾呼声合为奚。齐韵转重音则如觿，户圭切。觿、回音似。齐、微、灰、脂古音皆归脂类。奚音转户圭切为重音，犹重音之携、畦本户圭切，今转读轻音如奚矣。②

亚溃　《说文·亚部》："亚，丑也。"衣驾切，影纽三等齐齿呼。今亦有读屋化切者，则转为一等开口呼矣。孳乳为恶。古亚、恶每通用，如"亚③谷"亦作"恶谷"，"亚馳"亦作"恶池"。今恶为不善义，与善为对称。外地人称不善为丑，即亚之义训也。亚，古音为鱼类，音如好恶之恶。鱼、阳对转，音变为甬呼樱桃之樱。甬语樱读阳韵，如遏阳切。人物之不善者，甬俗亦呼"樱迴"。迴者，溃字，溃亦不善义。《诗·邶风·谷风》："有洸有溃。"释文："溃，户对反。"引《韩诗》云："溃溃，不善之貌。"溃本匣纽，《广韵·十八④队》与迴同音。甬俗讹读如匮者，以喉、牙相转。匣、见常互读，说已前见，例证甚多。读见而浊之，遂转群纽如匮矣。而方言读溃如迴，犹存正音。⑤

佻苟　《尔雅·释诂》："佻，偷也。"郭璞注："谓苟且。"苟与且义同，称"苟且"者，类聚同义字以重其语气耳。古人多以且训苟，而于苟之涵义，有幸冀之意。《诗·王风·君子于役》："苟无饥渴。"笺云："苟，且也。"谓其君子在行役之中，幸无饥渴也。《唐风·采苓》："苟亦无信。""苟亦无然。"笺云："苟，且也。"谓谗人所进之伪言，幸无信从，幸无然诺也。《论语·子路》："苟合矣。""苟完矣。""苟美矣。"皇侃疏："苟，苟且也。"谓其居室幸合于礼耳，器物幸完于用耳，文饰幸美于瞻耳。故苟且亦可单云苟，古籍训诂可征也。凡人怀幸冀之心，往往惰于精进，不屑砥厉，而流于偷逸，故苟义又同偷。《匡谬正俗》曰："苟者，媮合之称。所以行无廉隅、不存德义谓之苟且。"郭璞注《尔雅》佻训苟且，亦犹是耳。苟，厚韵，侯、幽声近，幽、侵对转，音变为感。佻，萧韵，萧、阳同入相转，同入于药。音变吐良切，有声无字。如掌。《广韵》他孟切，甬音孟在阳韵。甬称人物之窳恶曰"掌感"，即"佻苟"字。

---

① "丄"，原作"一"，误，径改。
② "退回"理据亦不明，应氏所列几种说法都迂曲难通。
③ "亚"，原作"恶"，误，径改。
④ "八"，原作"一"，误，径改。
⑤ 今宁波话没有"樱迴"一词。"樱迴"亦非"亚（恶）溃"之音转。

盖人品之苟且流于无行，事物之苟且流于楛窳，故"佻苟"用为鄙贱之词。①

　　聊偷　《礼记·表记》："安肆日偷。"郑玄注："偷，苟且也。"《左传·文十七年》："齐君之语偷。"杜预注："偷，犹苟且。"侯、唐同入相转，同入于铎。音变为汤。甬俗鄙夷人之才器、家道无足称美者曰"老汤"。汤即偷字，谓其苟且而已。老者，聊之音变。聊亦苟且义，故类聚以为词。《方言》三："俚，聊也。"郭璞注："谓苟且也。"萧、豪同类相转，故音如老。②

　　聊既训苟且，故俗称行止不检、苟且从事者曰"聊人"。③

　　禪约沾痴　《广雅·释诂一》："约、痴、禪、沾，褾也。"痴，曹宪音良；禪，音丹。王念孙疏证谓褾通薄。《汉书·窦婴传》："魏其沾沾自喜耳。"张晏注："沾，音瞻。"师古注："沾沾，轻薄也。"然则沾之训薄，正当读如瞻，曹宪音他缣反，疑失之。凡薄义近恶，近劣；厚义近善，近优。《广雅》本条训褾诸字，皆有不足之义，故可引申为恶劣。约，古籍无训薄者，王氏疏证于约字无释，盖阙疑也。愚谓约者药之误，刊版蠹蚀，缺其上半体耳。《方言》十三："药，薄也。"郭璞注："谓薄裹物也。"然约有衰弱义，与薄义亦近。《国语·楚语下》："不为丰约举。"韦昭注："约，衰也。"《荀子·宥坐篇》："淖约微达，似察。"杨倞注："约，弱也。"《说文·旡部》："痴，事有不善言痴也。《尔雅》：'痴，薄也。'"今本《尔雅》无此文。《衣部》："禪，衣不重也。"不重复则薄。经传多作单，今犹谓人物之衰弱者曰"单薄"。甬俗称人物之下劣者曰"搭浆"。搭即禪之入声，◇ 禪，寒韵，寒入于曷，禪转入声为妲，与搭声似。亦"禪约"之合声。浆为"沾痴"之合声，沾亦得自转阳韵为浆。盖沾从占声，古音为侵类。侵、东声近，阳、东亦声近，故侵从东转可通阳。参严可均说。章炳麟《成均图》谓之次旁转。方言集诸薄义字，以形况人物品质之窳恶耳。浅人乃谓器物以浆糊黏搭而成，故不牢固而窳恶，斯失之矣。④

　　浑沌　《庄子·应帝王》："中央之帝为浑沌。"浑沌无七窍，庄周本以喻全真未丧，后人假为意识不聪明之号。《左传》作浑敦，杜预注谓"不开通之貌"是也。"浑沌"双声相转，音变字讹为"糊涂"。盖魂、侯同入，同入于德。模、侯亦同入。同入于屋、铎。"浑沌"由侯转模，故变为"糊涂"。《宋史·吕端传》已有"小事糊涂，大事不糊涂"之语，

---

① 今宁波话没有"掌感"一词。"掌感"亦非"佻苟"之音转。

② 宁波话"老汤"有不多、不好义，理据不明，但非"聊偷"之音转。

③ 今宁波话没有"聊人"一词。

④ "搭浆"成词理据待考。"搭浆"之"搭"非"禪"之入声或"禪约"之合声，"浆"非"沾"之音转或"沾痴"之合声。

则宋时已行此语。或谓"糊涂"乃"鹘突"之语转，而鹘为回鹘，突为突厥，皆异族名，所以喻人之少理智，斯凿矣。称"糊涂"为"鹘突"者，"鹘突"亦"浑沌"之入声耳。

霜雾晦 《尔雅·释天》："天气下，地不应曰霜。地气发，天不应曰雾。雾谓之晦。"郭璞注："霜，言蒙昧。晦，言晦冥。"《说文》霜作霿，雾作霂。《雨部》："霿，晦也。"是稍异。霿，莫弄切。《释名》霿作蒙，《汉书·京房传》推详灾异多言"蒙气"。"霜雾"本为天气昏晦，瞻视不清，引申为凡昏晦不清明皆曰"霿雾"。语转字变，讹作"模糊"。盖霿随下字雾音同化而叠韵。参看后《方言上下字同化叠韵说》。东、模同入相转，同入于屋。霿亦得转为模。雾、糊叠韵，雾微纽，糊匣纽，匣之闭口往往与轻唇奉、微混也。"模糊"于义皆无当。模，法也。糊为鬻俗体，见《玉篇》。《说文》："鬻，䭒也。"或作"糢糊"，糢更俗体。然"模糊"唐人已用之。杜甫诗："马头金匼匝，驼背锦模糊。"白居易诗："平明山雪白糢糊。"

凡意识昏晦不清曰"模糊"，引申之，行为不精明、苟率可鄙者亦云"模糊"。音转又讹为"妈虎"。盖模、麻同相转，同入于陌。模转麻韵为妈，今以深喉亢音读之。糊，匣纽，北音匣为晓浊，浊音转清，糊转晓纽，音变为虎。或曰，虎者，"晦雾"之合声。《尔雅》："雾谓之晦。""晦雾"字训联言之也。

惹乱 《方言》十："曒咩、謰謱，拏也。拏，扬州会稽之语也。或谓之惹。"《说文通训定声》引此拏作挐。按：《文选·吴都赋》李善注引许慎注《淮南子》云："挐，乱也。"《说文·心部新附》："惹，乱也。"挐、惹皆乱义。故语词纷挐、烦而无当者可云挐，亦或云惹。郭璞注《方言》云："惹，言情惹也。"情乱者，故遁辞支离，烦而无当。惹从心，故《广韵·卅五马》："惹，乱心。"《释名·释言语》："乱，浑也。"乱心，谓心浑不清明，即不憭慧耳。惹，人者切。日组今有转禅、床或泥、娘者。其转禅、床者，或又转入澄组，以知、彻、澄与照、穿、床今音复相混。故日组之茸、戎，今读若重、虫；蹂，读若筹；仍，读若澄。皆其例。惹由禅床而转澄组，则音如茶。甬俗称人痴骏不慧、语无伦次者曰"惹乱"，乃字训联言，惹正读如茶。今惹祸、惹是非之惹读士下切，为床组，即日转禅床者也。而其义为召致，惹祸犹召祸，此本召之音变。召，澄组，变入床组，又萧、麻同入于药，故音变如士下切。[1]

惹亦读入声。《广雅·释诂三》："惹，挐也。"曹宪音汝奢、汝灼二反。汝奢，即人者切之平声；汝灼，切弱。甬音弱读床组，与嚼音同。嚼本在爵切，从组。从、

---

[1] "惹乱"一般写作"疦乱"。《阿拉宁波话》"疦乱"条："疦音茶。痴愚的人。《集韵·麻韵》：'疦，痴貌。抽加切。'《鄞县通志》：'甬亦称愚痴曰疦乱。'"（30 页）可参。

床类隔相转,故亦读床纽。甬称烦言无当谓之"嚼麦糕",即"惹无个"之变音。惹,即《方言》之"囒哰"义也,谓乱言而无义理。无,古音如模,在明纽,转入,故音如麦。模入于陌,陌、麦声近。个,箇韵,歌、豪同入相转,同入于铎。故变为糕。①

蜩螗　《诗·大雅·荡》:"如蜩如螗,如沸如羹。"蜩、螗皆蝉名,蝉最喧聒,谓其烦扰可憎也。今诮人喧聒烦扰曰"团唐",即"蜩螗"之音变。蜩从周声,古音为幽类。幽、侵对转,侵、覃同部,蜩转覃韵,音如潭。今音覃混于寒,故又讹如团。

揬搪　《广雅·释诂四》:"搪,揬也。"王念孙疏证:"搪揬与唐突通。"唐突,触犯之意。《广雅》本条搪与触、冒同训揬,其义可比而得之。揬既通突,突亦触冒义。杨倞注《荀子·荣辱篇》曰:"突,凌突不顺也。"见"陶诞突盗"句下。又《王霸篇》注曰:"突,陵触也。"见"汗漫突盗以先之"句下。甬俗称举止卤莽、动多陵触者,叱之曰"团唐",即"揬搪"之语转,字训联言而倒之也。突古音为脂类,段玉裁谓十四部即元类与十五部即脂类同入合韵相转,严可均则谓脂、元大合类通转,故突转元类,音如团。喧烦多言曰"团唐",卤莽陵触亦曰"团唐",语音同而本字则异。犹危急俗呼"犯关",乃"犯楯"字,赞美伟甚亦呼"犯关",乃"繁缨"字,音同本字亦异。②

唐、侯同入于铎,搪转侯韵,音变为投。俗称举止卤莽、动有陵触者曰"投",亦曰"投投动"。动亦搪字。阳唐与东声近,邻转故也。③

浊溷　《广雅·释诂三》:"溷,浊也。"古人溷、浊多联言。溷亦作混。《楚辞·离骚》:"世溷浊而不分兮。"《涉江》:"世溷浊而莫④余知兮。"《老子》十五章:"混兮其若浊。"凡言事物,清义近善,浊义近恶。故行善为清,见《贾子·道术篇》。容仪之美亦为清。《论语·微子》:"身中清。"《楚辞·招魂》:"朕幼清以廉絜兮。"皆以德行之善为清也。《诗·齐风·猗嗟》:"美目清兮。"《郑风·野有蔓草》:"清扬婉兮。"皆以容仪之美为清也。反清则为浊,故甬语讥人痴顽下劣为"浊溷",容貌寝陋亦云"浊溷"。或音转为"浊温",盖溷匣纽,温影纽。匣浊转影清,故溷音变温。俗语呼"浊温",或踵益其词曰"浊温头"。头即僮字,亦徒字。僮、

---

① "嚼麦糕"非"惹无个"之音变。

② 宁波话"团唐"指神经不太正常、言行举止没有分寸的人,多指称女性。理据不明。应氏分为"喧烦多言"与"卤莽陵触"两义,并谓分别是"蜩螗"和"揬搪"之音变语转,不确。

③ "投投动"之"投"非"搪"之音变,"投"古有戆、鲁莽、冒失的意思,如《论衡·率性篇》:"齐舒缓,秦慢易,楚促急,燕戆投。""动"亦与"搪"无涉,而是后缀,参看下文《释疾病》"痀疼"条注。

④ "莫",原作"不",误,径改。

徒皆贱人之称，说详后"僮""徒"字条。①

妄 《说文·女部》："妄，乱也。"《孟子·离娄下》："此亦妄人也已矣。"赵岐注："妄人，妄作之人，无知者②。"妄，漾韵，阳、鱼对转，音变为舞。甬称顽钝无知之人曰"大舞"，即"大妄"字，谓愦乱无知之大妄人也。引申称颠狂病者亦曰"大舞"。妄之为舞，犹亡之为无矣。或谓乃"大糊涂"之音促，非。"糊涂"本非正字，说已详前。③

朗憭 《方言》一："党，知也。"郭璞注："党，朗也，解寤貌。"钟案：《说文·月部》："朗，明也。"心明故能解寤，解寤则知矣。朗与憭双声。萧、阳同入相转，同入于药。憭转阳部，音亦如朗。《说文·心部》："憭，慧也。"慧亦解寤意。甬俗称顽钝无知者曰"无朗"。引申称颠狂病者亦称"无朗"。无，以合唇鼻音作亢音呼之，俗作呒。

筹调度 《说文·竹部》："筹，壶矢也。"投壶之矢，亦以计胜算之数，故引申为计算义。《仪礼·乡射礼下》："箭筹八十。"郑玄注："筹，算也。"今筹马、筹画、筹度，皆本此。筹，澄纽。古无舌上音，凡澄纽字古读定纽。又幽尤与萧同部，故筹与调古音相似。或借调为筹，以寿声、周声古音同在幽部也。《汉书·晁错传》："调立城邑。"师古注："调，谓算度之也。"又："上方与错调兵食。"注："调，谓计发之也。"此调皆筹字。调本训和也，无其义。今云调度、调拨，皆本此。筹、调皆幽类定纽，幽、侵对转，音变为覃。调度之度古音为鱼类，鱼、侯声近，音变为头。今称痴顽不解事者曰"无覃头"，即"无调度"字，谓其人在世无计虑措施者也。无，亦音如俗字呒。④

雕琢 《论语·公冶长》："朽木不可雕也。"包咸注："雕，雕琢刻画也。"《孟子·梁惠王下》："必使玉人雕琢之。"赵岐注："雕琢，治饰玉也。"《礼·学记》："玉不琢，不成器。人不学，不知道。"甬俗诮人顽钝无识者曰"无雕琢"。谓其人犹玉之未曾治理，乃不学无道之人耳，亦谓其如朽木无可雕也。琢，音如督。盖古无舌上音，今知纽字古皆读端纽。《礼·学记》释文："琢，丁角反。"犹存古音。甬音凡从豖声字，如啄、椓、涿、逐等字，皆呼为端纽，古音未失也。"无雕琢"之无，亦如俗字呒音。

额誖脞 《说文·页部》："额，痴不聪明也。"五怪切。《肉部》："脞，骏也。

---

① "浊温头"之"头"为后缀，非"僮"或"徒"之音变。
② "者"，原作"也"，误，径改。
③ "大舞"一般写作"大糊"，"舞（糊）"恐非"妄"之音变。
④ "无（呒）覃头"之"头"是后缀，非"度"之音转。

读若丞。"《广雅·释诂三》："骇、謑、胥，痴也。"额，疑纽，牙、喉通转，疑多转匣。如五、伍、午、忤读若户是。额转匣纽，则音如鞋去声。甬呼鞋袜字为合怪切，开口呼。胥读丞，丞本禅纽，禅、澄常相转，说见前。故今读丞多如澄。胥既读澄，蒸、之对转，音变为驰。甬称痴骇不慧者音如"鞋荸驰"，即"额謑胥"之转音耳，皆类聚痴义字为词也。①

嚆晓　《埤苍》："嚆，不知是谁也。"《玉篇·口部》引。渠尧切。《广雅·释言》："嚆，諫也。"《方言》十："諫，不知也。沅澧之间凡相问而不知答曰諫。"嚆训諫，是嚆亦相问而不知答之谓。痴骇之人，凡相问而不知所答者，甬俗谓之"嚆不晓"。晓，知也。见《方言》一。②

苟俦　《广雅·释诂三》："苟，且也。"《匡谬正俗》八："苟者，媮合之称。所以行无廉隅、不存德义谓之苟且。"今叱人下贱顽劣者曰"苟俦"，俗讹为"狗才"。《说文·人部》："俦，等辈也。""苟俦"云者，谓不存礼义之辈也。俦本士皆切，床纽，今呼为才，作从纽者，床、从类隔相转也。今书契中俦字，甬多读照纽作斋音，则床浊照清，浊音转清也。③

愚匹辈　《三苍》："愚，无所知也。亦钝也。"《一切经音义》卷二十二引。《说文·心部》："愚，戆也。从心、禺。禺，母猴属，兽之愚者。"钟案：愚从禺，禺亦声。禺古音在侯类，如偶。今叱人愚钝者曰"牛"，即禺之讹。牛司耕挽，与骡、马诸畜等，非至愚者。呼愚钝为"禺"，盖古语之遗。俗习其音而不解其字，谬以"牛"为之。甬叱人愚钝或呼"牛坯"，坯乃匹之音变。《广雅·释诂一》："俦、匹，辈也。""禺匹"谓愚钝之辈也。"禺匹"犹上文"苟俦"之比。匹，古音为脂类，从孔广森、严可均说。朱骏声入履部同。缓言转平上微齐灰韵，如坯。亦字训联言，"匹辈"之合声。④

猾厮　《三苍》："猾，黠恶也。"《字书》："猾，恶也。"《一切经音义》卷一及卷十二引。厮，贱役也。见《史记·陈余传》集解引如淳注。《广雅·释诂一》："厮，使也。"供使役者，率下贱之辈。故《广雅》本条"厮"与"徒""牧""扈""养""仆""童"⑤诸字并列，方言皆用为贱叱之词。厮音斯，古音为支类，支、耕对转，音变为骍。今

---

① "鞋荸驰"或写作"鞋蒲芽"，本字不明，但非"额謑胥"之转音。
② "嚆不晓"一般写作"朝白笑"，指傻瓜、白痴，如：装朝白笑。
③ "狗才"即为正字，非"苟俦"之讹。"狗才"之"才"同"庸才""奴才""蠢才"之"才"。
④ "牛""牛坯"即为正字，"牛"非"禺"之讹，"坯"非"匹"之音变或"匹辈"之合声。"坯"音胚（《广韵·灰韵》芳杯切），方言用来贬称人，如：赌坯、贼坯、做坯、杀坯、赖学坯、闯祸坯。
⑤ "童"，原作"僮"，误，今据《广雅》改。

骂人狡恶为"猲骍"，音似俗语呼猴之"活狲"。活即狲之入声。猴非恶兽，不应取为骂人之辞，即"猲厮"字之音变。"猲厮"犹云恶奴也。骍、狲声近，真、耕相邻也。①

扈厮役　《公羊传·宣十二年》"厮役扈养"何休注："刈草为防者曰厮，汲水浆者曰役，养马者为扈。"此皆卑贱之人，供驱使者，故《广雅·释诂一》："厮、扈、役，使也。"役为役古文。扈，古音为鱼类，匣纽。鱼、侯声近，匣之闭口似奉微，扈转奉纽侯韵，音变为浮。今呼下贱之人曰"浮厮"，即"扈厮"也。又心、审类隔，厮音若尸，俗遂讹认为"浮尸"。于是沾益其词，又有"氽江浮尸"之语。②

厮为贱役，已见上条。古训役亦为贱人。《楚辞·大招》："清馨冻饮，不饮役只。"王逸注："役，贱也。言醇醲浓之酒，不可以饮役贱之人。"厮、役义同，方言类聚为词，故又称下贱之人为"厮役"，音转为"师爷"。俗音与"尸骸"同，骸，户皆切，匣纽。匣读细音似喻，又皆、麻同入于黠，同入则相转，骸转喻纽麻韵，故俗音如爷。遂误认为死者之词。盖役昔韵，昔为麻入，长言转平入麻，故音如爷。或复踵益其词曰"师爷头"。头即徒字，或童字之音变。《广雅·释诂一》："徒、童，使也。"与厮、役训使同条。方言类聚为词，故相联附。徒音变头，鱼、侯邻转也；童音变头，东、侯对转。参看后"徒""童③"各条。④

仉　《方言》十："仉、僄，轻也。楚凡相轻薄谓之相仉，或谓之僄也。"《广雅·释诂三》："僄、仉，轻也。"僄，曹宪音匹妙反；仉，音凡。凡亦训轻。《玉篇·二部》："凡，《广雅》云：'轻也。'"凡声古音在侵类，侵、幽对转，音变为浮。今称行不端庄、姿容轻薄者曰"浮飘飘"，即"仉僄僄"也。俗又称轻薄无行者曰"浮头"，即"仉童"字。亦曰"浮厮"。童、厮皆贱称也。此与扈之变音为浮，音同而字异，故其涵义亦有别。仉，《方言》郭璞音汎，为敷纽；曹宪音凡，为奉纽。盖北音敷奉为清浊，郭读清音，曹宪读浊音也。今谓装饰风流、行为轻薄者曰"仉陶陶"。仉正读作汎。陶陶，和乐貌，盖风流自喜之谓。陶本当读如摇，见《诗·王风·君子阳阳篇》释文。今读如字，方言讹读也。犹滑稽之滑本读如骨，今亦讹读如字矣。⑤

謰悖　《说文·言部》："謰，乱也。"謰或从心作悖，蒲没切。乱者，谓心乱，故转训惑，训谬误，训痴，皆其引申义。《汉书·疏广传》："吾岂老謰不念子孙哉？"

---

① "活狲"非"猲厮"之音变。
② "浮尸"即为正字，非"扈厮"之音变。
③ "童"，原作"东"，误，径改。
④ "师爷"即为正字，非"厮役"之音转。"师爷头"之"头"是后缀，非"徒"或"童"之音变。
⑤ "浮飘飘"即为正字，"浮"非"仉"之音转。

师古注："詩，惑也。音布内反。"蒲没切为並纽，布内反为帮纽，並浊帮清，颜读清音也。《广韵》詩亦音佩，则读浊音。年老神惛、语多错乱，今犹称"老詩"，詩正呼如佩。《淮南·原道训》："疏达而不悖。"高诱注："悖，谬也。"《国策·秦策二》："计有一二者难悖也。"高诱注："悖，误也。"今字音误读、字形误书谓之"悖字"，俗讹作"白字"。识者知"白"义未当，改作"别字"，以为异别义，固傅会以求①其近似。然各地方言皆呼"悖"音，则俗语固不谬也。悖读蒲没切，正合雅训。②

《广雅·释诂三》："詩，痴也。"痴者，不慧也。见《说文》。心惑乱故不慧。今称不慧为"笨"，即詩之上声。詩在没韵，没为魂入，长言转上声，返归混韵，故音如笨。《说文》："笨，竹里也。"《广雅·释草》："（竹）其表曰筤，其里曰笨。"笨，甬人谓之"篾白"，非愚钝义。

《晋书·羊曼传》载豫章太守史畤以大肥，号为"笨伯"。可征笨非愚义。惟笨亦不训大肥。《广韵·廿一混》与笨音同者有"体"字，训"粗皃"。粗与大义近，则笨伯之笨当是体字。今以体为體之简省字，更误。然体亦后出俗字，于古无征。其字当为坟。《尔雅·释诂》："坟，大也。"坟，奉纽，古无轻唇音，奉纽字古读並纽，则坟音正如笨。今雅人属词，称愚者为"笨伯"，亦失之矣。③

侍　《广雅·释诂一》："侍，使也。"本条"侍"与"厮""徒""扈""役""童""仆"诸字同列，故侍亦为下劣之称，与厮、徒等皆用为贱叱之词。参看上文"厮扈役"及后"徒""童"诸字释。侍从寺声，古音为之类，其入在职德。侍，禅纽，禅、床同浊，床从类隔通转，故侍声促，可转为贼。甬呼贼在禅纽，可以反证。今愚钝者叱之曰"笨贼"，贼即侍也。其词例犹"滑厮""伮厮""骍徒""樊童"之比耳。"骍徒""樊童"说见下文。且今以贼为盗窃义，盗窃非工心计者，弗克为。《庄子·胠箧篇》称盗亦有道，盗跖谓非具圣勇义知仁五者，不能成大盗。《淮南·说林训》载："柳下惠见饴，曰：'可以养老。'盗跖见饴，曰：'可以黏牡。'"牡者，户篝之牡。黏牡出篝，可以启户行窃耳。是为盗窃者，即景生智，随地施伎，非具才智者弗克为也。故贼无愚义，不当与愚笨字相联为辞。今考覈方言词例，定为"侍"入声。④

———————————

① "以求"后原文还有"以求"两字，当是衍文，径删。
② "白字"之"白"本字不是"悖"，而是"别"。清顾炎武《日知录·别字》："别字者，本当为此字而误为彼字也，今人谓之白字，乃别音之转。"
③ "笨"表愚钝义，非"詩"之音转；表粗大义，本字不是"坟"。"笨"在古代有"苯""体""体""坌""㤺""踌""夯"等十余种写法，为何有粗壮、愚鲁等义，古今学者也有讨论，尚无定论。参看李伟大《"夯"之读音辨正》，《汉语史研究集刊》第二十二辑，四川大学出版社2017年版。
④ "笨贼"即为正字，"贼"非"侍"之音转。

樊僮　《说文·夶部》：“樊，騺不行也。”从段本订正。段玉裁注：“騺，马重皃。騺不行。沉滞不行也。”今诮人驽钝无能者曰“饭桶”，即“樊僮”之讹。僮，奴也。见《汉书·司马相如传》注。正字当作童。《说文·辛部》：“童，男有罪曰奴，奴曰童。”经传皆以童为儿僮字，而以僮为童仆字，互易。“樊僮”犹云“钝奴”耳，谓如马之负重，沉滞不行也。童亦训无知，训不慧。《贾子·道术》：“亟见窊察谓之慧，反慧为童。”《国语·晋语四》：“童昏不可使谋。”韦昭注：“童，无知。”无知、不慧亦与驽钝无能之义相应，故亦可联缀为词。顾方言叱人词例，上字多为形况字，说其顽劣不才；下字为实字，以贱役之辈为名，如厮、徒、侍、役等是也。《广雅·释诂一》“童”固与“厮”“徒”“侍”“役”“仆”“圉”等字同条，并训“使也”，则童义应以训奴为切。“樊僮”盖古语，后世习知其义而迷失正字，以为驽钝无能者乃酒囊饭袋之谓耳。①

童，东韵，东、侯对转，音变为头。俗称庸暗下劣之辈曰“寿头”“惷头”“划头”“木头”等，皆此童字，既取其不慧无知义，亦以其下贱之材也。②

辱　《说文·辰部》：“辱，耻也。”辱者，受耻蒙垢之谓，故辱亦训污。见《广雅·释诂三》。《释名·释言语》：“辱，衄也，言折衄也。”辱与荣对，亦与宠对。《易·系辞上》：“荣辱之主。”《老子》廿八章：“知其荣，守其辱。”《管子》：“衣食足，然后知荣辱。”《老子》十三章：“宠辱若惊。”皆是。凡贱者贵之，为荣，为宠；贵者贱之，为辱。以清白而就浊污，亦为辱。故《士昏礼》注：“以白造缁曰辱。”《老子》四十一章：“大白若辱。”辱谓污也。柳下惠不羞污君，不卑小官，遗佚而不怨，阨穷而不悯，由由然与之偕，见《孟子·公孙丑上》。故孔子谓其“降志辱身。”见《论语·微子篇》。辱犹降也。故《老子》曰：“辱为下。”简文注《老子》曰：“宠，得也。辱，失也。”得失不仅以利禄言，凡进德修业失计以累其身者，亦为辱矣。今诮人昏庸失计、自贻伊戚者曰“寿”，号其人曰“寿头”。苏杭等地则寿音如“鲰”。仕垢切。“寿”即“辱”字也。辱，而蜀切，日组。日通禅、床，故今读辱若淑。辱，古音为侯类。从严可均及朱骏声说。朱氏谓之需部，实同。长言转上声厚韵，则音如鲰。厚浊有清，清之，则转有韵为寿。段玉裁谓辱古音在第三部（即幽类），则转上声正音如寿。章炳麟《新方言·释言》以“諊”“鲰”“悁”三字当之。諊、悁训恶，鲰训小人，音虽似而义殊不切，与方言本旨昏庸失计之义无涉，今不从。或曰，“寿头”之“寿”乃“咎”字。说详下条。

---

① “饭桶”即为正字，非“樊僮”之讹变。
② “寿头”“木头”等之“头”是后缀，非“童”之音变。

咎 　《说文·人部》："咎，灾也。"段玉裁注："凡失意自天而至曰灾。"段意盖区别灾、咎之异趣。循其意而绎之，则人自召其失意为咎矣。《诗·小雅·伐木》传："咎，过也。"《易》屡言"无咎"，《系辞上》曰："无咎者，善补过也。"则咎亦过失义。凡过失而失意，皆人自召者也。《书·洪范》"咎征"传曰："叙恶行之验。"则咎为恶行。恶行则过失之重者。恶行则召灾，故《说文》"咎"训灾，又"殃"训咎，其理皆一贯。俗语诮人昏庸过失、自召殃咎者曰"寿头"，"寿"即"咎"之音讹。咎，群纽。见、溪、群三纽细音，往往与精、清、从混，时亦与知、彻、澄相乱。如群纽之"虔、乔、强、鲸、极"与澄纽之"缠、朝、长、呈、直"、从纽之"钱、樵、樯、情、蕨"皆相似；又如群纽之"墐、琴、求、笈"与澄纽之"陈、沉、俦、蛰"、从纽之"秦、桥、酋、楫"音亦相乱。群既混入澄从，而澄从又与床禅通转，故咎由澄从转为床禅，音变为寿。犹《书·西伯戡黎》纣讹为受也。《西伯戡黎序》："奔告于受。"传曰："受，纣也。音相乱。"[1]

失谬 　咎训过，过训失。《论语·里仁》："人之过也，各于其党。"《雍也》："不贰过。"皇侃疏并云："过犹过失也。"《大戴礼·盛德》："过，失也。"是咎犹失也。辱亦训失。见上文《老子》简文注。失，古音为脂类。脂、元相转，说已见前。音变为山。今诮人昏庸失计为"寿"者，或曼衍其辞曰"寿山庙"，即"咎失谬"字。谬，妄也，误也，亦过失之谓。

咎又通舅。晋"舅犯"，《荀子·臣道篇》作"咎犯"。北方称可恶者曰"舅子"，舅亦咎字。《说文·心部》："慦，怨仇也。"经传借咎为之。《书·西伯戡黎》："殷始咎周。"传曰："咎，恶也。"

舛 　《广雅·释诂二》："舛，偝也。"《字林》："舛，错也。"《汉书·叙传》萧该音义引。《淮南·泛论训》："而见闻舛驰于外者也。"高诱注："舛，乖也。"乖、错与偝，皆纰缪戾于正常之意。今诮人昏庸不识利害、自取咎戾者谓之"划头"，义与"寿头"差同。划即舛字，谓其立身行事乖舛也。舛，昌兖切，狝韵。狝与阮、旱、潸、产古音同属元类，同部相转，故音如划。

憨 　《玉篇·心部》："憨，火含切。愚也。痴也。"《尔雅·释鸟》："鹡鸠，寇雉。"郭璞注："为鸟憨急群飞。"释文："憨，愚也。"俗称痴愚者曰"憨头"，又称愚顽无耻者曰"憨烦烦"。《广韵·四十八感》："烦，都感切。额烦，丑也。"《集韵》："烦颡，痴貌。"颡呼滥切。"烦颡"疾呼，声合仍如烦。俗又讥人无行而故作痴顽无怍者谓之"烦脸"。

---

[1] 宁波话称傻、言行不合常理为"寿"，称举止言谈不合时宜、惹人讨厌的人为"寿头"，"寿"本字不明。诚如应氏所说，章太炎《新方言》以"觏""䚗""愗"三字当之，"音虽似而义殊不切"。但应氏"寿"即"辱"字、"寿"即"咎"之音讹这两种说法亦均音义不切。

或曰，痴顽无耻称"颟"者，乃"僮骇"合声之变。《广雅·释诂三》："僮、骇，痴也。""僮骇"疾呼，声合为殆。浊音转清，定转端纽，则为襂上声。后人音讹，哈、寒同入相转，又寒、覃相混，故音如都感切。《说文》："颟，玉枕也。"章衽切。《仓颉》云："颟，垂头之貌。"音义皆非。

惷 《说文·心部》："惷，愚也。"昌容切。《周礼·秋官·司刺》："三赦曰惷愚。"郑玄注："惷，生而痴骇童昏者。"今谓人痴骇不敏于事者曰"骇惷惷"，又称人愚鲁不知利害，敢向人撞犯者曰"惷头"。此盖循声兼取惷、舂两义。舂，撞击也。《史记·鲁周公世家》："舂其喉。"集解引服虔曰："舂犹冲。"《释名·释乐器》："舂，撞也。"

眊瞀愁 《说文·目部》："眊，目少精也。"亡报切。目少精，则视之不审。《贾子·道术》："纤微皆审谓之察，反察为眊。"今事情物数不曾细察而约略估计之，俗称"眊估估"，亦曰"眊约约"。讹作毛。眊，微纽，豪韵。双声豪、侯同入相转，同入于铎。经传或借为瞀。《书·益稷》传："昏，瞀也。"疏云："瞀者，眩惑之意。"《楚辞·九辩二》："中瞀乱兮迷惑。"字又作愁。《广雅·释诂一》："愁，愚也。"曹宪音茂。《楚辞·九辩八》："直怐愁而自若。"侯入于铎，亦入于屋。愁、瞀转入，音如莫，或如木。今诮人昏愚不解事者曰"木头"，亦曰"木大"。大读为驮。大者，徒之音变。说详后"徒"字条。

俗称操作迟钝亦谓之"木"。此本慢之入声。慢古音为元类，元、歌对转，歌入于铎，故音变为莫。今音莫、木相似，遂作"木"。[1]

徒 《论衡·四讳》："被刑谓之徒。"古刑余之人多执贱役，如童、奴、婢、妾，童、僮通。皆古之罪人。《说文》"童"篆下曰："男有罪曰奴，奴曰童，女曰妾。""奴"篆下曰："奴、婢，皆古之罪人也。"《荀子·王霸》："人徒有数。"杨倞注："人徒，谓胥徒给徭役者也。"《汉书·刑法志》李奇注曰："男女徒总名为奴。"是徒犹奴也。世俗诮人下劣卑贱者，辄以贱役之名辱之，如厮、役、僮、僵诸字皆是。说已前见。徒，古音为鱼类，鱼、歌声近，音变为陀，俗作大，如骇大、瞀大、戆大皆是。"骇大"，犹云"骇奴"也。

鱼、歌声近，鱼、侯亦声近，徒亦得邻转侯韵，音变为头。如忖头、念头，头即图字，亦度字；尺头、赚头、蚀头，头亦度字；北人呼杜姓如窦；甬俗诮人愚钝如偶像谓之"行乐图气"，图音亦如头。皆其例也。如诮人曰寿头、木头、惷头，诸头字亦可作徒之音变。上文云是童之

---

[1] "昏愚不解事""操作迟钝"两个意思有联系，正字都是"木"，而不是前者为"眊（瞀、愁）"音转，后者为"慢"音转。

阴声，对转为头。童、徒皆贱称，义得两通。[1]

骙 《仓颉篇》："骙，无知之貌。"《一切经音义》卷六引。《广雅·释诂三》："骙，痴也。"痴，不慧也。见《说文》。《汉书·息夫躬传》："内实骙，不晓政事。"师古注："骙，愚也。音五骇反。"俗称愚钝不敏者曰"骙"，名其人曰"骙大"。骙俗作呆，非。呆，古保字。骙，《说文》作懝。

戆 《说文·心部》："戆，愚也。"陟绛切。《汉书·张陈王周传赞》："王陵少戆。"师古注："戆，旧音下绀反，今音竹巷反。"段玉裁曰："此音有古今之证也。"然则戆读匣纽勘韵为古音，知纽绛韵为今音。《广雅·释诂一》曹宪音竹降反，亦知纽。《荀子·大略篇》："悍戆好斗。"杨倞音丁绛反，为端纽。端、知类隔固相转。吕静《韵集》音丑巷反，为彻纽，亦舌音。大抵戆读舌音，起于六朝。喉牙匣见相转，谈、东亦声近，故《集韵》又音胡贡、古送二切，皆古音下绀反之流变也。戆既读古送切，见、群清浊相转，送韵侈之则为绛，故今读戆为共绛切。开口呼群纽。今诮人愚而婞直、侈言妄发者为"戆"，号其人为"戆大"。然颇疑今读共绛切之戆字，究其音义，乃"狂"之转音。狂，巨王切，本群纽撮口呼，今读合口呼者，音等之转也。犹逵、夔本亦撮口呼，今亦读合口呼。狂群纽，音等转开口，即变共王切，共本亦群纽撮口，今通读开口。如今呼"戆大"之"戆"矣。《论语·阳货》："其蔽也狂。"孔安国注："狂妄抵触人。"《韩非子·解老》："心不能审得失之地，则谓之狂。"高诱注《吕氏春秋·尊师篇》曰："暗行妄发之谓狂。"《广雅·释诂三》："狂，痴也。"痴，不慧也。此诸狂义，犹今谓"戆"尔。

惷 《说文·心部》："惷，乱也。《春秋传》曰：'王室实惷惷焉。'"段玉裁注："《昭廿四年左传》文。今本作'王室实蠢蠢焉'，杜注：'动扰皃。'"钟案：《说文》"惑""怓""愦""妄""誖"皆训乱，其义近痴愚，盖谓神智之惛乱。惷从心，其训乱，当亦如是。《淮南·泛论训》："愚夫惷妇。"高诱注："惷亦愚，无知之貌也。"惷，尺允切。俗叱人愚钝者曰"惷才"。讹作"蠢"，犹许引《春秋》之"惷惷"，今《左传》作"蠢蠢"焉。然蠢训"虫动也"，义固不可通。苏轼诗："但愿生儿愚且蠢，无灾无难到公卿。"则以蠢为惷，宋已云然。

张 《左传·桓六年》："我张吾三军。"又："随张必弃小国。"杜预注："张，自侈大也。"俗称夸诞自大者曰"张人"，张读去声。[2]

痿萎 《说文·歺部》："痿，病也。"於为切。《广雅·释诂四》："痿，葸也。"《玉篇》：

---

① "忖头""念头""尺头""赚头""寿头""木头"等，"头"均为后缀。

② "张人"一词今未闻。

"蒘,败也。"《广韵·五支》:"矮,枯死。"古亦借蒘为矮。《说文》:"蒘,食牛也。"《诗·小雅·谷风》:"无木不萎。"《礼记·檀弓上》:"哲人其萎乎?"郑玄注:"萎,病也。"《声类》:"蒘,草蒘也。"《一切经音义卷九》引。今谓人形神沮丧为"萎",即其引申义。矮从委声,古音为脂类。脂、真对转,音变为温,俗作瘟。今谓禾稻花果枯病为"瘟",本矮字也。引申人之窳弱不能振作者亦云"瘟"。俗称懊(懦)弱易欺者曰"瘟人",苏吴谓之"瘟孙"。孙者,厮之音变。厮,贱人称也。说详上文"猾厮"条。《新方言》以为"殟"字,失之。《说文》:"殟,暴无知也。"医术所谓中恶。与方言涵义不合。①

辟养 《方言》三:"南楚凡骂庸贱,或谓之辟。辟,商人丑称也。"郭璞音擘。长言转去声,则音如臂。俗叱人可贱者曰"屄样",即"辟养"字。《广雅·释诂一》:"养,使也。"谓使役之贱人。《公羊·宣十二年》:"厮役扈养"何休注:"炊烹者曰养。"《后汉书·刘玄传》所谓"灶下养"是也。"辟""养"皆贱称,方言类聚言之,犹"徒婢""厮役""媒僮"之例。说皆见前。②

娭辟 丑称云辟,或帮、滂相转,读如《诗》"民之多辟"之辟。《大雅·板》。甬俗骂人曰"念熙辟",即"乃娭辟"字。乃,汝也。娭者,《说文》云:"一曰卑贱名也。"许其切。《通俗文》:"丑称曰娭。"《御览》三百八十二引。"娭""辟"皆贱人。"乃娭辟"者,谓汝贱人耳。乃,海韵,哈、寒同入相转,同入于曷。今音寒、覃复相乱,故音如念。甬语男女媾会音如"娭辟",遂错认为秽词可以骂人,误矣。③

鲰 外地人骂人,音如"娘触屄"。屄亦辟字。说见上"辟养"条。"娘、触"乃"汝、鲰"二字之音变。汝,日纽,语韵。日通泥、娘、鱼、阳对转,纽韵双转,音变为娘。鲰,小人也。《汉书·张良传》"鲰生说我"注引服虔曰:"鲰,七垢反。小人也。"音促转入,故如触。"汝鲰辟"者,犹云"尔贱人"耳。方言多古语之遗,古无以媾会为骂人词者,俗语讹以成风耳。④

生 甬俗诃人,有云"念熙杀"者,即"乃娭生"之音变。生转入声如杀。《广雅·释诂四》:"娭,婢也。""乃娭生"者,犹云尔婢生耳,俗语"婊子生""欢嫪儿子"皆同贱种意。讥其所出之卑贱也,亦犹骂人为"憷种"憷俗作孬。"丑种"也。《国策·赵策三》齐威王骂周赴者曰:"叱嗟,而母婢也!"正与"乃娭生"同一词例。

北地骂人,音如"娘妈屄",即"汝母婢"之音变。汝音转娘,已见前。妈为母之音变,

---

① "瘟人""瘟孙"即为正字,"瘟"非"矮(萎)"之音变,"孙"亦非"厮"之音变。
② 今宁波话无"屄样"一词。
③ "念熙辟"犹"娘嬉肥"("嬉肥"指性交),正以男女交媾作为詈词,与"娭辟"无涉。
④ "娘触屄"也作"娘戳屄",与"汝鲰辟"无涉,"屄"是正字。

见前《释亲篇》。屄即婢之转音。婢，並纽，浊音转清，並转帮纽，则如鄙。"汝母婢"亦犹《赵策》所云"而母婢"也。

北人骂词，或云"妈特屄"，即"母徒婢"字。徒犹奴也，说见前引《汉书》李奇注。谓母奴婢耳。徒转入声为特。粤人骂词曰"丢那妈"，即"僮乃母"字。僮，奴也，谓奴为汝母也。僮，定纽，浊音转清，定转端纽；又东、幽同入相转，同入于屋①。故音如丢。犹今呼投为丢，投即僮之阴声也。"丫头"之头即僮字，参看《释亲篇》释。②

　　杜窍　《小尔雅·广诂》："杜，塞也。"《庄子·应帝王》："是殆见吾杜德机也。"郭象注："德机不发曰杜。"崔撰云："塞吾德之机。"鱼、歌声近，歌、寒对转，杜由歌转寒，音变为断。今诮人顽钝无知曰"断窍"，即"杜窍"。谓室塞七窍，如浑沌之无窍也。浑沌无窍，故不聪明，亦庹词之类。③

　　姡僮　《方言》二："秦晋之间曰狯，楚郑曰蕞，或曰姡。"又十："姡，狯也。凡小儿多诈而狯，或谓之姡，或谓之猾。"姡，郭璞音胡刮反，甬音姡、猾相似。今呼诈狯之人曰"滑头"，即"姡僮"字。僮，贱人称，贬之也。说见前。④

　　诈狯者或呼为"滑肠"。肠者，伧之音变，亦贱骂之词。《汉书·贾谊传·治安策一》："国制抢攘。"晋灼注："吴人骂楚人曰伧。"《晋春秋》："吴人谓中州人为伧人，俗又总谓江淮间杂楚为伧人。"《一切经音义》卷十六引。《广韵·十二庚》：伧，助庚切，《玉篇》仕衡切，皆床纽庚韵。床、澄今相混，庚、阳亦相转，故伧音转如肠。⑤

　　妄膠伝　妄，虚妄也。见《礼记·儒行》释文。妄，犹空也。见《国策·秦策二》高诱注。释氏尤多用妄字。妄，微纽，微与匣之合口呼常相混，妄混入匣纽，则如黄。今谓事之虚妄不可凭者曰"黄落"，即"妄膠"字。《说文·广部》："膠，空虚也。"洛萧切。声促转入则为戮，今音落、戮相似。戮，屋韵，为萧之入；落，铎韵，为豪之入。萧、豪相通，故屋、铎亦相近。"妄""膠"皆取虚空义也。⑥

　　世俗以事托人而所托非人反受其绐，谓之"托了黄伯伯"。黄即妄字，谓其人虚妄也。伯者，伝之入声。《广韵·三十八梗》："伝，诈伪人也。"布梗切，音浜。或曰，黄者，恀字。《方言》十二："恀，狯也。"郭璞音王。今音黄、王音混。王，喻纽，喻读粗音，

---

① "于屋"原作"相转"，误，据文意改。
② "娘妈屄"非"汝母婢"之音变，"妈特屄"亦非"母徒婢"之音变。其中"屄"即为本字。
③ 今宁波话"断窍"无顽钝无知义，而是副词居然、真正、实在的意思。又，"断"非"杜"之音变。
④ "滑头"即为正字，与"姡僮"无涉。
⑤ 今宁波话无此说法，且"滑肠"之"肠"非"伧"之音变。
⑥ 今宁波话无"黄落"一词。

即流于匣为黄也。①

变幻生　《说文·予部》：“幻，相诈惑也。”“变幻”常语。“变幻”声合，俗字作扮。今谓装饰为“扮”，本变幻义也。扮本音愤，《说文》训握，《玉篇》训动，皆古正义。惟《广韵·卅一裥》：“扮，打扮。晡幻切。”此俗音讹字，《广韵》徇俗罗列者也。《集韵》俗字尤多，若《篇海》《字汇》等，直野狐禅耳。

有所图谋，幻作各种人物，俗呼音如“扮霜”。扮即变幻字；霜者，生之音变。生为人义，如“鲰生”“狂生”“老生”“书生”，生犹言人也。即《诗》之“友生”，《论语》之“后生”，终军称为“弃繻生”，李白诗戏杜甫为“太瘦生”，诸生字亦犹人也。“扮生”谓幻饰之人。庚、阳同类相转，故音如霜。②

釋　亲　　七十九条　　一八三八一字
释流品　　八十七条　　一七三四一字
乙巳岁四月廿日誊竣

---

① 上文《释亲》“伯”条也提到这条俗语，作“托人托了王伯伯”。“黄（王）伯伯”当是一个假托的人物（犹“隔壁老王”），“黄（王）”非“妄”或“恈”之音变；“伯”亦非“佲”之入声。
② 今宁波话无“扮霜”一词。

卷三　释形体

目　录
（括号内小字为俗音及讹字）

伾昆（结棍　滚壮）　丰大隆（派赖）　脴（壮脴脴）　膌（小膌膌　小㝗㝗）　抟榑（面孔团博博）　颎（小脸脸）　叟缩（老缩缩）　悈（老慚慚　老硁硁）　頵頯（面孔大扑扑）　艾（白艾艾）　皪（白皪皪　皪白）　兹（黑兹兹）　黵（黑揭揭）

颎　《尔雅·释言》：“颎，题也。”郭璞注：“题，额也。《诗》曰：‘麟之定。’”《周南》毛传曰：“定，题也。”是定即颎。今相术家称额中曰“天庭”。庭者，颎之讹。以其居面之高处，故曰“天颎”。易颎为庭，亦术数家故弄玄虚也。颎、定训题，本皆音订。清音转浊，端转定组，故讹为庭。

颔　《说文·页部》：“颔，颐也。”《方言》十：“颔，颏也。秦晋谓之颔。”郭璞注：“谓颔车也。”《广雅·释亲》：“颐，颔也。”颔，曹宪音閤。是颔即颐，皆颏也。今相术家称唇下之颔曰“地阁”。阁通閤，是“地阁”即“地颔”。以其居面之下，故云“地”。

唇　《说文·肉部》：“脣（唇），口耑也。”上唇准下直沟，相术家谓之“人中”，即“唇中”也。以其居地颔之上。为人部之位，故易唇为人。天人地三才，凡术数家皆以论方位。唇，食伦切，床组谆韵；人，日纽真韵。真、谆声近，日通禅床，故今吴越唇、人音同。

◇人中，《释名》谓之“立人”，谓“狭而长似人立也”。说亦嫌傅会。愚谓“立人”乃“列唇”之讹。《说文》：“列，分解也。”上唇于此有所分也。

頵颎　《易·夬》九三：“壮与頄。”翟玄曰：“頄，面颧，颊间骨也。”释文頄亦音丘伦反，为溪组谆韵。音等转粗，变撮口为开口，又真、东两类相转，音变为孔。今称面曰“面孔”，即“面頄”也。《说文》：“孔，通也。嘉美之也。”无面义。或曰，孔者，颂之音变。《说文·页部》：“颂，儿也。”儿、貌古今字。段玉裁注：“古作颂儿，今作容儿，古今字之异也。”喉、牙通转，音变为孔。面孔犹云面貌也。然喻、溪相转，例殊不繁。頄从九声，古音为幽类，《玉篇》音渠周切，群组尤韵，当为近古。北音群为溪浊，浊音转清，则归溪组；又东、幽同入，亦相对转，故音亦变为孔。[1]

酺　《说文·面部》：“酺，颊也。”符遇切。《页部》：“颊，面旁也。”是酺亦面旁义。古无轻唇音，奉纽字皆读重唇并组。故酺古音当如捕。捕音近盘。鱼、歌声近，歌、元对转，故桓、谟两韵字，音多相乱。甬俗称人面貌曰“面盘子”。

而　《说文·而部》：“而，颊毛也。《周礼》曰：‘作其麟之而。’”许所引《考

---

[1] “面孔”非“面頄”之音转。

工记·梓人章》文。郑玄注："之而，颊颌也。"颌者，《集韵·十四贿》训"颊高皃"，《十一没》："颊起皃[①]。"《说文》段玉裁注引戴震曰："麟属颊侧，上出者曰之，下垂者曰而。""而"本训颊毛，《考工》泛用为颊义。今称颊曰"脸"，脸即而之音变也。盖而日纽，古音为之类。日、来相似，日纽清之则为来；之、宵声近，宵、谈对转。而转来纽谈类，故音如脸。◇ 之类来纽之"釐"与盐韵之"廉"，今音固相若。《埤苍》："脸，脥也。"《集韵》引。《广雅·释器》："脸，錪古熟字也。"曹宪音七潜反。《玉篇》："脸，七廉切。脸脥。又力减切。脸臁，羹也[②]。"皆无面义。[③]

酠　《说文·面部》："靦，面见也。"他典切。靦或从旦作酠。《玉篇》引《埤苍》作酠，引《字书》作靤。靦从见声，与旦声、亘声古音同在元类，故相通假。王引之《经义述闻》、朱骏声《说文通训定声》皆据《尔雅》舍人注，以为靦训"面见"当作"面皃"，见、皃形似而误也。酠既从旦声，本段玉裁说。则他典切应转为他旦切。北音透定为清浊，他旦切转浊音，则如俗字之蛋。北人称妇女之面曰"脸蛋儿"，蛋即酠之浊音。甬俗称女面姣好者曰"娥酠脸"。娥，好也，见《方言》一。俗不解其字，误作"鹅蛋脸"。遂专以面貌长圆者当之，皆因讹为而讹也。酠既读他旦切，元、歌对转，元、泰亦对转，酠转祃韵，如吐夜切；转泰韵，则如泰。甬俗称面长者曰"长面椭酠"。《广韵·卅四果》："椭，器之狭长。"音妥。[④]

咮　《说文·口部》："咮，鸟口也。"章俱切。或借为注。《周礼·考工记·梓人》："以注鸣者。"《说文》："𪔗，以注鸣者。"段玉裁注："注，咮借字。"甬语称口为"咮"，是借鸟口为引申义也。俗作嘴。嘴本觜俗体，遵为切，非注音也。杭州人呼口为"嘴巴"，嘴正读遵为音。[⑤]

哺　《说文·口部》："哺，哺咀也。"薄故切。许慎注《淮南》云："哺，口中嚼食也。"《一切经音义》卷一引。虚字实用，故称口亦曰哺，俗称口曰"咮哺"是也。哺，并纽暮韵。并浊转帮清，又模变为麻，哺转帮纽麻韵，音变为巴。今通呼口为"咮巴"。

颐　《方言》十："颐，颌也。"郭璞注："谓颌车也。"颐从臣声，古音为之类喻纽；颌从合声，古音为谈类匣纽。喻之粗音为匣，说见前。之、宵声近，宵谈对转，

---

① "颊起皃"原作"颊高也"，据《集韵》改。另外，所引两例"颌"，《集韵》实作"颔"。
②《宋本玉篇》无"羹也"两字。
③ "脸"非"而"之音变。
④ "鹅蛋脸"即为正字，"鹅蛋"本字不是"娥酠"。
⑤ "嘴巴"之"嘴"即为正字，本字不是"咮"。

故颐与颏实纽韵双转而字成异体者也。喉牙喻见相转，又之、哈同部相转，颐转见纽哈部，俗字作"颏"。《广韵·十五海》："颏，颊颏。"古亥切，音改。《十六哈》："颏，颐下。"户来切。皆是。而俗音或转浊为群纽，读共亥切。俗呼颌车为"下颏"，即如共亥音。《说文》："颏，丑也。"户来切。《广雅·释诂二》："颏，丑也。"曹宪音该。皆非颌车义。①

辅车　颌车，亦名辅车。《释名·释形体》："辅车，其骨强，所以辅持口也。或曰颌车，依毕沅校本。颌，含也，口含物之车也。"辅，奉纽。古无轻唇，类隔转重唇并纽，则如捕。辅既读捕，"辅车"急言声合为"杷"。俗呼颐曰"下杷"。

覃　《说文·旱部》："覃，长味也。"长犹永也。"长味"云者，谓含其物而永味之，亦谓其物味之深长隽永也。舌为味官，所以永味其物而辨其美恶，故称舌为"舌覃"，音转为"舌头"。盖古音覃为侵类，侵、幽对转，幽尤韵声清无定纽字，不得不邻转声近之侯韵，故变为头。此覃训"长味"之前一义也。若俗云美味者为"有吃头"，恶味者为"无吃头"，此释覃训"长味"之后一义，谓其味之隽永与否也。复引申之，凡体味事物而辨述其美恶亦云"头"，如"有看头""无看头""有听头""无听头"；友朋交际难与相处者曰"无弄头""无搭头"。搭即缀字，说见后。头即覃字。②

耵耽　《埤苍》："耵，耳垂。"丁箧切。《玉篇》引。《说文·耳部》："聸，垂耳也。"都甘切。"耽，耳垂也。"陟葉切。"耽，耳大垂也。"丁含切。"耵，小垂耳也。"丁兼切。垂，《说文》作烾，云"艸木华叶烾"也。凡耳象叶，而下有垂珠，故皆训垂。又训垂耳诸字皆端纽，虽耽音陟葉切为知纽，然古无舌上音，知纽字古本读端纽也。字训联言，"耵垂""聸垂""耽垂""耽垂""耵垂"诸合声皆为丁垂切。垂，古音在歌类。丁垂切朵，俗字多睡。《五音类聚》："睡，丁果切，音朵。耳垂也。"今呼耳为"耳朵"，朵即"耵垂""耽垂"等之合声。慈溪人读朵为果韵正音，鄞人则转麻韵为丁马切。凡麻、马、祃韵皆无端纽字。③

圂匡　《说文·朋部》："圂，目围也。读若书卷之卷。"居倦切。章炳麟《新方言》以为俗呼"眼圈"，即此字。钟案：圈本训畜闲，音渠篆切，群纽。今呼环形为圈，读去圆切，为溪纽，此本俗音俗字。圈无环义，说详后。圂、圈皆牙音叠韵。以眼圈为圂之转音，义切而声亦近似。顾圂见纽，见、溪通转，其例虽有，愚谓圈读溪纽，似

---

① "颏"非"颐"之音转。

② "舌头""有吃头""无吃头""有看头""无看头""无弄头"等之"头"均为后缀，"头"非"覃"之音转。

③ "耳朵"之"朵"非"耵垂""耽垂"等之合声。

为匡之音变。《说文·目部》："眥，目匡也。"段玉裁注："谓目之匡当也。《木部》：'椢，匡当也。'"《素问·刺禁论》："刺匡上陷骨中脉。"王冰注："匡，目匡也。"《史记·淮南王安传》："涕满匡而横流。"匡，去王切，俗作眶。《玉篇》："眶，去王切。眼眶也。"匡、眶本皆溪纽撮口呼，今多作合口呼，读苦王切，音等之变也。阳、元声近，匡转元类，音变为棬。去圆切。凡字音流变，双声者多。述此以备参稽。①

眦匡　《说文·目部》："眥（眦），目匡也。"在诣切。字训联言，"眦匡"声合为藏。北音从为清纽之浊，浊音转清，音变为仓。今谓目围之骨为"眼仓骨"，俗或作"眼窗骨"。以今音江与阳唐音混，《中原音韵》所谓江阳韵矣。②

涕洟　《说文·水部》："洟，鼻液也。""涕，泣也。"洟、涕音同，篆形又相似，故古多借涕为洟。《素问·解精微论》："脑渗为涕。"医家谓之"鼻渊"，甬俗呼"脑漏"，即鼻液之腥稠者也。《史记·宋微子世家》"曰涕，曰雾"，徐广本作"曰洟，曰被"。王褒《僮约》："鼻涕长一尺。"《曹娥碑》："泣泪掩涕，惊动国都。"汉魏所用已如此。参段玉裁说。涕，透纽，北音透定为清浊，或转浊音，故《集韵》涕亦音弟。齐、尤同入相转，同入于质、于锡。音变为头。尤韵无定纽字，故必移入侯韵。甬称鼻涕曰"鼻头"，而呼鼻为"鼻头管"，谓鼻涕所出之管也。鼻音转入如字。或谓头为窦字，非。"鼻窦"虽有鼻孔义，然于鼻涕义则不合。③

所烦　《说文·页部》："烦，项枕也。"章衽切，音枕。《通训定声》："后脑之横骨为枕骨，即枕字转注之谊。"甬称后脑著枕之处谓之"后施颈"。"颈"当作"烦"。颈，头茎也，见《说文》。俗称"头颈"者是。"后施"乃"后所"之音变。所，方也，处也。俱见《广雅》。"后所"犹云后方也。所本审纽语韵，音糈。今读如沙上声者，鱼转为麻故也。鱼、支声近，故转为施。犹梳亦审纽鱼韵，今甬呼梳亦如施矣。

脰　《说文·肉部》："脰，项也。"《释名·释形体》："咽，所以④咽物也。青徐谓之脰，物投其中，受而下之也。"《公羊传·庄十二年》："宋万搏闵公，绝其脰。"何休注："脰，颈也。"颈之后为项，颈之前为咽，总之则云颈。今称颈曰"头颈"，本是"脰颈"。脰即颈，方言类聚同义字为词也。断首者斩其颈，故云"斩脰"，俗亦讹作"斩头"。《公羊传·文十六年》："杀人者刖头。"释文："头，本又作脰。"

---

① "眼圈"之"圈"非"匡（眶）"之音变。
② "眼仓（窗）骨"之"仓（窗）"非"眦匡"之合音。
③ 宁波话鼻涕叫"鼻头"，"头"非"洟（涕）"之音变。"鼻头"本指"鼻子"，引申指鼻涕。《儿女英雄传》第四十回："一行鼻子两行泪的哭个不了。"例中"鼻子"指鼻涕，可以比较互证。
④ 《释名》原文无"所以"两字。

则借头为脰，古已云然。①

空髅　《说文·骨部》：“髅，髑髅也。”头即“髑髅”之合声。字亦作颙。《埤苍》：
“颙，头骨也。”《一切经音义》卷一引。侯、鱼声近，髅之转音谓颅，故“髑髅”亦作“頔颅”。
见《广雅·释亲》。《庄子·至乐》：“见空髑髅，髐然有形。”今称骸骨之头为“枯髅”，
即“空髅”字。凡骸骨之头仅存空壳，故曰“空髅”。空音变枯，东、模同入相转也。
同入于屋。犹环曰“枯卢圈”，即空娄圈，娄亦空也。虽枯可训枯骨，然非其字。

胅　《说文·肉部》：“胅，骨差也。”徒结切。段玉裁注：“谓骨节差忒不相值，
故胅出也。苏林《汉书》注云‘宎胅’，见《礼乐志·房中歌》。宎谓入，胅谓出。《仓颉篇》
作‘容胅’，葛洪《字苑》作‘凹凸’，今俗通用作‘坳突’。”《广韵·十六屑》：“胅，
骨胅。”《广雅·释诂二》：“胅，肿也。”字训联言，“胅肿”声合为动。东、侯对转，
音变为头。胅亦得自转为头。胅从失声，古音为脂类。脂、之合类，之、幽亦合类。
脂由之转幽，亦变为头。参严可均说。今称骨曰“骨头”，即“骨胅”也。以骨两端多有节，
所以为机栝，以与他骨相衔结，骨之节皆胅起，竹木之节亦然。故云“骨胅”。音转为“骨
头”。于是泛称于无节之骨亦云“骨头”。引申之，凡躯体胅起之部亦云“头”，如“脚
髁头”“肩甲头”“手挣注头”皆是。

◇或谓骨头之“头”乃“条”之转音。条为枝干义，骨形固如之。条从攸声，为幽类，幽、侯洪纤相转，
故为头。参看后“枚条”条说。②

肘节　《说文·肉部》：“肘，臂节也。”陟柳切。段玉裁注：“厷与臂之节曰肘，
股与胫之节曰膝。肘，今江苏俗语曰‘手臂挣注’是也。”钟案：“手臂挣注”，甬
俗呼为“手挣注头”。挣，音如争吵之争，读阳韵。凡耕清韵字甬语转阳韵者，不胜
枚举。挣者，即“肘节”合声之变，“肘节”字训联言为词也。肘，知纽；挣，照纽。
知、照今相混，故为双声。脂、真对转，真、耕相邻，故音如挣。③

“手挣注头”之注乃隐注义。《释名·释形体》：“肘，注也，可隐注也。”故云
注。头，即胅字，说详上条。《庄子·齐物论》：“隐几而坐。”《孟子·公孙丑》：“隐几而卧。”
隐，凭也，依也。隐注之隐，亦即此义。《荀子·礼论》：“注④纩听息之时。”注：“犹属纩也。”《秦

---

① 谓颈曰“头颈”，本是“脰颈”，是。当今学者从方言比较、词语结构、连读变调等角度进一步论
　证“头颈”的“头”本字就是“脰”。参看汪维辉《说“脖子”》，《汉语历史语言学的传承与发展——
　张永言先生从教 65 周年纪念文集》，复旦大学出版社 2016 年版。
② “骨头”之“头”是后缀，非“胅”或“条”之音转。“脚髁头”“肩甲头”“手挣注头”之“头”
　也是后缀。
③ “挣”非“肘节”合声之变。
④ “注”，《荀子》原文作“絑”。杨倞注：“絑读为注。注纩，即属纩也。”

策》："一举众而注地于楚。"注："注，属也。"隐注之注，亦即此义。

足踝 《说文·足部》："踝，足踝也。"胡瓦切。《释名·释形体》："踝，确也，居足两旁，硗确然也，亦因其形踝踝然也。""足踝"急言，声合为鲝。马韵无精纽字。麻、庚同入相转，同入于陌。音亦变如挣。今称足踝曰"脚挣"。或曰，手挣、脚挣字，皆"肢节"合声之变，亦通。①

番 《说文·釆部》："兽足谓之番。从釆，田象其掌。"通作蹯。《广雅·释兽》："蹯，足也。"《左传·文元年》："请食熊蹯而死。"释文："蹯，掌也。"番，音烦。古无轻唇音，奉纽字读作并纽，故番、蹯古音当如瓣。浊音转清，并转帮纽，音变为板。俗称手掌曰"手板"，足掌曰"脚板"，板即番也。今读番为非纽如反者，轻唇烦音之转清音也。以兽掌名人掌者，犹鸟口曰咮，移言人口亦称咮也。咮义已前见。

擘络 《说文·手部》："擘，手擘也。"乌贯切。段玉裁注："擘者，手上臂下也。"字亦作腕。《释名·释形体》："腕，宛也，言可宛屈也。"今称手腕之关节曰"手盘络头"，盖"手番腕络胅"之变音。番，掌也，古音如瓣，说见上条。"番腕"声合故如盘。"番腕"云者，谓其关节乃掌腕之合会也。◇ 番读重唇，亦音盘，见《广韵·廿二元》。或云"手盘络头"之盘即番字，谓手掌所络系也。说亦通。甬音读盘如蒲，鱼、元二类相转也。络，缚也，《楚辞·招魂》："郑绵络些。"王逸注："络，缚也。"维绪也。《论语摘辅象》："地典受州络。"郑玄注："络，维绪也。"称络者，谓维系掌腕两者而联络之也。称头者，谓其处有高骨胅起也。引申之，足掌与胫联络之处曰"脚盘络头"。②

䯣 《说文·骨部》："䯣，膝胫间骨也。"丘媿切。《广韵·六至》喟纽："䯣，膝加地也。"则䯣有膝义。䯣从贵声，古音为脂类；丘媿切为溪纽细音。音等转粗，变撮口为开口，又脂、歌邻转，音变为科。俗称膝为"脚踝头"，或作"脚髁头"。踝、髁皆非正字。《说文》："踝，足踝也。"足踵上内外核骨是；"髁，髀骨也。髀，股外也。"髀骨，俗称"屁股骨"是。皆非膝义。③

脘膻中 《说文·肉部》："脘，胃府也。"《广韵》音管，《广雅·释器》曹宪亦音丸，喉牙见匣通转也。今俗读如腕者，又从丸音之匣纽浊音转清，入影纽。胃之上脘，正当胸中，故称胸中曰"胸脘头"。脘正读如管，方言却存正音。头者，"膻中"声合

---

① "手挣""脚挣"之"挣"当是同一个词，不可能前者是"肘节"或"肘"之音变，后者是"足踝"合声之变。另外，"挣"也不是"肢节"合声之变。

② "手盘络头"非"手番腕络胅"之变音。

③ "脚䯣头"，"䯣"与"科"读音不合，恐非本字。字当作"䯏"或"髁"。《广韵·歌韵》："䯏，膝骨。苦何切。"又《戈韵》："髁，膝骨。苦禾切。""髁"除了髀骨义外，还有膝骨义。

之变。"膻中"急言为童，东、侯对转，音变为头。《素问·灵兰秘典论》："膻中者，臣使之官。"王冰注："膻中者，在胃中两乳间，为气之海。"《灵枢·海论》："膻中者，为气之海。其输上在于柱骨之上下，前在于人迎。" 膻中亦任脉穴名，在两乳间陷中。膻中与脘皆在胸中，故方言类聚言之。①

　　於郎在　《广雅·释诂二》："在、於、郎，尻也。"尻为居处本字。本条训居者凡二十字，皆地区之义。甬语称地区曰"乌堂"，即"於郎"字。郎、党古通用。党，所也。於，读若於戏之於。郎，端纽，清浊相转，郎转定纽，则如堂。或称地区曰"乌代"，代即"郎在"之合声。以上参看《释地篇》。於，古音为鱼类，鱼、歌邻转，音变为倭。俗作窝，宋邵雍名其居曰"安乐窝"。甬语称胸中膻中穴处为"气窝代"。"窝代"即甬语之"乌代"，谓地区也。胸中称"气窝代"者，谓大气所在之处，即医经"气海"之谓。②

　　乳　《说文·水部》："湩，乳汁也。"《广雅·释器》："湩谓之乳。"引申为出湩之官亦曰乳，《春秋·元命苞》《白虎通》等称文王四乳是也。今通呼乳为奶，乳汁之湩亦曰奶，读奴蟹切，音义皆同嬭。《广韵·十二蟹》："嬭，乳也。奴蟹切。"《说文》无嬭字，《广雅·释亲》："嬭，母也。"曹宪音乃弟、奴解两切，亦非乳房、乳汁义。愚谓奶者，嬭之形简，从尔与从乃本相若也。嬭亦乳之音变。乳之本训为生养义，故引申之训为母。乳，而主切，本日纽麌韵。日通泥、娘，亦通禅、床，吴越读乳如树者，转禅、床之音也；呼乳为奶者，则转泥、娘，其韵亦转入麻、泰也。盖乳麌韵，为鱼类，鱼、歌声近，恒邻转；而歌、麻同部，歌、泰亦同居。本章炳麟说。乳转泥纽麻韵，变为奴夜切，转泥纽泰韵，则为奴大切，皆与方音奶字相合。而嬭在蟹韵者，蟹为佳上声，麻之侈音近佳，故佳、麻同入，同入于麦。每相转。北音读麻如佳，南音混佳于麻。嬭在蟹韵，即乳转麻韵之转佳。音之流变，移步换形，其踪迹犹可得之。

　　膀干　《说文·肉部》："膀，胁也。"步光切。"肋，胁骨也。"《广雅·释亲》："干谓之肋。"《公羊传·庄元年》："搰干而杀之。"释文："干，胁也。"《尔雅·释畜》："在干，茀方。"郭璞注："干，胁。"胁即肋，故干谓之肋。然则膀、干、肋皆胁也。膀、干义同，方言类聚以呼，声合为叛。翰韵无並纽字，换韵有之。元、脂相转，音变为排。今称胁骨为"肋排骨"，排即"膀干"急言之变。

　　或曰，胁骨称"排"者，谓其左右比次若排列也。曰：排列之排，本是毕字。《说文》：

---

① "胸脘头"之"头"是词缀，非"膻中"声合之变。
② "气窝代"未闻。

"排，挤也。"无行列叙次义。排律、排行、排队诸排字，原非正诂，皆坒之转音。[①]

胳　《说文·肉部》："胳，亦下也。"古洛切。亦、腋古今字，故《广雅·释亲》："胳谓之腋。"胳，铎韵，铎、陌声近相转，铎为唐入，陌为庚入，唐、庚声近相转，故铎、陌亦相转。胳转陌韵，音变为格。甬俗称腋下为"肋胳子下"，胳音正如格。俗讹作夹，以为腋下所以夹持物也，似是而非。

臂肱　《说文·又部》："厷，臂上也。"或作肱。《广雅·释亲》："肱谓之臂。"《诗·小雅·无羊》："麾之以肱。"《论语·述而》："曲肱而枕之。"毛传、孔安国注并云："肱，臂也。"皇侃义疏："肘后曰肱，通亦曰臂。"肱古音同弓，段玉裁曰："古假弓为厷，二字古音同也。传《易》者江东馯臂子弓，见《史记·仲尼弟子传》及《汉书·儒林传》。馯姓，臂名，子弓字。名臂，故字厷。《左》《穀梁》'邾黑肱'，《公羊》作'黑弓'。俱见《昭三十一年》。郑公孙黑肱，字子张，见《左传·襄十八年》杜预注。则肱即弓也。"肱、弓今读若东类，东转阳唐，肱音如冈。臂、肱义同，方言类聚为词。"臂肱"急言，声合为帮，俗作膀，曰"肩膀"，曰"臂膀"。膀本音傍，训胁也，见上条。音义皆非。

◇臂从辟声，古音为支类。支、耕对转，耕、阳声近，音亦得转如榜。[②]

枚条　《诗·周南·汝坟》："伐其条枚。"传："枚曰条，干曰枚。"凡枝干皆长形之物，故条、枚又引申为长义。《诗·唐风·椒聊》："远条且。"传："条，长也。"《广雅·释诂二》："枚，长也。"析言之，条、枚有别；若浑言之，枚、条亦得互称。故《广雅·释木》："枚，条也。"今称长形如枝之物，犹曰"枚"，或曰"条"，或联之曰"枚条"，音转为"没头"。今呼指为"指没头"，即"指枚条"也。指形细长如枝，故云"枚条"。枚，灰韵，灰入于没，声促转入故为没。条（條）从攸声，古音为幽类，幽、侯声近，幽清侯浊。幽尤无定纽字，欲作定纽，势不得不邻转侯韵，音变为头。指既曰"指没头"，引申而泛用于足趾曰"脚没头"。[③]

胹　《声类》："胹，手理也。"《玉篇·肉部》引。《广韵·八戈》："胹，手指文也。"落戈切。今称指端之旋文曰"螺纹"，螺本胹字。俗又称指纹之圆旋者为螺，作迤长者为箕。螺壳形圆旋，犹可通其说。若箕乃箕帚字，形意无可通者，盖亦胹之音变。《玉篇》胹原音力戈、古华二切。古华切瓜，麻、齐同入相转，同入于月、于屑、于薛。音变为稽。《广韵·十二齐》：稽，古奚切。稽、箕声近，俗遂以箕为之。或曰，箕者，"指理"急言之合

---

① 肋骨宁波话叫"肋排骨"，"排"从字面即可讲通，而非"膀干"急言之变。
② "肩膀""臂膀"之"膀"非"臂肱"合声之变，亦非"臂"之音转。
③ "指没头""脚没头"一般写作"指末头""脚末头"。其中"头"是词缀，非"条"之音变。

声。指照纽，箕见纽，见之细音与照常相混。①

髀股　《说文·肉部》："股，髀也。"《骨部》："髀，股外也。"段玉裁注："言股则统髀。"刘先主自伤闲逸，久离鞍驰，则髀里肉生，可证髀在股外也。然髀、股字书多浑言之。《玉篇》："髀，股也。"《广韵·十一荠》："髀，髀股。"《十姥》："股，髀股。"则两者联言之。髀，补尔、步米二切。见《玉篇》。《广韵》妣、俾、陛三音。步米为並纽，北音並为滂浊，浊音转清入滂纽，则音如頖。匹米切。頖音近屁，于是"髀股"讹为"屁股"。"髀股"本为胯下膝上之大腿。旧笞刑，俗称"打屁股"，正在此处。后人误髀为屁，以为屁出于肛，遂以肛围之臀为"屁股"，因讹而讹也。

髈　"髀股"急言，声合为簿。鱼、阳对转，音变字讹作髈。《玉篇》："髈，蒲朗切。股也。"《说文》："髈②，胁也。"本不训股，见上。此髀读並纽陛音而转也。若读滂纽頖音，则"髀股"声合为普。鱼、阳对转，音变字讹亦作髈。《广韵·卅七荡》："髈，匹朗切。吴人云髀。"此据明内府本《广韵》，若张氏泽存堂本"髈，髀。吴人云髈。匹朗切"，文稍异。宋本《广韵》无髈字。今称大腿曰"大脚髈"。髈读匹朗切，即髈字也。

胻腨　《说文·肉部》："胻，胫嵩也。"户更切。《广雅·释亲》："胻，胫也。"喉牙匣疑相转，音变为仰。《说文》："腨，腓肠也。"市沇切。《广韵·廿八狝》："腨，腨肠。"则"腓肠"亦可名"腨肠"。古无禅纽，禅乃定之流变，古舌音后多变为齿音故也。参黄侃及钱大昕说。故腨古音当如团。仙、狝、线韵，皆无定纽字。"腨肠"急言，声合为堂。阳韵无定纽字。阳、鱼对转，音变为肚。今称小腿曰"脚仰肚"。小腿即胻腨也。腨从耑声，古音为元类。元、歌对转，歌、鱼声近，腨亦得音转为肚。③

毨　《说文·毛部》："毨，兽毫④也。"《广雅·释器》："毨谓之毫。"曹宪音汗。今称肌肤细毛曰"毨毛"。俗讹作"汗毛"，非。凡方言名物，恒就其同类者联言为词⑤。如眼曰"眼睛"，眉曰"眉毛"，皮曰"皮肤"，齿曰"牙齿"，皆是。汗非毛类，例不相从。

---

① 今宁波话称呈螺旋形而闭合的指纹为"螺"，称呈波浪形而不闭合的指纹为"箕"（音骚），也叫"箕"或"筲箕"。箕是开口的，筲箕是半球状的淘米竹器，也是开口的，故比喻不闭合的指纹。"箕"非"腘"之音变。

② 《说文·肉部》："膀，胁也。髈，膀或从骨。""髈"是"膀"的重文。

③ 表示腿肚子义的这个词一般写作"脚娘肚"，"娘"非"胻"之音转，"肚"亦非"腨肠"声合之变或"腨"之音转。

④ "毫"，《说文》原文作"豪"。"豪"古通"毫"。

⑤ "为词"二字原在下文"皆是"之后，今据文意调整。

毨、毛同类，联缀以呼宜矣。①

卵朘播　《说文新附》：“朘，赤子阴也。”子回切。字或从血作㑳。《老子》五十五章：“未知牝牡之合而㑳作，精之至也。”释文：“㑳，一作朘。音子和、子垒、子垂三反。”《广韵·十五灰》引《声类》字亦作㞟。钟案：诸音虽歧，而出切皆精纽；行韵则有灰、旨、支、戈四韵，音亦相通转。灰、旨为脂类，戈为歌类，脂、支、歌三类皆互通转。今北人呼男阴为“鸡巴”，鸡即朘之音转，巴与尾巴之巴同为播字。播，摇也。《论语·微子》“播鼗武”孔安国注：“播，摇也。”男阴如尾下垂，能摇动，故云播。歌、麻同部相转，故变为巴。鸡，齐韵，见纽细音，齐齿呼。凡见纽细音，多与精、照混；而旨、支之轻音，又近齐，齐、脂韵字古音统为脂类，故多通转。故朘音讹为鸡。②

甬语称男阴呼如“乱诸”，即“卵朘”之音变。卵，力管切，为乱上声。卵亦读果韵，歌、元对转也。卵有胚胎孳生之义，故男女生殖之官皆云卵。朘，精纽，戈韵、支韵。精、照类隔相通，歌、鱼声近，支、鱼亦声近，纽韵皆转，故变为诸。且支、脂、微、齐之重音字，声近于灰者，甬语往往转为鱼类。如水、岁呼若庶，围呼若余，锤、捶呼若除，谁音若殊，贵、鬼、龟、归呼若居，皆其例。子垂切变为子鱼切，故音如诸。

◇《广雅·释兽》：“㺒，雄也。”曹宪音加。甬呼小儿男阴曰“卵㺒㺒”，亦曰“㺒㺒朘”。卵音若乱，朘音若诸。

胞　《说文·包部》：“胞，儿生裹也。”引申为胎儿亦曰胞，《广雅·释亲》“人一月而膏，二月而脂，三月而胎，四月而胞”是也。又引申为孕胎之子宫亦曰胞。《素问·五藏别论》：“脑、髓、骨、脉、胆、女子胞，此六者，地气之所生，皆藏于阴而象于地，故藏而不写，名曰奇恒之府。”王冰注：“胞虽出纳，纳则受纳精气，出则化出形容。”此胞即子宫也，故后人亦谓之胞宫。《灵枢·水胀篇》：“石瘕生于胞中，寒气客于子门，子门闭塞，气不得通。恶血当写不写，衃以留止，日以益大，状如怀子，月事不以时下，皆生于女子。”此胞亦子宫也。胞有包、抛二音。《玉篇》《广韵》二音皆训胞胎，无别义。段玉裁谓借为脬字则读匹交切，非也。甬语称女阴为“卵胞”，胞正作抛音。“卵胞”本谓子宫，泛称子宫外口之阴户，亦以是名。

肤　甬语呼女阴，或音如“匹”，即“胞肤”急言之合声。《说文·肉部》：“肤，孔也。读若决水之决。”“胞肤”谓胞宫之孔窍也。俗字作屄，新医学家作膣。《说文》“肤”字次“脽”后，脽，屁也，臀也。依许书例，叙字以类相从，故段玉裁以为肤训孔，乃屁

---

① 人体肌肤细毛，章炳麟《新方言·释形体》、杨树达《长沙方言续考》均作“毨毛”。“毨”指兽的鬃毛、长毛，于义并不十分吻合。古书作“寒毛”，今多作“汗毛”，各有理据。
② “鸡巴”“尾巴”之“巴”本字不是“播”。

（臀）孔也，俗谓之髁腔。然阴户与屍孔皆下窍，部位相近，故胞孔称朕，义亦攸当。《广韵·四质》匹纽：“朏，牝朏。”或谓女阴即此字。然《玉篇》：“朏，肚肥也。”则牝朏亦后人俗字。

　　或曰，女阴呼如匹者，即“胞”读滂纽之入声。盖胞从包声，古音为幽类。幽、侵对转，侵入于缉，故如匹接切，为品之入声。有声无字。外地人呼女阴如砭者，亦胞读帮纽包之音变。盖幽、侵对转，侵、盐同部，胞转盐韵，故音如砭。今音砭与屍音相若，屍读若比，比旨韵，砭盐韵。今读盐韵字不复收唇音，而混于先。脂、先同入于质，故相转而混似耳。匹质韵，为真入声，今音侵混于真，故品接切，音混如匹。[①]

　　先儒多谓女阴俗字作屍、音如比者，乃“也”之音变。《说文·乁部》：“也，女阴也。从乁，象形，乁亦声。”《玉篇》“也”音余尔切，故从也声字，如迆、匜、杝、驰等字皆在纸、支韵。果尔，则屍读比音者，乃“胞也”之合声。然“也”训女阴，疑之者亦颇多。朱骏声《通训定声》谓：“许说此字，必有所受。然是俗说，形意俱乖，知非经训。此字当即匜字，后人加匚耳。《说文》：‘匜，似羹魁，柄中有道。’则也正本字。象形，从乁会意，乁亦声。”朱氏说较精，今从之，故不取“也”字。

　　楔欉　《说文·木部》：“楔，欉也。”先结切。“欉，楔也。”子廉切。字训联言，“楔欉”声合为纤。楔，屑韵，屑为齐、先之入，长言转平，则音如犀，如先。犀、先与纤，甬音皆混似。甬语男女媾精音如“犀匹”，或如“纤匹”，即“楔欉”字也。楔者，剡木入窍，靳固以入之，盖会意之词。◇欉，《广韵·廿六咸》音所咸切，则甬语即其字也。外地人则曰“插屍”，或曰“触屍”。《说文·手部》：“插，刺肉也。”《广韵·卅一洽》：“插，刺入。”插屍者，亦会意。或字训联言，“插肉”声合为触。触训牴，《说文》。训突，《广韵》。义亦可通。[②]

　　亚门户　《说文·户部》：“半门曰户。”今门、户多联言，同义类聚为词也。凡事物可启闭出入者，皆以门户称，人体之器官亦然。《难经·四十四难》有“七冲门”之说，如唇为“飞门”，下极为“魄门”；河上公注《老子》十章，以鼻孔为“天门”；尹知章注《管子·心术上》，以口、耳、目为“门”。今称囟门、肛门、阴户，皆其例。“门户”急言，声合为姥。鱼、歌声近，模变为麻，音变为码。慈溪山北人称女阴为“亚码”。《说文·亚部》：“亚，丑也。”“亚码”犹云丑门户也。鄞人则叱人之口为“亚

[①] 女阴叫“匹”，“匹”非“胞朕”急言之合声，亦非“胞”读滂纽之入声。“匹”俗字作“朏”，当与“匕”“牝”“妣”等同源。

[②] 宁波话男女性交、牲畜交配叫“嬉朏”。“嬉”也作“戏”，这两个字都有戏弄义，引申为男性的性交动作，犹入、肏。“嬉”非“楔欉”之合音或“楔”之音转。“触屍”之“触”亦非“插肉”之合音，本字为“戳”。

码"。口固门义，"亚码"犹云丑口矣。又称人亏德可耻曰"亚脸"，谓颜面之丑也。[1]

除污　《说文·水部》："污，薉也。"《字林》："污，秽也。"《一切经音义》卷二引。人身之可秽者莫如屎，故呼屎为污。今苏南、松江诸地犹云然。古或借恶为污。《汉书·昌邑哀王髆传》："如是青蝇恶矣。"颜师古注："恶即矢也。越王勾践为吴王尝恶，亦其义也。"《吴越春秋·勾践入臣篇》："太宰嚭奉溲恶以出。"徐天祜注："恶，大溲也。""大溲"说详下文。恶，读如爱恶之恶。鱼、歌声近相转，音变为屙。甬语呼屎为"屙"，如厕呼若"寨屙"。寨，除樹切。寨者，除之音变。除，去也。《诗·唐风·蟋蟀》："日月其除。"《小雅·斯干》："风雨攸除。"传、释文并云："除，去也。"去之亦曰除，如"开出""减除"皆是。鱼、麻相转，麻之声侈如泰、夬，故音变如寨。俗呼"寨屙"者，谓除去其屎也。[2]

出垢　《说文·土部》："垢，浊也。"垢浊与污秽义近。人身之屎既云污，故亦可云垢。今称耳垢曰"耳朵屙"，齿垢曰"牙齿屙"，即以屙屎之屙云垢。垢古音为侯类，侯、东对转，音变为功，俗作恭。如厕曰"出恭"。恭与龚同音，本九容切，为见纽三等撮口呼。甬皆读如功，为开口粗音。然苏沪呼龚姓，犹作撮口九容音，未误。又如弓、宫、躬字，本皆居戎切，亦撮口细音，今亦读如功，皆古今音之异。出犹出妻之出，谓逐去之也。《诗·小雅·宾之初筵》："醉而不出。"笺："出，犹去也。"《史记·宋微子世家》："出武缪之族。"集解引贾逵曰："出，逐也。""出恭"与"除污"异辞同义。

《鄞县通志》释"出恭"之义曰："《直语补证》引《刘安别传》：'安既上天，坐起不恭，仙伯主者，奏安不敬，谪守都厕三年。'或本此。案此曲说，盖明时考试，设有'出恭''入敬'牌，防闲士子擅离坐位。士子如厕时，恒领此牌，因谓遗矢曰'出恭'。"钟案：此说乡先辈陈钧堂氏已言之，然亦穿凿傅会。宋元人小说中，已有"出恭"语，何俟明时考试故实始有此语耶？又有出恭谓"出弓"之讹，出弓者，放矢之廋词，矢、屎同音，放屎故如厕。其说虽巧，要亦不合雅训。燕说郢书，讹以成理，方言中若是者不少。[3]

殠解溲　《说文·歺部》："殠，腐气也。"尺救切。《广韵·四十九宥》："殠，腐臭。"今皆借臭为殠。《说文》："歺，腐也。"许久切。《广韵·四十四有》："殠，臭也。"音歺（朽）。此本歺之音义，而并为一字两音。人之屎溺皆臭恶，故亦谓之殠。

---

[1]　"亚码"之"码"非"门户"急言声合之变。"亏德可耻曰'亚脸'"，宁波话无此说法，而说成"亚脸孈其"（不要脸）；"亚脸"，一般写作"丫脸"，今为面孔的贬称。

[2]　"寨屙"之"寨"非"除"之音变，亦非"除写"条所说"除写"之合声。曹志耘主编《汉语方言地图集·词汇卷》写作"射"（商务印书馆 2008 年版，72 页），盛益民、李旭平《富阳方言研究》："本书按照不少研究者的意见，把表示排泄的词本字认定为'射'。"（64 页）可从。《广韵·祃韵》："射，射弓也。神夜切。"宁波话个别船母字有 z、dz 两读，如"蛇"，故神夜切可读 [dza²¹³]。

[3]　"出恭"之"恭"非"垢"之音变。《鄞县通志》说法不误。

犹称屎为污、为垢也。说见上文。经传皆借溲为之。《国语·晋语四》："少溲与豕牢，而得文王。"韦昭注："豕牢，厕也。溲，便也。"《史记·郦生传》："溲溺其中。"索隐："溲，所由反。溲即溺义也。"《素问·调经论》："泾溲不利。"王冰注："溲，小便也。"溲从叟声，㱇从臭声，古音同幽类。且㱇穿纽，溲审纽，审、穿亦相转。见《释地篇》"墋堎"条注。且㱇读歺音，晓纽细音与心、审尤易相乱，故借溲为㱇。朱骏声谓溲训溺，乃漱之假借，失之。漱，泔汁也，无秽恶义。今如厕曰"解手"，屎曰"大手"，溺曰"小手"，手即溲也。屎称大溲，《吴越春秋》注已有之。参看上文"除污"条。解，除去之也。《庄子·徐无鬼》："鹤胫有所节，解之也悲。"郭象注："解，去也。"《广韵·十五卦》："解，除也。""解溲"谓除去其便溺，与"除污""出垢"同一词例。

或问屎称"大解"，溺曰"小解"，解者何字？曰：此本垢之转音。侯、鱼声近，支、鱼亦声近。垢由鱼转支，故音如解。解在蟹卦韵，为佳之上去，支、佳古本同部也。[1]

私　溲，审纽尤韵。尤、脂同入相转，同入于质、于栉、于迄。音变为私。《左传·襄十五年》："师慧过宋朝，将私焉。"杜预注："私，小便也。"幽尤与鱼亦同入相转，同入于屋。溲转鱼韵，音如舒。甬呼小便音如"寨舒"。寨即除字。说见上文。"除溲"谓排去其溺也。[2]

糒　《字林》："糒，下出气也。"《类篇》引。《山海经·东山经》："泚水多䱐鱼，食之不糒。"郭璞注云："不糒，止失气也。"《玉篇·米部》："糒，孚谓切。失气也。"《广韵·八未》音费。古无轻唇音。敷、滂类隔相转，音如譬，俗作屁。然《玉篇·尸部》亦有屁字："匹避切。泄气也。"似以糒为近古。

次唾　《说文·次部》："次，慕欲口液也。"《玉篇》："次，徐仙切。亦作涎、湎。"仙、山、删、寒古音同部，故字或从㳂声。徐仙切为邪纽，邪、禅类隔通转，又从㳂声转寒山韵，则为禅纽山韵，音如潺。士山切。寒、删、山韵皆无禅纽字，禅、床同浊，故借用床纽潺字。《三苍》："次，唾也。"《一切经音义》卷十引。《说文》："唾，口液也。"字训联言，"次唾"音变为"潺吐"。盖唾简韵，歌、鱼声近，音变为吐。俗呼口涎为"潺吐"。

盦液　《说文·水部》："液，盦也。从水，夜声。"《血部》："盦，气液也。"盦、津正借字。字训联言，今称液曰"津液"。"津液"合呼，长言转去声为借。精清转从浊，音又转如查。从纽无字故借用澄纽查字。甬俗称口涎下流者为"潺查水"。潺即次字，

---

① "溲"训便溺，本字恐非"㱇"。又，"大解""小解"之"解"非"垢"之转音，而与"解手"之"解"存在引申关系。

② 宁波话管小便（名词）音"舒"[s'ʮ⁵³]，"舒"恐非"溲"或"私"之音转。宋戴侗《六书故》："尿，息遗切。小溲也。"[s'ʮ⁵³]这个读音正来源于"尿"的息遗切 suī 音。

说见上条。①

　　灵心　《诗·大雅·灵台》："经始灵台。"传："神之精明者称灵。"《庄子·庚桑楚》："不可内于灵台。"郭象注："灵台者，心也。"释文："谓心有灵智，能住持也。"《难经·四十二难》："心藏神。"今称人之神智曰"灵性"，本"灵心"也。性，质也。见《广雅·释诂三》。孟子言"性善"，荀子言"性恶"，孔子言"性相近"，皆谓人之本质，非神智之义。

　　魂魄　《楚辞·招魂》："魂魄离散，汝筮与之。"王逸注："魂者，身之精也。魄者，性之决也。所以经纬五藏，保守形体也。"《左传·昭廿五年》："心之精爽，是谓魂魄。魂魄去之，何以能久。"《灵枢·本神篇》："随神往来者谓之魂，并精而出入者谓之魄。"俗谓人之神明曰"魂灵"，所以主宰形体，了识外境。或受惊吓，丧其神守，曰"魂灵吓出"。甬语"魂灵"音如"活灵"。魂之入声固如活。实亦"魂魄"之合声，方言类聚同义字为词也。②

　　乔臭　《说文·天部》："天，屈也。从大，象形。"段玉裁注："象首天屈之形也。"天，篆作𠄅，大之上端曲，故段注云尔。孳乳为乔。《说文》："乔，高而曲也。从天，从高省。"段注："以其曲，故从天。"《尔雅·释木》："上句曰乔。""句如羽乔。"郭璞注："树枝曲卷，似鸟毛羽。"乔，古音为宵类。宵、幽同类，幽、侵对转，音变为钳。甬称曲颈不直者呼为"钳头"，即"乔脰"也。脰，颈也。颈在人体高处，其曲也，故云乔。

　　或曰，"钳头"之钳，乃臭之音变。《说文·矢部》："臭，头倾也。"古屑切，音结。屑为先入，长言转平，又清音转浊，见纽转群，则为虔。甬音钳、虔声似。今音先盐、真侵、覃寒、删咸皆相混。凡下平侵、覃以下诸韵，收声于唇者，咸失之矣。③

　　俄頃　《说文·人部》："俄，行顷也。《诗》曰：'仄弁之俄。'"《匕部》："顷，头不正也。"《诗·小雅·宾之初筵》："侧弁之俄。"笺曰："侧，倾也。俄，倾貌。"顷、倾古通用。《文选·归田赋》："曜灵俄景。"李善注："俄，斜也。"俄亦作頧。《广雅·释诂二④》："頧，袤也。"《广韵·卅三哿》："頧，侧弁也。"

---

① "潺查水"之"查"非"津液"合呼之音变。
② "活灵"之"活"非"魂魄"之合声。
③ "钳头"之"钳"恐非"乔"或"臭"之音变，本字似为"攱"。《说文·匕部》："攱，顷也。"又："顷，头不正也。"《广韵·真韵》："攱，倾也。去智切。""攱"本溪纽，今读为群纽。又，"钳头"之"头"即为本字，与表颈义之"脰"无涉。
④ "二"，原作"三"，误，径改。

甬称曲颈不直者戏呼"钳头鹅"。鹅不侧首，即俄之讹。或诮之为"鹅牌"。牌乃顩之讹。《说文·页部》："顩，曲颐也。"薄回切。灰、皆俱脂类，同部相转，故《广韵·十四皆》顩亦音牌。凡曲颈头不正者颐必上卬（仰）不直，故云顩。[1]

欨頩 《说文·欠部》："欨，蹴鼻也。读若《尔雅》曰'麢狻短胫'。"於纠切，铉本。恩斗反。系传本。"蹴鼻"谓鼻頞如受蹴而宎陷也。欨从句声，古音为幽类，幽类字后多转入萧豪者。欨转肴韵，音变为拗。俗称人面中部横陷者为"欨脸"。俗作凹。欨音义又同頩。《文选·鲁灵光殿赋》："頩顟顤而睗睢。"李善注："頩顟顤，大头深目之貌。"《玉篇·页部》："頩，於交切。头凹也。"头凹盖面凹，头无凹理。凡面凹者，目部必深陷。义训虽异，而实相通贯。頩，亦今之"凹脸"字。凹，乌洽切，《广韵》入洽韵，本不读拗音。[2]

喎咼 《说文·疒部》："瘒，口咼也。"韦委切。《口部》："咼，口戾不正也。"苦娲切。为声、咼声古音同在歌类，喉、牙互转，溪、喻故亦相转，如"面容"呼为"面孔"。然则瘒、咼古本一声之转，而变为异文也。瘒又作喎。《通俗文》："喎，口不正也。"《文选·辨命论》李善注引。《淮南·修务训》："嗺朕哆喎。"高诱注："喎，读楚薳氏之薳。"薳、瘒同音，见《广韵·四纸》。皆喻纽，则喎即瘒之或体。《广雅》曹宪音钦危反，见《释诂二》"喎，丑也"下。为溪纽，则喉音转牙，与咼为双声，而音等有粗细之别。《玉篇》《广韵》：喎，许为切，晓纽。晓、喻皆喉音，喉音四组，古音固不甚分，而易相转。参钱大昕说。今称口戾不正为"歪咮"。歪俗字，即"喎咼"之合声，而喎读晓纽粗音，方言类同义字为词也。喎亦得音转为歪，支、佳古音同部，本相转也。歪者，竵之俗体。竵，不正也。物体不正为"竵"，口戾不正为"喎"；雨下为"霏"，木叶下为"落"；面陷为"頩"，地陷为"坳"。皆音同而各有专字，故口戾不取"竵"字。[3]

龅齖 《玉篇·齿部》："龅，步交切。露齿。"《通俗文》："唇不覆齿谓之齖齚[4]。"《御览》三百六十八引。今谓上齿朕出露于唇外者曰"龅齖"。龅随齖声同化而叠韵，音变为"杷齖"。见后《方言上下字同化叠韵说》。龅，肴韵，肴、麻同入相转，同入于药。亦得音转为杷。龅字疑俗，龅与暴音似，暴有显露义，谓齿之暴露，乃作从齿包声之龅字，借

---

[1] "钳头鹅"之"鹅"非"俄"或"颣"之讹，本字可能就是"鹅"，以物喻人。"鹅牌"今未闻。

[2] 面孔、眼睛内凹的脸型，写作"凹脸""頩脸"均可，与"欨"字则没有关系。

[3] "歪咮"之"歪"非"喎咼"之合声或"喎"之音转。若求本字，当作"竵"。《说文·立部》："竵，不正也。"《广韵·佳韵》："竵，物不正。火娲切。"

[4] "齚"字原脱，径补。

包以代暴也。①

替頞坦 《说文·页部》："頞，鼻茎也。"乌割切。字亦作齃。《释名·释形体》："頞，鞍也，偃折如鞍也。"段玉裁曰："鼻直茎谓之頞。鼻有中断者，蔡泽、诸葛恪之相是也。"鼻頞，或称鼻梁。《素问·气厥论》："胆移热于脑，则辛頞鼻渊。"鼻病酸辛，固在鼻梁之内。鼻梁左右如坡，故《释名》以鞍喻之。今谓鼻梁中断不起者，谓之"挞鼻头管"。挞即"替頞"之合声。《说文·竝部》："替，废也。一曰偏下也。"从《六书故》引。鼻頞中断，故云"偏下"。

或曰，挞者，坦之入声。《广雅·释训》："坦坦，平也。"鼻梁不起，故云"坦"。②

齃齈敜 《埤苍》："齃，鼻疾也。"《一切经音义》卷五引。《通俗文》："鼽鼻曰齃。"《一切经音义》卷二十引。《说文》："鼽，病寒鼻窒也。"《玉篇》引《说文》"窒"作"塞"。《释名·释疾病》："鼻塞曰鼽。"凡病风寒鼻塞者，语声辄重浊，苏州人谓之"齃鼻头"。俗作嗌。《玉篇》：齃，乌贡切。齃之言壅也。壅，塞也。甬俗称鼻塞声浊者为"齈鼻头"。齈，泥纽，以亢音读之。《广韵·一送》："齈，多涕鼻疾。奴冻切。"病寒鼻塞者恒多涕，故云"齈"。齈之言敜也。敜亦塞义。《说文》："敜，塞也。"奴叶切。敜从念声，古音为侵类。侵、东声近相转，长言转平，音亦如齈。③

哽吃 《说文·口部》："哽，语为舌所介也。"古杏切。介，画也，间隔也。哽，梗韵，梗入于陌，哽转入声，音如格。甬谓口吃不畅者为"格舌头"，即"哽舌谈"字，谓哽舌而谈也。谈、侵声近，侵、幽对转，音变为头。舌头之头，本是覃字，以舌能知味，故云覃。说见上文。此处舌为发音用，故为谈字。

或曰，格即吃之音变。《说文》："吃，言蹇难也。"居乙切。《声类》："吃，重言也。"《一切经音义》卷一引。吃，迄韵，见纽细音齐齿。迄、没同类相通，迄为殷入，没为魂入，殷、魂同类，故迄、没亦同类。故从乞声字多在没韵。如挖、纥、矻、龁等。吃转粗音，变齐齿为开口，又韵转没，则音如葛。俗作噶。没韵无开口见纽，故借声近曷韵葛字。自借吃为喫，读溪纽如乞，遂纽隔而不可通矣。④

----

① "龅齭"当作"龅牙"，不是并列结构，而是偏正结构。《集韵·祃韵》："齭，齿出皃。步化切。""龅"字比"龅"字音义更贴切。

② "挞鼻头管"之"挞"非"替頞"之合声或"坦"之入声。本字为"塌"。"塌"，《集韵》托盍切，音塔，有塌陷、下陷义。

③ "齈之言敜也。敜亦塞义"之说可酌。从语源看，当云"齈之言农也，农，多也"。《说文·水部》："浓，露多也。"段玉裁注："《小雅·蓼萧》传曰：'浓浓，厚皃。'按《酉部》曰：'醲，厚酒也。'《衣部》曰：'襛，衣厚皃。'凡农声字皆训厚。"厚与多义相因。"齈"训"多涕鼻疾"，故从农声。

④ 谓"格舌头"即"哽舌谈"字，不确。第二说"格即吃之音变"，是。

舛　《广雅·释诂二》：“舛，偝也。”《字林》：“舛，错也。”《汉书·叙传上·幽通赋》：“夷惠舛而齐声。”萧该音义引。《淮南·泛论训》：“而见闻舛驰于外者也。”高诱注：“舛，乖也。”训偝、训错、训乖，皆谓失于中正者也。舛，狝韵，狝与旱、潸、产同为元类，同类相转，音变为划。甬称齿出不直敍斜者为“划牙”。俗作齹，非。《玉篇》：“齹，初产切。小儿齿。”

娄　《说文·女部》：“娄，空也。”落侯切。古音为侯类。侯、东对转，音变为龙。甬称门齿缺失或唇缺损形成空窦者为“缺味咙”。咙为娄之讹。咙，喉也，非唇齿之谓。娄音转龙，犹褛从娄声，俗音亦转为龙。敝旧布绸残片俗呼“布头龙”，龙即褛也。[1]

斗睛　《淮南·主术训》：“夫据干而窥井底，虽达视犹不能见其睛。”高诱注：“睛，目瞳子也。”《广韵·十四清》：“睛，目珠子也。”清、支对转，音变为赀。即移切。赀音似鸡。鸡，齐韵，见纽齐齿呼。见纽细音每与精、照混，齐、支音亦相近。俗称双瞳不处正中而偏会于目内眦者谓之“斗鸡眼”，即“斗睛眼”之音讹。《说文·斗部》：“斗（鬥），遇也。”段玉裁注：“凡云斗接者，是遇之理也。《周语下》：‘谷洛斗，将毁王宫。’谓二水本异道而忽接合为一也。古凡斗接用鬥字，斗争用鬥字。”“斗睛”云者，谓双瞳相遇而接合也。音变为“斗赀”，乍听若“斗鸡”。“斗鸡”常语，遂循声而讹焉。

眄瞟　《说文·目部》：“眄，目偏合也。”莫甸切。“目偏合”者，目有内外两眦，老人目眊，或病短视者，其视物恒敛其外眦而观，两眦仅合其外，故云“偏合”。病短视者俗称“眄瞟眼”，正谓是耳。《说文》：“瞟，察也。”戚细切。《玉篇》：“瞟，视也。”称“眄瞟”者，谓目偏合外眦而察视也。甬音“眄”以重唇鼻音呼之。

苛眦　《素问·至真要大论》：“太阳之胜……筋肉拘苛。”王冰注：“拘，急也。苛，重也。”又《逆调论》：“人之肉苛者，虽近衣絮，犹尚苛也。”注：“苛，谓病痹重。”痹，痹也。钟案：肉苛训重者，以象征言之，谓如重物相压。肉苛之病理，谓肤表血管收敛，阳气不通，以致肌肉痹痹而拘急。然则苛者，本谓皮肉有收引之感。目倦欲寐者，自觉上睑如重压欲垂，即目眦之苛也。苛，本音河，今相承读如呵者，北音匣晓为浊清，浊音转清故也。甬谓视物拘敛其眦者呼如“煆瞟眼”，即“苛眦眼”之音转。《说文》：“眥（眦），目匡也。”段玉裁注：“谓目之匡当也。”《玉篇》：“眥，静计切。目际也。又才赐切。”谓目之边缘。眦入霁、寘两韵，皆从纽。北音从为清浊，转清音，则入清纽，故如瞟。或复从清类隔转穿，而穿、彻又相混，眦读彻纽寘韵，则音如笞，

---

[1]“缺味咙”今多说成“缺牙弄”。“咙”“弄”本字不明，应氏“娄”音转的说法可酌。

俗或呼"煆笞眼"是也。煆，呼嫁切。①

睅睆 《说文》："睅，大目也。"户版切。《左传·宣二年》："睅其目。"杜预注："睅，出目。"字亦作睆。《仓颉篇》："睆，目出貌。"《一切经音义》卷十九引。"目出"者，谓目大而眲出，其下眦几不能容也。俗谓之"环眼"。环即睆、睅字。②

暴臌 《周礼·考工记·瓬人》："髻垦薛暴不入③市。"郑众注："暴，读为剥。"郑玄注："暴，坟起。"又注《轮人章》"虽敝不蔽"下曰："蔽，蔽暴，暴起。"是暴有贲张义。孳乳为臌。《玉篇·肉部》："臌，蒲角切。肉胅起。"凡物体处于包皮之中而贲张胅起，其外皮必开裂。故《玉篇》臌又训"皮破"，音补角切，帮、并清浊相转。今称植物子实既孰（熟）而荚壳自裂者曰"臌开"，即其字。暴、臌今皆转去声如报。人眼有胅起于目围者，俗呼为"臌眼"。④

娄 《诗·小雅·角弓》："式居娄骄。"笺云："娄，敛也，敛其骄慢之过。"敛有退缩之义，故可训为内。《史记·律书》："娄者，呼万物且内之也。"凡物体退缩于内，则其外为空，娄本训空也。见《说文》。俗称物体退缩内陷者曰"娄进"，以刀剜物使内空谓之"镂"。镂亦从娄会意，亦声。今称深目内陷者为"娄眼"。诸娄、镂字皆读亢音，如拉侯切。拉读如拖拉之拉，音同西洋乐谱沙拉西之拉。

婉豌 《诗·齐风·猗嗟》："清扬婉兮。"传："婉，好眉目也。"《郑风·野有蔓草》传："清扬，眉目之间婉然美也。"婉本作豌。《玉篇·面部》："豌，於远切。眉目之间美皃。《韩诗》云：'清扬豌兮。'今作婉。"义似以豌为正。《说文》无豌字。婉本训顺，见《说文》。《毛诗》盖借婉作豌。大抵《韩诗》状物，多用实字；《毛诗》状物，多用虚字。检马国翰所辑《韩诗故》及《薛君韩诗章句》可知。豌从宛，宛有屈义。《说文》："宛，屈艸自覆也。"《尔雅·释丘》郭璞注："宛，谓中央隆高。"中隆者则两面垂下，亦屈义也。眉目之美者，固以眉梢眼角曲垂有致者为妩媚。即男女相悦，亦无不于眉梢眼角之间，婉然生姿以传神。俗谓目美动人者曰"眼睛弯弯"。弯即豌也，亦即婉字。婉亦音於万切，见《文选·西京赋》注。见"捐衰色，从嬺婉"句。俗语正从此音。弯不训曲。《说

---

① "煆瞭眼"一般写作"花瞭眼"，"煆笞眼"一般写作"花觑眼"（觑音趣），与"苟訾"两字无关。
② "环眼"（环音宦）指外眼角下垂的眼睛，本字就是"环"。"环"有下垂、敞开义，如：环眼，衣裳莫环的，嘴巴环开就哭。
③ "入"，原作"出"，误，径改。
④ "臌眼"一词今仍有之。明清小说有"暴眼"（《醒世姻缘传》第六十一回）、"爆眼"（《红楼梦》第九十三回）等说法，"暴""爆""臌"是同源词。《广韵·效韵》"爆"有北教切，则作"爆眼"音义更为契合。

文》："弯，关弓执矢也①。"唐人始用弯为曲义入诗，取俗字以求清新，未可据为典要。②

微麽瘢　《说文·疒部》："瘢，痍也。"痍，伤处也。《仓颉篇》："瘢，痕也。"
《一切经音义》卷三引。凡创痍愈后之痕，皆谓之瘢。瘢，桓韵，古音为元类。元、歌对转，
歌、麻同居，瘢转麻韵，音变字讹作疤。瘢音转为疤，犹髋之为跨，欢呼为花，男女所
私为欢，俗谓之花。稂呼为朵，花草一支为一朵。皆同例也。痘疮遗迹密布于面者，俗呼为"麻
子"，甬人曰"麻皮"。麻者，"微疤"或"麽疤"之合声。《广雅·释诂二》："微、
麽，小也。"古无轻唇音，读微纽如重唇明纽，故钱大昕谓微古音如眉。脂、歌声近，
又可转为麽。《通俗文》："细小曰麽。"《一切经音义》卷九引。"微疤""麽疤"者，
谓细小之疮瘢也。③

稗痍　"麻皮"之"皮"，亦可谓"稗痍"之合声。《广雅·释诂二》："稗，小也。"
王念孙疏证引《汉书·艺文志》："小说家者流，盖出于稗官。"如淳注云："《九章》：
'细米为稗。'街谈巷说，甚细碎之言也。""稗痍"者，谓细碎如米之瘢痕也。稗，
傍卦切。④

靥　《淮南·修务训》："奇牙出，靥䩉摇。"高诱注："靥䩉，颊边文，妇人
之媚也。"又《说林训》："靥䩉在颊则好，在额则丑。"注："靥䩉，箸颊上窔也。
窔者在额似樊，故丑。"钟案：靥辅，甬人谓之"颊窝"，音讹为"酒潭"。盖颊从夹声，
古音为谈类。谈、侵同类，侵、幽对转，故讹为酒。外地人谓之"酒涡"。古人亦谓之"涡"。
朱熹诗"归对梨涡却有情"是也。靥，音於叶切，从面，从厌，会意。厌，笮也。见《说
文》。面之窔痕，如受笮然也。今通谓面上凹痕谓之"靥"。⑤

肿胅　《说文·肉部》："胅，骨差也。"徒结切。《通训定声》："谓骨差突出也。"
引申为突起而肿者皆曰胅。《尔雅·释畜》"犦牛"郭璞注："领上肉胅起，高二尺许。"
释文："即今肿领牛。"胅与肿义似，故《广雅·释诂二》："胅，肿也。"字训联言，
"肿胅"疾呼，声合如顿。之出切。顿亦隆起义。甬俗称头上隆起如核者呼如"顿"。
鹅头突起之硬骨曰"鹅顿"，老寿星头额突出如球者谓之"寿星顿"。⑥

---

① 《说文》原文作："弯，持弓关矢也。"
② "眼睛弯弯"，"弯"即为本字，本字不是"䁔"或"婉"。
③ "麻子""麻皮"之"麻"非"微疤"或"麽疤"之合声，麻当取芝麻义。
④ "麻皮"之"皮"即为正字，"皮"非"稗痍"之合声。
⑤ 正字当作"酒窝"，"酒"非"颊"之音变。普通话说"酒窝"，可以比勘。
⑥ "鹅顿""寿星顿"之"顿"非"肿胅"之合音，本字为"瘃"（音足）。《说文·疒部》："瘃，
　中寒肿覈（核）。"陟玉切。宁波话冻疮叫"冻瘃"，引申之，鹅头上突起的肉质、人头上鼓起的
　包也叫"瘃"。如：公鹅瘃，头里撞起一只瘃。

黔点 《说文·黑部》："黔，黄黑也。"古咸切。古音侵、咸同部，音等或转细，而韵转侵，则读如今。《广韵》"居吟切"是也。黔既读若今，侵或变盐，则音如兼。面上小斑点，细视之，色实黄黑者，甬俗呼若"黑兼斑"，即"黑黔斑"也。或曰，兼者，"黔点"之合声。《说文》："點（点），小黑也。"多忝切。"黔点"云者，谓黄黑而小也。

尐纂 《说文·小部》："尐，少也。"子结切。《方言》十二："尐，小也。"《说文·黑部》："纂，黄黑而白也。"初刮切。"黄黑而白"者，谓其虽黄黑而色浅，如和白也。"尐纂"联言，谓小黄黑而色浅。"尐纂"声合如缬，子刮切。俗讹作雀。面上小黄黑之斑，或呼为"雀斑"。亦呼"雀兼斑"，则类聚上条"黔"字为词。黔、纂皆黄黑义也。①

皻皰 《玉篇·皮部》："皻，庄加切。皰也。今作齇。"《广韵·九麻》："皻，皰鼻。"观二书，则皻为鼻皰。皰者，《说文·皮部》："皰，面生气也。"玄应《一切经音义》引《说文》作"面生热气也"，义较胜。《淮南·说林训》："溃小皰而发痤疽。"高诱注："皰，面气也。"按：皰为面皮热气所结之小泡。皻训皰，字训联言，"皻皰"声合为糟。俗称鼻准红肿，细碎如虫窠，谓之"酒糟鼻"。以酒客多患之，故云尔。然糟非正字，谐声耳。皻，《玉篇》云："今作齇。"《玉篇·鼻部》："齇，鼻上皰也。"

皶 《玉篇·皮部》："皶，楚委切。粟体也。"《广韵》楚愧切。楚委、楚愧为支、至重音，转轻音，则读如参差之参。差音近刺。清、穿类隔相通。今谓面上小瘰如粟粒，破而挤之，中有干脓，如粞米，或如粉渣，俗呼"粉刺"。刺正当作皶。王冰注《素问·生气通天论》"寒薄为皶"下云："皶刺长于皮中，形如米，或如针，久者上黑，长一分余，色白黄，而瘱于玄府中，俗曰粉刺。"则"粉刺"之名，唐已有之。②

聋不聪 《仓颉篇》："聋，耳不闻也。"《文选·七命》李善注引。耳闻谓之聪。《诗·王风·兔爰》："尚寐无聪。"传："聪，闻也。"《墨子·经上》："闻，耳之聪也。"《管子·宙合》："闻审谓之聪。"是聋训不闻，犹不聪也。"不聪"急言声合而转浊音，帮清转并浊。则为蓬。东、冬、钟皆无帮纽字。东、阳声近，音转俗字作聱。甬称聋者曰"聋聱"。或曰，聱者，即"不闻"声合之变。"不闻"声合为奔，转浊则为盆。真、耕声近，耕、阳亦声近，"不闻"声合，由耕转阳，音亦如聱。③

聧聩聭 《方言》六："聧，聋也。半聋，梁益之间谓之聧，秦晋之间听而不聪、

---

① "雀斑"之"雀"非"尐纂"之合音。今宁波话一般不说"雀兼斑"，而说"雀子斑"（雀音脚）。
② "粉刺"之"刺"即为正字，"刺"非"皶"之音转。
③ "聋聱"之"聱"非"不聪"或"不闻"声合之变。《鄞县通志·方言（一）》认为是"病"之音转（2724页）。

闻而不达谓之聱。”郭璞音宰。《说文·耳部》“聱”后次“聩”字：“聩，聋也。”
五怪切。聩之为言愦也，愦，乱也。见《说文》。心神惛乱曰愦，耳听迷乱曰聩。《埤苍》：
“瞑，注意听也。”《玉篇》引。音眠。人有耳听不聪，注意听时则闻，不注意听则无
闻，或闻而迷乱不达，即《方言》所谓“半聋”，甬俗呼为“借瞑聋”。借，即“聱
聩”之合声，方言类聚各聋义字以状其疾。俗讹释之为“借米聋”，谓向其借米则聋。
此循声附会之俳谐语。盖“聱聩”合声，怪韵无精纽字，借、聱同纽，借，祃韵，祃、
怪同入相转，同入于黠。故声如借。米，荠韵，瞑，先韵，先、齐同入亦相转，同入于质、
于屑、于薛。故讹为米。①

聏聱聤　　《方言》六：“聋之甚者，秦晋之间谓之聏，吴楚之外郊凡无耳者亦谓之
聏。”郭璞注：“言聏无所闻知也。”聏、聏音同。《说文·耳部》：“聏，无知意也。”
段玉裁注：“疑《方言》之正文本作‘谓之聏’，今本讹。”《广韵·十四黠》：“聏，
无所闻也。”丁滑切。《埤苍》：“聱，不听也。”《玉篇》引。音敖。《玉篇·耳部》：
“聤，丁米切。不听也。”甬俗称人聋甚绝无闻知者，呼如“捣地聋”。捣即“聏聱”
之合声。地即“聤”之浊音，端转并纽也。“聏聱聤”云者，谓如无耳不听者也。②

宣宿髟　　《易·说卦》：“巽为寡发。”释文：“寡，本又作宣，黑白杂为宣发。”
李鼎祚《集解》引虞翻注：“巽为白，故宣发。马君以宣为寡发，非也。”《周礼·考
工记·车人》：“半矩谓之宣。”郑玄注：“头发皓落为宣。《易》：‘巽为宣发。’”
疏引《易》郑注云：“宣发，取四月靡草死，巽为巳，故四月。发在人体，犹靡草在地。”
今称生而有白发厕于黑发中，谓之“宣发”。俗讹作“蒜发”“算发”。

据郑、虞两说，宣为白义。然宣不训白，朱骏声《说文通训定声》以为羼之借字。
羼有厕义，《说文》：“羼，羊相厕也。”引申为羼杂。与宣古音同为元类。于声则近，于义
犹未尽适，以羼无白义也。张惠言《周易虞氏义》以宣、鲜同音，宣即蕃鲜之鲜字。
蕃鲜为震卦，非巽卦。虽震、巽阴阳相错，或借用震象，然鲜为鲜明，于白发义亦未协。
愚谓白发乃衰朽之征，宣发虽未衰朽者有之，其形象犹衰朽也。郑玄谓宣发取“靡草死”
意，然则宣发犹枯草也。枯草即宿草。宿、宣心纽双声，宿古音为幽类，幽、侵对转，
音变为暹。宋吴棫《韵补》谓仙、盐、严、凡古通先，故借宣为宿，意在斯欤？

或曰，黑白杂为“宣发”，宣者，髟之音变，声相似误也。《说文》：“髟，一

---

① “借米聋”释为“向其借米则聋”固不确，释为“借”即“聱聩”之合声，“米”即“瞑”之音转，
　亦不确。似当作“借面聋”，“借”即“借手”“借只脚”之“借”。“借面聋”即“左面聋”，也即“半
　聋”。
② “捣地聋”之“捣”非“聏聱”之合声，地非“聤”之音变。

曰白黑发杂而髟。"《文选·秋兴赋》"斑鬓髟以承弁"李善注引。髟，所衔切。衔、严、盐声近，故得转为宣。

鬈 《说文·彡部》："鬈，发好也。"衢员切。《玉篇》渠袁、丘袁二切。鬈从卷声，古音为元类。切音下字，用袁为近古。袁为元类，若员则为真类。渠袁为群纽，丘袁为溪纽。北音溪群为清浊，固相通转。鬈读溪纽，而音等转粗，变撮口为开口，则丘袁切变为苦袁切。元、寒同类相转，音变为看。清代男亦蓄发留辫，其前颅或留短发若干以为美饰，俗呼若"看翻"。当时谚有"长长辫子留看翻"之语。即"鬈发"之音变。发（髪）从发声，古音为泰类。泰、元对转，长言入平，故音如翻。"看翻"犹云美发也。①

鬈髟髿② 女人前额垂稀发若干以为美饰，甬俗呼若"戥丝"。戥俗字，共安切，即鬈读群纽渠袁切之音变。音等转粗，转撮口为开口，则为共袁切。元、寒同类相转，音变共安切，如俗字戥音。丝者，髟之音变。《玉篇·彡部》："髟，所加切。发髟垂皃。"麻、支同入相转，同入于陌、于昔。音变为丝。犹差舛之差，亦读参差字也。"鬈髟"谓垂发之美也。或云，丝者，髿字转音。《玉篇》："髿，且利切。首饰为髿。"髿，清纽，清、心相转，则如丝。◇《玉篇》："鬛，先才切。小发。"之、咍同部，故《集韵》亦音思。或云，"戥丝"字即鬛之转音。或云，"戥丝"之戥，乃"鬈髟"之合声，"鬈髟"谓美垂发也，亦通，髿义详后。③

旒稀髦 《诗·鄘风·柏舟》："髦彼两髦。"传："髦，两髦之貌。髦者，发至眉。"髦为髦之形况字，故《玉篇》："髦，徒惑切。发垂皃。"虚字实用，垂发至眉，亦名之为髦。今妇女额上覆稀发齐眉以为美饰，甬名"戥丝"，或效外地语呼如"旒汉"。汉即"稀髦"之合声。《说文·禾部》："稀，疏也。"谓垂发之髦，疏而不稠也。旒为冕旒字，以其垂发之髦，稀如冕旒之垂也。稀，晓纽齐齿呼，"稀髦"急言，音等转粗，声合如喊。感、敢晓纽字无细音，故音等势必转粗。覃、寒声似，故今呼如汉。或又音转字讹作"留海"，则吴越汉、海音混。所以然者，咍、寒同入相转故也。同入于曷。④

《诗》"髦彼两髦"，《说文·彡部》"髦"作"髳"，引《诗》作"髳彼两髳"。段玉裁注："髳，冕冠塞耳者。髳盖似之也。"然则今称"旒汉"之旒者，正与髳同意，皆取其形垂也。《广韵·四十九敢》："髳，冕前垂也。"音膽（胆）。今垂发作"戥丝"

---

① "看翻"非"鬈发"之音变。
② "髿"字原无，据目录补。
③ 解说"戥丝"理据不确。
④ "旒汉""留海"今作"刘海"，"汉"非"稀髦"之合声。"刘海"来源有不同说法，《汉语大词典》"刘海"条："传说中的刘海额前垂发，俗因称此发型为'刘海'。"

者谓之紞①，紞端组，髢定纽。《说文》与《诗》字虽异，而音则清浊相转。此非劋截呼如赡之谓。俗呼劋截音如赡者，本是断字。断转清音，则如决断字。音锻。换、翰同类相转，则如旦。今音覃、寒音混，赡、旦相若，故赡简作胆，擔简作担，遂从元类之旦声为之矣。

椎结　《楚辞·招魂》："《激楚》之②结，独秀先些。"王逸注："结，头髻也。"今发髻字，古皆作结。《汉书·陆贾传》："尉佗魋结箕踞见贾。"服虔注："魋，音椎，今兵士椎头髻也。"通作"椎结"或"椎髻"。《李陵传》："两人皆胡服椎结。"《后汉书·逸民·梁鸿传》："妻自有隐居之服，乃更为椎髻。""椎髻"者，谓一撮之髻，其形如椎。参颜师古说。今羽士絜发之髻，俗呼如"窒"。凡总发于颠，聊略蟠结，亦呼如"窒"。盖皆"椎结"急言之合声。椎本直追切，澄纽。浊音转清，今相承读知纽，如追。"椎结"合声，音促转入，故如"窒"。

髫丱角　《说文·髟部新附》："髫，小儿垂结也。"徒聊切。定浊转端清，故今读髫如凋。犹吊卷宗、吊犯人之吊，本是调字。小儿蓄发，系髻于两旁，清代男亦蓄发结辫，故童男亦有作髻者，今惟童女为之。俗呼"髫果"。果者，丱转阴声，元、歌对转也。《诗·齐风·甫田》："总角丱兮。"传："总角，聚两髦也。丱，幼稚也。"疏："总聚其髦，以为两角。"总角，本以结发为训。《诗·卫风·氓》："总角之宴。"传："总角，结发也。"《礼·内则》："男女未冠笄者，拂髦总角。"郑玄注："总角，收发结之。"《甫田》传训"聚两髦"者，顺上句婉娈少好之义为释也。丱本象结发两角之形，故《广韵·卅谏》："丱，鬌角也。"引申而泛用之，非小儿之髻结亦云"髫果"。丱，音惯，合口呼；果亦合口呼，故相转。然今戈、果、过皆转开口，与歌、哿、箇同，无有作合口者矣。或曰，"髫果"之果，即角之音变。角，觉韵，觉为肴豪之入。如觉韵之电、鲍、鞄从包声，邈、藐、撽从貌声，确、殻、塙、翯、嚆从高声，朦、暴、爆从暴声，莉从到声，皆其例也。角、觉音同，其转平当如高。睏觉之觉，固呼如高。豪、歌同入又相转，同入于铎。故角转歌韵，如果。《老学庵笔记》谓闽人谓高为歌，谓劳为罗，即豪、歌相转之征。③

旋　《楚辞·招魂》："旋入雷渊。"王逸注："旋，转也。"《字林》："旋，回也。"《文选·神女赋》"若将来而复旋"李善注引。《尔雅·释畜·马属》："回毛在膺，宜乘。"郭璞注："旋毛在腹下如乳者，千里马。"郝懿行义疏："回毛，旋毛也。"回毛，谓毛出所向如回绕旋转，若水之旋涡。旋毛，人发亦有之。甬俗呼为"旋"，音如禅。旋本似宣切，邪纽，甬误读从纽如全，邪、从同浊相转故。遂失其字。而俗称缭

---

① 此"紞"及后一字"紞"原作"祆"，据文意改。
②"之"，原作"入"，误，径改。
③ 今宁波话无"髫果"一词。

绕回转之旋呼如禅，与读音又歧，乃两失之。

弨矧伸 《方言》六："弨，长也。东齐曰弨。"字亦作矧。《广雅·释诂二》："矧，长也。"弨、矧并式忍切。弨不训长，朱骏声以为"引"之假借。《尔雅·释诂》："引，长也。"引之本训为开弓，见《说文》。训长，亦是引申义。且引、弨古音虽同部而异纽，不若谓"伸"之假借，则纽、部俱谐矣。甬读矧如青，是真、耕相乱之例。《说文·人部》："伸，屈伸也。"屈则短，伸则长。古经传或借"信"为之。《广雅·释诂三》："伸，展也。"展即引长义。甬谓毛发、草茸之茂长者谓之"弨"，与短称"侏"为对辞。

侏矬 《广雅·释诂二》："侏、矬，短也。"《国语·晋语四》："侏儒不可使援。"韦昭注："侏儒，短者。""侏儒"叠韵，急言声合仍为侏。甬称毛发、草茸之短者谓之"侏"，与茂长者称"弨"为对文。《通俗文》："侏儒曰矬。"《一切经音义》卷二引。矬，昨禾切，从纽戈韵。歌、寒对转，音变为残。浊音转清，从转精纽，又变为赞。犹劗、劗并有在丸、借官两切，亦精、从清浊两读。甬呼短者曰"侏"，亦曰"侏赞赞"。

𪗶 或曰，短称赞音者，乃𪗶之平声。《方言》十三："𪗶，短也。"郭璞音胧赘，谓读如赘。《广雅》曹宪音竹律、徵劣两反。皆知纽、术、薛两韵。〇见《释诂》卷二。知、照声似，故𪗶或读照纽，《广韵·六术》："𪗶，吴人呼短。侧律切"是也。𪗶，古音为脂类，脂、元相转，说见段氏《六书音均表》同入相转说。脂类即段氏十五部，元类即段氏十四部。𪗶转元类，故音如赞平声。寒、删无照纽字，故转入精纽。照、精类隔通也。[1]

𪗶，知纽脂类。古无舌上音，知纽字古读端纽，则音如掇。今称人短者曰"矮掇掇"。掇或长言转平，又阴声转阳，脂、真对转，音变为顿。称人短者亦曰"矮顿顿"。[2]

或曰，"矮掇掇""矮顿顿"之掇与顿字，皆短之转音。短，缓韵，古音为元类。元、真声近相转，故音如顿。缓入于末，短转末韵，故如掇。

◇《说文》短从豆声，段玉裁以为当改作"从豆"，会意，良是。朱骏声从之。豆声，古音在侯部。虽侯、寒相转，章炳麟《国故论衡》引此为证，然孤证不立，其说嫌附会，不足法也。

囟脕 《说文·囟部》："囟，头会脑盖也。"段玉裁注引《内则》正义引此云："囟，其字象小儿脑不合也。"见"男角女羁"下。又引《人部》"兒"下亦云："从儿，上象小儿头脑未合也。"字或从肉、宰，作"脕"。见《说文》。孳乳为顖、顋。见《玉篇》。囟，息进切。《玉篇·肉部》："脕，先恣、先进二切。肉脕脑盖也。"又作胴，盖真、脂对转，故又入至韵，音四。见《广韵》。小儿脑盖未合之顶门，甬俗呼为"子孔窌"。窌，

---

① "侏赞赞"之"赞"非"矬"或"𪗶"之音转。
② "矮顿顿"今为通语，一般写作"矮墩墩"。

小坎也。子，即脾读四之转音。凡心审常与清穿转，或亦与精照转，以同清相通故也。脾读为子，犹翅、啻本施智切，今皆读若攱矣。◇ 脾，讹读如宰，故音转为子，之、咍同类相转也。说亦可信。

奓侈　《说文·奢部》："奢，张也。"式车切。籀作奓。《庄子·知北游》："妸荷甘日中奓户而入。"司马彪注："奓，开也。"郭音处野反，盖审、穿相转也。《声类》云："奓，侈字也。"《文选·西京赋》"心奓体泰"李善注引。侈亦张大义。《公羊传·僖廿六年》："其言至巂弗及何，侈也。"何休注："侈，犹大也。"释文："侈，昌者反。"今谓张帆曰"奓篷"，举旗曰"奓旗"，皆开张而大之意。俗讹作扯。人之鸢肩者，肩开广而举，俗呼"奓肩胛"。讹作叉。《说文》："叉，手指相错也。"温庭筠八叉手而成赋，即其义。

薂　《周礼·考工·轮人》："则毂虽敝不薂。"郑玄注："薂，薂暴，帱革暴起。"刘昌宗音呼报反。段玉裁云："此荀卿及汉人所谓'槁暴'也。《瓶人》注云：'暴者，坟起也。'后郑谓薂为槁之假借。"钟案：木槁则缩，故《玉篇》："薂，呼到切。缩也。"木版缩者，每两端拘曲而中暴起，甬语呼若"火"，或呼为"火翘"。翘，起也。火即薂字音转，歌、豪同入相转也。同入于铎。人背拘曲而暴起者，俗呼若"烘背"。烘亦薂之音转，冬、豪同入相转也。同入于沃。或引《孟子·尽心篇》"盎其背"为据，以为烘乃盎之音变，非。盎为丰盛义，非拘曲暴起之谓。

瘅残　《玉篇·疒部》："瘅，徒丹切。风在手也。"《广韵·廿五寒》坛纽："瘅，风在手足病。"古舌头音，后或转舌上。定、澄类隔相转，音变为残。寒、删无澄纽字，澄、从声似，故移从纽为澄。残亦伤毁义。《仓颉篇》："残，伤也。"《华严经音义下》引。《史记·樊哙传》："凡二十七县残。"集解引张晏曰："残，有所毁也。"今形体有所毁伤曰"残疾"，即其义。寒、歌对转，歌、麻同居，残转麻韵，音变为茶。麻韵无定纽字，亦无从纽字，故又转澄纽。甬称手风不能用者，呼如"茶手"。

踤　《说文·足部》："踤，一曰曲胫也。读若逵。"浊音转清，群转见纽，故《广韵·六脂》又音龟。龟本见纽细音撮口呼，今皆读粗音合口。脂变为皆，踤转皆韵，音变如夬。凡曲胫者行必蹇跛，今呼跛者曰"拐脚"。拐读如夬，本踤之转音。《广韵·十二蟹》："拐，求蟹切。手脚之物枝也。"非跛义。《新方言》以为曲脚者，俗呼音如古贿反，乃腘之音变，引《广雅·释亲》"腘，曲脚也"为据。案：《广雅》"也"上夺"中"字，当云"曲脚中也"。《玉篇》承《广雅》误，亦失之。《荀子·富国》："诎要桡腘。"杨倞注："腘，曲脚中也。"正有"中"字。《素问·至真要大论》："腘如结。"王冰注："腘，谓膝后曲脚之中也。"即经脉之委中穴处。腘本肢体处所之名，章氏误为病状义，是考之未精。其云音作"古贿反"者，正是蹞字。①

蹳　《说文·足部》："蹳，曲胫马也。读与彭同。"《广雅·释言》："蹳、蹊，蹲也。"是蹳犹蹊义。"蹊"义见上条。《贾子·道术》："衷理不辟谓之端，反端为蹳。"是以脚行之不端者，引申为事理不端之称矣。甬俗称足胫戾而步行不端者为"蹳脚"。脚，音转如姜。脚药韵，药为阳入，长言转平，还归阳韵，故如姜。"蹳脚"与"蹊脚"俗义稍异，蹳微蹇耳。②

逴觑　《说文·辵部》："逴，一曰蹇也。"敕角切。段玉裁注："蹇，跛也。《庄子》夔谓蚿曰：'吾以一足踔踔而行。'谓脚长短也。踔即逴字。"《方言》二："凡蹇者或谓之逴。体而偏长短亦谓之逴。"此即段注所本。字又作觑。《方言》六："觑，蹇也。"郭璞注："觑，丑孝反。亦作踔。跛者行踔踔也。"逴、觑、踔皆从卓声，彻纽，古音为宵类。长言转去，皆入效韵，如淖、踔、罩皆其例。不仅觑读丑孝反而已。今谓脚长短而跛行者曰"觑脚"。俗讹作跷。《广韵·四宵》："跷，揭足。"非跛义。

踦觑　《广雅·释诂三》："觑、尪、踦，蹇也。"蹇，跛也。见《说文》。尪、跛古今字。见《玉篇》。凡足残而行不正者，其字从足，或亦从尢（兀）。故觑或作踔，踦亦作倚。《玉篇》"倚"字下云。《广韵·五寘》："倚，卿义切。跛也。"踦本训一足，踔亦一足行。《说文》："踦，一足也。"去奇切。《庄子·秋水篇》："夔谓蚿曰：'吾以一足踦踔而行。'"踔即觑也。段玉裁曰："谓脚长短也。"今谓脚长短而行跛者曰"拐脚"，亦曰"倚觑"。即摭拾《广雅》踦、觑字为词。俗讹作"蹊跷"。引申之，器物之足长短不齐不能平置妥怗（帖）者曰"拐脚"，亦曰"蹊跷"，即以人之蹇跛名物也。

推躝　《说文·手部》："推，排也。"排有抵拒义。《说文》排、抵同训"挤"也。凡抵拒皆向外而前移，故推引申为前也，《仓颉篇》。进也，《礼·儒行》"不共推"注。移也，《淮南·泛论训》"故恩推则懦"注。去也。《诗·大雅·云汉》传。推，灰韵，灰入于没，急言读推，音如愫。他骨切。甬称两足皆废、以手揸地而行，呼如"愫阑"，即"推躝"字。《玉篇·足部》："躝，落带切。跛行也。"《广韵·十四泰》："躝，跛躝行兒。"音赖。泰、寒对转，故音如阑。甬语依赖字，赖亦音如阑。"推躝"者，谓以手推移而跛行也。

或曰，"愫阑"之愫，当作蹲。《广雅·释言》："蹳、蹊，蹲也。"蹲，曹宪

---

① "拐脚"之"拐"，应氏不同意《新方言》"膌"之音变的观点，是；但谓乃"蹊"之转音，恐亦未安。
② "蹳脚"之"脚"音如姜，为儿化音残留。"蹳脚"今未闻。

音他达反。踤义不见他书，以跅、踤皆曲胫义而反训之，则踤亦曲胫也。凡字义为曲胫者，今俗语中多作跛用。见上文"踦""跅"条释。踤为跛，故与躤训跛行类聚为词。说固可通，然稽诸形状，义不圆足。

　　尾骶　《广雅·释亲》："背谓之骶。"曹宪音帝。《素问·刺热论》："七椎下间主肾热，荣在骶也。"王冰注："脊穷之谓骶。言肾热之气，外通尾骶也。"钟案：骶，从骨，从氐亦声。《说文》："氐者，下也。"见"昏"篆解。谓骨之下端也。尾骶，当背脊之穷，固在下者，故《玉篇》骶亦训臀，脊穷则臀矣。骶，端组，古舌头音后或转舌上，端、知类隔相转，骶转知组，音变为致。霁、至古同类，霁韵无知纽字，故借声至韵之致字。脊骨之尾端，甬俗呼如"米致骨"，即尾骶字也。尾音如米，微、明类隔相转，古无轻唇，读微固若明组也。

　　魁伟　《史记·留侯世家赞》："余以为其人，计魁梧奇伟。"《广雅·释诂一》："魁，大叶。"《珠丛》："伟，大也。"《华严经音义》引。《史记·孟尝君传》："始以薛公为魁然也，今视之，乃眇小丈夫耳。"伟本于鬼切，喻纽。喻读粗音，转为匣，故今读伟如匯（汇）。匯亦训大。《广雅·释诂一》："匯，大也。"今谓人体壮大者曰"魁伟"。

　　茁壮　《尔雅·释诂》："壮，大也。"《孟子·万章下》："牛羊茁壮长而已矣。"赵岐注："茁壮，肥好长大而已。茁，生长貌也。"《广韵·十四黠》：茁，邹滑切。今谓人体肥好长大者曰"茁壮"。壮，古音为阳类，阳、鱼对转，音变为铸。或称肥盛曰"茁铸"，又引申为器物之坚大强固者亦曰"茁铸"。[①]

　　侄昆　《广雅·释诂一》："侄，鞏也。"侄，曹宪音质。鞏者，坚也。见《玉篇》。又《释诂二》："昆，盛也。"本条昆与脄、肥同训盛，则昆亦壮盛义。今称人体坚实壮盛者曰"侄昆"，凡器物之坚壮者亦曰"侄昆"。俗讹作"结棍"。又称人畜之肥盛曰"昆壮"。[②]

　　丰大隆　《易·序卦》："丰者，大也。"《方言》一："丰，大也，凡物之大貌曰丰。"《国语·楚语下》："不求丰大。"则字训联言之。丰，敷纽，古无轻唇音，凡敷纽读为重唇滂纽，故丰古音当如吴越捧茶碗之捧。匹红切。○今东、冬、钟无滂纽字。"丰大"字训联言，声合如怖。普赖切。甬称小儿健硕易养曰"怖赖"。赖者，"隆大"之合声。

---

① "茁铸"，今宁波话读"扎铸"。"扎"一般写作"圓"，《广韵·麦韵》："圓，硬貌。陟革切。""铸"非"壮"之音变。
② "侄昆"未必是"结棍"的本字。"昆壮"一般写作"滚壮"。

《说文》："隆，丰大也。""隆大"合呼，亦字训联言之例。①

腯　《说文·肉部》："腯，牛羊曰肥，豕曰腯。"陀骨切。《方言》十三："膱，腯也。"郭璞注："腯腯，肥充也。"腯从盾声，音突，即盾之入声。赵盾之盾，定纽混韵。北音透定为清浊，或从北音转清，故《唐韵》《集韵》亦音他骨切，如宊。今谓人体肥盛曰"壮腯腯"，正读透纽他骨切。②

膌　《说文·肉部》："膌，瘦也。"资昔切。字通作瘠。瘠音秦昔切，从纽。膌精纽，清浊相转。今读瘠皆如膌。俗谓人形躯瘦小者曰"小膌膌"，器物之形纤小者俗亦呼若"小膌膌"，却非膌字，乃尐字也。《方言》十二："尐，小也。"《广雅》曹宪音子列反。《释诂二》。膌、尐声近，故相乱耳。

抟捭　《周礼·考工记·庐人》："是故句兵椑，刺兵抟。"郑玄注："椑，隋圜也。抟，圜也。"释文："椑，薄兮反。"並浊转帮清，故《广韵》亦音卑。朱骏声曰："字亦作匾。《纂文》：'匾䛐，薄也，不圆也。'《一切经音义》卷十九引。匾、卑双声。"椑从卑，卑又短义。从卑之猈，短胫狗；𤰞，短人；《地官》注："庳，犹短也。""隋圜"者，今作"楕（椭）圆"。圜而短者也。今称面圜而短者谓之"团博博"，即"抟椑椑"之音变，谓圜而隋圜也。隋圆，直之则长，横之则短。椑读清音如卑，古音为支类。其入本在麦韵音如檗，今呼如博在铎韵者，铎为歌入，支、歌通转故也。③

顉　《玉篇·页部》："顉，来感切。《声类》云：'面瘠皃。'""瘠"或误作"痛"，非。以下段"月"与"甬"形似故也。《广韵》又音力稔切。侵、盐相转，音变为敛。敛有收缩义，收缩则小，义亦近瘠。今称人面容瘦小者谓之"小顉顉"。

叜缩　《说文·又部》："叜，老也。"字或从人作傁。《方言》六："傁，长老也。"叜今作叟。《释名·释亲属》："叟，缩也，人及物老，皆缩小于旧也。"钟案：叜、缩古音皆幽类，其入并在屋。缩从宿声，宿之去声为秀。星宿之宿。故叜转入声如缩。今称人老曰"老缩缩"。④

憇　《方言》十："憇，老也。"郭璞注："老者皮色枯瘁之形也。"憇有棘、戒两音。今称人物之老曰"老憇"，则读棘音。或读去声戒音者，戒，古拜切，《广韵·十六怪》。见纽开口呼。清音转浊，见转群纽，则为共拜切。今谓人容止老瘁者曰"老憇憇"，

---

① "恘赖"之"恘"非"丰大"之合声，"赖"亦非"隆大"之合声。
② "壮腯腯"（腯音塔）今多说成"壮得得"，字也写作"壮瘩瘩"（瘩音得）。《集韵·合韵》："瘩，《字林》：肥貌。德合切。"
③ 今宁波话无"团博博"一词。"博"非"椑"之音变。
④ 今宁波话无"老缩缩"一词。

正作共拜音。

　　愇，郭璞音良愇，谓读如良愇之愇。卢文弨曰："良愇，当时语，犹言良谨。"《说文》有諽无愇，諽下云："读若戒。"戒、愇音同。《广韵·廿一麦》："諽，谨也。"则諽之音义与郭、卢两说皆可通贯。諽亦读楷革切，为溪纽麦韵。麦为耕入，长言转平，音变为硁。口茎切。今称人容老者曰"老硁硁"，即愇读愇音之转。或曰，硁乃枯之音变，人老容色枯也。枯为鱼类，鱼、阳对转，阳、耕声近，枯转庚耕，音变为硁。亦通。

　　頯頯　《玉篇·页部》："頯，普眉切。大面。"从页，从丕亦声。丕，大也。见《说文》。脂、歌声近，歌入于铎，或转入声，字变为頯。《广韵·十九铎》："頯，面大皃。匹各切。"从页，霸省，霸亦声。霸，雨濡革也，革濡则大，会意。字虽后出，皆合于六书者也。今称面大者曰"面孔大頯頯"。霸，匹各切，霸取以为声。

　　艾　《礼·曲礼上》："五十曰艾。"疏："发苍白色如艾也。"《荀子·正论》："共，艾毕。"杨倞注："艾，苍白色。"苍白，谓青而且白。俗谓发半白者曰"白艾艾"。"艾艾"与"皑皑"音近，"皑皑"乃霜雪之白，非半白也。

　　皵　《玉篇·面部》："皵，朗鸟切。面白皵皵也。"面孔白皵皵，今尚有此语。俗又称面无血色者曰"皵白"。

　　玆　《说文·玄部》："玆，黑也。从二玄。"《玉篇》："玆，子貍切。浊也，黑也。或作黲、滋。"浊者，色黯不甚黑之谓。今谓色黑不甚者曰"黑玆玆"，凡人肤色微黑者曰"面孔黑玆玆"。正谓不甚黑也。或曰，是缁字。《说文》："缁，帛黑色也。"然《考工记·钟氏》谓"七入为缁"，是缁为染黑之最深者，非浅黑义。[①]

　　黗　《说文·黑部》："黗，黄浊黑也。"他衮切。黗，混韵，混入于没，声促转入为宊，他骨切。音近黕。《集韵》："黕，黑也。"托合切。然黕训黑，疑俗字。《玉篇·黑部》《广韵·廿七合》皆以为晋人羊曼号为黕伯字，并无黑义。虽《颜氏家训·书证篇》正顾野王之谬，黕伯之黕当作黮，检今本《晋书》乃唐人修撰者，其《羊曼转》黕伯字犹从黑，则《玉篇》所引似不误。宋人重修《广韵》，亦不从颜氏，仍本顾说。《集韵》黕训黑，盖从方俗语黗之转入而为之耳，非正字也。黗训"黄浊黑"，本非黑甚之色，故今称人肤色浅黑曰"黑黗黗"。肤色之黑，正黄浊黑也。

　　钟案：《晋书·羊曼传》：史畴以大肥，号为"笨伯"。笨不训肥，乃坋之转音。坋，大也。说已详上文《释流品篇》"誖悖"字下。羊曼以颓纵任侠，饮酒诞节，号为"黕伯"。颜之推改"黕"为"黮"，取重沓多饶积厚之意。然于任侠饮酒本行，仍不切合。且"黮"亦俗书，于古无征。愚谓羊曼号"黕伯"者，"黕"

──────────

[①]《集韵·之韵》："緇，手足肤黑。庄持切。""緇""玆""缁"是同源词。

即"达"之转音。达，定纽，北音转清，入透纽，则音如挞。挞、黮声近，流俗语转，迷失本字，遂妄造"黮"字以谐声。史家据俗记述，成为廋词。达者，任达、闻达之意。晋人好言"作达"，与任侠饮酒之行正相契合。兖州"八伯"，比古之"八俊"，则作"黮"音者，当非恶词。

卷三　释疾病

目　录

（括号内小字为俗音及讹字）

瘼　《尔雅·释诂》："瘼，病也。"《方言》三："瘼，病也。东齐海岱之间曰瘼。"郭璞音莫。瘼，铎韵，铎为模入，亦为豪入，长言转平，入豪韵，音变为毛。今通称病曰"毛病"。又引申事物之又瑕疵可病者亦曰"毛病"。甬禁人莫为曰"毛弄"，莫言曰"毛话"，亦莫音变毛之征。

瘒瘉　俗语或云"毛里有病"，辞实费解。其本字当为"瘼瘒瘉病"。《尔雅·释诂》："痹瘉、瘼，病也。"痹通作里。《诗·小雅·十月之交》："悠悠我里。"传："里，病也。"据《校勘记》从小字本。◇《玉篇》引《诗》，作"悠悠我痹"。《小雅·角弓》："交相为瘉。"传："瘉，病也。"瘉从俞声，古音在侯部，侯、幽声近，侯浊无喻纽，故转幽韵如有。《小雅·斯干》："无相犹矣。"《鼓钟》："其德不犹。"笺并云："犹当作瘉。瘉，病也。"是古音瘉、犹声似之证。今点名，应者曰"有"，有即俞字。俞，应诺词也。又豕肉之肥者曰"油"，即腴字也。"瘼痹瘉病"本类聚同义字以称病者之词，自语转字讹变为"毛里有病"，又因讹而曲衍其义，以为其中有病疵之谓矣。①

瘥　《尔雅·释诂》："瘥，病也。"《左传·昭十九年》"札瘥夭昏"杜预及贾逵注并云："小疫曰瘥。"释文："瘥，才何反。《字林》作瘥。"《广韵·七歌》："瘥，小疫病也。"瘥，从纽歌韵，北音清从为清浊，又歌、豪同入相转，同入于铎。瘥转清纽豪韵，音变为操。瘥亦音祭，见《广韵·十五卦》。以从、床类隔，床穿为浊清，而歌、支亦相通转，卦支类也。今夏秋间流行小疫病俗称"操毛病"，即"瘥瘼病"，谓小疫病也。或曰，瘥本读祭，变为操者，以随下字毛声同化而叠韵。亦通。②

痒涏　《说文·疒部》："痒，寒病也。"所臻切。段玉裁注："凡《素问》《灵枢》《本草》言'洒洒''洗洗'者，其训皆寒，皆痒之假借。古辛声、先声、西声同在真文一类。"《广雅·释诂四》："涏，寒也。"《玉篇》巨井切。甬语呼形寒瑟缩不胜为"痒涏"，俗讹作"身兢"。又谓形寒曰"寒涏涏"。痒，古音为真类，真、脂对转，音变为势。今谓形寒曰"寒势势"。③

颤頄　《说文·页部》："頄，颤也。"于救切。音义皆同疚。《疒部》："疚，颤也。"颤、頄义同，方俗或类聚为词。《通俗文》曰："四支寒动谓之颤頄。"则"颤頄"字训联言，古已云然。《淮南·说山训》："故寒颤，惧者亦颤。"近人张氏之纯注曰："颤，手足微见摇动而瑟缩不已之貌。今俗误读为古公亶父之亶，又从亶之转音如斗，非。"见《诸子菁华录》，商务印书馆出版。钟案：张氏说韪矣。而谓误读如亶，则又未究古今音异之流变。《说文》颤从亶声，亶又从旦声，颤之古音，本在寒类端纽。从亶声字，今或在仙、狝、线韵者，以元、寒、删、仙古音本同类。犹仙从山声，本山韵字也。寒洪，仙纤，音转纤者，故流入仙、狝、线韵耳。声组亦然。寒韵洪，故有舌头，端、透、定、泥。而无舌上。知、彻、澄、娘。仙韵纤，故有舌上，而无舌头。侯洪，幽纤，故其声组舌

---

① "毛里有病"是"有病"的戏谑说法，由"毛病"望文生义而来，本字不是"瘼痹瘉病"。

② 今宁波话无"操毛病"一词。

③ "痒涏"当作"身涏"。"涏"又作"懔"，《广韵·沁韵》："懔，寒懔。巨禁切。"《正字通·忄部》："懔，寒战貌。""懔"音近，因受寒或受惊而哆嗦。另外，"寒势势"之"势"非"痒"之音变。

音之差别，亦如是。故从亶声字，转入仙、狝、线韵者，率为知、照纽。以端、知类隔相通，知、照今又混同，故颤今音读线韵照纽。其流变可深思也。钱大昕谓古人多舌音，后多变为齿音；黄侃谓知、照皆古端纽之变。然则颤之古音，正如亶也。"颤烦"急言，音变为斗者，以幽韵清纤，无端纽字，侯韵浊洪，方有之，幽、侯声近，欲作端纽，势必转作侯韵，斯音如斗，俗作抖。①

鼓㧬　《易·系辞上》："鼓之以雷霆。"虞翻注曰："鼓，动也。"《素问·疟论》："疟之始发也，先起于毫毛，伸欠乃作，寒慄鼓颔。"王冰注："鼓谓振动。""鼓颔"，俗状寒颤者，所谓"牙齿打相打"是也。鼓，古音为鱼类，其入在铎、陌。声促转入，则为古麦切，见纽合口呼，陌、麦无此音等字。俗音转如骨。呼寒颤而动曰"骨骨抖"。北人呼"骨头"音如"鼓头"，即鼓、骨相转之证。骨没韵，为脂类之入，脂、歌声近，鱼、歌亦声近，鱼由歌转脂故也。

或曰，"骨骨抖"之骨乃"鼓㧬"之合声。《说文·手部》："㧬，动也。"五忽切。《诗·小雅·正月》："天之㧬我。"《周礼·考工·轮人》："则是以大㧬。"郑玄注："㧬，摇动貌。""鼓㧬"皆动义，方言类聚以呼，声合则为骨，纽、韵皆不爽。没韵，见纽合口呼。②

烦　《说文·页部》："烦，热头痛也。"谓身发热而头痛也。凡疟之发，辄先颤寒。寒去，则内外皆热，头痛如破。见《素问·疟论》。甬俗呼疟病或称"打板子"。"打板"者，"颤冷变烦"之合声。颤，古音如亶。见上文。"亶冷"声合为打。甬呼冷在阳韵，耕、阳相转也。"变烦"声合为板。"颤冷变烦"者，状疟之病况，谓由寒颤而发热头痛也。子者，附益之词。"板子"现成语，循声误为木板字，故附益以"子"字。犹许毁曰"诼"，俗附益其词曰"攻诼"，则诼、毀音同（古音皆读若督），误诼为毀，遂踵益其词曰"攻诼"。其例正同。

◇颤古音为端纽寒韵，读若亶（见上文）。元、阳声近，音变为打。烦，奉纽，古读定纽，如瓣，浊音转清入帮纽，故如板。犹酒酿，甬俗呼"浆板"，板即饭之转音。说见后文《释食篇》。③

痎　《说文·疒部》："痎，二日一发疟也。"古谐切。钟案：痎之为言荄也，荄，根也。谓其病缠绵持久，如根固也。王冰注《素问·疟论》，痎训瘦，训老，皆就病疟之形状言之。疟最令人形消面黄，久延不愈，故俗亦称"三阴老疟"。疟每届时发，甬俗呼为"卖柴病"。"卖柴"谐声语，即"每届时痎"之合声。"每届"声合如卖。卦、怪声近。"时痎"声合如柴。皆、佳声近。"每届时痎"者，谓每届其时，则痎疟作也。

---

① "抖"非"颤烦"声合之变。
② "骨骨抖"之"骨"非"鼓"之音变，亦非"鼓㧬"之合声。"骨骨"是拟声状貌词，不一定有本字。
③ "打板子"，"打"非"颤冷"之合声或"颤"之音变，"板"非"变烦"之合声或"烦"之音变。"打板子"，今宁波话已不说，其他方言患疟疾叫"打摆子"。

雅人或引《孟子·公孙丑篇》"有采薪之忧"之典实为释。然臣下有病称"采薪"者，乃曲辞以自逊，非谓所病是疟也。彼于病名"卖柴"无以索解，乃强为比附耳。①

暑　《说文·日部》："暑，热也。"舒吕切。《礼记·月令》："土润溽暑。"暑为季候之热，医家以暑为客邪外因之一。暑，语韵，鱼模转麻，音变为沙。今通谓中暑而病曰"发痧"，暑病亦曰"痧气"，暑病之药曰"痧药"。后又泛称于夏秋暑令暴发之病亦曰"痧"，于是有"冷痧"暴中寒气。"闷痧"暴中秽恶而昏厥。"木痧"暴中客邪荣卫内阻。"绞肠痧"霍乱腹痛。"瘪螺痧"霍乱吐下亡液而指腘为陷。诸名。暑音变沙，犹所今读如沙。所本音糈，所、暑皆审纽语韵也。俗医不明字诂，复多立痧名，以衒其博。郭右陶撰《痧胀玉衡》一书，医家奉为鸿宝焉。

细痤　《说文·疒部》："痤，小肿也。一曰族絫病。"昨禾切。桂馥《义证》："小肿也者，《易·通卦验》：'足少阳脉盛，人多病粟疾。'注：'粟，痤肿也。'族絫者，《恒六年·左传》：'谓其不疾瘯蠡也。'注云：'皮毛无疥癣。'《广韵》：'瘯瘰，皮肤病也。'"钟案：痤训"小肿"，粟训"痤肿"，然则痤者乃如粟粒之成群、絫（累）絫然族聚者也。《素问·生气通天论》："汗出见湿，乃生痤痱。"又云："劳汗当风，寒薄为皶，郁乃痤。"痱（疿）为暑天皮肤所患细粒之痱子，皶为粉刺，皆细如粟粒。痤与疿、皶同言，则痤亦细小之物。凡从坐字，多含小义。矬，小目也。矬，短也。短、小义近。《书·益稷》："元首丛脞哉。"马融注："脞，小也。"郑玄注："总聚小小之事。"则痤训"小肿"，亦总聚小小之肿矣。今小儿患麻疹，苏沪谓之"痧子"，痧即"细痤"急言之合声。"细痤"声合本为娑，歌变麻，故音如沙。若谓麻疹细粒如沙，故云"痧"，然则暑病之"发痧"，其"痧"字又作何释？他如"风痧""红痧"，皆谓其皮肤如麻疹者也。②

微赤　"麻疹"之麻，即"微痤"之合声。微，古音如眉。古无轻唇音，微纽字读作明纽。歌、麻相转，故如麻。或曰，麻，本麼之转音。《广雅·释诂二》："麼，小也。""麼疹"犹云"细痤"，异词而义同。甬人呼麻疹为"瘄子"。瘄音如措，乃"赤痤"合声之变。"赤痤"声合本为磋，歌、模相转，音变为措。苏俗以形言，故云"细痤"；甬俗以色言，故云"赤痤"。方言命名，各有所当也。瘄、痧皆俗字，循声所造，于古无征。③

疝疞　《说文·疒部》："疞，腹中急痛也。"古巧切。段玉裁曰："今吴俗语云'绞肠刮肚痛'，其字当作疞也。古音读如纠。"《玉篇》音居幽切。钟案：丩声、丂声古音

---

① 疟疾叫"卖柴病"，理据不明。但"卖柴"非"每届时痎"之合声。
② "痧子"之"痧"非"细痤"急言之合声。"麻疹细粒如沙，故云'痧'"，似更合理。
③ "麻疹"之"麻"非"微痤"之合声或"麼"之转音。"瘄子"之"瘄"非"赤痤"合声之变。

同在幽部，故疛亦作疛。见《广韵·卅一巧》"疛"字下注。而《四十四有》："疛，病也。"音朽，疑失之。《金匮要略·妇人产后病脉证治篇》："产后腹中疛痛，当归生姜羊肉汤主之。"《外台秘要》《千金方》引此汤，皆作"腹中绞痛"。绞者俗字，盖腹痛称"疛"本是古语，疛音若绞，俗失疛字，遂以绞为之，以绞有急切义也。见《论语·秦伯篇》郑注及《左传·昭元年》杜注。字音同而义可附会者，俗语往往有之。如下雨曰霢，剃发曰铬。今落雨、落发，皆以草木零落字为之，皆昧失本字故也。①

　　威　《说文·疒部》："威，头痛也。读若沟洫之洫。"况逼切。音近挾，近搣。《说文》："挾，裂也。"《广雅·释诂二》："搣，裂也。"并呼麦切。《广韵·廿一麦》威亦音呼麦切。今称头痛甚者曰"头痛像挾开"，挾即威也。头痛曰"威"本古语，后人以威、挾同音，而误威为挾；"挾开"乃常语，遂头痛之"威"亦附益以"开"字矣。犹俗称诼曰"敌诼"，是误诼为豉。豉，攻击也。②

　　痗　《广雅·释诂》："痗，病也。"音每。《诗·卫风·伯兮》："使我心痗。"《小雅·十月之交》："亦孔之痗"。痗音近黴。《说文》："黴，中久雨青黑也。"引申为朽败义。《广雅·释诂三》："黴，败也。"今谓腐败曰"黴烂"，俗作霉。甬语病中骨节肢体无力而苦楚不可名状者，曰"骨头像霉落"，或曰"四肢像霉落"。《广韵·十八队》黴、痗同音。霉即痗也，落即烂之入声。落铎韵，为阳类之入。烂为元类，元、阳声近相转也。"黴烂"乃腐朽，以为骨节之苦楚如腐朽也。亦由古语称苦楚曰"痗"，后人误痗为黴，遂曼衍为"黴烂"，而声转为"霉落"耳。③

　　杓扚　《史记·天官书》："杓云如绳者。"索隐："杓，《说文》丁了反。许慎注《淮南》云：'杓，引也。'"《淮南·道应训》："孔子劲杓国④门之关。"高诱注："杓，引也。"杓或从手作扚。《玉篇》："扚，丁激切。引也。"《广韵·廿三锡》扚音的，义同。⑤锡为萧宵之入，从勺声字古音本在宵类。钓、杓、扚、旳、帟皆其证。扚，长言转去，

---

①　表示腹中急痛义的这个词，段氏以为当作"疛"；应氏从之，以为"绞"是俗字，"疛"是古语。笔者认为应该倒过来，"绞"是本字，"疛"是后出专字（二字同音，均为古巧切）。从吴俗语"绞肠刮肚痛"到古医书"腹中绞痛"，再到今天的"心绞痛"，"绞"都与扭结义有关，而不是一般的"急痛"。语言早于文字，《说文》所载不一定就是本字。
②　"头痛像挾开"之"挾"即为正字（"挾"亦作"搣"或"豁"，均音忽，义为裂），"威"非本字。如作"头痛像威开"，去掉"开"，这句话就成了"头痛像头痛"，不通。
③　"骨头像霉落""四肢像霉落"之"霉落"即为正字。"霉"同"黴"，与"痗"没有关系（"痗"义为病、忧伤）；"落"非"烂"之音变。"霉落"今不说。
④　"国"，原作"北"，误，径改。
⑤　当"引"讲之"扚"（音的），就是"大脚髈拨其扚勒痛煞""韭菜脑头扚眼掉"之"扚"。

音如吊。俗称牵引为吊，或作钓。霍乱转筋，腓肠收引曰"吊脚痧"，亦称"脚筋吊"。小儿惊风，项背收引，以致头目仰视曰"天钓"。理发，发受牵引而痛曰"钓发"。皆杓、扚字也。

痋疼　《说文·疒部》："痋，动病也。"徒冬切。释玄应曰："痋，又作脀、疼二形。"《一切经音义》十八。《说文》无疼字，各注家多以为疼即痋之或体。《释名·释疾病》："疼，痹也，气疼疼然烦也。"痹之为言癛也，癛，满也。闭也。《素问·五藏生成篇》："血凝于肤者为痹。"又"心痹"注曰："痹谓藏气不宣行也。"《痹论》："风寒湿杂至为痹。"客气所淫，气血壅闭其间为痹。疼训痹也，则疼亦如是。云"气疼疼然烦者"，即气血壅闭而动扰不宁。《玉篇》《广韵》分痋、疼为二字，疼皆训痛，征古医籍殊不然。《伤寒论·太阳篇》麻黄汤证："身疼，腰痛，臂节疼痛。"又大青龙汤证："身疼痛。"又次条："身不疼。"是疼与痛异也。甬语称病况，疼字最多。如头脑昏痕（胀）曰"头痕痕疼"，饥者曰"肚皮颇颔疼"，欲呕曰"胃里漾漾疼"，利下后重曰"屁眼急急疼"，事疚于心曰"心里怛怛疼"。疼者，即气壅于中而烦，其苦非痛非痠（酸），不可名状，俗称"不舒服"或"难过"是也，与《释名》之疼义暗合。①

勮勪勮　《方言》十二："勮，倦也。"郭璞注："勮，音剧。"倦即勌字。剧、倦群纽双声。字亦作勪。《广雅·释诂一》："勪，劳也。"又："勪，极也。"曹宪音其虐反。药韵群纽。勮陌韵，勪药韵，陌为庚入，药为阳入，同类相转也。字又通勪。《史记·司马相如传·子虚赋》："微勮受诎。"《文选》勮作㪣。集解引徐广曰："勮，音剧。"又引郭璞曰："勮，疲极也。"索隐引司马彪曰："勮，倦也。"又引《说文》云："勮，劳也。燕人谓劳为勮。"今本《说文》已佚。今谓疲劳之极曰"勮力"，正读其虐反。②

憩　《说文·心部》："憩，憏也。"《通俗文》："疲极曰憏。"《一切经音义》卷七引。则憩亦疲极义。《广韵·十二霁》："憩，剧也。"苦计切，音契。"苦计"本为溪纽粗音，然古今音等粗细常转。憩、契同纽，今读契为细音齐齿，为弃计切。声促转入，

---

① "头痕痕疼""屁眼急急疼"之"疼"[dəŋ²⁴]实际读音为"动"[dɔŋ²¹³]，本字即为"动"。《阿拉宁波话》"动"条："后缀，用在单音节动词或形容词重叠式后面，有'……的感觉''……的样子'等意思：心忖忖动｜头晕晕动｜牙齿拐拐动｜油肉吃勒抬抬动｜该后生投投动个。《型世言》第五回：'那董文虽是醉眼，早已看见，道："活作怪，怎么米桶的盖会这等动起来？"便躔躔动要来掀看。'"（306页）关于宁波方言后缀"动"，参看拙文《说后缀"动"》，《语文研究》2001年第4期。
② 宁波话疲劳叫"勮力"（勮音直），而不是"疲劳之极"叫"勮力"（所引"极也""疲极也"之"极"也是疲劳义）。"勮"又作"㥘"。《说文·心部》："㥘，劳也。"《玉篇·心部》："㥘，疲力也。""勮力"也作"着力"。《西游记》第八十八回："虽然打几个转身，丢几般解数，终是有些着力：走一路，便喘气嘘嘘，不能耐久。"

为喫。锡为霁入。通语称疲极曰"喫力"，喫即憨之讹。

疒倚瘑　《说文·疒部》："疒，倚也。系传作"痾也"，倚、痾古音同。人有疾痛，象倚箸之形。"女戹切。《广韵·廿一麦》："疒，疾也。尼戹切。"倚从奇声，古音在歌类，读如《诗》"猗傩其枝"之猗。字训联言，"疒倚"声合为傩。歌、元对转，音变为难。疒麦韵，古音为支类。支、歌声通，歌、元对转，亦变为难。今人有疾痛，通称"难过"。难即疒倚字，过者瘑之音变。《尔雅·释训》："瘑瘑，病也。"瘑通作瘝，作瘝。《尔雅·释诂》："瘝，病也。"《书·康诰》："恫瘝乃身。"传："瘝，病。"瘑、瘝、瘝皆元类，见纽合口呼。元、歌对转，音变为过。戈、果、过本皆合口呼，今皆读开口呼，与歌、哿、箇同，古今音之变也。或云，是"疨痾"之音变。[①]

疨痾　《广雅·释诂一》："疨、痾，病也。"《广韵·十五海》："疨，病也。见《尸子》。如亥切。"日纽通泥、娘，故《玉篇》音奴亥切。海、寒同入相转，同入于曷。音变为难。痾同痾，音阿。喉牙相转，音变为过。然影、见相转，其例不繁；且音之流变，双声为多。不如瘑之为过矣。

痵　《广雅·释训》："痵痵，疲也。"曹宪音吐安反。《玉篇·疒部》："痵，力极也。"《汉书·司马相如传·大人赋》："衍曼流烂痵以陆离。"张揖注："痵，一曰罢（疲）极也。"今谓病惫之极、无力以动曰"痵脱"，亦曰"痵掉"。俗作坍，非；或作瘫，亦讹字。瘫痪之瘫本痵字音转。"痵掉"之掉，乃怠之音变。《广雅·释诂二》："怠，懒也。"《方言》六："怠，坏也。"字通作殆。《庄子·养生主》："以有涯随无涯，殆已。"向秀注："殆，疲困之谓。"怠、殆俱从台声，古音为之类。之、宵声近，音变为掉。[②]

喙瘝殨　《国语·晋语五》："余病喙。"韦昭注："喙，短气貌。"《诗·大雅·绵》："维其喙矣。"传："喙，困也。"《广韵·二十废》引《诗》作瘝。《方言》十三："瘝，极也。"字又作殨。《方言》十二："殨，傛也。"郭璞注："今江东呼极为殨。极，力困也。《外传》曰：'余病殨矣。'"即上文引《晋语》文。是喙、瘝、殨皆通。《诗》释文许秽反，郭璞许畏反，皆晓纽细音。今皆转粗音，为虎畏切。慈溪山北人谓困倦之极曰"瘝痵"。音摊。凡拂逆气沮亦曰"喙痵"，或呼曰"喙忾"。忾即气之转音，"喙气"即短气也。气本溪纽，细音齐齿，转粗音开口，则如忾矣。

矮隤　《说文·歺部》："矮，病也。"於伪切。通作萎。《礼·檀弓上》："泰

[①]"难过"即为正字，"难"非"疒倚"之合声或"疒"之音变，"过"非"瘑"之音变。又，下条"疨痾"条以为"难过"即"疨痾"之音变，亦不确。

[②]"痵掉"正字当作"坍掉"。"掉"用在动词后，表示动作的结果，非"怠"之音变。

山其颓乎？梁木其坏乎？哲人其萎乎？”郑玄注：“萎，病也。”萎本训“食牛也”，见《说文》。今呼萎音如於。今以草木枯病为“萎”，人病而憔悴亦曰“萎”，本矮字也。甬语称人憔悴而气馁不振者曰“萎颓”。即捃《檀弓》语为之。颓本作隤。《说文》：“隤，下队也。”队、坠正俗字。《尔雅·释诂》：“坠，落也。”“萎隤”犹云萎落耳。

瓣㿿　《广雅·释诂一》：“瓣㿿，极也。”曹宪音甓皙。《广雅》本条“瓣㿿”与“瘝”“困”“疲”“羸”“倦”“憪”诸字同训“极”，盖极亦困劣之义。《说文》：“憋，极也。一曰困劣也。”是“极”与“困劣”义近，故通训。今称人病困不振曰“瓣瓣㿿㿿”。㿿从析声，在锡韵，锡为支、齐之入，长言转平，音变为西。俗称人病惫矮弱不振者曰“瓣西西”。①

瘝弱　《说文·疒部》：“瘝，减也。”《通训定声》：“本训为病减，转注为凡减损消退之称，经传皆以衰为之。”钟案：人之气血消退，又转为病，故《广韵·六脂》：“瘝，病也。”此即虚弱之病。瘝为脂韵重音，声近灰韵。灰入于没，瘝转入声没韵，作细音齐齿，音如削。没、末、黠韵皆无齐齿呼字。甬称人体衰弱多病谓之“削”，器物之窳薄不强固者亦云“削”。或云，削者，即“衰弱”急言之合声。《穀梁·序》：“昔周道衰陵②。”疏：“谓衰弱陵迟。”“衰弱”今常语，急言则合为一尔。③

殆尪　怠，懈也，见《史记·商君传》索隐。惰也。见《礼·檀弓上》郑玄注。通作殆。《庄子·养生主》：“以有涯随无涯，殆已。”释文引向秀注：“殆，疲困之谓。”《广雅》：“殆，败也。”《一切经音义》卷十五引。又《释诂一》：“殆，坏也。”孳乳为痻。《集韵》：“痻，病也。”凡人病气血败坏，则疲困懈惰。怠、殆义近尪。《通俗文》：“尪，羸也。”《一切经音义》卷四引。《广韵·十一唐》：“尪，尪弱。”乌光切。清音转浊，影转匣纽，音变为皇。甬俗诮吸罂粟烟者谓之“殆尪”，谓其懈惰而羸弱也。语转字讹，作“台皇”。

《玉篇·尢部》：“尪，短小也。”短小与弱义近。甬俗谓小弱之孩提，状之曰“尪”，凡人之脆弱不胜寒暑劳役之挫折者，亦状之曰“尪”。皆读乌光切，如汪。④

瘞疦　《玉篇》：“瘞，祛叶切。病少气。”凡从医字，或从去。《广韵·卅三业》：“疦，病劣。去劫切。”劣，弱也。病劣，犹病弱。甬称劳损衰羸之病曰“瘞疦”，

---

① “瓣”为浊音，音别。今宁波话没有“瓣西西”一词，而有“瘝西西”的说法。
② “陵”，原作“微”，误，径改。
③ “削”非“瘝”之音转或“衰弱”之合音。本字当作“疲”。《说文·疒部》：“疲，病劣也。”参看上文《释流品》“少劣”条注。
④ 今宁波话无“台皇”及“尪”（音汪）等说法。

凡病损不复曰“瘗落”。

㾷㿅[1] 《广雅·释诂一》：“㾷，病也。”曹宪音斯。《玉篇》：“㾷，思移、思兮二切。痠㾷也。”痠，疼痠。见《玉篇》。《广韵·十二齐》西纽：“痠㾷，疼痛。”按：音斯、音思移切，皆支韵。思兮切，兮声、虒声、斯声，古音本在支类，今在齐韵为脂类，支、脂相通转也。今云痛之微者曰“痛㾷㾷”，正读如西。㾷训痛，本不定为微痛，而俗用为小痛词者，以㾷与小为双声，故云尔。犹掏、舀皆挹抒义。掏音近“大”，故俗呼大挹为“掏”。舀音近“小”，故俗呼小挹为“舀”。虽非定词，而俗语无形中固若是。

◇《玉篇》：“㿅，私习切。小痛。”㿅，缉韵，为侵之入。长言转平，侵变为盐，音如纤。今音盐混于先，而先、齐又同入相转。今小痛曰“痛西西”，或云即㿅字。[2]

蛘骚 《说文·虫部》：“蛘，骚蛘也。”余两切。段玉裁注：“骚，各本作搔，今正。骚，扰也，毛云‘动也’。《诗·大雅·常武》“徐方绎骚”毛传云：“骚，动也。”骚痒者，扰动于肌肤间也。俗多用痒、癢字，盖非也。”《玉篇》：“痒，余两切。痛痒也。《说文》曰：‘疡也。’”今称痒曰“痒叟叟”，即“蛘骚骚”。字训联言，而复重言之。蚤声、叟声古音本同在幽类。尤、幽、肴、豪，同源异流，故相转。嫂从叟声，今音若骚，是其证矣。

㾌㿗 《广雅·释言》：“㾌，蛘也。”曹宪音辝（辞）翦反。王念孙疏证：“痒与蛘通[3]，俗作癢。”《玉篇》：“㾌，慈翦切。小痒也。”音似㿗。《玉篇》：“㿗，才兖切。大痒也。”㾌、㿗皆从纽狝韵，北音清从为清浊，㾌转清音，则音如浅。苏吴人谓玩弄取痒曰“痒浅浅”。甬音则浅音转如鸱。盖㿗从隽声为真类，真、脂对转，故若鸱。[4]

㾊 《广雅·释诂一》：“㾊，病也。”曹宪音亦。《玉篇·疒部》：“㾊，羊赤切。病相染也。”《广韵·廿二昔》易纽义同。字与从易之瘍（疡）音义皆殊。㾊音易，长言转去，入寘韵，音如难易之易。以豉切。今谓病相染曰“㾊”，正呼如难易字。盖㾊从疒，从易亦声。易有移易义，实傷之假借。故训“病相染”。

㿍㾹 《书·康诰》：“恫瘝乃身。”传：“瘝，病。”字亦作㿍。《玉篇》：“㿍，古顽切。病也。”㿍，删韵，删入于黠，㿍转入声，音如刮。《玉篇》：“㾹，仕皆切。瘦也。”音同豺。《广韵·十三佳》：“㾹，瘦也。”音柴。佳、皆声近，故《篇》《韵》

---

① “㿅”字原无，据目录补。

② “痛西西”，一般写作“痛稀稀”，“稀稀”为后缀，如：慌稀稀、红稀稀、臭稀稀、大糊稀稀。

③ “通”，原作“同”，误，径改。

④ “痒鸱鸱”，一般写作“痒趣趣”，如：呵（音花）痒趣趣。其中“鸱”或“趣”与“㾌”（小痒）或“㿗”（大痒）无关。

音相转。今称人瘦甚者曰"骨瘦如豺"，或作"骨瘦如柴"。骨本如柴干，不当云瘦。人瘦在肉，肉消则骨见。瘦不在骨也。豺亦非瘦兽，不当为喻。盖豺、柴本瘵之讹。骨为瘵入声。"瘵瘦如瘵"，谓其病瘦若瘵也。瘵、瘰入音如刮，与骨声近，故相讹尔。骨，没韵，为魂之入。刮，黠韵，为删之入。真、元声近，故没、黠亦声近。①

胮胖　《广雅·释诂二》："胮，肿肛②也。"曹宪音扶江反。古无轻唇音，奉纽字当读並纽，故《玉篇》："胮，薄江切。胮肛，胀大貌。"北音並为滂浊，胮转清音，故《广韵·四江》胮又音匹江切。音义又同胖。《玉篇》："胖，普江、普降二切。胖胀也。"肿胀皆病体之大。甬俗称脾虚浮肿、土色外见而肤黄者为"黄胮"。俗讹作胖。胖音判，《说文》："胖，半体肉也。一曰广肉。"非肿大义。《礼记·大学》："心③广体胖。"郑玄注："胖，犹大也。"释文："胖，步丹反。"朱骏声以为胖乃伴之假借。《说文》："伴，大皃。"亦非肿义。

疜疡　《玉篇》："疜，肿也。"《广韵·九麌》："疜，病肿也。"音父。虞、侯通转，音变字讹作浮。浮从孚声，今孚亦在虞韵。今病肿曰"浮肿"，本"疜肿"也。浮为浮沉字，无肿义。

疜，奉纽，唇音奉、微纽字，往往与匣纽合口呼字相混，如"扶、无、腐"之与"胡、壶、户"是也。疜既音讹如户，鱼、阳对转，音变为黄。今疔疮恶疽忽然肿散而毒内陷，俗谓之"走黄"，即"走疜"也，谓其肿势走散也。

或曰，"走黄"之黄，当是疡字。《周礼·天官·序官》"疡医"郑玄注："疡，创痈（痛）也。"创、疮古通。《素问·风论》："故使肌肉愤膹而有疡。"王冰注："疡，疮也。"疡，喻纽阳韵。喻读粗音，即转于匣；如王本喻纽，而今读与黄同，以喻、匣相转也。阳之宏浊，即转于唐。疡纽韵转宏，故音如黄。"走疡"者，谓其疮走散也。④

蠡　《左传·桓六年》："谓其不疾瘯蠡也。"杜预注："皮毛无疥癣。"是疥癣古谓之瘯蠡。释文："蠡，力果反。《说文》作瘰，云：'瘯瘰，皮肥也。'"朱骏声谓瘯当作族，瘰俗字作瘰。钟案：今皮肤肥起小粒犹曰"瘰"。族，丛也。"瘯蠡"者，谓疥癣之发丛起絫（累）絫然也。蠡读果韵，《玉篇》《广韵》皆作瘰。歌、豪同入相转，同入于铎。音变为癞。甬俗称疥疮曰"疥癞"。疥声促转入如割。《说文》："癞，朝鲜谓饮药毒曰癞。"非疮疡义。癞或以为癞字，引《广韵·十二曷》"癞，疥癞"为据，

---

① "骨瘦如豺（柴）"如果本作"瘵瘦如瘵"，那么按字面意思就是"病瘦如瘦"，讲不通。
② "肛"字原脱，径补。
③ "心"，原作"身"，误，径改。
④ "走黄"之"黄"本字不明，但不可能是"疜"或"疡"之音转。"走黄"今未闻。

非。癞本疠之俗体，疠，恶疾也。见《说文》。非疥癣小疡之谓。

搊搔　或曰，疥疬之疬，是"搊搔"之合声。《说文》："疥，搔也。"段玉裁注："疥急于搔，因谓之搔。俗作瘙，作瘰。"《玉篇》："瘙，先到切。疥瘙。"又："疥，瘙也。"瘙为实字。钟案：搔，刮也。见《说文》段注本。刮，摩也。搔为刮摩义。搔本稣遭切。今以指刮摩曰搔，音如爪，实"摘搔"之合声。《说文》："摘，搔也。"摘或作摘，俗读摘如摘。"摘搔"字训联言，声合故如爪。俗作抓。《广雅·释诂二》："抓，搔也。"曹宪音壮孝反。《玉篇》："抓，抓痒也。"甬俗称抓痒或如捞，读亢音。盖"搊搔"之合声。《广雅·释诂二》："搊，搔也。"曹宪音落合切。《说文》："搊，刮也。""搊搔"皆训刮，故方言类聚言之。然则古以疥为"疥瘙"者，瘙即搔之虚字实用；甬为"疥疬"者，疬即"搊搔"合声之虚字实用也。①

列胗癗　《说文·刀部》："列，分解也。"经传多借裂为之。《肉部》："胗，唇疡也。"之忍切。《文选·风赋》："中唇为胗。"列，古音为泰类，见《说文通训定声》。长言转去，音如癞。胗为真类，真、脂对转，音如挚。甬俗称唇角肿裂而微痛者，呼若"癞挚小娘"。娘者，癗之转音。《说文》："癗，痛也。"奴动切。东、阳声近，音变为娘。"列胗小癗"者，谓裂唇疡而小痛也。"列胗"音变为"癞挚"，俗以为"烂嘴"之音转，非。②

缇睑胗　《广雅·释器》："缇，赤也。"曹宪音他礼反。《字略》："睑，谓眼外皮也。"《一切经音义》卷十七引。《说文·目部新附》："睑，目上下睑也。"居奄切，音检。《三苍》："胗，肿也。"《一切经音义》卷六引。甬俗称眼睑病赤肿谓之"偷针"。偷即"缇睑"急呼合声之变，针即"胗"之讹。盖睑从金声，古音为谈类，谈、幽声近，"缇睑"合声，而幽类无透纽字，幽类声清，无舌头音而有舌上音。侯类声浊，无舌上音而有舌头音。欲作透纽，势必转邻部侯韵，音变如偷。胗，真类；针，侵类。今音侵、真相混，故讹胗为针。③

――――――――――――

① "疥疬"之"疬"非"搊搔"之合声。"以指刮摩曰搔，音如爪，实'摘搔'之合声"，不确，本字为"抓"（zhāo）。"甬俗称抓痒或如捞，盖'搊搔'之合声"，亦不确，本字就是"捞"。"捞痒"今不说。

② "癞挚小娘"又叫"嘴角疮"，指口角的炎症。"癞挚小娘"本字不是"列胗小癗"，一般写作"癞嘴小娘"。

③ 管睑腺炎（麦粒肿）为"偷针"，古已有之。如隋巢元方《诸病源候论·目病诸候》："人有眼内眦头忽结成疱，三五日间便生浓汁，世呼为偷针。"现代方言亦多有沿用，参看《汉语方言大词典》"偷针"条（4848页）、"偷针眼"条（4850页）、"生偷针儿""生偷针眼"条（1207页），《现代汉语方言大词典》"偷针""偷针眼"条（3847—3848页）。现代汉语通称"针眼"。"偷针"就是正字，"偷"非"缇睑"急呼合声之变，"针"非"胗"之讹。

胗 《三苍》："胗，肿也。"见上条。《释名·释疾病》："胗，展也，痒搔之，捷展起也。"胗，章忍切，照纽。《广韵·十六轸》："胗，瘾胗，皮外小起。"齿音精、照纽字，其读音粗者往往与牙音见纽齐齿呼相乱，故《广韵》胗亦音紧，为居忍切。今蚊蟰蛄蚁螫肤，肿起如丘，或痒或痛者，谓之"起胗"。甬语胗音正如紧。

胝趼 《说文·肉部》："胝，腄也。"竹尼切。腄者，《说文》云："跟胝也。"徐锴曰："谓脚跟行多，生胝皮也。"胝从氐声，古音为脂类。脂、真对转，真、先同居，音转字或作趼。《庄子·天道》："百舍重趼，而不敢息。"司马彪注："趼，胝也。"《淮南·修务训》："百舍重趼，不敢休息。"高诱注："趼，足生胝。读若茧。"茧，铣韵见纽。见纽齐齿呼与知、照声近也。字亦作茧。《国策·宋策》："墨子闻之，百舍重茧。"高诱注："重茧，絫（累）胝也。"钟案："百舍重趼"，《荀子》《墨子》《吕氏春秋》并有是语，皆兼程疾趋、脚皮为之坚厚之谓，想古代通语也。今手足过劳而皮厚如革，谓之"起茧"。正字当作胝，茧、趼皆借字。[1]

累赘瘜[2]肕 《说文·肉部》："肕，赘也。"《释名·释疾病》："肕，丘[3]也，出皮上聚高，如地之有丘也。"声义皆近瘤。《广雅·释诂二》："肕，肿也。"《说文·疒部》："瘤，肿也。"《三苍》："瘤，小肿也。"《通俗文》："肉胅曰瘤。"俱见《一切经音义》卷一引。《声类》："瘤，息肉也。"《一切经音义》卷七引。息通瘜。《玉篇》："瘤，肿也，瘜肉也。"瘜者，《说文》："瘜，寄肉也。"相即切。是瘜、瘤、肕义皆相似。方言类聚同义字为词，"瘜肕"或"瘜瘤"联语，急呼声合为秀，俗作痛。今人体生赘肕，或圜如珠颗，或长如烛泪，甬俗呼为"老至痛"，讹作"老鼠痛"。甬语鼠音如至。"老至"即"累赘"之语转。累，属也。《国策·齐策》："皆以国事累君。"高诱注："累，属也。"赘，亦属也。《诗·大雅·桑柔》："具赘卒荒。"传："赘，属也。""累赘"今常语，谓可厌之余物为"累赘"。瘜肉悬肕，固可厌物也。累为支类，支、歌声通，如蠃作螺，瘰作瘰，蠃作骡，皆从累得声。歌、豪同入又相转，同入于铎。累由歌转豪，音变为老。赘，霁韵，为脂类，读轻音则如至。"累赘"既语转为"老至"，又从俗音误为"老鼠"，于是浅人附会其说，以为食鼠之余食而病此。或曰，痛者，即瘜之转音。瘜从息声，古音为之类，之、幽声近，长言转平，故音如秀。然以赘肕之义核之，则以"瘜肕"

---

[1] "胝"（zhī），宁波话音基 [tɕi⁵³]，坐板疮叫"臀胝"。参看盛益民、马俊铭《老派宁波方言同音字汇——基于〈宁波方言词典〉的字音汇编与校释》，117 页。

[2] "瘜"字原脱，据目录补。

[3] 此"丘"及下一"丘"字原作"邱"，据《释名》原文改。孔子名丘，因避讳，"丘"常写作"邱"。

合声为长。①

痱瘰　《玉篇》："痱，甫未切。热生小疮。"《广韵》义同。《素问·生气通天论》："汗出见湿，乃生痤痱。"钟案：暑天汗渍肌肤所生汗疹，俗称"痱子"，即此字。俗亦称"痱子瘰"。《玉篇》："瘰，力罪切。皮起也。"今亦谓微粒小疮曰"瘰"。痱，俗讹作痱。《说文》："痱，风病也。"蒲罪切。《玉篇》亦音扶非切，则並、奉类隔相转，又重音转轻音也。《千金方》有"风痱"，即其证。然《广韵·八未》："痱，热疮。"扶沸切。是讹痱为痱，《广韵》已著录。《广韵》固多俗字俗义，在有识者善辨之。

甬人业于沪者多，或效沪语，称痱子为"痦子"，痦读如倍。《玉篇》："痦，匹杯切。痂也，疮也，弱也。"《广韵·十五灰》："痦，弱也。"芳胚切。皆非汗疹义。盖痦读倍音，本是痱字，痱本蒲罪切②也。痱既转浊音，字讹为痱。痱，甫未切，非纽；痱，扶非切，奉纽。非清奉浊也。俗以痱从非声，与倍音不类，乃借从疒从倍省之痦为之。此由音讹而复字讹也。

瘀　《说文·疒部》："瘀，积血病。"声促转入，则为阏。阏、瘀皆从於声也。阏，曷韵，为歌之入。瘀，御韵，其入本在药，而转曷韵者，鱼、歌声近，由歌而入于曷也。阏音同遏，遏亦训病。《诗·大雅·文王》："无遏尔躬。"《韩诗》云："遏，病也。"见释文引。瘀、遏、痛皆一声之转，而并有滞止之义。《释名·释疾病》："痛，壅也，气壅否结裹而溃也。"今目睑病肿，由于两眦泪孔瘀塞而致，以紫毛等通其瘀则愈，俗呼为"眼遏"，即"眼瘀"也。或谓遏者，痫之入声。《汉书·五行志》有"目痫"之名，痫之入诚如遏。然"目痫"乃泛称目病，非定谓其瘀肿也，故不取。③

胅肿窦　《广雅·释诂二》："胅，肿也。"字训联言，"胅肿"声合为洞。《说文·穴部》："窦，空也。"字训联言，"窦空"声合亦为洞。侯、东对转，窦转东韵亦为洞。俗称孔穴为洞，本窦字也。上条病"眼遏"者，目睑肿起，由于泪孔瘀塞，俗亦呼为"眼洞"。洞为窦字，谓其病在"眼窦"也。洞，亦可作胅肿字，谓其睑肿而名之。④

---

① 宁波话管痱子叫"老至瘰"，"老至"当作"老鼠"为长，而非"累赘"之语转；"瘰"是应氏自造俗字，盛益民等怀疑本字是"疣"。参看《老派宁波方言同音字汇——基于〈宁波方言词典〉的字音汇编与校释》，129 页。

② "蒲罪切"，原作"薄罪"，据上文"《说文》：'痱，风病也。'蒲罪切"改。

③ 宁波老话管长在上眼皮的睑腺炎（麦粒肿）叫"眼压"，长在下眼皮的叫"偷针"。上眼皮的麦粒肿有眼皮往下压迫的不适感，故称"眼压"（与表"眼球内液体对眼球壁的压力"义的"眼压"是两回事）。"压"当是正字，与"瘀""遏"无关。

④ "眼洞"即为正字。今宁波话不说"眼洞"，奉化话有之，如：该东西小人看弗来个，看了要生眼洞（奉化籍友生王再全见告）。

皭皤　《埤苍》：“皭，白色也。”在爵切。《广韵·十八药》引。《说文·白部》：“皤，老人白也。”薄波切。皤或从页作䪿。段玉裁注：“然则白发亦称皤。”《广雅·释器》：“皭、皤，白也。”皭、皤义似，方言类聚为词，急呼声合为醋。昨何切。歌变为麻，音变为茶。澄、从声似。病白癜风者肤色眉发皆白如老人，甬俗呼为“茶风”，又讹为“蛇风”。甬音蛇、茶同音。谓毒蛇嘘气风染而病此，则傅会之说也。茶即“皭皤”合呼之变。或以为瘥字，非。《玉篇》：“瘥，丈加切。瘢瘥也。”瘢为创痕。音谐，而义不似。①

蛊毒　《玉篇·疒部》：“疳，居酣切。疾也。”今读粗音如甘。字书如《尔雅》《说文》《广雅》诸书，凡训疾、训病、训创、训肿诸字，多不著其证状，其究为何疾何病，须于经传及医籍等参稽得之。《说文》《广韵》无疳字，《素问》、《灵枢》、《难经》、张机书亦无疳名，疑《玉篇》疳字，乃孙强辈所沾入。隋巢氏《病原》谓疳者肠胃虫动，侵食府藏，此犹蛊也。脾胃之气甘润，虫因甘而动，故病之为疳也。钟案：巢氏说疳从甘之说颇曲。今医家以疳为小儿损怯病，犹大人之劳损，治主调理脾胃，不必定有虫蛊。然古人以劳损为有虫蛊，故于疳亦云尔。他如蛔疳、牙疳，以疳名者，或因虫患，或因火毒，皆于甘义无涉。若淫毒之下疳、袖口疳等，去甘义更远。愚谓疳者，“蛊毒”合声之变。《说文·蟲部》：“蛊，腹中虫也。《春秋传》曰：‘皿虫为蛊。’晦淫之所生也。”《左传·昭元年》：“女，阳物而晦时，淫则生内热惑蛊之疾。”又曰：“何谓蛊？淫溺惑乱之所生也。”又曰：“在《周易》，女惑男，谓之蛊。”毒，古音在幽类。幽、侵对转，侵、谈声近。“蛊毒”急呼，声合变入谈韵，故音如甘，俗加疒作疳。“下疳”，淫毒病也，即女惑男、晦淫内热所生也。引申为内热而溃烂亦云“疳”，“牙疳”等是也。小儿之疳病者，即取蛊为腹中虫之意。

淫徽　《诗·邶风·雄雉·序》疏：“淫，谓色欲过度。”《广雅·释诂三》：“徽，败也。”今犹称腐败曰“徽”。徽音义皆近痗。《释名·释丧制》：“埋，痗也，趋使痗腐②而已也。”男女色欲过度，邪火内炽，败精浊血，郁而为疡；或与有毒者交，所得种种淫疮，俗统云“杨梅疮”，即“淫徽疮”之语转，谓淫欲徽腐之疮也。淫疮阴器溃烂，古亦称“徽疮”。明陈司成著《徽疮秘录》，即以徽为正字。淫，侵韵，侵、东邻转，阳、东亦声近，淫由东转阳，音变为杨。俗循声附会，以为杨梅时毒乃发，强为之释耳。③

----

① “茶（蛇）风”之“茶（蛇）”非“皭皤”声合之变。
② “痗腐”，王先谦《释名疏证补》作“腐朽”。
③ “杨梅疮”非“淫徽疮”之语转。“杨梅疮”明代已见，《三刻拍案惊奇》第二十一回：“因生杨梅疮烂成了个女人，就与吕达做了夫妇。”《汉语大词典》“杨梅疮”条：“梅毒所发之疮，色红，似杨梅。”

　　皲龟　《通俗文》：“手足坼裂曰皲。”《一切经音义》卷十一引。《汉书·赵充国传》：“将军士寒，手足皲瘃[1]。”文颖注：“皲，坼[2]裂也。”师古音军。字或左形右声作皸。《玉篇》：“皸，居云切。坼裂也。”寒天手足坼裂，甬俗谓之“开皲”。古亦借龟为之。灼龟坼裂以为兆，故引申为裂义。《庄子·逍遥游》：“不龟手之药。”龟，徐邈音举伦反，与皲音似。龟本居追切，今读粗音之姑追切，古今音之异也。古音为脂类，脂、真对转，故音似皲。方言本字异而音义同者，往往有之。此亦其类也。

　　皴皵　《玉篇·皮部》：“皴，七旬切。皵也。”又：“皵，思亦切，又七亦切。清、心相转。皴皵也，木皮甲错也。”寒天手足燥裂，皮肤甲错细起，微痒，张之则痛，俗呼“开皴皵”。清、穿类隔相转，皵音呼如尺。昌石切。或于“开皲”，亦泛称为“开皴皵”。

　　《尔雅·释木》：“槐，小叶曰榎；大而皵，楸；小而皵，榎。”樊光云：“皵，楛皮也。”《左传·襄二年》正义引。《广韵·廿二昔》：“皵，皮细起也。”七迹切。亦入《药韵》，音鹊。俗于手足爪[3]后有皮裂起者谓之“倒皵皮”，皵正读如鹊。竹木有坼裂，其皮芒翘起者，亦曰“皵”。谚云“扁担寻皵丝”，“象牙筷寻皵丝”。俗语称“皵丝”，本“隙釁”之音变。其本旨为吹毛求疵、抵瑕蹈隙之意。釁，震韵晓纽，真、脂对转，晓、审相似，釁转审纽脂韵，其音如师。今音脂、之无别，师、丝混同，故讹为丝。说详后文。[4]

　　胏　《说文·肉部》：“胏，创肉反出也。”香近切。《广韵·廿四焮》引《说文》作“疮肉反出也”。胏从希声而入焮韵，即脂、真对转之故。疮后出字，古本作创。“疮肉反出”，今疡医书中谓之“努肉”，俗语谓之“新肉”。新即胏之讹，而音犹古之遗。[5]

　　痬疕弅　《广雅·释言》：“疕，痂也。”曹宪音匹弭反。《广韵·四纸》：“疕，疮上甲。”疕之为言庇也，庇护其疮也。甬语称疮痂音如倚，盖“痬疕”合声之变，“痬疕”即疮痂也。“痬疕”合声本如以，喻纽。喻侈影弇，敛而弇之，故音转影纽如倚。

　　或曰，疮痂音如倚者，乃弅字。《说文·廾部》：“弅，盖也。”一俭切。《广雅·释诂二》：“弅，覆也。”疮痂弅覆疮口，故云“弅”。犹螺蛳头甲甬俗亦称“弅”，

----

①“瘃”，原作“裂”，误，径改。

②“坼”，原作“拆”，误，径改。

③“爪”，指甲。“倒皵皮”，指甲上方翘起的一丝皮，也叫“肉钉”。

④“开皴皵”当作“开皴皯”。《广韵·谆韵》：“皴，皮细起也。七伦切。”又《陌韵》：“皯，皴皯。丑格切。”“皴皯”音春尺，而“皴皵”音春切。“扁担寻皵丝”之“皵丝”即为正字，非“隙釁”之音变。下文《释语》“隙斯”条又谓“皵丝”本字为“隙斯”，亦不确。

⑤“新肉”即为正字，“新”非“胏”之讹。

亦谓其盖覆螺口也。①

痁皱脱 《说文·疒部》："痁，皮剥也。"赤占切。古无穿纽，今穿纽字于古读透纽，故痁古音当如沾。他兼切。声促转入为帖，帖音近皱。《玉篇·皮部》："皱，他活切。皮剥也。"兑声古音为脂类，毋声为侵类。脂、真同入对转，而真、侵声似，故两类之入亦相似。今创伤陈皮蜕去曰"脱皮"，正字当作皱。《说文·肉部》："脱，消肉臞也。"今病剧肉消谓之"脱形"，此正脱字本义。

嘶痧 《方言》六："嘶，噎也。楚曰嘶。"郭璞注："音斯。谓咽痛也。"又："嘶，散也。东齐声散曰嘶。秦晋声变曰嘶，器破而不殊其音亦谓之嘶。"钟案：凡火郁于喉者每咽痛，而声亦破不清亮，两义实相互成。字亦通嘶。《汉书·王莽传中》："莽为人声大而嘶。"颜师古注："嘶，声破也。"嘶、嘶并从斯声，古音为支类。支、歌声通，歌、麻同居，支、麻同入亦相转。同入于陌、于昔。嘶转麻韵，字变为沙。《礼记·内则下》："鸟皫色而沙鸣，郁。"郑玄注："沙，犹嘶也。"今谓声破不清澈者为"沙声"，喉音不清亮者为"沙胡咙"。沙无声破义，嘶、嘶音变之借字。《玉篇》："嘎，所讶切。声破。"疑后出俗体。

或曰，沙者，"嘶痧"之合声。《埤苍》："痧，痦也。"《一切经音义》卷六引。字亦作哑。《史记·刺客·豫让传》："吞炭为哑。"索隐："哑，为痦病。"《史记·仓公传》索隐曰："痦者，失音也。"谓发音不清亮。嘶、哑义似，故方言类聚言之。

謦 《说文·言部》："謦，欬也。"去挺切。《仓颉篇》："謦，声也。"《一切经音义》卷六引。《通俗文》："利喉曰謦欬。"《一切经音义》卷十四引。喉中气扰如有不利，鼓肺作声以利之，是为"謦"。謦，古音为耕类，耕、阳声近相转，音变，俗字作呛。《玉篇》："呛，七相切。鸟食。"非欬（咳）义。

嚊疪 《广雅·释诂四》："嚊，吐也。"曹宪音孚万切。《玉篇》："疪，孚万切。吐疪也。"嚊、疪音义皆同。甬俗称胃有不适，欲吐，谓之"嚊"，或云"嚊漾漾"。

欧歍 《说文·欠部》："欧，吐也。"字亦作呕。《释名·释疾病》："呕，伛也，将有所吐，脊曲伛也。"呕，厚韵，厚入于屋，呕转入声，音如屋，俗讹作恶，作噁。恶，铎韵，铎为唐入，屋为东入，东转阳唐，故屋、铎亦声近相转。甬俗称欧或云"恶"。或曰，欲欧称"恶"者，是歍之入声。《说文》："歍，心有所恶，若吐也。"哀都切。歍，模韵，

---

① "疮痂音如倚者"非"疡疕"合声之变，"或曰"近是。《阿拉宁波话》"厴"条："音掩。疮痂：疮结厴丨厴褪掉嘞。《集韵·琰韵》：'厴，疡痂也。於琰切。'也作'靥'：《三遂平妖传》第十二回：'贫道收得些汤火药，敷上便不疼，疮靥便脱落。'"（54 页）"厴""靥"是后出俗字。从来源看，与"弇""奄""掩""揜"等同源，得义于覆盖、掩蔽。螺类介壳口圆片状的盖叫"厣"，亦与"厴"等同源。

模入于铎，故歍入如恶。俗谓温温欲吐为"恶心"，恶即歍也。心者，"彀咽"之合声，说详下条。"恶"与"心"，分之合之皆不成吐义，不得据许书"心有所恶若吐"之语，而谓"恶心"训作欲吐也。

　　彀咽　《说文·口部》："彀，欧皃。《春秋传》曰：'君将彀之。'"许角切。《左传·哀廿五年》："褚师声子袜而登席，公怒，辞曰：'臣有疾，若见之，君将彀之。'"谓足有恶疾，故不去袜；见之，将令人欲欧也。彀，晓纽，细音撮口，或转粗音开口，则为呼木切，《广韵·一屋》训"欧声"所音是也。俗作咯，曰"咯血"，曰"咯痰"，咯皆吐义，盖随气顺口而吐之谓。《广雅·释诂四》："咽、彀，吐也。"曹宪音许角、巨殒二反。《广韵·十六轸》："咽，吐皃。"音窘。彀、咽义同，方言类聚为词，声合为脪。兴肾切。脪音近心。脪，晓纽，晓之细音近心、审。心，侵韵，与真、欣亦相似。俗称欲呕谓之"恶心"，恶即歍之入声，说见上文。心即彀咽字也。①

　　"彀咽"声合既为脪，真、脂对转，音变为稀，犹脪从希声，圻、祈从斤声也。甬俗称喉中气逆欲吐者，谓之"稀稀疼"。疼音彤，义见上文"疼"条。

　　呭　《说文·口部》："呭，不欧而吐也。"胡典切。系传本朱翱音易显切，为齐齿呼，与甬语音较切合。段玉裁注："《欠部》曰：'欧，吐也。'浑言之。此云'不欧而吐也'者，析言之。欧以匈（胸）喉言，吐以出口言也。有匈喉不作恶而已吐出者，谓之呭。"钟案：以匈喉而吐释呭，犹《释名》以伛释呕，皆就欧者之姿容为言。段以"匈喉不作恶"以释许之"不欧"，义尤难安。欧、吐之别，日本医者山田正珍著《伤寒论集成》，引古经传之用欧、吐字，曾有以阐明之。山田以为吐者，有为使之然也。乃物在口中，唾弃之名。如《诗·大雅》"刚则吐之"、《左传·僖五年》"神其吐之乎"、《礼·玉藻》"食在口则吐之"、《史记·鲁世家》"周公一饭三吐哺"等是也。呕者，有物从腹内翻出，自然而至之名。如《左传·哀二年》"简子伏弢呕血"、《汉书·严助传》"欧泄霍乱之疾"等是也。呕是病证，吐则非也。至仲景《论》中，则概而混用焉，如"腹满而吐""呕吐而下利"。由是观之，呕、吐之字，失古义也久矣。《说文》："欧，吐也。"《汉书·西域传》："头痛呕吐。"混呕、吐为一，盖汉人通尔。以上檃栝山田之要旨云尔。呕为病，吐则不必为病，今语意犹然。欧、吐浑言，古籍亦多见。《说文》呭训"不欧而吐"，盖许犹探古义而为解，谓无欧病而吐也。今甬谓食肥腻腥浊等物，为胃所不容，于是喉间如有不耐而欲吐者，谓之"呭呭疼"。

　　或曰，欲呕俗称"呭呭疼"，或称"漾漾疼"，呭、漾皆溢之音变。溢从益声，古音

_____

① 欲吐叫"恶心"，"恶心"即为正字，"恶"非"歍"之入声，"心"非"彀咽"之合声。

为支类。长言转去，音如难易之易。古音易声，亦支类也。支、耕对转，耕、阳声近，溢转去为阳声，故如漾。犹地名何家洋、李家洋之洋，本埸之转平为阳声也。见《释地篇》。[①]

歆　《玉篇·欠部》：“歆，平表、於垢二切。欧吐也。《说文》其久切，‘蹴鼻也’。”《广雅·释诂四》：“歆，吐也。”曹宪音其表反。钟案：於垢切欧，欧本训吐，是歆为欧之或体。咎声幽类，区声侯类，声本相近。《说文》系传歆音恩斗反，固与欧同音。徐铉音於纠切，亦影纽而幽类。凡咎声幽类字，后多转入萧豪韵中，如“皋陶”亦作“咎繇”，倃、櫜、棔、鼛、猤并从咎声，而在豪小韵。喉音、牙音亦多相转，故歆《玉篇》为群纽有韵，音其久切；曹宪为群纽小韵，其表切。歆本影纽，影转浊音为匣。歆转匣纽，形变作㖃。《玉篇》：“㖃，胡口切。吐也。”歆既混为匣，匣之合口呼常与奉、微混，如胡与符、无。歆混于奉，类隔转並，又幽类转萧豪，故变平表切。《广韵·三十小》：“歆，欧吐。”音殍。或混于微，类隔转明，明纽豪韵，则为毛声。歆，平表切，並、明相转，萧、豪相转，故音如毛。甬俗呼欧吐为“毛”，盖即歆之音变。[②]

除写　《广雅·释诂二》：“除，去也。”《诗·唐风·蟋蟀》：“日月其除。”《小雅·斯干》：“风雨攸除。”传并云：“除，去也。”去之亦云除。《荀子·议兵》：“除陒其下。”杨倞注：“除谓驱逐。”今称开除、驱除，即其义。人体内屎溺以力排去之，亦云“除”。鱼、模变麻，音转为寨。除谢切。今称大便曰“寨污”，污音如倭。小便曰“寨溲”，溲音如舒。便血曰“寨血”。泛用为下利亦称“寨”。下利本云“寨烂污”，简之遂云“寨”。或曰，寨者，亦“除写”之合声。《广雅·释诂三》：“写，除也。”除、写义同，字训联言为词，声促则为“寨”。参看《释形体篇》“污恶”“溲”“私”条释。[③]

酨酢　《说文·酉部》：“酨，酢䞘（浆）也。”《玉篇》音昨载在、祖代再二切。精从清浊二音。徐铉徒奈切，音代。古舌音字后多变为齿音，酨亦如是。酢、醋古互通，从王筠说。故《广韵·十九代》：“酨，醋也。”又：“酨，醋醬。”酨从𢦏声，古音为之类，之、咍古同部。之、宵声近，酨转宵部，音变为漕，俗作嘈。病胃酸多者，脘中似饥似酸，愦乱不可名状，得食则暂已，甬俗呼为“火嘈病”。医书谓之“嘈杂”，或称“醋心”。俗亦呼“发嘈”。嘈亦作䄚，并借声字，非此病义。《玉篇》：“䄚，食馅也。”《广韵》：“嘈，喧嘈。”盖皆酨之变音，谓酸浆为病也。方言直指其病原，第音变字讹，遂迷失本字耳。

---

① 形容因吃了过甜、过油的食物而反胃想吐的感觉叫“哯哯动”，作“哯”（音现）近是；“疼”则当作“动”，是词缀，参看上文“疰疼”条注。“或曰”不可从，“哯哯动”“漾漾动”之“哯”“漾”非“溢”之音变。

② 欧吐叫“毛”，非“歆”之音变，本字当是“冒”。

③ “寨”非“除写”之合声，本字为“射”。参看上文《释形体》“除污”条注。

"嘈杂"双声联语，其正字当为"截酢"。《说文》："酢，醶也。""醶，酢浆（浆）也。"截亦训"酢浆"，是截、酢义同，故方言类聚为词。酢，仓故切，此即酸醋本字。徐铉曰："今俗作在各切。"《说文》："醋，客酌主人也。"在各切。徐铉曰："今俗作仓故切。"《玉篇》："醋，才各切。今音措。"又："酢，且故切。今音昨，为酬酢字。"醋、酢两字音义互易，犹穜、種之互易，其乱已久。酢既相承讹读如昨，铎、陌声通，犹唐、庚声通。铎为唐入，陌为庚入也。酢转陌韵，音变在客切。从乍声字，在陌韵固甚多。陌韵无此切音字，其音近"杂"，方书中遂借杂字为之。①

顑颔　《楚辞·离骚》："长顑颔亦何伤。"王逸注："顑颔，不饱貌。"《说文·页部》："顑，食不饱面黄起行也。读若戆。"下感、下坎二切。皆匣纽。《广韵》苦感切，朱翱口糁反，皆溪纽。匣、溪相转，亦喉、牙声通之例。字亦作顲。《广韵·五十三勘》："顲，面虚黄色。"呼绀切。《说文》："颔，面黄也。"胡感切。《文选·离骚》李善注：颔，呼感反。匣晓浊清相转。顑、颔义同，《离骚》则类聚言之。顑、颔两音，上可读呼绀，下呼感，几相同矣。今饥甚者曰"肚皮饿得顑颔疼"，音正作撼撼。疼音彤，谓不可名状之病苦也。"疼"字释见上文。②

瞀芒　《说文·夊部》："瞀，瞀也。"《书·益稷》："下民昏垫。"传："昏，瞀。"以此反释，则瞀，瞀也，昏也。朱骏声曰："瞀（瞀）与惛（惛）同字，不省人事之谓。"然则瞀亦不省人事也。《书》疏释瞀为"眩惑之意"，眩惑与不憭义近。《说文》："惛，不憭也。"瞀音贸，转入，音如木。犹屋韵椘、帬、鹜、鍪皆从敄声。今谓肢体不仁，触之不知痛痒者，谓之"木"，人之不慧，顽钝志蠢然者，亦谓之"木"，皆瞀字也。敄声字或转模韵，如帬、鍪、务、婺等。而模变为麻，瞀由模转麻，或音变为麻。今称不仁曰"木"，亦曰"麻"，或联言曰"麻木"。大抵麻浅于木，木重于麻，则以麻声轻而木声重，即以声之轻重为病之轻重也。

　　或曰，不知觉谓之"木"者，亦芒之入声。芒，唐韵，唐入于铎，芒转入声为莫，莫、木声近，铎、屋二韵声近相转，犹唐、东声近相转也。故转如木。《庄子·齐物论》："人之生也，固若是芒乎？其我独芒，而人亦有不芒者乎？"释文："芒，昧也。"《管子·七臣七主》："芒主目伸五色。"尹知章注："芒谓芒然不晓识之貌。"芒同罔。《礼记·少仪》："衣服在躬，而不知其名为罔。"郑玄注："罔，犹罔罔，无知貌。"肌肤不仁称"木"者，正谓其无知貌也。

---

① 《阿拉宁波话》"火痄病"条："痄音槽。消渴，吃了就饿的病。清翟灏《通俗编·杂字》：'腹常如饥曰痄。'"（56页）可参。
② 今宁波话无"顑颔疼"说法。且"疼"当作"动"，是词缀。

痞　《尔雅·释诂》：“痞，病也。”《诗·小雅·无将大车》：“祇自痞兮。”又《白华》：“俾我痞兮。”传并云：“痞，病也。”《说文》：“痞，病不翅也。”系传本。段玉裁注：“翅同啻。《仓颉篇》曰：‘不啻，多也。’”病不翅谓病多也。孙炎曰：“痞，滞之病也。”病滞不愈，亦多病之意。痞，渠支切。《尔雅》释文及《玉篇》又音丁礼切，《诗》释文引徐邈亦音都礼反，皆端纽。端、知类隔相转，音变陟礼切，若𤺺。茀韵无知纽字，故借邻近旨韵𤺺字。𤺺音似疰。俗称多病滞著为“疰”。夏季疲滞多病曰“疰夏”，舟涉大川，不耐波涛而病曰“疰浪”。疰皆痞之讹。《广雅·释诂一》：“疰，病也。”王念孙疏证引《释名·释疾病》曰：“注病，一人死，一人复得，气相灌注也。”注与疰通。钟案：《释名》所云，即方书中所谓“传尸瘵”，亦称“尸疰”。疰有流注之义，故谓恶疾。“疰夏”“疰浪”不过疲病而已，不当膺此恶名。论义当作痞，俗作疰者，由声讹而字误耳。[1]

　　𤸄作寐　《说文·𤕫部》：“𤸄，楚人谓寐曰𤸄。”依倨切，音淤。又：“𤸄，寐而厌也。”系传本。《广雅·释言》：“𤸄，厌也。”曹宪音米。字亦作寐。厌者，《仓颉篇》云：“眠内不祥也。”《一切经音义》卷七引。又卷一引《字苑》同。《广韵·五十琰》：“厌，厌魅也。”俗字作魇。《说文·鬼部新附》：“魇，梦惊也。”人在梦中如被鬼魅所制，气不得息，肢不得举，愦乱不可名状，俗呼“婀婼魅”，盖即“𤸄作寐”之语转，谓寐而作厌也。𤸄从女声，古音为鱼类，鱼、歌声近，音变为婀。作从乍声，长言转去，故音如诈。诈、婼声似也。寐、魅古音皆脂类，声近而附会之。魅，鄞人或转为獌，呼猫亦为獌，宵、谈对转，谈、寒声似。遂谓梦魇乃猫怪所为。音变字讹，辗转附会，方言义理之多歧，往往如此。脂、元相转，故魅音如獌。

　　厌笮　《说文》系传“𤸄”字下曰：“寐则神游，神为阴气所厌，不得出也。若鬼神，其实非也。故人寐卧，手住心胸上，则多厌也。”今父老相传，亦有此理释。手按于胸，则心肺之动受笮，故寐梦中病气闷愦乱，不可名状。此与《灵枢经》所谓“阴气盛则梦涉大水，阳气盛则梦入大火，上盛则梦飞，下盛则梦堕”诸说，皆相契合。然则梦魇俗呼“婀婼魅”者，其正字当为“厌笮寐”，谓因厌笮而寐也。《说文·厂部》：“厌，笮也。”於辄切。段玉裁注：“《竹部》曰：笮者，迫也。今语曰压迫，本此。此义今人字作压，乃古今字之殊。”钟案：厌、压古通用。《仓颉篇》：“压，笮也。”《一切经音义》卷十七引。《国语·鲁语下》：“吾惧压焉。”韦昭注：“压，笮也。”《左传·襄廿六年》：“楚晨厌晋军而陈。”《卅一年》：“侨将厌焉。”释文皆云：“厌本作压。”《国

---

① “疰夏”“疰浪”之“疰”非“痞”之音转。

语·周语》"克厌天心"，《繁阳令杨君碑》作"克压帝心"。皆其证。压之音转为婀，犹阿爷、阿母之阿读如压矣。压，狎韵，古音为谈类。谈类与元类今音相混。压既混入元类，元、歌对转，故音变如婀。筶、姹叠韵，其纽照、知亦相似，故筶讹为姹。

"婀姹魅"俗亦云"婀姹压"。压即魇字。《广韵·廿九葉》："魇，恶梦。"於葉切。葉、狎声通，故音转如压。乌甲切。葉为盐入，狎为衔入，盐、衔声通，故葉、狎亦通转。

瘋痳　《说文·疒部》："瘋，一曰恶气箸身也。一曰蚀疮。"莫驾切。钱坫《斠诠》以"恶气箸身"与"蚀疮"两义融合释之，以为即今之大麻风。麻风字俗讹作痳。《说文》："痳，疝病。从疒，林声。"力寻反。系传曰："小便不快，湿痹沾沥也。"《释名·释疾病》："痳，懔也，小便难，懔懔然也。"今字作淋。淫病有"淋浊"，本字当为痳。

痼毒　《说文·疒部》："痼，久病也。"通作痼。甬俗称久病而情志善怒者为"病痼毒"。毒，恚也。《楚辞·九叹·灵怀》："哀仆夫之坎毒兮。"王逸注："毒，恚也。"

瘟　《广雅·释诂一》："瘟，病也。"曹宪音温。王念孙疏证云："瘟者，《众经音义》卷七引《说文》云：'瘟，暴无知也。'又引《声类》云：'瘟，欲死也。'《楚辞·九思·逢尤》云：'恫瘟绝兮咶复苏。'"王筠曰："盖谓中痰中恶，卒然昏不知人也。"今谓暴死为瘟，俗作瘟。

瘟或读入声，为乌没切。《广韵·十一没》："瘟，心闷。"今谓心胸郁气闷甚曰"瘟杀"。

殁　《说文·歹部》："殁，终也。"莫没切。殁，或从殳作殁。今谓死为没，本殁、殁字。殁从勿声，古音为脂类，脂、真对转，音变为门。殁，没韵，没为魂入，长言转平，亦音如门。明、微类隔相转，则如文。犹蚊虫之蚊、问讯之问，俗音如门，即其反例。犹刎、吻、伤皆从勿声，而音如文上声也。今谓鱼死曰"文"，胎儿死者亦曰"文"。文无义，即殁之音变也。死与活对，文与武对。既称死者为"文"，遂以生者为"武"。俗称鱼类之活者为"武"，如望潮鱼之活者曰"武望潮"。乃因讹而讹之辞。犹鱼肉之经冷藏冰冻者俗呼"冷气货"，其未经冷藏冰冻者则云"热气货"。其实何尝有"热气"哉？不过对"冷气货"反词云尔。[①]

殈殂　《说文·歹部》："殈，弃也。俗语谓死曰大殈。"《广韵·五支》："殈，死也。"丘知切。《说文》："殂，往死也。"在胡切。《尔雅·释诂》："殂，死也。"殈、殂皆死义，方言类聚为词，声合为躯。模韵溪纽无细音齐齿呼，故借邻近虞韵躯字。

模、萧同入相转，同入于屋。音变为跷。殢亦得音转自变为跷。殢，支韵，支、之合类，之、宵亦合类。殢由之转宵，音变为跷。或曰，跷者，"殢殀"之合声。《玉篇》："殀，殁也。"今俗作俳谑语，谓人死为"跷"。或复踵益其词曰"跷辫子"。"辫子"乃"毙卒"两字之语转。说详下条。

毙卒　《说文·犬部》："獘，顿仆也。"獘或从死作獙（毙），经传多作毙。《广韵·十三祭》："毙，死也。"祭为脂类，脂、真对转，真、先同居，故转如辫。《尔雅·释诂》："卒，死也。"字训联言，"卒死"声合为子。死旨韵，子止韵，今音旨、止混同。卒，术韵，术为旨入，长言转上声，亦音如子。殢、殂、毙、卒皆死义，方言类聚为词耳。[1]

卒，死也。或字训联言而倒之，"死卒"声合为窣。苏骨切。卒亦入没韵也。俗讹作杀，溺死曰"浸杀"，缢死曰"吊杀"，凡死皆曰杀。杀本兵刃所死之名，与戮同义。《说文·殺部》："殺（杀），戮也。"《戈部》："戮，杀也。"殺、戮从殳、从戈，其义可见，与通语泛称为绝生之词，尚有间。欢喜杀、难看杀、笑杀之杀，乃甚义，是"肆极"之合声。[2]说详后文《释语篇》。

魄尸　《书·武成》："惟一月壬辰旁死魄。"疏："魄者，形也，谓月之轮郭无光之处名魄也。"月无精光为魄，移言人死灵爽去，其形亦曰魄。《太玄·中》："巅灵，气形反。"范望注："死气为魂，其形为魄。"今人死，神魂离去，其尸体俗称"魄尸"。魄音转如粕。匹各切。魄，陌韵，转粕为铎韵。陌、铎相转，犹庚、唐相转也。今音陌为庚入，铎为唐入。

魂廓　《字林》："廓，空也。"《一切经音义》卷十二引。凡内空为物所舍，其舍亦曰廓，故剑室亦云廓。见《方言》九。俗作壳。人之形躯为神魂所舍，仙妖尸解，神魂外游，蜕遗尸体，俗呼"魄尸"，亦称"顽壳""外壳"。即"魂廓"之音变。真、元声近，故魂转为顽；真、脂对转，故魂转为外。[3]

釋形体　百十三条　一九三四七字
釋疾病　七十四条　一三八六八字
乙巳岁六月廿二日誊竣

---

[1] "跷辫子"今作"翘辫子"，"翘辫子"即为正字，与"殢""殂""毙""卒"等字无关。

[2] "浸杀""吊杀"之"杀"即为正字，非"死卒"之合音。又，"欢喜杀""笑杀"之"杀"亦为正字，非"肆极"之合音。这类用法的"杀"俗多写作"煞"。

[3] "外壳"就是正字，与"魂廓"无涉。

卷四　释动作

《说文》："动，作也。"凡肢体之动，必有所作。《释名》则谓之《释姿容》。

目　录

（括号内小字为俗音及讹字）

---

① 本条原无，据正文补。

摄蹑（摄） 升陟（摄） 翻（摄摄发发） 趬蹻（脚跷高） 久（伞 箭步） 句（弓步） 躢（踢）
伸（榁） 趗（冲冲动）① 绊（板跌） 迍（磕跌） 蹁（蹩） 冤屈（哕） 挊（闪腰） 紾
轸（抽） 趡骏（趡趡走 秦秦走） 腾陶（腾腾奔 逃娘婆） 趢趢（趢趢走） 蠡趐（趕窜过去）
退哼悇绶（慢哼哼 脱箕脱箕） 留趑（赖） 趍（徙进徙出） 趆（买箕买箕） 趉（虔箕虔箕）
形貌（样范）

騀顉 《说文·马部》："騀，马摇头也。"五可切。移言人之摇头亦曰"騀"。
凡鸟兽之形体动作，移言于人，所在多有。参看各篇所释。騀，哿韵，哿入于曷，声促转入，则
如栖，五割切。声近抚。抚，五忽切，亦摇动义。《周礼·考工记·轮人》："辐广而
凿浅，则以是大抚。"郑玄注："抚，凿②动貌。"今通称摇头音如"抚头"。或曰，
是顉之入声。《广雅·释诂一》："顉，动也。"曹宪音五感反。《一切经音义》卷
十一引《说文》："顉，摇其头也。"《列子·汤问》："顉其颐。"释文："顉，
犹摇头也。"顉，感韵，感入于合，声促转入则如聶。五合切。聶与栖声亦相似。覃、
寒声似，歌、寒对转，故其入亦相似。③

倪 《尔雅·释鱼》："龟，俯者灵，仰者谢。左倪不类，右倪不若。""左倪""右
倪"对上文龟头俯仰而言，即头向上下左右四顾之谓，郝懿行义疏"左右倪者，谓头
偏向左右"是也。倪本睨之借字，左倪右倪，即头左顾右顾。凡作左右顾者，头必向
左右转动。今谓头转动，故曰"倪"。或曰，头转动曰"倪"，即上文顉之音转。顉，
五感切，疑纽，古音为侵类。侵、盐音通，故音变为严。亦通。④

氐 《说文新附》："低，下也。"古作氐。《说文》"昏"篆下曰："氐者，下也。"
是许以氐为低字。《汉书·食货志下》："封君皆氐首仰给焉。"师古注："氐首，犹俯
首也。"今相亲或认可，俯首示意曰"点头"，点即氐之音讹。氐，古音为脂类，脂、
真对转，真、先同部，氐转先韵，音变为典。今音典、点声似者，以先、盐、添韵相
混故也。氐或转入，音变为咄。当没切。俗称俯首示意音如"咄头"。俗作答。《说文》："點
（点），小黑也。"无俯下义。然"点头"宋人已云然。欧阳修诗："清夜梦中糊眼处，

---

① 本条原无，据正文补。
② "凿"原作"摇"，据《十三经注疏》本改。
③ 在"騀""抚""顉"三说中，"抚"字音义最为密合。《阿拉宁波话》"抚"条："音额清音。摇动；
　晃动：问其要哦，其头抚抚｜茶叶罐头抚抚其，还有一眼好齿｜走起路来抚记抚记。《广韵·没韵》：
　'抚，摇动。五忽切。'"（148页）
④ 表示头或身体转动的这个词，今多读女，本字为"扭"。"扭""转"常连用，"扭"随下字"转"[tsɣ³⁵]
　同化而叠韵，故读"女"[ɳy³⁵]，与"倪"或"睨"无涉。

朱衣暗里点头时。"谓其文之入格者，朱衣神为之俯首认可也。事见宋赵令畤《侯鲭录》。

　　挥抌　《说文·手部》："挥，奋也。"许归切。《玉篇》诩归切，《左传·僖廿三年》释文许韦反，皆晓纽撮口呼。今相承读虎韦切，为晓纽合口呼，音等粗细，古今有变异也。挥从军声，古音为真类，当如荤。荤，许云切，音熏，本亦细音撮口。今荤素字亦读粗音合口，为虎文切。今挥在微韵，微为脂类，真、脂对转故也。犹微韵之沂、圻、旂，亦从斤声；而文韵之贲，却从卉声。皆其例。许书以奋训挥，盖取叠韵可证。挥，古音既如荤素之荤，真文转寒删，音变如北音之奂，虎还切。俗字作甩。今振摇其头曰"甩头"，水濡手，振手去水亦曰"甩"，事义见《国语·晋语》及《左传·僖廿三年》。犬豕摇尾亦曰"甩"，皆挥字也。犹《考工记·辀人》之辌亦从军声，释文又音况万反是也。挥或转入声，音如忽，俗作扐，凡以力振掉之亦称"扐"。亦"挥抌"之合声。《广雅·释诂一》："抌、挥，动也。"取同义字连茹合呼之。挥古音在文韵，文入于物。挥今在微韵，微亦入于物。今音如没韵之忽者，以物韵无晓纽粗音，故不得不转邻近之没韵，没为魂痕之入，魂痕与文，声最切近。方有其字耳。若"挥抌"合声，固在没韵如忽。

　　扨拯　《说文·手部》："扨，上举也。"扨或从登作撜，亦作拯。《易·明夷六二》《涣初六》皆云："拯马壮吉。"释文引《说文》："拯，举也。"子夏《传》作扨。故朱骏声谓"拯为扨之或体"。扨音蒸上声，为照纽。今音知、照混同，古无知、照纽，今知、照纽字于古为端纽，故扨古音当如等。字亦作撜，从登声也。蒸登与之咍为阴阳对转，撜转咍类海韵，登、咍同入于德。其音如戴上声。海韵有等字，音多改切。清音转浊，端转定纽，则音如待。俗字作抬。今谓上举曰"抬"，举头曰"抬头"，抬本扨撜字，古音读若等之纽韵双变。拯，今读如澄上声，为澄纽。盖照、知混同，澄为知浊，拯转浊音，故如澄上声。澄、定类隔相转，又登、咍对转，则音亦如抬。等音变为待，作抬，犹俗语等候之等，本是待之音变也。说详后《释行事篇》[①]"待"字释。《广雅·释诂一》："抬，动也。"《玉篇》："抬，大才切。动振也。"皆无上举义。惟《广韵·十六咍》："抬，抬举。"音台。此后人俗音俗字，盖宋人重修时徇俗沾入，《广韵》中类此者不少。

　　同何　或问：抬既训动，不训举，然则俗谓抬轿、抬棺材之抬，果何字？曰：此"同何"两字合声之变。《说文·冃部》："同，合会也。"《人部》："何，儋也。"经传或作荷，儋或作擔（担）。《广雅·释诂三》："何，担也。"《诗·小雅·无羊》："何蓑何笠。"传"何，揭也。"揭，高举也。见《说文》。凡俗称抬者，皆合两人以上，以杆索共肩之而行，故云"同何"也。"同何"疾呼，声合为驮。歌、咍同入相转，

---

① 《释行事篇》，原作《释言语篇》，误，径改。

同入于曷。音变为抬。或曰，《说文》："佗，负何也。"何、荷通。歌、咍相转，音可变抬。《方言》七："𦟼，儋也。"郭璞音邓。登、咍对转，音亦变抬，犹𦟼之为黛，𦟼之为䈽。此两者音义俱谐，何取合声？曰：俗称抬者，谓合群力肩负之，非独举也。佗、𦟼虽训负担，然无合力之意在焉。稽俗语本旨，验诸训诂，故认为抬轿、抬棺材之抬，乃"同何"合声之变。若俗语独力以举或亦有称抬者，如物欲下坠，揸擎以举之亦云抬。此仍是上文抧之变音。①

倒頞顶　《说文·页部》："頞，颅也。"字从乇声，古音为鱼类，其入铎、陌、昔。《广韵·十九铎》音徒落切，是其正音。徐铉徒谷切，段玉裁辨正之是也。徒谷为屋韵，屋、铎声近相转，犹其平之东、唐相转耳。頞，定纽，浊音转清为端纽，端、知类隔又相转，故《广韵·二十陌》頞又音陟格切，如磔。或从北音转清为透纽，透、彻类隔相转，故頞又因坼。《广韵·二十陌》音丑格切是也。铎、陌同类，犹唐、庚同类。陌韵无舌头音字，铎韵无舌上音字，故类隔转知、彻纽，势必变韵于陌。頞颅，头骨也。先儒多谓頞颅音转为髑髅，髑髅合声则为头。俗谓之头顶。頞既读坼，入陌韵，陌为庚入，长言转平，音变为瞠。音等转细为齐齿，则音如桯。庚韵彻纽无齐齿呼字，欲作细音齐齿呼，势必转入邻近之清韵。今儿童戏嬉，以手代足，头立于地，谓之"竖蜻蜓"，或称"笃蜻蜓"。笃者，倒之入声，豪入于沃也。《礼记·曲礼下》："倒策侧龟于君前，有诛。"郑玄注："倒，颠倒也。"蜻蜓，即頞顶之讹。頞音转如桯，桯、蜻声似。彻、清纽似，青、清韵似。顶，端纽，转浊为定纽，则如蜓。犹《诗·定之方中》之定读如订。蜻蜓常见虫名，音相近，遂讹之耳。②

人俯于地，前仆轮转而起立，甬语谓之"翻颠倒"。颠音如顶。真、先同部，颠从真声，颠之古音本如多邻切也。真、耕声近，故音若顶。端、知类隔相转，知、照今混同，颠转知、照，则音如珍，如真。见纽之细音今又与知、照混，音又讹为筋。俗称"翻颠倒"，或称"翻筋斗"。斗者，倒之音变，侯、豪同入相转也。同入于铎。"颠倒"既讹"筋斗"，筋转粗音，为见纽开口，而真文无见纽粗音，势必转入有粗音之痕韵，则音如跟。故"筋斗"北人或称"跟斗"。俗称失足倾跌曰"跌了一个跟斗"，即跌一颠倒也。

占相　《方言》十："占，视也。凡相窃视，南楚谓之窥，或谓之占。占犹瞻也。"

---

① "抬轿""抬棺材"之"抬"非"同何"两字合声之变。
② "笃蜻蜓"即"竖蜻蜓"，"笃"是竖义，非"倒"之音变，本字当是"卓"。"卓"古有竖立义，如《水浒传》第六十八回："花荣箭早先到，正中曾涂左臂，翻身落马，头盔倒卓，两脚蹬空。"下文"殶投"条："古无舌上音，知组字读作端纽……武昌南门外十里，有井曰'卓刀泉'，相传为汉关羽卓刀处。土人呼卓，即如督……直立曰'壁卓'，卓亦音如督。"应氏说"卓"字甚确，但说"笃"字有误。另外，"蜻蜓"即为正字，非"頞顶"之讹。

钟案：占训窥视，当为觇之借字。《说文·见部》："觇，窥视也。"觇从占声，声相近，语转字省作占耳。占，古音为侵类，侵、东声近，东、阳亦声近，占由东转阳，音变为张。俗称窥视曰"张"。或曰，此"占相"之合声。《说文·目部》："相，省视也。"省视犹察视也。《尔雅·释诂》："省，察也。""占相"犹云窥察也。俗语称"张"，正合是义。①

窥　《说文·穴部》："窥，正视也。从穴中正见。正亦声。"丑庚、丑贞二切。《广韵》分隶庚、清两韵。正，本训侯中，谓射矢之鹄。《小尔雅·广器》："鹄中者谓之正。"引申为直中不偏之谓。正视者，谓如射之视鹄，注目无所旁顾。庚韵古音近阳，甬音年庚之庚、先生之生等字，犹呼作阳韵。今音近耕、清。彻纽亦有邻转知、照者，如窥亦音侦，丑贞切。而今侦读如贞；上条觇之为占，皆其例。觇彻纽，占照纽。窥，彻纽庚韵，彻、知相转，庚、阳相转，知纽阳韵，音变为张。今谓直视其物、目不傍顾亦曰"张"。观剧曰"张"，阅细物亦曰"张"，久视目疲曰"眼睛张穿"。或曰，此"见相"之合声。《说文》："见，视也。""相，省视也。"见、相同训视，方言类聚为词，声合则为姜。见之细音，易与知、精、照三纽混，故姜、张、将甬音无异也。②

瞳盯　《玉篇·目部》："瞳，亡幸切。视也。又音萌。"类隔转明纽。又："盯，直庚切。瞳盯，视皃。"《广韵·十二庚》："瞳，瞳盯，直视。"俗谓神往直视曰"瞳盯"。瞳转亢音，如沪语焖肉之焖；凡疑、泥、来、娘、明、微诸纽，不清又不浊者，往往转亢音，深喉出之。盯音多衡切，如甬音之登。庚韵无舌头音字。端、知类隔相转，古音知纽字，皆作端纽也。③

睰瞜　《方言》六："睰，视也。吴扬曰睰。"《玉篇》："睰，来各切。盼也。"今谓目睛左右顾盼曰"睰"。匪人入室，觊觎财物，辄目睛四顾，甬语谓之"睰瞜"。瞜音转铎韵如廓。盖瞜随上字睰声同化而叠韵。参看后《方言上下字同化叠韵说》。《汉书·扬雄传下·解嘲》曰："高明之家，鬼瞜其室。"瞜亦恶视也。瞜，《说文》作阚，《门部》："阚，望也。"苦滥切。《广雅·释诂》："阚、瞜，视也。"④

瞚瞬眨　《说文·目部》："瞚，开阖目数摇也。"舒闰切。《庄子·庚桑楚》："终日视而不瞚。"释文："瞚，字又作瞬，同。音舜。动也。"今瞬行而瞚无闻矣。瞬，稕韵，稕入于柈，音促转入，变如瑟，俗作霎。今谓目睑开阖一动曰"一霎"。

---

① "张"非"占"之音变或"占相"之合声。
② "张"非"窥"之音变或"见相"之合声。表示窥视、直视其物两义的"张"是同一个词。
③ 今宁波话无"瞳盯"（音焖登）一词。
④ 宁波话强盗叫"绿壳"，如比喻目光凶狠说"眼睛像绿壳介"，但目睛四顾不叫"睰瞜"（音落廓）。

或曰，目动曰霎，是眨之音变。《说文·目部新附》："眨，目动也。"《一切经音义》引《字苑》："眨，目数开闭也。"眨，侧洽切，照纽。照、审或相转，眨转审纽，则如霎。犹翅、啻本皆审纽，今相承读如至，为照纽，正其反例。然眨后出字。

瞋眿 《说文·目部》："瞋，张目也。"昌真切。瞋之为言瞋也。瞋，恚也，见《说文·言部》。今作嗔。故《广韵·十七真》瞋、瞋、嗔同纽，并训怒。凡怒视，必张目也。《说文》又云："祕书瞋从戌。"字亦作眿。戌声，古音为脂类，真、脂对转，故音或从戌。今谓人怒目相视曰"眼睛眿之"，或云"眼睛眿起"。眿即瞋之入声。瞋音变眿，犹作眿从戌声，转入矣。[①]

睐 《说文·目部》："睐，目童子不正也。"童，《玉篇》作瞳。许书无瞳字，以童为瞳也。《文选·洛神赋》："明眸善睐。"李善注："睐，旁视也。"《射雉赋》："瞵悍[②]目以旁睐。"注："睐，视也。"旁视者，面不向物，物在旁，而转睛以视之。女之有情于男，每不正面相觑，而流眄旁视，诗词家所谓"眼波"，优伶花旦作妖态所谓"飞眼"是也。洛神旁睐，即以此。旁视者，故其瞳不中正。许、李虽异释，而义实相通。睐从来声，古音为之类。之、幽声近，音变字讹作溜。今谓目睛善移作旁视者曰"光溜溜"。光者，顾之音转，鱼、阳对转也。溜本水名，出鬱林，见《说文》。假借为檐霤字，于目睛移动无可证。

或曰：流，水行也。移言目之转动亦云流。目动曰溜，曷为非流字？曰：此犹霎雨之霎、铬发之铬，俗皆以草木凋落字为之，音义似可通，其实自有其本字在。故目动曰流，非正也。

眄 《说文·目部》："眄，目偏合也。一曰衺视也。"莫甸切。目偏合者，朱骏声谓一目开而一目闭。衺视，即斜视。《列子·黄帝篇》"一眄而已"释文："眄，斜视也。"今以目相戏者，目一开一闭，斜视以会意，谓之"作眄眼"。眄俗作迷，以亢音读之。

瞌盍 《玉篇·目部》："瞌，苦合切。困闷眼。"字从目，从盇，会意，盇亦声。《玉篇》："盇，口荅切。盇合也。"《广韵·廿七合》："盇，盇合，相当也。"谓适相合也。困闷眼者，谓困闷欲合也。今谓眼倦欲睡谓之"瞌睡"。睡从目，从垂，会意。寐则目睑垂也。论义理，瞌当作瞌。《玉篇》："瞌，苦合切。眼瞌。""眼瞌"义不详。"瞌睡"者，目困而欲睡也。前人或嫌瞌俗，瞌从目，从阖省，会意。盖取义如此。谓当作"渴睡"，取渴于睡意，似嫌附会。

---

① 今宁波话没有"眼睛眿之"或"眼睛眿起"等说法。
② "悍"，原作"晖"，误，径改。

甬语称瞌睡为"瞌睏"，亦谓渴于睏乎？睏俗字，无义。以此为比，则知渴非正字矣。睏者，瞢之音转。《说文·见部》："瞢，视不明也。"丑龙切。《玉篇》《广韵》作觍。字从春声，古音为东类，江韵字，古音近东，今音近阳。古今音之变异也。当读如忡。"瞌觍"者，谓目困闷而视不明也，正合方言本旨，与熟寐固有间。

或嫌瞌字近俗，乃貉或痁之音变。《说文·豸部》："貉，善睡兽也。"下各切。《玉篇·疒部》："痁，呼骨切。多睡病也。"貉、痁皆喉音，喉、牙相转，变入溪纽，则如客，如渴。下各切变苦各，则如恪，铎、陌声近，则转如客；呼骨切变苦骨，则如窟，转开口音如渴。没韵无开口音，故借用曷韵字。貉与涸、鹤同音，今鹤读疑纽，亦牙音；而涸读晓纽如霍，则从北音转清音。皆音流变之征。然匣、溪相转，其例究不繁，存参。

瞑瞍　《说文·目部》："瞑，翕目也。"民粤反。耕、真声近，真、先同部，故亦读如眠。按：瞑、眠正俗字。《荀子·非十二子》"则瞑瞑然"杨倞注："瞑瞑，视不审之貌。"瞑音义皆近鼻。《说文·自部》："鼻，宀宀不见也。"米田反。《玉篇》作鼻，音眉然切，"不见也"。甬语称"瞌睏"者，或踵益其词而形况之，曰"瞌睏瞑瞍"，谓瞌睏时视物不清审也。《说文·目部》："瞍，一曰不明也。"音义又同瞢。《首部》："瞢，目不明也。"木空切。"瞑瞍"或"鼻瞢"皆视物迷乱之意。

癔癔　《说文·瘳部》："癔，孰寐也。读如悸。"《玉篇》："癔，渠季切。熟寐也。"浊音转清，群转见纽，则音如季。季音近鸡。甬称人熟寐须臾便寤者，谓之"鸡霎觉"。音教。释之者曰：如鸡寐一瞬而觉也。实即"癔速觉"之音变，谓熟寐而速寤也。速从束声，古音为侯类，侯、幽声近，幽入于缉，则音如霎，或曰霎者，"速癔"之合声，"速癔"谓速觉也。《玉篇·瘳部》："癔，思邓切，新觉。"《广韵·四十八嶝》："癔，癔曼，睡觉。""速癔"声合本如胜，嶝入于德，声促转入则如色，色、霎声似也。

癔　《说文·瘳部》："癔，楚人谓寐曰癔。"人与反，从系传朱翱音。音汝。日通泥、娘，鱼、支声近，音变如呢，犹汝音变为你也。俗讹作泥。今状人孰（熟）寐曰"熟睡如泥"，酒醉而寐者曰"酒醉如泥"。泥皆癔也。泥字无义，而俗习用，不究其非。或益之曰"像烂泥"，更因讹而讹。方言中若是者不少。[1]

齁鼾　《说文·鼻部》："齁，卧息也。读若吼。"许介切，晓纽齐齿。《玉篇》："齁，呼介切。鼻息也。"则读晓纽粗音。《韵谱》为二等开口呼。《说文》："鼾，卧息也。读若汗。"侯幹切。齁、鼾义同，方言类聚以呼，声合为汉。今谓卧中息声曰"眠汉"，汉即齁鼾字也。鼾，匣纽，北音匣为晓浊，鼾转晓纽，亦变为汉。齁从隶声，古音为脂类，

---

[1] "熟睡如泥""酒醉如泥"之"泥"就是正字。若作"熟睡如癔"，则为"熟睡如睡"，讲不通。

脂、元相转，糠转翰韵，亦读为汉。①

齅嗅 《说文·鼻部》："齅，以鼻就臭也。读若畜牲之畜。"许救切。字亦作嗅。《论语·乡党》："三嗅而作。"《玉篇》引作"齅"。臭声、畜声古音并为幽类。幽、东同入相转，同入于屋。音变为汹。犹趚、趢亦从臭声，在送韵，读香仲切也。《集韵》嗅亦音趚。甬语以鼻审香臭，正呼如汹上声，为晓纽撮口呼。北人谓嗅为闻，古籍亦有以闻为嗅者。《家语·六本》："如入芝兰之室，久而不闻其香。如入鲍鱼之肆，久而不闻其臭。"《说文》："闻，知声也。"字从耳。声为耳根所摄，香臭为鼻根所摄。经传虽亦有以达知训闻者，攷其达知皆谓事情声誉之达知，非嗅觉而知之谓。愚谓嗅觉曰闻，当是味之借字。微、文同入相转，故亹亦读门，贲卦之贲亦读虎贲字，薪亦读勤。味转问韵，故为闻。味虽为舌根所摄，然鼻、舌实相通，故食物之甘恶，往往不逮口尝，一近于唇，而鼻先知之，即为证也。且味之虚用为体味，义即与嗅觉相似。故谓闻训嗅觉，为味之假借，脂、真对转，此亦其例也。②

欥 《玉篇·欠部》："欥，许狄切。出鼻涕。"《广韵·廿三锡》："欥，去涕。"锡为青入，长言转平，音如馨。俗称鼓气于鼻，排去其涕，呼如馨，俗字作擤。见《篇海》。"捻鼻脓曰擤。"钱大昭《说文统释·自序》中曾议之。

乞呷 《说文·丂部》："乞，反丂也。读若呵。"虎何切。丂者，《说文》云："气欲舒出，勹上碍于一也。"反丂，则气舒矣。故《通训定声》谓"乞，气之舒也"。后人以呵为之。《广韵·三十箇》："呵，嘘气。"此今义也。呵本诃之或体，《说文》："诃，大言而怒也。"俗称志倦张口舒气谓之"呵欠"，甬俗呼如"煆蚶"。煆即乞字，歌转麻也。蚶者，呷之转平。《说文·口部》："呷，吸呷也。"呼甲切。吸，内息也。见《说文》。吸呷，谓引气入内。呷从甲，甲，东方阳气。吸呷，吸引生气也。甲声与甘声古音同为谈类，呷，长言转平，故如蚶。凡呵欠者，必先舒气长呼，然后敛气长吸。生理家谓体内养气缺乏，故倦作深呼吸。《灵枢经·口问篇》："阴阳相引，故数欠。"一呼一吸，即阴阳相引之义。乞为呼，呷为吸，皆晓纽音等之异耳。

繖劢 《说文·欠部》："繖，欠皃。"落官切。欠者，《说文》云："张口气悟也。"俗云"呵欠"。繖，桓韵，为合口。转开口上声，为懒。◇嬾、懒从赖声，古音本属泰类，泰、寒对转，故《广韵》入《廿三旱》，与㻋同组。甬俗称欠伸曰"伸懒长"。郑玄注《士相见礼》云："志倦则欠，体倦则伸。"懒，即繖也。长者，劢之讹。《说文·力部》："劢，

---

① "眠汉"正字作"眠鼾"，"眠鼾"之"鼾"与"糠"无关。《广韵·寒韵》："鼾，卧气激声。许干切。"正读晓纽。

② 《集韵·送韵》："嗅，鼻审气也。香仲切。"宁波话"嗅"正读香仲切，即读汹去声，而非汹上声。"闻"当嗅讲，属于词义引申，而不是"味"之借字。

彊也。"义与劲同。《说文》："劲，彊也。"《广韵·十二庚》："勍，强力。"渠京切。京声字古音在阳类，庚韵字今音近耕清，古音近阳唐。方言多古音，故如长。群、澄甬音相若。"伸䏽勍"者，谓体伸而欠，使劲也。①

齦豤　《说文·齿部》："齦，齧也。"康很切。音义皆同豤。《豕部》："豤，齧也。"俗称以齿剥蚀物之肤表曰"齦"，与碎啮之"嚼"有别。故《广雅·释诂二》："豤，减也。"减亦渐次剥蚀之谓。俗作啃。

噬唊　《方言》十二："噬，食也。"《说文·口部》："噬，唊也。"《左传·哀十二年》："国狗之瘈，无不噬也。"杜预注："噬，齧也。"噬、唊义同，字训联言，"噬唊"声合如嚵。士咸切，禅、床同浊相转。今谓狗猝相啮呼如"嚵"，鱼吞钓饵亦呼如"嚵"，人乍食一口亦云"嚵"。噬，祭韵，古音为泰类。见《说文通训定声》。祭泰与寒删相转，从戴震、江永说。噬转删山韵，音如屖。士山切。屖、嚵声似，噬亦得自变其声如嚵。②

咀　《说文·口部》："咀，含味也。"慈吕切。段玉裁注："含而味之。"韩愈《进学解》："含英咀华。"咀，从纽，浊音转清，从转精纽，故《集韵》亦音子余切，如苴。咀，鱼语韵，鱼入于药，声促转入，音如斫。侧略切。今置食口中，含而细辨其味，谓之"咀味道"。咀正读如斫。道者，覃之音变。《说文》："覃，长味也。"③

湎　《说文·水部》："湎，饮歃也。"绵婢切。歃者，小歠之也。通作唼。《字书》："唼，喋也。书亦作歃。所洽反。谓以口微吸之也。"《一切经音义》卷八引。是湎训饮歃，谓微吸之饮。今不能饮酒者，以两唇沾酒，浅尝即止，谓之"湎一湎"。湎以亢音读之，如欧西乐谱高音之咩。音号作⅗。凡不清不浊之疑、泥、明纽等字，往往转亢音。

啜嚵　《说文·口部》："啜，尝也。"昌说切。《释名·释饮食》："啜，绝也，乍啜而绝于口也。"从叕声字古音为泰类，见《说文通训定声》。泰之入散于曷、黠、鎋、屑、薛，故啜今在薛韵。而薛韵字甬音多有读若曷、黠、鎋韵者，如劣、埒、掇、纂等字。亦缘此故，啜转黠韵，音如察，俗讹作撮。鄞乡村酒食肆，每桌预陈馔数题，备客选食，食则计值。或尝食少许，谓之"撮头"，不计值。撮即啜也，谓尝味之也。头者，覃之音变，说详上文《释形体篇》"覃"字条。

或曰，"撮头"之撮，当是嚵之入声。《广韵·五十九鉴》："嚵，试人食。"楚鉴切，音忏。声促转入，音如歃，歃、撮声似也。嚵本训"小啐"，见《说文》。士咸切。床浊转穿清，故音如忏。"试人食"者，固小与之也。

---

① "伸懒长"之"懒"当是正字，非"䏽"之音变。"长"本字不明。
② 《说文·口部》："嚵，小啐也。"士咸切。"嚵"即为正字，而非"噬唊"之合音或"噬"之音变。
③ "咀味道"当作"呫味道"。"道"即为正字，非"覃"之音变。

　　歃　《说文·欠部》：“歃，歇也。”呼合切。《歇部》：“歇，歃也。”歇、饮古今字。然则歃亦饮义。俗称引饮曰“喝”，如喝酒、喝茶，其正字当作歃。徐灏以呷为之，亦非。呷，吸气也。俗语“喝西北风”，即呷也。喝，《说文》训“澂也”，於介切。段玉裁注：“疑当作澂音也，谓音之不润。今脱音字耳。”《广苍》：“喝，声之幽也。”《后汉书·张酺传》注引。故《通训定声》谓“喝，音之歇也”，非吸饮义。《玉篇》：“喝，乙芥切。嘶声也。”[1]

　　吮欶　《说文·口部》：“吮，欶也。”徂沇切。《欠部》：“欶，吮也。”所角切。欶亦作嗽。《通俗文》：“含吸曰嗽也。”《一切经音义》卷四引。今谓物在孔内，口吸出之曰“欶”。水液在孔内，口含吸之曰“吮”。《史记》载吴起卒有疾疽者，起为吮之。今语犹或称之。吮，狝韵，其入在薛，声促转入，又从浊转清，音变子列切，如蕝。甬俗称口含吸，音如蕝。又吮从允声，古音为真类，故《玉篇》亦音食尹切，床纽准韵。真、脂对转，床浊转照清，音变诸几切，如撍。甬俗口含壶口而吸之，音正如撍。[2]

　　丙　《说文·谷部》：“丙，舌皃。从谷省，象形。”他念切。段玉裁注：“象形者，谓冂象吐舌也。从谷省者，谷与山谷字有别，《说文》：‘谷，口上阿也。’其虐切。谓人也。舌出于谷外[3]，故内谷外舌。《鲁灵光殿赋》：‘玄熊甜餤以断断。’善曰：‘甜餤，吐舌皃。吐玷、吐暂二切。’按：甜盖即丙之俗也。”“甜餤”，《玉篇》作“䑙䑛”，云：“吐舌皃。”音他兼、他甘二切。今谓吐舌长伸口外，呼如滩，俗作舕，即丙之讹。《广韵》舑谈韵，谈、寒今音混也。如担、丹音似，谈、弹音似，惭、残音似，蓝、阑似。

　　扰　《说文·手部》：“擾，烦也。”今字作擾（扰）。引申为动乱义。《广雅·释训》：“扰扰，乱也。”《素问·五常政大论》：“其动炎灼妄扰。”王冰注“扰，挠也”。《说文》：“挠，扰也。”《国语·吴语》：“挠乱百度。”韦昭注：“挠，扰也。”是扰、挠义同互训之证。《声类》：“挠，搅也。”是扰亦搅乱之义。扰从夒声，古音为幽类，音而沼切，为日纽。北音日纽近来，如而、儿、然、人、让等字皆是。南音则变禅、床。如人、然、若、如、任、柔等字皆是。今扰读如绍者，变禅组故也。今以竿搅水而浑乱之，呼如“留”，即扰之音变。纽变来，而韵在幽类本音也。幽、萧声近，本相通转。古音幽类字，今多在萧、肴、豪韵者。幽类与之类声

---

① “喝酒”“喝茶”与“喝西北风”，“喝”是同一个词，其本字无须分为“歃”与“呷”两个字。
② 《阿拉宁波话》“咂”条：“音足。吮吸：咂奶奶（白读）｜咂肉骨头｜咂指末头。”又“注”条：“①小口饮；对着瓶口喝：对注（对饮）｜南风吹吹，烧酒注注。②吸：香烟注注，咕咕忖忖。”（均136页）即把“蕝”写作“咂”，把“撍”写作“注”，可参。“蕝”“撍”不可能是“吮”之音转。
③ “外”字原脱，径补。

近，扰从北音而转之类，音变为理。之、咍同部，又变为唻。甬俗称舌扰动上下左右，呼如"理"，或呼如"唻"。蛇每弄舌于口外，亦呼如"理"。

◇《尔雅·释诂》："妯，动也。"《方言》六："妯，扰也。人不静曰妯。"扰亦动也。《尔雅》释文："妯，郭卢笃反。"《诗·小雅·钟鼓》释文引郭音《尔雅》卢叔反，《集韵》亦音卢谷切，皆屋韵来纽。屋为幽入，长言转幽尤，则音如留。犹北人呼六为留。勠亦音留。甬乐工读乐谱"五六工尺"字，六亦读留。今以竿棒扰动之，呼如"留"，即妯字也。[1]

舓 《说文·舌部》："舓，以舌取食也。"《玉篇》引《说文》作"以舌取物也"。《广韵》同。神纸切。舌、舓（舐）皆神纽。即床纽三等音。神纽字《玉篇》多作禅纽，如舌音时列切，食音是力切，船音市专切，绳、乘音是升切。禅、床同浊，故往往相通转混似也。古无禅、神纽，今神、禅纽音皆古定纽所变。本黄侃说。而北音定为透浊，故定纽字古有转清音作透纽，而后世变为神、禅纽者。观舌部诸字多作透纽，即古变音所遗。《说文·谷部》"㱿"读若导，为定纽。一曰读若沾，古添字。导为幽类，沾为谈类，幽、宵声近，宵、谈对转也。一曰读若誓。段注："读沾又读誓，此七八部（侵谈类）与十五部（脂类）合韵之理。"按：严可均曰："幽、宵、之、侵、谈、蒸亦大合为一类，故脂从之转可通谈。"此其证也。沾，透纽；誓，禅纽。定、透、禅相转，此亦其证。神、禅纽字古音既通转透纽，舓转透纽，则音他纸切，如体。纸韵无透纽字，故借声近荠韵之体字。今谓以舌取物呼如体，俗作舔。舔，忝韵，古音为谈类。严可均曰："幽、宵、之、侵、谈、蒸亦大合为一类，故支从之转可通谈。"甬语呼舓，或音如胎上声，即支、之同类相转，之、咍本同部也。

飤茹 《说文·食部》："飤，粮也。"《玉篇》："飤，夕恣切。食也。"字亦作饲。《广韵》飤、饲皆入《七志》，音寺。飤本实字，或虚用之，为以食食人之义。今相承以食餧（喂）家畜曰"饲"、家畜所食物称"饲料"是也。饲，邪纽志韵，古音为之类。之、咍同部，饲转咍韵，音变夕载切，如裁。甬音裁读邪禅纽，代韵无邪禅纽字，故借从纽之裁字。邪、从同浊，每相通转而混似。甬俗叱人就食呼如"裁"，谓以畜类之饲名之，贱之也。或曰，此是茹之音变，说详后。

《方言》七："茹，食也。吴越之间，凡贪食饮食者谓之茹。"郭璞注："今俗呼能粗食者为茹。"《说文》："茹，饲马也。"《玉篇》及《广韵·九御》并云："茹，饭牛。"飤（饲）马牛，皆刍秣豆麸等粗食，故引申人贪馋、不厌粗食亦云"茹"。茹、如音同，皆日纽，日通禅、床，故吴越读茹、如音如署。北音日纽近来，故苏北如皋县，苏北人呼若卢皋，如即读来纽。茹，古音为鱼类，鱼、歌声近，歌、元对转，《新方言》有鱼、

---

[1] 表示用棍棒等搅动义的这个词，一般写作"捯"，本字不明。

元通转例。茹由歌转寒，音变署翰切，寒翰韵皆无禅、床纽字。故音有如裁。寒、咍同入相转，故甬音汉与海、开与看、寒与孩，往往音似相混。歌、咍亦同入相转，同入于曷。茹亦得由歌转咍韵，为裁。

甬叱人就食，或曰"裁逗滓"，或曰"裁逗昏滓"，"昏"义详后。或曰"昏脚"。逗、滓皆粗恶之物。以筛取细去粗，粗者谓之逗；以水淀取清去浊，则浊者谓之滓。"逗""滓"释皆详《释地篇》。滓，甬语音如几，齿音敛之入牙，故变见纽。甬音见纽细音常与精、知、照混。犹第亦读如几，《广韵》滓、第本同纽也。滓声促转入，变为脚者，脚，药韵，为古音宵类之入，滓为之类，之、宵声近，邻转故也。或有呼如"昏即"者，即，职韵，固滓之入也。[1]

骾哽昏　《说文·骨部》："骾，食骨留咽中也。"《玉篇》作"留嗌中"。古杏切。古或借鲠、借哽为之。《汉书·贾山传》："祝鲠在后。"《后汉书·明帝纪》"二年"："祝哽在前。"《广韵·三十梗》："哽，哽咽。"《庄子·外物》："壅则哽。"释文："哽，塞也。"今食塞于咽谓之哽，不仅指骨骾而已。甬语哽转浊音，为群纽，如共杏切。《说文·口部》："昏，塞口也。"古活切。甬俗叱人就食呼为"昏"，或呼为"骾"。皆谓食塞其口咽也。盖讥其贪馋，悍急于食之状。

亯　《说文·亯部》："亯，用也。从亯，今字作享。从自。自知臭，亯所食也。"音庸。段玉裁注："从自之意，鼻闻所食之香而食之[2]，是曰亯。今俗谓喫为用是也。"钟案：称喫为用，是外地语，然近来鄞、镇等城市人亦传言之，乡曲则无闻焉。

喫歠　《说文·口部新附》："喫，食也。"苦击切。今音转细为三等，《玉篇》去击切是也。歠，饮也。《说文》："歠，歙也。""歙，歠也。"歙、饮古今字。详上文。今谓啖食为喫，饮啜为歠。歠从合声，古音为谈类。谈、宵对转，宵入于觉，歠转宵类觉韵，音如觳。黑角切。北人称饮固如觳。甬语凡饮食统呼如"确"，去角切。喫曰"确"，饮歠亦曰"确"。确即"喫歠"联言之合声，歠读如觳也。

何荷　《说文·人部》："何，儋也。"《广雅·释诂三》："何，担也。"儋、担（擔）正俗字。《诗·商颂·玄鸟》："百禄是何。"传："何，任也。"经传亦作荷。《左传·隐三年》引《商颂》作"百禄是荷"。《昭七年》："其子弗克负荷。"杜预注："荷，担也。"歌、唐同入相转，同入于铎。音变为杭。今谓肩任重负呼如"杭"。《玉篇》："㩮，火讲切。担㩮也。"晓匣清浊纽转，音变为杭。然㩮字嫌俗。

---

[1] "裁"恐非"飤（饲）"或"茹"之音变。"裁逗滓"今不说。"裁头昏滓"今多说"裁头刮脚"，"裁""刮"同义，都是吃的粗俗说法，"头""脚"对举，即为正字。

[2] "之"字原脱，径补。

拑觧 《说文·手部》：“拑，胁持也。”巨淹切。胁者，两膀也。见《说文》。《释名·释形体》：“胁，挟也，在两旁，臂所挟也。”“胁持”云者，谓以胁挟之也。拑，盐韵，盐入于葉，拑之入声为级。其辄切。今谓腋下挟物为拑，即呼如级。

或曰，腋下挟物呼如级者，乃觧之转音。《广雅·释诂四》：“觧，挟也。”曹宪音才兀反。觧，没韵，没为魂入，质为真入，真、魂同部通转，故没、质亦相转。觧转质韵，音如蒺。真、先同入于质，先、盐相似，故其所入音亦相似，质、叶之音几同。[1]

拥抱 《说文·手部》：“攡，抱也。”今作擁（拥）。《玉篇》又作拏、作攣、作揻。《释名·释姿容》：“拥，翁也，翁抚之也。”故字从翁作揻。拥、翁皆影纽，今音拥合口，翁开口。古音翁亦合口呼。《仪礼·公食大夫礼》：“左拥簠粱。”郑玄注：“拥，抱也。”《玉篇》引作攣。《国语·吴语》：“拥铎拱稽。”韦昭注：“拥，犹抱也。”今称抱曰“拥抱”，字训联言之例。“拥抱”疾呼，声合为懊。豪、歌同入相转，同入于铎。音变为阿。阿亦有环曲义。甬称拥抱为“阿”，凡拥抱必曲臂环绕之也。

姁 或曰，拥抱称“阿”者，乃姁之音变。《礼记·乐记》：“煦姁覆育万物。”郑玄注：“以气曰煦，以体曰姁。”《诗·小雅·巷伯》传：“柳下惠姁不逮门之女，而国人不称其乱。”“不逮门”谓途行不及抵家门，因风雨而投止求宿也。段玉裁曰：“亦以体曰姁之意。凡人及鸟生子曰乳，皆必以体姁之。”姁谓以体温儿，即拥之于怀也。柳下惠姁投宿之女，岂真以体温煦之哉，盖室窄无它所，只坐于膝，不以臂围而拥之，如姁儿，将倾颓焉。姁，遇韵，鱼、歌声近，音变为阿。[2]

撞挃 《淮南·兵略训》：“五指之更弹，不若捲手之一挃。”高诱注：“挃，捣也。”捣、撞义同，《说文》：“撞，卂捣也。”故《广韵·五质》：“挃，撞挃。”音室。《释名·释兵》：“殳，殊也，有所撞挃于车上，使殊离也。”则撞挃相联为词，古已云然。“撞挃”疾呼，声合如绝。撞澄纽，绝从纽，澄、从相似；挃质韵，绝薛韵，质、薛相似，亦相通转。撞开口呼，转入声细，为撮口。质韵无撮口字，故借用薛韵绝字。挃，知纽，知清转澄浊，亦得变如绝。今谓推撞呼如“绝”。或呼如“擢”者，即撞之入声。撞，江韵，江入于觉也。[3]

拕 《广雅·释诂一》：“拕，引也。”曹宪音顿。王念孙疏证：“《玉篇》：‘拕，引也，撼也。’古通作顿。顿者，振引也。”钟案：振引曰拕，今犹有此语。凡牵引

---

[1] 本字当作“攲”。《阿拉宁波话》“攲”条：“音直。腋下夹；抱持：肋胳肢下攲勒一本书｜拦腰攲牢。《广韵·月韵》：‘攲，担攲物也。其谒切。’也作‘揳’：《一片情》第一回：‘争奈这老子一把揳紧，死不放松。’”（142 页）

[2] 宁波话管抱叫“阿”（音窝），后出专字作“捼”。《集韵·戈韵》：“捼，手萦也。乌禾切。”

[3] “绝”非“撞挃”之合音。后出专字作“斲”（音浊）。《广韵·觉韵》：“斲，筑也，春也。直角切。”

而重振之，即谓之抾。又抾从屯声，古音为真类。真、脂对转，抾转阴声，入队韵，音变如对。抾，恩韵，恩队（魂灰）同入于没。同入转队韵，故如对。犹敦音亦读都回反，《诗·豳风·东山》"敦彼独宿"、《周颂·有客》"敦琢其旅"释文所音是也。俗字作撴。今谓牵引为"撴"。[1]

搂娄　《说文·手部》："搂，曳聚也。"洛侯切。《孟子·告子下》："逾东家墙而搂其处子。"赵岐注："搂，牵也。"侯、虞通转，故《广韵·十虞》搂亦音力朱切，字又假作娄。《诗·唐风·山有枢》："弗曳弗娄。"传："娄，亦曳也。"释文："娄，力俱反。马云牵也。"虞模变麻，音变力借切，俗字作拉，以深喉亢音读之。如欧西乐音之6。俗称曳引曰拉，如拉马、拉车。《说文》："拉，摧也。"卢合切。合韵为覃、感、勘之入，与麻佳不相通转，不知何以借此。

《说文》搂训"曳聚也"，段玉裁注曰："此当作曳也，聚也，各本夺上也字。《山有枢》曰：'弗曳弗搂。'《玉篇》引诗作搂，今本《毛诗》作娄。传曰：'搂，亦曳也。'此曳训所本也。《释诂》曰：'搂，聚也。'此聚训之所本也。"搂既有聚、曳两义，方言于一言中兼用之。凡臃肿散漫之物，双手聚而拥曳之，今呼为"搂"，读力朱切。如"搂棉被""搂衣裳"是也。俗讹作捷。古音鱼类字与元类字，甬人读之有相仿佛者，如旅之与连、姑之与官、愚之与原、於之与鸳、余之与爰，皆是。所以然者，鱼、歌声近，歌、元对转，故鱼、元亦相转焉。[2]

曳抴　《说文·申部》："曳，臾曳也。"余制切。段玉裁注："臾曳，双声，犹牵引也。"《楚辞·九叹·怨思》："曳彗星之皓旰兮。"王逸注："曳，引也。"曳、引为阴阳声之转。曳古音为脂类，引为真类，脂、真对转，阴阳声相变也。曳、引之入声俱为抴，抴亦训引。《荀子·性恶》："若抴之以绳。"杨倞注："抴，犹引也。"《说文》："抴，抴民也。"抴民即逸民。本无牵引义，盖声变之借字。俗作拽。甬语牵引或称"抴"，被风吹引而去曰"抴去"。曳与抾音同，义亦相若，然微有别。抾义见下条。

抾　《说文·手部》："抾，捈也。"余制切。亦读入声，《玉篇》羊列切是也。捈者，《说文》云："卧引也。"段玉裁注："卧引，谓横而引之。"又曰："抾，俗作拽。"《玉篇》拽同抾。《荀子·非相篇》："接人则用抾。"杨倞注："抾，牵引也。"钟案：抾为卧引，卧者，物体横置，虽颠播而不倒也。卧引者，横置不倒之物而牵引之，其义近俗之谓拖。拖，《说文》作拕，云："曳也。"抾、曳音同义似，而微有别。今俗语"移抽屉""移窗门"，

---

[1] "撴"一般写作"朒"。《改并四声篇海·力部》："朒，著力牵也。都罪切。"

[2] "搂"一般写作"捷"。《广韵·狝韵》："捷，担运物也。力展切。"

皆其物卧著而牵引之，正字当作"拽"，"移"似是而非也。

　　拨　《说文·手部》："拨，推也。"子寸切。《左传·定八年》释文音子对切，真、脂对转也。《广韵·十八谆》又七伦切，音夋。凡清、穿纽字，往往与心、审相对转，故从夋声字多有在心纽，如酸、狻、痠、梭、峻、浚、鵕、唆皆是。拨转心纽，则音如笋。笋音近舜，舜亦训推。《广雅·释诂三》："舛，推也。"舛古舜字。今谓推拨曰"拨"，或音转为"送"，则真文类字甬音每与东冬相转。如呼笋为松，云为庸，春为葱，准为宗，皆其例。俗以送为之，非。《说文》："送，遣也。"

　　推攘　《方言》十："南楚凡相推搏曰拟。沅涌漋幽之语，或曰攘。"郭璞注："今江东人亦名推为攘。音晃。"钟案：甬语称推拒曰"攘"，呼如傥。俗有"推来攘去"之语。凡搏斗以力支拒亦曰"攘"。盖即"推攘"联语之合声。《广韵·三十七荡》攘固亦音傥，然义训"搪打"，非推搏义。方言误读别义之音，固亦多有。

　　切刌　《说文·刀部》："切，刌也。""刌，切也。"切、刌双声为训，皆清纽。亦为阴阳声之对转。切为脂类，刌为真类，脂、真对转。凡刀加物上，重按深入其刃，谓之"切"。故引申为深切、迫切义。曰"切摩"，曰"切责"，曰"切近"，切皆深著之义。《史记·扁鹊传》："不待切脉。"正义引杨元操注《素问》云："切，按也。"《素问·离合真邪论》："切而散之。"王冰注："切，谓指按也。"按之云"切"，亦深著之意。今以指掌重按其物谓之"搇"。"搇"俗字，即"切"之长言转平也。切从七声，古音为脂类。脂、真对转，音变为亲。今音真、侵相混，清纽与溪纽齐齿呼又相似，故俗讹制从手钦声之"搇"字。

　　动　《易·无妄》："动而健。"《归妹》："说以动。"虞翻注并云："动，震也。"《楚辞·九章·抽思》："悲夫秋风之动容兮。"王逸注："动，摇也。"动，定纽，北音定为透浊，浊音转清，则为通上声。犹《广韵》侗音同，桶音动，又皆他孔切。《汉书·郊祀歌》："桐生茂豫。"又《广陵厉王胥传》："毋桐好逸。"师古注桐并音通是也。动既从北音转读透纽，又东、侯对转，音变为黈。天口切，偷上声。今谓烛光动摇不定呼为"黈"，手提衣被振动之亦呼如"黈"。俗不得其字，讹作透。[1]

　　切摩　《说文·手部》："捼，一曰两手相切摩也。"《易·系辞上》："刚柔相摩。"王弼注："相切摩也。""切摩"盖古成语，谓两者切合而摩之。"切摩"疾呼，声合为磋。俗作搓。今濯浣衣帛，两手执而摩挲之曰"搓"，索绹者两手执麻枲而摩旋

---

① "手提衣被振动之"的"黈"后出专字作"敨"。《集韵·厚韵》："敨，展也。他口切。""烛光动摇不定呼为'黈'"，今宁波话无此说法。另外，此二义均非"动"之音变。

之亦曰“搓”。《埤苍》：“搓，擦也。”《文选·长笛赋》李善注引。《广韵·七歌》：“搓，手搓碎也。”皆非切摩义。①

　　挐摩　《说文·手部》：“摩，研也。”“挐，摩也。”疑通泥、娘，故今读挐如泥。挐、摩义同，字训联言为词，音变为挼。今以手抚摩呼为“挼”。奴禾切。或作挪。《说文》：“挼，推也。一曰两手相切摩也。”见上条。《玉篇》：“挪，搓挪也。”挼、挪皆无抚摩义。②

　　扰摩　《书·胤征》：“俶扰天纪。”传：“扰，乱也。”又《皋陶谟》：“扰而毅。”传：“扰，顺也。”《周礼·天官·大宰》：“以扰万民。”郑玄注：“扰，犹驯也。”又《地官·序官》：“司徒掌邦教，以佐王，安扰邦国。”注：“扰，亦安也。”《说文》扰本训烦，与乱义近。其训顺、训驯、训安者，与烦乱本义似相反，朱骏声谓是㥦之假借，是已。《说文》：“㥦，牛柔谨也。”扰，《书》《礼》释文俱音而小反。而为日组，北音日组近来，今南音读而，犹作来纽。俗驯柔禽兽，抚循其毛，谓之“㨜”。㨜顺毛。㨜者，“扰摩”之合声，谓安顺而摩也。赌博之牌，纵横紊乱而摩之，亦云“㨜”，㨜亦“扰摩”之合声，谓烦乱摩之也。凡以手摩物，非安顺而为，即故作烦乱，其为“扰摩”之文词则一也。“扰摩”为词，犹“切摩”“研摩”之类，见上文。疾呼声合，则为一尔。③

　　摝　《周礼·夏官·大司马》：“三鼓摝铎。”郑玄注：“掩上振之为摝。”释文：“摝，音鹿。”《广韵·一屋》：“摝，振也。”今谓振铃曰“摝铃”。凡器中有物，振之作声皆曰“摝”，物之动摇不固者亦曰“摝”。甬读摝为亢音，拉屋切。拉音如欧西乐谱沙拉西之拉。摝，来纽，来为泥纽之变，亦不清不浊之纽。凡不清不浊之纽，往往转作亢音。

　　播拨　《论语·微子》“播鼗武”孔安国注：“播，犹摇也。”歌、麻相变，播转麻韵，音变为巴。凡动物之尾多能摇，故称尾为“尾巴”，即“尾播”也。歌、泰同居，播亦音变为摆，俗称“摇头摆尾”。凡动摇者皆曰“摆”，时钟之垂曰摆，即其义。亦播字也。播与拨双声，亦歌、泰同部相转，故《释名·释言语》：“拨，播也，播使移散也。”拨，末韵，江有诰曰：“末为泰合口之入。”拨，缓气读之，转归泰韵，亦变为摆。

---

① “搓”就是正字，非“切摩”之合音。

② 所引《说文》“挼，一曰两手相切摩也”，上文“切摩”条亦引之，而“挼”写作“捼”。作“挼”从段注本，作“捼”从大徐本。“挼”或“捼”即抚摩义之正字，非“挐摩”之合音。

③ “㨜”非“扰摩”之合声。字或作“擼”，《集韵·暮韵》：“擼，挱擼，收敛也。鲁故切。”“擼”同“𢳍”。清代吴语小说多作“捋”，如《官场现形记》第四十四回：“急的那位大爷蹲在地下，拿两只马蹄袖捋那打碎磁片子，弄得袖子尽湿。”

拨从手、发会意，今谓以指播动其物曰"拨"。清纽转浊，帮转並纽，故《集韵》亦音蒲拨切，如跋。拨从发声，古音在脂类。缓言转平，脂、真对转，音变为盆。俗作搕。吕蒙正诗："拨尽寒炉一夜灰。"今谓拨灰曰"搕"，谚云"灰堆搕出鸭蛋"。[①]

转　《诗·小雅·祈父》："胡转予于恤？"笺："转，移也。"《左传·昭十九年》："劳罢死转。"杜预注："转，迁徙也。"转从专声，古音为元类。狝、旱、缓、潸、产同类相转，音变为赞。今物位迁移，呼如"赞"，即转字也。物置器中，簸动而翻覆之，俗亦呼若"赞"，亦转字，谓簸之而转也。《鄞县通志》以为撍字，引《集韵》："撍，手动也。"子感切。按：撍字误，《广韵》《集韵》皆作㩲。《广韵·四十八感》："㩲，手动。"子感切，音昝。《五十三勘》："㩲，手撼。"作绀切，音篸。皆非簸转义。《玉篇》有撍字，子感切，有音无义。[②]

豛投　《广雅·释诂四》："豛，摘也。"曹宪音卓。古无舌上音，知纽字读作端纽，故豛古音如督。武昌南门外十里，有井曰"卓刀泉"，相传为汉关羽卓刀处。土人呼卓，即如督。方言多古音之遗，今犹谓遥掷曰"豛"。直立曰"壁卓"，卓亦音如督。豛从豖声，古音为侯类，侯浊幽清，本相近似。豛转幽类，段氏《六书音均表》豖声入幽部。长言转平，俗字作丢。或曰，丢者，投之音变。说详下。

《说文》："投，摘也。"摘、掷古今字。投，定纽侯韵。定浊端清，侯浊尤清。投纽、韵俱浊，方言转为纽、韵俱清，则为端纽尤韵，音变端尤切。俗字作丢。今谓投掷为丢，古无丢字。章氏《新方言》即主本条说。

抛弃敲　《说文·手部新附》："抛，弃也。"弃、抛字训联言，声合为敲。《方言》十："拌，弃也。楚凡挥弃物谓之拌，或谓之敲。"郭璞音：敲，恪交反。敲，今读溪母齐齿呼，正"弃抛"之合声。郭音则为溪母开口呼，正合《韵谱》等呼。音等洪细自转，固其常也。敲《广雅》作墩。《释诂一》："拌、墩，弃也。"曹宪音苦孝反，盖音变无正字，皆假借声近字为之。《说文》："墩，硗。"宵、阳同入相转，敲、墩转阳韵，为开口呼，音变为坑。甬音可阳切。甬语抛弃谓之"坑"。[③]

---

① "搕"，《通俗编·杂字》作"坌"："蒲闷切……坌本尘土，即以为拨尘土字，亦动静相借例耳。"《越谚》卷下作"捹"："盆去声。以手撇开沙泥寻物。""尾巴"之"巴"非"播"之音变。

② 挪动或变换（时间、位置）义文献作"趱"，如《朱子语类·礼七》："自升曾子于殿上，下面趱一位，次序都乱了。"簸动盛物器具（使里面的东西调匀或簸去杂质）义当作"播"或"撍"。"撍"字不误，是"播"的异体字，《集韵·感韵》："播，手动也。或从昝。"以上二义都不是"转"之音变。

③ 宁波话表示"抛、投掷""扔、丢弃"这两个意思的词有四个读音：坑去声 [k'ã⁴⁴]、樱白读去声 [ã⁴⁴]、晏 [ɛ⁴⁴]、陷 [ɦiɛ²¹³]。至少后两个读音的本字是"搇"。《广韵·陷韵》："搇，吴人云抛也。於陷切。"应氏谓第一个读音是"敲"或"墩"之音变，不确。

撅 《方言》十："楚凡挥弃物谓之拌，或谓之敲。淮汝之间谓之投。"郭璞注："今汝颍间语亦然，或云撅也。"《广雅·释诂三》："撅，投也。"曹宪音居月反，为见纽撮口呼。清音转浊，变群纽撮口，为葵月切。撅在月韵，月为元入，长言转平，还归元韵，葵月切变为葵烦切，俗作掼。掼，习也。为"习贯"本字。今投掷曰"掼"，挥弃亦曰"掼"。俗云"掼车头""掼纱帽"。

投 《诗·小雅·巷伯》："投畀豺虎。"传："投，弃也。"侯、萧同入相转，同入于屋。投转萧韵，字讹作掉。慈溪山北人称弃曰"弃掉"，即"弃投"联言之变也。甬称挥弃曰"坑掉"。坑即敲字，说详上文。"坏掉""烧掉""弄掉"之掉，乃怠之音变。详"怠"字条。[①]

攎 《方言》十二："攎，张也。"郭璞音卢。张者伸展义，与引义若，故《广雅·释诂一》："攎，引也。"模、萧同入相转，同入于屋。音变为撩。今伸展手足呼如"撩"。伸手足而不可及俗呼"撩不著"。[②]举足以踢、伸手以击曰"撩起一脚""撩起一拳"。撩皆攎字，谓伸张其拳脚也。撩训理、训取，非其义。

◇《广雅·释诂四》："倈，伸也。"曹宪音来。《说文·又部》："敕，引也。"里之切。王念孙曰："引与伸同义，敕与倈古亦同声。"钟案：敕之韵，倈咍韵，古音之、咍同部，故王氏云尔。敕变为倈，犹曷变为何，醜变为寝[③]，皆双声韵移而字变。之、宵声近，敕、倈邻转宵部，音变为撩。今称伸张手足曰"撩"。[④]

临 《尔雅·释诂》："临，视也。"《论语·为政》："临之以庄，则敬。"皇侃疏："临谓以高视下也。"今犹云登高以望曰"登临"。临（临）从品声，古音为侵类，侵、幽对转，幽、萧同居，音变为嫽。今谓登高远望曰"嫽"。商肆中有高坐室隅，以监视众夥友贸易出入者，谓之"嫽高"。嫽即临也。《说文·卧部》："临，监临也。"嫽为明嫽字，《孟子·离娄上》："则眸子嫽焉。"赵岐注："嫽，明也。"《周礼·春官·序官》"眂嫽"郑玄注："嫽，目明者。"于义无当。或以为览之转音。《说文·见部》："览，观也。"览（览）从监（监）声，监从鉴省声，鉴从臽声，臽古音为谈类。从段玉裁、朱骏声说。段氏谓之八部，朱氏谓之谦部。谈、宵对转，音变为嫽。存参。

撢 《说文·手部》："撢，探也。"他绀切。《说文》："探，远取之也。"段玉裁注："探之言深也。《易》曰：'探赜索隐。'"深与远义近。凡取于深远者则不易得。俗称寻取隐赜不易得之物谓之"掏"，即撢字也。掏旧货、掏烟斗，掏皆探取之

---

① "掉"用在动词后，表示动作的结果。"掉"非"投"或"怠"之音变。

② "撩不著（撩勿着）"犹够不着，"撩"是"手取物"义，与表示伸展手足义之"撩"意思不一样。

③ "醜"为穿纽，"寝"为清纽，两者非双声，而是准双声。

④ 伸张手足之"撩"本字恐非"攎"或"敕（倈）"。

义。钱坫《说文斠诠》："《周礼夏官·撢人》：'掌诵王志，道国之政事。'是撢亦读为道矣。"钟案：撢从覃声，又北音透纽转浊为定纽，故《集韵·五十三勘》亦音徒绀切，为覃去声，云："探取也。"覃声字古音为侵类，侵、幽对转，幽包萧、豪，音变为掏。犹"禫服"亦称"导服"，俗语"味道"即"味覃"也。又以水和饭曰"淘汤饭"，淘者糪之音转，亦其例。《说文》："糪，糜和也。"《通俗文》："掐出曰掏。"《一切经音义》卷七引。《广雅·释诂二》："掏，抒也。"与俗语之掏为翻检寻求之义有别。①

掐 《说文·手部》："掐，搯掐也。"乌括切。段玉裁注："义理与抉略同。今人剜字当作此。"钟案：剜之入声为掐，剜出谓之掐出。俗字作挖。京剧有《比干挖心》，唐聂夷中诗："医得眼前疮，剜却心头肉。"挖即剜也。引申之，他人所雇之工役，设计引归为己用，俗亦呼为"挖"，实亦剜字。据段说并为掐字。掐与掘今皆作挖。然发掘之掘，剜出之掐，义自有别。

掘 《说文·手部》："掘，掘也。""掘，掘也。"《玉篇》云："《左氏传》曰：'掘褚师定子之墓，焚之。'本亦作掘。"今谓掘为"挖"，读为乌骨切，即掘之音变。掘，胡骨切，匣纽，浊音转清，匣转影纽，故音如俗字之挖。字训联言曰"掘掘"，今讹作"挖掘"。

擎 《说文·手部》："擎，固也。读若《诗》'赤舄擎擎'。"苦闲切。今本《毛诗·豳风·狼跋》作②"赤舄几几"。许所引盖三家诗。段玉裁注："擎之言坚也，紧也。谓手持之固也。"擎声促转入，如渴，俗字作搳。今谓紧持不放为"搳"，即擎字也。《广韵·二十陌》："搳，手把著也。"盖后出字。或谓紧持为"搳"者，乃搹之纽转。《说文》："搹，捉也。"於革切。《汉书·扬雄传下·解嘲》："搹其咽。"师古注："搹，谓急持之。"急持犹固持也。喉、牙相转，变入溪纽为搳。今犹称搹咽为"搳胡咙"。③

掐 《说文·手部新附》："掐，爪刺也。"苦洽切。《通俗文》："爪按曰掐。"《一切经音义》卷十引。今日者以拇指之爪轮按于四指之节、十二支之位推算休咎，谓之"掐算阴阳"。以两手拇指之爪对按以挤疮脓，亦曰"掐"。引申之，凡以势力挤出人之利益亦曰"掐"。俗亦讹作搳。

拓摊 《列子·说符》："能拓国门之关。"张湛注："拓，举也。"《广韵·十九铎》："拓，手承物。"音托。今谓物自上坠，以手承擎之为"拓"。俗作托。

---

① 翻检寻求义的正字当作"掏"，而非"撢"之音变。
② "作"字原无，据文意补。
③ "搳胡咙"之"搳"是"掐"之音变，而非"擎"或"搹"之音变。本条与下条说的其实是同一个词，下条解说正确。

《小尔雅·广诂》："拓，开也。"俗测距离，舒掌以度，自拇指至小指一端为"一拓"，犹两臂合围谓之"一抱"。拓亦讹作托。拓训开，凡动作所以开展之者亦云"拓"，音转为透。如衣帛画轴有所卷折者，舒展以平直，谓之"透开"。盖拓铎韵，铎为侯、模同入；拓从石声，古音为鱼类，模为鱼类。鱼、侯声近，故音转为透。《集韵》有敁字，训"展也"，他口切。然《玉篇》《广韵》皆无敁字，其为后人循方言变音所造之俗体可知。

拓古音为鱼类，鱼、模变麻，或转麻韵，为土马切。今指掌摩抚纸帛，使皱襞不平者舒展而平直谓之拓，正读马韵。或曰，此摊之音转。《说文新附》："摊，开也，从手，难声。"元、歌对转，歌、麻同居，故音变土马切。麻、马、祃皆无透纽字，故无以为直音。①

抓②　《广雅·释诂二》："抓，搔也。"曹宪音壮孝切。王念孙疏证订正作"抓"，引《玉篇》云："抓，抓痒也。"抓，《玉篇》侧交切。俗以抓为捕取义，实挶之变音。犹不足者补足之，呼为找，即足之变音也。而读搔为抓，搔本稣遭切，音骚。《说文》："搔，刮（刮）也。"段玉裁注："刮者，掊杷也。掊杷，正搔之训也。《内则》：'疾痛苛痒，敬抑搔之。'注曰：'搔，摩也。'摩马曰骚，其音同也。又《疒部》：'疥，搔疡也。'疡之需手搔者，谓之搔疡。"今以指爪杷刮痒处曰搔，而音读抓，是字义正而音读误矣。③

抏　《说文·手部》："抏，动也。"《史记·司马相如传·上林赋》："抏紫茎。"集解引郭璞曰："抏，摇也。"《周礼·考工·轮人》："则以是大抏。"郑玄注："抏，凿④动貌。"释文："抏，五骨反，疑纽。又九活反。见纽，见、疑皆牙音。"今谓身体左右动摇曰"抏"。或转亢音，疑为不清不浊，凡声组不清不浊者，往往转亢音。呼如唔骨切。唔为甬语然诺之词，开口，鼻孔作音而重呼。疑匣牙喉相转，或音变为滑。甬语称两手前后动摇为"滑"，凡行走时两手辄动摇，谚云"滑其滑其其读如箕做人客"。谓作客时行有姿容也。

撦　《说文·手部》："撦，撮取也。"都计切。撮者，《说文》云："二指撮也。"《字林》云："手小取也。"《一切经音义》六引。撦训撮取，亦两手指小取之谓。撦，霁韵，霁入于薛，亦入于锡，撦声促转入，音如滴。甬语凡以拇食两指爪对掐以取谓之"滴"。

---

① 读"土马切"[t'o³⁵]的这个词有"用脚底摩擦""用手指摩擦使分离"两义。《阿拉宁波话》写作"跥"（161页），"跥"有送气音读法，如《玉篇·足部》："跥，都果、他果二切。行皃。"
② 条目原作"抓抓"，据目录改。
③ 《释疾病》"撝搔"条谓"今以指刮摩曰搔，音如爪，实'摘搔'之合声"，误；此谓"今以指爪杷刮痒处曰搔，而音读抓，是字义正而音读误矣"，是。宁波话"抓痒""抓痒棒"的"抓"读侧交切 zhāo[tsɔ⁵³]，"抓"就是本字。参看汪维辉《"抓"的字词关系补说》，《中国语文》2020年第4期。
④ "凿"原作"摇"，据《十三经注疏》本改。

俗语无字，或以扚为之，非。《说文·手部》："扚，疾击也。"都了切。《史记·天官书》索隐引许慎注《淮南子》云："扚，引也。"皆无两指爪对掐之义。惟《字汇》云："扚，手掐也。"此徇方俗语为训，于古无征。

撮　《说文·手部》："撮，四圭也。一曰两指撮也。"仓括切。《汉书·律历志上》："量多少者不失圭撮。"应劭曰："四圭曰撮。三指撮之也。"《玉篇》亦云："撮，三指取也。"撮从最声，最为精组，故《玉篇》撮亦音子活切，《广韵·十三末》又音子括切，皆最之入声也。最，泰韵，泰、桓同入相转，同入于末。故《类篇》《集韵》撮又读祖官切，音钻。今以两指或三指撮取肴馔食物，甬语呼如"宰"，即撮读清组之变音也。盖撮子活切，长言转去声，即为最。泰、海同入相转，同入于曷。撮转海韵，故音如宰。①

刀划　《说文·刀部》："划，锥刀画曰划。"从段注本。段玉裁曰："画字各本所无，今补。谓锥刀之末所画谓之划也。"《广韵·廿一麦》："划，锥刀刻。"划转去声，如书画之画。"刀划"疾呼，声合转去，则如带。卦韵无舌头音字，卦、泰声近，故借用泰韵之带字。清音转浊，端组转定，音变为大。今谓铦器、利爪所划伤，呼如"大"。移言指爪所刿，亦呼如"大"。②

搣　《玉篇·手部》："搣，摩也。民烈切。"《说文》："摩，研也。"摩研皆有旋转义。今以拇指与食中两指撚物而旋之，俗谓之"搣"，如"搣纸线""搣陀螺"。甬语"陀螺"音转如"突郎"，盖歌入于曷，陀转入声为突；歌、唐同入于铎，同入相转，螺转唐韵，音如郎。实则"陀螺"无义，乃"团圞"之音变，为圜转之物也。

擉　《庄子·则阳》："冬则擉鳖于江。"司马彪注："擉，刺也。"释文引郭璞音触，为穿组；又引徐邈音丁六反，为端组。《广韵·四觉》擉音侧角切，为照组③；又音踔，为彻组。彻、穿今混同。古无照组，今照组字古读如端组。先儒称徐邈多古音，方言每有古音之遗。今以篙刺船，以杖竿直刺，皆呼如"笃"，即擉之古音也。或呼刺为触，则读穿、彻组，如郭音。凡以指指物，犹直刺也，故《玉篇》云："擉，指也。"今犹称以指直指人物为"擉"，音呼为笃。擉从蜀声，蜀声字散入屋、烛、觉韵。古音家以蜀声入幽类者，段玉裁是也（段氏谓之第三部）；以蜀声入侯类者，严可均、朱骏声是也（朱氏谓之需部）。侯、幽声近，第侯重浊，而幽轻清。究是一声之鸿纤，故江永列为同部。徐邈音丁六切，则为屋韵，

---

① "以两指或三指撮取肴馔食物，甬语呼如'宰'"，今未闻。
② 应氏所云"大"，就是"大痒"之"大"（文读，义为抓、搔），俗写作"扻"。本字不明，但非"刀划"合声之变。
③ "擉"，《广韵·觉韵》实为"测角切"，穿组；《集韵·觉韵》又音"侧角切"，照组。

为幽类。北音读六如溜可征。幽、侵对转，音变为点。今通称以指指物为点。《说文》："點
（点），小黑也。"引申为点污、点画字，无指义。

或曰，以指指之曰点，即指之音变。《尔雅·释言》："指，示也。"指，照纽，
古音为脂类。照纽字古音如端纽，指古音当如底。脂类旨、尾韵无端纽字，惟荠韵有之，故借
用荠韵底字。从氏声字固出入旨、荠韵也。脂、真对转，真、先同居，故齐、先同入于屑。同入故
相通转。音变为典。犹俯首曰"点头"，点亦氏之讹转。《汉书·食货志下》："封君
皆氏首仰给焉。"师古注："氏首，犹俯首也。"典，铣韵，先音似盐、添，犹真、侵
相似，寒、覃相似，删、咸相似，皆侈弇之变。第收声于舌齿，异于盐、添之敛唇耳。今除闽
广尚有敛唇之闭口音外，南北读侵、盐、覃、咸皆混若真、先、寒、删。以点代典，
固由来矣。

担笪　《广雅·释诂三》："担，击也。"曹宪音亶。王念孙疏证："《说文》：'笪，
答也。'答，击也。笪与担同。《集韵》引《广雅》作笪。"钟案：笪、担皆从旦声，笪，
当割切，即旦之入声，故《玉篇》笪音丁但切。《广韵·廿三旱》笪、担同纽，并训
答。《玉篇》："担，丁但切。拂也。"拂亦击义。《说文》："拂，过击也。"今衣物蒙
尘，拂击而振落之曰"担"，即《玉篇》之拂义。俗讹作掸，而以担为肩擔字之省文。
《说文》："掸，提持也。"徒旱切。音义俱非。雅人或作胆，引《礼记·内则》"桃
曰胆之"注疏胆为治拭义为据，亦非。说详后《附"胆"字辨》。[①]

附　"胆"字辨

《礼记·内则》："枣曰新之，栗曰撰之，桃曰胆之，柤梨曰攒之。"郑玄注："皆
治择之名也。"疏云："桃曰胆之者，桃多毛，拭治去毛，令色青滑如胆也。或曰，
胆谓苦桃，有苦如胆者，择去也。"后人本孔疏，遂谓胆为治拭义。愚谓桃多毛，食
桃当去其毛，此说不谬。若谓令色青如胆，则于胆字不得其义，傅会青色，妄为之说耳。
桃熟则多红，色青者，未熟味损，未可采食。岂有已熟可食之桃，而谓拭治之，反令
色青如胆乎？若苦桃，千不得一；且味苦者，非既啖不能知，岂仅恃外观而能治择之
乎？然则郑注"桃曰胆之"为治择，其亦谬耶？曰：郑注未能谬，盖治择对鱼肉及众
果言，第于胆之治择，所治者何，未畅申其说耳。桃多毛，食时当去其毛。去毛之法，
有以刷拭者，有剥皮者。胆者，剡之借字，谓剥皮耳。《说文》："剡，刊也。""刊，
剡也。"《广雅·释诂三》："刊、剡，削也。"刊可训剥皮，刊、剡互训，则剡亦

---

① 谓表拂拭义的"掸"本作"担"，是。

可训剥皮。《周礼·秋官·柞氏》："夏日至，令刊阳木而火之；冬日至，令剥阴木而水之。"郑玄注："刊、剥互言耳，皆谓斫去次地之皮。"剢，陟劣切，知纽。今知纽字于古皆端纽，《广韵·十三末》"剢，丁括切"，古音也。剢、胆双声，且剢从叕声，古音为泰类。泰、寒对转，音变如旦。剢、刊互训，字训联言，声合亦如旦。旦、胆声相乱，故讹焉。"三礼"中声近致字讹者，多有，此亦然尔。<small>擔、膽皆从詹声，而俗字简作担、胆，易从旦声。詹声为谈类，收声于闭口；旦声为寒类，收声于舌齿。可知谈类字读作寒类，弇侈相变，其讹已久。推之真、先与侵、盐，亦然。</small>

　　撋　《说文·手部》："撋，拭也。"居焮切。清声转浊，见纽转群，故《广韵·十七真》亦音巨巾切，如堇。甬俗语整洁居室，凡室内栋垣器物皆洗刷清拭之，谓之"担撋"。担，拂也；见上文。撋，拭也。谓拂拭也。俗讹作"掸尘"。撋、尘声似，撋字僻见，徇声求字，乃讹作尘，以为拂去其尘耳。然整洁居室，皆予清拭，不仅拂尘而已。掸字犹谬。①

　　豝　《说文·巴部》："豝，挋击也。"博下切。挋者，反手击也。见《说文》。钱坫《斠诠》："今人击嘴曰豝掌。"钟案：今辱人，欲示以豝掌者，辄以手背反击作态以威之，即挋之反手击，事义之合于古训若是。"豝掌"瓯人谓之"打豝颊"，谓豝于颊也，即所谓"批颊"。《左传·庄十二年》："宋万遇仇牧于门，批而杀之。"《玉篇》引批作挋。"批颊"正当作"挋颊"。今称"豝掌"者，固挋击其颊，非挋击其掌。然则掌字有讹。若谓豝掌者，豝以掌，则于词例不符。挋嘴而云"豝掌"者，嘴、掌一声之转。嘴精纽，掌照纽，精、照类隔相通也。盖嘴纸韵，支、鱼声近，故今呼嘴如主。鱼、阳对转，斯变为掌。

　　摑掴　《玉篇·手部》："摑、掴，二同。古获反。掌耳。"掌耳者，谓以掌击人耳部也。人耳著颊，俗谓手批人颊曰"摑"。俗讹作刮。批颊曰"豝掌"，亦呼"耳光"，或曰"面光"，光即摑之音转。北人谓之"耳刮子"，刮亦摑字。摑、掴皆麦韵，麦为佳、耕之入。摑，见纽，合口粗音。而耕韵见纽无此音等字，徇其纽，不得不移其韵。耕、阳临转，故音如光。佳之去声为卦，摑长言转阴声，故音如卦。章炳麟《新方言》以为光、卦皆耿之音变，兹不从。《说文》："耿，耳箸颊也。"与耿音义相若者有頔字。《说文》："頔，颊后也。"古很切。段注："颊后，谓近耳及耳下也。"

　　埏　《荀子·性恶篇》："故陶人埏埴而为器。"杨倞注："埏，击也。音膻。"式连切。《老子》十一章："埏埴以为器。"释文作挻。《六书故》："挻，掌击也。"挻与摑义同，故《广韵·廿一麦》"摑"下云："挻摑。"摑同掴。见《玉篇》。《广韵》："掴，

---

① "担撋"不确，"掸尘"不误。"掸"是"担"的后起专字，"掸尘"是动宾结构，而非并列结构。

打也。"是撽、掴、挺义同，皆打也。今批颊谓之"撽"，或亦谓之"挺"，俗讹作搧。

抶　《说文·手部》："抶，笞击也。"敕栗切。《三苍》："抶，击也。"《庄子·则阳篇》"然后抶其背"释文引。《左传·文十八年》："歂邷歂以扑抶职阍职。"杜预注："抶，击也。"抶音近喫（吃）。溪纽细音与彻相似。今谓批颊曰"吃衺掌""吃耳光"，吃即抶也。犹云"打衺掌""打耳光"矣。①

揿　《说文·手部》："揿，捣头也。读若《论语》'铿尔，舍瑟而作'。"《先进篇》文。《玉篇》："揿，苦耕切。撞也。"撞与捣义同。《说文》："撞，丮捣也。"旧时塾师课蒙童，有冥顽者，师屈中指，以其指节之棱角，捣击童颅，其声筋然，筋音剥，《说文·筋部》："筋，手足指节鸣也。"俗呼"揩老指铇"。揩即揿也，谓捣头也。揿，耕韵，耕入于麦，揿声促转入，音如客。麦韵无溪纽开口呼字，故借用声近陌韵之客字。俗作磕。今失足蹉跌，头撞而创，曰"头磕开"，亦此揿字。揿，撞也。《说文》："磕，石声也。"非其义。②

廉撠　或问："老指铇"正字为何？曰："老指"者，"廉指"之转音；铇者，撠之转去声。《广雅·释言》："廉，棱也。"凡器物方隅之角必有棱，故算术方隅为之廉。屈指节以成方角，用以揿击，故云"廉指"。廉从兼声，古音为谈类，谈、宵对转，故音如老。《广雅·释诂三》："撠，击也。"曹宪音步角反。《广韵·四觉》："撠，击声。"觉为效入，长言转去，故如铇音。名曰撠者，以其揿击之有声筋然也。③

掸　《说文·手部》："掸，提持也。"徒旱切。元、歌对转，音变为驮。犹罿从单声，亦读如檀也。见《诗·大雅·灵台篇》释文。甬语称提持曰"驮"，即掸字也。俗作拕。《说文》："拕，曳也。"本音托何切，今字作拖。《广韵·三十三哿》："拕，引也。"音舵。引与曳义同，皆非提持义。杭州人称提持音如"单"，亦掸字。掸，徒旱切，定纽，浊音转清，定转端纽，故如单。④

抍　《说文·手部》："抍，上举也。从手，升声。《易曰》：'抍马壮吉。'"蒸上声。今本《易·明夷六二》《涣初六》皆作"用拯马壮吉"。释文引子夏拯皆作抍，许同子夏《传》也。《广雅·释言》："抍，陞也。"又《释诂一》："抍，举也。""抍，取也。"抍从升声，且照、审同清相转，故亦音升，《广韵·十六蒸》抍音识蒸切、《集韵》书蒸切，皆是。

---

① "吃衺掌""吃耳光"之"吃"即为正字，而非"抶"之借字。"吃"有挨、遭受的意思。

② "头磕开"之"磕"即为正字，非"揿"之音变。

③ "老指铇"有多种说法。《阿拉宁波话》"脑子卜"条："栗暴，用弯曲的食指和中指打人的脑袋：再坏坏当心吃脑子卜。也说'脑子弹''脑子搕'（搕音克）。"（130页）可参。"老指"正字当作"脑子"。

④ 宁波话管拿为"驮"，字又作"驼""𩊍""抭""佗"等，本字不是"掸"。

升声古音为蒸类，蒸、之对转，之、宵声近，音变为烧。今谓揭取器物之盖呼如"烧"，黏合之物揭取之亦呼如"烧"。《鄞县通志》讹作操。如操镶盖、操石板、操疮痂、操招贴纸。《玉篇·手部》："操，居言切。摴蒲彩。"音义俱非。①

抉挑　《说文·手部》："抉，挑也。"於说切。段玉裁注："抉者，有所入以出之也。"《声类》："挑，抉也。"抉、挑义同，故为互训。《史记·吴世家》："抉吾眼置之吴东门，以观越之灭吴也。"喉、牙通转，故抉亦读如玦，《广韵·十八屑》"古穴切"是也。《广韵》本纽玦、诀、駃、憰、鐍诸字，今皆读撮口呼，为居穴切。古今音等洪细之变也。见清转群浊，音变如掘，掘亦有深入而出之之义。今以锥棍刺入物中，复挑而出之，呼如"赵"，即"抉挑"字训联言之合声。②

扱收裹　《说文·手部》："扱，收也。"楚洽切。今以绳缠绕而紧收之曰"扱"，如云"裤带扱紧"，绞死曰"扱杀"。段玉裁曰："两绳相交而紧谓之绞。"俚语为文者不得其字，假勒为之。《说文》："勒，马头络衔也。"非其义，而与方言音亦不合。

扱从及声，古音为侵类。从段玉裁、朱骏声说。侵、幽对转，长言转平，音变为抽。俗或称扱为"抽"，如扱紧曰"抽紧"。亦可谓字训联言，"扱收"疾呼之合声。抽为搯之或体。《说文》："搯，引也。"引，开弓也。《广雅·释诂三》："抽，拔也。"引、拔为抽，今语犹然，然非绳绕而紧收其两端之谓。引、拔云抽，乃抽出义，与方言收紧为抽固有别。

俗语有"抽箍结"者，箍音孤。谓以绳作缳，而下有结，可收紧固系之。抽亦扱字。箍为裹之音变。《说文·衣部》："裹，缠也。"歌、模同入相转，同入于铎。音变为箍。绍兴"柯桥镇"，绍人呼柯如孤。《广韵·十一模》："箍，以篾束物。"义虽近似而非。③

攽敉　《说文·攴部》："攽，抚也。读与抚同。"芳武切。又："敉，抚也。读若弭。"绵婢切。抚者，《说文》云："一曰揗也。"从段本订正。段玉裁"抚"下注曰："揗，各本作循，今正。揗者，摩也。拊亦训揗，故抚、拊或通用。"揗，摩也。然则攽、敉并训抚，皆为摩义。古无轻唇音，攽，敷组，古读作滂组，如普。麌韵无重唇字，姥韵有之。攽、敉义同，故《说文》踵接序列。方言类聚以呼，"攽敉"声合则为披。北音並为滂浊，披转浊音则为婢，俗字作抷。今手有染污，摩抹于壁，呼为"抷"。书画者笔摩于砚，漆髹者刷摩于器，凡相摩研，皆呼为"抷"。披音转为婢者，犹《春秋》晋寺人披，亦名寺人勃鞮，披

---

① 吴语管揭、掀为"操"（音消），字又作"枭""挦""嚣""擝""枵""晓""消""捎"等，本字不是"扐"。
② "赵"，今作"撬"，非"抉挑"字训联言之合声。
③ "抽"非"扱收"之合音。"抽箍结"一般写作"抽股结"，意思是活结、一拉就解开的结子，"抽股"就是正字，与"扱裹"无涉。

即勃鞮之合声，参朱骏声说。亦滂並清浊相转也。①

　　般　《说文·舟部》："般，辟也。段玉裁曰："般辟，汉人语，谓退缩旋转之貌。"按：般辟，盖取同义字重叠为语，许以辟训般，析言之也。象舟之旋，从舟，从殳。殳，令舟旋者。"《尔雅·释言》："般，还也。"段玉裁曰："还者，今之环字，旋也。"郝懿行曰："还者，回也，转也，围也。"是般有旋转回还反复之义。般，北潘切，帮清並浊对转，故《尔雅》释文一音蒲安反。今谓调和其物为"拌"，本是般字。凡调和其物，必反复回环旋转之，故云"般"。拌本训弃，见《方言》，非调和义。

　　伛　《说文·人部》："伛，偻也。"於武切。《通俗文》："曲脊谓之伛偻。"《一切经音义》卷二引。则字训联言为词。"伛偻"叠韵，疾呼声合仍如伛。甬语称俯曲为"伛"，音如欧。虞、侯相转，伛从区声，古音本在侯类如欧也。《左传·昭七年》引《正考父鼎铭》，伛与口、走为韵，即其证。②

　　句疴　《说文·句部》："句，曲也。"段玉裁曰："古音如鉤，九遇切今音也。"《广部》："疴，曲脊也。"其俱切。段玉裁注："古音读如苟。"鉤（钩）、苟皆见纽开口呼，清音转浊，变群纽开口呼，皆为共厚切。甬俗称肢体之跼曲不伸，皆呼作共厚音。字书无此音等字，甬造俗字"亖"字以当之，取从立省、、为头象，立不见首，为俯曲之义。

　　居跙　《说文·尸部》："居，蹲也。从尸，古声。"居、踞古今字。居处字本作尻，自经传借居为居处义，尻字废。而居为居处义所专，于是别制踞字，以作蹲踞用。居、古皆见纽，古为粗音合口，居为细音撮口。今从古声音等粗字，如姑、枯、沽、固、辜、罟、鸪等。多在模韵；姥、暮同。从居声音等细字，如据、踞、琚、倨、锯等。多在鱼韵。语、御同。鱼、虞、模古音本同类，音等洪纤自转，遂移其韵。踞音转洪，而纽稍浊，字变为跙。《广韵·十一模》："跙，蹲儿。"音枯。北音群为溪浊，跙转浊音群纽，音变共胡切。甬语称蹲踞为共胡音，字书无此音义字，乃造俗体作"坐"，取坐不出头之意。

　　疑　《尔雅·释言》："疑，戾也。"郭璞注："戾，止也。疑者亦止。"《仪礼·乡射礼》："宾升西阶上疑立。"郑玄注："疑，止也。有矜庄之色。"止义近定。《诗·大雅·桑柔》："靡所止疑。"传："疑，定也。"《仪礼·士昏礼》："妇疑立于席西。"郑玄注："疑，正立自定之貌。"古音疑为之类，之、咍同部，疑转咍韵，音变为礙（碍），

―――――――――

① 本字作"鐅"。《阿拉宁波话》"鐅"条："音避。①把刀在帆布、皮子、石头、缸沿等处反复摩擦使锋利：剃头刀刮刀布里鐅两记会快个。②磨；擦：鐅自来火｜鞋底烂泥鐅清爽仔再走进来。《集韵·霁韵》：'鐅，治刀使利。蒲计切。'"（151 页）
② "伛"音欧去声，又可音转为瓮。北仑东部多说"瓮"。

俗作呆。今称人定止而色静穆者为"呆"。呆，古保字，俗作痴骇字，非；而静穆定止，
与痴骇亦有别。①

隑企 《方言》七："隑企，立也。"《广雅·释诂四》："隑、起，立也。"
曹宪音隑巨代反，而于《释诂二》隑音牛哀反。见"长也"条中。今慈溪山北人称立曰"隑"，
或曰"隑起"，隑正读牛哀音。方言多本古训，而讹读别义之音，往往有之。巨代反，
群纽；牛哀反，疑纽。虽并为牙音，然群、疑相转，其例不繁。

隑 《方言》十三："隑，陭也。"郭注："音剀切也。谓读如剀切之剀。江南人呼
梯为隑，所以隑物而登者也。"《广雅·释言》："隑，陭也。"曹宪音恐代反，恐
代亦剀音。卢文弨《方言》校语曰："陭当读为倚。"隑训倚，为溪纽，北音溪群为
清浊，隑转浊音群纽，则为共代切，俗字作戤。今倚梯于墙，或身有所倚，皆呼为"隑"，
读共代音。隑本亦读群纽，巨代切，然为细音撮口。古群纽本无粗音，江永《四声切韵表》
谓牙音一二等无群是也。今则群纽字读粗音开口渐多，此古今音之变也。

加 《广雅·释诂二》："加，载也。"《释诂三》："加，竖也。"王念孙疏证："此
谓庋加也，庋、竖同。"加与架一声之转。凡加于其上者谓之载，故加亦训载，见《广
雅·释诂二》同条。俗亦谓之"架"，字讹作搁。手足加于物上以为倚息，亦谓之"架"。
架，见纽开口呼，转浊音群纽开口，则为共落切。今俗谓"架"者，亦或呼为共落音。
凡架于其上谓之"架上"，疾呼声合，而架转群纽，音变共上切。今手足加于物上俗
呼共上音，如"戆大"之戆。

◇加于物上呼如"戆"者，亦架之转音。架，铎韵，铎为唐入，架读浊音群纽，又转唐韵，故音如戆。②

溘搉 《方言》十三："搉，依也。"郭璞注："谓可依倚之也。"《广雅·释诂四》："搉、
溘，依也。"曹宪音溘苦合反。《广韵·廿七合》："溘，依也。口荅切。"溘、搉义同，
方言类聚以呼，声合为考，俗作靠。今谓依倚曰"靠"。溘亦得音变为靠。盖溘从盍声，
古音谈、盍同部，与宵、豪对转，溘转豪韵，亦如靠。若靠，《说文》云："相违也。"
非依倚义。段玉裁虽强为之说曰："今俗谓相依曰靠，古人谓相背曰靠，其义一也。
犹分之、合之皆曰离。"章炳麟《新方言》亦主此说，皆不可从。離（离）本黄鹂字，
故从隹。其训为分离，乃劦之假借；其训为附离，又俪之假借。朱骏声释之最审。或
据"苦，快也""徂，存也""乱，治也""故，今也"之例，义反者得旁通为训释之，
亦非。《方言》苦训快，苦本快之音变，以声为训者是。本郝懿行说。溪纽双声相转，脂、

---

① "称人定止而色静穆者为'呆'"，即"发呆劲"（劲音近）之"呆"，系痴呆义之引申用法。
② 呼如"戆"的这个词本字当是"扛"，而非"架上"之合音或"架"之音变。

歌声近，歌、鱼亦声近，快由歌转鱼，音变为苦。徂训存，徂乃且之假借，郝氏《尔雅义疏》辨之亦甚晰。乱训治，是其本义，训紊乱，乃斀之假借。故训今者，谓今之旧事。参看《释词篇》①"故"字条。《说文通训定声》亦皆辨之甚明。如义反者可旁通为训，则直可训曲，是可训非，六书义例，颠倒紊乱，何所准则，尚可据为典要乎？

匍匐　《说文·勹部》："匍，手行也。""匐，伏地也。"《释名·释姿容》："匍匐，小儿时也。匍，犹捕也，藉索可执取之言也。匐，伏也，伏地行也。"匍、匐双声联绵字，《说文》虽各为义训，然必合用，其义始备，故经传"匍匐"皆连用。或借作"扶服"，亦联绵为词。若遗匐字，仅举匍为手行，将谓如优伶武技以手代足，倒身而行，斯不然矣。"匍匐"合呼，音促乃为匐。匐从畐声，古音本为之类。之、幽声近相转，幽入于屋，故畐声字有不入职、德，职、德为之类之入。而入于屋韵者，如福、幅、辐、蝠诸字皆是。匐则德、屋两入，可证其通传。他如屋韵之鲥、董、牧、郁、彧、歌诸字，本皆为之类，亦可佐证。然幽入于屋，模亦入于屋，同入相转，故畐声字或有读作模韵者，如今音富、副等是。妇、悔、部、趋诸字，古音本皆之类，今亦读作模、麋、姥韵，亦其证。匐之转音既如匍，模变为麻，字变为玾，见《正字通》。俗作爬。今谓伏地手行为"爬"，即"匍匐"之音变也。

秅　《说文·禾部》："秅，禾𦾔皃。读若昨。"在各切。段玉裁注："𦾔今摇字。今俗语说动摇之皃曰秅，即此字也。"《玉篇》："秅，徐各、徐故二切。禾摇皃。"《玉篇》所音为邪纽，《说文》音昨为从纽。从、邪同浊相转而少异也。秅从乍声，古音为鱼类。鱼、麻相变，麻之声侈则如佳，北音读麻韵故如佳。故俗语呼秅如柴，佳韵无从纽字，从、床类隔相转，故如柴。或如寨。甬音寨为从纽，在夬切。夬为皆去，佳、皆声近也。甬称动摇曰"柴"，或曰"寨"。脊背有所痒，躯干振摇，与衣相磨厝，以代杷搔，呼作"柴痒"。②

㙊挤　《说文·手部》："排，挤也。""挤，排也。""推，排也。"按非声、齐声、佳声古音皆脂类，盖取叠韵为训。然则推、排、挤其义相同。《孟子·滕文公上》："排淮泗。"赵岐注："排，壅也。"焦循正义曰："壅与雍同，即抵之推之，使东去也。"今谓挤为"拥挤"，正当作"壅挤"。拥（拥），抱也，见《说文》。本字作擁。非推挤义。然壅之本字为㙊。朱骏声说。《尔雅·释言》："㙊，载也。"邢疏引谢氏云："㙊，字又作拥。"㙊、载字训联言，今谓之"拥戴"，戴、载通。借拥为㙊，盖古已有之。"拥挤"疾呼，声合为翳。脂变为皆，音变为挨。如排从非声，齋（斋）从齐声，幤从带声。俗称排挤

---

① 《释词篇》，原作《释言语篇》，误，径改。
② "柴痒"的"柴"《阿拉宁波话》写作"撽"（149页）。动词"撽"当来源于名词"筛谷簛"的"簛"。"簛"是方言字，义为用竹篾编成的圆形浅帮平底疏孔的器具。"簛"本字为"篍"或"筲"，参看盛益民、李旭平《富阳方言研究》，83页。

曰"挨"。《说文》："挨，击背也。"非其义。《广韵·十四皆》有搥字，云："推也。亦背负兒。"此字前所未见，疑后出俗体。①

倾　《华严经音义下》引《汉书拾遗》："倾，谓偃卧也。"倾本倾侧义，《说文》："倾，仄也。"仄、侧通。物势倾侧，则倒则覆，故引申为倾覆、倾倒。卧亦倾倒也。今呼卧为"睏"，物偃仆亦云"睏"。睏俗字，即倾之转洪音也。倾，今读去营切，为溪纽齐齿细音，音等转洪为合口者，多有。如亏，去为切，窥，去随切，为细音，今并读枯为切，为洪音。《礼·少仪》："不窥密。"释文："窥，若规反。"古亦有读合口洪音。恐，丘陇切，筐、匡并去王切，为细音。今读枯陇、枯王切，皆变为洪音。故《玉篇》倾音口营切，《集韵》音窥营切，古读倾亦有作洪音者，窥营犹苦营切也。倾读苦营切，犹顷去颍切，亦读苦颍反，见《礼记·三年问》"犹有啁噍之顷焉"释文，皆细音读洪音之例。耕清韵溪纽字无合口洪音，纽既转洪，徇其纽，不得不移其韵。耕、真邻转，乃借真类魂韵之坤为音，真类惟魂韵有溪纽合口呼字，真、谆、文韵无之。俗制形声字作睏，从目、困，困亦声。困，《玉篇》口钝切，《广韵》苦闷切。《广韵》出切用苦字者，《玉篇》往往用口字。故《玉篇》倾音口营切，犹苦营切也。卧呼倾，音转为"睏"，本为偃仆义；而俗呼物偃仆为"睏倒"，反认为卧义。皆习焉不察，倒果为因，认影为形耳。②

倾卧苦　倾训偃卧，"倾卧"字训联言，声合为可。倾如《玉篇》口营切。歌、麻相转，音变为牛。口瓦切。甬俗呼小儿就寝曰"牛牛"。或曰，牛者，苦之音变。《尔雅·释诂下③》："苦，息也。"卧寝为休息之极，《说文》："卧，休也。"《汉书·礼乐志》："故汉典寝而不著。"《匈奴传上》："寝兵休卒养马。"师古注并云："寝，息也。"故云"苦"。鱼模变麻，音变为牛。亦通。④

麤卧　《玉篇·卧部》："麤，他兮切。卧也。"郑樵《六书略》："麤，一曰虎卧息微。"引申用之，人卧而息微亦云"麤"。麤、卧义同，字训联言为词，声合为拖。歌、元对转，音变为坦。今人死息绝，卧而待敛者谓"坦"，俗称"坦尸"是也。

---

① "挨"非"拥挤"声合之变。

② "睏"非"倾"之音转。"睏"本作"困"，是由困倦欲睡义引申为睡卧义。

③ "释诂下"，原作"释言"，误，径改。

④ "牛牛"是儿童用语，一般写作"欿欿"（欿音柯），《集韵·祸韵》："欿，《博雅》：'息也。'丘驾切。"《鄞县通志·方言（二）》："婴儿呼睡曰欿欿，欿欿者睡时鼾声也。"（3122页）谓"欿欿"当睡觉讲由鼾声发展而来，可从。

因之恶语叱人之卧者亦云"坦"。此坦非东床坦腹而卧义，不得误认。①

步行 《说文·步部》："步，行也。"《行部》："行，人之步趋也。"《释名·释姿容》："两脚进曰行。行，抗也，抗足而前也。"行，庚韵，古音为阳类。甬语行走之行，即在阳韵，如合羊切。步、行义同，字训联言，声合为彭。阳、元声近，音转为办平声。甬语称举足而前呼如办，即"步行"合声之变。步亦得自转为办。步，古音为鱼类，鱼、歌声近，歌、元对转，亦音转为办。故章炳麟《新方言》有鱼、元相转例。②

鏧蹇 《左传·昭二十六年》："断其足，鏧而乘于他车以归。"杜预注："鏧，一足行。"释文："鏧，遣政反。又音磬，又苦顶反。"字本作蹇。《玉篇·足部》："蹇，丘盛切。一足行兒。"北音溪群为清浊，蹇转群纽，音变共盛切，有声无字。甬俗称一足跃行呼若共盛音，即蹇字。或曰，此是"夔行"之合声。说见后。

夔行 《说文·夊部》："夔，神魖也。如龙，一足，从夊，象有角、手、人面之形。"渠追切。《国语·鲁语下》："木石之怪曰夔、罔两。"韦昭注："或云，夔，一足，越人谓之山缫。"此神怪之独足曰夔也。《庄子·秋水篇》："夔怜蚿。"郭象注："夔，一足兽也。"李轨注："黄帝在位，诸侯于东海得奇兽，其状如牛，苍色无角，一足能走，出入水即风雨，目光如日月，其音如雷，名曰夔。"《山海经·大荒东经》所载同此。又《达生篇》："山有夔。"司马彪注："夔，形如鼓而一足。"此兽之一足曰夔也。夔，群纽合口呼。今称一足跃行呼如共行切者，即"夔行"之合声，而夔转合口为开口呼耳。③

蹑蹈 《方言》一："蹑，登也。"《说文·足部》："蹑，蹈也。"尼辄切。又："蹈，践也。"《广雅·释诂一》："蹑、蹈，履也。"蹑、蹈义同，字训联言为词，蹑、蹈声合为恼。俗谓登其上而践履之，呼如"恼"，即"蹑蹈"之合声。或云，践踏云"恼"，是蹂之变音。说详下条。

蹂 《仓颉篇》："蹂，践也。"《通俗文》："践谷曰蹂。"以上俱见《一切经音义》九引。《汉书·司马相如传上·上林赋》："骑之所蹂若。"《文选》作"步骑之所蹂躏"。颜师古注："蹂若，谓践蹋也。蹂音人九反。"蹂从柔声，古音为幽类。"人九"为日纽，日通泥、娘。幽类字后多转入肴豪者。如保声、好声、包声、皋声、卯声、孝声等，古音皆幽类

---

① "坦尸"当作"摊尸"，"坦"非"髋卧"声合之变。汤珍珠等《宁波方言词典》"摊尸"条："①尸体停放在板上等待入殓。②骂睡着或躺着的人：人家和总上班去该嗨，侬还摊尸介摊的！"（136页）也可单说"摊"。"摊尸"一词也见于西南官话及赣语等，参看《汉语方言大词典》"摊尸"条（5669页）。

② 此词非"步行"合声之变。专字作"逽"，音片，义为跨。《广韵·衔韵》："逽，步渡水。白衔切。"

③ 表示一足跃行义的这个词，音艮 [gən²¹³]，谓本字即"蹇"字，是；谓是"夔行"之合声，不确。

也。蹂转泥纽豪韵，音如恼。今谓践踏呼如"恼"，即蹂之纽、韵双变也。蹂音变恼，犹猱亦柔声，读奴刀切，《广韵·六豪》。恼平声；亦读女救切，《广韵·四十八宥》。《集韵》又读而由切，音柔。皆其通转之例。①

　　蹠踊　《说文·足部》："楚人谓跳跃曰蹠。"之石切。又："踊，跳也。"《广雅·释诂一》："踊，上也。"蹠、踊皆跳义，方言类聚为词，"蹠踊"声合为踪。甬俗称跃高跃远皆曰"踪"。蹠亦得音转为踪。蹠从庶声，古音为鱼类，鱼、侯声近，侯、东对转，蹠由侯转东，亦变为踪。故东、鱼亦同入，同入于屋。同入则相转矣。②

　　趾　《尔雅·释言》："趾，足也。"郝懿行义疏："趾者，《说文》作止，云：'下基也。象艸木出有趾，故以止为足。'"今以足指为趾，以别于手指，古皆作指。指、趾皆照纽，古读照纽如端纽，故指转端③纽，音变如底。参看上文"撴"字条下附"指"字释。今轻步举踵，以足指行，谓之"底脚走"。或引身以足指跂立，谓之"底起来"。底皆趾字，实字虚用也。④

　　蹲行⑤　《说文·足部》："蹲，踞也。"徂尊切。凡踞者必伛曲其身。今伛短其身以穿行窦孔者，俗呼音如盛姓之"盛"，慈仗切。即"蹲行"之合声，谓蹲身而行也。俗语有"盛笆洞"，谓登徒子偷访其未婚妻也。即穴隙相窥之意。船过桥孔，亦呼如"盛"。⑥

　　登腾升　《说文·癶部》："登，上车也。"引申为加履其上皆曰登。《尔雅·释诂》："登，陞也。"《小尔雅·广言》："登，升也。"《易·升卦》疏曰："升者，登上之义。"故登车亦云"升车"，《礼记·经解》"升车则有鸾和之音"是也。《易·同人九三》："升其高陵。"犹云登其高陵也。登，端纽，清纽转浊，入定纽，音变为腾。犹顿，舍也，杭州人称居处曰顿，甬人则转定纽，呼如屯，亦端定清浊相转之例。腾亦训升。《汉书·礼乐志·华爗爗十五》："腾天歌。"《文选·洛神赋》："腾文鱼以警乘。"颜师古、李善注并云："腾，升也。"腾、登皆登韵，登、蒸同部相转，音变徒声切。"腾升"字训联言，亦为徒升切。蒸韵无定纽字，蒸、登同类，蒸音清，故有舌上无舌头；登音浊，故有舌头无舌上。而甬音蒸、青声近，故音如停。今谓鸟立枝上，人践高处，皆呼如"停"。

---

① 表示蹂、踏义的这个词，音闹，俗作"蹦"。本字有"蹈""蹂""踔"三种说法，待考。
② 本字当作"纵"。"纵"古有蹲身上跳义。
③ "端"，原作"照"，误，径改。
④ "底脚走""底起来"之"底"今作"踮"，恐非"趾"之音变。
⑤ "行"字原无，据目录补。
⑥ 这个词一般写作"碀"（音"锃亮"之锃）。《广韵·映韵》："碀，塞也。除更切。"

实登之音变，谓升于其上也。①

　　摄蹑 《说文·手部》："摄，引持也。"段玉裁注："谓引进而持之也。"《国语·吴语》："摄少司马兹。"韦昭注："摄，执也。"《方言》一："蹑，登也。自关而西，秦晋之间曰蹑。"《广雅·释诂二》："蹑，履也。"《释名·释姿容》："蹑，摄也，登其上，使摄服也。"今缘木升降，援梯上下，凡手足攀引而趋者，俗皆呼如"摄"，即"摄蹑"之合声。本《释名》"蹑，摄也"字训联言而倒之，谓手有所执持而足有所登履也。

　　升陟 或谓攀登称"摄"者，乃升之入声。升，登也。亦"升陟"之合声。升，蒸韵，蒸入于职，升转入，则为识。陟，职韵，"升陟"声合亦为识。识、摄音似。摄为谈类，与蒸类声近。《尔雅·释诂》："陟，陞也。"《诗·周南·卷耳》："陟彼崔嵬。"传："陟，升也。""升陟"声合，字训联言之也。②

　　翻 《释名·释姿容》："攀，翻也，连翻上及之言③也。"是翻有攀义。攀，引也，与摄训引持义相谐，故俗称攀引上下曰"摄摄翻翻"。音促转入，为"摄摄发发"。翻，元韵，元入于月，翻转入声，故如发。④

　　趫蹻 《说文·走部》："趫，一曰举足也。"牵遥切。音义皆通蹻。《足部》："蹻，举足小高也。"丘消切。段玉裁注："各本作'行高'，晋灼注《汉书·高帝纪》作'小高'。玄应引文颖曰：'蹻，犹翘也。'又引《三苍解诂》云：'蹻，举足也。丘消切。'按今俗语犹然。"《广韵·四宵》："蹻，举足高。"今谓举足曰"脚蹻高"，音义皆符。俗作跷。《广韵·四宵》："跷，揭足。"盖后出俗体，从走字或改从足也。

　　久 《说文·久部》："久，从后灸之，象人两胫后有距也。《周礼》曰：'久诸墙以观其桡。'"段玉裁注："引申之，则凡距塞皆曰久。《考工记》庐人章：'灸⑤诸墙以眡其桡之均。'郑曰：'灸，犹柱也，以柱两墙之间。'"久，古音在之类，读若纪。之、幽声近相转，故今入有韵。他如右、又、有、尤等字，古亦之类。今以足斜伸作掌距者谓之"久"。俗作𠆿，音荐。之、先同入相转也。甬有匠人专矫屋之倾仄者曰"𠆿屋"。

---

① "停"表示鸟立枝上、人践高处义，"停"就是本字，而非"登"之音变或"腾升"之合音。表示居处义的本字也是"停"，而非"登"之音变。

② 表示紧贴着爬行义的这个词，一般写作"吸"，如：爬高吸低，自来水管子吸上去。"吸"不是"摄蹑"之合声，也不是"升"之入声或"升陟"之合声。

③ "言"字原脱，径补。

④ "摄摄发发"今未闻。

⑤ "灸"，原作"久"，误，径改。

即以长柱斜距其所倾，正《考工》"久诸墙"之谓也。^①

久讹作弆，又讹作箭。拳术有"箭步"，正谓其后足斜伸以掌距全体也。

句　或问："箭步"为掌距义，正字当作久，固信然矣。其前足屈膝名"弓步"者，弓、箭相联，箭既音讹，则弓之正字为何？曰："弓步"乃"句步"之音变。句者，句股也。《九章算术》有句股法，今谓之直边三角形。其上横而平者为句，其旁竖而垂者为股。凡作弓步，膝上横者须平，故云句。句读如钩，侯、东对转，音变为公。公、弆音似弓、箭，武术家遂以弓箭字名之。弓本见纽撮口，今变为开口，故与公音混同。句音变弓，犹大便曰"出垢"，今音变为"出恭"矣。参看《释形体篇》。^②

蹏　《庄子·马蹄篇》："怒则分背相蹏。"李轨注："蹏，蹋也。"《汉书·武帝纪》元封五年："故马或奔蹏而致千里。"师古注："蹏，蹋也。奔蹏者，乘之则奔，立则蹏人也。"蹏者，俗语谓之"弹"。牛马举足踢人称"弹"，即蹏之变音。说详后《释兽篇》。或称"踢"，即蹏之变音。蹏，古亦谓之蹴。《玉篇》："蹴，蹋也。"故"蹴鞠"亦作"蹋鞠"。《史记·苏秦传》："六博蹋鞠者。"索隐："蹵，亦蹋也。"《卫青传》："穿域蹋鞠。"《孟子·告子上》："蹴尔而与之。"赵岐注："蹴，蹋也。"《说文》"蹴"字下段玉裁注曰："玄应云：《说文》：'蹴，蹋也。'以足逆蹋之曰蹴。"蹋通作躢。见《广韵·廿八盍》。《公羊·宣六年》："祁弥明逆而踆之。"何休注："以足逆躢曰踆。"按：此即今之所谓"踢"。踢伤癸口，故绝其颔。蹋，徒盍切，北音定为透浊，浊音转清，故《集韵》亦音榻。蹋，盍韵，盍为覃入，覃、侵古同部，侵入于缉，或音转缉韵，如他邑切，曷声、邑声古音同类。声近惕。俗遂造从足易声之踢字。

伸　《说文·人部》："伸，屈伸。"伸为屈之反，不屈则展，故《广雅·释诂三》："伸、舒，展也。"伸，审纽，审、心与晓纽细音今多相乱，故伸与兴甬音无别。甬音真、蒸每相若，严可均曰："蒸声则介乎侵、真之间。"则蒸、真固相近。甬读兴、馨、熙、乡等晓纽齐齿呼字，每作审、心纽；而审、心纽字或转撮口，则又变为晓纽。故伸、申或读为熏。慈溪山北人读书、暑如许，奉化人读春如咚（许江切），皆其例。伸既读熏，真、元声近相转，音变为楦。甬俗称伸足触及于人，呼如"楦"。或音如"许"，则又"伸舒"之合声，本《广雅·释

----

① "弆屋"之"弆"，李荣先生认为本字是"荐"。参看李荣《考本字甘苦》"荐屋"条，《方言》1997年第1期。

② "弓步"之"弓"当是正字，而非"句（钩）"之音变。

诂》伸、舒同义类聚为词而声合也。①

趥 《玉篇·走部》：“趥，丑足切。小儿行。”豖声字古音为侯类，侯、东对转，阴转阳声，故亦读如宠。《广韵·二肿》：“趥，小儿行皃。”又音丑陇切，是也。小儿行者，小儿学步，不良于行。引申为践履不稳、身易倾倒者为“趥”。俗讹作衝（冲），俗有“七冲八跌”“冲冲动”等语。衝，《说文》作衝，云：“通道也。”其训为冲突、冲动义，乃趥与冲之假借，参朱骏声说。无践履不稳义。

趥，或叠韵为词，为“趥趢”。《广韵·三烛》：“趥趢，儿行。”趢，力玉切。又音转为“蹱蹱”。《玉篇·足部》：“蹱，吕恭切。蹱蹱，小儿行皃。”《广韵·三钟》：“蹱，蹱蹱，小儿行皃。”职容、丑容二音。俗称寐起矇眬，步履不稳，曰“昏头趥趥”。②

绊 《说文·糸部》：“绊，马馽（絷）也。”博幔切。段玉裁注：“《小雅》：‘絷之维之。’《白驹》文。传曰：‘絷，绊。维，系也。’《周颂》曰：‘言授之絷，以絷其马③。’《有客》文。笺云：‘絷，绊也。’按：絷谓绳，用此绳亦谓之絷。此凡字之大例，《有客》其最明者也。引申为凡止之称。”今步行足有所碍因之倾仆者谓之“绊”。音转如打扮之扮。盖绊帮纽换韵，换、裥同为元类相转故尔。甬音读绊如伴，转浊音並纽，讹也。④

趏 《玉篇·辵部》：“趏，口黠切，又竹季切。前顿也。”口黠音近渴，俗作磕。今失足颠踬谓之“磕”，即趏字也。《说文》：“磕，石声也。”非颠踬义。钟案：趏从枽声，古音枽为谈类，似应在盍、葉、帖、狎等韵。《玉篇》所音口黠、竹季二切，黠为皆、删之入，季为至韵，俱脂类，或因疑之。然屟音替，霁韵，渫音曳，祭韵，并皆枽声而入脂类。盖枽从世声，世为脂类，故枽声字或在谈类，或在脂类，其渊源固有所自。段玉裁于《说文》“枽”字“从木，世声”句下，曾有注以明之曰：“毛传曰：‘葉，世也。’《诗·商颂·长发》。葉与世音义俱相通。凡古侵覃与脂微，如立、位，盍、蓋（盖），蓋从盍声而入泰韵。疌、中，疌从中声，中读若彻，入薛韵。協（协）、荔，荔从劦声，音丽，霁韵；劦、協入帖韵。軜、内，軜从内声，奴荅切；而内入队韵。籋、爾（尔），

---

① “楦”非“伸”之音转。《阿拉宁波话》“拘”条：“音鞋楦之楦。①用脚踢：拘其一脚｜小人睏相坏猛，被头老老要拘掉。②用拳打：莫引犯其，当心一拳拘过来。《广韵·霰韵》：‘拘，击也。许县切。’也作‘揎’：《冷眼观》第四回：‘当下不顾礼法，一脚揎开房门。’”（162页）可参。
② “趥”或作“蹱”。《型世言》第五回：“那董文虽是醉眼，早已看见，道：‘活作怪，怎么米桶的盖会这等动起来？’便蹱蹱动要来掀看。《广韵·用韵》：“蹱，蹱蹱，行不正也。丑用切。”
③ “言授之絷，以絷其马”，原作“言絷其马”，误，径改。
④ 后出专字作“挷”（音扮）。《集韵·裥韵》：“挷，绊也。博幻切。”应氏谓源词为“绊”，是。

爾从爾声，尼辄切；爾入纸韵，古音在脂类。逮、隶等，逮从隶声，徒合切；隶从隶省声，音同隶，隶在代韵。其形声皆枝出，不得专疑此也。"又于"渫""揲"字下所注亦有论及。所以然者，脂、真对转，真、侵声似，脂类之祭、泰、夬、皆等，并与元类寒、删等对转。寒、覃亦声似，侵、覃收声于唇，动作稍移，收声于舌齿，即变真、寒。故緤、蝶、渫、䐑并入薛韵，磕亦入泰韵，读苦蓋切。而《汉书》"蓋宽饶"，蓋音钾，入盍韵。从曷声之泰类字，如緆、䐑、蠍字又在盍韵。皆可悟其相转之由。

蹁　《说文·足部》："蹁，足不正也。从足，扁声。"部田切。钟案：蹁之为言偏也。足之践履偏颇，故不正也。今蓦履崎岖之处，足跖践不得正，因之倾攲而受挫，俗呼谓之"蹁"。或音促转入而如蹩，俗遂作"蹩"。《说文》："蹩，踶也。踶，蹩_也。一曰跛也。"跛义虽近蹁，然究有别。

冤屈　《说文·兔部》："冤，屈也。从冂、兔。兔在冂下不得走，益屈折也。"冤本谓肢体之屈折，今引申用为情理不伸、遭受挫折之意。甬语称肢体有所了戾挫伤，呼如"哕"，於月切。正冤之入声。亦"冤屈"字训联言之合声。冤，元韵，元入于月，声促转入，故如哕。引申之，凡物之屈折，如纸帛折叠之，亦呼为冤入声。①

抮　《广雅·释诂二》："抮，偝也。"《释诂四》："抮，蟄也。"曹宪并音显。偝者，背违不顺正也。蟄者，了戾。故《玉篇》云："抮，引戾也。"俗作撒，《玉篇》："撒，许茧切。戾也。"抮与紾义同，本训了戾转折，转折则偝矣。今谓举重不胜，腰脊挫戾受伤，谓之"抮腰"，俗讹作闪。抮从㐱声，古音为真类，如珍、畛、趁、轸、诊、胗等皆是。真、先古同类，故抮转铣韵。珍、畛亦在铣韵。抮或反转真、文，则音如欣。真、文无晓纽细音字，惟殷韵有之。俗讹作损。凡肢体有所了戾挫折，亦称"损"。心与晓纽细音相似也。"抮腰"亦呼"损腰"。俗呼"跌打损伤"，损为挫折义是也。《说文》："损，减也。"病之称损者，谓其血气痿减，俗谓"亏损"者是，非挫折了戾之谓。字书损或训伤，此伤亦医家内外伤之伤，与今称损伤为伤科之伤有别。②

紾轸　《说文·糸部》："紾，转也。"之忍切。照、知纽似，真、先相转，故《广韵》又音知演切。《孟子·告子下》："紾兄之臂而夺之食。"《尽心上》："是犹或紾其兄之臂。"赵岐注并云："紾，戾也。"字通作轸。《方言》三："轸，戾也。"郭璞注："相了戾也。"卢文弨曰：了有樛曲之义，了戾即缭戾。《广雅·释训》："轸艳，转戾也。"曹宪音艳艴牛力反。紾，轸韵，轸入于质；或读狝韵，狝入于薛。其声

---

① 后出专字作"攟"（音郁）。《集韵·迄韵》："攟，拗戾也。纡勿切。"
② "损腰"之"损"非"抮"之音转，谓"损"有肢体了戾挫折义，是。

促转入，则为窒，为拙。"轸艳"之合声，则为职。今谓肢体反常而转戾之呼如"拙"，凡器物扭转亦云"拙"，皆紾、轸之入声。[1]

趚趚 《说文·走部》："趚，行速趚趚也。"七伦切。段玉裁注："趚趚者，行速皃。"今疾行心不旁顾曰"趚趚走去"。真、东相转，或音变为衝衝。《广雅·释训》："衝衝，行也。"衝音似恩。《说文·囱部》："恩，多遽恩恩也。"隶作怱。《广韵·一东》："怱，速也。"

《说文·马部》："骎，马行疾[2]皃。《诗》曰：'载骤骎骎'。"子林切。《广雅·释训》："骎骎，疾也。"精清转从浊，音变为昨淫切，如梣。侵、真声似，故药名"秦皮"亦作"梣皮"。今疾行无旁顾者亦曰"骎骎走去"。骎音正如秦。[3]

腾陶 《广雅·释宫》："腾，犇也。"《一切经音义》卷十八引《广雅》："腾，疾也。"《楚辞·招魂》："目腾光些。"王逸注："腾，驰也。"今谓疾趋而奔曰"腾腾奔"。腾，登韵，登入于德。腾或转入声，音如特。犹食禾之虫曰螣，亦作蟘，读如特也。"腾腾奔"者，俗亦呼"特特奔"。浅人不得其字，讹作"踏踏"。

腾从朕声，古音为蒸类。蒸、之对转，之、幽声近，音变为陶。《诗·郑风·清人》："驷介陶陶。"传："陶陶，驱驰貌。"驱驰亦疾行也。陶、蹈声似。《广雅·释训》："蹈蹈，行也。"甬俗称女子轻趫善走者曰"蹈骧婆"，俗讹作"逃娘婆"，实乃"腾骧婢"之音变。《文选·西京赋》："乃奋翅而腾骧。"李善注："骧，驰也。"骧亦读如穰。见《集韵》。日通泥、娘，故音转如娘。犹稻秆曰"穰穰草"，甬呼若"皇娘草"是也。婢从卑声，古音为支类，支、歌通转，如波、破从皮声，倭从委声，謞从为声，移、侈从多声，奇从可声，皆是。故音转为婆。善走则荡检逾闲，故叱之曰婢。

趬趬 《说文·走部》："趬，行轻皃。"牵遥切。谓行走之轻捷也。字或作趬。《玉篇》："趬，去骄切。善走也。"《广雅·释训》："趬趬，行也。"今谓人游逸善走者曰"趬趬走"。

毚趢 《说文·兔部》："毚，疾也。"芳遇切，音赴。《玉篇》云："毚，急疾也。今作趢。"又："趢，孚务切。疾也。"今状行动之急疾者曰"毚"。如突跃而前，曰"毚窜过去"。[4]

---

[1] 本字当是"折"。
[2] "疾"字原脱，径补。
[3] "骎骎走去""骎骎奔来"，"骎骎"（音秦秦）当是拟声状形词。
[4] "毚窜过去"之"毚"（音赴），当是拟声状形词。《释禽兽》"鸫"条："甬语状鸟飞曰妒飞去，亦曰度飞去。""妒""度"也是拟声状形词，可比勘。

退嗕悿繎　《说文·彳部》：“復，一曰行迟。”今从古文作退。《方言》十二：“退，缓也。”脂、真对转，音变为嗕。《广韵》作噉。嗕亦行迟义。《诗·王风·大车》：“大车嗕嗕。”传：“嗕嗕，重迟之貌。”释文：“嗕，他敦反。”今谓步行迟缓曰“慢嗕嗕”。嗕，魂韵，魂入于没，音促转入则如悿。悿亦缓义。《广雅·释诂二》：“悿，缓也。”曹宪音退，《广韵》亦读他骨切。甬语称步履重迟曰“悿其音箕。详后《释①词篇》。悿其”。嗕为真类，真、耕声近，音变为繎。《说文·糸部》：“繎，缓也。读与听同。”今称人行徐缓者曰“慢繎繎”，音变为“慢掌掌”。他孟切。耕、阳邻转也。亦为牫之音变。《说文·牛部》：“牫，牛徐行也，读若滔。”段玉裁注：“俗谓舒迟曰牫牫。”《广雅·释诂二》：“韬，缓也。”音与牫同。豪、唐同入相转，亦音如掌。凡禽兽之动作移言于人者，往往有之。豪、歌亦同入相转，同入于铎。牫转歌韵，音如痑。《广雅·释训》：“痑痑，疲也。”曹宪音吐佐反。凡疲则动作迟缓。今称人动作迟缓曰“缓痑痑”。

留趡　《说文·田部》：“留，止也。”凡止则不行，故引申训为滞，为迟。《走部》：“趡，留意也。读若小儿孩。”户来切。今称止而不肯行者为“赖”，即“留趡”之合声，字训联言为词也。趡从里声，古音为之类，之、咍同部，故读若孩。之、脂合类，脂、皆同部，故从里声之埋、霾、懋字，今在皆韵。故咍、皆亦声近相转。皆之去声为怪、夬，怪、夬无来纽字，而声近之泰韵有赖字，俗遂借赖为之。泰亦脂类也。②

趫　《说文·走部》：“趫，走意。”许建切。《玉篇》云：“走兒。”晓纽齐齿每与心、审混，而先、支又同入相转，同入于质。故趫音得转如徙。徙篆作辻。《说文》：“辻，迻也。”徙亦有走动意。甬俗叱人行走曰“趫”。如云“趫进趫出”等是。盖趫音讹为徙，而甬音呼死同徙，死为恶义，遂以行走之趫，谐为不祥之语，用为呵叱之词。③

趦　《说文·走部》：“趦，行迟也。”莫还切。《玉篇》又莫官切。凡盛肥者，每重滞不敏于行，故步履迟钝。甬语状其行曰“趦其趦其”。音箕，助词。趦音转莫赖切，桓、泰同入相转故也。同入于末。或谓蹒之音变，非。

趱　《说文·走部》：“趱，趁也。”“趁，趱也。”段玉裁注：“趁趱，即《屯六二》‘屯如邅如’，马融云：‘难行不进之貌。’”趱，《玉篇》除连、张连二切。澄知二纽，浊清二读。甬语称人足有疾苦，行走蹇迟者，状之曰“趱其趱其”。其音箕。趱读除连切。

----

① “释”，原作“助”，径改。

② “赖”非“留趡”之合声。

③ 正字就是“死”。《汉语方言大词典》“死”条义项④：“〈动〉走；跑（骂人的话）。㊀冀鲁官话。㊁西南官话。㊂吴语。”（1572页）可参。

　　形貌　《说文·彡部》：“形，象形也。”《礼记·乐记上》：“在天成象，在地成形。”郑玄注：“形，体貌也。”“形象”字训联言，声合俗字作“样”；形[1]，耕、阳邻转，亦得音变为“样”。《说文》：“樣（样），栩实也。”非形状义。《广韵·四十一漾》有㨾字，训“式㨾”，然于古无征，疑亦后出俗体。通语称形状为“样子”，甬俗称人之动容曰“样范”，即“形貌”之音变。貌，明纽，古音为宵类，重轻唇类隔，阴阳声对转，明、微纽转，宵、谈韵变，音变为范。故甬人称如此形者曰“葛貌”，葛者，该之入声。而鄞东滨海咸祥、大嵩等地则曰“葛范”，范即貌字，貌犹形也。方言中宵豪类字转入谈类者，如呼猫为明范切，呼桥为其范切，皆是。或谓“样范”乃“刑范”字，非。

　　《尔雅·释诂》：“刑、范，法也。”《荀子·强国》：“刑范正。”杨倞注：“刑与形同。范，法也。刑范，铸剑规模之器也。”《通俗文》：“规模曰范。”“刑范”虽有摄物就形之义，若径用为形状义，则前人未之见也。说嫌牵强，不可从。[2]

---

[1] “形”字原脱，据文意补。“形”上古音在耕部。
[2] 谓“样范”非“刑范”字，是，但“样范”亦非“形貌”之音变。

卷四　释行事

目　录

（括号内小字为俗音及讹字）

---

① "揣楇"，原作"楇揣"，据正文改。
② "敁"，原作"敆"，据正文改。

斗（兜　兜头　打交　打势）　剜周（兜圈子）　冯逼（弼）　追（钉　钉梢）　猎躐（辽　辽近）　超（抄　抄近路）　捘废（抄　抄靶子）　遣（叉）　亭顿（屯）　揭（铠）　欑攒①（欑　攒虫）　敆（轧姘头　敆棺材）　攻（搬攻　攻头睏）　窜（躲）　蟠（孵豆芽）　幽薶（寻幽蛮）　乚匸（乙　乙必贼）　潜行（强过去）　库藏（康）　般播（搬　奔　扳位　驳船　摆渡）　待（等）　儿（张貌）　逢償（碰头）　夆（捧头　磅头）　傍榜（碰着　碰撞）

以　《老子》二十章：“众人皆有以。”河上公注：“以，有为也。”《左传·定十年》：“封疆社稷是以。”杜预注：“以，犹为也。”《论语·为政》：“观其所以。”刘宝楠正义以亦训为。以，喻纽，古无喻纽，读喻如影纽。参黄侃说。钱大昕谓：“凡影母字，引而长之，则为喻母。如于、於同声亦同义，今则于属喻母，於属影母。”故影、喻长短之异，可相转。以，古音在影组，当如懿。於拟切。甬语称作为曰“以”，音正转如懿。②盖方言多古音之遗。或曰，作为称懿者，乃“印厉”字。说详下条。

印厉　《方言》六：“厉、印，为也。瓯越曰印，吴曰厉。”《尔雅·释诂》：“厉，作也。”《释言》：“作，为也。”厉亦可训为。《广雅·释诂三》：“厉、印，为也。”印，曹宪音於信反。印、厉同义，方言类聚为词，“印厉”声合为懿。印，震韵，真、脂对转，亦得音变为懿。懿与懿今音近似，之、脂两类本相若也。卢文弨以为古籍无训印为者，印、卬形似，改卬为印，非也。《广雅》祖述《方言》，印亦训为，曹宪音於信反，则非印之形误可知。《广雅》中僻见字义不见于经籍者甚多，卢氏安得一一尽改之哉？朱骏声以为印之篆体与为相近，以印代为，乃当时方语，或其然与？

厉动　《尔雅·释诂》：“厉，作也。”《说文·力部》：“动，作也。”厉、动义同，方言类聚以呼，“厉动”合声，俗字作弄。甬语称作为曰“弄”。《说文》：“弄，玩也。”“玩，弄也。”今称相戏曰“玩弄”，即字训联言为词，乃其本义。《左传》：“夷吾弱不好弄。”《汉书·司马迁传》：“固主上所戏弄。”《金日磾传》日磾子二人为帝弄儿。弄皆戏玩为义。即管弦曲调称弄，亦是戏玩义之引申。③

靡谟　《广雅·释诂三》：“靡，为也。”今靡在纸韵，纸、蟹同类相转，犹支、佳同类。音变为买。靡，古音为歌类，歌、麻同类相转，音变为马。北音读麻韵声侈，如南音

_____

① “欑攒”，原作“攒欑”，据正文改。
② 宁波方言里，“懿”（音倚）是个泛义动词，相当于“弄”。字也作“伊”，《型世言》第二十七回：“我叫你不要做这事，如今咱伊？”“咱伊”犹“咋伊”，怎么办。应氏认为本字为“以”，“以”古有做义，可备一说。下条谓作为称“懿”者，乃“印厉”之合声，不可信。
③ 作为叫“弄”，非“厉动”之合声。

之佳，佳、麻同入于麦，同入故相通转。故靡从古音，亦可转如买。慈溪山北人称作为如"买"，以重唇亢音读之。或谓作为称如买者，乃谟之音变。

《尔雅·释诂》："谟，伪也。"郝懿行义疏谓伪有诈伪、作为两义，伪、为本通用，谟与作为义近，与诈伪义远。然则谟训伪，乃作为也。谟，模韵，鱼、模变麻，从北音转侈，亦变如买。

壁乂　《说文·辟部》："壁，治也。"鱼废切。形简假为乂。《尔雅·释诂》："乂，治也。"治理与作为义通，故作为或称为"乂"。乂，废韵疑纽，疑之细音，多转泥、娘，故今读疑、乂皆作娘纽。废韵字古音为脂类，脂与侵、覃类古多相通。参段玉裁说，见《说文》"枼"字下注说。乂转侵、覃，音转为念。甬地渔民称作为音如"念"，为何事曰"念所些"，《广韵·十二霁》："些，何也。"苏计切。当何为曰"那念念"。① 此本绍兴语，甬地渔民多绍籍，故所言多绍语。外来语流传既久，往往成为土语。犹异方花木移种既久，遂作土产矣。

取役　《广雅·释诂三》："取、役，为也。"《老子》五十七章："以正治国，以奇用兵，以无事取天下。"四十八章："故取天下者，常以无事。及其有事，不足以取天下。"此诸取字，犹治也，为也。取、役义同，方言类聚为词，声合为尺。役，昔韵，营隻切，甬读营恶切，在铎韵。昔、铎皆鱼类之入，同声类，故相转。惟"取役"合声如尺，则读役固在昔韵。俗作拆。取声促转入，亦可音如尺。甬俗为佣保，不以年月长雇，但计日作短工者，谓之"拆短"。拆，作为义也。②

佴侈　《墨子·经上》："佴，自作也。"佴，仍吏切，按：仍，如乘切，日母。甬读仍为疾乘切，从母，非正音。盖日通禅、床，又床、从类隔，转从母故耳。音饵。日通泥、娘，故今读饵或如贰。贰、年声似，今"年糕"本"饵糕"之讹。③ 今称人妄自作为呼如"匿拆"，即"佴取"之声促转入。佴从耳声，古音为之类，之入于职，故音如匿。"佴取"云者，自作为也。取，为也。详上条。引申为肆意妄为、逾越规矩之称。

或曰，妄自作为曰"匿拆"，拆者，"侈役"之合声。侈有过甚义，引申为放肆亦云侈。"侈役"谓肆为之也。《说文·人部》："侈，一曰奢泰也。"段玉裁注："凡自多以陵人曰侈，此侈之本义。奢者，张也。泰者，滑也。凡经传云汰侈者，即许书之泰字。"引申为过甚皆云侈。《管子·大匡》："关市之征侈之。"尹知章注："侈，过甚也。"《庄子·骈拇》："而侈于德。"崔撰注："侈，过也。"司马彪注："溢也。"郭象注：

---

① "甬地渔民称作为音如'念'"，以及"念所些""那念念"，今未闻。
② "拆短"之"拆"非"取役"之合声。
③ "年糕"就是正字，非"饵糕"之讹。

“多貌。”多、溢皆过甚之义。不应为而自作为，即过甚而肆为之。①

世俗称肆意妄为而不恤者，谓之“拆烂倭”。拆亦“侈役”字，谓放纵而为也。《荀子·正论》：“然而暴国独侈，安能诛之。”杨倞注：“侈，谓奢汰放纵。”《贾子·道术》：“广较自敛谓之俭，反俭为侈。”自敛者，克己敕行之谓。不能克己敕行者，则放纵而无忌惮。“侈役”声合为拆，正放纵而为之。“烂倭”即“兰恶”字，说详下条。凡方言中义含放纵不检之词，多为侈之合声。如肆为大言曰“扯蛋”，扯即“侈夸”之合声；亦曰“吹牛边”，吹即“侈谓”之合声。肆为妄言曰“撒乱话”，撒即“侈唊”之合声。参看各本条。②

兰恶　《通俗文》：“纵失曰兰。”《一切经音义》卷廿二引。字亦作阑。《汉书·汲黯传》：“文吏绳以为阑出财物。”应劭注：“阑，妄也。”纵失与妄为义近，兰（蘭）、阑当皆为乱之音转。《左传·宣十二年》：“人反物为乱。”又《十五年》：“民反德为乱。”《家语·执辔》：“百事失纪曰乱。”今妄为其事而不恤谓之“拆烂倭”。拆为“侈役”之合声，义见上条。“烂倭”即“兰恶”字。《说文》：“恶，过也。”过，失也。“兰恶”云者，谓纵失之过也。恶从亚声，古音为鱼类，鱼、歌声近，音转为倭。犹大便曰恶，见《汉书·昌邑王传》。今亦呼如倭矣。参看《释形体篇》。

滥污　或曰，“烂倭”当为“滥污”字。《贾子·道术》：“动有③文体谓之礼，反礼为滥。放理洁净谓之行，反行为污。”《说文·女部》：“嬻，过差也。《论语》曰：‘小人穷斯嬻矣。’”今本《论语》作滥。见《卫灵公篇》。污，秽行也。见《荀子·正论》“流行污漫”杨倞注。“滥污”云者，谓过差之秽行，无礼无行之辈也。污，虞韵，鱼、歌邻转，音变为倭。④

制作　《楚辞·招魂》：“晋制犀比。”《孟子·梁惠王上》：“可使制梃。”王逸、赵岐注并云：“制，作也。”焦循曰：“制作，古多连文。”见《孟子正义》。《史记·礼书》：“缘人情而制礼，依人性而作仪。”此制、作异文而同用也。又曰：“乃采风俗，定制作。”《后汉书·蔡邕传》：“制作，国之典也。”则又制、作类聚以为辞。制又通借为製。《玉篇》：“製，作也。”《广韵·十三祭》：“製，製作。”今亦製、作字训联言为词。制、製皆照纽，古读照纽若端纽，“制作”急言，声合如沰。《集韵》

---

① “匜拆”非“佴取”之音变，“拆”亦非“侈役”之合声。

② “拆烂倭”之“拆”非“侈役”之合声。“扯蛋”之“扯”、“吹牛边”之“吹”、“撒乱话”之“撒”亦均非由“侈”之合声构成。

③ “有”，原作“为”，误，径改。

④ “拆烂倭”比喻做事马虎，不负责任。俗语理据不明，“拆”本字亦不明。但是“烂倭”的字面意思非常清楚，就是稀屎。“烂倭”一般写作“烂污”或“烂屙”。应氏“兰恶”“滥污”两条所考均不确。

当各切。鱼、阳对转，音变为打。今称作为曰"打"，如作计曰"打算"，作事曰"打活"，活音转如横直之横。相戏曰"打俳"。工匠造作器物亦曰"打"，如"打船""打簟""打绳"等。或谓作为称"打"，乃督之音变，说详下条。[①]

◇《孟子·万章上》："齐东野人之语也。"赵岐注："东野，东作田野之人。《书》曰：'平秩东作。'谓治农事也。"阎若璩谓："赵氏注此章，于东字妙有体会。不然，何不云齐之西或北野人乎？"钟案：赵注东字，不作方向义，而训为治作。盖《说文·东部》："东，动也。"（《广雅·释诂》同）《力部》："动，作也。"（字训联言曰"动作"，俗语犹尔。）东训动，故可转训作，作与治义通。孟子所称"东野人"，即治作田野人耳。今治作曰"打"，即东之音变，东、阳声近相转也。打今读得阳切。

督　《方言》六："督，理也。"《广雅·释诂三》："理，治也。"王念孙疏证曰："理与治同意。"理本训治玉，引申为治一切事亦云理。今治作其事皆云"督"，如"督军""督筵""督学"皆是。督，屋韵，为董之入。董、养声近，音变为打。今称治作曰"打"，即督之转音也。

斲斫　《说文·斤部》："斲，斫也。"竹角切。斲，知组；斫，照组。古读知、照皆如端组，许君以斫训斲，盖取双声为训也。斲，角韵，为江之入，江、阳声近，音变为打。斫，药韵，药为阳入，长言转上，亦音变为打。今樵苏伐木作薪曰"打柴"，打即斲、斫字也。或曰，是剁之音变。《玉篇·刀部》："剁，丁卧切。斫也。"音义皆同楇。《说文·木部》："楇，一曰剁也。"兜果切。从咼声字本在元寒类中，读果韵者，歌、元对转也。歌、唐同入相转，同入于铎。音亦变为打。楇从咼声，古音为元类，元、阳声近，音亦变为打。

勺酌　《说文·勺部》："勺，挹取也。"之若切。亦读市若切，为禅组，则清音转浊，照清禅浊相转。字通作酌。《公羊·僖八年》："盖酌之也。"何休注："酌，挹也。"《礼·坊记》："上酌民言。"郑玄注："酌，犹取也。"勺、酌皆照组，古无知、照，俱读如端组，若都若切。药韵无端组字，无以作直音。勺、酌皆药韵，药为阳入，长言转上声，音变为打。今凡挹彼注此曰"打"，汲水曰"打水"，釜中饭挹于器曰"打饭"，瓮中挹取酒浆亦曰"打"。或谓挹取称打，乃寻之音变。《说文·见部》："寻，取也。"

[①] 本条及以下"督""斲斫""勺酌""揣楇"等条所释诸打字，均可商。本字即为"打"，"打"是个泛义动词。宋欧阳修《归田录》卷二："（打）其义本谓考击，故人相殴、以物相击，皆谓之打。而工造金银器亦谓之打，可矣，盖有槌击之义也。至于造舟车者曰打船、打车，网鱼曰打鱼，汲水曰打水，役夫饷饭曰打饭，兵士给衣粮曰打衣粮，从者执伞曰打伞……至于名儒硕学，语皆如此，触事皆谓之打。"近人黄侃先生在《通俗编·语辞》"打"条笺识里对《归田录》诸打字分别拈出本字予以解释（见颜春峰点校《通俗编 附直语补正》470页），应氏做法与其相似，似均不足取。

多则切。尋，德韵，为登之入，蒸、元合类，元、阳声近，故蒸、阳相转，参严可均说。尋转阳部，音如打。然尋训取，无揣注义，不切。

揣楇　《说文·手部》："揣，量也。度高曰揣。"《广雅·释诂一》："揣，度也。"《汉书·翟方进传》："方进揣知其指。"师古注："揣，谓探求之也。"揣，曹宪亦音丁果反，与楇音义皆同。《说文·木部》："楇，一曰度也。"兜果切。歌、唐同入相转，同入于铎。音变为打。从耑声字古音为元类，元、阳声近，音亦变为打。古舌音后或转为齿音，今读初委切者，转穿纽，又元、歌对转，歌、支声通也。今谓占度探求其事曰"打"，市物计重曰"打分两"，料测人情曰"打量"，又曰"打态度"，度音转如动，东、虞同入相转也。探求事情曰"打听"，听即探之音变。探从罙声，古音为侵类，侵真与青，今音相似。侵真韵皆无舌头音字，故借用听字。舟师以索悬锤探测航路水深谓之"打水潭"。潭，深也，犹云度水深矣。

《豫章丛书》刊王朝榘《需次燕语》释俗语之打，凡数十事，各求其本字。章炳麟《新方言》多隐用其说。至谓"打听"即"侦听"，"打饭"即"盛饭"，皆取耕、阳邻转；侦，彻纽，盛，禅纽，古音皆读定纽，甬读侦如贞，虽浊音转清，实是误读。浊音转清，则归端纽。音固可通，惟盛为受义，而非揣取，其说嫌疏。本书所释诸打字，与之颇有出入，见仁见智，各求其是。他如"打米""打豆腐"之打，乃买卖义，实乃"倗（兑）贾"合声之变。禽兽相交曰"打势"，曰"打交"，打为斗（鬭）之音变。斗，遇也。"打卦""打家宅"，打为贞之音变。贞，卜问也。各详本条，散见各篇，不比列于此。

揆蒦　《尔雅·释言》："揆，度也。"《广韵·五旨》："揆，求癸切。"本群纽四等撮口呼，今相承读合口呼。声促转入，音变逵物切。今称度虑其事曰"揆"，即作入声如上。或曰，此蒦之音变。《广雅·释诂一》："蒦，度也。"曹宪音於虢切。本合口呼，方言转齐齿，讹作约。今谓度筹其事曰"约"，如"约数""约计"皆是。影清转匣浊，蒦又音画。《广韵·二十一麦》："蒦，度也。"胡麦切。喉、牙通转，匣转群纽，音变逵麦切。犹环、还、缳皆匣纽，今方言中或作逵关切是也。耳珰曰"环子"，玩具有"铁环"，物势回复曰"环转来"，时令谚云"七九六十三，破衣两头缳"，皆是。

仑　《说文·人部》："仑，思也。"今称心有思惟为"仑"，俗不得其字，以论为之。论为论议字，见《说文》。从言，谓思惟而发为言辞也，与默思在心称仑有别。然《诗·大雅·灵台》："于论鼓钟。"毛传曰："论，思也。"是借论为仑，古已有之。俗称思惟所计曰"仑头"。头者，图或度之音变。《尔雅·释诂》："图、度，谋也。"图、度古音皆鱼类，鱼、侯声近，故音转为头，犹鄂人呼杜姓音如窦也。甬语谓人钝拙如偶象者，谓之"行乐图气"，图亦呼如头。凡忖头、念头字，皆准此。[1]

考何　《诗·大雅·文王有声》："考卜维王。"笺："考，犹稽也。"《书·舜典》："三载考绩。"《广雅·释诂二》："何、考，问也。"问与稽皆求其情之真伪等差。考，今在晧韵，豪、歌同入相转，同入于铎。音变为可。考、何义同，方言类聚为词，声合亦为可。今谓心中核稽其事者曰"可可看"。俗不得其字，或作课。《说文》："课，试也。"其义远而不切。

擘画　《说文·手部》："擘，撝也。"字亦左形右声作擗。《楚辞·九歌·湘夫人》："擗蕙櫋兮既张。"王逸注："擗，析也。"撝、析义通，《说文》："撝，裂也。"裂、析皆分剖义。今擘读帮纽，擗读滂纽，朱骏声谓擘训撝，乃劈之假借，正当读滂纽如劈。段玉裁谓今俗语裂之曰擘开，擘亦读滂纽。俗作拍。擘从辟声，古音为支类，支、佳同部相转，音变为派。今称心计分析其事理曰"派"，如"派账""派辈分"。或曰，派者，"擘画"之合声。《淮南·要略训》："擘画人事之终始者也。"高诱注："擘，分也。"画之去声在卦韵。《说文》："画，界也。"《释名·释书契》："画，挂也。"皆以叠韵为训。"擘画"亦常语，引申为筹计之词，急言而声合，遂如派。《说文》："派，别水也。"《广韵·十五卦》："派，分流也。"皆无筹计义。

斠角校　《说文·斗部》："斠，平斗斛量也。"古岳切。字或借作角。《礼·月令》"仲春"："角斗甬，正权概。"郑玄注："角、正，皆谓平之也。"段玉裁曰："角者，斠之假借字，今俗谓之校，音如教。"斠今音觉，在觉韵。觉为肴入，长言转平，故如教。觉亦如是。《广雅·释诂一》："校，度也。"《国语·齐语》："比校民之有道者。"韦昭注："校，考合也。"今谓比絜升斗铨衡大小而考覈之谓之"校"。音转如告，而字或作较。

隐占　《尔雅·释言》："隐，占也。"郭璞注："隐，度。"《广雅·释诂一》："隐，度也。"郝懿行曰："占者，亿度之词。"故朱骏声谓隐训占，乃亿之假借。今俗谓比测容器大小曰"隐"，即占度义之引申。隐，古音为真类，真、脂对转，音变为衣，故"罗隐秀才"讹为"罗衣秀才"。脂、之合类，隐由脂转之，音变为意，故《左传·昭十年》"季孙意如"，《公羊传》作"季孙隐如"。真、元声近，隐转阮韵，又变为偃，故"徐偃王"，《汉书·古今人表》作"徐隐王"；《国语·齐语》"隐五刃"，《管子·小匡篇》作"偃五兵"。甬俗称比絜长短呼如偃，或如意，如衣，实皆隐字。

---

[1] "仓头""忖头""念头"之"头"是后缀，非"图"或"度"之音变。

或如厌，则又“隐占”之合声，字训联言之也。①

桡枉 《说文·木部》：“桡，曲木也。”奴教切，音闹。引申为凡曲皆云桡。《左传·成二年》：“师徒桡败。”杜预注：“桡，曲也。”凡事理曲直，直是曲非，故算计之非曲者，俗云“桡算”。桡与枉义近。《说文》：“枉，衺曲也。”鄞县东钱湖滨诸地，称算计之非曲者音如“憎算”，憎，乌快切。即“枉算”之音变。盖阳、元声近，元、泰对转，故音如憎。阳、鱼对转，鱼、麻声近，北音读麻韵字音侈如泰、夬，故亦变如憎。或谓憎者，“枉衺（邪）”之合声，字训联言为词也，亦通。

幵 《说文·幵部》：“幵，平也。象二干对构，上平也。”古贤切。《汉书·地理志下》天水郡“罕幵”注引应劭曰：“音羌肩反。”故《广韵·一先》坚纽：“幵，又音牵。”此见、溪牙音相邻转也。俗谓裒多益寡，两者使其平匀曰“幵平”，正读如牵。幵声、干声古音皆在元类，本段、严等诸家说。元类每与脂类相转，如笄、枅等今入齐韵，朱骏声归入脂类，朱氏称脂类为履部。是也。元、歌对转，歌、麻同部，幵或转麻韵，俗字作扯。牵马切。俗称匀其两者之多寡谓之“扯平”，亦呼“通扯”。元、泰对转，脂、泰亦同部，扯亦音转如差。②

遣 《说文·辵部》：“遣，纵也。”此纵即《论语·子罕篇》“天纵之将圣”之纵，犹使之前也。许书作解之字不用本义而用引申义者，往往有之，朱骏声《说雅》每举出之。段玉裁泥于纵之本训为缓也、舍也，引以为释，遂枘凿不可通矣。《左传·僖廿三年》：“姜氏与子犯谋，醉而遣之。”杜预注：“遣，发也。”发亦使之前也。《诗·小雅·皇皇者华序》：“君遣使臣也。”《采薇序》：“遣戍役也。”《大雅·崧高》：“王遣申伯。”后人用为调遣、遣送字，皆指发前往之意。遣从𦥑声，古音为元寒类，寒、泰同入对转，从戴震说。遣转泰韵，音变如蔡。遣，溪纽齐齿呼。凡齐齿呼字每易混入齿音，故与清、穿往往相似。蔡，清纽也。俗作差。《说文·左部》：“差，贰也。左不相值也。”贰者，副贰也。副次于正，即不相值意。左逊于右，不相值，谓不能与右齐等，亦与副贰意同。故引申谓等次不相值者为差。无使义。

有所遣使，俗或称为“差头”，即“遣动”之转音。动变为头，东、侯对转也。《尔雅·释诂》：“动，作也。”《释言》：“作，为也。”是动亦为也。凡有遣使，必有所为，故云“遣动”。俗于遣使，固有称为“差动”者矣。③

---

① 用容器估量物之多少，音印，俗字作“揞”。《集韵·㰹韵》：“揞，平量也。於靳切。”比量长短，音燕，俗字作“賹”。《玉篇·贝部》：“賹，於献切。物相当。”清翟灏《通俗编·杂字》“賹”条：“今以两物较其长短曰賹。”

② “幵”字罕见，“扯平”“通扯”之“扯”不可能是“幵”之音变。

③ “差头”非“遣动”之转音，“头”是后缀。

徎傋伻　《说文·彳部》：“徎，使也。”普丁切，字亦作傋。《玉篇》：“傋，普丁切。使也。”音义又同伻。《玉篇》：“伻，普萌切。使人也。”徎、伻古音皆耕类，耕、支对转，支、佳同部，故耕、佳亦同入相转，同入于麦。徎、伻转佳韵，音皆如派平声，佳韵无滂纽字。俗谓使人曰“派”。即徎、伻字。派训“别水也”，见《说文》。无使人义。

寻绎　《说文·寸部》：“寻，绎理也。”《公羊·成三年》：“寻旧盟也。”何休注：“寻，犹寻绎也。”《论语·子罕》：“绎之为贵。”马融注：“绎，寻也。”见《文选·四子讲德论》李善注引。皇侃疏：“绎，寻绎也。”寻、绎义同，故相承连茹用之。寻，徐林切，本邪纽，邪、从同浊相混，犹床、禅亦同浊相混。故今读寻如鱘，昨淫切。○甬语呼寻犹作徐林切，正音也。混于从纽。绎，昔韵，昔为麻入。“寻绎”疾呼，声合则为籍。秦昔切。○甬读籍如席，席邪纽，是又混从于邪。可知从、邪同浊之易乱。缓言转平，俗字作查。今谓寻绎为“查”，即“寻绎”合声之变，亦纽、韵俱变之例。查本楂或体，查察字不见于经籍，乃后人音讹之借字。《广韵》查，鉏加切，床纽，今通读从纽，又从、床类隔讹转之故。[1]

《封氏闻见[2]记》：“近代流俗，呼丈夫妇人纵放不拘礼度者为‘查’，又有百数十语自相通转谓之‘查谈’。”按：此查字，实邪字音讹。查本床纽，床、禅同浊，而禅、邪又类隔相通，故邪讹为查。邪，不正也。《论语》曰：“思无邪。”大抵从、床、邪、禅四纽皆浊，易交混，方言误读，不可胜纪。

读邪为从，其例最多。如囚、泅、辞、词、祠、讼、旋、饲诸字，皆邪纽，而今皆读从纽。寻既读从纽如鱘，侵、幽对转，音变为造。浊音转清，从又转精，造转精纽为早。告[3]声、早声、好声古音皆在幽类，盖古音好读如呼叜切，早读子叜切，告读公叜切（皆本江有诰说）。造从告声，故亦在幽类。但后世音变，幽、尤韵字多转入萧、肴、豪中，如涛、帱从寿声，道从首声，故早、造在晧韵。俗字作找。北人称寻求为“找”，本寻之纽、韵双变。造音变早，犹灶读为造，正相反也。《周礼·春官·大祝》：“二曰造。”注：“故书造作灶。杜子春读灶为造次之造，书亦或作造。”[4]

狙　《史记·留侯世家》：“良与客狙击秦皇帝博浪沙中。”索隐引应劭曰：“狙，伺也。一云狙，伏伺也。谓狙之伺物，必伏而候之，故今云‘狙候’是也。”狙，应劭音七预反，徐广音千怒反，皆清纽。北音清从为清浊，狙转浊音，入从纽；又鱼、阳对转，音变为匠。疾亮切。今伏伺呼如弶，其亮切。上声，本狙之音变。或曰，是觇之音变。《说文》：“觇，司人也。读若驰。”司即今伺字。司人谓伺候人也。支、耕对转，耕、阳声近，音变为仗。

◇《说文·豸部》：“豸，兽长脊，行豸豸然，欲有所司杀形。”池尔切。段玉裁注：“司今之伺字，

---

① “查”非“寻绎”合声之变。

② “闻见”，原作“见闻”，误，径改。

③ “告”，原作“造”，误，径改。

④ “找”非“寻”之音变。“寻找”的“找”，语源当是“爪”和“抓”。

许书无伺。凡兽欲有所伺杀，则行步详宷（审），其脊若加长。豸豸然，长皃。文象其形也。"豸，纸韵，支、耕对转，耕、阳声近，音变为仗。今伺以相害呼如仗者，即豸之语转。[①]

歧　《尔雅·释宫》："二达谓之歧旁。"郭璞注："歧，道旁出也。"《列子·杨朱》："大道以多歧亡羊。"歧，支韵，支、耕对转，音变为擎。今迷路误入歧途呼如"擎走"，即歧走也。镇海江南"布阵岭"，俗音呼若"步旂岭"，阵音变旂（旗），真、脂对转也，其例正相若。[②]

放置　《诗·魏风·伐檀》："寘子河之干兮。"《大雅·生民》："诞寘之隘巷。"传并云："寘，置也。"物安其所，古用寘字，后多用置字，或用放字，故《广雅·释诂四》："寘、放，置也。"后人"放置"联言为词，就字训合言之也。放，非纽，古无轻唇音，读如帮纽，故放音如榜。"放置"疾呼，声合为臂。支变为佳，音转为摆去声。俗称放置为"摆"，即其合声之变，纽、韵俱转也。摆同捭，《玉篇》云："两手击也。"《广韵·十二蟹》："摆，摆拨。"皆非放置义。"摆摊""摆阵"之摆乃布字音变。鱼、麻相转，麻之声侈近佳也。[③]

合偶　《尔雅·释诂》："偶，合也。"郭璞注："谓对合也。"《字林》："偶，合也。"《一切经音义》卷二引。字训联言，"合偶"声合如候。今谓两物相合，适相匹会呼为"候"。引申为求合亦云"候"，如市物求直之合己，俗亦谓之"候"。合，匣纽，古音为侵类。从段氏《六书音均表》及朱氏《说文通训定声》。侵类，段氏谓之第七部，朱氏名为临部。侵、幽对转，合亦得音变为候。以幽尤声清细，无匣纽字，而邻近侯韵有之，凡幽尤字欲作匣纽，势必转入侯韵也。幽尤无匣纽而有喻纽字，以喻音细，宜于幽尤之清轻也。侯韵无喻纽而有匣纽字，以匣音粗，宜于侯之重浊也。凡匣之细音即归于喻，喻之粗音即归于匣，所谓"匣阙三四喻中觅，喻亏一二匣中穷"也。韵随纽之宏细相应而变易，此其一端，可证其余。[④]

諏　《诗·邶风·北门》："室人交徧摧我。"释文引《韩诗》催作諏，音千佳、子佳两反，就也。《广韵·十九侯》："諏，就也。千侯切。"《六脂》亦收諏字，音以追切，又视隹切。今谓相就曰"諏"，正作千侯音。俗讹作凑。《说文》："凑，水上人所会也。"非相就义。

[①]　"弶"（暗中监视、守候）的本字应氏列了三说（狙、觊、豸），均可商。其实本字就是"弶"。《广韵·漾韵》："弶，张取兽也。其亮切。""弶"有用弶捕捉义，引申为暗中监视、守候。

[②]　"擎走"之"擎"非"歧"之音变，本字当作"寻"。"寻走"谓因寻人寻路而迷路走失。"寻"本徐林切，音 [ziŋ²⁴]；在"寻走"中声母由邪母转为从母，读 [dziŋ²⁴]。

[③]　"摆"非"放置"合声之变。

[④]　"候"非"合偶"之合音。

窔　《说文·穴部》："窔，空大也。"乌黠切，段玉裁注："俗谓盗贼穴墙曰窔是也。"《广雅·释诂三》："窔，深也。"实字虚用，穴物使空，遂亦云"窔"。《广韵·十四黠》："窔，手窔为穴。"俗字加手旁作挖。窔与揎音义皆似。段玉裁以为剜空为挖，当作揎。钟案：揎为动词，窔为实字虚用，乃引申义，而其音适同。凡物揎之必中空，遂为窔；为窔者，穴而空之必以揎，义实两通。揎字见《释动作篇》。

毃毃　《说文·殳部》："毃，椎毃物①也。"竹角切。音义皆同敦。《攴部》："敦，击也。"《广雅·释诂四》："毃，摘也。"曹宪音卓。凡从豖声字读如卓者，今方言皆如督。方言多古音，古无舌上音，知纽字读作端纽故也。今以物直捣曰"毃"，投掷亦曰"毃"。椎击曰"敦"，亦曰"毃"。如捣洞曰"毃洞"，卖饧者椎凿为小片曰"毃糖"，皆是。

殴　《说文·殳部》："殴，捶毃物也。"乌后切，引申为投毃亦曰"殴"，《周礼·夏官·射鸟氏》"以弓矢殴乌鸢"是也。殴从区声，古音为侯类，侯、鱼声近，故区声字今在虞韵。鱼、阳对转，故侯、唐亦同入相转。殴转阳部，音如樱桃之樱。甬音樱在阳韵。甬俗以物遥掷呼如"樱"屋央切者，即殴也。侯、幽声近，幽、侵对转，俗字作揞。《广韵·五十八陷》："揞，吴人云②抛也。於陷切。"甬俗呼投击亦曰"揞"。侯、鱼声近，鱼、歌亦声近，殴转歌部，入麻韵，俗字作抴。甬俗呼投击亦曰"抴"。屋麻切。③

挍　《广雅·释诂一》："挍，动也。"《玉篇·手部》："挍，胡改切。撼动也。"挍，匣纽，北音晓匣为清浊，匣浊转晓清，音变为海。甬俗称鼓动之曰"海"，即挍也。或喉音转牙，匣转群纽，音变如倚隑之隑。共亥切。甬俗称器物上下振动呼如"隑"。如两手执铙钹振动而击之谓之"挍"。《广韵·四十八感》：撼，胡感切。音颔，亦匣纽。今相承读黑感切，亦匣转晓纽也。

扤抈　《国语·晋语八》："其为本也固矣，故不可抈也。"韦昭注："抈，动也。"音月。抈本训折，见《说文》。其训动者，先儒皆谓扤之假借。《说文·手部》："扤，动也。"五忽切。《广韵·十一没》："扤，摇动。"《十月》又音鱼厥切。扤、抈皆疑纽，喉牙疑喻恒相转，如午、五、鱼、雅、言、危诸字皆疑纽，今皆读喻纽。故甬俗读抈如越。月亦读如越。今谓挥动为"抈"，如"抈旗""抈手"。动摇不固者曰"摇抈抈"，又曰"抈抈动"。即《周礼·考工记·轮人》"则以是大扤"扤为不固之意，亦为《方

---

① "物"字原脱，径补。
② "云"字原脱，径补。
③ 宁波话抛、投掷的意思叫"樱""揞"或"抴"，源词不是"殴"。参看上文《释动作》"抛弃敲"
　条注。

言》九"抓，不安也"之意。抓，众家本作伉，曹毅之作抓，戴震疏证本从之。

抓　《广雅·释诂一》："抓，引也。"曹宪音乌麻反。凡引者，谓使物就向于己。今流散之物拨归于己谓之"抓"，故以器杷取沙土曰"抓"，以箸拨饭入口亦曰"抓"，泅者以手拨水亦云"抓"。字又孳乳为摿。《集韵·三十五马》："摿，吴俗谓^①手爬物曰摿。"俗作划。章炳麟《新方言》隐用卢文弨《方言》案语，以为桨楫拨水以进舟曰划者，乃"伪"之音转，非是。"伪"为舟行不安，非引舟前进之谓。

研　《玉篇·石部》："研，音讶。光石。"《广韵·四十祃》迓纽："研，碾研。"碾，犹挈也。研，疑纽麻部，麻入于陌，声促转入，音如额。甬制冥锭锡箔者，锡叶加纸上，以光石摩挈之，使附著不落，谓之"摩锡箔"，亦呼如"额纸"，额，即研之入声。或谓是扢之纽转。《汉书·礼乐志·郊祀歌》六十："扢嘉坛。"孟康曰："扢，摩也。"师古音公忽反，《广韵·十一没》音骨，牙音，见转疑纽开口呼，乃如此。

擪　《说文·手部》："擪，一指按也。"《广雅·释诂三》："抑、擪，按也。"曹宪音於涉、乙甲二反。擪与抑、按皆一声之转。字亦作擫。擪者，以指轻按之谓。凡擪篪、擪笛，皆以指轻按其孔。俗于疡疮溃腐痛不耐揩者，但以絮布轻按收袪其秽，谓之"擪"。

鈒釽　《汉书·艺文志》："及警者为之，则钩鈒析乱而已。"师古注："鈒，破也。音普革反。"或形作釽，《说文·手部新附》："釽，裂也。从金、爪。"今谓两手分裂其物为"鈒"。^②讹作拍。拍为拍或体。《说文》："拍，拊也。"今拊掌曰"拍手"，是其义。歌者拊节以准其缓急，故曰"拍子"。

撦　《广雅·释诂三》："撦，开也。"曹宪音充野反。《广韵·三十五马》："撦，裂开。"今谓两手分裂纸帛曰"撦"，俗字作"扯"。

剬撙　《广雅·释诂一》："剬，断也。"段玉裁曰："剬、撙古今字。"《汉书·王吉传》："冯式撙衔。"师古注："撙，挫也。音子本反。"挫，折也。见《广雅·释诂一》。折亦断义。今被拘持者奋力摧挫而脱曰"撙脱"，身被缧绁，鼓气迸裂而断曰"撙断"。俗并讹作挣。《广雅·释诂一》："挣，刺也。"曹宪音楚耕反，音义俱非。剬、撙，混韵，古音为真类，真、耕声近，故字讹作挣，从争声也。耕、阳又声近相转，故呼争为侧阳切，在阳韵，呼剬亦转在阳韵。

捉把　《说文·手部》："捉，搤也。一曰握也。""把，握也。"握，搤持也。见《说文》。

<hr/>

① "谓"，原作"以"，误，径改。
② 后出专字作"脈"（音拍）。《集韵·麦韵》："脈，分也。匹麦切。"又《陌韵》："脈，破物也。匹陌切。"

《广雅·释诂三》："握、捉、把，持也。"捉、把义同，皆握持之意。方言类聚以呼，"捉把"声合为鲊。遮上声。今呼捉音如鲊，盖合声字。或曰，捉从足声，足之去声在遇韵，如緅，子句切。古音为虞、侯相通之音。虞为鱼类，鱼、麻相转，故音如鲊。[1]

　　拏　《说文·手部》："拏，持也。从手，奴声。"女加切。从段注本订正。《文选·西京赋》："熊虎升而拏攫。"李善注："拏，相搏持也。"凡拘捕人兽，亦必相搏持，故引申为拘捕亦曰"拏"，俗作"拿"。

　　擎劼　《尔雅·释诂》："劼、擎、固也。"郭璞注："擎然，亦牢固之意。"段玉裁曰："擎之言紧也，手持之固也。"《广韵·廿八山》：擎，苦闲切，音慳。《一先》又苦坚切，音牵。盖山为元类，先为真类，真、元声近，故相转。今谓紧持曰"擎"。声促转入则为"劼"。恪八切。劼亦训固，亦训用力，见《广韵·十四黠》。义亦相通。山、麻同入于黠、鎋，先、麻又同入于薛，同入相转，擎转麻韵，音变为牛。口瓦切。俗称固持呼如"牛"，引申为拘捕亦呼如"牛"。[2]

　　缚　《说文·糸部》："缚，束也。"符钁切。《广韵·十八药》："缚，系也。"缚从尃声，古音为鱼类，鱼、歌声近相转，故缚亦音转过韵。《左传·僖六年》："许男面缚衔璧。"释文："缚，旧扶卧反。"《广韵·三十九过》缚音"符卧切"，皆是。然古无轻唇，奉纽字读作並纽。扶卧类隔转並纽，则为婆去声。今谓绳索所系正呼如"婆"。

　　缚音符钁切，音如伏。东、阳声近，故屋、药亦声近。甬谚中读缚读伏，亦有其字。谚云"棋高一著，缚手缚脚"，缚正读如伏。谓奕（弈）为高手所困，如手足被束，坐以待毙也。若甬俗读缚音如博，则又从古音。缚读重唇並纽如薄，今俗呼俯伏之伏音如仆，亦类隔转重唇也。又浊音转清，並转帮组，故如博。

　　绷　《说文·糸部》："绷，束也。《墨子》曰：'禹葬会稽，桐棺三寸，葛以绷之。'"补盲切。《广韵·十三耕》"绷"下引《墨子》作"葛以绷束也"。古以葛绷棺，今则以草索围绕密缚，所以固之，其意正同。《说文》"绷"字次"缚"后，缚、绷皆训束，盖两字义同，皆拘系之谓。耕、唐声近，音转如帮，俗作绑。今称缚者或云"绑"。或以为绑者，乃纺或方字纽转，非是。纺、方皆非组，古无轻唇，读非组如帮组，故纺、方古音固如帮。《国语·晋语九》："献子执而纺于庭之槐。"韦昭注："纺，悬也。"《通训定声》曰："俗字作绑。"钟案：俗称绑者非悬义，谓绑乃纺之讹俗，非也。《孙

----

[1] "鲊"一般写作"撦"，古又写作"摣""戯"。非"捉把"之合声或"捉"之音变。

[2] "牛"俗作"抲"，而"抲"的正字为"搿"。《集韵·祃韵》："搿，持也。丘驾切。""抲"非"擎"之音转。

子·九地篇》："是故方马埋轮,未足恃也。"注引曹公曰:"方,缚马也。"钟案:方无缚马义,当为趽或防之借字。《说文》:"趽,曲胫马也。""防,隄也。"阻止也。趽、防之烂文为方,犹《说文》"挐"训"巴也",巴为把之烂文。本王筠说。要之,方与绑义殊,不当据以为训。

稛　《说文·禾部》:"稛,絭束也。"苦本切。《国语·齐语》:"稛载而归。"韦昭注:"稛,絭也。"絭者,纕臂绳也。见《说文》。引申为束缚亦云絭。见段玉裁注。稛训絭束,谓以绳缚之也。俗称绳缚曰"稛",凡物缚之成束者曰"一稛"。俗作綑。古无綑字,《玉篇·糸部》有綑字,然有音无义,盖孙强等附益之俗字。

朡　《吕氏春秋·开春论》:"晋诛羊舌虎,叔向为之奴而朡。"高诱注:"朡,系也。"音椶(椶)。今谓物固系一处曰"朡"。或音转如臧,则东、阳声近相转也。犹鞋底靪革于踵,俗呼曰"打掌",即"靪踵"字也。①

佻朻丿　《方言》七:"佻,悬也。"郭璞注:"了佻,悬物貌。"《玉篇·禾部》:"朻,丁皎切。悬物也。"又《了部》:"丿,悬物皃。"《一切经音义》及《集韵》引《方言》皆云:"丿,悬也。"郭璞注:"丿,丁小反。"段玉裁曰:"今本《方言》作佻,妄人所改耳。丿者,象形字。朻者,谐声字。"今通称悬挂为"吊",自缢曰"吊死"。吊(弔)训问终,见《说文》。俗云"吊丧"是,无悬义。

缳　《说文·糸部》:"缳,落也。"段玉裁注:"落者,今之络字。古假落,不作络。"胡畎切。《广雅·释器上》:"缳,络也。"《国语·齐语》:"環(环)山于有牢。"韦昭注:"环,绕也。"《广韵·二十七铣》"缳"下引韦昭云:"缳,系也。"《后汉书·马融传》李贤注引《国语》作"缳于山有牢"。是缳、环通用,先、删声近相转也。缳、环皆匣纽,喉牙匣见多通读,如见有胡电、古电二切,减有古斩、下斩二切,会有黄外、古外二切,降有古巷、下江二切。声浊,则又转见为群。故甬俗呼环、还字往往在群组,音如攊。跪顽切。○ 如耳珰曰"环",铁圈曰"铁环",圜洞拱桥曰"环龙桥",事势之回复曰"还转来",环、还皆呼如攊。今衣帛、绳索屈而挂于竿,呼如"攊",即缳之纽、韵双转,谓络之也。时令谚云"七九六十三,破衣两头缳",是天暖脱衣挂于肩为"缳"也。

铬　《说文·金部》:"铬,鬏也。"卢各切。鬏即剃字。《通训定声》:"苏俗僧家披鬏(剃)谓之铬发。"俗作"落发"。此与下雨之雺俗作落同一误也。"雺"字见《释天篇》。

---

① 今多读臧而不读椶。本字当为"桩"。《阿拉宁波话》"桩"条:"音庄。用绳索拴住船、牛、羊等:船桩桩牢 | 牛桩勒大树下。"(150页)可参。

律　《尔雅·释言》："律，述也。"述者，循也。见《说文》。《广雅·释言》："律，率也。"《古微书》引《春秋元命苞》云："律之为言率也，所以率气令达也。"率与循义通，故律有率循之义。法律所以令黎庶率循之也。梳发者，所以率循其发，条达不紊，故亦曰"律"。《荀子·礼论》："不沐则濡栉，三律而止。"杨倞注："律，理发也。今秦俗犹以枇发为栗。"律、栗皆质韵，质、没同类相转，古音皆脂类。音转如硉。勒没切。甬俗呼梳发声如"硉"，俗讹作掠。掠为掠夺、搒掠义，非。章炳麟《新方言》以为擽字。《说文》："擽，理持也。"段玉裁注："谓理而持也。"其义重在持，故《广雅·释诂三》："擽，持也。"与梳栉义远，兹不从。

掂擿　《诗·鄘风·君子偕老》："象之揥也。"传："揥，所以摘发也。"释文："揥，他狄反，本又作擿。"雷浚《说文外编》云："《说文》无揥字，揥乃擿之省。"然则揥即擿也，亦即掂也。虚字实用，以象牙为钗，所以为擿者，遂名为揥。《诗》之象揥，即今妇女之骨针，骨古作骼。所以整发，亦界画其发为前后左右，分梳为髻，即《诗》传所云摘发。摘通擿，擿有开发义。《淮南·本经训》："擿蚌蜃。"高诱注："擿，犹开也。"分画其发，亦开发义。摘、擿皆音剔。从商声字古音为支类，支入于锡，萧亦入于锡，同入相转，音变为挑。今以骨针界画其发谓之"挑头路"，挑即擿也。[1]

妆饰嫢　《说文·女部》："妆，饰也。"字或作娤，作装。《广雅·释诂二》："娤，饰也。"《登徒子好色赋》："体美容冶，不待饰装。"《广韵·廿四职》："饰，装饰。""装饰"字训联言为成语，古音皆然。"妆饰"疾呼，声合为侧。妆，阳韵，阳入于陌，妆转入声为喷，俗作"扎"。优伶妆饰曰"扎扮"。扮读若班，亦俗字，实"变幻"之合声。妇女冶容盛饰，甬俗呼如"扎掴"。掴者，嫢之入声。嫢[2]，《说文》读若癸，《集韵》亦音规，今巨随切，入群组，清音转浊故也。《方言》二："秦晋之间，凡细而有容谓之嫢。"王筠注《说文》"嫢"字曰："有容者，有妇容也。"《广雅·释诂一》："嫢，好也。"《广韵·五支》："嫢，盈姿皃。"皆谓容色之美。嫢转入声为掴，支入于麦也。"扎掴"者，"装饰嫢"声合之变，谓妆饰好也。[3]

丹泲　《说文·丹部》："丹，巴越之赤石也。"引申为赤色曰丹。又饰色令赤亦曰丹，如《左传·庄廿三年》"丹桓宫之楹"、《汉书·扬雄传·解嘲》"朱丹其毂"皆是。古美容亦傅丹，犹今人之施胭脂。"胭脂"本作"焉支"。焉支，山名，生草可染红。《十道志》载匈奴歌："失我焉支山，令我妇女无颜色。"妇女以胭脂染颊冶容，盖始于胡人。《诗·秦风·终南》：

---

① "挑头路"之"挑"非"摘"之音转，本字就是"挑"。
② "嫢"字原无，据文意补。
③ "扎掴"一般写作"扎括"，非"装饰嫢"声合之变。

"颜如渥丹。"笺云:"颜色如厚渍之丹,言赤而泽也。"又《邶风·简兮》笺:"硕人容色赫然,如厚傅丹也。"丹,寒韵,寒入于曷,丹转入声,音如妲己之妲。妲亦从旦声。甬俗妇女冶容,敷粉曰"妆",施胭脂呼如"妲",即丹之入声。饰色为丹,亦曰丹也。

施胭脂曰"妲",或亦呼如偨。偨者,沰之音转。《诗·秦风》:"颜如渥丹。"释文引《韩诗》丹作沰,音挞各反。沰,赭也。赭、丹义同,故谓之丹者,亦可谓之沰。沰,铎韵,铎、陌相转,声如挞格切。陌韵无透纽字,陌、曷声近,陌为鱼类之入,曷为歌类之入,鱼、歌两类声相近也。故如偨,俗作搨。或云,是沾之入声,说详下条。

沾 《说文·水部》:"沾,一曰沾,益也。"他兼切,段玉裁注:"沾、添古今字,俗制添为沾益字,而沾之本义废矣。"添韵入于怗,沾声促转入,如帖,俗作贴。凡附益其上皆云"贴"。如纸帛黏附其上曰"贴",粉彩傅益其上亦曰"贴"。衣之内缘所附益者曰"贴纰",纰俗作皮。《尔雅·释言》:"纰,饰也。"《礼记·玉藻》:"缟冠素纰。"郑注:"纰,缘边[1]也。"袜底缀布曰"贴袜底",皆谓衣服之附益也。曰"津贴",曰"帮贴",曰"补贴",津应是振字,精、照类隔相转也。振为赈救本字。○补、帮皆应是誧字。《说文》:"誧,人相助也。"博孤切,为补平声。鱼、阳对转,音如帮。曰"贴水",水应是税字。《说文》:"税,租也。""租,田赋也。"赋税为人所应出,引申为应出之费亦云税。皆谓财费之附益也。[2]

黏粘 《说文·黍部》:"黏,黏也。"户吴切。段玉裁注:"俗作糊。"钟案:糊为䊦或体,粥䊦字是也。黏物曰糊,应作黏,字亦作粘。黏纸帛于器,俗皆云"黏",如"黏纸窗""黏灯笼"皆是。然欧阳修诗:"清夜梦中糊眼处,朱衣暗里点头时。"则以糊为黏,宋人已习用之。

胶 《说文·肉部》:"胶,昵也,作之以皮。"杜子春注《考工记·弓人》"相胶"章,以昵或为䋘。稽《尔雅·释言》:"䋘,胶也。"以之反证,则《说文》胶训昵,犹训䋘也。《通训定声》则据此改为"胶,䋘也"。䋘犹黏,故《庄子·逍遥游》:"置杯焉则胶。"李轨注:"胶,黏也。"凡黏著则相加,故杨倞注《荀子·哀公篇》曰:"胶,相加之貌。"见"缪缪脁脁"句下注。胶,古肴切,音等鸿纤自转,或读齐齿,为居肴切,音近娇。今呼胶州、胶菜即作是音;或转开口,为格茅切,音近羔。今呼鱼胶、皮胶是也;或转合口,为刮茅切。如核,开口;俗呼合口,如划。宵、阳同入相转,同入于药。胶读阖口,转阳韵,为古央切,如甬语枝梗之梗。今谓黏著曰"梗",物之稠黏如䊦者曰"梗浆"。

———————————————

[1] "缘边",原作"边缘",误,径改。
[2] "津贴"之"津"本字不是"振","帮贴""补贴"之"帮""补"本字不是"誧","贴水"之"水"本字不是"税"。

浆，即"饎餬"声合之变，鱼、阳对转也。①

涂塗　《说文·木部》："杇，所以涂也。"段玉裁注："涂、塗古今字，涂者，饰墙也。"《广雅·释诂三》："塗，污也。"从王氏疏证本引《文选·西征赋》注增。今以泥垩塓墀曰"塗"。引申之，书画拙劣亦曰"塗"，谓如塓墀之草率，适以污纸也。塗，模韵，鱼模转麻，音变徒牙切。麻韵无定纽字，不能作直音。今谓肆作塗抹，正呼作徒牙切。古之舌头音，后或转作舌上，故定、澄类隔相转，塗转麻韵，又转澄纽，俗字作搽。塗之为搽，犹茗茶之茶本荼字也。见郝懿行《尔雅义疏·释木篇》"槚，苦荼"条注。其音变之机转则一，皆纽、韵双变也。

摹　《说文·手部》："摹，规也。"段玉裁注："规者，有法度也。以法度度之，亦曰规。"《汉书·高帝纪下》："规摹弘远矣。"注引邓展曰："若画工规模物之摹。"又引韦昭曰："如画工未施采事摹之矣。"今摹画谓之"描"，即摹之音转。模、萧同入相转同入于屋②故也。古无称画为描者，《广韵·五肴》茅纽："描，打也。出《玉篇》。"今本《玉篇》无描字。此义虽经籍未见，似犹近古。其《四宵》苗纽："描，画也。"疑宋人重修时，徇俗沾益之文。③

濯　《说文·水部》："濯，瀚也。"直角切。甬音读如族。澄、从声近，讹转故也。瀚、澣正俗字。瀚者，《说文》云："濯衣垢也。"字亦作浣。何休注《公羊》云《庄三十一年传》："去垢曰浣，齐人语也。"然则濯亦去垢义耳。"濯缨""濯足"，皆以水去垢之谓。濯从翟声，古音为宵类，耀、曜、耀、孈、櫂、糴皆其例。故濯亦读直教切。《广韵·卅六效》："濯，浣衣。"宵、阳同入相转，同入于药。音变为长。甬俗称水洗去垢呼如"长"，即濯读澄纽正音而转耳。④

涤洒　《说文·水部》："涤，洒也。""洒，涤也。"《玉篇》"洒"下曰："濯也，涤也。今为洗。又所卖切。"又"洗"下曰："今以为洒字。"盖水濯曰洗，乃后人

---

① 黏著曰"梗"（古央切），此词本字待考；应氏谓"胶"之音转，恐不确。"浆"非"饎餬"声合之变。

② 原文作"同入于屋、沃"，据《异平同入相转说》所附表格，模、萧同入于屋，不同入于沃，故删"沃"字。全书"同入于某"与该表格不一致的地方时有所见，不一一校改。

③ 蒋礼鸿先生认为，"描"又作"邈"，"邈"字原来应该作"貌"，"貌"的本义是容貌，转成动词，作图写容貌解，后来才出现"描"。参看《敦煌变文字义通释》（第四次增订本），上海古籍出版社 1988 年版，145—147 页。

④ 宁波话称洗呼如"长"[dziã²¹³]，应氏认为本字是"濯"，但义合音不合；《鄞县通志》认为本字是"潗"（《说文》释作"浚干渍米"，即淘米使干。《广韵》其两切），但音合义不合。本字实为"净"。参看周志锋、郑晓芳《宁波、舟山方言洗涤义"丈"本字为"净"说》，《宁波大学学报》2021 年第 5 期；又见人大复印报刊资料《语言文字学》2022 年第 1 期。

义，《说文》："洗，洒足也。"濯足为洗，非泛训濯浣也。古则用洒字。洒，《广韵》亦入《十五卦》。"涤洒"字训联言，声合如大，卦韵无定纽字，惟声近之泰韵方有定纽，故音如大。俗作汰。苏沪人通称洗濯为"汰"，近来甬人亦效行此语。《玉篇》："汰，洗也。"此亦后人义，盖从俗语"涤洒"合声而借用汰字。《说文》："汰，淅灡也。""淅灡"训淘米，非一切濯浣之谓。《广韵》："汰，涛汰。"亦非洗训。段玉裁注《说文》"汰"字下曰："今苏州人谓摇曳洒之曰汰，音如俗语之大。"钟案：甬人本谓纳衣帛于水，往返摇曳而盪涤之呼为"汰"，与段注相若。此汰本盪之音变。《说文·皿部》："盪，涤器也。"《释名·释言语》："荡，盪也，排盪去秽垢也。"盪有涤义，亦有动义。"摇曳洒之"即动涤义也。盪，古音为阳类，阳、元声近，元、泰对转，故音变如大。[1]

泽抷　《礼记·曲记上》："共饭不泽手。"郑玄注："泽，捼莎也。"疏："与人共饭，手宜絜净，不得临食始捼莎手乃食也。"钟案：《说文》："捼，两手相切摩也。"泽谓两手切摩以去垢秽也。甬俗濯衣帛，以两手切摩涤除其垢曰"泽"。或谓之"搓"，即"切摩"之合声。泽与择同音，皆音宅，本皆澄纽，甬皆转从纽。或谓切摩而浣曰"泽"者，乃抷之转音，说详下条。

《淮南·俶真训》："可切循把握，而有数量。"高诱注："切，摩也。"《文选·舞赋》："经营切儗。"李善注："切，相摩也。"字或孳乳为抷。《广雅·释诂三》："抷，磨也。"曹宪音七结反。《字林》："抷，摩也。"《集韵》引。《广韵·十一没》："抷，摩也。"仓没切，音猝。俗作擦。今谓相摩曰"擦"，读如察。抷、切同音，抷转为擦，犹訔本音切，亦读如察也。抷，清纽，北音清从为清浊，抷转浊音，变从纽，为藏没切，与甬读泽音相似。

捞　《通俗文》："沉取曰捞。"《一切经音义》卷五引。《广雅·释诂一》："捞，取也。"曹宪音牢。甬谚有"海底捞针""水底捞月"之语，皆沉取之义。捞皆读上声，舌卷抵上腭，开口转亢音。凡来纽字往往转亢音，如摛铃之摛、镂空之镂、拉车之拉、拎物之拎、轥轥车声之轥，皆其例。

摝撩　《通俗文》："浮取曰摝。"《一切经音义》卷四引。《广雅·释诂一》："摝，取也。"曹宪音力刀反。豪、萧同类相转，《广韵·三萧》摝亦音聊。今揽取水中之物，正作聊音。声义并通撩。《尔雅·释器》："翼谓之汕。"郭璞注："今之撩罟。"释文："撩，取也。"今水中取物，不问沉取、浮取，皆得谓之"撩"；救溺亦曰"撩"。与捞之仅训"沉取"稍异。

---

[1]"汰"之"洗濯"义与"摇曳洒之"义是同一个词的不同用法。"涤洒"合声与"盪"之音变两说均可酌。

搵　《说文·手部》："搵，没也。"乌没切。今谓内（纳）物入水，提而升沉之曰"搵"。搵从㬈声，古音为真类，魂入于没，声促转入，故读乌没切。苟长言转平，还归魂韵，故搵又音温，甬读上声，[1]谓食物入酱醋中，濡染之为"搵"，亦即没入之意。他处人或谓之"蘸"。《说文新附》："蘸，以物投水也。"庄陷切。《广韵·五十八陷》："蘸，以物内水。"音义又同㴸。《五十九鉴》："㴸，以物内水中。"子鉴切。㴸本训小雨，见《说文》。此训以物内水中，疑㴸之别体。

扟拯　《方言》十三："扟，拔也。出伩为扟。"伩、溺古今字。郭璞注音拯。《说文·手部》："拯，上举也。《易》曰：'扟马壮吉。'"字通作拯。今本《易·涣卦》作"用拯马壮吉"，释文引马融注："拯，举也。"《左传·宣十二年》："目于眢井而拯之。"杜预注："出溺曰拯。"今船沉没，举之出水曰"扟船"。俗讹作擎。拯本蒸上声，为照纽，照、精类隔，又清音转浊，变入从纽，故今读拯为疾陵切。吴越群、从相似，以擎有举义，故讹作擎。擎无出溺义。

㪅　《广雅·释诂二》："㪅，抒也。"曹宪音虎。《广韵·十姥》："㪅，㪅斗，舟中渫水器。"今以器斟水上洒谓之"㪅"，以掌斟水上洒亦曰"㪅"。

舀挹　《说文·臼部》："舀，抒臼也。"以沼切。字亦作㧬，作䤝。《通训定声》："凡舂毕，于臼中挹出之曰舀。今苏俗凡挹彼注此曰舀，音如要，舀水其一端也。"钟案：舀喻纽，要影纽，影、喻短长之殊，古无喻纽，本读如影纽，方言舀音如要，古音之遗也。参看本篇"以"字下说。或曰，挹抒呼如"要"者，乃挹之转音。《说文·手部》："挹，抒也。"《诗·小雅·大东》："不可以挹酒浆。"传："挹，斟也。"释文引《广雅》云："斟，酌也。"《珠丛》："凡以器斟酌于水，谓之挹。"《华严经音义上》引。挹从邑声，古音为侵类，侵、幽对转，长言转平，则音如要，犹数字一，亦呼为幺矣。[2]

鞙鞔　《说文·革部》："鞙，一曰抒井鞙。"於袁切。字亦作鞔。实字虚用，引申为抒之亦曰鞙，犹网、罗为器名，亦作遮取义矣。宛声、弯声古音皆元类，同类通转，音变为弯。甬俗称以器舀取水中物曰"鞔"，读如弯上声。或曰，呼舀为"弯"者，本挹之音变。挹，伊入切，为影纽三等齐齿呼。侵、覃同部相转，又变齐齿为撮口，则为委覃切。今音覃、寒、山相近，遂如弯。[3]

抯　《方言》十："南楚之间，凡取物沟泥中谓之抯。"《广雅·释诂一》："抯，

---

[1]"鸡肉搵酱油"之"搵"，宁波话读温去声，不读上声，与《广韵·慁韵》"乌困切"正相吻合。

[2] 本字就是"舀"，而不是"挹"。

[3] 表示用容器舀取义的这个词本字当是"挽"，而非"鞔"或"挹"之音变。《初刻拍案惊奇》卷三十一："赛儿又挽了几杓水，浇灭灶里火。"

取也。"盖挰训取，乃取垢物义。挰，庄加切，急言转入，则为作，亦为笮。且声、乍声皆鱼类，其入铎、陌、昔。今乡人拾取狗矢者，俗呼"作狗屙"，屙即恶之音变，恶，矢也。本是污字。字讹作捉。或呼"笮狗屙"，字讹作摘。掏取耵聍者，谓之"捉耳朵屙"。捉、摘皆无义，实皆挰音转入之讹。《说文》："挰，挹也。"凡挹取者，必用如匙如勺之器。取沟泥者，其器固若是；拾狗矢者，以耙以铲，其铲形亦类匙；取耵聍者，亦有如勺之器。然则方言称取秽物为"挰"者，亦与其器之义训有当也。[1]

舀　《说文·臼部》："舀，去麦皮也。"引申为谷实之去皮皆云舀。《广韵·三十一洽》："舀，舂去皮也。或作䑶。"楚洽切。甬俗称舂米去糠，正呼"舀米"。凡黍稷入臼，舂去其皮，皆云"舀"。然舂米麦为粉，则称"舂"，不云"舀"。然后知方言合于故训不苟也。

䵆䃺　《说文·麦部》："䵆，礦麦也。一曰捣也。"昨何切，《广韵·七歌》："䵆，谷麦净也。"谷麦礦之捣之，去其糠皮则净，两说虽异而实通。字亦通䃺。《广雅·释诂四》："䃺，舂也。"曹宪音祚何反。《广韵》："䃺，捣也。"䵆、䃺音同，皆从纽，浊音转清，变精纽，音如左，俗作做。甬俗称砻谷舂米统呼为"做米"，做即䵆、䃺之讹转耳。

遣喘　《方言》十三："遣喘，转也。"郭璞注："遣喘，犹宛转也。"钟案：宛转者，谓引而转之也。《考工·弓人》："宛之无已应。"郑玄注："宛，谓引之也。"郭璞注《尔雅·释器》"弓缘"下云："缘者，缴缠之，即今宛转也。"盖谓旋绕而转之。然则"遣喘"之训转，乃引而旋转之。"遣喘"叠韵成语，疾呼声合为遣，音近牵。今引礦（磨）而转之曰"牵"。常州人直云以礦磨物为"牵"，甬人推挽以转其礦曰"牵磨"。牵虽训引，然无转义。若常州人磨之云"牵"，更无当。[2]

对揭　《说文·手部》："揭，高举也。"举（舉）者，《说文》云："对举也。"段玉裁注曰："谓以两手举之，故其字从手、舁。𠂇手与又手也。"𠂇古左字，又古右字。今称两手举物音如"掇"，丁活切。即"对揭"之合声。揭曰"对揭"，犹举曰"对举"也。揭从曷声，其音本应在曷韵，葛、喝、渴、褐、餲、遏皆其例。今揭在月韵，甬音读近薛韵，以月、薛、曷本皆脂类之入，侈弇稍歧，故为异韵也。如渴、喝、揭、竭、羯、歇、楬等，散在月、薛韵。而月韵之谒、伐、罚、髪、發，甬音读又近曷，故"对揭"声合乃

---

[1] 谓"挰"为"捉狗屙""捉耳朵屙"之本字，可酌。
[2] "牵磨"之"牵"即为本字，而非"遣喘"之合声。

如"掇"。叕声字亦通在末韵。①

搣值　《说文·手部》："搣，当也。"直利切。《玉篇》："搣，直异切。当也。亦作值。"则搣在志韵，当从贰声，方与值从直声同为之类，相通假也。《说文》："当，田相值也。"故值亦有当义。今谓当任其事曰"搣"，肩有负重亦曰"搣"。俗作摕。②声促转入，遂为值。《广韵》值本在《七志》，直吏切，今相承读如直。

奋　《说文·奞部》："奮（奋），翚也。"引申为振奋、奋发义。《广雅·释诂一》："奋，动也。"《书·舜典》："有能奋庸熙帝之载。"传曰："奋，起也。"凡奋皆有尽力以为之义，故《尔雅·释畜》"羊属""鸡属"皆云："绝有力，奋。"奋，声促转入为发。今谓播动重物呼如"发"，如发石头、发米袋。即奋之入声，谓尽力起动之也。发虽亦训举，《广雅·释诂一》："发，举也。"然无尽力义。奋呼为发，犹水浸为潎，方问切。俗亦呼若发矣。凡笋干、海参等，以水浸之软，俗皆谓之发。③

抙将　《说文·手部》："抙，扶也。"七良切。从铉本。系传本朱翱音子长切，《玉篇》子羊切，《广韵》即良切，皆精纽。盖清、精皆齿头清音，故相邻转。《玉篇》："抙，扶也。今作将。"《广韵·十阳》将纽引《字林》又作搎。《诗·小雅·无将大车》笺云："将，犹扶进也。"《周南·樛木》："福履将之。"笺云："将，犹扶助也。"《广雅·释言》："将，扶也。"盖将皆抙之假借，将固亦有读清纽为七羊反者。如《诗·卫风·氓》"将子无怒"、《小雅·正月》"将伯助予"释文所音是。抙、将皆阳韵清纽，阳入于药，声促转入，音如鹊。甬俗称扶持曰"鹊"，扶轿曰"鹊轿"。④

篡掠　《说文·厶部》："屰而夺取曰篡。"初宦切。《方言》一："自关而西，秦晋之间，凡取物而逆谓之篡。"钟案：屰、逆通。凡逆理而取为篡，谓取之非正也。《史记·卫青传》："其友骑郎公孙敖与壮士往⑤篡取之，以故得不死。"索隐："篡，犹劫也，夺也。"劫、夺皆逆理而取，非正也。篡从算声，古音为元类，元、阳声近相转，音变为创，俗作抢。今谓劫夺为"抢"。《说文》无抢字，抢为枪之或体。《庄

---

① "掇"非"对揭"之合声，本字即为"掇"（音答）。《说文·手部》："掇，拾取也。"都括切。引申为双手端。

② 今宁波话无此词。

③ "发石头""发米袋"之"发"即为本字，而非"奋"之音变。另外，"发笋干""发海参"之"发"即为本字，而非"潎"之音变。

④ "鹊"非"抙（将）"之音转。"鹊"当扶持讲，一般写作"扱"。清翟灏《通俗编·杂字》"扱"条："俗以手舁物他徙曰扱，有'八抬八扱'之谚。"《鄞县通志·方言（二）》："扱，读若却。甬称以手助人舁物曰扱。俗有'八抬八扱'之语，谓八人舁物，八人从旁扶助之也。"（3006页）

⑤ "往"字原脱，径补。

子·逍遥游》："我决起而飞，枪榆枋。"本或作抢。释文引司马彪云："犹集也。"
支遁云："突也。"《玉篇·手部》："抢，搶抢，妖星也。"皆无劫夺义。或云，
俗呼劫夺为"抢"者，乃"篡掠"之合声，篡训夺，掠亦夺也。《说文·手部新附》：
"掠，夺取也。本音亮。"篡、掠同义类聚为词，疾呼声合，借抢为之。

　　篡夾　《说文·亦部》："夾，盗窃褒物也。弘农陕字从此。"失冉切。字亦读
入声，如释。《广韵·廿二昔》："夾，盗窃怀物也。从两入。弘农陕字从此。"施
隻切。夾声古音为谈类，其入本在盍、业诸韵，而转在昔韵者，昔为支、耕、
鱼类之入，严可均有言，谈从之、蒸转可通支、耕，谈从东转可通鱼。盖由于
此。今窃贼专取人怀中物者，俗呼"弄捞"。弄音如撮，仓活切。即"篡夾"之合声，
夾读昔韵如释。"篡夾"云者，谓逆夺而窃取怀中物也。"篡"义见上条。捞者，虏之音
变。虏训掠夺，亦训奴隶，为骂人词。参看《释流品篇》。模、豪同入相转，同入于铎、
沃。音变为捞。《文选·七哀诗》："珍宝见剽虏。"李善注："虏与卤同"。卤，夺也。
见《方言》十二。《史记·李斯传》："而严家无格虏者。"索隐："虏，奴隶也。"

　　或曰，"撮捞"之撮，即夾读如释之转音。释，施隻切，为审纽昔韵。清穿与心
审常相转。如沁有先林、七媢二切（心、清两读）；帜音试，又昌志切（审、穿两读）；参音森，又参
军之参（审、清两读）；产所简切，审纽，今读如刬，穿纽；鼠舒吕切，审纽，甬读如处，穿纽。参看《释
地篇》"椮墋"字条释。夾转穿纽如策，策、撮声似，亦通。

　　窃取怀中物，俗亦呼为"恩手"，被窃曰"恩去"。恩亦"篡夾"合声之变。盖
夾声为谈类，谈、东声近每相转。如赣亦读贡，娶亦读方勇切，《楚辞·卜居》谗与忠、从韵，《国
策》"张孟谈"《史记·赵世家》作"张孟同"，熊从炎省声，皆是。"篡夾"声合遂如恩。[①]

　　篡掇　《尔雅·释诂》："篡，取也。"《说文·手部》："掇，拾取也。"篡从厶，
会意。厶古私字。《说文》："厶，奸衺也。"韩非曰："仓颉作字，自营为厶。"《五
蠹篇》文。故篡之训取，为奸衺营私而取。今称拾取道上遗物音如"撮"，拾得曰"撮来"。
撮即"篡掇"之合声，谓拾遗伤廉，乃营私苟得而拾取，奸衺非正也。今律，侵占拾得物，
乃科以刑（刑法三三七条）；若不为己有，则酬以值（民法八〇五条、八〇七条）。亦以拾遗为罪。或问：
己物遗地而拾取之，亦呼如"撮"，岂亦营私奸衺者耶？曰：此撮乃"取掇"之合声。
掇训拾取，"取掇"犹云取拾，类聚同义字为词，亦字训联言之例。与"篡掇"之撮音同，

---

① "弄捞"一般写作"撮佬"。撮，《说文》释为"两指撮也"；佬，对人不尊敬的称呼，如：花佬、
　　呆大佬。"撮"不是"篡夾"之合声，或"夾"之转音。"恩手"之"恩"本字不明，但也不是"篡
　　夾"合声之变。

而本字实异。犹鼠腊之璞与未理玉之璞，音同而义异也。①

　　剬　　《说文·刀部》："剬，断齐也。"颠懂反。从系传本朱翱音。《玉篇》："剬，多丸切。断也。"今称斩或云"剬"，音如端。市豕肉曰"剬肉"，以市肉必须斩截分割也。俗以决断字为之。

　　华㧑　　《礼·曲礼上》："为天子削瓜者副之……为国君者华之。"郑玄注："华，中裂之，不四析也。"疏："谓半破也。"郝懿行曰："盖言析之而不绝。"华无析义，段玉裁、朱骏声等以为㧑之假借。《说文·手部》："㧑，裂也。"段曰："华音如花，㧑古音如呵，㧑从为声，古音为歌类。故知华为㧑之假借。"歌、麻同部相转，故音如花。今食物以刀纵横㧑之而不断，谓之"华"，或曰"华开"，如"花香干""花腰片"皆是。或曼衍其词曰"兰花"，如"兰花香干""兰花豌豆"，豌音如倭。即"裂㧑"之转音，字训联言之也。裂从列声，古音为脂类，脂、元相转，故音变如兰。且"兰花"现成语，故易致讹②耳。③

　　劙劦　　《方言》十三："劙，解也。"郭璞音俪。《荀子·强国篇》："则劙盘盂。"杨倞注："劙，割也。"音义皆近劦。《说文·刀部》："劦，一曰划也。"今谓划而裂之曰"劦"，皮肤受锋利所横划谓之"劙开"。甬言劦轻于割，划裂而不断也。俗作利。

　　褫　　《说文·衣部》："褫，夺衣也。读若池。"今读上声如豸。北音澄为彻浊，或转清音，为敕尔切。《易·讼卦》："或锡之鞶带，终朝三褫之。"集解引侯果曰："褫，解也。"引申为剥脱之亦云"褫"。今瓜果剥削其皮曰"褫皮"，足指爪及胼胝削而薄之曰"褫脚"，皆剥衣之引申义也。俗字作厕，《集韵·四纸》："厕，丑豸切。剥④也。"改从刀褫省，会意，褫亦声。今更有作"扦"字者，更俗。或以"剺"当之，亦可通。《广雅·释诂一》："剺，剔也。"曹宪音敕传反。《玉篇》："剺，去枝也。"《广韵·二仙》："剺，木去枝也。"引申为去果皮亦云"剺"。剺训剔，王念孙疏证曰："剔与鬄同。"凡剔去毛发爪甲为剔，则亦为剺。然则"扦脚"字正宜作剺。⑤

————————

① 宁波话管拾、捡为"㩜"，"㩜"就是本字。应氏谓拾取别人东西之"㩜"为"篡掇"之合声，而拾取其他东西之"㩜"为"取掇"之合声，不可从。

② "致讹"，原作"讹致"，径乙正。

③ "兰花豌豆"之"兰花"非"裂㧑"之转音。《阿拉宁波话》"兰花倭豆"条："干胡豆泡胀后在下方剪一刀，然后连壳在油里炸，剪过的地方向四周裂开，如盛开的兰花，故名。"（71页）可参。

④ "剥"，原作"削"，误，径改。

⑤ "扦脚"之"扦"一般写作"槏"。《阿拉宁波话》"槏"条："音牵。用刀削：槏脚（澡堂修脚）｜槏光地栗（削去皮的荸荠）。《广韵·盐韵》：'槏，削皮。七廉切。'"（156页）

　　擉　《庄子·泽阳篇》："冬则擉鳖于江。"释文："擉，初角反。司马云：刺也。"今谓直刺为"擉"，谚有"擉鳖擉乌龟"之语，盖古语之谓。俗作戳。擉、籍一声之转，《周礼·鳖人章》作籍。

　　劋挱　《说文·刀部》："劋，断也。一曰剽也。"鉏咸切。从、床类隔相转，故《广雅》曹宪音士咸切。劋训剽，《说文》："剽，砭刺也。"是劋亦训刺。字或从手作挱。郑珍说。《说文新附》："挱，刺也。"今以针刃之锋密刺曰"劋"，以铦器断物亦曰"劋"，俗称"劋断"是也。劋皆读士咸切，如曹音。①

　　躲　《说文·矢部》："躲，弓弩发于身而中于远也。"食夜切。字亦从寸作射。躲（射）本训为发矢，引申为遥擿而中亦云"躲"。躲今在祃韵，麻、删同入相转，同入于黠、鎋。躲转山韵，音变为溂。士山切。今称锐器遥擿中人呼如"溂"，本谓躲也。躲，古音为鱼类，鱼、歌声近，歌、元对转故尔。鱼、模变麻，故射今音在祃类。此与上条"劋"音似而义殊。②

　　斮　《说文·斤部》："斮，斩也。"侧略切。《广雅·释诂一》："斮，断也。"斮，照纽药韵，照清，床禅浊，清音转浊，斮转床禅纽，音如汋。市若切。○甬言汤煮谓之汋，音如石。俗作铡。今谓切断为"铡断"。小说家以要（腰）斩曰"铡"，其刑刀曰"铜铡"。③

　　镂　《说文·金部》："镂，刚铁也，可以刻镂。"卢侯切。实字虚用，引申为镌刻义。《尔雅·释器》："镂，剟也。"今谓剟物使空曰"镂"。镂从娄声，娄固训空，亦会意。音转冗，如拉候切。拉读如欧西乐谱沙拉希之拉。剟取耳中耵聍曰"镂耳朵"，凡诛求事物摘决入微者，谚云"镂胫掐髓"。掐俗作挖。

　　趹樘　《说文·止部》："趹，距也。"段玉裁注："今音丑庚切，古音堂。今俗字趹作撑（撑）。"朱骏声曰："以足距曰趹，以木距曰樘。"《广雅·释器下》："樘，距也。"曹宪音掌。樘本训"衺柱也"，见《说文·木部》。凡搘距者必用衺柱，故引申为距义。通作撑。《广雅·释言》："撑，距也。"今音趹、撑皆呼为初羊切，彻、穿纽通，庚、阳韵转故尔。今凡抵距曰"撑"，即趹、樘、撑字。引申为负重抗衡义。《汉书·匈奴传》："遵陈遵与相掌距。"谓与匈奴辩难，相抵距也。趹，彻纽，北音澄为彻浊，或转澄纽，为直庚反。说详下条。

　　趹帐　《周礼·考工记·弓人》："维角趹之。"疏曰："趹，正也。"释文："趹，直庚反。"音义皆帐。《方言》三："帐，法也。"郭璞注："救倾之法。"卢文弨曰："帐与趹距之趹古通用。"趹、距所以救倾，义相互成。帐训法，法者所以匡正。与趹之训正，

---

①《集韵·豏韵》："劋，断也。士减切。"今宁波话"劋"读上声士减切，而不读平声士咸切。

② 此与上条"劋"当是同一个词，而与"躲（射）"无涉。

③ "铡断"之"铡"即为本字，而非"斮"之音转。

义亦相通。《说文》：“楥，履法也。”楥以正履，正其形使不畸衺，此法亦匡正之谓，抑亦㨃距义。甬俗称物体自内向外周㨃距，抗其挈敛，谓之“柽”。音转阳韵齐齿，为泽阳切。①

㪣　《通俗文》：“以箸取物曰㪣。㪣音羁。”《一切经音义》卷十五引。《广韵·五支》羁纽：“㪣，箸取物也。”今以箸夹取肴馔有呼作“羁”声者，即㪣字也。㪣，支韵，支入于锡，声促转入，音如激。今以箸取物或呼如“激”者，亦㪣字也。②㪣，见纽，清音转浊，入群纽，音变如奇。甬语通称以箸取物呼如“奇”，亦㪣字也。犹奇偶字，亦读作奇异字矣。奇、箝皆群纽，俗或以箝当之。《说文》：“箝，籋也。”义固可通，稽之故训，尚有间。

阑迾　《说文·门部》：“阑，门遮也。”《广雅·释诂二》：“阑，遮也。”俗作拦。阑，寒韵，寒入于曷，声促转入，音如辣。今谓遮止呼如“辣”，即拦阻字也。或以为“迾”之转音。《说文·辵部》：“迾，遮也。”良薛切，音烈。迾从列声，古音为脂类；辣曷韵，古音亦脂类，故相转也。迾读如辣，犹烈亦通辣。《吕氏春秋·本味篇》：“辛而不烈。”王念孙曰：“烈与辣声近义同。”见《广雅·释诂二》“瘌，痛也”条下疏证。烈、劣皆薛韵来纽，甬读劣亦如辣矣。

阸阏　《说文·𨸏部》：“阸，塞也。”於革切。“隔，塞也。”“障，塞也。”《土部》：“塞，隔也。”阸、隔、障、塞四字辗转互训，是阸犹障隔也。故《广韵》阸训“阻塞”。障隔与抵距义近，故距之亦为阸，段玉裁谓“阸之言扼也”，是其旨矣。阸从𡿨声，古音为支类，支、佳同类相转，长言转去声，故《玉篇》音於卖切，《广韵·十五卦》乌懈切。今抵距物势倾隤而障之曰“阸”，俗作捱。或谓是“阏”之转音。《说文·门部》：“阏，遮拥也。”乌割切。阏，曷韵，曷为泰入，长言转泰韵，则为乌大切，如捱。泰、卦声近故也。③

抵　《说文·手部》：“抵，挤也。”挤，排也。段玉裁注：“排而相距也。”《广雅·释诂三》：“抵，推也。”《汉书·文三王·梁共王买传》：“王阳病，抵谰置辞。”师古注：“抵，距也。”今谓抗拒为“抵”，音转字讹为“顶”，曰“顶撞”，曰“顶拒”，本皆抵字。盖抵从氐声，古音为脂类，脂、真对转，音变都忍切。真类轸、准韵无端纽字，

---

① 读泽阳切的这个词一般写作“碾”。《广韵·映韵》：“碾，塞也。除更切。”
② 以箸取物呼如“激”者，本字当是“夹”。《广韵·洽韵》：“夹，持也。古洽切。”
③ 后出专字作“庪”。《阿拉宁波话》“庪”条：“音矮。①把被子、枕头等放在背后靠着：坐仔看电视交关㤭力，弄根被头庪庪。②用东西抵住：掇梗矮凳庪庪门。《广韵·蟹韵》：‘庪，坐倚貌。乌蟹切。’”（165 页）可参。

真、耕声近，遂借顶戴字为之。

  当 《小尔雅·广言》："抵，当也。"《尔雅·释诂》："敌，当也。"以是反释，当有抵敌义。当本亦训敌，见《公羊传·庄十三年》何休注。凡抵敌，即抗拒义。今谓抗拒曰"当"，俗作挡。挡为摒挡字，亦后出俗体。《广韵·十一唐》当组有儅字，训"止也"，止之亦抗拒义。儅训止，疑亦当之讹俗。《玉篇》："儅，丁盎切。伴儅，不常也。又丁堂切。"非止拒义。习俗以当为应当、当值义所专，遂加手加人旁以别之。

  碍 《说文·石部》："碍，止也。"五溉切。《广雅·释言》："碍，距也。"距、距通，距亦止义。止、距皆却步不行。今谓有所往而迟止不前，呼如甬语之"外"。鹅泰切，开口呼。外训远，于义无当，即碍字也。碍，代韵，代为咍去声，咍、泰同入相转。同入于曷。碍转泰韵，本为艾，而音如外者，以艾、外声似，开合口之转也。《国语·晋语一》："国君好艾，大夫殆。"韦昭注："艾当为外，声相似误也。"外合口，艾开口，皆疑纽泰韵，开合相变，故误外为艾。今甬语呼里外之外却作开口，而声宏耳。牙、喉、疑、喻相转，故外字读音在喻纽，为云盖切。然此音讹，非正。[1]

  乍 《说文·亡部》："乍，止也。从亡一。篆作ᄂ。一，有所碍也。"锄驾切。床、从类隔相转，故今读如疾驾切。一长画会意，为阑阻，故云"有所碍"。亡者有所碍，故训止。乍、暂一声之转，故假乍为暂。且乍古音为鱼类，严可均谓鱼从宵转可通谈，暂谈类也。乍今在祃韵，麻、泰声近，章炳麟《成均图》歌、泰同居，麻为歌类。故同入相转。同入于黠。北音读麻韵，如南音之泰，乍转泰韵，为疾大切。有音无字。甬俗称止而不行曰"乍落"。乍正读泰韵，作疾大音。[2]

  骤突 《说文·马部》："骤，马疾步也。"锄祐切。《玉篇》仕救切。引申为暴疾义。声促转入，音如齚。仕革切。今称事起暴猝者曰"骤时里"。里者，来之转音，咍、之同部相转也。骤正读如齚。又暴猝而去曰"骤走"，或呼"骤出"，暴猝而入曰"骤进"。音亦如齚。骤，宥韵，其入本在屋、沃、觉韵，而音转如齚在陌韵者，陌为鱼类之入，骤从聚声，聚今遇韵，为鱼类，古音为侯类，侯、鱼声近相转，故其入亦相转矣。或曰，此是"突"之纽转。《说文·穴部》："突，犬从穴中暂出也。一曰滑也。"引申为暴猝义、贯穿义。《广雅·释诂二》："突，猝也。"《左传·襄廿五年》："宵突陈城，遂入之。"杜预注："突，穿也。"今曰"突然"，是猝义，"突破""突围"是穿义。突，定纽，古舌音字后或转为齿音，故定纽或变为神、禅纽。参钱大昕及黄侃说。神纽，即床纽三等音。

———————————————

[1] "有所往而迟止不前"即拖延、延缓，一般写作"捱"，非"碍"之音转。
[2] "乍落"一词今未闻。

突转禅纽为时没切，神纽为食没切。皆有音无字。音皆近黮。说亦通。①

　　匽　《说文·匸部》："匽，侧逃也。"卢侯切。《人部》："侧，旁也。"侧逃，谓从旁而逃，异于直前逸去而遁也。盖直前逸去人易觉，从旁边而逃或不及察，故侧逃有潜遁义。今谓乘人不觉而潜遁曰"溜走"。溜即匽，侯、尤相转耳。犹"貙膢"或作"貙刘"，汉礼立秋"貙膢"，《风俗通·祀典篇》作"貙膢"，《后汉书·礼仪志》作"貙刘"。"蒌翣"亦作"翣柳"。《礼·檀弓》"设蒌翣"，《周礼·缝人》作"翣柳"。侯韵清之则为尤幽，尤幽重浊之则为侯，故浙之海门人呼狗如九，呼楼如刘，粤人却反是。②

　　逭逃　《说文·辵部》："逭，逃也。"胡玩切。喉牙匣见相转，故《方言》十二郭璞音换，又音管。《集韵》亦音古缓切。逃者，亡去也。《说文》："逃，亡也。"《礼记·曲礼下》："三谏不听则逃之。"《孟子·尽心下》："逃墨必归于杨。"郑玄、赵岐注并云："逃，去也。"故逭有去义。《广雅·释诂一》："逭，行也。"行亦去义。今讥叱人行曰"滚"。滚即逭读如管之音变。盖逭古音为元类，元、真声近相转，故变为滚。犹水沸曰涫，音馆。今亦呼为滚矣。或曼衍其词曰"滚蛋"，即"逭逃"两字之转音。逃从兆声，古音为宵类，宵、谈对转，音变为谈。今音谈、寒混似，遂以圆转之蛋为之。"逭逃"字训联言为词耳。

　　或曰，蛋者，"遯（遁）"之转音。《说文》："遯，逃③也。"逭、遁同训逃，方言类聚同义字为词。遯在混㮂韵，古音为真类，真、元声近相转，故如蛋。或曰，是"僤"字。《说文·人部》："僤，疾也。"徒案切，弹去声。"逭僤"渭行疾，犹俗云"走快"，速去耳。④

　　逭　《方言》十二："逭，转也。"十三："逭，周也。"周与转义通。今称物转而行曰"滚"，人卧而转曰"打滚"。凡器械之"滚轴""滚筒""滚车"以"滚"名者，皆为转义，并皆逭读如管之音变，与上条逃走曰"滚"，同一逭字。

　　礌轮　《埤苍》："礌，推石自高而下也。"《集韵·十八对》引。《广韵·十八对》："磈⑤，礌磈，物坠也。"物坠亦自高而下义。"礌磈"叠韵成语，疾呼声合仍为礌。今称物自高下坠曰"礌下去"，正合故训。礌古音为脂类，重音转轻，音变为戾。今称人自高坠死曰"戾杀"，又物掷于地亦曰"戾"，俗作擤。皆礌字下坠义之引申。⑥

　　————————————

　　① 该词恐非"骤"或"突"之音变，本字疑为"射"（音石），后出专字作"趰"。《广韵·洽韵》："趰，行疾也。士洽切。"另外，"趰时里"犹一下子，"里"非"来"之转音。

　　② "溜走"之"溜"恐非"匽"之音转。

　　③ 此"逃"及下文"同训逃"之"逃"，原均作"亡"，误，径改。

　　④ "滚蛋"之"蛋"非"逃"或"遯（遁）"之音转，亦非"僤"字。

　　⑤ "磈"字原脱，径补。

　　⑥ "戾"本字不明，但非"礌"字音变及词义引申。

　　礧音义似勴。《说文·力部》："勴，推也。"章炳麟《新方言·释言》："今四川、浙江皆谓推转圆物为勴。"钟案：圆物转行曰"勴"，推而转之固云"勴"，不推而自转亦云"勴"，如人卧而转曰"勴来勴去"。俗有"勴地十八滚"之语。然则转行称勴，其义不系于推也，盖勴本"轮"之音变。轮之用为转，故引申为转义。《吕氏春秋·仲夏纪·大乐篇》："天地车轮，终则复始。"高诱注："轮，转也。"今称"轮流""轮回""轮番"，轮皆转义。轮从仑声，古音为真类，真、脂对转，音变为勴。犹敦亦读如堆，《诗·豳风·东山》："敦彼独宿。"释文："敦，都回反。"同其例。挥从军声，今读如灰，亦真转于脂也。①

　　僙　《说文·人部》："僙，相败也。读若雷。"钟案："相败"犹云相胜，彼此相敌，败谓人言，胜为己言。今设坛场，以武技与人较胜曰"僙台"，俗作擂。擂为推转义，非相胜败也。②

　　攎　《说文·手部》："攎，挐持也。"洛乎切。"挐，牵引也。"是攎为牵引而持，故《广雅·释诂一》："攎，引也。"攎从卢声，古音为鱼类，鱼、歌邻转，歌、麻同部，攎转麻韵，音变洛斜切，麻韵无来纽开口字。俗字作拉。今通谓牵引为"拉"，如"拉马""拉车"，挽索引舟曰"拉纤"。纤俗字本作牵。拉皆读亢音上声。如欧西乐谱沙拉西之拉字。

　　◇《说文·手部》："摟，曳聚也。"郎侯切。《孟子·告子》："逾东家墙而摟其处子。"赵岐注："摟，牵也。"侯、虞通转，亦读虞韵。《玉篇》："摟，力珠切。"《诗》曰：'弗曳弗摟。'（《山有枢》文）摟亦曳也。本亦作娄。"《广韵·十虞》："摟，曳也。"鱼、麻相转，音变俗音之拉。③

　　趀　《玉篇·走部》："趀，尺夜切。一曰牵也。"《广韵·四十祃》充夜切。今通谓牵引曰"趀"，俗作扯。义与俗字拉同，故拉纤甬亦称"扯纤"。引舟过坝俗作壩、作埧皆非，盖坝从贝声，取双声为音。谓之"车坝"，车亦趀字。或与"拉"类聚重言为词，曰"拉拉扯扯"。④

　　叕缀　《说文·叕部》："叕，缀联也。"陟劣切。古读知纽字如端纽，《广韵·十七薛》："丁活切，古音也。"经籍中多假缀为叕。《礼记·檀弓下》："殷主缀重焉。"郑玄注："缀，犹联也。"释文："缀，丁劣切。"《广韵·十三祭》："缀，连缀。陟卫切，又丁劣切。"今凡事相联及皆云"叕"，俗作搭。并肩揽髃以行者，俗呼"阿肩搭背"。阿音倭，实即拥字。市物必须联买某物者，谓之"搭卖"。凡俗语曰"搭当"，

---

① "推转"与"自转"义相因，是同一个词。自转（滚动）称"勴"，非"轮"之音变。
② "擂台"之"擂"即为正字，本字不是"僙"。
③ "攎""摟"均非"拉"之本字。
④ "趀"非"扯"之本字。

曰"搭对"，联著曰"搭牢"，皆叕、缀字也。

《广韵·十七薛》："叕，连也。"《十三祭》："缀，连缀。""连缀"盖字训联言之成语，今语转为"连带"。凡事株连相及者曰"连带"，律文亦用之。古音叕声、带声同在泰类。今称事物相连及曰"带著"，联附以去曰"带去"。带为鞶带字，无联及义。

斗　《说文·鬥部》："斗（鬥），遇也。"段玉裁注："凡今人云斗接者，是遇之理也。古凡斗接用鬪字，斗争用鬥字，俗皆用鬪为争竞，而鬥废矣。"《通训定声》曰："相接之意，今木工所谓斗笋是也。"钟案：斗训遇，遇有合义，称斗接者，即遇合之谓。今称遇之曰"斗"，俗作兜。物自上坠而下接之曰"兜"，人来而逆接之亦曰"兜"，事物之相合契曰"兜头"。兜为兜鍪字，见《说文·兜部》。无遇合义。①

斗，候韵，古音为侯类，侯、鱼声近，鱼、阳对转，音变为打。侯、东对转，东、阳声近，由东转阳，亦可通。甬俗称禽类相交曰"打势"，兽类相交曰"打交"。打亦遇合义，犹斗笋亦牝牡相合也。若谓打为作义，见上文"制作"条释。释"打交"或可通，释"打势"不可通矣。②

匊周　《说文·勺部》："匊，帀徧也。"职流切。经传多假作周。《小尔雅·广言》："周，帀也。"《广雅·释言》："周，旋也。"《国语·吴语》："周军饰垒。"韦昭注："周，绕也。"《易·系辞下传》："周流六虚。"俗作週。周，照纽，古无知、照，皆读如端纽，故周古音如俗字之丢。尤幽韵无端纽字。幽、侯声近，浊之则转侯韵，音变字讹作兜。今谓绕道帀行曰"兜"，俗语"兜圈子"。周读如兜，犹水中之地曰洲，俗名其地亦呼作斗矣。参看《释地篇》"洲"字条释。

冯逼　《说文·马部》："冯，马行疾也。"皮冰切。引申为逼迫义。凡相迫，必疾步以趋。《左传·襄八年》："冯陵我城郭。"杜预注："冯，迫也。"冯从仌声，古音为蒸类。蒸入于职，声促转入，音如愎。弼力切。今谓追迫曰"愎"，即冯之相迫义也。或谓此"逼"之纽转。《尔雅·释言》："逼，迫也。"逼，帮纽，清音转浊入并纽，故如愎。说亦可通。然以冯义为长。且字音流变，由于双声者多。纽为音原，韵为声委，末流易歧故也。③

追　《说文·辵部》："追，逐也。"《方言》十二："追，随也。"逐与随义虽有别，

---

① "斗（鬥）"为"斗榫头""斗钞票"的"斗"，读去声；"兜"为做成兜形把东西拢住，读阴平。"兜"即为正字，本字不是"斗"。

② "打势""打交"之"打"即为正字，非"斗"之音变。

③ 后出专字作"趣"（音别）。《集韵·职韵》："趣，走也。弼力切。"

然皆行于人后，紧迫不舍之意。追，脂韵，古音当如自，都回切。古无知纽，读同端纽也。脂、真对转，音变都邻切。真韵无端纽字，俗讹作钉，以真、耕两类声近，又讹转也。今谓尾随人后而行为"钉"。人有衺行，潜随以觇谓之"钉梢"。梢者，私之转音。私，脂类，脂、萧二部常相转，说见《广雅疏证·释宫篇》"趆，犇也"条。引申为凡事逼迫不舍俗亦谓之"钉"，或云"钉牢"。《说文》："钉，鍊鉼黄金也。"今人缀物之木钉、铁钉字，《说文》谓之"鐕"。无追迫义。若言词攻讦人隐，俗亦呼为"钉"，如云"钉一句"。此钉乃抵之音转。抵从氏声，为脂类，亦脂、真对转也。[1]

猎躐　蔡邕《月令章句》"季秋"："猎，捷也，言以捷取之。"字亦作躐。《礼·学记》："学不躐等也。"孔颖达疏："躐，逾越也。""逾越"即捷取之。郝懿行《尔雅义疏》曰："躐者，猎之或体。猎有从旁陵猎之义。不陵节之谓逊，反逊为猎。猎犹捷也，捷行出前也。"见《释言》"跋，躐也"条下。躐从巤声，古音为谈类，谈、宵对转，音变为辽。今谓行逾常轨，巧取捷径以达，谓之"辽路"，亦曰"辽近"，或简称"辽"。

◇《说文·穴部》："寮，穿也。""穿，通也。"是寮亦通义。凡不纡回绕行而直穿而前，即寮也。然则辽路字亦可作"寮"。

超　《玉篇·走部》："超，超越也，出前也。"义与上条"躐"同。彻、穿纽似，宵、肴、豪通转，音变字讹作抄。今谓取捷径，逾越以达，谓之"抄近路"。兵家亦有"包抄"或"抄后路"等语，亦谓逾越当前而至其地也。《广韵·卅六效》："抄，略取也。"俗称"抄家"是。"包抄""抄后路"本是纡回出前，而非取捷径。然而有从旁陵猎之意，亦有逾越义在，故亦云"超"。[2]

捜庋　《方言》二："捜，求也。秦晋之间曰捜。就室曰捜。"《通俗文》："入室求曰捜。"《颜氏家训·音辞篇》引。今作搜。字亦作庋。《广雅·释诂三》："庋，求也。"捜从叜声，叜今作叟。古音为幽类。凡幽类字，后多转入萧豪韵中，故《广雅》曹宪音庋有色邹、素高二反，犹嫂亦叜声，今在晧韵，读若燥矣。俗称搜索曰"抄"。抄无搜义，即捜转豪韵读素高反如骚之纽转。盖心审与清穿常相转，说见前。搜转豪韵穿纽，故如抄。犹产本所简切，今通读如划上声矣。[3]

军吏于要道搜检行人，俗呼"抄靶子"。靶子乃"佊子"之音讹。《埤苍》："佊，

---

[1] "钉梢"即为正字，"钉"非"追"之音变，"梢"亦非"私"之转音。"钉"有紧跟、监视义，"梢"取其尾梢义。明沈榜《宛署杂记·民风二》："追随曰钉着他。"徐珂《清稗类钞·方言·上海方言》："钉梢，蹑行人后，左则左之，右则右之，跬步不离之谓也。""盯"字晚出，后作"盯梢"。

[2] "抄近路""包抄""抄后路"之"抄"非"超"之音变。

[3] "抄"当搜索讲，非"搜"之音转。

邪也。"《广韵·四纸》彼纽下引。"佊子"谓邪人奸宄也。佊从皮声，古音为歌类，歌、麻同居，故音转如靶。

　　逪　《说文·辵部》："逪，逪逪也。"仓各切。"逪逪"亦作"交错"。《诗·小雅·楚茨》："献酬交错。"传曰："东西为交，邪行为错。"邪俗作斜，谓非纵横，不正也。凡上下北南为纵，左右东西为横。斜行觙出于纵横之间，方向如句股之弦，俗谓之"交叉"，即"逪逪"也。今行路取斜径以求捷，谓之"叉过去"，叉亦逪也。逪从昔声，古音为鱼类，鱼、歌声近，歌、麻同居，故音转字讹作叉。《说文·又部》："叉，手指相错也。"温庭筠八叉手而成诗，是其义。

　　亭顿　《说文·高部》："亭，民所安定也。"《释名·释宫室》："亭，停也，亦人所停集也。"段玉裁曰："亭、定叠韵，亭之引申为亭止，俗乃制停字。依《释名》，则汉时已有停字，而许不收。徐铉云：低、债、价、停、儑、伺六字，皆后人所加。是也。"今以亭为亭阁，停为停留。憩息曰停，居处亦曰停。宋丁谓戒王曾曰："居停主人勿复言。"正以停为居处义。停，青韵，古音为耕类，耕、真邻转，音变如屯。甬呼憩息、居处皆为"屯"，即亭、停字也。

　　或曰，憩息云"屯"，居处亦云"屯"，皆是"顿"之音转。杭州人呼憩息、居处，声皆作"顿"。《汉书·李广传》："就善水草顿舍。"颜师古注："顿，止也。"止有憩息、居处二义。杭人呼顿，作本音；甬人则转浊音，端转定纽，故如屯。亦通。[1]

　　揭　《说文·去部》："揭，去也。"丘竭切。章炳麟《新方言·释言》："今南方多言去，北方多言揭。或音如铠，苦盖切。"甬之慈溪山北人，亦呼去如"铠"，即揭字也。揭从曷声，古音为泰类。长言转去声，又溪纽齐齿转开口，纽、韵双转，故为苦盖音。

　　欑攒　《仓颉篇》："欑，聚也。""攒，聚也。"见《文选·鲁灵光殿赋》"芝栭欑罗以戢香"及《西都赋》"列刃攒鍭"李善引注。欑、攒盖通用，并在丸切。甬俗称人丛聚，或虫蝇纷集，皆云"欑"。浊音转清，从转精纽，攒亦读则旰切，钻上声。俗谓人事丛集，厌恶之曰"欑丛"，讹作"攒虫"。[2]《楚辞·九思·哀岁》："匍匐兮欑丛[3]。"王逸注："欑丛，罗布也。""欑丛"盖古成语之遗。

　　敆　《尔雅·释诂》："敆，合也。"《说文·攴部》："敆，合会也。"古沓切。

---

[1] 谓"甬呼憩息、居处皆为'屯'，即亭、停字也"，是。"屯"的本字就是"停"（"或曰"不可取）。后出专字作"庬"（音屯）。《集韵·魂韵》："庬，居也。徒浑切。"

[2] "欑""攒虫"今未闻。

[3] 此"欑丛"及注文中的"欑丛"，《楚辞》原文均作"丛欑"。应氏引文有误。

郝懿行曰："今人同爨共居谓之敆火，本于《尔雅》也。"钟案：今谓同处行事曰"敆局"，交友曰"敆道"，道本傄字。男女私通曰"敆姘头"。头亦傄字。音或转浊入群纽，俗字作"轧"。共沓切。若方药和剂曰"敆药"，曰"敆料"，今皆以"合"为之，而读作"升合勺"之合，实敆字也。工艺造器，有所会合者亦称"敆"，如木工之"敆棺材"，缝工之"敆齎口"。俗不得其字，或讹作"夹"。①

攻　《广雅·释诂三》："攻，伏也。"今谓虫鱼等伏匿穴中曰"攻"，人潜伏水底曰"搬攻"，搬者，"深没"之合声。卧以被蒙头曰"攻头睏"。攻亦伏藏义也。朱骏声谓攻训伏，是窖之假借，良是。《说文·穴部》："窖，地藏也。"古孝切。告声字古音在幽类，幽、侵对转，侵、冬同居，从孔广均森、严可均说。窖转冬韵，故字讹作攻。且幽、东亦同入相转也。同入于屋。

窋　《说文·穴部》："窋，物在穴中貌。"丁滑切。物在穴中，亦伏匿之意。窋从出声，古音为脂类。脂、歌声近，长言转上声，音变字讹作"躲"。《玉篇·身部》："躲，丁果切。躲身也。"今用为躲避字。或曰，伏匿称"躲"者，乃"窋窠"之合声。《说文·穴部》："窠，鸟巢也。在树曰巢，在穴曰窠。"窋、窠皆在穴义，故方言类聚为词，疾呼合为一耳。②

蟠　《广雅·释诂一》："蟠，曲也。"《尚书大传·虞夏传》："蟠龙赉信于其藏。"郑玄注："蟠，屈也。"故《方言》十二："未升天龙谓之蟠龙。"蟠龙，犹《易·乾卦》之潜龙。蟠者，潜伏如蠖屈而不伸。今俗谓屈居坎轲谓之"蟠"，亦伏藏敛迹之意。江南读蟠如蒲，元歌、对转，歌、鱼声近故也。而孚甲之孚，俗字作孵，亦呼如蒲。以古无轻唇，敷纽读滂纽，北音并为滂浊，孚转浊音，入并纽，故声亦如蒲。今失意屈居家中，俗云"孵豆芽"，即"蟠头卧"之讹转。"蟠头卧"者，犹《诗》"尚寐无吪"之意。歌、麻同部相转，故卧变为芽。③

幽藬　《说文·丝部》："幽，隐也。"幽、隐双声。俗称人藏匿曰"幽"，即隐不可见之意。甬俗儿戏，一儿潜藏，一儿寻求之，谓之"寻幽藬"。藬音如蛮。《广雅·释诂四》："藬，藏也。"藬本莫皆切，皆、删同入相转，同入于黠。故音如蛮。"寻幽藬"谓寻隐藏也。④

———————————————

① "合""敆"古今字，"合"亦有古沓切一读，《广韵·合韵》："合，合集。古沓切。"表示制作棺材义的这个词，明清文献多作"合"，如《金瓶梅词话》第八十八回："使了六两银子，合了一具棺木。"
② "躲"非"窋"之音变或"窋窠"之合声。
③ "孵豆芽"非"蟠头卧"之讹转。
④ "寻幽藬"当作"寻幽猫"（猫音慢）。"猫"读"慢"为儿化音残留。

乚匸　《说文·乚部》：“乚，匿也。象迟曲隐蔽形。读若隐。”段玉裁注：“象逃亡者自藏之状也。”乚，隐韵，古音为真类，真、元声近相转，字又作匸。《说文·匸部》：“匸，匿也。”於蹇切。乚之入声为乙。甬语乘人不见隐形而出入，谓之“乙”。贼于昏暮潜入人家，伏匿奥曲之处，夜深乃出而行窃，俗呼“乙必贼”，或称“匸必贼”。“乙必”即“乚蔽”之入声。①

潜行　《说文·水部》：“潜，一曰藏也。”《广雅·释诂四》：“潜，隐也。”今谓轻步潜行而前呼如“匠”，疾亮切。○甬音读匠如象，在邪纽，从、邪同浊讹转也。或如“泱”，亦曰“匠过去”，“泱拢去”。匠者，“潜行”之合声；泱者，“隐行”之合声。犹屈身俯行而前俗呼如“杶”，即“蹲行”之合声，皆两字异义、相因为词之合声。甬语“行走”“行为”之行，皆在阳韵，“桃杏”之杏亦然。②

库藏　《说文·广部》：“库，兵车藏也。”引申为藏为之所。《礼记·檀弓下》：“所举于晋国管库之士。”郑玄注：“库，物所藏。”《管子·七法篇》“为兵之数”章：“衡库者，天子之礼也。”尹知章注：“库者，所以藏宝物，不令外知者也。”是库有密藏义。字训联言，今犹以“库藏”为常语。“库藏”疾呼，声合为康。甬俗呼藏为“康”。或曰，呼藏为“康”者，即“库”之转音。库，遇韵，古音为鱼类，鱼、阳对转，故音如康。以库为藏义者，实字虚用也。亦通。

翟灏《通俗编》谓藏物为“抗”，引《周礼·夏官·服不氏》“贵客之事则抗皮”为说。然《夏官》“抗皮”之抗乃举义，非藏义，细详二郑所注及贾疏自极明析，翟氏牵强傅会为藏义，非也。章炳麟《新方言》引《广雅》“亢，遮也”及《左传·昭元年》“吉不能亢身，焉能亢宗”之亢字，当之，亦非。亢训遮蔽，然蔽与藏不同。藏者，被藏之物有移处于密之意；遮蔽者，物不移徙，但加以奄覆，免被察觉而已。故亢非藏义，章氏说亦失之。③

般播　《广雅·释诂一》：“般，行也。”《广韵·廿六桓》：“般，般运。北潘切。”今谓迁移为“般”，俗作搬。然王念孙《广雅疏证》以为般不训行，乃服之误字，服古文作般，与般形似而误。且《玉篇》多本《广雅》，《玉篇》般不训行，

---

① “乙必”非“乚蔽”之入声。“乙”俗作“闟”，“必”当作“壁”。《阿拉宁波话》“闟壁贼”条：“闟音一。天黑前溜入人家屋里躲藏，夜里俟机行窃的小偷。《字汇补·身部》：‘闟，隐入也。’（闟本同‘钻’，此借其字形）也叫‘掩边贼’‘闟背贼’：清范寅《越谚》卷中：‘闟背贼，上（音）磿。夜盗先伏门壁后者。’”（28 页）可参。
② “匠过去”之“匠”非“潜行”之合声，与表示暗中监视、守候义的“弶”当是同一个词；“泱拢去”今未闻。
③ 表示藏义的这个词，后出专字作“园”（音抗）。《集韵·宕韵》：“园，藏也。口浪切。”其语源当与“抗”“亢”有关联，翟灏、章炳麟说不误。应氏谓是“库藏”之合音或“库”之转音，不确。

则王说似可信。然则搬迁字乃"播"之音变。《后汉书·献帝纪赞》："献生不辰，身播国屯。"李贤注："播，迁也。"歌、元对转，音变为半。转平声，故借般为之。播从番声，古音本在元类。今在过韵，阳声转阴耳。慈溪山北以迄曹娥江诸地，称"播迁"音如奔上声，亦播之音变。播古音为元类，元、真声近相转也。或曰，此"播运"之合声。《说文》："运，迻徙也。"王问切。今读运为王殉切，声转纤。播、运皆徙义，故类聚为词而合声。《广韵》："般，般运。"般运即播运，盖成语有之。

　　播既讹为搬，声或侈转删韵，变为班，犹"鲁般"亦作"鲁班"也。今博戏者移易座位，呼若"班位"。俗不得其字，班讹作扳。扳本攀之或体。何休注《公羊·隐元年传》云："扳，引也。"释文："扳，普颜反，又必颜反。"

　　播今在过韵，过入于铎，播转入声，音如博，俗字作驳。凡韵输货物，辗转移徙，谓之"驳"，移徙货物之船曰"驳船"。驳本驳杂义。《说文》："驳，马色不纯也。"歌、麻同居，北音读麻韵字往往如南音之佳、泰，歌、泰本亦同居。以佳、麻同入相转故也。同入于麦。播转麻韵，俗字作摆。今舟渡至彼岸谓之"摆渡"，摆亦播字，谓迁也。摆本捭或体，无济渡义。或曰，"摆渡"本字当为"䇲[1]渡"。《方言》九："㳇谓之䇲，䇲谓之筏。"《广雅·释水》："䇲，筏也。"曹宪音薄佳反。并浊转帮清，则如摆。䇲为济水之具，实字虚用，引申为济义。说亦通。[2]

　　待　《说文·彳部》："待，竢（俟）也。"段玉裁注："今人易其语曰等。"钟案：等即待之音变。待，海韵定纽。浊音转清，定转端纽，音变如戴上声。海、等同入相转，同入于德。又音变为等。《说文》："等，齐简也。"非俟义。等古音本在海韵，为多改切，见《广韵·十五海》。如戴上声，《匡谬正俗》谓等本音"都在反"是也。见卷六"底"字条。待由海转等韵，犹能读如耐、乃读如仍，皆其例矣。今谓俟候曰"等待"，即"待待"重言而殊其音耳。此犹通彻曰"通透"，透亦通字，东、侯对转也。又呼母曰"姆卖"，即"母母"之音变。

　　兒　《广雅·释诂三》："兒，见也。"兒籀作貌。甬俗与儿戏，初匿其形，继与儿相见，呼曰"兒"。谓相见也。俗名为"张兒"。张即占之音变。说详《释动作篇》"占相"条。"张兒"谓窥见也。兒读亢音，如咪豪切。咪音如欧西乐谱多累咪之咪，符号作3。

　　逢償　《尔雅·释诂》："逢，遇也。见也。"古无轻唇音，奉纽字读作并纽，音如蓬。东、阳声近相转，音变为彭，俗字作捧、作碰。今谓遇见曰"碰头"，即"逢

---

① 此"䇲"及后面四个"䇲"字，原文均作"䇲"，误，径改。
② 谓"般运""班位""驳船""摆渡"之"般""班""驳""摆"乃"播"之音变，恐不确。

賣"之转音。《说文·人部》："賣，见也"余六切。《玉篇》餘祝切。段玉裁注："此音非也。今音徒历切。字亦作覿。古音徒谷切。"《广韵·一屋》："賣，见也。"音独。从卖声字古音为侯类，长言转平，音变为头。賣与读同音，犹读亦转音为逗，句读是也。逢、賣皆见义，故方言云尔。段玉裁以为遇见曰挞，乃覂字，今不从。[1]

夆　逢，古音既如蓬，北音並为滂浊，或转清入滂纽，音变为甬音捧茶之捧。匹奉切。东、阳相转，又变为磅。披庚切。故遇见曰"碰头"，亦呼如"捧头"，或如"磅头"。或曰，捧、磅皆"夆"之转音。《说文·夊部》："夆，牾也。"敷容切。牾，逆也。见《说文·午部》。牾犹晤也，逆犹迎也，亦相遇之意。逢从夆、从辵，形声兼会意也。敷纽字古读如滂纽，故音如捧，转入磅。亦通。

傍榜　《说文·人部》："傍，近也。"实字虚用，近之亦曰傍，依傍字是也。凡近之极，则相触及，故触及亦曰傍，俗作碰。傍与竝（並），音义皆相若，並古音亦在阳类。故古多相通假。《说文·竝部》："竝，併也。"物併无不触及之矣。然则物相及曰碰，亦可作並字。物相及曰"碰着"，正可作"傍及"或"並及"也。俗字之碰、挞字，並亦形声兼会意也。

俗称撞击曰碰，如云"碰钉子"，戏剧有《托兆碰碑》，此碰稽古音义，当是"榜"字。《汉书·陈余传》："吏榜笞数千。"师古注："榜，谓捶击之。音彭。"又《王嘉传》："长淳于长榜死于狱。"注："榜，笞击之。音彭。"榜本帮纽，转浊音入並纽，故如彭。然今称"碰"者，谓以身撞击于物，非以物加击于身，则其义又与"傍"合为一矣。

释动作　百卅七条　弍四七五五字

释行事　百卅叁条　弍弍三八一字

乙巳岁十二月望誊竣

---

[1] "碰头"之"头"即为正字，非"賣"之转音。

卷五　释情志

目　录
（括号内小字为俗音及讹字）

---

① 本条原无，据正文补。

② "𪙊"，原作"歉"，误，据正文改。

债）　穉（笃定）　绥（笃定泰山　笃胎）

衎欣　《说文·言部》：“訢，喜也。”双声为训。晋灼曰：“许慎云：‘訢，古欣字也。’”见《汉书·万石君传》“僮仆訢訢如也”句下注引。《尔雅·释诂》：“欣、衎，乐也。”衎亦借作侃。《论语·先进篇》：“冉有、子贡，侃侃如也。”《乡党篇》：“与下大夫言，侃侃如也。”孔安国注及皇侃疏皆云：“侃侃，和乐也。”衎音近开，欣音近心。俗谓喜乐曰“开心”，即《尔雅》“衎欣”之音讹，方言举同义字类聚为辞也。衎，溪纽旱韵，欣，晓纽欣韵。寒、哈同入相转，同入于曷。故衎讹为开；真、欣本与侵似，今读侵、覃诸韵，多不收声于唇，故侵混于真、欣，又晓纽细音，类于心、审，故欣讹为心。“开心”非喜乐义，如《礼记·檀弓下》：“黈，杜黈。曩者尔心或开予。”郑玄注：“开，谓谏争有所发起。”《后汉书·马援传》：“且开心见诚，无所隐伏。”皆为启发心神之义。

或问：俗语喜乐为“心花开”者，此又何说？曰：此“欣欢衎”之讹字耳。欢亦喜乐义。见《说文》。元、歌对转，欢音变为花。方言中妓称“花老”，淫乱之讼曰“花案”，喜庆赠赏之财礼谓之“花笑”，花皆欢字，不胜枚举。“心花”成语，流传已久，乍闻似有其辞，及勘究字训，谬不可通。方俗语中若是者不鲜，犹隐居养晦曰“蟠头卧”，及讹变为“孵豆芽”，乍闻之，宛若有当矣。“花老”“花案”见《释亲篇》，“花笑”见后《释货篇》，“孵豆芽”见《释行事篇》。[①]

悬𦜖　《说文·心部》：“悬，小怒也。”充世切。《广韵·十三祭》尺制切，音瘈。今谓小怒而不疾言厉色者曰“生气”，气即悬之讹。盖气溪纽未韵，悬穿纽祭韵，溪纽齐齿每与清、穿似，而未、祭韵字多属古音脂类，故相乱而误也。然忿怒极者俗呼“气杀”，此又非小怒为悬之义，乃𦜖之音讹，说详下文。

《说文·至部》：“𦜖，忿戾也。从至，至而复逊。逊，遁也。《周书》曰：‘有夏氏之民叨𦜖。’”丑利切。今本《尚书·多方》作“有夏之民叨懫”，释文：“懫，勑二反。”与𦜖同音异字。懫又通作懥。《礼记·大学》：“身有所忿懥。”郑玄注：“懥，怒貌也。或作懫。”然则𦜖、懫、懥音义皆可通也。𦜖训“至而复逊”者，忿之至，欲有所为，既忍而不为，故云“复逊”。今含怒于中曰“气”，即𦜖之本义也。郑训懥为“怒貌”，就其形于外者而言，许训“忿戾”，就其蕴于内者而言，实相通也。𦜖，彻纽至韵，气，溪纽未韵。今音彻如穿，与溪纽齐齿相若，至、未皆脂类，亦相通转。

[①]“开心”即为正字，非“衎欣”之音讹；“心花开”亦为正字，非“欣欢衎”之讹字。

壐字僻，故讹为气耳。然今称可忿之事曰"叨壐"，则古语之遗，犹存焉耳。^①

㤘谴 或曰，忿怒曰"气"，亦㤘、谴字之讹。《尔雅·释言》："㤘，怒也。"《广韵·十二齐》㤘音齐，《十二霁》音哜，皆从纽。北音从为清浊，㤘转清音，则为凄，为砌，与气声似。《广雅·释诂二》："谴，怒也。"《广韵·卅三线》："谴，怒也。去战切。"谴、气皆溪纽，又脂、元相转也。章炳麟《新方言》则以为"忔"字。皆存参。

猜嫌 《说文·犬部》："猜，恨贼也。"《女部》："嫌，不平于心也。"猜与嫌，义实相因，故《后汉书·张衡传·应间篇》注："猜，嫌也。"见"于心有猜，则簋飧殽馐^②犹不屑餐"句下。古诗文"猜嫌"多连用。《三国·魏志·贾诩传》："惧是猜嫌。"《晋书·齐王^③攸·子蕤传》："明恕之道寝，猜嫌之情用。"韩愈诗："猜嫌动置毒。"鲍照诗："不受外嫌猜。"李白诗："两小无嫌猜。""猜嫌"疾言声合如金，俗作气。衔恨而有不平曰"气"，如云"气不过"是也。此气义近嫉害，与忿怒曰气不同。猜从青声，古音为耕类，耕、支对转，音变为清移切，支、未声近，故讹作气。说亦可通。

"猜嫌"合声如金，本在盐添韵，古音为谈类。而音转未韵脂类为气者，严可均固有其说，谓谈、之大合类，谈从之转可通脂也。^④

恚怒 《说文·心部》："怒，恚也。"字训联言，"恚怒"声合为陬。鱼、阳对转，音变为盎。今谓怒曰"盎"，发怒曰"犯盎"。^⑤犯者，"愤"之音变。说详下条。

愤俀 《说文·心部》："愤，懑也。"《方言》十二："愤，盈也。"皆气盛于中之谓。《礼·乐记上》："奋末、广贲之音作。"郑玄注："贲读为愤。愤，怒气充实也。"愤从贲声，古音为真类，真、元邻转，音变为樊，俗讹作犯。今读侵谈类字，音多混于真元类也。甬俗称怒曰"犯盎"。盎者，"恚怒"合声之变，说见上条。或称怒曰"犯脸"，即"愤俀"之讹转。《广雅·释诂二》："俀，怒也。"曹宪音戾。王念孙疏证曰："俀与戾通。"《贾子·道术》："心兼爱人谓之仁，反仁为戾。"怒则不仁矣。

---

① "生气"之"气"即为正字，非"恺"之讹。"气杀"之"气"亦是正字，非"壐"之音讹。下条谓"忿怒曰'气'，亦㤘、谴字之讹"，亦不确。

② "馐"字原脱，径补。

③ "王"后原衍"子"字，径删。

④ "气不过"之"气"与"生气""气杀"之"气"是同一个"气"，非"猜嫌"之合音。

⑤ "犯盎"之"盎"非"恚怒"声合之音变。下文"恶憎"条："今人称心中怫郁音如'盎'，即'恶'之转音，谓心有所恶也。"表怒义的"盎"与表心中怫郁义的"盎"当是同一个词。《鄞县通志·方言（二）》写作"快"，引《说文》："快，不服怼也。"（3029页）

"犯脸"亦可谓"忿戾"之音转。《广雅·释诂二》："忿，怒也。""忿戾"古成语。《说文》"罋"篆解曰："忿戾也。"《论语·阳货》："今之矜也忿戾。"孔安国注："恶理多怒。"忿从分声，分声字多转入寒删韵，如颁、盼、扮等皆是，亦真、元邻转之例。若脸为谈类，戾为脂类，谈转为脂之说，详上文"猜嫌"条下。今音盐添韵字读若先韵。脂、真对转，故脂、先亦同入相转，盐添遂通转于脂。①

诃苛　《说文·言部》："诃，大言而怒也。"虎何切。北音匣为晓浊，诃转浊音，字亦作苛。《方言》二："苛，怒也。陈谓之苛。"《广雅》曹宪音何。《释诂二》。今甬人读苛犹作诃音。俗称怒为"火气"，即"诃罋"也。或曰"光火"，光音如觥，古横切。乃"嫈盈"之合声。说详下文"嫈盈"条。②

嫈盈　《方言》七："嫈盈，怒也。燕之外郊、朝鲜洌水之间，凡言呵斥者谓之嫈盈。""嫈盈"盖联绵用语。嫈，《广雅》曹宪音於危反，然《说文》读若癸，牙喉见影相转也。嫈既读癸，"嫈盈"疾言，声合为觥，古横切。俗讹作光。盛怒曰"光火"，光固呼如觥也。③

呴读　《说文·后部》："呴，厚怒声。"呼后切。段玉裁注："俗作吼。"俗谓勃然发怒曰"呴起来"，又称怒声相诃曰"起呴头"。头者，"读"之音变。读从卖声，古音为侯类，犹窦亦卖声也。《广雅·释诂二》："读，说也。"《庄子·则阳》："号而读之也。"李轨注："读，犹语也。""呴读"犹云大怒言矣。④

奰　《诗·大雅·荡》："内奰于中国。"传："奰，怒也。不醉而怒曰奰。"释文："奰，皮器反。"疏："奰者，怒而自作气之貌。"今谓愤怒狂躁为"发奰气"。奰讹作脾。脾为藏器，藏德怒属肝，亦非脾也。⑤若秉赋习常之气质，俗亦谓之"脾气"，此脾本"便"字，便、脾声似，同入相转故也。同入于质。○脾从卑声，古音为支类，便声在真类。支、脂声近，脂、真对转，故声相若。

便　《说文·人部》："便，安也。"凡人之所安，率其习常者也，故便引申为习义。《礼·表记》："故自谓便人。"郑玄注："自便习于此事之人。"《淮南·原道训》："雁门之北狄，……俗尚气力，人不弛弓，马不解勒，便之也。"高诱注："便，习之也。"

---

① "犯盖""犯脸"之"犯"即为正字，非"愤"之音变。"犯脸"亦为正字，非"愤俵"或"忿戾"之音转。
② "火气"即为正字，本字非"诃罋"。
③ "光火"之"光"非"嫈盈"之合声。
④ "起呴头"之"头"非"读"之音变。
⑤ 蒋礼鸿先生亦持此说："今言发怒曰发脾气。……此脾气字本为奰。"参看《义府续貂》"发脾气"条，中华书局1981年版，72—73页。

又："有万不同，而便于性。"犹云习于性也。《灵枢·师传篇》："临病人问所便。"凡便者，皆谓习常者也，故习常之气质谓之"便气"。俗讹作"脾气"。

怖拨 《说文·心部》："怖，恨怒也。《诗》曰：'视我怖怖。'"许所引《小雅·白华篇》《韩诗》文也。《韩诗》曰："怖怖，意不悦好也。"怖，蒲昧切，浊音转清，入帮纽，又声促转入，故亦读北末切。《广韵·十三末》："怖，意不悦也。"音拨，字亦借拨为怖。《周礼·考工记·梓人》："则①于视必拨尔而怒。"拨为怒貌，即怖读帮纽之假借也。拨、怖古音皆泰类，泰、元对转，音变为板。今谓怒形于色曰"板面孔"，颜色不悦曰"面孔铁板"。铁者，因讹字之板而附益之词。犹评毁曰"诼"，诼音同豛，世遂误曰"攻诼"。然铁亦可谓"觍"之入声，说详后。②

觍姡 《尔雅·释言》："觍，姡也。"郭璞注："面姡然。"姡者，《说文》云："面丑也。"犹俗云"面孔难看"。《尔雅》舍人注曰："觍，擅也，谓自擅专③之貌。"擅专者，愎戾自用，不肯徇人，故其面色恒不豫，望之可憎，俗所谓"铁面无私"是也。铁即"觍"之入声。觍本他典切，铣韵，铣入于屑，故声促转入如铁。俗因讹而为之释曰：称铁者，谓刚强不屈。郢书燕说，讹以成理，方言中若是者不少。宋赵抃以刚直号"铁面御史"，后遂以"铁面"为颜色冷酷无情之故实。宋时语词，已多同于今人。本书中引证多有。彼赵抃称"铁面"者，铁实"觍"之转音，当时觍讹为铁，盖已有之，后人援以为典。犹生子曰"弄麞"，虽讹亦典也。

姡音活，又音刮。见、匣相转。读如刮者，音若掴，掴者，击面也。俗称面色不豫可憎者，曰"面孔好像掴过"。掴即姡之讹。姡本训"面丑"，以其面色可憎，故云"姡"。俗循声讹为掴，又附益其词曰"掴过"。皆因讹而讹为之语耳。④

赫 《诗·大雅·皇矣》："王赫斯怒。"笺云："赫，怒意。"《广雅·释诂二》："赫，怒也。"今称人面有怒容、凛然不可犯者曰"面孔赫"。俗讹作黑，或复附益其词曰"面孔漆黑"。漆应是纇之讹字。黑、白相对，既以怒容可畏者为"黑面孔"，遂以和颜可亲者为"白面孔"。此犹鱼肉经冷藏冰冻者为"冷气货"，而以未经冷藏者为"热气货⑤"，然抚之何尝炙手哉？皆因讹而讹使然也。⑥

---

① "则"字前原有"故书"二字，系衍文，径删。
② "板面孔"之"板"非"怖"或"拨"之音变。
③ "擅专"，据《经典释文》所引《尔雅》舍人注，实作"专擅"。
④ "面孔铁板"之"铁"即为正字，非"觍"之音转。"面孔好像掴过"今未闻，但"掴"非"姡"之讹。
⑤ "货"字原脱，径补。
⑥ "面孔漆黑"之"黑"即为正字，本字不是"赫"。

艴勃　《孟子·公孙丑上》：“曾西艴然不悦。”赵岐注：“艴然[1]，愠怒色也。”蒲没切。字或借作勃。《论语·乡党篇》：“色勃如也。”《说文》引作“色艴如也”。见《色部》“艴”篆下解。《广雅·释言》：“勃，怼也。”又《释诂四》：“悖，恨也。”王念孙疏证曰：“悖与勃通。”怼、恨与怒义近。今谓怒目相视为“白眼睛”。此白非“巽为白眼”之白，即艴之讹；亦非阮籍“青白眼”之白，阮氏作白眼，鄙视俗人，初非怒目相对也。[2]

歜　《说文·欠部》：“歜，盛气怒也。”尺玉切。《玉篇》：“歜，怒气。”苏沪人称发怒曰“歜气”。輓近甬人亦效之。俗讹作触，以为感触义之引申，非也。“歜气”犹云“加气”。加者，齘之音变，齘亦怒也。说详下条。

齘　《说文·齿部》：“齘，齿相切也。”胡介切。凡怒而作气，每上下齿相切摩，故齘引申为怒义。《方言》二：“齘，怒也。小怒曰齘。”郭璞注：“言噤齘也。”《玉篇》：“齘，噤齘，切齿怒也。”齘，匣纽，喉牙匣见常相转，齘转见纽，音变为介。犹解亦读如懈。齘从介声，切齿相摩作声，固介介然，为见纽粗音也。齘转纽为介，又皆、麻同入相转，同入于黠、鎋。○齘、介皆怪韵，怪为皆去声。音变字讹作加。今谓怒曰“加气”，义训实无当，第习用不以为怪耳。齘音同械，齘音转为加，犹械音转为傢。俗称器械曰“傢货”，傢即械也。[3]

忦　《方言》十二：“忦，恨也。”《广雅》曹宪音介。见《释诂四》。声促转入，故《玉篇》音古黠切。音等转细为齐齿，则为居黠切，俗音如结。今怀恨在心曰“心中打结”，怨仇曰“怨结”，结即忦也。结为缔结义，或以为永系不解，即牢记弗谖，其实非也。方言名物多取直训，“打结”犹云作恨，“怨结”犹云怨恨耳。[4]

窒駤　《论语·阳货篇》：“恶果敢而窒者。”马融注：“窒，窒塞也。”刘宝楠正义引戴望云：“不通恕道，窒塞于事。”又引王念孙《广雅疏证》云：“《玉篇》：‘悷，恶性也。’《论语》：‘恶果敢而窒者。’窒与悷通，言很戾也。”钟案：“不通恕道，窒塞于事”与“恶性”“很戾”义实互成。俗称小儿忿戾、固执成性者曰“窒”，亦曰“窒窒塞塞”，皆古训也。

窒又通作駤。《淮南子·修务训》：“胡人有知利者，而人谓之駤。”高诱注：“駤，忿戾恶理不通达。”张之纯注：“崛强而不能转圜之意。音窒。今世俗于拘挚者谓之

---

① “然”字原脱，径补。
② “白眼睛”之“白”即为正字，本字不是“艴”。
③ “加气”之“加”即为正字，本字不是“齘”。
④ “打结”“怨结”之“结”即为正字，本字不是“忦”。

駤性。"①

罷 《周礼·秋官·司圜》："掌收教罷民。"郑众注："罷民，谓恶人不从化，为百姓所患苦。"《荀子·王霸》："无国而不有罷士。"杨倞注："无行曰罷。"《贾子·道术》："伏义诚必谓之节，反节为罷。"今小儿顽恶，不从教，不伏义，为人所患苦，俗呼为"皮"，或曰"顽皮"，皮即罷之讹。罷声、皮声古音同部相似，故经传多借罷为疲。"顽罷"称顽者，《左传·僖二十四年》云："心不则德义之经为顽。"顽亦无行义，故"顽罷"连茹为词。或曰，顽恶称"皮"者，谓其乖戾不从教，字当为弼之平声，亦"弼戾"之合声。说详下条。

弼戾 《说文·弦部》："鼗，弼戾也。"段玉裁注："此乖戾正字，今则戾行而鼗廢矣。"弼，今字作弼，弼亦训戾。弼本辅弼字，其训戾者，朱骏声谓"弗"之假借，愚谓实"悖"之假借。《汉书·五行志下之上》："蒙甚而温，君臣故弼，兹谓悖。"颜师古注："弼，犹相戾也。"又《韦贤传》："梦我王弼。"注："弼，戾也。"今谓相戾曰"闹鼗扭"，鼗即弼也。弼、戾义同，故方俗类聚为词。盖古已有此语，许君遂取以为训。"弼戾"声合，本如腿去声。弼，质韵，质为脂、齐之入，长言转平，亦如腿。俗乃讹为皮。

顿 甬言小儿"顽罷"者，或曼衍其词曰"罷顿顿"。顿亦罷义。《国策·秦策》："吾甲兵顿。"《淮南·修务训》："顿兵挫锐。"高诱注并云："顿，罷也。"《汉书·陈平传》："士之顽顿耆利无耻者。"如淳注："顽顿，谓无廉隅也。""无廉隅"犹罷训"无行"矣。且罷通疲，顿通钝，罷顿犹云疲钝，谓驽劣不堪教化也。

㑃 《字林》："㑃，很也，戾也。"《广韵·三十六效》引。今子女不孝其亲曰"㑃子"，人之乖戾不顺者亦曰"㑃"。俗讹作拗。《说文·手部新附》："拗，手拉也。从手，幼声。"《文选·西都赋》："乃拗怒而少息。"李善注："拗，抑也。"今称屈折曰"拗"是也，非很戾义。俗书从手、幻更谬。又曲调诘屈聱牙、歌不顺畅曰"㑃口"，食味恶而难咽曰"㑃味"，㑃皆取其乖戾义。

硈 《论语·子路篇》："硈硈然，小人哉！"郑玄注："硈硈者，小人之貌也。"皇侃疏："硈硈，坚正难移之貌也。"刘宝楠正义："硈硈，坚确之意。小人赋性愚固，故有此貌。"《玉篇》："硈，口耕切。"溪纽开口呼。北音群为溪浊，转浊音，入群纽，则为共耕切。今称人固执不从人为"硈"，正作共耕音。或踵益其词曰"硈固固"，固亦坚确不移也。②

———————————————

① "窒"及"窒窒塞塞"今未闻。

② 表示"固执不从人"义的这个词，本字当作"艮"[gən²¹³]。《说文·匕部》："艮，很也。"又《彳部》："很，不听从也。从彳，艮声。"

固必　《贾子·道术》："克行遂节谓之必。"必者，坚确信定之词。必从八声，从段本订正。古音为脂类。脂、真对转，故段氏必声入第十二部，即真类也。真、元声近，故脂、元常相转。脂、歌声近，歌、元对转，脂亦可由歌转元。必转元类寒删韵，音变为班，俗作板。今谓事之必定者曰"板定"，曰"板规"。人之性情固执不移者亦曰"板"，或曰"古板"，即"固必"也。固、必义同，故类聚言之。《公羊·襄廿七年》："女能固纳公乎？"何休注："固，犹必也。"《吕氏春秋·任数》："其说固不行。"高诱注："固，必也。"然世俗称人为"板"者，或亦为贬辞。盖固必之善者为贞固，恶则为专固，为顽固。《论语·子罕篇》称"毋必毋固"，为孔子所绝，即专固之谓。

鋪　《方言》十二："鋪，锢也。"郭璞注："谓坚固也。音柄。"《玉篇》："鋪，固也。"故卢文弨《方言》按语曰："锢与固通。"《广韵·四十三映》："鋪，坚鋪。"是鋪有坚义，亦为固义。人性坚强者每固执。今称性情坚强固执曰"硬绷绷"。绷即鋪字。鋪从丙声，古音为阳类，今在映韵，映为庚去声，今音庚韵近耕清，古音近阳唐，方言多古音，故鋪音如绷。布阳切。或以为"弸"字，亦非。弸训弓强，且音普萌切，音义皆远。

孟亹　《尔雅·释诂》："亹亹、孟，勉也。"郝懿行义疏引阮云台曰："亹读如'凫鹥在亹'之亹，音门。"盖亹无匪切，音尾，古无轻唇，微纽字读作明纽，故尾巴呼作"米巴"。亹古音当如美。阴声转阳，脂、真对转，故音如门。门、孟、勉皆一声之转。《说文》："勉，强也。"勉有强毅奋作之意。强毅与刚愎近似，强毅为善，刚愎为恶。今称人刚愎不圆通者为"孟亹"，盖反言为诋耳。

"孟亹"或呼作"貓门"，_{貓音莫拜切。}即"亹亹"重言为词之音转，第上下字变音殊涂耳。亹古音既为脂类，脂、皆同部相转，亹转怪韵，怪为皆去声。故如貓。此犹呼母曰"姆买"，即"母母"之音变。_{方言中一字重言而殊音者甚多。如疮痕曰"瘢疤"，贯澈曰"通透"，俟候曰"等待"，疤即瘢字，透即通字，等即待字。}[①]

杜　《方言》七："杜，涩也。赵曰杜。"郭璞注："今俗语通言涩如杜。"涩（涩）者，滑之反。移言人之迂拙、不圆通者亦曰"杜"，谓其不滑利也。俗又称懦夫勃然而奋斗亦谓之"杜"，如云"老实人发杜性"。此杜乃"大怒"之合声，非涩义之谓也。

倭　章炳麟《新方言·释言》："胡、倭、蛮，四裔之国也。今谓行事无条理、语言无伦次曰胡，浙江别谓之倭。凡专擅自恣者通谓之蛮。"钟案：四裔之国，谓非礼义之氓，不可以理喻也。甬俗称悖理之言行而又很戾自是者，则谓之"倭"，与俗

---

① "孟亹""貓门"今未闻。

语"枉对"相似。"枉对"见《释流品篇》"枉"字条下。倭音同屙，俗遂误认所语为"屙"字。屙者，甬人称大便。其字当为"恶"之转音，参看《释形体篇》。傅会其人无理可恶，有如矢溺之秽恶也。

毅　《说文·殳部》："毅，妄怒也。一曰毅有决也。"《论语·泰伯篇》："士不可以不弘毅。"包咸注："毅，强而能断也。"《左传·宣二年》："致果为毅。"疏："毅，强也。"凡怒者气盛，辄强御果敢。今谓相搏持，虽负而不怯退为"毅"，争辩久而不释亦曰"毅"。皆谓其强御也。毅音若黏，俗遂误认所语为黏字，以为如黏附不脱也。又无理而与人争持不休者曰"倭毅罢壅"，俗误作"屙黏皮气"。罢，不伏义也；壅，怂戾也。说见上文。此毅即妄怒义，方言集诸同类字为句耳。①

野　《论语·子路篇》："野哉，由也！"孔安国注："野，犹不达。"《礼记·檀弓上》："若是野哉。"疏："野，不达礼也。"《贾子·道术》："容志审道谓之僴，反僴为野。"野者，盖违礼反道之谓。甬俗称言行粗犷、不循理法者谓之"野"，如云"野弄""野对"镇海人言。"野人"。淫祀祭邪鬼妖神，谓之"野贡腤"，俗讹作"夜羹饭"。参看《释天篇》。

刺　《说文·束部》："刺，戾也。"卢达切。《逸周书·谥法》："愎很遂过曰刺，不思忘爱曰刺，暴戾无亲曰刺。"俗称很戾无情为"刺"，曰"毒刺"，曰"刺手"。俗皆讹以辛辣字当之。辢俗作辣。明杨继盛诗："辢手著文章。"则"辣手"语明已有之。或又称"杀刺"，杀即"肃"之音变；曰"泼刺"，泼即怖字；参看《释流品篇》"怖"字条。曰"老刺"，老者牢之讹。各详本条。

肃　《礼记·月令》"孟秋"："天地始肃。"郑玄注："肃，严急之意也。"《玉藻下》："色容厉肃。"疏："肃，威也。"威猛与严急意近。《逸周书·谥法》："刚德克就曰肃，执心决断曰肃。"今谓苛厉无情曰"杀辣"，陵轹作威以戒人曰"杀风"，杀即"肃"之音转。肃，古音为幽类，幽亦入于屋，故肃今在屋韵。古幽类字后多转入萧、肴、豪韵，故萧、箫、啸、潇等字皆从肃声。萧亦入于药。肃，息逐切，转药韵，为息药切，俗音近杀，遂讹为杀，以为杀戮者亦威猛之意。俗字亦作辥。《广韵·十二曷》："辥，俗云辥辥。"唐宋盖已有此语。

或曰，"杀辣"之辣，亦可谓"烈"之转音。《尔雅·释训》："烈烈，威也。"郭璞注："严猛之貌。"《汉书·刑法志》："其使民也酷烈。"师古注："烈，猛威也。"肃、烈皆威义，故类聚为词。烈音转如辣，犹遮迣字亦呼如辣矣。烈、迣同音，皆薛韵，

---

① "倭毅罢壅"一般写作"屙泥脾气"。

辣，曷韵，古音皆脂类相通转。且烈，《说文》云："火猛也。"今称灼热之感曰"火烧火烈"，烈音亦如辣也。

牢　《广雅·释诂一》："牢，鞏也。"鞏者，《尔雅·释诂》云："鞏，固也。"《玉篇》："鞏，坚也。"是牢有坚固义。《汉书·师丹传》："复曾不能牢让爵位。"师古注："牢，坚也。"今犹称物之坚硬曰"牢"，巩固亦曰"牢"，移言人之意态坚强亦曰"牢"。俗皆讹作老。如言辞鞏然果决者俗呼"老三"，即"牢说"也。<small>说亦读如税。说从兑声，古音为泰类。泰、元对转，说转元类删山韵，故音如山。今音三、山又相混也。</small>称人作为果敢很戾曰"老辣"，即"牢刺"也。《文选·长笛赋》："牢刺拂戾，诸、贲之气也。"李善注："牢刺，牢落乖刺也。《说文》：'刺，戾也。'"李周翰注："诸，专诸也；贲，孟贲也。二人皆勇士，故牢刺拂戾之声，则专诸、孟贲之勇气也。"钟案：惟勇士刚强，故其气果敢很戾。"牢刺"之牢，正坚强固执义，训"牢落"，失之。

畐　《说文·畐部》："畐，满也。读若伏。"<small>芳逼切。伏奉纽，芳敷纽，北音敷奉为清浊也。</small>凡怒者气满，先儒谓冯之训怒，即畐之假借。朱骏声谓冯、畐一声之转，<small>畐读若伏，与冯为双声。</small>段玉裁以为合音之假借。<small>冯，古音为蒸类，畐，古音为之类，之、蒸阴阳声对转也。</small>凡畐声字后多转入幽侯韵，<small>之、幽声近，幽之重浊则为侯。</small>又从侯而转虞模韵，如副、畐同音，<small>皆敷纽职韵。</small>富亦畐声，今皆读如赴。俗谓怒气满膺为"气虎虎"。虎即畐长言转上声也。或谓是愊、怫字。《玉篇·心部》："愊，芳九切。怒也。""怫，孚救切。怒也。"幽、模同入相转，音亦如虎。然愊、怫字疑后出俗体，为孙强等所沾入者，存参。[①]

嗔　《说文·言部》："嗔，恚也。贾侍中说：嗔笑。"<small>昌真切。</small>《通训定声》："苏俗所谓冷笑也，内怒而外笑。"钟案：嗔之为言嗔也。凡恶其人，鄙贱而笑之，突出其声曰"嗔"。声促转入，则如"出"。各地皆有之，即此字也。

欻缅　《说文·欠部》："欻，含笑也。"<small>丘严切。</small>含笑谓微笑，不破颜出声也。今谓人隐有笑容曰"欻欻笑"，即此字。或称微笑曰"咪咪笑"。咪，俗字，即"微微笑"也。古无轻唇，微纽字读作明纽，故微之古音如眉。今呼眉毛如"咪毛"，即轻重音之转。微音变如咪，亦犹是耳。或曰，此是"缅"字。《说文》："缅，微丝也。"引申为轻微义。《玉篇》："缅，轻也。"字亦作緜。<small>见《玉篇》。</small>《仓颉篇》："緜，细也。"<small>《广韵·十六屑》蔑纽下引。</small>《广雅·释诂四》："緜，微也。"<small>曹宪音蔑。</small>緜，屑韵，屑为先、齐之入，长言转上声，故如咪。[②]

---

① "气虎虎"今作"气呼呼"，"虎（呼）"非"畐"之音转，本字亦非"愊"或"怫"。
② "咪咪笑"之"咪"正字列"微""缅"两说，以"微"为长。

悹懽　《说文·心部》：“悹，忧也。”古玩切。《玉篇》：“悹悹，忧无告也。”《说文》“懽”篆下引《尔雅》曰：“懽懽、愮愮，忧无告也。”《释训》文。“悹悹”“懽懽”音义皆同。北音读悹如关。悹、懽与棺同音，《广韵·廿九换》同组。《说文》《释名》并云：“棺，关也。”以双声兼叠韵为训，是棺、关古音本同。今遇忧患，无所措手足，呼曰“关关不得了”，即“悹悹”，亦“懽懽”也。俗或作“乖乖”。今读乖固如关。乖，皆韵，关，删韵，皆、删同入于黠，故相对转。他如怀、淮、埋、槐诸字，甬音多读在寒删韵，其理同也。①

慽　《说文·心部》：“慽，愿也。”仓历切。愿、忧古今字。经传多借戚为慽。《诗·小雅·小明》：“自诒伊戚。”传：“戚，忧也。”《论语·述而》：“小人长戚戚。”郑玄注：“多忧惧。”《孟子·梁惠王上》：“于我心有戚戚焉。”赵岐注：“戚戚然，心有动也。”今谓心有所忧，恒系于怀，无时或释者，俗呼“戚戚动”。俗讹作切切。《广雅·释训》：“切切，敬也。”《论语·子路》：“朋友切切偲偲。”马融注：“相切责之貌。”郑玄注：“劝竞貌。”皆非俗语忧思在心意。

惄怛　《说文·心部》：“惄，愿也。”陟劣切。《尔雅·释训》：“惄惄，忧也。”古无舌上音，知组字读作端组。惄古音当为丁劣切。惄与缀、掇同组，犹缀亦音丁劣切、掇亦丁活切也。并见《广韵》。惄古音又近怛。《诗·齐风·甫田》：“劳心怛怛。”又：“劳心忉忉。”传云：“怛怛，犹忉忉，忧劳也。”忧劳者，殷忧在心，劳念不辍。今谓忧劳在心，俗呼“怛怛忪”。忪者，《玉篇》：“忪，徒冬切。忧也。”连茹诸忧义字为词。或曰，忪当作疼。疼者，难名其状之疾苦也。参看《释疾病篇》“痁疼”字条释。②

懆　《说文·心部》：“懆，愁不安也。”七早切。《诗·小雅·白华》：“念子懆懆。”释文引《说文》云：“懆，愁不申也。”懆，皓韵，豪入于沃，亦入于铎，声促转入，则如触，亦如错。今谓忧愁不安曰“心里戳”。戳即懆也。戳本撮之俗体，撮音如触，俗遂误认懆之入声为戳字，以为如刺伤也。懆之入声又似歇，歇，怒也，与忧愁义异。“歇”字见上文。③

惂懏噬　《广雅·释诂一》：“惂、懏、噬、愁，忧也。”噬训忧，本诸《方言》。见卷十二。然噬本义不训忧，其训忧者，盖愁之音转。愁床纽，噬禅纽，床、禅同浊故相转。犹懏通摧，亦训忧，见《易·晋卦》虞翻注。王念孙谓摧、愁一声之转。摧从纽，愁床纽，从、床类隔相转也。且摧、噬古音皆脂类，愁为幽类，幽、之声近，之、脂亦声近，

---

① “乖乖”即为正字，本字非“悹悹”或“懽懽”。

② “怛怛忪”，“忪”当作“动”，与“戚戚动”之“动”用法相同，都是后缀，参看上文《释疾病》“痁疼”条注。“怛（惄）”一般写作“恅”。《集韵·盍韵》：“恅，心恐也。德盍切。”

③ “心里戳”之“戳”即为正字，非“懆”之音转。

幽由之转脂，故相通。甬俗称忧思在心，以致悤怠不振者曰"梅噬噬"。梅即"愍惟"之合声，集《广雅》同条语为词也。愍，轸韵，为真类。真、脂对转，亦得音变为梅。①

恶憎　《说文·心部》："憎，恶也。"《论语·阳货》："君子亦有恶乎？"皇侃疏："恶，谓憎疾也。"恶、憎义似，《说文》序字以类相从，故恶后次憎字。今人称心中怫郁音如"盎"，即"恶"之转音，谓心有所恶也。恶，暮韵，古音为鱼类。鱼、阳对转，又合口转开口，故音如盎。或心绪不悦呼若"翁"，亦"恶"之音变。模、冬同入相转，同入于沃。恶转冬东，故如翁。或曼衍其辞曰"翁宗"，即"恶憎"之转音。憎，古音为蒸类，蒸类字后多转入东韵者。如弓、穹、雄、冯、梦、懵等字本皆蒸类，而今在东韵。且蒸、侵二类声近，犹之、幽声近。冬韵古音在侵类。憎转东冬，故音如宗。又方言两字为成语，往往上下字同化音变而叠韵，恶既音变为翁，憎亦同化叠韵而为宗矣。参看《方言上下字同化叠韵说》。②

忧伤　《尔雅·释诂》："伤、忧，思也。"郭璞注："皆感思也。"钟案：谓患苦抑郁之思也。忧，古音为幽类，幽、侯声近，侯、鱼亦声近，故幽、鱼亦同入相转。同入于屋。忧转鱼类，音变为乌，犹"幽暗"俗音转为"乌暗"也。参看《释天篇》"幽冥"条。"乌风猛暴"之乌即幽字。伤，古音为阳类，阳、鱼对转，音变为苏。今心有患苦而抑郁，俗呼为"乌苏"，即"忧伤"之语转，集《尔雅》同条字为辞也。又"忧伤"连言，幽既音变为乌，伤亦随上字同化叠韵而变苏。③

耐　《广雅·释言》："忍，耐也。"《广韵·十九代》："耐，忍也。"今谓情感欲为，而止之不为曰"忍耐"，亦单称"忍"，或单称"耐"。耐，奴代切，泥纽代韵，古音为之类。泥、疑近似，每相讹转，故疑之细音，每混作泥纽；如疑、宜、妍、倪、严、凝、银、迎、牛、尧、吟诸字，皆疑纽，而今皆读作泥纽。而泥之粗音，或混入疑纽。如无锡人呼"柔软"之软音如栽乱切，甬称"大便努责"之努音如吾，皆是。耐转疑纽，则音如碍。碍亦有止义。《说文》："碍，止也。"之、宵声近相转，碍转宵豪，则音如敖，俗作熬。今谓忍耐曰"熬"，心情所苦曰"难熬"，谓其苦痛之难忍也。④

疲癏　心情所苦曰"难熬"，亦或称"难过"。"难过"本甬俗称疾病之词，其正字为"疲癏"。心情所苦称"疲癏"者，谓心有病患也。《广雅·释诂一》："疲，

---

① "梅噬噬"今未闻。

② "翁宗"当是"肮脏""腌臜""鏖糟"之音转。"肮脏""腌臜""鏖糟"是一组同源词，都有"脏、不干净"与"懊恼、烦躁"两个意思。参看《周志锋解说宁波话》，44—46 页。

③ 老派宁波话称脏、不干净叫"乌苏"，"心有患苦而抑郁，俗呼为'乌苏'"今未闻，且非"忧伤"之语转。

④ "难熬"之"熬"非"耐"之音转。

病也。"曹宪音女骇切,《玉篇》奴亥切。《尔雅·释训》:"痯痯,病也。"郭璞注:"贤人失志怀忧病也。"疢,海韵,海、寒同入于曷,疢转寒韵,故如难,犹乃今亦读如难也。痯,桓韵,古音为元类,元、歌对转,则音如过。参看《释疾病篇》。①

解 或曰,心情所苦曰"难过",为"难解"之音变。《广雅·释诂三》:"解,散也。"《广韵·十二蟹》:"解,脱也。""难解"者,谓所苦难以解脱消散也。解,古音为支类,支、歌声通,解转歌类,音变为过。过(過)从呙声,而咼、腡、娲、騧、緺等字皆在佳韵,支、佳古同部,可证其通转。

赧翰缙 《说文·赤部》:"赧,面惭赤也。"奴板切。"翰,赤色也。读若浣。"胡玩切。《糸部》:"缙,帛赤色也。"即忍切。《广韵·廿一震》:"缙,浅绛也。"绛为大赤,浅绛即赤色。今惭愧曰"难为情",即"赧翰缙"之音变。以惭则面赤,故类聚诸赤义字为词也。赧、难音似,翰古音为元寒类,寒、泰对转,音变为会,会音近为。缙为精纽,齿头清音转浊,入从纽,变为秦去声,震韵无从母字。真、耕声近,又转为情。后人习闻斯语,而昧失本字,傅会者假"难为情"三字当之,以为惭愧乃情之难堪。然情所难堪者,岂仅惭愧而已,悲恐之枨触于心,宁小于惭愧哉!

◇**挴諗**② 或曰,"难为情"本字当为"赧挴諗"。《方言》二:"挴、赧,愧也。晋曰挴。凡愧而见上谓之赧。"《广雅·释诂一》:"挴、赧、諗,惭也。"曹宪音:挴,每磊反;諗,之忍反。挴,明纽贿韵,明、微类隔相转,变作无磊反。微、匣又易混,转为胡磊反,故音如为。諗,照纽轸韵,照、精类隔,又清音转浊入从纽,则音如尽。尽与情音似,真、耕两类声近也。③

烽 《广雅·释器》:"烽,赤也。"曹宪音小营反。王念孙疏证曰:"烽与骍、垶同义。骍今作骍。"《说文·马部新附》:"骍,马赤色也。息营切。"《论语·雍也》:"犁牛之子骍且角。"集解:"骍,赤也。"心、晓易相混,故《字林》许营反,《诗·小雅·信南山》释文引。又火营反。《诗·大雅·旱麓》释文引。《说文》:"垶,赤刚土也。"息营切。《广韵》字亦作垶。烽、骍、垶皆清韵,耕清转阳,音变为相。今惭愧曰"难为情",或曼衍其词曰"难为情相",即"赧翰缙烽"也。相虽有容貌义,然此处既类聚赤色字义为词,当为烽字。④

颠顥 《玉篇·黄部》:"颠,云粉切。《说文》曰:'面急颠颠也。'"今本《说文》无颠字,而有顥字。《页部》:"顥,面色顥顥皃。读若陨。"而《广韵·十八吻》

---

① "难过"即为正字,而非"疢痯"之音转。下条谓"难过"或为"难解"之音变,亦不确。

② 条目字"挴諗"原无,据目录补。

③ "难为情"即为正字,非"赧翰缙"或"赧挴諗"之音变。

④ "难为情相"即为正字,"相"非"烽"之音变。

顚同顝，引《说文》曰："面色顚分兒。"此据宋本。明内府本作"面色顝分兒"，张氏泽存堂本作"面色顝顝貌"。《集韵·十九隐》《廿一混》皆云："顝，面急顝顝也。"然则顚、顝音义皆通，故王筠以为顚、顝乃一字。《玉篇》《广韵》顚又通作顡。曰"面急顡顡"，曰"面色顚顚"，皆谓其性理颠倒失常，面色惶急有变也。顚从员声，古音在真类，真、脂对转，脂、皆同部，顚转皆韵，音变云楷切。有声无字。今谓受窘惶急不安而色变，曰"面色惶顚顚"。顚音正云楷切。

顝，喻纽，喻、影长短音之间，或敛而缩之，则变影纽，云楷切变为於楷切。亦有音无字。俗呼"惶顝顝"，固有转作影纽者。然亦可谓别有其字，参看下文"韫"字条。

缊韫 《礼·玉藻下》："士佩瓀玫而缊组绶。"郑玄注："缊，赤黄。"《小尔雅·广诂》："缊，朱也。"缊本无赤义，其训赤者，朱骏声谓繻之假借，《说文》："繻，浅绛也。"其说可信。繻晓纽，缊影纽，皆喉音，又古音同部，故相通假。缊又作韫。《玉篇·韦部》："韫，於昆切。赤黄之间色也。"《广韵·廿三魂》："韫，赤也。"缊、韫古音皆真类，真、脂对转，脂、皆同部，韫转皆韵，音变於楷切。今谓惭愧而惶急色变，曰"面孔惶韫韫"。韫，正如於楷切。"韫韫"者，谓心愧面色赤也。"韫韫"以面色转赤言；"顝顝"以面色惶急言，各有当，故两存之。[1]

懗愒 《仓颉篇》："懗，惊也。"《一切经音义》卷十一引。《广雅》曹宪音乎郭反。《广韵·十九铎》："懗，心动。"凡惊必心动，义实想通。懗，匣纽，北音匣为晓浊，懗转晓清，音变为霍。甬俗称受惊为"吃霍"，霍即懗也。铎、陌同类相转，俗字作愒。《广韵·二十陌》："愒，心惊。"虎伯切。合口转开口，今复讹作吓。此犹懗、霍本皆合口，今相承读开口。吓（嚇），本训"以口距人"也，见《玉篇》。非惊吓义。

胁阅[2] 今恐吓、威吓字，亦皆作吓，非也，实皆"胁"之讹转。《淮南·本经训》："故明于性者，天地不能胁也。"高诱注："胁，恐也。"又："性命之情，淫而相胁。"注："胁，迫。"《汉书·常惠传》："使使胁求公主。"颜师古注："胁，谓以威迫之也。""恐吓""威吓"皆所以令人惧。若自惧亦为胁字。《方言》一[3]："胁阅，惧也。齐楚之间曰胁阅。"郭璞音：阅，呼隔反。胁，晓纽，古音为谈类。音等转粗，变齐齿为开口，又谈、盍同部相转，音变为歃，呼盍切，大嚏也。音近吓。若"胁阅"疾

---

[1] "面色惶顚顚""面孔惶韫韫"，一般写作"面孔黄央央"，"顚""韫"的实际读音是"央"，本字不明，但不是"顚"或"韫"。
[2] "阅"字原无，据目录补。
[3] "一"，原作"二"，误，径改。

言声合，阅读郭音，则正如吓。[①]

啐　《说文·口部》："啐，惊也。"七外切。翟灏《通俗编》云："时俗小儿受惊，为母者以此为噢咻之词。"甬俗妇孺受惊，辄自拊其胸曰"啐啐"。慰抚他人亦如此。啐多音变七乱切，如窜。盖泰、寒对转，啐转换韵，故如窜。犹窜亦读泰韵，为七外反、千外反也。《左传·昭二十六年》："兹不穀震荡播越，窜在荆蛮。"释文："窜，七乱反，《字林》七外反。"又《僖二十七年》："而自窜于戎。"释文："窜，七乱反。《字林》又千外反。"

怖怖　《说文·心部》："怖，惶也。"怖或从布，作怖，普故切。今恐怖字，讹读如布。犹蔻呼漏切俗读为寇，庐音闾读为卢，摧昨回切读为崔，缤匹宾切读为宾，皆误以龤（谐）声之偏旁为直音矣。怖从布声，古音为鱼类，鱼、歌声近，歌、麻同部，怖转麻韵，音变为帊，俗作怕。《说文》："怕，无为也。"匹各切。《广雅·释诂四》："怕，静也。"段玉裁、朱骏声等皆谓怕即澹泊之本字，而以惧怕之怕为迫之语转。其说未允。惟章炳麟以为怖之音变，得之。然《玉篇》："怕，普驾切。恐怕也。《说文》匹白切，无为也。"《广韵·四十祃》因之云："怕惧。"可知梁隋时，已称恐为怕。或疑《篇》《韵》有宋人重修时附益之文。稽杜甫《姜楚公画角鹰歌》："梁间燕雀休惊怕。"韩愈《双鸟诗》："鬼神怕嘲咏。"又《县斋有怀》诗："声音吁可怕。"则唐人以怕为怕惧字，乃绝无可疑者。章炳麟亦谓唐义净译佛律已作怕惧，则称惧为怕，固在唐前。

懈怠惰　《说文·心部》："懈，怠也。"古隘切。今有读羊隘切作喻纽者，牙喉音相转也。又："怠，慢也。""慢，惰也。"郑玄注《礼记》曰："怠，惰也。"见《檀弓上》"吉事虽止不怠"及《杂记》"三日不怠"句下注。是懈、怠、惰、慢四字辗转为训，义实相似。盖懈之为言解也，怠之为言给也，惰之为言堕也。故《广雅·释诂二》："懈、慢，缓也。"懈、慢、怠、惰皆有颓废不振之义，与紧急奋发相对。俗呼绳纠不紧为"懈"，行动不奋发亦曰"懈"，意志倦怠亦曰"懈"。此诸懈字，甬语皆呼若共隘切，见转群纽，清音变浊故也。

行事懈怠不紧急，义近逸豫，故怠惰引申为逸豫义。甬称事简逸豫为"怠惰"，音转为"调大"。怠从台声，古音为之类。之、哈同部，台古音读若怡也。之、宵声近相转，怠转宵类，音变为调。惰为歌类，歌、泰同部相转，音变为大。犹驮从大声，俗呼大亦如驮。船工，甬人呼为"老大"，即"老舵"也。"弄掉""坏掉"等掉字，亦怠之音变。[②]

---

① "恐吓""威吓"之"吓"非"胁"之讹转或"胁阒"之合音。
② "调大"非"怠惰"之音转，本字为"调泰"。"泰"声母读 [d]，是受"调"同化的结果。"老大"非"老舵"之音变，"弄掉""坏掉"之"掉"非"怠"之音变。

说详后《释语》①。

怤　《尔雅·释诂》："怤、怜，爱也。"爱者，喜欢也，歆羡也。《国策·赵策四》："丈夫亦爱怜其少子乎？"此喜欢义也。《庄子·秋水篇》："夔怜蚿，蚿怜蛇，蛇怜風。"此歆羡义也。《世说新语·贤媛篇》注引《妒记》曰："我见汝犹怜，何况老奴。"此喜欢兼歆羡也。怤，《说文》亡甫切，字从某声，古音为之类。之、幽声近，侯为幽浊，故某在厚韵。侯、鱼声近，故怤转入麌韵。古无轻唇，微纽字读重唇明纽。故怤之古音当如弥士切。上声止韵无明纽字。之、蒸对转，音变为瞢。弥登切。今谓厌倦不爱者为"懈怤"。怤音正如瞢。懈音共陷切，说见上文。②

俺　《方言》一："俺、怜，爱也。晋卫曰俺。"《玉篇》："俺，於检切。甘心也。"心之所甘，亦爱义之引申。俺、怜既同训，而怜爱皆有喜欢、歆羡义。说详上条。今称所欲为爱，亦歆羡义之互词。爱、俺一声之转。俺从奄声，古音为谈类。谈、宵对转，音变字讹作要。俗称意之所欲为"要"。要本腰正字，《说文·臼部》："要，身中也。"③

爱有欲义，弗爱即弗欲也。甬语称不欲，俗字作"嫑"，读弗爱切，切音即其本语，疾言声合为一耳。④

震俺　《方言》一："俺，爱也。"《广雅·释诂一》："俺、震，僾也。"僾即今爱字。甬俗称爱怜其子女曰"震俺"，音转为"钟俺"。真、东相转。甬音呼真类字，往往讹转为东类。如呼春若冲，笋若松，胅若宗（胅为鸟胃也），云若庸，熏若凶，军若冢，准则呼若肿作，赡养曰赈，呼若踵。⑤震转为钟，亦其例也。或曰，称"钟俺"者，即"珍爱"之音转。珍，知纽，知、照今混同。真、东相转，故珍音如钟。爱、俺固一声之转。王念孙曰："爱之转为俺，犹薆之转为掩矣。"顾方言中，多取《尔雅》《广雅》等同条共训之字类聚为词，则似以"震俺"字为确。震无爱义，《广雅疏证》于震字无释，盖阙疑。朱骏声以为"振"之假借。《说文》："振，举救也。"俗作赈。然赈与爱义似远，不若谓"珍"之假借。声、辰声古本同部。珍知纽，震照纽，知、照固相通。《说文·玉部》："珍，宝也。"《宀部》："宝，珍也。"凡意之所宝，即喜爱义。《汉书·梁平王襄传》："戒后世善宝之。"师古注："宝，谓爱守也。"故珍亦有爱义。然则"震

---

① 《释语》，原作《释言语》，误，径改。
② 宁波话不感兴趣叫"懈门"，也说"懈口"。"门"当是正字，与"怤"无涉。
③ "要"非"俺"之音变。
④ "嫑"，又作"嫑"，《鄞县通志·方言（二）》写作"否"，谓是"勿爱"及"勿该"之切音（3111页）。从语音看，"勿（弗）爱"最吻合；从意义看，"勿（弗）要"最贴切。考虑到宁波话口语不说"爱"，故我们把"嫑"[fe⁵³]看作是"勿（弗）要"的合音合义词。
⑤ "赡养曰赈，呼若踵"，不确，本字为"供"。参看《周志锋解说宁波话》，185—187页。

俺"谓即"珍爱"字，固无不可。[1]

亟恀 《方言》一："亟，爱也。东齐海岱之间曰亟。"《广雅·释诂一》亟作悈，曹宪音欺革、九力二反。九力即悈、亟读如字。亟，见纽，清音转浊，入群纽，则如极。《说文·心部》："恀，爱也。"《尔雅·释训》："恀恀，爱也。"释文："恀，郭徒启反，与恺悌音同。"甬俗称爱怜其子女曰"亟恀"，音正如极悌。俗讹作"值钱"，钱音讹如铀。误认为珍贵义。[2]

歆欱 《诗·大雅·皇矣》："无然歆羡。"传曰："无是贪羡。"则歆为贪义。《国语·楚语上》："楚必歆之。"韦昭注："歆，犹贪也。"《玉篇》："歆，歆羡也，贪也。"又"欱，呼南切。贪欲也"。歆从音声，古音为侵类。侵、盐通转音变，字作枕。《方言》："青齐呼意所好为枕。"见《广韵·廿八严》引。"歆羡"成语，疾言声合为鼸。显去声。枕、鼸今言皆近希。欱音近罕。俗称贪羡其物曰"希罕"，不贪羡曰"不希罕"。《尔雅·释诂》："希，罕也。"本为少义，非希冀求慕之谓，声相似，遂讹焉。犹遭遇艰窘曰"尴尬"，"尴尬"本训"行不正也"，见《说文》。艰窘呼"尴尬"者，本"艰根"之音变，声相似古成语之"尴尬"，遂借用之，及久假而不归，而"行不正"之本义反废而不闻矣。"艰根"说见后。[3]

《玉篇》欱字，殆即《广雅》之歛字。《释诂一》："歛，欲也。"曹宪音呼滥、呼甘二反，字与从攵之敛有别。《广韵·廿三谈》："歛，欲也。"呼谈切，音蚶。《玉篇》有欱无歛，《广韵》有歛无欱。

欿欦将 《广雅·释诂二》："欿，贪也。"曹宪音口感反。《释诂一》："欿、欦、将，欲也。"欦，曹宪音呼缣反。《广韵·廿五添》："欦，贪欲也。"许兼切，则读细音。欿音近看。覃、寒相似。"欦将"联言，声合为香，香音近相。晓纽细音与心混。俗称觊觎非分曰"看相"，本"欿欦将"三字为词之音变，取《广雅》同条字连茹为句也。"看相"皆视义，非贪欲苟得之谓。[4]

欲觎 《说文·见部》："觎，欲也。"羊朱切。欲之去声为裕，与觎音同，是以音义皆同为训也。《新方言·释言》："吴越谓渴欲为觎，古韵俞本如侯也。"钟案：俞声古音固在侯类。羊朱切为喻纽，喻读粗音，即转匣纽。且侯部无喻纽字，既转侯韵，

---

[1] "甬俗称爱怜其子女曰'震俺'，音转为'钟俺'"，今未闻，似乎就是"中意"。

[2] 疼爱子女叫"值铀"，本字不是"亟恀"，而是"值钱"（吴语钱多读成铀）。"值钱"文献有征，如《醒世恒言》第十七卷："又因儿子不肖，越把女儿值钱，要拣个出人头地的，赘入家来，付托家事。"

[3] "希罕"今作"稀罕"，本字即为"稀罕"，与"歆欱"无涉。稀少、稀奇叫"稀罕"，引申之，因为稀少、稀奇而喜爱亦叫"稀罕"。

[4] "看相"即为正字，与"欿欦将"无涉。

势必转喻为匣，音如侯，于理固无可非也。顾《广韵·十虞》羊朱切之歈、緰、揄、瑜、窬诸字，皆与觎同音而兼通侯韵者，《十九侯》中皆读为头。据此定例，则章氏之说可商矣。愚谓渴欲称"侯"者，当谓"歆"之音变。《说文·欠部》："歆，欲得也，读若贪。"此直以贪义为音，犹觎以欲义为音也。《广韵·四十八①感》："歆，欲得。"胡感切。此从臽音。臽声古音在侵类，侵、幽对转，幽尤韵无匣纽字，欲作匣纽，势必转归临近侯韵，斯音变为头。侯浊幽清，故侯类无喻有匣，幽尤无匣有喻。

甬俗称渴欲之甚者为"侯兜兜"。兜者，即歆训"欲得"之得字音变。得，德韵，德为之类入声。之、幽声近相转，得转幽尤，故音变为兜。以幽尤声清，无古舌头端纽字，幽尤有舌上知、彻、澄、娘，无舌头端、透、定、泥。侯韵则反是。欲作端纽，势必转归临近侯韵，故音变如兜。且"侯得得"为语，得系侯下，依方言上下字同化叠韵之例，得随侯同化叠韵，亦得音变为兜。于"侯得得"字训相连为语，亦可证侯为歆之音变。且觎、欲同声组，皆喻纽。同声类，俞声、谷声古音皆为侯类。觎可转为头，欲亦得声转为头矣。

嬛 《说文·女部》："嬛，下志贪顽也。"乃忝切。俗谓包羞诡随、苟得人之财利为"嬛"。甬谚有"送娘子，嬛嬛上"之语，谓堕民妇苟取求益无已也。嬛音若黏，俗遂以为黏字，谓苟得之财利如黏附而得也。贫而诌者苟取富家财物曰"黏点去"。嬛从覃声，古音为侵类，侵、幽对转，音变为嬲。奴鸟切。"黏点去"亦曰"嬲点去"。

原宥 《后汉书·刘马传》："犯法者，先加三原，然后行刑。"李贤注："原，免也。"又《羊续转》："原为平民。"《范冉传》："冉首自劾退，诏书特原不理罪。"原本训原野，此盖獂之假借。《说文》："獂，逸也。"放逸则免矣。今语原谅字，本此。《广雅·释言》："宥，赦也。"宥与原义近，故"原宥"缀联为常语。《后汉书·陈蕃传》："请加原宥，升之爵位。""原宥"疾言，声合为狃。今音宥为幽类。幽、宵声近，音变为饶。今谓赦宥曰"饶"。《说文》："饶，饱也。"引申为饶益、饶裕，无以训赦宥，盖借声字。

弈棋，称让子曰"饶"。如"饶先""饶车""饶马"。此饶即"让"之转音。饶、让皆日组，日通泥、娘，故甬读让若酿。阳、萧同入相转，同入于药。故音如饶。杜甫诗："日月不相饶。"陆游诗："气衰对弈怯饶先。"称让为饶，唐宋已云然。让与宥赦虽近似而有别。

谦 《说文·言部》："谦，敬也。"敬以尊人，则己为卑，故引申为谦退义。《易·谦卦》释文："谦，卑退为义，屈己下物。""彖"下疏云："谦者，屈躬下物，先人后己。"

---

① "八"字原脱，径补。

谦，苦兼切，《玉篇》苦嫌切，皆溪纽粗音。今读细音齐齿呼，轻嫌切，音近气。今谓敬人以礼为"客气"，卑退自下亦称为"客气"。实皆"愙谦"字也。《说文》："愙，敬也。"苦各切。今字作恪。愙、谦皆训敬，故方言类聚为词。客气，见《左传·定八年》阳虎语，谓外来所加之气，医家《素问》亦言之，与今称恭敬卑退之义迥殊。①

䛐谀 《说文·言部》："䛐，谀也。""谀，䛐也。"䛐或省作谄。《逸周书·芮良夫篇》："惟以贪谀为事。"孔晁注："曲从为谀。"杨倞注《荀子·修身篇》曰："谀与俞义同。"见"以不善和人者谓之谀"句下注。俞者，唯诺之词，曲从佞合者，固以毋违唯诺为事也。谀，《广雅》羊朱切，为喻纽。字从臾声，古音为侯类。然侯类声浊无喻纽字，欲作喻纽，势必转归邻近声清之幽类，故音如由。今称曲从人意、佞合无违为"谄谀"，谀音正如由。谀读为由，犹肉肥为腴，俗亦呼为油。官衙唱名，应之者曰"有"，有即俞也。谄谀，邪佞也。俗讳之，改为"谦受"或"迁就"，皆与曲从之义不侔。②

殆罢 《贾子·道术》："志操精果谓之诚，反诚为殆。"又："伏义诚必谓之节，反节为罢。"今称机心诡谲、言不精诚、行无节义为"掉皮"，③即"殆罢"之语转。又称狡狯叵测者为"老奸皮猾"，皮亦罢也。杨倞注《荀子·王霸篇》曰："罢，无行也。"见上文"罢"条。殆，海韵，止、海古同部，为之类。之、宵声近相转，音变为掉。俗称"死掉""坏掉""弄掉"等掉亦殆字。《新方言》以为"傜陂"字。《方言》六："陂、傜，衺也。"衺（邪），不正也，与俗称"掉皮"意为诡谲不伉直者嫌远而不切。虽傜喻纽，转掉为定纽，其例恒有，然义训不谐，同音又奚益？

调谩 《广雅·释诂二》："谲、诈、谩、调，欺也。"欺者，《贾子·道术》云："仁义修立谓之任，反任为欺。"凡非直道诚意者，皆非仁违义，不仅欺诳而已。今称谲诈为"调谩"。调，定纽，浊音转清，字讹作"刁蛮"。亦简称为"刁"。或曰，刁者，"诈调"联言之合声。诈，照纽，古无照纽，读若端纽，故声合如刁。

婋 《说文·女部》："婋，僄（俯）伏也。一曰伏意。"《广韵》引《说文》作"意伏也"。段注本据《集韵》《类篇》改作"服意也"。钟案：李善注《文选·陆机〈吴王郎中时从梁陈作④〉》诗云："服与伏，古字通。"《易·系辞下》："古者，伏羲氏之王天下也。"释文引孟京曰："伏，服也。"屈服与降伏，义固相若。凡降

---

① "客气"即为正字，本字非"愙谦"。

② "谦受"或"迁就"与"谄谀"无关。官衙唱名时的应答之词"有"，非"俞"之音变。

③ 今宁波话无此说法。

④ "作"字原脱，径补。

伏则不抗拒而安定，故《广韵》婚训"安也"。今谓心意悦服曰"服婚"，俗讹作"服帖"或"服贴"，皆非义。《说文》："帖，帛书署也。"《新附》："贴，以物为质也。"段玉裁于"帖"篆下虽注释为黏帖、妥帖义，要皆曲说附会而已。[1]

思图　《谥法》："谋虑不愆曰思。"《后汉书·安思阎皇后纪》李贤注引《书·尧典》："钦明文思安安。"郑玄注："虑深通敏谓之思。思一作塞。"孙星衍《尚书今古文注疏》云："盖思、塞声相近。"又引《魏受禅表》云："钦明文塞"，《后汉书·冯衍》及《第五伦》《陈宠传》注引《尚书考灵曜》俱作"文塞宴宴"。钟案：虑深通敏，故不愆，《谥法》与康成说相通也。思转入声为塞。思，之韵，之类入声为职、德，今塞在德韵也。甬语称临危仓卒之间，措施不乱，曰"塞头清"。谓神思清明，塞即思也。头者，图之转音。《尔雅·释诂》："图，谋也。"思、图义近，故连茹为言。图，古音为鱼类，鱼、侯声近邻转，音变为头。俗语诮人神思昏乱、举措乖谬为"昏头"。头亦图字。鄞县南乡有镇曰"陈婆渡"，俗呼为"陈埠头"。渡音如头，犹图之为头也。婆音转埠，歌、模同入相转也。慈溪山北人呼祖母为"阿婆"，音转若"阿埠"，亦此例也。[2]

莔茫　《广雅·释诂一》："莔，遽也。"曹宪音莫郎反。字通作茫。《方言》二："茫，遽也。吴扬曰茫。"《通俗文》："时务曰茫。"《一切经音义》卷十五引。段玉裁、朱骏声等皆谓今字作忙。《广韵》忙同忄亡，训"怖也"，非今冗忙字。忙，今在唐韵。歌、唐同入相转，同入于铎。音变为摩。俗谓匆遽烦扰曰"摩烦"。他处则呼"麻烦"，则又歌转麻也。

戚婕　《周礼·考工记·总目》："不微至无以为戚速也。"郑玄注："齐人有名疾为戚者。"《家语·曲礼子夏问》："周以戚，吾从殷。"王肃注："戚，犹促也。"戚，今在锡韵，锡亦为支、齐之入，长言转平，音变如趀。《说文》："趀，仓卒也。"取夷切。仓卒与促疾义似。戚训疾，又与婕义同。《说文·女部》："婕，訬疾也。"昨禾切。北音从为清组之浊，浊音转清，故《广雅·八戈》音醋伽切。歌戈变麻，音转如叉。甬称情志匆遽疾促曰"戚婕"，俗呼如"趀叉"。伽音在戈韵，今亦读麻韵。[3]

氐惆　《方言》十："南楚饮毒药懑，谓之氐惆，犹中齐言眠眩也。愁恚愦愦，毒而不发，谓之氐惆。"郭璞注："氐惆，犹懊憹也。音丁弟、丁牢二反。"钟案："懊憹"医家语，《素问》《伤寒论》屡见之，谓胸中烦愦，不可名状；以是躁扰不宁也。戴震疏证："俗谓小儿烦懣懊恼，声如脐遭，即氐惆之转也。"盖古舌头音字后多转

---

[1] 后出专字作"怗"。《玉篇·心部》："怗，服也。"《广韵·帖韵》："怗，安也。"

[2] "塞头清"和"昏头"之"头"均非"图"之转音。

[3] "戚婕（趀叉）"一词今未闻。

为舌上，端、知类隔，古恒相转。氐转知纽，如踬。"氐池"县名，氐即张尼切。见《集韵·七脂》。惆转知纽，又幽尤转萧豪，故音如遭。周声、曹声古音皆属幽类，幽类字后多转入萧豪韵中，如从周声之鋽音逃，裯亦音刀，绸亦音饕，皆是。《集韵》惆亦音即就切也。即精纽，精、照类隔相通，今音知、照又混同相似。甬语则称踬遭声如"踬邹"。邹、惆皆尤韵，邹照纽，今知、彻、澄与照、穿、床混同，故䶩、肘、昼知纽与周、帚、咒照纽无别也。

遥蚖 《方言》十："遥，淫也。九嶷荆郊之鄙谓淫曰遥。"郭璞注："言心遥荡也。"钟案：遥从䍃声，古音为幽类，淫声在侵类。侵、幽对转，遥即淫之转音。古幽类字后多转入萧豪韵中，此亦其例。郭注为遥荡，失之。朱骏声谓遥乃媱之假借，亦非。说文："媱，曲肩行皃。"无淫义。遥音义又同姣。《左传·襄九年》："弃位而姣，不可谓贞。"杜预注："姣，淫之别名。"释文："姣，户交反。"正义："今时俗称淫为姣。"姣，匣纽看韵。匣音转细为喻，看韵退而细之为萧宵，故今姣音同遥。姣亦古巧切，匣、见转通也。甬俗称优伶演淫亵事，荡人心灵者曰"油"，人之体态淫媟者曰"油滑"。油即遥字，实亦淫声之转幽类也。由声、䍃声古音同部，遥之为油，犹摇误为犹。《礼记·檀弓》："咏斯犹。"郑玄注："犹，当为摇。声之误也。""油滑"之滑，乃"蚖"之入声。《荀子·礼论》："恶则不哀，尒则蚖。"杨倞注："蚖，戏狎也。"《左传·昭二十年》："民狎而蚖之。"蚖本玩之假借。《说文》："玩，弄也。"谓戏弄也。蚖、玩俱五换切，牙喉疑匣相转，相承读为胡换切。换入于末，音促转入，变为活。甬音活、滑无别，既误淫为油，以为膏油润滑，义相成，遂定为滑字。[1]

诱猷姡 《说文·言部》："诒，相欺诒也。"与之切。诒从台声，古音为之类，之、幽声近相转，如久、有、尤、否、母、负等字，古音皆在之类。字变为诱，羑、诱古今字，羑古音亦属之类。或作猷、作犹。《荀子·正名》："彼诱其名。"杨倞注："诱，诳也。"《风俗通·过誉》："诱，巧诈也。"《方言》十三："猷，诈也。"《广雅·释诂二》："犹，欺也。"今谓人诡诈不实曰"油嘴"。油即诒、诱、猷、犹诸字。或称之为"滑"，连言之曰"油滑"。滑者，姡、猾之讹。《方言》十："凡小儿多诈而獪，或谓之姡，或谓之猾。"又二："秦晋之间曰獪，楚郑曰蔿，或曰姡。"姡，胡刮切。此"油滑"与淫邪称"油滑"，俗字同而本字异。或称诈者为"滑头"。头即徒字，徒者，贱叱之词。参看《释流品篇》"徒"字条。[2]

深苛 《说文》："苛，尤剧也。"《一切经音义》卷一引。《汉书·成帝纪》"阳朔二年"：

"勿苛留。"师古注："苛，细刻也。"苛本音何，匣纽歌韵，北音匣为晓浊，浊音转清，匣转晓纽，音变为诃，今相承读苛如诃。苛既读诃，歌、侯同入相转，同入于铎。音变为吼。甬俗谓心计苛细深刻者声如"险吼"。即"深苛"字也。深，侵韵，侵变为盐，故音如险。①

　　嬐污　《说文·女部》："嬐，过差也。《论语》曰：'小人穷斯嬐矣。'"卢瞰切。今《论语·卫灵公篇》作滥。段玉裁注："凡不得其当曰过差，亦曰嬐。今字多以滥为之。"《贾子·道术》："动有文体谓之礼，反礼为滥。"今谓恣意妄为曰"滥"，放逸不检曰"滥污"。《贾子·道术》："放理洁静谓之行，反行为污。""滥污"俗作"烂腐"。覃、寒今相若。污，影纽，清音转浊，入匣纽，则为胡。甬言奉、微与匣纽合口常相混，故讹为腐，且"烂腐"现成语也。

　　怠惰　《说文·心部》："怠，慢也。""慢，惰也。""惰，不敬也。"惰亦省作惰。今"怠惰"犹连茹言之为常语。怠，古音为之类，之、幽声近相转，而幽尤韵轻清，无舌头音，欲作定纽，势必邻转重浊之侯韵，则音如头。甬俗谓人倨傲、对人轻慢不敬者，谓之"头大"，大读如驮，即"怠惰"之转音。或有足恭非礼之誉妄加于己，令秉彝之良惕然不安者，亦曰"头大"，亦"怠惰"字，"怠惰"本有懈倦义，谓意气为之懈倦厌绝也。《汉书·司马相如传上·子虚赋》："怠而后游于清池。"注引郭璞曰："怠，倦也。"《广韵·卅十九过》："惰，懈也。"②

　　谩嫚慢　《说文·言部》："谩，欺也。"毋官切。《荀子·非相篇》："俏则谩之。"杨倞注："谩，欺毁也。莫干反。"《汉书·淮南厉王长传》："谩吏曰：'不知安在。'"师古注："谩，诳也。音慢。"谩从曼声，古音为元类。元、歌对转，歌、支声通，谩由歌转支，音变字借作卖。《史记·范雎传》："须贾大惊，自知见卖。"谓自知受欺也。又《郦商传》："天下称郦况卖交。"《汉书》作"卖友"，谓欺毁交友也。又《苏秦传》："人有毁苏秦者曰：'左右卖国反复之臣也。'"谓毁欺人国也。甬俗骂人不肖者曰"卖爹卖娘"，犹俗云"骗爹骗娘""害爹害娘"，卖非出物义。

　　或曰，卖者，乃"嫚"之音转。《说文·女部》："嫚，侮易也。"或为"慢"之音转。《说文·心部》："慢，惰也。一曰不畏也。"惰者，不敬也。详见上文。不敬与不畏义近，亦与侮易义近。"卖爹卖娘"者，谓不敬父母、轻侮父母也。

　　憗　《说文·心部》："憗，恨也。一曰怠也。"郎尸切。《广韵》力脂切，音梨。怠者，《说文》云："慢也。"慢者，"惰也"。惰，"不敬也"。俱见上文。然则怠

_____

① "险吼"一般写作"稀吼"，形容做法或想法离奇怪异，本字不明，但非"深苛"之音变。
② "头大"即为正字，与"怠惰"无涉。

亦不敬义。甬俗骂人不肖者曰"嫠爹嫠娘"，犹云"恨爹恨娘"也，亦曰不敬父母也，与上文"嫚爹嫚娘"同意。或曰，嫠者，是詈字。"卖爹卖娘"者，卖是骂字，北音骂音如卖。佳、麻同入相转。《说文》："詈，骂也。""骂，詈也。"詈、骂义同，故方言或称詈，或称骂。詈、骂皆以恶言加人，见《释名·释言语》。施于其父母，则不肖可贱甚矣。说亦可通。①

　　誖悖惷　《说文·言部》："誖，乱也。"或从心作悖，蒲没切。字或作惷。《广雅·释诂三》："惷，乱也。"从疏证本订正。他本作惷。凡事理乱则惛惑谬误，故又引申训为惛惑，为谬误。《方言》十："惷，惛也。楚扬或谓之惷。"《汉书·地理志下》："或以誖逆亡道。"师古注："誖，乱也，惑也。"《淮南·原道训》："疏达而不悖。"高诱注："悖，谬也。"《国策·秦策二》："计有一二者，难悖也。"高诱注："悖，误也。"俗谓字音误读或字形误书为"誖字"，俗讹作白。识者以为白字于义无当，改作别字。别、誖音固不侔。誖长言转去声，则音如佩。《广韵·十一队》："誖，言乱。"蒲昧切。今称年老神惛言乱为"誖"。《汉书·疏广传》："吾岂老誖不念子孙哉？"今通语犹云"老誖"。誖既音佩，或浊音转清，并转帮纽，读如背。《汉书地·理志下》《李寻传》誖皆音布内反，《广韵·十一队》亦音补妹切。此犹脊背之背读作背弃字矣。甬语谓托借事机，妄作谬言，名为"借机誖"，俗讹作"借肩背"，理不可解。②

　　钝鈍　《说文·金部》："钝，鈍也。"又"鈍，钝也"。徒刀切。刀器之不利为"钝"，引申为人之神智不利亦曰"钝"。钝，定纽，浊音转清，定变端纽，字或借作顿。《汉书·贾谊传》："莫邪为钝兮。"《史记》"钝"作"顿"。《汉书·翟方进传》："号迟顿不及事。"师古注："顿读曰钝。"皆是。今谓神智不清明为"溷顿顿"，亦曰"溷鈍鈍"。

　　慇隐　《说文·心部》："慇，痛也。"於巾切。痛者，痛伤、痛悼之痛。《尔雅·释训》："殷殷，忧也。"殷即慇之假借。经传或亦作隐。《诗·邶风·柏舟》传："隐，痛也。"慇、隐古音皆真类，真、东相转，音变为雍。"隐痛"字训联言，声合亦为雍。甬俗称痛惜人之灾患呼如"雍"，如自取咎戾曰"无人雍你"。③

　　量　《说文·斗部》："料，量也。从米在斗中。"料本测度升斗容量之词，引

---

① "嫠爹嫠娘"一般写作"连爹连娘"。《阿拉宁波话》"连爹连娘"条："骂人话。责骂小孩做坏事，连父母名誉也受到损害；也可用来骂其他，甚至用作抱怨时的口头禅……"（332页）可参。

② 清顾炎武《日知录·别字》："别字者，本当为此字而误为彼字也，今人谓之白字，乃别音之转。"顾说可从。应氏谓"白"本字作"誖"，不确。"借肩背"本字亦非"借机誖"。

③ "无人雍你"之"雍"是同情的意思，一般写作"拥"。"拥"，《广韵·肿韵》於陇切，正读上声。

申为测度事物亦曰料。料、量双声，量亦训度。《周礼·夏官·序官》"量人"郑玄注："量，犹度也。"今亿度曰"谅"，料其事之必然者曰"谅必"，本是量字。《说文》："谅，信也。"《方言》一："众信曰谅。周南、召南、卫之语也。"无亿度义。若《方言》十二："谅，知也。"《广雅·释诂三》："谅，皙也。"知、皙皆今智慧字，谅盖"亮"之假借，谓明悉也。今言"谅解"，即明释本意之谓。

党憭　《方言》一："党，知也。楚谓之党。"郭璞注："党，朗也，解寤貌。"党，荡韵，古音为阳类，阳、东声近相转，音变俗字作懂。《广韵·一董》："懂，懵懂，心乱。"俗语所谓"惛懂懂"，即其字，与心知解寤适相反。

俗称事之苦思不解其故者曰"希勿弄懂"，盖"思勿憭党"之音变。思，心纽之韵，心与晓细音近似，之、脂两类亦声近，思转晓纽脂类，故音如希。《说文·心部》："憭，慧也。"通作瞭，俗作了。凡明瞭、了悟，本是憭字。憭，小韵，小、董同入相转，犹萧、东同入于屋。故音如弄。且"憭懂[1]"联言，依方言上下字同化叠韵之例，憭随懂声同化叠韵变为弄。"思勿憭党"者，谓思之不明知也。

测　《礼记·少仪》："毋测未至。"郑玄注："测，意度也。"测从则声，古音为之类。之、咍同部，测长言转平，入咍韵，音变俗字作猜。今通语揣度为"猜"，如"猜谜"是。猜本猜嫌、猜疑字，《说文》："猜，恨贼也。"非揣度义。参看本篇上文"猜嫌"字条。

揣与测双声，揣与楺《说文》俱训度。楺，兜果切。《汉书·翟方进传》："方进揣知其指。"萧该音义引《说文》：揣，初委反，又丁果反。《广韵》亦音丁果切，与楺同音。愚谓揣、楺皆从耑声，古音为元类，元、歌对转，又与耑为双声，丁果切当为揣之古音。后转为初委反者，盖取测义为声，又歌、支声通而转也。犹开从开声，古音本如攘，而今读如闿者，即借闿义为音也。

甬俗诮人度事之不中者，曰"猜你白眼"。猜即"测"之平声，白眼乃"諰顽"之讹。《广雅·释诂三》："諰，痴也。"曹宪音蒲没反。又《释诂一》："顽，愚也。"顽，《广韵》五还切，疑纽，本为眼之平声。今读顽如环为匣纽者，牙喉见匣相转之恒例。"测你諰顽"者，谓尔痴愚所测耳。或诮之曰"猜你顿"。顿即钝之清音，谓鲁钝也。说详上文"钝鎠"字条。

察在覗　《尔雅·释诂》："在、省、察也。"《书·舜典》："在璇玑玉衡。"《诗·大雅·文王》："在帝左右。"孔传、郑笺并云："在，察也。"在、察并省视义。察，长言转去声，为蔡。北音读蔡若菜，泰、代声近，即脂、之两类相似而转也。在，

---

① "懂"，原作"董"，误，径改。

海韵从纽，北音从为清纽之浊，浊音转清，在转清纽，则如采。今逢人不屑省顾曰"不睬"。睬或作保，皆俗体。本在、察字也。元曲中，睬亦曰"瞅睬"，或作"偢保"。偢、瞅亦俗体，当为觇之转音。《说文·见部》："觇，窥也。"敕艳切。《国语·晋语六》："公使觇之。"韦昭注："觇，微视也。"训窥、训微视，皆非注目正视。觇从占声，古音为侵类，侵、幽对转，音变为惆。彻、清纽似，故借秋声作瞅。

甬语称瞅睬音如"朝采"。朝亦觇之音变。觇转幽类，幽固通萧肴；而彻纽转浊为澄纽，故音如朝。

亲道　或曰，通俗称"不睬"者，非必不屑省顾之意，亦有省及而不与相亲亦云"不睬"。赵翼《陔余丛考》曰："俗语不礼人为不保。"然则保或睬者，当为"亲"之音变。《说文·见部》："親（亲），至也。"至者，段玉裁注谓："情义恳到曰至。"《广雅·释诂三》："亲、道，近也。"字训联言，故俗谓相亲曰"亲近"。亲声古音为真类，真、元声近相转，音变为餐。餐转阴声，去其鼻音，则变为采。犹粲亦通作采。《诗·小雅·大东》"粲粲衣服"，《韩诗章句》作"采采衣服"是也。《文选·鹦鹉赋》注引。盖寒、咍同入相转故尔。不礼为不保者，谓不相亲也。寒、咍同入于曷。

保既为亲之音变，则偢睬之偢当为道。《广雅》"亲""道"同条并训近，故方言类聚言之。道，自秋切，从纽。北音浊音转清，入清纽，故声如秋。[①] 甬语称"朝睬"者，幽尤转萧宵最近，道转萧宵，音如樵。樵、朝甬音无别，从、澄两纽相混故也。

艰根　《尔雅·释诂》："艰，难也。"《释名·释言语》："艰，根也，如物根引也。"依毕沅校本补"引"字。"根引"相联，如《释疾病篇》曰："痕，根也，急相根引也。"其例正同。谓如物根之牵引，不易进取也。俗称艰窘为"尴尬"，即"艰根"之音变。"艰根"字训联言为词，如"风气"《广雅·释言》："风，气也。""水准"《释名·释天》："水，准也。""时期"《释名·释天》："时，期也。""完全"《说文》："完，全也。""奉承"《说文》："奉，承也。"等例，方言中若是者不胜枚举。艰、根俱从艮声，古音为真类。真、元声近相转，故艰音故闲切，在山韵。犹限、眼并艮声，而在产韵；纶从仑声，亦读若鳏；颁、鳊并从分声，读若班。皆其例。真、脂对转，故根音如荄。荄亦根义。《说文》："荄，草根也。"古谐切。"艰根"音变为"艰荄"，声似古成语之"尴尬"，遂借"尴尬"字为之。尷，咸韵，今音不收声于唇，故与删山混。尬，怪韵，为皆上声，荄，皆韵也。《说文·尣部》："尲（尴）尬，行不正也。"非艰窘义。方言声变有类似古成语者，往往借古成语字为之。犹"龌龊"本"好苛局小之貌"，见《吴都赋》注。而俗借用为污秽义，谐声久假而不归，

违失其本义，皆是已。

幽深　《尔雅·释诂》："幽，深也。"《说文·丝部》："幽，隐也。"凡隐晦者必深居。今谓隐处不欲见人者呼若"幽秀"，即"幽深"之音变，本《尔雅》字训联言为词也。深从罙声，古音为侵类。侵、幽对转，音变为秀。亦深随幽音同化而叠韵也。

或谓不欲见人呼"幽秀"者，乃"畏羞"字之音变。"畏羞"犹俗云"怕羞"。畏随羞声同化而叠韵，故音如幽。且畏古音为脂类，脂、之合类，之、幽声近，畏由之转幽，亦得转为幽声。说亦可通，并存之。

迫笮　《说文·竹部》："笮，迫也。"段玉裁曰："笮、窄古今字。"《广雅·释诂一》："迫、窄，陿（狭）也。"《汉书·王莽传下》："迫笮青徐盗贼。"则迫、笮字训联言之。凡身处狭窄者不得舒畅，故引申为困顿义。俗称丛脞煎迫、心不舒泰呼若"百债"，即"迫笮"之转音。笮从乍声，古音为鱼类，鱼、支声近相转，笮长言转去声，故音如债。债在卦韵，卦为佳去声，支、佳本同部也。今音笮在陌韵，乍在祃韵，支、麻同入于陌，故相通转。[①]

椓　《说文·稽部》："椓，特止也。从稽省，稽，留止也。卓声。"竹角切，音琢。古无舌上声，知纽字读作端纽，故椓古音当如笃。今石工琢石，呼琢正如笃，犹古音之遗。椓训止，安定亦训止。《尔雅·释诂》："妥、安、定，止也。"椓定与安妥义同，故方言类聚为词。俗称事之安妥曰"笃定"，笃即椓也，笃无定义。

绥　俗又称安定之至曰"笃定泰山"。山者，绥之音变。绥，脂韵，脂、元每相转。说已见前。绥转元类，故音如山。犹言词坚定俗呼"老山"，即"牢说"字。说读"游说"之说，与绥音相似。《荀子·儒效》："绥绥兮其有文章也。"杨倞注："绥绥，安泰之貌。"《尔雅·释诂》："绥，安也。"郝懿行义疏："妥、绥古同字。"故妥与安、定同训止，绥亦训止。韦昭注《国语·齐语》云："绥，止也。"见"以劝绥谤言"句下。是其通训之证。绥即妥，与安、定同训，故方言连茹为词。[②]

心情安定曰"笃定"，俗亦云"笃泰"。泰亦安义。泰读如北音呼贵妇为"太太"之太，音近胎，盖泰、咍同入相转故尔。同入于曷。朱骏声谓后世泰训安康，古者无之。愚谓泰训安，即妥之假借，歌、泰同居，双声相转也。《尔雅》妥、安既同训止，见上文所引。又："妥，安坐也。"义同交互为训，故《汉书·燕刺王旦传》注云："妥，安也。"《广韵·三十四果》："妥，安也。"妥、定既同训，故"椓定"亦为"椓妥"。

---

① 今宁波话管纠缠不休、惹人厌烦为"百债"。"百债"本字不明，但恐非"迫笮"之转音。
② "笃定泰山"之"泰山"即为正字，"山"非"绥"之音变。

卷五　释言

《法言·问神篇》曰："言，心声也。"《大戴礼·四代篇》曰："发志为言。"是篇所释，皆言词涉于情志者也。

目　录
（括号内小字为俗音及讹字）

---

① "欸"字原无，据正文补。

誐　《说文·言部》：“誐，嘉善也。诗曰：‘誐以谧我。’”五何切。今《毛诗·周颂·维天之命》作“假以溢我”。传曰：“假，嘉也。”段玉裁曰：“假与誐，字异义同。许所偁盖三家诗也。”甬谓赞誉人善为“誐”。音转如敖，盖歌、豪同入相转故尔。同入于铎。犹甬呼萝蔔，或音变为老蔔也。甬俗称“敖”，或曰“敖起”。起者，偁之阴声。《说文·人部》：“偁，扬也。”《尔雅·释言》：“偁，举也。”通作称。《释言》：“称，好也。”今偁举、偁谓字皆作称。偁、称皆蒸韵，蒸、之对转，音变处其切，声似起，俗遂误认为起字，以溪组齐齿每与清、穿相混也。①

称　《逸周书·祭公篇》：“公称丕显之德。”孔晁注：“称，谓举行也。”《国语·晋语八》：“其知不足称也。”韦昭注：“称，述也。”“称述”古亦为成语。《法言·序》：“称述品藻，撰《渊骞》。”李轨注：“定其差品及文质。”今举人行状、定以巧譬之词谓之“绰号”，即“称号”之音讹。称、绰穿组双声，称、蒸韵，其入在职，声促转入，本为处力切，甬语“绰号”字正作是音。而小说家皆作绰字，绰，昌约切，药韵，颇不侔。②

伟　《说文·人部》：“伟，奇也。”系传曰：“人材傀伟也。”引申为美誉义。《庄子·大宗师》：“伟哉！夫造物者。”向秀注：“伟，美也。”《史记·荆燕世家》：“不为伟乎！”索隐：“伟，盛也。”伟从韦声，古音为脂类，脂变为皆，伟转皆韵，音变为怀。甬俗称赞美人善，声如“赞怀”，即“赞伟”也。甬音读怀若还，又皆、删同入相转之故。同入于黠。伟喻组，怀匣组，喻、匣本通转，侈弇闶纤之间耳。皆韵侈，故纽亦转闶为匣，则音如怀。③

辞讼　《说文·辛部》：“辞，讼也。”似兹切。《言部》：“讼，争也。”似用切。字训联言，故称讼谓“辞讼”，俗作“词讼”，以词、辞互借故也。辞、讼本皆邪组，今相承读作从组，辞音如慈，讼音如从。盖从、邪同浊，而从尤浊，读邪而更浊之，便流于从。《左传·昭九年》：“辞于晋。”杜预注：“辞，责让之也。”责让亦讼争义。辞声古音为之类，之、宵声近相转，音变似高切，如俗呼“肥皂”之皂。皂本从组，

---

① 宁波话夸赞叫“敖”，文献或作“傲”，如《缀白裘》六集卷四：“（翠儿）不但面庞标致，更兼心性聪明，做出来个生活十人九傲。”从“敖”得声之字多有高大、强健义，从“乔”得声之字多有高大义，自以为高大即自高自大就是“骄傲”，把别人看作高大就是“夸赞”。“敖起”之“起”即为正字，非“偁（称）”之音变。
② “绰号”，宁波话叫“切 [tɕʻiɪʔ⁵⁵] 号”，“切”即“绰”之音变。应氏以为“绰号”即“称号”之音讹，不确。参看笔者《宁波方言里的若干本字——基于〈甬言稽诂〉的考察》，《宁波大学学报》2022年第 4 期。
③ “赞怀”一词今未闻。

俗呼神庙门前鬼卒为"皂隶"，是其正音。肥皂字则讹入邪禅纽。冬、豪同入相转，同入于沃。讼转豪韵，音亦变如皂。今称争讼声如"皂"，即辞、讼字之音变，而读邪纽，固正音也。或曰，争讼呼若"皂"者，乃"讼譊"合声之变。《仓颉篇》："譊，讼声也。"《一切经音义》卷二十引。方言类聚同义字为词，声促则为一耳。①

　　奻阋　甬语称争讼，或声如"皂涅"。涅者，"奻"之入声。《说文·女部》："奻，讼也。"女还切。奻，删韵，其入在黠，转入音本为疶，女黠切。声敛则转屑韵，如涅。屑为先入，犹删、先相转，其入亦相转也。或曰，声如"涅"者，是"奻阋"之合声。《说文·門部》："阋，恒讼也。"许激切。《广雅·释诂二》："阋，鸣也。"按：鸣者，犹譊之训讼声也。"奻阋"皆讼义，故方言类聚言之。②

　　谏　《广雅·释诂一》："谏，正也。"《周礼·地官·序官》"司谏"郑玄注："谏，犹正也，以道正人行。"《广韵》："谏，古晏切。为奸去声，见纽开口呼。今读音作齐齿呼、为居雁切者，音等之变细也。"甬语则转浊音，为群纽开口呼，为共患切。俗谓正人之过而责之曰"谏"，正作共患音。然亦有作奸去声者，如呵叱儿童顽劣曰"无爹娘谏训"是也。

　　诛谪　《论语·公冶长》："于予与何诛？"孔安国注："诛，责也。"《周礼·天官·大宰》："八曰诛，以驭其过。"郑玄注："诛，责让也。"诛训责，谪亦训责。《诗·邶风·北门》："室人交徧谪我。"传曰："谪，责也。"释文："谪，《玉篇》知革反。"古无舌上音，知纽字读作端纽，谪古音当如得。陌、麦韵无端纽字。甬俗称人善于责让者曰"谏诛谏谪"。谏音共患切，谪音正如得。③

　　誶诼　《说文·言部》："誶，让也。"虽遂切。《楚辞·离骚》："謇朝誶而夕替。"王逸注："誶，谏也。"《尔雅·释诂》释文："誶，沈音粹。"粹即虽遂切音。然吴越读粹如遂，心、邪清浊相转之故。《广韵·六术》誶音慈恤切，为从纽，亦清音转浊。誶读遂音，"誶谏"字训联言，声合如偦。士山切，为床纽。删山类无邪纽字，故借声近之床纽字，为谐声。誶从卒声，古音为脂类，脂、元相转，说见前。亦得音变如偦。甬俗称责让之言为"偦头"。头者，读字转音。《广雅·释诂二》："读，说也。"《庄子·则阳篇》："号而读之也。"李轨注："读，犹语也。""誶读"犹云责言矣。《广韵》："偦，恶骂也。"

────────────────────

① 宁波话吵架叫"造孽"，也单说"造"。"造（皂）"非"辞"或"讼"之音变，亦非"讼譊"合声之变。
② 应氏对表争讼义的"皂涅"求之过深。《鄞县通志·方言（二）》："甬称互相争诟曰扰业，或曰即佛经之造孽。"（3002页）"造孽"当来自佛教语，本指做坏事，宁波话引申为吵架。
③ "谏诛谏谪"当作"谏嘴谏得"。宁波话"ABA得"是一种模式词语，表示某种形态或性状，大多带有贬义色彩。如：大面大得、背时背得、瘪嘴瘪得、厚嘴厚得、搅嘴搅得。其中"得"是词缀，用来构成四字格形容词。

今称"傸头"者，殊非恶骂义，故不取傸字。[1]

诨骂　《汉书·贾谊传·治安策》："母取箕帚，立而诨语。"服虔注："诨，犹骂也。"张晏注："诨，责让也。"师古曰："诨音碎。""诨骂"字训联言，声合为沙。《玉篇》："诨，骂也。"诨，古音为脂类，脂、歌声近相转，亦得变为沙。歌、麻古同类。今谓人责骂气盛者曰"沙头石硬"，曰"沙头健"。头亦读字。或以为沙者，"謑"之音讹。《广韵·四十祸》："謑，怒言。"呼讶切。或音等转细，则《集韵》音虚讶切。晓纽细音作齐齿呼。往往与心、审混，故音讹为沙。然謑本训"耻也"，见《说文》。其训"怒言"疑吓之借字，参看下文"赫吓"字条。

◇或曰，"沙头"之沙，即"说话"之合声。麻、卦同入相转，声固相似也。说从兑声，话从舌声，皆泰类，话可邻转卦韵，故说亦可转卦韵也。[2]

赫吓北　《方言》十二："赫，怒也。"《诗·大雅·桑柔》："反予来赫。"笺："口拒人谓之赫。"释文："赫，亦作嚇（吓）。郑许嫁反。"《庄子·秋水篇》："鸱得腐鼠，鹓雏过之，仰而视之曰：'吓！'"司马彪注："吓，怒其声。"吓，晓纽，或音等转粗，《广韵·二十陌》："吓，怒也。"呼格切。长言转去，则为呼讶切，《广韵·四十祸》所音是也。今被人怒言所折而败退，曰"煆逼"，即"吓北"字。《史记·乐书》："北者，败也。"《汉书·高帝纪》："项羽追北。"韦昭注："北，古背字也。背去而走也。"北，古音为之类，其入在职、德，故音如逼，俗讹以为"瘪"字。如打败曰"打瘪"，亦呼为"吃瘪"。甬音读北若卜，在屋韵。所以然者，之、幽声近，屋亦为幽入，犹福、幅、服今亦在屋韵，畐声、反声本亦之类也。[3]

讥詬　《说文·言部》："讥，诽也。"《广雅·释言》："讥，谴也。"《广雅·释诂三》："詬，骂也。"曹宪者呼遘、乎遘、居候三反。晓、匣、见三纽喉牙通转也。詬亦作诟。《广韵·五十候》："诟，骂。"居候反。转粗音开口，为古候切，如遘。今谓两造相谴骂，俗状之曰"讥讥诟诟"。诟音如遘。

讟谤　《说文·誩部》："讟，痛怨也。"徒谷切。经传或借毒为之。《史记·伍子胥传赞》："怨毒之于人甚矣哉！"俗称衔怨在心、痛之极者曰"毒杀"。凡痛怨者辄诽谤随之，故引申为谤讟义。《方言》十三："讟，谤也。"《左传·昭元年》：

---

[1] 称责让之言为"傸头"，作"傸"音义更加贴切。"傸头"之"头"为后缀，而非"读"之转音。下条"沙头石硬""沙头健"之"头"亦为后缀，而非"读"字。

[2] "沙头健""沙头骨笃"之"沙头"，理据不明。应氏就"沙"字列了四种说法："诨骂"合声、"诨"字音变、"謑"字音讹、"说话"合声，均难以服人。

[3] "煆逼"今未闻。

"民无谤讟。"杜预注："讟，诽也。"讟从卖声，古音为侯类，长言转平，音变为头。犹读为句逗字。俗谓德亏召谤为"牵头"，即"谴讟"字。谴亦责让义。《说文·言部》："谴，谪问也。"《广雅·释诂一》："谴，责也。"《释诂二》："谴，让也。"①

謑诟頯鄙 《说文·言部》："謑，耻也。"字或从奊作謑，胡礼切。"诟，謑诟也。"字亦从句作詾，呼寇切。北音匣为晓浊，转浊音，则为后。故《广雅》曹宪亦音乎遘反，见上文。《广韵·五十候》亦音后。今诮人謑诟亡节曰"脸皮厚"。厚即诟之讹，脸皮乃"頯鄙"之讹。《广雅·释诂四②》："謑诟、頯、鄙，耻也。"頯，音吝，字从粦声，古音为真类。真变为先，故音转为憐（怜）。憐亦粦声。◇《玉篇》："憐，力轸切。惭耻也。"与頯同。先、盐声似，俗讹为脸。鄙，帮纽，清音转浊，入并纽，故讹为皮，脂、支两韵今混同也。"頯鄙诟"者，集《广雅》同条诸耻义字为词，犹云"可耻"也。俗既误认其字为"脸皮厚"，又因讹而讹曰"面皮三寸"矣。此犹诮愚人揣测不中曰"猜你白眼"，本"测尔詩顽"字，参看上文"测"字条下。因"白眼"之讹，又推演为"猜你瞎子"，其例正同。

謑，胡礼切，匣纽，古音为脂类，脂、支邻转，支、佳同部，故《集韵》亦音下解切，如邂。诟，音后，匣纽，侯类，侯、鱼声近相转，音变为胡。"謑诟"音变为"邂胡"。頯既讹为脸，称可耻为"謑诟頯"，音转乃为"邂胡脸"。俗称蒙供之面具为"野狐脸"，声与之似，于是诮謑诟可耻者，云应戴"野狐脸"，以障其羞。此又讹中又讹矣。③

喷 《说文·口部》："喷，吒也。""吒，叱怒也。""叱，诃也。"段玉裁注："明叱、喷、吒三字互训。诃，大言而怒也。"徐灏注④笺："今俗语犹谓叱人曰喷。"钟案：今谓大声诃责为"喷头"，头亦读字。俗谓渍水曰喷，正字当作歕。⑤

敦黩 《说文·攴部》："敦，诋也。"敦、诋双声，又真、脂对转为训也。甬俗称骂人曰"敦敦辱"，此敦字本义。《新方言·释言》："今人谓反言诃人为敦，读如钝。"钟案：敦，端纽，转浊音，则入定纽，故音如钝。犹敦煌郡，《汉书》应劭音屯也。见《地理志》。《诗·东山》："有敦瓜苦。"释文："敦，徒丹反。"亦转浊音之征。此韵亦转，真、元声近也。顾敦训诋，诋为毁辱，《汉书·汲黯传》："专深文巧诋。"师古注："诋，毁辱也。"今俗诋人称"钝"者，非直毁人过，乃如皮里阳秋，寓贬于褒，

---

① "毒杀""牵头"今未闻。
② "四"，原作"三"，误，径改。
③ "脸皮厚"即为正字，非"頯鄙诟"之讹。"野狐脸"非"謑诟頯"之音转。
④ "注"，原作"长"，误，径改。
⑤ "喷头"之"头"为后缀。

词谵而虐。盖钝者，"黩敦"之合声。《广雅·释言》："黩，狎也。""黩敦"云者，狎而诋之也。①

诨 《广雅·释诂四》："诨，言也。"王念孙疏证："诨之言悻悻也。《玉篇》：'诨，瞋语也。'"诨，曹宪音乎孟反，《玉篇》许孟切，《广韵·四十三映》作"哗"，许更切，匣、晓清浊相转之故。音等转洪，为开口呼，俗字作"哼"。今瞋而不大言诃叱，而仅以单声逆折之，辄作此语。

诼 《广雅·释诂一》："诼，责也。"《释诂二》："诼，诶也。"诶与毁通。诼，音卓，古知组字读作端组，音如笃。今诈人之过呼若"笃"，即诼字也。诼与椓、斀同音，椓、斀皆训击，俗误认责诶之诼即椓、斀字，以为言词伤人，犹攻击之伤人也，于是称攻讦为"攻椓"。受攻讦而无词以对者，俗呼为"椓瘝"。瘝即北字，北，败退也。参看上文"赫北"条释。②

诋 《广雅·释诂二》："诋，诶也。"《史记·庄子传》："诋訿孔子之徒。"索隐："谓诋讦也。"钟案：诋之言抵也。抵瑕蹈隙，讦人隐而伤之。诋从氏声，古音为脂类。脂、真对转，音变都邻切，真韵无端纽字。声近钉。真、耕两类声近。今谓讦人之隐为"钉"，即"诋"字。又追问究竟，俗亦谓之"钉"，如云"钉下去""钉到底"。此是"追"字音变。追，知纽，古音读如堆。脂、真对转，故音亦如钉。参看《释行事》"追"字条。

诘 《说文·言部》："诘，问也。"去吉切。甬俗讹读如结，非。《礼·月令》"孟秋"："诘治暴慢。"郑玄注："诘，谓问其罪，穷治之也。"诘为穷问义，凡穷究其是非淑慝，俗皆谓之"诘"。如讯问行踪可疑之来历曰"诘"，考询人之学艺深浅亦曰"诘"。俗称"诘"者，或云"挈斤两"，即"诘正乱"之音讹。正与乱为对辞，所谓"拨乱反正"是也。正，古音为耕类，耕、真声近，故讹为斤。乱为元类，元、阳声近，故转如两。盖诘与挈双声，甬俗称悬持为"挈"，"挈斤两"者，意谓手持戥豛以衡量之也。③

辩阁 《说文·辡部》："辩，治也。"段玉裁注："治者，理也。谓治狱也。俗多与辨不别。辨者，判也。"今以辩为辩论字。辩论者，判释事理之曲直，然则正是辨字。《周礼·秋官·乡士》："辩其狱讼。"凡治狱听讼，必讯问之，检察之，故引申为讯察义。讯诘曰"盘问"，搜检曰"盘查"，盘即"辩"之音转。仙与寒删同类通转，故辩与瓣、辦（办）皆从辡音，《说文》"辩"篆下未言所声，盖有阙失。朱骏声曰："辡亦声。"得之。辩、辦皆从辡声，比勘可知。今辩在狝韵，瓣、辦在裥韵。辨、辦皆辦之俗体。今判别义作辨，读

---

① "敦敦辱"之"敦敦"似是拟声状貌词，类似的说法还有一些。"钝"非"黩敦"之合音。
② "椓瘝"之"瘝"即为正字，非"北"之音变。
③ "挈斤两"就是正字，非"诘正乱"之音讹。

如辬；具为义读如瓣，作瓣。分列二韵，皆讹俗也。参段玉裁说。辩转寒删，即作盘音。北人呼盘，正如瓣也。或曰，盘者，"辩㢾"之合声。《说文·㿻部》："㢾，治也。一曰理也。"音乱。辩、㢾义同，故方言类聚为词，声合则为"盘"。

謋讷　《说文·言部》："謋，言壮皃。一曰数相怒也。读若画。"呼麦切。画为匣组，呼麦为晓组，北音匣为晓浊。俗作喝。今谓大声曰"喝"，"喝道""喝采"是也。《说文》："喝，㵣也。"㵣今之渴字。凡怒者之言声必壮，两训义固相承。謋从㫚声，古音为支类，支、耕对转，音变呼茎切，如俗语很好之很。今称大声呵人谓之"謋"，音正如很。或曰，此乃"讷"之音变。《说文》："讷，大言而怒也。"通作苛。《方言》二："苛，怒也。陈谓之苛。"郭璞注："相苛责也。"歌、支声通，支、耕对转，故音变如此。

《玉篇》："謋，胡麦切。正读如画。"《广韵·十二齐》："謋，音户圭切。支、歌声通，歌、元对转，音变为还。"今言声壮者状之曰"还还响"，或曰"还一声"，即謋训"言壮"本义也。①

訬趬　《说文·言部》："訬，扰也。读若毚。"楚交切。毚，床组，古音为侵类，侵、幽对转，幽通看豪，又北音床为穿浊，组、韵俱转，故音若此。《通训定声》："今苏俗谓讙咙曰吵闹，即訬扰字。"俗作吵。《说文》："訬，一曰訬狯。"《淮南·修务训》："越人犹重迟者，而人谓之訬。"高诱注："訬，轻利急疾。"《汉书叙传下·景十三王赞》："江都訬轻。"师古注："訬，谓轻狡也。"今谓言行轻率急动者曰"性格訬"。俗作躁，非。躁音灶，音隔。或呼为"草包"，即"訬趬"字。趬亦轻疾义。《说文·走部》："趬，轻行也。"音标。宵、看相转则如包。或谓包者，是"暴"字。暴，严急也。並浊转帮清，则如包。②

詰竞　《说文·詰部》："詰，竞言也。读若竞。"又："竞，强语也。"饶炯云："詰，犹二人直持其说，各不相让。"钟案：强语者，强词夺理以为语，今谓"讲缠话"是也。缠即"詰"或"竞"之音变。詰、竞古音为阳类，阳、元声近相转，故如缠。缠，澄组；詰、竞，群组。群之细音往往与澄、从混。缠，亦可谓"竞言"之合声。《说文》："缠，绕也。"非其义。或云，是"嬗"之音变，说详下条。

嬗　《说文·女部》："嬗，好枝格人语也。一曰靳也。"旨善切。靳者，固执己意，不受人言，故与人言相枝格，两训义实相因。《广韵·廿八狝》："嬗，偏忮。"犹固执己意之引申。嬗，照组，今音知、照混同，知清转澄浊，则如缠。故与人言相枝

---

① "还还响"之"还还"当是拟声词。
② "性格訬"之"訬"当作"憿"。《广韵·号韵》："憿，言行急。七到切。""草包"本字不是"訬趬"或"訬暴"。

格曰“缠话”。

侈诐　《说文·言部》：“诐，辩论也。”彼义切。诐从皮声，古音为歌类，当读如波。歌、鱼声近相转，音变为布。甬俗称互相辩论而又强词夺理者，谓之“扯缠布”。其正字盖“侈譗诐”之音变。《说文·人部》：“侈，一曰奢泰也。”奢泰者，义近恣肆。段玉裁注曰：“凡自多以陵人曰侈。此侈之本义也。”侈从多声，古音为歌类，歌、麻同部，古音如扯。“侈譗诐”者，谓恣肆竞言辩论也。侈古亦入马韵，读昌者切。见《公羊传·僖廿六年》“其言至巂弗及何？侈也”释文。①

邪谞　《说文·言部》：“谞，知也。”字或借作胥。《诗·小雅·桑扈》：“君子乐胥。”笺云：“胥，有才知之名也。”俗以俳调无稽之词作坚白异同之辩，谓之“车夜水”。其正字盖“侈邪谞”之音讹。侈，放纵自恣也。邪，不正也。《荀子·正论》：“然而暴国独侈，安能诛之。”杨倞注：“侈，谓奢汰放纵。”《贾子·道术》：“反正为邪。”邪本喻、邪二读，此读喻纽，故声如夜。甬语呼如水若胥，支、鱼声近相转也。“侈邪谞”者，谓放言邪僻之才知也。

◇谞或借作须。《易》：“归妹以须。”郑玄注：“须，有才智之称。”今谓心知其事曰“心中有数”，事难逆知曰“无数”，数皆谞也。犹“须髩”之须今语亦如数、“流苏”本“旒须”也。今数计字却又呼如谞矣。②

娖　《玉篇·女部》：“娖，侧角切。辩也。”今谓巧言善辩者曰“娖来辩去”，即此字。或音转如拙，则方俗语有重轻侈弇耳。犹东钱湖滨人呼竹、粥字，亦如拙也。

诧诞　《史记·司马相如传》：“子虚过诧乌有先生。”郭璞曰：“诧，夸也。”索隐：“诧，音敕亚反。”《汉书》诧作姹，颜师古注：“姹，夸诳之也。音丑亚反，字今作诧。”俗称自夸为“扯蛋”。翟灏《通俗编》作“扯淡”。蛋者，诞之讹。《尔雅·释诂》：“诞，大也。”《汉书·朱买臣传》：“妄诞耳。”师古注：“诞，大言也。”“诧诞”犹云夸大言耳。《说文》：“诞，词诞也。”本不训大，王引之《经传释词》曰：“诞，发语词也。《书·大诰》曰：‘殷小腆，诞敢纪其叙。’《君奭》：‘诞无我责。’《诗·皇矣》：‘诞先登于岸。’《生民》：‘诞寘之隘巷。’‘诞弥厥月。’‘诞我祀如何？’诸诞字皆发语词，说者用《尔雅》‘诞，大也’之训，则詰籀为病矣。”又曰：“诞，句中助词也。《书·大诰》曰：‘肆朕诞以尔东征。’是也。说者训为大，亦失之。”钟案：王氏之说，足显许书之微。然则《尔雅》诞训大，果何字之假借与？愚谓即“大”

---

①“扯缠布”非“侈譗诐”之音变。今宁波话不说“扯缠布”。

②“车夜水”非“侈邪谞”之音讹，一般写作“扯野书”。“心中有数”“无数”之“数”即为正字，与“谞”无涉。

之音转耳。大，古音为泰韵，泰、元对转，故音如诞。①

吴誧贤 《说文·矢部》："吴，大言也。"《方言》十三："吴，大也。"吴亦通作虞。《诗·周颂·丝衣》："不吴不敖。"《史记·武帝纪》引作"不虞不骜"。《诗·鲁颂·泮水》："不吴不扬。"汉《卫尉衡方碑》作"不虞不扬"。吴声古音为鱼类，鱼、侯声近相转，音变为偶。俗称自夸为"吹牛"，即"侈吴"之音变。侈，放纵也。见上文《荀子》杨倞注。谓放为大言也。俗呼牛如偶，幽、侯声近，清浊洪纤之转。吹，俗音固如侈，支、纸韵轻重音之转也。

"吹牛"，俗或曼衍其词为"吹牛边"。边者，"誧贤"之合声。《说文·言部》："誧，大也。读若逋。"博孤切。《广雅·释诂一》："誧、贤，大也。"《玉篇》："誧，大言也。"贤音又同奰。《说文》："奰，一曰大兒。读若贤。""誧贤"疾呼，声合为边。就《广雅》同条字类聚为词也。◇誧为鱼类，鱼、支声近相转，音变为卑（必移切），卑、边今音相似也。②

㓪创 《说文·井部》："㓪，造法㓪业也。读若创。"初亮切。通假作创。《国语·周语中》："以创制天下。"韦昭注："创，造也。"《论语·宪问》："裨谌草创之。"㓪从刅声，古音为阳类，其入铎、陌、昔。从严可均说。声促转入，则如策。俗称作妄语为"撒谎"，甬语谓之"撒乱话"。撒③音如策，即㓪之转入也。"㓪乱话"犹云造谣言，㓪、造皆作为义。或谓撒音如策者，乃"唊"之音变。《说文》："唊，妄语也。"古叶切。《玉篇》古协切。然见、穿相转，殊少见。◇唊，见纽，见、溪邻转，音变为怯。溪之齐齿呼每与齿音清、穿混，故讹为插。④

甬语"撒乱话"亦云"撒乱刀"。刀者，道之转音。《广雅·释诂二》："道，说也。"道，定纽，浊音转清，入端纽，则如刀。"乱道"犹乱说耳。

謠 《广雅·释诂三》："謠，误也。"曹宪音曜。《广韵·三十五笑》："謠，误言兒。"今谓误传不实之事曰"謠言"。俗讹作谣。谣本歌谣字。《尔雅·释乐》："徒歌谓之谣。"旧注："谓无丝竹之类独歌之。"今俗云"清唱"是也。《诗·魏风·园有桃》："我歌且谣。"《韩诗章句》："有章曲曰歌，无章曲曰谣。"《初学

---

① 盛益民等认为，表示吹牛义的这个词，本字当作"扯淡"。参看《老派宁波方言同音字汇——基于〈宁波方言词典〉的字音汇编与校释》，128 页。近代汉语及现代方言里，"扯淡"一词有胡说乱道的意思，宁波话则指吹牛。"吹牛"本质上也是"胡说乱道"。
② "吹牛"非"侈吴"之音变。"吹牛边"之"边"非"誧贤"之合音或"誧"之音转。
③ "撒"，原作"撒"，误，径改。
④ "撒乱话"之"撒"（音策）本字不明，但不可能是"㓪（创）"或"唊"之音变。

记》卷十五引。"章曲"犹今云乐谱。无"章曲"，谓无乐谱伴奏，亦清唱之类，与《尔
雅》"徒歌"义合。輓近弄文者或称"謡讔"为"谣诼"，更谬。《楚辞·离骚》："谣
诼谓余以善淫。"此其所本。王逸注云："谣，谓毁也。诼，犹谮也。"此与流俗"谣
言"之本义已殊。若王注谣训毁，疑傜之假借。《方言》十二："傜，悖也。"《广雅·释
诂三》："傜，乱也。"傜者，悖乱之言，故转训为毁。

諀紕 《广雅·释诂三》："諀，误也。"曹宪音布兮反。《广韵·六脂》："諀，
谬也。"匹夷切，音紕。字或作性。紕亦错谬义。《礼记·大传》："五者一物紕缪。"
郑玄注："紕缪，犹错也。"释文："紕，匹弥反。"《世说新语》有《纰漏篇》，
所列皆谬误可鄙事。今叱人言语荒谬曰"屁话"，曰"放屁"，屁即"諀"之讹。谬
误之諀讹为屁，犹无理称倭，见《释流品篇》。俗讹作大便之屙矣。

諀训误，引申为误人曰"諀"，俗作骗。《玉篇》："骗，匹扇切。上马也。"
非欺诳义。①

诖課 《说文·言部》："诖，误也。"古卖切。《广雅·释诂二》："诖，欺也。"
佳、麻同入相转，同入于麦。字又作課。《说文》："課，相误也。"古骂切。北音读
麻韵字，辄如吴越佳韵音也。俗称欺诳取财曰"诖"，俗作拐。《广韵·十二蟹》："拐，
手脚之物枝也。"求蟹切。音义俱非。

荒 《诗·大雅·桑柔》："具赘卒荒。"传："荒，虚也。"《易·泰卦》"包荒"
释文引郑玄，荒亦训虚。《国语·吴语》："荒成不盟。"韦昭注："荒，空也。"《淮
南·主术训》："狡躁康荒。"高诱注："荒，乱也。"《庄子·天下》："荒唐之言。"
荒、唐皆空虚义，引申为言虚不实亦曰"荒"，俗作謊、作谎。謊本训梦言，见《说文》。
与今说谎为欺诳义有别。荒，呼光切，晓纽，合口呼，阳、东声近相转，音变呼红切，
如烘。烘，合口呼，见《韵谱》。然今读开口呼，音等开合之变也。俗作哄。甬俗称虚言欺给曰"哄"。
《广韵·一送》："哄，唱声。胡共切。"非其义。

恑诡 《说文》："恑，变诈也。"《一切经音义》卷三引。过委切。《通训定声》云：
"谲诈怪异之意，史书皆以诡为之。"《三苍》："诡，谲也。"《一切经音义》卷十四引。《广
雅》："诡，欺也。"《一切经音义》卷十七引。今谓诈欺不可信之言曰"诡话"，俗讹作"鬼
话"。行踪诡谲不正者曰"鬼头鬼脑"，鬼亦恑字。

矫 《国语·周语上》："其刑矫诬。"韦昭注："以诈用法曰矫。"《公羊传·僖
卅三年》："矫以郑伯之命而犒师焉。"何休注"诈称曰矫。"《汉书·严安传》：

---

① "屁话""放屁"之"屁"即为正字，非"諀"之讹。"骗"本字不是"諀"。

"杀人以矫夺。"师古注："矫,伪也。"矫,居夭切,见清转群浊,音变俗字作乔。伪装曰"乔装",曰"乔扮";昆剧节目有"乔醋"。甬俗谓诈伪誉人为"乔话"。乔,小韵,宵肴豪相转,音闳则转皓韵,声如造。皓韵无群纽字。甬音群、从每相混,故入从组,变如造音。甬俗又称诈伪之言为"造话",字音讹读为"造字眼",谓伪言①也。《诗·王风·兔爰》传:"造,伪也。"然此伪乃作为义,故造非其字。②

　　谗　《左传·昭五年》:"败言曰谗。"《韩诗外传》卷四第四则:"谗,诞也。"《吕氏春秋·贵因》:"谗愬胜良。"高诱注:"谗,邪也。"谗,士咸切,咸韵,咸入于洽,谗声促转入,音如煠。沸汤煮物曰煠。士洽切。俗称言词邪诞不可信者,叱之曰"谗话"。谗音正如煠。俗讹作"贼话"。贼本从纽,昨则切,从、床类隔相转,故甬俗呼贼为士则切,声似煠。③

　　愍殙　《说文·心部》:"愍,扰也。"胡困切。《广雅·释诂三》:"愍,乱也。"《史记·范雎传》:"是天以寡人愍先生。"索隐:"愍,犹汩乱之意。"俗于心惭理穷、遁词枝梧以汩乱人意,谓之"打愍语"。俗作混。病中谵语俗亦称"混话",此混是"殙"之转音。《说文》:"殙,瞀也。"《广雅·释诂一》:"殙,病也。"与惛义略同。惛,不憭也。谓病不省人事。殙,晓纽,北音匣为晓浊,殙转浊音,入匣纽,故如混。

　　谰　《说文·言部》:"谰,诋谰也。"洛干切。音阑。字亦作譋。《广雅·廿五寒》《廿八翰》并云:"谰,逸言。""逸言"犹云遁辞也。《汉书·文三王·梁共王买传》:"王阳病,抵谰置辞。"颜师古注:"抵,距也。谰,诬讳也。"段玉裁曰:"抵谰,犹今言抵赖。"今不认己之言行谓之"赖",本谰字之音讹。谰从阑声,古音为元类,元、泰对转,故音如赖。《说文》:"赖,赢也。"《方言》:"赖,取也。"《广雅》:"赖,恃也。"无讳距不认义。《广韵·廿三旱》谰与嬾、懒同纽,是泰类字转入元类之证。

　　獥胶　《方言》十:"猲,江湘之间或谓之无赖,或谓之獥。"郭璞注:"佶倔多智也。"《玉篇》:"佶倔,鬼黠也。"《广雅·释诂四》:"獥,猲也。"《三》:"獥,扰也。"《列子·力命篇》:"獥㤿、情露、謑髁、凌谇四人,相与游于世。"注:"反谇讷涩辩给之貌。"獥,郭璞音恪交反,《集韵》丘交切,皆溪纽。《说文》音哮,曹宪乎绞切,为晓、匣纽,牙喉固相转。獥音近胶。《文选·魏都赋》:"牵胶言而逾侈。"张载注李剋书云:"言语辩聪而不度于义者谓之胶言。"獥,溪纽;胶,见纽。转浊音,皆归群纽,则音如共交切。俗谓言语辩给、不度于义而相扰者,呼如共交切。即獥、胶字也。无赖辩给,

---

① "言",原作"音",据文意改。
② "造话"之"造"恐非"乔"之音变,"造"自有伪造、虚构义。
③ "谗话"写作"贼话"更加贴切。

虽不中义，亦�=恓多智也。①

属嘱　《公羊传·桓十六年》："属负兹。"何休注："属，托也。"《荀子·强国》："舍楚令尹子发名属二三子而治其地。"杨倞注："属，请也。"今字孳乳为嘱。《广韵·三烛》："嘱，托也。"属又有连续义。《说文·尾部》："属，连也。"之欲切。《广雅·释诂二》："属，续也。"今以事请托于人而不时频续相语者，谓之"吒"，即属之去声。正如《考工记·函人》"七属、六属、五属"之属，读如"灌注"之注矣。见郑玄注。②

贼谗　《说文·言部》："谗，譖也。"《大戴礼·千乘》："利辞以乱属曰谗。"《庄子·渔父篇》："好言人恶谓之谗，析交离亲谓之贼。"凡进谗者，无不谋析交离亲以为贼也，故《广雅·释诂三》："谗，贼也。"字训联言，"贼谗"声合如暂。谗，士咸切，床纽。床、从类隔相转，故甬读谗亦如暂。谗、馋同音，甬读馋亦如暂。谗从毚声，古音为谈类，谈、宵对转，音变为樵。俗谓譖诉人恶、图谋离间者，呼如"樵"。③

怂恿耸　《方言》十："怂恿，劝也。南楚凡己不欲喜，而旁人说之，不欲怒，而旁人怒之，谓之怂恿。"怂，《玉篇》息勇切。"怂恿"疾言声合则为耸。耸亦相劝义。《方言》六："自关而西秦晋之间相劝曰耸。中心不欲，而由旁人之劝语，亦曰耸。"今以甘言蛊人，令之兴起有所为，谓之"耸"。

从容　《广雅·释训》："从容，举动也。"王念孙疏证："自动谓之从容，动人为之怂恿，声义并相近，故怂恿或作从容。《史记·吴王濞传》：'数从容言吴过可削。'《衡山王传》：'日夜从容王，密谋反事。'从容，即怂恿。"钟案：心、审与清、穿常相转。怂，心纽，转清纽，音变从容之从。音枞。怂读如从，犹产本所简切，今通读如刬；鼠、暑并舒吕切，杭州人读暑如杵，甬人读鼠如杵也。恿，昌容切，《广雅》曹宪音式钟反；侈，尺是反，《诗·巷伯》释文又式是反；帜，昌志切，又式吏切；参有所今、七南二切；沁有先林、七鸩二切。皆其通转之例。"怂恿"既纽转读为"从容"，"从容"疾言，又声合为枞。七恭切。犹"怂恿"声合为耸也。东与侵、谈声近，邻转音变为㛋。今音覃、寒音混，俗字作揎。甬俗譖诉人恶以谋离间谓之"揎"。元曲有"揎掇"字，掇者，诼之音讹。《广雅·释言》："诼，譖也。"《方言》十："诼，诉也。"④

《易》"朋盍簪"，亦作"朋盍宗"；鲁有"崇鼎"，亦作"谗鼎"；《楚辞·卜居》谗韵从；《九叹》

---

① 音如共交切的这个词，就是"搅脑子"的"搅"[gɔ²¹³]，与"谬""胶"无关。
② "吒"，一般写作"拄"。
③ "樵"，一般写作"撬"，非"谗"之音转。
④ "揎"非"怂恿（从容）"声合之变。

谆韵容；《诗·小戎》骖韵中；"张孟谈"作"张孟同"；"赵谈"作"赵同"；泛有孚梵、方勇二音；風、鳳皆从凡声；子贛读如贡，贛榆读如绀。皆通转之证。

憿　《说文·心部》："憿，起也。"许六切。《诗·邶风·谷风》："能不我憿[1]。"传曰："憿，兴也。"兴、起义同，皆奋动之意。今心振奋欲有所为，俗称"憿憿动"，即其字。自动曰"憿"，动人亦谓之"憿"。今以词鼓厉人心，令其奋起有所为，亦云"憿"。或音转如"罅"，即"憿"之缓声。憿从畜声，古音为幽类。幽、之合类，之、歌亦合类，憿由之转歌，故音如罅，歌、麻古同部也。参严可均说。

呧戴　《仓颉篇》："呧，欺也。"《一切经音义》卷十三引。通作诋。《广雅》："诋，欺也。"《一切经音义》卷十一引。氏声字古音为脂类，脂变为皆，今音皆、哈声近，即脂、之声近也。音变语转如戴。戴有尊上义，今云"奉戴""推戴"皆是。《释名·释姿容》："戴，载也，载之于头也。"《孝经援神契》："日抱戴。"郑玄注："在上曰戴。"俗以诡辞推崇人呼为"戴"，本是呧、诋字，以欺罔为义。以其声若尊上之戴，遂傅会阳为推崇、阴实欺绐之词。[2]

嘲　《说文·口部新附》："嘲，谑也。"字亦作謿。《声类》："謿话，讹言也。"《一切经音义》卷七引。今谓戏谑之反言为"謿话"。謿音转如潮。音义皆与"乔话"同，参看上文"矫"字条"乔话""造话"释。謿，陟交切，知纽转浊音，为澄纽，故如潮，犹朝暮字读为朝廷字矣。古无舌上音，读知纽如端纽，嘲之古音当如刁，或如刀。看韵字进退于萧、豪之间。俗以廋词隐谑骂人，呼如"觰骂"，觰，都贾切。即"嘲骂"之音转。嘲既从古音读端纽，又随下字骂声叠韵同化而变为觰。觰有都贾、竹加二音，上为端纽，下为知纽，亦端、知相转之证。

諕诋　《说文·言部》："諕，相误也。"古骂切，《玉篇》："諕，欺也。"《广韵·四十祃》亦音丑亚切。今欺弄愚钝之辈谓之"諕督人"，俗讹作"车木人"。又欺弄人呼"车觰"，觰者，诋之音讹。《广雅》："诋，欺也。"见前。诋随上字諕声同化叠韵而变为觰。又诋古音为脂类，脂、歌声近，歌、麻同部，亦得音变为觰。或谓车者，"欺诈"之合声。《说文·欠部》："欺，诈欺也。"《言部》："诈，欺也。"字训联言为"欺诈"，疾呼声合则如车。欺为溪纽齐齿呼，与清、穿往往相混。亦通。[3]

调蓊　諕为欺误，《广韵》丑亚切，音诧，见上条。为彻纽。今音彻、穿混似，又麻、

---

[1] "能不我憿"为《说文》"憿"字条许慎所引，今本作"不我能憿"。

[2] 今不说"戴"，类似的意思说"抬"，如：人家抬抬侬嘞，莫忒得意。"戴"亦非"呧""诋"之音变语转。

[3] "车木人"之"木人"即为正字，"车"本字不好确定，但与"諕"无涉。"车觰"一词今未闻。

庚同入相转，同入于陌。音变为枪。俗称诈伪欺人为"枪花"。花者，芛之讹。《方言》二："秦晋之间曰狯，楚郑为芛。"是芛犹狯也。芛，郭璞音揨。《方言》三："芛、讹、化也。"是芛犹讹也，皆变化多幻之意。芛，郭璞音花。揨、花一声之转，古音本同部。狯者谲诈无常，故多变化，义固相通。俗于巧言庸违，面谀后毁者，犹称为"花"，亦芛字也。"谋芛"谓欺误变化也。或緟益其词曰"掉枪花"。掉，作也。见《国语·楚语上》"大能掉小"韦昭注。谓作欺误也。或谓是"调"字，调亦欺义。《广雅·释诂二》："调，欺也。"则集诸欺义字为词。①

　　探问　《说文·手部》："探，远取之也。"《尔雅·释诂》："探，取也。"郭璞注："探者，摸取也。"《释言》："探，试也。"注："刺探，尝试。"钟案：诸训虽异，然可一以贯之。凡物远视之不清，故取之不易。近于摸索、摸取者，非取而即得，故又延训为尝试、刺探。凡深远窈冥不易知之事，以求其知，是亦探也。《易》曰："探赜索隐。"正其义；兵家间谍谓之"探子"，亦斯义耳。探从罙声，古音为侵类。侵、幽对转，幽赅萧、豪，探转豪韵，字讹作套。俗以钩距探求人之隐曲，谓之"套口供"。江湖日者以术诱人吐露已往之休咎，俗称"套头子"。套皆探字也。套本训长，俗讹作外韬字，无探求义。探今在覃韵，覃入于合，声促转入，音如婚。他合切。俗作揨。凡诱吐隐曲谓之"揨出来"。◇揨，《正字通》作讄，"方俗以言探人曰讄"，托合切。然讄本諜諝字，见《说文》。又音转为褪，他困切。即"探问"之合声。《说文》："问，讯也。"《诗·鲁颂·泮水》："淑问如皋陶。"诱讯人隐亦称"褪出来"。②

　　探之训取，既为试取，试取者，取之而不可必得，姑往取之耳。故俗于往取而不可必得者，亦呼为探。声亦转豪韵，俗字作讨。乞食曰"讨饭"，求赦曰"讨饶"，索逋曰"讨债"，赁取舟车曰"讨船""讨车"，祈禳求取吉兆曰"讨彩头"。此诸讨字，皆求取而不可必得者也。《说文》："讨，治也。"治罪曰讨，引申为讨伐。治罪必深究其曲直，故引申为讨论。初非求取义。或曰：《说文》："叟，一曰取也。"土刀切。讨饭、讨债等何以不用叟字？曰：叟训取，非试取也，非往取不可必得也，故知非叟字。③

　　謥詷　《纂文》："謥詷，急也。"《一切经音义》卷八引。《后汉书·和熹邓皇后纪》："假借威权，轻薄謥詷。"李贤注："謥詷，言忽遽也。謥音七洞反，詷音洞。"《通俗文》："言过谓之謥詷。"《一切经音义》卷八引。钟案：出言急遽者，未及慎思，每冈失而多咎，

①"掉枪花"之"枪花"本字非"谋芛"。
② 今无"揨出来""褪出来"等说法。
③"讨饭""讨债"之"讨"非"探"之音转。

故《通俗文》谓之"言过",理实相通。今言词褊急、轻率冒人者,谓之"放詷諿"。"諿詷"倒其词耳。①

諸諿 《说文·言部》:"諸,諰諸也。"徒合切。又:"諰,语相反諰也。"他合切。《玉篇》达合切。《六书故》引唐本《说文》作"言语相及也"。钟案:反者,及之烂文。諰从言遝声。《方言》三:"遝,及也。"諰训"言语相及",正形声包会意。《荀子·正名篇》:"愚者之言,……諸諸然而沸。"杨倞注:"諸諸,多言也。""諰諸",语相及,谓联续不绝,亦多言之意。今称言烦不绝曰"諸諸讲"。《玉篇》:"諰諸,妄语也。"今谓语多而杂乱无条理者,谓之"諰諸雾"。雾即"妄"之音转,阳、鱼对转,犹亡亦读为无矣。《说文》:"妄,乱也。"又于事物之紊乱亦呼如"諸諸腐",或倒其词曰"腐諸諸"。此諸乃"条"之转音,腐亦为"芜"字。《广雅·释训》:"条条,乱也。"《说文·艸部》:"芜,薉也。"薉今字作秽。②

炙轂 《史记·荀卿传》:"炙轂过髡。"集解引刘向《别录》曰:"过字作輠。輠者,车之盛膏器也。炙之虽尽,犹有余流者,言淳于髡智不尽,如炙輠③也。"钟案:今状人侈谈不穷、有声有色者曰"炙轂炙轂",疑即此字。④

聑諜诎 《说文·口部》:"聑,聂语也。"七入切。《耳部》:"聂,附耳私小语也。"字训联言曰"聑聂"。《史记·灌夫传》作"呫嗫",韦昭注:"呫嗫,附耳小语声。"聑又字变为諜。《广韵·五质》:"諜,初栗切。诎諜,阴私语也。"诎,楚鸠切,声促转入则如触。今附耳小语曰"諜諜触触"。

哽吃 《说文·口部》:"哽,语为舌所介碍也。从系传本,铉本无"碍"字。读若井汲綆。"古杏切。桂馥《义证》引《隋书·卢楚传》曰:"哽,急口吃。"凡口吃者,即语为舌所介碍也。介犹间也。语之声气,发自喉而出于口,舌间于中,苟有所碍,声气不畅,以是艰涩而病口吃。甬称口吃为"格舌头",格即"哽"之入声。哽,梗韵,梗入于陌也。曰"哽舌"者,义本于古训也。或曰,口吃称"格"者,本"吃"之转音。《说文》:"吃,言蹇难也。"居乙切,今读作乞者,误也。为见纽齐齿呼。音等转粗为开口,则为古乙切。从乞声字为古脂类,多出入迄、没、曷诸韵。音侈入曷韵,则如葛,今音葛、格相似。然"吃"于舌头义无涉。⑤

---

① "放詷諿"一般写作"放铜铳"。"諿詷"非本字。
② "諸諸腐""腐諸諸"之"腐"就是正字,与"妄""芜"无涉。
③ "輠",原作"轂",误,径改。
④ "炙轂炙轂"是拟声词,无需深究。
⑤ 称口吃为"格舌头",所列"哽舌头""吃舌头"两说,当以后者为长。

　　婎　《说文·女部》："婎，疾言失次也。"丑聂切。段玉裁注："所谓傀言。"
钟案：《曲礼上》："毋傀言。"释文："傀，音苍鉴、苍陷二切。"《玉篇》："婎，
初洽切。"清、穿类隔相转。婎犹傀之入声。今人有所言而未终，遽疾言傀入，谓之"插
嘴"。正字当作婎。

　　征召　《尔雅·释言》："征，召也。"《说文·口部》："召，評也。"《楚辞·招
魂序》："以手曰招，以言曰召。""征召"字训联言，声合为照。笑韵无知纽字，知、
照今混若，借用照纽字。俗字作叫。叫，见纽，见之细音，与知、精、照三纽混。《说文》："叫，
嘑也。""嘑，号也。"叫者，大声号嘑字，非召致意。或曰，口評曰叫，本"召"
之音变。召，直照切，澄纽，浊音转清，入知纽故耳。"徵（征）"亦得音变为叫。征，
蒸韵，蒸、之对转，征之阴声为諆，陟里切。五音宫商角徵羽是也。之、宵声近，故亦
得邻转为叫。①

　　嚾　《说文·吅部》："嚾，呼也。"呼官切。《广韵·廿九换》嚾、唤、懽同，
火贯切。《声类》："嚾，呼召也。"《一切经音义》卷十三引。今称呼召曰"喊"，读火烂切，
即嚾字也。嚾从萈②声，今甬呼萈菜字正作火烂音也。萈本侯裸切，匣纽；甬读火烂切，晓纽。
北音晓匣为清浊也。嚾今作唤，为合口呼；甬作撮口。而俗读喊为火烂切，为开口呼。开合
互变，亦犹声韵阴阳对转，古今异音，开合之殊，不仅《晋语》外书为艾，《颜氏家训》
谓古读莒为开口矣。《国语·晋语一》："国君好艾，大夫殆。"韦昭注："艾当为外，声相似误也。"艾、
外皆疑纽泰韵，惟艾为开口呼，外为合口呼，是转合为开矣。又《颜氏家训·音辞篇》引"齐桓公与管仲
于台上谋伐莒，东郭牙望桓公口开而不闭，故知所言者莒也"。莒为合口音，而古读开口，是转开为合矣。
皆开合古今异也。《说文》无喊字。《方言》十三："喊，声也。"郭璞音减。《广韵·五十
豏》："喊，声也。呼豏切。"无呼召义。③

　　叴　《广雅·释言》："叴，致也。"《说文·厶部》："叴，相訹呼也。"与久切。
段玉裁注："呼当作評。評，召也。今人以手相招而口言叴，正当作此字。"叴，《广韵》
在有韵，古音为之类。古之类字后多转为尤、有、宥韵者。如又、久、右、尤、旧、邮等字皆是。
尤、侯声近，读尤而重浊之，便流于侯。故之类字今又多读为侯、厚、候韵，如负、母、
谋、亩、剖等字，其古音本之类也。叴转侯部，其音如后，以侯部声重，无喻纽字。喻、
匣互为洪纤，喻之洪者转于匣，匣之纤者归于喻，《七音略》所谓"匣阙三四喻中觅，

---

① "叫"之召唤、召致义当由其呼喊义引申而来，而非"征召"合声或"召""征"之音变。
② 《说文·吅部》："嚾，呼也。从吅，萈声。"又《萈部》："萈，山羊细角者。"胡官切。"嚾"
　　实为萈声，而非苋声。
③ "嚾""唤"是古今字，"喊"非"嚾"之音转。

喻亏一二匦中窍"也。甬俗称呼召人曰"欧"，欧即娪读后声之转清音，匦纽字转清，则为影纽也。段氏谓"今人以手相招而口言娪"，彼金坛乾嘉时人，不知当时之娪为呼召者，其方音如何耳。

　　◇《尔雅·释言》："谒，请也。"《说文》："请，谒也。"今谓趋诣曰谒，召来曰请，古则召来亦谓之谒也。《史记·吴世家》："光伏甲士于窟室，而谒王僚饮。"索隐："谒，请也。"此公子光谋刺王僚，召请僚来饮也。《山海经·大荒北经》："章尾山有神人，风雨是谒，是谓烛龙。"郭璞注："言能请致风雨。"此谒请致义也。或曰，召唤曰欧，即"谒"之转音。谒为泰类，泰、歌同居，歌、侯又同入相转，谒由歌转侯，故音如欧。[1]

　　说　《释名·释言语》："说，述也[2]，宣述人意也。"说从兑声，或读去声如税，游说字是也。兑声字古音为泰类，泰、元对转，音变为山。今谓言词坚定，傍若无人者，诮之曰"老三"，即"牢说"字。牢，坚定也。与人接谈曰"搭讪"，即"缀说"字。缀，联属也，亦读丁劣切。"缀说"犹云联句矣。凡事相牵连，俗皆云"搭"，本皆缀字。[3]

　　谯调　《广雅·释言》："调，啁也。""调，譀也。"《释诂四》："啁、譀，调也。"《说文》："譀，诞也。"系传曰："诞，大言也。"啁、嘲义通。《世说新语》有《排调篇》，今人曰"调戏"，曰"调笑"，曰"胡调"，调即兼放诞、嘲笑二义。调从周声，古音为幽类。幽、侯声近，幽尤韵今无定纽字，而侯韵有之，调转侯韵，音变为头。乡里鄙夫大言武断、妄评月旦者，俗谓之"桥头老三"。老三即"牢说"字。参看上条。桥头乃"谯调"之音变。《方言》七："谯，让也。"谓责让也。谯亦作诮。《玉篇》："诮，才妙切。责也。"称"谯调"者，谓其大言所及，或责焉，或嘲焉，言词坚定，侈为责嘲也。

　　"桥头老三"俗或称"桥头三叔公"。三即"说"之转音，"叔公"乃"说讲"字。讲（讲）从冓声，古音为侯类，侯、东对转，故音如公。犹大便曰"出恭"，即"出诟"字也。今讲为江上声，东、江古音本同部也。三、叔皆说字，而音异者，方言中若是例甚多，已详于前。[4]

　　言　《尔雅·释诂》："话，言也。"字训联言而倒之，为"言话"，俗讹转为"闲话"。凡言语皆称"闲话"，闲即"言"之音变。言，《唐韵》语轩切，《玉篇》鱼鞬切。语、

---

① 宁波话管叫、喊为"呕"，"呕"非"娪"（诱的异体字）或"谒"之转音。
② "述"，原作"说"，误，径改。
③ "老三"理据不明，但本字不是"牢说"。
④ "桥头老三"之"桥头"即为正字，非"谯调"之音变。"桥头三叔公"之"三叔公"也是正字，与"说"及"说讲"无关。

鱼皆疑纽，牙、喉通转。疑之流变，多入于匣、喻，如鱼、雅、危、午、外、雁等字，本皆在疑纽。故甬音读言乃如贤。颜亦疑纽，颜渊之颜读如贤，而颜鲁公、颜色之颜读如眼平声，即其讹转之证。言在元韵，元与寒、桓、删、山、仙古音皆同部，互相通转。言转匣纽山韵，故音如闲。①

　　或问：今称字曰"字眼"，眼者何字？曰：此亦"言"字音变。《白虎通·谥篇》："文者以一言为谥，质者以两言为谥。"《国策·齐策一》："臣请三言而已矣！益一言，臣请烹。曰：'海大鱼。'"是以一字为一言，言犹字也。《汉书·东方朔传》："十六学诗书，诵二十二万言；十九学孙吴兵法，亦诵二十二万言。"是亦以一言为一字。今犹称文章若干字为若②干言矣。言本疑纽，古音为元类。疑纽正音，当以额为出切。前人切母用字繁多，但求同位，不计四声。英文拼音首字皆是中文入声，国语拼音声符亦取入声。切母用入声，实较用平、上、去为易。言读额繁切，即如眼平声。行韵繁，亦元韵也。

　　言，疑纽，与"我"为双声。古音我为歌类，言为元类。歌、元对转，故我得音变为言。《尔雅·释诂》："言，我也。"《诗·周南·葛覃》："言告师氏。"《召南·草虫》："言采其蕨。"传、笺并云："言，我也。"《庄子·山木篇》："言与之偕逝之谓也。"释文亦云："言，我也。"今浙江北部有称我如眼者，即言字也。

　　读　《广雅·释诂二》："读，说也。"《庄子·则阳篇》："以数之多者，号而读之也。"释文引李轨云："读，犹语也。"读从卖声，古音为幽类，幽、侯声近，朱骏声卖声入需部，即严氏之侯类也。音变为头。今称言语为"话头"。头音同窦，窦亦从卖声也。读在侯部，侯、东对转，音变为筒。甬俗称僧道晨昏诵经作功课，谓之"课筒"。读音变筒，犹洞孔之洞本窦字也。③

　　唉欸　《说文·口部》："唉，譍也。读若尘埃。"乌开切。通作欸。《方言》十："欸，然也。南楚凡言然者曰欸。"郭璞音医，或音尘埃。欸训然，然亦譍词。唉从矣声，古音为之类。之、幽声近，幽、侯亦声近，故之类字或由幽转侯，而今读如侯韵者，如谋、母、否、负、剖诸字，皆是。唉转侯韵，则音如欧。今甬俗譍人之詷或音如埃，或音如欧，皆唉字也。唉，今在咍韵，咍、寒同入相转，同入于曷。音又变为早晏之晏。杭州人作譍声或如晏。

　　唯　《说文·口部》："唯，诺也。"以水切，喻纽四等音。《礼记·曲礼上》二篇："必慎唯诺。"释文："唯，于癸反。应辞也。"喻纽三等音。古音喉音四组影、晓、匣、喻不甚显别，故常相转。影纽字引而长之则成喻，参钱大昕说。反之，喻纽敛而促之则为影。

---

① 吴语管话叫"闲话"，"闲"当是正字。"闲话"本指与正事无关的话或不满意的话，引申为泛指话。
② "若"字原脱，径补。
③ "话头"之"头"是后缀，非"读"之音变。

且喻无一二等粗音，设转粗音，便入于匣；参《七音略》歌诀。读匣而清之，又归于影。故影、喻亦恒相转。唯转影纽，则音如委。甬音读唯相承如委，职是故也。委为合口，转开口呼，音如遏癸切。旨韵无此音等字。甬俗应人之评、诺人之嘱有作遏癸音者，即唯字也。或曰，此亦唉之转音。唉本影纽之类，之、脂声近相转，故流入脂韵，如"否"亦之类，今在《五旨》。为遏癸音。亦通。

俞　《尔雅·释言》："俞，然也。"《礼记·内则下》："男唯女俞。"郑玄注："俞，然也。"俞与唯同义。俞声古音在侯类，侯类声重，喻纽仅三四等，纤不相应，故俞读侯韵，势必转匣纽，则音如侯。理详前。甬俗然人之嘱，詹之曰"侯"，即俞字也。侯、幽邻似，侯重浊而幽轻清，故读侯清之则转幽，读幽浊之则转侯。设俞读喻纽不移，则必移其韵于幽尤以相应。俞转尤韵，音如由。今官衙点名，詹之者曰"由"，俗讹作"有"，亦俞字也。[1]

和阿　《说文·口部》："咊（和），相应也。"户戈切。喉音浊清对转，匣转影纽，音变为阿。阿亦应词。《老子》二十章："唯之与阿，相去几何？"河上公注："同为应对，而相去几何。"是阿犹唯也。歌戈变麻，阿转麻韵，音变为哑，俗作呀。甬俗詹人之辞或声如哑。既变为哑，复从哑变，麻、庚同入相转，歌、唐亦同入相转，麻、庚同入于陌，歌、唐同入于铎。庚、唐皆近于阳，阿、哑转入阳韵，音如樱桃之樱。甬音读遏羊切。甬俗妇孺然其人之言，应之曰"樱"。或曰，音如樱者，乃羌之变音。《楚辞·九章·惜诵》："羌众人之所仇。"王逸注："羌，然辞也。"羌，溪纽，牙、喉通转，入影纽，故如樱。然溪、影相转，其例不繁。

吁　《方言》十二："吁，然也。"郭璞注："音于，应声也。"《说文·亏部》："吁，惊语也。"于，喻纽，洪而清之则为影，故今读于如於。迁本喻纽，亦通读影纽。见《广韵》。吁从亏（于）声，古音为鱼类。鱼、萧同入于药，鱼、幽同入于屋，故吁转萧，则音如要；转幽韵，则音如幽。今猝遇可欣羡之事，而然其所为，如观剧赏其歌舞之妙，或惊艳佳人之盛装，皆惊呼而声如要，或如幽，或声促转入，则如约。俗状其声而无字，乃作嗄，作哟。

嚄喊　《声类》："嚄，大唤也。"《文选·风赋》李善注引。《史记·外戚世家》褚少孙补编："武帝下车泣曰：'嚄！大姊，何藏之深也！'"正义："嚄者，失声惊愕貌也。"《广韵·二十陌》："嚄，大唤声。"胡伯切。陌为麻入，长言转上去，俗字作嗄。今凡惊愕其事，辄发大声曰"嗄"，或曼衍言之曰"嚄喊"。《方言》十三："喊，

---

[1] 甬俗然人之嘱，应之曰"侯"，"侯"非"俞"之音变。

声也。"郭璞音荒麦反，亦音郁。晓、影相转，皆喉音。今读如毓，喻、影相转也。俗作唷。《玉篇·口部》："唷，出声也。俞六切。"《广韵》无唷，有噎字，训"音声"。

訹 《玉篇·言部》："訹，乌回切。呼人也。又户罪切。"钟案："乌回"切隈音，俗作喂，影纽。"户罪"切汇音，俗作吤，匣纽。影清匣浊，一字呼有轻重，自转为清浊也。今不相识人呼之与语，辄以訹为警觉之词，或曰喂，或曰吤，两音并用。

欸唉 《仓颉训诂》："欸，恚声也。"《一切经音义》卷八引。《楚辞·涉江》："欸秋冬之绪风。"王逸注："欸，叹也。"《玉篇·欠部》："欸，乌来切。叹也。一曰恚声。"通作唉。《史记·项羽本纪》："拔剑撞[1]而破之，曰：'唉！竖子不足与谋！'"索隐："唉，叹恨发声之辞。"《通训定声》曰："今苏俗凡失意可惜之事，尚作此语。"钟案：今心有恚怒而譍人曰"欸"，声猛厉而促；慨叹乑（逆）恶之事亦曰"欸"，声啴咺而舒。同一欸字，发声舒促而异其义焉。

否歆 《说文·丶部》："否，相与语唾而不受也。从丶，从否，否亦声。"字亦作歆，隶变作音，天口切。与唾双声。《玉篇·欠部》："歆，妨走、他口二切。歆唾也。"妨，敷纽，类隔入滂纽，故《集韵》否亦音普后切。凡从豆与从音，往往相乱，故又孳乳为歆。《玉篇》："歆，普口切。语不受。"否从否声，古音为之类。之、脂邻转，字又做啡。从否、从非义相若也。《玉篇》："啡，普梅切。唾声也。"否与歆、歆、啡皆孳乳相变。今出唾声，俗字作"呸"，闻人言心非而不受亦曰"呸"。

咄 《字林》："咄，相呵也。"《一切经音义》卷廿四引。《汉书·东方朔传》："咄，口无毛。"师古注："咄，叱咄之声也。音丁骨反。"亦重言为"咄咄"。如殷仲堪目眇，闻"盲人瞎马"之语，曰："咄咄逼人！"见《世说新语·排调篇》。"咄咄"又用为感唱之词。《后汉书·逸民·严光传》："帝抚光腹曰：'咄咄子陵，不可相助为理邪？'"晋殷浩被黜，但书空作"咄咄怪事"，亦见《世说新语·黜免篇》。咄本端纽，类隔转知纽，音变如绌。绌、窋同纽，犹窋亦读端纽，为丁骨切也。今心有所憾而轻呵之曰"咄"，又感嗟其事亦呼曰"咄咄"。或曰，感嗟之声曰"咄"，亦可作啜。《释名·释言语》："啜，惙也，心有所念，惙然发此声也。"啜，陟劣切。

很 《说文·彳部》："很，不听从也。"胡恳切，匣纽开口呼，即恨之上声。今人有求取，吝不予之，譍声曰"很"，儿曹多言之。或浊音转清，匣转影纽，音变屋恳切，恩上声，俗字状声作"嗯"。今儿女作娇态，拒人之求，作非然之声，曰"嗯"。《说文》："很，一曰盭也。"《左传·襄廿六年》："美而很。"服虔注："戾不从教。"

---

[1] "撞"字原脱，径补。

此即很戾字。而俗音作火恳切者，亦浊音转清，北音晓匣为清浊也。

很从艮声，古音为真类。真、元声近相转，很转删、山，音变为限。从艮声之限、眼、艰诸字今在山、产韵，是其证。今闻人说、见人为而非然之，应之以长声曰"限"，亦很字，"不听从"之意也。①

艮　《说文·艮部》："岂，一曰欲登也。"从段本订正，"欲"下删"也"字。段玉裁注："欲登者，欲引而上也。凡言岂者，皆庶几之词，言几至于此也，故曰欲登。岂本重难之词，故引申以为疑词。"曾国藩《求阙斋读书录》曰："凡言岂者，皆庶几之词，亦重难之词也。明知其近于此矣，然审重而未敢深信，则曰岂。"钟案：所谓"重难之词"，亦即反诘之词，且有度虑非然之意。故岂或训何，或训非，何与非皆反语也。《玉篇》则训"安也，焉也"，安与焉亦反词，与何义近。《文选·张衡〈东京赋〉》："岂徒跼高天、蹐厚地而已哉？"李善注："岂，非也。"《论语·微子篇》："岂若从辟世之士②哉！"此岂犹何也。《诗·小雅·出车》："岂不怀归，畏此简书。"《史记·淮阴侯传》："吾哀王孙而进食，岂望报乎？"此岂亦并反语，通以俚语，犹云"何尝"也，"难道"也，"何尝不思归，畏此命令耳"，"为怜王孙而进食，难道要报乎"。经传于非然词，亦有以"岂"为单字句者。《礼记·曾子问》："昔者史佚有子而死，下殇也。墓远，召公谓之曰：'何以不棺敛于宫中？'史佚曰：'吾敢乎哉？'召公言于周公，周公曰：'岂，不可。'"疏曰："答云'岂'，'岂'者，怪拒之词。先怪拒之，又云'不可'，是不许之辞。"岂，溪纽，齐齿呼，古读粗音开口呼，如恺悌之恺。今闻人言，而意非之，作怪拒冷峭语，曰"恺"；或声促转入，如"刻"，皆岂字也。绎其意，犹云"何尝其然""难道如此"，实亦疑而非之矣。恺，海韵，海入于德，转入，故音如刻。

癌　《说文·疒部》："癌，剧声也。"於卖切。《玉篇》："癌，呻声也。"《广韵·十五卦》："癌，病声。"乌懈切。故段玉裁注《说文》曰："剧者，病甚也。癌者，病甚呻吟之声。"钟案：《广韵》癌隶隘纽，为影纽开口呼；今痛声则作合口呼，音如㥾，乌快切。○俗称人物不好曰"㥾"，即此字。古今开合口之转也。小儿呼痛，则曰"乌外"，又癌读㥾声之反语，犹椎曰终葵，槛曰枸杞之比耳。癌在卦韵，为开口呼，卦、麻同入相转，同入于麦。音又转如哑。今病痛或呼如"哑"。或曰，哑者，"侉"之音转。《玉篇·人部》："侉，安贺切。痛呼也。"歌、麻相转，故如哑。或曰"哑下"。下者，

---

①"很""嗯""限"当是叹词，与"很"之本义无关。
②"士"，原作"世"，误，径改。

"侑"之音变。详下文。

癏，《玉篇》音於之、於卖两切。《广韵·七之》医纽："癏，羸也，又乙卖切。"则癏有医、隘乙卖切两音。甬俗状病人呻吟之声曰"医隘"，隘，乙卖切，甬俗误读如界，说见《释地篇》。又称人羸弱善病、不耐挫折者呼为"医隘尪"。医、隘本癏一字之异声，俗误认为两字义同，乃类聚为词。犹呼癏为癏疤，疤本癏音变之俗字，见《释疾病篇》。同其例耳。尪者，《通俗文》："短小曰尪，羸也。"《一切经音义》卷四引。《广韵·十一唐》："尪，尪弱。"乌光切，音汪。通作𠈼。《荀子·王霸篇》："百姓贱之如𠈼。"杨倞注："𠈼，病人也。"尪，影纽，或转浊音，入匣纽，则如皇。俗讹作"厌爷皇"。

侑　《说文·人部》："侑，一曰痛声。"胡茅切，音肴。《玉篇》下交切。《颜氏家训·风操篇》："《仓颉篇》有侑字，训诂云：'痛而謔也，音羽罪反。'今北人痛则呼之。《声类》音于来反，今南人痛或呼之。此二音随其乡俗，并行可也。"《广韵·十四贿》："侑，痛而叫也。于罪切。"今痛呼，声若"下肴"，下读《广韵》胡雅切，方是；若读北音作晓纽，如写，则讹。即侑之反语也。或呼痛如"啊肴"，如"哑肴"，即"侉侑"字，侉亦痛呼也。见上条。或呼痛如曰"下肴汇"，汇亦侑字，读羽罪切也。俗作"吓嘎哙"。

譆　《说文·言部》："譆，痛也。"火衣切，晓纽粗音；《广韵·七之》："譆，痛声。"许其切，晓纽细音。今探汤不胜其热，痛而呼曰"譆"，遇针刺而痛，亦呼曰"譆"。音皆转如势，撮口呼。势本审纽，晓之细音常与审、心混，而之、脂亦相邻转也。

释情志　九十四条　一七二六五字

释　言　七十八条　一三七五九字

丙午岁三月上弦日誊竣

卷六　释词

目　录
（括号内小字为俗音及讹字）

侯　《诗·小雅·六月》：“侯谁在矣。”《大雅·文王》：“侯文王孙子。”传并曰：
“侯，维也。”《小雅·四月》：“侯栗侯梅。”《大雅·荡》：“侯作侯祝。”笺并曰：
“侯，维也。”维为肇语发声词，今祭祝文中犹习见之。侯训维，则侯亦肇语发声词。侯、
幽声近，幽、侵对转，侯转覃咸，音变为咸。甬俗呼人，或与人言事，往往先冠以“咸”
声，如云“咸某人”“咸某事如何”。咸即侯，犹文辞发端之维也。

伊　《尔雅·释诂》：“伊，维也。”“伊、维，侯也。”伊犹侯也，亦肇语发声词。
《后汉书·班固传·典引》：“伊考自遂古。”《楚辞·九思·悼乱》：“伊余兮念
兹。”李贤、王逸注并云：“伊，维也。”伊，古音为脂类，脂、真对转，真、元声近，

伊转删山，音变为顥，乌闲切。如吴越称早晏之晏。甬俗呼人，或与人言事，有先冠以"晏"声者，晏即伊，与发声用侯之变为咸，其词例相同。伊，影纽，侯，匣纽，影、匣清浊之转耳。

　　而　《汉书·韦贤传》："我虽鄙耇，心其好而。我徒侃侃，乐亦在而。"师古注："而者，句绝之辞。"钟案：此而犹焉也，虽为句绝，隐有指事之意，犹"心不在焉"之焉，亦有隐指处所之意寓焉。《韦玄成传》："谁谓华高，企其齐而。谁谓德难，厉其庶而。"此而亦犹焉也。《论语·微子篇》："已而，已而，今之从政者殆而。"此而犹矣也。《东京赋》："吁！汉帝之德，侯其祎而。"《诗·唐风》："宛其死矣。"《卫风》："咥其笑矣。"正相仿佛。陶潜诗："静言孔念，中心怅而。"此而亦犹矣也。《论语·子罕篇》："棠棣之华，偏其反而。岂不尔思？室是远而。"此而犹也也。《左传·宣四年》："若敖氏之鬼，不其馁而。"《逸周书·芮良夫篇》："不其乱而。"此而犹邪也。而殿句末，既可通焉，通矣，通也，通邪，凡句末用焉、矣、也、邪诸字，古有用而为之者，词气纾而味永。而，日纽，古音为之类。日、来声近，北音读日纽字固若来。之类入在职德，而转入声，音如勒，俗作"啦"。之、哈同类，而转哈韵，俗音作"唻"。之、歌合类，而转歌韵，俗字作"啰"。甬语凡句末而意有余感者，辄云"啦"，云"唻"，云"啰"。征古训，"而"之音变也。苟取上引诸经传"而"为殿词之句，通以今语，易"而"为"啦""唻""啰"等以释之，其词意无不肖焉。[①]

　　耳　《说文·矢部》："矣，语已词也。"耳，亦语已词，故耳、矣词气相若。王引之《经传释词》曰："矣，犹耳也。"引《赵策》曰："则连有赴东海而死矣。"《史记·鲁仲连传》矣作耳。又引《燕策》曰："齐者，故寡人之所欲伐也。直患国弊，力不足矣。"矣字并与耳同义。钟案：王氏说趀矣。古经传以矣殿句者，校其语气，往往可易以耳字。如《论语·里仁篇》："朝闻道，夕死可矣。"《公冶长篇》："季文子三思而后行。子闻之，曰：'再斯可矣。'"《里仁篇》："夫子之道，忠恕而已矣。"又："事君数，斯辱矣；朋友数，斯疏矣。"此诸矣字，苟易以耳，无不可也。矣之语气长，耳较短。读矣，语气可敛而短者，敛之乃为耳。稽古语，词尾称矣者，通以今语，往往为"了"字。如所引《论语》"可矣"即俗云"好了"，"而已矣"即俗云"就是了"，"辱矣""疏矣"即"吃苦了""冷淡了"。了者，盖即耳之转音。耳、矣古音皆之类，声义既相近，故语取以代。之、宵声近，故转为了。顾甬语无了字，凡通语称了者，甬则声如"力"，力即耳之入声，力，职韵，之入于职也。或声如"唻"，则之、哈同部相转也。或声如"啰"，

---

① 语气词"啦""唻""啰"不是由"而"演变而来的。

之、歌合类相转也。

耳，语已词；也，亦语已词。《经传释词》曰："也，犹耳也。"引《论语·先进篇》曰："由也升堂矣，未入于室也。"马融注："未入于室耳。"又引《礼记·祭义》曰："参直养者也，安能为孝乎？"《孟子·离娄篇》曰："子之从于子敖来，徒铺啜也。"《齐策》曰："王亦不好士也，何患无士？"是也。钟案：王氏所引诸句，其也字，皆可易耳字。也、耳皆句绝词，也气短，耳气舒。言也，语气舒之则为耳。他如《论语·公冶长篇》："十室之邑，必有忠信如丘者焉，不如丘之好学也。"也犹耳也。《雍也篇》："非敢后也，马不进也。"犹云马不进耳。《述而篇》："好古，敏以求之者也。""正唯弟子不能学也。"《子罕篇》："吾未见好德如好色者也。"《先进篇》："小子鸣鼓而攻之可也。"此诸也字，皆可易以耳。今甬语末助词声如"啦"、如"唻"、如"啰"者，稽诸文义，应为"也"字者，而作"耳"之变音，参看上文。正以也、耳词气相通，而假耳舒其气耳。

乎 乎，疑词也。《论语·乡党篇》："伤人乎？"《微子篇》："子见夫子乎？"皆疑问之词，犹今义之"否"也。乎，匣纽，匣之合口呼，常与奉、微混，今吴越读匣纽之乎、胡，与奉之扶、符，微之无、巫，混无所别，故唐人或借无为乎。朱庆余诗："画眉深浅入时无？"白居易诗："夜来天欲雪，能饮一杯无？"无亦犹否也。◇ 唐赵嘏有《十无诗》，凡七绝十首，其末句皆以无字为韵，作问词，无犹乎也。乎既讹微纽为无，微、明类隔，鱼模转麻，纽韵双转，音变，俗字作"吗"；或鱼、歌相转，俗字作"么"。今以"吗""么"为问词。或音促转入，俗字作"哦"，即"乎"讹奉纽读如扶之入声。甬俗问句曰"哦"，亦乎字也。犹否之入声如弗，甬之问词句末亦云"弗"。如"要否""是否"俗称"要哦""是哦"，亦云"要弗""是弗"。或谓问词称"吗"、称"么"，乃"未"之音变，引《史记·武安侯传》："上乃曰：'君除吏尽未？吾亦欲除吏。'"《后汉书·刘表传》："言出子口，而入吾耳，可以言未？"未，古音本读明纽，如谜，脂、歌相转，故为吗、为么。未之入声，亦得转为哦。然"未"作问词，疑亦是"乎"之讹转，稽汉以前，无训为疑词也。①

匣纽字讹转奉纽，又由奉类隔转並纽，甬言中犹可于"壶""狐"二字征之。壶，葫芦也，瓜属，可作蔬，俗呼音如蒲。故俗又呼鲜枣为"白蒲枣"，即白壶枣也。"壶枣"见《尔雅》。狐，俗亦讹为蒲。窭人妄效富者所为，谚嘲之云："黄鼠狼看蒲样。"蒲即狐也。狐裘贵，而鼬皮不贵。鼬俗名黄鼠狼，以鼬比窭人，

---

① "画眉深浅入时无"之"无"是由否定副词省略动词演变为表示疑问语气，非"乎"之音变。"要哦""是哦"之"哦"是"勿啦"的合音合义词，亦非"乎"之音变。

狐比富人，不得效矉相拟，故云尔。①

乎　《说文·兮部》："乎，语之余也。"凡语词欲余长其气，古皆以乎字助以舒之。"於乎""嗟乎"，感叹词，固必舒气以重其情，即呼召、乞请之词，欲曼声以重其语意，亦以乎为之。《新方言·释词》："乎，为呼召词，《论语》曰：'参乎！'《晋语》曰：'戁乎！'疾痛呼天，则曰：'天乎！'乎，为乞请词，《郑风》：'女曰观乎。''且往观乎。'今语皆作阿，转入麻部。"钟案：乎，匣纽，古音为鱼类。鱼、歌相转，今字作"呀"。古之"参乎""戁乎""观乎"，演为今语，即"参呀""戁呀""看呀"。史传中"母乎""儿乎"，在说部传奇中，即"娘呀""儿呀"。甬语呀字，或音转为匣萎切，则又鱼、支声近相转故也。支韵重音，匣纽无开口呼字。

那　《左传·宣二年》："犀兕尚多，弃甲则那？"杜预注："那，犹何也。"《经传释词》曰："那者，奈何之合声。奈何，如何也。"又引《日知录》曰："直言之曰那，长言之曰奈何，一也。"段玉裁曰："今人用那字，皆奈何之合声。"那，泥纽，歌韵。歌、脂声近，泥、娘声通，音变为呢。今人问词句末曰"呢"，即如何之意。如云"你呢"，即尔如何也。

曷害侯　《说文·曰部》："曷，何也。"曷即何之入声。《诗·召南·何彼秾矣》："曷不肃雝？"《王风·君子于役》："曷至哉？"笺皆训何。歌、泰同入，害之入声亦为曷，《诗》亦假害为曷。《周南·葛覃》："害浣害否？"《邶风·泉水》："不瑕有害？"传、笺并云："害，何也。"释文："害，户葛反。"歌、侯同入相转，何转侯韵，又变为侯。《吕氏春秋·观表篇》："今侯渫过而不辞？"高诱注："侯，何也。"《汉书·司马相如传·封禅文》："侯不迈哉！"李奇注："侯，何也。"今闻人言，听而未谂，应之曰"曷"。长言转泰韵，音如匣大切，开口呼，犹云"所语何邪"？曷其简辞也。又闻人言，疑其事不当有是者，应之曰"害"。或音转寒韵，如"汗"。泰、寒同入于曷，故相转。害亦简辞，长言之，犹云"何为若是邪"？又见人为非法之事，诃禁之，曰"侯"。侯亦简辞，备言之，犹云"汝为何"尔。②

曾訾斯　《方言》十："曾、訾，何也。湘潭之原，荆之南鄙，谓何为曾，或谓之訾。"钟案：曾、訾精纽双声，曾，古音为蒸类，訾从此声，古音为支类。从严可均说。段玉裁、朱骏声等此声字归入脂类。稽古叶韵，虽各有据，似严氏之说较优。蒸、之对转，之、支合类，訾即曾之阴声转音。曾，俗作"怎"，唐人诗中亦作"争"。争为耕类，耕、支对转，

---

① "黄鼠狼看蒲样"是歇后语"黄鼠狼看蒲样——吊煞"的省说，"蒲"当是指"早蒲"，瓠瓜。
② 方言中"曷""害""侯"当是叹词，而不是疑问代词或疑问句的简略形式。

争又为訾之阳声。《广韵》訾音紫，在《四纸》。古音支、佳同部，支变为佳，上声则纸变为蟹。又精从清浊对转，訾转浊音，从纽蟹韵，则音变如寨上声。疾买切。犹曾亦读浊音，为曾经之曾，如赠之平声。甬语问词，称何为"寨"，即訾字也。从此声字多转入佳蟹韵，如柴、紫、眦（《汉书·杜钦传》师古音仕懈切）、跐（《广雅·释诂一》曹宪音侧买反）、批（《广韵》音侧买切）。

《方言》郭璞注曰："今江东人亦云訾，为声如斯。"訾，精纽，读如斯，则转心纽，精、心皆齿头全清，而音转纤。訾读如斯，犹翅、啻本皆音施，而甬读如至，是可证精心、照审通转之例。支变为佳，斯转佳韵，音如晒平声。山街切。苏吴问词，称何为"晒"，亦訾之音变。此词亦流行于甬市。支、歌互变，斯转歌韵，音如琐。甬语问词，又称何为"琐"。析为反语，则云"什么"，通语也。歌、麻同部，或呼何为舍，绍兴人则称何为"舍"。或云，琐、舍皆"訾何"连呼合声之变，訾音如斯也。支、脂声近相转，斯转脂类霁韵，音变为些。《广韵·十二霁》细纽："些，何也。"或云，些者，"斯奚"合呼之变者，方言类聚同义字为词，奚亦训何。甬语问词，曰"些些"，或曰"舍些"，并皆訾转为斯之音变，又重言之也。

奚 《仓颉篇》："奚，何也。"《一切经音义》卷八引。《论语·为政篇》："奚其为为政？"《八佾》："奚取于三家之堂？"皇侃疏："奚，何也。"奚，本训"大腹也"，见《说文》。其训何者，盖曷之音转。曷之去声在泰韵，泰、霁声近，古音皆脂类。相转，乃借奚为之。苏吴人怪人为逾分之事，作惊奇语以叱之，曰"奚"，俗作"咦"。析言之，犹云"何邪"？与甬人称"侯"者，其意相若。参看上条。近此语渐行于甬市。

其 《书·微子》："若之何其？"郑玄注："其，语助也。齐鲁之间声如姬。"《诗·小雅·庭燎》："夜如何其？"释文："其，音基。辞也。"姬、基音同，亦或读上、去者，如《王风·扬之水》："彼其之子。"笺曰："其，或作记，或作己，读声相似。"是"其"作助词，皆转清音见纽，读如基音。"其"在助词中，亦有兼状事之用者。王引之《经传释词》曰："其，状事之词也。有先言事，而后言其状者，若'击鼓其镗'《诗·邶风·击鼓》。'雨雪其雱'《诗·邶风·北风》。'零雨其濛'《诗·豳风·东山》。之属是也。有先言其状，而后言其事者，若'灼灼其华'《诗·周南·桃夭》。'殷其雷'《诗·召南·殷其雷》。'凄其以风'《诗·邶风·绿衣》。之属是也。"甬语状动态之词，辄系以其字，而音如基。如称窥视者，曰"张其汪其"；张，为占之音变。《方言》十："占，视也。凡相窃视，南楚或谓之占。"参看《释动作篇》。汪者，眂之音变。《说文·日部》："眂，望远合也。"乌皎切。《玉篇》《广韵》并云："眂，望远也。"萧、阳同入相转，音变为汪。步履徐怠不前者，曰"曑其曑其"。曑者，牟之入声。《说文》："牟，牛徐行也。"音韬。头摇不已者，曰"额其额其"；额者，騀之入声。《说文》："骹，马摇头也。"音我。①

宁　《说文·丂部》："宁，愿词也。"《书·大禹谟》："与其杀不辜，宁失不经。"《论语·子罕》："无宁死于二三子之手乎！"《后汉书·马援传》："宁死，不愿子孙有此行也。"俗于势不得已，愿贬损以就其次，曰"宁可"，曰"宁使"。《尔雅·释诂》："使，从也。"俗讹作"宁死"，非。宁或读如能。宁为耕类，能今在登韵，为蒸类，耕、蒸声近，邻转故也。浙江宁海县，甬呼如能海，宁海人自呼亦如是。《晋书·王衍传》："何物老妪，生此宁馨儿！"《通雅·谚原》："宁馨，今云能亨。"则宁音如能，此亦其例。

许　《礼记·哀公问》："求德当欲，不以其所。"郑玄注："所，犹道也。"《经传释词》曰："所者，指事之词。"郑注训道者，缘文所适而为训也。所与许，古相通用，以所从户声，许从午声，古音皆鱼类。所本疏举切，音稻。今讹读如沙者，鱼模转麻故也。又所审纽，许晓纽，晓读细音亦与心、审混，故或作许。《说文》"所"篆下引《诗》云："伐木所所。"今本《毛诗·小雅·伐木篇》作"伐木许许"。《文选·谢朓〈在郡卧病诗〉》："良辰竟何许。"李善注："许，犹所也。"故"何所人"所，处也。所审纽，处穿纽，审、穿②相转，故音讹相借。亦称"何许人"。《墨子·非乐篇》："舟车既以成矣，吾将恶许用之？"王引之曰："言吾将何所用之也。"是皆借许为所也。今苏吴人称何事声如"那亨"，即"那许"之转音。"那许"即"那所"也。那，何也，释见前。所，道也，"那所"犹云"何道"也，"何事"也。"那所"既借为"那许"，许，晓纽，鱼类，鱼、阳对转，晓转粗音，故音如亨。火羊切。此本吴语，甬人旅沪者众，习其语，遂亦闻于甬。

不　《广雅·释诂四》："弗，不也。"《广韵·四十四有》："不，弗也。"方久切。《公羊传·桓十年》："弗者，不之深也。"然今不、弗通用。不读入声，帮纽，与弗为叠韵。《广韵》不音同否，非纽，与弗为双声。《广韵·八物》不、弗且同音。不声、否声古音皆之类，之、咍同类相转，不读非纽，声转海韵，音变甫亥切，有声无字。咍、海韵皆无非纽字。甬语称意之所否，作却拒词，曰"不"，音正如甫亥切，犹无锡人意之所否者称"弗"也。或曰，甬语音如甫亥切者，乃"弗爱"之合声，"弗爱"犹弗欲也，意之所否者，故云尔。然稽诸流行语中，有可通者，有不可通者。如禁人之词亦作"弗

---

① "张其汪其"之"其"当作"记"（"汪"当作"望"）。"记"本是动量词，义同"下"；用在"×记×记"结构中，量词义弱化，作用相当于后缀。"×记×记"是个模式词语，表示动作的重复或某种情态。"额其额其"正字当作"扤记扤记"，《广韵·没韵》："扤，摇动。五忽切。"
② "穿"，原作"处"，误，径改。

亥"音者，其非"弗爱"之合声，可知已。①

    毋 《说文·毋部》："毋，止之也。"《诗·小雅·角弓》："毋教猱升木。"笺云："毋，禁辞。"《礼记·曲礼上》："毋不敬。"释文："毋，犹今人言莫也。"毋，古音为鱼类，鱼、阳对转，阳、耕声近，音变巫耕切，俗音如"汶"。汶本真类，真、耕声近，真之声洪者亦如耕类也。毋音转为汶，犹甬俗呼鱼，音亦转耕韵，如吾耕切也。甬语凡禁人莫为皆云"汶"，如禁人莫誃曰"汶烦"，禁人勿言曰"汶话"。②

    莫罔 毋，古亦通作无，毋、无皆微纽，古无轻唇，微纽字读作明纽，故毋、无古音皆如模。声促转入，字变为莫。《诗·大雅·抑》："莫扪朕舌。"《云汉》："宁莫我听。"传、笺并云："莫，无也。"莫亦戒止之词。毋，鱼类，鱼、阳对转，字变为罔。《尔雅·释言》："罔，无也。"《书·大禹谟》："罔游于逸，罔淫于乐。"罔犹莫也。莫为日暮字，罔为古網（网）字，其皆作禁词者，皆毋之音变假借。《书·益稷》："罔水行舟。"《史记·夏本纪》作"毋水行舟"；《书·泰誓上》："罔惩其侮。"《墨子·非命中》作"毋僇其务"。皆毋、罔相假之证。莫，铎韵，铎亦为豪入，同入相转，莫转豪韵，音变为毛。《后汉书·冯衍传》曰："饥者毛食。"李贤注："毛，无也。"《衍集》毛字作无。钱大昕曰："今江西、湖南方音，读无如冒，即毛之去声。"无得音转为毛，故毋亦得音转为毛。甬俗禁人毋为之词亦曰"毛"，如禁人毋哗曰"毛誃"，禁人毋为曰"毛弄"，毛或转亢音，如咪豪切。咪，音如西乐谱陀雷咪之咪（3）。明纽字为不清不浊，凡不清不浊之纽，如疑、泥、娘、明、微等，皆易转亢音。

    毋，古音既如模，鱼、支声近相转，支、佳同部，毋转佳部，音变为卖。卖，卦韵。卦为佳去声。甬语禁人莫为亦呼如卖。如毋为曰"卖弄"，毋扰曰"卖烦"。卖亦或转亢音，如咪卖切。毋既音转为罔，阳、元又声近相转，音变为满。犹《小尔雅》："曼，无也。"曼即无之转音。甬语叱人无存奢望者曰"满想"。甬音满音近模。或曰"汶想"，汶即毋字。

    今人悔过，自认勿再为者，音如物为切，即"毋为"之合声，有声无字。

    犹 《礼记·檀弓上》："伯鱼之母死，期而犹哭。"郑玄注："犹，尚也。"《吕氏春秋·士节篇》："齐有北郭骚者，结罘罔，捆蒲苇，织萉屦，以养其母犹不足。"《下贤篇》："王犹少。"高诱注并云："犹，尚也。"词例称尚者，谓事虽已然，而仍未尽然。如《檀弓》"期而犹哭"，丧礼期年虽应卒哭，而伯鱼仍未卒哭，故云尚。

---

① 上文《释情志》"悗"条亦谓读甬亥切 [fe⁵³] 的"懑"是"弗爱"的合声，此又说是"不"的音转，互相矛盾。我们认为是"弗要"的合声。

② "汶烦""汶话"及下条"汶想"之"汶"当是"勿用"的合音合义词，一般写作"甮"，而非"毋"之音变。

"期而犹哭"，通以今语，即"期年还在哭"也。犹，即俗语之还也。北郭骚勤苦所入，应可养其母，而仍未足为养，故云尚。通以今语，"养其母还不足"也，是犹亦俗语之还也。《下贤篇》论齐桓公尊士下贤，故霸，云"王犹少"者，谓其王天下仍不足，通以今语，"王天下还差"也。《论语·雍也篇》称博施济众，"尧舜其犹病诸"，通以今语，"尧舜还不足于此"也。他如《颜渊篇》："吾犹不足。"《宪问篇》："吾力犹能肆诸市朝。"《阳货篇》："不有博弈者乎？为之，犹贤乎已。"此诸犹字，皆俗语所谓"还"也。今食味虽甜而仍未尽甜者称"还甜"，虽好而未尽好者曰"还好"，苟为文词，则曰"尚甜""尚好"。尚通于犹，则此诸还字，亦即犹矣。◇ 唐明皇《咏木偶诗》云："还似人生一世中。"（见《太真外传》）温庭筠《宿城南亡友别墅诗》："还似昔年残梦里。"此还即犹字。诗求清新谐俗，故取俗语为词。呼犹为还，盖唐人已云然。《说文》："还，复也。"义不通尚。盖还者，借声字，即犹之音变。犹，喻组，古音为幽类。喻、匣音等互变，喻之粗音为匣，匣之细音为喻。幽、侵亦对转，犹转侵类覃咸韵，纽亦相应而变于匣，匣组，咸韵，音变王凡切。覃咸无合口呼字，今音覃咸与寒删相混，王凡切音若还，遂借删韵之还为之。①

即使　《汉书·西南夷传》："即以为不毛之地。"师古注："即，犹若也。"《左传·昭十二年》："即欲有事何如？"王引之释曰："言若欲有事也。"《公羊传·庄卅二年》："寡人即不起此病，吾将焉致乎鲁国？"王引之释曰："言若不起此病也。"《赵策》曰："所贵于天下之士者，为人排患、释难、解纷乱而无所取也。即有所取者，是商贾之人也。"王引之释曰："言若有所取也。"王氏又引《管子·戒篇》："仲父之疾甚矣，若不幸而不起此疾。"《韩子·十过篇》作"即不幸而不起此病"。是即与若同义，若者，悬拟之词，与或义近。故王氏又云："即，犹或也。或与若义相近。"引《越语》曰："无乃即伤君王之所爱乎？"言或伤君王之所爱也。又引《史记·吕后纪》曰："恐即崩后，刘将军为害。"言或崩后为害也。钟案：王氏诸说见《经传释词》，文繁不备述。今人言设有其事曰"即使"，即字正取或、若之义。俗亦称为"设使"，设亦悬拟之词。《法言·重黎》："设秦得人，何如？"李轨注："设，假。"《史记·灌夫传》："设百岁后。"索隐："设者，脱也。"训假训脱，皆悬拟而为之说。脱者，唐人俗语，盖即"倘"之入声。

　　即，古音为脂类，脂、歌声近，歌入于铎，即转铎韵，音变为作。使为之类，之、

---

① "还"非"犹"之音变，音义都不合。"还甜""还好"之"还"表示程度上勉强过得去，基本达到
　　要求，"还"可以换成"尚"，但不能换成"犹"。

蒸对转，音变为兴。"即使"俗语又变为"作兴"。甬语称或然假设之词曰"作兴"，如云"作兴天落雨""作兴有客来"，谓设或雨下、设或客来也。①

　　故尔　《说文·八部》："尒，词之必然也。"段玉裁注："尒之言如此也。后世多以尔（尒）字为之。"《经传释词》曰："尔，犹如此也。"朱骏声谓"尔"是"如此"两字之合声，其《说文通训定声》自叙云："若夫如此为尔，之焉为旃，两字便成翻语。"尔、如皆日组，日通禅、床，亦与来纽近。北音读日组字多作来纽，甬音则多转禅、床，或作泥、娘纽。甬读如为禅纽，尔作来纽，故"如此"合声，甬音与"尔"不谐。可知尔是借声字。尔，古音为脂类，脂类之入物、没，尔转入声，音如硋。勒没切。甬语谓所以如此者，呼若"格硋"，即"故尔"之入声。故，犹是以也，由是而然之词。《论语·季氏篇》："禄之去公室五世矣，政逮于大夫四世矣，故夫三桓之子孙微矣。"言是以三桓之子孙微也。《礼记·中庸》："凡有血气者，莫不尊亲，故曰配天。"言是以曰配天也。《大学》："故君子必诚其意。"言是以君子必诚其意也。《孟子·离娄上》："故善战者服上刑。"言是以善战者服上刑也。故，古音为鱼类，鱼类之入铎、陌、昔，故转入声，音如格。

　　固应　固，本然之词，亦应当之词也。《孟子·万章上》："仁人固如是乎？"赵岐注："仁人用心当如是乎？"固犹当也，谓应当也，亦谓仁人用心本如是乎？《梁惠王上》："臣固知王之不忍也。"言本知王之不忍也。又曰："小固不可以敌大，寡固不可以敌众，弱固不可以敌强。"固皆犹本也。《吕氏春秋·任数篇》："以浅阙博居天下，安殊俗，治万民，其说固不行。"言其说本当不行也。又曰："知人固不易矣。"言知人本不易也。《论语·卫灵公》："君子固穷。"言君子本应穷也。又曰："固相师之道也。"言相瞽师之道，本当如是也。高诱注《吕氏春秋》固训必，必然者，与本然之意相近。《说文·心部》："应，当也。"固与应皆有当然之义。世俗称事之当然曰"该"，或复言之，为"本该"，为"应该"。如本当死曰"该死"，本当苦曰"该苦"。该者，"固应"联言合声之变。固，见纽；应，蒸韵。蒸、之对转，之、咍同部，应转咍韵，音如埃。"固应"变为"固埃"，疾呼声合则为该。《说文》："该，军中约也。"其训包、训兼、训备者，则为晐之假借，该无应该义。

　　固，亦得音变为该。固，古音为鱼类，鱼、歌声近，歌、咍同入相转，同入于曷。〇亦即歌之合类。固由歌转咍，亦音如该。然其义不若"固应"合声之变为周匝充腴耳。②

　　赣　《说文·贝部》："赣，赐也。""赐，予也。"《尔雅·释诂》："予，赐也。"

---

①"作兴"非"即使"之音变。
②"该"非"固应"联言合声之变，亦非"固"之音变。

赐亦通作锡。段玉裁曰："赐者，与之通称。《禹贡》：'纳锡大龟。'乃下与上之词。又《玉藻》言'赐君子与小人'者，别言之，统言则不别也。"赣、赐皆授予义，古无尊卑之别，犹称我为朕，非天子所专用也。赣从赣省声，古音当在侵类。今江西赣江、江苏赣榆县，皆读古禫切，音感，是其本音；后读如贡者，侵、东声近相转故尔。赣既训予，读如感，今称予人钱物曰"该"，即赣之音讹。赣，感韵，为覃上声。今音覃、寒相混，覃收音失其闭口，即变为寒，故赣音如干。而寒、哈同入相转，同入于曷。干转哈韵，则为该矣。干，阳声；该，阴声。阳声失其鼻音，斯为阴声。予人钱物曰"该"，本北方语，年来北语流行于甬者多，故亦释之。

付卜　《说文·人部》："付，予也。"方遇切，古音为侯类。侯、鱼声近相转，故今入遇韵，犹孚古音亦在侯类也。付，非纽，古无轻唇，非纽字读作帮纽，故付古音当读如布。双声同类相假，字亦作卜。《诗·小雅·天保》："君曰卜尔。"《楚茨》："卜尔百福。"传、笺并云："卜，予也。"甬俗称人以物予我曰"卜我"，或音转为"伯我"。伯，陌韵，为鱼类之入，即付读如布之声促转入也。付，今入遇韵，鱼模变麻，音转，字又讹为"把"，予我，亦呼为"把我"。引申用为予我为事亦云"把"，如"把某人叫来"，即予我叫某人来耳。

畀　《尔雅·释诂》："畀，予也。"《诗·鄘风·干旄》："何以畀之？"传："畀，予也。"予犹与。《公羊传·僖廿八年》："畀者何？与也。"《书·洪范》："不畀洪范九畴。"传："畀，与。"畀，必至切，音比，至韵。至入于质，畀转入声，音如毕。甬俗称与人物曰"畀其"，或音如"毕其"。

并兼　《说文·秝部》："兼，并也。"《从部》："并，相从也。"《广雅·释言》："并，兼也。"又《释诂四》："兼、并，同也。"字训联言，"并兼"疾呼，声合为砭。今音覃、寒、盐、先声混，俗讹为边。今谓同时兼作二事为"边"，如既走且唱曰"边走边唱"，甬谚有"边打边想"之语，谓且操作且筹谋也。或曰，称边者，本"并"之音变。先韵本属真类，真、耕声近相转，故骈、骈并从并声。并固从开声，平亦读如便。其说亦通。[1]

当闬　《说文·田部》："当，田相值也。"引申为相值皆曰当。凡身值其时、其地，曰"当日"，曰"当时"，曰"当代"，曰"当地"，则当犹此也，遂用为指事之词。当，端纽，转浊音，入定纽，则如唐。甬语称此处为"唐岸"，岸者，闬之转音。《说文·门部》："闬，闬也。汝南平舆里门曰闬。"音翰。《楚辞·招魂》王逸注云："闬，里也。

---

[1] "边走边唱"是"一边走一边唱"之省说，"边"非"并兼"之合音或"并"之音变。

楚人名里曰闾。"见"去君之恒干，何为四方些"句下。喉牙匣疑相转，故音如岸。闾训里，"当闾"犹云这里矣。或呼此处为"唐头"，头者，地之音变。地从也声，古音为歌类。从严可均说。歌、鱼声近，鱼、侯亦声近，地由鱼转侯，故音如头；歌、侯同入于铎，亦相转也。或称此处为"唐底"，底亦地之音转，定浊转端清也。他如身所值之房舍、席位，曰"唐间"，曰"唐桌"，皆其例。

当转训为此，甬语亦用于词尾。如人物在此曰"来当"，来者，戾之转音。脂、之合类相转也。《尔雅·释诂》："戾，止也。""戾当"谓止于此也。戾、来古互训。《释诂》："来，至也。"至、止义亦相通。或呼曰"来东"，东亦当之转音，阳、东声近相转也。他如卧于此曰"睏东"，坐于此曰"坐东"，东亦呼如当。

当，古音为阳类，阳、元声近，音转为单；元、泰对转，音又转为带。绍兴人称在此曰"来东"，亦曰"来带"。甬俗称竹木劈其开曰"劈单开"，船并其拢曰"并单拢"，单或呼如带。单、带犹其也，其，指事之词。单、带为当之音转，当犹此也，亦指事之词。或以为助词，非。①

今 《说文·人部》："今，是时也。"是时，犹此时，指当前之时也。音促转入，为即。今，见纽，齐齿呼；即，精纽，齐齿呼。声最近似。郭璞、孙炎注《尔雅》云："即，犹今也。"见《释诂》"即，尼也"条注。所云"即日""即时""即刻"，即固通今，亦可通此，犹云"此日""此时""此刻"也。然则今犹此也，故今亦有指事之义。《老子》廿一章："吾何以知众甫之状哉？以此。"又五十四章："吾何以明其然哉？以此。"河上公注并云："此，今也。"以之反释，则今犹此也。王引之《经传释词》曰："今，指事之词也。《考工记·辀人》曰：'今夫大车之辕挚。'《墨子·兼爱篇》曰：'今若夫攻城野战，杀身而为名。'《礼记·三年问》曰：'今是大鸟兽。'《晋语》：'今君之所闻也。'犹言是君之所闻也。《公羊传·宣十五年》：'是何子之情也！'《韩诗外传》是作今。皆指事之词。"钟案：今之指事，本以指当前之时，引申为指当前之事物。俗指事，称此曰"这"。甬读这，如即，或如拙。而方言呼这，音转开口呼，为格邑切，实"今"之入声。呼如拙者，当为"之""只"等字之转入，之、只古亦指事词也。北音读这如者，亦为"兹""之"等字之音变，说详下文。《玉篇》："这，

---

① 谓"唐岸""来东"之"唐""东"本字为"当"，笔者认同这一说法；谓"唐头"之"头"是"地"之音变，不确，"头"是方位词后缀；谓"来当"之"来"是"戾"之转音，不确，"来"就是正字；谓"劈单开""并单拢"之"单"（也读带）为"当"之音转，是指事之词，不确，"单""带"看作助词为优。

宜战切。迎也。"既非指事义，音亦不似。[①]

　　故　《尔雅·释诂》："故，今也。""今"为指事词，故"故"亦为指事词。郝懿行义疏曰："《诗》：'迨其今兮。'传：'今，急辞也。'急为今入声。然则今为急辞，即知故为缓辞矣。"钟案：故音舒缓，今音急促，字有因声理而生义者，本自然之玄致。故，暮韵，古音为鱼类，鱼、歌声近，音变为箇。后人指事云"箇"，即故之音转也。《唐书·李密传》："炀帝谓宇文述曰：'箇小儿，瞻视异常。'"箇指李密，则指人也。唐宋诗词语录，如"箇侬""箇人""箇中""箇里"，则箇犹此也。歌、之合类，之、咍同部，故歌、咍亦同入相转。同入于曷。箇转咍韵，音变为该。俗以"该"为指事词，与今之入声呼"即"者同用，细体味之，呼即者义急，呼该者义缓。该，即故也；即，即今也。郝氏急辞、缓辞之说，固有以矣。[②]

　　其　其，犹彼也，犹他也，指事之词也。甬语称他曰"其"。彼者，外之之辞，甬语称其，义亦有之。其，群纽，之韵，浊音转清，群转见纽，或读如基、如记。《诗·小雅·庭燎》："夜如何其。"释文："其，音基。"《王风·扬之水》："彼其之子。"释文："其，音记，或作己。"是也。其，读如基，居之切，见纽细音，齐齿呼。音等转粗，为闭口，则为格之切。之、咍同类，之夐咍侈，本相通转。如怡、饴、胎、怠皆从台声；俟、娭、埃、骇皆从矣声；理、裹、埋、霾皆从里声；待从寺声，皆其例。音等既粗，之韵见纽无开口呼字，欲作开口，势必通转咍韵，则音如该。今指事之词称彼曰"该"，即其字纽韵转侈之故。然"其"之音转为"该"，与上条"故"之音转为"该"，虽俱为指事之词，而合义微有所别。故音转该，犹此也，指近而言，甬语为平声，声促转入，或音如格。如这样曰"格貌"。其音转该，犹彼也，俗语所云"那"也，指远而言，甬语读上声。如彼岸曰"该岸"，那边曰"该头"，曰"该面"，皆其例，所谓外之之辞也。

　　《广韵·七之》其与萁、箕同音；《十六咍》该与荄同音。其音转该，犹箕亦作荄，其读为该也。《易·明夷》："箕子之明夷。"释文："蜀才箕作其。刘向云：'今《易》箕子作荄滋。'"《汉书·儒林·孟喜传》引蜀人赵宾云："箕子者，万物方荄兹也。"师古注："荄，音该。"《淮南·时则训》"孟春"："爨其燧火。"高诱注："其，读该备之该也。"庄逵吉按语云："《易》'箕子之明夷'，刘向曰：'今《易》箕子作荄兹。'是箕有荄音，因之其亦有该音耳。"然则指事曰该，乃其之变音，稽诸

---

① 宁波话表示近指的指示代词读格邑切 [kiɪʔ⁵⁵]，字写作"该"，一般认为是"个一"的合音词。
② 今宁波话指事词没有读"即"的。

古训所通，验诸音理所转，乃绝无可疑者。

　　慈溪山北及余姚人称指事曰"该"，音如俗字靠戤之戤，共亥切。即其读如字作群纽而转咍韵耳。其之为该，犹藩之为笆，待之为等，皆纽韵俱变，无双声叠韵之迹，乃方言变化之最甚者。不解其理者，或疑而笑之，斯固然已。

　　其音转该，既为指彼之词，甬语亦用于词尾，如人物在彼处曰"来该"。来者，戾之转音。见上文"当"字条。卧于彼曰"睏该"，往于彼曰"去该"。

　　之　《尔雅·释训》："之子，是子也。"《诗·小雅·蓼莪》："欲报之德。"笺曰："之，犹是也。"《吕氏春秋·音初篇》："之子是必大吉。"高诱注："之，其。"之或音转为只。《诗·小雅·南山有台》："乐只君子。"笺曰："只之言是也。"《周南·樛木》："乐只君子。"释文："只，犹是也。"之训是，训其，皆指事之词。之、歌合类，歌、麻同居，之转麻韵，音变为者。宋元词曲曰"者番""者箇""者回"，禅人语录多作"遮"。苏轼《偈》："遮箇在油铛。"者、遮皆指事词，犹此也。之转麻韵为者，犹此转麻韵为且，且亦训此。《诗·周颂·载芟》："匪且有且。"传："且，此也。"此、之、兹、斯、是，皆指事之词，并为齿音。古音"此""是""斯"皆支类，"兹""之"皆之类，支、之与歌皆合类，故悉相通转。者，为间代之词，古无用作此义，其为指事之词，本是之字音讹，后人又讹为这。而正之者以为正俗之殊，亦非矣。

　　之，照纽，古无知、照纽，皆读如端纽，故之古音当如底。声促转入，俗字作的。凡之字，古为介联用词。如"唐棣之华""羔羊之皮""在南山之阳""夫水之积也不厚"，此诸之字，通以今语，固皆为的。即结句助气之词，含有指事之用，若"此""斯"等字者，通以今语，亦为的。如《论语·述而篇》："子疾病，子路请祷。子曰：'有诸？'子路对曰：'有之。'"今语即"有的"也。《子罕篇》："君子居之。"今语即"居的"也。《礼·中庸》："唯圣者能之。"今语即"能的"也。《诗·唐风·有杕之杜》："中心好之。"犹云"中心爱的"也。《邶风·北门》："天实为之。"犹云"天弄的"也。之固为指事词也。

　　若"大的""小的""长的""短的"等的，于古语则为者字。者，照纽，古音为歌类。歌、之合类，照纽古读端纽，声促转入，故音亦转如的。此今音同，而古字异，当辨之。①

──────────

① "羔羊的皮""有的"与"大的""小的"之"的"，是同一个"的"之不同用法，来源当相同。

附"者"字辨

　　《说文·白部》："者，别事词也。"别事与指事有异，《丹部》："别，分解也。"别事云"者"，事义有待分解，以"者"字承代被分解之主词，而说明分解之也。指事，则直指其事，曰"彼"，曰"此"，不必有形况之他义所在是已。稽古经传，用"者"字，"者"前必有主词。如《易·乾卦》："元者，善之长也。亨者，嘉之会也。""者"字承代元、亨，而以善长、嘉会分解其义，元、亨，被分解之主词，而"者"字为间代，以启分解之说也。又如《汉书·艺文志》："儒家者流，盖出于司徒之官。""道家者流，盖出于史官。"此"者"字，为分解儒家、道家之原委，"者"虽居流字之前，然在儒家、道家之后，考其文句之变化，即"儒家流者""道家流者"云尔，"者"字承代儒家、道家之主词耳。稽古用"者"字，亦有承代主词而不系以分解之词，而分解之义，即在其中。如《周礼·考工记》："脂者，膏者，蠃者，羽者，鳞者。"又云："以脰鸣者，以注鸣者，以旁鸣者，以翼鸣者，以股鸣者，以胸鸣者。"又如《庄子·齐物论》："似洼者，似污者，激者，謞者，叱者，吸者，叫者，譹者，宎者，咬者。"则《考工》诸"者"字，为承代脂、膏、蠃等诸兽，而分解其兽之形体；承代脰鸣、注鸣、旁鸣诸小虫，而分解诸虫之鸣状。《庄子》诸"者"字，承代似洼、似污、激、謞、叱、吸诸窍之形声，而分解其声类。他如言人品，则曰王者、霸者、儒者、学者、仁者、贤者；言物状，则曰长者、短者、大者、小者。"者"字虽为承代之词，而分解其人物品类之用，即在其中。《说文》以"者"为别事词，别为分解，即为区别。凡用"者"字，非有义理待于分解，即自显其区别之意，要不出此两途。若以章句文法而言，"者"固为间代之词，或以承上启下，文法家如马建忠《文通》所言是已。许君独训"别事词"者，就其"者"字含义而言。《说文》本以解字之声义，非以解章句也。前修段玉裁等注《说文》，误认别事为指事，遂引用"者番""者箇"指事之"者"，以证其别事之义，与"彼""此""斯""兹"等指事之词等量齐观，盖因袭宋人毛晃《增韵》、郭忠恕《佩觿》诸说，未加深究，以为世俗呼"此"为"这"，乃"者"字之讹，"这"本训迎，不足代"此"为指事词。然稽古经传，又何尝假"者"为"此"字用哉！古用"者"，其前必有字，初无"者"字凭空冠于实字之上，如"者番""者箇"之"者"。然则"者番""者箇"之"者"，非《说文》别事之"者"，亦非"王者""仁者"之"者"，乃"之""只"指事词之变声，其音若者，乃借"者"字为之耳。[①]

---

① 《附"者"字辨》原放在"之"条第一段后，且用单行小字书写。今稍作更动，以清眉目。

之来 之，助词，亦训往。《尔雅·释诂》："之，往也。"《说文》："往，之也。"《诗·邶风·柏舟》笺："之，至也。"来训至，来亦助词。《尔雅·释诂》："来，至也。"《孟子·离娄上》："盍归乎来？"《庄子·人间世》："尝以语我来。"又曰："子其有以语我来。"此来即助词。参王引之说。之训往、训至，来亦训至，皆行而求其所达之意。往则由此及彼，来则由彼及此，为求其所达，则一也。今谓行事且慢者曰"慢慢照"，亦曰"慢慢来"。照即之字，之、宵声近相转也。照与来，可谓助词，亦可谓有所求达之意在焉。之或不变其韵，而变其组。之，照组，照清转床浊，之转床组，音变为士。象山人谓行^①事且慢曰"慢慢士"。^②

古音之、咍同部，两部字音多相互转。故台音臺，亦音怡；思亦读如腮。来，在咍韵，转之，音变为釐。《广韵·七之》釐组有倈、耗、㾺字，皆从来声。来为助词，音变，俗作哩。白话文中哩、唎字亦有从尔字变者。来、之皆助词，或连茹言之，音变为"哩之"。甬丐作踏歌，俗名"打连相"者，二人各持竹竿，长二尺许，中贯以钱，振之作响，相对俯仰作态，往来盘旋，歌中时间以助词曰"哩之哩之哩"。助词固无深意，然亦自状其往来盘旋之意。

赖时惢 《广雅·释诂一》："时、赖、惢，善也。"惢，曹宪音素果反。歌、元对转，音变为散。苏沪人称善其事者曰"来时"，亦曰"来散"；不善其事曰"弗来时"，亦曰"弗来散"。来即赖之语转。赖，泰韵，为脂类；来，咍韵，为之类。脂、之合类，故泰、咍亦声近相转。苏沪语流传于甬者多，此亦其一。

或曰，时，当读如"时日害丧"之时，赵岐注《孟子》云："时，是也。"指事之词。"弗来时"谓不善此也。准是言之。"来散"之散应是斯之语转，《尔雅·释诂》："斯，此也。"斯，古音为支类，支、歌声通，歌、元对转，故音如散。说亦通。^③

若 《小尔雅·广诂》："若，汝也。"《史记·张仪传》："始我从若饮。"索隐："若者，汝也。"若乃尔，并日组一声之转，皆相对称谓之词，而指事之义寓焉。故若亦泛用为指事之词。《经传释词》曰："若，犹此也。《公羊传·庄四年》曰：'有明天子，则襄公得为若行乎？'谓此行也。《僖二十六年传》曰：'曷为以外内同若辞？'谓此辞也。《定四年传》曰：'君如有忧中国之心，则若时可矣。'谓此时也。《论语·公冶长篇》曰：'君子哉若人！'谓此人也。《管子·八观篇》：'不通于若计者，不可使用国。'《晏子·谏篇》曰：'虽有至圣大贤，岂能胜若谗哉？'《吕氏春秋·振

---

① "行"字原无，据文意补。
② "慢慢照"之"照"非"之"的音转。"照"一般写作"叫"，是用在单音节形容词重叠式后面的后缀，如：轻轻叫、好好叫。
③ "来时""来散"理据不明，但本字不是"赖时""赖惢"或"赖是""赖斯"。

乱篇》曰：'为天下之长患，致黔首之大害者，若说为深。'若字，并与此同义。"
若，日纽，古音为鱼类。古无日纽，日本古泥纽所变，故若古音当如诺。鱼、阳对转，
音变为囊，或如纛。乃庚切。甬语指事物以告人，音如"囊"，或"纛"，即若之变音，
犹云此也。

若，又为句末助辞。《易·丰卦》："有孚发若。"《节卦》："不节若，则嗟
若。"王弼注并云："若，辞也。"《离卦》："出涕沱若，戚嗟若。"疏云："若，
是语辞也。"《书·洪范》："曰肃，时寒若；曰乂，时旸若。"此诸若字，虽绝句，
而兼有陈述事状之意，通以今语，犹"哪"也，甬语亦作声如纛。设译《离卦》为俚词，
曰："出眼泪汤汤相哪，伤心叹气哪。"如《洪范》云："政令严肃，天道应之多寒哪；
政令平治，天道应之晴朗哪。"若，古音如诺，鱼、歌相转，故如哪。

《玉篇》："若，如也。""如，若也。"今方言"如若"多连茹为词。若、如，
日纽双声，日为半齿音，江永谓禅之余，故吴越读日纽字往往转作禅纽，甬读若如芍，
读如如殊，皆其例。甬语称如此，声如"石粳"，即"若箇"之转音。箇，犹此也。
实乃故之音变，说详上文"故"字条。若、石，甬音皆禅纽，而石齐齿尤甚。箇从固声，本鱼类，
故亦鱼类。鱼、阳对转，故音如粳。甬语称如此，亦呼"石介"，亦"若箇"之音转。歌、
泰同居相转，箇转泰韵，故如介。绍兴人则呼如"纳介"，纳即若读如诺之音转。①

　乡　《诗·商颂·殷武》："维汝荆楚，居国南乡。"《小雅·采芑》："于此中乡。"
传并曰："乡，所也。"陈奂传疏："所，犹处也。"《管子·形势篇》："风雨无乡，
而怨怒不及也。"尹知章注："乡，方也。既无方所，故无从而怨怒也。"钟案：方与所，
皆指地处之词，则乡亦地处词也。今称地位之内外曰"里乡""外乡"。俗作向，非，
颜师古《匡谬正俗》尝辨之。苏州人则呼如"里黍""外黍"，黍即所字。所本语韵，
疏举切，今读如沙者，鱼、歌声近相转，音变而讹，惟方言犹存其正。

　当党　《说文·田部》："当，田相值也。"田与田相值，必有间界，引申为界画为当。
俗称事物分界，以区画之，曰"分当"。虚字实用，又谓界画曰"当子"。俗作档。
又称间界之物亦曰"档"。《说文》称"匚当"，见"椢"篆下解。正谓器之四周有所间界，
以区内外也。俗称有所间界而分其内外，曰"里当"，曰"外当"，亦云"里格""外
格"。格即间之入声。皆以区分间界而孳乳其名也。当，古音为阳类，阳、耕声近相
转，当转耕韵，为都耕切，有声无字，俗作等。称上方曰"上等"，下方曰"下等"。
等为等级义，非地区之义。或云，等者，是党之转音。党，所也。《释名·释州国》：

_____

① 今宁波话称如此不说"石粳"或"石介"，而说"介"，如：介多、介忙、还是介啊。

"上党，党，所也。在山上，其所最高也①。"说亦通。②

逿遇③　《说文·辵部》："逿，相遇惊也。"五故切。遇、逿双声。《尔雅·释诂》："逿，见也。"《龙龛手鉴》卷四引《尔雅》旧注云："心不欲见而见曰逿。"钟案：凡相遇而惊者，谓不期遇而遇。遇之可喜者，固惊为奇遇；遇之可恶者，亦惊为不幸。凡遇事可惊者，皆为不意而相值也。《尔雅》旧注谓"心不欲见而见"，亦是不意而相值也。今谓不期然而然，适相遭遇者，甬语呼如"眼眼掉"，或如"眼眼头"，皆即"逿逿同"之音变。《说文·冃部》："同，合会也。"东、萧同入相转，同入于屋。故音如掉；东、侯对转，故音如头。逿，疑纽，暮韵，古音为鱼类。鱼、歌声近，歌、元对转，逿由歌而转入寒删韵，故音如眼。鱼类字音转元类者，其例最多。眼，亦可谓遇之转音。《易·暌卦》："遇主于巷。"崔注："遇者，不期而会。"《谷梁传·隐八年》："不期而会曰遇。"遇，今音亦鱼类。④

容　《玉篇·穴部》："容，口荅切。容合也。"《广韵·廿七合》："容，容合，相当也。""容合"盖古叠韵成语，疾呼声合仍如容，俗作恰。今谓凡事适如其分曰"恰"，即"容合"之合声也。"容合"训相当，即适如其分之意。《说文新附》："恰，用心也。"非其义。容，溪纽，开口呼，合韵。合为侵类，从段玉裁、朱骏声说。侵、幽对转，幽尤声细，无开口呼字，欲作开口呼，势必转入邻近侯韵，则音如口。今谓事物适如其分曰"口"，如云"口数"，谓数量不多不少也；曰"口巧"，谓适然相合也。⑤或曰：《广雅·释诂三》："姁，巧也。"曹宪音口。则"口巧"应是姁字，何为取容之转音？曰：《广雅》姁训巧，本诸《方言》。《方言》七："姁，治⑥也。吴越饰貌为姁，或谓之巧。"郭璞注："谓治作也。"《说文》："姁，一曰匠也。"又："巧，技也。"姁之训巧，本谓技巧也。俗语"巧合"，乃适然相合，巧乃称之转音。说详下文"称"字条。

称　《汉书·刑法志》："一物失称。"师古注："称，宜也。"《荀子·礼论》："贫富轻重，皆有称者也。"杨倞注："称，谓各当其宜。"宜者，适合之谓。《檀弓下》："称其财，斯之谓礼。"谓合其财力也，《刑法志》："德不称位，能不称官。"称犹适合也。《广韵·四十七证》："称，惬意。"今俗云合于心意为"称心"。称，古音为蒸类，

---

① "其所最高也"，《释名》原文作："其所最高，故曰上党也。"
② "上等""下等"之"等"乃"顶"之音转，而非"当"或"党"之音转。
③ "遇"字原无，据目录补。
④ 今宁波话不说"眼眼掉"或"眼眼头"，而说"眼眼叫"。"眼"非"逿"或"遇"之音变。
⑤ 今宁波话不说"口数""口巧"，而说"口好"等。
⑥ 董志翘先生认为：此"治"乃"冶"之讹。该条当读为："姁，貌冶也。吴越饰貌为姁，或谓之巧。""姁"乃"美"之义，为形容词。参看《扬雄〈方言〉辩证一则》，《中国语文》2017 年第 3 期。

蒸、之对转，之、宵声近，称由之转宵，音变为弨，俗作巧。今谓适然相合为"巧"。巧，溪纽，今读齐齿呼，与穿纽相似，故与弨音相乱而讹焉。巧为技巧字，无适合义。

或云，巧合字应是憿字。《说文·心部》："憿，幸也。"幸有偶合义。《周礼·天官·太宰》："三曰予，以驭其幸。"郑玄注："幸，谓言行偶合于善。"憿，古尧切。见、溪邻转，故《五音集韵》音轻皎切，如硗。见、溪邻转虽不繁，然亦恒有。如鞲、够音钩，亦音彄；胶亦音敲；讫、吃、矿本皆见纽，今皆讹为溪纽。①

程 《说文·禾部》："程，品也。十发为程，十程为分，十分为寸。"钟案：程与分、寸，皆度制名号之一。今"分寸""尺寸"皆引申为大小之代词，则程亦得如分、寸，假为大小之概称。故《广雅·释诂三》："程，量也。"《荀子·致仕篇》："程者，物之准也。"杨倞注："程，度量之总名也。"《说文》程训品，品为众庶，有等级之义。度量等级多端，盖亦以程为总名而概之耳。今称"程度""程式"，皆以程为等次不齐之义。称路途曰"路程"，称课艺曰"课程"，正以路途有远近，课艺有深浅，概言之也。程从呈声，古音为耕类。耕、阳声近相转，音变为场。甬俗称食味之等次曰"吃场好""吃场憸"，物用之广狭曰"用场大""用场小"。移言可食者谓之"吃场"，可用者谓之"用场"。又引申为可衣者曰"穿场"，可观者曰"看场"。场皆程字也。②

"吃场""穿场""看场"，或亦曰"吃头""穿头""看头"，头即度字。度、程义同，皆有等差不齐义，故称程者亦得称度。度，古音为鱼类，鱼、侯声近，故音转如头。凡商工营利曰"赚头"，曰"蚀头"，猾贾豫价曰"虚头"，分润之率曰"成头"，头皆度字，谓其盈亏、豫溢、分润之程度也。

◇"吃头""看头"之头，应是覃之转音。覃，味也。说见《释形体篇》。③

又 《诗·小雅·小宛》："天命不又。"《南有嘉鱼》："嘉宾式燕又思。"传、笺并云："又，复也。"又者，继前重再之词，故《广韵·四十九宥》："又，犹更也。"又，古音在之类，江有诰《廿一部谐声表》云："又，古于记切。"则古音如异。今在宥韵者，之、幽声近相转故也。古之类字今音在幽类者甚多，如有、右、久、尤、丘、牛、邮、裘、友诸字，古音本皆在之类。甬俗称事之重再者，呼如"异"，正"又"之古音未变。如雨又落曰"雨异落"，又生一女曰"异生一娘子"，即其例。

由 《尔雅·释诂》："由，自也。"郭璞注："自，犹从也。"今谓从心所行曰"自由"，即本《尔雅》字训联言而倒之。由，固亦训从，《诗·小雅·宾之初筵》："匪由勿

---

① "巧合"之"巧"非"称"或"憿"（即微幸之微）之转音。
② "吃场""用场"等之"场"非"程"之音变。
③ "吃头""穿头"之"头"非"度"之音变，"吃头""看头"之"头"非"覃"之音变。

语。"笺："由，从也。"亦训行。《广雅·释诂一》："由，行也。"从心所行义近放任。甬语称任意所欲呼如"侯"，即由之转音。由，喻纽，幽类。喻匣、幽侯皆洪纤相转。由，齐齿，音等转洪，为开口，则变为匣。幽尤声纤，无匣纽字，欲作匣纽，势必转入侯韵，故音如"侯"。俗称从我所欲曰"侯我"，任彼所为曰"侯其"。①

选　《说文·辵部》："选，遣也。"选与送一声之转，送亦训遣。遣、送者，往就之义，故选又训入。《广雅·释诂三》："选、纳，入也。"王念孙疏证曰："纳古通作内。《尧典》云：'内于百揆，宾于四门，内于大麓。'《列女传》云：'内于百揆，宾于四门，选于林木。'《史记·五帝纪》云：'尧使舜入山林川泽。'选、内皆入也，'选于林木'即'内于大麓'也。"是选通纳。纳亦训归。今称事之归属呼如算，归属于我者曰"算我"，归属于彼者曰"算其"。亦曰"归我""归其"，归亦往就义。《广雅·释诂一》："归，往也。"《二》："归，就也。"事物不成形者曰"算何样子"，谓不能归属于何等形式也。算即选之讹。算、选古音皆元类，又双声，故相转，甬音读选固如算。算为计数，非往就义，虽然算、选古固互借。《三苍》："算，选也。"《一切经音义》卷四②引。是借算为选。《论语·子路篇》："斗筲之徒，何足算也。"《汉书·公孙刘车王杨蔡郑传赞》及《盐铁论·杂事篇》引《论语》皆作"何足选也"，是借选为算。③

命　《小尔雅·广言》："命，予也。"《礼记·中庸》："天命之谓性。"谓性乃天予者也。予通与，与之，即委任之，故任、命义又通。《广雅·释诂一》："任、命，使也。"甬俗称任凭其意曰"但命其"，任凭我为曰"但命我"。称"但命"者，即"单命"之音转。单，端纽，转浊音定纽，则为但。单，独也，独、但亦一声之转。虚字但、独、第、徒、特皆用为仅此之词。"但命"云者，犹独任之已耳。④

---

① "侯我""侯其"之"侯"本字当是"候"。"候"在吴方言里可作介词，表随、由、任凭义。
② "卷四"原无，据本书引书体例补。
③ "算我""算其"之"算"即为正字，非"选"之讹。
④ "但命其""但命我"系老派说法，今多说"但便其""但便我"，普通话则说"随便他""随便我"。

卷六　释语

凡俗语、形况、施为诸端，在《释动作》《释行事》《释言》《释词》外者，汇释于本篇。

目　录

（括号内小字为俗音及讹字）

---

① "寏"原作"寔"，正文条目也作"寔"，据正文内容改。

三番） 坒（一坒 一排） 品（一批 批发 一票） 富（一副） 通（一套 一透桥 一跳桥） 达（一大路 一大河 单大 双大） 造（走一遭） 讀（章回小说 书一回） 土（一式 该式 一斢屋） 托（一斢房子） 疃（一倢 二倢） 体（一塌糊涂） 黈（一般 一班） 龚（皂班 戏班 轿班 脚班） 稠餓（一潮鸭 一潮鹅） 曹（人一潮） 橦作粥（一珠货色 一珠生意） 惠魏（会唱 会做 学会） 谦敬（对不起 对不住） 訌（扣定 扣实 敂实） 娆苛（奶和 闹和奶娥） 戏（耍） 俳谑（白相 打棚） 钓（上当） 柙（落轧 上轧） 槛棺（犯关） 悖话（背杷） 缪謏（背木梢） 诈构（竹杠） 寇（敲诈 敲竹杠） 篡嫛（拆白党） 图（窜头） 擣突（捣蛋） 刺鲠（辣轧 寻轧辣门） 芥蒂（葛掇） 隙斯（寻散丝 寻散头） 鎛脾壆（寻吼斯 板头门） 齬齿 偃蹇（偃偃蹇蹇） 献贡（势顾） 辟媚詖（拍马屁） 聊媮（懒叹气） 偨妒（醋吃醋） 纠（盖照） 闉（粤车 粤炮 粤命） 粤辨（配办） 准赘（佐样 佐号 装） 侹（代替 壁侹） 胎困（褪走） 慒（乱七八糟 一团糟） 繖（晓得乱） 巃（合龙 挜拢） 污（污落） 刮皮俾（刮皮） 略（落） 虏钞（捞） 乍（惹去） 谬（冒充 假冒） 傻肖（阿像好像） 噈（好用 好吃 好否） 休（好了 饭吃好 字写好） 赦舍（算了） 殆怠（蛀掉 弄掉 坏掉） 胜任（吃勿消） 禄赖（吃勿落 弄勿来） 劼劬（切切客客） 訾（哭诉） 详（像签诗 像梦） 题（名件 名堂 名头） 课考（试试看 吃吃开） 问（试繁 繁繁开） 干（关系 相关） 庆（去得你 去你做 幸亏） 古（起嫁） 竟死（结束 末结煞） 耇（够） 歉（欠少） 劣（不赖 鏖糟不赖） 私讳（做小货 小奖 贪小） 祸害（犯夜） 唱（闯祸） 婼（拗抢 抢嗡） 倡（唱歌 腔调） 调歈（调头） 模（调门） 搏拊（梆子 拍子 快板 慢板） 雅（板眼） 程皃（场面） 垑侈（叉牌头） 忋（戤牌头 戤势道） 俌誧（帮忙 帮腔 帮头） 黈（青红帮 广帮 扬帮） 阿（窝家 窝藏） 徼（照样 照办） 许（应暵 暵愿欣）

翗娾 《广雅·释诂一》："翗，大也。"曹宪音彫。《玉篇·多部》："翗，多也，大也。亦作奝。"《说文·多部》："娾，大也。"古回切。《玉篇》古怀切，《广韵·十六怪》："娾，大皃。"古坏切，音怪。多大与广甚义近。如大好、大恶犹甚好、甚恶也。俗称事物之甚者曰"照关"，即"翗娾"之音转。翗，端纽，古舌头音后多转为舌上，或流于齿音。参钱大昕说。端、知类隔相转，翗转知纽，故音若朝暮之朝。今知、照混似，故又误为照。娾在皆怪韵，皆、删同入相转，同入于黠。音变为关。"照关"俗或作"交关"，盖交见纽，或读细音，则与知、照近似而误耳。[①]

繁娾 《广雅·释诂三》："繁，众也。""繁，多也。"众多与大义近，故亦

---

①"交关"理据不明，但非"翗娾"之音转。下条"繁关"本字亦非"繁娾"。

引申为甚义。甬俗称事物之甚者亦以"繁关"为形况词，如甚多曰"繁关多"，美丽甚者曰"繁关好看"。此关亦羟字，羟，大也。说见上条。然事之危殆，俗亦呼"犯关"，音与"繁关"同。此乃"犯棺"之音变，说详后。

盛佥　《广雅·释诂三》："盛、佥，多也。"《方言》十二："佥，夥也。"《楚辞·天问》："佥答'何忧'，何不课而行之？"王逸注："佥，众也。"凡训众多义字，方言中多引申用为甚词。俗称事物之甚者曰"邪气"，即"盛佥"之音变。盛，劲韵，禅纽。类隔转邪纽，故与邪双声。劲为清去声，清、麻同入相转，同入于昔。故音如邪。佥，清纽，与溪之细音齐齿相若，故讹为气。或曰，是趌字。《广雅·释诂三》："趌，多也。"曹宪音弃。《广韵》趌至韵，气未韵，又皆溪纽齐齿双声，至、未声近，故相乱。佥音讹为气，犹"恧谦"讹"客气"，盐添韵字往往与脂类齐微混。

方名　《广雅·释诂一》："方，大也。"《国语·晋语一》："今晋国之方。"韦昭注："方，大也。"《书·尧典》："共工方鸠僝功。"《立政》："立行天下。"方皆为四方溥及义，亦犹大也。《国策·秦策二》："王不如因而赂之一名都。"高诱注："名，大也。"《礼记·礼器下》："因名山升于中天。"郑玄注："名，犹大也。"方与名本皆训舆地之大，引申为凡大之称，又引申为甚剧之形况词。甬俗状事物之剧甚者曰"方名"。如甚大、甚小曰"方名大""方名小"，丑甚者曰"方名难看"。"方名"与上文"照关"相若。

茂儚　《尔雅·释诂》："茂，丰也。"《方言》二："儚，盛也。陈宋之间曰儚。"郭璞音恪胶反。《玉篇》力庖切，《广韵》音力嘲、匹交二切。《广雅·释诂二》："儚、茂，盛也。"丰盛与多大义近。今称事物盛多或伟大者曰"木老老"，即"茂儚儚"字。茂，今在候韵，候入于屋，声促转入，故如木。儚，读如老，从《篇》《韵》音也。此本绍兴语，杭甬多绍人，故亦流传于杭甬。

茂从戊声，古音在幽类，声当如缪。缪亦读入声，如木。幽、侵对转，茂转咸覃韵，音变靡梵切，声近蛮。勘、陷、梵韵皆无明纽字，故借用删韵蛮字。寒删与覃咸今音混似。犹甬呼猫，音亦转如蛮也。俗称事物之甚好、甚少曰"蛮好""蛮少"，蛮即茂之音变。俗音"蛮"以亢音读之。凡疑、泥、娘、来、明、微等不清不浊诸纽，往往激转亢音。茂训丰盛，故引申为甚剧义。[①]

儚泡　儚，《广韵》亦音匹交切，如泡。泡亦训盛。《方言》二："儚、泡，盛也。江淮之间曰泡。"泡，郭璞音庖，《广韵》泡有庖、抛二音。滂、并清浊相转，

[①] 吴语甚辞"蛮"非"茂"之音转。

今读泡相承如抛，从清音也。今称物之盛美冠于侪辈者曰"泡头货"；优伶初临其地，演出杰作之剧以为号召者，谓之"打泡戏"；物态之盛多曰"花泡"。花，应是荂字，荂有变化义，见《方言》。

夥　《方言》一："凡物盛多，齐宋之郊、楚魏之际曰夥。"郭璞音祸。《说文》作䯝。《多部》："䯝，齐谓多也。"乎果切。系传本朱翱胡妥反，皆同郭音，作匣纽。北音晓匣为清浊，转清音，则如火，今相承读夥如火。段注《说文》音呼果反，从俗音也。夥训盛多，故引申为甚义，又为惊伟之词。《史记·陈涉世家》："见殿屋帷帐，客曰：'夥颐！涉之为王沉沉者！'"则夥为惊伟词。夥，果韵，歌、豪同入相转，同入于铎。音变为好。今惊呼大甚曰"好大"，价贵甚曰"好贵"。好无甚义，即夥读如火之转音。[①]

肆　《小尔雅·广言》："肆，极也。"《国语·周语下》："薮泽肆既。"《吕氏春秋·仲春纪》："无肆掠。"韦昭、高诱注并云："肆，极也。"凡事态之甚极者，俗辄词曰"肆"，而字讹作死。如笑甚、忙甚曰"笑死""忙死"，饥甚、热甚曰"饿死""热死"。本皆肆字也。肆，实韵，实入于质，声促转入，音如率，俗又讹作杀、作煞。"笑死""忙死"亦曰"笑杀""忙煞"，"饿死""热死"，死亦云杀。肆作杀声，亦有不作殿词而冠于前者。如事物之壮甚曰"杀婆"，曰"杀惯"；事势之甚极曰"杀寇"。说分详于后。[②]

伴昆　《说文·人部》："伴，大皃。"薄满切。伴从半声，古音为元类。元、歌对转，伴转歌韵，音如婆。犹都音盘，而鄱阳字读如婆；"大路繁缨"之繁音盘，姓氏之繁亦读如婆也。甬称事物之壮甚呼若"杀婆"，即"肆伴"之变音。肆，极也。说见上条。"肆伴"犹云极大也。"杀婆"或称为"杀惯"。惯者，昆之音变。《广雅·释诂二》："昆，盛也。"盛犹大也。昆，魂韵，古音为真类。真、元声近相转，故音如惯。犹《诗·常武》"铺敦淮濆"之敦音屯，而《大雅·行苇》"敦彼行苇"之敦则读徒端反如团矣。[③]

硈佶　《尔雅·释诂》："坚，固也。"《广雅·释诂一》："坚，强也。"声促转入，则为硈。《说文·石部》："硈，石坚也。"格八切。《集韵》亦音讫黠切。皆见纽。《玉篇》口黠切，《广韵》恪八切，皆溪纽。见、溪牙音相转。《尔雅·释言》："硈，巩也。"郭璞注："硈然坚固。"朱骏声曰："今俗结实字，以结为之。"甬俗称物态坚敛牢固者曰"硈固"。硈亦讹作结。又物态壮实曰"结棍"，即"硈昆"字。昆，盛也。见上条。或曰，应是

---

① "好大""好贵"之"好"即为正字，非"夥"之转音。
② "笑死""忙死"之"死"即为正字，"笑杀""忙煞"之"杀""煞"（煞同杀）亦为正字，均与"肆"无涉。
③ "杀惯"今未闻。

"佶昆"字。佶，巨乙切，群浊转见清，则音如吉。《诗·小雅·六月》："四牡既佶，既佶且闲。"笺曰："佶，壮健之貌。"与俗语"结棍"之涵义正合。

硈训坚，坚犹硬也。甬俗称物态之硬者曰"硬硈硈"。

寇　《尔雅·释言》："孔，甚也。"《书·皋陶谟》："巧言令色孔壬。"《诗·郑风·羔裘》："孔武有力。"《小雅·鹿鸣》："德音孔昭。"传、笺孔皆训甚。孔，东类，东、侯对转，音变为寇。《方言》一："凡物盛多谓之寇。"盛多犹甚也。孔、寇本义皆不若是。朱骏声谓孔训甚乃甚之假借，古读甚与堪、戡同，孔、戡一声之转。钟案：朱说是也，然犹未尽焉。甚声古音为侵类，侵、东声近，故邻转为孔。东、侯对转，又变为寇。然则寇者，甚之声义再转也。甬俗称事态之甚盛者曰"杀寇"。如天雨甚曰"雨杀寇落"，狗狂吠曰"狗杀寇叫"。杀即肆入声。肆，极也。"肆寇"犹极盛也。

绵尐纤　《广雅·释诂二》："微、绵、尐、纤，小也。"尐，曹宪音子列反，如节。微，古音当如眉，微纽字古读明纽也。微，古音为脂类，脂、元相转，音变为绵。绵本不训小。俗形况物态之小曰"绵绵小"，绵以亢音读之。又称小者曰"小尐尐"。绍兴人状事物极小者曰"一纤纤"，声促转入，变为"一雪雪"，犹通语称"一滴滴"也。纤之入本为爕，而转为雪者，以盐、先今混，读纤如仙，故声促如雪，甬多绍人，故其语亦常闻。

曓　《说文·日部》："曓，众微秒也。从日中视丝。古文以为显字。"五合切。《玉篇》："曓，呼殄切。微妙也。今作曓。"《广韵·廿七铣》《廿七合》并收曓字。钟案：从日中视丝，谓其微小之甚，非在日中光明之极不克见也。故俗语取曓以形况事物至小之词。曓在合韵，合为覃入，长言转上声，则音如锭。五感切。今音寒删与覃咸混似，俗音转字讹作"眼"。甬俗称甚小者曰"一眼眼"，豪釐勿爽曰"一眼勿错"，眼即曓字也。[1]曓读铣韵则音显，铣入于屑，显之入声本如血，晓纽转细，则与心审混，则变如雪。或曰，绍兴语称甚小曰"一雪雪"，亦此曓字。或曰，是衄字，《说文·血部》："衄，一曰鲜少也。"

几麼蕞尔　《广雅·释诂四》："几、麼，微也。"《释诂二》："麼，小也。"《左传·昭七年》："蕞尔国。"杜预注："蕞，小貌。"释文："蕞，在最反。"浊音转清，从转精纽，故《集韵》蕞亦音最。声促转入，又精、照类隔相转，故《集韵》又音侧劣切，如茁。甬俗讥事物之微小者曰"几麻茁陋"，即"几麼蕞尔"之音变。麼变为麻，歌、麻同部相转也。尔，日纽，日、来声似，今读尔固作来纽。尔，古音为脂类，脂、之合类，

---

① "一眼眼"之"眼"非"曓"之音转。

之、侯多相转，之类本与幽声近，与侯稍隔。然侯、幽声近，故古之类字今多转入侯韵者，如谋、剖、亩、母等是也。尔由之转侯，故如陋。或曰，音如"茁陋"者，乃"尐雡"字之音转。《广雅·释诂二》："尐，小也。"《释诂三》："雡，少也。"曹宪音力救反。宥、候声近相转，则如陋。

限 《说文·𨸏部》："限，阻也。"《广雅·释诂三》："限，界也。"凡有阻界者，则局蹐不广矣。《文选·魏文帝〈与朝歌令吴质书〉》："涂路虽局，官守有限。"徐陵《与杨遵彦书》："散有限之微财。""有限"皆不广之意。甬俗称事物之少小者曰"有限"，音转为"有还"。盖限，乎简切，为匣纽开口呼。音等转合口，则变还上声。犹核音覈，下革切。而俗呼如滑矣。

略不繁 《文选·恨赋》引《国语》贾逵注云："略，简也。"简与繁为对词，简则不繁，犹少也。《管子·侈靡篇》："略近臣合于其远者，立。"尹知章注："略，礼谓不繁也。""不繁"疾呼，声合为班。甬俗称事之稀少不常有曰"略班"，音转为"阑班"，则略从下字班声同化而叠韵，略转元删韵，故如阑。"不繁"声合为班，犹"何不"声合为盍，见《尔雅·释言》注。"不肯"声合为佣矣。见《广雅·释诂四》"佣，不也"王念孙疏证及朱骏声《说文通训定声》"佣"字下释。①

偶摧誰 《尔雅·释诂》："摧，至也。"《方言》一："摧，至也。楚语也。"《诗·大雅·云汉》："先祖于摧。"传："摧，至也。"释文："摧，在雷反，又子雷反。"从、精浊清两音并读。甬读摧相承作清纽，如催，则从北音之转清。摧或通作誰。《诗·邶风·北门》："室人交徧摧我。"释文："摧，《韩诗》作誰，千佳、子佳二反。就也。"灰、侯声近，故《广韵·十九侯》誰音千侯切。誰训就与摧训至，义固相若。甬俗称事之偶见不常有者曰"偶摧"，亦曰"偶誰"。偶音转如"斗斛於菟"之斛，奴豆切。誰读千侯切。谓不常有者，乃偶至也，偶就也。偶本疑纽，语转泥纽音如斛者，以疑作细音，每与泥、娘混。如疑、宜、鄞、牛、凝诸字，本皆疑纽，而今相率读泥、娘纽，鲜闻作疑纽矣。

完 《说文·宀部》："完，全也。"字训联言曰"完全"，今犹为常语。完在桓韵，为合口呼，桓韵字皆合口呼。音等转开口，则完音如寒。寒韵字皆开口呼。寒音同汗。甬俗称声闻物迹遍于各处者曰"汗到四采"，全身曰"汗身"。汗即完字，谓全到四方，言其广也。采者，"处在"之合声。《广雅·释诂二》："在、处，尻也。"处，

---

① "阑班"（副词，偶尔）本字不明，但"阑"非"略"之音变，"班"非"不繁"之合音。

古处字；凥，古居字。《广雅》本条所举“在、处”诸字，皆地区义。①

完音同桓，古音为元类。元、歌对转，音变为和。故“桓表”即华表亦谓“和表”，注文烦，后详。和亦音转为桓。《书·禹贡》：“和夷厎绩。”郑玄注：“和读为桓。”见《水经注·桓水章》引。是完与和音得对转之证。甬俗称事物之全体曰“和”。如全家曰“和家”，全般曰“和盘”，全列曰“和埲”，曰“和排”。全数曰“和众”，音或变为“洪众”，则和随下字众声同化而叠韵；或变为“和佐”，则众随上字和声同化而叠韵。参看后《方言上下字同化叠韵说》。②

《史记·孝文纪》：“诽谤之木。”索隐：“以木贯表柱四出，即今华表。崔浩以为木贯柱四出，名桓。陈楚俗桓声近和，又云和表。则华与和，又相讹也。”《汉书·酷吏·尹赏传》：“瘗寺门桓东。”如淳注：“旧亭传于四角面百步筑土四方，上有屋，屋上有柱出，高丈余，有大板贯柱四出，名曰桓表。县所治夹两边各一桓。陈宋之俗言桓声如和，今犹谓之和表。”师古曰：“即华表也。”

俒　完从元声，古音为元类。真、元声邻相转，完转真类，字变作俒。《说文·人部》：“俒，完也。”胡困切。完训全，则俒亦全义。俗谓全身为“俒身”，字讹作浑，作混。乌鲗不去内藏（脏），体全无缺，曝为腊者，俗呼“混子”，亦是俒字。道家有“混元”之名，混亦俒之讹。“俒元”犹云全真也。完读如浑，犹草鱼今曰“鲩鱼”，本是鲩字，鲩亦音胡本切也。

窾　或问：今以完为空尽义，稽古训，当为何字？曰：窾之纽转也。《广雅·释诂三》：“窾，空也。”《庄子·养生主》：“导大窾。”司马彪云：“窾，空也。”字或作款，《庄子·达生篇》：“今休，孙休也，人名。款启寡闻之民也。”李轨云：“款，空也。”窾，溪纽，牙、喉相转，音变如完。犹梡音缓，完上声。亦读款也。面容呼为面孔，亦其例矣。

㝩室　《尔雅·释诂》：“漮，虚也。”《方言》十三：“㝩，空也。”通作康。《诗·小雅·宾之初筵》：“酌彼康爵。”笺曰：“康，虚也。”《新方言·释言》：“通语谓罄尽为光，亦康之音变也。”钟案：㝩、空双声，亦东、阳声近相转，故训空诸字，多在溪纽。如窠、科、窾、窟、廓、丘、穷、窒、罄、阙皆是。五音本类纽转，以清浊对转为最真切。牙音则见、群相转，南音之清浊。溪、群相转，北音之清浊。证例最多。外此，虽非

---

① “汗”当是“晐”之音变。《阿拉宁波话》“晐”条：“音含。满；遍：晐地垟｜晐头晐脑｜晐到各处｜晐身骨头痛｜书摊勒晐桌凳。《说文·日部》：‘晐，兼晐也。’《广雅·释言》：‘晐，包也。’”（271 页）

② “和家”“和盘”之“和”即为正字。“和”之形容词全整义当由“和”之介词连带义发展而来，而非“完”之音转。参看《周志锋解说宁波话》，28—30 页。

无相转者，证例不繁，未敢据为定律。康音变光，乃溪转见纽。犹够苦侯切，见《玉篇》
及《广韵》。今读古侯切之例。错、楷、箸、絓、紾、嚅、颗、摧、佝、鞠、礳、畸、胶、韝诸字，皆
见、溪二组通读。

　　或曰，空尽呼为光，乃窒之音变。《说文·穴部》："窒，空也。从穴，圭声。"
系传本如此，段注本从之。铉本作"甈空也"。朱骏声曰："按：空也。训甈空误。"《玉篇》音胡圭、
古携二切，《广韵·十二齐》隶圭、携二纽，与《玉篇》同。徐铉乌瓜切，朱翱一奎切，皆
影纽，与胡圭切匣纽为清浊对转。窒从圭声，古音为支类。支、耕对转，耕、阳声近，窒读圭，
转阳类，音变为光。方音语转，双声多于叠韵。本说为优。

　　大泰　　《诗·小雅·巧言》："昊天大怃。"释文："大，音泰。本或作泰。"
笺云："泰，言甚也。"古经传大、泰多通用，故《礼记·大学》本读如"泰学"，
《荀子·荣辱篇》："粮食大侈。"杨倞注："大读为泰。"《诗·大雅·云汉》："旱
既大甚。"释文："大，音泰。"《易·泰卦》马融注："泰，大也。"释文引。《广
雅·释诂一》："太，大也。"今以大之尤甚为太。大、泰古音皆泰类，歌、泰同居，
泰与麻之侈音相若。故大亦入箇韵。他，歌韵，而俗呼如泰；那亦呼如奈。皆其通转例。大，定纽，
既转清音，作透纽若太，故古亦读箇韵若唾，徐邈音他佐反是也。见《诗·云汉》释文引。
或透、彻类隔相转，又音敕佐反。见《诗·巧言》释文引。大，古既读唾，歌、侯同入相转，
同入于铎。音变为透。俗称事态之甚者曰"透"，如"好透""坏透"。鲜美之甚者曰"透
鲜"，或曼衍其词曰"透骨新鲜"。骨者，矬之入声。《说文·多部》："矬，大也。"
古回切。灰入于没，故声促如骨。透皆大读太音之变也。[1]

◇《广雅·释诂一》："蘤，好也。"曹宪音托陌反。《玉篇》《广韵》皆读上声，训"好皃"。朱骏
声以为蘤之误字。或谓"好透""透鲜"之透当作蘤，非也。果尔，则"坏透""糟透"之透，将亦谓为好乎？
盖俗语本是甚义。

　　大与多义近，故又引申为众。《管子·法法》："是故仁者、知者、有道者，不
与[2]大虑始。"尹知章注："大，犹众也。"甬俗称机诈善变者曰"花头多"，亦曰"花
头透"。"花头"乃"蘤图"字。《方言》三："蘤，化也。"郭璞音花。《方言》
二："狯，楚郑曰蘤。"狯者，故多变化。《尔雅·释诂》："图，谋也。"鱼、
侯邻转，故音如头。花纹亦曰"花头"，此头亦图字。《广雅·释诂四》："图，画也。"[3]

―――――――――――

[1] 谓读若唾表示程度过头的副词来源于"太（大）"，是。但"好透""坏透""透鲜"之"透"即为
正字，而非"大"读太音之变。"透骨新鲜"之"骨"非"矬"之入声。
[2] "与"，原作"为"，误，径改。
[3] "花头"即为正字，与"蘤图"或"花图"无涉。"头"为后缀。

透本惊义，音叔。《方言》二："透，惊也。宋卫南楚凡相惊，或曰透。"郭璞音式六反，是也。《广雅·释诂一》："透，惊也。"曹宪音叔，并为之说曰："世人以此为跳透字，他候反，未是矣。"盖通过曰透，本是通之阴声。通为东类，东、侯对转，故音如偷。今称通曰"通透"，乃以变音之俗字与正字类聚为词。犹待称"等待"，等，本待之变音；呼瘢曰"瘢疤"，疤，亦瘢之变音。参看《释疾病篇》"瘢"字条。方言中类此者不鲜。亦有一字二音而复举为词者，如瘢有翳、隘两音，皆病声也，而俗状病者曰"翳隘"矣。隘，於卖切，甬俗读若界者，误。

窒罄拔 《说文·穴部》："窒，空也。"音义皆同罄。《缶部》："罄，器中空也。《诗》曰：'瓶之罄矣。'"《尔雅·释诂》："罄、空、拔，尽也。"甬俗称空无所有曰"罄空拔空"。拔，长言转平，音如彭。盖拔从犮声，古音为泰类，泰、元对转，元、阳声近，故音如彭。或曰，彭者，"拔央"之合声。《广雅·释诂一》："央，尽也。""拔央"皆尽义，方言类聚言之耳。

竟殚 《说文·音部》："竟，乐曲尽为竟。"引申为穷尽义。《广雅·释诂四》："竟，穷也。"《庄子·齐物论》："振于无竟。"释文："竟，极也。"俗称空为光，光者，"窒"之变音。参看上文"窀窒"条。空极曰"竟光"，俗讹作"精光"。或曰"精打光"，打者，殚之音变。《广雅·释诂一》："殚，尽也。"曹宪音丹。殚从单声，古音为元类，元、阳声近相转，故音如打。或称空之甚者曰"活脱精光"，活脱乃"完体"之入声。《广韵·廿三魂》："完，全也。"音魂。参看上文"完"字条。魂入于没，没、末同类，故音如活。体随活字同化叠韵而变脱。"活脱竟光"谓全体尽空也。[1]

孤 《广雅·释诂三》："孤，独也。"孤，模韵，模、唐同入相转，同入于铎。音变为光。俗称事物单独无侣者我"光"，如仅此曰"光是"，独身无妻曰"光棍"。棍者，鳏之音转，元、真声近相转也。离群独夫曰"光杆"，杆者，幹(干)之讹。《楚辞·招魂》："去君之恒干，何为四方些？"王逸注："干，体也。""光杆"犹云孤身矣。贫无长物者曰"穷光蛋"，蛋者，僮之音变。僮为奴，贱使之称。《汉书·司马相如传》："卓王孙僮客八百人。"师古注："僮谓奴。"东与侵谈声近相转，故变为蛋，覃、寒今音混也。参看《释言篇》"从容"条下释。他如无肴馔相佐之面饭曰"光面"，曰"光饭"，皆为孤独仅此之义。或云，"光杆"之杆乃"个"之阳声。歌、元对转，故音如杆。"光杆"即"孤个"也。

---

[1] "精光"之"精"即为正字，本字不是"竟"。"精打光"之"打"当是中缀。

娄廫㝥[①]　《说文·女部》："娄，空也。"洛侯切。段玉裁注："凡中空曰娄。今俗语尚如是。"钟案：今腹空饥甚曰"肚皮娄娄疼_{音动}"，娄转亢音，作拉侯切。_{拉音如欧西乐谱沙拉西之拉。取耳垢曰"镂耳朵"，亦作此音。}娄为侯类，侯、幽声近相转，字又作廫。《说文·广部》："廫，空虚也。"洛萧切。《集韵》力嘲切。萧、肴、豪通转，音变为劳。今谓空而无实曰"空廫廫"。《广韵·五肴》："㝔，深空之皃。"力嘲切，音与廫同。侯、唐同入相转，同入于铎。字又作㝥。《说文·宀部》："㝥，康也。"力康切。《方言》十三："康，空也。"今称空虚之境亦曰"空㝥㝥"。

廓㝥　《方言》十三："㝩，空也。"郭璞注："㝩㝥，空皃。"《说文》作"康㝥"。《玉篇》："康，虚也，空也。""㝥，空虚也，屋康㝥也。""康㝥"声促转入，字变为"廓落"。廓亦虚空义。《淮南·精神训》："处大廓之宇。"高诱注："廓，虚也。"《广雅·释诂三》："廓，空也。"今谓内空虚者曰"空廓"。俗作壳。又谓外表曰"廓㝥"，亦即"廓落"之音变。《释名·释宫室》："郭，廓也，廓落在城外也。"又《释丧制》："椁，廓也，廓落在表之意也。""廓落"盖汉人常语。

窦㽑　《说文·穴部》："窦，空也。"窦，候韵，侯、唐同入相转，同入于铎。音变为唐。唐亦空义。《妙法莲华经·观世音菩萨普门品》："福不唐捐。"玄应音义："唐，徒也。徒，空也。"《庄子·田子方篇》："彼已尽矣，而女求之以为有，是求马于唐肆也。"朱骏声曰："唐，空也。"今谓空处曰"空唐"。窦从卖声，古音为幽类。幽类字后多转入萧、肴、豪韵。_{如道从首声，鋼从周声，梼从寿声等。}窦转豪韵，音变为道。今音窦在候韵，侯、豪同入于铎，亦得相转。今称空隙曰"缝唐"，亦曰"缝道"。缝者，㽑之音变。《广雅·释诂二》："㽑，裂也。"曹宪音问。甬音真文韵字往往转若东冬，故㽑音如缝。凡二物相接合之痕曰"缝"，一物分裂之间隙曰"㽑"。

徒　《礼记·檀弓上》："孔子曰：'异哉！徒使我不诚于伯高。'"郑玄注："徒，犹空也。"《左传·襄廿四年》："齐师徒归。"杜预注："徒，空也。"今俗谓凭空臆见而为之事物为"肚造"，文人属辞于古无据者曰"杜撰"。肚、杜本皆徒字。而傅会为之说者，假杜默为诗不合格以为典实，亦不思之甚。然缪种流传，讹以成俗，设拨乱反正，改作"徒撰"，势将群起而非笑之。所谓举国皆饮狂泉，转以不狂者为狂也。

挊　《说文·手部》："挊，裂也。"呼麦切。《广雅·释诂二》："挊、搣、扣、劐，裂也。"曹宪音：搣，呼麦反，劐，呼获反，音皆同挊；扣，呼没反，音亦似挊。今称器物坼裂为"挊"。俗作豁。《说文·谷部》："豅，通谷也。"《广雅·释诂三》：

---

① "㝥"原作"㝥"，据正文改。

"豁，空也。"与坼裂义有别。

弨 《说文·弓部》："弨，弓反也。"尺招切。《广韵·三十小》："弨，弓反曲。"《诗·小雅·彤弓》："彤弓弨兮。"传："弨，弛貌。"钟案：凡弓之曲，其两端与弦俱向内，苟弛其弦，则两端反向外曲矣。引申之，凡物体失其常态而反曲者亦云弨。今称物体反曲而翘举者曰"弨起"。或曰，此本翘之音变。《淮南·修务训》："翘尾而走。"高诱注："翘，举也。"翘，音义又同乔。《尔雅·释木》："上句曰乔。"《诗·周南·汉广》传曰："乔，上竦也。"翘、乔皆群纽，浊音转清，入溪纽，则如蹺。甬音溪之细音与彻、穿、清三纽相若，故溪纽之蹺，彻纽之超，清纽之鍫，穿纽之弨，甬人读之，混而无别也。

薂 《周礼·考工记·轮人》："是故以火养其阴而齐诸其阳，则毂虽敝不薂。"郑玄注："薂，薂暴。"释文："薂，呼报反，好角反。"《玉篇·艸部》："薂，呼到切。耗也，缩也。"甬俗称木版燥而翘起不平呼如"诃"，或曰"诃翘"。诃即薂之音变，歌、豪同入相转故也。同入于铎。《老学庵笔记》谓闽人谓高为歌，谓劳为罗，正其例矣。

绐 《说文·糸部》："绐，丝劳即绐。"徒亥切，段玉裁注："丝劳敝则为绐。绐之言怠也，如人之劵怠然。"《广雅·释诂二》："懈、绐、弛，缓也。"人体筋肉敝缓则为懈；弓弦敝缓则为弛，弛即弛也；组织物敝缓则为绐，绐犹懈弛也。凡懈、绐、弛皆与紧、急为对辞。今言器物不弸急、缓而中堕者为"绐"。如绳床、纱筛之松弛皆云"绐"，人性之宽缓曰"宽绐绐"。

纾纵 《说文·糸部》："纾，缓也。""纵，缓也。"纵犹弛也，放也。缓与急对，放弛与紧张对。凡事物不紧急而弛缓，俗谓之"鬆（松）"，移言事之懈怠，亦曰"松"。松即"纾纵"之合声。纾、纵同训缓，故方言类聚言之，声促合一则为松。纾从予声，古音为鱼类。鱼、阳对转，阳、东声近，纾亦得音变为松。故今鱼、东同入于屋，同入亦相转。《玉篇·髟部》："鬆，先凶、私宗二切。发乱貌。"本无弛缓义。若发乱则疏散，引申为松懈，此殉俗，音讹而曲为之释也。

疏 《说文·禾部》："稀，疏也。"《㐬部》："疏，通也。"凡可通者，必有空隙，故引申为空疏义。犹孔亦训通也，引申训为穴，为间耳。疏与密为对，犹稀与稹为对也。稹俗讹作紧。今称布帛不緻密者为"鬆（松）"，物质不密亦云"松"。松即疏之音变。疏从㐬声，古音为鱼类。疏音转松，犹纾音转松，疏、纾双声，又叠韵也。[1]

---

① "松懈"与"疏松"义相因，正字即为"鬆（松）"，而非"纾纵"之合声或"纾""疏"之音变。

歺腐　《说文·歺部》："歺，腐也。"许久切。字或从木作朽。《诗·周颂·良耜》："荼蓼朽止。"释文："朽，烂也。"朽，晓纽，晓之细音每与心、审混。"朽腐"字训联言，声合转审组，为"数"。朽，古音为幽类，幽、侯声近，侯、鱼亦声近，故古幽类字后有读虞韵者，如孚、务、戊等是也。朽转麌韵，音亦变为"数"。俗皆讹作酥。今称物腐烂易碎为"酥"，曰"酥烂"，曰"崩酥"。<small>崩音如渊，普登切。帮、滂邻转也。</small>幽、东同入亦相转，同入于屋。音又变为松。凡质脆易碎曰"酥"者，亦曰"松"，"崩酥"亦称"崩松"。①

韬牭　《说文·韦部》："韬，剑衣也。"引申为外衣之称。俗作套，今称外衣曰"外套"是也。剑衣所以包藏其剑，故段玉裁注曰："引申为凡包藏之称。"凡包藏之者，必环绕其物，故引申环绕亦曰韬。俗亦作套，环绕而行，俗称"套过去""套转来"是也。韬以容物，故又引申为宽义。<small>南宫绦，字子容。绦有容义，绦、韬通。《广雅·释诂三》</small>故"容""韬"同训"宽也"。韬从舀声，古音为幽类。幽、侵对转，声促转入，音变为罨。<small>合为覃入，覃，侵类也。</small>俗于器物有牝牡相入，其外廓过宽，不适如其分者，谓之"宽罨罨"。犹绕行曰套，俗亦呼如罨。鄞东钱湖人欲至彼岸，无船以渡，乃绕湖环行，谓之"沿湖罨"。

韬音转罨，犹牭音之转罨。《说文·牛部》："牭，牛徐行也。读若滔。"段玉裁注："俗谓舒迟曰牭牭。"牭、韬音同，故或借韬为牭。《广雅·释诂二》："韬，缓也。"王念孙谓韬即牭是也。牭本谓牛徐行，移言人之徐行亦曰牭。甬俗称人行徐无力者曰"罨其罨其"，其，读如《诗·庭燎》"夜如何其"之其，音基。罨即牭之入声。

穊　《说文·禾部》："穊，稠概也。"之忍切。概者，稠也。《尔雅·释言》："苞，穊也。"郭璞注："今人呼物丛緻者为穊。"孙炎曰："物丛生曰苞，齐人名曰穊。"《诗·唐风·鸨羽》"集于苞栩"疏引。钟案：穊为种植之稠密，引申为事物之稠密亦曰穊，俗作紧。今称密甚曰"密密紧"。《说文》："紧，缠丝急也。"俗云"紧急"，乃字训联言之，与丛聚稠密之义异。俗语紧与松为对辞，紧急相对之"松"，乃"纾"之音变；稠密讹称为紧，其相对之"松"字，乃"疏"之音变。释皆详于前。

勩窳　《说文·力部》："勩，劳也。"余制切。段玉裁注："凡物久用而劳敝曰勩。明杨慎答中官问，谓牙牌摩②损当用铅字。今按：非也，《说文》：'铅，一曰铜屑。'当用勩字。今人谓物消磨曰勩，是也。苏州谓衣久箸曰勩箸。"钟案：器物久用磨损曰"勩"，甬语亦有之。而衣服消磨曰"勩"者，或呼如"烊"，此盖"窳"字音变。

---

① "酥"非"朽腐"之合音或"朽"之音变，"松"亦非"朽"之音变。
② "摩"，原作"磨"，据段注改。"苏州"后原有"人"字，据段注删。

勒训劳，寙亦训劳。《尔雅·释诂》："勒、愉，劳也。"愉亦作寙，见郭注。人劳则病，器物劳敝则寙。寙，器病也。《荀子·议兵》："械用兵革寙楛不便利者弱。"杨倞注："寙，器病也。"《史记·五帝·虞舜纪》："器皆不苦寙。"《集解》："寙，病也。"寙从㼌声，㼌亦会意。《说文·瓜部》："㼌，本不胜末，微弱也。读若庾。"《玉篇》："㼌，弋主切。劳病也。"寙、㼌皆病义，古音皆鱼类，鱼、阳对转，音变为烊。衣帛消磨曰"烊"，盖亦取器物劳病、微弱之意。或谓衣服消磨称"烊"者，谓其质薄脆弱也，义在于薄。设本是说，则称"烊"者，当为㯡、𣕕字。详下条。①

㯡𣕕　《说文·木部》："㯡，薄也。"与涉切，音葉（叶）。《𣦼部》："𣕕，事有不善，言𣕕也。《尔雅》：'𣕕，薄也。'"今本《尔雅》无此文。《广韵·十阳》："𣕕，薄也。"音梁。㯡、𣕕并薄义，方言类聚言之，声合则为烊。甬俗称衣久著消损而薄脆呼为"烊"，盖即"㯡𣕕"字，谓其薄也，亦谓其不善也。㯡声字古音为谈类，谈、东声近，东、阳亦声近。㯡转阳韵，亦变为烊。②

药㯡　《方言》十三："药，薄也。"郭璞音决的，谓读如的也。今称物之薄者曰"药薄"，正读如的。或称薄曰"席薄"，席者，㯡之纽转也。《说文》："㯡，薄也。"音葉（叶）。喻纽字往往转齿音，入禅、邪纽。如邪有以遮、似嗟二切；《广韵》。袖有似又、余久二切；《玉篇》。"巳午"之巳音似，亦作"已甚"之已；《玉篇》。佘姓音时遮切，本是余姓之变；参钱大昕说。北方水名曰"余吾"，余又音徐。他如"引诱"之引本喻纽，俗或作禅纽如甚；"输赢"之赢俗或呼如盛；"叶瓣"俗或呼作"席瓣"。皆其证也。㯡转邪纽，故亦音变如席。甬俗呼"白象"或如"白羊"；涎，夕连切，而俗读如延，犹鋌，市连切，禅纽，又音以然切，为喻纽也。③

沾　《广雅·释诂一》："沾，襮也。"曹宪音他缣反。王念孙疏证："襮，经传皆通作薄。"沾，透纽，类隔转彻纽，故沾或读敕廉反，如《檀弓下》："我丧也斯沾。"释文所音是也。彻、穿混同，故沾又音昌兼反，如《史记·魏其传》："魏其沾沾自喜耳。"《集解》引徐广所音是也。《汉书》师古注曰："沾沾，轻薄也。今俗言薄沾沾。"钟案：甬俗言物薄而不厚者曰"薄沾沾"，正读昌兼反。俗讹作"薄浅浅"。

愉　《说文·心部》："愉，薄也。"羊朱切。愉从俞声，古音为侯类。侯、幽声近，幽、

---

① 衣服消磨叫曰"烊"，也叫"烊勒"，"烊"即为正字，取其熔化、溶化的引申义，而非"寙"之音变。
② "烊"非"㯡𣕕"之合音或"㯡"之音转。
③ 很薄叫"的薄"，"的"正字恐非"药"。《阿拉宁波话》"的"条："很；非常（只修饰少数形容词）：的滑｜的糯｜的软｜的的薄。"（284页）可参。

侵对转，音变羽禁切，合口呼，声似耘。侵韵喻纽有齐齿呼淫、蟫等字，而无合口呼字。今音侵与真文相若，故借用耘字。甬俗称物薄而不厚者曰"薄耘耘"。于粥糊不稠厚者尤多言之，以糊为匣纽，与喻纽相似，切于取譬故也。

訒憞 《说文·言部》："訒，厚也。"如乘切。《心部》："憞，厚也。"都昆切。訒或作仍，憞今作惇，或借作敦。《尔雅·释诂》："惇、仍，厚也。"《诗·邶风·北门》："王事敦我。"传曰："敦，厚也。"《老子》十五章："敦兮其若朴。"河上公注："敦者，质厚。"訒本日纽，日纽字南音多转为邪、禅，或更浊之，而入从、床。故仍日纽，今读若乘。甬音乘读从纽，床、从类隔相转故也。茸亦日纽，鹿茸字读若从。甬语状物质之厚者曰"厚惇惇"，亦曰"厚訒訒"。訒转从纽，撮口呼，作从陵切。蒸韵无撮口呼字。

笃擊 《说文·二部》："竺，厚也。"冬毒切。音义皆同管。《㝵部》："管，厚也。读若笃。"经传多借作笃。《尔雅·释诂》："笃、擊、竺，厚也。"擊，苦闲切，山韵。山入于黠、鎋，声促转入，音如劫。恪八切。甬语状液体之稠厚者曰"厚笃笃"，状片札之厚而欠薄者曰"厚劫劫"。或音转为"厚铿铿"，则真、元两类声近相转也。

湛 《诗·小雅·湛露》："湛湛露斯。"传："湛湛，露茂盛貌。"释文："湛，直减反。"《楚辞·九章·哀郢》："忠湛湛而愿近兮。"王逸注："湛湛，重厚貌。"又《悲回风》："吸湛露之浮凉。"注："湛，厚也。"重厚与茂盛皆丰硕之意。今谓物体丰硕隆起者曰"湛"，如豆荚之肥胅为"湛"，人体脉络之暴起亦曰"湛"。段玉裁以为袒字。袒，丈苋切，今字作绽。袒本训"衣缝解也"，引申为饱满幡裂之称。其说嫌曲，兹不从。

泡 《方言》二："儴、泡，盛也。陈宋之间曰儴，江淮之间曰泡。"郭璞注："泡，肥洪张皃。音庖。"《广韵·五肴》："泡，水上浮沤。"音抛。儴，郭璞恪胶反，《广韵》："儴，盛也。"亦音抛。今谓物体肥洪张大者呼如"滂"，普郎切。或中虚而外张，如水沤者，亦谓之"滂"，皆"泡"之转音也。泡，肴韵，肴、江同入相转，同入于觉。故音如滂，今音江、阳混同也。俗作胖。

◇或曰，今称肥大呼如"滂"者，乃"丰"之转音。《易·序卦》："丰，大也。"《方言》二："凡物之大貌曰丰。"丰，敷纽，古无轻唇，读作滂纽，音如甬语捧茶之捧（匹勇切）。东、阳相转，故音如滂。

匾匾 《篆文》："匾匾，薄也，不圆也。"《一切经音义》卷十九引。又："匾匾，薄也。今俗呼广薄为匾匾，关中呼婢匾。补迷反。"《一切经音义》卷六引。"匾匾"疾呼声合为蓖。齐、先同入相转，同入于质、薛。俗字作扁。扁本训"署也"。见《说文·册部》。然不圆为扁，《后汉书》已用之。《东夷·韩国传》："儿生欲令其头扁，押之以石。"扁之入声为必，俗作瘪。凡物体张大者俗谓之胖，读如滂。反胖为瘪。《玉篇》："瘪，步结切。不能飞也，枯病也。"雷浚《说文外编》以为瘪者秕之俗字，殆未可信。岂有秕谷可训"不能飞"乎？俗借瘪为扁之入声，循声假借，非取其义。①

　　坦　《广雅·释训》："坦坦，平也。"《易·履卦》："履道坦坦。"今犹称物形不峻起者为"坦"。坦，寒韵，寒入于曷，坦转入声，音如健，俗作榻。俗称物之扁者曰"扁榻榻"，瘪者亦曰"瘪榻榻"。以扁、瘪甚者，既不隆起，义近于平，故云"坦"耳。

　　幺幼　《说文·幺部》："幺，小也。象子初生之形。"萧、幽声近，孳乳为幼。《说文》："幼，少也。"《尔雅·释言》："幼，稚也。"幼，幽韵，幽、侵对转，侵入于缉，音变为邑。甬俗称豆谷之实丰肥者曰"壮"，亦曰"湛"；其实扁平、不隆起者呼如"邑"，呼秕谷为"邑子"。邑与壮为对辞。②

　　蔺倾敧　《说文·立部》："蔺，不正也。"火毚切。段玉裁注："俗字作歪。"《说文·人部》："倾，仄也。从人、顷，顷亦声。"顷者，头不正也。见《说文·匕部》。故倾之训仄，犹不正也，与蔺义同。《广雅·释诂二》："倾，衺也。"衺亦不正也。见《广韵·九麻》。倾，古音为耕类，耕、支对转，字通为敧。《广韵·五支》："敧，不正也。去奇切。"倾，清韵，敧，支韵。清、支与麻皆同入于昔，同入相转，倾、敧转麻韵，音变去邪切。麻韵无溪纽齐齿呼字。支、佳同类，敧转佳韵，音变去街切。佳韵亦无溪纽齐齿呼字。耕、支对转，支、佳同部，故倾亦得转佳韵。麻音侈者，固若佳。今呼物形不正者为"歪"。或呼作去邪、去街音者，即倾或敧之音变。去街切为溪纽齐齿，或转浊音，为群纽齐齿，则为其街切。今呼"歪"者，亦有作其街音，亦倾或敧之纽韵双转也。或呼不正音若"骑"者，即敧转群纽，作浊音也。③

　　夕　《广雅·释诂二》："夕，衺也。"王念孙疏证引《吕氏春秋·明理篇》曰："是正坐于夕室也，其所谓正，乃不正矣。"高诱注："言其室邪夕不正。"又引《晏子春秋·杂篇》曰："景公新成柏寝之台，使师开鼓琴。师开左抚宫，右弹商，曰：'室夕。'公曰：'何以知之？'对曰：'东方之声薄，西方之声扬。'"疏证曰："此言室之偏向西也。西、衺、夕一声之转，故曰衺、曰西，总谓之夕。"钟案：《吕

---

① "扁"非"匾匾"声合之转。"瘪"亦非"扁"之入声。
② 秕谷叫"邑子"，"邑"非"幺""幼"之音转。后出专字作"䅤"。《集韵·叶韵》："䅤，禾不实。益涉切。"
③ 读去邪切、去街切而表歪斜义的方言词，后出专字作"笡"或"趄"。《广韵·祃韵》："笡，斜逆也。迁谢切。"元无名氏《陈州粜米》第一折："休要量满了，把斛放趄着，打些鸡窝儿与他。"

氏春秋》《晏子春秋》皆以方向偏颇不正曰夕，后人以斜为之。夕、斜一声之转。夕，古音为鱼类，鱼、歌声近，歌、麻同居，长言转平，故入麻韵。至斜之本训，非不正义。《说文·斗部》："斜，抒也。"段玉裁注："凡以斗挹出之谓之斜，故字从斗。音转义移，乃用为衺。俗人乃以人之衺正作邪，物之衺正作斜。"然斜训不正，《玉篇》《广韵》已云然。汉有"斜谷"地名。《汉书·贾谊传·服赋》："庚子日斜。"孟康注："日斜，日昳时。"知景物偏倾之谓斜，西汉固已行之矣。

斜，邪纽。邪音浊，而从音尤浊。读邪更浊之，便转从纽，则音变疾迦切。今固呼不正为斜，而或作疾迦音者，其音与上条不正为倾、攲，其转音为其街切者极相似。群之齐齿固恒混于从，两者义亦相同。方言中固有一音可作同义之二字释者，不妨并存而汇记之。

陨下　《说文·𨸏部》："陨，从高下也。"于敏切。《玉篇》为愍切。《尔雅·释诂》："陨、下、坠，落也。"甬俗称物势下坠者音如环，而字作坏。坏，怪韵。皆、删同入相转，故音变为环。环即陨之音变。陨，喻纽，古音为真类。真、元声近，喻、匣洪细之转，陨转删韵，删声洪，故纽亦相应变匣。匣纽、删韵，则音如环。下亦得音变为环。下，胡雅切，匣纽，开口呼，甬语音不误。而读音转细，作羽雅切，入喻纽，洪细之变也。或音等转合口，而歌、元对转，麻为歌类。音亦变为环。俗称眼角下坠曰"坏眼"，口角下坠曰"坏嘴"，衣纽不整、裤带失系而倾侈者亦曰"坏"。坏为败毁义，与下倾有别。[①]

缢悙韬纾　《说文·糸部》："缢，缓也。读与听同。"缢从盈声，古音为耕类。耕、阳邻转，音变他羊切。阳韵无透纽字。俗称行动迟缓者曰"缓缢缢"，正作他羊音。凡物情缓则纵弛，故纵、弛俱训缓。见《说文》及《广雅》。今衣帛敝而纵弛者亦曰"缢"，音亦转阳韵。凡方言中纵缓义字，多在透纽。《广雅·释诂二》："悙、韬，缓也。"韬，豪韵，豪、歌同入相转，同入于铎。音变为妥。俗称缓曰"缓妥妥"。悙，曹宪音退。退亦训缓。《方言》十二："纾、退，缓也。"今称事情和缓不紧急者曰"纾退"。退，音转如态。退，队韵，态，代韵，队、代声近相转，即脂、之相转也。犹灰、咍今合为一韵也。"纾退"或倒言之为"退纾"，音转为"态耸"。纾音变耸，鱼、东同入相转也，同入于屋。亦为"纾纵"之合声。《说文》："纾，缓也。""纵，缓也。"纾、纵义同，故类聚言之，疾呼声合为一矣。悙亦读入声，为他骨切。见《广韵·十一没》。今谓人缓怠不勤奋者呼为"脱"，即悙字也。因之诃人怠惰者曰"悙悙懒"。俗谓家道优裕亦呼若"纾

---

① "坏眼""坏嘴"之"坏"正字当为"环"，而非"陨"或"下"之音转。

态”，此是“庶泰”字之音转。庶，众也，侈也；泰，侈也，康也。

儾　《玉篇·人部》：“儾，奴浪切。宽儾也。”《广韵·四十二宕》：“儾，缓也。”宽、缓义近，皆裕大之意。今谓凡事宽裕不急迫者曰“儾”，亦曰“儾舒”。舒亦缓也。《说文》：“舒，一曰舒缓也。”市肆卖布，优惠买者，宽假尺寸，谓之“儾”。其所宽者，谓之“儾头”。头者，度字，谓尺度也。鱼、侯声近相转，故变为头。钟案：《玉篇》《广韵》虽并有儾字，然颇疑宋人陈彭年等重修附益之俗字。《方言》十：“貜，多也。南楚凡大而多，或谓之貜。凡人语言过度及妄施行，亦谓之貜。”郭璞音奴动反。貜训大多，训过度，皆与宽缓义近。貜、儾双声，又东、阳邻转，疑儾即貜之讹变。

丏弥　《说文·宀部》：“丏，冥合也。”莫甸切。段玉裁注：“冥合者，合之泯然无迹。”丏音近弥。《方言》十二：“弥，合也。”十三：“弥，缝也。”今谓两物牝牡相合无高下厚薄之差，适如其分，泯然无迹者，曰“丏斯丏缝”。《尔雅·释言》：“斯，离也。”《广雅·释诂二》：“斯，裂也。”①

悈　《方言》十：“悈，老也。南楚江湘之间代语也。”郭璞注：“老者皮色枯瘁之形也。音良悼。”卢文弨曰：“良悼，当时语，犹言良谨。读若棘。”《广韵·廿四职》悈、棘同纽。今谓物形之老者曰“老悈”，正读如棘。俗称物质之坚牢者音亦如“老棘”，此乃“牢坚”字之音转，坚转入声为结也。

蔫黇　《说文·艸部》：“蔫，菸也。”於乾切。段玉裁注：“不鲜也。”朱骏声曰：“今苏俗谓物不鲜新者曰蔫。”钟案：甬俗亦行是语，或緟益其词曰“蔫黇黇”。黇本他耑切，俗语转为他羊切，阳韵无透纽字。元、阳声近相转故也。《说文·黄部》：“黇，黄黑色也。”凡色陈旧者恒如烟熏，既黄且黑，方言故云尔。

胺殕　《通俗文》：“殕，腐也。”《一切经音义》卷十六引。《广韵·四十四有》：“殕，物败也。”方久切。《玉篇》又音步北切。《广雅·释诂三》：“胺、殕，败也。”胺，曹宪音乌葛切。甬俗称陈宿郁腐之气曰“胺殕气”，殕正读步北切。②

熸　《说文·火部》：“熸，焦也。”作曹切。段玉裁曰：“今俗语谓烧坏曰熸，凡物坏亦曰熸。”朱骏声曰：“今北人凡言事物坏曰熸。”钟案：焦、熸双声，古音焦声、曹声亦同类，盖熸即焦之音侈者也。今人谓过失而耗费曰“糟脱”，疑即熸字。脱者，《说文》云：“消肉臞也。”亦损耗义。若段、朱两氏以为事物坏曰熸，即焦义之引申，其义太远，恐非是。北语所谓熸者，今亦渐行于吴越，俗作糟。北人称“糟”，探求

---

① “丏斯丏缝”一般写作“弥丝弥缝”。

② “胺殕气”也可写作“餲䨓气”。《集韵·曷韵》：“餲，食败也。阿葛切。”又《没韵》：“䨓，䨓䨓，臭败气。薄没切。”

其本意，盖有祸害义及不幸义。或呼为"坏"，意亦如是。盖"坏"者，"患"之讹变。坏之本义为毁败，非祸害不幸之谓。①愚意俗称"糟"者，当是"灾"字。说详下条。

灾旮　《说文·川部》"災，害也。"祖才切。经传皆假災为之。災亦作灾，作烖。《书·舜典》："眚災肆赦。"传曰："災，害也。"《易·复卦》："有災眚。"子夏传曰："伤害曰災。"释文引。《尔雅·释诂》："烖，危也。"災，古音为之类。之、幽声近相转，音变为糟。曹声古音在幽类。今北人称事涉危害曰"糟"。犹武汉人称危难曰"遭害了"，遭亦災字，"災害"字训联言为词也。事受害甚曰"糟透"，透即泰字也。参看上文"大泰"字条。或称糟曰"糟糕"，糕即旮字。《说文·人部》："旮，災也。"字训联言而倒之，曰"災旮"，音变为"糟糕"。旮读为糕，犹"皋陶"亦作"旮繇"也。《广韵·六豪》"旮"下曰："皋陶，舜臣，古作旮繇。"旮，其久切，古音为幽类。幽类字后多转入萧豪韵者，故豪韵之傄、楛、齉、鼛等字俱从旮声。甬俗称无害声如"呒皋"，即"无旮"字。"无旮"，常语，《周易》多见之。鄞人称"呒皋"者，慈溪山北人呼若"呒界"。界者，过之音变，过犹旮也。《诗·小雅·伐木》："微我有旮。"传："旮，过也。"《小雅·北山》："或惨惨畏旮。"笺："旮，犹罪过也。"过义既通旮，过为歌类，歌、泰同部相转，音变格大切，故如界。见纽开口呼。苏沪人则呼若"呒洒"，砂泻切。即"无眚"字也。《书·舜典》："眚災肆赦。"传曰："眚，过也。"《国语·楚语下》："夫谁无疾眚。"韦昭注："眚，犹災也。"眚，梗韵，庚、麻同入相转，同入于陌。故音如洒。

旮，群纽，浊音转清，变入见纽，韵又转豪韵，故音如皋。然甬语谓空无所有亦云"呒皋"，此乃"无个"之转音。歌、豪同入相转，同入于铎。故个音如皋。②

右左　《说文·又部》："又，手也。"段玉裁注："此即今之右字。"凡二手操作，右重于左，故引申为尊上义。《汉书·高帝纪下》"九年"："汉廷臣无能出其右者。"师古注："古者以右为尊。"《淮南子·泛论训》："右鬼非命。"高诱注："右，独尊也。"《管子·七法》："以练精锐为右。"尹知章注："右，上也。"《汉书·霍光传》："位在光右。"《萧望之传》："居九卿之右。"注皆训上。上，禅纽，养韵。阳、耕声近，真、耕亦声近，上由耕转真，音变为顺。今称右手曰"顺手"，即"上手"之音转也。慈溪山北人则称右手为"正手"，正即尊之转音。尊，精纽，为真类；正，照纽，为耕类。精、照类隔，真、耕声近，纽韵双转，故尊音如正。若左手，甬俗称

---

① "坏"指事情或情况糟，非"患"之讹变。
② "糟"指事情或情况坏，非"灾"之讹变。"甬俗称无害声如'呒皋'"，"谓空无所有亦云'呒皋'"，当是同一个词的不同用法，而非有两个来源。"呒皋"一般写作"呒告"，与"无旮""无个"无关。

为"借手"，则歌、麻同居相转故尔。①

规撋　《孟子·离娄上》："规矩，方员之至也。"《告子上》："大匠诲人，必以规矩。"赵岐注："规，所以为圆也。矩，所以为方也。"《楚辞·离骚》："倕规矩而改错。"王逸注："圆曰规，方曰矩。"规，古音为支类。支、耕对转，音变规耕切，俗作滚。规，见纽，今读合口呼。转入耕清韵，耕清无见纽合口呼字。耕、魂声近，而魂韵有合口呼字，故俗作滚。今称圆曰"滚圆"，即"规圆"之音变也。或谓物圆能转，故云滚，不知圆转称滚，本是逭字音变。逭，转也，参看《释行事篇》"逭"字条释。滚无转义。然俗语谓物形之圆曰"滚得圆"，即误认规之音变若滚为圆转之滚，复曼衍其词曰"滚得圆"。得者，转之音变。转，知纽，古无舌上音，读知纽若端纽，故转古音当如撋。音短。撋亦转义。《广雅·释诂四》："撋，转也。"撋，缓韵，撋从断省声，转（轉）从專声，古音同为元类。故从專声團、摶亦寒韵。缓入于末，撋转入声如掇。掇、得声似，故讹作得。或复縆益其词曰"滚得矢圆"。称矢者，《说文》曰："矢者，其中正也。"见《工部》"榘"字说。凡旋规为圆者，必有中轴如矢以为极，然后圆周绕以行焉。"滚得矢圆"者，即"规转矢圆"云尔。②

矩端　《广雅·释诂一》："榘，方也。"曹宪音俱雨反。今通作矩。见纽，古音为鱼类。鱼、歌声邻，歌、元对转，又见纽细音常与精、照混，故矩音讹为砖。甬俗称方形曰"砖方"，即"矩方"也。犹甬呼砖头或声若"矩头"焉。甬或称方为"砖角方"。角为廉隅意，若稽方义之古训，当作桷。《说文·木部》："桷，椽方曰桷。"《易·渐卦》："或得之桷。"虞翻注："桷，椽也。方者谓之桷。"释文引翟玄曰："方曰桷。"以桷形方，方言取为喻也。或复縆益其词为"砖角睧方"。睧，丁结切。睧者，端之入声。《广雅·释诂一》："端，正也。"今数学称方之极者曰"正方"，人品正直曰"端方"。端，桓韵，桓入于末，声促转入，本如掇。清之，则入屑韵，如睧。末、屑相转，古音本同部也。③

嫇　《说文·女部》："嫇，有所恨痛也。今汝南人有所恨言大嫇。"奴皓切。《广韵·卅二皓》："嫇，相嫇乱也。"孳乳为恼。今谓心有憎恨曰"恼"，引申为拂逆于心、令人不悦亦曰"恼"。嫇，古音为宵类。从朱骏声说，朱氏谓之小部。宵、谈对转，

---

① "顺手"之"顺"非"上"之音转，"顺"就是本字。"正手"与"反手"相对，"正"也是本字，而非"尊"之音转。

② "滚得矢圆"一般写作"滚得斯圆"，其中"得斯"为中缀，用来构成四字格形容词，如：血得斯红、焦得斯黄、屁得斯轻。

③ "砖角方"似即为正字。"砖角睧方"一般写作"砖角的方"，"的"即"的薄""的滑"之"的"。

音变为脔。今音谈、寒混似，俗讹作难。今谓事物之声色，视之听之，拂逆于心不悦者，曰"难看"，曰"难听"，难即媌也。谓其媌乱人意，视之听之不悦也。难为难易字，凡声色之陋者，不过不欲视听而已，非视听之不易见闻也，细辨自知其非。①

媓颒　《说文·女部》："媓，一曰丑也。"许惟切。通作催。媓，晓纽，齐齿呼。晓之细音每与心、审混，故媓音如徙。吴越呼死，音亦如徙。今叱事物之丑陋曰"徙样"，骂人之丑恶曰"徙人"。俗皆误认为死字，实皆媓之讹。甬俗称媓，犹外地人称丑也。媓，脂韵，脂入于质，声促转入，音如肶。羲乙切。慈溪山北以及余姚等地凡称丑恶不良，皆呼如"肶"。媓或转读晓纽粗音，《玉篇》呼维切，《集韵》虎癸切，音近灰。甬俗骂人曰"灰孙子"，即"媓生子"，谓丑恶人所生，犹俗云"憎种"也。憎，乌外切。恶也。②

呼丑陋曰"徙样"，或縆益其词曰"街徙样"；呼难看、难听亦或曰"街难看""街难听"。街，格排切。俗音呼"街"者，颒字也，《说文·页部》："颒，丑也。"户来切。喉牙匣见相转，故《广雅·释诂二》曹宪音该。咍、皆声近，故相邻转，音变如街。颒、媓皆丑义，故方言类聚为词。称"街徙样"者，犹云丑丑样也；称"街难看"者，谓丑而媌人看也。甬俗又叱人物下劣者曰"街辟东西"，辟亦丑恶义。《方言》三："南楚凡骂庸贱，或谓之辟。辟，商人丑称也。"《左传·哀七年》："辟君之执事。"杜预注："辟，陋也。"陋亦丑也。颒、辟皆丑义，方言亦连茹言之。或谓俗称"街"者，乃该字转音，指事之词，犹云"若是"也。非。形色丑呼为"街徙样"者，固可云若是其丑也，然未闻形色美而呼为"街好样"者。由此知此街字，非指事之该字，该亦俗字，说详《释词篇》。与指事而云"街好""街憎""街大""街小"诸街字，音同而字异。③

造为　《尔雅·释言》："作、造，为也。"虚字实用，故动词往往转化为名词。俗称事之一作曰"一回"，前此所作曰"前回"，亦曰"上回"。回即为之讹。犹步训"行也"，见《说文》。俗遂称行一举足为"一步"；"段落"之段本为断字，断截之，方成段，《说文》："段，椎物也。""一段""二段"本"一断""二断"也。是皆动词为名词之例。事之一回亦称"一遭"。遭即造之讹。造，从纽，俗读为遭，浊音转清，从转精纽。犹造

---

① "难看""难听"之"难"即为正字，非"媌"之音变。
② "徙样""徙人"之"徙"本字就是"死"，非"媓"之讹。慈溪、余姚等地称丑恶不良呼如"肶"，"肶"本字为"疲"。《集韵·缉韵》："疲，病劣也。迄及切。""灰孙子"正字非"媓生子"。
③ "街徙样""街难看"之"街"非"颒"之音变，与"街好""街大"之"街"为同一个词，一般写作"介"。"介"是代词，义为这么、这样。"街辟东西"之"辟"当作"朏"。"朏"为女阴，这里用作詈词。

通作灶也。《周礼·春官·大祝》："二曰造。"郑玄注："故书造作灶。杜子春读灶为造次之造。"是其例。钱坫《说文斠诠》以为僧字。《说文》："僧，终也。"事之"一终"故称"一僧"。以"一终"为释，其说亦辨。俗又称作事东鳞西爪、不首尾贯彻者曰"东抓抓，西抓抓"。抓亦造字，谓东有所为，西有所为也。《史记·龟策传》："卜先以造。"徐广曰："造，音灶也。"①

起浡肩 《说文·人部》："作，起也。"《尔雅·释诂》："肩、浡、动，作也。"肩，见纽，齐齿呼。见之细音每与知、照、精相混，肩转知纽，音变为转。今称事之一作曰"一起"，亦曰"一转"，前此所作亦曰"上起""上转"。浡，并纽，重轻唇类隔相转，并称奉纽，浡音如物。今亦称事之一作曰"一物"，前此所作曰"前物""上物"。动，定纽，北音为透浊，浊音转清，音变为通。今谓事之一作亦曰"一通"，如书读一通，字写一通。擂鼓三通即鼓音三作也。东、阳声近，动转荡韵，音变为儻，俗作趟。事之一作亦曰"一趟"，曰"上趟"，曰"下趟"，犹称回、称遭、称转、称物之例也。

作训起，故事之一起亦曰"一作"，音转为"一庄"。作从乍声，古音为鱼类。鱼、阳对转，又精、照类隔通转，故音如庄，俗或作桩。②

谟 《尔雅·释诂》："谟，伪也。"《广雅·释诂三》："伪，为也。"郝懿行《尔雅义疏》曰："凡非天性而人作为之者，皆谓之伪。故伪字人旁为，亦会意字也。"又曰："《尔雅》之伪，义亦通为。谟之为言摹也，与作为义近，与诈伪义远。"然则谟训伪，犹为也。谟转入声，音变为莫。甬俗儿童作嬉，凡一作呼为"一莫"。谟，模韵，模、豪同入相转，同入于铎。音变为毛。儿童作嬉呼"一莫"，亦云"一毛"。谟音变毛，犹无通于毛也。无，古音读如模。本钱大昕及郝懿行说。无，微纽，古无轻唇，类隔读明纽，故音如模。故《水经注·漂水章》引《地理风俗记》曰："燕语呼毛为无。"《汉书·高惠高后文功臣表序》："靡有孑遗，耗矣。"师古注："今俗语犹谓无为耗，音毛。"《后汉书·冯衍传》："饥者毛食。"李贤注："《衍集》毛字作无。今俗语犹然。"郭忠恕《佩觿》云："河朔称无曰毛。"《通雅》亦云："江楚广东呼无曰毛。"皆其证。且谟、豪声转，古亦有之。《荀子·哀公篇》："君号然也。"杨倞注："号当为胡，声之误也。"《家语》作"君胡然也"。故甬语呼芦菔曰"老蔔"。③

方变复④ 《广雅·释诂三》："方，为也。"凡方训道、训术、训法，皆有为之

---

① 量词"回"非"为"之讹。"东抓抓，西抓抓"之"抓"非"造"之借字。
② 量词"转""物"今不说，且非"肩""浡"之音变。"趟"非"动"之音变，"桩"非"作"之音变。
③ "毛"为动量词，相当于次、趟、回。有的写作"网"。本字不是"谟"。
④ "复"字原无，据目录补。

义。方，古音为阳类，阳、元声近，音转字变作番。今称事之一作曰"一番"，_{如俗云}"一番心机""一番事业"，_{皆是}。手术曰"手番"，本皆"方"字。《说文·采部》："番，兽足谓之番。从采，田象其掌。"无作为义。或问曰：《列子·汤问篇》："迭为三番。"释文："番，更代也。"《广韵·廿二元》："番，数也，递也。"今方言称番亦有递易、频数二义，其正字为何字？钟案：番训更代，朱骏声以为"反"或"嬗"之假借，取古音元类同部字比拟以为说。愚谓番训更代，当为"变"之假借。《说文·攴部》："變（变），更也。"变从辡声，古音与番同部，且番今读非纽，古无轻唇音，非纽字正读帮纽，番、变古亦双声。《书·尧典》："黎民于变时雍。"《汉书·成帝纪》阳朔二年诏引《书》作"黎民于蕃时雍"。孙星衍曰："变与蕃声相近。"_{蕃，方烦切，古音亦在帮纽。}是番、变声通，故得相假。今称病变曰"反"，衣帛色变亦曰"反"，亦可征变音转反之证。若俗语番为倍数之义，如云"三番""五番"，即"三叠""五叠"也。此当为"複（复）"之音变。《说文·衣部》："複，重衣也。"引申为凡重之称。《广雅·释诂四》："複，重也。"複从复声，古音为幽类。故復、覆之去声在宥韵。幽、寝对转，寝、咸同居，複转去声，音变为泛。_{非纽无字，故借用敷纽字。}今音咸、删、覃、寒声混，故讹作番。_{博戏胜算之数三倍，外地人呼为"三番"，甬人则曰"三台"，台即叠字。}

坒　《说文·土部》："坒，地相①次比也。"毗至切。《广雅·释诂三》："坒、第，次也。"《文选·吴都赋》："工贾骈坒。"李善注引《淮南书》许慎注曰："坒，相连也。"今称事物相连、为先后次第者曰"坒"，如筵席座次之先后曰"一坒""二坒"。坒从比声，古音为脂类。脂变为皆，坒转皆韵，俗字作排。今称行列次第曰"排"，本是坒字。《说文》："排，挤也。一曰推也。"段玉裁注："今义列也。"未释其致讹之由。《康熙字典》引《汉书·朱买臣传》"相推排成列，中庭拜谒"，以为前人用排为行列之据。然推、排联言，仍是《说文》本训。盖习用排列字，于古无可例证，强引之，以充数耳。

品　《说文·品部》："品，众庶也。"众庶不齐，故引申品级等差义。《国语·郑语》："以品处庶类者也。"韦昭注："品，高下之品也。"《汉书·匈奴传上》："给缯絮食物有品，以和亲。"颜师古注："品，谓等差也。"品，寝韵，侵变为盐，音变匹险切。_{琰、忝韵无滂纽字，盐、先声似，其音如片，俗作批，以齐、先同入相转故也。同入于屑、质。}今事物之群众分次第等差者曰"一批""二批""上批""下批"，批即品也。卖买众者曰"批发""批购"，批即品也。俗称批者，或音转为票。"一

───────────────

① "相"字原脱，径补。

批""二批"亦曰"一票""二票"，票亦品之音转。品为侵类，侵、幽对转，幽该萧、豪，故音如票。今从孝声、鸟声、繇声等字，古本皆幽类也。①

富 《说文·宀部》："富，备也。"《礼记·曲礼下》："不饶富。"《表记》："后稷之祀易富也。"郑玄注并云："富之言备也。"《说文》序字以类相从，富字次完后，"完，全也"；富后次实字，"实，富也"。盖完、富、实三字义相近，皆具足无缺意。今称器物各件全备无缺者为"一副"，副即富之讹。称"一富"者，犹云"一全备"也。《说文》："副，判也。"无全备义。自富为财富义所专用，遂避而借用同音之副字。犹居本训蹲，后假为居处义所专，乃别制踞字以代。文字中久假不归，遂以假为正者不少。段玉裁于副字徇俗义，曲为之说，非也。段氏曰："副训剖劈，副之，则一物成二，因仍谓之副。因之凡分而合者皆谓之副。训诂中如此者致多。流俗语音如付，故韵书在宥韵，俗语又转入遇韵也。沿袭既久，其义其音遂皆忘其本始。"钟案：字训有从假借致与《说文》本义不符者，段氏往往引申曲为之说。《通训定声》颇正其谬，然于副字义亦未及。②

通 《说文·辵部》："通，达也。"《逸周书·大聚》："与田畴皆通。"孔晁注："通，连比也。"通达，犹贯彻也。物体贯彻，则及其全体，故通又引申为全义。《孟子·离娄下》："匡章，通国皆称不孝焉。"通国，犹全国也。《后汉书·来历传》："属通谏何言，而今复背之？"李贤注："通，犹共也。"共亦全也。又《崔实传》："论当世便事数十条，名曰《政论》……当世称之。仲长统曰：'凡为人主，宜写一通，置之坐侧。'""一通"者，概"数十条"而言，犹云"一全"也。今称全体曰"通体"，全部曰"通盘"，连比相约曰"打通"。通，东类，东、侵声近，侵、幽对转，音变为韬，俗作套。俗称事物全体无亏为"一套"，即一通也。

东、侯对转，通转侯韵，音如透；东、萧同入相转，*同入于屋*。通转萧韵，音如跳。甬俗称桥一座曰"一透"，亦曰"一跳"。透、跳皆通字。两岸水隔，桥以通之，故云"通"。《国语·晋语二》："道远难通。"韦昭注："通，至也。"通训达，至其地，亦达矣。通，东类，东、阳声近相转，音变为汤，俗作趟。今谓行至其地，一行曰"一趟"。《广韵·四十三映》："趟，趟趟，行皃。"猪孟切。音义与俗语皆乖。③

达 《广雅·释诂一》："达，通也。"《尔雅·释宫》："一达谓之道路，二达谓之歧旁，三达谓之剧旁。"四达、五达，以至九达，各有名。是计路之数曰达，

---

① "一批""二批"之"批"非"品"之音转。章太炎《新方言·释言》从范寅《越谚》说，以为"本坒字也"，可参。"票"亦非"品"之音转。

② 量词"副"的来历，当以段玉裁说为长。

③ 一行称"一趟"与上文"起浮肩"条事之一作称"一趟"，两个"趟"当是同一个词，来源不应有别。

虚字实用,达犹路矣。达,长言转去声,字变为兑。达声、兑声古音皆泰类,又定纽双声,故相通假。《诗·大雅·绵》:"行道兑矣。"传曰:"兑,成蹊也。"疏引《说文》:"蹊,径也。"是兑犹径,径亦路也。《诗》释文:"兑,吐外反,又徒外反。""徒外"为合口呼,转开口,则音如大。達或作达,字从大声,长言转去声,亦为大。甬语称道路之数音如"大",如一大街、一大路、一大弄。即达也,亦兑也。引申之,凡长如道路之物亦以"大"名。如一大沟、一大河、一大缝,一大痕。外地人或称为"条"。如一条路、一条沟。条者,道之音变,豪、萧相转也。《尔雅·释宫》:"路,道也。"《说文》:"道,所行道也。一达谓之道。"道从首声,條(条)从攸声,古音皆幽类,故相通转。条为枝条,虽亦有长义,然枝条为可握之物,故俗称条者,多形如柯干。如一条鞭、一条蛇、一条绳。不可握持,仅有其形迹之长者,虽名为条,实是道字。

　　《说文》《广雅》通、达互训,通训至,达亦训至。见《晋语》注。俗称行至其地,一行曰"一趟",亦曰"一大"。趟为通之音变,见上文。大为达之音变。甬俗赁舟车计值,往而复返者呼"双大",仅往而不返为"单大"。俗或作埭。甬音读埭如大。《鄞县通志》遂以为埭字。①

　　造　《说文·辵部》:"造,就也。"《广雅·释言》:"造,诣也。"《书·盘庚中》:"咸造勿亵在王庭。"《周礼·地官·司门》:"凡四方之宾客造焉。"孔传、郑玄注并云:"造,至也。"训就、训诣、训至,皆谓有所抵达也。今谓行抵其地,一行曰"一遭",如云"走一遭",遭即造也。造,从纽,从浊转精清,变如遭。参看上文"造"音"灶"说。此与事之一作曰"一遭",同为造字变音,而义则异。

　　凡行抵其地称"一遭"者,亦曰"一转""一回",转、回皆正字。《说文》:"转,运也。"系传本作"还也"。运有行义,故《广雅·释诂一》:"转,行也。"还者,复也;复者,往来也。《说文》:"回,转也。"称回、称转,正谓往来其地,与事之一作称"一回"乃为字,"一转"乃肩字,音似字殊。参看上文。②

　　讀　《说文·言部》:"讀,中止也。"胡对切,音绘。钟案:章回小说之回,应是讀字,谓文章小作篇段,即中止意。《说文》:"回,转也。"文章篇段称"回",

---

① "一大街""一大路"之"大"非"达"之音变,本字即为"埭"。张惠英先生认为,"'埭'的本义为堤坝之类,由于其形状成条成行,因而引申为表示一行一行的量词用法"。参看《吴语劄记(之三)》"埭"条,《中国语文》1984年第5期。至于其动量词的用法当是由物量词用法派生而来。量词"条"即为正字,非"道"之音变。

② 一行称"一回""一转"与事之一作称"一回""一转",两个"回""转"分别当是同一个词,来源不应有别。

于义何居？或云，是换之转音。《说文·手部》："换，易也。"谓篇章易其节目也。换，古音为元类，元、泰对转，音变为会。犹商肆汇兑字，本亦"换兑"字也。详后《释货篇》。交战称"会合"，俗亦讹作"回"。

　　土　《诗·大雅·绵》："自土沮漆。"传云："土，居也。"土之训居，犹《广雅》"里、衖、处、所、丘、墟"等字之训居。见《释诂二》。土，古音为鱼类，鱼、侯声近，音变为透，俗作斢。甬俗称屋宇一处曰"一斢"，斢即土训居之义。土，鱼类，其入铎、陌、昔，声促转入，音变土陌切，陌韵无透纽字。俗音如忒。甬俗称一处曰"一忒"，此处曰"该忒"，他处曰"别忒"，土犹地也。"该忒"故亦可云"该地"，俗音转为"该柢"。地，定纽，至韵。定浊转端清，音变都器切。至韵无端纽字，霁韵有之，故如柢。①

　　托　或曰，屋宇一处称"一斢"，斢乃托之音转。托，铎韵，铎为侯入，长言转侯韵，故如斢。《说文·宀部》："宅，所托也。"段玉裁注："托者，寄也。宅、托叠韵。"钟案：宅、托皆从乇声。宅，澄纽，古无舌上音，澄读定纽，音如度谋之度。宅，陌韵，陌、铎声通，陌声清，有舌上，无舌头；铎声浊，有舌头，无舌上。故宅转定纽，势必转铎韵。故《书·舜典》："五流有宅，五宅三居。"《禹贡》："三危既宅。"《史记·五帝纪》《夏本纪》宅皆作度。《顾命》："恤宅宗。"《后汉·班固传·典引》注作"恤度宗"。见"正位宅宗"句下引《书》云云。又曰："度，居也。"《诗·大雅·文王有声》："宅是镐京。"《礼·坊记》引《诗》宅作度。《皇矣》："此维与宅。"《论衡·初禀篇》引《诗》作"此惟予度"。度，皆音徒洛反。是宅古音如度，故同音相假。度，定纽，北音转清，入透纽，音如托。故《仪礼·士相见礼》："下臣宅者。"注曰："今宅作托。"郝懿行《尔雅义疏》曰："宅、托通。"见《释言》"宅，居也"句下。方言称屋宇一处为"一宅"，读宅如托，故音转如斢。

　　疃　《说文·田部》："疃，禽兽所践处也。《诗》曰：'町疃鹿场。'"土短切。许所引《诗》，《豳风·东山》文，传曰："町疃，鹿迹也。"段玉裁曰："兽足所蹂处曰疃，本不专谓鹿，《诗》则言鹿而已。"钟案：疃本谓禽兽所践之痕迹，引申为凡痕迹亦曰疃。声促转入，音如傝。疃，缓韵，缓入于末，本如脱；转开口，则如傝。甬俗称痕迹一处曰"一傝"。疃从童声，古音为东类；今疃在缓韵，为元类。东、元本不相通转，然东、侵声近，侵、覃同居，东转覃韵，固极易易。覃、寒二韵本相似，第收声稍异，覃收闭口，寒收舌齿，收声稍移，便混入元类缓韵，职是故耳。②

　　体　《说文·骨部》："體（体），总十二属也。""总十二属"者，总概全身之谓。

---

① "斢"非"土"之音变。"斢"俗作"透"，如《禅真逸史》第十三回："一周遭矮矮粉墙，三五透低低精舍。""忒"亦非"土"之音变。

② "傝"非"疃"之音变。后出专字作"垯"（音塔）。《集韵·盍韵》："垯，地之区处。德盍切。"

故体有总义，今犹总括其事曰“一体”，曰“大体”。體从豊声，古音为脂类，其入月、没，声促转入，音如腯，他骨切。俗讹作塌。俗语有“一塌括子”“一塌糊涂”，“一塌”即包举全总义，即一体也。苏语称周遍各处曰“一天世界”，天疑亦体字。①

𨐨 《说文·车部》：“辈，若军发车百两为辈。”段玉裁注：“引申之，为什伍同等之称。”辈从非声，古音为脂类。脂、真对转，真、元声近，故脂、元两类亦多同入相转。辈转元韵，音变为𨐨。犹𤽡有颁、非两音。𨐨亦辈义。《字林》：“𨐨，部也。”《广雅》：“𨐨，辈也。”俱见《一切经音义》卷七引。补单反。训部、训辈皆族类意。《广韵·廿六桓》：“𨐨，部党。北潘切。”音般。今称人一群、一党皆曰“一𨐨”。俗作般，作班。《说文·舟部》：“般，辟也。”《尔雅·释诂》：“般，乐也。”《方言》一：“般，大也。”皆无辈义。

或问曰：《神童诗》：“万般皆下品。”俗语“如此这般”，“这般”犹云“这样”。是般有样义，正字果何字？曰：此法字，古音转平之讹。《尔雅·释诂》：“则，法也。”《说文》：“笵，法也。”“式，法也。”《广雅·释诂一》：“容，法也。”故法有形容规范义。法，非纽乏韵，古无轻唇音，非纽字读作重唇帮纽，乏为凡入，法读平声，转帮纽，为补凡切。咸、凡皆无帮纽字，咸、凡、覃与删、山、寒相似，遂讹作般耳。俗呼手法为“手番”，亦法之转平也。②

𤽡 优伶曰“戏班”，京班、徽班、绍兴班等。北方妓院亦曰“班”，旧衙门有“三班六房”，曰“皂班”，曰“壮班”，曰“快班”。此皆群等义。《方言》三：“班，列也。北燕曰班。”则群等称班，岂非有据？曰：倡优、隶卒之称班者，本是𤽡字。《说文·𠬞部》：“𤽡，赋事也。读若颁。一曰读若非。”非古音如蓖，与颁为双声。《玉篇》：“𤽡，补颜、甫尾二切。帮、非类隔相转，脂、元同入相转。贱事也。”《广韵·廿七删》：“𤽡，贱事之皃。”音班。钟案：赋与贱篆形相似，赋疑贱之讹。《说文》叙字，以类相从，𤽡次仆后，其义可思。倡优、隶卒称𤽡，正以贱事故耳。随从之仆曰“跟班”，轿夫曰“轿班”，挑夫曰“脚班”，班皆𤽡也，谓贱役也，并其例。若班之训列，本为序次义。《广雅·释言》：“班，序也。”《小尔雅·广诂》：“班，次也。”今依先后之序，曰“头班”，曰“二班”是也。班之本训“分瑞玉也”，见《说文·珏部》，其训为班次者，《通训定声》以为分字之假借。分，非纽，古读帮纽，音如奔。真文与寒删邻转，故音转如班，犹颁、盼、扮、鳻皆从分声也。愚谓亦“分瑞玉”之引申为分义。

① “塌”非“体”之音变。“天”亦非“体”之音变。

② “般”当种类、样讲，非“法”之音变。

稠篱 《说文·禾部》："稠，多也。"段玉裁注："本谓禾多，引申为凡多之称。"字或借作篱。《广雅·释诂一》："篱，辈也。"稠、篱古音皆幽类，幽、萧同部，音转为朝，朝从舟声，雕从周声，本皆幽类，今在萧韵。俗作潮。今称人物众多曰"潮"，如云"人一潮"，"一潮鸭"，"一潮鹅"。[1]

◇**曹**[2] 《诗·大雅·公刘》："乃造其曹。"传曰："曹，群也。"《史记·黥布传》："率其曹偶。"索隐："曹，群也。"豪、看同类相转，音变如潮。俗云"一潮"即"一曹"也，从纽与澄纽往往相混。说亦通。

穜作粥 《广雅·释诂三》："穜，类也。"曹宪音种。今种类字相承作种。穜，东类，东、侯对转，侯、虞声通，故东、虞亦往往同入相转。同入于屋。种转虞韵，音变为珠。甬俗称事物之一种或曰"一珠"，俗误认为株字，非。然商贾贸易，作贸一次亦曰"一珠"，如云"一株生意"。此珠是作之音变。《尔雅·释诂》："作，为也。"作从乍声，古音本鱼类，祚、胙、阼、飵等字今犹在暮韵。作转平声，精、照类隔，故音亦如珠。作贸一次，故曰"一作"也。参看上文"造为"条释。或曰，是粥之音讹。《礼记·曲礼下》："君子虽贫，不粥祭器。"《王制》："宗庙之器不粥于市，戎器不粥于市。"郑玄注："粥，卖也。"粥亦作鬻。《国语·齐语》："市贱鬻贵。"韦昭注："鬻，卖也。"作贸一次，故云"一粥"。粥训卖，本音育，见《曲礼下》释文。方言误读为粥糜之粥，故音转如珠。粥，屋韵，虞亦入于屋，故长言转平，得归虞韵为珠。说亦可通。[3]

惠魏 《国语·齐语》："聪惠质仁。"韦昭注："惠，解瞭也。"士礼居本、重刊明道二年本皆作"惠"，他本或作"慧"，惠、慧古本通用。今称了解其事理曰"惠"，引申之，能其事者亦曰"惠"。惟了解其事理，斯乃能之也。惠，俗皆作会。如学会、教会、会说、会唱。《方言》十三："魏，能也。"魏即惠也。会无了解义，亦无能义。《说文通训定声》以为魏训能，乃威之假借，亦不可通。卢文弨《方言》案语云："《周书·谥法解》：'克威捷行曰魏。克威惠礼曰魏。'与此训能义合。"卢谓与能义合，盖以"克威"之克有能义。然谥法以"克"言者，不仅于"魏"，如"克杀秉政曰夷""克敬动民曰桓""克定祸乱曰武"，此诸谥言"克"，何不曰"魏"？然则卢说不足据矣。盖谥曰魏，乃巍之省，取高大义，《史记》张守节所谓象也。朱骏声谓借为威，取威为力义。

谦敬 《说文·言部》："谦，敬也。"苦兼切。今读齐齿，为丘兼切。谦从兼声，古音为谈类。谈、宵对转，宵、之声近，音变为起。俗有干渎于人，而自咎曰"对你不起"，起即谦也，谓对尔不敬也。或简之曰"对不谦"，则义晦费解矣。或易其词曰"对你不具"，

---

[1] "潮"非"稠"或"篱"之音变。

[2] 条目字"曹"原无，据目录补。

[3] "一株生意"之"株"非"作"或"粥"之音变。

简之亦云"对不具",具者,敬之音变。敬,见纽,映韵,为庚去声。见清转群浊,音变为竞。竞亦敬也。《说文·兄部》:"兢,竞也。一曰兢,敬也。"鱼、庚同入相转,同入于陌。又变为具。对你不敬,犹对你不谦也。甬俗具音转如住,则群、澄两纽相若而转也。

◇ 或曰"对不住",住乃崇之音转。崇有尊敬义。《礼记·祭统》:"崇事宗庙社稷。"郑玄注:"崇,犹尊也。"《国语·周语上》:"又崇立于上帝明神而敬事之。"韦昭注:"崇,尊也。"《广韵》:"崇,敬也。"崇,床纽,今音床、澄混似,故读崇如重,东、鱼同入相转,音变为住。[1]

訽 《说文·言部》:"訽,扣也。如求妇先訽叕之。"《说文》:"扣,牵马也。"引申为牵联义,如衣纽曰"纽扣"是也。叕亦联义,《说文》:"叕,缀联也。"系传曰:"频繁哀求之意。"《广韵·四十五厚》:"訽,先相訽可。"《通训定声》曰:"问也。"钟案:訽、可义近,亦一声之转。訽者,求然诺也;可者,然诺也。凡与人缔约,必先求其可,故徐锴训求,朱骏声训问。问者,问其可否也。"求妇先訽叕"者,谓先求可,而后联姻焉。盖訽之本义为求约也,《广韵》云"先相訽可",得其恉矣。今与人约,俗称"扣定",亦曰"扣实",扣即訽也。扣或音转为攷,侯、豪同入相转也,同入于铎。故亦曰"攷定""攷实"。[2]

娆苛 《三苍》:"娆,弄也。"《一切经音义》卷四引。弄者,玩也,戏也。《说文》:"弄,玩也。"《左传·僖九年》:"夷吾弱不好弄。"注:"弄,戏也。"故《广雅·释诂二》:"娆,戏也。"《说文·女部》:"娆,苛也。一曰扰,戏弄也。"苛亦扰义。见《国语·晋语》韦昭注。娆音同嬲。《广韵·廿九筱》:"嬲,戏相扰。奴鸟切。"义亦相通。苛,音何。俗读如诃者,匣、晓相转,从北音浊纽转清也。筱、巧相转,娆又音扰。甬北慈溪等处称戏弄曰"闹和",即"娆苛"也,字训联言为词也。娆从尧声,古音为宵类。宵、之声近,之、支亦声近,娆由之转支,音变为嬭。奴蟹切,俗作奶。鄞语称戏弄为"嬭和"。或音转为"嬭舞",则歌、鱼声近相转,犹江浙之交呼河如湖、呼火如虎也。鄞东咸祥滨海诸地又音转为"嬭娥",是喉牙匣疑相转之例,犹午、五本疑纽,今读如匣纽之户;牙牌,天地人和之"和牌",甬亦呼为"鹅牌"也。

戏 《尔雅·释诂》:"戏,谑也。"《方言》十:"江沅之间,戏或谓之嬉。"《广雅·释诂三》:"嬉、游,戏也。"游戏之戏,《广韵》香义切。戯(戏)从虘声,虘从虍声,古音为鱼类,故"呜呼"字通作"於戏",以戏古音与呼相若也。鱼、支声近相转,故《广韵》戏在寘部。戏,晓纽,齐齿呼。晓之细音每与心、审混。故今音晓与筱、宪与洗、朽与手、

---

[1] "对不起""对不住"之"起""住"即为正字,与"谦""敬""崇"无关。
[2] "攷定""攷实"之"攷"正字为"敲",非"扣(訽)"之音转。

嬉与㕛皆混读。慈溪山北人读书、输字如虚、煦，亦其讹转故也。纽既讹转心、审，又鱼、歌邻转，歌、麻同部，音变为沙，俗作耍。《篇海》已云："耍，戏也。"则金时已有此语。戏音变耍，犹"献豆""献尊""牺尊"字之献、牺字，并读心纽如娑矣。

　　游戏曰"玩耍"，本北语。南宋都杭州，汴梁语遂传于杭，故杭人亦称游戏曰"耍"。甬俗本无此语，然自学校授国语，课本多北语，于是"玩耍"为戏，甬儿亦习知，故释之。

　　俳谑　《说文·人部》："俳，戏也。"步皆切。《言部》："谑，戏也。"虚约切。俳，皆韵，皆入于黠，音促转入，音如拔。拔音同妭。妭，美妇人也。苏吴称游走之妓曰"汤排"，排即妭之转平，与此俳之转入为拔，正相对。俗讹作白，作孛。苏沪人称嬉戏曰"白相"，或作"孛相"，即"俳谑"之转音。俳、谑皆戏义，方言类聚言之。犹《诗·卫风·淇奥》："善戏谑兮。""戏谑"亦同义类聚为词。谑，药韵，药为阳入，长言转平，音本如香，今音晓之细音与心、审混，读香如相，遂误焉。或曰，"白相"者，即"俳戏"之转音。称"俳戏"者，字训联言为词。戏，古音为鱼类，鱼、阳对转，音变为香。香、相声似，讹作相。说亦可通。"白相"疾呼，声合为彭，俗作棚。苏沪称相戏曰"打棚"。

　　钓　《说文·金部》："钓，钩鱼也。"引申为诱取义。《淮南·主术训》："虞公好宝，而晋献以璧马钓之。胡王好音，而秦穆公以女乐诱之。"高诱注："钓，取。诱，惑。"钓、诱异辞同意，皆设诈以陷人也。《汉书·公孙弘传》："夫以三公为布被，诚饰诈，欲以钓名。"又："与内厚富而外为诡服以钓虚誉者殊科。"师古注："钓，取也。若钓鱼之谓。"钓，啸韵，萧、阳同入相转，同入于药。钓转阳韵，音变得阳切。阳、唐同类，犹萧、豪同类。阳韵无舌头音字，而唐韵有之，欲作端纽，势必转入唐韵，则音如当。俗称受诈诱而陷于祸害曰"上当"，当，唐韵，豪、唐同入相转，萧、豪同类，阳、唐亦同类，故辗转相通。即"上钓"也。《说文》："当，田相值也。"引申为值也、敌也、主也，无诱陷义。

　　柙　《说文·木部》："柙，槛也，以藏虎兕。"槛者，栊也。乌匣切。《释名·释车》："槛车，上施栏槛[1]，以格猛兽，亦囚禁罪人之车也。"依毕沅校本。实字虚用，移言囚禁亦曰"柙"。《管子·小匡篇》："遂生束缚而柙以予齐。"俗作押，今称"扣押"是也。柙，影纽，喉、牙通转，入群纽，音变为俗字侵轧之轧。共甲切。轧，於黠切，本亦影纽。今失行而受制于人，俗呼"上柙"，或呼"落柙"；有所怨者，得间而制之，曰"柙著"。柙皆音如轧，谓如兽之入槛也。[2]

――――――――――

① "栏槛"，原作"槛栏"，误，径改。
② "柙"一般写作"轧"。"落轧""轧着"常说，"上轧"今未闻。

槛棺 《说文·木部》：“槛，栊也。一曰圈。”胡黤切。《后汉书·法雄传》：“毁坏槛穽。”李贤注：“槛，谓捕兽之机也。”又《宋均传》：“常募设槛穽。”李贤注：“槛，为机以捕兽。”槛为捕禁猛兽之具，移言拘禁罪人之所亦曰“槛”。《广雅·释宫》：“槛，牢也。”槛，匣纽，喉牙匣见相转，今呼牢槛字为见纽开口呼，音如鹻，俗作监。槛或转见纽合口，则为姑凡切，以槛范韵无此音等字，俗借声近之删山韵“关”字为之。俗称事有凶危为“犯关”，即“犯槛”也，谓如兽之入牢栊也。关为门关字，无凶危义。即训关为“关市讥征”之关，则关者，所以禁奸御暴，亦有何凶危义？或谓“犯关”之关乃棺字，说详后。

《说文·木部》：“棺，关也，所以掩尸。”《释名·释丧制》：“棺，关也，言关闭也。”棺、关皆见纽，合口呼，桓、删古音亦同部，今北音呼棺音犹似关，《说文》《释名》皆以关释棺，取同声为训也。棺，凶器，人死则就棺。俗称事涉凶危曰“犯关”，即“犯棺”耳，犹云“要死”也。

悖话 《说文·言部》：“誖，乱也。”字从言，谓乱言也。字亦从心，作悖，乃心乱愦惑耳，故悖引申为惑，为误，为谬。《吕氏春秋·荡兵》：“夫有以饐死者，欲禁天下之食，悖。”高诱注：“悖，惑也。”《淮南·原道训》：“疏达而不悖。”高诱注：“悖，谬也。”《修务训》：“岂不悖哉！”注：“悖，缪也。”缪亦读如木。俗称受欺诈曰“背木梢”，木即缪字。《国策·秦策二》：“计有一二者，难悖也。”高诱注：“悖，误也。”愦惑自误固为悖，谬以误人亦为悖，《秦策》之“难悖”，即谓难以误人也。悖从孛声，古音为泰类。歌、泰同居，歌、麻同类，悖转麻韵，音变为杷。犹“生活”之活亦泰类，今呼“生活”音如“生华”。甬俗受人谬言而贻误曰“背杷”，即“被誖”字也。被，並纽，並浊转帮清，故音如背。犹“背畔”之背为並纽，“脊背”则帮纽也。

或曰，杷者，乃“誖话”之合声。《说文》：“话，合会善言也。”《诗·大雅·板》：“出话不然。”《抑》：“慎尔出话。”传并云：“话，善言也。”“誖话”者，谓谬误之善言，与俗语本旨正相适合。话亦训讹言。《声类》：“话，讹言也。”《一切经音义》卷七引。则“誖话”为惑乱之讹言，与俗语本旨亦无不合。话本夬韵，甬音在麻韵，皆、麻同入相转故也。同入于黠、鎋。[①]

缪谡 《周书·谥法解》：“名与实爽曰缪。”读如穆。缪本谬之假借。《说文·言部》：“谬，狂者之妄言也。”《玉篇》：“谬，误也，诈也。”故缪亦训诈。《汉书·司马相如传上》：“临邛令缪为恭敬。”师古注：“缪，诈也。”《谥法》“名与实爽”，

---

① “背杷”非“被誖”之音变，“杷”亦非“誖话”之合声。

亦虚诈不称之意，俗谓受欺诈而误事谓之"背木梢"，即"背缪謏"之讹。缪、木音同。謏者，《广雅·释诂一》："謏，诱也。"曹宪音素了反。萧、肴相转，音变为梢。背即被转清音。参看上条。"被缪謏"者，谓被名实不符之诈言所诱也。[①]

诈构 《左传·桓十六年》："宣姜与公子朔构急子。"杜预注："构，会其过恶也。"《淮南·说林训》："纣醢梅伯，文王与诸侯构之。"高诱注："构，谋也。"构有阴谋陷害之意。今称设诈陷人以谋利谓之"竹杠"，即"诈构"之音变。诈者，《公羊传·哀九年》何休注曰："诈，谓陷阱奇伏之类。"见"诈之也"句下注。诈之入声如作，作、竹声似，故讹焉。亦鱼、模入于屋。構（构）从菁声，古音为侯类。侯、东对转，东、江同部，故音变为杠。犹講（讲）、搆皆从菁声，而读古项切，且購（购）、媾并通作讲。《史记·韩世家》："将西购于秦。"索隐曰："《战国策》作讲。"《刺客·荆轲传》："北购于单于。"索隐曰："《战国策》购作讲，今读购与'为燕媾'同。媾，合也。《汉》《史》媾、讲两字常杂。"《甘茂传》："樗里子与魏讲罢兵。"索隐曰："讲，读曰媾。"《虞卿传》："不如发重使为媾。"索隐曰："媾亦讲，讲亦和也。"《汉书·赵广汉传》"缿筒"，缿从后声，而苏林音项；"项托"亦作"后橐"。皆侯、江两韵通转之证。"竹杠"俗亦曰"敲竹杠"，敲音如巧。敲者，寇之音变，说详后。"后橐"见《童子逢盛碑》。[②]

寇 《说文·攴部》："寇，暴也。"《书·舜典》："寇贼奸宄。"郑玄注："强取为寇。"《广雅·释言》："寇，钞也。"钞者，郭璞注《方言》云："强取物也。"见《方言》十二"虏、钞，强也"条下注。寇，候韵，侯、豪同入相转，同入于铎。音变为攷，俗作敲。如"敲诈""敲竹杠"，皆谓暴戾强取义。寇音转攷，犹扣、訆亦转为攷，扣门为"攷门"，诗词中亦作敲。訆定曰"攷定"。参看上文"訆"字条。[③]

篡嫛 《尔雅·释诂》："篡，取也。"《说文·厶部》："篡，屰而夺取曰篡。"篡从厶，厶者，奸衺也。见《说文》。故篡为奸衺之取，逆理非分者也。《说文·女部》："嫛，一曰小妻也。"薄波切。《广韵》音盘，歌、元对转故也。犹鼍亦音檀，卵有郎果、卢管二切。小妻者，谓外妇姬妾之辈。篡，谏韵，谏人于黠，声促转入，音如纂。初刮切。黑也，俗呼黑甚曰"纂黑"，讹作漆黑。嫛，桓韵，桓入于末，声促转入，音如拔。"篡嫛"之入声为"纂拔"，俗讹作"拆白"。今奸民诱取人妻而朘削其财利，财尽则弃之，通称"拆白党"。即"篡嫛"之音变，谓奸衺逆取人妇为小妻也。[④]

---

① "背木梢"非"背缪謏"之讹。

② "竹杠"非"诈构"之音变。

③ "敲诈""敲竹杠"之"敲"非"寇"之音变。

④ "拆白"非"篡嫛"之音变。

图　《尔雅·释诂》：“图，谋也。”《诗·小雅·常棣》：“是究是图。”传曰：“图，谋也。”图古音为鱼类，鱼、侯声近相转，音变为头。俗称思维曰“念头”，曰“忖头”，皆此图字。又于非分悖入之利曰“窜头”，即“篡图”字。篡为逆理而取。称“篡图”者，谓非分奇诵之图谋。此本诮人苟得之语，及既享其利者，为有德，亦自豪其非分所得为“窜头”，可哂已。①

捣突　《史记·孙武传》：“批亢捣虚。”索隐：“捣，冲也。”《管子·度地篇》：“杜曲则捣毁。”尹知章注：“捣，触也。”《荀子·王霸篇》：“污漫突盗以先之。”杨倞注：“突，陵触。”突，古音为脂类，脂、元相转，音变为蛋。俗称冲犯陵触、从事扰乱者为“捣蛋”，即“捣突”也。或曰，是《荀子》“突盗”之倒语。“突盗”双声联语，《荀子·荣辱》《强国》《王霸》诸篇凡四见，盖古成语。盗，定纽，定浊转端清，则音如捣。《新方言》以为即《荀子·荣辱篇》之“陶涎”字。检杨倞注：“陶为梼杌之梼，顽嚚之貌。”与触犯义远。音虽近，义不可从。

剌鲠　《说文·束部》：“剌，戾也。”卢达切。戾者，乖背也。见《字林》。《骨部》：“骾，食骨留咽中也。”段玉裁曰：汉后多借鲠为之，以“留咽者鱼骨较多也”。《广韵·卅八梗》：“鲠，刺在喉。”剌、鲠皆乖迕不顺义。汉魏人或联言之。《汉书·司马相如传·子虚赋》：“吞若云梦者八九，其于胸中，曾不蒂芥。”张揖注：“蒂芥，剌②鲠。”鲠，梗韵，梗入于陌，声促转入，音如格。清音转浊，入群纽，则音如轧。共隔切。○甬音呼骨鲠字，亦作群纽，共杏切。今谓事有乖迕不顺曰“剌轧”，即“剌鲠”也。或谓“剌轧”当为“迾隔”字。《说文》：“迾，遮也。”“遮隔”亦阻滞不顺意，义亦与俗语相合，第联言为词，于古无征。

剌鲠，亦倒言作“鲠剌”。《史记·贾谊传·服赋》：“细故慸葪兮。”索隐引张揖云：“慸介，鲠剌③也。”甬俗对嫌隙者谋所以挫折之，谓之“寻剌轧”，亦曰“寻轧剌门”。门，即谋之转音。谋从某声，古音为之类，之、蒸对转，音变为蔺。闷平声。今音门、蔺相似，故讹作门。或称“寻轧剌头”。头者，图之音变。详上文“图”字条。《尔雅·释诂》：“图，谋也。”或以为门乃罳字，头乃窦字。罳训破裂，窦训空隙，寻窦、寻罳，即抵瑕蹈隙、寻求过失之意。然于“剌鲠”乖迕之意不相连贯。

芥蒂　《汉书·贾谊传·服赋》：“细故蒂芥，何足以疑。”师古注：“蒂芥，小鲠也。”又《司马相如传·子虚赋》：“曾不蒂芥。”张揖注：“蒂芥，剌鲠也。”“蒂芥”

---

① “窜头”正字非“篡图”。“窜头”“念头”“忖头”之“头”是后缀。
② “剌”，张揖注原文实作“刺”。材料有误，自然影响结论的准确性。
③ “剌”，张揖注原文实作“刺”。

亦作"蒂芥"。《后汉书·孔融传》："往闻二君有执法之平,以为小介。"李贤注:"介,犹蒂芥也。""蒂芥"亦倒作"芥蒂"。《风俗通》:"何不芥蒂于其胸腹,而割裂之哉?"苏轼诗:"一洗芥蒂胸。"方岳诗:"曾不芥蒂崔嵬胸。"蒂本瓜蒂字,读如帝,而《汉书》师古音丑芥反。后人又读蒂如字,故亦作蒂。犹"滑稽"之滑今讹读如字。甬俗称事有刺鲠,呼如"葛掇",即"芥蒂"之入声。芥、蒂皆泰类,其入曷、末,芥之入声为葛,蒂之入声为掇。①

隙斯 《说文·阜部》:"隙,壁际孔也。"段玉裁注:"引申之,凡坼裂皆曰隙。"《国语·周语中》:"则可以上下无隙矣。"韦昭注:"隙,瑕衅也。"贾逵注:"隙,疊也。"《一切经音义》卷十四引。隙既引申为坼裂,故人情之破裂亦云隙,隙又用为嫌隙怨仇义。《广雅·释诂二》:"斯、隙,裂也。"今谓窥间伺隙以寻衅,谓之"寻隙斯","隙斯"音似"骹丝"。俗讹而复繂益其词曰"象牙筷寻骹丝",或曰"买扁担,寻骹丝"。或称"骹丝"为"骹头",头者,窦之讹。《说文》:"窦,空也。"空犹隙也,故曰"寻隙窦","隙窦"亦类聚同义字为词。②

罅骲墨 《广雅·释诂二》:"罅、墨、斯、骲、隙,裂也。""斯""隙"既引申为情谊破裂,训为怨,其"罅""墨""骲"诸字,故方言亦比拟为仇怨之词。罅,呼讶切,字从虖声,古音为鱼类。今在祃韵,鱼、歌声近相转。鱼、侯声近相转,音变为吼。甬俗称"寻隙斯",亦曰"寻吼斯",即"寻罅斯"也。骲,曹宪音补买反,佳、删同入相转,同入于黠。音变为板。甬俗称"寻隙斯",亦曰"寻板头门",即"寻骲窦墨"也。墨,曹宪音问。问,微纽,古无轻唇,读微纽如明纽,故音如门。甬语凡询问字,音皆如问。③

龃齿 《说文·齿部》:"䶤,龃齿也。"又:"龃,齿不相值也。"字又作龃龉。《广韵·八语》:"龉,龃龉,不相当也。或作鉏铻。"《楚辞·九辩》:"圜凿而方枘兮,吾固知其鉏铻而难入。"俗称意不相契曰"龃齿"。龃,本音语,疑纽,为鱼上声。甬语呼鱼,音如我衡切,盖鱼、阳对转,作阳声,故尔。甬语"龃齿"之龃亦如鱼之俗音,而又作亢音。④

---

① "葛掇"犹"疙瘩",非"芥蒂"之入声。
② "骲丝"当是正字,"骲头"之"头"是词缀。《阿拉宁波话》"骲头"条:"骲音切。竹、木等表面的裂起处;俗语:扁担寻骲头,豆腐挑骨头。《玉篇·皮部》:'骲,木皮甲错也。'《广韵·昔韵》:'骲,皮细起。七迹切。'"(127 页)可参。
③ "寻板头门"今不说。"板头门"正字非"骲窦墨"。
④ 今无"龃齿"一词。

偃蹇 《左传·哀六年》："彼皆偃蹇。"《周礼·天官·玉府》杜预注："偃蹇，骄傲。"《汉书·司马相如传下·大人赋》："掉指桥以偃蹇。"张揖注："偃蹇，委屈貌。"《释名·释姿容》："偃蹇，偃，偃息而卧，不执事也；蹇，跛蹇，病不能作事。今托病似此，而不宜执事役也。"今求助于人者，其人既倨而委屈多态，又不显诺所求者，俗谓之"偃偃蹇蹇"。

献贡 《说文·贝部》："贡，献功也。"《广雅·释言》："贡，献也。"《国语·楚语下》："公货足以宾献。"韦昭注："献，贡也。"贡、献皆奉上之词。《周礼·天官·玉府》注："古者致物于人，尊之则曰献。"今通语致美于人曰"贡献"。甬俗倒其语曰"献贡"，音讹为"势顾"。俗称媚赂权贵曰"势顾"，即"献贡"字也。盖献，晓纽，愿韵，晓之细音似审，元、齐同入相转，同入于月。献转霁韵审纽，则为势。贡，送韵，东、模同入相转，同入于屋。贡转暮韵，则为顾。[1]

辟媚詖 《书·冏命》："无以巧言令色，便辟侧媚。"传："便辟，足恭。侧媚，谄谀之人。"释文："辟，匹亦反。"辟，邪也；见《匡谬正俗》卷三。媚，悦也。《说文》："媚，说也。"说即悦。谓邪回悦人，《论语·八佾》所谓"媚奥""媚灶"是也。谄谀足恭，于字义亦为詖。《仓颉篇》："詖，佞谄也。"见《文选·颜延年〈和谢灵运诗〉》"徒遭良时詖"李善注引。足恭谄谀俗谓之"拍马屁"，即"辟媚詖"之讹转。盖拍，陌韵；辟，昔韵。陌、昔古同音类，故相通转。陌为庚入，昔为清入，陌、昔相转，犹庚、清相转也。媚，古音为脂类，脂、歌声近相转，音变为马。詖，彼义切，帮、滂邻转，则詖音如屁。犹諀音庀，亦匹夷切；誧，博孤切，《广雅》曹宪音铺，皆是也。帮、滂之类隔为非、敷，今音非、敷极相似易混，故帮、滂亦易讹转。[2]

聊媮 《广雅·释诂三》："媮、聊，且也。"媮，曹宪音偷，字亦作偷。《汉书·食货志下》："民媮，甘食好衣，不事畜臧之业[3]。"师古注："媮，苟且也。"《周礼·地官·大司徒》："六曰以俗教安，则民不偷。"郑玄注："偷，谓朝不谋夕。"疏："偷，苟且也。"《诗·邶风·泉水》笺："聊，且略之辞。"上云"苟且"者，即今人所谓"消极"，乃"奋勉"之反，凡事姑且草率，无意作为之意，故《食货志》谓"不事畜臧"，郑玄谓"朝不谋夕"。俗于心绪沮丧、无意操作曰"懒叹气"，即"聊媮且"之讹。聊，古音为幽类，幽、侵对转，聊转覃韵，音变为蓝。媮为侯类，侯、幽声近，幽、侵对转，音变为䑎。吐舌曰"䑎"。且为鱼类，鱼、歌邻转，故且今在马类。歌、脂亦声近，且

---

① 今无"势顾"一词，且"势顾"非"献贡"之音变。
② "拍马屁"非"辟媚詖"之讹转。
③ "业"，原作"事"，误，径改。

由歌转脂，故音如妻。"聊媐且"音变为"蓝甴妻"，俗以其无意奋为，遂傅会其义，讹作"懒叹气"。苟细究本旨，当知其非。①

徦[2]妒　《说文·人部》："徦，妒也。"秦悉切。字亦从女作嫉。《女部》："嫉，妒也。""妒，妇妒夫也。"《楚辞·离骚》："各兴心而嫉妒。"王逸注："害色曰妒。"《玉篇》："妒，丹故切。争色也。"嫉、妒义同，故《离骚》类聚为词，今语犹然。嫉，从纽，北音从为清浊，转清音，入清纽，音变为漆。"漆妒"疾呼声合如醋，犹粗亦读从纽，为徂古切也。见《广韵·十姥》。俗称争色曰"醋"，即"嫉妒"声合之转清音耳。或曰，"吃醋"，吃即嫉转清音如漆之讹。漆，清纽；吃，溪纽。溪之齐齿呼与清、穿相似也。"嫉妒"声合既转为醋，又复复以嫉字者，盖方言既误认合声所变乃别一字，故复复以嫉字。如俗呼瘢为"瘢疤"，疤本瘢之变音，而俗复复举之耳。或谓吃者，乃謞之入声。《说文·言部》："謞，恚也。"段玉裁注："今人用嗔，古用謞。"女子善娇嗔，及其争色而妒，尤必嗔，故云尔。说亦可通。若《通俗编》引《续文献通考》"狮子日食醋、酪各一瓶"，而以河东狮吼事喻妒妇，辗转傅会，恐非真谛。余尝问动物园中豢狮虎者：狮喜食醋乎？曰：安得此荒唐之言！然后知稗史笔乘多道听涂说，不可尽信。③

纠　《周礼·夏官·大司马》："制军诘禁，以纠邦国。"郑玄注："纠，犹正也。"《荀子·议兵》："矜纠收缭之属。"杨倞注："纠，谓好摘发人过者也。"今通语"纠正""纠谬"皆谓正人之失。纠，居黝切，古音为幽类。幽通萧、肴，故俗读纠或如皎。今谓彰发人过曰"改纠"，本为改正之意。俗讹作"盖照"，浅人又作"盖罩"，以为弇盖人上，为逞能嫉贤之辞。

闟　《说文·鬥部》："闟，斗也。从鬥，宾（宾）省声。读若宾。"匹宾切。今谓相斗曰迸，或曰甹，皆闟字也。象棋"斗车""斗炮"，或称"闟车""闟炮"。人相决斗，不惜陨命以赴者，俗称"闟命"。段玉裁以为甹字，非。甹字说详后。

甹辨　《说文·丂部》："甹，亟词也。或曰：甹，侠也。三辅谓轻财者为甹。"段玉裁注："今人谓轻生曰甹命，即此甹字。"钟案：俗称"甹命"者，谓以死相斗也。其字当作闟，闟者，斗也。说详前条。然甹训侠，侠者，轻己而急人之难，有任气之义，其所为固亦亟也。甬俗于任气有所决为，愿备若干财物，不惜消损，以为之者，谓之"配办"。配即甹之讹转，办正字当作辨。甹，青韵，古音为耕类，耕、支对转，音变普为切，支韵重音无滂纽字。俗借配为之。辨，具也，治也，俗作辧（办）。见《广韵·卅一襇》。《周

---

① "懒叹气"非"聊媐且"之讹。"懒叹气"又说"懒叹心头气"。
② "徦"原作"嫉"，据目录改。
③ "醋"非"嫉妒"声合之音转。"吃醋"之"吃"非"嫉"或"謞"之音转。

礼·考工记·总目》："以辨民器。"释文："辨，犹具也。"《荀子·议兵篇》："城郭不辨。"杨倞注："辨，治也。"又曰："礼者，治辨之极也。"《王霸篇》："必将曲辨。"注："辨，理也。""粤辨"云者，谓任气有所为，轻财而治理之也。《玉篇·刀部》："辧，皮苋切。具也。"今辨为辨别字，辧（办）为辨理字，于古皆作辨。见《说文》段注。

准赘 《说文·水部》："準（准），平也。"平者，无高下。故准又引申为同等义。《易·系辞》："易与天地准。"虞翻注："准，同也。"京房注："准，等也。"今称事物同等曰"佐样"，佐即准之转音。准，古音在脂类。脂、真对转，故今入准韵。《说文》《释名》并云："水，准也。"皆以叠韵为训。準从隼声，隼即雕字。雕从隹声，故准古音当如隹。隼声，段氏《六书音均表》入十五部，即严氏之脂类。脂、歌声近相转，乃变如佐。甬俗凡事之同者皆云"佐"。《考工记·辀人》："辀注则利准。"郑玄注："故书准作水。"释文："准，音水。"是准古音同水。水审组，准照组，皆齿音相转。

准作准备义，于古训亦无征，疑"准备"乃"赘备"之语转。《广雅·释诂三》："赘、备，具也。"又："赘，聚也。"赘为脂类，脂、真对转，故音如准。称"准备"者，固有聚具义。甬俗称具备以俟呼如"装"，盖"赘具"字训联言声合之变。"赘具"疾言，声合如炷，鱼、阳对转，音变为装。或曰，"准备"乃"置备"之语转。置，设也，措也。置，古音为之类，之、脂声近，脂、真对转，音变为准。[①]

侹 《说文·人部》："侹，一曰代也。"他鼎切。《方言》三："比、侹，代也。江淮陈楚之间曰侹。"今称更代曰"代替"，本"代侹"字。侹从廷声，古音为耕类，耕、支对转，音变为他徙切。纸、旨、止韵皆无透纽字，故借用霁韵替字以谐声。替，废也，偏下也；见《说文》。止也，待也。见《尔雅·释诂》。古无有训代者。《广韵·十二霁》："替，代也。"此后人义。盖久假不归，讹以成俗，宋人重修《广韵》时徇俗沾入之耳。

《说文》："侹，长皃。"《广雅·释诂三》："侹，直也。"今物体长而平直曰"壁侹"，俗讹作挺。

胎困 《方言》十三："困、胎，逃也。"郭璞注："皆谓逃叛也。"胎从台声，古音为之类，之、蒸对转，音变为蘉。他登切。"胎困"联言，声合为褪，蘉、褪声似。今谓悄然脱逃曰"褪走"，即"胎困"字也。或谓是退之转音。退，《说文》作复，《彳

[①] "佐样"之"佐"非"准"之转音，正字当作"做"。明冯梦龙《山歌·伯姆》："三月里清和四月里天，伯姆两个做头眠。""做头眠"即同一头睡。"装"非"赘具"声合之变；"准备"非"赘备"或"置备"之语转。

部》："復，却也。"退，队韵，至、对同居，脂、真对转，则音如褪。说亦可通。①

憎　《玉篇·心部》："憎，昨遭切。乱也。"浊音转清，从转精纽，音变如糟。今称乱曰"乱七八糟"，又状乱况曰"一团糟"，皆憎字也。虽然，憎训乱，亦后人义耳。《尔雅》《说文》并云："憎，虑也。"藏宗切。知憎古训本非乱义。然其训乱，必有假借声近之字。疑憎训乱，乃扰之音讹。《广雅·释训》："扰扰，乱也。"《书·胤征》："俶扰天纪。"传："扰，乱也。"扰，日纽，日通禅、娘。读禅而更浊之，或又转入从纽，如茸、戎、仍、礽等字今读从纽是也。禅、邪类隔相近，故憎亦音囚。见《玉篇》及《广韵·尤部》。扰本作擾，嬰声、曹声古音本同在幽类，幽通萧、豪，擾转从纽，故音如憎。若憎音悰，冬韵字，古音亦在幽类也。

繺　《广韵·廿六桓》："繺，迷惑不解理。"落官切，音銮。吴越讥人愚不解事曰"晓得繺"，谓晓得者，乃迷惑不解者也。繺音若卵，俗误认为阴器之卵字，非。然繺训迷惑不解理，亦是后人义。《说文》："繺，欠皃。"繺之本训如是，因疑繺训迷惑不解理，乃頪之音变。《说文·页部》："頪，难晓也。从页、米。"《六书故》引唐本《说文》作"从迷省"，郎外切，亦音卢对切。泰、元对转，故音如繺。頪从迷省，而页难晓，则迷惑不解之义在焉。②

齇　《说文·有部》："齇，兼有也。读若聋。"段玉裁注："今牢笼字当作此。"字或作拢。《文选·江赋》："拢万川乎巴梁。"李善注："拢，犹括束也。"今二物合而为一曰"合齇"，即此亦兼彼，彼亦兼此，彼此兼有之义。复引申之，凡相合、相及皆曰"齇"，如"靠拢""碰拢"。

污　《大戴礼·少间篇》："污池土察。"卢辩注："污，窪也。"窪者，下也。通作窐。《吕氏春秋·任地》："子能以窐为突乎？"高诱注："窐，容污下也。"窐、污一声之转。窐从圭声，古音为支类，支、鱼声近相转。污，鱼类也。《淮南·说山训》："文王污膺，以成楚国之治。"高诱注："污膺，陷胸也。"是污犹窐也，有下陷没入之意。今称陷没曰"污"，如足践淤泥、身卧棉絮堆中，皆云"污落"。或谓是窊字。《说文·穴部》："窊，污衺下也。"瓜声字古音本在鱼类。说亦可通。

刮皮俾　《说文·皮部》："剥取兽革者谓之皮。"引申为剥义。《广雅·释言》："皮，剥也。"《释诂二》："刮，减也。"通语脧削人利曰"刮皮"，即剥减义。或曰，"刮皮"当作"刮俾"。《说文·人部》："俾，益也。""刮俾"谓刮取利益也。俾本并弭切，

---

① "褪走"之"褪"非"胎困"之合音，正字当作"余"。
② "晓得繺"一词今未闻。

帮纽，纸韵，帮清转並浊，则音如皮。俾与鞞、箄、髀同组，见《广韵·四纸》。此三字亦通读並纽也。作"刮俾"义犹精切。①

略　《方言》二："略，强取也。"《左传·襄四年》："季孙曰略。"杜预注："不以道取为略。"《新方言·释言》："今人谓摅取为捞。释见下条。其干没者，吴越谓之略。略，音如洛。所干没者曰略头。"钟案：略，药韵；洛，铎韵。药、铎同类相转，犹其平声阳、唐同类相转也。药为阳入，铎为唐入。"略头"之头，犹营利称"赚头""蚀头"之头，实皆度字。凡财货之数称度者，谓其数度等差也。《汉书·武帝纪》"元狩四年"："用度不足。"度犹数也。今市肆称财货之数曰"头寸"，即"度寸"字。"度寸"犹云"尺度"，即数额矣。度，鱼类，鱼、侯声近相转，故如头。②

虏钞　《方言》十二："虏、钞，强也。"郭璞注："皆强取物也。"钞通作抄。《字书》："抄，掠也。"《一切经音义》卷三引。虏、钞同义类聚为词，疾呼声合，音变为捞。虏，姥韵，模、豪同入相转，同入于铎。虏亦得音变为捞。俗称非礼攫利曰"捞"，其含义近于窃夺，捞读亢音，如拉劳切。拉，音如俗语"拖拉"之拉。捞本训沉取，《通俗文》："沉取曰捞。"亦训钩取，《方言》："捞，取也。"郭璞注："谓钩捞也。"无窃夺义。③

乍　《说文·亡部》："乍，一曰亡也。"鉏驾切。《广雅·释言》："乍，暂也。"乍有仓猝倏忽之义。音本床纽，今甬音误读从纽，为慈祸切，床、从类隔讹转故也。犹藉本从纽，而甬读床纽，其讹转正相反。俗称眼前物乘人不备而掩窃之曰"乍去"，即谓倏忽而亡失也。称"乍"者，盖兼取暂、亡两义而为词。乍，正读床纽本音。④

谬　《广雅·释诂二》："谬，欺也。"《三》："谬，误也。"王念孙疏证曰："凡见欺于人谓之误，欺人亦谓之误，故自误谓之谬，误人亦谓之谬。"今言行荒唐可哂者俗呼为"妙"，本是谬字，谓其言行之误也。讳谬为妙者，谬则直刺其非，避之耳；以今音读谬如妙，幽、萧声近相转故也。谬从翏声，古音为幽类，幽通肴、豪，故醪、嫪、膠（胶）并从翏声。谬转号韵，字变为冒。俗称以伪乱真相欺者为"冒"，如"冒牌""假冒"，冒即谬也，欺误义也。《汉书·卫青传》："故青冒姓为卫氏。"师古注："冒谓假称。"则假冒为谬，汉时已用之。翏声、冒声古音本同部，故相假。师古又云："若人首之有覆冒也。"欲就冒之本义附会以释之，反诘屈矣。

僾肖　《说文·人部》："僾，仿佛也。"乌代切。又："仿，相似也。""佛，

---

① "刮皮"即为正字，"皮"是名词，非取其"剥"义。
② "略头"（一般写作"落头"）及"赚头""蚀头"之"头"是词缀，非"度"之音变。
③ "捞"即为正字，非"虏钞"之合音或"虏"之音变。
④ 今无"乍去"一词，且"乍"非本字。

仿佛也。"　"仿佛"或作"髣髴"。《礼记·祭义》："祭之日，入室，僾然必有见乎其位。"疏："僾，髣髴见也。"僾，今在代韵，代入于德，僾转入声，音如餩。爱黑切，俗作呃。甬俗称形状相似者曰"餩像"，即"僾像"也，谓髣髴相似也。或称为"好像"，好者，肖之音讹。《说文·肉部》："肖，骨肉相似也。"《广雅·释诂四》："肖，象也。"肖，心纽，笑韵。笑、号同类相转，心与晓之细音相若，故今读肖若孝。及既讹入晓纽，又转音等为粗，则音如好。犹今呼丧祭之"孝子""孝堂""孝帏"字皆如好，肖音变好，亦如是耳。好为美好字，于义无当，第习用而安之，无有非之矣。①

餩　《广雅·释诂三》："餩，可也。"曹宪音呼感反，读若喊。字从感声，古音为侵类，侵、幽对转，幽通萧、豪，音变为好。今问事之可否曰"好否"，物之可吃者曰"好吃"，可用者曰"好用"，好皆餩也。餩训可，可为许诺词，故凡许诺其事者亦应之曰"好"。或曰，餩者，奇觚字，俗于许可称好者，本是许字。许，语韵，或侈之，则入姥韵，音如浒。《诗·小雅·伐木》："伐木许许。"释文："许，呼古反。"是也。"呼古"切"浒"音，苏州"浒墅关"苏人读浒如许，音之侈弇相反如此。许既音侈为浒，姥、晧同入相转，同入于铎。则音如好。其说犹平通可信。②

休　《说文·木部》："休，息止也。"古音休、好声近，同为幽类，故或借休为好。《尔雅·释诂》："休，美也。"《释言》："休，庆也。"《易·大有》："顺天休命。"《书·太甲中》："实万世无疆之休。"《诗·大雅·江汉》："对扬王休。"休皆好也。此从何仲英说，见《文字学大纲》。朱骏声谓借为喜，不如何说为精。今人谓事止为"好"，如"饭吃好""字写好"，皆终止义。好即休也。古人借休为好，今人借好为休，其例正相反。《国策·齐策》冯驩焚责（债）券市义归，孟尝君责之曰："先生休矣！"通以今语，犹云"先生好了"，盖恚慨之词。休，晓纽，幽类通转肴、豪，休转肴韵，则为许交切，音哮，孝平声。音等转粗为开口，则为火交切，音即如好。犹丧服之"孝子"俗呼如"好子"，喘哮字俗亦呼如"好"矣。③

赦舍　《说文·攴部》："赦，置也。"《尔雅·释诂》："赦，舍也。"郭璞注："舍，放置。"《易·屯卦》："不如舍。"虞翻注："舍，置也。"释文："舍，止也。"《论语·雍也》："山川其舍诸？"皇侃疏："舍，犹弃也。"《周礼·秋官·司圜》："上罪三年而舍。"郑玄注："舍，释之也。"赦、舍音同，义亦通贯。凡事弃置，

---

① "餩像"之"餩"一般写作"阿"，"阿"有副词很的意思，如：阿难弄，面子阿要，舞跳勒阿泛。"好像"之"好"即为正字，非"肖"之音讹。

② "好否""好吃""好用"之"好"即为正字，非"餩"或"许"之音变。

③ "饭吃好""字写好"之"好"即为正字，非"休"之音变。

则不续为，是有止义，休止亦不为矣。舍，今在马韵，马为歌类，歌、麻同居。歌、元对转，音变为算。今称事止而不为曰"算"。甬音呼舍多如算。如敝舍、舍弟。沙亦或呼如算。①

殆怠　《广雅·释诂一》："殆，坏也。"《方言》六："怠，坏也。"怠为殆借字。殆本训危，见《说文》。引申为危亡，《荀子·议兵篇》："兵殆于垂沙。"杨倞注："殆，谓危亡也。"故转训为坏。殆从台声，古音在之类。之、宵声近相转，俗字作掉。今谓看食变坏曰"餲掉"，餲音瘗。物为虫蠹曰"蛀掉"，操作而坏曰"弄掉"。他如"火烧掉"，"吃掉"，掉皆有毁灭义。《说文》："掉，摇也。"掉无坏义。②

胜任　《说文·力部》："胜，任也。"字训联言曰"胜任"。"胜任"常语，疾呼声合为深。侵、幽对转，萧、幽同居，音变为萧。俗谓事不胜任曰"吃不消"，消即"胜任"合声之变。胜亦得音转为消。胜从朕声，古音为蒸类，蒸、之对转，之、宵声近相转也。吃，正字当为劼。《广韵·十四黠》："劼，用力也，勤也。"恪八切，溪纽开口呼。音等转细为齐齿，故《集韵》亦音吃吉切。"劼不胜任"者，谓虽用力勤奋，犹不胜任也。苏吴人称事之毋需亦云"不消"。消即"需要"之合声，需亦得音变为消。需，古音为侯类，侯、幽声近相转故也。③

禄赖　《广雅·释诂一》："禄、赖，善也。"事不胜任者，俗称"吃不消"，甬语则云"吃弗落"。落应是禄字。"劼弗禄"者，谓虽用力勤奋，而不善也。语亦云"弄弗来"，来应是赖字。弄者，"厉动"之合声，作为义也。"弄弗赖"，谓为之不善也。禄、落声近，鱼、侯声近相转。禄古音为侯类，落为鱼类。赖、来声近，脂、之相转也。赖为脂类，来为之类。④

劼勌　《广雅·释诂四》："劼、勌，仂也。"王念孙疏证引《字书》："仂，勤也。"《埤苍》："勌，力作也。"《一切经音义》卷一引。《广韵·十四黠》："勌，口滑切。"又："劼，用力也，勤也。"恪八切。音等转细，故《集韵》又吃吉切，音诘。甬语谓操作费力者呼如"七七渴渴"，即"劼劼勌勌"，重言为词。劼读齐齿细音，如《集韵》。或于操作勤苦呼曰"吃力"，吃亦劼之讹。⑤

嘼　《说文·告部》："嘼，急告之甚也。"苦沃切。段玉裁注："急告，犹告急。

---

① "算"即为正字，非"敝"或"舍"之音变。
② "算"即为正字，非"殆"之音变。
③ "吃不消"即为正字，"消"非"胜任"合声之变或"胜"之音转，"吃"也非"劼"之借。
④ "吃弗落"即为正字，"落"非"禄"之借。"弄弗来"亦为正字，"来"非"赖"之借。"弄"非"厉动"之合声。
⑤ "吃力"之"吃"非"劼"之讹。

告急之甚，谓急而又急也。"钟案：今人穷急而诉吁于人，俗称"哭诉"，哭即訾之讹。《说文》："哭，哀声也。"于词义不切。訾字僻，少见，俗不得其字，乃摭苦为之。[①]

　　详　《说文·言部》："详，审议也。"似羊切。今遇恼怅迷离之事，揣测以求其是，谓之"详"，如"详梦""详签诗"是。俗呼详如像，遂以为像字。详，本像平声，皆邪纽，甬语讹读详为从纽，为疾羊切，于是字语音歧。方言邃古相传，犹存正音。从、邪皆浊音，而从犹浊。读从之浊而浅之，便流于邪；反之，读邪而更浊之，便流于从。床、禅亦如之。

　　从、邪互转而讹读甚多，如墙、樯、蔷皆在良切，从纽，今读如象平声，讹入邪纽；匠，疾亮切，从纽，亦读象去声，为邪纽；祥、庠、翔、详皆似羊切，邪纽，今读疾良切，讹入从纽；晴音同情，本从纽，俗呼晴雨字讹入邪纽；如盛、静，疾郢切，亦从纽，俗呼动静字又如饧上声，为邪纽；饧糖之饧本徐盈切，为邪纽，今讹读从母如情；茨菇之茨音慈，从纽，俗呼如祠，讹为邪纽；囚、泅皆由切，邪纽，今讹读从纽，如就平声；诵、颂、讼皆似用切，邪纽，今读从上声，讹入从纽。从、邪互讹者，不仅此数字，聊举其习见者数则以证之。

　　从纽字亦有与禅纽相讹者，盖禅、邪类隔，禅由邪转从故耳。如成、城读如情，常、尝读如藏是。

　　题　《左传·襄十年》："舞师题以旌夏。"杜预注："题，识也。"《释名·释书契》："题，谛也，审谛其名号也。"《诗·商颂谱》疏引《契握汤说契》注云："题，名也。"凡名号所以为标识，故题训识，亦以训名。题，定纽，古舌头音后或转为舌上，定、澄类隔相转，题转澄纽，音变为迟。迟、件声似。件，群纽，狝韵，脂、元相转，群之细音又与澄似也。俗呼名为"名件"，即"名题"音变为"名迟"之讹也。题从是声，古音为支类，支、鱼声近，鱼、阳对转，音变为堂。今称名又曰"名堂"。鱼、侯声近，题由鱼转侯，音变为头。今称名亦曰"名头"。[②]

　　课考　《说文·言部》："课，试也。"系传曰："《汉书》云'考课'是也。"钟案：考与课双声，义亦相若。考，问也，见《广雅·释诂二》。校也。见《国语·晋语三》"考省不倦"韦昭注。《书·舜典》："三载考绩。"今云"考试"，即问校人材，辨其优劣也。试士，旧亦称"课"。课为歌类，歌、元对转，音变为看；歌、咍同入相转，同入于曷。音变为开。今凡事物试辨其优劣曰"试试看""吃吃看""听听看"，看或作开，皆谓试辨之也。考亦得音转为看。考从丂声，古音为幽类，幽、侵对转，音变为坎。《尔雅·释言》："坎，铨也。"铨衡亦校核之意。坎本苦感切，覃、寒今相似，故讹作看。鄞县东钱湖滨有村名"象

<hr>

① "哭诉"即为正字，"哭"非"訾"之讹。
② "名堂""名头"之"堂""头"非"题"之音转。

坎"，土音呼如"丈开"。①

问 《说文·口部》："问，讯也。"《言部》："讯，问也。"凡不知其情而求其知，皆问也。引申之，探测亦为问，探测亦所以求知其情也。问从门声，古音为真类，真、元声近相转，音变为繁。甬俗称探测求情呼如"繁"，或称"试繁"；试探之曰"繁繁开"。开即上条课字。②

干 《说文·干部》："干，犯也。"犯者必相触及，故引申训为触。《楚辞·七谏·谬谏》："恐犯忌而干讳。"王逸注："干，触也。"今谓事之相及曰"相关"，关本干之音变。干，见纽，开口呼，音等转合口，则为官。北音呼官若关，官、棺音同。《说文》《释名》并云："棺，关也。"皆以同音为训。古音寒、桓、删、山同部通转。故字讹为关。俗称"不相关"曰"不相干"，甬俗称"关系"为"干系"，皆犹存干之本字。《说文》："關（关），以木横持门户也。"引申为关闭，为关塞，为关隔，本无连及义。古有训为通者，《史记·佞幸传序》："公卿皆因关说。"索隐："关，通也。"交者，《太玄经·玄测都序》："升降相关。"范望注："关，交也。"皆贯之假借；其训为机关者，乃"机栝"之转音。《庄子·齐物论》："其发若机栝。"栝从舌声，古音为泰类，泰、元对转，音变字讹为关。

庆 《说文·心部》："慶（庆），行贺人也。"引申为凡贺皆曰庆。《广雅·释言》："庆，贺也。"凡可贺者其事必善，而贺者亦为善其事，故庆又训善。《广雅·释诂一》："庆，善也。"《礼·月令》"孟春"："行庆施惠。"郑玄注："庆，谓休其善也。"休，美也。庆，古音如羌，在阳类。阳、鱼对转，音变为去。今赞美人作难为之事曰"去你做"，感谢人助曰"去得你帮忙"。语作去音者，皆谓善之也。北人语及曲部中，则用亏字，如云"幸亏""多亏了你"。作亏音者，盖庆读今音在映韵之变。映为庚去声，古音庚近阳，今音庚近耕，耕、支对转，庆转支韵，则为亏。亏，去为切，见《广韵·五支》。与甬言作去音者，正双声相转。支、鱼声近，亦相通。凡支、脂、微、齐韵重音字，俗语多转鱼韵。如龟、归、贵音如居，围音如余，水、岁音如庶，锤、捶音如除，吹音如杵，皆是也。而甬音读亏，作苦为切者，则又音等转粗。今谓"吃亏"亦呼"吃去"，正其例矣。③

古 《广雅·释诂一》："古，始也。"古，姥韵，古音为鱼类。鱼、模变麻，音变为嫁。甬俗谓事之起始为"起嫁"。古之音转为嫁，犹家之古音本如姑也。后汉曹世叔妻班昭称"曹大家"，今读家犹作姑也。

竟死 《广雅·释诂四》："竟、死，穷也。"穷者，终尽义。《说文·音部》："乐

---

① "试试看""吃吃看""听听看"之"看"即为正字，"看"非"课"或"考"之音转。
② 今无"繁""试繁""繁繁开"等说法，且"繁"非"问"之音变。
③ "去你做""去得你帮忙"之"去"即"亏"之音变，与"庆"无涉。

曲尽为竟。"《荀子·大略篇》："流言止焉，恶言死焉。"杨倞注："死，犹尽也。"《大戴礼·本命篇》："化穷数尽谓之死。"竟本曲之尽，死本命之尽，引申为凡尽之称。竟今在映韵，死在旨韵，映入于陌，竟转陌韵，则如戟；旨入于术、栉，死转栉韵则如瑟。今谓凡事终尽为"戟瑟"，即"竟死"声促转入也。俗以为"结束"之语转，非是。结为缔结，束为束缚，并见《说文》。去终尽义远。然世习用，不以为非焉。或作"结煞"，更误，煞俗字。①

　　考　《方言》十二："考，赢也。"考，郭璞音垢；赢，音盈。卢文弨曰："赢与盈通。"钟案：《太玄·玄数》："推三为赢赞。"范望注："赢，满也。"《荀子·非相篇》："与世偃仰缓急赢绌。"杨倞注："赢，余也。"《左传·宣四年》："蒍贾字伯赢。"释文："赢，音盈。"《吕氏春秋·知分篇》注作"伯盈"。是赢、盈古通之证。今称满足曰"够"，论音义当是"考"字。《玉篇》："够，苦侯切。多也。"《广韵·十九侯》恪侯切。是够当读如彄。惟《文选·魏都赋》："繁富夥够。"李善注引《广雅》："够，多也。"音古侯反。见、溪牙音相转，犹韝音彄，又古侯切也，例同。今读够如钩，通从李音。然够训多，与俗语为满足义虽近似，而尚有别。满足有将溢之义，不能再有所益，训多则非然也。惟考训赢，赢为满，为余，义与将溢者符。然则足够字，音义正当用考，后人以考为老寿义所专，乃借够为之。②

　　歉　《说文·欠部》："歉，食不满也。"段玉裁注："引申为凡未满之称。《穀梁传》曰：'一谷不升谓之歉。'"《荀子·仲尼篇》："主信爱之，则谨慎而歉。"杨倞注："歉，不足也。"《广雅·释诂三》："歉、亏，少也。"朱骏声曰："今亏欠字，盖即歉之转注。"钟案：朱说是也。欠本呵欠字。《说文》："欠，张口气悟也。"《广韵·六十梵》："欠，欠伸。今借为欠少字。"曰"借为"，明非本义，然亦久矣。歉本苦簟切，徐铉音。《广韵》苦减切，赚韵。又口陷、口感二切。见陷韵。今读去剑切，如欠，同为溪纽，由一等音转为三等音耳。《音韵阐微》曰：歉，按《韵谱》例，宜作开口呼，今多作齐齿呼。盖音等变易，古今南北，往往不同若是。

　　劣　《广雅·释诂三》："劣，少也。"劣，力辍切，古音在泰类。长言转去声，还归泰韵，音变如赖。甬俗称事态之甚者曰"不赖"，如秽甚曰"鏖糟不赖"。"不赖"即"不劣"，"不劣"谓"不少"，"不少"即甚之谓矣。世俗往往取反义字加"不"

---

① 凡事终尽称"戟瑟"，"戟瑟"非"竟死"之音转，俗以为"结束"之语转，近是。
② "考"非"够"之正字。

以为形况词，如称其善曰"不错"，称其恶曰"不好"。称甚为"不劣"，亦犹是已。①

私讳 《说文·厶部》："厶，奸衺也。韩非曰：'仓颉作字，自营为厶。'"经传多作私。《吕氏春秋·有度篇》："奚道知其不为私。"高诱注："私，邪也。"邪即衺字。《贾子·道术》："反公为私。"今凡事之德行有亏，不可令人知者，皆名为"私"。私，古音为脂类，脂、之声近，之、宵亦声近，故脂由之转可通宵。王念孙亦云："凡脂部之字，多有与萧部相转者。"见《广雅疏证·释宫篇》"趡，犇也"条下。《方言》二："私，小也。"即双声韵转之假借。今谓隐事秘不告人曰"做小货"，私财秘藏曰"小货铜钱"，旅舍酒肆值外私赏侍役曰"小奖"，贪妥干没人财曰"贪小"，小皆私字。古借私为小，今借小为私，皆其声转故也。

"小货"之货，乃讳之音变。《说文·言部》："讳，誋也。"朱骏声注："谓诚而不道者。"《玉篇》："讳，隐也。"《楚辞·七谏·谬谏》："恐犯忌而干讳。"王逸注："所隐为讳。"讳，古音为脂类，晓纽，撮口呼。脂、歌声近相转，又撮口变开口，讳转歌韵开口，则音如火。犹火古音读如煺也。《说文》："火，煺也。""煺，火也。"《释名·释天》："火，毁也。"火、煺、毁皆取同音为训，可证。讳、毁音亦同。

私转宵类为小，声侈之，则为梢。尾随人之私行曰"钉梢"，钉即追之音变。朋淫为私，莠民从而逆取其利曰"拆梢"。拆者，篡之入声。篡，逆取之也。梢皆私字，谓隐秘之事也。

私训邪，字训联言，"私邪"声合为舍。脂、歌声近，歌、麻同居，私亦得音转为舍。工匠干没雇主材料，甬俗呼为"落舍货"。"舍货"者，谓私邪之财也。货，财也。见《说文》。落者，略之音变。《左传·襄四年》杜注："不以道取为略。"说详上文"略"字条。②

祸害 《说文·示部》："祸，害也。"祸、害皆匣纽，以双声为训。古音祸为歌类，害为泰类，歌、泰同居，见章炳麟《成均图》。盖歌、泰长短音之别耳，故北音读麻韵字如泰。以害训祸，亦取同部为训也。甬俗谓肇祸呼如"犯夜"，夜即祸或害之转音。夜，祃韵，与歌为同类，歌、麻同类。与泰为同居。麻韵侈之近泰。夜，喻纽，喻为匣之细音。祸、害

---

① "不赖"一般写作"不刺"，非"不劣"之音变。《阿拉宁波话》"不刺"条："后缀，用在双音节形容词后面，表示某种情状或感觉（多用于不好的方面）：危险不刺｜畏恶不刺｜怕人不刺｜难熬不刺｜晦气不刺｜头大不刺｜罪过不刺｜面孔糙粒不刺｜腻腥不刺地方莫去走。元范康《竹叶舟》楔子：'你穿着这破不刺的旧衣。'明闵遇五《五剧笺疑》：'不刺，北方语助词，不音铺，刺音辣去声，如怕人云怕人不刺的，唬人云唬人不刺的。'"（307 页）可参。

② "做小货""小货铜钱""小奖""贪小"之"小"即为正字，非"私"之音变。"小货"之"货"非"讳"之音变。"钉梢"之"梢"非"私"之音变。"落舍货"之"舍"非"私邪"之合音或"私"之音变。

皆匣纽，转细音，即入喻纽。纽韵双转，故音如夜。①

唱 《说文·口部》："唱，导也。"歌唱字本作倡。《说文》："倡，乐也。"经传皆假倡为之。《国语·吴语》："大夫种乃倡谋。"韦昭注："发始为倡。"今称肇祸曰"倡祸"，俗讹作"闯祸"。闯本丑禁切。《说文》："闯，马出门皃。读若郴。"《公羊传·哀六年》："开之则闯然公子阳生也。"何休注："闯，出头貌。"释文："闯，丘鸩反。见皃。"皆不读如倡，亦无倡导义。今又谓突前为"闯"，如云"乱闯""闯将"，此实冲字。《广雅·释诂四》："冲，揬也。"东、阳声近，故音转如倡。

媠 《说文·女部》："媠，不顺也。"丑略切。不顺即拂逆也。媠，药韵，药为阳入，长言转平，还归阳韵，音变为枪。今称事有拂逆曰"㑅枪"。《字林》："㑅，戾也。"《广韵·卅六效》引。戾亦拂逆意。㑅俗作拗，非。甬俗称食物下咽拂逆而咳逆者呼如"枪嗡"，枪即媠字，嗡者"咽喉"合声之变。"咽喉"声合本如欧，侯、东对转，故如嗡。又称人言语多连逆者谓之"枪枪动"，枪亦媠字也。②

倡 《说文·人部》："倡，乐也。"尺亮切。《字林》："倡，优乐也。"《大般若涅槃经》卷二音义引。《礼·乐记上》："壹倡而三叹。"郑玄注："倡，发歌句也。"歌倡字今作唱，而音转宕韵，为尺浪切。倡与昌音同。《广韵·十阳》："昌，尺良切。"而今读尺郎切，亦讹入唐韵。古音倡、唱本皆如抢。今歌声谓之"腔调"，读腔如抢，此本倡字，犹云"唱调"也。自倡、唱误转入宕韵，字音遂与语歧。阳韵字今误读唐韵甚多，而方言犹循古未变，以高曾云礽，口口流传故也。如商量之商本式羊切，方言未误，而读音作桑，讹入唐韵。又如酒味香烈曰鬯，丑谅切，方言未误，而读音讹如疮去声。《玉篇》："醬，音昌。卤渍。"昌本尺良切，音如抢，今卤渍蟹、虾曰"抢蟹"，曰"抢虾"，正是醬字本音，方言未误也。《说文·肉部新附》："腔，内空也。"《广韵·四江》："腔，羊腔也。"苦江切。虽音等转细，可变弃江切，溪纽细音，可混清、穿，其义终非是。

调歂 《说文·言部》："调，和也。"乐律以和为贵，所谓"八音克谐"，故称乐器和声为调声。魏晋时，始有声调之名。魏武始获杜夔，使定乐器声调。见《晋书·律历志》。歌者每伴以乐器，于是引申为歌唱亦云调。《晋书·乐志》："《吴歌》《子夜歌》诸曲，始皆徒歌，既而被之弦管。又有因丝竹金石造歌以被之，魏世三调歌辞之类是也。"是歌之称调，始于魏世。陶潜《闲情赋》："曲调将半，景落西野。"《文选·颜延年〈秋湖诗〉》："义心多苦调。"李善注："调，犹辞也。"又曰："声急由调起。"

---

① "犯夜"原指违禁夜行，引申为惹祸、出事。"夜"非"祸"或"害"之转音。
② "㑅枪""枪嗡"之"枪"本字不是"媠"，可能是"戗"。"戗"有"逆；方向相反""（言语）冲突"等义。

注："调，犹韵也。"调之转训为辞韵，六朝时始著。

◇ "歌调""曲调"字，本谣之音转，《尔雅·释乐》"徒歌谓之谣"是也。《说文》作䚻，云："徒歌。从言、肉。"肉谓歌喉，别于丝竹革木也。谣，喻纽，喻、定多相转，转定纽，故借调为之，犹柚亦名为条也。

今称歌辞声韵曰"调头"，头者，欥之讹。《广雅·释乐》："欥，歌也。"曹宪音头。《楚辞·招魂》："吴欥蔡讴。"王逸注："欥、讴，皆歌也。"宋词有以"歌头"名者，是歌辞称头，宋已云然。宋代方言多与今同，如水沸曰滚，待曰等，弈棋让子曰饶，皆其例。散见本书各编。

或曰，今称"调头"者，谓其声调抑扬疾徐之法度也。以辞义论，当是度字。《说文·又部》："度，法制也。"度，古音为鱼类，鱼、侯声近，故转为头。方言中，所称头字为度之音变者不少。"调头"或称"调门"。门者，模之音变，模亦法也。说亦通。模详下条。[①]

模　《说文·木部》："模，法也。"模从莫声，古音为鱼类，鱼、阳对转，音变为氓。氓古音在阳类，今在耕韵。今音氓、门相似。真、耕声近。通称歌调之程式为"调门"，即"调模"也，谓调之法则也。模之音转为门，犹"摸索"转为"扪搎"矣。《一切经音义》卷十六引《埤苍》："摸索，扪搎也。"甬呼鱼，音亦如吾门切，以阳类之弇为庚，今音庚韵近耕，真、耕声近，真之侈者谆、魂亦如耕也。[②]

搏拊　《书·益稷》："搏拊琴瑟。"传："搏拊，以韦为之，实之以糠，所以节乐。"《释名·释乐器》："搏拊，以韦盛糠，形如鼓，以手拊拍之也。""搏拊"亦作"拊搏"，或简称"拊"，以其盛糠，故又名"相"。郑玄曰：糠（糠）一名相。齐人或谓糠为相。《礼记·明堂位》："拊搏、玉磬。"郑玄注："拊搏，以韦为之，充之以糠，形如小鼓，所以节乐。"《周礼·春官·大师》："击拊。"《乐记中》："弦匏笙簧，会守拊鼓。"又曰："治乱以相。"郑玄注："相即拊也，亦以节乐。"《风俗通》："相，拊也，所以辅相于乐。奏乐之时，先击相。"《太平御览》卷五百八十四引。钟案：搏、拊皆击拍义。《广雅·释诂三》："搏、拊，击也。"拊，曹宪音方主、芳主二反。古无轻唇，类隔帮、滂，则为谱、普二音。搏亦有博、粕二音。搏、拊皆训击，乐器以击为声，遂以"搏拊"为名。凡奏乐歌舞，和其节调，辄匀以小声，或击小鼓，或叩坚木，今乐工所用"笃鼓""曲板"皆其类也。歌曲节调俗称"拍子"，拍即拊读普之入声，拍亦打义。《广韵》："拊，拍也。"搏，铎韵，铎为唐入，长言转平，则音如帮，俗作梆。今秦腔所用调节之坚木，其声激越，名"梆子"是也。梆为阳类，阳、元声近，又转为板。今乐工通用节乐之

---

① "调头"犹"调子"，"头"为后缀，与"欥"或"度"无关。另外，"歌调""曲调"之"调"非"谣"之音转。

② "调门"之"门"非"模"之音转。

具曰“曲板”。甬语讹呼为“戳板”。引申之，乐歌节调亦云“板”，如“快板”“慢板”。凡奏乐，古先击相，今亦犹然，谓之“起板”。究其音义，皆“搏拊”之遗。古今乐器虽殊，而节乐之名，犹存古迹。①

雅　或问：歌乐节调，俗称“板眼”，“板”为搏之音变，“眼”为何字？曰：“雅”字也。雅本疑纽，五下切。见《广韵·卅五马》。今或转喻纽，或读影纽，皆方音流变，牙、喉相转。非正。麻、歌同类，歌、元对转，音变为眼。《礼记·乐记》：“治乱以相，讯疾以雅。”郑玄注：“雅，亦乐器名也，状如漆筒，中有椎。”疏曰：“舞者讯疾，奏此雅器以节之。”钟案：讯者，迅之假借。《广雅·释诂一》：“讯，动也。”《诗·邶风·雄雉》笺曰：“奋讯其形貌。”《豳风·七月》传曰：“莎鸡羽成而振讯之。”释文皆云：“讯，又作迅。”讯、疾皆急义，与上句治、乱皆理义，词例正相对。然则“讯疾以雅”，“雅”为调节之急者也，与“相”有异。“相”即搏拊，所以为节；而“雅”为急节，各尽其用可知。今歌乐以板为节，眼为小节而繁促，俗称“一板三眼”，眼为板四之一，所谓讯疾。今之“板眼”虽不必尽如古之“搏拊”与“雅”，而命名本意固犹尔。

程皃　《广雅·释诂三》：“皃，见也。”《四》：“程，示也。”《文选·西京赋》：“侲僮程材。”薛综注：“程，犹见也。”训示，训见，皆形于外令人见也。程亦训法式，见《汉书·高帝纪下》师古注。法式，亦所以示人。今谓形式令人见者曰“场面”，即“程皃”之转音。程，古音为耕类，耕、阳邻转，故音如场。皃，古音为宵类，宵、之声近，音变弥吏切，有声无字。声近面，俗遂以面为之。②

垑恀　《说文·土部》：“垑，恃也。”尺氏切。字通作恀。《尔雅·释言》：“恀，恃也。”《荀子·非十二子篇》：“俭然，恀然。”杨倞注：“恀然，恃尊长之貌。”《广韵·四纸》：“恀，一曰恃事曰恀。”郝懿行《尔雅义疏》云：“恀之为言侈也。有所凭恃，而恀然自多。”垑、恀并从多声，古音为歌类，歌、麻同居，故从多声字往往转入麻韵。如奓、哆、胗、膨、爹、餝皆是。垑转麻韵，音如叉。今谓恃势傲人为“叉牌头”，“叉”即“垑”“恀”字也；“牌头”乃“朋俦”之音变。朋，古音为蒸类，蒸、之对转，之、支声近，故转如牌。牌，佳韵。支、佳古同部。俦音转如头，详前《释亲篇》。③

忋　《广雅·释诂三》：“忋，恃也。”曹宪音古亥反。“古亥”切改音，见清转群浊，音变共亥切，如俗字倚戤之戤。改音同颏，俗呼颐为“下颏”，亦转浊音为“下戤”焉。

---

① “拍子”之“拍”即为正字，非“拊”之音变。“梆子”“曲板”“快板”“慢板”“起板”之“帮”“板”亦非“搏”之音变。

② “场面”非“程皃”之转音。

③ “叉牌头”非“垑（恀）朋俦”之音变。

今称恃势为"戤牌头"，"牌头"释见上条。亦称"戤势道"，皆忥字也。忥音似隑，隑，倚也。物倚曰隑，行恃曰忥，义虽相若而有别。

俌誧　《说文·人部》："俌，辅也。读若抚。"《广韵·九麌》方矩切，音甫。俌、辅，清浊音之转耳。古无轻唇音，非纽字读如帮，故俌古音若誧。《说文·言部》："誧，一曰人相助也。"博孤切。誧义正同俌。俌、誧皆从甫声，古音为鱼类。鱼、阳对转，音变为帮。俗称辅助为"帮"。助人操作曰"帮忙"；忙者，靡之音变。《广雅·释诂三》："靡，为也。""帮靡"犹云助为也。帮、靡联言，靡随帮声同化叠韵，变为忙。优伶歌唱，其尾声鼓乐者和而同歌，谓之"帮腔"；看馔烹饪，其辅佐之物甬称"帮头"。头者，覃之音变。《说文》："覃，长味也。""帮覃"犹云助味也。说详《释食篇》"覃"字条。帮本鞋帮字。《广韵·十一唐》："帮，衣治鞋履。"是其本义，无辅助义。①

戙　《广雅》："戙，辈也。"《字林》："戙，部也。"皆《一切经音义》卷七引。《广韵·廿六桓》："戙，部党。北潘切。"元、阳声近，音转为帮。今朋党集众称"帮"，如"青红帮""广帮""扬帮"，皆戙训部党义也。

阿　《楚辞·离骚》："皇天无私阿兮。"王逸注："所私曰阿。"《吕氏春秋·高义篇》："阿有罪，废国法。"高诱注："阿，私也。"《管子·重令篇》："不阿党。"尹知章注："挠法从私，谓之阿党。"是阿有庇私作奸之意。阿亦训居处。《玉篇》："阿，邸也。"《淮南·天文训》："天阿者，群神之阙也。"《周礼·考工记·匠人》："四阿重屋。"郑玄注："四阿，四柱屋也。"俗谓隐藏盗贼，或匿贮赃物，谓之"窝家"；藏奸宄亦曰"窝藏"。窝即阿也，取所私亦兼居处义。窝俗字，古经籍、《说文》等字书所未有也。②

徼　《说文·彳部》："徼，循也。"古尧切。今读齐齿呼，基尧切。《辵部》："述""遵""循也"。述、遵、徼并训循，是述与徼皆为遵循义。俗谓事物遵循而为曰"照办"，遵循其形式曰"照色照样"，式音转为色，形音转为样。照即徼之讹，见纽齐齿呼常与精、照混也。照，明也，见《说文》。非其义。俗语亦有称遵循为"述"，如遵人言而说之，曰"述一遍"，又以薄纸覆书画上而景绘其迹，亦呼为"述"，皆遵循之意。③

许　《说文·言部》："许，听也。"《吕氏春秋·首时篇》："王子许。"高诱注：

---

① "帮"非"俌"或"誧"之音变。又，"帮忙"之"忙"非"靡"之音变，"帮头"之"头"非"覃"之音变。

② "窝家""窝藏"之"窝"即为正字，非"阿"之借字。

③ "照办"之"照"即为正字，非"徼"之讹。

"许，诺也。"今语曰"应许"，曰"许可"，皆听从与诺意也。许，晓纽，撮口呼，古音为鱼类。鱼、歌声近，歌、元对转，又音等转洪为开口，音变为嗼。甬语称应许为"应嗼"，许女字人曰"嗼人家"，神前许愿祈福谓之"嗼愿欣"。欣者，希之转音。希，微韵，古音为脂类。脂、真对转，故音如欣。希犹冀望也，神前祈求，固有所望也。[①]

释词　　四十二条　　壹式捌陆捌字

释语　　百六十四条　　叁式叁捌壹字

丙午岁夏至前七日誊竣

---

① "嗼愿欣"之"欣"正字为"心"，非"希"之音转。

卷七　释食

目　录
（括号内小字为俗音及讹字）

---

① 本条后原有"良覃（塞饭椰头）"条，正文无此条目，且内容都包含在"羞"条里，故删去。

除）　炎胆（苦炎头　苦等等）　岑芬（喷香）　馤（香烘烘）　醲美（甜津津　甜米米）　乳奶（甜馪馪）　截醷（酸兹兹　酸溜溜）　嚛火（蒿蒿疼　辣火火）　邑酻（有抢拍）　虚（淡谑谑　淡诃诃）　炦沸（火炦臭　烟沛气）　鲑鱼（鲜眼气）　餲餿（馊气　翳掉　鸭水臭）　歾鰡（臭喜喜）　膡鰠（膡气　臭脓脓）　恶（懊味）　醳霏（发醳　发霏）　黐（韧黐黐　滴糯）　淖奭（精饭）　燮（酥）　潢（发　发海参）　瀹（水养）　瀻（蜜饯　溦鸡肉）　浚（伸）　滗（逼药）　沃（燠汤锅　燠饭）　涗涊（温吞水）　夭（热焖焖　热度度）　鬻（汤铺出　喷出　吹浡）　焚炟（煝）　灼（著火　点火）　幽（乌）　焞（乌敦敦）　粗干（枪柴）　槀（冈柴）　墼（炭结　金团）　囏（孟孟）　糜（孟孟）　饧糈（汤水）　橃醋（交杯）

　　黐　《广雅·释诂四》："黐，黏也。"曹宪音耻知反。糯米性黏，炊之为饭，善黏，通称"黐饭"，即其字。俗以为粢字，或作粢。粢为粢或体，皆非。粢，疾资切，从纽。北音从为清浊，虽转清音，可变为雌，与黐之彻纽相似，然义究异殊。《说文》："粢，稻饼也。"非散粒之饭。第先儒段玉裁等亦从俗说，正名辨物之难，盖如是。

　　甬俗蒸米作饭，必须二次。初蒸，米虽熟，而粒未舒张，质坚未柔，须倾入桶中，沃以沸汤而均之，奄覆密贮，以俟其舒张。及既舒，复蒸之成饭，乃可食。其初蒸，古谓之"馈"。《字书》曰："馈，一蒸米也。"见《诗·大雅·泂酌篇》释文引。《玉篇》："馈，半蒸饭。"是也。复蒸之，古谓之"馏"。郭璞注《尔雅》云："馈熟曰馏。"见《释言》。甬俗称馈为"头处饭"，馏为"二处饭"，处音似黐，实乃炊字。炊音同吹，甬音呼吹亦如处，支、鱼声近，故相转。吹、处皆穿纽，今音穿、彻每相混，故甬音处又似黐。①

　　鞋②　粢　《说文·食部》："粢，稻饼也。"疾资切，音瓷。《广韵·六脂》："粢，饭饼也。"钟案：《说文》："稻，稌也。""稌，稻也。"稌者，即今之大米。大音如驮。稌，徒古切，音杜。姥、箇同入相转，同入于铎。故俗呼"稌米"音如大米。"稌米"性软而黏，与"秫米"相似，秫俗字作糯。黏性稍次于秫。然《说文》稻、稌、秫三字义通。《说文》"秫"字解曰："沛国谓稻曰秫。"是稻为秫米异名也，故程瑶田《九谷考》谓"稻为黏者之名"。粢训"稻饼"者，谓以黏米蒸饭作饼也。粢，从纽，从、邪同浊相转，读从纽字音浊而浅之，便入于邪，故甬俗呼粢作邪纽，音如祠堂之祠。似平声。甬语呼祠堂，其祠作邪纽，不误，而读音讹作从纽，如瓷。辞职之辞，本亦邪纽，今亦讹作从纽，如瓷。是从、邪互转之例。甬俗清

---

① 谓"头处饭""二处饭"的"处"本字为"炊"，可从。
② "鞋"字原无，据目录补。

明扫墓，祭祖之食有"麻餈"，岁腊有"年餈"。"年餈"乃"饵餈"之讹，说详下文"饵"字条。"麻餈"者，蒸糯米为饭，捣之糜烂如泥，复平舒之如厚革，上下坋以松花以免黏，切为方块，松花傅表，色黄，故名曰"麻"。麻者，"明韄"之合声。《说文·黄部》："韄，鲜明黄也。"胡瓦切。字训联言，故曰"明韄"。犹润泽曰"潮"，乃"泽漫"合声之变。《说文》："漫，泽多也。"甬俗呼闰月之"闰"音如韵，乃"余闰"之合声。《说文》："闰，余分之月也。""明韄"合声，亦其例耳。①

饵糕　《说文·鬻部》："鬻，粉饼也。"字亦作饵。《周礼·天官·笾人》："糗饵、粉餈。"郑玄注："此二物皆粉稻米黍米所为也。合蒸曰饵，饼之曰餈。"释文："饵，而志反。"段玉裁曰："饵者，稻米粉之为饼。"饵古亦名餥（糕）。《方言》十三："饵谓之餥。"《广雅·释器》："餥，饵也。"饵，日纽，日通泥、娘，本古泥纽之变。今读日纽字有作泥、娘纽者，犹古音之遗。饵、耳音同，甬俗呼"耳朵"音如"呢朵"，正作泥纽。故饵音俗亦呼如呢，甬以粳糯米相合，粉而蒸之，复杵之若泥，模之成条，形如扑作教刑之榎楚，俗名"年糕"，即"饵糕"也，本《方言》《广雅》字训联言而为之辞，亦本《周礼》郑注"合蒸曰饵"之义也。甬俗岁腊皆作此，以为岁尾年头之小食，遂讹饵为年，以饵、年声似，之、先同入相转故耳。同入于质。或以碎粳粉之，与糯米合蒸为大饼，复切之成条，名曰"年餈"，即"饵餈"也。餈读似平声，说详上条。②

秜　《说文·禾部》："秜，沛国谓稻曰秜。"《玉篇》："秜，乃唤切，黏也。又乃卧切，秫名。"秫，亦秜之黏者，见《说文》。亦为黏稻之称。见崔豹《古今注》。秜从尼声，古音本在元类，元、歌对转，故又音乃卧切。秜，俗作穤，见《玉篇》。今又作糯。钟案：秜之言偄也。《说文》："偄，弱也。"穤之言儒也。《说文》："儒，柔也。"秜、穤皆谓其性柔弱，为食不坚硬也。糯，今通读过韵，乃卧切，歌、咍同入相转，音变为耐。甬俗糯米为粉，和糖为方块，蒸之作糕，俗呼"耐糕"。以黄糖制者，色黄，曰"黄耐糕"；以白糖制者，色白，曰"白耐糕"。耐，俗作糩，本糯字也。今谓物体柔弱，呼如耐，正亦偄之音转。或谓淖之音转，淖亦训弱，说亦可通。凡声相若者，义每相通。

敤餔　《说文·攴部》："敤，研治也。"苦果切。《广雅·释诂三》："敤，击也。"又《二》："敤，椎也。"《玉篇·食部》："餔，丁回切。蜀人呼蒸饼为餔。"《广韵·十五灰》："餔，饼也。"甬俗蒸糯米为饭，入臼以杵研之，使饭粒尽靡，复反

---

① "麻餈"之"麻"非"明韄"之合声。"麻"或作"䴢"。《玉篇·食部》："䴢，莫波切。䴢食也。"
② "年糕"即为正字，"年"非"饵"之音变。"年餈"今未闻。

复捣之如泥，乃分抟之为圆饼，大如掌，俗名音如奎，俗字或作槐。槐者，"敷饀"之合声，谓研治椎制之蒸饼也。"敷饀"云者，犹模印之糕曰"印糕"，炉烧之饼曰"烧饼"，同一词例，惟此则声促合为一耳。①

甬名"槐"者，川鄂人谓之"糍粑"。"糍粑"俗字，实"餈饼"之语转。《说文》："餈，稻饼也。"参看上文"餈"字条。字训联言为辞，故曰"餈饼"。饼，静韵，静为清上声，清、麻同入相转，同入于昔。饼转麻韵，故音如巴，俗乃造从米巴声字以谐之。

糙　饀，饼也。字又作粞。《玉篇·米部》："糙，粉饵②。得回切。"糙，灰韵，灰、魂同入相转，同入于没。音变为敦，俗作燉。甬俗以面屑和水作粘（糊），杂入蔬笋碎肴等，内（纳）模中，沸油煎之为饼，号曰"油燉"，即"油糙"也。糙音转燉，犹《诗·豳风·东山》"敦彼独宿"之敦读如堆，而"敦阜""敦聘"之敦读魂韵矣。

饳饀　《方言》十三："饵，或谓之饳。"《广雅·释器》："饳，饵也。"王念孙疏证："饳之言圜也。"钟案：饵者，米粉为食之总名。别之曰糕、曰饀、曰饳者，因其制之形异而名殊也。甬俗糯粳米合而粉之，作丸，入沸汤瀹之，谓之"饳子"，俗作"圆子"。或以蒸粉作大丸，中实甘馅，外坋豆屑以免黏，谓之"擂沙圆"。圆亦饳也。擂当作勴。《说文》："勴，推也。"凡圆物推转曰擂，勴是正字。沙者，饀之音转。《玉篇·食部》："饀，思累切。豆屑杂糖也。"饀，纸韵，支、麻同入相转，同入于陌、昔。音变为沙。今"豆沙馅"，沙即饀也。今外傅豆屑，无糖，亦云"饀"者，盖犹其类也。或古制本有糖，后以中有甘馅而略之耳。

粗饀　《玉篇·食部》："饀，去善切。干面饼。"《说文·米部》："粗，杂饭也。"女久切。音义俱通䏧。《食部》："䏧，杂饭也。"粗，娘纽，日通泥、娘，故《广韵·四十四有》粗作日纽，人九切；《玉篇》粗亦作粞；《集韵》粞亦作日纽，忍九切。吴越读日纽字，又往往转为禅、床。如柔、冉、辱、乳、然、芮、人、忍、任等字，皆日纽，甬音则在禅、床纽。故粗音人九切，粞音忍九切，甬音读之，则如寿。声促转入，则如食。甬俗以米杂饭，和水礳（磨）之为稠糊，蒸为薄饼，名曰"食饀"。食即粗之转音，饀本干面饼，以杂饭为之，故云"䏧饀"。③

粗、粞同字，本训"杂饭也"，引申为间错之意。《广雅·释诂四》："粗，厕也。"《通俗文》："肴杂曰粞。"《一切经音义》卷四引。粗，古音为幽类，幽、东同入相转，同入于屋。东、阳声近，音变为娘，形作䊀。《广雅·释诂一》："粞、䊀，杂也。"甬俗

---

① "槐"非"敷饀"之合音。
② "饵"，原作"饼"，误，径改。
③ "食饀"今未闻。

炊米作饭，以冷饭厕入同炊，谓之"冷饭穰"。①

弮　《说文·廾部》："弮，抟饭也。读若书卷。"俱券切。字或作糌。《广雅·释诂三》："糌，抟也。"钟案：糌之为言卷也，卷曲而敛之，犹抟也。饭者，食物之通称。凡食物制形，卷曲回绕，俗皆以卷名之，如"蛋糌""荷叶糌""蟹糌"。面制，其形如蟹。女子于归三日，馈敬其母。北方面食有"花糌""银丝糌"等名，正字皆当作弮。

酴　《说文·酉部》："酴，酒母也。"同都切。段玉裁注："今之酵也。"今人发酵，古谓之"起溲"。今面屑和水发酵作圆饼，如掌大，黏于炉壁炙熟之，谓之"酴饼"。酴，古音为鱼类，鱼、歌声近相转，音变为驮。俗呼"酴饼"为"驮饼"，字讹作大，以大亦入箇韵音如驮也。"酴饼"既讹"大饼"，俗又读大为泰韵，如汰，于是"酴饼"或又呼作"汰饼"。②

北人呼大饼为"烧饼"，谓其烧炙而成也。颇疑"烧"者，"溲"之转音。发酵曰"起溲"，见束皙《饼赋》。溲，古音为幽类，幽赅萧、豪，故音转如烧。"酴饼""溲饼"，皆谓酵发舒之也。③

炊爨　《说文·火部》："炊，爨也。"《爨部》："爨，齐谓之炊爨。"《三苍》："爨，炊也。"《一切经音义》卷十四引。炊、爨，穿组双声，炊，古音为歌类，爨为元类，炊、爨义同，歌、元又对转。炊者，谓釜下然（燃）火，煮釜中物也。故"融"篆解曰"炊气上出也"，"鬻"篆解曰"炊釜濭溢也"，"䰞"篆解曰"炊气皃"，"齋"篆解曰"炊铺疾也"。引申之，煮亦云炊。今面屑和水发酵为饼，入平底釜中干熬之熟，俗名"抢饼"，即旧说部之"炊饼"。炊，今在支韵，支、耕对转，耕、阳声近，故音转为抢。抑炊、爨义通，爨为元类，元、阳声近，亦转为抢。说亦通。④

薵　或曰，"抢饼"字，当为"薵"。《说文·鬲部》："薵，鬻也。"式羊切。鬻今作煮。薵亦作鬺，或假作湘。《诗·召南·采蘋》："于以湘之，维锜及釜。"传："湘，亨也。"释文："亨，本又作烹，煮也。"《韩诗》作"于以鬺之"。见《汉书·郊祀志上》"皆尝鬺亨上帝鬼神"师古注引。薵，审组，湘，心组，心、审常与清、穿相转。如衰，音楚危切（穿组），又所危切（审组）；帜，音昌志切（穿组），又式吏切（审组）；松，音息恭切（审组），又七恭切（清组）；参，音所今切（审⑤组），又七南切（清组）；侈，音尺是反（穿组），又式是反（审

---

① "冷饭穰"一般写作"冷饭娘"，"穰"非"粗（糙）"之音转。
② "大饼"即为正字，"大"非"酴"之音转。
③ "烧饼"即为正字，"烧"非"溲"之音转。
④ "抢饼"之"抢"非"炊"或"爨"之音转。
⑤ "审"，原作"穿"，误，径改。

纽）；产，本所简切（审纽），今通读如划（穿纽）；鼠，本舒吕切（审纽），甬读如杵（穿纽）。皆其例。薵转清纽，故音如抢。称"薵饼"者，谓釜中熬煮之饼，异于炉中火炙者也。

发酵　《玉篇·酉部》："酵，古孝切。酒酵。"酵本为酿酒之母，引申之，凡米面等物和曲而起酝酿者亦曰"发酵"，通语咸如是。酵，效韵，效为看去声，凡看韵字，介于萧、豪之间，进而侈之则如豪，退而弇之则如萧。"发酵"疾言声合，萧、宵、肴、豪皆无轻唇非纽字，豪、唐同入相转，同入于铎。音变为方；或萧、东同入相转，同入于屋。音变为蜂。甬俗以秫米和酒酿，加水，礳（磨）之如稠糊，调入糖，俟其发酵，乃蒸为厚饼，高寸余，切为菱角方块，中多细孔，名"方糕"，亦曰"蜂糕"。称"方"、称"蜂"，皆谓其发酵，声合而变耳。[①]

舒饦　《说文·予部》："舒，伸也。"《淮南·本经训》："赢缩卷舒。"高诱注："舒，散也。"《广雅·释诂三》："舒，展也。"凡物体向外伸展而放散者，其中必不实，俗语谓之"鬆（松）"。古无鬆字。舒，古音为鱼类，鱼、侯声近，侯、东对转，鱼、东亦同入相转。鬆即舒之音变也。◇舒，《说文》云："一曰缓也。"与纾音义皆同。舒、纾与疏又同音。纾、疏音转东韵，俗作"鬆（松）"。参看《释语篇》"纾""疏"两条释。甬俗制方糕，参看上条。或不入糖，而体较薄，切之无定形，名"舒饦糕"。鄞东南各村往昔秋季迎神赛会时，家家制此，以享宾客。饦，饼也。称"舒饦糕"者，谓发酵而松柔之饼也。《方言》十三："饼谓之饦。"郭璞音托。铎、陌同类相转，或音转他格切，如榻，陌、麦韵无透纽字，故借用盍韵榻字。名"舒榻糕"。铎又为歌入，或音转歌韵，名"舒拖糕"。凡称饼者，古为面屑合制食物之通称。《释名·释饮食》曰："饼，并也，溲面使合并也。"又曰："蒸饼、汤饼、蝎饼、髓饼、索饼之属，皆随形而名之也。""索饼"即今之面条。饦亦训饼，故食物得泛称之。[②]

徹　《说文·食部》："徹，熬稻粻䭔也。"酥旱切，音散。钟案：《集韵》粻、餦通，"粻䭔"，疑即《方言》之"餦餭"与"餦馄"。《方言》十三："饼，或谓之餦馄。"又："饧，谓之餦餭。"郭璞注："即干饴也。"宋洪兴祖补注《楚辞·招魂》"粔籹蜜饵，有餦餭些"引《方言》注曰："即干饴也。一曰饼也，一曰饵也。"然则徹训熬粻䭔，犹云"熬饼""熬饵"矣。《通雅·饮食》："餦餭，寒具，䴗子也。"䴗即徹异文。李时珍《本草纲目》云："林洪《清供》云：'寒具，捻头也。以糯米和面，麻油煎成，以糖食之。可留月余，宜禁烟用。'观此，则即今之徹子也。以糯粉和面，入小盐，

---

① "方糕""蜂糕"之"方""蜂"非"发酵"声合之变。
② "舒榻糕"一般写作"水榻糕"或"水贴糕"，"水"当是正字，本字不是"舒"；"榻（贴）"本字不明，但不是"饦"。

牵索扭捻①成环钏之形，油煎食之。服虔《通俗文》谓之餲，张揖《广雅》谓之籺梳，《楚辞》谓之粔籹，《杂字解诂》谓之膏环。"据李氏所状"馓子"，与今甬制食物名"油赞子"者差同。"油赞子"者，溲面发酵，入糖或盐，或糅入苔菜屑，抟作细条，复双纠之如绳，油煎之，味香脆，耐久藏，即"寒具"也，亦"馓"也。称"油赞子"者，即"油煎馓子"之声合耳，"煎馓"声合为赞。

　　干　《三苍》："干，枝干也。"《一切经音义》卷二引。《字林》："干，枝也。"《华严经音义上》引。《诗·周南·汝坟》："伐其条枚。"传："枝曰条，干曰枚。"干、条皆枝义，析言之则异，浑言之则通用。今物形长如木茎者，曰"几枝"，曰"几条"，亦曰"几干"。干或作竿，义同也。溲面屑，入少盐及碱与明矾，为细条，复双绞之如索，入油煎之，既熟，粗直如两棒相偶，外地人谓之"油条"，条言其直长也；甬人呼为"油煠脍"。煠，士合反，煮也。说详下文。脍者，干之音变。干，翰韵，翰、泰同入相转，同入于曷。音变为脍。干与条义同，外地人用"条"，甬人用"干"，其理一也。《说文》："脍，细切肉也。"非其义，借声用之耳。干，见纽，开口呼，脍合口呼。干音转脍，不特阴阳声对转，音等开合亦转。干转合口为贯，犹干开口转合口为关，故"干系"呼作"关系"，"不相干"作"不相关"也。

　　或曰，脍者，是"膏枚"之合声，"膏枚"犹言"膏环"也。圆如环者呼为"膏环"，参看上条"馓"字下说。故直者谓之"膏枚"。"油煠脍"形直如条枚，故云尔。说亦可通，存参。②

　　柯泡　《广雅·释木》："柯，茎也。"柯本训釜柄，见《说文》。《礼记·中庸》"执柯以伐柯"是也。柯训茎，盖干之转音。干，翰韵，古音为元类，元、歌对转，故音如柯。柯既训茎，故亦引申为长形之词，犹条与干也。甬俗岁腊祀灶神，制各种甘饵曰"祭灶果"，中有名"油果"者，形如儿童指，果即柯之讹，谓其形如茎也。或呼为"油枣"，乃"油煎泡"之合声，"煎泡"声合为枣。称"煎泡"者，谓其煎而中多小孔，如泡沤也。"油煎泡"与"油煠干"同一词例耳。祭灶果中有"麻团"，亦呼"麻枣"，枣亦"煎泡"之合声。③

　　餬𩜆　《方言》十三："餬谓之𩞁。饧谓之餹。"郭璞注："𩞁，音髓。以豆屑杂饧也。"餬又作餐，通𩜆。《广韵·十月》："𩜆，饴和豆。又作餬。《说文》作𩜆。"《八物》

---

①"捻"字原脱，径补。

②"油煠脍"也写作"油煠桧"，据说取油炸宋朝奸臣秦桧夫妇之意。此为俚俗词源。但"脍"亦非"干"之音变或"膏枚"之合声。

③"油果"之"果"即为正字，非"柯"之讹。"油枣""麻枣"之"枣"亦为正字，非"煎泡"之合声。

亦收餐字。於月切。《玉篇》："餧，餚也，饴和豆也。亦作餖。"《说文·豆部》：
"餖，豆饴也。"一丸切，朱翱音宛桓切。音豌。据《玉篇》《广韵》之义以校《说文》，当云：
"豆和饴也。"今本盖夺"和"字。餖，《说文》二徐本皆平声，《玉篇》《广韵》皆入声，
盖读音缓急之殊耳。今以豆屑和饧，糅而展如布帛，复卷如轴，切为寸段，名"豆酥糖"，
即"豆餚糖"之音变。餚从肴声，古音为歌类，今入支韵。歌、鱼声近，支、鱼亦声近，
餚转鱼类，故音变为酥。或曰，酥者，餚、餧字训联言，合声之变。餧读平声，如餖，
甫读桓韵字多若模韵，餖音豌，甫读遏乌切。"餚餖"声合，故如酥。歌、元对转，歌、
鱼声近，故桓韵字转若模韵。[①]

　　餳餩　《广雅·释器》："饴、餩、糖，饧也。"饧，曹宪音辞精反。《广韵·十四
清》："餳，饴也。徐盈切。"字从易。先儒于餳（饧）、餳之辨，颇纷纭，兹不具论。
餳音辞精、徐盈二切，辞、徐皆邪纽，邪、从同浊相转，读邪而更浊之，便入从纽，
故甫读辞如慈，读餳如情。甫呼饴糖如"情糖"，即"餳糖"也，字训联言之耳。饴，
喻纽之韵，之、咍古音同。喉、牙相转入见纽，韵亦转侈入咍韵，则变为餩。饴、餩盖音之转而形变耳。

　　餩，曹宪音该，见纽，咍韵。清音变浊，转群纽，音如俗语靠戤之戤。共亥切。甫
俗生儿三日，祀床神，大碗盛饭，中置糖，俗呼"戤糖碗"，即"餩糖"字也。古无蔗糖，
凡甘味皆用饴。后人虽易用蔗糖，而方言名号犹循旧称。[②]

　　煮麰　《周礼·天官·笾人》："其实麰、蕡。"郑众注："熬麦曰麰。"郑玄注：
"今河间以北，煮穜麦卖之，名曰逢。"释文："麰，芳弓反。"《说文·麦部》："麰，
䴗（煮）麦也。"段玉裁注："后郑郑玄也谓逢即麰之遗语也。今南方蒸秏（糯）米为饭，
曝干熝（炒）之，呼为'米蓬'，程瑶田《九谷考·麦篇》云：熬、煮通名。引《荀子·富国篇》："午
其军，取其将，若拨麰。"盖麦干煎则质轻，拨去之甚易，故以为易之况也。与郑云'逢'者合。"麰，
敷纽，转浊音奉纽为逢。奉为轻唇，类隔变重唇并纽，则为蓬。钟案：段注所云"米蓬"，甫俗谓
之"冻米"。冻即"煮麰"之合声。《说文》麰训"煮麦"，字训联言为词，故云"煮麰"。
犹上文䴗训"鲜明黄色也"，"明䴗"联言，声合为"麻"例。煮，照纽，古音读知、照组字若端纽，
故煮古音当如睹，犹诸古音如都也。《尔雅·释地》："宋有孟诸。"《周礼·职方氏》郑注及《史
记·夏本纪》皆作"明都"。《礼·檀弓》："洿其宫而猪焉。"注："猪，都也。南方谓都为猪。"《书·禹
贡》："大野既猪。"《史记》作"既都"。"煮麰"读如"都麰"，声合故为"冻"。[③]

　　糒　《说文·米部》："糒，干也。"平祕切，音备。《后汉书·明帝纪》"十八年"：

---

①"豆酥糖"即为正字，"酥"非"餚"之音变，亦非"餚餧"合声之变。

②"戤糖碗"之"戤"本字不是"餩"。"餩"字罕觏，且"餩"为饴糖，意思也讲不通。

③"冻米"之"冻"即为正字，非"煮麰"之合声。

"杅水脯糒（糒）而已。"李贤注引《说文》曰："糒，干饭也。"《玉篇》："糒，干饭。"糒，并纽，北音并为滂浊，浊音转清，入滂纽，音变如秠。甬俗称糯米饭曝干，专作炒"冻米"说见上用者，市肆呼为"冻米糒子"。糒音正如秠，俗作坯。[①]

　　糦皀　《说文·皀部》："皀，谷之馨香也。象嘉谷在裹中之形，匕所以扱之。或说皀，一粒也。"皮及切。《广韵·廿四职》："皀，皀粒。"音逼。浊音转清，并转帮纽也。职韵为之类入声，古之类字，今音有读作鱼类模韵者，如从畐声之富、副，从音声之菩、部，从母声之侮，皆是。盖之、幽声近，幽、侯同类，而鱼、侯又声近，故展转而入于鱼。富、副《广韵》在宥韵，菩在有韵，母、部在厚韵。皀转鱼类，音变为蒲。甬俗谷粒经火熬熟，糠皮爆裂而脱去，米粒舒张如半球，俗呼为"捧蒲"。甬音"捧"破董切。旧俗新妇三日入厨，必先为此以饷客及分馈邻居。捧者，糦之古音。糦，芳弓反，敷纽。古敷纽字读作滂纽，故音如捧。糦，熬麦也。说见上文。"糦皀"谓熬麦粒也，引申为熬谷粒之称。[②]

　　糂糜　《说文·米部》："糂，一曰粒也。"桑感切。古文作糁。段玉裁注："今南人曰米糁饭，糁谓孰（熟）者也。"钟案：甬俗称饭粒曰"饭糂"，亦曰"饭米糂"。糂音转如碎，盖"糂糜"之合声。《说文》："糜，糂也。"糜为切。糂、糜义同，字训联言，故音合如碎。[③]

　　糂　《说文·米部》："糂，以米和羹也。"《释名·释饮食》："糂，黏也，相黏敫也。"凡烹饪作羹，今人犹和以粉，使汁稠厚，以增其味。古人以米和羹，亦即此意。《荀子·宥坐篇》："孔子南适楚，厄于陈蔡之间，七日不火食，藜羹不糂。"杨倞注："糂，与糁同，苏览反。"羹必有糂，羹而无糂，极言其困乏也。甬俗烹馔和羹之粉，有以蕨根或番薯等淀粉为之名"山粉"者，山即糂之讹。质虽异而非米，而为和羹之用，故犹用糂名。

　　飧　《说文·食部》："飧，铺也。"思魂切，俗作飱。"铺，申时食也。"飧，古与轮、湏、困、鹑为韵，见《诗·魏风·伐檀》。古音为真类。洪细相转，读飧而细之，音转为新。犹甬呼"轮转"音如"鳞转"、绍兴人呼门音如民也。今音真、侵相似，新音似心，故讹飧为心。俗称申刻曰"点心时"，申刻进食为"点心"，心即飧也。《史记·淮阴侯传》："令其裨将传飧。"集解引如淳曰："小饭曰飧。""小饭"者，谓非如正餐，备列看馔以大饱也。今申时铺食，所谓"点心"者，固简于正餐，不列看馔，小具饼饵之属而已。飧为铺食，亦为小饭，引申之，凡具小食，虽非铺时，亦谓之飧。

---

① "冻米糒子"今未闻。
② "捧蒲"一般写作"胖脯"，非"糦皀"之音变。
③ "糂"读"碎"音，非"糂糜"之合声。

《周礼·秋官·掌客》："殷五牢。"郑玄注："殷，客始至致小礼也。"疏曰："言小礼者，对饔饩为大礼也。"《诗·小雅·大东》："有饛簋飱。"笺曰："飱者，客始至主人所致之礼也。"今客至，先享茶果饁饵；及正餐，乃具筵席谦（宴）爵。古礼犹是，所享饁饵，亦呼"点心"，心亦飱也。此非铺时小食，古亦云飱也。"点心"之点，乃啗字。说详下条。

啗啖　《说文·口部》："啗，食也。"徒敢切，通作啖。见《广韵·四十九敢》。《广雅·释诂二》："啖，食也。"啗训食，本为食之也。虚字实用，遂谓可食之物亦云啗。犹饭训食也，见《说文》。引申之，所食者亦为饭。本段玉裁说。又如餐本训吞，见《说文》。引申为厨膳义，今称"早餐""晚餐""一餐""三餐"皆其例。啗从臽声，古音与占声同为侵类。浊音转清，定转端纽，音变为点。点（點）从占声。今谓食以疗饥为"点饥"是也。正餐之外，小饭以充饥，俗呼"点心"，即"啗飱"字。飱，"小饭"也。见上条引《史记》。"啗飱"犹云"食小饭"也。甬属乡鄙或呼"点心"音如"膽（胆）心"，胆即啖转清音为端纽也。啖从炎声，与詹声同为谈类，亦同部相转也。以上声类皆本孔广森、严可均说。朱骏声则臽声、占声、詹声、炎声皆为同类，属谦部。或呼如"嗲心"，嗲，帝夜切。则又读胆讹为疸，既讹入寒韵，则元、歌对转，故又转麻韵为嗲。①

啖训食，既转清音为胆，谈、蒸声近相转，音变为等。今谓一食曰"一等"，俗讹作"一顿"。顿，真类，真、蒸声近，又相转也。俗称笞击一次曰"打一顿"，此顿乃担字。《广雅·释诂三》："担，击也。"曹宪音亶。担古音为元类，元、真声近相转，故音如顿。②

食　《周礼·天官·膳夫》："掌王之食饮膳羞。"郑玄注："食，饭也。"释文："食，音嗣。"嗣，邪纽，志韵。邪、从同浊相转，故甬读嗣音如慈。志、歌声近，歌、鱼亦声近，食读嗣音而转从纽鱼类，音变为坚。才句切。甬俗称一饭为"一坚"，俗又讹作"一住"，盖从、澄相似，亦多相乱，本一食也。甬读全、泉与传、椽无别，情与程无别，皆从、澄相混之例证。治，之韵，甬音如除，正在鱼韵。◇食，床纽，古音为之类。床、澄今混似，故讹转澄纽，如治。治本之类，今音如除，移入鱼类。③

酞饭　炊糯米为饭，和以面曲，暖而郁之，饭经酝酿而濡渖，酒香四溢，外地人

---

① "点心"即为正字，非"啗飱"之讹。武建宇先生认为："《尔雅·释器》：'灭谓之点。'郭璞注：'以笔灭字为点。'人肚中饥饿却不能进餐，这时可以进食一些小食品以消除因饥饿而造成的空落的感觉，这个过程就叫做点心，后来吃的小食品也可以叫做点心。"参看《笔记小说俗语词例释》"点心"条，《语文研究》2004年第1期。

② "一顿饭""打一顿"之"顿"即为正字，非分别为"啗""担"之音转。

③ "一住饭"之"住"非"食"之音转，本字就是"厨"。明范受益《寻亲记》第二十四出："我是富家儿，不怕肚中饥……一日还我吃三厨。"

谓之"酒酿"，甬俗名为"浆粄"。音板。浆者，"酒酿"之合声；粄者，"䬼饭"之合声。《方言》十三："䬼，麴（曲）也。北鄙曰䬼。"郭璞音脾。脾，並纽，並浊转帮清，则音如卑，《广雅·释器》曹宪正音卑。䬼读卑音，"䬼饭"疾呼，故如板。《广韵·廿四缓》："粄，屑米饼也。"非酿酒之饭义。"䬼饭"谓有曲之饭也。

或曰，粄者，本饭之音变。饭，奉纽，古无轻唇音，奉纽字古读重唇为並纽，饭之古音当如瓣。浊音转清，並转帮纽，故音变如板。然则"浆粄"者，即酒酿饭耳，语更简捷。浊音转清，今北人呼饭犹作贩音，在非纽。惟今为轻唇，古为重唇耳。①

　　䬼䴷　造酒酿之曲，形如小卵，俗呼"白药"。虽其色差白，然白无曲义，方言命名本意当不如此。白者，盖"䬼"之入声，亦可谓"䬼䴷"之合声。《方言》十三："䴷、䬼，麴（曲）也。齐右河济曰䴷，北鄙曰䬼。"郭璞注："䴷，于八反，大麦麴。䬼，音脾，细饼麴。"《说文·麦部》："䴷，饼籟（麴）也。"䬼，支韵，支入于陌、麦，声促转入，故如白。"䬼䴷"合声为拔，甬音拔、白同。俗以其色差白，遂以白为之。䬼、䴷类聚为词者，固方言之恒例。②

　　醙　《仪礼·聘礼》："醙黍清皆两壶。"郑玄注："醙，白酒也。"《广韵·四十四有》："醙，息有切。"醙从叟声，古音为幽类，幽赅萧、豪，音变为筱，俗作烧。甬称白酒为"烧酒"，外地人或呼如"骚酒"。蚤声古亦属幽类也。泛用之，"烧"为代酒之名，如云"糟烧""高粱烧""绿豆烧"，本皆醙字。醙音变为烧，犹修之音转为啸。田间大蛇俗称"虎啸蛇"，即"腹修蛇"也。修，长也。说详后《释鱼虫篇》。③

　　醪漉　《广雅·释器》："醪，黄也。"曹宪音老。今南北皆称黄酒曰"醪酒"，俗讹作"老酒"。若谓酒贵陈久故曰"老"，此则黄白酒皆然，岂独黄酒？或曰，凡黄酒皆漉糟取汁，与白酒俗称"烧酒"者由蒸溜取汁有异，"老酒"即"漉酒"之讹转。漉亦作盝，作渌，作湵，鹿声、录声、老声古音同属幽部，漉、盝长言之，变为老也。漉与沥双声同义。《说文》："沥，漉也。一曰水下滴沥也。""漉，一曰水下兒也。"段玉裁注："《封禅文》：'滋液渗漉。'后世言漉酒，是此义。"《广雅·释器》："沥，酒也。"《楚辞·大招》："和楚沥只。"王逸注："沥，清酒也。"沥本制清酒之术，遂以名其酒。沥、漉义同，故亦曰"漉酒"。或以为"醪"字，非。《说文》："醪，汁滓酒也。"力刀切。谓汁滓相合之酒，见《汉书·袁盎传》注。与漉糟去滓之清酒义正相反。音则同矣，

---

① "浆粄"一般写作"浆板"，本字不明。但"浆"非"酒酿"之合声，"粄（板）"亦非"䬼饭"之合声或"饭"之音变。
② "白药"即为正字，"白"非"䬼"之入声或"䬼䴷"之合声，酒曲的意思当是蕴含在"药"里。
③ "烧酒"即为正字，"烧"非"醙"之音变。

义则失之。鄂人食肆中，所卖酒酿汤，鄂人呼若“鲁治酒”，疑即“醪滓酒”字。[1]

醆　《字林》：“醆，酱也。”《集韵·十三末》引。《玉篇·酉部》：“醆，莫割切。醆醏，酱也。”《广韵·十一模》：“醏，醴醏，酱也。”醏义无可旁证，就《广韵》“醴醏”相联为言，醴为甜酒，则醏义当亦近是。且醏音近诸，醏音都，诸古音亦如都，见上文。《礼·内则》有“桃诸梅诸”，疏引王肃云：“诸，菹也。”菹，醢也。则醏训“醴醏，酱也”者，犹甘醢酱也。今称酱之甘者曰“甜蜜酱”，酱非蜜制，当是醆字。声细之，则读如蔑音耳。[2]

饘　《说文·食部》：“饘，糜也。周谓之饘，宋谓之餬。”《尔雅·释言》：“餬，饘也。”郭璞注：“糜也。”《释言》又云：“鬻，糜也。”是则饘、餬、糜、鬻本一物而异名。鬻，经传省作粥。《礼记·檀弓上》：“饘粥之食。”疏曰：“厚曰饘，稀曰粥。”此析言之耳，统言之，古则不分也。今则以米和水，煮之糜烂谓之“粥”，屑米麦为粉，和水煮熟之谓之“糊”。糊即餬或体。《玉篇》：“餬，或作糊、粘。”《广雅·释器》：“粘，饘也。”餬亦称“浆糊”，即“饘餬”之音变，字训联言为词也。饘，诸延切，字从亶声，古音为元类。元、阳声近相转，故音如浆。甬俗又以稠厚不流为“糊”，稀薄而流为“浆”，盖餬与厚双声，浆与洋叠韵。《广雅·释训》：“洋洋，流也。”故《释名·释饮食篇》释“饧”字曰：“饧，洋也，煮米消烂，洋洋然也。”亦以饧有流动状，而以叠韵洋洋释之。其实，方言中类此者甚多。如挹取，大者曰掏，小者曰舀，大、掏双声，小、舀叠韵。声近而生义，亦自然也。若浆，乃酢浆字，见《说文》。非水粉调和如稀糊之物。俗称物味酸者曰“酸浆气”，是其本义。然今以液体之稠厚近餬状者皆谓之“浆”，则因“饘”之状引申泛用之耳。[3]

盉　《说文·皿部》：“盉，调味也。”户戈切。经传多借和为盉。《书·说命下》：“若作和羹，尔惟盐梅。”和者，调味也。和，歌类，歌、麻同部相转，音变为下。甬俗称肴馔为“下饭”，即“和饭”也。饭味淡，故须有肴馔调和之耳。和，匣纽，喉牙见匣相转，音变为过。今谓肴馔和饭同食谓之“过饭”，和酒同食谓之“过酒”，过字无义，亦和之音变耳。和读为过，犹“和羹”之羹音庚，又音衡，见《说命》释文。庚见纽，衡匣纽，亦见、匣相转耳。或谓肴馔称“下饭”，即如字，谓下其饭使咽耳，

---

① “老酒”即为正字，“老”相当于“老鹰”“老虎”“老师”之“老”，当是前缀，非“醪”之讹，亦非“漉”之讹转。

② “甜蜜酱”即为正字，“蜜”非“醆”之讹。

③ “浆糊”又写作“糨（糡）糊”，恐非“饘餬”之音变。

义亦可通。第于"过酒""过饭"则无以为释。①

羞 《说文·丑部》："羞,进献也。"古多用为进食义,引申为饮食滋味亦云"羞"。《礼记·月令》"仲秋":"群鸟养羞。"郑玄注:"羞,谓所食也。"《周礼·天官·大宰》:"四曰羞服之式。"郑玄注:"羞,饮食之物也。"又《膳夫》:"掌王之食饮膳羞。"注:"羞,有滋味者。"谓牲肉外一切肴馔品物。又《庖人》:"与其荐羞之物。"注:"致滋味乃为羞。"钟案:肴馔所以致滋味,助味进食,故称肴馔为"羞餐",音转字讹为"小菜"。盖羞古音为幽类,幽、萧同部,故音转为萧,俗简讹为小。餐,犹饭也,清纽,寒韵。寒、哈同入相转,同入于曷。音变为菜。称"羞餐"者,谓所以进饭,与甬俗称肴馔为"下饭",词异意同也。"菜"虽为肴馔品物之一,可以赅蔬类,而未可兼赅禽、鱼、盐、梅诸品。"小"尤无义。肴馔呼"小菜",本外地语,今亦盛行于甬,乃并释之。②

羞,声促转入,音变为塞。塞,德韵,本为之类之入,以之、幽声近相转故尔。甬俗称肴馔味佳,善于进食者谓之"塞饭",塞即羞之致味义,亦进食义也。或曼衍其语为"塞饭榔头","榔头"乃"良覃"之音变。《说文》:"良,善也。""覃,长味也。""良覃"即善味云尔。良,阳韵,阳、唐同类相转,故如榔。覃为侵类,侵、幽对转,幽无舌头音字,故转邻近侯韵为头。③

羞为进献义,又得音转为萧。《尔雅·释诂》:"羞,进也。"字训联言曰"羞进",俗又讹为"孝敬"。今以苟且进献权要,讥之为"孝敬"。"孝敬"对父母言,非贿赂权要所宜。虽可喻为谴虐之词,亦强为之说耳。④

腴 《说文·肉部》:"腴,腹下肥也。"凡畜类肉肥,腹下为甚;肥之甚者,为脂肪。畜类脂肪成厚片者,亦在腹下。腴从臾声,古音为侯类,今腴在虞韵,为鱼类,侯、鱼声近相转而然。侯、幽合类,洪纤清浊之转。读腴而清纤之,音变为油。今谓豕羊等肉之肥者为"油肉",即"腴肉"耳。腴既为肥,引申为脂肪亦曰腴。因称猪脂曰"猪油",鸡脂曰"鸡油",又泛称草木果实之脂肪亦名"油",如"桐油""菜油""花生油"等是。油本水名,见《说文》。其借用为膏油义,唐代已然。若经传称"油然"为生发貌者,皆"禺"之假借也。

---

① "下饭"即为正字,第二说是。又,"过饭""过酒"之"过"亦是正字,非"和"之音变。

② "小菜"即为正字,非"羞餐"之音转字讹。"小菜"本是上海、苏州一带方言,"菜"是肴馔的总称。

③ "塞饭榔头"即为正字,"塞"非"羞"之音变,"榔头"非"良覃"之音变。"塞饭榔头"今多说"压饭榔头",取喻相同。

④ 把钱物送给权贵称"孝敬","孝敬"即为正字,非"羞进"之音变。此义由把钱物送给长辈称"孝敬"引申而来。

肕肥　《广雅·释亲》："肕，谓之腴。"曹宪音百卓反。《玉篇》："肕，腹下肉也。"腴本训腹下肥，义固相通。《集韵》："肕，豕腴。"肕从勺声，古音为宵类，宵、谈对转，音变百谈切。谈韵无帮纽字，俗借潜韵之"板"为之，以寒删与谈凡今音相混也。豕腹中最厚之脂俗呼"板油"，即"肕腴"字之音转。其次厚之脂俗呼"饭油"，"饭"即"肥"之音转。肥，古音为脂类，脂、真对转，真、元声近，故脂、元亦恒相转。肥转元类，故音如饭。

或曰，"板油"之板，乃"胇"之音转。《说文·肉部》："胇，肥肉也。"蒲结切。並浊转帮清，故《集韵》亦音必结切。胇从必声，古音为脂类。从朱骏声说。段玉裁入真类，则从阳声立说。脂、真对转，真、元声近，故音转为板。犹俗语呼"必定"为"板定"矣。说亦可通。①

㺜　《玉篇·豕部》："㺜，九物、衢物二切。豕㺜地。"物韵，见、群二纽。"九物"切厥音，"衢物"切崛音。物为问入，厥，长言转去声，则为㻬。《广韵·廿三问》："㺜，豕求食也。"音居运切，即㻬音也。崛，长言转去声，则为郡；从北音转清，入溪纽，则为趣。丘运切。"豕㺜地"，所以"求食"也，义实相通。其㺜地求食则以鼻，故市肆售豕肉者名其鼻为"㺜头"，㺜音正读如趣。

截剸脰　《说文·戈部》："截，断也。"昨结切。今字作截。从、邪同浊相转，甬音读如菱。寺绝切。截从雀声，古音为宵类，当读如芍。长言转上声，则音如肥皂之皂。皂本从纽，肥皂字俗音在邪、床纽，讹转也。甬俗称猪颈项肉呼如"皂头肉"，即"截脰肉"之音变，谓颈项宰断之处也。《说文》："脰，项也。"《公羊传·庄十二年》："搏闵公，绝其脰。"何休注："脰，颈也。齐人语。"俗称"断首"曰"斩头"，应是"斩脰"，所斩在颈项也。或谓"皂头肉"之皂，乃"剿"之音转。《说文·刀部》："剿，绝也。"子小切。《汉书·王莽传下》："征伐剿绝之矣。"师古注："剿，截也。"剿，精纽，小韵。小、晧声通，精、邪清浊相转，故音如肥皂之皂。说亦可通，存参。

屍髈　《玉篇·骨部》："髈，蒲朗切。股也。"《集韵》亦音普朗切，並浊转滂清，北音浊清之转也。今称豕股肉曰"蹄髈"，髈正作普朗切。俗作膀，非。《说文》："膀，胁也。"步光切。又尿府曰"膀胱"，皆非股义。"蹄髈"，蹄亦非正字，论义当作"屍"。《说文·尸部》："屍，髀也。"字或作臀，今作臀。段玉裁注："髀者，股外也。此云髀者，专言股后。"今称"蹄髈"者，固髀股之肉，非履地之蹄也。屍、髈皆股义，故方言类聚言之。臀从殿声，古音为真类，真、先本同部，故《广韵·卅二霰》："屍，

---

① "板油"指猪的体腔内壁上的板状脂肪，"板"即为正字，非"肕"或"胇"之音转。

髀也。"音电。俗不得其字，讹作蹄。①

腤臄 《说文·肉部》："腤，肉羹也。"呼各切。段玉裁注："羹有二，实于铏者，用菜芼之，谓之羹；按：此多汁之羹。实于庶羞之豆者，不用芼，亦谓之羹。按：此少汁之羹。《礼经》：牛臄、羊臐、豕膮。郑云：'今时腤也。'是今谓之腤，古谓之羹。许云'肉羹也'者，亦无菜之谓。"《通训定声》曰："此羹之实于豆者，不以菜芼之，其汁较干。"钟案：古谓之羹者，不必多汁，先儒多言之。腤训"肉羹"，腤即五味调肉而少汁之谓，《说文》："羹，五味盉羹也。"与臄、臐、膮同类异名，字亦作臛。《仪礼·公食大夫礼》："臄以东，臐、膮、牛炙。"郑玄注："臄、臐、膮，今时腤也。牛曰臄，羊曰臐，豕曰膮，皆香美之名也。古文臄作香，臐作薰。"按：牛臄、羊臐、豕膮，析言之也；统言之，则牛、羊、豕皆得称臄、称臐、称膮。古训如是者甚多，要皆牲肉佳制，而味香悦口之称。故《释名·释饮食》曰："臛，蒿也，香气蒿蒿也。"依毕沅疏证本订正。今肉之腌腊曰"香肠""香肚"，皆此臄字也；曰"薰鱼""薰肚"，皆此臐字也。腤，铎韵，《广韵》呵各切。腤从崔声，古音本在宵类。宵、豪合类，豪亦入于铎也。铎亦为歌入。长言转上声，音变为火。今称豕腿肉剖而腌腊之曰"火腿"，即"腤腿"也。腤、臐义通，故"火腿"亦称"薰腿"。②

膮 《说文·肉部》："膮，豕肉羹也。"许幺切。《通训定声》曰："此干于铏羹，为豆实者，所谓腤也。"膮、腤古音相似，义亦相通。《尔雅·释器》："肉谓之羹。"郭璞注："肉，腤也。"凡肉经盉味，皆得谓之羹；称羹者，不必多汁。说已见上文。膮训"豕肉羹"者，谓豕肉曾盉味者也。粤人有和味孰（熟）肉，其色大赤，谓之"赤膮"，俗讹作"拆烧"。镇江有"烧肉"，皆此膮字。此虽皆外地食名，而甬市亦有售，故并释之。③

羞④ 甬俗有"烧鸡""烧鸭""烧鹅"，皆以豉汁、糖、酒、茴香等盉味烹制而成。脔肉为脍，切蔬笋等为丝，入油釜盉味，芼而烹之，谓之"小炒"。此"烧""小"字，音义皆近膮，然非膮字，乃羞之音变。羞，致滋味者也。说见上文"羞"字条。"烧鸡""烧鸭"者，谓致滋味之鸡、鸭也。"小炒"者，谓致滋味之烹熬也。炒俗体，《说文》作䵕，

---

① "蹄髈"即为正字，"蹄"非"屍（臀）"之音变。
② "香肠""香肚"之"香"即为正字，本字不是"臄"；"薰鱼""薰肚""薰腿"之"薰（熏）"即为正字，本字不是"臐"；"火腿"之"火"即为正字，本字不是"腤"。
③ "拆烧"之"烧"即为正字，本字不是"膮"。
④ 条目字"羞"原无，据目录补。

训"熬也"。今凡烹煮而无汁或少汁者，皆谓之炒。①

　　黲黗　《说文·黑部》："黲，浅青黑色也。"七感切。谓色浅青而又兼黑也。黲与葱双声，侵、东亦声近。《尔雅·释器》："青谓之葱。"郭璞注："浅青。"浅青而色黯，则谓之黲。《说文·黑部》："黗，浅黄黑也。"谓浅黄而又黑也，其色重在黑，第黑中有浅黄色耳。故《广雅·释器》云："黗，黑也。"就其色重者言之。曹宪音古阖反，则为甘去声。黲、黗联言，音促则为参。今音侵覃与真寒相混，参讹翰韵，则为粲。翰、代同入相转，同入于曷。又音如彩。犹上文"羞餐"音转为"小菜"也。今鸭卵以石灰、柴灰等和水如泥，围以腌之，外裹以稻糠，藏久而食之，谓之"彩蛋"，亦呼"皮蛋"。彩即"黲黗"合声之变，谓彩蛋之卵黄变作浅黄色而黯也。其卵白变黑，而黑中又隐有黄色，即黗义也。盖命名之初，就其内黲外黗之形色呼为"黲黗蛋"，疾呼声合，则为"参蛋"，又音转为"彩蛋"。侵、幽对转，幽、之声近，故亦变为彩。若谓蛋白中往往有文彩，故云"彩"，此又浅言之。方言名物，恒就其显著者而言。其或名"皮蛋"者，皮即"被泥"之合声，谓外被之灰若泥也。②

　　轩　《礼·内则上》："麋、鹿、田豕、麇，皆有轩。"郑玄注："轩，读为宪，宪谓藿叶切也。"又《下》："肉腥，细者为脍，大者为轩。"注："言大切、细切异名也。"据郑注，脍为细切，轩为大切。藿叶切者，谓大切如藿叶也。今筵席有"四轩肉"者，肉大盈碗，纵横裂为四瓣，如田字。称轩者，正谓其大切也。后人大切甚于藿叶，而习用古名。俗讹作扇。

　　鲭　《字林》："鲭，杂肴也。"《北堂书钞》卷一百四十五引。《广韵·十四清》："鲭，煮鱼煎食曰五侯鲭。"诸盈、仓经二切。今通读后音，如青。按：《西京杂记》："五侯不相能，宾客不得来往。娄护丰辩，传食五侯间，各得其欢心，竞致奇膳。护乃合以为鲭，世称五侯鲭，以为奇味焉。"此鲭即杂肴义。引申为集珍之词。宋赵令畤，名其杂记书曰"侯鲭录"，即其义也。鲭，青韵，古音为耕类，耕、真声近，真、先同部，鲭转先韵，音变为千。甬俗宾筵丰盛，罗致珍羞，谓之"会千菜"，即"会鲭餐"之音讹，取娄护合奇膳以为鲭之典实为词。鲭音转千，犹倩亦入霰韵，平亦读如便，骈、骿皆从并声，靖、靖、鞊皆从青声之例。

　　鬻餗　《说文·鬻部》："鬻，鼎实。"桑谷切。字亦作餗。《字林》："餗，鼎实也。"《汉书·叙传上·王命论》注引萧该音义引。《易·鼎卦》："覆公餗。"疏曰："餗，糁也，

---

① "烧鸡""小炒"之"烧""小"即为正字，非"羞"之音变。
② "彩蛋"即为正字，"彩"非"黲黗"合声之变。"皮蛋"之"皮"亦非"被泥"之合声。

八珍之膳，鼎之实也。"释文引虞翻云："餗，八珍之具也。"《周礼·秋官·司烜氏》疏引《易·鼎卦》，"郑义以为餗美馔"。古鼎食者，豪侈之筵，故鼎中食实必珍美。餗从束声，古音为侯类，侯、鱼声近，长言转平，音变为胥。今称盛筵为"酒胥"，俗又讹为"酒水"，以吴越呼水音如胥，之、鱼相转故也。①

餬飺 《说文·食部》："饘，糜也。周谓之饘，宋谓之餬。"又《米部》："糜，糁也。""糁，以米和羹也。"然则饘、餬义通糁，凡以米屑和羹，亦得谓之饘，谓之餬。称饘者，俗音转为浆。说见上文"饘"字条。称餬者，俗呼为"糊腊"。凡肴馔和羹之餬稠厚者，皆以"糊腊"名，如"肉丝糊腊""黄鳝糊腊"等皆是。糊、餬通。腊者，飺之音转。《玉篇·食部》："飺，力拾切。糁也。《说文》云：'古文粒。'"飺，缉韵，为侵类之入。侵、谈声近相转，音变为腊。餬、飺皆糁义，故方言类聚言之。抑就《说文》言飺为粒古文，《说文》："粒，糂也。""糂，以米和羹也。"糂即糁，义亦相通不悖。

馂都 《礼记·曲礼上》："馂余不祭。"郑玄注："食人之余曰馂。"《广韵·廿二稕》："馂，食余。"甬语谆文韵字往往转读如东冬。俗称食余残肴，不论鱼肉蔬菜，聚而烹之，曰"总督羹"，总即馂之音转，督为都之入声。都，模韵，模入于铎，铎无端纽字，故借用屋韵督。《广雅·释诂三》："都，聚也。""馂都"谓食余之聚也。

族龙 《广雅·释诂三》："龙，和也。"声促转入，音如禄。甬俗称食余残肴聚而烹之，亦曰"族禄羹"，即"族龙羹"也。《广雅·释诂三》："族，聚也。""族龙"谓聚而和合也。②

酷 《方言》七："酷，熟也。自河以北，赵魏之间，谷熟曰酷。"《方言》本条，皆指烹饪言，酷本训谷熟，泛用为凡熟之皆曰酷。酷从告声，古音为幽类，长言转上声，音变为考，俗作烤。今谓久煮曰"烤"，考声古音亦在幽类也。幽、之声近，之、咍同部，酷转咍韵，音变为开。今称沸水曰"开水"，水沸则熟也。③

炕 《玉篇·火部》："炕，口盎切。炙也。"《诗·小雅·瓠叶》传："炕火曰炙。"疏曰："炕，举也。谓以物贯之而举于火上以炙之。"炕，宕韵，唐、豪同入相转，同入于铎。音变为考，俗作烤。今谓炙于火上而熟之曰"烤"，如"烤鸭""烤猪"皆是。引申之，围炉取暖曰"烤火"，皆取炙义，本炕字也。《广韵·卅二晧》："熇，火干。"音考。疑亦炕音变之俗体，炙则火干也。

---

① "酒水"即为正字，"水"非"餗"之音变。
② "族禄羹"，一般写作"瀔落羹"（瀔音浊）。
③ "开水"即为正字，"开"非"酷"之音变。

涫 《说文·水部》："涫，灒也。"音官。《鬲部》："灒，涫也。"灒，今字作沸。段玉裁"涫"字注曰："《周礼》注曰：'今燕俗名汤热为观。'见《夏官·序官》"司爟"注。观即涫。今江苏俗语，灒水曰滚水，滚水即涫语之转也。"钟案：江浙皆称水沸为滚。盖涫从官声，古音为元类，元、真声近相转，涫转魂韵，故如滚。不转入真、谆、臻、文、欣韵者，以涫为见组合口呼，此数韵无此音等字，惟魂韵有之，故入魂韵为滚焉。涫，音转为滚，犹逭训转，训逃，今亦呼为滚也。参看《释行事篇》"逭"字条。

　水沸称"滚"，宋人已云然。《青箱杂记》载："龙图刘烨，滑稽辩捷，尝与内相刘筠聚会饮茗，问左右曰：'汤滚也未？'左右皆应曰：'已滚。'筠曰：'金日磾哉。'烨应声曰：'吾与点也。'"点为点茶也。苏轼《十二时偈》："百滚油汤里。"皆以沸为"滚"。

渣 《说文·水部》："渣，涫溢也。今河朔方言谓灒溢为渣。"音沓。钟案：涫，水沸也，今语转为滚，已详上条。俗称沸甚曰"渣渣滚"，即此渣字也。渣，本训沸溢，引申用为沸之亦曰渣，犹称煮物沸之亦曰滚，即涫字也。甬俗爁豆作馅，久沸爛麋成糊，复熬之干，谓之"渣馅子"，是渣因沸义而引申为烹煮义矣。

汤 《说文·水部》："汤，热水也。"实字虚用，引申为热水煮物亦曰汤。《广雅·释诂二》："汤，爁①也。"王念孙疏证："沉肉于汤谓之爁，故又谓爁为汤。郑注《祭义》云：'汤肉曰爁。'是也。"《山海经·西山》："汤其酒百樽。"郭璞注："汤其酒，温酒令热。"今纳酒壶于沸汤中热之曰烫，烫本汤之俗，实亦热水煮物义。汤，古音为阳类，阳、耕声近，汤转耕韵，音变汤耕切。耕、清皆无透纽字，俗作氽，读如吞，以真类文、魂韵音与耕韵最近，易混也。甬俗以沸汤不调五味爁糕饵谓之"氽"，如"水氽年糕""油氽粽子"皆是。油为液体如汤，故在沸油中爁之亦云"氽"。汤，唐韵，唐、歌同入相转，同入于铎。音变为拖。吴越称沸油中爁食亦为"拖"，如"拖雪片""拖黄鱼""拖虾"皆是。②

爚煤 《说文·鬻部》："爚，内肉及菜汤中薄出之。"以勺切。段玉裁注："纳肉及菜于沸汤中而迫出之，今俗所谓煤也。玄应曰：'江东谓瀹为煤。'煤音助甲切。助，床纽，甬读从纽，讹转故也。爚今字作瀹，亦作汋。《通俗文》：'以汤煮物曰瀹。'孙炎说'夏礿③'之义曰：'新菜可汋。'见《尔雅·释天》注。"钟案：《广雅·释诂二》："煤，爁也。"曹宪音士合反，与玄应助甲切，皆床纽，音亦相近。汋，市若切，禅纽，禅、床同浊，亦相似。甬俗纳食于沸汤或沸油中，既熟而出之，呼为"煤"，正如玄应、

━━━━━━━━━━━━━━━

① "爁"，原作"瀹"，误，径改。
② "氽""拖"是两个不同的词，均非"汤"之音变。
③ "礿"，原作"灼"，误，径改。

曹宪所音。如祭肉煮于汤中，谓之"煤福蔜"。"福蔜"说详《释天篇》。外地人所呼"油条"，甬称"油煤脍"，谓沸油中煮成也。霱，以勺切，喻纽。喻与邪、禅恒相转，转禅纽，则为市若切，即沟字也。煤，曹宪亦音弋涉切，喻纽。

　　爨　《孟子·滕文公上》："许子以釜甑爨。"赵岐注："爨，炊也。"爨谓炊粟，犹煮也。《周礼·天官·亨人》："职外内饔之爨烹煮。"爨与烹、煮并举，则爨犹烹煮类也。甬俗于瀵汤中入物，急炊而熟之，谓之"爨"。爨固训炊，然无急义。盖爨与促为双声，与短为叠韵，短促则急也。方言意恉，往往附会声近之字而兼取其义。如掏、舀皆抱也，俗意大抱曰掏，盖掏、大双声；小抱为舀，则小、舀叠韵。参阅上文"餰"字下说。类此者多，可以为例。①

　　镬　《周礼·春官·大宗伯》："省牲镬。"郑玄注："镬，烹牲器也。"甬俗称烹饪之铁釜，大小皆曰"镬"。《尔雅·释训》："是刈是镬。镬，煮之也。"是实字虚用，以镬为烹煮义矣。凡实字虚用，相承转读去声，镬转去声，音如夏，俗作下。镬之去声本为贺，歌、麻相转，故如夏。甬俗称瀹煮糕面饼饦之类为"下"，如煮面曰"下面"，煮年糕曰"下年糕汤"，皆是。②

　　瀵　《说文·鬲部》："瀵，涫也。"芳未切。今字作沸。涫，音官，今语转为滚。参看上文"涫"字条。字训联言，"瀵涫"声合为沸官切。桓、寒皆无轻唇敷纽字，元、阳声近，音变为芳，俗作放。今治馔作汤曰"放汤"，如云"放豆腐汤""放冬瓜汤"等是。放字无义，即"瀵涫"字也。《说文》："汤，热水也。"汤必沸之可食，故云尔。以饭和水而食曰"放汤饭"，亦以沸之而后可食耳。③

　　烝　《说文·火部》："烝，火气上行也。"经籍多借蒸为之。今以沸汤之炊气熟物谓之蒸。《家语》有蒸藜不熟事，藜俗作梨。《晋书》有人乳蒸肫（豚）事，其云蒸者，盖亦如今之沸汤炊气熟物也。烝，照纽，古音无照、知纽，读照、知纽字皆作端纽，烝转端纽，故古音如登，俗作燉。今谓蒸熟为"燉"，如"清燉鲋鱼""燉蛋汤"皆是。《玉篇·火部》："燉，徒昆切。火盛皃。"《广韵·廿三魂》："燉，火色。"他昆切。皆无烝义。

　　鈇　《说文·金部》："鈇，朝鲜谓釜曰鈇。"郭璞注《方言》鈇音腆。《玉篇》《广韵》并云："鈇，小釜也。"鈇从典声，故《广韵·廿七铣》又音典。先、真同部相转，音变为敦，真、谆、臻、文韵皆无端纽字，故转入魂韵。俗作燉。今以小釜煮茗、煮

---

① 应氏所说的"爨"，今写作"余"。
② "下面""下年糕汤"之"下"即为正字，非"镬"之音变。
③ "放汤"之"放"即为正字，非"瀵涫"声合之变。

酒曰"燉"，即錪之实字虚用、读典之转音也。瓦釜俗呼"燉罐"，亦是錪字。錪亦训重，见《方言》六，郭璞音他本反，即錪读腆之转音。真、谆、臻、文无透纽字，故亦转魂韵。俗语呼重曰"重敦敦"，则训重之錪，亦读如典之转音也。①

　　鏕　《说文·金部》："鏕，温器也。读若奥。"实字虚用，移为烹煮之词。段玉裁曰："今江东尚有鏕孰（熟）之语，与《火部》以微火温肉之夑义同。"字又孳乳为熝（爊）。《广雅·释诂四》："熝，煴也。"朱骏声曰："今苏城市熟肉之肆，俗呼熝肉店。"则直以熝为烹熟词矣。甬俗看馔有"熝鲨鱼""芋艿熝鸡"等名。鏕训为烹，犹镙之语转为下矣。

　　煦烝　《说文·火部》："煦，烝也。"香句切，晓纽，撮口呼。《广雅·释诂二》："煦，爇也。"曹宪音火遇反，为晓纽开口呼。音等粗细，每因时地而异。"煦烝"字训联言，煦读粗音，声合则为火陵切，有声无字。蒸韵晓纽仅有三等音兴字，而无一等开口呼字。蒸、之对转，之、咍同部，火陵切转咍韵，音变火苔切，如咍。海平声。甬语称沸汤上烝物呼若"海"，即"煦烝"声合之变。俗作熯，非。《说文》："熯，干皃。"引申为燥也，火气也，故《易·说卦传》曰："燥万物者，莫熯于火。"非汤水沸气上烝义也。熯音汉，甬人读汉若海，故讹为熯字。汉、翰韵为阳声，海为阴声，然海、翰同入于曷，故相讹转。

　　或曰，烝呼为熯，即煦之音变。煦读开口呼火遇切，鱼、歌声近，歌、寒对转，煦转翰韵，则音如熯。凡翰、换韵晓纽字，皆一等粗音。纵煦读撮口呼转翰韵，亦变开口。煦音转为熯，犹许音转为罕也。甬称应许为"应罕"，女子字人曰"罕人家"，即许人家也。说亦通。许音转罕，参看上文《释语篇》"许"字条，彼篇罕作嘆。②

　　煦，遇韵，古音为鱼类。鱼、侯声近相转，音变为吼。犹虹为雺，雺转侯类，甬亦呼如吼。参看《释天篇》"雺"字条。鄞乡有"吼饭"，即煦字。或曰，吼者，"煦烰"之合声。《说文·火部》："烰，烝也。"又"煦，烝也。"烰音浮。煦、烰义同，故方言类聚为词，声合则为吼，说亦通。"吼饭"者，谓釜底覆大碗，置冷饭于上，按之实，沃水炊之，水漉汭碗下，既沸，则炊气上烝以温饭，略异于沸汤上设架以烝物者。呼曰吼者，义亦犹烝也。③

　　煆　《方言》七："煆，热也。"郭璞音呼夏反。《广雅·释诂二》："煆，爇也。"甬俗称略烝而热之曰"煆"，物生蒸之熟曰"熯"。二者同为烝，而有久暂之别。然颇疑煆者，亦是煦之音变。煦，火遇切，为鱼类。鱼、歌声近，歌、麻同部，煦转麻部，故音如煆。煦音转熯，熯音近悍，悍，猛也，故循声附会为猛烝；煆音近乍，乍，暂也，

---

① "燉茶""燉酒"之"燉"非"錪"之音变。
② "熯"即为正字，非"煦烝"声合之变或"煦"之音变。
③ 谓"吼饭"之"吼"即"煦"字，是；或谓"吼"为"煦烰"之合声，非。

故附会为略烝。参看上文"饘"字、"爨"字条下说。①

　　酷烰　《说文·火部》："烰，烝也。"《尔雅·释训》："烰烰，烝也。"郭璞注："气出盛。"孙炎曰："烰烰，炊之气。"见《诗·大雅·生民》"烝之浮浮"疏引。释文："烰，郭璞音浮。"甬厨膳有"扣三丝""扣肉""扣鳗"，凡称扣者，皆看馔连碗纳蒸釜架上炊之熟也。扣者，"酷烰"之合声。《方言》七："酷，熟也。""酷烰"谓熟烝也。酷亦得声转为扣。酷从告声，古音为幽类，幽、侯声近，乃如扣，第无烝义。②

　　濡洏　《礼记·内则上》："濡豚包苦实蓼。"郑玄注："凡濡，谓烹之以汁和也。"释文："濡，音而。"濡盖洏之假借。《说文·水部》："洏，一曰煮孰也。"如之切。日纽，古音为之类。日纽字北音读若来纽，今吴越读而，犹从北音。之类，与幽类声近，多相转。洏转幽尤韵，俗字作溜。犹牛古音如疑，丘古音如欺，今在尤韵，于古皆之类也。今看馔有"糟溜鱼片""醋溜黄鱼"，溜即洏也，濡也。谓烹之以糟汁，以醋，和味也。

　　胹　《说文·肉部》："胹，烂也。"如之切。字亦作𤎅、臑、䐴三形。见《广韵·七之》。《方言》七："胹，熟也。自关而西，秦晋之郊曰胹。"《左传·宣二年》："宰夫胹熊蹯不熟。"释文："胹，煮也。"胹，日纽，北音读若来纽。胹转来纽，则音如鏊。甬俗称食物煮烂如糜糊者谓之"鏊"。或曰，此烂之转音。《说文·火部》："爤（烂），火孰也。"翰、霰同类相转，音变为炼。《广雅·释诂二》："炼，熟也。"王念孙疏证："炼读为烂。《集韵》烂或作炼。"是也。胹亦得音变为溜，参看上条。故甬谓煮胹为"溜糊"。③

　　鬻　《说文·弼部》："鬻，𩱞也。"字或作煮，𩱞今作烹。煮，照纽，古无知、照纽，读作端纽，故煮古音读若都。说详上文"煮𩱏"条下。煮既音如都，声促转入，音变为笃。都之入声在铎韵，铎无端纽字，故借用声近屋韵之笃字。今称久煮曰"笃"，笃与多为双声，方言循声附会为多煮义。腌肉与鲜肉合煮谓之"腌笃鲜"，菜干烤肉亦曰"干菜笃肉"。

　　裒　《说文·火部》："裒，炮炙也。以微火温肉。"乌痕切。段玉裁注："微火温肉，所谓焦也。今俗语或曰乌，或曰煨，或曰焖，皆此字之双声叠韵耳。"钟案：方言语转，与古训为双声者，苟非其韵可通转，当有合声之字；与古训为叠韵者，苟非其纽可通转，亦当有合声之字在焉。俗称"乌"者，盖"裒煮"之合声；"裒煮"声合本为於，声转粗则为乌，犹"於乎"即"乌乎"也。俗称"焖"者，谓密闭温器，使气不泄，而以微火熟烂之也。"焖"盖"密裒"之合声，谓密煮之也。若"煨"，即"裒"之阴声。煨从畏声，古音为脂类；

────────────

① "煆"即为正字，非"煦"之音变。
② "扣"即为正字，非"酷烰"之合声。
③ 后出专字作"㶷"（音练）。《广韵·霰韵》："㶷，熟㶷。郎甸切。"

衺，痕韵，为真类。真、脂对转故也。①

炮 《说文·火部》：“炮，毛炙肉也。”段玉裁注：“谓肉不去毛炙之也。”又曰：“《内则》注曰：‘炮者，以涂烧之为名也。’《礼运》注曰：‘炮，裹烧之也。’按：‘裹烧之’即《内则》之‘涂烧’。”钟案：“涂烧”者，谓以淖泥涂所宰之牲畜，使毛与泥垽和如韡甲，乃入火烧之熟，剥落焦泥，毛随泥脱，肉熟而瀋不失，味特香美。乞丐窃得鸡鸭，无釜炊㸑，即以涂烧取食，俗呼“火炮鸡”。常熟酒肆亦售是物，名“叫化鸡”，谓乞丐炮制之食。乞丐，呼“叫化子”也。炮，音转如烹。普湘切。炮本薄交切，並纽，北音並为滂浊，浊音转清，故俗相承读炮如泡。萧、阳同入相转，同入于药。故音如烹。烹，《说文》作亯，古经传多作享，煮也，饪之也。凡煮、饪用汤镬，非涂烧，“毛炙肉”义，音虽与俗谐，义则失之。

焆 《字林》：“焆，㷿毛。”《广韵·十五灰》引。他回切。㷿者，㷗之或体。《通俗文》：“以汤去毛曰㷗。㷗亦作㷿、燂二形。”《一切经音义》卷一引。《说文·炎部》：“㷗，于汤中爚肉也。”甬俗宰牲畜，去其毛，必以热汤渍之，谓之“焆毛”。俗字作揱，见《集韵》。钟案：焆与㲚、脱、蜕、㲲皆一声之转，义亦相似。《字书》：“㲚，落毛也。”他卧切。《礼·内则》：“肉曰脱之。”疏引皇氏：“脱，治肉去其筋膜。”《说文》：“蜕，蛇蝉所解皮也。”吐外切。《广雅·释诂一》：“㲲，解也。”《广韵》：“㲲，鸟易毛也。”音唾。声相若，义每相通。②

炰焦 《诗·大雅·韩奕》：“炰鳖鲜鱼。”笺云：“炰鳖，以火熟之也。”疏引《通俗文》：“熷煮曰炰。”熷即燥俗字。段玉裁曰：“燥煮，谓不过濡也。”见《说文》“炮”字下注。《诗》释文：“炰，薄交反。”今肴馔有称“虾仁抱蛋”“干贝抱蛋”者，皆谓蛋与虾仁或干贝燥煮之，抱即炰也。炰，並纽，並浊转帮清，音变为包。焦，《玉篇》音缶，火熟也。古读非纽如帮纽，幽类字通转肴、豪，音亦变为包，俗作爆。今肴馔不和汤洎在油釜烹煮者，皆云“爆”，如“爆鳝背”“爆三样”“油爆虾”“酱爆鸡丁”，皆是。

焷 《广雅·释器下》：“焷谓之炰。”焷，曹宪音毗支切；炰，音不（否）。焷，並纽，並浊转帮清，故《类篇》焷音班糜切，俗作炋，作煸，皆循俗音加火旁，非正字。炰者，《通俗文》云：“燥煮曰炰。”段玉裁以为燥煮乃不过濡也。说并详上条。然则焷义同炰，亦燥煮不过濡者耳。炰今语为爆。凡肴馔烹饪称爆者，或谓之“炋”，即

---

① “乌”“煨”“焖”与“衺”恐怕没有直接关联。
② “焆”通作“煺”，普通话读阴去 tuì。今宁波话读阴平 [tʻɐ⁵³]，与《广韵》他回切合。

焯也。如烹煮苜蓿俗呼"生炒草头"是也。"草头"本苏吴语，甬称"三瓣头草籽"是也，下文《释草木篇》有说。苏语今亦行于甬。

炙爖 《说文·炙部》："炙，炮肉也。从肉在火上。"《礼记·曲礼上》："毋嘬炙。"疏云："火灼曰炙。"故禽鱼灼而熟之，亦云炙。《庄子·大宗师》："予因以求鸮炙。"《史记·刺客·专诸传》："使专诸置匕首鱼炙之腹中而进之。"《说文·火部》"爖"篆解："置鱼筒中炙也。"是禽鱼亦有炙。《庄子》释文："炙，章夜反。"《史记》正义："炙，者夜反。"《颜氏家训·音辞篇》："吴人以火旁作庶为炙字。"故《广韵》炙在祃韵，与蔗同音，俗作炸。凡禽鱼肉入沸油中煮之皆曰"炸"。今肴馔有"炸鸡块""炸板鱼"等，本炙字也。人类进化，烹饪亦精新。曰炮，曰炙，皆置油釜中烹之，无复如古之火灼，而名犹云"炙"，则炙为常语，习用故也。

熹 《说文·火部》："熹，炙也。"许其切。熹，古音为之类，晓纽。之、宵声近相转，音变为晓，俗作烧。烧为审纽，晓之细音作齐齿，则与齿音之心、审每相混。慈溪山北人读心、审纽字往往作晓纽。甬肴有"烧鹅"，犹北方之"烤鸭"，参阅上文"炕"字条。亦由火炙而成，烧即熹之音转。烧，然（燃）烧也，《说文》"爇也"，义未当。或曰，"烧饼"之烧，亦熹字，谓在炉火中炙熟也。说亦通，与上文"酥"字条说"烧饼"乃"溲饼"之音转，各具义训，存参。①

煣 《广雅·释诂四》："煣，煴也。"曹宪音呼勿反。字亦作㷉。《玉篇》："㷉，许勿切。煴也。""许勿"为晓纽撮口，"呼勿"为晓纽合口。《广雅》本条煣与爖、煴并列，爖通鬸，煴即衮，见《玉篇》。鬸、衮并已见上文。然则煣义犹鬸与衮也。衮为以微火温肉，见《说文》。煣训煴，煴犹温也，煣亦为微火煮之义可知。甬语烹鸡鸭卵，每用"煣"字，如"桂圆煣蛋""浆板馉子煣蛋"等，烹卵不宜烈火炊煮，烈火则卵质坚实而味逊，必须微火小煮，则质柔味美。烹卵称"煣"者，盖深谙烹饪之法而云尔。②

䰞 《说文·䰞部》："䰞，熬也。"《火部》："熬，干煎也。"䰞，《广韵》音初爪切。字亦作𩱒、鬻、㷅、煼四形。芻声、取声古音皆侯类，侯、幽合类，幽赅萧、肴、豪，故今音在巧韵。煼从西声，本幽类也。《方言》七："㷅，火干也。秦晋之间或谓之㷅。"今釜中干熬其物曰䰞，俗作炒，如"炒豆""炒花生"是也。肴馔虽盉以油酱等味，而无潘泔甚濡者，亦以炒名，如"炒肉丝""炒蛋"是也。

铫 《说文·金部》："铫，温器也。"以沼切。段玉裁注："今煮物瓦器谓之铫子，

---

① "烧鹅""烧饼"即为正字，"烧"非"熹"之音转。
② "桂圆煣蛋"，"煣"非本字，一般写作"甩"（音忽），指打碎蛋壳后把蛋整个儿投入食物中烧煮，此义当由"甩"之用力挥动义引申而来。

读徒吊切是也。"《广韵·卅四啸》："铫，烧器。"徒吊切，音掉。如窱、筄等字，读喻纽，亦读定组。喻、定常相混，此亦其例。实字虚用，引申为煎煮义，犹镬、鉶、鑘诸字之例。并见上文。铫，啸韵，萧、豪同类相转，音变，俗字作淘。今煎人参、桂圆等物，谓之"淘参汤""淘桂圆汤"。凡煎珍贵药物，固非寻常温器煮之也。或云，淘是燂之音变，说详下条。

燂　《说文·火部》："燂，火热也。"大甘切。《广韵·廿三覃》："燂，火爇。"爇者，烧也，见《说文》。谓火烧也。今云火烧为"燂"，如炊茗曰"燂茶"，即《礼记·内则》"五日，燂汤请浴；足垢，燂汤请洗"之燂也。又竹木枉者使直，直者使曲，以火煣之，俗亦呼"燂"，即《周礼·考工·弓人》"挢角欲孰于火而无燂"之燂也。甬俗称"燂"者，谓举火而不久烧之意，如称"燂茶"，谓烹少许之水，炊薪不多也；煣竹木曰"燂"，亦取火灼不久之意。燂从覃声，古音为侵类，侵、幽对转，幽赅肴、豪，音变为淘。今煮参汤、桂圆汤曰"淘"，或云即此燂字。燂音变淘，犹"禫服"之为"导服"，"说谈"之为"说道"，深取之"撢"俗呼为"淘"，如云"掏尸骨"。"味道"即"味覃"也。[1]

巩煇　《方言》七："巩，火干也。凡有汁而干谓之煎，东齐谓之巩。"巩，肿韵，肿入于沃，声促转入，音如鹄，俗作煱，以铎、沃声似也，甬俗称微火干物谓之"煱"，如苔菜、龙头鲞俗作鲑于釜中微火煱之松脆，皆云"煱"。欧西肴馔有"煱鱼"，亦以微火煎饪，此以意译为华语，故与古训合。或曰，煱者，煇之纽转。《说文·火部》："煇，灼也。"胡沃切，匣纽。喉牙匣见常相转，如降、减、涫、活、莞、罜、见、会、衡等字，皆见、匣两读。煇转见纽，故如鹄。说亦可通，存参。[2]

煏焦　《说文·火部》："煏，以火干肉也。"蒲逼切。字通作煏。《方言》七："焦，火干也。凡以火而干五谷之类，关西陇冀以往谓之焦。"郭璞音皮力反，《集韵·五寘》又音备。俗作焙。甬俗称焙犹言烘。饵饼烘之熟曰焙，烘炙之具俗称"焙笼"。又置物火旁而干之呼为煏，或音转如逼，并浊转帮清也。煏亦读并纽如字者，以熨斗、烙铁，熨衣帛使干，俗呼"煏燥"，正作蒲逼切。《玉篇》亦作煏。

絮馪　《礼记·曲礼上》："毋絮羹。"郑玄注："絮，犹调也。"释文："絮，敕虑反。谓加以盐梅也。"《广韵·九御》："絮，和调食也。抽据切。"今烹调作馔，以粉和之若糊，甬谓之"絮浆"。浆者，饐之转音，说详上文。俗不得其字，或讹作牵。牵溪组，絮彻纽，溪之齐齿与彻似也。《广韵·廿八狝》有"馪"字，云"黏也"，音遣。浙西人以

---

[1] "淘参汤""淘桂圆汤"之"淘"非"铫"或"燂"之音转。

[2] "煱"非"巩"或"煇"之音变，音义来自"搁"。"搁"有放在高处使干或排去水使干的意思（如"搁田"），引申之，食物加少量油，用微火炒制亦称"搁"，俗作"煱"。

粉和羹谓之"加餷",疑即此字。其词意,犹苏吴所谓"著黏^①"。

搵蘸 《说文·手部》:"搵,没也。"乌困切。段玉裁注:"没者,湛也,谓湛浸于中也。"俗谓食物濡染于酱醋油酒以和味,谓之"搵"。外地人谓之"蘸"。《说文新附》:"蘸,以物投水也。"仄陷切。钮树玉以为应作霅。《广韵·五十九鉴》:"霅,以物内水中。"子鉴切。愚谓此本湛字耳。《礼·内则》:"湛诸美酒。"释文:"湛,子潜反。"湛从甚声,古音为侵类,侵、覃、陷同类,故音转仄陷切为蘸耳。堪、戡、媅、黮等之入覃、感韵,是其例。若霅,本训"小雨也",见《说文》。《广韵》云:"以物内水中。"斯后人义,非古也。

䐶 《玉篇·卤部》:"䐶,音昌。卤渍。"又:"卤,咸也。"卤渍,犹咸渍也。今称咸渍之蟹、虾,曰"抢蟹",曰"抢虾",抢即䐶之讹。䐶,音昌,昌本尺良切,阳韵也。阳、唐同类,阳韵字今读作唐韵者甚多,如方、肪,本府良切;章、漳,本诸良切;创、疮,本初良切;庄、装、妆,本侧羊切;常、裳,本市羊切;商、伤,本式羊切。以上皆据《广韵》。今甬音皆在唐韵。惟同谋曰"商量",俗语音如"相量",则商音在阳韵,犹古音未变耳。

氾 《广雅·释诂二》:"氾,渍也。"王念孙疏证:"氾者,淹之渍也。《说文》:'氾,淹也。'王逸注《九叹》云:'淹,渍也。'《汉书·武帝纪》:'河水决濮阳,氾郡十六。'《方言》:'氾,洿也。自关而东或曰氾。'亦渍之义也。"是氾者,大水淹没之渍。氾声古音在侵类,侵、东声近,音变为风。风(風)从凡声,古音亦侵类也。渔于海者,取所得鳗、蟹,盐汤沃渍之,即售于市,味不甚咸而鲜美,俗呼"新风抢蟹""新风鲍鳗","新风"即"新氾"之音变,谓淹渍不久也。久渍则过咸,俗名"老鹹(咸)头"。鹹俗音如咸,读盐韵。头即覃字。说详下文。

◇氾读如风,犹风读如氾也。《释名·释天》:"风,兖、豫、司、冀横口合唇言之,风,氾也,其气博氾而动物也。"《礼记》假范为蜂,亦其古音近转之征。《檀弓下》:"范则冠而蝉有绥。"《内则》:"爵鷃蜩范。"注并云:"范,蜂也。"

菹葅 《说文·艸部》:"菹,酢菜也。"侧鱼切。或从缶作蒩,亦作葅。《广雅·释器下》:"醃,菹也。"是菹犹醃义。《周礼·天官·醢人》:"七醢、七菹。"郑玄注:"七菹:韭、菁、茆、葵、芹、菭、笋菹。凡醢酱所和,细切为齑,全物若腜为菹。"腜,薄切也。又"醢人"下注作醢之法曰:"作醢,必先膊干其肉,乃后莝之,莝即㩧之。杂以粱曲及盐,渍以美酒,涂置瓶中,百日则成矣。"钟案:七菹,以七种蔬菜和醃

---

① "著黏",一般写作"着腻",苏州、上海等地管勾芡叫"着腻"。

酱，腌之为菹；作醢之法，亦即作菹之法。虽注谓醢者是肉，实亦通于菹，段玉裁谓"菹、醢通称"，又谓"菹本菜称，用为肉称"是也。菹字或从缶作䉢，与"涂置瓶中"之义相类；"渍以美酒"与酢菜之"酢"义又相若。酢、醋古今字①，腌时和味，以酒或以醋，随所喜也。据《醢人》作醢之法，移以作菹，犹蜀制之"泡菜""榨菜"。古今殊俗，方宜攸异，湘蜀尚辣，故又重以辛辣。古人和味，辛用蓼，今用食茱萸（辣茄），亦古今之异。菹从且声，古音为鱼类。鱼、歌声近，歌、麻同居，菹转麻韵，俗字作榨。今市售蜀产之"榨菜"，其本字，正当作菹。②

    馪 《释名·释饮食》："肺膹，膹，馪也，以米糁之，如膏馪也。"糁者，以米和羹。然则馈意亦如是。盖馪之为言赞也。赞，佐也，助也。以糁和羹，亦佐味之意。甬俗以粉和羹，令如糊状，谓之"絮浆"，见上文"絮馈"条释。亦呼如"钻浆"。钻即馪也，翰、换同类，开合口之转耳。

    左右 《说文·言部》："誧，一曰人相助也。"博孤切。鱼、阳对转，音变为帮。今称相助曰帮，看馔助味之品称"帮头"。头者，覃之音变，《说文》："覃，长味也。"外地人则曰"交头"。交者，合也，见《广雅·释诂二》。谓合味也。然非相助义。颇疑"左右"二字合声之变。《尔雅·释诂》："左、右，勴也。"勴，《说文》作勴，云"助也"。字亦作佐、佑。《广雅·释诂二》："佐、佑，助也。"《书·毕命》："惟周公左右先王。"传曰："言周公助先王。"则"左右"联言为词。"左右"疾呼，声合为酒，尤、宵声近，音变为焦。今音精与见之齐齿常混故也。佐亦得音转为焦，以歌、豪同入相转，豪之清轻，则入萧、肴也。或曰，交者，救之音变。《广雅·释诂二》："救，助也。"尤、萧相转，故为交。并志之，存参。③

    亮勴 《诗·大雅·大明》："凉彼武王。"传："凉，佐也。"释文引《韩诗》作亮，云"相也"。《汉书·王莽传上》引《诗》亦作"亮彼武王"，师古注："亮，助也。"《书·毕命》："弼亮四世。"疏引《释诂》云："亮，佐也。"阳、萧同入相转，同入于药。音变为料。甬俗称烹饪助味之品如油、酒、酱、醋、葱、姜等，谓之"料理"，盖"亮勴"之音讹。《说文·力部》："勴，助也。"良倨切。《尔雅·释诂》作勴。亮、勴皆助义，方言类聚为词，虚字实用，遂为助味诸物之称。若"料理"者，《广雅·释诂二》："料，理也。"理，治也。字训联言，今称"料理"为治作之词。

① "字"，原作"义"，据文意改。
② 《现代汉语词典》（第7版）："榨菜，用青菜头的肉质茎腌制的咸菜。因腌制后要榨出其中的汁液，所以叫榨菜。""榨"就是正字，非"菹"之音转。
③ "交头"当作"浇头"。"浇"是正字，而非"左右"合声之变，或"佐"之音转，或"救"之音变。

若日本人以"料理"为庖厨烹饪之名，华夏无此义训也。[①]

覃　《说文·㫚部》："覃，长味也。"《酉部》："醰，甜长味也。"从系传本。两字音同义若。长味者，谓味之永，食已下咽，口中犹有余味在焉。《新方言·释器》："今人通谓味为味道，本味覃也。双声相转，侵、幽对转，字变作道。覃之为道，若禫服作导服，谷道呼谷䐈矣。""谷䐈"说见《新方言·释言》。钟案：道从首声，古音本在幽类。覃音转为道，或亦转为头，以幽、侯声近，幽尤无定纽字，欲作定纽，势必转入侯韵，音如头矣。今谓味咸苦者曰"苦头"，曰"咸头"，头即覃字也。甜味曰"甜头"，即"甜醰"也。食之有味曰"有吃头"，反之，曰"无吃头"，肴馔佐味之品曰"帮头"，头皆覃字，犹云味也。凡声色不悦耳者曰"无听头"，无可观者曰"无看头"，头亦覃字，味义之引申也。舌所以味，故称舌为"舌头"。[②]

卤苦　《尔雅·释言》："滷（卤）、咸，苦也。"郭璞注："苦即大咸。"今谓食味咸甚曰"咸苦"。苦，古音为鱼类，其入铎、陌、昔，苦转入声，音变为客。俗状食味咸曰"咸客客"。俗以為食咸甚則思飲，故云"咸渴渴"。此附会之说，非也。又市售盐卤名"苦卤"，皆非炎上作苦之谓。滷，《说文》作卤，云："西方咸地也。"《玉篇》："卤，力古切。咸也。"古音亦鱼类，声促转入，音如礐，力摘切。俗讹作辣。甬称肴馔味咸曰"咸辣"。辣为辛味，非如苦之可训咸也。[③]

䃌䚟　《玉篇·卤部》："䃌，竹减切。咸也。"《广韵·五十八陷》："䃌，咸多。"今称肴馔味咸稍甚者为"咸䃌"。《玉篇》："䚟，才诣切。咸也。"浊音转清，从转精纽，音变为霁。俗呼味微咸者曰"咸䃌䚟"。

䴲䪥　《说文·卤部》："䴲，咸也。河内谓之䴲，沛人言若虘。"昨何切。䴲，从卤，差省声，故字或作䪥。《礼记·曲礼下》："盐曰咸䪥。"郑玄注："大咸曰䪥。今河东云。"释文："䪥，才何反。"甬俗称盐卤音如"卤除"，除即"䴲水"疾呼之合声。甬语水音如黍，支、鱼相转也。䴲，从纽，今转澄纽，声合如除者，甬音澄、从每相乱，如"虫、重、邅、缠"澄纽与"丛、从、践、钱"无以别也。[④]

炎胆　《周礼·天官·疡医》："以苦养气。"郑玄注："苦，火味。"《书·洪范》："火曰炎上。"又："炎上作苦。"甬谓味苦曰"苦炎头"。头即覃字，覃，味也。"炎头"

[①] "料理"即为正字，非"亮勴"之音讹。
[②] "苦头""甜头""帮头""吃头""听头""看头""舌头"的"头"，都是后缀，非"覃"之音变。
[③] "咸辣"即为正字，"辣"非"卤"之音变。
[④] "卤除"之"除"非"䴲水"之合声，本字当作"滞"（音住）。《广韵·祭韵》："滞，凝也。直例切。"宁波话盐卤叫"卤滞"，锅巴叫"镬滞"，"滞"均取其凝结义。

犹云火味也。或状味苦曰"苦等等"，等者，胆之音转。胆味苦，人畜皆然，故俗呼胆为"苦胆"。胆（膽）从詹声，古音为谈类，谈与侵、蒸皆声近，侵韵无舌头端纽字，而蒸类有之，胆转蒸类，音变为等。今谓"苦等等"，即"苦胆胆"也。①

岁芬　《说文·屮部》："岁，草初生，其香分布也。"抚文切。字或从艸作芬。《广雅·释训》："芬芬，香也。"《诗·大雅·凫鹥》："燔炙芬芬。"《小雅·信南山》："苾苾芬芬。"岁、芬皆敷纽，古无轻唇音，敷纽字读作重唇滂纽，故芬、岁古音当如喷。今云味香为"喷香"，或呼为"香喷喷"，皆岁、芬字也。徐灏《说文》注笺以为蕡字。《说文》："蕡，杂香草也。"浮分切，音坟，为奉纽。徐云："今俗语犹言蕡香，读扶问切之重唇音。"则转并纽，为盆去声，与今吴越方音为喷香者不符。

謌　《广雅·释器》："謌，香也。"曹宪音呼含反。《广韵·廿二覃》："謌，小香。"火含切。字通作馠。见《集韵》。《广雅·释训》："馠馠，香也。"謌从含声，含从今声，古音皆侵类。侵、东声近相转，音变为烘。今谓气味微香曰"香烘烘"。《说文》："烘，尞也。"非香义。

醰美　《广雅·释诂一》："醰、甘、甜，美也。"醰从酉，酉为酒义，其训美者，犹甘、甜之训美，谓味之美也。《广韵·四十寝》："醰，小甜也。子朕切。"今谓物味微甘曰"甜醰醰"，俗讹作津，今音侵、真韵似易混也。或称味微甘曰"甜米米"，米者，美之轻音也。支、脂韵字皆有重轻音两类，重音字声近灰韵，《音韵阐微》另列之。美，今读重音类，如枚。《说文·甘部》："甘，美也。""甜，美也。"《羊部》："美，甘也。"称"甜美美"者，字训联言，又重言之。或以为蜜之转音，非。蜜，《说文》本作蠠，云："蜂甘饴也。"按：蜂蜜大甘，今称甜甚曰"蜜甜"，非小甜之谓。

乳奶　《说文·水部》："湩，乳汁也。"《广雅·释器下》："湩谓之乳。"《广韵·九麌》："乳，而主切。"日纽本古泥纽所变，故曰通泥、娘；鱼、支声近相转，形随音变作嬭。《玉篇》："嬭，奴蟹切。乳也。"《广韵·十二蟹》同。蟹为佳上声，支、佳本同类。今俗又简之作奶。乳汁微甘，人畜皆然。甬称味微甘曰"甜嬭嬭"，《玉篇》奴耕切。即嬭之转音。嬭，蟹韵，为支类，支、耕对转故也。外地人或曰"甜仪仪"，仪亦嬭之转音，佳、支同类相转故也。以乳汁之甘喻甘，犹胆汁之苦喻苦，义例正同。胆之音转为"等"，说详上文。

醦醨　《说文·酉部》："醦，酢浆②也。"徒奈切。酢即今醋字。古以醋为酬酢字，

---

① "苦炎头"一般写作"苦意头"，跟"炎"无涉。
② "浆"字原脱，径补。

以酢为酸醋字，今醋、酢二字音义互易。古舌音后多转为齿音。《玉篇》："截，昨载从纽、祖代精纽二切。酢浆也。"《广韵·十九代》："截，醋也。"《集韵》亦音作代切，又将遂切，音醉，皆精纽。代、志同部相转，音变作置切，兹去声。今状味酸曰"酸兹兹"，即"酸截截"也。或云"酸溜溜"，溜者，醶之转音。《玉篇》："醶，音览。醶醶，醋味也。"《说文》："醶，酢也。"览声古音为谈类，谈、侵合类，侵、幽对转，故音如溜。[1]

噤火 《说文·口部》："噤，食辛噤也。"火沃切。段玉裁注："噤谓辛螫。"噤从乐声，古音为宵类，长言转平，音变为蒿。甬俗谓食味微辛螫人喉腭者曰"蒿蒿疼"。疼音佟。如鲨鱼及咸蟹黄味变者，状其味之螫喉，皆作此语。蒿之音转，又变为火。今谓味辛螫口曰"辣火火"。《广雅·释言》："莘，辛也。"《通俗文》："辛甚曰莘。"《一切经音义》卷八引。俗作辣。凡辛辣之甚，入口螫如火灼。《吕氏春秋·本味篇》："辛而不烈。"烈为火炽，故辣味云火。《说文·火部》："熮，火兒。《逸周书》曰：'味辛而不熮。'"辛味为火兒，古义亦云然。[2]

鬯馞 《周礼·春官·序官》"鬯人"郑玄注："鬯，酿秬为酒，芬香条畅于上下也。"释文："鬯，敕亮反。"《诗·大雅·江汉》："秬鬯一卣。"笺："谓之鬯者，芬香条鬯也。"甬语称酒味香烈曰"鬯"，以酒渍食物曰"醉"，亦曰"鬯"。又食物喜其调味，有酒香者，俗云"有鬯馞"；反之，应以酒调味之食而少酒味者，谓之"无鬯馞"。《广雅·释器下》："馞，香也。"据疏证本增补。《释训》："馞馞，香也。"曹宪音步没反。並浊转滂清，则音如馞。普没切。《广韵·十一没》："馞，香兒。"音馞。甬语"鬯馞"字，正读普没切。[3]

虚 《广雅·释诂三》："虚，空也。"《文选·西京赋》："有凭虚公子者。"薛综注："虚，无也。"凡饮食无五味可状者，通谓之淡，淡亦空虚义。《说文》："淡，薄味也。"《汉书·扬雄传下·解难》："大味必淡。"师古曰："淡，谓无至味也。"淡亦作啖。《汉书·叔孙通传》："攻苦食啖。"师古注："啖当作淡。淡谓无味之食也。"凡味薄之极，则几于虚无。故口味虚无谓之淡薄，犹心意虚无谓之澹泊也。虚，鱼韵，鱼入于药，虚转入声为谑。今状味淡曰"淡谑谑"。虚，晓纽，撮口。鱼、歌两类声

---

① "酸溜溜"之"溜"非"醶"之转音。
② "辣火火"，既说"火"是"蒿（噤）"之音转，又说"辣味云火"，有前后矛盾之嫌。"蒿蒿疼"之"疼"当作"动"。
③ 宁波话酒味浓烈叫"呛"（读阴平），本字不明，但不是"鬯"。"鬯馞"本字也不明，一般写作"呛拍"。《阿拉宁波话》"呛拍"条："呛音枪。①烈味儿：烧酒出气嚯，呛拍吭没个。②指说话的威严或分寸：该人讲闲话呛拍吭没个。"（81页）可参。

近相转，音变为靴。许戈切。音等转宏，为开口，则变为诃。今状味淡亦曰"淡诃诃"。①

炦㶦　《说文·火部》："炦，火气也。"蒲拨切。《玉篇》："炦，气上也。"音义皆近焎。《玉篇》："焎，蒲没切。烟起皃。"甬俗状食味有烟火气曰"火炦臭"。或呼"烟㶦气"，㶦者，㶦之转音。《说文》："㶦，火皃。"普活切。字从弗声，古音为脂类，长言转去声，故音如㶦。②

鲑鱼　《说文·鱼部》："鲑，鱼臭也。"桑经切。字或作鯹。《广雅·释器》："鯹，臭也。"鯹，今在青韵，青、齐同入于锡，同入相转，音变为犀。今谓鱼鯹臭呼如"犀眼气"，即"鲑鱼气"之转音。鱼，疑纽，古音为鱼类。甬呼鱼音如吾衡切，即鱼、阳对转之故，其纽不谬，韵则转矣。读音鱼如余，在喻纽，牙喉疑喻相转也。鱼、歌声近，歌、元对转，故音如眼。鲑之音转为犀，或以为鲜字，非。

饐馊　《尔雅·释器》："食饐谓之餲。"释文引葛洪《字苑》云："餲，馊臭也。"《玉篇》："馊，饭坏。"《论语·乡党篇》："食饐而餲。"《玉篇》："餲，於利、於介二切。饭臭也。""饐，於利切。饐餲，臭味变。"餲、饐声同。《广韵》饐音懿，在《六至》；餲音瘱，在《十三祭》。今谓饭肴变坏曰"馊气"，亦曰"饐掉"。掉者，殆之音变。《广雅·释诂一》："殆，坏也。"说详《释语篇》。《广韵·十二曷》餲亦音遏，与肷通。肷下云："肉败臭。《论语》作餲，食臭也。"餲、馊义同，方言类聚为词，俗云"饐馊臭"，语转字讹为"鸭水臭"，甬语水音若黍，在语韵。用为讥人德行有亏之词。盖德亏行污，如荃蕙化茅，犹饭食由良变坏也。馊从叟声，古音为幽类，幽、侯合类，侯、鱼声近，故幽、鱼亦常相转。馊音变水，音黍。犹尿曰"小溲"，俗亦呼"小水"矣。

殠鰐　《说文·歺部》："殠，腐也。"许久切。物腐则臭，故《广雅·释器》："殠，臭也。"殠从丂声，古音为幽类，幽、之声近，音变为喜。今状味臭曰"臭喜喜"，即"臭殠殠"也。或云，是鰐之转音。《广雅·释器》："鰐，臭也。"曹宪音许戒反。王念孙疏证据《集韵》引《广雅》，以为字当作鰈。从曷声字在泰韵者，或通读祭韵，如愒亦读憩，餲、蔼亦音瘱，偈、竭、藒皆在祭韵。鰐、鰈转祭韵，则音如欭。呼计切。③

臜鰕　《字林》："臜，臭皃。"《广韵·一董》引。乌孔切。今谓食有臭味曰"臜气"。或状臭味曰"臭脓脓"，脓盖"鰕臜"之合声。鰕、臜皆臭义，方言类聚言之也。《广雅·释

---

① "淡谑谑"（今多说成"淡息息"）、"淡诃诃"之"谑""诃"非"虚"之音转。

② "烟㶦气"今未闻。

③ "臭喜喜"，也写作"臭稀稀"，"稀稀"相当于形容词后缀，如：痛稀稀、慌稀稀、大糊稀稀、神经稀稀，与"殠（朽）"或"鰐（鰈）"无涉。

器》："鰃，臭也。"曹宪音乃每反。王念孙疏证："《尔雅》：'肉谓之败，鱼谓之馁。'释文：'馁，《字书》作鰃。'《论语·乡党篇》：'鱼馁而肉败。'皇侃疏云：'馁，谓鱼臭坏也。'"①

　　恶　《论语·乡党篇》："色恶不食，臭恶不食。"刘宝楠正义："色恶、臭恶，谓凡生熟物，色味有变也。《月令》：春，其臭膻；夏，其臭焦；中央土，其臭香；秋，其臭腥；冬，其臭朽。皆谓味也。"是"臭恶"犹云味恶耳。恶，铎韵，铎为模、豪之入，恶转豪韵上声，则音如懊。今谓食味异常、可恶者曰"懊味"。或曰，是㘈字。《字林》："㘈，戾也。"《广韵·卅六效》引。谓戾于口也。②

　　醭霸　《玉篇·酉部》："醭，醋生白。"《集韵·一屋》："醭，酒上白。"普木切。今称浆液馊败、上浮白衣如泡沫为"发醭"。凡物体腐败，或濡湿而张大，俗呼亦如"发醭"，此乃霸字。《说文·雨部》："霸，雨濡革也。"匹各切。段玉裁注："雨濡革则虚起，今俗语若朴。"或谓是泡之入声。《方言》二："泡，盛也。"郭璞注："泡，肥洪张皃。"豪、唐同入相转，俗字作胖，读如滂。泡，肴韵，今读如豪韵。豪入于铎，故声促转入，音同霸。③

　　黐　《广雅·释诂四》："黐，黏也。"曹宪音竹革反。《玉篇·黍部》："黐，黏饭也。"《广韵》黐在陌韵。古无知纽，读知纽如端纽，陌、麦、昔即庚、耕、清之入韵皆无舌头音，故无端纽字，欲作端纽，势必转入邻近锡韵，锡为青入，青韵有舌头音字。庚、耕、清无舌头音字，故陌、麦、昔亦无之。则音如嫡。音的。嫡固亦入陌韵，与黐同音纽也。今糯米制糕饵，食之黏靭者谓之"靭黐黐"。又糯米性柔黏，俗遂谓糯性为"黐糯"。泛用于人物之性柔懦者，亦曰"黐糯"。④

　　淖㮦　《尔雅·释器》："抟者谓之糷。"释文引李巡云："饭淖糜相箸也。"钟案：饭淖糜者，谓炊饭和水过多，饭濡烂如淖泥，甬俗谓之"糷饭"，亦谓之"淖饭"。淖音转如南。盖淖从卓声，古音为宵类。宵、谈对转，谈、侵声近，故音如南。凡食物久煮柔㮦，俗皆呼如南，谓质柔如淖泥也。

　　《通俗文》："物柔曰㮦。"《一切经音义》卷六引。《说文》作偄。《人部》："偄，弱也。"奴乱切。又而沇切，日纽本古泥纽之变，故日与泥、娘通。㮦，泥纽，换韵，换、翰同类，合开口之异耳。㮦转开口，转翰韵，则为奴案切，与南声似，以覃、寒

---

① "臭脓脓"之"脓"非"鰃腦"之合声。
② "懊味"今未闻。
③ 作"霸"为长，"泡"字音义均不合。
④ "黐糯"一般写作"的糯"。"的"，程度副词，很；非常。如：的糯、的软、的滑、的薄。

韵今亦混。奥与淖双声，而转音相似，义亦相若。大抵物濡柔如泥，呼为南者，乃淖字；物不濡而质柔，呼若南者，乃奥字。亦为柔之音变。柔，耳由切，《广韵·十八尤》。日纽，幽类。日为泥变，古音当如奴由切。幽、侵对转，音亦为南。若甬食饵"黄楠糕"之楠，当为稬（糯）之音变，说详上文"稬"字条释。

燮　《说文·炎部》："燮，大孰也。"孰即熟。苏俠切。今称食物久煮柔烂、不劳齿嚼而糜者谓之"酥"。酥为牛羊酪，非柔烂义也。盖酥即燮之音变。凡物大孰则柔烂。燮古音为谈类，谈、宵对转，鱼、宵同入亦相转，同入于药。燮由宵转鱼，故如疏。俗作酥者，以酥为美食也。①

潰　《说文·水部》："潰，水浸也。从水，粪声。读若粉。"方问切，音奋。潰，问韵，问入于物，潰转入声，音如弗，俗讹作发。凡干脯之属，水浸之柔且大，谓之"发"。又物经濡湿而张大，俗称"发朴"。发正可作潰。朴者，霏字，说详上文"醭霏"条。②

瀹　《说文·水部》："瀹，渍也。"以灼切。桂馥义证："《士丧礼③》：'菅④筲三，其实皆瀹。'注云：'皆湛之汤。'馥谓犹《内则》'湛诸美酒'。"湛者，没于水，犹浸也。然则瀹亦有浸义。瀹，喻纽，药韵，药为阳入，长言转上声，则音如养；喻浊转影清，又如鞅。甬俗呼养儿字，固如鞅也。今茭白、笋、藕，以及瓜果、螺蛤等，防其干萎，浸诸水中，俗呼如鞅，即瀹之转音。俗以为养字，似是而非。⑤

瀸　《说文·水部》："瀸，渍也。"子廉切，音尖。《通训定声》："谊与渗略同。《通俗文》：'淹渍谓之瀸洳。'《吕览·圜道》：'瀸于民心。'注：'洽也。'"洽有深入周浹之义。盖《说文》叙字，以类相从，瀸次淫后，淫训"浸淫随理也"，许意瀸之本义近淫，故列于淫后。瀹、涔亦训渍，不与之类聚比列者，同中有异也。《新方言·释器》："今以蜜渍果实，谓之蜜瀸，读去声。"俗作"蜜饯"。饯为饯行字，第以字有食旁，遂误用之。又甬俗鸡、豕等肉，以盐、酒、椒、茴等盉味渍之，谓之瀸。音促转入，呼如接。瀸，盐韵，盐入于叶，故如接。⑥

浚　《广雅·释诂》："浚，盝也。"王念孙疏证："《说文》：'湑，茜酒也。一曰浚也。'郑兴注《周官·甸师》云：'茜，读为缩。束茅立之祭前，沃酒其上，

---

① "酥"非"燮"之音变。
② "发霏"之"发"即为正字，非"潰"之音变。
③ "士丧礼"当作"既夕礼"。这是桂馥搞错了。
④ "菅"，原作"管"，误，径改。
⑤ 作"养"为长，"瀹"字音义均不合。
⑥ 读作"接"的那个词，当是"渍"之音转。

酒渗下去，若神饮之，故谓之缩。缩，浚也。故齐桓公责楚不贡苞茅，王祭不共，无以缩酒。'浚、湑、缩，一声之转，皆谓漉取之也。"钟案：《说文》"潒"篆下解云："潒，浚干渍米也。"今淘米已，米在簁中，静留稍久以备炊，俗谓之"浚"。浚，私闰切，甬语呼如伸，遂误认为伸舒义，以为米得水濡，将舒张矣。或以为糳之去声，非。《说文·米部》："糳，渍米也。"音释，昔韵。昔为清入，长言转去声，则如圣。甬音真、清韵常相混，圣与浚固相若。然糳训渍米，则米在水中，与实违矣。

潷 《广雅·释诂二》："潷，盜也。"曹宪音笔。《玉篇》："潷，筲去汁也。"《通俗文》："去汁曰潷。"《一切经音义》卷五引。钟案：凡煮物成汤，或取其汁，或取其渣，使其渣汁分离，皆云"潷"。如药铛煎药，取汁而遮离其渣，谓之"潷药"。大抵甬言"潷"者，次于筲，而甚于沥。

沃 《说文·水部》："沃，溉灌也。"隶作沃。段玉裁注："自上浇下曰沃。"又于"泊"字下注云："沃，今江苏俗云燠，乌到切。《广韵·卌七号》云：'燠釜，以水添釜也。'"钟案：沃从夭声，转去声为燠，犹酷从告声，转去声为烤，参看上文"酷"字条。同一例也。甬俗灶上有汤锅，灌水入锅曰"燠"；炊饭，以水米入镬曰"燠饭"。皆沃之音转义移也。又引申为凡物自上倾入下孔，虽非水液，亦云"燠"。如以勺取粉把入口内曰"燠"，舀米入磨孔亦云"燠"。

涗渜 《说文·水部》："涗，财昷水也。"输芮切。王筠曰："财者，才之借字，今借纔。财温者，不大热也。"《玉篇》《广韵》皆云："温水也。"涗，审纽。古无审纽，今审、穿纽字皆古透纽所变。本黄侃说。故涗古音当如蜕。他外切。《广韵·十三祭》与涗同纽诸字若税、祱、蜕皆又读他外切；即同纽说字，亦又读透纽他活切，皆可证古音之遗迹犹存也。涗从兑声，古音为脂类，古既读如蜕，脂、真对转，音变为吞。今谓汤水不大热为"温吞"，即"温涗"字，字训联言之耳。或以为渜字。《汉书·扬雄传上·反离骚》："纷累以其渜涩兮。"晋灼云："俗谓水浆不寒而温为渜涩。"萧该音义："渜，他本反。"愚谓渜之训温，即涗之转音借字耳。《说文》无渜字，《广雅·释诂三》："渜涩，浊也。""渜涩"固叠韵形况字，然渜或独用为浊义，如枚乘《七发》"输写渜浊"是也。渜本义古无训为温者。

烎 《说文·火部》："烎，小热也。"段玉裁订正以为字当作炎，朱骏声等从之。《广韵·廿三谈》："烎，小热。"徒甘切。字从羊声，古音为侵类。侵、东声近，音变为焖。今称小热曰"热焖焖"。《字林》："焖，热气焖焖。"《广韵·一东》引。焖为热，而非小热。然则小热呼焖者，应是烎之音变。焖，东韵，东、模同入相转，音又变为度。

甬称热而不烈曰"热度度"。①

䴙 《说文·弼部》："䴙，吹釜溢也。"蒲没切。吹釜溢者，谓釜中汤沸，釜盖缝中溢出泡沤水溅如吹渳也。段玉裁曰："今江苏称火盛水瀵出为铺出，䴙之语转也，正当作䴙字。"钟案：䴙，并纽，北音并为滂浊，并浊转滂清，则音如哱。普没切。《广韵·十一没》："哱，吹气声。"正与䴙训"吹釜溢"义相似。䴙从孛声，古音为脂类。脂、歌声近，歌、鱼亦声近，䴙由歌转鱼，故音转如铺。甬俗则音转如歕（喷），脂、真对转也。《说文》："歕，吹气也。"《广雅》："歕，渳也。"义与"吹釜溢"亦相通。又，䴙音孛，今称泡沤纷涌为"吹孛"，俗作浡，正是䴙字。釜沸溢时，恒作泡沤涌出也。甬俗称毛蟹吹泡沤曰"蟹吹浡"，又呼"蟹煮饭"，煮饭釜溢，状其吹䴙也。

焚煝 《说文·火部》："焚，烧田也。"泛用为烧义。焚与燔双声，义亦相同。焚，真类，燔，元类，真、元两类声近，亦相转。古无轻唇，焚古音当如频。重唇并、明相转，并、明之轻唇为奉、微，奉、微声近相乱，故并、明亦易相讹转。又真、脂对转，音变为眉，俗作煝。甬谓然（燃）烧为"煝"。《玉篇》："煝，炑也。"炑，光也。《广韵》："煝，焐热。"非烧义。或云，然烧云煝，是煝字。《说文·火部》："煝，火也。"许伟切。今字作煨。煝从尾声，尾为微纽，故从尾声字多读如尾，如浘、粈、娓、腲、桅、餶诸字皆是。煝从其例，亦读如尾。古读微纽如明纽，故音如眉。煝训火，而为烧义，实字虚用也。

灼 《广雅·释诂二》："灼，爇也。"爇者，烧也。见《说文》。《淮南·泛论训》："不可灼也。"高诱注："灼，燃也。"《史记·龟策传》："征丝灼之。"索隐："灼，谓燔也。"灼，之若切，照纽。今音照、穿、床与知、彻、澄无别，清音转浊，为澄纽，灼转澄纽，音变字讹作著。著有直略、张豫二切，即知、澄清浊二音互读。今谓火然曰著，本灼字也。灼，照纽，今知、照纽字于古皆读端纽，灼从勺声，古音为宵类，故灼古音端纽宵类，音如吊。宵、谈对转，谈、侵声近，音变字讹作点。点（點）从占声，段氏列作侵类，此从段说。朱骏声、严可均等占声固入谈类。今谓以火附物使然为"点"，亦灼字也。段玉裁注《说文》"灼"字下曰："灼，谓凡物以火附箸之，如以楚焞炷龟曰灼龟，见《士丧礼》。其一耑也。"《新方言》以为点者黏之纽转，其说非是，兹不从。《说文·炎部》："黏，火行也。"行为德行义。犹《犬部》："狟，犬行也。"犬之行为猛，故《周书》曰："尚狟狟。"火之行为炎上，故《广韵·廿三谈》："黏，火上行皃。"字亦作炶。《玉篇·火部》："炶，火上行皃。

─────────────

① "热烔烔"即为止字，"烔"非"天"之音转。

亦作㶸。"又《炎部》："㶸，火光也。"火之德在明，明亦火行也。㶸，《说文》舒赡切，审纽。《玉篇》又音天念切，透纽，此古音也，审固透纽所变。《广韵》《玉篇》㶸音胡甘切，此即甜字音也。

　　幽　《说文·丝部》："幽，隐也。"双声为训。隐义近暗，故杨倞注《荀子·解蔽篇》曰："幽，暗也。"见"此言上幽而下险也"句下。王逸注《离骚》曰："幽昧，不明也。"见"路幽昧以险隘"句下。火盛则明，火衰则暗。甬称火衰曰"幽"，火熄曰"隐"，炊薪不炽曰"暗火"。幽、隐、暗皆一声之转。暗从音声，古音为侵类，幽、侵又对转也。幽、虞同入相转，音又变为乌。甬谓火灭为"乌"。

　　焞　《左传·僖五年》："天策焞焞。"杜预注："焞焞，无光耀也。"《玉篇》："焞，徒门切。焞焞，无光耀也。"焞，定纽，定浊转端清，音变为敦。甬谓火暗不盛为"乌焞焞"。

　　粗干　《三苍》："干，枝干也。"《一切经音义》卷二引。《字书》："干，枝也，谓粗枝也。"干（榦）从倝声，古音为元类。元、阳声近，音变，俗字作梗。今谓枝干为"梗"，物如枝干者，一干曰"一梗"。薪柴之粗干者俗呼"枪柴"，枪即"粗梗"疾呼之合声。或曰，枪即粗之音变。粗，模韵，古音为鱼类，鱼、阳对转，音变为枪。说亦可通。

　　稾　《说文·禾部》："稾，秆也。"本谓禾秆，引申之，凡草秆皆云稾。《后汉书·马援传》注："稾，草也。"《玉篇》："稾，禾秆也。又稾草。"稾，晧韵，豪、唐同入相转，同入于铎。音变为冈。甬俗刈刍稾杂草为薪出售，呼为"冈柴"，即"稾柴"也，别于木干为薪之"枪柴"而言。枪柴，俗亦称"硬柴"；冈柴，俗亦称"软柴"。

　　墼　《说文·土部》："墼，令适也。一曰未烧也。"古历切，音击。令适，即瓴甋。《尔雅·释宫》："瓴甋谓之甓。"郝懿行义疏："墼与甓皆今之砖，但墼未烧为异耳。"段玉裁曰："和水土入模范中而成者曰墼。今俗语谓未烧者曰土墼。"《广韵·廿三锡》："墼，土墼。"墼者，泥土范之成形。引申之，凡入模中，范为定形之物亦曰墼。今屑炭和水，纳模中成形如小圆柱，谓之"炭墼"。俗作结，或作垎。

　　墼，锡韵，锡为青入，长言转平，音如经。甬音经、金相若。或云，食饵金团，本是"墼团"字。"墼团"犹云印糕，皆纳模中，范成定形而名也。第以外坋松花，色黄，故讹作金耳。坋松花、色黄之糕饵甚多，未皆以金名，故疑为墼字。说亦通，存参。[1]

　　饊　《玉篇·食部》："饊，眉波切。哺小儿也。"《广韵·八戈》："饊，哺儿。"《通俗文》："入口曰呭。"音歃。《一切经音义》卷六引。以食哺小儿，亦入口意也。今

----

① "金团"即为正字，"金"非"墼"之音变。

谓小儿吃饭曰"孟孟"，孟读亢音，即饛之音变。饛，戈韵，歌、唐同入相转，同入于铎。故如孟。或曰，此糜之转音，说见下条。

糜　《尔雅·释言》："鬻，糜也。"又："餬，饘也。"郭璞注："糜也。"《释名·释饮食》："糜，煮米使糜烂也。"今煮米麋烂，粒形尽散，谓之鬻，俗作粥。屑米为粉，和水煮孰如淖，谓之餬，俗作糊。婴儿胃肠柔弱，不能食饭粒，故食以粥糊。据古训，粥糊皆得谓之糜。糜从麻声，古音为歌类，今在支韵，歌、支声通故也。支、麻、庚皆同入于陌，同入相转，糜转庚韵，音变为孟。小儿进餐曰"孟孟"，本指粥糊，及习用为餐食之词，虽稍长而食饭粒，亦谓饭为"孟孟"矣。孟，明纽，为不清不浊。凡不清不浊之纽易转亢音，故俗呼孟为咪孟切。咪音如西乐陀来咪之咪（3）。①

饧餹　《说文·食部》："饧，饴和馓者也。"《玉篇》："餳，徒当切。饴和馓也。"《方言》十三："饧，谓之餭餭。"郭璞注："即干饴也。"今谓之饧饼。《广雅·释器》："餹，馓也。"曹宪音所居反。馓本饧类，是饧、餹亦同类之物。饧，定纽，北音定为透浊，浊音转清，则饧音如汤。甬俗称馈贻小儿之食品曰"汤水"，即"饧餹"字。甬呼水如餹。小儿喜饧食，故类聚言之。②

歠釂　《说文·欠部》："歠，尽酒也。"子肖切。音义皆同釂。《礼记·曲礼上》："长者举未釂，少者不敢饮。"郑玄注："尽爵曰釂。"俗于燕饮相对尽欢，举杯尽饮之，谓之"交杯"，交即歠、釂字。交见纽，歠精纽，见之齐齿呼往往与精、照乱也。③

---

① "孟孟"，儿童用语，小孩称饭。与"饛"或"糜"无涉。

② "汤水"即为正字，本字不是"饧餹"。

③ "交杯"当作"照杯"，"交"本字不是"歠"或"釂"。《儿女英雄传》第三十回："（公子）随即喝干了那杯，向他姊妹照杯。"是其例。

卷七　释货

博戏附。

目　录

（括号内小字为俗音及讹字）

寠朧（阿朧　朧相公）　利膠（有老　老板）　腕踹赒賕（稳笃落致）　袼（现汤　家当）　资（家纪）　增（增家当　增家资）①　篡（篆　赚　拆帐　审头）　贰饶（贰贰上　饶头　儴头）　賸（带层　层头）　迭㨃（兑）　佼（掉　掉换）　换（汇　划帐）　还（会钞　惠帐）　賝（定货　定钱）　倒贾（打米　打豆腐）　勺（打酒　打酱油）　溥市贾（批发　判山　判田）　并（盘　盘店）　債（揭　揭便宜货）　斟（作价）　丁（顶　顶让）　质叚（典　钉　当店）　挟（押　抵押）　厮（厮肉　厮药）　委（挜　挜卖）　足（找）　赘（找还　找头）　赆（拨货　调拨）　彼（背利钱　背重利）　罗（一角股利）　秡（便田价）　税（汇水　贴水　薪水）　沾（贴费　津贴）　欢赏（花笑）　䝿（送人情）　魍（魍钱）　投（头钱）　赌（打牌九　打花会）　主（庄　做庄）　鵙（括赌　括东道　黄东道）　掩捞（黄）　推（摇摊）　篝（赛马　赛跑）　相似（赛可　赛金花）　肖（好像）　马（麻雀牌　筹码　码子）　筹（祷数）　获（胡数　和　皮数）　共（杠）　阁（杠头）　摧（叉　叉麻雀）　阄（牌九）　蔽（牌　花牌　扑克牌）　蒱械（牌）　击（将　将军　照）　偷（抽　抽车）　攘让（饶　饶马　饶先）　䶤（沮人　屋沮人　谷沮人）　偶（牙行　做牙）　资（支票　支付　预支）　勎（宕帐）　㾆杀（杀价）　贸眊（毛估估）　末（起码）　贱（嗖）　俾倪（占便宜）　卑埝（便宜）　行下（行货）　计数（帐　账）　判书（票　支票　当票）　霈②（零）　鳌（零头）　辽（另外）　度（头　赚头　审头　找头）　馆（关书）　厉（承揽）

---

① 本条原无，据正文补。
② "霈"，原作"霈"，据正文所引《广雅》改。

婁䁔　《尔雅·释言》："婁，贫也。"郭璞注："谓贫陋。"字亦作䉛。《仓颉篇》："无财备礼曰䉛。"《一切经音义》卷一引。《字林》："䉛，贫空也。"《艺文类聚》卷卅五引。《礼记·曲礼上》："主人辞以䉛。"《汉书·霍光传》："又诸儒生多䉛人子。"婁，其矩切，亦音虑。见《诗·小雅·正月》"蔌蔌方有谷"笺释文。又《史记·滑稽·淳于髡传》："瓯䉛满篝。"正义："䉛，音楼。"婁从婁声，古音本在侯类，侯、东对转，俗字作䁔。《玉篇·贝部》："䁔，良用切。贫也。"今甬词戏称贫人曰"阿䁔"，或曰"䁔相公"。①

利膠　《书·仲虺之诰》："不殖货利。"传曰："不生资货财利。"是货犹资也，利犹财也。《墨子·经上》："利，所得而喜也。"犹《说文》云："财，人所宝也。"《史记·越世家》："逐什一之利。"《平准书》："逐利之民。"又曰："富商大贾，无所牟利。"利皆犹财也。利，古音为脂类，脂、之合类，之、宵声近亦相转，故王念孙谓脂部常与萧部相转。利转宵类，音变，俗字作膠。《广韵·五肴》："膠，谜语云钱。"力绞切。《类篇》："甬语谓钱为膠。"云"谜语""甬语"，其为市井俳谐之俗词可知。膠谓钱，钱即财利也。今谓有财者曰"有膠"，即有利之谓。出资财以牟利曰"老闆"，闆音如板，即"膠本"之转音，谓牟利之本也。本，混韵，古音为真类。真、元声近，音变为板。犹颁、朌、鸠、扮，并从分声，纶、殷亦读山韵也。《玉篇》："闆，匹限切。门中视也。"非其义。

�䁔賅䁔　《玉篇·贝部》："�，乌款切。�賅，小财皃。""賅，乎管切。�賅。"《广韵·廿四缓》："�賅，小有财也。"賅从貫声，故《集韵》亦读貫上声，音短。声促转入，则为妲，俗音转如沰。端各切。戈、桓对转，戈亦入于铎。�本音碗，元、真声近，音转为稳。甬俗称家道小康者为"稳沰沰"，即"�賅賅"之语转也。或曼衍其词曰"稳沰落䁔"。"落䁔"者，"䁔赈"之转音。《玉篇》："䁔，汝充切。小有财。"《广韵·廿八狝》："䁔，小有财物也。"而充切。日组字北音读若来纽，声促转入，随上字沰音同化叠韵，故变为落。《说文·贝部》："赈，富也。"之忍切。郭璞注《尔雅·释言》云："谓隐赈富有。"赈，古音为真类，真、脂对转，俗字作䁔。《广韵·六至》："䁔，赈也。又贝也。"音致。称"�賅䁔䁔"者，类聚小有财富诸字为词也。②

帑　《说文·巾部》："帑，金币所藏也。"他朗切，音傥。《通俗文》："库藏曰帑。"

---

① "阿䁔""䁔相公"，今未闻。

② "�賅䁔䁔"当作"稳笃六株"。《阿拉宁波话》"稳笃六株"条："本指稳稳地种田（笃：插秧；六株：插秧一行六株），后形容稳稳当当：稳笃六株过日脚｜巴西队稳笃六株介踢赢对手，轻轻松松进入八强。"（218 页）可参。

《广韵·四十二宕》"藏"字下引。甬俗称人藏有现币曰"现帑"，正读如傥。《一切经音义》卷七引《周成杂字》："帑，音荡。"荡，定纽。北音定为透浊，定浊转透清，故音如傥，若南音，定为端浊，定浊转端清，则帑音如当。吴越通称人家财为"家当"。

　　资　《说文·贝部》："资，货也。""货，财也。"是资亦财也。或借作赀。《仓颉篇》："赀，财也。"《文选·范云〈古意赠王中书〉诗》李善注引。《字苑》："赀，积财也。"《史记·张释之传》索隐引。《广韵·六脂》：资，即夷切。《五支》：赀，即移切。皆精纽，甬音并讹读如支，精、照类隔相转也。今称人家财为"家当"，说见上条。亦呼"家资"，资正读即夷切。资、姿同音，姿亦讹读如支。然俗称人意态曰"意姿"，姿亦正读即夷切。①字音有讹读者，方俗语往往反存其正音，此亦其例。

　　增　《尔雅·释言》："增，益也。"《广雅·释诂二》："增，加也。"《释诂四》："增，累也。"累积亦加益之义。《广韵·十七登》："埋币曰增。作滕切。"明内府本埋作理，宋本、张氏泽存堂本皆作埋。增从曾声，古音为蒸类。蒸、东声近相转，今东韵弓、雄、冯、梦等字，古音本在蒸韵；而蒸韵肱、弘字，今读作东韵。东、阳亦声近，增转阳韵，音变作阳切。甬俗称家财有所加益谓之"增家当"，亦云"增家资"。资读即夷切。凡购置器物衣饰亦呼为"增"，亦加益之谓。增皆读阳韵。《广韵》谓"埋币曰增"，埋币深藏，亦古累积家财之法。章氏《新方言》以为傅字。《说文》："傅，聚也。"慈损切，系传本朱翱音祖本反。然义不若增字为长，兹不从。

　　篡　《尔雅·释诂》："篡，取也。"《方言》一："自关而西，秦晋之间，凡取物而逆谓之篡。"《后汉书·逸民传序》："弋人何篡。"李贤注："今人谓计数取物为篡，篡亦取也。"郝懿行曰："篡从厶，言以数取之，不敢公然劫夺也。"钟案：取物而逆者，谓所取逆于义理，不以道得之也。以计数取之者，谓诡举度数，以取什一或至若干之利，亦逆于义理而得之。篡，初患切，穿纽，谏韵。郭璞注《方言》音馔。馔，床纽，潸韵。北音穿、床为清浊，潸为谏上声，郭璞读上声浊音，殆当时方言语转如是，郭据以为音耳。馔，雏鲩切，与撰同音。甬读馔、撰皆如篡，在狝韵，澄纽。今音照、穿、床与知、彻、澄相若，是床、澄固相转；如雏、栈、巢、楂皆床纽，今皆读澄纽。狝、潸同类亦相转。如撰入潸韵，亦入狝韵是。故馔音变如篡。甬称商贩买贱卖贵、增益其数以牟利呼如"篡"，盖即篡字，读郭音如馔，以计数取利之义。或音等转宏，为开口，则转归潸韵，为澄阪切，俗字作赚。赚本字为赚。《玉篇》："赚，徒陷切，

---

① 谓"意态曰'意姿'，姿亦正读即夷切"，是。甬谚"三岁意姿看到老"，"姿"音基 [tɕi⁵³]，正是本字。参看笔者《宁波方言里的若干本字——基于〈甬言稽诂〉的考察》，《宁波大学学报》2022 年第 4 期。

重卖也，错也。"定、澄类隔相转，故《说文新附》音仁陷切。今音覃、寒、咸、删相混，故讹为赚，其义终非是。

赚本篡之讹变，乃计数取利之诡道。引申之，凡取利皆曰赚。虽直道求利，如服劳取酬，俗亦云赚，亦呼如篡。又赚者，以诡道取利，引申为诡道取人以归己亦谓之赚。说部戏剧中往往用之，如赚蒯通、赚文娟皆是。

篡，谏韵，谏入于黠，声促转入，则为察，俗作拆。今以计数征取其利曰"拆帐"，赌场征取赢者之余利曰"拆头"，皆篡字也，计数取物之义也。篡音近窜，穿清、谏缓相通转。今称暴利所得曰"窜头"，窜亦篡字。篡者，逆理而取。凡暴利，率悖入之财，非温良恭俭让以得之，故云篡。头者，度字转音，说详后。凡方言用字，其初多本雅训。及习久不察，引申而泛用之，遂渐违其本。①

贰饶　《说文·贝部》："贰，副益也。"而至切。日通泥、娘，故甬读贰如腻。女利切。"副益"云者，谓既益复有所益也。《礼记·缁衣》："长民者，衣服不贰。"郑玄注："贰，不一也。"《左传·昭十三年》："贰偷之不暇。"杜预注："贰，不壹也。""不壹"犹"不一"，皆复再之谓，乃副益之引申。今求益复再曰"贰"，俗语犹辄闻之。谚云："送娘子，贰贰上。"谓堕民妇求取财赏，堕民妇俗称"喜娘"，甬名"送娘子"。复再无已也。贫而贪者沾取富家余利曰"贰点去"，俗误为黏字。贰，至韵，古音为脂类。脂、之合类，之、宵声近，音转为饶。饶亦有益义。《广雅·释诂一》："饶，益也。"俗称"贰点去"，亦曰"饶点去"。朱骏声曰："苏俗买物求益谓之讨饶头。"讨者，探之音变，参看《释语篇》。头者，度之音变，说详下文。俗误认为绕字。②

饶，益也。《玉篇》《广韵》并云："余也。"宵、阳同入相转，音变为囊。甬俗市布帛，裕赠之尺度谓之"囊"，亦曰"囊头"。凡财物饶裕不窘促，谓之"囊舒"。《广韵·四十二宕》："儾，缓也。奴浪切。"《说文·予部》："舒，一曰缓也。"则儾、舒固有其字，然儾嫌后出俗体。

賸　《说文·贝部》："賸，物相增加也。一曰送也，副也。"以证切。《玉篇》："賸，弋证切。相赠也。以物加送也。"今字作賸。賸，喻纽，齐齿呼。凡喉牙舌音齐齿呼字，往往讹转为齿音。喻纽本仅细音，故易流为从、邪、床、禅。如邪音耶，为喻纽；又音衺，为邪纽。醅音淫，为喻纽；又音鲟，为从纽；又音时任切，为禅纽等是。《广韵·四十七证》

---

① "赚"即赚钱之正字，非"篡"之讹变。"拆帐""拆头""窜头"之"拆"或"窜"也与"篡"无涉。
② "送娘了，贰贰上"，上文《释情志》"嬗"条作"送娘子，嬗嬗上"，以为本字是"嬗"（《说文》："嬗，下志贪顽也。"乃忝切），说法彼此矛盾。"饶点去"，"嬗"条谓"嬗"音变为"嬲"，故有"嬲点去"的说法，亦前后矛盾。

膌音孕，又实证切，为床纽，今读膌又如澄去声，则知、彻、澄与照、穿、床相乱故也。甬俗市物，以副贰相赠送者谓之"带膌"，其所赠送者谓之"膌头"，膌正读实证切，如吴越呼房屋层叠之层。层本从纽，如曾经之曾。今三层四层字，读床纽，为士棱切。

　　迭儥　《说文·人部》："儥，市也。"都队切。段玉裁注："盖即今之兑换字。"《正字通》："互市必与人对，故从对、人。俗读若兑，因借用兑字。"钟案：儥，端纽，清音转浊，变入定纽，故可读若兑。然称兑换者，既义为互市，兑与掉为双声，兑为货之互市，掉为物之互易，儥训市，究无互义。细推互市云兑，实"迭儥"或"递儥"之合声。《说文·辵部》："迭，更迭也。""递，更易也。"《尔雅·释言》："递，迭也。"迭有互义。《史记·乐书》："迭相陵谓之慢。"正义："迭，互也。"《汉书·韦贤传》："迭彼大彭。"《叙传上》："将承运迭兴。"师古注皆训互。《孟子·万章下》："迭为宾主。"互市，故谓"迭儥"，疾呼声合，则为兑矣。递亦得音变为兑。递（遞）从虒声，古音为支类，《广韵》入《霁韵》。支霁韵字今有轻重音两类，往往互变转读，重音则声似灰韵。支韵之为、窥、亏、危、蕊、随、委等字，霁韵之慧、惠、桂、炔等字皆是。递轻音转重，亦更为兑。递训更易，即互易义矣。[1]

　　佼　物互易谓之掉者，俗亦作调，即"迭佼"之合声。《说文·人部》："佼，交也。""傷，一曰交傷也。"《小尔雅·广言》："交，易也。"交易本字为佼傷。从人交会意，与儥同意。"迭交"即互易之谓。疾呼声促，则为掉，为调。掉，摇也；调，龢也。皆见《说文》。非互易义。[2]

　　换　《说文·手部》："换，易也。"匣纽，换韵。换、泰同入于末，同入相转，音变为会，俗讹作汇。今甲地付币于乙地取之谓之"汇"，移债令负己者代偿俗谓之"汇过"。汇皆换字也，谓易地取币，易人偿债也。市肆称汇兑，本是换兑，实是"换递"字。"递"字说详上条。换入于末，声促转入为活，俗作划。钱债移转曰"划帐"，亦曰"汇划"。《说文》："汇，器也。"《书·禹贡》传："汇，回也。"《说文》："划，锥刀曰划。"汇、划皆无易转义。[3]

　　还　《说文·人部》："偿，还也。"故俗称偿为还。还，古音为元类，元、泰对转，音变，字讹作会，或又作惠。今酒食肆中，食已偿值，俗呼"会钞"，亦曰"会帐"，会或作惠，本皆还字，谓所食之值偿之也。

　　賧　《玉篇·贝部》："賧，徒感切。预入钱也。"《广韵·四十八感》："賧，

---

①"兑"非"迭儥"或"递儥"之合声。
②"调"非"迭佼"之合声。
③"划帐""汇划"之"划"非"换"之音变。

买物先入直也。"今买物而目前无有，乃先予以值，俟有而取之，谓之"定"，所予之值谓之"定钱"，定即瞫之语转字讹。盖覃、侵同部，古音相似。同部相转，音变徒甚切。寝、侵、沁部既无定纽字，求诸声近之轸、真、震部，定纽字亦缺，于是不得不再远求声似之径韵定字为之。定，安也，《说文》。止也，《尔雅》。非预买入钱也。①

儥贾 《说文·人部》："儥，市也。"《贝部》："贾，市也。"市兼买、卖二义，故经传贾训买，亦或训卖。《左传·桓十年》："其以贾害也。"杜预注："贾，买也。"《成二年》："贾余馀勇。"注："贾，卖也。"校勘记云："岳本作买，非也。"《逸周书·命训篇》："极赏则贾其上。"孔晁注："贾，卖也。"儥、贾皆市义，方言类聚为词，疾呼声合为睹，鱼、阳对转，音变为打。今称打米，打豆腐。买者云打，卖者亦云打，打兼买、卖二义，即市之训也。参看下文"赌"字条，赌之音变亦为打。②

勺 《说文·勺部》："勺，挹取也。"之若切，音灼。《广韵》又音市若切，则照、禅清音转浊故也。通作酌。《公羊传·僖八年》："盖酌之也。"何休注："酌，挹也。"《礼记·坊记》："上酌民言。"郑玄注："酌，犹取也。"勺，照纽，药韵。凡今知、照纽字古读如端纽，故勺古音当如都若切。药为阳入，长言转平，音变为打。今沽酒、市酱油呼为打者，谓于瓮中挹取之，故亦称舀。音转如舀，参看《释行事篇》。舀亦挹取也，皆就其市物之动作为词也。犹市布帛俗云"撦"，俗作扯。市肉云"断"，皆其例。③

溥市贾 《诗·大雅·公刘》："瞻彼溥原。"传："溥，大也。"笺："溥，广也。"又《召旻》："溥斯害矣。"笺："溥，犹遍也。"经传多借普为之。《诗·小雅·北山》："溥天之下。"《左传·昭七年》《孟子·万章上》《荀子·君子篇》引《诗》皆作普。《说文·冂部》："市，买卖所之也。"本谓其地，引申为买卖亦曰市。《易·系传下》："日中为市，聚天下之货，交易而退。"《国策·齐策》载冯煖为孟尝君市义，普市，则大买卖也。"普市"疾呼声合，俗字作批。市，古音为之类；批，齐韵，古音为脂类。之、脂声近相转故也。今商贩大卖曰"批发"，大买曰"批购"。批，击也，示也，非其义。或谓批者，品之转音。《说文》："品，众庶也。"说详《释词篇》"品"字条。④

《尔雅·释言》："贾，市也。"市兼买、卖两义，故贾亦如之。《左传·桓十年》："其以贾害也。"杜预注："贾，买也。"《成二年》："贾余馀勇。"注："贾，卖也。"校勘记云："岳本作买，非也。"《逸周书·命训篇》："极赏则贾其上。"孔晁注：

---

① "定钱"之"定"非"瞫"之音变。
② "打米""打豆腐"之"打"即为正字，非"儥贾"声合之变。参看上文《释行事》"制作"条注。
③ "打酒""打酱油"之"打"即为正字，非"勺"之音变。参看上文《释行事》"制作"条注。
④ "批发""批购"之"批"非"普市"声合之变。

"贾，卖也。"普贾，谓大买卖也，亦遍买卖也。"普贾"疾呼声合，俗讹作判。判，换韵，古音为元类；贾，姥韵，古音为鱼类。鱼、歌声近，故贾又读如假。歌、元对转，故吴越读桓、换韵字往往误若谟、姥韵者。如读盘若部，管若古，满若姥，款若苦，皆是。甬俗于地田种植物遍市之者谓之"判"，如买卖山地林薪曰"判山"，买卖园圃菜蔬曰"判田"。判，分也，非其义。①

并　《说文·竝部》："竝，併也。"《广雅·释言》："竝，俱也。"今字作並（并）。併（并）、俱皆有统概义。贾，市也。并贾，则统市之也，即统买之也，亦统卖之也。"并贾"疾呼，声合为盘，俗讹作盘。吴越读桓、缓韵字有讹似谟、姥者，说详上条。故讹之耳。今商店易主，其买卖谓之"盘"，买受者为"盘进"，卖予者为"盘出"。称盘者，谓统买卖之也，凡店基、店名、财货器用俱市之矣。其所盘之总数曰"盘头"。头者，度之音变。说详后。②

儥　《周礼·地官·司市》："以量度成贾而征儥。"又《贾师》："凡国之卖儥。"郑玄注并云："儥，买也。"《司市》释文引《字林》音他竺反。"他竺"为秃音。儥本徒谷切，定组转透组读如秃者，北音定为透浊，转清音，故入透纽也。甬音读秃又如揢。秃屋韵，揢盍韵，屋、盍相转，犹其平东、谈声近相转也。屋为东入，谈为盍平。○甬俗称禽觜（嘴）啄人音如答，啄本丁木切，音转如答，亦屋、盍相转之例。今买物贵庚，以俟善价曰"揢货"，又见物贱而亟买之曰"揢便宜货"。揢无义，皆儥读他竺反若秃之音转。

斠　《说文·斗部》："斠，相易物俱等为斠。"昌六切，音柷。段玉裁注："今南俗有此语。"钟案：今以等价物抵偿，俗呼"斠价"，斠音如烛。斠，穿纽，烛，照纽，齿音邻转。犹柷、斠同音，柷又音祝也。《玉篇》《广韵》斠皆音丁豆切，候韵。候入于屋，声促转入，音如竺。丁木切。舌音类隔相转，端转知组，音如竹。犹竺亦读如竹也。竹，知组，烛，照组。今音知、照混同。③

丁　《尔雅·释诂》："丁，当也。"《诗·大雅·云汉》："宁丁我躬。"《楚辞·九叹·惜贤》："丁时逢殃。"传、注丁皆训当。当者，身值之谓，故当有承荷义。《玉篇》："当，任也。"任亦负荷也。今承荷其事曰丁，俗作顶。凡顶替、顶受，皆承荷其责。

---

① "判山""判田"之"判"即为正字，非"普贾"声合之变。"判"有裁定、评判义，引申之，评判货物数量质量而估价起卖迄买亦谓之"判"。《型世言》第十六回："还有个木商，是徽州人，拿了几千银子，在这里判山发木。"《韩湘子全传》第二十回："樵夫道：'我们四季斫柴都是有诨名的。'退之道：'判下山柴随时砍伐，有怎么诨名？'"是其证。

② "盘"非"并贾"声合之变。

③ "斠价"今作"作价"，"斠"非本字。

庵寺、市肆之易主，俗亦称顶，亦谓承荷其权责也。丁本为承当，自此而引申及彼，于是予人以承当亦曰顶，如云"出顶""顶让"，顶犹移转义矣。

质赘　《说文·贝部》："质，以物相赘。""赘，以物质钱。"质、赘照组双声。段玉裁注："若今人之抵押也。"《左传·隐三年》："故周、郑交质。"释文："质，音致。"古无知、照组，读若端组，故质古音当如抵。今称抵押，即其字。《说文》："抵，挤也。"引申为抵距、抵触。脂、真对转，音变为端因切，俗作典。典古音本在真部。《诗·周颂·维清》："文王之典。"与禋为韵是也。真变为先，故典今入先韵。韩愈有《应典贴所在良人男女状①》，杜甫诗："朝回日日典春衣。"是质钱称典，唐已云然。今赌者负小数待偿，而以大币作质，俗谓之"丁"，即典之古音，读端因切也。真韵无端纽字，故转为声近青韵之丁字。典为坟典字，其训主、训掌，乃敟之假借。今以物质钱称典当字，古训无征。

"典当"之当，乃"质赘"古音合声之变。《说文·又部》："赅，借也。"今作假。"质赘"云者，谓以物质钱相赅也。质，古音如抵。说详上文。赅，古音在鱼类，江有诰谓读公虎切是也。"质赅"疾呼，声合为睹。姥、唐同入相转，同入于铎。音变为当。今称典当者，固借钱而质以物也。或引《小尔雅》"抵，当也"，《史记·高祖纪》"伤人及盗抵罪"，以为将物质钱称抵、称当皆如字，以抵、当为等值相敌义，说曲，兹不从。②

挟　《说文·手部》："挟，俾持也。"段玉裁注："谓藏匿之持，如今之怀挟也。"引申为要挟胁持义。今以物质钱谓之"押"，本是挟字，谓胁持其物，以俟偿也。挟，匣纽，浊音转清，入影纽，故音如押。《说文》："押，署也。"③俗称署名为"花押"，是其本义，然押、挟古亦相通，《广雅·释诂四》："挟、押，辅也。"王念孙疏证："押、挟声相近。"押音近挟，故押亦训辅。胁持之挟，音转字易，遂用押字。"抵押"即"质挟"字，谓质钱有所胁持也。

劚　《说文·斤部》："劚，斫也。"俗称伐薪为"劚柴"，市肉曰"断肉"，断音如锻。或曰"劚肉"，皆取斩斫义。买药亦曰"劚药"，何也？盖古卖药者必有药圃以莳药，生者取其性全，方剂所需，则就圃劚予之。外地产药，则齐其根叶，全本干藏之，医方需其根茎枝叶，则分别斫予之。药之根茎坚实，瀹之其汁难出者，则齿啮之碎裂，谓之"㕮咀"，不如今之饮片，悉薄切，预置笼中也。故古市药，亦必用刀，

---

① 韩愈该文篇目实作《应所在典贴良人男女等状》。
② "典当"之"当"如字不误，非"质赘"古音合声之变。
③ 这条材料有误，《说文》未收"押"字。相近的训释有《玉篇·手部》："押，押署也。"

如屠者市肉，必持斧斤焉。故市药亦谓之"劚"。买药、买肉称"劚"，与买布帛称"撴"，俗作扯。买油酒称"舀"，音如杏。皆就市肆卖物操作而言也。或以为劚之误读糜粥字当之，非。劚训卖，音育。

委 《尔雅·释言》："诿，累也。"郭璞注："以事相属为諈诿。"《说文·言部》："诿，累也。""諈诿，累也。"系传曰："谓不能自决，而以属累于人也。"引申为付属于人谓之诿，经传多借委为之。《广雅·释言》："委，累也。"从疏证本据《文选·赭白马赋》李善注引《广雅》订正。《国语·越语下》："请委管籥。""委制于吴。"韦昭注："委，归也。"《左传·成二年》："王使委于三吏。"杜预注："委，属也。"又《文六年》："委之以常秩。"注："委，任也。"《国策·齐策》："愿委之以子。"高诱注："委，付也。"《广雅·释诂一》："委，弃也。"所训归、属、付、任，皆授予之意。凡付属与人，有俟人可而与者，有未俟可而与者。若训弃，则不俟可而与之矣。委从禾声，古音为歌类，歌、麻同部相转，俗字作捼。今谓强授与人为"捼"，强卖曰"捼卖"，捼即委也，不俟可而与之也。委音转捼，犹草木之萎俗音呼如桠也。甬称拾枯柴为"撮桠柴"。

足 《释名·释形体》："足，续也，言续胫也。"凡事不足，添益以足之，亦续义也。《列子·杨朱》："以昼足夜。"释文："足，益也。"《左传·襄二十五年》："言以足志，文以足言。"杜预注："足，犹成也。"成全以足之，亦续意也。《广韵·十遇》："足，足添物也。本音入声。"足古音为侯类，侯、幽声近，段氏《六书音均表》足声正入幽类。幽赅萧、豪，音变为爪，爪声、蚤声古音皆在幽部。俗作找。如衣袖所续为"找袖"，绣文采者，外周复绣一层亦称"找"，买物付值不足，续付以足其价亦云"找"。皆足之音变也。

赘 《诗·大雅·桑柔》："具赘卒荒。"传："赘，属也。"《公羊传·襄十六年》："君若赘旒然。"何休注："赘旒，系属之辞。"《楚辞·九章·惜诵》："反离群而赘肬。"王逸注："赘肬，过也。"《说文》："肬，赘也。"此云"赘肬"，字训联言之。过者，过当也，非所需而系属之，故云过。《老子》廿四章："曰：'余食赘行。'"河上公注："行之无当为赘。"《后汉书·郭皇后纪论》李贤注引。"无当"谓过当。"余""赘"异文同意，谓不需有而有之也。凡事物连属而无当者皆为赘，训属、训过，各就其一端而为释。余剩过当为赘，今语犹然。"赘肬"联言，盖古成语。"赘肬"疾呼，声合为周。肬从尤声，古音在之类。之、幽两类声近，故今在幽韵、尤韵。幽转萧、豪，幽类字本赅萧、肴、豪。音变，俗字作找。今买物付值过当，其余剩应返予者曰"找"，所返者曰"找头"。头，即度也，说详后。衣袖袍过长，折叠缝短以称身，甬俗谓之"找起"。禾叶过长，累其穗实，翦稍短以适中，鄞农亦谓之"找"。皆"赘肬"字也。凡过当裁损以就中庸，皆赘义引申也。赘，古音为脂类。脂、之合类，之与幽、宵皆声近，故赘亦得声转为找。故入赘为婿者俗呼"招女婿"，招即赘也。所欢之男别恋新欢，里巷猥词谓之"跳槽"，槽亦赘字也，参看《释亲篇》。或以为过当为找，亦是足字，引《论语·公冶长》"巧言令色足恭"朱熹注"足，过也"，然此后人新义，于古无征，兹不从。①

贱　《说文·贝部》："贱，迻予也。"彼义切。段玉裁注："迻，迁徙也。展转予人曰迻予。"贱从皮声，古音为歌类。歌入于曷、末，声促转入，俗字作拨。今钱物移转曰"拨款"，曰"拨货"，曰"调拨"，本皆贱字。《说文》："拨，治也。"《公羊传》："拨乱世反诸正。"《诗·商颂·长发》："玄王桓拨。"拨皆训治。若《释名》："拨，播也。"此本播之入声，借拨为之耳。

彼　《说文·彳部》："彼，往有所加也。"《灵台碑》："德彼四表。"经传皆以被为之。《书·尧典》："光被四表。"或借作贱。《广雅·释诂一》："贱，益也。"《玉篇》："贱，悲伪切。益也。"今市贾籴贱卖贵，所得利赢为什二者，俗称"彼二分利"，什一者，"彼一分利"。彼谓所加也，音义皆合古训。俗讹作背。背，负也。《说文》："负，一曰受贷不偿。"俗称负债受重利曰"背重利"，却是背字。负贷之利曰"背"，操赢之利曰"彼"，音似而字殊焉。

夥　《玉篇·多部》："夥，公户切。多债利也。"钟案：谓债利之重者。俗称贷债、负利之重者，辄以夥为词，俗作股。如月利什一者曰"一角股利"，谓贷币一元，月偿子金一角也。或谓股者，贾之讹也。贾、价古今字，价古音本在鱼类，如夥也。鱼、歌声转，歌、麻同部，故今价在祃韵。称贾者，谓债利之值也。然今市肆习语，惟重利称股，于义当属夥字。

秕　《广雅·释诂二》："秕，税也。"《玉篇·禾部》："秕，普陂切。禾租也。"税、租义通。《说文》："税，租也。"《汉书·刑法志》："有税有赋。"师古注："税者，田租也。"秕，滂纽，北音并为滂浊，秕转浊音，则如皮，俗讹作便。甬俗永佃权者，永佃权，鄞人呼田脚，亦名小业，所有权则名大业。小业、大业，绍兴人则名小买、大买，南京人则名田面、田底，各地皆有而异其称。以其田租与人耕种，谓之"便"，租种亦谓之"便"。本皆秕字，实字虚用。犹市本交易之所，转训为买、为卖；租本田赋也，转训为租赁，

---

① "找头""找起"等之"找"非"赘"之音变。同样是"找钱"，谓一是"足"之音变，一是"赘"之音变，彼此抵牾。"招女婿"之"招"即为正字，本字不是"赘"；"跳槽"当作"跳槽"，与"赘"无涉。

皆其例。其租种之费，俗呼"便田价"。秕、便声似，支、先同入相转故也。_{同入于质。}①

税　《说文·禾部》："税，租也。""租，田赋也。"税本谓田赋，引申为国赋于民皆曰税，故《汉书·食货志上》："税谓公田什一及工商衡虞之入也。"今按定值征取其什百之几皆谓之税，如关税、牙税、著文之版税是。凡税者，皆应纳之费。又引申而泛用之，虽非国课，而工商设例应规纳之费亦谓之税，俗讹作水。税、水审纽双声。税从兑声，古音兑声、水声皆脂类，同类同纽，故相讹。今汇兑应纳之费曰"汇水"，钱币兑换取费曰"贴水"，曰"升水"，曰"减水"，俸酬曰"薪水"，水皆税也，谓应纳之费。讹税为水者，固市肆习用形简之借字，亦以税为国课所专用，避之也。②

沾　《说文·水部》："沾，一曰沾益也。"他兼切。段玉裁注："沾、添古今字。"沾从占声，古音为侵类，其入缉、叶、帖，声促转入，音变为帖，_{帖亦从占声。}俗作贴。今纸帛黏附曰"贴"，本沾益义。引申为凡有增益皆曰"贴"，俸外别与以资曰"津贴"、曰"贴费"，振赒曰"补贴"、曰"帮贴"。_{补、帮皆誧字。}本皆沾字。"津贴"之津乃振之讹。《说文·手部》："振，举救也。"俗作赈。振，照纽，津，精纽，精、照相若，故讹为津。《说文》无贴字，《玉篇》："贴，天叶切。以物质钱。"非附益义。③

欢赏　《说文·贝部》："赏，赐有功也。"书两切。引申为赐予皆曰赏。阳、宵同入相转，_{同入于药。}音变为少。俗讳少，借笑为之。今婚嫁喜庆事，以财物赏赉服劳者谓之"花笑"，即"欢赏"字之讹转，谓有所欢而赏也。欢，桓韵，古音为元类。元、歌对转，歌、麻同部，故音如花。犹男女之私曰花，如花案、花癫、花酒、花嫽、做花头等。本亦欢字也。_{参看《释亲篇》。}

◇《说文·土部》："均，平徧也。"居匀切。《集韵》规伦切。引申为平均同等义。《论语》："不患寡而患不均。"后人谓数人分析一物，各得同等曰"均之"是也。均，见纽，撮口呼，古音为真类。真、脂对转，音变为归。今珠算分法曰归，本均字讹转也。归本撮口呼，今皆变合口，然方俗呼归音如居，犹作撮口。均讹为归，犹君讹为鬼。俗呼"老鬼""小鬼"，本是"老君""少君"，说见《补遗》"君"字条。④

賮　《说文·贝部》："賮，会礼也。"徐刃切。邪、从同浊相转，故《广韵》又音疾刃切。《文选·魏都赋》："襁负賮费。"张载注："賮，礼赞也。"《仓颉篇》："賮，财货也。"_{《魏都赋》李善注引。}今亲友有庆吊事，馈致财礼，谓之"送人情"。情应是

---

① "便"即为正字，"便"有借贷义，与"秕"无涉。
② "薪水"即为正字，"水"非"税"之借字。"薪水"系"薪水之资"之省说。
③ "津贴"即为正字，"津"非"振"之借字。"津"由滋润义引申为资助、补贴。
④ 这段文字补在"欢赏""賮"两条之间的天头上，然其内容似乎与这两条没有什么关系。

賨读从纽之讹，人亦賨字，读邪纽也。甬音人读禅纽，与邪纽相似。賨有邪纽、从纽二音，俗误认为二字。类聚联言为词者，犹瘝呼"瘝疤"，疤本瘝之转音，瘝，桓韵，古音为元类。元、歌对转，歌、麻同部，故音如巴。"瘝疤"重言，实一字耳。①

　　瞡　《玉篇·贝部》："瞡，音榬。瞡钱。"又《口部》："嚫，初觐切。施也。"《翻译名义集》："达嚫，此云财施。今营斋事，酬僧道之钱曰衬钱，衬与嚫音同。《法苑珠林》作瞡，《齐书》作儭，谓《南齐书·张融传》也。亦同。"钟案：梵语"达嚫"，简称为"嚫"，犹"佛陀"简称为"佛"。华语本无其字，就译音造字，故无正体，于古训固无可稽。第俗有是语，姑备举其字。

　　投　古竞胜之戏多云投，如投壶、投钩、投策，博戏有投琼、投翩。《史记·蔡泽传》："君独不观夫博者乎？或欲大投，或欲分功。"集解："投，投琼也。"即今之掷骰子。赌场主向赌者取费曰"投钱"，投犹博也，犹云"博戏费"耳。俗作头。"投钱"亦省称为"投"，取投钱曰"拆头"，亦曰"抽头"。拆者，篡之入声。《尔雅·释诂》："篡，取也。"篡从厶，训取，为非理之取。说详前。设赌取费，固非理也。篡，穿纽，谏韵，谏入于黠，声促转入，音如察，察、拆声似。拆本坼俗体，坼，裂也。由分裂而引申为分取，谓分享其利为拆，然此俗见谬解耳。计数分利曰"拆帐"，不知拆亦篡字。李贤注《后汉书·逸民传序》云："今人谓计数取物为篡。"是其义矣。②

　　赌　《通俗文》："钱戏曰赌。"《一切经音义》卷十五引。《说文·贝部新附》："赌，博簺也。"赌从者声，古音为鱼类。鱼、阳对转，音变为打。今读阳韵。今博戏曰打牌九、打花会、打铜宝、打扑克，诸打字皆赌义，实皆赌之音变。犹卖买称打，如打米、打豆腐。本"倒贾"合声之变，"倒贾"声合，亦如赌也。"倒贾"说见本篇上文。③

　　主　《玉篇·丶部》："主，典也，守也。"《易·序卦》："主器者，莫若长子。"即典守之义。古官职有主薄、主事，今云主任、主席，皆其义。引申为主客义。朱骏声谓主客之主，乃侸之假借，说存参。赌博为之主者，与赌客较胜负，俗称"做庄"，亦曰"庄家"。酒宴猜拳，猜应作揣、作测。主战遍应众客者，亦称"做庄"或"打庄"。庄皆主字。主，今在麌韵，比之古音为鱼类。鱼、阳对转，音变为掌。掌亦有典守义。俗借庄严字为之。主音变掌，犹掌音变为主。《周礼·天官·凌人》"掌冰"，杜子春读为"主冰"。正其例之反矣。

　　或曰，主赌称庄者，庄乃镇之音转。《说文·金部》："镇，博压也。"段玉裁注：

―――――――――

① "送人情"之"人情"即为正字，"賨"非"人"与"情"的本字。
② "投钱"正字当作"头钱"。"拆头"正字当作"撮头"。
③ "打牌九""打扑克"等之"打"即为正字，非"赌"之音变。参看上文《释行事》"制作"条注。

"博当作簿，局戏也。谓局戏以此镇压，如今赌钱者之有桩也。"钟案：今赌铜宝者，犹以青钱数十，压宝匣上，是其遗意。"作庄"犹云"执镇"也。《周礼·春官·大宗伯》："王执镇圭。"郑玄注："镇，安也，所以安四方。"今博者率以四隅为局，而置簿具于中，亦有瞻顾四方之意。镇从真声，古音为真类。真、耕声近，阳、耕亦声近，镇由耕转阳，故变为庄。镇，知纽，庄，照纽，今音知、照又相若也。虽然，主赌者称庄谓为镇字，似不若主字为真切。附录之，以存参。①

𧵅 《广雅·释言》："𧵅，赌也。"《埤苍》："赌，𧵅也。"《文选·博弈论》"赌及衣物"李善注引。𧵅亦作脆。《一切经音义》卷十五及《玉篇·贝部》。《广韵·五寘》："𧵅，诡伪切。"《说文》云："读若贵。"𧵅从为声，古音为歌类，其入在曷、末，声促转入，音如括。俗称赌揣是非为"打赌"，或称"括赌"；赌东道亦曰"括东道"。括即𧵅也。"𧵅赌"云者，字训联言为词也。打赌之打，本赌之音变。见上文。"打赌"联言，犹"瘢疤"联言为词，疤本瘢之转音讹字也。②

𧵅，见纽，见匣牙喉相转，音变为伪。甬音伪在匣纽。支、耕对转，耕、阳声近，音变为黄。甬俗称相赌或云"黄"，如云"黄东道"。黄亦𧵅读伪之音变也。或曰，相赌称"黄"者，乃"掩搒"合声之变。说详下条。

掩搒 《纂文》："掩，扑掩，跳钱戏也。俗谓之射数，或云射意也。"《一切经音义》卷十二引。又："博戏，掩取人财物也。"《一切经音义》卷十四引。《汉书·货殖传》："又况掘冢博掩，犯奸成富。"师古注："博，六博也。掩，意钱之属也。皆戏而赌取财物。"《后汉书·王符传·潜夫论·浮侈篇》曰："或以游博持掩为事。"李贤注："博，谓六博。掩，谓意钱也。"又《梁冀传》："意钱之戏。"注："何承天《纂文》曰：诡亿，一曰射意，一曰射数，一曰持掩，即今摊钱也。"钟案：掩为博戏之一，称意钱者，谓赌钱意测其所覆，中则胜，不中则负也。犹今之花会、诗谜、摇摊等。或射其事物，或射其数，故云"射数""射意"。《说文·手部》："搒，掩也。"北孟切。段玉裁注："《广韵》曰笞打，今义也。"搒之本训为掩者，掩即博掩字。《说文》以假借字或引申义作解者甚多，如"镇"篆下解云"博压也"，借博为簿；"陲"篆下解曰"唐也"，借唐为隍；"缢"篆下解曰"经也"，经本训织也；"思"篆下解曰"容也"，容本训盛也。此亦其例。"掩搒"云者，字训联言为词。"掩搒"疾呼，声合为尪。影清转匣浊，音变为黄。今称病弱曰"生尪病"，尪音正转如黄。今称相赌曰"黄"者，谓意测其事物中与不中，以定胜负也。《说文》：

---

① "庄家""做庄""打庄"之"庄"即为正字，非"主"或"镇"之音变。
② "括赌""括东道"今不说。

"掩，敛也。从手，奄声。"按：奄，覆也，奄亦会意。掩、揜声义并同，皆有盖藏隐蔽之意。赌博多方，有如射覆，隐蔽其物其数，令人億中为胜者。其博具必用掩蔽之器，因名其赌谓之掩。掩者，所以令人億，故曰意钱。引申之，掩有億度义。①

推　《淮南·本经训》："可以麻（历）推得也。"高诱注："推，求也。"《说林训》："类不可必推。"注："推，犹知也。"凡推步、推事、衙推、推测，诸推字皆有求知测度义。推本他回切，透纽，舌音类隔相转，透变彻纽，今音彻、穿又相混，故推求字今转读叉隹切。然古音不若是也。参看《说文》段玉裁注。推从隹声，古音为脂类。脂、元相转，音变，俗字作摊。赌博之意钱，古或称"摊钱"；见《后汉书·梁冀传》李贤注引《纂文》所云（详见前条）。今博戏，有称"摇摊"者，即億中其所覆之数为胜，摊即推字，谓测度也。《说文新附》："摊，开也。"非博戏测度义。今称匀布曰"摊派"，摊亦推字，取类推义也。②

簺　《说文·竹部》："簺，行棋相塞谓之簺。"先代切。《通训定声》曰："即格五之戏，亦谓之蹙融。投琼（即骰子）曰博，不投琼曰簺，于奕枰取一道，人行五子也。《汉书·吾丘寿王传》：'以善格五，召待诏。'注：'即今戏之簺也。'"字或作塞。《庄子·骈拇篇》："问縠奚事，则博塞以游。"释文："塞，悉代反。博之类也。"簺本博戏之一，引申为赌博之名，俗作赛。凡博戏相竞，以捷先、多得者为胜，皆谓之"赛"，如"赛马""赛狗""赛跑"；曰"比赛"，曰"决赛"；举止侈泰以胜人曰"赛富"。赛为求胜之词，皆簺之引申义也。《说文新附》："赛，报也。"《史记·封禅书》："冬赛祷祠。"索隐："赛，音先代反。赛，谓报神福也。"无竞胜相赌义。

相似③　俗称事物相仿佛谓之"赛"，甬有"赛可"之语，稗史状女色之美者有"赛金花""赛杨妃"等名。此赛乃"相似"合声之变。似古作佀。《说文·人部》："佀，像也。"从段本订正。"像，佀也。"段玉裁注："想像曰相似，古今无异词。"佀从吕声，古音为之类。之、咍古同类，故经传有借殆为似者。说本《通训定声》。《孟子·离娄下》："殆于不可。"朱骏声曰："犹似乎不可也。"《史记·留侯世家》："沛公殆天授。"索隐："殆训近也。"犹云似天授也。《礼记·檀弓上》："夫子殆将病也。"犹云似将病也。郑玄注："殆，几也。"几亦近也，见《尔雅·释诂》。相近犹相似。《荀子·强国》："虽为之筑明堂于塞外而朝诸侯，殆可矣。"杨倞注："殆，庶几也。"犹云似可矣。盖殆从台声，古音台声、

① "黄东道"之"黄"实读"横"去声，一般写作"横东道"。"横"非"赐"读"伪"之音变，亦非"掩搒"合声之变。

② "摊派"之"摊"即为正字，非"推"之音变。

③ 条目字"相似"原无，据目录补。

吕声皆之类，同部声近，故相假。之、咍通转，其例甚繁。台音颐，又音臺；怡、贻、饴、眙、始、诒在之止韵，而迨、殆、怠、苔、胎则转咍海韵。他如埃、唉从矣声，腮从思声，皆是。"相似"疾呼声合为蔰，侈之，转代韵，则为赛。犹思亦读作"于思"字矣。或以为"庶"之转音，非。①

　　肖②　甬语"赛可"，亦云"好像"。好者，肖之音变。《说文·肉部》："肖，骨肉相似也。"《广雅·释诂三》："肖，类也。"《释诂四》："肖，象也。"肖，心纽，啸韵。心、审与晓之细音混，及讹转晓纽，则如孝。萧、肴、豪同类相转，孝转号韵，号无细音，随韵宏而转粗音，为开口，则音如好。犹丧服带孝俗呼如"带好"，孝子呼如"好子"，哮亦呼如好。"好象"即"肖象"字，字训联言为词也。或谓好者，乃《广雅》之嗀字。《释诂三》："嗀，可也。"曹宪音呼感反。嗀，古音为侵类，侵、幽对转，故音如好。"嗀像"犹云"可像"也。其说存参。③

　　马　《礼记·投壶》："请为胜算者立马。"又曰："马各直其算。"郑玄注："马，胜算也。谓之马者，若云技艺如此，任为将帅乘马也。"今赌博有云"麻雀"者，即"马将"字。雀，药韵，药为阳入，雀转平声为将，将之入声为雀，今呼"麻雀"固如"马将"也。讹作"麻雀"者，以麻雀为常见之物，而马将之义难知，循声而讹，积习难返，遂定名焉。博戏称"马将"者，亦谓博技之优，相竞得胜算，如将帅之乘马。盖赌博为竞胜之戏，而古为竞胜戏者，以"投壶"与"射"为最著，故"射"与"投壶"相戏之词，后之赌博者，每袭用之。"为胜算者立马"，谓其技胜于侪辈而立之，胜算几何，则马立几何，于是马又为胜算计数之具矣。又从而引申之，凡计数之具，遂亦云马。故《周礼·夏官·大司马》："遂以蒐田。"郑玄注："争禽而不审者，罚以假马。"疏曰："假马者，谓获禽所算之筹。"是所谓马者，直以筹代之。今赌博竞胜场中，计数之具曰"筹马"，即袭用古遗名也。俗作码。凡市肆代币计数之物，亦泛称为"筹马"。又引申为数字亦曰"码"，如"码子""号码"皆是也。④

　　筹　《仪礼·乡射礼》卷十三："箭筹八十。"郑玄注："筹，箅也。"又卷十二："视筭如初。"注："筭，获筭也。"凡竞胜计其胜算者，为马，亦为筹，故俗以"筹马"联言，说已见上条"马"字释。今赌花牌者，称其胜算之数曰"道"，道即筹之音变。

---

① "赛可""赛金花""赛杨妃"之"赛"即为正字，非"相似"合声之变。"赛可"本作"赛过"，义为如同、好像。"赛过"读作"赛可"，犹"罪过"读作"罪可"。

② 条目字"肖"原无，据目录补。

③ "好像"之"好"即为正字，非"肖"或"嗀"之音变。

④ "马将"今通作"麻将"，本字为"麻雀"。"雀"，《广韵》即略切，精纽；读"将"，为儿化音残留。

筹，直由切，澄纽，古音为幽类。古无舌上音，凡澄纽字读如定纽，幽类字又通转萧、豪，如梼、涛、焘皆从寿声，道从首声，鋾从周声，猱从柔声，皆是。故音转如道。筹与俦、帱、梼、鸘四字同音，而此四字，亦音导、音逃矣。或以为度之音变，非。度虽用为等差计算之词，暮、豪同入于铎，亦得相转，然无胜算义。[①]

获 《说文·犬部》："获，猎所得也。"引申之，凡猎取所得亦曰获。《仪礼·乡射礼》："获者，坐而获。"郑玄注："射者中，则大言获。获，得也。"又："释获者，遂以所释余获，升自西阶。"注："余获，余算也。"又："释获者，遂进取贤获。"注："贤获，胜党之算也。"《仪礼·大射礼》："获者兴。"注："古文获皆作护，非也。"钟案：古竞胜，如投壶、射礼，凡有所中皆曰获，故以获为胜算之词。《广韵》："获，胡麦切。"本合口呼，甬音作开口呼，声之变也。字从蒦声，古音为鱼类。缓言转去声，故若护，且获（獲）、护（護）形似声近，易相讹。"三礼"中声误、字误之例，固数见不鲜。今赌麻雀者，得胜算曰"护"，即"获"之音转，循古之误，习以流传也。俗不得其字，妄为揣摩，假双声"和"字为之，然通语固作"护"也。或以为伍字，非。伍虽有参伍耦聚义，与麻雀赌术意相似，然伍无胜算义，不足为算数之称。

又赌麻雀者，胜算全成曰"护倒"。倒者，得之转音。得，德韵，古音为之类入声。之、宵声近相转，故如倒。"护倒"即"获得"也。

赌麻雀者，胜算之数曰"护"，或亦称为"皮"。若干护曰若干皮。皮亦护之音转。护，匣纽，古音为鱼类。匣纽合口呼每与轻唇奉、微纽混，甬音匣纽之护、狐、壶、瓠与奉、微之附、符、无实难以别。匣纽之护既讹为奉纽之附，又从奉纽轻唇转重唇，奉、并对转，音变为蒲。故俗称大白枣为"白壶枣"，"壶枣"见《尔雅·释木》。壶，大也。讹为"白蒲枣"；甬亦呼狐为蒲，谚云"黄鼠狼看蒲样"，蒲即狐也，谓鼬皮不能与狐裘同日语也；瓠，瓜名，亦呼如蒲。护既讹转并纽为蒲，鱼、支声近，亲之，则转支类为皮。护，暮韵，去声。御、遇、暮皆鱼类，暮浊宏，而御清细，护音转清，则入御韵。然御、鱼、语皆无重唇并纽字，故音转支类，呼如皮。此纽、韵俱转，变幻之最甚者也。然稽诸变音规律，固无不符。

共 《说文·共部》："共，同也。"《尔雅·释诂》："共，具也。"郭璞注："谓备具。"《诗·小雅·小明》："靖共尔位。"笺："共，具也。"正用《尔雅》。释文："共，音恭。"见"念彼共人"句下注。共读如恭，经籍所音者多矣。今赌麻雀者，同形四只皆为己得，命之曰"共"。东、江同类相转，俗字作杠。谓之"共"者，谓同形者皆具足也。

---

① "道"即为正字，非"筹"之音变。

阁① 或问：赌麻雀者列牌环作方围，既破围为首尾，博者由首循序取牌，其尾则崇叠其牌，谓之"杠头"，此"杠"是何字？曰：此"阁"之转音也。《广雅·释诂二》："阁，载也。"《释诂三》："阁，竘也。"竘亦载义。今谓物置其上曰阁，俗作搁，即谓下有所载也。崇叠其牌，故亦谓之"阁"。阁，铎韵，铎为唐入，长言转平，故如冈。今音江、唐二韵相似，故讹为杠耳。"杠头"之头，乃"地"之音转。地从也声，古音为歌类，如陀。歌、侯同入相转，同入于铎。故变为头。②

摧 《说文·手部》："摧，挤也。一曰捆也。"又："挤，排也。""捆，推引也。"从段本据《广韵》订正。排亦推义。《说文》："推，排也。"捆者，推而外之，又引而内之。摧，昨回切，从纽。北音从为清浊，今相承读清音，转清纽，仓回切，如催。摧从崔声，古音为脂类，脂、歌声近相转，音变为叉。今赌麻雀者为紊乱其牌，既挤而推之，又引而归之，如是反覆往来，俗谓之"叉"，即摧义也。③

阄 《说文·鬥部》："鬮（阄），斗取也。从鬥，龟声。读若三合绳纠。"古侯切。龟声古音为之类，之、幽声近相转，故汉人读龟如鸠。西域龟兹国，今犹读如"鸠兹"。王充《论衡》曰："龟之言旧也。"叠韵为训。《玉篇》《广韵》阄亦居求切，音鸠。幽、侯声近，声转宏浊，为开口，故入侯韵，为古侯切，音钩。段玉裁曰："今人以为拈阄字，殆古藏彄之讹。藏彄，周处、成公绥并作彄字，《艺经》庾阐则作钩字，其事同也。"钟案："藏钩"亦作"藏阄"。李商隐诗："楚妃交荐枕，汉后共藏阄。"《荀子·君道》："不待探筹投钩而公。"《洪武正韵》："钩，与阄同。投钩，犹云拈阄。"盖阄读粗音同钩，故相假借。今粤人呼九如狗，而浙之黄岩呼狗如九，皆粗细音互转，开口呼与齐齿交变也。拈阄者，谓暗中探取，而得其或善或恶、或有或无者也。今赌具竹牌卅二只，四人暗中分取，以较其大小胜负，俗呼"牌九"。九即阄也，谓暗中拈取也，亦谓相斗取也。

蔽 《方言》五："簙谓之蔽。秦晋之间谓之簙，吴楚之间或谓之蔽。"《楚辞·招魂》："菎蔽象棋。"王逸注："蔽，博箸。"博、簙通。簙、蔽双声相转，故朱骏声谓蔽者簙之假借。《说文·竹部》："簙，局戏也。六箸十二棋。古者乌曹作簙。"《论语·阳货》："不有博弈者乎？"《庄子·骈拇》："则博塞以游。"蔽，必袂切。帮清转并浊，故《集韵》蔽又音毗祭切，如敝。祭泰与寒删对转，参戴震说。蔽转裥韵，音如瓣。今华夷博戏之具通呼为"牌"，而读如瓣，即蔽字也。本条与下条本应入《释器篇》，

---

① 条目字"阁"原无，据目录补。
② "杠头"之"头"为后缀，非"地"之音转。
③ "叉麻将"之"叉"正字当作"搓"，而非"摧"之音变。

以其义为博弈，故系于此。①

蒲械　或曰，博具云"牌"，乃"蒲械"之合声之变。《广韵·十一模》："蒲，捬蒲，戏也。《博物志》曰：'老子入胡作摴蒲。'"《说文·木部》："械，一曰器之总名。""蒲械"犹云赌器也。"蒲械"联言，声合为秤，俗借牌为之。牌虽训牌牓，义犹近于器也。而俗呼如瓣，则械在卦韵，卦、删同入相转故也。同入于黠。②

击　《说文·攴部》："攻，击也。"是击犹攻也。击亦训杀。《国语·楚语下》："必自射牛刲羊击豕。"韦昭注："击，杀也。"《史记》叙军事，凡举兵相攻杀皆曰击。今象棋攻其将帅曰"将君"，简称曰"将"，将即击字。君，主也。"将君"者，谓击其主也。击（撃）从毄声，古音在支类，长言转平，支、耕对转，音变如僵，耕、阳声近也。今耕韵字如耕、浜、争、樱等，俗音皆在阳韵。击为见纽齐齿呼，与齿音精纽最相近似，遂借精母之将字为之。攻击称"将"者，或亦称"照"，是又从将转。阳、萧同入相转，同入于药。将转萧韵，本为焦，精、照两纽相混，遂又讹作照。且支、萧同入于锡，见纽齐齿亦与知、照相混，击亦得音转为照也。③

偷　象棋攻其将帅，乘将帅退避或障御之隙，因袭取其子，俗谓之"偷"，如云"偷车""偷马"，犹兵家曰"偷营"，攻其所不备也。称"偷"者，或亦称"抽"，如云"抽车""抽马"是。抽即偷之音变。偷，透纽，侯韵。舌音透、彻两纽类隔，每相通转。如大音泰，又读敕佐反，是透、彻二纽并读（见《诗·唐风·蟋蟀》释文）；听，透纽，亦读彻纽，敕定反（见《庄子·齐物论》"是皇帝之所听荧也"释文）；夲，《玉篇》丑高切，彻纽，《广韵》土刀切，透纽；推，透纽，又叉佳切，彻纽。皆其例。偷转彻纽，为齐齿呼，侯韵声宏，无齐齿音，欲作齐齿，势必转入邻近尤韵，故变为抽。④

攘让　《说文·手部》："攘，推也。"《史记·太史公自序》："小子何敢让焉？"《汉书·司马迁传》让作攘。索隐引晋灼曰："攘，古让字。"段玉裁曰："古推让字如此作。凡退让用此字，引申之，使人退让亦用此字。"钟案：凡揖让、礼让、谦让、受让字，本皆作攘，经传多假让为之。《贾子·道术》："厚人自薄谓之让。"故不上人，俗云"让步"。《方言》十二："攘，止也。"止即让步意。引申之，宽赦人过，不为已甚而中止，亦让意也。阳、萧同入相转，同入于药。让转萧韵，音变为饶。《说文》："饶，饱也。"引申用为丰益义，无以训宽赦。俗称宽赦曰"饶"，即"让"字也。或云，是

---

① "牌"即为正字，非"蔽"之音变。
② "牌"亦非"蒲械"合声之变。
③ "将君"正字作"将军"，与"击"及"君"无涉。
④ "抽"即为正字，非"偷"之音变。

"原宥"二字合声之变，参看《释情志篇》。○让、饶皆日组，日组字有变入泥、娘者，有变入禅、床者。甬语呼让、饶皆作娘组，而外地人读让有作禅、床组者，读饶则悉在娘组。象棋高手让人先走曰"让先"，亦曰"饶先"，让车、马亦曰"饶车""饶马"。陆游诗："才尽赋诗愁压倒，气衰对弈怯饶先。"则弈棋厚人，予以优假曰"饶"，宋已云然。

䶂 《后汉书·郭太传·附左原传》："段干木，晋国之大䶂。"李贤注引《说文》曰："䶂，会也。谓合两家之卖买，如今之度市也。"下二句，《玉篇》"䶂"字注同。段玉裁注《说文》"䶂"字下引此文曰："下十三字，指'谓合两家'至'度市也'。盖系旧注。䶂会如今之牙行。会，俗作侩。"《说文》䶂从且声，古音本在姥韵，《玉篇》在古切、《广韵》徂古切是也。䶂，从组，姥韵。姥、荡同入相转，同入于铎。又从浊转精清，故今音子朗切。甬俗称媒合卖买之居间商谓之"䶂人"。䶂音如沮，子鱼切。即䶂读在古切，从组转清音为精组也。侩市粮谷者曰"谷䶂人"，侩市宅舍者曰"屋䶂人"。

◇䶂，《广韵·卅七荡》音髒。今代人筹办货物之商肆曰"庄"，如俗称"外庄""庄口"，庄本䶂之讹，嫌其字从马，故易作庄。凡代办货者，其数必大，于是泛用其义，大商肆亦称"庄"，"钱庄""绸布庄""铜锡庄"等是。商贾称"内庄批发"，皆其义。䶂本有大义（见《尔雅·释言》郭璞注），大贾谓之"庄"，亦䶂字也。《说文·艸部》"庄"篆避讳无解，《玉篇》云："草盛貌。"[1]

偶 今呼会合卖买者亦称"做牙"。牙者，偶之音变。《尔雅·释诂》："偶，合也。"郭璞注："相对合也。"偶通耦。《广雅·释诂三》："耦，谐也。"对合相谐，即做牙、居间商之意。偶、耦并从禺声，古音为侯类，侯、鱼声近，故音转为牙。牙之古音本在鱼类，读五胡切也。见江永《古音标准》。今音牙在麻韵，又鱼类与歌类声近相转之故。衙从吾声，吾即五胡切，而今衙音同牙。[2]

资 《广雅·释诂一》："资，取也。"《国语·越语》："臣闻之：贾人夏则资皮，冬则资絺，旱则资舟，水则资车，以待乏也。"韦昭注："资，取也。"此贾人取之以为居积，故段玉裁注《说文》曰："资者，积也。"《周礼·考工记·总目》："或通四方之珍异以资之。"郑玄注："资，取也，操也。"此资训取而操持，亦商贾居积之义。《易·乾卦》："大哉乾元，万物资始。"释文引郑玄注："资，取也。"乾以美利利天下，万物取其利以为始，此取亦有积以为生之义。《孟子·离娄下》："居之安，则资之深；资之深，则取之左右逢其原。"赵岐注："资，取也。"取古贤之道，以自畜其德，此资训取，亦有积义，惟所积为道德耳。故资训取，本取以为积。引申

---

① "䶂人""谷䶂人""屋䶂人"等今未闻。又，"庄"非"䶂"之讹。

② "做牙"今未闻。"牙"非"偶"之音变。

而泛用之，取于所积，亦为资，故资又转训为与也、给也。《国策·齐策》："太子何不倍楚之割地而资齐？"高诱注："资，与也。"又《秦策》："王资秦万金。"注："资，给也。"今蓄钱于市肆，取之曰"支"，取钱之券曰"支票"，取俸禄亦曰"支"，贷取将来之俸曰"预支"，有所给与曰"支付"，曰"开支"。支，皆资也，于义为取也，给与也。既取所积，亦取以为积，义实两具。《说文》："支，去竹之枝也。"引申为分支、支离，无取与义。支拒字乃枝之假借。市肆盖借声似而形简者以便书，久则失其本字。

　　勚　　《说文·力部》："勚，䜗缓也。"余两切。段玉裁注："䜗盖今之偠字，言偠役缓也。"钟案：余两切，为喻纽，养韵。喻纽字有与定纽相转者，禅、喻常相转，而禅为古定纽所变，故定、喻间亦相转。犹愓音荡，而《方言》郭璞音羊；见《方言》十："愓，游也。"窬、歈、腧诸字音臾，又读如头。故《广雅·释诂一》勚，曹宪音荡。见"勚，动也"条下。勚训偠役缓者，如缓刑，暂不服刑。今称应为事暂缓不为曰"宕"，即勚读曹宪音如荡耳。市肆称缓待归偿之债曰"勚帐"，俗以宕为之。

　　瘆杀　　《说文·疒部》："瘆，减也。"经传多借衰为之。声促转入，或假作杀，杀声、衰声，古音同在脂类也。《仪礼·士冠礼》："德之杀也。"郑玄注："杀，犹衰也。"《考工记·轮人》："而杀其一。"注："杀，衰小之也。"《汉书·杜邺传》："阴义杀也。"师古注："杀，谓减降也。"今市物抑减其价曰"杀价"。

　　贸眊　　《礼记·檀弓下》："有饿者蒙袂辑屦，贸贸然来。"郑玄注："贸贸，目不明之貌。"目不明者视之粗率，引申为凡粗率不详审者曰"贸然"。朱骏声谓贸为眊之假借。《说文》："眊，目少精也。"贸、眊双声，且贸从卯声，古音为幽类，毛声则为宵类，幽、宵声近，故相通转。俗称粗计其事、不及详审曰"毛估估"，毛即眊也，亦即贸也。营利所获，粗计而不纯者曰"毛利"。[①]

　　末　　《说文·木部》："木上曰末。"《六书故》："末，木之穷也。"引申为终末义。今称终下为"末尾"，为"末等"。又称事物最末等者曰"起码"，即"起末"之语转，谓自终下以讫高上，此其起始也。江有诰曰："末，为泰合口之入。"歌、泰同居，歌、麻同部，泰、麻相转，末转麻韵，故讹作码。苏杭人称口吐白沫，沫音亦如码，同其例也。[②]

　　贱　　《说文·贝部》："贱，贾少也。"贾、价古今字。价少为贱，通语也。贱，才线切，从纽。从为最浊，邪为浅浊，以浊音深浅呼时不中法度而互误，故从、邪常相讹互转。甬绍读贱为从纽，不误，而语音则转邪纽，为徐彦切。犹前、钱亦并从纽，

---

① "毛估估""毛利"之"毛"当是正字，与"贸"或"眊"无涉。
② "起码"非"起末"之语转。

甬音皆呼作邪纽。鄞东有村曰"高钱"，其地滨湖，其湖坝曰"钱堰头"，钱音皆呼邪纽。贱从戈声，古音为元类，元、阳声近，音转为匠。匠，疾亮切，从纽。甬音亦读邪纽，为徐亮切，亦误。苏沪言价贱，呼如匠，疾亮切。俗作嗰。强为群纽，群之齐齿呼，与从、澄相似也。此语今颇流行于甬，故并志之。①

　　俾倪　《说文·人部》："俾，益也。""倪，俾也。"然则倪亦益也。字训联言曰"俾倪"。俾，并弭切，帮纽，清音转浊，帮转並纽，音变为脾。犹鞞、髀与俾同音，亦读步米切。今谓侵人利益谓之"占俾倪"，俾音正如脾。俗讹作"便宜"。引申为买物价廉、可得利益者亦曰"俾倪"。或曰，价贱称"便宜"，乃"卑埝"字，谓其低下也。说详下条。

　　卑埝　《说文·十部》："卑，贱也。"引申为下义。《仓颉篇》："卑，下也。"《一切经音义》卷八引。卑，帮纽，清音转浊，入並纽，则或读如畀。如《汉书·邹阳传》："封之于有卑。"服虔注："卑，音畀予之畀。"师古音鼻，是也。《方言》十三："埝，下也。"《广雅》曹宪音乃颊反。见《释诂一》。埝，帖韵，帖为添入，长言转平，则音如拈。今称价贱谓之"卑埝"，读如畀拈，谓其低下也，类聚训下同义字为词也。俗讹作"便宜"。《荀子·解蔽》："由执谓之道，尽便矣。"杨倞注："便，便宜也。"钟案："便宜"者，谓利便之所宜。《汉书·严助传》："因言国家便宜。"今犹谓"便宜行事"是也，非贱下之谓。②

　　行下　《周礼·地官·司市》："利③者使阜，害者使亡。"郑玄注："利，利于民，谓物实厚者；害，害于民，谓物行苦者。"释文："行，遐孟反。"章氏《新方言·释言》引此，并谓"《九章算术》有'行酒'，行者，粗恶之义。今吴越谓器物楛窳为行货"。钟案：《方言》二："揄铺、䌰䌷、帗缕、叶褕，毳也。"郭璞注："毳，音脆。皆谓物之行敝也。"戴震疏证本改"行敝"为"扞敝"，卢文弨从之，非也。近人王国维曾辨正之（见《观堂集林·书郭注〈方言〉后三》）。物之下劣称"行"，盖汉晋时通语，故郑、郭皆用之。然行无下劣义，章氏谓"行者，粗恶之义"，于训诂亦无征。"三礼"多方言，杜、郑亦多以汉时方言释古义。方言多变音，行者，盖下之语转，下有贱义。古音下在鱼类，鱼、阳对转，故音如行。下今在马韵，鱼、歌声近相转故也。马、牙、巴、夏、瓜、乍等字，古音皆在鱼类。

　　计数　《说文·攴部》："数，计也。"《言部》："计，会也，算也。"今谓

---

① "嗰"非"贱"之音转。字亦作"强"，如《古今小说》第十二卷："红个也忒贵，白个也弗强。"
② "便宜"即为正字，本字不是"俾倪"或"卑埝"。
③ "利"前原有"使有"二字，属于断句不当，径删。

会计录算之数为"帐"，古即谓之"计"。《汉书·循吏·黄霸传》："使领郡钱谷计。"师古注："计，谓出入之数也。"引申之，计数之簿书亦曰计。《国策·齐策一》："靖国君谓齐王曰：'五官之计，不可不日听也。'"高诱注："计，簿书也。"计，见纽，齐齿呼；帐，知纽。今音知、照相混，故见纽齐齿每与齿音精、照相若。帐者，"计数"声合之变。《说文》："数，计也。"字训联言而倒之，曰"计数"。《荀子·富国》："其于货财取与计数也。"杨倞注："计数，计算也。"《管子·七法篇》其一曰"计数"。盖"计数"联言，自古有之。"计数"声合，鱼、阳对转，音变为疆。见、知相混，俗作帐。帐本帱帐字。然计数曰"帐"，唐已云然。颜师古注《汉书·武帝纪》曰："计，若今诸州计帐也。"见太初元年"受计于甘泉"句下。李贤注《后汉·光武纪》曰："计，谓人庶名籍，若今计帐。"见十四年"遣使奉计"句下。惟唐称"计帐"，今单云"帐"，是稍异。今或易帐为账，以为计财货，改从贝，更俗。①

　　判书　　《周礼·秋官·朝士》："凡有责者，有判书。"郑玄注："判，半分而合者。"疏："判，半分而合者，即质剂、傅别、分支、合同，两家各得其一者也。"《说文·刀部》："判，分也。"《周礼·地官·媒氏》注："判，半也，得耦为合。"凡文书两分而可合，各执其半，以为符信者，皆判书之义。今之票据合约，犹古之质剂，凡票据必有存根，票与根，本为一纸，及判分为二，合之仍为一。今市肆之支票、汇票、股票，质铺之当票，官署之钱粮票、拘票，莫不如是。或稍变其制，虽非一纸判分为二，而其票据所载月日、号次、币值等，别记于籍，可为符验，而仍以票名，盖其古制本为判书者也。今称为票者，票即"判书"合声之变。书，鱼韵，鱼、宵同入相转，同入于药。"判书"声合，鱼韵无唇音字，故转入宵韵，音变为票。票本作奥。《说文·火部》："票，火飞也。"引申为轻捷之称，非信券之名。②

　　霝③　　《广雅·释诂三》："霝，空也。"朱骏声以为霝乃櫺之假借。《说文·木部》："櫺，楯间子也。"即窗格之孔窦。引申为空无所有亦曰霝。俗省笔简之，讹作零。今数字大小循序连言，其间空阙之位曰"零"，如云"一千零四十三"，中缺百位，故云"霝"，即空虚义也。《说文》："零，徐雨也。"非其义。或图规作"〇"，以像其孔，呼亦如"霝"。或作"另"，则音义皆非。《玉篇·另部》："另，古瓦切。剐人肉，置其骨。"

　　氂　　《说文·犛部》："氂，犛牛尾也。"《广韵·七之》音釐（厘）。今"毫厘"

① "帐"非"计数"合声之变。
② "票"非"判书"合声之变。
③ 本条"霝"原皆作"霝"，而所引《广雅》实作"霝"，今据以改为"霝"。

字古作"豪氂"。氂训牛尾，引申为数目之尾亦曰氂。之、蒸对转，音变为陵，俗讹作零。以青、蒸声近为合类，犹其阴声支、之合类也。青韵为耕类，支、耕对转，之、蒸对转。今称尾数曰"零头"，即"氂度"字。凡计数称"头"者，皆"度"之音变，鱼、侯声近相转也。①

　　辽　俗语"另外"之"另"亦读如零，其本义为非此而别属也，此盖"辽"之音变。《说文·辵部》："辽，远也。"远在异方，则非此而别属矣。辽（遼）从尞声，古音为宵类。宵、幽声近，幽、侵对转，则音如林，今音林、零相若而混也。"另外"者，《说文·夕部》："外，远也。"辽、外皆训远，类聚同义字为词也。他如"另外有"简之曰"另有"，"另外作"简之曰"另作"，"另"下本皆有"外"字，语简而夺之。谓"另有""另作"者，乃非此而远就所有、所作也。本条本应在《释词篇》，以其音义与上两条相若，故赘系于此。②

　　度　《说文·又部》："度，法制也。"凡大小重轻，以法定其制，皆谓之度。故度又引申为数计义。《礼记·乐记》："百度得数而有常。"郑玄注："百度，百刻也。"今机械格物，测其寒温、燥湿、强弱、刚柔皆曰度，是也。度既有数计义，又引申之，可数计者亦云度。度，古音为鱼类，鱼、侯声近相转，音变为头。今于可数计之事有称"头"者，皆"度"字也。如市肆盈亏之数曰"赚头"、曰"蚀头"，全店之卖买曰"盘头"，暴利所得曰"篡头"，俗作篡。买物求益曰"饶头"、曰"膡头"，甬音如层。买布宽放之数曰"儳头"，工匠干没雇主之物曰"略头"，略音如洛。买物溢付其值而返还者曰"找头"，皆是。③

　　馆　《说文·食部》："馆，客舍也。《周礼》：'五十里有市，市有馆，馆有积，以待朝聘之客。'"《诗·郑风·缁衣》："适子之馆兮。"传："馆，舍也。"《诗》谓卿士舍于天子之宫为馆，后人引申用为贵宾所舍之称。师儒就聘教学之所旧称"学馆"，亦尊师为贵宾之意。聘师儒之书曰"关聘书"，亦简称为"关书"，关即馆之讹字。馆，换韵，关，删韵，古音皆元类，本相通转，故北音读馆若关，遂讹焉。④

　　厉　《尔雅·释诂》："厉，作也。"《方言》六："厉，为也。"厉、癞古音相若，故《史记》假厉为癞。《范雎传》："漆身为厉。"索隐："厉，音赖。癞病也。"厉、赖古音皆泰类，脂类之支部。泰、寒同入相转，同入于曷。厉转寒韵，音如阑。今音寒、

---

① "零头"非"氂度"之音变。
② "另外"之"另"非"辽"之音变。
③ 所举"赚头""蚀头"等之"头"均为名词后缀，非"度"之音变。"略头"当做"落头"，"落"有私下克扣钱物义。
④ "关聘书"之"关"非"馆"之讹字。

覃又相混，字又讹作揽。今工匠与雇主订约，承作其事，谓之"承揽"，本"承厉"字，谓承为其事也。揽本作擥。《说文》："擥，撮持也。"《离骚》王逸注："擥，持也，采也。"《释名·释姿容》："揽，敛也，敛置手中也。"皆无作为义。俗称"包揽词讼"，亦厉字。①

释食　　百卅三条　　二三七九九字

释货　　七十五条　　一五五四四字

丙午寒露前一日誊竣

---

① "承揽"之"揽"即为正字，非"厉"之音变。

卷八　释衣

目　录
（括号内小字为俗音及讹字）

鬃　《方言》四："帩头，其偏者，或谓之鬃带。"郭璞注："鬃，亦结也。音菜。"《广雅·释诂四》："鬃，髻也。"王念孙疏证："结与髻通。"今妇女发上系绸带

_____

① "襜"，原作"幨"，据正文改。

作结为饰，谓之"彩结"，正当作鬃。

常裳　《说文·巾部》："常，下帬也。"帬今作裙。字或从衣作裳，市羊切，音尚平声。《释名·释衣服》："凡服，上曰衣。衣，依也。下曰裳。裳，障也。"今上下衣通称曰"衣裳"。裳音正如尚，而字音读如藏。裳本禅纽，禅、邪恒相混。正齿与齿头常相转。而邪、从同浊，邪浊而甚之，便入于从，故从、禅亦恒相转。字音讹读为藏，职缘此故。方俗语往往反得其正音。常借用为经常、时常字，今云"时常"，正亦呼如尚，而读音亦讹入从纽。常、尝同音，本皆禅纽，今并讹入从纽。然俗云"尝味道"，尝亦呼如尚，皆本音之未变也。

藩襜　《尔雅·释器》："衣蔽前谓之襜。"《说文通训定声》曰："其制下广二尺，上广一尺，其颈五寸。"《广雅疏证》曰："凡言襜者，皆障蔽之意。"见《释器》"襜，蔽膝也"下。襜，处占切。今穿纽字为古透纽所变，端、透相转，故襜亦读如胆平声，《史记·李牧传》："灭襜褴。"集解音都甘切是也。今有单布衣蔽前，上齐胸，下讫膝，上系于项，中系于腰，庖人工役多御之，所以障蔽前衣，免受垢秽，俗名"饭单"。单即襜也。寒、谈声似。以其短布襌衣，遂以单为之。或云即襌字，存参。饭，应作藩。《说文·艸部》："藩，屏也。"《仓颉篇》："藩，蔽也。"《一切经音义》卷二引。屏蔽垢秽，使不染衣，故云藩。[1]

袆膝　《方言》四："蔽膝，江淮之间谓之袆。"郭璞音韦，或晖。《释名·释衣服》："韠，蔽也，所以蔽膝也。妇女蔽膝亦如之。齐人谓之巨巾，田家妇女出自田野，以覆其头，故因以为名也。"钟案："蔽膝"合声为韠，毕沅、王念孙皆言之。见《释名疏证》及《广雅疏证》。蔽膝本古朝服，然如《释名》所云，则民妇亦有蔽膝，同名异物，而用蔽膝前，则同也。《汉书·东方朔传》："主窦太主自执宰敝膝。"师古注："为贱者之服。"即《释名》所言妇女蔽膝矣。大抵妇主中馈浣濯，以蔽膝覆于衣前，用障垢秽。今男女服劳者通御之"围身布㡓"是也。蔽膝即袆，袆音同围，"围身"盖即"袆膝"之音变。膝，质韵，质为真入，长言转平，故如身。或云，是"膝裙"之合声。裙，下裳也。说存参。"布㡓"，㡓亦后出俗体。《广韵·廿五寒》："㡓，㡓裙。"布㡓形如裙，惟蔽前而不及后。㡓之为言阑也。《说文》："阑，门遮也。"引申为遮阑义。俗作拦。《广雅·释言》："阑，闲也。"《释诂二》："阑，遮也。"遮垢之衣，故从阑著巾，为会意字。[2]

襜　《方言》四："帬，自关而东或谓之襜。"襜，郭璞音碑。《正字通》云：

---

[1] "饭单"即为正字，"单"指用单层布帛制成的衣物，如：被单、床单。

[2] "围身"即为正字，非"袆膝"之音变。"围身布㡓"之"围"音余，不读韦；"身"非"膝"之音变或"膝裙"之合声。

"今衣①祓下幅有襞积者皆曰襬。读若摆。"钟案：襬音碑，支韵，支、佳同类相转，故音变如摆。裙为下裳，见《说文》。引申为衣裳下端亦云"襬"。今衣之下端，不论其有无襞积，通称"下襬"，正呼如摆。襬、卑双声，襬之为言卑也。下裳称"襬"，以其卑下耳。

　　袿 《释名·释衣服》："妇人上服曰袿。"音圭。引申为男人上服亦云袿，声转为卦，俗作褂，如"褂子""马褂"是也。袿、卦皆从圭声，古音本同部。然北人称全身长袍曰"大褂"，亦是袿字。《广韵·十二齐》引《广雅》云："袿，长襦也。"长衣称"褂"，于诂亦有所征。

　　褔铠袄 《广雅·释诂一》："褔，褊也。"曹宪音口革反。褊即薄。"褔袄"，谓薄袄也。"褔袄"疾呼，声合为靠。旧时妇女衷内棉袷衣，取其娇小窄身而不厚，谓之"小靠子"，或称"靠子"，俗作袴。然优伶饰武将，所御绣衣之袍甲，谓之"长靠"，亦曰"大靠"，此靠乃"铠袄"之合声。《说文·金部》："铠，甲也。"苦亥切。《玉篇》："袄，袍袄也。"

　　裆 《释名·释衣服》："裲裆，其一当胸，其一当背也。"《广雅·释器》："裲裆谓之袙腹。"王念孙疏证曰："裲裆，盖本作两当。郑注《乡射礼》云：'直心背之衣曰当。'见'韦当'下。"钟案："裲裆"，短衣无袖者也。今谓之"背心"，甬语谓之"背单"。单，即裆之音变。裆，古音为阳类，阳、元声近，故转为单，非禅薄义也。衣有棉背单、袷背单，则非单薄义可知。

　　裆即当。当，御也，障也。虚字实用，以名衣，故著衣旁作裆。裆亦单用为障体义，如《释名》"抱腹"条曰："抱裹其腹，上无裆者也。"又"心衣"条曰："施一裆，以奄心也。"裆，唐韵，唐、侯同入相转，同入于铎。音变，字讹为兜。甬俗小儿障腹之衣曰"肚兜"，颔下御涎之衣曰"下杷兜"。"下杷"乃"颌辅"之音转。或曰，此本褕字。《说文·衣部》："褕，一曰次裹衣。"《方言》四："繄袼谓之褕。"郭璞注："即小儿次衣也。"《说文·次部》："次，慕欲口液也。"《玉篇》曰："亦作涎。"《广韵·十九侯》："褕，小儿涎衣。"音讴。褕与兜叠韵，然影、端二纽不通转，苟为褕字，亦"裆褕"之合声。兜本兜鍪字，首铠也。俗于迎接曰"兜"，如"兜拿""兜剿"，自上所落、自前所来，迎之皆云"兜"。此本斗字。《说文》："斗（鬥），遇也。"迎接固遇之义也。参看《释行事篇》。或谓"藩单"之单，亦裆之音变，说亦可通，存参。②

无袼　《广雅·释器》："袼，袖也。"曹宪音各。《广韵·十九铎》："袼，袼袯也，又袂也。"王念孙《广雅疏证》曰："袂为袖之大名，袼为袖当掖之缝，其通则皆为袖也。《释亲》云：'胳谓之腋。'人腋谓之胳，故衣袯亦谓之袼。"袼，铎韵，格，陌韵，铎、陌同类相转，皆古音鱼类之入。袼转陌韵，音变为格，俗讹作甲。无袖之短衣谓之"马甲"，即"无袼"之讹转也，谓其无衣袯也。无，古音如模，古无轻唇，微纽字读作明纽。鱼、模变麻，故无讹为马。无、末古双声，故无亦通作末。《小尔雅·广诂》："末，无也。""马甲"亦可云"末袼"之音转。末音变马，犹俗称"起码"即"起末"矣。参看上文《释货篇》。○今僧尼诵经，"南无"曰"那摩"，或音变为"难马"，亦无音转马之征。[1]

　　"马甲"，甬俗亦谓"背心"或"背单"，释详前。北人谓之"坎肩"。坎为砍之讹。今谓斩为砍，谓衣无袖袯，如砍去其肩腋也。然砍亦俗字，当作戡。《说文·戈部》："戡，杀也。《商书》曰：'西伯既戡黎。'"寇含切。今本《尚书》作戡。"背心"应是"背胸"之音转，《释名》所谓"其一当胸，其一当背也"。胸古音为东类，东、侵声近，故转为歆。[2]

　　鞶囊　《易·讼卦》："或锡之鞶带。"虞翻注："鞶，大带也。"《仪礼·士昏礼》："庶母及门内施鞶。"郑玄注："鞶，鞶囊也。男鞶革，女鞶丝，所以盛帨巾之属。"鞶，薄官切，並纽。浊音转清，並转帮纽，则音如班。犹鬓、般、籤、瘢皆与鞶同纽，或亦读帮[3]纽如班矣。鞶呼"鞶囊"，盖古成语，许、郑诸儒固常以汉代方言释古义。"鞶囊"疾呼，声合为绷。卜阳切。今系于腰腹之大带，其中段当腹处坚阔有袷囊，用盛钱物，俗呼"肚绷"。绷即"鞶囊"之合声，古语之遗也。

　　鞶，亦通作樊，作繁。樊、繁并奉纽，古无轻唇，读奉纽字如並纽，故樊、繁与鞶同音。《周礼·春官·巾车》："一曰玉路，锡樊缨。"郑玄注："樊读如鞶带之鞶，谓今马大带也。"《礼记·礼器篇》"樊缨"作"繁缨"，"大路繁缨一就"疏："繁，谓马腹带也。"《文选·东京赋》："咸龙旂而繁缨。"李善注："繁与鞶古字通，今之马大带也。"俗有厚阔大带，中段当腹处亦有袷囊，较"肚绷"稍小，而大体皆同，名曰"马带"，即鞶字之衍义。鞶固为鞶囊，亦为马大带，遂称鞶囊亦为马带矣。

　　抱腹　《释名·释衣服》："抱腹，上下有带，抱裹其腹，上无裆者也。"钟案："抱腹"，汉代衣名，今失其制，盖抱裹于腹，带系于身。今以柔革或叠布密絑如革，制成大幅为囊，带系于腰腹，其制其用犹如"肚绷"，俗名"褡袯"，盖即"靼抱腹"之合声。《说文·革部》："靼，柔革也。"《广韵》当割切。"抱腹"声合为袯，

---

[1]　"马甲"非"无袼"或"末袼"之讹转。
[2]　"背心"即为正字，非"背胸"之音转。
[3]　"帮"，原作"並"，误，径改。

以物质与用为名尔。[①]

帉幡 《说文·巾部》：“帉，幡也。”“幡，书儿拭觚布也。”然则帉亦拭觚布。字训联言为词曰“帉幡”，故《玉篇》曰：“帉，帉幡也。”段玉裁曰：“觚以学书或记事，若今书童及贸易人所用粉版，既书，可拭去再书。拭觚之布谓之幡，亦谓之帉，反覆可用之意。”“帉幡”亦作“襎裷”。从巾字往往或从衣。《方言》四：“襎裷谓之幒。”郭璞注：“即帊幞也。”钱绎笺疏：“襎裷，叠韵字，或谓之幒，或谓之帊幞，或谓之书儿拭觚，皆拭摩之义。”帉，通裷，於袁切，喉、牙相转，故裷又读如卷。《玉篇》：“裷，九远、於元二切。裷襎。”又：“襎，裷襎，幞也。”幡，《广韵》孚袁切，音翻，敷组。古无轻唇，敷组读滂组，则音如攀。甬俗称常携之佩巾，用以拭摩手面者，呼如“卷攀”，即“裷幡”也。或以为“绢片”之音转，非是。绢虽布属，而无拭摩义。或以为“攀”乃“帕”字，帕读如珀，亦非。读如珀者，帊之转入。《玉篇》：“帊，匹嫁切。”麻入于陌，故如珀。若帕，本莫鎋切。《广韵·十五鎋》：“帕，帕额，首饰。”《玉篇》同。今作手帕字，亦讹。[②]

鞧绅 《说文·系部》：“绅，大带也。”《通训定声》曰：“大带束要（腰），垂其余以为饰，谓之绅。”引申为束义。《广雅·释诂三》：“绅，束也。”《说文·韦部》：“鞧，收束也。”即由切。字或从要作韄。段玉裁注：“亦取围束之意。”鞧从樵声，古音为幽类。幽通萧、豪，音变为焦。旧时衣长袍者，以长帛作带，束于胸腹，以其余下垂尺许，外地人谓之“束腰带”，甬名“缴身带”，《鄞县通志》如此作。即“鞧绅带”之讹。缴本矰缴字，《广雅》虽亦训缠，乃缭之假借。然“身”终不若“绅”之为当。缴，或以为撽字。《广雅·释诂三》：“撽、绅，束也。”类聚同条字为词，说亦可通。撽，曹宪音九流反，《广韵·五肴》音教。或云，即“缙绅带”之音转。“缙绅”，儒者之服也。见《汉书·郦陆朱刘叔孙传赞》师古注。[③]

缭繁 《说文·系部》：“缭，缠也。”《广雅·释诂四》：“缭、繁，缠也。”繁，曹宪音酚。王念孙疏证曰：“繁，音古了反。《汉书·司马相如传》：‘名家苛察缴绕。’如淳注云：‘缴绕，犹缠绕也。’缴与繁同。”甬之劳役者系于胸腰之长布，形如缴身带，束之以增武健，俗名“缭缴”，即取《广雅》同条字缠绕意为词。

襱 《方言》四：“袴，齐鲁之间谓之襂，或谓之襱。”郭璞音鲷。《玉篇》：“襱，除龙、力公二切。袴裆也，蹋袴也。”《广韵·一东》：“襱，襱裙。”音笼。《集韵·三

---

① “褡袯”非“靯鞃抱腹”之合声。
② “卷攀”，正字作“绢帕”，与“裷幡”“绢片”无涉。“帕”读“攀”为儿化音残留。
③ “缴身带”之“身”即为正字，非“绅”之讹。

用》："襱褲，衣宽貌。"今稗贩所御襞裀大裤，韬于裤外者曰"襱裤"，襱正读如笼。

裀　《方言》四："无裀袴谓之襣。"钱绎笺疏："今吴俗谓袜管为裀，音如统，即裀字。"郭璞注曰："裀亦襱，字异耳。"朱骏声曰："襱者，苏俗曰袴脚管。"钟案：《玉篇》："裀，除龙切。"澄纽。古无舌上音，读澄纽如定纽，则音如同。钱氏谓吴俗音如统者，北音定为透浊，转清音，故如统。甬旧时妇女制棉衣如筒，冬令御于两膞，上齐臑，下齐踝，谓之"棉下裀"，读如同。前人亦谓之"膝衣"。①

绾　《广雅·释器上》："襗谓之绔，其绾谓之襱。"绾，曹宪音管。王念孙疏证本作裮，疏证云："今人言袴脚，或言袴管是也。管与裮同。"钟案：绾之言贯也。贯，穿也。凡衣之如管，中通可贯臂膞者皆谓之"裮"，如"袖子裮""裤脚裮""袜裀裮"皆是。

於　《广雅·释诂二》："於，尻也。"尻，古居处字。本条"於"与"里、闾、处、所"等字同列，皆居处义，亦皆地域义。於，古音如乌。"於戏"读"呜呼"，即其例。后世地名有以"坞"称者，即"於"之讹也。於古音为鱼类，鱼、歌声近相转，音变为阿。犹屎呼如阿，即恶之转音。恶本污字。甬衣工称衣领之孔所以受颈项者，呼如"胵眼阿"，即"胵壧於"也。胵，项也。见《说文》。壧，穴也。见《汉书·礼乐志下》。谓颈项孔穴之处也。或以"阿"乃"骱"字转音，非。"髃骱"，缺盆也，见《广雅·释亲》。人体缺盆正当领孔，胵、骱亦相联。然中间壧字则不辞，故非是。

纳　《说文·糸部》："纳，丝湿纳纳也。"段玉裁注："纳纳，湿意。刘向《九叹》《楚辞·逢纷》：'衣纳纳而掩露。'王逸注：'纳纳，濡湿貌。'古多假纳为内字。内者，入也。"钟案：《公羊传·庄九年》："夏，公伐齐，纳纠。纳者何？入辞也。"凡纳之必有所受，故纳又引申为受义。《左传·宣十五年》："川泽纳污。"杜预注："受污浊。"是纳训受也。纳既有湿义、受义，故俗称施于婴孩会阴之尿布曰"纳"，妇女裆阴之姅布亦曰"纳"，皆受、湿义，乃兼取两义用之也。

凡受尿、姅之湿布曰"纳"，亦曰"纳瓣"。瓣者，幡之转音。幡本训拭觚布，引申而泛用之，拭尿矢布亦曰幡。参看上文"帉幡"条。《广韵》："幡，孚袁切。"敷纽字古读滂纽，如攀，从北音转浊，入并纽，则为瓣。幡、番同纽，番亦读并纽如盘也。北音读盘如瓣。②

㡀　《说文·㡀部》："㡀，败衣也。"毗际切。孳乳为敝。"敝，一曰败衣。"

---

① "棉下裀"，汤珍珠等编《宁波方言词典》写作"棉瓦筒"（15 页）。

② "纳"，一般作"衲"，如：衲头、尿衲、尿衲布。《广雅·释诂四》："衲，补也。"章炳麟《新方言·释器》："今淮南、吴越谓破布牵连补缀者为衲头。""纳瓣"，一般写作"衲爿"。

从攴，攴，击也。物受击则败也。敝本实字，虚用之，故今为败坏义。敝，祭韵。祭泰与寒删同入相转，本戴震说。音变为瓣。甬称破鞋曰"破鞋瓣"，旧袜曰"旧袜瓣"。犹蔽为赌具，蔽亦读如敝，俗名为牌，音亦呼为瓣。其例正同。参看上文《释货篇》"蔽"字条。①

　　絥　《说文·系部》："絥，枲履也。"博蠓切。《玉篇》方孔切，轻重唇之转也。段玉裁注："今俗语履之判合为帮，读若邦。"《广韵·十一唐》："帮，衣治鞋履。博旁切。"谓治履衣也。《集韵》："帮，治履边也。"帮为后出字，疑即絥之变体。絥亦作絜。《广韵·三讲》："絜，小儿皮履②。巴讲切。"如綯、輂，又为帮之或体。絥③为枲履，谓履之蒙跗处以枲为之也。履之蒙跗处俗称鞋面，絥本为枲制鞋面，引申为鞋面之泛称。《集韵》谓治履边为帮，履边即鞋面，《集韵》实字虚用耳。今通称鞋面曰"鞋帮"，盖即絥字。东、阳声近，音转字易耳。

　　鞔　《说文·革部》："鞔，履空也。"母官切。《玉篇》莫安、亡阮二切。系传曰："履空，犹履毂（壳）也。"段玉裁注："空、腔古今字。履腔，如今人言鞋帮也。"泛用为履称。《吕氏春秋·召类》："为鞔者也。"高诱注："鞔，履也。"今称鞋帮谓之"鞋面"，面本鞔字。鞔从免声，古音为真类。真、先同部，故转如面。其转入桓韵音瞒者，真、元二类声近相转。桓韵为元类。俗不识鞔为鞋帮义，乃以面为之。面字似可通，而实非正字。方俗讹字相借，类此者不少。④

　　《仓颉篇》："鞔，覆也。"《一切经音义》卷十四引。朱骏声谓鞔之假借。今丧服斩衰、齐衰者，其鞋取旧鞋，以白布覆缀鞋帮上，谓之"鞔鞋"。鞔正读母官切，如鞔。俗讹作幔。《说文》："幔，幕也。"引申为覆义。《广雅·释诂二》："幔，覆也。"幔义似可通，而不若鞔之为真。鞔有履义。

　　绺索絇　《仪礼·士冠礼下》："履，夏用葛，……青絇。"郑玄注："絇之言拘也，以为行戒，状如刀衣鼻，在屦头。"絇通作句。《周礼·天官·屦人》："青句。"郑玄注："絇谓之拘，著舄屦之头，以为行戒。"疏："絇谓屦头，以绦为鼻。"绦（绦）者，《说文》云："扁绪也。"《广雅·释器》："编、绪，绦也。"扁作编，是。《广韵·六豪》："绦，编丝绳也。"今纠线编织如绳，直缀鞋头为鼻，高起如脊，俗呼"络梁"，即絇之遗制。络者，"绺索"疾呼之合声。《说文·系部》："绺，线也。"《宋部》："索，

---

① "破鞋瓣"，一般写作"破鞋扴"，"瓣（扴）"非"敝"之音变。"旧袜瓣"今未闻。
② "履"，原作"屦"，误，径改。
③ "絥"，原作"絑"，误，径改。
④ "鞋面"即为正字，"面"非"鞔"之音变。

艸有茎叶可作绳索。""缕索"云者，谓编缕为索也。梁者，脊也。如冠之脊亦称梁，《后汉书·舆服志》"通天冠"为铁卷梁，"进贤冠"分三梁、两梁、一梁是也。

絇通句。《屦人》释文："音劬，一音姜逾反。"见、群两纽，清浊音俱读。《广韵》絇、句亦并有劬、屦二音。盖絇之言拘，以拘为义，本读见纽；从句声，古音在侯类。故《说文》："絇，纑绳絇也。读若鸠。"《尔雅·释器》："絇谓之救。"鸠、救音同，古人于平仄不甚严析。皆见纽也。句声在侯类，作齐齿细音，故变入幽类，为鸠、救矣。侯类声洪，无齐齿音。若作齐齿，必转幽尤。今鞋头有絇，如脊两条为饰，名"双根梁"者，根即"絇绳"之合声，本《说文》字训联言之，亦即絇以絛为鼻，絛即丝绳之义。见上文《屦人》疏及《广韵》注。"絇绳"声合为緷，古恒切。緷、根声似，真、蒸二类相似，犹其阴声脂、之二类相似也。遂讹焉。若以根为俗语条义，则浅言之耳。犹"鞋鞔"之作"鞋面"也。[①]

屦屟苴　《说文·尸部》："屟，履中荐也。"稣叶切。《玉篇》音先箧切，或作屟。《履部》："屜，先叶切。履中荐也。"《广韵》同。段玉裁注："本音他颊切，转为他计切。"音转形变，字作屜、作屉。《玉篇·履部》："屉，他厉切。履中荐也。亦作屜。"《广韵·十二霁》："屉，履中荐也。亦作屟、屜。"他计切，音替。今履中衬底布曰"屉底"，屉音如吐祸切。盖屟，霁韵，为脂类，脂、歌声近相转故也。歌、麻本同部。齐、麻同入于屑、薛，故亦相转。或云，屉音转麻韵，乃"屟苴"或"屟且"之合声。屟与苴、且义似，故方言类聚言之。苴、且古音本鱼类，鱼、麻相转，故苴、且亦读马韵。且，今音七也切。苴，《集韵》亦音差、音槎，又读侧雅反，见《庄子·让王》"其土苴以治天下"注。《说文·艸部》："苴，履中之藉也。"[②]《说文·且部》："且，荐也。"

黎鞮　《说文·黍部》："黎，履黏也。"《尔雅翼》："古人作履，黏以黍米，谓之黎。"钟案：旧时妇女缠足，贵纤窄为美。有不得纤窄者，乃伪为纤足小履，蹑之而行，谓之"黎胶鞮"，黎即其义也。俗讹作"里高底"。《说文·革部》："鞮，革履也。"都兮切。《方言》四："履，自关而西谓之屦；中有木者谓之复舄。自关而东，复履禅者谓之鞮。"是鞮为复履之禅者。复履即复舄，中有木者也。"黎胶鞮"者，刳木为纤踵，黏于履内以为荐，正合鞮义。是方言名物，多本雅训。鞮亦通靴。《玉篇》："靴，鞋也。"《集韵》谓鞮或从氏。

绅　《说文·糸部》："绅，大丝缯也。"直由切。泛用为凡缯之称。段玉裁注："今缯帛通呼为绅，不必大丝也。"钟案：丝织帛为绅，俗讹作绸，今绸缎字，鲜有作绅矣。

---

① "络梁"之"络"非"缕索"之合声。"双根梁"之"根"非"絇绳"之合声。

② 《说文·艸部》实作："苴，履中艸。""履中之藉也"是《汉书·贾谊传》"冠虽敝不以苴履"颜师古注。

《说文》："绸，缪也。"《广雅·释诂四》："绸，缠也。"非丝织帛之名。绸缎之缎，亦讹字。说详下文。

彰绅 《说文·彡部》："彰，文彰也。"从彡，谓有画文也。绅之有文彩者曰"彰绅"，疾呼声合为绉。今浙江湖州所织丝绅谓之"湖绉"，称绉者，正以其绅有文采也。后则虽非湖州织而有文采，亦名之。绉，本训"絺之细也"。见《说文》。《诗·鄘风·君子偕老》："蒙彼绉絺。"传："絺之靡者为绉。"《说文》："絺，细葛也。"段玉裁注："葛者，絺[①]绤艸也。其缉绩之，一如麻枲。其所[②]成之布，细者曰絺，粗者曰绤。"是绉、絺、葛一类也，非丝织之绅帛也。第"彰绅"合声如绉，遂借用之耳。或曰，此名物之乱也，非必"彰绅"字。如今称葛（华丝葛、毛葛等）皆丝织之缯绅，何尝絺绤艸制成？绅之名绉，亦犹是耳。说存参。[③]

紸 《广雅·释器》："紸，绅也。"曹宪音敷。《说文·糸部》："紸，布也。一曰粗绅也。"段玉裁注："谓大丝缯之粗者。"钟案：布粗而绅细，绅之粗者则似布，故紸训布，又训粗绅，理固相通。今野蚕丝所织之绅，质粗厚而不滑泽，谓之"府绸"，正字当作"紸绅"。或谓野蚕丝绅，始出于之罘，本名"罘绸"，物以地名，犹杭缎、湖绉之例。罘本音浮，今音转如甫；又以罘字僻，易作府。然以物质音义论，紸字义固最胜且当也。今又以布之滑泽细致如绅帛者亦云"府绸"，则紸训布，布若绅耳。

绨 《说文·糸部》："绨，厚缯也。"杜兮切。通作缇。《史记·滑稽·西门豹传》："张缇绛帷。"正义："缇，厚缯也。"《急就篇》："绨络缣练素帛蝉。"师古注："绨，厚缯之滑泽者也。"缯绅之厚而滑泽，今谓之缎，缎即绨之音变。绨从弟声，古音为脂类。脂、元固相转，遂讹作缎。缎本鞭或体《说文·韦部》："鞭，履后帖也。从韦，段声。"或从糸作缎。《通训定声》："今俗用缎为缯帛之名，殆谓帛之坚厚如韦软？"段玉裁曰："今俗以为锦绣段之段。"钟案："锦绣段"语出张衡《四愁诗》，诗义皆谓所赠者薄，报之者厚。段为片段字，犹云锦绣片耳。《说文》云："段，椎物也。"然片段字刘熙《释名》已用之，《释言语》云："断，段也，分为异段也。"后人多宗段氏语，以为绅缎字，本当作段，亦不可从。

或云，缎者，绕之音变。《广雅·释器》："绕，绅也。"曹宪音徒外反。《广韵·十四泰》："绕，细绅。"音兑。泰、换同入相转，同入于末。音正如段。然绕义非厚缯滑泽者也，且为细绅，品质不似，非是。

---

① "絺"字原脱，径补。下文"何尝絺绤艸制成"之"絺"原文亦无，径补。
② "其所"二字原脱，径补。
③ "湖绉"之"绉"非"彰绅"之合声。"绉"，指有皱纹的丝织品，音义来源于"皱"。

繀緰　《说文·系部》：“繀，粗绪也。”式支切。段玉裁注：“粗者，疏也。粗绪盖亦缯名。”《广雅·释器》：“繀，紬也。”《说文》：“紬，大丝缯也。”《广韵·五支》：“繀，缯似布。”钟案：今缯紬有名“线春”者，其质坚厚而稍粗，如布。“线春”本撚丝成粗线织之，旧时木机制，故质厚粗疏无光泽，似布。后进化用铁机，经纬之线皆细而致密滑泽，遂与湖绉相若矣。证诸声义，其正字当作“繀緰”。盖《说文》繀训“粗绪”，绪，條（绦）也。《广雅·释器》：“绪，條也。”《说文》：“條，扁绪也。”绦者，编丝若绳之称。粗绪，谓粗绦也。以粗绦织缯紬，故其缯紬亦名繀。緰者，《广雅·释器》：“緰，绢也。”曹宪音葱。《通俗文》：“轻丝绢曰緰。”《一切经音义》卷十二引。《广韵·一东》：“緰，细绢。”绢者，《说文》：“绢，缯如麦稍。”稍，麦茎也，状其粗。《通训定声》：“谓粗厚之丝为之。”故《释名·释采帛》曰：“绢，紧也，朱骏声曰：紧即紧字。其丝紧厚而疏也。”緰训细绢，谓如绢之紧厚而较细也。其状物质，正与似布之缯曰繀者相类，故方言为状其物，名之曰“繀緰”，谓似繀，亦似緰也。緰，东韵，东、真恒相转，故讹为春。若云繀本线字，“线春”本以粗线为之，无烦作繀，“线緰”谓以丝线织为緰也。然线安知为粗线乎？

缟　《广雅·释器》：“缟，练也。”《说文》：“练，涷缯也。”《淮南·兵略训》：“虽有薄缟之幨。”高诱注：“缟，细缯也。”任大椿《释缯》曰：“练为缯之最细者。布亦曰练。《晋书·王导传》：‘时帑[1] 藏空虚，库中惟布练数千端，鬻之不售。导与朝贤俱制练布单衣，于是士人竞服之，练遂踊贵。’练为细布衣，故士人竞相仿效也。”缟训练，练为缯布细者，则缟义亦如是，高注《淮南》可征也。凡布之细者辄薄。《汉书·韩安国传》：“强弩之末，力不能穿鲁缟。”谓矢远无力，虽薄弱如鲁缟，亦不能穿，正状缟且薄也。今谓布之细薄者为“缟布”，俗讹作交。

毪罽　《说文·系部》：“罽，西胡毳布也。”居例切。段玉裁注：“毳者，兽细毛也。《说文》‘毳’篆下解云尔。用织为布，是曰罽。亦假罽为之。”《通俗文》：“织毛曰罽。”《一切经音义》卷一引。《汉书·高帝纪下》“八年”：“贾人毋得衣锦绣、绮縠、絺纻、罽。”师古注：“罽，织毛，若今毼及氍毹之类也。”《后汉书·文苑·杜笃传》：“烧罽帐。”李贤注：“罽，毛布也。”俗称细毛所织之布为“呢”，旧称“呢”者皆毛织物，輓近线缯棉布之柔厚者亦泛称“呢”，是冒滥用之，非正义。即“罽”之音变，“毪罽”之合声。《广雅·释器》：“毪，罽也。”王念孙疏证：“毪亦罽之细者，毪之言蒙戎也。”毪，曹宪音而恭反，为日纽。日本古泥纽所变，故日纽字有读泥、娘纽者，犹古音之遗。毪，古音盖泥恭切。浓、秾本皆日纽，今并读泥纽，是其例。戎亦日纽，甬俗呼戎姓，亦作女容切。“毪罽”

字训联言，乃声合如呢。呢为"呢喃"字，何尝有毛布义？

毬毥　《说文·毛部》："毬，毛盛也。《虞书》曰：'鸟兽毬髦。'"而尹切，又人勇切。真、东相转。钟案：许所引《书·尧典》文也，今本作"鸟兽毪毛"，疏："毪毛，谓附肉细毛。"释文："毪，如勇反，徐又音而充反。马云：温柔貌。"毬、毥诸音皆日组，日通泥、娘。今称细毛茸盛而温柔者，呼作女充切，即毬、毥字也。俗讹作绒。《玉篇》："绒，如充切。细布也。"凡布、帛、𦋐有纤维茸起如毛者，皆名为"绒"，读女充切。

裂余　《说文·衣部》："裂，缯余也。"系传曰："裁翦之余也。"段玉裁注："引申为凡分散残余之称，或假烈为之。"《尔雅·释诂》："烈，余也。"郭璞注："陈郑之间曰烈。"《方言》二："烈，余也。晋卫之间曰烈。"字又作𥿔。《广雅·释诂三》："𥿔，余也。"《玉篇·巾部》："帤，力制切。帛余也。"亦作𥿔。字训联言之，曰"烈余"，曰"𥿔余"。疾呼声合，皆为庐。鱼、东同入相转，音变为龙，俗作𧝓。今称残余之布帛为"布头𧝓"。头者，绌之音变。绌缯字俗作绸，说详上文"绌"字条。绸、绌皆澄组。古无舌上音，澄组字读作定组，今幽尤韵无定组字，其作定组，必转侯韵，则音如头。布帛之破碎者曰"破布头"，头亦绌字。称"布头"，盖兼布、绌言之。①

褕　或曰："布头"之头，应作褕。《说文·糸部》："褕，褕赀，布也。"度侯切。《急就篇》："服琐褕𢃐与缯连。"颜师古注："褕𢃐，緆布之尤精者也。"段玉裁曰："𢃐、赀同。"褕亦独用为布义。《玉篇》《广韵》并云："褕，布也。"布称"布褕"，盖类聚同义字言之，与一切布绌混称为"布头"者，其指则隘，其义则精。②

绩　《说文·糸部》："绩，织余也。"胡对切，音回。段玉裁注："此亦兼布帛言之也。上文机缕为机头，见'纴'篆下段注。此织余为机尾。绩之言遗也，故训为织余。织余，今亦呼为机头，可用系物及饰物。"钟案：《玉篇》："余，残也。"织余者，谓织布帛之残余。织绌帛之残丝俗称"回丝"，回本绩字。《玉篇》作繣，以贵切，"织余繣"。引申之，织布之余缕谓之"回丝纱"，或亦简呼为"回丝"。今皆用为揩拭机械。及编纠之，为索绹，其丝质者，漆工多用为髹器，濡染油漆，为涂塈之用。③

紙綯　《玉篇·丝部》："綯，音舟。绵也。"舟，知组。知、端类隔相转，綯转端组，

---

① "布头𧝓"，北仑叫"布皮𧝓"，"𧝓"本字不明，但非"烈余"或"𥿔余"合声之变。"布头𧝓""破布头"之"头"为词缀，非"绌（绸）"之音变。

② "布头"之"头"为词缀，本字不是"褕"。

③ "回丝"，外来词，英语 waste 的音译，指废棉纱头。

音变为兜。今煮茧析之为绵曰"绵兜"，即"绵絑"字，絑音转为兜，犹水中地曰洲，音转为斗也。参看《释地篇》。字训联言而倒之也。然絑字诸字书皆未收，《中华大字典》谓见《说文》，检二徐本皆无絑字，盖误记。疑后出俗字。其本字作兜音者，乃"紙綌"之合声。古蚕茧之纯良者，皆缫丝为纺织；其下劣不堪缫丝者，乃煮烂析之为绵，褚于衣袍以御寒。《说文·糸部》："紙，丝滓也。从糸，氏声。"都兮切。钟案：氏亦会意，氏者，下也。见《说文·日部》"昏"篆下解。滓，淀也，凡秽浊沉淀皆在下，故俗称滓浊为"下脚"，引申为贱恶残余之称。丝滓者，犹俗云"下脚丝"也。盖丝茧下劣，不堪缫丝，只得析之为绵。綌者，《说文》云："綌，治敝絮也。""絮，敝绵也。"引申为绵义。《广韵·九麌》："綌，綌绵。"音抚。字从音声，古音本在侯类，故《集韵》亦音匹候切。敷纽古音本作滂纽。"紙綌"云者，谓丝滓之绵也。"紙綌"疾呼，声合为兜。"绵兜"，上海人名为"丝绵"，近甬人多效上海语，亦渐易其名。然湖州、嘉兴产丝区仍名"绵兜"。[①]

𣲕 《说文·㛚部》："𣲕，分离也。"稣旰切。经传皆假散为之。引申为疏散义。凡物之疏而不紧敛者亦曰散。黹绣所用之丝线，其纠合不紧可析为细绤者，曰"𣲕线"，俗讹作"三线"。寒山与覃凡声似，故讹为三。𣲕音若三，丝者若四，俗取其偶对也。

缁缕 《说文·糸部》："缁，大丝也。"口皆切。又："缕，线也。"缕从娄声，古音为侯类，读如篓。今在麌韵，侯、鱼两类声近相转。今丝线之粗大者名为扣，如"二扣""三扣"。"二扣"粗于"三扣"。扣，即"缁缕"之合声。"缁缕"云者，谓大丝之线也。

线缕 《说文·糸部》："缕，线也。""线，缕也。"段玉裁注："此本谓布线，引申之，丝亦称线。"线、缕义同，字训联言之曰"线缕"。缕今在麌韵，麌为鱼类。"线缕"疾呼，声合为须。鱼、麻相转，音变为纱。今称织布之缕为"纱"。纱本纱縠字，夏衣所用，稀疏之布帛名纱是也。今用为纱线字者，本"线缕"合声之变。今通称棉纺之缕为纱，线则丝、麻、棉所纺，悉混名之。如麻线、丝线、棉纱线，皆是。古无木棉，棉缕称纱，于古训固无征。或以为练之假字，《玉篇》："练，所於切。纺粗丝也。"鱼、麻相转，音讹为纱。棉纺之缕固粗于丝，遂以"纺粗丝"之练名之。姑并志之，存参。[②]

靪踵 《说文·革部》："靪，补履[③]下也。"当经切。系传曰："今履底下以线为结谓之钉底，是也。"《广雅·释诂四》："靪，补也。"段玉裁曰："今俗谓补缀曰打补靪，当作此字。"钟案：靪从丁声，古音为耕类，耕、阳声近相转，音变为打。今在阳韵。今履底勩薄将穿，加补革底于下，俗呼"打掌"，即"靪踵"字。踵，东类，东、

---

① "绵兜"之"兜"非"紙綌"之合声。
② "纱"即为正字，非"线缕"合声之变，亦非"练"之借字。
③ "履"，原作"屦"，误，径改。

阳声近，故转为掌。凡履破敝以踵为甚，故补履底曰"靪踵"。今有云"打前掌""打后掌"者，泛用而谬称之耳。①

　　◇缀，古音在端组。"补靪"本是"补缀"之音变，参看下文"缀"字条释。段注徇音傅会，非是。

　　靫　《字林》："靫，刺履底也。"《类篇》引。《广韵·六至》："靫，履靫底也。"直利切，音稚。字亦作靫。靫，澄组，浊音转清，澄转知组，音变为致。靫、緻同音，犹俗称"细緻"，緻亦读如致。今鞋工以鞋緎缝合于鞋底谓之"靫鞋"，正读如致。靫与黹音义相若，或云字亦可作黹。黹说详下条。

　　黹　《尔雅·释言》："黹，紩也。"郭璞注："今人呼缝紩衣为黹。"《说文》："紩，缝也。"《说文·黹部》："黹，箴缕所紩衣。"《广韵·五旨》箴作针。猪几切。《书·益稷》："絺绣。"郑玄注："黹，紩也。紩以为绣也。"朱骏声曰："紩为绣文曰黹。"今刺绣俗呼"做绷子"，子即黹字。黹，知组，今音知、照混同，而照、精类隔声转，故讹为子。绷，急也。刺绣者所绣之缯帛，必系架上，使绷急也。②

　　緉　《广雅·释诂二》："緉，缝也。"曹宪音鱼劫反，同业。鱼为疑组，今疑组细音多如泥、娘，业亦读泥组。业声字古音为谈类，谈、宵对转，音变为尧。尧亦疑组，今亦读泥组。甬俗通称针线缝合为"尧"，即緉字。③

　　缏　《说文·糸部》："缏，一曰緶衣也。"《广韵·二仙》："缏，缝也。"音便。朱骏声曰："缝缉其边曰缏，当为此字本训。"钟案：今以两布缝合曰"缏"，即缝缉其边之意；衣工操作有称"尧缏头"者，即其事。尧即緉字。见上条。头者，叠之音变。叠古音为谈类，谈、侵声近，朱骏声叠入临部，即侵类。侵、幽对转，故变为头。凡幽类作舌头音字，必转侯类。《仓颉篇》："叠，重也，积也。"《一切经音义》卷九引。《广雅·释诂四》："叠，诎也。"朱骏声曰："谓衣裳襞积也。"《说文》"诎"篆下曰："一曰屈襞。"可互参。"緉缏叠"，正缝衣襞积处也。④

　　緁齏绰　《说文·糸部》："緁，缏衣也。"七接切。亦作緝，通作缉。《仪礼·丧服》传："斩者何？不缉也。齐者何？缉也。"假缉为之。齐即齏假借。《说文·衣部》："齏，缏也。"即夷切，音咨。緁、齏皆缏义。缏，缝也。见《广韵》。今衣工制衣，有云"緁齏口"，即衣之边缘叠摺而密针缝紩之，所以使衣缘整饬也。凡云"緁"者，皆积叠二层以上布帛密紩之，故制紩鞋底亦云"緁"，盖制鞋底，以十余层布积叠而贯紩之。

----

① "打掌"非"靪踵"之音变。"打"即为正字。
② "做绷子"当作"做绷子"，"子"为后缀，本字不是"黹"。
③ 针线缝合称"尧"，本字当是"绕"，非"緉"之音变。
④ "尧缏头"，今未闻。

俗作刺，非。刺为刺绣，非缝合也。

　　"緁齎口"，亦名"緈齎口"。《玉篇·糸部》："緈，轻革切。紩也。"《广韵·廿一麦》音楷革切。《玉篇》溪纽，《广韵》见[①]纽，牙音相转。甬衣工呼緈正如革。緁从疌声，古音为谈类。谈、宵对转，音变为俏，俗作緢。凡缝合之，或称"緢"，如云"緢领头""緢贴纸"。或谓緢乃敆之音转。《说文·支部》："敆，系连也。《周书》曰：'敆乃干。'"居天切，见纽。邻转溪纽，故如跷。系连犹缝合，惟非针紩之耳。[②]

　　缀　《说文·叕部》："缀，合箸也。从叕、糸。"陟卫切。段玉裁注："联之以丝也。会意。"《广雅·释诂四》："缀，连也。"《礼记·内则》："衣裳绽裂，纫针请补缀。"谓衣之缝线解裂，则补缮缝合之也。今衣服绽裂，以针线粗率缝联呼如瘵，侧界切。即缀之音变。缀，祭韵，知纽；瘵，怪韵，照纽。知、照今混同，祭、泰、怪、夬亦声近相转。犹祭祀之祭亦读如祭伯邑名之祭，如瘵矣。

　　缀，知纽，古音当在端纽。古无舌上音，凡舌上音字皆作舌头音，故端、知类隔。《礼记·檀弓下》："殷主缀重焉。"释文："缀，丁劣反，又丁卫反。"《广韵·十三祭》"缀"下亦音丁劣切，皆古音也。缀从叕声，古音在脂部。脂、真对转，音变丁因切，俗讹作钉。真文部无端纽字，惟魂韵有之，故借声近之耕类青韵中钉字为之。今谓以线缝合为"钉"，如"钉鞋带""钉组子""钉书"。钉无缝合义，应是缀之转音。《说文》："钉，鍊鉼黄金也。"段玉裁谓鍊金成饼状也。若木工缀合器材之钉，乃镝之音变也。[③]

　　缀裘　《说文·裘部》："裘，皮衣也。"《叕部》："缀，合箸也。"凡制裘衣者，必分裂其皮毛，集色泽相类缀合成幅以成衣。曲选有名"缀白裘"者，即取集义。又制裘衣者，必缀裘于布帛而为衣。甬俗呼为"雕"，"雕"即"缀裘"合声之变。缀，古音在端纽；见上文音丁劣反。裘，古音在之类，今隶尤韵，之、幽声近相转。幽尤通萧肴，之、宵两类亦声近相转。"缀裘"疾呼声合，则如雕。甬语制皮衣曰"雕皮袍子""雕皮袄"。或曰，缀为脂类，脂、萧亦多相转（本王念孙说），缀亦得音转为雕。然方言中用缀义而作雕音，仅见于制裘，故不如取合声为是。

　　被皮　《释名·释形体》："皮，被也，被覆体也。"引申为物体外被者之通称。裘衣必施布帛，被以为表，甬俗呼为"面爿"。爿，俗音如瓣，即被字，亦皮字也。皮声字古音在歌类，颇、跛、破、坡、波等字皆从皮声。歌、元对转，故音如瓣。

　　敹　《书·费誓》："善敹乃甲胄。"郑玄注："敹，谓穿彻之，谓甲绳有断绝，

---

① "楷"声母有见、溪两读，《广韵》"緈"音"楷革切"，"楷"实读溪纽，则"緈"亦读溪纽，而非见纽。
② "緢"，通作"缲"（qiāo），"缲"今为通语。
③ "钉"非"缀"之转音。

当使敕理穿治之。"释文:"敕,了雕反。"朱骏声曰:"敕,穿紩也。"章炳麟《新方言·释器》:"凡非绽裂而粗率缝之亦曰敕。按:此本王玉树说。敕,通语也。"钟案:敕音聊,古音为宵类。宵、幽声近,音转为溜。甬俗称粗缝为"溜"。衣工称"溜"者,谓一针连贯数孔,上下其锋,屈襞其布,而并紩之。或谓之为"纳"。详下条。

纳　《急就章》:"针缕①补缝绽紩缘。"颜师古注:"纳刺谓之紩。"《广雅·释言》:"紩,纳也。"以是反释,则纳亦紩义。今妇女缝纫有所谓"纳"者,以一针连贯数孔,上下其锋,屈襞其布,而并紩之。或谓之"敕",音如溜。释见上条。纳之言妠也。《广韵·廿七合》:"妠,妠妠,聚物。"谓屈襞其布,聚而并紩之。溜之言屡也。屡,数也。数刺其锋,连贯并紩之。方言名事物,初聆似不可解;细核之,皆隐含古训。②

幽　《广雅·释诂二》:"幽,绷也。"曹宪音布耕切。王念孙疏证:"幽、绷声义并同,绷亦缝也。"钟案:今称缝合之粗率者,曰"幽",缝合几针曰"幽几针",缝纫线迹之粗劣者,诮之曰"草筋幽"。筋当为墐之声误,墐读如谨也。详后《释宫篇》"墐"字条。幽音如绷,在阳韵,耕、阳声近相转也。③

绗　《玉篇·系部》:"绗,行孟切。缝紩也。"《广韵·四十三映》:"绗,刺缝。"音行。今衣工呼"绗"如行列之行,在唐韵。"绗"者,施于棉袷衣,使表里合著。以长针为之,针迹长短相间,露于表里者短,伏行隐贯于表里之中者长;皆纵列为之,绗无横也。所用之针曰"绗针"。称"绗"者,俗亦谓之"繜"。说详下条。

繜　《广雅·释诂二》:"繜,绷也。"曹宪音隐靳切。朱骏声曰:"绷,犹缝紩也。"《说文》:"绷,氐人殊缕布也。"此非其义。盖绷之言并也,形声兼会意,从糸、并,朱说得之。凡缝紩,皆以糸并合之。《通俗文》:"合紩曰繜。"《一切经音义》卷十四引。《广韵·十九隐》:"繜,缝衣相著。"皆以并合为义。今衣工缝紩棉袷衣,使表里合著谓之"繜",亦谓之"绗",今称缝紩被褥之长针曰"繜被针"。

足　《列子·杨朱篇》:"以昼足夜。"释文:"足,益也。"《广韵·十遇》:"足,足添物也。"凡事物有不足者,添益以足之,亦云足。俗音转,字讹作找。盖足古音为侯类,从严可均、朱骏声等说。侯、幽声通,段玉裁《音均表》足声正入幽类。幽赅萧、豪,道从首声,梼从寿声,铜从周声,尻从九声等,又如包声、老声、好声、爪声,古音皆在幽类。故音如找。今衣袖不足长而接益之谓之"找袖",买物付值不足,续付以足其值亦云"找"。参看上文《释货篇》。《新方言》以为"找袖"当作"爪",其引《释名》云:"爪,绍

---

① "缕",原作"镂",误,径改。
② 本条说"溜之言屡也,屡,数也",上条说"溜"为"敕"之音转,彼此矛盾。
③ "幽",通作"绷"(bēng),"绷"今为通语。

也。”此明古音爪、绍相同。今衣工谓袂端接袖为爪袖，爪即绍也。以上章氏说。钟案：爪、绍叠韵，《释名》取训或以双声，或以叠韵，取其两音仿佛近似而已，所释字训未必音义尽同。如：“天，显也。”又：“天，坦也。”“木，冒也。”“电，殄也。”天显叠韵，天坦、木冒双声，电殄双声亦叠韵，究之，天不能用为显义、坦义，木、电不能用为冒义、殄义，则指爪字不能用为绍继义甚明，故不从。段玉裁于《说文》“天，颠也”下注云：“凡言‘元，始也’‘天，颠也’，皆于六书为转注，而微有差别。元、始可互言之，天、颠不可倒言之。盖求义则转移皆是，举物则定名难假。”然则爪为定名，不能用为绍义可知。

纰　《尔雅·释言》：“纰，饰也。”郭璞注：“谓缘饰。”《礼·玉藻》：“缟冠素纰。”郑玄注：“纰，缘边也。读如埤益之埤。”纰亦作綼。《仪礼·既夕礼》：“縓綼緆。”郑玄注：“饰裳在幅曰綼。”释文：“綼，音毗支反。即纰也。”钟案：今于衣之内缘，傅以阔寸许与衣表相同之布帛，谓之“帖纰”，即缘边之义。帖者，沾之入声。《说文》：“沾，益也。”他兼切。今字作添。帖、沾皆从占声，故沾转入，如帖。“帖纰”谓添益之缘饰耳。《说文》：“帖，帛书署也。”今谓之书签。然《说文》“𩊠”篆解云：“履后帖也。”帖谓形似书签耳。

卷　《礼·玉藻上》：“龙卷以祭。”郑玄注：“龙卷，画龙于衣。字或作衮。”释文：“卷，音衮，固本反。”《礼·王制上》：“三公一命，卷。”郑玄注：“卷，俗读也。其通则曰衮。”是龙衣为卷，读如衮。《左传·桓二年》：“衮冕黻珽。”疏：“衮之言卷也，谓龙首卷也。”《释名·释首饰》：“衮，卷也，画卷龙于衣也。”是衮之本义为龙卷。方言引申用之，凡卷亦名衮。卷又通裷。《荀子·富国篇》：“天子袾裷衣冕。”杨倞注：“裷，与衮同。”今俗称物作席卷者曰“滚”，衣工制衣，于衣之周边以卷裹如轴为缘饰者亦曰“滚”，滚即衮也。衮即卷义，亦即卷字，惟卷音读如衮耳。卷为见纽细音，古音为元类；衮为见纽粗音。同纽粗细音相转，又真、元声近相转，故卷音变为衮。

抠攀　《说文·手部》：“抠，繑也。”口侯切。《糸部》：“繑，绔纽也。”然则抠亦绔（裤）纽义。朱骏声曰：“谓扣结所纽也。今俗钮扣字以扣为之。”“钮抠”亦称“钮襻”。《广韵·三十谏》：“襻，衣襻。”普患切。襻疑后出俗体，即攀字耳。攀，《说文》作𠬡，云：“引也。”见《𠬡部》。或从手、从樊作攀。段玉裁注：“今作攀，《公羊传》作扳。”“钮攀”，所以牵引其钮也。

卷　《史记·滑稽·淳于髡传》：“帣韝鞠𦜕。”集解引徐广曰：“帣，收衣褎（袖）也。”索隐：“帣，音卷。”今衣袖折叠使短曰“袖子卷起”，卷正应作帣。《说文·卩部》：“卷，𠟸（膝）曲也。”引申为凡曲之称。衣袖折叠固卷曲也，今作卷，固无不可，然希为正字。

结系　《说文·糸部》："结，缔也。"引申为系缚亦曰结。《文选·西京赋》："罥罗之所羁结。"薛综注："结，缚也。"《鬼谷子·捭阖篇》："结其诚也。"注："结，谓系束。"《诗·豳风·东山》："亲结其缡。"马瑞辰《毛诗传笺通释》："结缡，谓结其蔽膝之带。蔽膝，义见上文"袆膝"条。故《韩诗章句》：'缡，带也。'带所以系。"是结犹系也。《史记·张释之传》："王生老人曰：'吾袜解。'顾谓张廷尉：'为我结袜。'释之跪而结之。"索隐："结，音如字，又音计。"结袜，谓系其袜带也。古袜上端以带系于腨，使不坠。今僧袜犹如是。今系鞋带、裤带，以及布幱围裙之系于身，几案施帷而系之，系皆呼如计，即结读长言转去声，如索隐所音也。不独"魋结"字读如髻，音同计矣。《汉书·陆贾传》："尉佗魋结箕踞见贾。"师古注："结，读曰髻。"

或曰，衣袜之系缚呼如计者，即繫（系）之本音。自甬读繫如系，胡计切，匣纽。北音讹读晓纽，如醯去声，浊音转清故也，非正音。遂失其字。《广韵·十二霁》："繫，缚繫。又口奚、胡计二切。"古诣切，音计。是繫有见、溪、匣三纽俱读。牙喉见匣，互转最繁。係，亦有计、系二音也。北音亦讹入晓纽，读如醯。[1]

縈　《说文·糸部》："縈，收韏也。"於营切。《诗·周南·樛木》："葛藟縈之。"传："縈，旋也。"《文选·思玄赋》："临縈河之洋洋。"李善注："縈，纡也。"凡收韏者，皆旋转而纡络之，故《通俗文》云："收绩曰縈。"《一切经音义》卷三引。段玉裁曰："收卷长绳，重叠如环，是为縈。"今甬语收引线索络绕于器谓之"縈"，呼如嬰。

绀　《释名·释采帛》："绀，抽也，抽引丝端出细绪也。"《汉书·司马迁传》："绀史记石室金匮之书。"绀即引取义，颜师古音胄。今缫茧出丝，引而收之，曰"绀丝"。凡线索长绳收引之，皆曰"绀"，正读如胄。钟案：抽，彻纽，绀，澄纽，抽转浊音，变澄纽，即作绀音。[2]

繎纽　《说文·糸部》："繎，丝劳也。"《通训定声》从《玉篇》作"丝縈也"。劳、縈形似，而縈义为长。繎，如延切，日纽。日通泥、娘，日本古泥纽所变。方言多古音，繎读古音泥纽，则如年。《广韵·二仙》袄纽："繎，繎丝难理。"今丝缕縈旋蟠结俗呼"打句繎"，繎音正如年。句本侯韵见纽，转浊音群纽，呼如共欧切。参看《释形体篇》"句"字条。丝蟠结，故难理也。

或曰，丝缕蟠结呼如年者，乃纽之音变。《说文》："纽，一曰结而可解。"女久切。

段玉裁注："结者，缔也。缔者，结不解也。皆见《说文》。其可解者曰纽。"今丝缕蟠结，往往揉之引之而解，故云纽。纽从丑声，古音为幽类。幽、之声近相转，则如尼。之韵无泥、娘字，故借用脂类字。尼、年声似。犹牛古音亦在之类，读如疑也。

皂绛　《广雅·释器》："缁谓之皂。"又云："皂，黑也。"柞栎实曰皂斗，《说文》作"草"。皂斗壳为汁，可以染黑。见陆玑《毛诗草木疏》。《释名·释采帛》："皂，早也，日未出时，早起视物皆黑，此色如之也。"《说文·糸部》："绛，大赤也。"今人称红，古谓之绛；古人称红，今谓之淡红。今布帛有云"藏青"色者，藏即"皂绛"之合声，其色本黑、赤、青三者相兼而成。皂、绛、青三色联言为词，疾呼则"皂绛"声合，字讹作藏。绛韵今音混入阳唐，与钢音无异，故讹为藏尔。[①]

黮　《说文·黑部》："黮，桑葚之黑也。"他感切。《广雅·释器》曹宪音敕感反，为彻纽，盖透、彻类隔，音转故也。又曹音都甚反，则北音透、定为清浊，转浊音，为定[②]纽，又覃、侵同部相转。桑葚之黑，黑中兼紫，桑葚汁染衣，可征其色。黮从甚声，古音为侵类。侵变为盐，则音如添。甬有菜，其叶皱而黑，隐兼紫色，名"忝菜"，即黮字。盐、先声似，俗讹作"天"。今布帛有名"天青"或"天蓝"色者，其色即紫青或紫蓝相兼而黯黑。天之色为苍，为碧，虽为青，未尝有紫黑相入也。"天青"与"藏青"相似，而"天青"紫较甚，"藏青"黑较甚，"天蓝"则蓝紫较甚。[③]

殷　《左传·成二年》："左轮朱殷。"杜预注："朱，血色。血色久则殷，殷音近烟。今人谓赤黑为殷色。"释文："殷，於闲反。"徐仙民音於震反，则如字。殷本真类，真变为先，故音如烟。真、元声近，故於闲反。今布帛有云"燕青"色者，其色为青中微兼赤黑，燕即殷读如烟之讹。"燕青"为说部中人名，无色义。犹下文"绁绯"之讹为"香妃"，以其音与习闻之人物名相似者，遂以此人物为名焉。

涅　《说文·水部》："涅，黑土在水中者也。"奴结切。《广雅·释器》："涅，黑也。"《论语·阳货》："涅而不缁。"孔安国注："涅，可以染皂。"涅，屑韵。屑为先入，长言转平，音变如年。今布帛深蓝近黑者呼如"年蓝"，即"涅蓝"也，谓黑蓝也。俗讹作"二蓝"，以吴越二音似年。二，日纽，日通泥、娘。年，先韵，脂、先同入相转，同入于质。故年又似二。

皏　《广雅·释器》："皏，白也。"曹宪音普幸反。《玉篇·白部》："皏，

---

① "藏青"之"藏"非"皂绛"之合声。
② "都甚反"之"都"为端纽而非定纽，应氏疏忽了。另外，"黮"确有定纽读法，《广韵·感韵》："黮，黭黮，云黑。徒感切。"
③ "天青""天蓝"之"天"即为正字，"天"非"黮"之音变。

䣓餲白也，又浅薄色也。"凡黑赤青黄诸色，设和以白，色即浅薄。今布帛浅蓝色俗呼"品蓝"，品即䣓之讹。品，侵类，䣓，耕类。今音侵、真声似，而真、耕又声邻相转，故讹为品。

或曰，品乃缥之音转。《说文·糸部》："缥，帛青白色也。"《释名·释采帛》："缥，犹漂也。漂漂，浅青色也。"《广雅·释器》："缥，青也。"曹宪音匹绍反。缥从票声，古音为宵类。宵、幽声近，幽、侵对转，故音如品。"缥蓝"云者，谓浅青之蓝也。

黝　《说文·黑部》："黝，微青黑色也。"於纠切。《尔雅·释器》："黑谓之黝。"孙炎注："黝，青黑。"见《礼记·玉藻》正义引。钟案：青黑，犹今言墨绿色，"微青黑"则淡墨绿也。俗称绿之深黯者曰"绿黝黝"。黝为幽类，幽、侵对转，音变为阴。绿之深黯亦曰"绿阴阴"。

黤　《说文·黑部》："黤，青黑色。"於槛切。字从奄声，古音为谈类。谈、宵对转，宵、阳又同入相转，同入于药。黤转阳韵，音变为甬语樱桃之樱。樱读阳韵。今言色之青黯者曰"青樱樱"。严可均谓东、侵、谈声近。阳从东转，可通谈。或曰，此㙤之音转，《集韵·十四太》："㙤，青土谓之㙤。"於盖切。然㙤《说文》训"壁间隙"，训为青土，于古无征。[1]

皑艾　《说文·白部》："皑，霜雪之白也。"五来切。《广雅·释器》："皑，白也。"疏证引刘歆《遂初赋》："漂积雪之皑皑兮。"则重言为词。今云色差白者曰"白皑皑"。或曰，此是艾字，若皑，则白甚也。《荀子·正论》："共艾毕。"杨倞注："艾，苍白色也。"《礼记·曲礼》："五十曰艾。"疏："发苍白色如艾也。"称差白为"艾"，此其近之。

黇　《说文·黄部》："黇，白黄色。"他兼切。《广雅·释器》："黇，黄也。"王念孙疏证："谓黄色之薄者也。黇之言沾也。沾，薄也。"钟案："沾，薄也"，见《广雅·释诂一》。本作襑，薄、襑通。沾、黇声同，沾之入声为帖。今言色之淡薄不厚者曰"白帖帖"，色薄近于白矣。黇从占声，古音为谈类。黇转谈韵，音变如甜。毯平声。今色黄而浅白俗呼如"黄甜瓣"，即"黄黇白"之音变。白随甜之余音同化而叠韵，故变为办。参看《方言上下字同化叠韵说》。○谈、覃、衔、凡诸韵皆无並纽字，上去声皆然。今音覃、寒、凡、删音混，故借用襕韵瓣字。[2]

皤　《说文·白部》："皤，老人白也。或从页，作頗。"钟案：谓老人之首白也，故或从页。《汉书·叙传下》"三十九赞"："营平皤皤。"师古注："皤皤，白发貌也。"

---

[1] "青樱樱"，一般写作"青嫈嫈"。《广韵·庚韵》："嫈，青貌。於惊切。"
[2] "黄甜瓣"一词今未闻。

《后汉书·樊准传》："故朝多皤皤之良。"李贤注："皤皤，白首貌也。《书》曰：'皤皤良士。'"所引《书》盖《秦誓》文，今本《尚书》作"番番"。《史记·秦本纪》："黄发番番。"正义："字当作皤。皤，白头貌。言发白而更黄，故云黄发番番。"皤为老人发白，其白往往转微黄，故皤虽训白，而有微黄义。皤，音波，亦音婆，见《广韵》。帮、并两纽清浊俱读。皤从番声，古音为元类。元、歌对转，故今在戈韵。元、阳声近，歌、阳亦相转。皤读波，转阳韵，其音如浜。百猛切，俗音在阳韵。今谓色黄而不甚者曰"黄浜浜"，即"黄番番"字，以老人发微黄义为状也。

　　黅　《广雅·释器》："黅，黄也。"《玉篇·黄部》："黅，齿隆切。黄色。"东转江阳，音变为苍。今呼色黄曰"黄苍苍"。"苍"本训草色，见《说文》。草色青，引申为色青皆云"苍"，如"苍天""苍松""苍蝇"，皆其例。苍无黄义。

　　緗绯　《说文·糸部新附》："緗，帛浅黄色也。"息良切。"绯，帛赤色也。"甫微切。绯之言菲也。菲，薄也。见《小尔雅·广言》。绯之训赤，盖浅薄之赤也。今谓之"妃色"，妃即绯之讹。其以浅黄与浅赤相合之色谓之"香妃色"，即"緗绯"字。"香妃"人名，于义无当。

　　绯从非声，古音为脂类。脂、真对转，微、文同入亦相转。音变为粉。今称浅红为"粉红"，即"绯红"也。若谓以粉调红则色淡，故称"粉红"，然淡黄、淡青未尝称"粉黄""粉青"，可以思其故，悟其谬矣。①

　　淡荀　《说文·水部》："淡，薄味也。"引申为色薄亦云淡。淡，古音为谈类。谈、宵对转，音变为桃。今称淡红曰"桃红"，桃正淡字。桃实之红或绛而紫，非淡红也。或曰，桃指桃花言，桃花色淡红，故云尔。犹荀草之花黄，今状色黄曰"荀黄"，同其例。《山海经·中山经》："青要之山有草焉，黄华赤实，名曰荀草。"然荀草殊少见，方言似不致用此僻词。或谓"荀黄"乃"松黄"之音转，松花色黄，通俗皆知，故喻为名。东、真相转，故音如荀。并志存参。②

　　缙　《说文·糸部》："缙，帛赤色也。"即刃切。《汉书·郊祀志上》："缙绅者勿道。"注引臣瓒曰："缙，赤白色。"《玉篇》亦云："缙，帛赤白。"《广韵·廿一震》："缙，浅绛色。""浅绛"与"赤白色"异文同义，然则《说文》"赤"下当有"白"字，今本误夺之矣。浅绛合黄，其色如橙橘。橙橘之黄，俗称"金黄色"，即"缙黄"之讹。金、缙声似，见纽齐齿往往与齿音精、照相乱；金，见纽；缙，精纽。侵、

---

① "粉红"即为正字，"粉"非"绯"之音变。
② "桃红"即为正字，"桃"非"淡"之音变。"或谓'荀黄'乃'松黄'之音转"，是。

覃、咸、盐失其闭口，即类于真、寒、删、先，故金、缙相讹。今闭口音应收声于唇者，除闽、广少数地区尚存外，南北鲜有之矣。①

瑕霞 《说文·玉部》："瑕，玉小赤也。"《汉书·扬雄传上·甘泉赋》："噏清云之流瑕兮。"师古注："瑕，谓日旁赤气也。"《文选》作霞。《说文新附》："霞，赤云气也。"瑕、霞并匣纽，北音匣为晓浊，瑕转清音，入晓纽，则音如甬呼虾蟹之虾。火加切，开口呼。今谓色不甚红者曰"红瑕瑕"，音正如虾蟹字。霞转晓纽，或作撮口，则音如花。甬俗嘲人虽好而不足称者曰"斜霞色"，俗讹作"茄花色"。甬称瓜茄之茄音如澄夜切。称"斜霞"者，谓其虽好而不永也。即唐人诗"夕阳无限好，只是近黄昏"之意。或云，"茄花"即"夕晖"二字之转音。夕本斜本字，见上文《释语篇》。晖，微韵，为脂类。脂、歌相转，故如花。②

彤 《说文·丹部》："彤，丹饰也。"丹训赤石。丹虽赤色而非大赤。大赤曰绛。《仪礼·乡射礼下》："凡画者丹质。"郑玄注："丹浅于赤。"然则彤亦浅赤之色。彤，徒冬切。浊音转清，定转端纽，音变为冬。俗谓浅赤曰"红冬冬"，即彤字也。

华图 《说文·华部》："华，荣也。"户瓜切，又呼瓜切。匣、晓清浊俱读。段玉裁注："俗作花。其字起于北朝。"《书·顾命》："华玉仍几。"传："华，彩色。"《礼记·檀弓上》："华而睆。"郑玄注："华，画也。"凡荣茂有文采者皆谓之"华"。今布帛之文采俗呼"花头"，即"华图"字之音转。《广雅·释诂四》："图，画也。"华、图皆画义，故方言类聚言之。图，模韵，为鱼类。鱼、侯声近，故转为头。俗称人情多变曰"花头"，此乃"七图"字之音转。《说文·七部》："七，变也。"呼跨切。经传多借化为之。化本教化字，与变化义不同。自化行，而七废矣。《尔雅·释诂》："图，谋也。""七图"谓变化之图谋也，亦谓变化之形状也。图，画也。《尔雅·释言》："画，形也。"③

藻 布帛文采之盛，亦曰"花草"，正字当作"华藻"。《礼记·玉藻》："天子玉藻。"郑玄注："杂采曰藻。"《文选·七启》："华藻繁缛。"李善注："藻，文采也。"藻音早，精纽。精、清邻转，精纽加以送气，便入清纽。故讹为草。"华藻"，北语亦讹作"花招"。招，照纽，宵韵。精、照类隔，宵、豪同类，故皆相转。招为招来字，手召曰招，无文采义。④

---

① "金黄"即为正字，"金"非"缙"之讹。
② "茄花色"之"茄花"非"斜霞"或"夕晖"之转音。
③ 布帛之文采俗称"花头"，"头"为后缀，非"图"之音转。人情多变称"花头"，"花头"即为正字，非"七图"之音转。
④ "花招"即为正字，非"华藻"之讹。"招"本指一种武术动作，引申为手段、计策。

华泡　《方言》一："华，晠也。齐楚之间或谓之华。"晠即盛。《方言》二："泡，盛也。江淮之间曰泡。"今谓文采繁缛曰"花泡"。花即华字。"华泡"，皆谓其盛也。

疏缜　《说文·㐬部》："疏，通也。"凡可通者必有孔隙，引申为稀疏，为疏散。《楚辞·九歌·东皇太一》："疏缓节兮安歌。"王逸注："疏，稀也。"疏与缜为对词。《礼记·聘义》："缜密以栗。"郑玄注："缜，致也。"凡布帛织缕，密致为缜。缜，犹积也。种植之稠密为积，织缕之稠密为缜。俗作紧。《说文》："紧，缠丝急也。"反缜为疏。疏，鱼韵。鱼、模转麻，音变为纱。甬俗称布帛织缕稀疏为"纱"，因名稀孔之布为"纱布"。疏读如纱，犹所今读纱上声。所本疏举切，语韵，疏上声。①

繐　《说文·糸部》："繐，细疏布也。"私锐切。《仪礼·丧服传》："繐衰者。"郑玄注："凡布细而疏者谓之繐。"繐，祭韵。凡支、脂、微、齐、祭韵字，上去例同。皆有轻重音二类。《音韵阐微》亦分列之。然各地方音，往往轻重音互转。繐转轻音，则如四。今市布之细而疏者，未尝练治，为本色，俗称本色者，谓未经漂白。谓之"八四布"，即"本色繐布"之合声，"本色"疾呼，声合如八也。

绦　《说文·糸部》："絛，扁绪也。"土刀切。段玉裁注："《广雅》作编绪，《汉书》及贾生《新书》作偏诸，盖上字作编，下字作诸为是。诸者，谓合众采也。《贾谊传》曰：'今民卖僮者，为之绣衣、丝履，偏诸缘。'服虔曰：'偏诸，如牙条②，以作履缘。'又：'白縠之表，薄纨之里，緁以偏诸。'晋灼曰：'以偏诸緁著衣。'然则偏诸之为絛明矣。"钟案：《广韵》："絛，编丝绳也。"编诸丝为绳以为饰，名曰"絛（绦）"。盖其字从條（条）省，易木为糸，编丝为绳，细长如条，会意也。今衣工于衣前后缝合开衩处，防其绽裂，以线重叠回绕，作结以固之，其形如绳之联系，谓之"绦结"，俗作套，即古"以偏诸緁著衣"之意。

---

① "纱布"即为正字，"纱"非"疏"之音变。
② "条"，原作"絛"，误，径改。

卷八　释器

目　录
（括号内小字为俗音及讹字）

涂（镀　搪瓷）　肖模（塑）　镴（镴器　典铜）　廿（铋錧）　鍬①（鏽　锈）　刜（快）

盾戫　《说文·盾部》：“盾，戫也。”“戫，盾也。”字训联言，故呼盾为“盾
戫”。语转字讹，作“盾牌”。戫，扶发切，音伐。古无轻唇音，奉纽字古读並纽，
戫古音当如拔。拔亦音伐，见《广韵·十月》，可旁证奉、並相转之例。戫从友声，古音为泰类。
长言转去声，音变为败。败古音亦泰类。俗不得其字，借声近牌牓字为之。《广雅·释器》：
“牌，籍也。”籍者，《说文》云：“簿书也。”凡簿书不载于纸而载版者谓之牌，
牌犹碑也。易石以版，故从片。《说文》：“片，判木也。”

　　盾，食尹切，神纽，床纽之三等音。准韵；今相承读如囤，为定纽混韵，惟《春秋》
人名“赵盾”读此音。然神纽音本古定纽所变，从黄侃说。读定纽者，犹古音之遗。准、轸、吻、
混韵古音皆真类，准、轸、吻韵皆无定纽字，作定纽，必入混韵，故如囤。抑古音本如囤，
后变神纽，混韵无床纽字，遂移韵以应其纽，作食尹切耳。

　　矛　《说文·矛部》：“矛，酋矛也。”《周礼·考工记·庐人》：“刺兵欲无蜎。”
郑玄注：“刺兵，矛属。”矛者，长柄，前冠锐刃为锋，所以远刺以制敌，俗谓之枪。
矛，莫浮切，尤韵，甬音在侯韵，古音为幽类，幽、侯清浊宏细之转耳。幽通萧、豪，
矛或转萧韵，音变为苗。甬俗呼长矛为“长苗”，或称“苗子”。幽尤韵转读萧韵，
犹彪今音如标，缪音如苗，谬音如妙，皆其例也。

　　鎗　《说文·金部》：“鎗，矛也。”《方言》九：“矛，吴扬江淮南楚五湖之间，
或谓之鎗。”郭璞音错江反。江、阳声近，音转字讹，俗作鎗，或作枪。《说文》：“鎗，
钟声也。”“枪，距也。一曰枪攘也。”皆非兵器名。然《史记·天官书》“天枪”与“天棓”
对举，《晋书·天文志》称“天枪”为“天之武备”，《通俗文》：“刿木伤盗曰枪。”《一
切经音义》卷四引。白居易《琵琶行》诗：“铁骑突出刀枪鸣。”则枪为武器名，由来已久。

　　鉈　《方言》九：“矛，吴扬江淮南楚五湖之间谓之鉈。”郭璞音尝蛇反。字训联言，
曰“鉈矛”，俗讹作“蛇矛”。好事者乃图古人矛头屈曲似蛇以象之。又《广韵·五支》：
“鉈，短矛。”式支切。《集韵》亦音诗车切，支、歌两类声近相转也。甬武术家有
短兵，可刺亦可斫，俗呼如锁，亦鉈之转音。

　　矜　《说文·矛部》：“矜，矛柄也。”《方言》九：“矛，其柄谓之矜。”郭璞注：“今
字作殣。巨巾反。”凡戈矛之柄皆直长如杖，故《方言》又曰：“矜谓之杖。”《广韵·十七
真》：“殣，矛柄也。古作矜。”巨巾切。《欣部》巨斤切。浊音转清，群转见纽，则为

───────────────

①“鍬”，目录及正文原皆作“鍬”（鍬为鍬之讹俗字），今均据正文所引《说文》《玉篇》等原字形改。

古巾切。真、文、欣韵无见组合口呼字，欲应其纽，势必转入同类魂韵，变为古浑切，如昆，俗作棍。今呼梃杖为"棍"。《说文》无棍字，《广韵》音混，木名。《汉书·扬雄传上·反离骚》："棍申椒与菌桂兮。"师古注："棍，大束也。音下本反。"又《传下·解难》："不可棍于世俗之目。"注："棍，亦同也。音户本反。"音义皆非。

棓度 《广雅·释器下》："棓、度，杖也。"曹宪音棓步讲、步项二切。王念孙疏证："《说文》：'棓，棁也。'《淮南子·诠言训》：'羿死于桃棓。'《太平御览》引许慎注云：'棓，大杖，以桃木为之。'俗作棒。"又云："《方言》注云：'今江东呼打为度。'见卷五。《周官·司市》：'凡市入则胥执鞭①度守门。'郑玄注云：'必执鞭度，以威正人众也。度，谓殳也，因刻丈尺耳。'案：古人谓殳为度，以打得名，故郑云'以威正人众也'。"钟案：今呼竿杖木梃之属为"棒头"，即"棓度"之音变，集《广雅》同义字为词也。度，古音为鱼类，鱼、侯声近相转，故如头。方言"头"字为"度"之音变甚多。北人呼杜姓，正如头。李壁注王安石诗："头陀，亦名杜多，梵语也。"此头音返变为杜。陀音转多，定浊转端清也。可证两音之互转。②

或呼棓为"棒棍"，音转为"棒梗"。梗本开口呼，甬语合口呼。棍本矜之音变，见上条。俗音如昆。真、耕声近，耕、阳亦声近，棍转阳类，音如梗。梗虽亦长条，然非杖义。

稂鍴③ 《说文·矛部》："稂，矛属。"力当切。甬猎兽武器，双矛并立如权，其下有响钹，振之作声以惊兽，谓之"稂叉"，俗作狼。稂又为破脓之具。《广雅·释器下》："稂，钹也。"曹宪音郎。钹者，《说文》云："大针也。"《灵枢·九针十二原篇》："五曰钹针，长四寸，广二寸半，末如剑锋，以取大脓。"甬疡医破脓之刃呼为"稂鍴"。鍴，刺也。《方言》九："钻谓之鍴。"郭璞音端。《说文》："钻，所以刺也。"则鍴亦刺义。凡取脓，皆刺入以裂之。

籍擉 《周礼·天官·鳖人》："以时籍鱼鳖龟蜃凡狸物。"郑众注："籍，谓以权刺泥中搏取之。"释文："籍，仓伯反。"《说文·手部》："籍，刺也。从手，籍省声。《周礼》曰：'籍鱼鳖。'"今兵器短剑如匕首者曰"籍子"。或语转为"擉子"。《庄子·则阳篇》："冬则擉鳖于江。"释文："擉，初角反，又敕角反。司马云：刺也。"俗作戳。《广韵》有戳字。《四觉》："戳，刺也。"敕角切。然戳亦后出字。

弶 《玉篇·弓部》："弶，施罥于道也。巨尚切。"《广韵·四十一漾》："弶，张取兽也。其亮切。"今凡猎取鸟兽之机皆曰"弶"，如"老鼠弶""黄狼弶"。又

---

① "鞭"字原脱，径补。
② "棒头"之"头"为后缀，非"度"之音变。
③ "鍴"字原无，据目录补。

或实字虚用，引申伺伏相害义。

庖　《说文·广部》："庖，厨也。"薄交切。厨膳不离于宰割，故庖转训宰。《淮南·说林训》："治祭者庖。"高诱注："庖，宰也。"《史记·三皇本纪》："大皞庖犠（牺）氏……养犠牲以庖厨，故曰庖犠。"古音庖、伏双声，伏，奉纽。古无轻唇，读奉纽如並纽，若僕（仆）。今甬称俯伏音如僕，犹古音未变。故"庖犠"亦作"伏羲"。孟喜、京房皆作"伏"，见《易·系辞下》"包犠氏之王天下"音义。庖转入声如僕。今称厨刀呼若"僕刀"，俗讹作"薄刀"，本"庖刀"也。①

剃　《玉篇·刀部》："剃，篇迷切。削也。"《仓颉篇》："削，平也。"《一切经音义》卷四引。今称"削"者，谓偃刃而平刊之，如"削瓜""削皮"是也。庖厨称偃刃而平刊谓之"剃"，其刀宜轻而平薄。甬有厨刀，轻小而薄，利于剃削，谓之"剃刀"。俗作"片刀"。《说文·片部》："片，判木也。"今用为薄片字。偃刃平刊，固亦薄切，然与片义尚有间。

椹梼　《尔雅·释宫》："椹谓之榩。"郭璞注："斫木榩也。"《广雅·释器下》："榩，椹也。"榩、椹一声之转。《文选·〈捣衣〉诗》注引《尔雅》作"砧谓之虏"。郝懿行义疏曰："砧、榩皆俗体。"今庖人切蔬肉，藉于其下之木榩曰"砧版"，其厚巨之木段曰"砧头"。头者，梼之音变。《说文·木部》："梼，断木也。"徒刀切。梼从寿声，古音为幽类。幽通萧、豪，亦通侯类。幽尤韵无舌头音字，作舌头音者，不转萧、豪，必转侯类。梼转侯韵，故如头。②

斫投　《说文·斤部》："斫，柯击也。从斤，良声。"来可切。段玉裁注："此音恐讹，古音当读如琅。"《新方言·释器》曰："今人谓椎有柄可举击者，为斫头。"钟案：斫，今正读如琅，俗作榔。"斫头"之头，应是投字。《说文·手部》："投，擿也。"《左传·宣十四年》："投袂而起。"杜预注："投，振也。"《庄子·渔夫篇》："被发揄袂。"李轨注："揄，音投。投，挥也。"《后汉书·周黄徐姜申屠传序》："投劾而去。"李贤注："投，犹下也。"投有振挥疾下之义，如云"投河""投崖"是。器物有以"头"名者，如"斧头""斫头""锄头"，春米之"捣杵头"，其器皆以振擿疾下为用，即投义也。虚字实用，遂为物名。俗讹作头，认为助词，非也。③

◇斧头、锄头之头，或云是劂之转音，义取判劈为用，参看下文"劂"字条。

锯　《玉篇》："锯，解截也。"《说文》锯训"枪唐"，义颇费解，然《羋部》

---

① "薄刀"即为正字，"薄"非"庖"之音变。
② "砧头"之"头"为后缀，非"梼"之音变。
③ "斫头""斧头""锄头""捣杵头"之"头"均为后缀，非"投"之音变。

"業（业）"篆下云"捷业如锯齿"，则锯亦是刀锯字。锯从居声，古音为鱼类，见纽合口呼。鱼、侯声近，合开相变，音转为钩。鄞之乡鄙颇有呼锯为钩者，亦双声之转。锯以解截为用，故今谓锯之为解。虚字实用，又以解为物名，犹上条"投"字义。俗又转其声为盖。今通呼锯为盖。解，卦韵，为支类；盖，泰韵，为脂类。支、脂合类相转，故泰、卦亦声近也。①

厝错　《说文·厂部》："厝，厉石也。《诗》曰：'他山之石，可以为厝。'"仓各切。今《小雅·鹤鸣篇》厝作错。《广韵·十九铎》："错，鑢别名。又摩也。"鑢者，《说文》云："厝铜铁也。"《广雅·释诂三》："鑢，磨也。"然则厝、错亦磨销铜铁之具。厝、错皆从昔声，古音为鱼类。鱼、歌声近，音变为磋，俗作锉、作剉。磨销铜铁之具曰"锉刀"。《说文》："锉，鍑也。"鍑，如釜而大口者。"剉，折伤也。"皆非磨销义。或以磋当之，亦非。《玉篇》②："磋，治象也。"治象牙之器，以薄刃十余排列木柄上，进退刮削之，俗谓之镑，与锉刀异。厝、错音转为磋，犹错误、错乱字俗亦呼如磋，在歌类也。

希摩　《方言》七："希、铄，摩也。燕齐③摩铝谓之希。"《玉篇》铝、鑢同。《说文》："鑢，厝铜铁也。"摩通磨。《广雅·释诂三》："希，磨也。""希摩"字训联言，声合为莎。歌变为麻，又转为沙。今治铁木使滑泽，以砥石、木贼草等磨治之，呼如"沙"。又以厚纸或布涂胶，坋以玻璃屑，以磨沙铁木，名曰"沙皮"。或曰，沙是瓹音变。详下条。④

瓹　《说文·瓦部》："瓹，磋垢瓦石也。"初两切。《广韵·卅六养》瓹、碤同，"碤，瓦石洗物。"凡以瓦石去垢，必磨厉以治之，故《广雅·释诂三》："瓹，磨也。"曹宪音爽，为审纽，穿、审固相转。"初两切"为穿纽。阳、庚合类，庚、麻同入相转，同入于陌。音变为沙。今谓砥厉磨治为"沙"。

甀　《广雅·释诂三》："甀，磨也。"曹宪音叉佳反。《广韵·十三佳》："甀，

────────────

① 呼锯为"盖"，"盖"是"锯"之白读音，而非"解"之音变。
② 《玉篇》，原作《说文》，《说文》未收"磋"字，《玉篇》有此训释，故改。
③ "齐"，原作"赵"，误，径改。
④ 宁波话的"沙皮"（当作"砂皮"）相当于普通话的"砂布"和"砂纸"。《现代汉语规范词典》（第3版）"砂布"条："粘有金刚砂或氧化铝砂等的布。用来磨光木器或金属器物等。"又"砂纸"条："粘有玻璃粉或砂状物质的纸。用来磨光或擦亮竹木、金属等器物。"可见"沙皮"之"沙"本字为"砂"，而非"希摩"合声之变，或"瓹"条所说的"瓹"之音变，或"甀"条所说的"瓹甀"之合声。又，用砂纸或砂布磨光竹木、金属等器物亦叫"砂"。

甆甆①，屑瓦洗器。"音叉。屑瓦洗器亦磨治之谓，与甆义同。佳、麻声似，亦同入于麦。故常相转，又音如车。今器物精磨滑泽者曰"车光"，车即甆也。或云，甆之音转为沙，即"甆甆"之合声。甆、甆义同。《广雅·释诂三》："甆、甆，磨也②。"方言类聚同条字为词。

蓥　《说文·金部》："蓥，器也。"段玉裁注："谓摩锃之器也，以金为之。"《广雅·释诂三》："蓥，磨也。"曹宪音胡冥切。《正字通》云："摩金器，令光泽也。"今铜器精磨，有光辉者谓之"云铜"，云即蓥之讹。真、耕相近，喻、匣亦通转也。

刉　《说文·刀部》："刉，刀不利，于瓦石上刉之。"古外切，泰韵。《广韵·十八队》："刉，刉刀使利。"古对切。泰入于末，队入于没，声促转入，音如括，如挖。音骨。今剃发刀于粗布上往来鐾锋以求其利，其布谓之"刉刀布"。俗讹作刮。挖虽训摩，是抚摩，而非磨厉。

鏨　《广雅·释器》："镌谓之鏨。"曹宪音惭。镌者，《说文》云："琢石也。"《通俗文》："石凿曰鏨。"《御览》卷七百六十三引。《广韵·五十四阚》暂纽："鏨，镌石。又音蚕。"钟案：惭、暂、蚕皆从纽，读从浊音而浅之，则变邪纽。今吴越读蚕皆在邪纽，徐含切。有音无字。甬俗称石凿曰"鏨子"，正读邪纽，如蚕。

窌签　《说文·穴部》："窌，窖也。"匹皃切。《周礼·考工记·匠人》："囷窌仓城。"郑玄注："穿地曰窌。"窖亦穿地为之，义相通也。今石工以铁鑯（钎）椎入石内使之罅裂，谓之"窌签"。俗作炮。窌即穿地义之引申。签（籤）者，《说文》云："一曰锐也，贯也。"

碫　《说文·石部》："碫，厉石也。"丁贯切。厉即砺。《广韵·二十九换》："碫，砺石。"实字虚用，使石厉之为砺，亦云碫。今石磨勘钝，石工以鏨凿之使利，谓之"碫磨"。俗作断。③

追　《诗·大雅·棫朴》："追琢其章。"传："追，彫也。"释文："追，对回反。"《周礼·天官·序官》："追师。"郑玄注："追，治玉石之名。"徐灏《说文解字注笺》："凡彫刻器物，突起曰追，深入曰琢。"今屋垣器物，其砖石镌刻之文采藻饰，突起隆阜者谓之"追花"。俗作堆。堆虽有阜义，然非彫成，乃杇墁增益之。

苫　《说文·艸部》："苫，盖也。"失廉切。《尔雅·释器》："白盖谓之苫。"李巡曰："编菅茅以覆屋曰苫。"见《左传·昭二十七年》正义引。甬俗编稻槀以覆物，障

---

① "甆"，原作"甆"，误，径改。
② 《广雅·释诂三》实作："甆甆，磨也。"
③ "碫磨"之"碫"当取锻打义，而不是磨砺义。

御风雨，谓之"草苫"。未葬之柩，编藁盖之，曰"草苫棺材"。

幰　《仓颉篇》："帛张车上为幰。"《广韵·二十阮》引。虚偃切。《广雅·释器上》："幨谓之幰。"《释名·释车》："幰，宪也，御热也。"今肩舆上张布帛为盖，谓之"幰轿"。俗作轩。又称"风凉轿"，即《释名》幰为御热之意。

帆　《三苍》："飌，船上张布帆也。"今作帆。《释名·释船》："随风张幔曰帆。帆，汎也，使舟疾汎汎然也。"飌从風（风）声，風从凡声，帆亦凡声。凡声古音为侵类，侵、东声近相转，故凡声之芃、風、鳳（凤）今皆在东类，汎、梵亦读如冯。见《广韵·一东》。帆，奉纽，古无轻唇，读奉纽如並纽。帆转並纽东韵，音变为篷。今称帆曰"风篷"，亦单称为"篷"。篷本御雨具。《广雅·释器》："篷，軬也。"《释名·释车》："軬，藩也，藩蔽雨水也。"是篷亦蔽雨水之具，非帆名。

艑桄　《广雅·释水》："艑谓之桄。"艑，曹宪音伦。王念孙疏证："此谓船前横木也。桄之言横也。《释名·释车》云：'桄，横也，横在下也。'《集韵》：'桄，舟前木也。'凡舟车前之横木皆曰桄。别言之，则船前横木曰桄；合言之，则四边皆曰桄，今人言边桄是也。《广韵》：'艑，船艑也。'《集韵》：'艑，船前桄也。'合言之，则四边皆曰艑。若钱四周谓之轮郭矣。"钟案：艑、舤[1]义同，本谓船前之横木，又泛称为船周之木。"艑舤"连呼，声合为郎，语转为梁。唐、阳同类。今江河农渔诸船，其前后之横木曰"前梁头"，曰"后梁头"。又造江海大船，安设船底之骨架谓之"龙骨"，龙即艑字，真、东相转也。音变失其本字，以为水行莫如龙，遂讹焉。甬呼轮机海舶曰"火轮船"，简呼为"火轮"，俗音如"火龙"，正其例。[2]

马　《释名·释船》："轻疾者曰赤马舟，其体正赤，疾如马也。"钟案：甬有客运小船，舟子一或二人，轻疾如健步，俗呼"快马"。水行名"马"，初讶其不类。究其名义，盖亦有所本，方言多古义也。

朕　《周礼·考工记·函人》："视其朕，欲其直也。"戴震曰："舟之缝理曰朕，故札续之缝亦谓之朕。"段玉裁曰："朕本谓舟缝，引申为凡缝之称。"钟案：朕，《说文》在《舟部》，字从舟旁。今作月旁，递变而讹也。朕为舟缝，引申为治舟缝亦曰朕。船工造船竟，斫渔网和桐油石灰，捣如泥，椎塞船缝，使不漏水，谓之"朕船"。俗音朕在阳韵。朕古音本在蒸类，蒸、耕合类，犹其阴声之、支合类。耕、阳声近，故音转如此。

---

[1] "舤"同"桄"。"舤"字不见字书，系应氏自造俗字。

[2] "前梁头""后梁头"之"梁"即为正字，非"艑舤"之合声。"龙骨"之"龙"亦为正字，非"艑"之音变。

彤　《说文·舟部》：“彤，船行也。”丑林切。引申之，行船亦曰彤。侵、东声近，东、阳亦声近，彤转阳韵，俗字作撑。今谓行船为“撑船”。撑本揰距义，以篙揰距行船，或可云撑。然橹帆而行亦云撑，行机船曰“撑轮船”，则撑非篙行可知。或云，称撑者，“彤行”之合声，字训联言之也。①

绚剿　《诗·豳风·七月》：“宵尔索绚。”笺：“夜作绞索。”《方言》九：“车纣，自关而东，谓之紽，或谓之曲绚。”郭璞注：“绚，亦绳名。”甬俗称绳之粗者曰“绚绳”，以绚与大双声故也。或曰“缆绚索”。《文选·谢灵运〈诗〉》：“解缆及流潮②。”李善注：“维船索也。”“缆、绚、索”，皆绳名，方言类聚为词。俗讹作“烂稻索”。谓稻草制绳也。绳或名为剿。《方言》六：“剿，续也。秦晋绳索谓之剿。”郭璞音妾。今以篾相纠为粗绳，俗谓之“篾剿”。③

蘲挈　《说文·韦部》：“蘲，收束也。从韦，糫声。读若酉。”《玉篇》：“蘲，子由、似由二切。收束也，坚缚也。亦作韝、挈。”《说文》：“挈，束也。”即由切。《尔雅·释诂》：“挈，聚也。”《广雅·释诂二》：“挈，固也。”甬俗以铁、篾作环，聚物围以束之，使不溃散，呼如秋，俗字作笍。盖即蘲、挈字之音变。蘲，精纽，秋，清纽，齿音相转也。或谓是“稇摎”之合声。详下条。

稇摎　《说文·禾部》：“稇，絭束也。”苦本切。段玉裁注：“本从困声，丘吻反，转入魂韵，为苦本切，非从困声也。”“丘吻”为溪纽细音，“苦本”为溪纽粗音。真类中，真、谆、文韵音细，故其见、溪纽皆无粗音字。魂韵声宏，方有之。纽之粗细与韵相应而转。稇音义皆通麇。《左传·哀二年》：“罗无勇，麇之。”杜预注：“麇，束缚也。”释文：“麇，邱陨反。”麇即稇之细音也。《广韵·十八吻》引《左传》作麇，丘粉切。《仓颉篇》：“摎，束也。”《一切经音义》卷五引。《广雅·释诂三》：“稇、摎，束也。”曹宪音九流反。今聚物以索束缚之谓之稇，俗作絪（捆）。以铁或篾作环围束以固之，呼如秋，即“稇摎”之合声，类聚同义字为词也。《玉篇》：“笍，欺求切。竹。”非束义。④

箍　《广韵·十一模》：“箍，以篾束物，出《异字苑》。”音孤。字从竹，从手、匝，会意。匝，周围之也，系束之意。颇疑后人循方音而制之俗体，以声义求之《说文》，当是裹之音变。《衣部》：“裹，缠也。”缠，绕也。凡系束必缠绕之。歌、模同入相转，音变为孤。木工有专作圆器，如桶、槃（盘）之类，聚版为围，外束以环，俗名为箍。

---

① “撑船”之“撑”即为正字，“撑”非“彤”之音变或“彤行”之合声。
② “潮”，原作“湖”，误，径改。
③ “烂稻索”即为正字，本字不是“缆绚索”。“篾剿”一词今未闻。
④ “笍”之语源当与“蘲”“挈”有关，第二说谓是“稇摎”之合声，不可从。

详上文。笅以篾筳绕辫为之，即《广韵》之箍也。其工甬俗呼"枯桶"，或音转为"科桶"。枯盖箍之音变。箍，见纽，略送气则转溪纽为枯。如指甲之甲，俗呼如刻。又如嚙、颣、芎、胶、侅、殢、絓、綷、繫、搉、解、輆诸字，皆见、溪二纽俱读。

  勃 《说文·力部》："勃，排也。"郝懿行曰："排，铺排也。"见《尔雅·释诂》"涬，作也"义疏。《方言》六："勃，展也。"铺排与展义近，皆放散之意。甬有竹器如大盆，圆径三五尺，高尺许，用以舒晒细屑物，名"白篮"，盖即勃字，谓其口放散舒展也。或曰，即"盆篮"耳，谓其形如盆也。盆，魂韵，魂入于没。盆转入声，故如勃。犹篮之深大者，俗名"琐篮"，琐即"深大"之合声。大亦读箇韵。甬语固如是。皆就器之形状为名，并无深义。①

  篿 《说文·竹部》："篿，圜竹器也。"度官切。段玉裁注："盛物之器而圜者。篿与团音同也。"钱坫《斠诠》："此与团字同用，今俗有团箕、团匾等器。"钟案：甬竹器亦有是名。钱氏嘉定人，与甬俗不相远也。团为形况字，篿为名物字，正字固当作篿。

  簸 《方言》五："簟，其粗者谓之籧篨。"郭璞注："江东呼籧篨为簸。音废。"字亦作籄、作籄。《广雅·释器》："籄，席也。"《玉篇》："籄，甫吷切。籧篨。"《广韵·二十废》："籄，芦籄。"又："簸同籄。"今芦苇析如篾片，编为粗簟，以障风日，谓之"芦籄"，亦呼"芦席"。

  畚斗 《左传·宣十一年》："称畚筑。"杜预注："畚，盛土器。"释文："畚，音本。"帮、非类隔相转，音变为粪。今担土石瓦砾之竹器曰"畚箕"，畚正音如粪。《礼记·曲礼上》："以箕自乡而扱之。"郑玄注："箕，去弃物。"畚亦有读若本者，今扫地迎受土秽之器，甬呼"畚斗"是也。"斗"为升斗量器，非其字，正字当作"鬪"。《说文·鬥部》："鬪，遇也。"段玉裁注："凡今人云鬪接者，是遇之理也。"今人谓迎而遇之曰兜，此本鬪之讹。扫地以帚，迎帚所扫之土秽，其器受之称兜者，亦遇接之意。嫌兜为衣属，故借用斗字。斗为量器，固知非义。然究为器属，故用之。②

  潃筲 《尔雅·释训》："潃潃，渐也。"郭璞注："洮米声。"今呼淅米去糠之竹器为"潃箕"，音义皆合训诂。俗作筲，非。筲，亦作籍、作箚，盛饭器也，俗称"饭筲箕"，即其字。《说文·竹部》："籍，饭筲也，受五升。"又："箚，一曰饭器，容五升。"《字林》："筲，饭筥也，受五升。"见《汉书·叙传上·王命论》"斗

---

  ① "琐篮"今未闻。"琐"非"深大"之合声。
  ② "畚斗"之"斗"即为正字，"斗"指形如斗状的器物，与"鬪"无涉。

筲之子"下萧该音义引。筲为饭器，非淅米器甚明。然今淘米之"溲箕"亦用以盛饭，溲、筲音似，遂混用之。然义训自有别。

沃　《说文·水部》："浂，溉灌也。从水，芺声。"隶作沃。乌酷切。段玉裁注："自上浇下曰沃，故下文云：浇者，沃也。"钟案：沃从芺声，芺亦芺声，长言转上声，音变为燠，俗作㧠。今灶下㧠水灌注釜锅之器曰"㧠斗"，又山农汲井水灌田，其井旁系汲筒之架曰"㧠棚"，㧠皆沃字也。《广韵·三十七号》有燠字，云："燠釜，以水添釜。"乌到切。此字于六书无据，盖借声而已。斗者，《通俗文》："木瓢曰斗。"《太平御览》卷七百六十二引。

或曰，㧠者，舀之音变。《广雅·释诂二》："舀，抒也。"以沼切。喻、匣同浊，浊音转清，入影纽，音变为杳。朱骏声云："今苏俗凡挹彼注兹曰舀，音如要。"甬语亦云然。舀声为幽类，幽通萧、豪。既音转为杳，又侈之入豪韵，则为㧠。犹稻、蹈、搯、韬皆从舀声也。说亦可通，存参。[1]

瓢㰍　《论语·雍也》："一瓢饮。"孔安国注："瓢，瓠也。"从皇本。《三苍》："瓢，瓠勺也。江南曰瓢㰍，蜀人言㰍蠡。"《一切经音义》卷十八引。㰍者，《玉篇·木部》："㰍，虚奇切。杓也。蠡为㰍也。"瓢、㰍义同，故江南联言为词。"瓢㰍"疾言，声合为皮。甬俗称釜中抒水之勺曰"镂皮"。亦为"瓢蠡"之合声。《说文·瓠部》："瓢，蠡也。"蠡本音螺，《广韵》亦音黎。《十二齐》："蠡，以瓢为饮器也。"蠡即蠡之形变。"瓢蠡"字训联言，疾呼为鼙，与皮声似。瓢亦得音转为皮。瓢从票声，古音为宵类，宵、之声近，音变瓢其切。之韵无并纽字。之、支今同，故如皮。或以为匕之转音，非。匕，帮纽，清音转浊，入并纽，如皮。《说文·匕部》："匕，亦所以用比取饭。"又："匙，匕也。"《方言》十三："匕谓之匙。"匕为饭匙小器，非釜中抒水大勺也。[2]

勺　《说文·勺部》："勺，挹取也。"之若切，音斫，照纽，古音为宵类。宵入于药，故今入药韵。古无知、照纽，今照纽字多古端纽所变。勺读古音端纽，又长言转去声，则如钓。钓亦勺声。甬有铜制大勺，可容一二升，有直柄可握，既以挹抒，亦以烹饪，俗谓之"吊锅"，即"勺锅"也。勺为挹取，锅为烹具，合两用为名也。[3]

斛　《说文·斗部》："斛，挹也。"举朱切。与勺同义。《广雅·释诂二》："斛，抒也。"江淮以北，农家挹抒，多用瓠瓢。甬无瓠瓢，然亦有刳木如瓠瓢，舟子用以抒水者，俗名亦如"吊锅"，即"勺斛"之音变，类聚同义字为词也。斛，见纽，合

---

① 二说当中，似以第二说为长，即"㧠斗"之"㧠"是"舀"之音变。

② "镂皮"一词今未闻。

③ "吊锅"一词今未闻。"吊"非"勺"之音转。

口呼，虞韵，古音为鱼类。鱼、歌声近相转，故音如锅。锅，戈韵，本属合口呼，今戈混于歌，亦悉作开口呼矣。甬语称挹取残余之水音如"括"者，即"剩"之入声也。如云"括碗盏""括水缸浆"是。

　　掉　《广雅·释诂二》："掉，抒也。"曹宪以为掉即搯之异文，搯亦训抒。北音透定为清浊，搯转浊音定组，则为掉。朱骏声以为掉即舀之变体。舀，喻纽，喻、定多相转，如陶、朓、铫、艑、欼、揄、裔诸字，皆喻、定纽两读。萧、豪亦声通，舀转定组豪韵，故音变字易作掉。今犹称挹抒为掉。掉转萧韵，音如调。今称羹汤之匙曰"调羹"，即"掉羹"也，以器之功用为名。犹呼缝衣之针为"引线"，苏沪语。缝纫之揹为"抵针"，绍兴谓之"针箍儿"。词例皆同。《新方言》以为匙称"调羹"，乃"刀圭"之音变，所释虽似合乎声韵之轨辙，毋乃道本在迩，反求诸远乎？

　　柶　《说文·木部》："柶，匕也。"息利切。《匕部》："匕，亦所以用比取饭。一名柶。"段玉裁注："匕即今之饭匙。《礼经》匕有二：匕饭之匕，盖小。匕牲体之匕，盖大于饭匙，其形制略如饭匙，故亦名匕，郑所云'有浅斗，状如饭橾'者也。"柶与匕同。柶，心纽，心、清多相转。如沁、哨、餐、鬆、参等字，皆清、心纽两读。柶转清组，音变清利切。甬有铜匕，高柄，下略圆如浅斗，用以取饭，亦以抒羹汤，俗呼"铜柶"。柶正作清利切，略如妻。

　　握鉴　《说文·手部》："握，搤持也。"《广雅·释诂三》："握，持也。"引申为可握者亦谓之握。《仪礼·乡射礼》："长尺有握。"郑玄注："握，本所持处也。"《士丧礼》："握手用玄纁[1]。"又："设握乃连掔。"握从屋声，古音为侯类。侯、东对转，音变为翁。甬制刀锹铲甾之属，其器后形如圆筒，可以握持，或须施以长柄者，即于圆筒中受柄，俗谓之"翁"，即握也。或谓此乃銎之音变。《说文·金部》："銎，斤釜穿也。"曲恭切。段玉裁注："谓斤斧[2]之孔，所以受柄者。"牙、喉相转，溪转影组，故如翁。然溪、影相转，例不繁。[3]

　　械盛　《说文·木部》："械，一曰器之总名。一曰有盛曰械，无盛曰器。"《汉书·宣帝纪赞》："工匠器械。"师古注："有盛为械。"《后汉书·公孙述传》："器械之饶。"李贤注："内盛曰器，外盛曰械。"王筠曰："内盛者，有容受也，盆盎之属；外盛者，可庋阁也，几案之属。"朱骏声曰："按：谓盘杅之属为械。"段玉裁注："盛者，实于器中之名也，故亦呼器为盛。如《左传》哀十三年'旨酒一盛'、《丧大记》

---

① 原文当作："握手，用玄，纁里。""握（òu）手"，古代死者入殓时套在死者手上的殓衣。

② "斧"，原作"釜"，误，径改。《说文·金部》："銎，斤釜穿也。"段玉裁注改"釜"为"斧"。

③ "翁"一词今未闻。

'食粥于盛'是也。"钟案：凡器中虚可受物者，皆可谓之盛。械为器之总名，凡器皆可谓之械。斯统言之也。有盛无盛、内盛外盛之说，斯析言之也。故凡可盛物之器，既可称盛，亦可称械。若类聚合言言之，则曰"盛械"。盛，禅纽，读禅而更浊之，则变床、澄，禅为齿音之浅浊，床为重浊，故读禅而重浊之，便入床纽。今床、澄相似，故亦入澄纽。则音如程。成、城、诚亦皆禅纽，与盛同音，今皆读如程，即其故。今有呼盛如莛者，即盛转澄纽，又耕、阳相转也。盛既读程，"盛械"疾呼，则音如除界切。有音无字。俗字作筬、作簅。甬有籐竹所编之器，形如槃杆，庳而不高深者，多以"筬"名，如"阁筬""晒花筬""筛谷筬"，妇女贮栉箆之具曰"梳头筬"，皆是。

盛，亦得音转为筬。除界切。盛，清韵，古音为耕类。耕、支对转，支、佳同部，盛转佳韵，音变除街切，与筬声似。又盛清韵，清、麻同入相转，同入于昔。盛转麻韵，音变为茶。北音侈散，呼茶亦如筬也。[1]

槽械　《说文·木部》："槽，畜兽之食器。"音曹，从纽。读从而浅浊之，便入邪纽。甬称饲马豕之具曰"马槽""猪槽"，槽音如"寺豪切"是也。鄞人读漕，亦在邪纽。槽或音转为寨，甬读疾界切。如饲狗食之器曰"狗寨"，饲猫饭之碗曰"猫寨碗"，饲鸡食之具曰"鸡糠寨"。寨者，"槽械"之合声。"械"为可盛之器，与"槽"盛畜食之器义相若，故类聚言之。[2]

械匫匰　《说文·木部》："械，器之总名。"胡介切，匣纽，怪韵。皆去声。匣、见多相转，如会亦读会计字，合亦读升合字，滑亦读如骨，降亦读如绛，坏亦读如怪等。械转见纽，音如界。北音麻、皆近似，俗作傢。北人称一切器用曰"傢伙"，即"械匫"字之变音。《说文·匚部》："匫，古器也。"谓古之称器也。呼骨切，音忽，古音为脂类。脂、歌声近，音变为伙。械、匫皆器之通称，故类聚为词云尔。甬人统称器用呼如"傢牲"，牲，甬音在阳韵。庚韵字古音本近阳。即"械匰"字。《说文》："匰，古器也。"千冈切，清纽，唐韵。清穿与心审常相转，参看上文"枱"字条下注释。又如产本所简切（审纽），今读如划（穿纽）；鼠，舒吕切（审纽），甬读如杵（穿纽）。匰转审纽阳韵，故如牲。匰、匫义同，北人用匫，甬人用匰，词例同也。[3]

---

[1] "筬"或作"筬"，今也作"簅"，音 [za^{213}]，非"盛械"之合音或"盛"之音转。盛益民等认为，本字为"筬"。"筬"《篇海》"直骇切"，最初可能是澄母二等字，甬江小片读 [z] 声母符合澄母的读法，其他地区读 [d] 声母保留了古音。参看盛益民、李旭平《富阳方言研究》，83 页。

[2] "狗寨""猫寨碗""鸡糠寨"等今未闻。"槽或音转为寨"与"寨者，'槽械'之合声"彼此矛盾，均不确。

[3] "傢伙"非"械匫"之音变，"傢牲"非"械匰"之音变。"傢牲"一般写作"家生"。

栝桥　《说文·木部》："栝，炊灶木。"他念切。字亦作桥。《玉篇》："栝，《说文》桥字。桥，木杖也。"今炊火杖皆以铁为之，上端两歧如桠杈，用以拨火撩薪，俗称"火桥"。

磍碓　《说文·石部》："磍，舂已复捣之曰磍。"徒合切。又："碓，舂也。"都队切。《广雅·释诂四》："磍，舂也。"磍、碓本皆动词，虚字实用，遂为器物之称。甬俗埋臼于地，臼后设巨石为枢，上置长杠，杠首著杵，杠能前后低卬如桔槔，人立于杠，进枢前则杠首重下俯，杵舂于臼，退枢后则杠尾重下垂，杠首之杵上举，进退反复，则杵上下频舂，谓之"踏斗"。盖本"磍碓"字。甬音灰、侯声似，常相讹转。如"牡丹"呼"梅丹"、"老头"呼"老颏"等是。

図圙　《说文·口部》："図，下取物缩臧之。读若聻。"从系传本。女洽切。《通训定声》："今农人于河底取泥粪田曰罟河泥。字亦作罟[1]。"段玉裁注："罟即図之俗字。"《玉篇·网部》："罟，女感切。夹鱼具。"钟案：甬俗河底取滓泥谓之"捻河泥"，其取泥之具，编竹为之，侈口窄尾，上联二长竿为柄，持之可开阖，形如聻，名为"河泥捻"，亦名"河泥夹"。捻读如念，即図之去声。《正字通》以淰为之，皆非本义。《说文新附》："捻，指捻也。"奴协切。

図，又孳乳为圙。《广韵·五十三豏》："圙，捕鱼网也。"女减切。今捕鱼有"圙网"，形如河泥図，俗称"捻网"。圙，从网、从図会意，図亦声，字胜于罟。

聻镊　《说文·竹部》："聻，箝也。"尼辄切。段玉裁注："夹取之器曰聻，今人以铜铁作之，谓之镊子。"钟案：甬语所谓"镊子钳"是也。然聻、镊稍异。《释名·释首饰》："镊，摄也，摄取发也。"《通俗文》："披减发须谓之镊。"《太平御览》卷七十四引。《玉篇》："镊，女辄切。拔发也。"镊者，盖今之拔毛钳，与工匠所用夹物之聻钳不同。

椒　《周礼·考工记·轮人》："直以指牙，牙得则无槷而固。"郑众注："槷，椒也。蜀人言椒曰槷。"释文："椒，音素结反。"段玉裁注《说文》"楔"字下曰："槷、椒皆假借字，椒即楔之假借也。"《新方言·释器》："今人谓以木衔瓶曰煞子，支床几之跗曰煞脚，即此椒字。或言当作塞，非也。填其内曰塞，外内相衔曰椒。"

櫼　《说文·木部》："櫼，楔也。"子廉切。段玉裁注："木工于凿枘相入处，有不固，则斫木札[2]楔入固之，谓之櫼。"又引玄应《一切经音义》曰："《说文》櫼，

---

[1] 两"罟"字其中一个恐有误。朱骏声《说文通训定声》"図"字条："今农人于河底取泥粪田曰罟河泥。字亦作罟，南、図双声。"据文意，第一个或第二个"罟"当作"図"。

[2] "札"字原脱，径补。

子林切。"钟案：侵、盐常相转，故砧从占声，黔从今声。檆转侵韵，故音如砧。甬俗称楔子谓之"砧头"，即檆字，读如玄应所音。头者，杜字。《方言》七："杜，涩也。"《说文》："涩，不滑也。"不滑则固矣。杜音转如头，鱼、侯声近相转也，北人呼杜姓固如头。①

敨劀 《说文·攴部》："敨，闭也。读若杜。"徒古切。经传多借作杜。《小尔雅·广诂》："杜，塞也。"敨从度声，古音为鱼类。鱼、侯相转，音变为头。今呼器物之盖曰"盖头"，瓶口木塞曰"塞头"，头皆敨字，义取闭塞为用也。《说文》敨或从刀作劀。《刀部》："劀，判也。"徒洛切。《广雅·释诂一》："劀，分也。"《尔雅·释器》："木谓之劀。"劀之音转亦为头。或云，"斧头""锄头"之头即劀字。参看上文"投"字条。斧、锄皆判劈为用，故云劀。②

伸窦牝壝 《广雅·释诂三》："伸，展也。"又："伸、展，直也。"今谓物体直向外展曰伸。工匠制器，凡两体并合，必具牝牡受入以固之，俗称"榫头"。亦作榫。榫即伸之俗。伸本失人切。见《广韵·十七真》。头乃窦字。《说文·穴部》："窦，空也。"空者为牝，所以受牡。称"伸窦"者，本赅牝牡两者而言。后人既亡其本字，讹作"榫头"，又以"头"与"凸"双声，遂以为"榫头"乃器物相合之牡，非也。器物外伸相入者，古亦谓之牡，如户篱之入牝者亦曰牡。《淮南·说林训》："盗跖见饴曰：'可以黏牡。'"《汉书·五行志中之上》："门③牡自亡。"牡为户篱，犹今称"门闩"。古音牡声与卯声同在幽类，贸从卯声，今读如牡，即其证。故牡或音转为卯。后人称"榫头"，又侈益其词为"榫头卯眼"。眼者，壝之讹。壝，穴也。见《汉书·礼乐志·郊祀歌》"青阳章"注引晋灼曰。犹称窦之训空也。伸、牡皆入也，窦、壝皆受也。称"卯眼"者，犹云"榫头"，亦赅牝牡而言，非谓"榫头"是牡，"卯眼"是牝也。④

条梼牏 《书·禹贡》："厥木惟条。"传："条，长也。"今俗语犹云"长条子"⑤。凡竹木之材皆长条。今称木材曰"木头"，竹竿曰"竹头"，头本条之转音。手指曰"指没头"，即"指枚条"之转音，指亦长形物也。条（條）从攸声，古音为幽类。幽、侯声近，亦赅萧、豪。幽、尤韵无定纽字，设作定纽，非转萧、豪，即转侯韵。今条读如迢，

---

① "砧头"之"头"为后缀，非"杜"之音变。
② "盖头""塞头"之"头"为后缀，非"敨"之音变。"斧头""锄头"之"头"亦为后缀，非"劀"之音变。
③ "门"，原作"關（关）"，误，径改。
④ "榫头卯眼"即为正字，本字不是"伸窦牝壝"。
⑤ "长条子"之"条"非长义。

转萧韵也。设音闳，则转侯韵，变如头。

竹木之非长条，为尺寸之断柮者，俗亦呼"木头""竹头"，此头乃梼字。《说文·木部》："梼，断木也。"梼从寿声，古音亦幽类。幽、尤无定纽，故转萧、豪，今读如涛；其转侯韵，则为头。今俗称断柮犹云"树断头"。梼，豪韵，头，侯韵，侯、豪同入于铎，故亦相转。

竹木判为版片，俗呼"板头"，此头乃牏字。《说文·片部》："牏，筑墙短版也。"度侯切。引申为凡版之称。《广雅·释器》："牏，版也。"砖形如厚版，故砖呼"砖头"。石俗称"石头"者，其为长条者，即条字；其碎断如木柮者，乃梼字，藉形为名也。"木头""石头""砖头"，不论其材之异殊皆称头，音虽同，本字则各异也。①

甑 《说文·瓦部》："甑，甗也。"子孕切。段玉裁注："甑，所以炊烝米为饭者②，其底七穿，故必以箅蔽甑底，箅，今称饭布，编菅草为之。而加米于上，而馈之，而馏之。"钟案：甑古陶制，今易以木，下侈上弇，可容斗米，俗名"蒸"，此本甑字。甑、蒸音同，俗不识甑字，借蒸为之者，以为假物用为名也。

题钇 《方言》五："瓯瓵，陈魏宋楚之间谓之题。"郭璞注："今河北人呼小③盆为题子。题，杜启反。"《说文》："瓯，小盆也。"又："瓵，似小瓶，大口而卑，用食。"《玉篇》："瓵，小盆，大口而卑下。"又："题，小盆也。"《新方言·释器》："今人称盘小而庳者为题，转入如狄，遂讹作碟。"

或曰，碟者，亦钇之转音。《说文》："钇，下平缶也，读若晇。"他盍切。《玉篇》："缶，盎也。"又："盎，盆也。"是钇训"下平缶"，即下平盆也。钱坫曰："凡卑皆谓之钇。"钇音晇，北音透、定为清浊，故《广韵》钇音徒盍切。见《二十八盍》。音义皆与今称卑盆曰碟同。

尊 《说文·酋部》："尊，酒器也。"《周礼·春官·司尊彝》有"六尊"，形饰多端，后人袭用古名，而形简为大缶亦曰尊。甬之陶器，形如碗而无足，大者可容五升，质粗厚而黄黑，口略侈而边缘弥厚，庖厨用盛肴馔，不必为酒器，亦名"尊"。俗作镈。④

閍 《说文·门部》："閍，大开也。大桮亦为閍。"火下切。《方言》五："閍，桮也。大者谓之閍。"《新方言·释器》："今通称大碗为閍碗，音转如海。"钟案：

---

① "木头""石头""板头""砖头"等之"头"均为后缀，与"条""梼""牏"无涉。
② "者"字原脱，径补。
③ "小"字原脱，径补。
④ 谓读作尊的"质粗厚而黄黑"的盛菜肴的陶器本字为"尊"，是。

閜从可声，古音为歌类，歌与寒、咍同入于曷，同入相转，转于寒，则为汉；转于咍，则为海。甬音读汉若海，职缘此故。其音火下切者，歌、麻同部相转也。"火下"为开口呼，转合口，则音如花。甬呼大罇曰"大花罇"，其次大者曰"二花罇"；羹碗之最大者曰"大海碗"，次曰"二海碗""三海碗"。盖麻、咍亦同入相转也。同入于麦。

䍃瓨　《说文·缶部》："䍃，瓦器也。"以周切。《方言》五："瓨、䍃，罌（罂）也。其小者谓之瓨。淮汝之间谓之䍃。"郭璞注："瓨，都感反。䍃，音由。"瓨从尤声，古音为侵类。侵、幽对转，音变为彤。甬称瓮之小者曰"䍃瓨"，音正如由彤。绍兴佳酿之瓮，外绘文采，曰"花彤"，即"花瓨"也。酒以器名，因号其酒为"花彤"。[1]

甊甀　《方言》五："瓿、甊、甀，罌（罂）也。秦之旧都谓之甀。自关而西，晋之旧都，河汾之间，其大者谓之甊。"甊，郭璞音郑；甀，度睡反。定组。《广韵·五寘》驰伪切，澄组。定、澄类隔相转也。今盛酒之瓮，甬人呼"酒甀"。俗作埵。绍兴人或呼为罎。罎为壜（坛）俗字。《玉篇》："壜，徒含切。甀属。"甀、瓿通。瓿、甊同类，是壜、甊亦同类也。然颇疑壜为后出字，盖即甀之转音。甀从垂声，古音为歌类。歌、寒对转，音变为檀。今音寒、覃、先、盐皆声似，檀音收声作敛唇，遂入覃韵作壜（坛）耳。犹膽、擔俗作胆、担，借用寒韵之旦声也。

瓨　《方言》五："瓨、瓮，罌（罂）也。灵桂之郊谓之瓨。"郭璞注："今江东通名大瓮为瓨。音冈。"俗讹作缸。《说文》："缸，瓨也。"下江切。瓨者，《瓦部》云："瓨，似罂，长颈，受十升。"则缸亦长颈似罂之器。今称缸者，大口幡腹，而底稍敛，与瓨异殊。缸，匣纽。匣、见相转，虽可变如江，而义终非。

瓶　《说文·缶部》："缾，罌（罂）也。"缾，或从瓦作瓶。"罌，汲缾也。"段玉裁注："缾、甕（罂）之本义为汲器，经传所载不独汲水者称缾、甕也。许云'汲缾'，分别言之，许固谓缾不专用汲矣。"钟案：今人称瓶者，大抵谓有颈小口之匋（陶）器，"铜瓶""锡瓶"则泛用名之。古人不若是也。凡匋器中虚能受物，皆可称瓶。观《广雅·释器》训瓶条，同列者从瓦、从缶都二十八字，其散见于经传之义训，各字之形状功用，皆不悉同，惟中虚受物则一耳。故瓶者，可为匋制盛物器之统称。瓶从并声，古音为耕类。耕、阳相转，音变为彭。俗作甏。甬称瓮罃（罂）之属稍大者为"甏"。

匋　《说文·缶部》："匋，瓦器也。"经传多作陶。匋从包省声，古音为幽类。幽、尤无定组字，设作定纽，不转萧、豪，必转侯韵。说见上文"条"字下。匋转侯韵，音变为头。

---

① "䍃瓨"，一般写作"油盦"。《阿拉宁波话》"油盦"条："盦音吊。一种盛油酱等的小甏。《说文·皿部》：'盦，器也。'止遥切。也叫'油盦甏'。"（99 页）可参。

俗称瓦器，多系以"头"字，如盆曰"盆头"，碗曰"碗头"，他如曰"罐头"，曰"瓶头"，曰"罇头"，皆是。

　　◇或曰，"盆头"字当作瓹。《玉篇》："瓹，徒果切。瓯也。"《广韵》："瓹，长沙呼瓯也。"《说文》："瓯，小盆也。""碗头"字当作瓬。《玉篇》："瓬，徒河切。瓦盌也。"歌、侯同入相转，瓹、瓬皆转为头。"瓶头"字当作坵。《玉篇》："坵，徒古切。瓶也。"鱼、侯声近，音转为头。①

　　䰞鬺　《说文·鬲部》："䰞，鍑属也。"扶雨切，音腐。鍑者，《说文》云："釜大口者。"《三苍》云："鍑，小釜也。"《一切经音义》卷二引。《说文·弻部》："鬺，五味盉鬺也。"盉，调味也。"盉鬺（羹）"不离于烹煮，故《玉篇》："鬺，吉行切。煮也。"今铁叶制小炊炉，下然油灯，有轮机，可增减火力，上置小釜，以为烹饪，名"䰞鬺机"，谓小釜烹煮机也。音讹词变，俗作"五更鸡"。②

　　敦牟　《礼记·内则》："敦牟卮匜。"郑玄注："牟，读为堥。"释文："齐人呼土釜为牟。"疏："敦，今之杯盂也。堥，土釜也。"堥亦通鍪。《急就章》十一："铁鈇钻锥釜鍑鍪。"颜师古注："鍪，似釜而反唇，一曰小釜类。即今所谓锅也。"今房中烹煮小食之器，其釜铜制如筒，受半升许，下然油灯，俗名"灯煤壶"，即"敦牟䰞"也。牟、䰞，皆小釜义；敦，杯盂也。谓其釜小如杯盂也。侯、灰声似，故牟讹为煤。犹"牡丹"呼如"梅丹"。壶，匜纽，匜之合口常与奉、微混，故䰞讹为壶。③

　　箆　《说文·竹部》："箆，取虮比也。"段玉裁注："比、箆古今字。比，密也，引申为栉发之比。虮者，虱子。云'取虮比'者，比之至密者。今江浙皆呼篦箆。"钟案：箆与梳同类，故《广雅》类聚同条为训。《释器上》："梳、箆，栉也。"曹宪音姬。姬、箕同音，俗讹作箕。甬呼箆为"箆箕"。箕为箕帚字，非栉也。

　　䯰　《说文·骨部》："䯰，骨擿之可会发者。"古外切。段玉裁注："骨擿，犹象掬也。《诗·鄘风》：'象之掬也。'传：'掬，所以摘发。'必云骨者，为其字从骨，兽骨之成器也。"钟案：䯰者，今妇女髻上之骨针是，梳栉时亦用以摘发。摘，俗音转如挑，今云"挑头路"是。䯰，泰韵，泰入于曷、末，声促转入，则如括。括、骨声似。俗以骨制，遂曰"骨针"，其会发摘发之本义，则遗之矣。④

　　察　《说文·宀部》："察，覆审也，从宀，祭声。"《广韵·十四黠》引《说文》云："察，覆也。"段玉裁曰："从宀者，取覆而审之。"《尔雅·释言》："察，

---

① "盆头""碗头""瓶头"等之"头"均为后缀，与"匋（陶）"无涉，与"瓹""瓬""坵"无涉。
② "五更鸡"之"五更"当是正字，本字不是"䰞鬺"。
③ "灯煤壶"今未闻，本字不是"敦牟䰞"。
④ "骨针"即为正字，"骨"非"䯰"之音变。

清也。"郭璞注："清，明。"《贾子·道术》："纤微皆审谓之察。"今目视不清明，不能审辨纤微者，取玻璃圆片，或凹或凸，覆于眼前而视之，通名"眼镜"，甬俗呼"察眼"。察，音转去声如蔡。仓大切。

    晋几　《说文·几部》："几，踞几也。"《仪礼·有司彻》："主人降，受宰几。"郑玄注："几，所以坐安体。"《释名·释床帐》："几，庪也，所以庪物也。"几者，古坐具，亦以阁物，今谓之"凳"。坐具后有阑栅，可凭倚者，俗谓之"椅"。椅，木名，非其义。《说文》："椅，梓也。"《诗·鄘风·定之方中》："树之榛栗，椅桐梓漆。"传："椅，梓属。"释文引《草木疏》云："梓实桐皮曰椅。"坐具借椅为之者，以声义求之，当为"晋几"之合声，谓可晋之几也。《说文·殳部》："晋，有所依也。读与隐同。"通作隐。《孟子·公孙丑下》："隐几而卧。"焦循正义："晋即隐。"《庄子·齐物论》："隐几而坐。"释文："隐，冯也。"冯即凭。"隐几"，谓依倚在几也。几有阑栅可倚凭者，故云"晋几"。疾呼声合，则如"椅"。以坐具木制，故借从木奇声字当之。[①]

    "晋几"声合既为椅，支、鱼声近，俗又音转为於、为乌。甬呼椅子[②]若"於子"或"乌子"。

    庪　《玉篇·广部》："庪，音倚。庪也。"庪之言倚也。从广，谓物之可倚者。与《释名》"几，庪也"同训，见上条。庪、几盖相若。庪从奇声，为支类。支、佳同类相转，故《广韵》庪[③]入蟹韵。《十二蟹》："庪，坐倚皃。"音矮，字亦作躷。今称坐具曰"矮凳"，盖即"庪"字。"庪凳"，谓庪身之凳也。或云，坐椅字当作"庪"。存参。[④]

    桯虡　《说文·木部》："桯，床前几。"他丁切。《方言》五："榻前几，江沔之间曰桯。其高者谓之虡。"郭璞桯音刑，虡音巨。《广韵·十五青》刑纽："桯，床前长几。"《新方言·释器》："今淮南谓床前长凳为桯凳，音如晴；江南浙江音如柽。"钟案：桯本音厅，透纽。类隔转彻纽，故音转如柽。丑贞切。今音彻、穿相混，又耕、真两类声近相转，桯转穿纽真类，音变为春。甬呼桯凳为"春凳"。俗误以闺房床前之凳，故名春，非也。

    桯凳高阔者，下有屡（屉），如匮，可贮物，谓之"虡床"。俗作柜。

    铺陈　《方言》十二："铺，止也。"《广雅·释诂三》铺与宿同训止。卧为止息之

[①]　"椅"之语源为"倚"，非"晋几"之合声。《正字通·木部》："椅，坐具后有倚者，今俗呼椅子。"

[②]　"椅子"二字原无，据文意补。

[③]　"庪"，原作"庪"，误，径改。

[④]　"矮凳"即为正字，"矮"非"庪"之音变。"矮凳"在宁波话里是凳子的总称，苏州话及老派上海话也称凳子为"矮凳"。"矮凳"不一定矮，与"庪"也没有关系。

极，故止宿其处者必卧，遂称卧处为铺，展转相训也。又《小尔雅·广诂》："铺，布也。"铺为布展义，故俗谓平展为铺。被褥枕席诸卧具谓之"铺盖"，谓平展于卧下，覆盖于卧上也。《广雅·释诂二》："铺，陈也。"今嫁女妆奁之被席谓之"铺陈"，就《广雅》字训联言之。

　　㛂挑　《广雅·释器》："㛂，几也。"曹宪音尸赐反。《玉篇》除姚切，《广韵·四宵》音翘。几者，坐具，亦以废物，即今椅凳之属。今以几凳架版为床，谓之"㛂铺"，㛂音正如翘。或曰，"㛂铺"字当作挑。《广雅·释器》："挑，版也。"曹宪音兆。兆，治小切，音赵，澄纽。甬读禅纽，如绍，音之讹也。盖澄、床相混，禅为床之浅浊故尔。架版为床，故云"挑"。且挑又训"杠也"，《广雅·释器》："挑，杠也。"杠者，床前横木。是挑又有床义。

　　挑，音兆，澄纽，类隔转定纽，则如窕，《广韵·二十九筱》音徒了切是也。今工匠治作有架版如榻以施工者，其版谓之"挑版"，挑音如窕。俗作"条板"。[①]

　　牖　《方言》五："床，其上版，卫之北郊、赵魏之间或曰牖。"《说文·片部》："牖，床版也。读若边。"今床上面外之版谓之"床牖"。俗作匾。匾本扁之讹。《说文·册部》："扁，署也。从户、册。户册者，署门户之文也。"犹今之户籍牌。床上版，非署门之文，不应作匾。今有于牖作书为藻饰者，乃踵事增华者为之，非其本也。[②]

　　莞　《说文·艸部》："莞，艸也，可以作席。"胡官切。《诗·小雅·斯干》："下莞上簟。"笺："莞，小蒲之席也。"释文："莞草丛生水中，茎圆，江南以为席。形似小蒲，而实非也。"《玉篇》："莞，似蔺而圆，可为席。《诗》曰'上莞下簟'。""上""下"字与今本《毛诗》相倒。《广雅·释草》："莞，蔺也。"王念孙疏证："莞与蔺异也，但二者形状相似，为用又同，故亦得通名。而古经传多言莞席，少言蔺席，岂非莞之名足以兼蔺与？"钟案：莞者，即鄞农所种之席草。席以莞制，故亦称莞，《诗·斯干》所称是也。莞，桓韵，桓入于末，声促转入，则如活。甬呼席为"活子"，即莞也。或云，是"莞席"疾呼之合声。席有蒲席、苇席、篾席等，莞席其一尔。说亦可通。

　　或谓席呼"活子"，活为越之讹，引《礼记》《左传》"越席"越音活为证。其说非是。《礼记·礼运》："与其越席。"郑玄注："越席，翦蒲席也。"释文："越席，音活。"《左传·桓二年》："大路越席。"服虔注："越席，结蒲为席。"释文："越，户

---

① 临时搭床铺叫"桥铺"，本字当是"桥"，与"㛂"或"挑"无关。"桥"有动词架桥义。在凳子上放板搭铺，与架桥相似，故称。"条板"即为正字，"条"非"挑"之音变。

② "床牖"正字当作"床匾"。"牖"训"床版"，是床板、床簧的意思。汤珍珠等《宁波方言词典》"床匾"条："床的正面床架上方宽一尺有余的起装饰作用的木板，略向外倾斜，上有雕刻、图画等。"（236页）可参。

括反。"越虽音活，然越席乃结蒲为席，是席之陋者，经传明言昭其俭，法中古之制也，非如莞席之清坚，又宜于鬼神。参《周礼·春官·司几筵》"加莞席纷纯"注说。以莞为越，品物异殊矣。

　　裯　《诗·召南·小星》："抱衾与裯。"传："裯，襌被也。"释文："裯，直留反。徐云，郑音直俱反。"裯为被属。今人呼被为"被头"，即"被裯"之音转。裯，澄纽，幽类，古读澄纽如定纽。幽、尤韵无定纽字，设作定纽，必转萧、豪，或转侯韵。其转侯韵，故音如头；其转萧、豪者，则裯音如条。"被裯"音变为"皮条"，俗作庋词，媒人淫合为"拉皮条"，隐取抱衾与裯，进遇当夕之意。参看《释亲篇》"裯"字条。裯，郑音直俱反，则入鱼类。鱼、侯声近，亦得音转为头。①

　　缔纽　《说文·糸部》："缔，结不解也。"特计切。又："纽，一曰结而可解。"女久切。今称线索之结为"结头"。头者，"缔纽"合声之变，举可解，不可解之结，总言之也。"缔纽"合呼，为定纽尤韵，幽、尤无定纽，故转侯韵如头。说见上文。或云，头者，叠之音变。《广雅·释诂四》："叠、结，诎也。"王念孙疏证："结之言诘屈也。"《礼·月令》"仲冬"："蚯蚓结。"疏引蔡邕云："结，犹屈也。"方言类聚言之，曰"结叠"。叠，帖韵，古音为侵类。侵、幽对转，幽、尤无定纽，故转侯韵如头。②

　　茵　《说文·艸部》："茵，以草补阙。从艸，丙声。读若陕③。"从系传本。钱坫《斠诠》曰："今俗语以物填塞之曰茵，声如霁。"钟案：甬俗以草或芦絮实布囊中为枕，谓之"茵枕"。褚棉入衣，或亦呼为"茵"，音正如陕。实枕褚衣，皆补阙义之引申。④

　　帜幖　《说文·巾部》："幖，帜也。"《通俗文》："徽号曰幖。"《一切经音义》卷五引。《汉书·高帝纪上》"秦二世元年"："旗帜皆赤。"师古注："帜，幖也。音式志反。史家字或作识，或作志。"《广韵·七志》帜有饎、试、志三音，穿、审、照三纽。今相承读如志。帜幖徽号，皆所以表识示人。今市肆表识其名号及其所营之业，谓之"招牌"，招即"帜幖"疾呼之合声。《说文》："招，手呼也。"非其义。俗释为招来义，不得正字，傅会之说耳。牌亦表识义。《广雅·释器下》："牌，籍也。"《玉篇》："牌，牌牓。"户籍标牓，亦所以令人知也。"招牌"，日本人称"看板"。看者，令人观也，亦表识示人意。⑤

----

① "被头"非"被裯"之音转，"头"为后缀。"拉皮条"之"皮条"非"被裯"之音变。
② "结头"之"头"为后缀，非"缔纽"合声之变或"叠"之音变。
③ 大徐本作"读若陆"，小徐本（系传本）作"读若侠"，"读若陕"，误。
④ 此词本字为"絮"（宁波话音细 [ɕi⁴⁴]），今为通语，与"茵"无涉。
⑤ "招牌"即为正字，"招"非"帜幖"之合声。

料　　《说文·斗部》："料，量也。从斗，米在其中。读若辽。"萧、豪同部相转，音变为劳。钱坫《斠诠》："今江东人家有云'捞子'者，即此字。"钟案：甬俗称斗桶或呼"劳斗"，斠量米之多少亦云"劳"，并皆料字。料转为劳，犹"辽远"今呼为"劳远"矣。①

勺　　《说文·勺部》："勺，挹取也。"之若切。《一切经音义》引《说文》作："勺，料也。"《仪礼·士冠礼》："实②勺。"郑玄注："勺，尊升，所以斟酒也。"钟案：勺训挹取，为动词，训料，为名词，字固有虚实动静两用者。今量制十勺为合，十合为升，勺为最小量器之名。然市无勺器，徒有其名耳。米肆最少量器为半升桶。惟卖酒者，犹以斠器挹取少许曰"摘"。摘，盖勺之讹。勺本照纽，摘知纽，知、照今相混，药、麦声亦近，故相讹。其初本谓挹取升百之一，以无勺器，乃悬拟升百之一容量，挹取少许，聊当勺焉云尔。习久成俗，遂称挹取少许曰勺。自勺后读禅纽，音如芍，遂不知摘为勺字。

掏匙　　《广雅·释诂二》："掏，抒也。"今挹取水浆曰掏。《说文·匕部》："匙，匕也。"今挹取汤液之器曰匙。市肆挹取酒浆之器，小者如杯，大者如筒，俗呼"提子"。提即"掏匙"之合声，谓挹抒之匙也。匙亦得转为提，如与匙同音之褆、堤、提，亦读如题，媞、褆音是，亦音题。以上统见《广韵》。黄侃谓古无禅纽，今禅纽字多古定纽所变。今禅纽字读若定纽者，犹古音之遗，其未变者也。定、澄类隔相转，今澄、床亦混同，故定、床亦通转。床浊音，浅之则为禅，故定、禅亦相变。③

锱称　　《说文·金部》："锱，六铢也。"侧持切。《广韵·七之④》："锱，锱铢。"《十虞》："铢，锱铢。八铢为锱，二十四铢为两。"锱、铢计重之说，古训多歧，要皆为轻微之称。锱，照纽，照、知今混同，类隔转端纽，略如氐。有声无字。今权重之小称，仅足以衡两钱分厘者，谓之"戥子"。戥俗字，音如等，即"锱称"之合声。《说文》："称，铨也。""锱称"云者，谓锱铢之小称也。或谓是"戗敠"字之变音，非。《广韵·廿五添》："戗，戗敠，称量。"然非小称义，且字亦嫌俗。⑤

比壩　　《说文·比部》："比，密也。"比声古音为脂类，脂、皆同部，皆、删同入相转，同入于黠。说见江永《四声切韵表》。比转删部，音变为板。章炳麟《新方言》有脂、

────────────

① "劳斗"与"劳"今未闻。"劳远"正字当作"老远"，"劳"非"辽"之音变。
② "实"，原作"宾"，误，径改。
③ "提子"即为正字，"提"非"掏匙"之合声。
④ "之"，原作"支"，误，径改。
⑤ "戥子"之"戥"非"锱称"之合声。

元相转例。脂、真对转，真、元声近，故脂亦通元。糳米去糠秕取米之筛，俗呼"板筛"。筛，《说文》作籭，云："竹器也，可以取粗去细。"板即比字。板筛孔较米筛为细密，故云比。犹布帛织缕之密亦称板，板亦比字。或云，板是"比壃"之合声。壃，穴也。见《汉书·礼乐志·郊祀歌》晋灼注。孔穴曰壃，俗作眼。"比壃"犹云密孔也。今音衔、凡与删、山混同，而覃、谈、衔、凡诸部皆无帮纽字，故借潜韵之板为之。犹幽、尤无定纽字，欲作定纽，必借用侯韵作头。①

杷朳　《说文·木部》："杷，收麦器也。"《方言》五："杷，宋魏之间谓之渠挐。"郭璞注："有齿为杷，无齿为朳。"钱绎笺疏："《急就篇》颜注云：'无齿曰捌，有齿曰杷，皆所以推引聚禾谷也。'"钟案：凡有齿长柄之具，可推引为用者，俗皆以"杷"名，《说文》《方言》之"杷"、甬俗所谓"摊谷杷""拉草杷"是也。其器之小者，伸入衣中，掊肤以搔痒，俗称"搔痒杷"。《广韵·十四黠》："朳，无齿杷也。"音八。帮清转并浊，俗亦呼如杷。

钃　《说文·金部》："钃，相属也。"彼为切。《广雅·释地》："钃，耕也。"《六书故》云："钃，卧两利，著齿其下，人立其上，而牛挽之以摩田。"钃从罷（罢）声，古音为歌类。歌、麻同部相转，又帮清转并浊，故《集韵》音杷。甬摩田之钃，两利前后横列，每列著钃刀十余，人侧立其上，两足分履两利以益钃重，则刀深入于泥，牛挽之行，刀裂土壤而前。俗作耙。

担荷　《国语·齐语》："肩任担荷。"韦昭注："背曰负，肩曰担。"今前后两物，以竹木为杠，肩而行之曰担。引申之，所肩之杠亦谓之担，俗称"扁担"是也。担，《说文》作儋。《人部》："儋，何也。"何、荷古今字，儋、何即担荷字训联言，声合为多。歌、麻相转，俗字作操。甬山区人担重行者，别取木梃，长齐肩，上端有杈角两歧者，各寸余，谓之"操挂"。担行时，一肩负扁担，一肩负操挂，而以杈角在项后，挑承其肩担以分重；上坡时，则以操挂作杖，持之撐行。肩长条竹木远行者，中途少憩，则以操挂支其竹木，使不著地，以免俯伛之劳。既用以担，亦用以挂，故曰"操挂"。②

邕　《尔雅·释言》："邕，载也。"载者，乘也，乘于其上为载。虚字实用，所以乘载者亦谓之邕。箩筐桶盂之属，物之容器，亦所以为物之承载者。今市物衡重，除其容器之重，甬俗谓之"除邕"；容器之重，曰"邕重"。邕，音皆如於。东、鱼同入，同入于屋。相转故也。於音近梣，梣为几属，见《玉篇》。几以废物，然非其义。《鄞县通志》以为鞙字，亦非。《说文·革部》："鞙，量物之器也。一曰抒井具。古以革

① "板筛"当是正字，"板"非"比"之音变或"比壃"之合声。
② "操挂"之"操"本字不明，但不是"儋何（担荷）"合声之变。

为之①。"於阮切。量物之具与容器乘载，义究有不同。甬俗以器挹取水中浮物，呼如輓，当即此字。②

　　枸　《广雅·释器下》："经梳谓之枸。"曹宪音子允反。《埤苍》："凡织先经，以枸梳丝，使不乱。"《玉篇·木部》引。真、东相转，甬俗呼如综。

　　筦　《说文·竹部》："筦，筟也。"古满切。《通俗文》："受纬曰筟。"《太平御览》卷八百二十引。是筦亦受纬具也。《六书故》："筦，络纬之筦也。"钟案：甬俗所谓"纱络纬筦"是也。纬，俗音如余。凡支、脂、微、齐韵之重音字，即声似灰韵者，往往转若鱼韵。筦俗作管。络纱于管，置梭筐中，织时由梭孔出纱，往来以为纬。络纱之筦，俗亦呼为纬，音亦如余。

　　筳　《说文·竹部》："筳，繀丝筦也。"特丁切。繀车，即筟车，今之纺车也。《汉书·王莽传中》："量度五藏，以竹筳导其脉，知所终始。"是筳为细长之物。今纺车受筦之轴，旋转以络纱者，谓之"筳子"。筳以铁制。古今制器，随时宜而革异，名则犹古耳。③

　　练　《说文·糸部》："练，涑缯也。"涑者，《水部》云："澣也。"涑缯者，谓缯在水中振洒之也。《国策·秦策》："得太公《阴符》之谋，伏而诵之，简练以为揣摩。"高诱注："练，濯治也。"今捣衣棓（棒），甬俗谓之"练槌"，亦以练为濯治之义。支、鱼相转，槌，俗音如除。④

　　揗　《说文·手部》："揗，抚也。一曰摹也。"武巾切。段玉裁注："揗，今人所用抆字。"朱骏声曰："字亦作抆。"《广雅·释诂二》："抆，拭也。"今妇女刷发之具曰"抿子"，抿即揗之俗。盖微、明类隔，轻重唇相转。揗，本与岷、闽同音，今读岷、闽固在明纽。

　　楦度　《说文·木部》："楥，履法也。"吁券切。桂馥注引赵宧光曰："方言谓鞋工木胎为楥头，改作楦。"今皆以楦为之。段玉裁曰："楥、楦正俗字。"钟案：《朝野金载》载唐杨炯每讥朝士为麒麟楦，则唐代已行楦字。"楦头"之头，乃度之变音。《说文·又部》："度，法制也。"楥训履法，度训法制，故相系为词。"楥度"，

---

①《说文》原文实作："輓，量物之輓。一曰抒井輓。古以革。"
② 表示称东西时容器的重量的那个词，《鄞县通志·方言（二）》以为本字作"輓"（2877页），音义均合；应氏以为是"邕"之音变，不确。"以器挹取水中浮物，呼如輓"，此"輓"本字当作"挽"。
③"筳子"，今作"锭子"。
④"练槌"，一般写作"敕槌"。《阿拉宁波话》"敕槌"条："音理除。捣衣杵。《广韵·霰韵》：'敕，槌打物也。郎甸切。'"（93页）可参。

谓楥之如法式也。度之音转为头，鱼、侯声近，前已屡见。①

　　尉　《说文·火部》："尉，从上按下也。从尸，又持火，所以申缯也。"从《广韵》引本。《玉篇》："尉，申帛也，按也。"《风俗通》："火斗曰尉。"《广韵·八未》引。钱大昕《十驾斋养新录》谓："尉斗，亦谓之威斗，见《汉书·王莽传》。尉、威声似，而威之古音如君，威姑即君姑，《说文》：'君，读若威。'威与君同音，则尉音亦如君。故《易·革象》：'大人虎变，其文炳也；君子豹变，其文蔚也；小人革面，顺以从君也。'蔚从尉声，故得与炳、君为韵。今吴人呼尉斗为运斗，是尉有运音。"文见《易韵章》，文词前后稍予窜易。钟案：尉同威，古音如君，为真类，今在未微韵，真、脂对转，阴阳声互变也。君，见纽，威，影纽，牙、喉固亦相转。尉古音如醖，后别出俗体作熅。《集韵·二十三问》："熅，以火伸物。"今甬俗呼尉斗音如隐斗，即尉转真类，又影组合口转齐齿呼耳。尉俗作熨，犹然益火傍作燃，梁益木傍作樑之类也。

　　焌笼　《说文·竹部》："笼，一曰笭也。""笭，一曰篝也。"凡畜物之器，皆得谓之笼。虽笼从竹，畜火器古亦名笼也。《西京杂记》曰："汉制，天子以象牙为火笼。"《广韵·一东》引。阴铿诗："火笼恒暖脚。"他如熏笼、灯笼、香笼，皆畜火器也。甬俗寒天畜火取暖之小炉，铜制者有盖，密穿多孔以通气，匋（陶）制者无盖，皆有环，可提行，俗呼"火铳"。铳者，盖"焌笼"之合声。《说文·火部》："焌，然火也。"子寸切，又仓宰切。《广韵·六术》："焌，火烧。亦火灭也。"仓聿切。火铳中畜火，固非烈火有焰，为无烟之热灰，即火灭之焌也。称"火铳"者，即"火焌笼"耳。或曰，铳者，熜之讹。《玉篇·火部》："熜，青公切。熅也。"又："熅，煖（暖）也。"火铳固取暖之器，物以用名，故云熜。②

　　跋　《礼记·曲礼上》："烛不见跋。"郑玄注："跋，本也。"跋者，茇之假借。《说文》："茇，艸根也。"引申为托根之处亦曰茇。烛之尾孔植于烛签之上，犹艸木树植之托根，故云本。烛尽则跋见，跋即烛签也。跋从友声，古音为泰类。泰、歌同居，跋转歌、麻，音变为杷。甬称贯烛尾之锐签为"蜡烛杷钉"，杷即跋也。或谓是"蜡烛槃钉"之转音。槃，桓韵，为元类，元、歌对转，故音如杷。然其义不如跋之为长。

　　篝　《方言》十三："笼，南楚江沔之间谓之篝。"郭璞注："今零陵人呼笼为篝。

---

① "楥头"之"头"为后缀，非"度"之音变。
② 第二说为长。《字汇·火部》："熜，同熜。"《正字通·火部》："熜，俗熜字。"然则熜、熜、熜三字音义相同。《龙龛手鉴·火部》："熜，熅器也。仓红反。""火铳"之"铳"正字当作"熜""熜""熜"（音葱），而非"焌笼"之合声。

音彭。"簝，庚韵，庚入于陌，声促转入，音如白。甬之灯笼，其纸簝高长者俗呼"长白灯笼"，即长簝也。《广雅·释器下》："簝、簝，笼也。"①

炪炧　《说文·火部》："炪，烛炧也。从火，也声。"徐野切。又："炧，火之余木也。"烛炧，谓烛之然余也。炪亦作炧。如阤、迆、扡亦作陁、迤、柂之例。《集韵·三十三箇》："炧，烛余。待可切。"音舵。从它声字多与从也声字相乱。歌、侯同入相转，同入于铎。音变为头。甬俗呼烛余为"蜡烛头"。或歌、元对转，音变为团。甬俗称萤火为"火萤团"，团即炧字。谓萤火之明，如烛余之炧耳。炧今作烬。②

柹　《说文·木部》："柹，削木札朴也。"芳吠切。隶变作柿，与赤果之柹异。赤果之柹，本作柿。柹亦通作肺。《史记·惠景间侯者年表》："诸侯子弟若肺腑。"索隐："肺音柹，腑音附。柹，木札也，附，木皮也。以喻人主疏末之亲，如木札出于木，树皮附于树也。《诗》云：'如涂涂附。'注云：'附，木皮。'是也。"朱骏声曰："今江南谓斫削木片为柹，关中谓之札。或曰，柹札，今苏谚谓之木柹柴。"

凿　《说文·金部》："鑿（凿），穿木也。"引申之，穿木之孔窍亦曰凿。《周礼·考工记·轮人》："凡辐，量其凿深，以为辐广。"《楚辞·九辨》："圜凿而方枘兮，吾固知其鉏铻而难入。"《哀时命》："上同凿枘于伏戏兮。"《淮南·说林训》："辐之入毂，各值其凿。"皆谓所穿之孔窍，用以受牡者也。又泛言所穿者，虽非木，亦云凿。《汉书·刘向传》："牧儿亡羊，羊入其凿。"师古注："凿，谓所穿冢藏者。"又泛言孔窍，虽非所穿而成者，亦云凿。《荀子·哀公篇》："五凿为正。"杨倞注："凿，窍也。五凿，谓耳目鼻口及心之窍也。"凿从糳声，《说文》鑿从糳省声，糳③从毇声。古音为宵类。孔广森说。故缓言转去，入号韵，《考工》释文音"曹到反"、《刘向传》注师古音"在到反"是也。今木工于器物所穿之窍，长而窊陷如沟者，谓之"槽"，即凿字也。槽为饲兽食器，详本篇上文。非其义。乐器之檀槽、石槽，槽亦凿字，正谓其穿木作孔窍也。凿、槽本皆从纽，甬语为邪纽，从、邪每互转，床、禅亦如是，以浊音之轻重有时互讹故也。犹肥皂之皂、造屋之造，今皆读邪纽，讹也。而皂隶之皂、造反之造，则皆读从纽，不误。④

---

① "白"非"簝"之音变。汤珍珠等《宁波方言词典》"长白灯笼"条："手提的狭长形的白色的照明灯笼。"（218页）可参。

② "蜡烛头"之"头"为后缀，非"炧"之音变。"火萤团"当作"火萤头"，"头"亦为后缀，非"炧"之音变。

③ "糳"，原作"鑿"，误，径改。

④ "槽"即为正字，本字不是"凿"。

咊牏栽[①]　《广雅·释器下》：“柩，棺也。其当为之咊。”曹宪音禾。通作和。《吕氏春秋·开春论》：“昔王季历葬于涡山之尾，欒水啮其墓，见棺之前和。”高诱注：“棺题曰和。”今称棺之前后两端曰“和头”。头，正字当作牏。与咊皆从片。《说文·片部》：“牏，筑墙短版也。”度侯切。段玉裁注：“《木部》‘栽’下曰：‘筑墙长版也。’长版用于两边，短版用于两耑，一缩一横，此牏之本义。”今棺版亦两边长，而两耑（端）短，引申用之，棺之短版，故亦云牏。

钟案：棺之两耑皆称“和”，不仅前耑题名处已也。《吕览》谓“棺之前和”，固犹有“后和”在焉。谢惠连[②]《祭古冢文》：“两头无和。”和固两耑也。高注“棺题曰和”，仅指棺之前耑，乃就《吕览》本文“前和”为释，未顾全体，似失精审。然和无题义，亦不训棺，其为假音无疑。若谓咊之借字，咊亦疑其非古。愚谓咊者，盖翰之转音。《尔雅·释诂》：“翰，干（榦）也。”舍人注曰：“翰，所以当墙两边障土者也。”《诗·小雅·桑扈》“之屏之翰”正义引。《说文·木部》：“干，筑墙耑木也。”翰即干之转音。干见纽，翰匣纽，见、匣固常相转。干为当墙之版，义正与牏同。曰翰、曰牏，皆就其筑墙短版之义类聚为词也。翰、咊匣纽双声，翰从倝声，古音为元类，元、歌对转，故音变为和，乃造禾声、从片字作咊。翰之为和，犹桓之为和耳。翰，寒韵，桓，桓韵，寒、桓本同类，第开合口之异耳。故“桓表”亦谓“和表”，见《汉书·酷吏·尹赏传》及《史记·孝文纪》索隐。和亦读为桓。见《水经·桓水注》引《书·禹贡》“和夷”，和郑玄读为桓。他如瘅、稬、穤、卵、笴、番、嫛等字，皆歌、寒两类通读。由牏为和头本字推之，则棺俗呼“棺材”，材正字当作栽。栽为筑墙长版，故引申棺之长版亦为栽也。栽为棺之大体，遂以之概棺名焉。栽，《说文》昨代切，为材去声，故俗讹为材。甬语呼寺来切，有声无字。从、邪浊音，深转为浅也。[③]

桼髤　《说文·桼部》：“桼，木汁，可以髤物。桼，如水滴而下也。”亲吉切。段玉裁注：“木汁名桼，因名其木曰桼。今字作漆而桼废矣。漆，水名也，非木汁也。”又：“髤，桼也。”许由切。字亦作髹、作髤。《汉书·外戚·孝成赵皇后传》：“而殿上髹漆。”师古注：“以漆漆物谓之髹。音许求反，又音许昭反。幽类通萧、豪。今关东俗器物一再著漆者谓之捎漆，捎即髤声之转重耳。”髤，晓纽，捎，审纽，晓之齐齿呼每与齿音心、审两组混。《文选·景福殿赋》：“于是列髹彤之绣桷。”李善注引《汉书》

---

① “栽”字原无，据目录补。

② “谢惠连”，原作“谢灵运”，误，径改。

③ “和头”之“头”为后缀，与“牏”无涉；“咊”之理据不明，但非“翰”之转音；“棺材”之“材”即为正字，本字不是“栽”。

韦昭注曰："飯漆为鬃。"钟案：李既相承作漆，漆者，所以涂饰。实字虚用，因称以漆涂饰亦曰漆。则漆与髹同义，故《说文》云："鬃，李也。"即以李为动词。今漆工飯（刷）漆一次曰"一涂"，俗讹作"一度"。涂刷一次曰"一涂"，以虚词为实名也。犹俗呼作为一次曰"一为"，讹作"一回"。回、度皆似是而非也。"一度"亦呼"一抄"，抄即"漆鬃"之合声。鬃读如捎，若师古注引关东语音也。李、鬃义同，亦字训联言之。漆工或呼飯漆亦曰抄，如云"头涂抄落"，即首次漆工已也。

坎　《说文·土部》："坎，陷也。"凡陷于其中，环周必围裹之。今谓围裹其中曰坎，俗作嵌。凡珠宝以金银围裹之曰"嵌宝"，食饵以糖馐或肉糜纳于其中谓之"嵌馅子"。《说文新附》："嵌，山深皃。"《玉篇》："嵌，口衔切。坎傍孔也。又山岩。"《广韵·廿七衔》："嵌，岩山也。"皆非其义。

相　《尔雅·释诂》："相，勴也。"勴者，勮之假借。《说文》："勮，助也。"《书·吕刑》："今天相民。"马融注："相，助也。"今谓辅佐曰相。或作襄。段玉裁曰："今人用襄为辅佐之义，古义未尝有此。"今器物有取他物相缘为饰，谓之"镶"；物有损缺而以他物补其缺，亦谓之"镶"。此皆本相字，扶助义也。《说文》："镶，作型中肠也。"系传曰："铸钟镛①属使内空者，于型范中更作土模，所以后却流铜也。"镶又为兵器之名，见释名。俗以襄为助义，又著金旁以为器名。

涂　《说文·木部》："杇，所以涂也。"段玉裁注："涂、塗古今字。"本谓以泥杇之为塗，引申为一切塗墍字。金属器物外塗以金银为饰，俗作镀。《玉篇》："镀，音度。金镀物也。"《广韵·十一模》徒纽："镀，以金饰物。"以金属为塗，故别造从金度声字为之。今以铁叶为器，珐瑯粉塗饰其表，入匋（陶）灶烧之，形如瓷器，俗名"搪瓷"，即"塗瓷"之转音，模、唐同入相转也。同入于铎。《方言》十三："搪，张也。"《广雅·释诂四》："搪，揬也。"非附益义。

肖模　《说文·肉部》："肖，骨肉相似也。"引申为肖象义。《广雅·释诂四》："肖，象也。"《释诂一》："肖，法也。"肖与模义同。《说文·木部》："模，法也。"《礼记·内则下》："淳母②。"郑玄注："母，读若模。模，象也。"今称人物之形曰"肖象"，亦曰"模象"。肖、模义同，类聚言之，声合为素，俗作塑。《广韵·十一暮》："塑，塑③像也。出《周公梦书》。"肖亦得音转为塑，宵、鱼同入相转也。今造人物像，

---

① "镛"字原脱，径补。
② 此"母"及下一个"母"，原均作"毋"，误，径改。
③ "塑"字原脱，径补。

肖其形，谓之"塑"，即"肖模"字。静词转动词，为作为义矣。[①]

或引《仪礼·士丧礼》："献素献成，亦如之。"郑玄注："形法定为素。"以为塑本字为素，其说非是。《礼》称"献素献成"者，素、成皆指明器之材。素为本质义，谓治明器之材，未加斲饰者。"形法定为素"者，谓其材之形法，定为可治明器者，则为素。成者，谓其材已治饰毕，成为明器者。详贾疏所释。可知以素为塑，附会误解之谬。

   鑞   《尔雅·释器》："锡谓之鈏。"郭璞注："白鑞。"《周礼·夏官·职方氏》："其利金锡竹箭。"郑玄注："锡，鑞也。"《山海经·中山经》："謹山多白锡。"郭璞注："白锡，今白鑞也。"甬俗称锡或曰"鑞"，锡器呼"鑞器"。纯锡质良，市肆名"典铜"，即"抵铜"字。《小尔雅·广言》："抵，当也。"谓质可抵铜也。抵，荠韵，齐、先同入相转，同入于屑。音变为典。又先、盐声似，或讹作"点铜"。

   卝   《周礼·地官·序官》："卝人。"郑玄注："卝之言矿也。金玉未成器曰矿。"卝，徐仙民音虢猛反。卝本古患反，《诗·齐风·甫田》"总角卝兮"是也。段玉裁曰："凡汉注云'之言'者，皆谓其转注假借之用。以矿释卝，自其双声以得其义而已。卝固读如管，读如關（关）。絭从卝声，關从絭声，许说形声井井有条如是。"钟案：卝，亦作卯，音惯。元、阳声近，故借为矿字。矿亦作鑛。《玉篇》："鑛，古猛切。鑛铁也。"甬市称锡质稍次于"典铜"，略含铅。而亦精良者，为"铋錧"。《广韵·五质》："铋，矛柄也。"《廿九换》："錧，车轴头铁。"皆非其义。盖"铋錧"者，"比卝"之讹字。比，旨韵，旨入于质，声促转入，故如必。卝，音惯，删、寒同部相转，则如官。犹悺、卝同音，悺亦音官。"比卝"云者，谓质坚可比矿铁也，与上条称"抵铜"同意。俗不得其字，借从金必声、官声字为之。

   鏉   《埤苍》："鉎，鏉也，谓铁衣也。"《一切经音义》卷十六引。《玉篇·金部》："鏉，山逅切。铁鉎也。"侯、幽声近相转，《广韵》入《宥韵》，音所祐切。俗作鏽、作锈，皆后出俗体。鏉之言朽也，铁朽则生赭衣。段、朱等谓古只作繡（绣），鏉为后人义。《说文》："鏉，利也。"然繡亦非正字。

   剐   《说文·刀部》："剐，利伤也。"姑卫切。本谓刃利之所伤，引申为刃之铦利亦曰剐。《广雅·释言》："剐，利也。"剐，见纽，气稍舒，则入溪纽，音变苦卫切。祭、泰、夬同类相转，俗呼为快。今谓铦利为快。泛言之，迅利亦为快。快为喜乐义，非铦利也。凡见、溪两组，往往相转并读，如锴、刲、解、筶、搲、顈、够、

---

① "塑"非"肖模"之合声或"肖"之音变。

輮诸字皆是；犹矿古猛切，今通读苦广切是也。又俗作廋词，以快之利，作为利益之利，称分外之利益为"外快"。辗转毗谬，不可究诘。①

释衣　八十五条　壹肆柒捌叁字

释器　百十六条　壹捌零伍伍字

丙午岁小雪前七日誊竣

_____

① "快"即为正字，非"剡"之音变。

卷九　释宫

目　录

（括号内小字为俗音及讹字）

相　《说文·土部》："圣，汝颍之间谓致力于地曰圣。读若兔鹿窟。"苦骨切。今建屋筑基者合群力举鏊春地谓之"打圣"，甬则谓"春圣"。圣，音如亨。赫羊切，在阳韵。圣义是而音非。盖亨者，本是相字，音纽讹转为亨耳。《礼记·曲礼上》："邻有丧，春不相。"郑玄注："相，谓送杵声。"《檀弓上》："春不相。"注："相，谓以音声相劝。"相谓助力之声。凡群力举重者，无不曼声相呼以助气，《淮南》书所谓"邪许"之类是也。郑注《檀弓》谓"音声相劝"亦以此。相，本息亮切，心组。齿音心、审两组每与晓组细音齐齿混，如髹音转为捎，即其例，见上文《释器篇》"髹"字条。故今音读相如向。向，许亮切，晓组也。既讹入晓组为向，又从晓组细音转粗音，为开口呼，则为赫亮切，如亨矣。甬称"舂相"，即本《礼经》为词。舂，《礼》释文束容反。甬语如双，东、冬与江同部，固相转。[①]

晋　《说文·殳部》："晋，所依据也[②]。读与隐同。"经传多作隐。《庄子·齐物论》："隐几而坐。"释文："隐，冯也。"冯即凭。今筑墙自地而上，及高逾肩，则树柱设架，人登其上而为之，其架谓之"鹰架"。江苏人俗名"脚手"，谓脚手所攀登也。鹰即晋也，谓工者所依据也。俗不得其字，以为工者高据如禽，遂讹作鹰。真、蒸合类。犹其阴声脂、之合类。声相近也。

藩　《说文·艸部》："藩，屏也。"甬烦切。《易·大壮》："羝羊触藩。"马融注："藩，篱落也。"藩本非纽，清音转浊，入奉纽，故亦读如烦。今通读此音。犹北人读饭如反，奉转非纽，浊转清矣。段玉裁曰："藩，今人谓之篱笆。篱，《说文》作杝。《通俗文》：'柴垣曰樆，木垣曰栅。'字作欏。"钟案：藩称篱笆，笆即藩之音变。藩，非纽，古无轻唇，读非纽字如帮纽，故藩古音当如般，北潘切。与筚为双声。筚亦藩篱义。《说文·竹部》："筚，藩落也。"《广雅·释宫》："藩、筚，篱也。"藩，古音为元类。元、歌对转，音变，俗字作笆。《玉篇》："笆，补雅切。竹有刺[③]。"本不训篱。《广韵·九麻》："笆，有刺竹篱。"末篱字，盖徇俗语篱笆字所附益。藩音转字变为笆，犹瘢俗讹作疤。筚亦得音转为笆，脂、歌声近相转也。

甬语呼篱为"枪笆"。《说文·木部》："枪，距也。"篱云枪者，谓所以为距也。犹墙以围宇者曰围墙，同一词例。《汉书·扬雄传下·长杨赋》："木雍枪累，以为储胥。"枪亦距义。

櫼腤　《字林》："櫼，水门也。"《集韵》引。又："艦，水门也。"《类篇》引。《广韵·五十九鉴》："櫼，水门。又作艦。"士忏切。鉴入于洽、狎，声促转入，音如腤。士洽切。俗作闸。《说文》："闸，开闭门也。"乌甲切。音义俱非。凡门无不可开闭，此训"开闭门"者，谓动摇其门，开之闭之。盖动词，非名词也。何以知其然？凡《说文》叙字，以类相从。"闸"前为"閜"字，训"大开也"；"閜"前"闊、开、阐、闿、闢"诸字，亦皆开张义。"闸"之后为"閉"字，训"闭门也"。"閜""閉"皆动词，"闸"厕其间，故知"闸"亦动词。段玉裁知其然，故"闸"下注曰："谓枢转轧轧有声。"或云，水门称闸，即腤字。《广韵·三十一洽》："腤，下腤，闭城门也。"字从片、从臿，会意，臿亦声。谓门闭自上而下也。今凡水闸者，其门皆自上而下，以升降为开闭。然腤亦后出字，《说文》《玉篇》皆未见。

_____

① 打夯，宁波话叫"舂夯"（舂音双）。"夯"非"相"之音转。
② 此据大徐本。上文《释器》"晋几"条引《说文》作"有所依也"，则据段注本。
③ "竹有刺"，原作"有刺竹"，误，据《玉篇》改。

堪　《说文·土部》：“堪，地突也。”各注家皆以凸训突，致与经传中诸堪字训胜、训任者义不通贯，不得已，乃委诸假借以通其义。惟《新方言·释宫篇》云：“今浙西谓[①]于水濒筑石如台为石堪子。堪读去声。”其义为近是。石堪，甬俗字作碪，谓水滨累石为壁，屏障岸土也。惟章氏于“地突”本训，仍未有说。突者，即《尔雅》之植。《释宫》：“植谓之传，传谓之突。”植者，以长木植于门后，阻闭其门，并以系锁，甬俗谓之“直门关”，或称“顿枋”者是。堪训“地突”者，谓植木屏障其土，免于崩圮，犹阻闭其门然。土欲崩，而堪障之，故有胜、任义。《方言》十二：“堪，载也。”载为负重，亦犹任也。后人障土，易以石壁，而名仍旧称曰“堪”，则习俗所便而云尔。甬俗作碪，音如看，则覃、寒音似，吴越固无闭口音也。旧时法官下乡验尸，谓之“落堪”。堪音亦呼如看。

保堢　《礼记·檀弓下》：“公叔禺人遇负杖入保者息。”郑玄注：“保，县邑小城。”《月令》“孟夏”：“四鄙入保。”郑玄注：“小城曰保。”字亦作堢。《广雅·释宫》：“堢，隄（堤）也。”《声类》：“堢，高土也。”《一切经音义》卷廿引。今作堡。保垒、碉堡皆坚壁隄防之物，实字虚用，引申为筑堤筑城亦云堢。犹筑城亦曰城。《春秋》屡见。凡筑城、堤，多累石为坚壁。今石工累石为壁谓之“堡”。声促转入，音如博，俗作驳。如河岸累石为壁曰“驳碪”。

隐　《说文·阜部》：“隐，蔽也。”虚字实用，所以为蔽者亦曰隐。《左传·襄二十三年》：“逾隐而待之。”杜预注：“隐，短墙也。”盖所以障蔽窥瞰者也。今祠庙巨宅门前，隔道筑短垣一堵为屏障，高仅齐檐，谓之“隐墙”。俗作映、作影，皆非。[②]

路衖　《说文·𨛜部》：“𨞜，里中道也。”胡绛切。隶变作衖，今又作巷。从巷省。字从共声，古音为东类，当如虹。北人呼里中道为“胡同”，即“巷”读如虹之反语也。吴越呼衖为“弄”，盖“路衖”之合声。《说文》：“路，道也。”《广雅·释宫》：“衖，道也。”路、衖义同，方言类聚以呼，声合故为弄。路亦得音变为弄，东、模亦同入相转也。[③]

◇江滨凿埑，外设门障，以为船舶修造之所。船入门闭，汲去埑内之水，则船如在陆地巷中。俗名其埑为“船坞”，亦呼若“船洪”。船入坞曰“进洪”。洪本巷之古音。

唐　《尔雅·释宫》：“庙中路谓之唐。”郭璞注：“《诗》曰：‘中唐有甓。’”

① “谓”字原脱，径补。
② “照壁”又叫“影壁”，“影壁”一词元代以降文献多见，则作“影墙”亦可通。
③ “胡同”为蒙古语音译词，非“巷”读如虹之反语；“弄”亦非“路衖”之合声或“路”之音转。

郭引《陈风·防有鹊巢》文，传曰："唐，堂塗也。"塗通作途。唐即途之转音，鱼、阳对转也。唐之言荡也。荡，平易也，《诗·齐风·南山》传。宽大也。《左传·襄廿九年》"美哉，荡乎"疏。"王道荡荡"，"君子坦荡荡"。凡路途之平易为唐，其宽大者亦为唐。《逸周书·作雒篇》："隄唐山廥。"孔晁注："唐，中庭道。"《文选·东京赋》："丰朱草于中唐。"薛综注："中唐，中庭。"今称里巷小路曰"弄堂"，"弄"字释详上条。中庭宽敞天井曰"明堂"。堂皆唐也，即途也。"明堂"，天子朝诸侯之处，见《大戴礼·盛德篇》。非庶人家室中庭之称。又楼窗外循壁有小径，宽仅尺许，砌砖于瓦上为之，甬俗呼"檐唐"，谓檐上之途。檐音转如含，盐、覃声近相转也。

斞　《说文·斗部》："斞，斛旁有斞也。一曰突也。"土雕切。通作庞。《汉书·律历志》："其法用铜，方尺而圜其外，旁有庞焉。"注引郑氏曰："庞，过也。"过为超过，突为突出，义相通贯。今事物突兀，超过恒常者，俗称"斞出"。屋檐突伸于垣外者，甬呼"斞檐"。俗作跳，非。惟台榭四角之飞檐，竦起上蠢者，俗称"跳角"，此却是跳字。《广雅·释诂一》："跳，上也。"①

家　《尔雅·释宫》："牖户之间谓之扆，其内谓之家。"《诗·大雅·绵》："未有家室。"传："室内曰家。"《说文》云："室、屋皆从至。"故室内犹云屋内。今称家为"屋里"，即《诗》传"室内曰家"之意。屋，乌谷切，合口呼，甬俗通作开口呼。遏谷切。惟呼家为"屋里"，则屋正作合口音。奉化人或仍作开口音。屋为侯类，侯、鱼声近，鱼、歌亦声近。屋转歌类之入，则音如"斡"。鄞人或称家为"斡里"。里为之类，之、歌声近。里或转歌类麻韵，音变卢麻切。有声无字。②

槏床　《说文·木部》："槏，户也。"苦减切。字亦作床。《通俗文》："小户曰床。"《一切经音义》卷十六引。《字书》："床，窻（窗）也。"《广韵·五十三豏》："床，牖也。一曰小户。"今称窗曰"窗床"，门曰"门床"。俗作槛。槛，胡黤切，阑也。杙也。音义皆非。甬称窗户亦呼"床头"。头乃窦字。《说文》："窦，空也。"空、孔通。"床头"，犹云窗孔耳。又，甬俗称妓院为"门床"，此乃"美人窠"之音变。"美人"声合为门。真、魂同类。歌、寒对转，窠转寒韵，音如刊。参看《释亲篇》。③

櫼梐　《通俗文》："櫼，关门机。数还切。"《广韵·廿七删》引。删、仙通转，

---

① "斞檐""跳角"，其特征均为突出或耸起，"斞""跳"当是同一个词，不必细分。
② 《阿拉宁波话》"屋里"条："屋又音挖。家；家里：回屋里｜俗语：金窠银窠勿如屋里草窠。也说'屋落'。"（82页）读"卢麻切"的当是"落"之音变，而不是"里"之音变。
③ 谓"窗床""门床""床头"之"床"本字为"槏"或"床"，是。谓"床头"之"头"本字为"窦"，误，"头"是后缀。称妓院为"门床"，今未闻，且"门床"非"美人窠"之音变。

音变为栓。山员切。栓为木丁，见《玉篇》《广韵》。亦有联固义。今门后距门之关牡，可以左右移动作启闭机者，谓之"门櫎（檐）"。甬俗字作闩，取象形。或曰，闩者，是"锁楗"之合声。《说文·木部》："楗，距门也。"从段注本订正。其献切。字亦作键。《礼记·月令》"孟冬"："戒门闾，修键闭。"郑玄注："键，牡。闭，牝也。"疏："凡鏁（锁）器，入者谓之牡，受者谓之牝。若禽兽牝牡然。"蔡邕《月令章句》："键，关牡也，所以止扉。或谓之刺移。"亦作廙廖。朱骏声曰："今苏俗谓之木锁。"《说文新附》："锁，铁锁，门键也。"锁、键相联为用，故方言联呼之。①

栓楷　《广雅·释器》："栓、楷，钉也。"曹宪音所权上、巨例下二切。《玉篇》："栓，木钉也。"《字林》："楷，木钉也。"《一切经音义》卷十四引。楷，古音为脂类。"栓楷"类聚以呼，声合为幨。所例切。脂、之合类，之、宵声近，故王念孙谓脂、萧亦常相转。齐、萧亦同入于锡。"栓楷"合声转宵韵，音变为烧，俗作销。凡两版相合，所缀联之竹钉称"并销"是也。并俗音如排。今门窗后所施止距之机，或以铜铁为之，其牡者，可左右上下推移，插入牝，以为闭固，谓之"插销"。②

鬮骈　《说文·门部》："鬮，开闭门利也。从门，繇声。"钱坫《斠诠》云："今俗开闭门③之键曰鬮，读如繇。段玉裁亦云此篆当音由。又《弓部》'彇④'云：'弓便利也。'声义并同。然则诸书以此音职沉切者，谬矣。"钱氏谓门之开闭今曰"摇"者，正字当作"鬮"。鬮音繇，尤、宵相转，音最近也。又门枢相联之铁制机轴俗呼"摇皮"，似当作"鬮骈"。骈，并也。《说文·马部》："骈，驾二马也。"二马并驾为骈，引申为二物并联亦曰骈。门枢相联之机轴，亦并合二体为一者也。⑤

扃特　《说文·户部》："扃，外闭之关也。"古荧切。清音转浊，见转群组，音变如檠。音鲸。甬俗系门为外闭之具曰"门扃"，扃音正如檠。俗或作扔。其制，以铁带如厚革，首尾皆有孔，尾孔贯连门上之小环，首孔为关牝，门外之铁钮为关牡。首⑥孔韬于铁钮，以受其牡。⑦铁钮俗名"拳头"。拳者，扃之转音。扃既读浊音如檠，耕、

────────────────

① "闩"非"锁楗"之合声。
② "销"非"栓楷"合声之变。
③ "门"字原脱，径补。
④ "彇"，《说文》实作"彇"。"彇"为"彇"之俗体。
⑤ "摇皮"本字不是"鬮骈"。
⑥ "首"，原作"尾"，据文意改。
⑦ 应氏谓"甬俗系门为外闭之具曰'门扃'，扃音正如檠"，可从。"门扃 [dziŋ²⁴]"又叫门钉锦，即铁制门襻。俗作"门铃"，"铃"音义不合。参看笔者《宁波方言里的若干本字——基于〈甬言稽诂〉的考察》，《宁波大学学报》2022年第4期。

真邻转，真、先同部，椉转先韵，故音如拳。先韵群组无撮口呼字，而仙韵有之。犹瞑、骈、胼、骿及先零之零等字，今在先韵，本皆耕类也。头者，"特牡"之合声。《广雅·释兽》："特、牡，雄也。"特亦得音转为头。特从寺声，古音为之类，之、幽声近多相转。今牛、尤、有、母、裘、丘、久、右等字，古音皆为之类。幽、尤无定纽字，故又转侯韵如头。"肩特"云者，谓受肩孔之特也。特犹牡也。①

　　拳，或谓当作卷。卷本巨员切，与拳同音。见《广韵·二仙》。今通读见纽居转切者，其或音之转清也。卷，曲也。肩牡之纽，多屈铁条为之，故云卷。然如厨柜施锁之肩牡，多非屈铁条为之，而亦称拳，以是知其非是矣。

　　柎　《说文·木部》："柎，阑足也。"甫无切。引申为凡足之称。《诗·小雅·常棣》："鄂不韡韡。"笺云："承华者曰鄂。不当作柎，柎，鄂足也。"疏："古音不、柎（柎）同。"古读非纽如帮纽，柎读帮纽，又转入声，故与不同音。《山海经·西山经》："员叶而白柎。"郭璞注："柎，一曰花下鄂。或音符。"则非纽之浊音为奉纽也。《玉篇》："柎，花萼足也。"萼、鄂通。萼足所以承花，为花之藉。凡承重而藉其下，亦以柎称。《左传·昭二十五年》："唯是椑柎所以藉幹者。"杜预注："椑柎，棺中笭床也。"笭床，承尸为藉者也。释文："柎，步口反。又音附。"柎从付声，古音为侯类。附，奉纽，古读並纽。侯韵並纽，故为步口反。侯入于屋，亦入于铎。柎转入声，则如仆、如薄。俗作栿。今署门之横扁、下承其重之木为之藉者，谓之"栿"。凡承重下藉之短柱，钉著于柱壁者，皆谓之"栿"。或以为樽字，非。《说文》："樽栌，柱上枅也。"非其物。《正字通》云："今人以小木附大木上曰栿。"此以附字之音义为释。附古读重唇，转入声，固如栿。参看上文《左传》释文。验诸名物颇不谬，然无承重楮藉义，稽古训，亦无可征。

　　阈梱　《说文·门部》："阈，门榍也。"《木部》："榍，限也。"门榍即门限。《礼记·曲礼上》："不践阈。"郑玄注："阈，门限也。"释文："阈，于逼反。一音况域反。"阈，义又同梱。《玉篇》："梱，苦本切。门限也。"今镇海人呼地上门限音如"地愤"。愤，即"户阈"之合声。户本匣纽，匣之合口呼往往与唇音奉、微混，故户与腐、舞无别。户阈切读如腐阈切，遂如愤。鄞人呼门限则音如"地仆"。仆，即"户阈"之合声。户既讹腐，又从腐之轻唇类隔转重唇，为簿。如壶枣呼如蒲枣；瓠呼如蒲；谚云"黄鼠狼看蒲样"，蒲即狐也。"簿阈"声合，遂如僕。阈从或声，古音为之类。

────────────

① "拳头"之"头"为后缀，非"特牡"之合音或"特"之音变。

之、幽声近，幽入于沃，故如僕。犹福、服、伏等字本之类字，今皆转入屋韵也。①

楣楣　《说文·木部》："楣，门枢之横梁。"莫报切。楣从冒声，古音为幽类。幽、之声近，之、脂合类，楣转脂类，音变，字作楣。《尔雅·释宫》："楣谓之梁。"郭璞注："门户上横梁。"今称门曰"门楣"，楣音如麋。盖楣、眉同音。《汉书·王莽传下》"赤眉"正作"赤麋"，甬呼"眉毛"如"麋毛"，皆其例。楣从眉声，为脂类。脂、真对转，真、先同部，"门楣"又讹为"门面"。支持门户曰"撑门面"。又从面之声义转为门阙之外貌，讹而又讹也。②

屒宅　《说文·尸部》："屒，一曰屋宇也。"珍忍切。今谓屋一宅曰"一屒"，前宅曰"前屒"，后宅曰"后屒"。俗作进。《说文·宀部》："宅，所托也。"《尔雅·释言》："宅，居也。"宅从乇声，古音为鱼类。鱼、阳对转，俗字作幢。幢，江韵。今音江、唐同。今谓屋宇一屒曰"一幢"。

序　《尔雅·释宫》："东西墙谓之序。"孙炎曰："序，堂东西墙，所以序别内外也。"《书·顾命》正义引。《仪礼·士冠礼》："直东序，西向。"郑玄注："堂东西墙谓之序。"今甬俗称屋之中堂曰"堂序"，序音如徐。序，本徐吕切，为徐之上声，在邪纽。甬读序如竖，在禅纽，字音遂与语异。不知俗语序音若徐者，正其正音也。序音如徐，犹"序点"或为"徐点"矣。《礼记·射义》："序点又扬觯而语。"郑玄注："序点，或为徐点。"堂称"堂序"者，连类而呼也。③

轩昕　《文选·左太冲〈杂诗〉》："披轩临前庭。"陆士衡《吴趋行》："回轩启曲阿。"谢宣远《答灵运》诗："开轩灭华烛。"李善注轩皆训窗。《魏都赋》："周轩中天。"《琴赋》："若乃高轩飞观。"注并云："轩，长廊之有窗也。"其义亦重在窗，非训长廊也。轩为轩车字。《说文》："轩，曲辀藩车也。"轩之训窗，盖昕之假借。④《说文》："昕，旦明，日将出也。读若希。"引申为明义。《广雅·释诂四》："昕，明也。"昕亦读如轩。《礼记·月令》目录疏："四曰昕天。昕读若轩。言天北高南下，若车之轩。是吴时姚信所说。"脂、真对转，故读若希；真、元声近，故读若轩。凡室有窗则明，故名窗为"轩"。犹甬俗呼灯火为"亮"。由是而泛称，室之明窗爽垲亦云"轩"。今称厢序小堂为"明轩"。厢檐窄，其扉亦如窗，故室明朗，

---

① "地愤"之"愤"本字不明，但不是"户阖"之合音。"地僕"，一般写作"地楸"。
② "撑门面"即为正字，"面"非"楣"之音变。
③ "堂序"一般写作"堂前"。"堂前"指中堂、正厅，唐代即有用例，如唐朱庆馀《近试上张籍水部》诗："洞房昨夜停红烛，待晓堂前拜舅姑。"
④ "轩"训窗，非"昕"之假借。

谓之"轩"。中堂深窈，檐阔又无窗，故不以"轩"名。

厢庑　《说文新附》："厢，廊也。"廊者，晋灼曰："堂边庑也。"见《汉书·董仲舒传》"游于岩廊之上"注引。颜师古曰："堂下四周屋也。"见《汉书·司马相如传上·上林赋》"高廊四注"注。《说文·广部》："庑，堂下屋也。"《玉篇》："庑，堂下周屋也。幽冀人曰庌。"《说文》："庌，庑也。"是厢、廊、庑、庌义皆通。今称堂下左右之边屋为"厢房"。其未设窗扉垣壁者曰"廊屋"，亦呼为"舍头"。舍者，盖"厢庑"之合声，方言类聚同义字而言也。头者，途之音转，亦即庭唐字。参看上文"唐"字条。鱼、侯声近，故音转为头。唐、头亦同入相转。同入于铎。"舍头"，犹云"厢唐"，谓廊庑之庭也。舍，俗字作庌。《玉篇·广部》："庌，所讶切。旁屋也。"此字他书未见，疑孙强等所附益者。①

扁　《玉篇·广部》："扁，音偏。庼也。"又："庼，千渍切。下屋也。"《广韵·五寘》："庼，偏庼，舍也。"今称小屋附于正屋者曰"披屋"，灶室之在正屋外小屋者曰"灶披"。披即扁，声相似，俗讹假之尔。扁之言偏也。偏，颇也；《说文》。偏，属也。《小尔雅·广言》。谓屋非中正，附属焉者也。

圈　《说文·口部》："圈，养畜之闲也。"渠篆切，虔上声。甬称畜鸭之室曰"鸭圈"，牛豕之舍曰"牛圈间""猪圈间"，圈音正如虔。俗不得其字，或讹作件。自俗以圈为规围义，读驱圆切，既失其义，复误其音。惟畜舍呼如虔，方言犹存古音义。②

暮　《广雅·释诂四》："暮，夜也。"《释言》："夜，暮也。"暮，古音为鱼类。鱼、歌声近，音变为马。今房中便溺之具曰"马桶"，亦曰"夜桶"；尿瓶曰"夜壶"。马即暮也。"夜桶""夜壶"，本为暮夜便溺，不能外出如厕而设。后世妇女深居闺中，虽昼亦在房中便溺，遂失名物本义。"马桶"疾呼，声合为幪。东、侵声近，侵、幽对转，音变为茅。甬称厕所为"茅坑"，谓马桶倾注之坑也。或曰，茅者，浼之音变。说详下条。③

◇《通雅·器用篇》引陈水南云：亵器或以铜为马形，便于骑以溲也，俗曰马子。马桶之说谓本于此。《云麓漫钞》则谓本名虎子，唐人避讳曰马子。其说皆未可信。至亵器称虎子，始见《周礼·天官·玉府章》郑注，孙诒让《周礼正义》谓虎子乃汉人俗语，亦未详其由。愚谓虎本溲之转音耳。溲，审纽，审与晓纽细音每相混。溲讹晓纽为休，又从休变晓纽粗音如好（古多借休为好），幽、侯、虞古音通转，遂变为虎。若《芸窗私志》

---

①　"舍头"之"舍"非"厢庑"之合音；"头"为后缀，非"途"或"唐"之音转。

②　"鸭圈""牛圈间""猪圈间"之"圈"宁波话音件 [dzi²¹³]，当是"圈"之音变。应氏说法可从。

③　"茅坑"即为正字，"茅"非"马桶"合声之变，亦非下条所说的"浼污"合声之变。

所说，麟主溺于虎口，直解颐耳。[①]

浼污　《说文·水部》："浼，污也。"武罪切。字训联言，"浼污"声合为模。模、豪同入相转，同入于铎。音变为茅。今称厕所为"茅坑"，谓注污秽之坑也。菡（屎）尿为至秽之物，故云污。经传或借恶为之。_{参看《释形体篇》}。污之音转为屙，鱼、歌声近。故甬呼菡为屙，本污字也。

浊凿　《后汉书·齐武王缜传》注："浊，犹污也。"《广雅·释诂三》："污、瀐，浊也。"瀐、秽通。今称污秽为浊，音转如石。盖浊，澄纽，澄、床混同，皆浊音。读澄、床而轻浅之，则为禅，故澄、床与禅多互转。_{如兆、储皆澄纽，今皆读禅纽，如绍、如殊。反之，蜀、蛇、城皆禅纽，而今皆读澄纽，如浊、如茶、如程。皆其证}。浊，古音为侯类。侯、鱼声近，鱼入铎、陌、昔。浊转禅纽昔韵，故音如石。凡污秽多臭。《书·盘庚》："无起秽以自臭。"甬俗称臭气曰"石臭"，即"浊臭"也。称粪坑或呼若"石槽"，槽，_{寺豪切}。即"浊凿"也。《广雅·释诂三》："凿，穿也。"穿地为坑亦曰凿。《汉书·刘向传》："羊入其凿。"师古注："凿，谓所穿冢藏者。音在到反。"_{参看上文《释器篇》}"凿"字条。从、邪相转，故音变寺豪切。"浊凿"，犹云污坑也。[②]

闑迣间　《广雅·释诂二》："闑、迣，遮也。"曹宪音闑於小反，迣音制。《广韵·三十小》："闑，隔也。"今屋宇前后以矮墙分隔之曰"闑墙"，室内以板分间为二曰"闑折"。折，即迣之入声。迣，祭韵，祭入于薛也。或呼为"闑子"。子为间之入声。《广韵·三十一裥》："间，隔也。"裥、仙相转，仙入于薛，间转入声，音故为子。间为分间义，故称一室为一间，虚字实用也，曰"房间"、曰"柴间"、曰"灶间"，皆是。间为元类，元、真声近，音变为跟。甬俗呼灶间或声如"灶跟"，或复言之，为"灶跟间"。此犹瘕称"瘕疤"，疤本瘕字也。[③]

扆掩　《释名·释床帐》："扆，依也，在后所依倚也。"字亦作依。《仪礼·觐礼》："天子设斧依于户牖之间。"郑玄注："依，如今绨素屏风也。"段玉裁注《说文》"扆"字曰："凡室户东牖西。户牖之中间是曰扆。"是扆如屏风，设于室之中间，用以间隔前后。后世宅室，仿屏风而易以版垣，可随意施撤者，谓之"扆板"。俗作掩，

————————————

①"虎子"即为正字，"虎"非"溲"之音变。《汉语大词典》"虎子"条义项③："便壶。因形作伏虎状，故名。"可参。

②"石臭"正字非"浊臭"，"石"一般写作"贼"，是程度副词。《阿拉宁波话》"贼"条："①很；非常（多用于不好的方面）：贼苦｜贼臭｜贼皮｜贼难看｜贼贼笨。俗语：衣裳贼破，胆子贼大。"（284页）"石槽"今未闻，非"浊凿"之音变。

③"灶跟""灶跟间"即为正字，"跟"非"间"之音变。

非。惟窗内翳蔽窗孔之版，可以移动启闭者，俗亦呼"掩板"，当是掩字。

梯道 《说文·木部》："梯，木阶也。"字从弟声，古音为脂类。脂、之合类，之、咍同部，梯转咍韵，音变为胎。甬俗呼梯如"路胎"，即"楼梯"之转音。登楼必以梯，故云尔。楼，侯韵。侯、鱼声近，故音转为路。从娄声字在虞、麌、遇韵，固多也。又楼梯附近之处，俗呼如"路胎彭头"。"彭头"，即"旁道"之转音。道，路也，谓楼梯路旁也。道从首声，古音为幽类。幽、侯声近，其转侯韵为头。说已前见。[①]

窔巷 《说文·穴部》："窔，一曰灶突[②]。从穴、火、求省。读若《礼》三年导服之导。"段玉裁注："导服即禫服也。盖灶突可读如禫，与突[③]为双声。"《广雅·释宫》："窬谓之灶，其窗谓之埃。"以埃为之。钟案：突，古音为脂类，禫为侵类。侵、幽对转，故禫音变如导。古脂类字，往往与侵、谈类通转。以脂、真对转，脂、元亦多同入相转；而真、侵声近，元、寒、删、先亦与覃、咸、盐等音相似，故脂类字或与侵、谈类相转。段玉裁曰："凡古侵覃与脂微，如立位、盍盖、聿中、协劦、钠内、籥尔、逯隶等，其形声皆枝出。"见《木部》"枼"字下注。"古音十五部即脂类与八部即谈类多合韵。"见《人部》"位"字下注。○合韵即通转也。突转侵类，故音如禫。甬称灶一座为"一禫"，盖即突字。俗讹为作"一坛"，则覃、寒声似。抑脂、元相转，亦为坛也。

突既读为禫，侵、幽对转，或音变为头。幽、尤韵无定纽字，设作定纽，不转萧、豪，必转侯韵。今称灶为"灶头"，即"灶突"也。脂、真对转，真、先同部，突转先韵，音变为田。甬称灶下火门烟突前地呼若"灶炎田绛"，即"灶炎突巷"也。巷今为狭路之称，胡绛切，匣纽。匣、见常相转，故音变如绛，犹降、泽、缸亦读下江、古巷二切也。灶突下、火门前、炊爨之地，固不宽广，一狭径耳，故以巷称。或曰，"灶炎"之炎，乃窑（窯）之音变。《说文·穴部》："窯，烧瓦灶也。"余招切。窯从羔声，古音为宵类。宵、谈对转，故音如炎。灶、窯同类，故方言连茹言之。[④]

薄 《说文·艸部》："薄，一曰蚕薄。"蚕薄，蚕席也。今以簟为之，桑叶置簟上，令蚕就食也。《尔雅·释宫》："屋上薄谓之筄。"郭璞注："屋笮。"《说文》："笮，迫也。在瓦之下，棼上。"笮者，以竹编如蚕薄，荐于瓦下。既别名为筄，亦以其如

---

① "彭头"一般写作"棚头"，非"旁道"之音变。"头"为后缀。

② "突"，原作"窔"，误，径改。

③ "突"，原作"窔"，误，径改。

④ "灶一坛"之"坛"当是正字，与"突"无涉。"灶头"之"头"为后缀，亦与"突"无涉。"灶炎田绛"一般写作"灶前地康"，"康"本字不明，其余当是正字，也即"前"非"炎"或"窑（窯）"之音变，"地"非"突"之音变。

蚕薄也，犹名为薄，甬俗称为"篾皮"者是也。皮即薄之转音。薄从溥声，古音为鱼类。鱼、支声近，故音转如皮。后世嫌篾薄陋劣，易以薄砖，俗名"砖皮"。皮亦薄字。物类进化，其制递易，名犹循其旧焉。①

　　墐谨　《诗·豳风·七月》："塞向墐户。"传："墐，涂也。"《礼记·内则下》："涂之以谨涂，炮之。"郑玄注："谨当为墐，声之误也。墐涂，涂有穰草也。"钟案：墐，渠遴切，群纽；谨，居隐切，见纽。浊音转清，故墐讹为谨。今圬工以泥或石灰涂垣，或和以寸断穰草，谓之"草墐"；或和以碎截麻缕，谓之"麻墐"。墐皆音如谨，而字讹作筋。盖方言因袭古音，古既讹墐为谨，后人习用不改，缪种流传也。俗呼谨音而不得其字，附会穰草和泥牵连如筋脉，遂臆定为筋字。②

　　髟　《通俗文》："发垂曰髟。"《文选·秋兴赋》李善注引《玉篇》音比聊、所衔二切。《广韵·廿七衔》："髟，屋翼也。"音衫。屋翼左右下垂，瓦霤直行如髟，假形为名也。甬俗称屋脊为"屋山尖头"。山即髟也，谓屋翼之顶也。衔、咸、删、山今音相若，以为山有高义，遂讹焉。③

　　甋　《广雅·释宫》："甍谓之甋。"甋，曹宪音溜。王念孙疏证引程易畴《通艺录》所辨正："谓瓦覆屋曰甍。甋之言霤也。《说文》：'霤，屋水流也。'甍为霤所从出，故又谓之甋矣。"钟案：今造屋，椽上敷薄，参看上文。薄上布瓦。瓦布为牝牡，牝者仰，而牡者覆。屋瓦鳞次成行，牡行凸，而牝行凹。甬俗称牝行为"瓦流缝"，流即甋也。流虽可通，而实非正字。犹剃发曰落发，落本铬字；小雨曰雨丝，丝本霖字也。

　　碣　《文选·西京赋》李善注引《广雅》："碣，礩也。"礩者，《说文》云："柱下石也。"《太平御览》引。《淮南·说林训》："山云蒸，柱础润。"许慎注曰："楚人谓柱碣曰础。"《一切经音义》卷十八引。《广韵·廿二昔》："碣，柱下石。"音昔。碣从舄声，古音为鱼类。鱼、阳对转，俗字作磉。甬俗称柱下质石为"磉子"，亦曰"磉磐"。《玉篇》《广韵》并云："磉，柱下石。"抑础、碣古音皆鱼类，碣，心纽，础，穿纽，清心、穿审本相转，疑碣、础本一字，语转，孳乳而为两形也。

　　慊　《说文·巾部》："慊，帷也。"力盐切。《释名·释床帐》："慊，廉也，自障蔽为廉耻也。"《广韵》引本条慊作簾，入"簾"字下注。又云："户慊，施之于户外也。"今以布悬障于门前，谓之"门慊"；障于窗牖，谓之"窗慊"。俗皆讹为作簾。簾从竹，

---

① "篾皮""砖皮"之"皮"，后出专字作"牗"（音便）。《集韵·霰韵》："牗，屋簾。"又《铣韵》："牗，床簾。婢典切。"

② "草筋""麻筋"之"筋"即为正字，本字不是"墐"。

③ "屋山尖头"之"山"即为正字，本字不是"髟"。

编竹为之；幨从巾，以布为之，二物异殊。或作帘，亦非。《广韵·十九臻》："帘，幕也。又音廉。"士臻切。《二十四盐》廉纽："帘，青廉，酒家望子。"其义既与帷殊，且从巾亦声，当入臻韵，不应入盐韵读为廉也。

帟　《广雅·释器》："帟，帐也。"《释名·释床帐》："小幕曰[1]帟，张在人上，帟帟然也。"《说文新附》："帟，在上曰帟。"羊益切。《通训定声》："谓象两腋之张也。"帟从亦，亦古腋字。钟按：帟者，神龛前所施帐帟。即其制左右垂，中阙如门。甬俗呼帟为去声，如异。帟、易音同，犹易读去声，为难易字矣。或浊音转清，读影纽，如懿，犹语助之焉，读如蔫矣。

戕　《广雅·释宫》："戕，杙也。"曹宪音臧。杙、弋通。《玉篇·弋部》："戕，子郎切。系船大弋也。"《说文》："弋，橜也。"《尔雅·释宫》："橜谓之杙。"郭璞注："橜也。"《周礼·地官·牛人》郑众注云："橜谓之杙，可以系牛。"今竖木椎之入地，以系牛羊，或施于水滨，以系船舶，皆谓之戕。字从弋爿声。今字通作桩（桩）。《说文新附》："桩，橛杙也。从木，春声。"按：亦从春会意。以六书言，戕为近古。引申为椎木入地，虽非系物，亦谓之戕。

◇桩亦称"桩头"。此头乃突字。即上文"堪"字条《说文》"堪"训"地突"之突，亦即《尔雅·释宫》"传谓之突"之突（参看上文）。突，没韵，为脂类，然"灶突"字可读如导。盖脂与侵、覃古亦相通（参看上文"窦巷"条），侵、幽对转，故音如头。[2]

廛　《广雅·释诂二》："廛，居也。"《周礼·地官·载师》："以廛里任国中之地。"郑玄注："廛，民居之区域也。"又《地官·廛人》："凡珍异之有滞者。"郑众注："廛，谓市中之地未有肆而可居，以畜藏货物者也。"《礼记·王制》："市廛而不税。"郑玄注："廛，市物邸舍。"今藏货物之所曰"货栈"，商旅楼居曰"客栈"，栈皆廛之讹。栈从戋声，与廛声古音同属元类，故《载师》注曰："故书廛或作壇。"廛，澄纽。古读澄纽如定纽，故与壇同音相假。栈，士限切，床纽。今音澄、床相若，故又讹廛为栈。《说文》："栈，棚也。"《通俗文》："阁板曰栈。"《一切经音义》卷十五引。非畜货、居民之所。

驻　《说文·马部》："驻，马立也。"立则不行，故引申为住止义。《仓颉篇》："驻，止也。"《一切经音义》卷八引。又："驻，住也。"《文选·曹太家〈东征赋〉》"怅容与而久驻兮"李善注引。驻从主声，古音为侯类。侯、幽声近，侯浊幽清，侯韵读清，即为幽。幽、侵对转，

---

① "曰"字原脱，径补。
② "桩头"之"头"为后缀，非"突"之音变。

驻转侵类，音变，俗字作站。站从占声，古音在侵类。今站在陷韵，陷为咸去声，咸亦侵类。参严可均说。今住立曰“站”，车马所止处亦曰“站”，如“驿站”“车站”是。驻，中句切，站，陟陷切，本皆知纽。今皆读澄纽，清音转浊也。[①]

渡道　《说文·水部》：“渡，济也。”《辵部》：“道，所行道也。一达谓之道。”今隔水以船相济谓之“渡”，两岸渡船所舣处谓之“渡头”。头即道字，谓通济一达之道也。道从首声，古音为幽类。幽赅萧、豪，亦近侯韵。幽、尤无定纽，作定纽者，不转萧、豪，必转侯韵。道呼为头，转入侯韵也。甬地称“渡头”或作“衜头”，衜古道字。渡音变道者，暮、晧同入相转也。同入于铎。〇 侯、豪亦同入于铎。道音变为头，亦可作此释。[②]

洦泊　《说文·水部》：“洦，浅水也。”匹白切。段玉裁注：“当作旁各切。隶作泊。浅水易停，故又为停泊。”《玉篇》：“泊，步各切。止舟也。”《广韵·十九铎》：“泊，止也。”铎为暮入，长言转去声，音变为步，俗作埠。今河中止舟登陆处曰“埠头”，即“泊道”也。道音转头，详上。洦，《广韵·二十陌》音莫白切。陌为麻、庚之入，长言转上声，音变为马。江海止舟登陆处曰“马头”，即“洦道”也。俗作“码头”，嫌马不宜于水，故作码。史志作“马头”，马亦谐声字。[③]

涂潼　《诗·小雅·角弓》：“如涂涂附。”传：“涂，泥附箸也。”陈奂传疏：“涂者，以土之粉解带水而言。泥谓之涂，以泥箸之谓之涂附。”今以泥等杇壁曰涂。涂，古音为鱼类。鱼、歌相转，涂转麻韵，音变大亚切。有声无字。俗称书画拙劣者为“涂”。谓其如杇者之漫涂云尔，语音正作大亚切。涂，模韵。模、东同入相转，同入于屋。音变为潼。《广雅·释诂一》：“潼，益也。”谓附益也。《广雅》本条“潼”与“润、沾”同列，则潼亦濡染之意。今以泥涂之亦呼为“潼”，泥濡如糜者曰“潼浆”。[④]

垷溓　《说文·土部》：“垷，涂也。”音晛。《广雅·释宫》：“垷，涂也。”《通训定声》云：“谓黝垩墙屋也。”今圬者以泥或以垩粉涂墙曰“垷”。引申之，凡濡泥之物施涂于物亦曰“垷”。字亦通溓。《周礼·考工记·轮人》：“则虽有深泥，亦弗之溓也。”郑众注：“谓泥不黏箸辐也。”释文：“依注音黏，女廉反。”[⑤]

---

①“驿站”“车站”之“站”是蒙古语的借词，非“驻”之音变。

②“渡头”之“头”为后缀，非“道”之音变。“衜头”一般写作“道头”，“道头”即为正字，“道”非“渡”之音变。

③“埠头”即为正字，非“泊道”之音变。“码头”亦非“洦道”之音变。

④“潼”及“潼浆”，今未闻。

⑤“垷”，今未闻。

阻沮 《左传·闵二年》：“狂人阻之。”《吕氏春秋·知士篇》：“故非之，弗为阻。”服虔、高诱注并云：“阻，止也。”通作沮。《诗·小雅·巧言》：“乱庶遄沮。”《大雅·云汉》：“则不可沮。”传并云：“沮，止也。”阻、沮皆从且声，古音为鱼类，其入铎、陌、昔。阻、沮转入声，音变为作。阻，照纽，作，精纽，类隔相转也。沮，从纽，作，精纽，浊音转清也。甬俗修治屋漏曰“作漏”，谓止其漏也。有技拙，修治弗善，漏益甚者，则诮之曰：“斯诚作漏矣。”①

瓯 《说文·瓦部》：“瓯，败瓦也。”布绾切，音版。段玉裁注：“今俗所谓瓦瓯，即此字也。今人语如办之平声耳。”钟案：瓯，音版，帮纽。清音转浊，帮转并纽，故如办。今谓砖瓦之碎小者通呼“瓦瓯”。

匋 《说文·缶部》：“匋，瓦器也。”今作陶。匋从缶，包省声，古音为幽类。幽、尤无定纽字，作定纽，或转侯韵，则音如头。今称瓦器，多系以“头”名，如“瓶头”“罐头”“盆头”等是也。砖亦瓦器，故称砖为“砖头”，即“砖匋”也。或曰，应是“砖牏”字。牏，版也。凡砖形多如厚版，故云牏。参看《释器篇》“牏”字条。匋，幽类，幽、东同入相转，音又变为筒。甬俗称砖瓦匋工为“做瓦筒”。②

瓶 《说文·瓦部》：“瓶，蹈瓦声。”零贴切。《玉篇》：“瓶，力颊切。瓶瓶，蹈瓦声。”瓶在叶、帖韵，为侵、谈类之入。瓶从夹声，古音为元类。元类之入，曷、末、黠、鎋、薛等。盖寒、覃、删、咸声似，故其入亦相似而通转。字亦作瓴。《通俗文》：“瓦破声曰瓴。”《一切经音义》卷十一引。今称屋瓦上有行动声曰“瓶瓶响”。

阘 《说文·门部》：“阘，门声也。”音曷。《广韵·十五鎋》：“阘，门扇声。”乙鎋切。曷为歌、寒之入，歌、阳相转，元、阳亦声近，阘转阳韵，音如樱桃之樱。甬音在阳韵。今谓门之启闭作声呼如“阘”。谚云：“阘作别，门关出。”

闸荡豁 《说文·门部》：“闸，大开也。”火下切，开口呼。甬音转合口，如花。参看《释器篇》“闸”字条“大塼曰大花塼”释。俗称门大开者曰“花荡荡”。花即闸也。荡荡，门开貌。《汉书·礼乐志·天马歌》：“天门开，詄荡荡。”荡，唐韵。唐入于铎，荡转入声，音如铎。闸从可声，为歌类。歌入于末，音如豁。豁亦开也。《汉书·扬

---

① 这个词有“捉漏”“筑漏”“堙漏”等多种写法，正字当作“捉漏”，与“阻”“沮”无涉。《鄞县通志·方言（二）》：“甬称圬者在屋上觅雨漏处而修补之曰捉漏，谓如捕捉盗贼也。”（3067页）《越谚》卷上“格致之谚”：“晴天捉漏，雨落照旧。”又卷中“屋宇”收有“捉漏”条，均是。参看宋闻兵《“捉漏”考略》，《语言研究》2007年第1期；盛益民《“捉漏”补说》，《语言文字周报》2018年总第1774期。

② “砖头”之“头”为后缀（“瓶头”“罐头”“盆头”之“头”用法相同），与“匋（陶）”或“牏”无关。又，“做瓦筒”即为正字，“筒”非“匋”之音变。

雄传上·河东赋》：“洒沈菑于豀渎兮。”颜师古注：“豀，开也。”或称门之大开曰“豀铎铎”。①

　　攲攲隁　《说文·危部》：“攲，攲隁也。”去其切。《阜部》：“隁，攲也。”岂俱切。段玉裁注：“攲隁以双声成文，谓倾侧不安，不能久立也。以上“隁”字下注。俗用崎岖字，正此二字之隶变。以上“攲”字下注。”《广雅·释训》：“崎岖，倾侧也。”《埤苍》：“崎岖，不安也。”《文选·高唐赋》李善注引攲亦作攲。《玉篇·危部》：“攲，丘知切。倾低不正。亦作攲。”《支部》：“攲，今作不正之攲。丘奇切。”《荀子·宥坐篇》：“孔子观于鲁桓公之庙，有攲器焉。”杨倞注：“攲器，倾攲易覆之器。”《玉篇》又作攲、作攲。《支部》：“攲，丘奇②切。礼器也。”谓鲁庙之攲器。《支部》：“攲，丘知切。攲隁，不正。”则“攲隁”亦可作“攲隁”，字书因时而作，疑当时有作俗体如是者。而“攲隁”为倾侧不安，为不正，则义不可易。凡器物置于不正之地，则倾侧易覆；器物之底不正，亦倾攲不安稳。俗语皆谓之“蹊跷”，读如起敲，蹊，本音奚，径也；跷，举足也。即“攲隁”之音变。盖隁从区声，古音为侯类。侯、幽声近，幽赅萧、肴，故音转如敲。今隁在虞韵，侯、虞通转。虞、肴同入相转，同入于觉。江有诰说。亦得音变为敲。俗称道途石版倾攲不安、履之动摇者，谓之“起敲石板”。引申为事理不得其正者，亦谓之“蹊跷”。

　　《广韵·五支》：“攲，不正也。”去奇切。《说文》攲从支声，古音本在支类。支、佳同类相转，音变去街切。有声无字。今谓物形倾攲不正直者为㰍。俗作歪。《说文》：“㰍，不正也。”火䖂切。或呼去街切，即攲之转音。参看《释语篇》“㰍倾攲”条。

_____

①“豀铎铎”，今多说“豀朵朵”。“豀”即为正字，非“闒”之音变。
②“奇”，原作“去”，误，径改。

卷九　释草木

目　录
（括号内小字为俗音及讹字）

稌　《说文·禾部》：“稌，稻也。”徒古切。又：“稻，稌也。”“稑，稻不黏者。”由此反释，稌即稻，乃谷之黏者。故程瑶田《九谷考·稻篇》：“稻为黏者之名。”又曰：“粳米硬，稻米软。”其自注云：“稻即粳类软，非如稴俗作穤、作糯之黏也。”李时珍《本草纲目》云：“稌，音杜。黏稻也。”盖世俗既以稻为浑言之称，统粳、糯而言之，其黏者则谓之稌，故李云“黏稻也”。今以米之较粳为黏、较糯为硬者，松江、苏、沪呼为“杜米”。杜即稌也。或音转为“大米”，大读箇韵，音驮。鱼、歌相转也。甬语亦如是。“稌米”呼为“大米”，犹“酥饼”呼为“大饼”矣。

稑秜稴　《说文·禾部》：“稴，稻不黏者。读若风廉之廉。”力兼切。《广雅·释草》：

"籼，粳也。"曹宪音仙。《声类》："秔（粳），不黏稻。江南呼秔为籼。"《一切经音义》卷四引。段玉裁云："凡谷皆有黏者，有不黏者。秫则黍之黏者，穄则黍之不黏者。《玉篇·禾部》："穄，子曳切。关西靡似黍不黏。"稻有不黏者，则稉是也。"钟案：甬俗称粳米其粒细长、炊饭不黏而松散者，谓之"稴籼穄"。稴音转如柳。稴从兼声，古音为谈类。谈、宵对转，宵、幽声近，故音如柳。称"稴籼穄"者，集谷之不黏者连茹为名耳。①

稉穰　《说文·禾部》："穰，黍䄡已治者。"又："䄡，黍穰也。"已治，谓黍粒已取尽之余秆也。《广韵·十阳》："穰，禾茎也。"《广雅·释草》："稻穰谓之秆。"王念孙疏证："今江淮间谓稻秆为穰草，以炊饭，亦以饲马牛。"钟案：甬俗称夏末秋初所获早粳之稻秆为"稉穰草"，其质较冬初所获之晚稻秆为柔软，故冬草枯落时用以饲牛。穰，如阳切，让平声。日组甬音读如娘，盖日本古泥纽所变，故日通泥、娘，《切韵指掌图》谓"日字却与泥、娘二字母下字相通"是也。见《来日二字母切字例》。故甬语呼让亦如娘也。稉者，《说文》云："稉，榜稉，谷名。"或云，稉者，夏之转音。夏，古音为鱼类。鱼、阳对转，故音如稉。夏，匣纽，本开口呼。今在马韵，与下同音，鱼、歌二类声近相转也。北音转晓纽齐齿，为晓写切（有音无字），盖浊音转清，非音之正。甬音夏读开口，为正音。转稉为合口，开合自变耳。"夏穰"者，谓夏末所获之稻秆也。

稬秒　《说文·禾部》："秒，禾芒也。"又："稬，沛国谓稻曰稬。"奴乱切。元、歌对转，今音奴卧切。俗作糯。稻之本义为谷之黏者，故《字林》云："稬，乃乱反。黏稻也。"《尔雅·释草》释文引。凡黏稻之谷端多有秒，不仅糯谷有之，即籼谷甬俗名晚青谷亦有之，粳则无秒也，故称秒为"稬（糯）秒"。疾呼声合则为嬺。宵、谈对转，音变为念。泥谈切。甬俗呼谷芒音如念。引申之，麦芒亦名念。《广韵》有穖字，《十二庚》："穖，谷芒长也。"乃庚切。《集韵》："禾芒曰穖。"与念为双声。此字《说文》《玉篇》皆未见，乃后出俗体，疑即"稬芒"合声之变。②

𦰏藿豌　《广雅·释草》："豆，其叶谓之藿。"《说文》作𧃤，云："尗之少也。"尗，豆也。谓豆之幼少。《诗·小雅·白驹》："食我场藿。"传："藿，犹苗也。"豌豆之幼叶采以为蔬，俗称"豆苗"，即藿也。《广雅·释草》："豌豆，蹓豆也。"豌，曹宪音乌丸反。王念孙疏证："豌豆，枝茎柔弱，布地而生，叶间有须连卷。甬俗插竹枝于其旁，引其卷须蔓缘上升，则豆茎竖立，不倒于地。然叶形颇圆，两两相值。初生时，肥嫩可食，南人摘以为蔬，味极美。俗称"豆苗"，即上文之藿也。三四月放小花四瓣，向内者二，

---

① "稴籼穄"一词，今未闻。
② 称谷芒、麦芒为"念"，今未闻。"念"非"稬（糯）秒"合声之变。

向外者二，亦皆相对，今植物家称为"蝴蝶花科"是也。花色淡紫可爱。甬地亦有白花者，实尤鲜美。但结实不若紫花者繁。四五月作荚长寸余，荚中子皆圆如珠子，煮食之香美。"钟案：《广雅》豍豆、豌豆同训䑏豆。䑏之言藟也。藟，藤也。见《广雅·释草》，亦详下文。凡豍豆、豌豆茎皆细弱，不能竖立，而有卷须，能攀缘蔓延而升，如葛藤然，故谓之藟也。藟，古音为脂类。脂、之合类，之、幽声近，音变，字作䑏。脂、歌通转，又变为蓏。蓏亦藤属也。《说文·艸部》："蓏，在木曰果，在地曰蓏。"郎果切。《汉书·食货志上》："瓜瓠果蓏。"注引应劭曰："木实曰果，草实曰蓏。"臣瓒曰："木上曰果，地上曰蓏。"豌豆茎弱，不能竖立，蔓生布地，固蓏属也。豌豆，甬俗呼为"罗汉豆"，实是"蓏藿豌豆"之音变。"藿豌"声合为欢，转开口，为汉。"蓏汉"声同"罗汉"。释典阿罗汉为习俗俱知之名，遂借"罗汉"字为之。①

豌胡　《尔雅·释草》："戎菽谓之荏菽。"郭璞注："即胡豆也。"孙炎曰："大豆也。"则与《诗·大雅·生民篇》郑笺同。戎训大，《尔雅·释诂》。又为夷名，故"戎菽"训大豆，或训胡豆。李时珍《本草纲目·谷部》以胡豆、戎菽即豌豆，而蚕豆亦名胡豆。于"豌豆"条曰："胡豆，豌豆也。其苗柔弱宛宛，故得豌名。种出胡戎，故有胡戎诸名。"于"蚕豆"条曰："此豆种亦自西胡来。虽与豌豆同名，同时种，而形性迥别。《太平御览》云：'张骞使外国，得胡豆种归。'指此也。今蜀人呼此为胡豆，而豌豆不复名胡豆矣。"钟案：今植物学书亦谓豌豆原产欧洲，蚕豆原产里海沿岸。是两豆本皆胡种，故皆名胡豆。甬人呼蚕豆为"倭豆"，即"豌豆"之转音。元、歌对转，故音如倭。犹浣乌官切，亦入箇韵为乌卧切也。松、沪乡农呼蚕豆声如"旱豆"，即"胡豆"之转音。胡，匣纽，合口呼。转开口，则变歌类为何。鱼、虞、模韵皆无匣纽开口音。歌、元对转，故音如旱。②

嗛　或谓沪农呼蚕豆声如"旱豆"，旱当作嗛。《玉篇·豆部》："嗛，胡斩切。豆半生。"钟案："半生"，犹俗云"半生半熟"也。全熟则豆坚老，可留为种。全生则豆未成形，不可食也。"半生"者，谓豆已成形，尚未坚老，青嫩正宜为蔬，故呼为"嗛豆"。存参。

茈菰　《说文·艸部》："茈，雕胡，一名蒋。"又："蒋，茈蒋也。"茈亦作菰。《广雅·释草》："菰，蒋也。"菰，模韵。模、豪同入于铎，同入相转，音变为高，

---

① "罗汉豆"非"蓏藿豌豆"之音变。
② 谓"倭豆"即"豌豆"之转音，是。汪维辉先生有进一步论述，参看《宁波方言词语札记三则·"倭豆"语源考》，《吴语研究》（第二届国际吴方言学术研讨会论文集），上海教育出版社2003年版，259—260页。

俗作茭。今谓苽中薹白如小儿臂者，呼为"茭白"。《说文》："茭，干刍。一曰牛
蕲草。"非今之茭白。

　　蔬　《尔雅·释天》："蔬不熟曰馑。"郭璞注："凡草菜可食者通名为蔬。"《国
语·鲁语》："能殖百谷百蔬。"韦昭注："草实曰蔬。"字亦作疏。《周礼·天官·大
宰》："聚敛疏材。"郑众注："疏材，百草根实可食者。疏不熟曰馑。"程瑶田曰：
"据《周礼》注，则疏上有艸者为后人所加……百草之根如芦菔、芜青、薑（姜）、蒜，
百草之实如瓜、壶、菱、芡之属……凡草根之块然成物者谓之疏，故其字从疋、从倒
子。疋言下体。从倒子者，言首在下也。"见《九谷考·稷篇》。今甬人称菜可馈者通谓"菜
蔬"，蔬音如胥。甬语水音亦如胥，遂讹作"菜水"。疏、胥皆从疋声，疏，审纽，胥，心纽，
类隔相转故耳。自甬音蔬读如苏，在模韵，遂字与语别。

　　秄　《说文·禾部》："秄，壅禾本。"即里切，音子。通作籽。《诗·小雅·甫田》：
"或耘或秄。"传："秄，雍本。"《玉篇·耒部》："秄，壅苗本。"壅本所以助长，
虚字实用，引申为助长之物亦曰秄。甬农种紫云英于田，既长大刈之，腐烂以肥田，
俗称"草籽"。即此字。草者，巢之音变。古人谓之小巢菜。今植物学于"紫云英""小巢
菜"判为二物，然李时珍亦混焉不分。疑古人格物致知不如今人之密，如莞训为蔺是。巢，床纽。北音
床为穿浊，浊音转清，变如钞，俗讹作草。清、穿类隔相若也。[1]

　　皅缇　紫云英，甬俗又名"片花"。片者，"皅缇"之合声。《说文·白部》："皅，
艸华之白也。"普巴切。《广雅·释器》："缇，赤也。"《周礼·天官·酒正》："四
曰缇齐。"郑玄注："缇者，成而红赤，如今下酒矣。"紫云英之花，如伞盖之反仰，
花瓣甚细，每瓣缘白中红，故以"皅缇"名之，状其色也。"皅缇"声合为砒，俗借
浅近之片为之。[2]

　　黮薰　《说文·黑部》："黮，桑葚之黑也。"他感切，贪上声。《诗·鲁颂·泮水》："食
我桑黮。"传："黮，桑实也。"是虚字实用，以形状词为物名矣。桑葚之黑，黑中兼红；
葚汁染衣，色辄黯红。今称黑红青三者相兼之色为"天青"、为"天蓝"，即"黮青""黮蓝"
也，黮音变天。盖黮从甚声，古音为侵类。侵变为盐，音转为忝。今音盐忝与先仙相混，
故讹为天。天空之青，其色苍碧，庄子所谓"天之苍苍，其正色邪"，本非黑红相并之色。参看《释衣篇》"黮"
字。甬有菜，叶黑而皱，凹凸不平，黑中隐紫，与桑葚之黑绝似，爞之，其汁色黯红，
俗呼"薰菜"。薰读如忝，实即黮字。薰菜本黑叶，近二十年来，亦有变种绿叶者，叶较黑叶为大，

---

① 正字为"草子"，"子"与"秄（籽）"无涉；"草"亦非"巢"之音变。
② "片花"之"片"非"皅缇"之合声。

叶面之凹凸皱粒亦较平坦，味亦不若黑叶之香美。黑叶荙菜，植物书中未见。荙本音甜。《玉篇·艸部》：
"荙，徒廉切。菜名。"《本草纲目》所谓"莙荙"也。说详见下条。或谓黗音变天，
乃"黗薰"之合声。《说文·黑部》："薰，黑皱也。"古典切，音茧。"黗薰"云者，
谓叶色如桑葚，而又黑皱也。状其形尤备。①

　　卷凸　《本草纲目·菜部二》："荙菜，即莙荙也。荙与甜通，因其味也。莙荙
之义未详。"钟案：莙荙，苏沪谓之"甜菜"。其抽薹，味颇甜，故云尔。形似黗菜，
亦随时剥叶而食。叶柄肥厚，润白如玉。叶色淡绿，叶之边缘，稍卷向后，叶面因之隆起。
又以叶面脉络处凹陷，于是叶面分块成凸形。味无黗菜之香，而润滑异于他菜。近世
植物学入藜科。名"莙荙"者，即"卷凸"之音变，状叶为名也。卷，古音在元类。元、
真声近相转，故古亦读如衮。《礼·王制上》："三公一命卷。"郑玄注："卷，俗读也，
其通则曰衮。"《礼·玉藻上》："龙卷以祭。"注："字或作衮。"今犹称轴卷为
滚。参看《释衣篇》"卷"字条。卷，见纽，撮口呼。转真类，作合口，故为衮。设撮口不
变，而入真类，则音如君。君音若莙，凸音若荙，于是借从艸之莙荙字为之。《说文》
莙为牛藻，《广韵·十二曷》："荙，马舄也，草名。"皆非菜名，尤不能相联为词。

　　䞉绛菣　《通俗文》："青黑曰䞉。"《一切经音义》卷十九引。《广雅·释器》："䞉、
绛，赤也。"䞉，曹宪音虚力反。然则䞉可训赤，亦可训青黑。从赤而训青黑，义不可解。
《广雅·释草》："蒿，芋也。其茎谓之菣。"《玉篇·艸部》："菣，古幸切。芋
茎也。"甬有芋，其茎青黯，近芋顶处则绛，俗呼声如"香拣芋"；慈溪北乡呼为"红
顶芋"。香即"䞉绛"之合声，拣即菣之转音。菣从耿声，古音为耕类。耕、真声近，
真、寒相通，故音转如拣。拣音近蕲。《玉篇》："蕲，草茎也。"与菣音义皆似。

　　黗绛　《说文·黑部》："黗，浅黄黑也。"巨淹切。谓黑中兼浅黄也。从黑，甘声，
甘亦会意。甘为土味，土色黄也。然隶《黑部》，色重在黑，故《广雅·释器》："黗，
黑也。"曹宪音古闇反。浊音转清，群转见纽也。甬有芋，其茎红而黯，近根处微黄，
俗名"光芋"。光即"黗绛"之合声，谓其茎黑红而又微黄也。"黗绛"合声本仍如绛，
开口转合口，又今音江、唐相混，故变如光。②

　　黝莒　《说文·艸部》："莒，齐谓芋为莒。"居许切，音举。莒、芋叠韵，古音
皆鱼类。又牙、喉相转也。芋，喻纽，莒，见纽。喻、匣声通，匣、见亦多相转。又《黑部》："黝，
微青黑色也。"於纠切，幽上声。孙炎注《尔雅·释器》曰："黝，青黑葱。"《礼·玉

——————————

① 明李时珍《本草纲目·菜部·荙菜》："荙菜，即莙荙也。荙与甜通，因其味也。"据此，"荙"音
　义来源于"甜"，非"黗"之音变或"黗薰"之合声。
② "光芋"之"光"非"黗绛"之合声。

藻下》"一命缊袚幽衡"疏引。则黝为青黑色也。甬有芋，其头小于光芋，味亦较逊，与光芋同时出土，茎青黯，俗呼"乌脚鸡"，即"黝荄莒"之音讹。黝，影纽，齐齿呼。幽、侯合类，侯、鱼声近，故鱼、幽亦同入于屋。黝转鱼类合口，音变为乌。犹黑曰乌，本黝字也。火暗曰焐，天暗曰乌，皆幽字也。参看《释食》《释天篇》"幽"字条。荄，芋茎也，见上文"蓔绛荄"条。音耿。耕入于麦，音如隔；转齐齿，则为戟。莒，见纽，合口。转齐齿，则入支类，鱼类无齐齿音。音如剞。"黝荄莒"音讹为"乌戟剞"，俗以其音与"乌脚鸡"相似，遂讹焉。"乌脚鸡"，家禽名，常语也。①

獿大　《说文·艸部》："芋，大叶实根，骇人，故谓之芋也。"芋有大义。《方言》十二："芋，大也。"《诗·小雅·斯干》："君子攸芋。"传亦训大。古称芋曰"芋魁"，《汉书·翟方进传》："饭我豆食羹芋魁。"曰"芋渠"，《后汉书·马融传》："襄荷、芋渠。"李贤注："芋渠，即芋魁也。"渠、魁皆大义，《书·胤征》传："渠，大也。"《广雅·释诂一》："魁，大也。"与芋训大，同义类聚为名也。今呼芋曰"芋艿"，读艿如奶。然则称艿者，当亦有大义，如"芋魁""芋渠"之例。艿，《说文》云："艸也。"《玉篇》音仍，引《说文》曰："旧草不芟新草又生曰艿。"皆无大义。其作奶声，借艿形，而训大者，盖"獿大"之合声。《方言》十："南楚凡大而多，或谓之獿。"郭璞音奴动反。"獿大"字训联言，声合为奈。泰、蟹声近，故如奶。◇獿亦得音转为乃。乃，海韵，为之类。獿，东类。东、蒸声通（如冯、雄、弓、梦等字古音本在蒸类），蒸、之对转，故尔。《茶香室续钞》以为"芋艿当为芋奶之误。俗称母为奶，芋奶亦犹母子之义"。其说浅陋不足辨。且奶训母，本嬭之俗。《广雅·释亲》："嬭，母也。"曹宪音乃弟、奴解二切。乳曰奶，亦是嬭字。《广韵·十二蟹》："嬭，乳也。"此本乳之音变。参看《释形体》。以俗字音义释名物，非通人之论。②

杜　《方言》三："杜，根也。东齐曰杜。"郭璞注："《诗》曰'彻彼桑杜③'是也。"郭引系《韩诗》，今本《毛诗·豳风·鸱鸮篇》作"桑土"，传云："桑土，桑根也。"杜，古音为鱼类。鱼、侯声近相转，音变为头。今称草木之根曰"根头"，本"根杜"字，字训联言为词也。芋根大如拳，甚者大如人首，俗呼"芋艿头"；蔓青之根如拳，俗称"大头菜"；芦菔之根小如荸荠，俗呼"萝卜头"。此头皆杜字，皆根义，非以形名头也。杜字转头音，其例甚多。梨曰梨头，亦杜字，说详下文。杜塞之杜，亦呼如头，如"塞

---

① "乌脚鸡"非"黝荄莒"之音讹。
② "芋艿"之"艿"非"獿大"之合声。
③ "杜"，原作"土"，误，径改。

头”“盖头”，头亦杜字。参看《释器篇》“杜”字条。北人呼杜姓，固如头也。①

蓊蕻　《广雅·释草》：“蓊，薹也。”王念孙疏证：“今世通谓草心抽茎作花者为薹矣。”《韵会》：“草花之茎细叶丛生者为蓊薹。”钟案：薹之为言臺（台）也。《说文》臺从至、从高省，故臺有高义。草花之茎，高出于众叶，故云薹。外地称菜茎直上开花者为“菜薹”，甬谓之“菜蕻”。蕻，即蓊之俗变。《广韵·一送》：“蕻，草菜心长。”胡贡切。匣浊转晓清，甬读火贡切。与蕻同音哄、烘、閧诸字，皆读如此。犹华本匣纽，今作花，读晓纽，其例正同。蓊，影纽，蕻，匣纽，南音清浊之变也。甬读蕻为晓纽，又从北音而转清。然愚谓蕻者，实“花蓊”之合声。凡草抽薹，所以为花也，故曰“花蓊”。合呼声变，字乃作蕻。甬呼菜薹皆曰蕻，以其皆花也。惟芋茎则曰蓊，以甬芋多无花，故不曰蕻。②

蘆荀　《说文·艸部》：“蘆，菜也，似苏者。”强鱼切。段玉裁注：“此《本草》新补之苦蘆也。字或作蘧，俗讹作苣。”《玉篇》：“蘆，今之苦蘆。”朱骏声曰：“苦蘆，今吴俗谓之茭苣笋。”钟案：“茭苣”，即“蓊蘆”之转音。甬俗呼若“乌居笋”。甬呼乌龟音如乌居。蘆音如居，群浊转见清也。茭苣所食者蓊薹，故名“蓊蘆”。东、鱼同入相转，同入于屋。故音如乌。鱼、歌声近，又变为倭，俗作茭。彭乘《墨客挥犀》云：“茭苣，自呙国来，故名。”呙国何地，史传未载，其说难信。笋当作荀。《尔雅·释草》：“蕍、荀、萃、华，荣。”郭璞注：“今俗呼草木华初生者为荀。音獮。”《说文》：“荀，艸之皇荣也。”羊捶切。字从尹声，本在真类，故《集韵》音耸尹切。今语正从此音。荀谓蓊蘆之初生者，茭苣之薹，固以初生柔嫩者为食也。茗贵嫩芽，故曰“芽茶”；姜与黄瓜之嫩者，曰“子姜”，曰“乳瓜”；蘆食其蓊，曰“蓊蘆”，其例正同。③

鮹　茭苣，吴越亦名“襄乌笋”。乌者，即“茭苣”之合声，实本“蓊蘆”之合声。襄者，鮹之转音。《广雅·释器》：“鮹，盐也。”曹宪音消。阳、宵同入相转，同入于药。音变为襄。茭苣不可烹煮作馔，必盐葅为食。《本草纲目·菜部·白苣》条下曰：“苦苣、茭苣俱不可烹煮，皆宜生揉去汁，盐醋拌食。”“鮹茭苣笋”者，本蔬馔之名，以茭苣之馔，遂以名其蔬。犹俗呼青花瓜甬俗呼“乌鲤鱼瓜”为“酱瓜”，以酱瓜即以此为腌葅也；河虾之大者选作“抢虾”，市肆商品遂以名河虾之大者。④

---

① “芋芀头”与“芋芀子”相对，“头”有实义，“大头菜”之“头”亦有实义，但与“杜”无涉；“梨头”“塞头”“盖头”之“头”均为后缀。

② 关于“蕻”的来源，应氏既谓“蓊”之俗变，又谓“花蓊”之合声，当以第一说为长。

③ “茭苣笋”之“笋”即为正字，本字不是“荀”。

④ “襄乌笋”一般写作“香茭笋”（茭音胡或乌），“襄”非“鮹”之音变。

荑秀　《诗·豳风·七月》传："女桑，荑桑也。"蔬："荑，是叶之新生者。"
《文选·郭璞〈游仙诗〉》："陵冈掇丹荑。"李善注："凡草之初生，通名曰荑。"
通作稊。《易·大过》："枯杨生稊。"郑本作荑。虞翻注："稊，稚也。"王弼注："稊，
杨之秀也。"《广韵·十二齐》："荑，荑秀。"音啼。"荑秀"疾呼，声合为头。幽、
尤无定纽，故转侯韵为头。说已前见。今称草木嫩叶新枝曰"嫩头"，曰"苗头"。菜蔬之"枸
杞头""马蓝头""草头"，皆谓其新生嫩叶也。荑亦得音转为头。荑，古音为脂类。
脂、之合类，之、幽声近，荑转幽类，亦为头。嫩叶称头，亦称脑。嫩头亦曰"脑头"，
枸杞头亦曰"杞子脑"。脑者，"嫩梢"之合声。《广韵·五肴》："梢，枝梢也。"

　　◇《尔雅·释草》："蕍、芛、葟、华，荣。"此以"荣"释"蕍、芛、葟、华"四字也。下文云："华，
荂也。华、荂，荣也。"即证"荣"之释"华"矣。下文又云："木谓之华，草谓之荣。"则析言之也。
若通言之，草亦称华，木亦称荣，《月令》"鞠有黄华""木堇荣"是也。凡荣者，秀发之谓，引申为人
之通显亦为荣。荣既为秀发，则蕍、芛等字亦其义也。蕍，羊朱切，虞韵，喻纽。喻、定纽转，虞、侯韵转（蕍
从俞声，古音本在侯类），音变为头。犹窬、歈、揄、愉、瑜诸字，《广韵》与蕍同音，亦并读为头也。
今草木新生，秀发之枝叶皆呼为头，如"苗头""芽头"，并蕍之音转也。其说存参。[1]

干柯　《说文》："茎，艸木干也。"《玉篇》引。《广雅·释诂三》："茎、干，本也。"
段玉裁曰："木根曰本，木身亦曰本。"干（幹）古音为元类，元、歌对转，音变为柯。《广
雅·释木》："柯，茎也。"王念孙疏证："柯，干也。古声柯与干同，故郑注《考工记》
云：'笴，矢干也。'《广韵》：'笴，古我切，又公旱切。箭茎也。'箭茎谓之干，
亦谓之笴；树茎谓之干，亦谓之柯，声义并同。树茎名柯，因而草茎亦以为名。"柯，
歌类。歌、鱼声近相转，音又变为姑。鄞人呼苋菜之长茎为"苋菜姑"。绍兴有柯桥镇，
绍人呼柯亦如姑。慈溪山北人呼如"苋菜根"。根者，干之转音，真、元声近相转也。[2]

苴麻　《诗·豳风·七月》："九月叔苴。"笺："苴，麻之有实者。"《尔雅·释草》：
"黂，枲实。枲，麻。"郭璞注："苴，麻之有黂。"郝懿行义疏："古者以黂为豆笾之实。《天
官·笾人》及《少牢馈食》并云'朝事之笾其实麷蕡'，今人罕充食馔，唯作油然灯，及和味用之。"
钟案：《玉篇》："苴，七闾切。苴麻也。"清纽。北音从为清浊，转浊音，则如鉏。
鱼韵无从纽字，类隔借用床纽鉏字。今音澄、床混同，字讹作苧（苎），俗称"苎麻"是也。
苧为芧或体。《玉篇》："芧，直与切。草可以为绳。"苴亦作檾。《广雅·释草》：

---

[1] "嫩头""苗头""芽头"之"头"均为后缀，非"荑秀"合音之变，亦非"荑"或"蕍"之音变。
"脑头"之"脑"非"嫩梢"之合音。
[2] "苋菜姑"，一般写作"苋菜股"或"苋菜管"。

"䕲，麻也。"曹宪音诛，䕲、䕲通。知纽。清音转浊，入澄纽，亦为苧。①

针 《广雅·释诂一》："针，刺也。"职深切，照纽。清音转浊，入床纽。牙音细音作齐齿，往往与齿音混，故从、床与群之齐齿相似。针，侵韵。侵变为盐，又转群纽，故或读如钳。《诗·秦风·黄鸟》："子车针虎。"释文："针，其廉反。"是也。麻叶有毒毛如刺，能伤人者，俗名"荨麻"。叶毛伤人发疹，谓之"荨麻疹"。荨读如钳，本针字也。荨，《说文》云："芜蕃也。"注家谓即药中知母，与麻义不相系属。

凫茈 《尔雅·释草》："芍，凫茈。"段玉裁注《说文》"芍"篆下曰："今人谓之荸脐。"钟案：甬语呼若"蒲齐"。盖凫，奉纽。古无轻唇，读若並纽，故凫音如蒲。茈，本将此切，音紫。精清转从浊，故《广韵·五支》又音疵②。疾移切。俗改为荠，以荠、纸声似，茈字僻，少见耳。今字作"荸荠"。荸又为蒲之入声。凫，《广韵》作茇。凡草名诸字，俗加艸者甚多。③

皢覃 《说文·白部》："皢，日之白也。"呼鸟切。日之白者，谓白中隐有黄光也。《广韵·廿九筱》馨皛切，音晓，则为齐齿呼。宵、阳同入相转，同入于药。音变为香。甬俗称蜜筒瓜或称"香瓜"，即"皢瓜"字，状瓜皮之色也。《广雅·释草》："蜜筒、狸头，瓜属也。""蜜筒"，今语犹存，虽古名之遗，然筒字无义，疑覃之音变。《说文》："覃，长味也。"古音为侵类。侵、东声近相转，故变为筒。"狸头瓜"，形圆略扁，如大橘。称"狸头"，状其形也。俗讹作"梨头"。④

縑 《广雅·释草》："无余縑，瓜属也。"縑音兼。"无余"与"扶余"声近，故朱骏声疑为地名。《广志》云："瓜之所出，以辽东为美。"《太平御览》引。扶余近辽东，固产美瓜地。然则瓜称"无余縑"，"縑"为瓜名，"无余"其产地也。縑，添韵。侵、盐声通，音转为金。甬之黄金瓜，盖本"黄縑瓜"字。縑，瓜名，古语所遗。以其色黄，

---

① "苧（苎）麻"又作"紵（纻）麻"，"苧""紵"即为正字。"苧""紵"《广韵·语韵》直吕切，折合成宁波话，音技。

② "疵"，原作"疵"，误，径改。

③ 《说文》《尔雅》"芍"并训"凫茈"（茇同凫），段玉裁注："今人谓之荸脐，即凫茈之转语。"郝懿行义疏："《本草衍义》作荸脐，今呼蒲荠，亦呼必齐，并声之转也。"本条据此而发挥之，谓"蒲齐"即"凫茈"之音变。魏钢强先生《"荸荠"考》则认为："'荸荠'之名来自本指肚脐的'脐脐'，这或许因荸荠的球茎形似脐突，或许因其匍匐茎象脐带之形。"（《方言》2004年第3期）诸说并可参。

④ "香瓜"即为正字，"香"非"皢"之音变。"蜜筒"即为正字，"筒"非"覃"之音变。

故曰“黄缣”。语转为“黄金”。“黄金”现成语，又缣字义僻，不与瓜义相若也。[①]

饵消暑　《广雅·释草》：“冬瓜，菰也。”王念孙疏证及《本草纲目》所引各家杂说皆谓冬令收之，故名；又谓“经霜后，皮上白如粉”。今按：冬瓜夏末秋初即成熟为馔，鲜有延至冬令者；其皮外白粉，凡瓜熟即生，亦不待经霜而有。冬瓜，俗亦作东瓜。更有南瓜、西瓜、北瓜，其义皆不可解。李时珍谓南瓜等从产地立名，亦不确。今植物书中，皆谓原产西夷，则李说附会方向，亦不可从。愚谓冬瓜多粉，冬即“多粉”合声之变，真、东相转也。南瓜，俗称“饭瓜”，可作饵充饥。饵从耳声，古音为之类。之、咍同部相转，音变为耐。今音耐、南声似，之、蒸对转，蒸、侵声近，故似南。遂从方向作南。西瓜能消暑，“消暑”声合为糈。脂、鱼声近，故讹为西。北瓜不可食，“不食”声合为北，纽韵皆符。[②]

瓤　《广雅·释草》：“水芝，瓜也。其子谓之瓤。”曹宪音力占反。《玉篇》：“瓤，瓜子。”甬俗称南瓜子或呼“南瓜瓤”，即此字。瓤、瓤、仁，皆一声之转。来、日声似。《三苍》：“瓤，瓜中子也。”《尔雅·释草》释文引。《广韵·十阳》：“瓤，瓜实也。”瓜实即瓜子。详下条。[③]

瓽　《玉篇·瓜部》：“瓽，丁郎切。瓜中实。”瓜中实即瓜瓣。《说文》：“瓣，瓜中实也。”《玉篇》同。《诗·卫风·硕人》：“齿如瓠犀。”传：“瓠犀，瓠瓣。”《御览》引吴普《本草》云：“瓜子，一名瓣。”《诗》谓齿之美，白而匀齐，如瓜中坒列之子。然则瓣为瓜子。瓽、瓣同训，瓽亦瓜子也。瓽，端纽，古音为阳类。阳、耕声近，音变为丁。耕类中惟青韵有端纽字，耕、清无之。今称西瓜子曰“丁”，胶州瓜子曰“胶丁”，酱油烹煮瓜子曰“酱丁”，油拌者曰“油丁”。瓽之为丁，犹当之为丁矣。《诗·大雅·云汉》：“宁丁我躬。”《楚辞·九叹·惜贤》：“丁时逢殃。”毛传、王逸注并云：“丁，当也。”丁皆当之假借。今人谓承荷其事曰顶，顶亦当字。瓽与的一声之转。的，莲子也。《尔雅·释草》：“荷，其实莲，其中的。”郭璞注：“莲，谓房也。的，其中子也。”《释草》又云：“的，薂。”注：“即莲实也。”瓜子为瓽，莲子为的，声相近，义每相若。的亦作菂，锡韵。锡为青入，长言转平，亦为丁。[④]

黵绛綦　《尔雅·释草》：“綦，月尔。”郭璞注：“即紫綦也。似蕨可食。”

---

① “黄金瓜”即为正字，“金”非“缣”之音变。

② “冬瓜”之“冬”非“多粉”合音之变，“南瓜”之“南”非“饵”之音变，“西瓜”之“西”非“消暑”合音之变，“北瓜”之“北”非“不食”之合音。

③ “南瓜瓤”，今未闻。

④ 称西瓜子为“丁”，今无此说法。

郝懿行义疏："紫蘩即紫蕨，以其色紫，因而得名。蕨之名为蘩，犹厥之训为其也。"《广雅·释草》："芘蘩，蕨也。"王念孙疏证引《后汉书·马融传》云："芘其、芸藘。"芘与紫同，其与蘩同。又引《齐民要术》引《诗义疏》云："蕨，山菜也。初生似蒜，茎紫黑色。"又引戴侗《六书故》云："蕨，紫其也。生山中。其有蕨其，有狼其。"钟案：紫蘩即紫其，本音旗，今方言呼如基，群浊转见清也。今植物书谓之"红蕨"。叶柄色紫黑，俗名"狼其"。狼者，"黸绛"之合声，状其色也。《说文·黑部》："黸，齐谓黑为黸。"洛乎切。《糸部》："绛，大赤也。""黸绛"，谓黑赤，亦即紫色。《说文》："紫，帛青赤色也。"段玉裁注谓"青当作黑"，是已。又云："此作青者，盖如《礼器》注所云：'秦二世时语，民言从之。'至汉末犹存与？许说必无误，转写乱之耳。"《礼记·礼器》："或素或青，夏造殷因。"郑玄注："变黑白言素青者，秦二世时，赵高欲作乱，或言青为黑，黑为黄，民言从之。至今语犹存也。""狼其"本谓红蕨，俗泛用之，凡羊齿类似蕨之草，虽非紫黑，亦曰"狼其"，如云"大叶狼其""细叶狼其"。王念孙所谓"草木鸟兽，同类者亦得同名"，是也。①

　　蘁　《尔雅·释草》："蘁，百足。"《广韵·廿四盐》："蘁，百足草。"子廉切。张参《五经文字·艸部》："蘁，息廉反。"今音先、盐相混，俗讹作仙。今园中所悬盆花号"百脚仙"是也。其花属仙人掌科，分枝四布甚繁。茎如仙人掌，节节相联，而无刺。每茎达七八节，多至十余节，每节长寸许，故名"百脚"。春末，茎端开小红花。翟灏以蘁为地蜈蚣草，非也。

　　蓚苗　《说文·艸部》："蓚，苗也。"徒聊切。"苗，蓚也。"徒历切。苗从由，与从田之苗秀字异。各注家皆谓羊蹄草也。其根如胡萝卜，俗名"土大黄"，磨汁可涂疗癣疡。其茎粗，叶长尺许，如牛舌，故《本草》亦名"牛舌菜"。李时珍云："羊蹄以根名，牛舌以叶形名。"钟案：其根与羊蹄无相似处，取以为名，殊未可信。甬俗呼此草为"羊舌头"，则以叶形名。头者，即蓚之转音。蓚音同条。方言中，凡条字转为头音者甚多，如"指枚头""木头""竹头"皆是。说已前详。蓚音转头，亦其例。不仅称舌为舌头之词也，疑称"羊蹄"者，本"羊舌苗"之略称。苗，锡韵。锡为支、齐之入，长言转平，故如蹄。②

　　瓠瓤　《说文·瓠部》："瓠，匏也。"《诗》作壶。《豳风·七月》："八月断壶。"传："壶，瓠也。"朱骏声曰："今苏俗谓之壶卢。瓠，即壶卢之合音。"钟案：今细腰窄尾者谓之"壶卢"，俗讹作"葫芦"。《玉篇》作"瓠瓤"，《瓜部》："瓤，落

---

① "狼其"之"狼"非"黸绛"之合音。
② "羊舌头"之"头"非"蓚"之音变。"羊蹄"非"羊舌苗"之略称。

都切。瓠瓤也。"《广韵·十一模》："瓠，瓠瓤，瓢也。"既老，壳坚如木，去其中实，则虚如瓶，方士以贮丹药。瓠之变种甚多，甬产多非细腰，大者如斗囊，小者如儿首，可作蔬，俗呼音如"蒲"。其长圆如臂者，俗名"夜开花"，藤蔓系于竹棚而生，日落开白花，日出花敛，故名。市肆名"长瓜"，乡鄙或亦呼为"蒲"。既老，去子，取壳入药，名"蒲种壳"，利尿消肿。瓠读如蒲，即其音之讹变。瓠，匣纽。匣之合口，往往与轻唇奉、微混，故甬音奉、微之凫、符、巫、无与匣纽之胡、壶，混无所别。瓠既讹读为凫，为唇音，又从凫之轻唇转重唇並纽，变为蒲。如"凫茈"变为"蒲荠"，见上文。或谓瓠读如蒲，乃"匏瓠"之合声，字训联言之也。《说文》："瓠，匏也。"又："匏，瓠也。"此说似是而非。观壶、狐亦音变为蒲，如"壶枣"呼如"蒲枣"，说见下文。谚嘲贱者妄效贵者所为，曰："黄鼠狼看狐样。"狐音亦如蒲。可知纽之讹转，佐证非一也。

藻 《说文·艸部》："藻，水艸也。"子晧切。段玉裁注："今水中茎大如钗股，叶蒙茸深绿色，茎寸许有节者是。左氏谓之薀藻。"字亦作藻。《左传·隐三年》："蘋蘩薀藻之菜。"杜预注："薀藻，聚藻也。"《玉篇·艸部》[1]："薀，聚也。"按：水藻生水底，连茹丛生，故云聚藻。养金鱼者每取置缸中，以供鱼之栖息，亦以辅观赏之美；农家于夏日取以壅水芋。甬语呼为"混草"，即"薀藻"之音转。薀，影纽，清音转浊，入匣纽，音变为混。藻，精纽，送气转清纽，如草。[2]

杜 《尔雅·释木》："杜，甘棠。"郭璞注："今之杜梨。"棠、杜一声之转，鱼、阳对转也。郝懿行义疏："棠，一名樆。《广雅》云：'樆，梨也。'《汉书·司马相如传》云：'亭奈厚朴。'张揖注：'亭，山梨也。'《史记》作樆。樆、棠一声之转。"阳、耕声近相转。钟案：《玉篇》："棠，棠梨木。"郭云"杜梨"，顾云"棠梨"，称梨而连言杜、棠字，同义字相连为词，古今然也。今称梨，倒之曰"梨杜"，音转为"梨头"。鱼、侯声近相转，故杜音如头。侯、唐同入于铎，棠亦得音转为头。[3]

今称梨，或为"生梨"。"生梨"，盖对"蒸梨"而言。犹姜曰"生姜"，对"干姜"而言也。古固有蒸梨而食。桓温嗔人，有"哀梨蒸食"语，见《世说新语·轻诋篇》。或云，是"山梨"之转音。山，元类，生，阳类，元、阳声近相转也。存参。生本耕类，甬语则在阳类。

坟条 《说文·木部》："柚，条也，似橙而酢。《夏书》曰：'厥苞橘柚。'《禹贡》文。"余救切。字亦作櫾。《山海经·中山经》："荆山多橘櫾。"郭璞注："櫾，似橘而大也，

---

① 《玉篇·艸部》，原作《广雅·释诂三》，《广雅》无此训释，《玉篇》有之，故改。
② "薀藻"之"薀"今多读温。
③ "梨头"之"头"为后缀，非"杜"或"棠"之音变。

皮厚味酸。"柚从由声，櫾从繇声，条（條）从攸声，古音皆幽类。柚，喻纽，条，定纽，喻、定固相转。如裿、歈、揄、揄、陶、佻、铫等字，皆定、喻两读。疑古音有读柚纽转为条者，遂以为柚、条同物异名，乃取以为训。《尔雅·释木》亦云："柚，条。"朱骏声曰："条非条枚之条，亦非条梅之条。条梅之条即楸，柚条之条即柚。"条既为柚之别称，幽、侵对转，音变为覃。覃、寒相混，字讹作蛋。俗有称柚为"文蛋"者，即"坟条"字。《尔雅·释诂》："坟，大也。""坟条"，谓大柚也。或浊音转清，蛋转端纽，字又作旦，呼柚亦为"文旦"。蛋音转旦，粤音多有之。今吴越称搪揆为"搞蛋"，亦呼"搞旦"。条，幽类，幽赅萧、豪。幽、尤无定纽字，或转萧、豪，则音如调，今条即读此音。如梼。梼、涛、祷皆从寿声，本幽类字。柚或呼为泡，即"溥梼"之合声。《尔雅·释诂》："溥，大也。""溥梼"即"溥条"，谓大柚也。泡虽亦有盛义，然不训柚。①

  尐甘 《广韵·廿三谈》："柑，木名，似橘。"古作甘。《汉书·司马相如传·上林赋》："黄甘橙橘。"郭璞注："黄甘，橘属而味精。"今谓橘属似橙而微苦者为柑，如"瓯柑"是也。柑之小如弹丸雀卵者，俗名"金柑"。果小，皮乃薄，故连皮食之，味酸而甘，其皮辛，犹橘橙类也。金柑，盖"尐柑"之语转。《方言》十二："尐，小也。"《广雅》《释诂二》曹宪音子列反，古音为脂类。脂、真对转，音变为津。津、金音似，遂讹作金。金，见纽齐齿，与齿音精纽相混；真、侵今亦相似。"尐柑"，谓小柑也。若谓色黄称金，则橙橘多黄色，何不称金，而独名于是耶？方言中凡色黄而音近金者，多以金字为之。如金团，本是"墼团"；参看《释食篇》"墼"字条。金黄色，本是"缙黄"也；参看《释衣篇》"缙"字条。黄金瓜，本是"黄缣瓜"。见上文。石榴呼金孟，本是"晶璃"。详下文。②

  甜 《说文·甘部》："甛，美也。从甘、舌。舌，知甘者。"徒兼切。《广雅·释器》："甛，甘也。"今字作甜。定纽类隔转澄纽，音变为天。直廉切。盐添今与先仙相若，澄、从纽亦相淆，如澄纽之朝、虫、重、陈与从纽之樵、丛、从、秦，混同无别。故天音又讹为钱。浙省黄岩所产小橘，味甘美，甬俗呼"金钱蜜橘"。"金钱"即"尐甜"字，谓小而甘美也。钱亦讹转定纽为钿，如铜钱呼为"铜钿"是也。金钱无义。③

  壶 《尔雅·释木》："枣，壶枣。"郭璞注："今江东称枣大而锐上者为壶。壶，犹瓠也。"《诗·豳风》："八月断壶。"壶即瓠也。钟案：壶之言胡也。《广雅·释诂一》："胡，大也。"壶枣，犹医家称大枣也。见《伤寒论》《金匮要略》等书。《方言》十二："蠭（蜂），

---

① "文旦"本字不是"坟条"，"香泡"之"泡"不是"溥条"合声之变。
② "金柑"即为正字，"金"非"尐"之音变。
③ "金钱蜜橘"即为正字，"金钱"非"尐甜"之音变。谓"铜钿"之"钿"是"钱"的音转，是。

其大而蜜谓之壶蠭。"犹云大蜂也。壶，匣纽。匣之合口与轻唇奉、微混，故甬音壶、胡与符、巫无别。壶既读为符，又从符轻唇类隔转重唇为蒲。参看上文"瓠"字条。今夏秋之鲜白枣，甬称"白蒲枣"，即《尔雅》之"壶枣"也。朱骏声以为"白蒲"乃"枹朴"之语转，见《说文通训定声》"樸"字下释。《说文》："樸，枣也。"博木切。帮清转並浊，故《玉篇》亦音步木切，与蒲为双声。然"樸枣"之说，段玉裁颇非之。

晶璊　《说文·晶部》："晶，精光也。从三日。"段玉裁注："凡言物之盛，皆三其文。"《通训定声》曰："精光者，姓（晴）光也；姓光者，星光也。乃象星三两相聚之形。"今格致家称矿物之自然定形聚列者为结晶体，盖亦本此意。《玉部》："璊，玉赪色也。禾之赤苗谓之穈，言璊玉色如之。"莫奔切。《诗·王风·大车》："毳衣如璊。"传："璊，赪也。"赪者，郭璞注《尔雅·释器》云："浅赤。"璊从㒼声，古音为元类。元、阳声近，音变为孟。俗称石榴为"金孟"，即"晶璊"之讹。谓石榴果实粒粒群聚如水晶，又浅赤如璊玉也。[①]

柽　《尔雅·释木》："柽，河柳。"字训联言为词，方书讹作"三河柳"。盖柽讹读为圣，亦穿、审相转之故。柽，丑贞切，彻纽。彻、穿今混同，故彻、审亦相转。耕、真声近，真、元亦声近，柽转元类，音讹为山。今音咸、删又相若，又讹为三。甬俗则称为"西湖柳"。圣，耕类。耕、真声近，真、脂对转，故如西。河转为湖，歌、鱼相转也。西湖习知地名，遂假以为号。[②]

茶　《尔雅·释木》："槚，苦荼。"郭璞注："树小似栀子，冬生叶，可煮作羹饮。今呼早采者为荼，晚取者为茗。一名荈，蜀人名之苦荼。"释文："荼，《埤苍》作槚。今蜀人以作饮，音直加反，茗之类。"郝懿行义疏："今茶字，古作荼。至唐陆羽著《茶经》，始减一画作茶，今则知茶不复知荼矣。"钟案：《汉书·王子侯表》："荼陵节侯䜣。"师古曰："荼，音涂。"《地理志下》："长沙国……荼陵。"师古注："荼，音弋奢反，又音丈加反。"然则唐人读荼，已有模、麻两韵之音。模变为麻，固合轨辙。鱼、歌二类声近。定转为澄，亦通声气。古音类隔。犹涂抹之涂，孳乳为搽，正同是例。至荼减画为茶，以别于荼苦，是犹乾加画为乾，冀异于乾坤，添蛇足与减鹤胫，皆是妄作。一字而具两音异义者多有，安得一一加减点画以昭别之哉！

樱　《说文·木部》："樱，白桵，棫也。"儒隹切，音蕤。《尔雅·释木》：

---

① "金孟"非"晶璊"之讹。盛益民等认为："南部吴语多叫'金樱'，我们怀疑宁波也是如此，'樱'读m-声母是受'金'早期-m尾同化的结果。"可从。参看盛益民、马俊铭《老派宁波方言同音字汇——基于〈宁波方言词典〉的字音汇编与校释》，133页。

② "西湖柳"非"柽河柳"之音变。

"棫，白桵。"郝懿行义疏据《通志》引陆玑疏云："《三苍》说棫即柞也，其叶繁茂，其木坚韧有刺。今人以为梳，亦可以为车轴。其材理全白无赤心者为白桵。直理易破，可以为犊车轴，又可为矛戟矜。今人谓之白梂，或曰白柘。"钟案：此即今之"白楂树"也。桵，日纽，字从妥声，古音为歌类。日纽字今多转为禅、床，而床、澄今又相似。桵转床纽歌类，音变为楂，今读楂又在澄纽也。如蛇为禅纽，甬亦呼如茶，为澄纽。古呼为"白梂"者，梂，群纽，与澄声似；脂、之合类，之、幽相转也。其呼为"白柘"者，柘，照纽，与禅、床浊清相转也。

文椅　《尔雅·释木》："椅，梓。"郭璞注："即楸。"《诗·鄘风·定之方中》："椅桐梓漆。"传："椅，梓属。"释文："椅，於宜反。"疏引陆玑《草木疏》云："楸之疏理白色而生子者为梓，梓实桐皮曰椅。"《说文》椅、槚、梓、楸互训。郝懿行曰："'楸也''槚也''椅也''梓也'，皆同类而异名。"又曰："椅木有美文，故《尸子》曰：'荆有长松、文椅。'"钟案：椅从奇声，古音为歌类，当读如《诗》"猗傩其枝"之猗。倚可切。○《桧风·隰有苌楚》。今制器物之良材名"木猗树"者，"木猗"即"文椅"之语转。文，微纽。古无轻唇，读微[1]纽如门。今听闻之闻、蚊虫之蚊、问路之问、物事之物，犹皆读明纽。声促转入，本为没。音转如木者，木，屋韵，为东入，犹平声之真、东二类相转也。

虆　《广雅·释草》："虆，藤也。"《玉篇》："藤，虆也。今总呼草蔓延如虆者。"《尔雅·释木》："诸虑，山櫐。"郭璞注："今江东呼櫐为藤，似葛而粗大。"虆从艸，櫐从木，是藤兼草木两种。王念孙曰："虆之言累也，藤之言縢也。缠蔓林树，故谓之虆，亦谓之藤。"钟案：虆、櫐音同，古音为脂类。脂、皆同部相转，音变力排切，有声无字。声近癩。甬俗称草木之藤缠绕难解者为"癩癩藤"。

节胅　《说文·竹部》："節（节），竹约也。"段玉裁注："约，缠束也。竹节如缠束之状。《吴都赋》曰：'苞笋抽节。'"钟案：凡草木抽枝分歧处皆为节，其质特坚，其文理特纠戾缜密，其外形于此稍大。节之言坚也，节之言胅也。胅者，肿也。见《广雅·释诂二》。俗作凸。草木如此，人体骨节亦如此。今称节曰"节头"，头即胅字。胅从失声，古音为脂类。脂、之合类，之、幽声近，故音转如头。脂、侵亦通转（说见前），侵、幽对转，亦音如头。節（节）从即声，古音亦脂类。脂、真对转，真、耕声近，音变为争，俗作桵。甬称树节为"桵"。或呼为"桵朱"，即"节枝"字。枝，支类，

---

[1] "微"，原作"明"，误，径改。

支、鱼声近，故转为朱。①

束梗 《说文·束部》：“束，木芒也。读若刺。”七赐切。今字作刺。《方言》三：“凡草木刺人，自关而东或谓之梗，自关而西谓之刺。”甬俗称竹木之芒刺入肌肤曰“束”。其细小者呼如省县之“省”，即“细梗”之合声。犹金柑之大者甬俗呼“金蛋”，蛋即“大柑”之合声。柑，谈韵；蛋，翰韵。谈、寒声似，甬语蛋、谈固无殊也。②

孺黄 《说文·子部》：“孺，乳子也。一曰输也，输尚小也。”而遇切。《广韵·十遇》引《说文》：“一曰输孺尚小也。”《通训定声》：“输孺尚小也，柔懦之意。”引申为稚也，《书·金縢》传。幼也。《汉书·张良传》注。孺，日纽，日通泥、娘，孺转娘纽，音如女。甬俗称含苞未放之花坚实如果者，呼若“女头”，即“孺黄”字。孺、黄皆稚义，故类聚为词也。黄转为头，说详上文。《鄞县通志》以为女者，蕊之转音，其义非是。《广韵·四纸》：“蕊，草木丛生皃。”《五旨》：“蕊，草木实节生。”蕊通蘂。《广雅·释草》：“蘂，华也。”《楚辞·离骚》王逸注：“蘂，实也。”《文选·离骚》吕延济注：“蘂，花心也。”刘逵注《蜀都赋》云：“蘂者，或谓之华，或谓之实。一曰花须头点也。”《广韵·四纸》：“花外曰萼，花内曰蘂。”③

张 《广雅·释诂三》：“张，开也。”张，知纽。古无舌上音，读知纽如端纽，古音若当。阳类阳、唐、庚三韵，惟唐韵有端纽字。唐、歌同入相转，同入于铎。音变，字讹作朵。故“耳瞷”俗作“耳朵”。凡物本敛而自张开曰“朵开”；病腮肿张曰“朵腮”；医书或称“痄腮”。痄，照纽，照本亦端纽所变。草木之华由含苞而放，张开为瓣蕊，遂亦谓之“朵”。一华曰“一朵”，综之曰“花朵”。犹纸展为“张”，一纸为“一张”，综名曰“纸张”，词例正同，皆虚字实用也。《说文》：“朵，树木垂朵④朵也。从木，象形。”丁果切。甬音或作丁瓜切，歌、麻相转也。《玉篇》《广韵》皆云：“朵，木上垂也。”谓枝叶披离，自上垂也。朵为垂义，而草木之华十九上仰，安得云“朵”？或以为樑字，亦非。《广雅·释木》：“樑，株也。”株为根株，樑、柢一声之转。花发于上，根植于下，迥不相及。

◇《庄子·知北游》：“妸荷甘日中奓户而入。”司马彪注：“奓，开也。”徐邈音都嫁反。《广韵·九麻》：“奓，张也。陟加切。”《四十祃》陟驾切，皆知纽。徐邈端纽，古音也。今称张开为奓者，正从徐音。

---

① “节头”之“头”为后缀，非“朕”之音变。“梍”非“节”之音变。

② “省”非“细梗”之合声，后出专字作“梀”（音省去声）。《集韵·映韵》：“梀，刺也。所庆切。”“金蛋”即为正字，“蛋”非“大柑”之合声。

③ “女头”非“孺黄”之音变，正字即为“蕊头”。“女”即“蕊”之转音，《鄞县通志》不误；“头”则是后缀。

④ “朵”，原作“垂”，误，径改。

而今麻韵无端纽字，乃借果韵之朵为之。爹、张今皆知纽，麻、庚对转，音正相通。

  条 《说文·木部》："条，小枝也。"条，定纽。浊音转清，定转端纽，音变为刁。俗呼枝为"枝刁"，一枝为"一刁"，驱鬼桃枝曰"桃刁"，皆条字也。或以为杓字，非。《说文》："杓，禾危穗也。"都了切。《广韵·廿九筱》："杓，禾穗垂皃。"穗义虽近枝，然非是。

  品 《说文·品部》："品，众庶也。从三口。"凡状众盛义者，皆三其文。人多为众，木多为森，众石为磊，水大为淼，皆是。品，寝韵，古音为侵类。侵、东声近，东、阳亦声近。品由东转阳，音变为砰。匹阳切，甬音如是。俗以状火枪发射声。今谓草木枝条有华实累累者，伐其一条，俗呼"一砰"。即"一品"，谓一众也。如香蕉一枝，结实十许；稻穗一茎，结谷数十，俗皆呼为"砰"。

  智忽 《说文·曰部》："智，出气词也。从曰，象气出形。《春秋传》曰：'郑太子智。'"《左传》作忽。引申之，舒出亦为忽。《方言》十三："忽，芒也。"郭璞注："谓草杪芒射出。"今草木孚甲初芽者，谓之"芽头忽出"；凡事微露端倪曰"忽苗头"。[1]

---

[1] "芽头忽出"及"忽苗头"，今未闻。

卷九　释禽兽

目　录
（括号内小字为俗音及讹字）

鸭　《说文·鸟部新附》："鸭，鹜也。俗谓之鸭。"字从甲声。甲，见纽，读浊声群纽，为共狎切，即鸭之鸣声。鸟有以鸣声为名者，如鹍鹟、鹧鸪、鸦、鹊、雀等皆是，鸭亦其例耳。牙、喉声转，鸭字音又为乌甲切，狎韵。狎为衔入，长言转上声，如䳕。於槛切。甬呼鸭为䳕。然其卵则曰"鸭蛋"，鸭读入声如字，不云䳕也。北音鸭读齐齿呼，甬读开口呼，南北音亦有异。②

凫鹜　《广雅·释鸟》："鹜、凫（凫），鳧也。"鹜，曹宪音龙。鳧，即鸭或体。

① 此"牛冢"及正文中的"牛冢"，原文均作"牛豖"。"豖"是"蒙"的古字，又是"冢"的俗字。
　今据文意均改作"冢"。
② 鸭读䳕 [ɛ³⁵]，为儿化音残留。参看徐通锵《宁波方言的"鸭"[ɛ] 类词和"儿化"的残迹——从残存现
　象看语言的发展》，《中国语文》1985 年第 3 期。

《诗·大雅·凫鹥》传："凫，水鸟也。"陆玑疏云："凫，大小如鸭，青色，卑脚，短喙，水鸟之谨愿者也。"李巡注《尔雅·释鸟》云："凫，野鸭。"今湖泽野鸭，俗呼为"水凫鸶"。语转字讹为"水凫鹥"。鹥，白鹥，春鉏，见《尔雅·释鸟》。非野鸭，不当类聚言之。鸶转为鹥，固同入相转，东入于屋，虞、模亦入于屋。亦鸶随凫声同化而叠韵也。参看后《方言上下字同化叠韵说》。

鲁伏菢 《庄子·庚桑楚》："越鸡不能伏鹄卵，鲁鸡固能矣。"释文："伏，扶又反。"《汉书·五行志中之上》："雌鸡伏子，渐化为雄。"颜师古注："伏，音房富反。"《广韵·四十九宥》："伏，鸟菢子。"扶富切。此三音，皆奉纽宥韵，如负去声。古无轻唇，读奉纽如並纽，故伏与菢为双声。俯伏之伏，今呼如僕，读並纽，犹古音也。《广韵·卅七号》："菢，鸟伏卵也。"音暴。字亦作抱。《方言》八："北燕、朝鲜、洌水之间，谓伏鸡为抱。"伏，古音为之类，抱为幽类。之、幽声近多相转，今尤韵、屋韵中多之类字。故又作抱、作菢。抱转入声，如雹；伏读入声並纽，为僕，今音雹、僕无别。甬俗呼孚卵母鸡曰"老僕卵"。卵音裸。本卢管切，缓韵。元、歌对转，故《广韵》亦入果韵。老即鲁之转音。《庄子》"鲁鸡"向秀注曰："大鸡也。"鲁之言路也。《尔雅·释诂》："路，大也。"鲁，姥韵。姥、豪同入相转，同入于铎。故音如老。凡母鸡产卵者皆能孚卵，引申而泛称之，产卵母鸡亦曰"老僕卵"[①]。

孚蓲 《说文·爪部》："孚，卵孚也。从爪、子。"系传曰："鸟抱恒以爪反覆其卵也。"段玉裁曰："反覆其卵者，恐煦妪之不均。"《通俗文》："卵化曰孚，音方付反。"《一切经音义》卷二引。古无轻唇，读非纽如帮纽，《广韵》芳无切，敷纽，古音则为滂纽。清音转浊，入並纽，如匍。俗作孵、作哺。甬称鸟抱卵为"孵"，音正如匍。引申为稻菽温覆润之，使其发芽为秧亦云"孵"。或音转为蓲。《通俗文》："鸡伏卵，北燕谓之菢，江东呼蓲，音央富反。"《一切经音义》卷十八引。钟案：蓲者，妪之假借。《说文》："妪，母也。"《礼记·乐记》："煦妪覆育万物。"郑玄注："气曰煦，体曰妪。"甬俗称鸡孚卵或亦呼如"蓲"，音污。蓲，央富反。今音富如赋，遇韵，富，古音在之类，《广韵》入宥韵。幽、侯合类，侯、鱼声近，故今转遇韵。"央富"故切污。引申之，凡温覆以保其暖，如以棉毛穰草周拥之，亦谓之"蓲"。

雁鹅 《方言》八："鴚（雁），南楚之外谓之鹅。"《说文·鸟部》："鴚，鹅也。"甬呼翔空成群有序之雁曰"雁鹅"，字训联言为词也。雁，五晏切，疑纽，谏韵，开口呼，古音为元类。元、泰对转，甬语音变五大切，如俗呼里外之外。外本合口呼，甬读音不误，

---

① "老僕（伏）卵"之"老"即为正字，非"鲁"之转音。

语音误为开口。然雁读音又讹如衍，为喻纽，线韵。盖疑、喻每相转。如午、五、鱼、危等字，皆讹读喻纽。删、仙同类亦相通也。

《诗·小雅·鸿雁》传曰："大曰鸿，小曰雁。"鸿、雁同类，故连言为词。今或倒其词曰"雁鸿"。《士昏礼》："纳采用雁。"甬俗纳采所送礼物之绸帛称"雁鸿"，讹作"雁红"。雁音又讹如夜，为喻纽祃韵。盖疑、喻纽转，元、歌韵转，歌、麻同类也。慈溪山北俗称纳采送礼呼若"送鞋样"。"鞋样"即"鸿雁"之语转。鞋本佳韵，为支类，甬音在麻韵。甬音佳、麻多相混，支、歌声通故也。鸿，匣纽，东、鱼声通，鱼、歌亦相转，鸿由鱼转麻，故音如鞋。雁，喻纽，元、阳声近相转，故如样。俗称西夷人曰"红毛人"，其瓶曰"红毛瓶"，甬呼音转为"和毛"，亦东、歌相转之例。①

哑 《说文·口部》："哑，笑也。""笑，喜也。"则哑亦喜也。《易·震卦》："笑言哑哑。"郑玄曰："哑哑，乐也。"释文引。乐，犹喜也。《说文》："喜，乐也。"俗谓鹊鸣则有喜，故外地人称鹊为"喜鹊"。甬呼为"哑鹊"，用字虽异，而意则同。哑，本於革切，麦韵。麦为佳、麻之入，长言转平，故如鸦。今瘖痖字，固借用之。俗不识"哑鹊"字，讹作"鸦鹊"，非。鸦似慈乌而小，不纯黑，不反哺，与鹊异类，不应连言为名。②

厉戾 《诗·小雅·正月》："胡然厉矣。"《大雅·瞻卬》："降此大厉。"《桑柔》："谁生厉阶。"传并云："厉，恶也。"厉与戾音义皆似。《字林》："戾，乖戾也。"《尔雅·释诂》："戾，辠（罪）也。"凡罪戾、乖戾、咎戾皆恶义，犹殃祸也。戾、厉古音皆脂类，脂、之合类，之、幽声近，戾、厉转幽类，音变为老。老声古亦幽类。王念孙亦谓脂部字常与萧部相转，是也。俗呼鸦为"老鸦"，老即戾、厉字，谓其鸣则有恶。谚谓"鹊鸣吉，鸦鸣凶"，出门闻鸦鸣，且唾以禳之。名鸦曰戾、曰厉者，义基于此。厉又为恶鬼义，音亦转为老。俗称恶鬼为"撮老"、为"老三"，亦厉字也。参看《释天篇》"厉"字条。

《左传·定十二年》："兴其素厉。"杜预注："厉，猛也。"又《襄十三年》："请为灵若厉。"注："戮杀不辜曰厉。"《逸周书·谥法》："杀戮无辜曰厉。"此厉义亦通戾。《庄子·天道》："鳌③万物而不为戾。"《荀子·儒效》："虚殷国，而天下不称戾焉。"释文与杨倞注并云："戾，暴也。"《荀子·修身》："勇胆猛戾。"注："戾，忿恶也。"厉、戾音转为老。俗呼鹰曰"老鹰"，虎曰"老虎"。鹰为猛禽，

---

① "雁红"今未闻。"鞋样"非"鸿雁"之语转。

② 正字当作"鸦鹊"，而不是"哑鹊"。胶辽官话、中原官话、江淮官话、西南官话、吴语、客话、粤语、闽语都有称喜鹊为"鸦鹊"的，可以比勘。参看《汉语方言大词典》"鸦鹊"条（3535页）。

③ "鳌"，原作"鳌"，误，径改。

虎为猛兽，名为戾、为厉者，正谓其猛暴多杀也。《礼·月令》"季冬"："征鸟厉疾。"疏："鹰隼之属也。"《汉书·息夫躬传》："鹰隼横厉。"《秦策》："虎者，戾虫。"慈溪山北人呼猫为"老玃"。猫虽家畜，然好残杀小动物，故亦云厉。猫音如玃，说详下文。①

麽 《广雅·释诂四》："麽，微也。"《字书》："麽，小也。"《一切经音义》卷九引。字亦作䯕。《汉书·叙传上·王命论》："又况么䯕，尚不及数子。"郑注："䯕，音麽。小也。"歌、麻同部相转，音变为麻。俗称檐雀曰"麻雀"，犹云小雀也。《说文·隹部》："雀，依人小鸟也。从小、隹。"小鸟，故云"麽雀"。雀，即略切，精纽，药韵。药为阳入，长言转平，音如将。甬呼麻雀如"马将"。以是簿具呼②"马将蔽"，俗亦作"麻雀牌"矣。"蔽"义详上文《释货篇》。③

讲 《礼记·礼运》："讲信修睦。"疏："讲，谈说也。"今通称口语为讲。讲（講）从冓声，古音为侯类，读如媾。段玉裁曰："《史记》'虞卿''甘茂'二传、《汉书·项羽传》皆假媾为讲，古音同也。"侯、歌同入相转，同入于铎。音变为哥。今称鹦鹉为"鹦哥"，即"鹦讲"也。能效作人言，故名讲。④

放 《广雅·释诂三》："放，效也。"《书·尧典》："曰放勋。"疏："能放效上世之功。"《汉书·匡衡传》："或见侈靡而放效之。"师古注："放，依也。音甫往反。"俗作傲。古无轻唇，读非纽如帮纽，故放古音如榜。参看《释行事篇》"放置"条释。声促转入，如百。百声似八。俗称鸲鹆为"八哥"，即"放讲"字也，讲音转为哥，详上条。谓其放效人言也。或谓八者，喇字。《玉篇》："喇，补戛切。喇鸣也。"《广韵·十四黠》："喇，喇喇鸟。"苏州泽存堂本作"喇喇，鸟声"。喇字已疑其非古，且无效人语义。⑤

类肖 与八哥相似鸟，亦能效人言，俗名"了哥"。了者，类之转音。《广雅·释诂四》："类，象也。"《方言》七："肖、类，法也。齐曰类，西楚梁益之间曰肖。"类、肖类聚言之，声合为了。类亦得音转为了。类，古音为脂类，脂、萧固常相转也。说见前。称"了哥"者，谓其法人讲也。或以为嘹字。嘹为鸣义，与八哥作喇，同一失也。⑥

鳺鸠 《尔雅·释鸟》："隹其，鳺鴀。"郭璞注："今鳺鸠。"鳺，《玉篇》音浮。郝懿行义疏："鳺鴀，当作夫不。《诗·四牡》传：'鵻，夫不也。'鳺即'夫不'

----

① "老鸦""老鹰""老虎"之"老"为前缀，本字不是"戾"或"厉"。
② "呼"字原脱，据文意补。
③ "麻雀"即为正字，"麻"本字不是"麽"，雀读如将，为儿化音残留。
④ "鹦哥"之"哥"非"讲"之音变。
⑤ "八哥"非"放讲"之音变。
⑥ "了哥"（秦吉了）之"了"非"类"之音变或"类肖"之合声。

之合声。鹁鸠,声转为鹁鸠,又转为鹁鸠,一种形小而善鸣,俗谓之水鹁。"又引陆
玑《诗义疏》云:"鹁鸠,灰色,无绣项。阴则屏逐其匹,晴则呼之。语曰:'天将雨,
鸠逐妇。'是也。"钟案:鹁鸠,甬俗呼"蒲鹁",其鸣曰"蒲鹁蒲",鹁即蒲之入声。鹁,
奉纽,古音读並纽。侯、鱼声近,音亦似蒲。甬俗呼浮,音犹如符。盖鹁、鹁皆状其鸣声
为字也。天将雨,其鸣益亟。俗云"愁水蒲鹁",即郝氏所谓"水鹁"矣。犹鸽之鸣
声曰"蒲合、蒲合",俗呼为"白鸽",即"蒲合"之转音。鸽羽非皆白,即其鸣声
而名之也,鸣声"蒲合"。合本匣纽,而鸽从合声,今读见纽如蛤,喉牙匣见相转故也。①

鹁鸠 《广雅》:"鹁鸠,布谷也。"《后汉书·张衡传·思玄赋》"翾鸠鸣而不芳"李贤注引。
《玉篇·鸟部》:"鹁,达诣切。布谷也。又达兮切。"鸠转上声,为鹁。《玉篇》:"鹁,
九彼切。布谷也。"鹁音诡,与庪同音,为纸韵重音,转轻音,则如剞,犹庪亦读若剞矣。鹁,
音第、音题,古音为脂类。脂、之合类,之、幽声近,音变为蹈。◇ 鹁音同鹈,鹈音转为稻,
犹鹈鹕音转为淘河矣。甬俗称布谷鸟呼如"蹈剞",即"鹁鹁"之语转。不得其字,讹作"稻
鸡",以布谷在稻禾分种时鸣走于田禾间也。

苇虫鹁 《尔雅·释鸟》:"鹁鹁。"郭璞注:"好剖苇皮,食其中②虫,因名云。
江东呼芦③虎,似雀,长斑,长尾。"《说文·鸟部》"鹁"篆解作"刀鹁"。钟案:
甬俗呼"横刀"是也。甬音横在阳韵,活羊切。横者,"苇虫"合声之变,东、阳声近相转。苇,
脂类。脂、歌合类,歌、阳相转,亦变为横。此鸟黄羽青斑,故徐锴谓为"虎绔虫衣"。
觜甚锐利,虽非猛禽类,而小鸟皆畏之,飞栖所止,小鸟皆远避。

鹁 《玉篇·鸟部》:"鹁,乌红切。鸟也。"钟案:甬有白头鸟,长尾,羽灰色,
喜食楝实,善鸣,其声如云"船到金家桥"。幼鸟不能长鸣,则曰"船到"。俗呼"白
头翁",即此字。

钩鹁鹁 《尔雅·释鸟》:"鹁,鹁鹁。"郭璞注:"今江东呼鸲鹁为鹁鹁,亦
为之鹁鹁。音格。"《说文·隹部》:"雒,鹁鹁也。"卢各切。是鹁、雒通。《释鸟》:
"怪鸱。"舍人曰:"怪鸱,一名狂鸟,一名鸲鹁,南阳名钩鹁,一名忌欺。昼伏夜行,
鸣为怪也。"是鹁鹁即钩鹁,鹁鹁即忌欺,皆鸲鹁之别名。鸲鹁又名鹁。《广韵·十七薛》:
"鹁,鸲鹁。"并④列切。《本草拾遗》云:"钩鹁入城,城空;入室,室空。怪鸟也。

---

① 关于"鸽"的命名理据,《急就篇》:"鸠鸽鹁鸠中网死。"唐颜师古注:"鸽似鹁鸠而色青白,
  其鸣声鸽鸽,因以名云。"可参。
② "中"字原脱,径补。
③ "芦",原作"苇",误,径改。
④ "并",原作"並",误,径改。鹁是帮纽字。

似鸱有角，夜飞昼伏。"钟案：鶒为"钩鶒"之合声。犹茺蔚为菴、枸杞为檵、蒺藜为茨之例。鱼、阳对转，音变为冈。鶒，薛韵，薛为脂、真之入，真、元声近相转，音变为瓣。犹簙具为蔽，俗作牌，亦呼如瓣也。甬俗称夜作鬼声之怪鸟名为"冈瓣"，即"鶒鶒"之音变，方言类聚别名为词也。鶒鶒，以其鸣声名，遥闻如鬼声之"嘘"，故亦称"阴鸟"。①

　　鸟卵　《说文·系部》"绾"篆解曰："读若鸡卵。"段玉裁注："卵古读如关，绾音亦如是。"段氏又于《卵部》"卵"篆下补曰："卝，古文卵。"自注引张参《五经文字》卝部曰："卝，古患反，见《诗·风》。《说文》以为古卵字。"又引唐玄度《九经字样》杂辨部曰："《说文》作卝，隶变作卵。"今音卵力管切，与古读关为叠韵，而纽变矣。今呼卵音如弹，俗作蛋，盖"鸟卵"合声之变。鸟，本都了切，见《广韵》《玉篇》。端纽，吊上声。甬语呼如吊，正音也。而字读如嫋，转泥纽，从北语而讹矣。《洪武正韵》收此音，盖徇俗也。卵，鸟产，故曰"鸟卵"。疾呼声合为疸，清音变浊，端转定纽，则为蛋。蛋本蜑简字。《广韵》："蜑，南方夷。"今粤江舟居之蛋户是也。或以为团字，谓卵形团圞也。非。今谓搪揆作乱为"搞蛋"，或音转为"搞旦"，清浊相转，正其例。②

　　鶌　《说文·丸部》："鶌，鸷鸟食已，吐其皮毛如丸。从丸，咼声。读若骫。"於跪切。段玉裁注："玉裁昔宰巫山县，亲见鸱鸟所吐皮毛如丸。"《玉篇》音於诡切，则读若倭，正从咼声也。今药中有燕窝，方书云：海燕食海粉鱼虫等物，经胃液化为唾涎，作窝于岩壁，土人划取之。则燕窝正字，正当作鶌也。③

　　肫腔　《玉篇·肉部》："肫，之春切。鸟藏也。"《六书故》云："鸟胃为肫。"今谓鸡鸭胃为"肫藏"。藏音转如臧，浊音转清，从转精纽也，俗作膹。或谓肫训鸟藏，乃腔之假音，肫本训面颊。见《说文》《玉篇》。《说文·肉部》："腔，鸟胃也。一曰腔，五藏总名也。"处脂切，穿纽。《玉篇》充脂切，喻纽。穿、照邻转，知、照今同，故《集韵》又音致、音室。脂、真对转，音变，故借用肫字。

　　甬称鸡鹅鸭胃亦呼敦，实亦肫字。肫，照纽，古读如端纽。肫转端纽，故如敦。肫、惇同音，犹惇亦音敦也。真、谆、臻、文韵皆无端纽字，同声类中，惟魂韵有端纽字。故肫读端纽，不得不入魂韵。④

　　翅翼　《说文·羽部》："翄，翼也。"施智切。今作翅。翼，《说文》作翼。《飞

① "冈瓣"今未闻。
② "蛋"非"鸟卵"合声之变。"蛋"音义源自"弹"，取弹丸义。
③ "燕窝"即为正字，"窝"本字不是"鶌"。
④ "敦"，后出俗字作"膯"（音登）。清平步青《霞外攟屑·释谚》："越人称鸡鸭之胃谓膯。"

部》："翼，栿也。"翼从异（异）声，古音为之类。翅、翼字训联言，声合为色。之、幽声近相转，音变为骚，俗作梢。今称鸟翼曰"翼梢"，梢即"翅翼"字。"翅翼"声合为色，而音转为骚者，犹女容妖丽谓之色，俗亦称为骚。参看《释亲篇》"色风"条。自俗音读翅为照纽如忮，或转穿纽如厕，遂语文音隔。惟俗称"翼梢"，与翅之本音审纽，犹为双声可验。可见方言字音，往往能正俗儒传授之失。①

鼓翖　《说文·羽部》："翖，翅也。"古隔切。《诗》作革。《小雅·斯干》："如鸟斯革。"传："革，翼也。"《易·系辞上》："鼓之以雷霆。"虞翻注："鼓，动也。"鸟飞鼓翼，俗呼之音如逵核切，即"鼓翖"之合声。"鼓翖"声合本如掴，清音转浊，见转群纽，故如逵核切。风动旗帜，俗呼亦如逵核切，此乃"鼓抚"之合声。《说文》："抚，动也。"音兀。此音似而字异。②

翥　《说文·羽部》："翥，飞举也。"章庶切，照纽，御韵。古音无照纽，读如端纽，故翥古音当如妒。御、遇韵无端纽字，惟暮韵有之。故御、遇韵字转端纽，必入暮韵。甬语状鸟飞曰"妒飞去"，即翥字也。犹都、睹、赌皆从者声。或转浊声，入定纽，为度，亦曰"度飞去"，犹肚亦读如睹也。③

啑唼　《通俗文》："水鸟食谓之啑。"《文选·上林赋》李善注引。《玉篇》："啑，所甲切。啑喋，鸭食也。亦作唼。"《广韵·卅二狎》："啑喋，凫雁食也。"《史记·司马相如传·上林赋》："唼喋青④藻。"正义："唼，疏甲反。鸟食之声也。"啑、唼古音皆谈类。谈、侵合类，侵、幽对转，音变为漱。今称鹅、鸭食物为"漱"。鸡、鸽食呼如"答"，乃"啄"之音变。《说文》："啄，鸟食也。"丁角切。今读如卓者，端、知类隔相转也。啄从豕声，古音为幽类；答声为侵类。幽、侵对转，故如答。

唰　《玉篇·口部》："唰，所劣切。鸟治毛衣也。"《广韵·十七薛》："唰，鸟理毛也。"唰本刷俗体。《说文·又部》："㕞，拭也。"经传多作刷。《通俗文》："所以理发谓之刷。"《文选·养生论》李善注引。鸟之理毛，犹人之理发，故云刷。治毛用觜，故著口傍。刷，古音为脂类。脂、之合类，之、幽声近，刷转幽类，音变为搜。今水鸟以觜治毛羽，俗呼为"搜毛"，本刷字。

---

① "翼梢"之"梢"非"翅翼"合声之变，"梢"即为正字。
② 读逵核切的这个词非"鼓翖"或"鼓抚"之合音，本字就是"刮"。"刮风"的"刮"北部吴语可以读群纽逵核切 [guɛʔ¹²]，如宁波话形容风大说"风刮 [guɛʔ¹²] 倒介"。表"鸟飞鼓翼"义和表"风动旗帜"义的是同一个词，本字都是"刮" [guɛʔ¹²]。
③ "妒飞去""度飞去"之"妒""度"都是拟声状形词。
④ "青"，原作"菁"，误，径改。

劓　《说文·刀部》：“劓，剽也。”鉏衔切。剽者，砭刺也。见《说文》。故《广韵·廿七衔》：“劓，刺也。”劓与镵同音。《说文》：“镵，锐也。”凡可刺者必锐。劓，床纽，床、禅同浊相转，甬读劓为上衔切。有音无字。今称锐器击刺伤人为“劓”。劓，古音为谈类。谈、宵对转，音变上浩切，如俗呼肥皂之皂。鸟觜锐伤人，故亦称“劓”，俗呼若皂，上浩切。①

雌麀　《尔雅·释畜》“马属”：“牝曰騇。”郭璞注：“草马名。”郝懿行义疏：“魏晋间始有草马之名。”字亦作騲。《玉篇·马部》：“騲，千老切。牝马也。”钟案：甬称母鸡为“草鸡”。纵草为騲之省，騲之训牝，于六书古训，皆无可据。疑孙强辈附益之俗体，于俗字草旁著马，如宜男草为萱葌之例，《玉篇》中若是者最多，不胜枚举。颜师古《匡谬正俗》谓牝马为草马，以牝马不如牡马之壮健，可军戎驾乘，惟充蕃字，常牧于草，故称草马。说亦牵强。惟草与雌为双声，当为“雌”之音变，亦“雌麀”之合声。《说文·鹿部》：“麀，牝鹿也。从鹿，牝省。”或从幽声作麀。段玉裁注：“引申为凡牝之称。《大雅·灵台》传曰：‘麀，牝也。’《左传》：‘思其麀牡。’《襄四年》引虞人之箴。《曲礼》：‘父子聚麀。’皆谓即牝字也。《诗》一言‘騋牝’，三言‘麀鹿’，皆取生息繁多之意。”段氏之说信矣。《广雅·释兽》：“牝，雌也。”雌、麀皆牝义，故方言类聚为词。麀声古音为幽类，故麀亦作麀。幽咍萧、豪，故《说文》鑱从麀声，读若奥。是其证。“雌麀”合呼，故音变为草。亦谓雌者能蕃息也。雌亦得音转为草。雌为脂类，脂由之转幽，故音如草。参看上文“厉庚”条转音说。

猫　《礼记·郊特牲》：“迎貓，为其食田鼠也。”《玉篇·犬部》：“猫，眉骄切。食鼠也。或作貓。”甬呼猫或如茅，宵、肴、豪相转也。犹不苗为不茅；《书·甫刑》：“惟貌有稽。”《说文》“緢”篆引作“惟緢有稽”；描、媌并或音茅也。猫，宵韵，古音为宵类。宵、谈对转，音变如蛮。咸、衔、凡韵皆无明纽字，今音咸、删同似，故借用蛮。甬呼猫多为蛮，惟饲猫“猫饭”及猫矢曰“猫污”，音屙。猫皆呼茅，不作蛮声。猫呼为蛮，犹桥呼为茄，甬呼瓜茄之茄，其干切。同一转例也。参看《释地篇》“桥”字条。②

狟　《说文·犬部》：“狟，犬行也。《周书》曰：‘尚狟狟。’”胡官切。钟案：行谓德行，犬以守吠为德，贵其威猛，故《玉篇》狟训“威也”。今《周书·牧誓篇》作“尚桓桓”。《尔雅·释训》：“桓桓，威也。”甬俗呼狗为“狟狗”，即猛犬之谓。凡犬未必皆猛，而俗语谓之狟者，方言名物恒就其尤者为言。犹猪曰“膩猪”，贵其肥也；

①　呼若皂之“劓”，今未闻。
②　猫读蛮 [mɛ²¹³]，为儿化音残留。参看徐通锵《宁波方言的“鸭”[ɛ] 类词和“儿化”的残迹——从残存现象看语言的发展》，《中国语文》1985 年第 3 期。

猫曰"厉猫"，厉音如老。贵其能杀也。《广韵·廿六桓》："狟，大犬也。"犬大则威猛，义亦相通。犹鼄曰蝵鼄，亦以其大者为名。参看后《释鱼虫篇》。狟，桓韵，古音为元类。元、阳声近，音转为黄。俗称狗为"黄狗"。犬毛非皆黄而名黄者，亦谓其猛耳。或以为黄乃犬之嘉名，引《吕氏春秋·直谏篇》："荆文王得茹黄之狗。"故《广雅·释兽》犬以"楚黄"与"韩卢""宋鹊"并著称。然方言名物多从义训，鲜取典实，其说虽巧，非是。①

　　犴　《说文·豸部》："犴，胡地野狗。"五旰切。字亦作犴。"犴"篆下曰："犴或从犬。《诗》曰：'宜犴宜狱。'"今《诗·小雅·小宛篇》作"宜岸宜狱"，释文："《韩诗》作犴。"许引盖《韩诗》。《荀子·宥坐篇》："狱犴不治，不可刑也。"杨倞注："狱字从两犬，象所以守者。犴，胡地野犬，亦善守。故狱谓之犴也。"旧狱门上，刻画兽头似虎类犬者以为饰，名曰"狴犴"，即其遗意。狴为陛或体，见《集韵》。○《说文·非部》："陛，牢也，所以拘非。从非，陛省声。"陛、犴皆牢狱义，本非兽名。稗乘家乃谓为龙生九子之一，其四曰狴犴，形似虎有威力，故立于狱门。此说近诞，类终葵幻为钟馗，不足为训。犴，匣组，喉牙匣见互转，其例最多，详后《喉牙通转说》。音变为干。今称狗为"黄干"，或为"桓干"。狗以善守为贵，胡犬善守，故名之。或曰，干者，"狗犴"之合声，类聚同义字为词也。②

　　犺　《说文·犬部》："犺，猛犬也。一曰逐虎犬也。"又："猇，犺犬也。"钟案：猇之言犹骁也。犺之言犹麗也，犺也。《说文》："骁，良马也。"引申为勇健之称。犬之谓猇，亦勇健之意。《说文》："麗，鹿之绝有力者。"《尔雅·释兽》："鹿绝有力，麖。麗绝有力，犺。"麖、麗通。犬之为犺，亦绝有力者也，惟勇健又绝有力，故称"逐虎"。然则犺训"猇"与"逐虎"，虽词异而实相通。犺，五甸切，疑纽。牙音疑、见互转，音变为间，故《广韵》亦入裥纽。古苋切。○犺、趼同音，趼亦读见组如茧，见《广韵·廿七铣》。甬呼狗亦曰"桓犺"。称犺者，喜其勇健有力，善守护也。③

　　獖　《广韵·廿一混》："獖，守犬。蒲本切。"钟案：獖之言门也。《广雅·释诂三》："门，守也。"《公羊传·宣六年》："勇士入其大门，则无人门焉者。"谓无人守门也。古称守门人为"门者"，守门犬则谓之獖耳，并、明唇音相转也。镇海人呼黄狗为"黄艮"。艮即"狗獖"之合声，类聚同义字为词也。狗亦得音转为艮。狗，古音为侯类。侯、东对转，东、真亦相转也。或以为即艮字。《易·说卦》："艮

───────────────

① "黄狗"即为正字，"黄"非"狟"之音变。宁波话"黄狗"是狗的统称，犹"闲话"泛指话，"矮凳"泛指凳子，"白鸽"泛指鸽子。
② "黄狗"叫"黄干"，狗读干 [ki³⁵]，为儿化音残留。"干"非"犴（犴）"之音变或"狗犴"之合声。
③ "桓犺"正字为"黄狗"，狗读犺，为儿化音残留。

为狗。"故谓狗为艮。然方言名物，当不若是之隐僻。①

猈　《说文·犬部》："猈，短胫狗。从犬，卑声。"蒲蟹切。钟案：卑亦会意。卑声古音为支类。支、耕对转，耕、阳声近，音变为彭。甬称短胫狗为"矮彭狗"。

玀矬　《方言》十："玀，短也。桂林之中谓短玀。"郭璞音蒲楷反。玀从罢声，古音为歌类，当读如婆。俗称驴之卑矮者为"矮婆驴"。婆亦为"玀矬"之合声。《广雅·释诂二》："矬、玀，短也。"曹宪音矬坐禾反。玀、矬义同，故方言类聚言之。《集韵》玀与𡚼同。《说文·立部》："𡚼，短人立𡚼𡚼儿。"傍下切。麻、庚同入相转，同入于陌。音变为彭。今泛称人、畜短脚卑矮者为"矮脚彭"。

猭　《说文·犬部》："猭，齧也。"初版切。钱坫《斠诠》："今俗谓犬齧人为猭，声如残。"残，从纽，猭，穿纽。穿、清类隔，北音从为清浊，猭转浊音，故如残。甬语称犬突然相啮为猭，声如残。盖残有乍声，亦与骤双声。乍、骤皆床纽，与从纽类隔相似。循声附会其义，遂以为猭者，其啮人在猝乍暴骤之际。方言中类此曲解者，不鲜。

属嗕　《公羊传·宣六年》："呼獒而属之。"疏："今呼犬谓之属，义出于此。"钟案：今甬人呼犬犹曰"属属"，盖古语之遗。属音烛。然此为近呼之尔。若遥呼犬，召之来，则声若"亚蛮蛮"，力华切。即"伊嗕嗕"之音变。伊者，发声词。《尔雅·释诂》："伊，维也。"《广韵·十遇》："嗕，嗕嗕，吴人呼狗。方言也。"良遇切。鱼、歌相转，音变为蛮。伊随蛮声同化叠韵而变亚。然嗕究为俗字，嗕与来双声，盖即来之语转。呼狗曰"嗕嗕"，犹云"来来"也。来，古音为之类。之、幽声近，故之类字今有在尤、有韵者。如尤、有、友、牛、久、裘、右等。幽、侯合类，故之类字有②由幽转在侯、厚韵者，如掊、剖、母、亩等是。侯、鱼声近相转，故之类字有由幽、侯而转读鱼类模、姥韵者。如菩、富、部、妇、侮等是。来之为嗕，在遇韵，正循此轨辙。盖声韵传变，随时随地而异。古召犬曰来，《广韵》时，吴人则语转如屡，乃造从口屡声字为之。今则音又转如蛮，未有好事者造新字以谐方音也。甬俗呼鸭来，声如"寮寮"，亦来字。之、宵声近，故转如寮尔。

腻朒　《说文·肉部》："腻，上肥也。"《诗·小雅·楚茨》："为豆孔庶。"笺："庶，朒也。肉物肥朒美者也。"《玉篇·肉部》："朒，女下切。腻也。"六畜刍豢，以豕为最肥。甬俗呼豕为"腻猪"，为"朒猪"。俗讹作"泥猪"，谓豕善掊土，又喜浴于泥水中，故云。殊非。

───────────

① "黄艮"正字为"黄狗"，狗读艮，亦为儿化音残留。任央君《慈溪方言》"小称词"："狗 [kiø³²⁴] → 黄狗 [ɦõ¹³ kəŋ⁴⁴] 后一狗读若梗。"（宁波出版社 2020 年版，47 页）可比勘。

② 此"有"及下文"故之类字有"之"有"原文均无，据文意补。

娄羭　《说文·豕部》："羭，牡豕也。"古牙切。《左传·定十四年》："既定尔娄猪，盍归吾艾羭？"杜预注："娄猪，求子猪。"释文："娄，《字林》作㜢。"《广韵·十九侯》作㺃。㜢为牝豕，羭为牡豕。呼豕为"㜢羭"，该牝牡豕而言也。"㜢羭"声合为㜌。力华切。麻、歌同部相转，音变为罗。俗呼"猪猡"，此本苏沪语流传于甬者。字作猡。猡本蛮族名，非豕义。娄亦得音转为罗，歌、侯同入相转也。同入于铎。然单举娄牝猪，义不周备，恐非是。

芈　《说文·羊部》："芈，羊鸣也。"绵婢切。俗字作哶、作咩。皆见《篇海》。芈，纸韵，古音为支类。支、佳同类，佳、麻声近，亦即支、歌声通。音变绵也切。羊鸣声固若是。甬俗呼羊为"芈芈羊"，芈正读马韵绵也切。

婪雌　《说文·女部》："婪，贪也。"卢含切。《楚辞·离骚》："众皆竞进而贪婪兮。"王逸注："爱食曰婪。"音义皆同惏。《说文·心部》："惏，河内之北谓贪曰惏。"《左传·昭廿八年》："贪惏无厌。"贾逵云："惏，耆食也。"婪、惏俱从林声，古音为侵类。侵、幽对转，音变为老。老声古在幽类。今谓贪食为"馋老"。老即婪、惏字也。鼠最贪食，虽非食物，如蜡烛、肥皂亦啗食之，故俗称"老鼠"，甬语曰"老子"。子者，雌之语转。《方言》八："宛野谓鼠为雌。"郭璞音锥。雌，照纽，脂韵。重音转轻音，则为脂。今音脂、子相似，精、照类隔相通也。《本草》释名曰："鼠其寿最长，故名曰老鼠。"征诸现代动物学说，而知其非然。且寿长莫如龟、鹤，未尝以老名。鹰、虎皆名，鸦亦曰老，又皆非寿物。方言名物多从其形性立名，前人未细究耳。①

牰　《尔雅·释畜②》"牛属"："其子犊。"郭璞注："今青州呼犊为牰。"牰亦作牰。《文选·江赋》："㺄牰翘踕于夕阳。"李善注："牰，㺄牛之子也。牰与牰同。"《玉篇》："牰，乌后切，又乌遘切。"有音无义。《广韵·四十五厚》："牰，㺄牛子也。"呼后切，又音乌后切。《集韵》许后切。即呼后切之细音。钟案：牛子曰牰，读乌后切如欧者，即"幼牛"之合声。音等转宏，故由幽转侯耳。其读呼后、许后切为晓纽者，盖"少牛"之合声。审纽与晓之细音相乱，既混晓纽细音为许后切，又转粗音为呼后切耳。字作牰、牰两形，义同又叠韵，皆喉音相若，后乃混为一字。其读为欧者，侯、东对转，东、阳声近，音变欧阳切，如甬呼樱桃之樱。甬呼小牛为"樱"，谚云："春冷冻杀樱。"俗作犝，见《类篇》及《篇海》。《玉篇》："犝，乌猛切。唤牛声。"非牛子义。《广韵》牰音乌后切，训"特牛"，即《玉篇》之犢字。"犢，乌口切。特牛也。"《玉篇》之牰云："呼口切。

────────────

① "馋老"之"老"本字不是"婪"或"惏"。"老鼠"之"老"为前缀，本字也不是"婪"或"惏"。宁波话"老鼠"叫"老子"，"子"为"鼠"之音变，而非"雌"之音变。
② "畜"，原作"兽"，误，径改。

牛鸣也。"又非牛子义。盖牴、㹀等本皆后出字，循方言谐声而造，本无正字。《玉篇》有犝字，训"牛也"，音婴。或谓犊称㹀，不如用犝字，从牛、婴，婴有儿义，似胜于㹀。①

牴触　《说文·牛部》："牴，触也。"《角部》："触，牴也。"字训联言，"牴触"声合为督。今触连曰"牴触"，犹为常语。触从蜀声，古音为侯类。侯、幽合类，段玉裁《音均表》蜀声正入幽类。幽咍萧、豪，故侯、萧亦同入相转。同入于屋。督转萧韵，为刁。俗谓牛角触人为"刁"。牴亦得音转为刁。牴从氏声，为脂类。脂、之合类，之、幽声近，故王念孙谓脂部常与萧部相转是也。例频前见。

觖　《说文·角部》："觖，角有所触发也。"居月切。大徐本。见清或转群浊，故《广韵·十月》觖音其月切，如掘。《说文》系传本朱翱反切觖瞿月反。然瞿字见、群两读。段玉裁曰："觖，谓兽以角有所触发。"俗称牛角触人曰"刁"，亦曰"觖"，正读如掘。两牛相斗，以角互触，俗呼"觖牛头"。

踶蹷　《庄子·马蹄篇》："怒则分背相踶。"释文："踶，大计反。李云：'踶，踢也。'"《汉书·武帝纪》"五年"："故马或奔踶而致千里。"颜师古注："踶，踢也。乘之②即奔，立则踶人也。""贲军之将"贲亦作奔，谓覆败也。贲、奔皆偾之假借。此"奔"犹下文之"奰驾"，颜注非是。踶训踢，实皆蹴义，《孟子·告子上》："蹴尔而与之。"赵岐注："蹴，踢也。"《史记·苏秦传》："六博蹋鞠者。"集解引刘向《别录》作"蹵鞠"。索隐："蹵，亦踢也。"以此反释，踢义通蹴也。今俗所谓踢也。踢，徒盍切。北音清浊对转，定转透组，故《集韵》亦音托盍切，与踢一声之转。马举蹄相蹴，辄以后足，故庄云"分背相踶"。《说文·足部》："踶，蹹也。"蹹义近䟅。《牛部》："䟅，牛踶蹹也。"《广韵·十三祭》："䟅，踶䟅，牛展足。""展足"即举足相蹴之势也。"踶蹷"字训联言，声合则为兑。祭韵无定纽字，故寄韵于泰韵。祭泰与寒删同入相转，音变为弹。今称牛、马举足蹴人曰"弹"，马则"踶蹷"字，牛则"踶䟅"字也。踶亦得音变为弹。踶从是声，古音为支类。支、歌声通，歌、元对转，亦变为弹。③

桊　《说文·木部》："桊，牛鼻中环也。"居倦切。系传："以柔木为桊，以穿牛鼻也。"《广雅·释器上》："桊，枸也。"枸之言拘也。桊所以拘牛，故亦称"牛拘"。见《一切经音义》卷四。甬俗穿牛鼻之木，形如锣槌，一端系绹，谓之"牛桊"。桊音如君。盖桊古音为元类，元、真声近相转，故如君。或呼为"牛豖"，则真、东又相转也。

彪　《说文·虍部》："彪，虎文彪也。"布还切。彪、髟双声为训。俗称猫毛

---

① "㹀"，俗又作"犇"。《集韵·梗韵》："犇，吴人谓犊曰犇。於杏切。"
② "之"，原作"走"，误，径改。
③ "弹"即为正字，非"踶蹷"或"踶䟅"合声之变，亦非"踶"之音变。

如虎文者曰"虎地彪"。俗作斑。《文选·曹植〈七启〉》："拉虎摧斑。"李善注："斑，虎文也。"斑本辬俗体。《说文·文部》："辬，驳文也。"布还切。段玉裁注："斑者辬之俗，今乃斑行而辬废矣。"又曰："楚人谓虎文曰斑，即《虍部》彪字也。"然则猫毛如虎文者，正字当为彪。

牲 《诗·小雅·瓠叶序》："虽有牲牢饔饩。"笺曰："牛、羊、豕为牲。"《周礼·地官·牧人》："掌牧六牲。"郑玄注："六牲，谓牛、马、羊、豕、犬、鸡。"《大戴礼·曾子天圆》："序五牲之先后贵贱。"卢辩注："五牲，牛、羊、豕、犬、鸡。"《左传·昭廿五年》："为六畜、五牲。"服虔注："牲，麝、鹿、熊、狼、野豕。"杜预注："麋、鹿、麝、狼、兔。"凡禽兽可供膳羞祭祀，古皆谓之"牲"。今犹称刍豢家畜为"牲口"。古称"三牲""五牲""六牲"，说家不一；今则谓刍豢家畜为"众牲"。引申而泛称之，虽非膳羞之禽兽亦谓之"众牲"，于是呵叱人之顽劣如禽兽者为"众牲"。俗讹作"众生"。"众生"释氏语，人亦属之，与方言恉悖。[1]

豢 《说文·豕部》："豢，以谷圈养豕也。"胡惯切。《礼记·月令》"仲[2]秋"："案刍豢。"郑玄注："养牛羊曰刍，犬豕曰豢。"释文："豢，养也。"泛用之，凡饲养畜牧皆为豢。《左传·昭廿九年》："故国有豢龙氏。"豢，匣纽。喉、牙相转，入溪纽，音变字讹作看。今饲养家畜通称"看"。豢音转溪纽为看，犹槛、舰胡黯切今亦读如坎；"面颂"今呼作"面孔"。颂，余封切，喻纽。喻、匣本同纽。他如伣、汇、梡、椁、慊、嫀等字，皆溪、匣两纽通读。[3]

◇杜甫《题郑十八著作丈故居》诗："苏武看羊陷贼庭。"则畜牧称"看"，唐人已云然。

羯删 《说文·羊部》："羯，羊羖犗也。"居谒切。《广韵·十月》居谒切。《牛部》："犗，骟牛也。"居拜切。《新附》："犍，犗牛也。"居言切。羯、犗、犍一声之转。犍或作劇。见《广韵·廿二元》。《通俗文》："以刀去阴曰劇。"《一切经音义》卷十一引。又："以刀去阴曰犍。"《一切经音义》卷十四引。今禽兽阉割去势皆谓之"羯"，惟鸡或称"骟"，音扇。骟俗字，盖删之转音。《说文·刀部》："删，剟也。"段玉裁注："凡刊落不用者，皆谓之删。"钟案：《三苍》："删，除也。"《一切经音义》卷一引。凡称删者，

---

① "众生"不误，本字正是"众生"而非"众牲"。《汉语大词典》"众生"条："①泛指人和一切动物。③指人以外的各种动物。④詈词。犹言畜牲。"明李诩《戒庵老人漫笔·今古方言大略》："六畜统呼为众（音终）生。"清梁同书《直语补证》："俗骂人曰众生，众音中，以畜呼之也。"并可证。

② "仲"，原作"孟"，误，径改。

③ "看"即为正字，非"豢"之音变。宁波话饲养、放养都叫"看"，如：看晓猪、看兔、看鸡、看鸭、看牛。

谓有所除去，亦有^①所留存也，如孔子之删《诗》是。阉割称删者，谓除去不用之势，而留存其有用之余藏。删训除，阉割或亦称除，俗呼宦者去势曰"太监除卵音乱"是也。删、仙同类相转，故音变如扇。甬称雄鸡去势为"骟鸡"。

斗　《说文·鬥部》："斗（鬬），遇也。"段玉裁注："今人云斗接者，是遇之理也。"钟案：今称两物相合曰"斗拢"，即此字。斗训遇，亦即合也，故牝牡相合亦云斗。侯、东对转，东、阳声近，音变为打。俗称兽类交合曰"打交"，禽类交合曰"打势"。^②

媾　《易·屯卦》："匪寇婚媾。"郑玄注："媾，犹会也。"今谓男女交会曰"交媾"。通作构。《易·系辞上》："男女构精。"媾，候韵。侯、歌同入相转，同入于铎。音变，俗字作过。甬俗谓禽类相交曰"打势"，亦曰"过势"。

释宫　五十三条　　　　玖千叁百念陆字

释草木　五十四条　　　壹萬零七百八拾九字

释禽兽　五十条　　　　捌千陆百卅柒字

丙午小寒前七日誊竣

---

① "有"，原作"又"，据文意改。

② "打交""打势"之"打"即为正字，非"鬬（斗）"之音变。

卷十　释鱼虫

目　录
（括号内小字为俗音及讹字）

鲤鳣 《说文·鱼部》：“鲤，鳣也。”“鳣，鲤也。”《诗·周颂·潜》：“有鳣有鲔。”笺：“鳣，大鲤也。”释文：“鳣，陟连反。”鲤之大者，甬俗呼如“垒争”。甬语争在阳韵，音侧阳切。即“鲤鳣”之音变，字训联言为词也。鲤从里声，古音为之类。之、脂合类，故之类字后多流入脂类，为脂韵重音及灰韵者，灰亦脂类。如“洧、鲔”“丕、坏（坯）”“倍、培”“每、悔”“媒、禖”等是。鲤转旨韵，音如垒，亦其例。鳣从亶声，古音为元类。元、阳声近相转，故音如侧阳切。①

黾 《方言》十三：“黾，始也。”《新方言·释言》：“今通谓小儿为黾子，俗或作娃。凡儿始生，即以训始之义名之。”黾，《方言》郭璞音蛙，影纽；《广雅·释诂》曹宪音户瓜反，户瓜为华音，匣纽，影清匣浊相转也。北音匣为晓浊，黾从北音转清，则音如花。犹《礼》“鞠有黄华”，今华作花矣。甬俗呼鲤之小仅尺许者曰“垒花”，即“鲤黾”字。人之幼者为黾，移言鲤之幼者亦为黾也。②

鳢 《说文·鱼部》：“鳢，鲖也。”卢启切。又：“鲖，一曰鳢也。”《诗·小雅·鱼丽》传：“鳢，鲖也。”故《玉篇》以为鳢、鳢同字。《说文》：“鳢，鲗也。”与诗传异训。郝懿行《尔雅义疏》以为鳢者正字，鳢乃假借。李时珍《本草纲目》曰：“鳢首有七星，夜朝北斗，有自然之礼，故谓之鳢。”钟案：李说盖本《埤雅》《尔雅翼》诸书。予买鳢置水缸中，中夜视之，其首未尝朝北斗，乃知尽信书往往反被所误。予谓鳢为正字，郝说可信。盖鳢之言戾也，暴戾侵食他鱼。鳢鱼所至，他鱼遁避，鱼池养鱼者，有鳢鱼，必去之。鳢从蠡声，蠡之假借为诸训多矣，参看《说文》段注。此蠡为鷙之假音。鷙或作戾，很也，忿恶也，谐声中亦有会意。俗称“乌鲤”，讹作鲤。乌训黑，乃黝之音变，说详前。

鲭 《说文·鱼部》：“鲭，鲭鱼也。”资昔切。《通训定声》曰：“鲭，形似小鲤，色黑而体促，腹大而脊高，所在有之。俗误以鲫为之。”钟案：鲫者，鲗之或体，《说文》“鲗”篆下附“鲫”篆，鲗或从即，是也。《广雅》作鰿。《玉篇》《广韵》皆以为鲭、鲫同字。庾信《谢赵王赍干鱼启》云：“温湖美鲫。”亦以鲫为淡水河湖中鱼。盖六朝时，已误鲫为鲭。鲭从脊声，古音为支类。长言转平，音如家赀之赀。即移切。甬呼鲭为“河赀鱼”，而字作鲫。③

鲢鲐 《说文·鱼部》：“鲐，海鱼名。”徒哀切。段玉裁注：“鲐，亦名侯鲐，今之河豚也。”《文选·吴都赋》：“王鲔鲢鲐。”刘逵注：“鲢鲐鱼，状如科斗，

---

① “垒争”一词今未闻。
② “垒花”一词今未闻。
③ “河鲫鱼”之“鲫”又音精，“鲫”受到“鱼”[ŋ²⁴] 鼻音声母影响而带上鼻音韵尾。

大者尺余，腹下白，背上青黑有黄文。性有毒，虽小獭及大鱼不敢餤（啖）之。蒸煮餤之，肥美。”鲐亦作鲠。《广雅·释鱼》：“鯸鲠，鲄也。”曹宪音侯、颐、河。鲐，定纽，定、喻恒相转，音转喻纽，而形作鲠。台声、臣声古音同类。犹《诗·大雅·行苇》“台背”之台，徐邈音臺。亦读如《书·汤誓》“非台小子”之台矣。释文：“台，以之反。”鯸、鲄一声之转，侯、歌同入相转，同入于铎。字变作鲄。今称河豚，盖即“鯸鲐”之转音。鲐音臺，古音为之类。之、蒸对转，音变为腾。真、蒸合类，字借作豚。豚虽非鱼，犹为生物，故用之。《易·中孚》：“豚鱼吉。”此豚与鱼是二物，不得认为河豚。

鲑　《山海经·北山经》：“敦薨之水，其中多赤鲑。”郭璞注：“今名鯸鲐为鲑鱼，音圭。”鲑亦作鯢。《本草拾遗》云：“鯢鱼，肝及子有大毒，一名鹕夷鱼。以物触之即嗔，腹如气球，亦名嗔鱼。”王念孙《广雅疏证》曰：“鯢即鲑之俗体，李时珍曰：“鯢，谓其体圆也。”鹕夷即鯸鲠之转声，李时珍曰：“侯夷，状其形丑也。”今人谓之河豚者是也。河豚善怒，故谓之鲑，又谓之鲄。鲑之言恚，鲄之言诃。《释诂》云：‘恚、诃，怒也。’”钟案：河豚去内脏为干腊，甬呼“鲑鱼鲞”，鲑音如锯。鲑从圭声，古音为支类。支、鱼声近，凡支、脂、微、齐韵中重声字，即声似灰韵者。甬语往往转在鱼韵。如鬼、归、贵皆音如居，乌龟呼若乌居，锤音如除，围音如余，谁音如殊，岁、水音如胥，跪音如巨。此亦其例。

恚攎　《广雅·释诂二》：“恚，怒也。”字训联言，“恚怒”声合为乌。河豚善怒，怒则腹张如圜球，故俗谓之“乌浪鱼”，其干腊名“乌浪鲞”。浪者，攎之转音。《方言》十三：“攎，张也。”鱼、阳对转，则音如浪。乌浪鱼，犹言怒张鱼。或曰，浪者，“偯喤”之合声。《广雅·释诂二》：“偯、喤，怒也。”乌、浪皆怒义，犹云怒鱼耳。①

颃額鯱　《广雅·释鱼》：“鲟，魟也。”《广韵·十四黠》：“魟，鰊魟，鱼名。”然《广韵》《玉篇》皆无鰊字，《集韵》音於良、於郎二切，《本草纲目》：“黄颡鱼，又名鰊魟。黄颡，无鳞鱼也。身尾俱似小鲇，腹下黄，背上青黄，腮下有二横骨，两须，有胃。群游作声如轧轧。”王念孙《广雅疏证》曰：“此鱼今所在有之，长不盈尺，扬州人谓之鰊斯鱼，顺天人谓之枷鱼。”钟案：黄颡鱼通体皆黄，其黄不仅在颡，《说文》：“颡，頟也。”頟，今字作额。命名不正。盖黄颡乃假音，不应以义训论，鰊魟亦俗字。方言名物，恒就其特征为称。黄颡鱼腮下二横骨即胸鳍左右分张如钉，棘刺甚锐，脊上亦有刺，鱼项后有锐刺，乃其特征，故以为名。鲟之言捽也。《广雅·释诂一》：“捽，刺也。”魟之言乙也。鱼骨头为乙，见《礼记·内则》注。《内则》：“鱼去乙。”注：“今东海容鱼有骨，名乙，在目旁，状如篆乙，食之鲠人，不可出。”“鰊魟”者，鰊乃額之转

①“乌浪鱼”命名理据不明，这几种说法都不够准确。

音。《广雅·释亲》："頷，项也。"东、阳声近相转，音变为盎，俗以鱼名，作鮏。"鮏魟"云者，谓项有刺骨也。黄颡乃颃鏉之假音。《广雅·释亲》："颃，项也。"曹宪音乎郎切，匣组，开口呼。转合口，故讹为黄。鏉，《说文》作鉈，云："短矛也。"《方言》九："矛，吴扬江淮南楚五湖之间谓之鏉。"郭璞音尝蛇反。《广韵》亦音施，《五支》《五寘》俱云："鏉，短矛。"支、耕对转，耕、阳声近，故音转为颡。"颃鏉"联言，亦鏉随上字颃声同化叠韵而变颡。参看后《方言上下字同化为叠韵说》。"黄颡"即"颃鏉"，谓项有刺矛也。扬州人谓之"鮏斯鱼"，即"頷鏉鱼"耳。顺天人谓之"枷鱼"者，枷乃梗之转音。《方言》三："凡草木刺人，自关而东或谓之梗。"《广雅·释诂二》："梗，篾也。"庚、麻同入相转，同入于陌。故音如枷。鉈，视遮切，与枷叠韵。然禅、见两组不通转。枷鱼犹云刺鱼。甬俗呼此鱼为"盎颡鱼"，即"頷鏉鱼"也。又李时珍谓"群游作声如轧轧"，以之释魟字，非是。凡鱼唼喁水面，多能作是音，不足为其特征而谓定名于此。

鮍　《说文·鱼部》："鮍，白鱼也。"《史记·留侯世家》："鮍生教我。"《索隐》："鮍，谓小鱼也。音趋勾反。"段玉裁融合两义以注《说文》曰："白而小之鱼也。"鮍白字训联言，声合为策。陌为麻入，长言转平，音如差忒之差。甬有小白鱼，夏日游于水面，往来如梭，俗呼"差鱼"。[①]

鮞　《说文·鱼部》："鮞，鱼子也。"如之切。段玉裁注："鱼子，谓成细鱼者。《鲁语》：'鱼禁鲲鮞。'韦注：'鮞，未成鱼也。'韦意鮞是已孚而尚未成鱼者。"钟案：成鱼之成，犹人年丁壮为成人之成。未成鱼者，谓未长大具足，犹幼鱼也。泛用之，鱼形细小，虽非幼鱼亦谓之鮞。鮞，日组。日通泥、娘，音变为尼。之、脂声似，之韵无泥、娘组字，故借用脂韵尼字。河湖中小鱼长仅寸许，细如面条，苏俗称"面条鱼"，甬俗呼如"尼鱼"。尼即鮞也。犹耳朵呼如尼朵。俗或书作"银鱼"，以其烹熟则色白如银。银、尼一声之转，银本疑组，甬言在娘组，与尼为双声。故傅会作银。

鯤　《尔雅·释鱼》："鯤，小鱼。"郭璞注："今江东亦呼鱼子未成者为鯤。"《释文》："鯤，顾音孕。"《玉篇》弋证切。钟案：郭注云"亦"者，谓异于本训而同称也。盖《尔雅》本训谓鱼种之小者为鯤，虽成长，其形仍不大。江东则称幼鱼为鯤。未成鱼为幼鱼，参看上条"鮞"字。鯤，蒸韵。蒸、之对转，音变为怡，俗字作蛦。今海中小鱼长寸许者，熟之为腊，谓之"海蛦"。蛦本蜿蜒字，第以其从虫，遂借用之。

鲲　《尔雅·释鱼》："鲲，鱼子。"钟案：称鱼子者，不仅谓其未孚化之卵，

[①] "差鱼"之"差"本字不明，但非"鮍白"合声之变。

即已化成形之幼鱼亦名之，如上文鲕训"鱼子"，亦为幼鱼是也。鲲，魂韵，古音为真类。真、脂对转，音变为桂。犹敦亦读如堆，《诗·豳风·东山》"敦彼独宿"是也。今称海蜇亦云"桂"，最大者为"粗桂"，次大者为"中桂"，细小者为"桂花海蜇"。桂皆鲲字，谓小鱼也。花者，黾之转音。黾，始也。见《方言》十三。物之始生者亦曰黾，参看上文鲤之小者曰"鱼免花"条。故小鱼亦谓之黾。①

二鲽 《尔雅·释地》："东方有比目鱼焉，不比不行，其名谓之鲽。"郭璞注："状似牛脾，鳞细，紫黑色，一眼，两片相合乃得行。"比目鱼实两眼，但同在一面，又甚小。《说文》无鲽字，然《犬部》"猰"篆解云："读若比目鱼鲽之鲽。"是许固知有鲽字也。《说文新附》："鲽，比目鱼也。"土盍切。《尔雅》释文："鲽，本或作鳎。"今称比目鱼为"捻鳎"。捻者，"二合"之合声。二合，即两合也，鳎非二合不行，故云"二合鳎"。二，日组。日通泥、娘，故甬呼二如旎。"二合"声合为捻。或以为鳒字。然《玉篇》《广韵》云："鳒，鱼名。"无其状，与鳎义不相涉。②

鮸 《说文·鱼部》："鮸，鮸鱼也。出薉邪头国。"亡辨切。微、明类隔，今读如免，甬俗所称"米鱼"是也。凡产于远海者，许书辄云出于某国，以别于中土方物。鮸之言腕也。腕者，肥泽也，《广韵·二十阮》。柔腝（嫩）也。《诗·小雅·采薇》："薇亦柔止。"笺云："柔，谓脆腝之时。"《广韵·廿三问》腝同莬。《玉篇》："莬，草木新生者。"草木新生则柔嫩而泽，移言肌肉之柔嫩肥泽亦曰腝。《楚辞·远游》："玉色頩以腝颜兮。"鮸鱼肉柔厚肥嫩，故云腝。段玉裁注谓："江浙人所食黄花鱼。"非是。鮸鱼灰色，首无石。段金坛人，昧于海产，故辩之不审。

鲨 《说文·鱼部》："鲨，鲨鱼也。出乐浪潘国。从鱼，沙省声。"所加切。《玉篇》："鲨，鲛鱼。""鲛，鲭属，皮有文。"鲭之言厉也。谓其皮粗厉，可为厉也。《说文》："鲛，海鱼也，皮可饰刀。"段玉裁注："今所谓沙鱼，所谓沙鱼皮也。许有鲨字，云从沙省，盖即此鱼。陈藏器曰：'沙鱼状貌非一，皆皮上有沙，堪揩木，如木贼。'苏颂曰：'其皮可饰刀靶。'"钟案：鲨鱼，今讹作鲨。鲨为吹沙小鱼，见《尔雅·释鱼》"鲨鮀"郭注及《诗·小雅·鱼丽篇》"鳢鲨"陆玑疏。鲨鱼产东海远处，几近日本，故许书谓出乐浪潘国，乐浪今朝鲜地，近日本也。许书云某物出某国者，案诸今日，多不尽合。盖当时传说如此，拘于时闻也。沙鱼皮，今用作刀剑鞘，与苏颂说合。

---

① "桂""粗桂""中桂""桂花海蜇"等今皆未闻。

② 《阿拉宁波话》"箬鳎"条："音肉塔。比目鱼，两眼长在头部的一侧，因形似箬壳而得名。其中眼睛长在左边的叫'借手箬鳎'，眼睛长在右边的叫'顺手箬鳎'。也作'鲑鳎'，也叫'箬鳎鱼''鳎鳗'。"（67页）可参。

鲂 《说文·鱼部》："鲂，赤尾鱼也。"《诗·周南·汝坟》："鲂鱼赪尾。"陆玑疏云："鲂鱼，广而薄肥，恬而少力，细鳞鱼之美者。"李时珍亦云："小头缩项，穿脊阔腹。"鲂与鳊形似，故《说文》叙字鳊、鲂类聚相联。郭注《尔雅》云："江东呼鲂鱼为鳊。"鲂，符方切。古无轻唇，读奉纽如并纽，故郝懿行谓"古读如旁也"。今海鱼如鲂，而通体微赤，甬俗呼"铜盆鱼"，即"彤鲂鱼"也。鲂仅尾赤，而此通赤，故云"彤鲂"。鲂音旁，阳、耕声近，音转为屏。甬讹为盆者，真、耕又相若也。

鳌鮇 《尔雅·释鱼》："鳌，鮇。"郭璞注："未详。"邵晋涵《尔雅正义》曰："全祖望云：即鲋鱼也。粤谚曰：'三鳌不上铜鼓滩。'谓粤鲋不过浔州也。案：鳌与鲋古音相通，谓脂、之合类也。鲋音近鮇，皆之类。全说为得之。"钟案：张自烈《正字通》谓："鳌，鲋别名。广州谓之三鳌之鱼。"全说盖本《正字通》也。然"鳌，鲋别名"，未见佐证；"鲋音近鮇"，若谓语转，来、禅纽隔。海鱼有与鲋鱼形味俱相类者，甬名"垒鱼"，外地人曰"鰳鱼"。垒即鳌读重音。鳌，脂韵轻音。转重音，则似灰韵，为垒也。鰳音勒，为鮇入声。鮇，咍韵，咍入于德，勒固德韵也。鰳鱼肉腴，多细骨，较鲋鱼为甚，骨亦有倒刺，鳞稍小于鲋，产大海中，与鲋鱼海产而春夏入江者异。《正字通》云："鰳鱼以四月至海上，渔人听水声[1]取之，状如鲋鱼。"是也。鲋鱼即《尔雅》之鲝，说详下条。如鳌亦为鲋，则《尔雅》应与鲝同条。今鳌、鲝分列，故知其非鲋。[2]

鲝 《尔雅·释鱼》："鲝，当魱。"郭璞注："海鱼也，似鳊而大鳞，肥美多鲠，今江东呼其最大长三尺者为当魱。音胡。"段玉裁注《说文》"鲝"字下曰："《集韵》《类篇》'模韵''魱'字注云：'吴人以为珍，即今时鱼。'寻绎郭注，诚谓时鱼也。"后之注《尔雅》《说文》者，率以鲝为鲥鱼，几定论矣。钟案：鲥亦作鲥，盖鲝之音变。鲝，其久切，群纽，古音为幽类。凡齐齿呼字往往混为齿音，故见、溪、群之细音或混作精、清、从。群既讹为从，读从而浅其浊，又流于邪，故《集韵》鲝又音徐由切。犹冥顽不识事机、自取咎戾者为咎，俗音变为寿，例正同。幽、之声近相转，乃变为时，俗著鱼旁为鲥。时，禅纽，禅、邪类隔相通。之韵无邪纽字，故入禅。鲥后出字，见《广韵·七之》。[3]

朦马 《方言》二："朦，丰也。自关而西，秦晋之间，凡大貌谓之朦。"郭璞音忙红反。东、阳声近，音转为明。明，庚韵，古音为阳类。古读庚近阳，今读庚近耕，音之变也。今呼海中大虾[4]曰"明虾"，虾俗作蝦，非。蝦为虾蟆字。即"朦虾"也。或谓明者，马之

---

① "声"字原脱，径补。
② "垒鱼"之"垒"非"鳌"之转音，而是"鰳"之转音。
③ "鲥"非"鲝"之音变。
④ 本条"虾"字原文均作"蝦"。

音变。古称物之大者多云马，如大蝉曰"马蜩"、曰"马蝉"，大蚁曰"马蚍蜉"，大叶冬蓝曰"马蓝"。皆见《尔雅》。麻、庚同入相转，同入于陌，音亦如明。大虾曰"马虾"，犹"马蜩""马蝉"例也。明或作闽，亦非。今明虾多产北洋，青岛、烟台最盛产地。非闽产也。

蛇昔　《玉篇·虫部》："蛇，除嫁切。形如覆笠，泛泛常浮随水。"《广韵·四十祃》："蛇，水母也。一名蠌。形如羊胃，无目，以虾为目。"钟案：水母，甬人呼为"海蜇"，谚有"海蜇虾当眼"之语，与《广韵》注合。温州人呼为"茶鱼"。茶即蛇也。蛇，澄纽，浊音转清，入知纽，故《韵会》音陟驾切。海蜇之蜇，即蛇读知纽之入声。《玉篇》："蜇，陟列切。虫螫也。"非鱼类名。《列子·杨朱篇》："蜇于口。"释文："蜇，痛也。"即螫之假借。

或曰，海蛇称海蜇，蜇者，"蛇昔"之合声。《说文·日部》："昔，干肉也。从残肉，日以晞之。"字亦作腊。《广雅·释器》："腊，脯也。"《穆天子传》："鱼腊。"郭璞注："干鱼。"今海蛇皆用白矾蒩之，以去其水，干而市之，故谓之"蛇昔"，犹云蛇脯也。"蛇昔"声合则为䖓，声近蜇，遂借蜇为之。蛇，一名蠌，音肥。奉、并类隔，轻唇转重唇，音变如皮。今称海蛇曰"海蜇皮子"，皮即蠌也。蠌读如皮，犹"肥皂"俗呼作"皮皂"矣。①

蜋蛯　《尔雅·释鱼》："螖蠌，小者蟧。"郭璞注："或曰：即彭②螖也，似蟹而小。"邵晋涵正义引《玉篇》云："螖，胡八切。似蟹而小。"又引《古今注》云："蟛螖，小蟹也，生海边涂中，食土。"又引《岭表录异》云："彭螖，吴越呼为彭越，盖语讹也。足上无毛，堪食，吴越间多以渍盐藏，货于市。"《广韵·十二庚》"蜋"字下、《十四黠》"螖"字下皆云："蜋螖，似蟹而小。"《十月》："蛚③，蜋蛚，似蟹而小。"音越。盖"蜋蛯"即"彭越"，亦即"蟛螖"之语转。阳、宵相对转，蜋转肴韵为鲍。月为元入，蛯转平声为元。甬有盐渍小蟹，如《岭表录异》所云"彭螖"者，俗呼"鲍元蟹"，即"蜋蛯"之音变。江苏崇明人呼为"蟛蜞"。

籗　《玉篇·虫部》："籗，子结切，又音截。精、从两纽，清浊两读。似蟹也。"《广韵·十六屑》截纽："籗，似蟹，生海中。"宋苏颂《图经本草》曰："蟹，其壳阔而多黄者名蟢，生南海中，其螯甚锐，断物如芟刈也。"蟢本蟏蟏字，蟏蟏，蝙蝠别名。

---

① 海蜇可分"海蜇头"（海蜇的口腕部分）和"海蜇皮子"（海蜇的伞状部分）。《正字通·虫部》："蜇，俗呼海蜇，亦曰蜇皮，以其似皮也。""海蜇皮子"即为正字，"皮"与"蠌"无涉。

② "彭"，原作"蟛"，误，径改。

③ 此"蛚"即下面一个"蛚"，《广韵·十月》实作"蚏"，《集韵·十月》才作"蛚"。"蛚"同"蚏"。

音职，与簠为类隔双声，其名蟹者，盖簠之假音。其转浊音，入邪纽，又似蜥。《广韵·十七薛》："蜥，寺绝切。江蜥。似蝤蛑，生海中。"蝤蛑，蟹属，似蟹也。俗名青蟹。今动物学称海中大蟹曰蠘、曰蠘。蠘，俗呼梭子蟹，似蝤蛑而大。蠘者，形体如石榴，足长三四尺，皆蟹属之大者。蠘、蠘音皆似簠，转浅浊，又皆似蜥。今呼蟹之大肥者曰"大蠘蟹"。蠘音如蜥，俗讹做闸。闸本音押，影纽。而今通读禅纽如石。所以誉称为"蠘"者，蟹以筐阔多黄为美味，方言名物每就其类之尤者为称。[①]

鳆 《说文·鱼部》："鳆，海鱼也。"蒲角切。《后汉书·伏隆传》："诣阙上书，献鳆鱼。"李贤注引郭璞注《三苍》云："鳆似蛤，偏著石。"又引《广志》曰："鳆无鳞有壳，一面附石，细孔杂杂，或七或九。"又引《本草》云："石决明，一名鳆鱼。""音步角反。"[②]鳆，觉韵。觉为肴入，长言转平，音如鲍。石决明之肉俗呼音如"包鱼"，而书固作鲍，盖浊音转清，故变帮纽耳。

微 《广雅·释诂二》："微，小也。"古无轻唇音，读微纽如明纽，故微古音如眉。钱大昕《十驾斋养新录》曰："古音微如眉。《少牢礼》：'眉寿万年。'注：'古文眉为微。'《春秋·庄廿八年》'筑郿'，《公羊》作'微'。"今海滨泥涂中小蛤，长仅半寸许，俗称"梅蛤"，即"微蛤"也。微读古音如眉，眉、梅声似，乃讹作梅。梅蛤或称"海瓜子"，说详下条。

蛤蠃 《说文·虫部》："盒，蜃属。"经传多作蛤。《国语·晋语九》："雀入于海为蛤。"韦昭注："小曰蛤，大曰蜃，皆介物蚌类也。"又《吴语》："其民必移就蒲蠃于东海之滨。"注："蠃，蚌蛤之属。"蛤、蠃同类，古或连茹言之。《汉书·地理志下》："果蓏蠃蛤。"《淮南·道应训》："方倦龟壳而食蛤梨。"高诱注："蛤梨，海蚌也。"《三国志·蜀志·郤正传》注引《淮南子》作"合梨"，《论衡·道虚篇》作"合蜊"。梨者，蠡之假借，实为蠃，参朱骏声说。脂、歌相转也。俗作蜊。蛤、蠃连言，声合为戈。戈为合口，歌韵开口呼，戈韵合口呼。今戈韵字亦读如歌矣。音转为瓜。海滨泥涂小蛤，鄞人或呼"海瓜子"。俗以其小如瓜瓣为释，非也。[③]

私师 《方言》二："私，小也。自关而西，秦晋之郊，梁益之间，凡物小者谓之私。"今谓河泽中小螺曰"私螺"。俗作蛳。蛳字《广韵》始有之，《六脂》："蛳，蛳螺。"外地人或倒语为"螺蛳"。盖后出字。李时珍《本草纲目》谓蛳从师，师，众多也。

---

① "大闸蟹"之"闸"本字不是"蠘"。"大闸蟹"是上海等地的说法，指中华绒螯蟹。这种蟹宁波话叫"毛蟹"，因螯上有茸毛而得名。

② "音步角反"系李贤注，原文阑入"《本草》云"，不确。

③ "海瓜子"即为正字，以形状命名。"瓜"非"蛤蠃"合声之变。

《尔雅·释诂》："师，众也。"检蛳螺在河底，颇繁殖，其说亦可从。然则蛳者，师之俗。

蜌　《说文·虫部》："蜌，海虫也。长寸而白，可食。"力盐切。《说文》叙字以类相从，"蜌"与"蜃、蛤、蠯、蚌、蟥、蜗、蠃"等同列，盖皆介类有壳者也。《玉篇》："蜌，胡缄切。小蚌，可食。"甬河中小蚌，大如豌豆，名为"蚬"，读如显。其壳有暗黄晕文，谓之"黄蚬"。蚬者，"小蜌"之合声。小，心纽，显，晓纽，晓之齐齿与心、审若也。蜌，盐韵，显，铣韵，盐、先声亦相似。《说文》："蚬，缢女也。"《尔雅·释虫》同。胡典切。非小蚌义。匣、晓浊清相转，音如显，与"小蜌"合声音纤相似，故借用之。稽《隋书·刘臻传》，臻好啖蚬，以父讳"显"，因呼蚬为"扁螺"。则小蚌为蚬，读如显，隋已云然。

或曰，小蚌称蚬，即蜌之转音。《说文》蜌读如嗛，《玉篇》胡缄切，皆匣纽。匣晓浊清相转，音如蛦。《广韵·廿六咸》："蛦，似蛤，出海中也。"许咸切。蚬、蛦音似，借蚬为之。

陆蚶蚌　《尔雅·释鱼》："魁陆。"郭璞注："《本草》云：魁状如海蛤，圆而厚，外有理纵横，即今之蚶也。"《本草别录》："魁蛤，一名魁陆。"《玉篇》作"魁蜌"。蜌俗字。凡从鱼虫者旁著鱼虫字，从草木者旁著艸木字，《玉篇》中若是者甚多，皆后人所造字。陆无蚌蛤义，盖蠃之转音耳。陆古音为侯类，蠃为歌类。歌、侯同入于铎，故相转。慈溪海滨产蛤，似蚶而无瓦楞文，似蚌而体圜，乡人呼如"浪酐"，酐，火朗切。盖即"陆蚶蚌"之合声。体似蚶，故名以"陆蚶"。陆即蚶，一物两名，类聚以呼也。壳无瓦楞文，又似蚌，故又名以"蚌"。"蚶蚌"声合为酐，陆随酐音同化叠韵而变浪。[1]

黢蚶　《字书》："蚶，蛤也。"《尔雅·释鱼》"魁陆"释文引。《广韵·廿三谈》："蚶，蚌属。"《说文》蛤、蚌皆训蠯属，蚶、蚌、蛤本同类，故相互训。方言亦或互称。《广雅·释器》："黢，黑也。"曹宪音敕感反。《声类》："黢，深黑色也。"《文选·魏都赋》李善注引。海蚌中，有其壳深黑、其形上小下大如三角锥者，剖壳取肉曰"淡菜"，盐腌货于市曰"卤菜"。菜即"黢蚶"之合声。蚶从甘声，古音为谈类。谈、宵对转，宵、之声近，故讹为菜。菜，代韵。代，之类也。菜为蔬菜字，非介属之称。黢，彻纽。今音彻、穿混同，穿、清类隔又相若。菜，清纽也。[2]

蛤腩　《说文·肉部》："腩，䐑肉也。"良奖切。又："䐑，脯也。"腩者，脯肉也。腩为阳类，阳、耕声近，音转为领，俗讹作林。今淡菜肉晞之为脯，甬呼"干肉林"，

---

① "浪酐"非"陆蚶蚌"合声之变。

② "淡菜"即为正字，"菜"非"黢蚶"合声之变。《汉语大词典》"淡菜"条："贻贝的肉经烧煮曝晒而成的干制食品。味佳美，以煮晒时不加盐，故名。"可参。

即"蛤肉脼"也。淡菜本海蚌，亦蛤属也。蛤从合声，古音为侵类。长言转平，音变为淦。覃、寒声似，形简故讹为干。江珧柱俗名"干贝"，干亦蛤字，贝者，背之讹，谓其背后肉柱也。

蛤音转为淦，或音转为贡。淡菜脯俗亦呼"贡干"，即"蛤干"也。蛤为侵类，侵、东声近相转，故淦音通贡。犹子贡本作赣，而赣亦读如淦，赣榆县今在江苏北部正其音。①

墨鱼脯　《本草纲目》："乌鲗，亦名墨鱼。"鱼，语居切，疑纽。今读喻纽者，牙喉疑喻相转也。鱼、阳对转，故甬语呼鱼在庚韵，庚亦阳类。如耦衡切。五数、吴姓或亦作是音。②鱼既在庚韵，"墨鱼"声合为明，俗讹作螟。乌鲗析出内藏，晞干为干腊，俗称"螟蜅"。蜅者，脯之讹。脯，干肉也。"螟脯"，即"墨鱼脯"之合声。螟为螟蛉，蜅为蛤蜅，于义皆不当。《鄞县通志》以为"明府"字，亦非。

俒　《说文·人部》："俒，完也。"胡困切。《宀部》："完，全也。"是俒亦全也。《广韵·廿六慁》："俒，全也③。"俗称乌鲗析为干腊曰"螟蜅"，见上条。其不剖析而内藏全具者谓之"混子"。混即俒也，谓鲗鱼体中全一无缺也。从完声字为元类，元、真声近，故多转入魂韵，如桄、婔、鲧并兼读混音。俗称全身为"浑身"，浑亦俒也。

薧　《周礼·天官·庖人》："凡其死、生、鲜、薧之物，以共王之膳。"郑众注："鲜谓生肉，薧谓干肉。"释文："薧，苦老反。"又《兽人》："辨鱼物为鲜薧，以共王膳羞。"郑玄注："鲜，生也；薧，干也。"朱骏声曰：字本作槀，薧假借也。《礼记·曲礼下》："槀鱼曰商祭。"释文："槀，苦老反。干鱼。"今小鱼干腊为"薧"，俗作"鲞"，如"龙头鲞""带鱼丝鲞"皆是。薧、槀俱从高声，古音为宵类。宵、谈对转，音变为厰。口敢切。或音转如开。开，咍韵，为之类。宵、之合类，亦声近相转也。凡鱼鲞俗亦称"鲞头"。头者，脡之音变。说详下条。

脡脯　《礼记·曲礼下》："薧鱼曰商祭，鲜鱼曰脡祭。"郑玄注："脡，直也。"物干则坚直，故肉脯称脡。《仪礼·士虞礼》："脯四脡。"《公羊传·昭廿五年》："与四脡脯。"《说文》"胸"篆解曰："脯挺也。"今浙省天目笋干，笋干甬名"笋脯"。脯本训肉干，泛称于蔬果之干亦云脯，如"杏脯""桃脯"皆是。曰"肥挺"、曰"秃挺"，挺即脡也，犹脯也。脡，他顶切。徐邈读唐顶反，见《曲礼下》释文。《集韵》亦音待鼎切，皆清音转浊也。俗作腚。《玉篇》："腚，徒苓切。脯也。"脡、脯连言，声合为肚。

---

① "干肉林"非"蛤肉脼"之音变。"干贝"即为正字，本字非"蛤背"。"贡干"即为正字，"贡"非"蛤"之音变，淡菜曾被作为贡品，故称。

② "鱼"，今宁波话白读音为 [ŋ²⁴]，不读耦衡切。"五、吴"亦不读庚韵。

③ "也"，原作"一"，误，径改。

鱼、侯声近，音变为头。鱼鲞亦脯属，故俗称"鲊头"。

或曰，"鲊头"，头乃童字。童，幼也。人幼小曰童，移言鱼小亦曰童。东、侯对转，音变为头，故甬呼幼鱼为"小鱼头"。凡鱼鲞皆小鱼为之，故曰"鲊头"。说亦可通。童音转头例，见《释亲》《释流品篇》。①

脯　《说文·肉部》："脯，干鱼尾脯脯也。《周礼》有'腒脯'。"所鸠切。今《周礼》作鱐。《天官·庖人》："夏行腒鱐。"郑众注："腒，干雉；鱐，干鱼。"郑玄注："腒鱐，暵热而干，鱼雁水涸而性定。"又《笾人》："膴、鲍鱼、鱐。"郑玄注："析干之，出东海。"脯从肃声，古音为幽类。幽赅萧、肴，萧、啸、箫皆从肃声。萧、阳同入相转，同入于药。音变为商。商本式羊切，甬语"商量"字犹作此音。今《阳韵》商纽伤、殇、觞等字皆读唐韵，音变也。俗作鲞。《广韵·三十六养》："鲞，干鱼腊。"音想，类隔转心纽。今析鱼去其内藏，晒干为腊，谓之"鲞"，从鱼，养省声为之。《吴地志》谓"美"下著"鱼"为"鲞"，乃阖闾入海所书，其说近诞，不足据。

剜　《字林》："剜，削也。"《一切经音义》卷二引。《广雅·释诂四》："削，剜也。"《说文·刀部》："削，挑取也。一曰窐也。"段玉裁注："抉而取之也。挑，抉也。今俗云剜。《穴部》曰：'窐，空也。'窐与削音义通。"钟案：剜，乌桓切。桓、麻恒相转。即元、歌对转，如欢音变花（参看《释亲》《释货篇》），瘢音为疤，桓表为华表等。今杷取堀（窟）藏之物曰"剜"，音如蛙，俗作划。划本果、过二音，镰也。凡析鱼为鲞，多首尾剖张为平片。其有不剖析分张，仅于背侧裂孔，剜去其内藏，中空而外形全，谓之"剜鲞"，剜音如蛙。俗又音变字讹作"瓜鲞"，盖喉牙影见亦相转。如弇音掩，亦读古南切；娟本於缘切，今通读如涓；"弯弓"通作"贯弓""关弓"，贯、关皆见纽也。②

脊鳍　《礼记·少仪》："夏右鳍。"郑玄注："鳍，脊也。"《史记·司马相如传〈上林赋〉》："捷鳍擢尾。"正义："鳍者，鱼背上鬣也。"鳍，渠脂切。脊、鳍字训连言，声合为资。今庖厨盛馔，取鲨鱼鳍为肴，曰"鱼翅"，而音如资。翅为鸟翼，音施，声义皆非。然翅、啻同音，"不啻"或作"不翅"，又皆读如资，是齿音五纽，互相讹转也。③

鰷鮧　《玉篇·鱼部》："鰷，雉六切。鰷鮧也。""鮧，音夷。鰷鮧。"陈藏器《本草拾遗》云："鰷鮧，鱼白也。"今谓之鱼胶。大鱼胶入药，名"蜃胶"。蜃，即"鰷鮧"声合之变。鰷，澄纽；鮧，脂韵。澄、床今混同，脂、真又对转，声合，变床纽真韵为神。

①"鲊头"之"头"为后缀，非"脡脯"合声之变或"童"之音变。"小鱼头"之"头"亦为后缀。

②"剜鲞""瓜鲞"今未闻。

③"鱼翅"即为正字，"翅"非"脊鳍"之合音。

甬音神、蜃相似，蜃，禅纽。禅、床同浊相转也。乃借从虫辰声字为之。蜃为大蛤，非鱼也。蜃胶之大者曰"王蜃胶"。王，大也。俗作黄，亦非。①

鼃　《说文·黾部》："鼃，水虫也。蘬貈之民食之。"胡鸡切。段玉裁注："盖犹中国之食蛙谓之水鸡也。"钟案：青蛙在田泽，甬俗呼"田鸡"。及充肴馔，则名"水鸡"。鸡皆鼃字。鼃，匣纽。喉牙匣见相转，故音如鸡。田鸡，犹云土鸭。土鸭，黾也。说详下条"黾土鸭"释。②

黾土鸭③　《尔雅·释鱼》："鼀䵏，蟾诸。在水者黾。"郭璞注："耿黾也，似青蛙，大腹，一名土鸭。"《玉篇》："黾，蛤蟆属，似青蛙而大腹，又名土鸭。"《本草·名医别录》："蛙，一名长股，生水中。"陶隐居注："大而青脊者，俗名土鸭。"是土鸭为蛙属之一。土有吐、杜两音，《玉篇》他户、达户二切，透、定二纽清浊二读。土读杜音，"土鸭"疾呼，声合为蹋。徒盍切。谈、宵对转，音变为桃。今食肆中烹煮水鸡曰"炒樱桃"。桃即"土鸭"合声之变。樱者，蛙之转音。蛙，影纽，麻韵，合口呼。麻、庚同入相转，同入于陌。音变为樱。"炒樱桃"犹云炒蛙黾。此语转之讹，非有所讳而为廋词也。

黾名土鸭，"土鸭"声合，音变为桃，或又作稻。蛙，或音转为花。蛙本胡娲、乌瓜二切，见《玉篇》。影、匣清浊两读。北音匣、晓为浊清，蛙转晓清，音如花。甬俗称蛙亦名"稻花"。童谣云："癞施蛤蚆，田鸡稻花。"皆蛙属连茹呼之，"稻花"犹黾蛙也。④

长股　《广雅·释鱼》："蛙、蝈，长股也。"王念孙疏证引《名医别录》云："蛙，一名长股，生水中。"又引颜师古注《急就篇》云："蛙，一名蝼蝈，色青，小形而长股。"又引庄氏宝琛订正《夏小正》云："四月"传曰："鸣蜮。蜮也者，长股也。"王筠《夏小正》正义从其说。蜮、蝈通。蛙、蝈股长善跃，故谓之长股。钟案："长股"疾呼，声合为柱。鱼、阳对转，音变澄郎切，如藏。《唐韵》无澄纽字，故借用从纽藏字。甬田泽大蛙，一跃丈余，在山涧者，力尤劲，跃二三丈，俗呼音如藏，在田呼"田藏"，在山曰"石藏"，以其股健善跃，或作药饵，以疗胫弱。或谓藏者，蛴之音转。《广韵·九鱼》："蛴，蟾蛴也。署鱼切。"禅、床同浊，床、从类隔相转，又鱼、阳对转，故音如藏。犹常，禅纽，今亦读从纽如藏。尝、裳同。然"蟾蛴"连绵词，蛴不独用；蟾蛴又不能跃，疑非是。

────────────────

① "蜃胶""王蜃胶"今未闻。"蜃"非"鰶鮷"合音之变。
② "田鸡""水鸡"即为正字，"鸡"本字不是"鼃"。
③ "土鸭"二字原无，据目录补。相应地，正文言及"黾"条，均改为"黾土鸭"条。
④ "炒樱桃""稻花"今未闻。"桃""稻"非"土鸭"合声之变，"樱""花"非"蛙"之音变。

且蜍后出字，古只作诸。①

蝈螃　《周礼·秋官·序官》："蝈氏。"郑众注："蝈读为蜮。蜮，虾蟇也。"释文："蝈，古获反。蟇音麻。"《礼记·月令》"孟夏"："蝼蝈鸣。"郑玄注："蝼蝈，蛙也。"释文引蔡云："蝼，蝼蛄。蝈，蛙也。蛙即虾蟇也。"疏引李巡注《尔雅》曰："蟾诸，虾蟆也。"《说文》："蠅（蛙），虾蟆也。"是蝈、蛙、虾蟆、蟾诸四名，古人盖互用之。《尔雅·释鱼》："鼁䗇，蟾诸。在水者黾。"郭璞注："耿黾也，似青蛙，大腹。"郝懿行义疏："耿与蝈声相转。蝈，麦韵。麦为耿入，惟合口变开口耳。今验人家庭院止水中，有小蛙，惨黄色，腹下赤，大如指头，其鸣如曰'孤格'，孤格即蝈之合声②。黾似青蛙，大腹，背有黑文，其鸣蛤蛤者③是也。"钟案：蝈为蛙鸣声，即以声名其物。如勃姑、鹁鸪、鶺鸰皆其例。蝈合口呼，或转开口，作蛤。陶隐居注《名医别录》"蠅"下云："又一种黑色，南人名为蛤子。"唐刘恂《岭表录异》："岭南呼虾蟆为蛤。"甬呼虾蟆为"蛤蚆"。蚆者，螃之转音。《玉篇》："螃，北朗、方茎二切。似虾蟆而居陆。"非、帮类隔相转，故《集韵》又音悲萌切。即方茎切之转重唇。唐、歌同入相转，字变作蚾。《集韵·三十四果》："蚾，蟾蜍。"音播。麻、耕同入相转，同入于麦。音变为巴。蚾亦得音转为巴，歌、麻同部也。蛤，屡属，见《说文》。蚆，贝属，见《尔雅·释鱼》："蚆，博而頯。"皆借声字，非蛙类物。

蝼蝈鼀　《礼记·月令》"孟夏"："蝼蝈鸣。"郑玄注："蝼蝈，蛙也。"蝈从国声，古音为之类。"蝼蝈"疾呼，声合为肋。长言转平，为鼺。之、脂合类，俗讹作蜧。《广韵·十二霁》："蜧，大虾蟆也。"音戾。蜧本蜦或体，仑声真类，戾声脂类，脂、真对转，故相通假。神蛇也。《说文》："蜦，它（蛇）属也。黑色，潜于神渊之中，能兴云致雨。"高诱注《淮南·齐俗训》云："黑蜧，神蛇。"其训"大虾蟆"，盖借声字。蜧、临声近，之、蒸对转，蒸、侵声近。临有大义，《易·序卦》："临者，大也。"《广雅·释诂》一："临，大也。"故蜧又为虾蟆之大。《广韵·十八谆》引《文字集略》云："蜦，虾蟆大如屦，能食蛇也。"甬俗称虾蟆呼如"癞施"。癞即蜧之声转，实"蝼蝈"合声之变。施者，鼀字。《说文·黾部》："鼀，齫鼀，詹诸。《诗》曰：'得此齫鼀。'言其行鼀鼀。"式支切。今《毛诗·邶风·新台篇》作"得此戚施"。鼀为詹诸，与虾蟆同类，古人混言之。说见上文。方言因之，故虾蟆亦称"鼀"。与"蝼蝈"连茹以呼，则曰"癞鼀"。④

---

① "石藏"又叫"石鱀[guǎ²¹³]"，"藏""鱀"本字不明，但非"长股"合音之变。"田藏"今未闻。
② 郝氏"孤格即蝈之合声"，费解。其意疑为"孤格即蝈之衍声"或"孤格合声即为蝈"。
③ "者"字原脱，径补。
④ "癞鼀"之"癞"非"蝼蝈"合声之变。

　　鼁　或曰，虾蟆甬称"癞鼁"者，癞谓其色也。田泽诸蛙，凡非青绿色者，甬俗通称"癞鼁"，其大者或呼"蛤蚆"。蛙非青绿者，多为黑色，或浅黑，或黄黑。然则癞者，盖鼁之转音。《广雅·释器》："鼁，黑也。"《字林》："鼁，黄黑也。"《一切经音义》卷廿二引。《广韵·十二齐》："鼁，黑而黄也。"鼁为脂类，脂、泰同部相转，故音如癞。"鼁鼁"犹言青蛙，词例正同。说亦可从。

　　瘰蠡　"詹诸"今作"蟾蜍"，俗呼"癞虾蟆"。称癞者，谓其身多痱蠡，如患疡癣也。然则癞当作蠡，实为瘰。《左传·桓六年》："谓其不疾瘯蠡也。"杜预注："皮毛无疥癣。"释文："蠡，力果反。《说文》作瘰，云：'瘯瘰，皮肥也。'"蟾蜍皮厚而多瘯蠡，故云瘰。歌、泰同居相转，故音如癞。犹大亦呼为驮；船工曰"老舵"，俗呼为"老大"。癞为疠或体。《说文》："疠，恶疾也。"非皮肤疡癣之疾也。

　　行魃　宋罗愿《尔雅翼》："蟾蜍，今之蚵蚾。背上礧礧，好伏墙阴壁下。"蚵蚾音何播。《集韵·卅四果》："蚾，蟾蜍。"钟案：蚵、蚾借声字，其本义皆非蟾蜍。《玉篇》："蚵，胡多切。蚵蟗，蜥蜴。"又："蚾，薄碑切。虫。"《广韵》无蚾字，蚵义同。蟾蜍不能如蛙之跃，其行蹇迟。蚾者，魃之讹。《说文·九部》："魃，蹇也。"布火切。蚵者，行之音转。"行魃"语转为"蚵魃"，行随魃声同化而叠韵，故音如何。参阅《方言上下字同化叠韵说》。"蚵蚾"倒其语为"蚾蚵"。犹"螽斯"亦为"斯螽"，"离黄"亦倒为"黄鹂"。鄞俗呼蟾蜍为"破火癞鼁"，即"蚾蚵"之转音。实"魃行"之变音。帮、滂邻转，故蚾音变破。蚵，匣纽。匣、晓浊清相转，故音如火。"蚾蚵"既语转为"破火"，俗或又讹为"喷火"，于是又讹传蟾蜍能喷火矣。①

　　活东　《尔雅·释鱼》："科斗，活东。"郭璞注："虾蟆子。"钟案：科斗，今作蝌蚪。甬俗呼为"胡骨头虫"，即"活东"反语之转音。活之反语为"胡骨"，东之反语为"斗虫"。清音转浊，端转定纽，故斗音为头。是犹齐人呼椎为"终葵"，呼倩为"卒便"矣。反语名物自古有之，芜蔚为菴，葭菼为荼，夫不为鵻，狻猊为狮，经传所见，不胜枚举。②

　　活，匣纽。匣、见恒相转，故《尔雅》释文引谢施音括。《玉篇》作"蛞蠢"。《广韵·十三末》："蛞，虾蟆子名。"音阔。匣、溪固亦相转也。"蛞蠢"读如阔东，与"科斗"正双声相转。科，戈韵。戈入于末，正如阔。侯、东对转，斗转阳声，正如东。然则"活东"正"科斗"之转音耳。

――――――――――――――

① "破火癞鼁"之"破火"非"蚾蚵"之转音。
② "胡骨头虫"非"活东"反语之转音，正字当作"无骨头虫"。

鮏　《说文·鱼部》："鮏，鱼臭也。"桑经切。字从生声，古音为耕类。耕、真声近。真先同部，鮏转先韵，音变字讹作鲜。如骈、餅、瞑、眮本皆耕类字，而入先韵。甬谓物有鱼臭者，呼若"鲜眼气"，即"鮏鱼臭"之转音。凡鱼臭者，鲜、鲍皆臭，不必独责鲜也。鱼，疑纽。鱼、歌声近，歌、元对转，故音如眼。臭，穿纽，宥韵。尤、微同入相转，同入于迄。故音如气。气，溪纽。溪之齐齿呼往往与齿音清、穿乱也。

蝮　《说文·虫部》："蝮，虫也。"芳目切。虫者，《玉篇》云："古文虺字。"舍人注《尔雅·释鱼》云："蝮，一名虺。江淮以南曰蝮，江淮以北曰虺。"《三苍》："蝮蛇，色如绶文，文间有鬐鬣，鼻上有针，大者长七八尺，有牙，最毒。"《一切经音义》卷二引。引申为凡毒蛇之名。《玉篇》："蝮，孚六切。毒蛇也。蝮螫手则断。"蝮，敷纽。古无轻唇，读如重唇滂纽，音如朴。甬名毒蛇多云"蝮"，如"犁镜蝮"、即眼镜蛇，头部能变形，或如圆柱，或扁薄如犁镜，故名。"狗屎蝮"、形灰黑，蟠屈时乍视有如狗屎。"黑炭蝮"。色黑如焦炭。蝮皆呼如朴，犹古音之遗。然亦有读轻唇敷纽者，详下条。

蝮修　《广雅·释诂一》："朴，大也。"《楚辞·天问》："焉得夫朴牛。"王逸注："朴，大也。"又《九章·怀沙》："材朴委积兮。"注："壮大为朴。"蝮古音同朴，音同者往往义亦相假，故蝮又训大蛇。如大蛇曰蟒蛇，借音义于莽。《小尔雅·广诂》："莽，大也。"大虾蟆曰蟆，借声于临。《广雅·释诂一》："临，大也。"见前。《楚辞·招魂》："蝮蛇蓁蓁。"王逸注："蝮，大蛇也。"《广韵·一屋》："蝮，芳福切。"与副、蒮同音。长言转去声，变入宥韵，如富。侯、虞相转，富、副今又读如赋，故蝮亦得音转为赋。俗讹作虎。蝮、赋皆敷纽。非、敷纽字，甬音有与晓纽合口呼相乱者，如非、敷纽之夫、抚与晓纽之呼、虎是也。田野大蛇有称"虎啸蛇"者，即"蝮修"之音变。修（脩），长也，大也。《诗·小雅·六月》："四牡脩广。"传："脩，长也。"《淮南·本经训》："封豨脩蛇，皆为民害。"高诱注："脩蛇，大蛇，吞象三年而出其骨之类。"又《修务训》："吴为封豨脩蛇。"注："脩，大也。"《左传·定四年》作"封豕长蛇"，盖脩与长通。《说文》"豨"篆解曰："古有封豨脩虵（蛇）之害。"盖蛇长大云修，古语已然。修从攸声，古音为幽类。幽赅萧、肴，故音转如脩，脩亦攸声。俗讹作啸。啸从肃声，古音亦幽类。"蝮修"云者，谓大长之蛇也。《字汇补》有蟒字，音虎，云"似大蛇"，盖循方音而造之俗字。①

采虺　《楚辞·天问》："雄虺九首。"王逸注："虺，蛇别名也。"《玉篇》："虺，呼鬼切。亦为蝮虫也。"《说文》蝮、虫互训。虫即虺，详上文。《尔雅·释鱼》

---

① "虎啸蛇"非"蝮修蛇"之音变。不仅语音有距离，意义也对不上，大长之蛇当说"修蝮"，不应说"蝮修"。

注蝮、虺互称。详上文。盖虺犹蝮，并毒蛇也。虺，晓纽，合口呼。晓之粗音，往往与非、敷混。参看上文"蝮"字条说。虺，尾韵，为重音。讹为非、敷，又转轻音，则如斐、如蜚，俗讹为飞。甬有毒蛇名"草上飞"者，长仅一二尺，粗如大指，白质而黑彰，图彣如奇葩相连。称"草上"者，乃"采状"之讹转。采，通作彩、作綵。采古音为之类，之、幽声近，幽赅萧、豪，故讹为草。草声古亦幽类。《文选·思玄赋》："昭綵藻与琱琭兮。"李善注："綵，文采也。藻，华藻也。"《汉书·货殖传》："文采千匹。"师古注："帛之有色者曰采。""采状虺"者，谓蛇之外皮如文采也。或曰，是"藻状"之纽转。《礼记·玉藻》："天子玉藻。"郑玄注："杂采曰藻。"《淮南·俶真训》："华藻镈鲜。"高诱注："华藻，华文也。"《文选·七启》："华藻繁缛。"李善注："藻，文采也。"藻，精纽。精、清邻转，音变为草。今犹称华藻为"花草"矣。或讹作"花招"，则不变其纽而变其韵，豪、萧通转。此蛇彣甚繁缛，故云"藻状"。亦通。①

绸锦绨　《易·解卦》："雷雨作而百果草木皆甲坼。"郑玄注："皮曰甲。"《文选·蜀都赋》"百果甲宅"李善注引《山海经·中山经》："依轱之山有兽焉，虎爪而有甲。"郭璞注："有甲，言体有鳞。"《广雅·释诂四》："鳞，甲也。"是甲有皮义、鳞义。毒蛇之皮鳞，有绚烂如被锦绸者，俗呼"雉鸡甲"，即"绸锦甲"之音变。《说文·系部》："绸，大丝缯也。"直留切。今绸绨字讹为绸缎。详《释衣篇》。又《帛部》："锦，襄邑织文也。"泛用为文采义。《诗·秦风·终南》："锦衣狐裘。"传："锦衣，文采也。"绸，古音为幽类。幽、之声近，音变为持。锦，寝韵，为侵类。侵变为盐，音变为兼。今音"持兼"与"雉鸡"声似。"雉鸡"现成语也，遂讹焉。又毒蛇名"团箕甲"者，即"缎锦甲"之讹。缎，今为绸缎字，本绨字。②

鳞　《礼记·月令》"孟春"："其虫鳞。"郑玄注："鳞，龙蛇之属。"蛇、蜥皆有鳞，细察之可见。鳞从粦声，古音为真类。真、先同部，鳞转先韵，音变为怜（怜），怜亦从粦声也。蛇有称"火赤练"者，练或作楝、作链，盖取谐声，并无正字。《韵会》有蝀字，云"赤蝀蛇"，亦谐声俗字。腹有赤斑，练即鳞字，谓其鳞赤如火耳。

蝘　《说文·虫部》："蝘，蝘蜓，守宫也③。在壁曰蝘蜓，在艸曰蜥易。"於憲切。《尔雅·释鱼》："蜥蜴，蝘蜓；蝘蜓，守宫也。"亦蜥蜴与守宫异名同物，盖古人格物不细，物相类者，每混称之。守宫与蜥蜴截然两物，惟皆蛇身而有四足。东方朔对武帝射覆曰："臣以为龙又无角，谓之为蛇又有足，跂跂脉脉善缘壁，不是守宫即蜥蜴。"是蜥蜴

---

① "草上飞"当是正字，以蛇爬行疾速而得名。
② 毒蛇名叫"雉鸡甲""团箕甲"的，今未闻。
③ 《说文》原文无"蝘蜓，守宫也"五字。

与守宫异，第皆似蛇有足耳。守宫长二三寸，色浅黑，望之枯干无泽，栖墙壁瓦檐间，甬呼“四脚蛇”，外地或称“壁虎”。蜥蜴则在田泽沟畎间，山涧丛草中尤多，色青绿，长尺许，雌者色褐，望之皆光采甚泽，甬俗呼“蝘蛇”。蝘音如吴越早晏之晏。遏环切，开口呼。蝘，阮韵。元、寒、删本相通转也。①

虬皃　《楚辞·离骚》：“驷玉虬以乘鹥兮。”《天问》：“焉有虬龙。”王逸两注皆云：“有角曰龙，无角曰虬。”《淮南·览冥训》：“骖青虬。”高诱注：“有角为龙，无角为虬。”虬本作虯。《说文·虫部》：“虯，龙子有角者。”渠幽切。段注本据《楚辞》等注改为“无角者”，是，《玉篇》《广韵》皆云：“无角龙也。”凡戴角者幼小皆无角，牛、羊、麋、鹿皆然。龙子尚幼，宜无角也。蜥蜴蛇身有足，则似龙，以形小无角，栖岩石间，故《本草》称“石龙子”，又曰“蛇舅母”。今动物书中分蜥蜴与蛇舅母为两物。“舅母”语奇，盖“虬皃”之讹转。皃今作貌。舅、虯音同，母、貌双声。古音皃为宵类，母为之类，之、宵声近，固相转。今皃效韵，读如号韵，母厚韵，侯、豪同入于铎，亦相通转也。“蛇虬貌”与“藻状虺”皆以状貌为名。

蜲蝓蠃　《尔雅·释鱼》：“蚹蠃，蜲蝓。”郭璞注：“即蜗牛也。”《说文·虫部》：“蠃，一曰虒蝓。”郎果切。今作螺。段玉裁注：“虒蝓，读移臾二音。今生墙壁间湿处，无壳，有二角，能伸缩，今动物家谓之触角。无足，延行地上，俗呼‘延游’，即虒蝓，古语也。蝓从俞声，古音为侯类。侯、幽声近，侯、浊幽清，侯无喻纽字，作喻纽，必转幽尤，故蝓音如游。盖螺之无壳者，古亦呼螺。”钟案：此虫《本草》谓之“蛞蝓”，甬俗呼为“延游螺”，即“虒蝓蠃”，字训联言为词也。或音转为“延延螺”，则延、游既喻纽双声，游又随上字延声同化叠韵而变为“延延”。外地人呼蛞蝓有名“鼻涕虫”者，以其体多滑涎，所经之处有涎痕如涕污也。

蜗牛，即蜲蝓之小而有壳者。苏州谓之“背包延游”，负壳而行。鄞东乡呼若“伊官”，即“蜲蜗”之音变。蜲音移，喻浊转影清，故如伊。犹语助殿词之焉，有乾切。亦读“焉用稼”之焉。於乾切。蜗音瓜，麻、桓对转，即歌、元对转。故音如官。犹华表本是桓表，欢俗音如花等是。

虼蝱　《尔雅·释鱼》：“蛭，虮。”郭璞注：“今江东呼水中蛭虫入人肉者为虮。”《说文·虫部》：“虮，一曰齐谓蛭曰虮。”水蛭，今谓之“马蟥”，历代《本草》或谓之“马蛭”，或谓之“马蜞”。盖蛭之言咥也，虮之言鐖也，蜞之言齸也。《广雅·释詁三》：“咥、齸，齧也。”鐖，刏血也。义见《说文》。虮，亦言刏也。《广韵·八微》：“刏，

① 宁波话守宫叫“壁虎”，蜥蜴叫“四脚蛇”。“蝘蛇”今未闻。

刺也。"虮、勾同组。《论衡·福虚篇》曰："蛭之性食血。"曰蛭、曰虮、曰蛨，皆就其啮人畜流血而名之。今称"马蟥"者，始见于寇宗奭《本草衍义》，云："汴人谓大者为马鳖，腹黄者为马蟥。"验水蛭沼泽水田中多有，长寸许，色土黄，或兼黯绿，背有直线五条，色较淡，中线较粗，腹无特黄者，岂古今有所异欤？今通称蛭为"马蟥"，不因其腹黄者而名之。《说文》："蟥，蟥蟥也。"非蛭义。抑蛭之日切，亦即"咋血"之合声。咋，啮也，嗑也。称鳖者，即"哺血"之合声。哺，咀也，《说文》。歠也。《集韵》音逋。称蟥者，"龁衁"之合声，《广雅·释诂三》："龁，齧也。"曹宪音乎谒反。《说文·血部》："衁，血也。《春秋传》曰：'士刲羊，亦无衁也。'"《僖十五年》文。音荒。皆就蛭之食血而名之。皆冠以"马"名者，马，大也，谓蛭之大者。虽非大蛭，而亦谓之"马"者，方言名物辄就其尤者以为称，如"马蚿""马陆""马刀""马蝗"，今作"蚂蚁"。皆是。①

　　莱② **伸行** 《说文·虫部》："蚩，虫申行也。从虫，屮声。屮音彻。读若骋。"骋，丑郢切，与屮为双声。《玉篇》："蚩，丑善切。虫伸行。"《广韵·廿八狝》同，段玉裁曰："各本《说文》作'曳行'，今正。许本无伸字，只作申，故讹为曳也。"虫伸行者，谓虫之蠕蠕，伸延而行也。犹《考工·梓人》之"却行"郑玄注为蜻衍属之行是也。蚩，许读若骋，为彻纽、耕类。彻、穿混同，穿、审每相转，故彻、穿亦相转。如哆音丑加、昌者二切之类是。耕、庚又声近，故蚩训"申行"，蚩与申犹双声，与行犹叠韵也。"伸行"疾呼转入，音变为索。甬俗呼草蛭为"田螺索"，谓田莱伸行之虫也。莱，咍韵。咍、歌同入相转，同入于曷。故音如螺。《诗·小雅·南山有台》："北山有莱。"疏："莱为草之总名。"又《楚茨序》："田莱多荒。"疏："田废生草谓之莱。"草蛭大如指，最大者扁长而阔，有如乌鰂骨，栖田野荒草间，行则伸延而前，所谓蚩也，即伸行也。或曼衍其词曰"田螺索婆"，婆即步之转音。步为鱼类，鱼、歌声近相转也。《说文》："步，行也。"蚩，申行，步亦行，方言类聚同义字为词。乡鄙傅会其说，以索音同欶，谓草蛭能啮田螺壳，穴入而欶其肉，故云尔。验草蛭居陆，故俗称"燥地马蟥"，非入水穴螺壳者也。称婆者，或引李时珍云："曰姑、曰婆、曰娘子，皆称虫之名。"其实皆借声字。虫名亦有称父、称郎者，亦谐声云尔，非虫类应以人伦所呼为名也。③

　　粦 《说文·炎部》："粦，兵死及牛马之血为粦。粦，鬼火也。"良刃切。朱骏声曰："俗作燐。"《诗·豳风·东山》："熠燿宵行。"传："熠燿，粦也。粦，

---

① "蚂蟥"之"蟥"非"龁衁"之合声。"蛭"非"咋血"之合声；"马鳖"之"鳖"非"哺血"之合声。
② "莱"字原无，据目录补。
③ "田螺索"今多指一种身体硕大的水蛭。"索"本字不明，本条考证不足信。

荧火也。"段玉裁曰："荧火,谓其火荧荧闪飏,犹言鬼火也。"今人亦言燐能发光。粦声字古音为真类,真、元声近相转,音变为烂。夏夜有虫,蠕行田野中,能发光如萤,触之螫人,俗呼"烂虫",即"粦虫"也。

　　剌　《方言》二:"剌,痛也。"通作瘌。《广雅·释诂四》:"瘌,伤也。"并卢达切,曷韵。曷为泰、寒同入,长言转泰,则音如懒;转寒,则如阑。甬音懒、阑相若,即同入相转故也。甬水田中有蠕虫,螫人剧痛,俗呼"烂虫",与马蟥同为农夫之害,俗语"马蟥烂虫"连言之。此"烂虫"是剌字。

　　土蛆　《字书》:"蛆,螫也。"《一切经音义》卷十三引。螫,虫行毒也。见《说文》。蛆亦虫名。蝇蛆、粪蛆皆是。水田蠕虫,螫人剧痛,俗呼"烂虫",亦曰"杜蛆"。杜即土字,谓土蛆也。土亦读杜,犹《诗·豳风·鸱鸮》"彻彼桑土"、释氏称"净土",皆如是读矣。蛙曰土鸭,亦读杜音。参看上文"黾土鸭"条。①

　　赤蛣　《尔雅·释鱼》:"蛣,蟩。"郭璞注:"井中小蛣蟩,赤虫。一名孑孓。"《广雅·释虫》:"孑孓,蛣也。"蛣,曹宪音乌泫反。《淮南·说林训》:"孑孓为蝨(蚊)。"《通俗文》:"蛣化为蚊。"《一切经音义》卷三引。孑孓,蚊幼虫也,有赤色者,有淡黑色者。游泳时,首尾转掉而升沉,故谓之蟩,首尾如环接也。甬俗呼若"迁虫",即"赤蛣虫"之合声。赤,穿纽,迁,清纽,类隔语转也。

　　跂　或曰,孑孓呼若"迁虫",实为"跂虫"。高诱注《淮南·说林训》云:"孑孓,结蟨,水上倒跂虫。"孑孓尾出水面,以营呼吸,故首反在下,名"倒跂"者以此。跂亦音企,溪纽,纸韵。溪之齐齿恒与清、穿混,支、先同入相转,同入于质。故迁、跂声似。孑孓呼"倒跂虫",俗省"倒"字,而简呼为"跂虫"耳。说亦可通。②

　　蚯蚓　《礼记·月令》"孟夏":"蚯蚓出。""仲冬":"蚯蚓结。"《淮南·时则训》蚓皆作螾,《说文》蚓固螾或体。引声、寅声古音皆真类,真、元声近相转,故《古今注》:"蚯蚓,一名曲蟮。"蚯、曲溪纽双声,幽、侯合类,侯入于烛,故转为曲。蚓,喻纽。喻、禅恒相转,如颂、鳣、邪、羡、移、鹝等字,皆喻、禅二读。真、元又声通,故音转为蟮。甬呼蚯蚓则音如"窜演"。演即螾转元类入狝韵也。蚯,溪纽。溪之齐齿与清、

---

① "烂虫""杜蛆"又叫"田钻"。《阿拉宁波话》"田钻"条:"一种形似蛆的白色小虫,有刺,生活在水田中,常屈体弹动,蜇人极疼。有的地方也叫'屙钻'。"(112页)

② 蚊子的幼虫"孑孓"宁波话叫"迁虫",应氏列了"'赤蛣虫'之合声""实为'跂虫'"等两说,均不确,正字当是"蛆虫"。参看盛益民、马俊铭《老派宁波方言同音字汇——基于〈宁波方言词典〉的字音汇编与校释》,117页。

穿相若，而幽、侵对转，覃、寒声似，覃为侵类。蚯讹转清组寒韵，故如窜。窜本合①口呼，甬音撮口呼。②

蜇卵 《说文·虫部》：“蜇③，螫也。”呼各切。又：“螫，虫行毒也。”蜇亦作蠚。《字书》：“蠚，虫行毒也。”《一切经音义》卷廿二引。《广雅·释诂二》：“蠚，痛也。”蜇，古音为鱼类。鱼、歌声近相转，音变为煆。火祸切。今谓蛇虫嘘毒气害人为“蜇”，正读若煆。此非呵气字之转音。镇海人呼蚯蚓为“蜇卵”，卵音裸。谓蚯蚓能嘘毒气伤人阴也。《本草纲目》“蚯蚓”条李时珍曰：“今小儿阴肿，多以为此物所吹。”知方言名物，亦有所本。今小儿昏夜蹲地便溺，长者犹以此为戒，恐蚯蚓蠚毒之也。

蜸蚕 《尔雅·释虫》：“蟪蚓，蜸蚕。”郭璞注：“即蜿蟺也。”《广雅·释虫》：“蚯蚓，蜿蟺也。”蚓、蜿通。《广韵·廿七铣》：“蜸，蜸蚕，蚯蚓。”牵茧切。蚕音脡，透、彻类隔相转，音如脡。丑延切。镇海人既呼蚯蚓为“蜇卵”，或又曼衍其词曰“蜇卵蜸蚕”。蚕音如脡。

马夅螣 《广雅·释虫》：“蝍蛆，吴公也。”《玉篇》作“蜈蚣”。钟案：蝍之言节也，蛆之言组也。蜈蚣为环节动物，节节组连，故草生彩理象组者，亦名组，见《尔雅·释草》。故云“蝍蛆”。其云“蜈蚣”者，本“吴公”字。后人凡虫类字辄加虫旁，犹草木类字加草头木旁，孳乳变形，非古也。然“吴公”义亦不可解，愚谓此皆借声字。方言名物，多就其特征为称。蝍蛆食蛇，能伏蛇。《庄子·齐物论》：“蝍且甘带。”释文：“且或作蛆。”带者，崔撰云：“蛇也。”司马彪云：“小蛇也。蝍蛆好食其眼。”《淮南·说林训》：“螣蛇游雾，而殆于蝍蛆。”《关尹子·三极篇》：“蝍蛆食蛇。”《太平御览》引《春秋考异邮》云：“土胜水，故蝍蛆搏蛇。”陶隐居注《本草》“蜈蚣”云：“一名蝍蛆，其性能制蛇，见大蛇，便缘而啖其脑。”公者，“夅螣”合声之变。夅，伏也；螣，神蛇也。蝍蛆制蛇，故称“夅螣”。不云夅蛇而云夅螣者，螣为蛇之神者，犹能制之，则凡蛇不必言，举其甚者为名也。夅伏字本作夅。《说文·夂部》：“夅，服也。”经传假作降。降有见、匣组二音，喉、牙相转也。读见纽，“夅螣”疾呼为緪。蒸、东声近相转，如弓、雄、梦、冯等字，古音本在蒸类。故讹为公。吴者，牛之转音。古称物之大者曰马、曰牛、曰王。参《说文通训定声》，说见“马”字下释。牛，疑纽，尤韵。尤、虞合类相转，故音如吴。然则“吴公”者，即“牛夅螣”之变音。称牛者亦可称以马，麻、耕同入相转，同入于麦。音变为萌。甬俗呼蜈蚣为“萌蚣”。牛语转为吴，犹吴之讹为牛。

今大言自夸谓之"牛尿"，牛即吴也。《说文》："吴，大言也。"参看《释言篇》。称"马
苳螣"者，犹"马蚍蜉""马蠸蚼""马蝬""马蟥"之例，方言皆举其尤者为名也。①

蛷螋　《说文·蚰部》："蠹，多足虫也。"巨鸠切。字亦作蛮、作蛷。《广雅·释虫》：
"蛷螋，蛲蛷也。"朱骏声曰："单评曰蠹，累评曰蛷螋，叠韵也。"各注家皆谓即
今之蠁衣虫。蛷，尤韵。尤、虞合类，字随声变，作蠷、作蠼。《广韵·十虞》："蠷，
蠷螋。"音衢。《玉篇》作"蠼蚿"。陈藏器《本草拾遗》状"蠼螋"云："状如小蜈蚣，
色青黑，长足，能溺人影，令人发疮，如热痱而大。"蠷，群纽，虞韵。虞入于陌，
从孔广森说。蠷转入声，音如轧。共厄切。甬呼蠷螋如"轧螋"。李时珍云："俗名搜夹子。""搜
夹"即"搜蠷"之转音，倒其词耳。蠷入声如轧，群浊转见清，故如夹。

扰蛅蟖　《尔雅·释虫》："蟔，蛅蟖。"郭璞注："载属也。《说文》："载，毛虫也。"
七吏切。今青州人呼载为蛅蟖。"陈藏器《本草拾遗》曰："蛅虫好在果树上，大小如蚕，
身面背上有五色斑毛，有毒，能刺螫人。"李时珍曰："蛅蟖，俗呼毛虫，又名杨瘌
子，因有螫毒也。"钟案：蛅蟖之茧，《本草》谓之雀瓮。蛅蟖，甬俗呼"毛毛虫"，
又曰"杨瘌毛"。今动物学书谓鳞翅类刺蛾之幼虫也。瘌即"蛅蟖"合声之入。蛅，《玉
篇》如占切，《广韵》汝盐切，并日纽、盐韵。蟖，音斯。"蛅蟖"疾呼，声合为儿。
支入于麦，声促转入，为礜，力摘切。日纽字北音如来纽也。甬读儿、耳、而等字犹同来纽。
蛅亦得转入，音如猎，盐入于叶也。李时珍以为瘌字。《广雅·释诂四》："瘌，伤也。"
谓其毛刺能伤人。说亦可通，然不如"蛅蟖"本字为得矣。"杨瘌"之杨，乃扰之转音。《广
雅·释诂一》："扰，刺也。"《广韵·九麌》以主切，音庾，"刺也"。鱼、阳对转，
音变为杨。"扰蛅"，犹云刺毛虫也。《广雅》曹宪扰音丁感反，此别有说，详下文。

冄　或云，杨瘌乃"扰冄"之转音。《说文·冄部》："冄，毛冄冄也。"而琰切。
毛冄冄，状毛之丛生，篆文正象其形，故髯（髯）从冄。冄（冉），日纽，古音为谈类。
谈、盍同类，日、来声似，冄转盍韵、来纽，音如腊。称"扰冄"者，犹云刺毛丛耳。
说亦可通。②

---

① "蜈蚣"非"牛降螣"之音变，"萌蚣"亦非"马降螣"之音变。
② 以上两条均讨论"杨瘌"的本字和语源。其中"瘌"字，应氏认为是"蛅蟖"合声之入，或是"冄
　（冉）"之音变，均不确。应氏所引李时珍以为"瘌"字，近是。《广雅·释虫》："蝕、蜇，蝎也。"
　蒋礼鸿先生《义府续貂》"毛蜇虫"条："草木毒伤人谓之刺，昆虫毒伤人亦谓之刺，刺即瘌也。
　分别其义，则昆虫毒伤字作蜇。杭州夏间木上有毛虫螫人甚痛，俗谓之毛蜇虫，毛以言其形状，蜇
　以言其作用也。"（中华书局1981年版，81页）刺、瘌、蜇三字义通。"杨瘌"之"杨"，非"扰"
　之转音，正字就是"杨"。螫人毛虫有杨蜇、松蜇、瓦蜇等多种，其中杨柳树上的毛虫色鲜艳，毒性大，
　又常见，于是"杨蜇"成了有毒毛虫的统称。

　　蜹　《玉篇·虫部》：“蜹，汝锐切。含毒蛇也。”《广韵·十三祭》锐纽：“蜹，毒虫。又而税切。”汝、而皆日纽，日、来声似，祭、泰同部亦相转。蜹转来①纽泰韵，音如赖。又与寒、删对转，则音如烂。甬称毒蛇曰“烂毒蛇”，正蜹字也。甬音烂、赖几同。②

　　鼠姑　《说文·虫部》：“蟠，鼠妇也。”附袁切。《尔雅·释虫》：“蟠，鼠负。”郭璞注：“瓮器底虫。”妇、负音同，与蟠为奉纽双声。妇、负古音为之类。之、歌合类，歌、元对转，故蟠音转妇。《说文》：“蛜，蛜威，委黍。委黍，鼠妇也。”《诗·豳风·东山》作“伊威”。疏引陆玑疏曰：“伊威，一名委黍，一名鼠妇。在壁根下、瓮底土中生，似白鱼者是也。”陶弘景注《本草》：鼠妇，又名“鼠姑”。钟案：黍、鼠音同。皆审纽。甬音黍不误，而鼠音如杵，穿、审恒互转而讹。妇既蟠之假音，姑又为妇之讹转。幽、侯通转鱼类，故孚、富、副、部等字，今音皆在虞韵；浮俗呼如符。妇既音如腐，奉、微纽字又与匣纽合口呼混，讹如户。匣、见恒互转，又讹为姑。然则“鼠姑”即“黍蟠”也。黍之言缩也。缩为幽类，幽、鱼相转，故音如黍。鼠妇，背隆，体椭圆，背有横纹数条，腹下多细足，形如卷缩也。俗作“蟋蝴”，蝴亦作蛦。见《广韵》。盖黍、妇、负字，知其不可为虫，乃加虫旁以名之。黍，审纽，语韵。鱼、支声近，审、心类隔，音又转为徙。鱼、模变麻，姑又转为瓜。甬俗呼鼠妇为“徙瓜虫”。徙、西声似，又讹为“西瓜虫”。“西瓜”，现成语也。或曼衍其词为“西瓜头虫”。头者，地之转音。鼠妇伏居阴湿地，故云“地虫”。地，古音为歌类，歌、侯同入相转，同入于铎。故如头。③

　　蚭乌蠋　《尔雅·释虫》：“蚭，乌蠋。”郭璞注：“大虫如指，似蚕。”蠋，《说文》作蜀，古音为侯类。“乌蠋”疾呼，声合为握。侯、东对转，音变为翁。刀锹之属其后可握如管，所以受柄者，甬俗呼如翁，即握之转音，其例正同。参看《释器篇》。蛾蝶幼虫如蚕者，甬俗呼为“芋艿蓊④虫”。其色或绿，或灰白，或黑白相间，随所栖处而同其色。实则芋艿茎上无此虫。凤仙花枝叶上最多。“芋艿”乃“蝡蝡”之音变。《说文·虫部》：“蝡，动也。”而沇切。段玉裁注：“虫之动曰蝡。”字亦作蠕。《通俗文》：“摇动虫曰蠕。”《一切经音义》卷十一引。亦重言之，曰“蝡蝡”、曰“蠕蠕”。《后汉书·马融传·广成颂》：“蝡蝡蟺蟺。”《三苍》：“蠕蠕，动貌。”《史记·匈奴传》“上及飞鸟，跂行喙息蠕动之类”

————————————

① “来”，原作“日”，误，径改。
② “烂毒蛇”今未闻，且“烂”非“蜹”之音变。
③ 《阿拉宁波话》“西瓜虫”条：“湿生虫，体椭圆形，灰褐色，遇到外扰时即卷曲成团，形似西瓜，故名。”（113页）可参。
④ “蓊”，原作“翁”，据目录改。

索隐引。蝡，日纽，古音为元类。日本古泥纽所变，故日通泥、娘。蝡、顿（软）音同，今读软犹在泥纽。元、歌对转，歌、之合类，故歌、寒、咍同入于曷。音变为乃。甬读芀若乃。泥、疑相转，苏吴无锡呼软作疑纽，是其例。元、阳声近，音变藕衡切。甬呼芀作此音。芋芀二音，实皆蝡之变音，状乌蠋之行动前进也。芀本音羽，喻纽。喻、疑多相转，故甬呼芀在疑纽。

蝡为元类，元、歌对转，歌、鱼声近，故鱼、元亦相转，元韵字吴越读之，有如鱼韵者。故软音今犹如女。软、蝡同音。古人称虫类往往以女名，如《尔雅》以蚬为"缢女"，《古今注》以蚯蚓为"歌女"。女即蝡也。蝡本为虫之柔动蜿屈貌，泛用之，柔动蜿屈之虫亦曰蝡矣。①

柔桡　优伶跳加官，戴面具，步履柔曲多姿，鄞俗亦呼"芋芀蓊虫"。其正字当为"柔桡翁仲"。翁仲，偶像也。戴面具，则面无神采，故云翁仲。柔桡者，谓其行止委婉动曲也。《史记·司马相如传·上林赋》："柔桡嬛嬛。"索隐："柔桡、嬛嬛，皆骨体柔弱长艳貌也。"《汉书》作"柔桡嫚嫚"。师古注："嫚嫚，柔曲貌也。桡，动曲也。音女教反。"柔本耳由切，日纽。日通泥、娘，幽、鱼合类，故音转如芋。桡从尧声，古音为宵类。宵、之声近，之、咍同类，故音转如乃。柔桡音转如蹲鸱之芋芀，俗遂以呼芋芀之方音名之矣。"翁仲"初见于《三国·魏志·明帝纪》"景初元年"注，引《魏略》云："铸作铜人二，号曰翁仲。"后有爵位者，于墓前列石人，形如丞吏，有髯曰"石翁仲"。有髯，故曰翁；形如丞，故称仲。仲即丞之讹转。丞，禅纽，蒸韵。蒸、东声近，禅、床同浊相转，今音床同于澄，纽韵皆转，故如仲。"翁仲"犹云老丞矣。今读丞犹在澄纽，如澄。《说文》："仲，中也。"故为伯仲字，非偶像义。②

蛊　《说文·蟲部》："蠱（蛊），腹中虫也。"段玉裁注："中、虫皆读去声。《广韵》《集韵》皆曰：'虫，直众切。虫食物也。或作蚛。'腹中虫者，谓腹内中虫食之毒也。自外而入，故曰中；自内而蚀，故曰虫。此与《虫部》'腹中长虫''腹中短虫'见"蛕""蛲"二篆下解读异。"钟案：虫外入腹内为蚀，为蛊，引申为凡受虫食其内皆云蛊。《周礼·秋官·翦氏》："凡庶蛊之事。"郑玄注："蛊，蠱之类。"《左传·昭元年》："皿虫为蛊。"杜预注："器受虫害者为蛊。"蛊，古音为鱼类。鱼、支声近，支、佳同部，蛊转蟹韵，音变为解。今呼天牛为"解树郎"，谓天牛自外蠱树作孔，伏处于内，

---

① "芋芀蓊虫"，也说"芋芀屙虫"，体肥壮，淡绿色，多生在芋芀茎叶上，故名。应氏谓"实则芋芀茎上无此虫"，不确。"芋芀"非"蝡蝡"之音变，"翁"亦非"乌蠋"合音之变。"缢女""歌女"之"女"非"蝡"之音变。

② 此"芋芀蓊虫"是比喻用法，以虫喻人，正字不是"柔桡翁仲"。

如蛊在腹内为害也。解者，借声字，非刀锯解截之谓。郎即蜋字，说见后。①

拒斧　《说文·虫部》："蟷，蟷蠰，不过也。"都郎切。"蠰，蟷蠰也。"汝羊切。《尔雅·释虫》："不过，蟷蠰也。其子蜱蛸。"郭璞注："蟷蠰，螗蜋别名。"螗蜋，《说文》作堂蜋，《月令》作螳蜋，《庄子》作螳螂。《人间世篇》。蜱蛸，《说文》作蟲蛸，《月令》作螵蛸，郑玄注"仲夏月"曰："螳蜋，螵蛸母。"是也。蟷蠰与螳蜋一声之转。蟷、螳，端、定清浊之转；蠰、蜋，日、来声近之转。《尔雅·释虫》："莫貉，蟷蜋，蛑。"郭璞注："蟷蜋，有斧虫。江东呼为石蜋。"《说文》："蜋，堂蜋也。一名斫父。"段玉裁、王筠等并云：斫当作斫。段注云："堂蜋，臂有斧能斫，故曰斫父。父即斧，假音字。郭云'江东呼为石蜋'，石即斫。"郝懿行《尔雅义疏》曰："斫父即拒斧。"螳蜋又名"拒斧"，见《吕氏春秋·仲夏纪》高诱注；其注《淮南·时则训》又作"巨斧"。甬俗呼"斩刀"，刀犹斧也。斩、斫照纽双声，义亦相通。或呼"麹发头郎"，"头郎"即"螳蜋"字。唐、侯同入相转。同入于铎。故螳音如头。发者，斧之入声。发（髪）从发声，为泰类之入。泰、歌同居，歌、鱼声近故尔。麹者，拒之入声。拒，群纽，虞韵。鱼类亦入于屋。群纽音如毬，北音群为溪浊，转清，则如麹。甬语吃音如麹，遂误为"吃发头郎"。以发饲螳蜋，有时固食之。然蟊螳、天牛、蜻蛉等饲以发，亦能食，非独螳蜋为然。不知其为"拒斧""螳螂"异名类聚为词也。②

俶　或曰，螳螂称"麹发头郎"，乃"俶发螳蜋"之转音。《尔雅·释诂》："俶，作也。"《诗·大雅·崧高》："有俶其城。"传："俶，作也。"俶，穿纽。穿与溪之细音常相混，故讹转为麹。螳螂称"俶发"者，有一种寄生虫曰"发虫"，常伏居螳螂腹内，及其长成，则由肛门放出如长发。古人不知其为寄生之发虫，但谓其或能作粪如长发，故名"俶发"尔。③

蜋蠰　《说文通训定声》曰："据《说文》，则蜋与蠰同字。"蠰训"蟷蠰"，蜋训"堂蜋"，"蟷蠰"即"堂蜋"也。蠰，汝羊切。日通泥、娘，故《玉篇》亦音乃郎切，《广韵》音囊。阳、唐同类相转，音变，俗字作娘。《尔雅》："蠰，齧桑。"为天牛；《说文》则为蟷蠰、堂蜋。《说文》蜋为堂蜋；《尔雅》又为蛸蜋、蜋蜩。俱见《释虫》。大抵古人于有翅之虫，今动物学所谓直翅类、鞘翅类等皆是。泛以蜋名，亦以蠰名。蠰之言翔也，亦言扬也。《说文》："扬，飞举也。"蠰，日纽。日通禅，与邪类隔则为翔；禅、邪与喻常相转，则为扬。日、

---

① "解树郎"即为正字，"解"义同锯，非"蛊"之音变。

② "吃发头郎"，宁波话也叫"吃发蜋""吃发螳螂""斧头斫螂""斧头蟆蛸"等。谓"头郎"即"螳蜋"字，是；谓"吃发"乃"拒斧"之音变，非，"吃发"即正字。

③ "麹发头郎"之"麹"与"俶"无涉。

来声似，则为娘，后人讹作娘、作郎。天牛名"解树郎"，螳螂名"麴发头郎"，络纬名"纺织娘"，芫青谓之"青娘子"，樗鸡谓之"红娘子"，皆娘、孃字也。

或问：《尔雅》《说文》螳螂皆称"不过"，又称"莫貈"、称"蚚"，《方言》又名"髦"、名"虰"、名"蜱"。其义何居？曰：螳螂正字当为"蟷蠰"。蟷之言当也。《庄子·人间世》："螳螂怒其臂以当车。"螳螂，勇虫也（见《韩诗外传》）。大敌在前，勇而敢当也。耕、阳声近，蟷之音转为虰，此犹丁之为当。《尔雅·释诂》："敌、丁，当也。"蟷、虰皆御敌之意。"不过"者，"奋懅"之讹转。《国策·秦策一》："是贵奋也。"高诱注："奋，勇也。"《尔雅》"释鸟、畜"于雉、羊、鸡皆云："绝有力，奋。"郭璞注："最健斗。"是亦勇义。《广雅·释诂二》："懅，勇也。"《文选·魏都赋》注引《方言》同。奋，非纽，问韵。古无轻唇，读如奔，问入于物，故声促字假作不。懅，经传多作果，与过音同，俗作蝈。"不过"犹言奋勇也。髦之言冒也。冒，犯也。冒矢石白刃，亦皆勇义。冒、蜱同部相转（皆古音幽类）。蜱之言侔也。《方言》七："侔莫，强也。"强与勇义近。其曰"莫貈"，即蜱之反语转入耳。其名蜱者，郭璞音羊，即孃之转音耳。

蠹 《说文·蚰部》："蠹，虫食也。"子充切。钟案：食犹"虫食谷心""虫食苗叶"之食，见《说文》"螟""螣"二篆解。亦即"日食""月食"之食。凡有所啮食，即有所侵食。蜚蠊俗呼"蟑螂"，好啮食人食、衣帛、书帙，有面糊迹者，即为所侵食。"蟑螂"，即"蠹娘"之音变。凡有翅能飞之虫，方言多名为娘。"蠹娘"谓侵食之虫也。蠹从隽（雋）声，古音为真类。真、耕声近，耕、阳亦声近，蠹转阳类，音变为臧。俗乃造从虫章声字为之。抑"蠹娘"联言，蠹随娘声同化叠韵而讹为蟑。参看《方言上下字同化叠韵说》。犹甬俗称全数为"和众"，语转为"洪众"矣。和为完之转音，完，全也。①

蠹 《说文·蚰部》："蠹，木中虫。"段玉裁注："在木中食木者也。今俗谓之蛀，音注。"钟案：凡物郁腐生虫而自食，今皆谓之"蛀"，与虫自外来啮食者为"蠹"异。蛀，俗字，本蠹之音变。蠹，端母；蛀，知母。端、知类隔相转，古舌头音后多转为舌上故也。蠹音转为蛀，犹猪古音如都。《礼记·檀弓下》："洿其宫而猪焉。"郑玄注："猪，都也。南方谓都为猪。"《书·禹贡》："大野既猪。""彭蠡既猪。""荥波既猪。"《史记·夏本纪》猪皆作都。是古音猪同都之证。钱大昕《十驾斋养新录》详言之。

禾贼 《吕氏春秋·任地》："又无螟蜮。"高诱注："蜮或作螣。食心曰螟，食叶曰蜮。兖州谓蜮为螣，音相近也。"钟案：甬农家称稻蠹为"蜮虫"，读如惑。蜮有域、惑二音，即喻、匣二纽，今读匣纽。虽然，稻蠹称蜮，音则谐矣，而义犹未尽当也。蜮本训"短狐。似鳖，三足，以气射害人也"，见《说文》。其训"食叶"者，惠栋云："蜮，当作蟘。"《说文》："蟘（蟘），虫食苗叶者。吏乞贷则生蟘。《诗》曰：

---

① "蟑螂"非"蠹娘"之音变。

'去其螟螣。'"徒得切。段玉裁注："《小雅·大田》文。今《诗》作螣，假借字也。"螣本训"神蛇"，毛传云："食叶曰螣。"螣之入声即为螣。螣，登韵，登入于德。螣，德韵。《尔雅·释虫》："食苗心，螟；食叶，螣；食节，贼；食根，蟊。"郭璞注："分别虫啖食禾所在之名耳。"然则《任地》之螣，不当读螣，当读螣，故与螣音相近也。甬俗稻蠹称"螣虫"者，实食其茎节，盖贼也。音如螣者，殆"禾贼"之合声欤？贼、螣、螣皆德韵，从、匣、定三纽不相通转，贼音转为螣者，非有合声字在不如是。

　　蚍腐　《广雅·释虫》："蚍，蚁也。"曹宪音羊掌反。郭璞注《尔雅·释虫》云："齐人呼蚁为蚍。"甬俗称蠹木之白蚁曰"螏虫"，螏即"白蚍"之合声。"白蚍"，犹白蚁也。或曰，螏者，腐之音变。《广雅·释诂三》："腐，败也。"《说文》："败，毁也。"《诗·小雅·大东》释文："腐，朽也。"见"有洌氿泉"下。凡木被白蚁所蠹皆朽败。腐，奉纽，古无轻唇，读并纽，如步，参看《释地篇》"淤腐"条。○ 杭州人呼鲋鱼为步鱼，犹古音之遗。与败为双声。鱼、阳对转，音变为螏。说亦可通。

　　马蚁　《尔雅·释虫》："蚍蜉，大螘。"郭璞注："俗呼马蚍蜉。"段玉裁注《说文》"蠹"字下曰："马之言大也。"螘今作蚁。李时珍曰：蚁有君臣之义，故字从义。俗称蚁为"马蚁"，犹古称"马蚍蜉"也。蚍蜉，《说文》作蠶蠹。《虫部》："螘，蠶蠹也。"方言名物恒就其尤者为称，于是凡蚁皆云"马蚁"。俗作"蚂蚁"，与水蛭称"蚂蟥"同字。参看上文"龁盉"条。此犹草名"宜男"，讹作"萱萝"。浅人添足之举，俗字中不胜枚举。《玉篇·虫部》："蚂，莫下切。虫。"盖陈彭年等重修附益之文。

　　玄蚼　《方言》十一："蚍蜉，齐鲁之间谓之蚼蟓，西南梁益之间谓之玄蚼。"《玉篇》："蚼，呼口、巨俱二切。喉牙、侯鱼相转。蚍蜉。"《广韵·四十五厚》："蚼，蚍蜉名也。"呼后切。单言之曰"蚼"，累言之曰"蚼蟓"。称"玄蚼"者，状其色也。《说文·玄部》："黑而有赤色者为玄。"大蚁之色，固如是。甬俗呼蚁音如"桓虎"，即"玄蚼"之语转。玄，匣纽，古音为真类。真、元声近，故变为桓。蚼，晓纽，侯类。侯、鱼声近，音变为虎。或曰，桓者，蜉之转音。蜉音浮，幽、虞相转，音变为符。甬呼浮，正如符。匣纽合口呼，甬音往往与奉、微混，而桓韵字尤易读近虞、模，如官与姑，蟠与蒲，满与谟，皆是。故讹转为桓。蜉、蚼皆训大蚁，方言类聚言之。或又语转如"桓欢"，则虎、欢皆晓纽，虎随上字桓声同化而叠韵耳。

　　王　甬之乡鄙，或呼蚁音如"王薨"。王，大也。古名物之大者，曰马、曰牛、曰王。参看上文"马夅螣"条说。薨者，蚼之转音。"王蚼"犹云马蚁也。蚼，呼口切，音吼，晓纽，开口呼。转合口鱼类，则为虎；侯、东对转，东、蒸声近，则变呼登切，如薨。慈溪山北人呼蚁亦如"王薨"。或曰，"桓虎"之桓，亦王之转音。元、阳声近相转也。

薄暮为黄昏，甬俗亦呼如"桓欢"，正可与此对勘相转。[①]

蠹蝼蛄 《说文·蚰部》："蠹，蝼蛄也。"胡葛切。《广韵·十五鎋》："蠹，蝼蛄别名。"蝼蛄，《方言》谓之"杜狗"，《草本》谓之"土狗"。栖土中，形略似蝗，而无跳足，尾端有硬毛，如蟋蟀，有翅能飞，夏夜出，喜扑火。甬俗呼若"游果"，即"蠹蝼蛄"合呼之音变。"蠹蝼"声合为侯；鱼、歌声近，故蛄音转为果。"侯果"转为"游果"者，侯，开口呼，转细音齐齿，则匣变为喻；侯、幽相应为洪纤，纽既变纤为喻，则韵亦相应转纤为尤幽，而音如游。

蝚蛄 或曰，蝼蛄名"游果"者，乃"蝚蛄"之转音。《说文·虫部》："蛄，蝼蛄也。"《尔雅·释虫》："蝚，蛥蝼。"郭璞注："蛥蝼，蝼蛄类。"蝚，耳由切，音柔，日纽。日为半齿，乃禅之余，故日纽字甬有读作禅纽者，如人、肉、日、汝等是。柔亦读为受平声。平声尤韵中，非无禅纽字，然甬音皆误读澄纽，如酬、雠、醻皆读如俦，故不可为直音。而禅、喻每相转。如羡、邪、颂、鳝、鋋等，皆喻、禅纽通读。蝚既读如受，故又转为游。蝚、蛄皆蝼蛄，故方言类聚言之。上条蠹、蝼蛄联言，亦其例。[②]

斗斯螽 《礼记·月令》"季夏"："蟋蟀居壁。"蔡邕《章句》："蟋蟀，虫名，斯螽、莎鸡之类，世谓之蜻蚏也。"疏引郭景纯云："今促织。蔡以为蟋蟀，斯螽。非也。"郝懿行《尔雅义疏》曰："蔡邕以蟋蟀为斯螽，高诱以蝍蛆为蟋蟀，皆异说也。"钟案：蟋蟀、斯螽皆似蝗。伯喈博学，以蟋蟀为斯螽，必有所据。"斯螽"声合为螽。《说文》："螽，蝑蝑，以股鸣者。"《诗·豳风·七月》传曰："斯螽，蝑蝑也。"《尔雅·释虫》："蜇螽，蝑蝑。"蜇螽即斯螽，蜇、斯一声之转，螽、蜇、蟀、蝑，亦一声之转。古人于形似之物，往往浑言其名。如蝾螈、蜥蜴、守宫，三物也，而浑称为一物。郭璞注《方言》谓："斯螽，江东呼虼蜢。"见《诗·七月》疏引。虼蜢，今谓蝗也。故凡如蝗而以股鸣者，蟋蟀亦或呼为斯螽。蟋蟀善斗，《尔雅》谓之蛬。蛬之言阒也。阒，匣纽，蛬，见纽，喉、牙匣见互转。《说文》："阒，斗也。"甬俗呼蟋蟀声如"丁斯之"，即"斗斯螽"之音变。斯螽，古谓如蝗而能鸣者之统称。蔡邕以名蟋蟀，甬语犹蔡也。以其善斗，故谓之"斗斯螽"。螽从冬声，古音为侵类。侵、东声近，故今在东类。侵、蒸声近，蒸、之对转，故音转如之。之、蒸同入，蒸、东声近，故之、东往往同入而相转。东入于屋，今屋韵中伏、服、福、牧、谡等，古音本属之类。又之类北、墨、或、国等字，甬音读若屋韵。斗，侯韵，纤之则转幽类，

---

① 蚂蚁，北仑东部叫"蚂蟩"。根据应氏此说，"蟩"亦当是"蚼"（音吼）之转音。
② 以上两条均讨论"游果"（蝼蛄）一词的来历，第一说认为"游果"即"蠹蝼蛄"合呼之音变，不确。第二说认为"游果"乃"蝚蛄"之转音，近是。"游果"今宁波话说"游蛄"。

如俗字之丢。幽、侵对转，则音变都禁切，有声无字。○ 侵韵无舌头音字。声近丁。[1]

促织　郭璞注《尔雅·释虫》："蟋蟀，今促织也。"其注《方言》作"趋织"，他书或作"趣织"。促、趋、趣古音皆侯类，清纽。侯、东对转，东、侵声近，音变为骖。清、从北音为清浊，促转浊音从纽，则如暂。苏沪呼蟋蟀为"促织"，音转如"暂织"。鄞近甬语或效之。

王孙　《方言》十一："蟋蟀，南楚之间谓之蛬孙。"陆玑《诗疏》引作"王孙"，其义皆不可通。卢文弨据孔体生云：当作"轩丝"，即络纬也。《说文》："轩，纺车也。"巨王切。轩、蛬叠韵，喉、牙相通；丝、孙双声，之、蒸对转，音如僧。声亦相似。今按：络纬，俗称纺织娘，甬名借借虫。鸣声喧长聒耳，如纺车转音，以之名"轩丝"，尚可；若蟋蟀鸣声清幽，若断若续，于"轩丝"殊非其伦。愚谓"蛬孙"乃"蝗瑟"之语转。蟋蟀如蝗，声清如瑟，称"蝗瑟"者，犹蛙鼓莺簧之比。瑟，栉韵，栉为臻入。瑟缓言转平，则如莘，与孙声似，故讹孙。

蚗蟧　《尔雅·释虫》："蚗，蜻蜻。"郭璞注："如蝉而小。"《方言》十一："蝉，海岱之间谓之崎。其大者谓之蟧，其小者谓之麦蚗。"蟧，郭璞音聊。蚗，照纽，黠韵，古音为脂类。长言转平，音如脂。照、知混同，讹为知。文人诡称蝉为"知了"，即"蚗蟧"字，统大小蝉，类集言之也。蚗又字变为蚱。《玉篇·虫部》："蚱，庄额切。蚱蝉，七月生。"缓气读之，转去声如诈。见《集韵》。甬俗呼蝉音如"诈联"，即"蚱蝉"字。蝉，禅纽。日、禅声通，北音读日如来，蝉转日纽，故如联。或曰，联者，蟧之转音。蟧从劳声，古音为宵类。宵、谈对转，音变为帘。帘、联声似，今音先、仙、盐、添相若也。

蠮螉　《方言》十一："蜂，燕赵之间，其小者谓之蠮螉。"《广雅·释虫》："土蜂，蠮螉也。"蠮，曹宪音乌结反，螉音翁。陶弘景《本草》注曰："此类甚多，虽名土蜂，不就土中作窟，谓捷土作房尔。"钟案：蠮、螉双声。凡重言联绵字，方言中每上下字同化而叠韵。甬俗名蜂之一种为"螉螉虫"，即"蠮螉"之同化叠韵也。其蜂大于蜜蜂，飞时其声螉螉，甚聒耳，李时珍谓"蠮螉象其声"是也。此蜂不酿蜜，常啮槐柱为穴作窟，若陶氏所云"捷土作房"者。蜂身细长，不酿蜜，螫人甚痛，俗呼"大脚黄蜂"，实"毒针黄蜂"之语转。《广雅·释诂二》："毒，痛也。"毒，古音为幽类。幽、之声近，音变为代，之、咍同部。故瑇瑁字亦作玳。之、脂类，故又转为大。鍼（针）从咸声，古音为侵类，其入合、洽。鍼，见纽，齐齿。转入，音如甲子之甲，齐齿呼。盍甲字则为开口呼。与脚声似，故讹焉。

---

[1] "丁斯之"非"斗斯螽"之音变。

壶蜂①　《方言》十一："蜂，其大而蜜者谓之壶蜂。"郭璞注："今黑蜂穿竹木作孔，亦有蜜者。"《楚辞·招魂》："玄蜂若壶些。"《尔雅》以枣之大者称壶枣，是壶有大义。壶，匣纽，鱼、阳对转，音变为黄。俗称蜂统云"黄蜂"。蜂不尽皆黄，而云黄者，盖壶之讹转。狗不尽皆黄，俗统称"黄狗"，黄乃狟之讹转，参看《释禽兽篇》"狟"字条。其例正同。蜂称"壶蜂"，犹枣称"壶枣"，俗音转为"蒲枣"，参看《释草木篇》。蚁曰"马蚁"，蛭曰"马蟥"，蜂亦有名"马蜂"。猪曰"腻猪"，方言皆就其尤者为辞。②

荧炪③　《尔雅·释虫》："荧火，即炤。"郭璞注："夜飞，腹下有火。"郝懿行义疏："即与炪盖古字通。炪，烛跋也，见《弟子职》。"《管子·弟子职》："炪之远近，乃承厥火。"尹知章注："炪谓烛尽。"朱骏声谓炪为妻之假借。妻、炪双声，脂、真对转。妻，古烬字。《尔雅》称飞萤为"即炤"，谓其光微，如烛烬之余照也。烛烬古谓之炪。《说文·火部》："炪，烛妻也。"徐野切。字亦作炪。《集韵》："炪，待可切。烛余。"今称烛跋余烬为"蜡烛头"，头即炪之音转也。歌、侯同入于铎，故相转。炪为烛烬，义犹"即炤"之即。甬俗称飞萤为"火荧炪"，音如"火婴团"。歌、元对转，故炪音如团。荧，户扃切，匣纽。浊音转清，匣转影纽，故荧音如婴。犹蝇本喻纽，今亦呼影纽如鹰。喻、匣同类。④

醯斯弥　《说文·皿部》："醯，酸也。"呼鸡切。《论语·公冶长》："或乞醯焉。"皇侃疏："醯，酢酒也。"酢即今之醋。《庄子·田子方篇》："丘之于道也，其犹醯鸡与？"郭象注："醯鸡者，瓮中之蠛蠓。"又《至乐篇》："乾余骨之沫为斯弥，斯弥为食醯。"成玄英疏："酢瓮中蠛蠓，亦为醯鸡也。"释文："斯弥，李云：'虫也。'食，司马本作蚀，司马云：'蚀醯，若酒上蠛蠓也。'"钟案：醋酒瓮中辄有小虫群飞，面糊馊败者亦有之，甬俗称"香尸虫"。尸即"斯弥"之合声，香者，醯之音转。醯，古音为支类，支、耕对转，耕、阳声近，故讹为香。

蠓蚋　《尔雅·释虫》："蠓，蠛蠓。"郭璞注："小虫，似蚋，喜乱飞。"蚋亦作蜹。《字林》："蜹，小蚊也。"《华严经音义上》引。《通俗文》："小蚊曰蜹。"《一切经音义》卷三引。《后汉书·崔骃传·达旨》："虻蜹之趣大沛。"李贤注："蜹，小虫，蚊之类。音芮。"蜹，日纽。日为禅余，故转通禅，今读芮如瑞是也。禅、喻又多相转，

---

① "蜂"字原无，据目录补。
② "黄蜂"即为正字。"黄狗"亦为正字。
③ "炪"，原作"炪"，据目录改。
④ "蜡烛头"之"头"，相当于"粉笔头""烟头"之"头"，指物品的残余部分，非"炪"之音转。"火婴团"正字当作"火萤头"，"头"亦非"炪"之音转。

参看上文"蚯蚓"条注。故蜹《广韵》又音以芮切。《十三祭》锐纽。甬俗称酒瓮群飞小虫亦呼若"蕾翳尸",夏暮群飞如蚊之小虫亦呼"蕾翳尸"。即"蠓蚋斯弥"之音讹也。"斯弥"声合为尸,说见上条。蠓,东类。东、蒸声近,故音转为蕾。蜹读以芮切,转轻音,则为蚋;浊音转清,又为翳。今读蚋犹或如翳也。或以为"蚊蝇"之转音,非。蚊蝇不若是之微小也。

　　蠥　《国语·楚语》:"虻蠥之既多。"韦昭注:"大曰虻,小曰蠥。"虻(蝱)为啮人飞虫,见《说文》。则蠥小于虻,是亦啮人之飞虫也。《广雅·释虫》:"蠥,蜌也。"曹宪音羊悸反。《说文》:"蜌,搔蜌也。"段玉裁注:"玄应引《礼记》:'蜌不敢搔。'俗多用痒、癢、养字,盖非也。从虫者,往往有虫潜于肤,故疥字亦或作蚧、作蚧。"是蠥训蜌,啮人小飞虫,能作蜌者也。今鸡羽内所生小虫,细如芥,米糠亦或生小虫,目力不易察,人近之则飞啮人,蜇肤作蜌,如微刺,俗呼为"癏虫",鸡曰"鸡癏",糠曰"糠癏"。癏,盖蠥之入声。《广韵·廿四职》:"癏,痒癏,淫癏。"音翼。同纽又有螺字,训"虫也",未详其形状。蠥,脂类,本入于质,今癏在职韵,脂、之合类相转也。然癏、螺古书未见,疑宋人重修时益入之俗体。

　　蟏蛸　《尔雅·释虫》:"蟏蛸,长踦。"郭璞注:"小鼅鼄长脚者,俗呼为喜子。"俗作蟢。喜者,"蟏蛸"合声之变。宵、之合类相转,非长踦真有喜瑞也。谐音作谶,方俗语多有之。壁钱亦名"壁蟢",或名壁镜。以其长股如蟢,故亦名蟢。其窠幕俗呼"蟢子窠"。蟢,之类。之变为哈,音转为海。甬俗呼壁蟢为"壁蟹",蟹即海之转音。海、蟹相转,即之、支合类相转耳。蟹本胡买切,匣纽。匣、晓清浊相转,故今呼水虫之蟹皆作晓纽。北音齐齿,许解切;甬音开口,赫买切。[①]

　　抵扰　《方言》十二:"抵,刺也。"郭璞注:"抵、抵皆矛戟之𨦴,所以刺物者也。"实字虚用,引申为刺之亦云抵。犹针用以刺,医家刺之亦曰针。抵,古音为脂类。脂、真对转,音变都引切,真韵无舌头音字,上、去声亦然。音近丁。真、耕二类声近。俗作叮。俗称蜂螺之刺人肌肤为"叮",蚊蚋之喙锐入肤孔亦为"叮"。叮本叮咛字,非其义。或云,是扰之音变。《广雅·释诂一》:"扰,刺也。"曹宪音丁感反。扰从尤声,古音为侵类。孔广森谓从尤之字声,当以沈为正。见《诗声类》所释古字音。覃、侵通转,古音当如丁饮切,侵韵无舌头音字,上、去声亦然。音亦近丁。

　　魂　《大戴礼·夏小正》"二月":"昆小虫,抵蚔。"传曰:"昆者,众也,由魂魂也。犹、由古通用。魂魂也者,动也,小虫动也。"王筠正义曰:"谓昆犹魂者,

――――――――――――

① "壁蟹"即为正字,"蟹"非"海(蟢)"之转音。蜘蛛形如蟹,故名。

以音解义也。传者以虫之蠕动蚑行，难于形容，故以魂解之。"钟案：昆、魂，喉、牙匣见相转也。小虫蠕动而行谓之"魂"。古之形况词，今犹有其遗音，而变为葵恩切，转入群纽。匣、见固恒转，变浊，则入群纽。犹耳环、铁环之环，今呼作葵关切是。甬俗称虫类蠕动屈曲而行曰"魂其魂其"，其音如基，乃形容助词，见《释词篇》。魂音正如葵恩切。真、脂对转，音又变为夔。今称蜿蜒屈曲之文彩谓之"夔文"。①

释鱼虫　一百条　式萬壹千零柒拾陆字

丙午岁除誊竣

---

① "夔文"今未闻。

附　变音（上）

目　录

变音篇

　　心感外物而生意，表意而宣于口，是为言。言为心声，画形以记其声，是为文。词歧语转，别制新文，孳乳以繁，是为字。是故文字之初，与言音不相殊也。时历古今，地广南北，风土气质所异，习俗政教所化，语随之转，音随之变，故百里殊其音，百年殊其语。各省县志所载方言，历数十年后重修时，旧志所载语，往往已不可闻。字音亦然。三百篇之韵谱，殊于汉赋；魏晋六朝之音，又异于西汉。古读龟如基，汉读如鸠，今读姑追切，合口，而《韵谱》三等音，为撮口，甬俗方言又如居。古读富如背，六朝入宥韵，《玉篇》甫雷切，今读如赋。自清儒顾、江、戴、段、钱、严诸大家发古音之微，不仅韵殊，纽亦有异。近代章炳麟、黄侃诸氏，又宏畅厥旨，于是古今字音流变之原委，明其趋向，著为定律。抑字音与语言之差歧，亦可援此音变定律以勘其正讹。造字之初，言文同声，今也言文音或殊歧。文本记言之声，言必有文，文必有声。而文与言声违者，二者必有一讹，流变而离其本音；或二者俱离，则其相违不可谐尤甚焉。明方言某语即为古训某字，执字音流变之定律，于是求核其本音，犁然有当于人心，言文复合于一声；退俗音流变孳乳之俗体，反稽于古训本字。字之古音，今读虽异，而方言中犹存古音，似戾于今读者，凡此皆非治小学者所应知欤？《甫言稽诂》于方言中既就其词恉本义，而举其本字；而本字音读有与方言异者，复释其转变之律。然散见各条，无以明其会通，探其本末。兹综述前修阐发音韵转变之定律，参酌鄙见，以通正讹字音之津梁，犹象胥之译夷言，作《变音篇》。

声纽古今转变互读说

沙门神珙作《五音声论》，以喉舌齿唇牙五声比附宫商角徵羽五音，后守温复演为三十六字母，声韵家相承奉为圭臬，江永以为尽声纽之涯涘，不可增减。后人或于"喻照穿床审"中，复析出"于或作为庄初神山或作疏"五纽，为四十一母，推之愈密，去古音愈远。钱大昕所谓"读古书转多难通"是也，兹无取焉。考古字音，有重唇无轻唇，有舌头无舌上，钱大昕言之綦详。故非敷奉微，古读如帮滂并明；知彻澄，今同于照穿床，古读如端透定。李光地《音韵阐微》亦谓"知彻澄三母，古音与端透定相近，今音与照穿床相近"。章炳麟又考定娘日两组皆古泥组之变，喉音无喻，钱大昕谓影母之字，引而长之，则为喻母。精清从心邪为照穿床审禅之副音。见《新方言·音表》。然张世禄讥之，谓"古有齿头，而无正齿。章氏所云，适得其反"。见《中国声韵学概要·第三编·古音之考求》。黄侃则以知照为古音端之变，彻穿审为古透之变，澄神禅为古定之变，神即床之三等音。庄为精变，庄即照母之二等音。初为清变，初为穿之二等音。床为从变，邪疏为心变。疏即审之二等音。然则古有齿头，而无正齿可知。《切韵指掌图》有《类隔二十六字图》，即舌头四组端透定泥与舌上四组知彻澄娘相互音，重唇四组帮滂并明与轻唇四组非敷奉微相互音，齿头五组精清从心邪与正齿五组照穿床审禅相互音。江永谓："凡方音呼二等正齿照穿床审四母，即黄侃之庄初床疏四组。多与齿头精清从心四母混。"又云："重唇轻唇之音，方俗呼之易混。"皆见《古音标准》卷一"四江"下注。则黄侃所云庄初床疏为精清从心之变，与江说可相印证。江氏所云相混者，即古今音自然之转，亦即《指掌图》

所谓"类隔"是也。江有诰谓："床禅互相讹混，禅母音亦有混入澄母者。"见《等韵从说·辨七音十类粗细》。与黄侃澄神禅同归于定之说亦可契合。穿审二组字多有兼读者，详见后文。彻穿今既混同，则彻穿审三母古音并通于透，黄侃说亦有征。折衷前修诸说，酌古证今，声组流变可征信者，列表于后。大字为古本音，附注小字为其流变之今音。

（牙音）	见	溪	群	疑	
（舌音）	端	透	定	泥	来
	知	彻	澄	娘	
	照	穿	（神）	日	
		审	禅		
（齿音）	精	清	从	心	邪
		照	穿	床	审	禅
（唇音）	帮	滂	並	明	
	非	敷	奉	微	
（喉音）	影	晓	匣		
		喻			

　　凡古本音所以流变，如其所变之今音，固有其自然之趋势。即变者与所变者两者之间，有自然交通之途在焉。故凡类隔之变，方言中重唇字语转为轻唇，舌头字语转为舌上，循其自然交通而趋，无违于古今流变之定律。即轻唇字方言转为重唇，舌上字转为舌头，固可谓古音遗存之未变，亦可谓返转于古，循其交通而逆溯者也。其他流变之今音，与其古本音之互转，亦可作如是观焉。

　　钱大昕《十驾斋养新录·古无轻唇音篇》，既历举非敷奉微组字古读如帮滂並明，又《舌音类隔之说不可信篇》，历举知彻澄组字古读如端透定，其所举证例，多从经传异文比勘而得。然在今音中，往往有一字通读二音，即具轻唇与重唇者，或舌上与舌头者。如房，既读轻唇奉纽，又读重唇並纽如旁者，《史记·秦始皇纪》"阿房宫"正义所音是也。丁既读舌头端纽，又或读舌上知纽如打者，《诗·小雅》"伐木丁丁"释文所音是也。若是类者，勘校字书所音，多有之。所谓类隔转音，于方言中，与字音相歧，亦多有之。兹录若干例于后，以征方言语转之有自。

	舌头音	舌上音
啄	《广韵·一屋》丁木切（端）	《广韵·四觉》竹角切（知）
妬	《广韵·十一暮》当故切（端）通作妒。	《广韵·四十祃》陟驾切（知）
缀	《广韵·十三祭》丁劣切（端）	《广韵·十七薛》陟劣切（知）
掇	《广韵·十三末》丁括切（端）	《广韵·十七薛》陟劣切（知）
窡	《广韵·十四黠》丁滑切（端）	《玉篇·口部》竹滑切（知）
窒	《广韵·十六屑》丁结切（端）	《广韵·五质》陟栗切（知）
贮	《广韵·八语》丁吕切（端）	《玉篇·贝部》知吕切（知）甬读如伫，在澄组，又讹转浊音。
懫	《礼·大学》释文丁四反徐邈音。（端）见"身有所忿懫"下。	《广韵·六至》陟利切（知）
丁	《广韵·十五青》当经切（端）	《广韵·十三耕》中茎切（知）
大	《诗·云汉》释文他佐反徐邈音。（透）◇《诗·大雅·云汉》："旱既大甚。"又《唐风·蟋蟀》："无已大康。"	《诗·蟋蟀》释文敕佐反徐邈音。（彻）
夲	《广韵·六豪》土刀切（透）	《玉篇·夲部》丑高切（彻）
叜	《广韵·六豪》土刀切（透）	《玉篇·又部》敕劳切（彻）
椭	《广韵·卅四果》他果切（透）	《玉篇·木部》敕果切（彻）
黮	《广韵·四十八感》他感切（透）	《广雅》曹宪音敕感反（彻）见《释器》。
募	《广韵·十一唐》吐郎切（透）	《玉篇·艸部》丑良切（彻）
悇	《广韵·十一模》他胡切（透）	《玉篇·心部》丑虑切（彻）
剔	《广韵·廿三锡》他历切（透）	《庄子·马蹄篇》释文敕历反（彻）见"烧之剔之"下
听	《广韵·十五青》他丁切（透）	《庄子·齐物论》释文敕定反（彻）见"黄帝之所听荧也"下。
推	《广韵·十五灰》他回切（透）	《广韵·六脂》叉佳切（穿）彻穿今混同，故附列之。
呫	《广韵·三十帖》他协切（透）	《玉篇·口部》昌涉切（穿）

　　舌头、舌上之转，于泥、娘母，钱大昕阙而未论。盖娘之与泥，仅音等洪细之殊，章炳麟谓"娘组本非舌上，作字母者，冯（凭）臆隶属"是也。舌头既有四组，舌上若仅三组，阙不清不浊之位，作字母者似嫌不足，乃造娘组以充数。观字书注音中，于类隔之互变，泥、娘竟缺之，亦可知其故。

	重唇音	轻唇音
赍	《广雅》曹宪音布魂反（帮）见《释诂一》。	《礼记·射义》释文音奋（非）见"赍军之将"下
幅	《广韵·廿四职》彼则切（帮）	《广韵·一屋》方六切（非）
砭	《集韵·五十五艳》悲验切（帮）	《玉篇·石部》甫廉切（非）
窆	《玉篇·穴部》保验切（帮）	《广韵·五十五艳》方验切（非）
卑	《玉篇·ナ部》补支切（帮）	《广韵·五支》府移切（非）
不	《切韵指掌图》逋骨切（帮）◇《指掌图》此音，陈启源讥为俗音，见《毛诗稽古篇·字音章》。今读不音正如是。以古音为重唇言之，则今读犹古音之遗。	《广韵·八物》分勿切（非）
标	《广韵·四宵》必小切（帮）	《广韵·四宵》甫遥切（非）
彪	《玉篇·虎部》悲虯切（帮）	《广韵·二十幽》甫烋切（非）
忿	《广韵·二十三问》匹问切（滂）	《说文·心部》敷粉切（敷）
怖	《玉篇·心部》普大切（滂）	《玉篇·心部》孚吠切（敷）
芝	《广韵·廿九凡》匹凡切（滂）	《广韵·六十梵》孚梵切（敷）
紑	《广韵·十八尤》匹尤切（滂）	《广韵·四十四有》芳否切（敷）
披	《玉篇·手部》匹美切（滂）	《玉篇·手部》敷羁切（敷）
缥	《玉篇·糸部》匹妙切（滂）	《广韵·三十小》敷沼切（敷）
票	《玉篇·火部》匹姚切（滂）	《广韵·四宵》抚招切（敷）
捧	吴越读音匹奉切（滂）	《广韵·二肿》敷奉切（敷）
房	《广韵·十一唐》步光切（並）	《广韵·十阳》符方切（奉）
平	《玉篇·亏部》皮并切（並）	《广韵·十二庚》符兵切（奉）
脾	《玉篇·肉部》步弥切（並）	《广韵·五支》符支切（奉）
辩	《玉篇·辡部》皮免切（並）	《广韵·二十八狝》符蹇切（奉）
瓟	《玉篇·瓜部》婢饶切（並）	《广韵·四宵》符宵切（奉）
摽	《诗·摽有梅》释文婢小反（並）	《广韵·三十小》符少切（奉）
缚	《音韵阐微》音步卧切（並）	《广韵·卅九过》符卧切（奉）
防	吴越通读步方切（並）	《广韵·十阳》符方切（奉）
芒	《广韵·十一唐》莫郎切（明）	《广韵·十阳》武方切（微）

䵲	《玉篇·田部》莫绷切（明）	《玉篇·田部》亡邓切（微）
蝥	《广韵·十八尤》莫浮切（明）	《广韵·十虞》武夫切（微）
灖	《广韵·四纸》绵婢切（明）	《广韵·五支》武移切（微）
缪	《玉篇·糸部》眉鸠切（明）	《广韵·二十幽》武彪切（微）
苗	《玉篇·艸部》靡骄切（明）	《广韵·四宵》武瀌切（微）
渺	《集韵·三十小》弭沼切（明）	《广韵·三十小》亡沼切（微）
浘	《广韵·四纸》绵婢切（明）	《玉篇·水部》亡俾切（微）
靡	《玉篇·非部》眉彼切（明）	《广韵·四纸》文彼切（微）
美	吴越通读密癸切（明）	《广韵·五旨》无鄙切（微）

  非为清，敷为次清，读敷组，即如非稍加送气者也，非、敷之辨异甚微。此二组，在英文皆为爱夫（F）音。甬读非、敷二组，混无所别。抑前人亦有病此二组混同，嫌其重复，有删并为一者，或存非去敷，或存敷去非，如叶秉敬、李如真、方以智、熊士伯等是也。帮为清，滂为次清，读滂，即如帮稍加送气者也，其辨异较非、敷稍显。此二组，在英文皆为披（P）音。英文读P拼音，固有作拨声，亦有作泼声者。轻重唇对变转音中，帮、非互转，滂、敷互转，固合正轨。然在方音讹变中，亦有滂、非相转，帮、敷相转者。盖非、敷既混同，帮、滂又仿佛，稍一偏歧，对转即异，职是故耳。

  奉、微二组，在英文皆为肥（V）音。读微组，本如奉而收以鼻音。故奉、微之别，在收声有无鼻音为异，其辨亦甚微。甬读奉、微纽字，往往混同无别。奉、並互转，並在英文为皮（B）音。微、明互转，明在英文为爱姆（M）音。斯二者，其音显别甚著。然以奉、微甬音相混，方言中亦有奉转于明，微转于並者。盖奉讹为微，对转遂入于明；微讹为奉，对转遂入于並。

  ◇肥皂呼作皮皂，明矾呼作明办，此奉转于並也；尾巴呼作米巴，听闻呼作听门，此微转于明也。

音等自转说

  字音发于口，而口之呼音，作态有四：曰开口、曰合口。是二者口腔气宽，故其声洪，是为粗音。曰齐齿、曰撮口。是二者口腔气窄，故其声纤，是为细音。音韵家辨字音洪细，分为四等：一二等为粗音，三四等为细音；一等最大，四等最细。顾字音之等呼，古今南北，时地不同，亦有变易，犹声组音韵之有转变也。齐桓公与管仲台上相语，谋伐莒，莒作开口呼。东郭邮台下望而知之，为莒字。事见《管子·小问篇》。《颜氏家训》阐其义，东郭邮作东郭牙。今音莒为合口呼，是莒音古今开合异也。韦昭注《国语》曰："艾当为外，声之误也。"见《晋语一》。艾、外叠韵，皆疑组，第艾为开口，外为合口，开合口之转而字误。然今甬语呼外，又作开口呼矣。<small>额大切。郑司农注《考工・韗人》读穿为空，转撮口为开口也。</small>烓、火古同音，<small>见《说文》。</small>今读烓为撮口，火为合口，<small>甬</small>为开口。不仅韵转，音等亦殊。故字音变异，在叠韵组变者，不仅有清浊类隔诸转，而音等自转，初非轶出声母本域，乍聆之，如变入异组者，亦往往有之。凡此，以牙、喉诸纽所变为最著。《音韵阐微》于当时读音，其等呼有与《韵谱》异者，每分别注明之。然《阐微》所记音等，与二百余年后之今日读音相较，又多抵牾。《广韵》东部诸字皆合口呼，戈部亦合口呼。今读戈部字，多混入歌部作开口呼；东部屋、沃部之合口呼字，亦作开口呼。"家"，《广韵》古牙切，粗音，见纽，开口呼。今读作细音撮口，<small>《阐微》作齐齿。</small>为橘牙切；方俗语称"张家""李家"，则又作开口；北音则作齐齿；苏沪语则音如街，<small>"家主婆""张家""李家"</small>是。则开口，又讹入佳韵。嘉音同家，甬俗呼嘉兴、嘉善为开口呼，嘉靖、嘉庆为撮口，习俗相承，不以为乖。荤、熏本同音，《广韵》许云切，晓纽，撮口呼；今读荤为忽恩切，变粗音为开口。[1]"核"，《广韵》下革切，匣纽，开口呼；而俗音如滑，为合口。以等呼之变异，字亦往往为之讹易。试举数例以证之。如"干"，见纽，开口呼。转合口，则为关。<small>干，寒韵。寒部为开口呼，桓部为合口呼。干转合口，本入桓韵，音如棺。北音棺、关声同，故讹作关。</small>《说文》《释名》皆云："棺，关也。"皆以同音为训。今甬语称危难曰"犯关"，即"犯棺"也，"犯棺"犹谓几死矣。今称"关涉""关系""相关"者，即"干涉""干系""相干"字耳。《史记・梁孝王世家》："有所关说于景帝。"《佞幸传序》："公卿皆因关说。"此关亦皆干字，实为迁。《尔雅・释言》："干，求也。"《说文》："迁，进也。"索隐训"隔也""通也"，皆失之。《说文》："干，犯也。"引申为触及义，故《楚辞・谬谏》干训触。凡"关系""关涉"者，皆触及义也。关为门关字，义不可通。<small>参看《释语篇》"干"字条说。</small>

"狂"，《广韵》巨王切，引《韩子》曰："心不能审得失之地则谓之狂。"《解老》文。孔安国注《论语・阳货篇》曰："狂，妄抵触人也。"狂本群纽，撮口呼。今甬读合口，<small>逵光切。</small>或转开口为戤光切（gǒn），俗作戆。今谓婞直不度利害、孟浪干人者为戆，俗呼"戆大"是也。戆，陟降切，《说文》云："愚也。"愚与狂有间，非孟浪干人者也。<small>参看《释流品篇》"戆"字条。</small>

"酷"，熟也。见《方言》七。《广韵》苦沃切，溪纽，合口呼。今相承读开口，为渴沃切。惟其音等转易，故长言变去声，如靠，俗作烤。今吴越通称熟煮为烤，古无烤字。又

<small>① "荤"，普通话和宁波话都不读开口呼，而读合口呼（合口洪音）。下文《纽韵相应说》："荤音同熏，亦撮口，今读合口如昏。"是。</small>

酷从告声，古音为幽类。幽、之声近，转之类咍韵，俗字作开。今谓水熟沸为开，开无熟义。参看《释食篇》"酷"字条。

"艾"，老也。《小尔雅·广言》。疑纽，开口呼。转合口，为外。优伶专饰白髯老翁者为外，即艾也。《晋语》讹外为艾，见上文。今讹艾为外，例适相反，理固相通。参看《释亲篇》"艾"字条。

"隐"，安也。《广雅·释诂一》。影纽，齐齿呼。声转洪，为合口，俗字作稳。古用"安隐"，佛经中犹多作隐。今云"安稳"。隐韵无合口字，既转合口，以韵就纽，不得不转混韵矣。犹上文葷读忽恩切，文韵转为痕韵也。接生婆曰"稳婆"，稳者，婴之讹。婴，初生儿也。见《释名·释长幼》。治理婴儿，故名为"婴婆"。婴，清韵，影纽，齐齿呼。转洪为合口，耕、清皆无合口字，以韵就纽，耕、真声近，乃转真类作稳。真类诸韵，亦唯混韵有合口也。稳无理婴义。参看《释亲篇》"婴"字条。

"倾"，偃卧也。《华严经音义下》引《汉书拾遗》。清韵，溪纽，撮口呼。甬读齐齿呼，如卿。转粗音，为合口，俗字作睏。盖纽既转洪，韵以应纽，不得不随之而转。耕、清无合口字，耕、真声近，乃转真类魂韵，方有合口字也。乃造从目困声字以谐声。倾转为睏，犹婴转为稳，同一例也。参看《释动作篇》"倾"字条。

"嘂"，呼召也。见《声类》。今字作唤。晓纽，合口呼。甬读撮口，粗细音转也。转开口，俗字作喊。喊，声也，无召唤义。以其字从口，而今音寒、覃、咸、删音混，故借喊为之耳。参看《释言篇》"嘂"字条。

"限"，阻也。见《说文》。境有所限，则局踏不广，故状事物之广狭，"有限"为"无穷"之对。限，产韵，匣纽，开口呼。转合口，为睆，户板切。俗音如还。甬称不多曰"有还"，即"有限"也。限或转齐齿，音如演。称有限亦曰"有演"。匣无细音，转齐齿音纤，即混入喻母。韵与纽应，产、狝同类，故变如演。歌诀曰："匣阙三四喻中觅，喻亏一二匣中穷。"谓匣之细音即入喻，喻之粗音即入匣也。或谓是"有涯"字，非。涯，疑纽，今讹若喻纽。

"王"，《广韵》雨方切，喻纽，三等音，为撮口。转合口，为粗音，则混入匣母，说见上文注。如黄。故今王、黄音同，问姓氏，详王、黄之别，于是有三画王、草头黄之说矣。

"嚛"，大笑也。见《说文》。其虐切，群纽，齐齿呼。声洪转开口，则为戏虐切。俗语称大笑曰"嚛嚛笑"，即其音矣。以上三条方音讹变，然无俗体形诸笔墨。第皆习闻，故亦录之。

牙喉音等双声标准表

　　反切上字定纽,下字定韵,字纽之音等洪细,江永《四声切韵表》有《切字母位用字》一篇,于三十六纽所用之出切字,分等汇列。顾古人作切音,用字并不一致。检《玉篇》《广韵》《集韵》,以及《经典释文》、《史》、《汉》、诸子、《文选》、《广雅》诸注家所音,往往人异其撰,甲书切母用粗音,乙书或用细音。如"胶",《广韵》古肴切,《集韵》居肴切,古为粗音,居为细音。切粗音,则读如豪韵之羔;切细音,则读如宵韵之骄。今读胶,固有如羔,亦有如骄者。"孝",《广韵》呼教切,《集韵》许教切,呼为粗音,许为细音。切粗音,则如好;切细音,如晓。今读孝,固有如好,亦有如晓者。"渴",《广韵》苦曷切,《集韵》邱葛切,苦为粗音,邱为细音。今读从粗音,作细音者鲜矣。至开齐合撮之辨,于切母用字,尤不相涉。如"鸡""欺",皆齐齿细音,而《广韵》鸡古奚切,欺苦簟切,古、苦皆一等粗音,合口字也。以合口粗音切齐齿细音,殊不顺口。又如"忽"呼骨切,"赫"呼格切,"阔"苦括切,"磕"苦葛切,出切同用呼、苦,合口字,切忽、阔,为合口宜矣;赫、磕为开口,须转纽方得,设不知其当转纽者,顺切母之声势读去,几不与忽、阔同声乎!盖切音之开齐合撮,多于下字随韵兼定,于切母音等,例不相系。马宗霍《音韵学通论》曾集《广韵》切语下字,列表以定其等呼。然切音者,二字合读,上为双声,下为叠韵,上字音等既舛,于双声已有差别,必欲就下字音等所准,而转其切纽,则切音者,须迂曲以趋,安贵此二字合呼定音之捷径哉!且出切为作音之始,行韵为定音之末。凡口欲作音,其字音之开齐合撮,口腔舌齿早已筹办其声势,出切音等,即其声势初发之作态也。待出切已竣,及其行韵定音之际,再筹办其声势,不亦惑乎?故出切与其切音之字,等呼不同,不能成双声,须转纽方得者,此种切语,设不解其义法,但就出切字音开合之声势,顺口切读,则准下字音等为开合者,鲜有不为上字所夺易。然则反切得音之法,非简捷如英文拼音,童儒皆能识,以之注音,几何不导人于歧途。故反切之定音等,与其专在行韵,何如在出切之直呼为优也。江永论切母音等,谓:"取上一字,有宽有严。其严者,三四等之重唇,不可混也;照穿床审之二等三等,不相假也;喻母之三四等,亦必有别也。余可从宽,不必以等拘矣。"夫江氏谓当严者,其双声犹相仿佛;若喉牙诸纽,音等所殊,不能成双声者,反可通假。何其严于彼,而宽于此乎!又切母用字,诸书平上去入各韵皆有,殊不一致。兹仿英文拼音之法,一律易用入声字,以其声促,与下字行韵易于融合,似较《音韵阐微》改用支微鱼虞歌麻韵字,为更捷。喉牙诸纽之开齐合撮入声字,列表于左,俾方言中喉牙音字之等呼转变,本为同组,乍聆如为异纽者，可于此双声相较，以明其同母殊音变幻所由也。

表中切母字右上角有＊符号者，详后附注。

		牙音				喉音			
		见	溪	群	疑	影	晓	匣	喻
粗音	开口	葛	渴	轧＊	额	遏	喝	曷	
	合口	刮	阔	逑＊	兀	挖	忽	活	
细音	齐齿	结	喫	竭	逆＊	约	谑		翼
	撮口	厥	阙	掘	月＊	郁	旭		越

轧，读如会计轧帐之轧，戛遏切，即英文 G 硬音。

逑读入声，以此音无字。

逆虽疑纽，然疑之齐齿与泥、娘相混。

月，甬音在喻纽，非正，当从苏沪音读，则近之。

喻无粗音开合口呼，苟欲作之，即混入匣纽；匣无细音齐撮呼，苟欲作之，即混入喻纽。

声母清浊对转说

三十六字母，分摄于喉牙舌齿唇五音，每音所摄字母，皆有清浊。自来言声纽者，如《切韵指掌图》《四声等子》《切韵指南》《七音略》等皆言之。各书辨字母清浊，虽小有异，而大致多同。《康熙字典·等韵篇》每字母上，且加以图识，以别清浊。清者图〇，次清者图⊙，浊者图●，不清不浊者图◖。亦作◗、作◐、作◑。今参酌各家学说，验以方音，釐定清浊为六类：曰清、曰准清、曰次清、曰浊、曰次浊、曰浊收鼻音。表之如左。

	清	准清	次清	浊	次浊	浊收鼻音
牙音	见		溪	群		疑
舌头	端		透	定		泥
舌上	知		彻	澄		娘
重唇	帮		滂	並		明

续表

	清	准清	次清	浊	次浊	浊收鼻音
轻唇	非		敷	奉		微
齿头	精	心	清	从	邪	
正齿	照	审	穿	床	禅	
喉音	影		晓	匣喻		
半舌						来①
半齿					日	

心、审，前人多作全清，与精、照同观。《康熙字典》则图以◒，视为不清不浊，与疑、泥、明、微辈齐列。此则别为一类，谓之"准清"。凡发声不劳送气者为全清，心、审亦微须送气，与精、照发声即得有间，而与清、穿送气较重者亦有间，其音清于清、穿②，而稍逊于精、照，故自列一类，不与次清之清、穿同科。准者，同也。"准清"，犹云同清，虽清而别之也。

匣、喻，江永皆谓之浊。匣之细音即如喻，喻之粗音即为匣，如邛邛岠虚，相辅而行。分之为二，则各不自全；合而为一，则左右咸宜。故同入于浊。前人多以喻与疑、泥、明、微同为不清不浊，然验之方音，凡不清不浊之字，往往能激作亢音，喻纽字未能也。

邪、禅，江永谓之浊，《康熙字典》亦图以●，《指掌图》《等子》以为半清半浊，兹不从。邪、禅之浊，盖不如从、床之甚者耳，终不得谓之清。故读从、床之浊而稍浅之，便混于邪、禅，读邪、禅之浊而稍甚之，便流于从、床，方音最多见之，故列为"次浊"。

江永谓日为禅之余，为浊音。今方音中，日组字多有混作禅纽者，亦有流入从、澄纽者，此即次浊与全浊毗邻，相倾移耳。故日列次浊，与禅同科。《康熙字典》图以◒，以不清不浊视之。凡不清不浊者能转作亢音，日组字，罕闻之也。

疑、泥、娘、明、微，江永谓之浊。凡此诸纽，本皆浊，而收以鼻力者也。收以鼻，则不得终浊。故《指掌图》《等子》辈谓之不清不浊，《康熙字典》图以◒，即示清浊参半之意。然"不清不浊"名似不正，马宗霍尝病之。兹易曰"浊收鼻音"。凡此诸纽字，方音中多有转作亢音者。来亦如之。来本古泥纽之变，故同列之。

　　字母清浊之例，既定如上。方言中，字音讹变，往往有清浊相转者。李光地《等韵辨疑》于"群"下注曰："群，北方为溪浊声，南方为见浊声。定、澄、并、奉、从、

---

① 此将来母列入鼻音，下文又说"来本古泥纽之变"。但从现代语音学角度看，来母是半舌音，不是鼻音，不宜放在这里，当放在"次浊"与"半舌"的相交处。
② "穿"，原作"心"，误，径改。

床诸字准此。"劳乃宣、章炳麟之说差同。李光地又谓历代韵书，多从南音。稽古经籍，声误而字误，由于清浊互变者，亦多与南音相合。如《考工·梓人》："则一豆矣。"豆为斗之误。豆定纽，斗端纽，端清变定浊也。《礼·玉藻》："弗身践也。"践为翦之误。践从纽，翦精纽，精清变从浊也。《礼·礼运》："大夫死宗庙谓之变。"变为辩之误。《檀弓》："卜人师扶右。"卜为僕之误。变、卜皆帮纽，辩、僕皆並纽，並浊变帮清也。《内则》："以谨涂炮之。"谨为墐之误。谨见纽，墐群纽，群浊变见清也。

　　声纽有清浊，犹音韵有阴阳。音韵阴阳声对转，说详下文。声纽清浊亦常对转。清声送气重之则变浊，浊声敛气缓之则变清。故一字以其义之攸异，义感于内，心意既有轩轾，声发于外，亦随之而异清浊。一字而具二音，清浊并读者多矣。不仅阴阳往复，重阴必阳，重阳必阴，《易》理可通万事，声韵亦不外此也。

　　钱大昕《潜研堂集》有《古今方音说》，论端、定相合，见、群相合，知、澄相合，邦、並相合，精、从相合，透、定相合，皆以一字通读清浊二音为证，如断有徒管、都管二切，梼有倒音，卷有拳音，曾读如层之类，其所论多为南音清浊之转。江永《音学发微》有《辨清浊篇》，于字母次清与浊声之转，设例甚备，如溪、群对转，透、定对转，彻、澄对转，滂、並对转，敷、奉对转，清、从对转，穿、床对转等，其所论多为北音清浊之转。惜无如钱君举清浊二音通读之字为之佐证。兹广钱君所举之字，并详其出处。钱君所举，经传互校，义同文异而音又变清浊者，删之。如"伯嚭"亦作"帛喜"。江氏所阙清浊通读之字如钱氏所举证者，亦补述之如左。

见纽（清）	群纽（浊）
忌　《诗·郑风·大叔于田》："叔善射忌。"释文忌音记。	《广韵·七志》："忌讳。"渠记切[①]。
瞿　《诗·唐风·蟋蟀》："良士瞿瞿。"释文俱具反。《礼·檀弓上》："瞿然曰：'吁！'"	《广韵·十虞》："鹰隼视也。"音衢。
卷　《广韵·三十三线》："曲也。"居倦切。	《广韵·二仙》："曲也。"巨员切，音拳。

---

① "渠记切"原在引号内，今移至引号外。本篇引《广韵》反切，有的与释义一起放在引号内，多数则是放在引号外。今统一放在引号外，以下不再出注。

| 其 | 《诗·小雅·庭燎》："夜如何其。"释文音基。《汉书》人名郦食其。 | 《广韵·七之》："辞也。"渠之切。 |

（以上钱氏所举）

◇泊，《玉篇》居器（见）、巨记（群）二音。

共	《书·舜典》："汝共工。"释文音恭。《诗·小雅·小明》："念彼共人。"	《广韵·三用》："同也，皆也。"渠用切。
奇	《广韵·五支》："不偶也。"音羁。	《广韵·五支》："奇异。"渠羁切。
其	《广韵·七之》："菜似蕨。"音基。	《广韵·七之》："豆其。"音期。
揵	《考工·辀人》："终日驰骋[1]，左不揵。"杜子春读为蹇。	《广韵·二十阮》："关揵。"其偃切。
乾	《广韵·廿五寒》："乾湿。"音干。	《广韵·二仙》："天也，君也。"渠焉切。
近	《诗·大雅·崧高》："往近王舅。"释文音记。	《广韵·十九隐》："迫也，几也。"其谨切。
桥	《礼·曲礼上》："奉席如桥衡。"释文居庙反。	《广韵·四宵》："水梁也。"音乔。
乔	《尔雅·释木》："句如羽，乔。"音骄。	《广韵·四宵》："高也。"巨娇切。
蹻	《诗·鲁颂·泮水》："其马蹻蹻。"释文居表反。	《广韵·四宵》："骄也，慢也。"音乔。
暨	《广韵·八未》："诸暨县。"居豙切。	《广韵·六至》："及也，至也，与也。"其冀切。

◇幾，音機（见组），又音祈（群组）。

| 橛 | 《广韵·十月》："杙也。"居月切。 | 《广韵·十月》："杙也，一曰门梱。"其月切。 |
| 咎 | 《广韵·六豪》："咎繇，舜臣。"音皋。 | 《广韵·四十四有》："愆也，恶也，灾也。"其九切。 |

_____

① "骋"，原作"驱"，误，径改。

溪纽（次清）

跪　《广韵·四纸》："拜也。"去委切。

跊　《广韵·五寘》："垂足坐。又举足望也。"去智切。

趫　《广雅·释训》："趫趫，行也。"曹宪音去遥反。

蹻　《广韵·四宵》："举足高。"去遥切。

偋　《广韵·二十陌》："劳也，疲也。"绮戟切，音隙。

嘺　《玉篇·口部》："丘遥、渠尧二切。《埤苍》云：不知是谁也。"

髻　《玉篇·髟部》："渠袁、丘袁二切。发好也。"

睳　《广韵·十二齐》："异也，乖也，外也。"苦圭切。

圈　今相承讹读如棬，丘圆切。

端纽（清）

定　《诗·周南·麟之趾》："麟之定。"释文都佞反。又《鄘风·定之方中》。

殿　《诗·小雅·采菽》："殿天子之邦。"释文多见反。《广韵·卅二霰》："军在前曰启，后曰殿。又殿最。《汉书音义》云：下功曰殿。"都甸切。

群纽（浊）

《广韵·四纸》："跭[1]跪。亦作趏。"渠委切。

《广韵·五支》："行皃。"巨支切，音岐。

《广韵·四宵》："善走。"巨娇切，音乔。

《广韵·四宵》："骄也，慢也。"巨娇切。《十八药》："举足高。"其虐切，音噱。

《广雅·释诂一》："极也。""劳也。"曹宪音巨略反。

《广韵·四宵》："不知。"渠遥切，音翘。

《广韵·二仙》："发好也。又胡人发也。"巨员切，音权。

今相承讹读如逵。

《说文》："养畜之闲也。"《广韵·廿八狝》渠篆切。

定纽（浊）

《广韵·四十六径》："安也。又州名。"徒径切。

《广韵·三十二霰》："宫殿。"堂练切，音电。

---

① "跭"，原作"张"，误，径改。

断　《广韵·廿九换》："决断。"丁贯切，音锻。　　　　《广韵·二十四缓》："断绝。"都管切。又徒管切，音毈。

梼　《广韵·卅二皓》："《说文》曰：断木也。"音倒。　　　　《广韵·六豪》："《春秋传》云：梼杌。"徒刀切，音陶。

顿　《广韵·廿六恩》："《说文》曰：下首也。"都困切。　　　　《史记·贾谊传》："莫邪为顿兮。"索隐："顿，读曰钝。"

订　《广韵·四十六径》："《字林》云：逗遛也。"丁定切。钱大昕云：本徒鼎切，今讹丁定切，盖未知有此音。　　　　《广韵·四十一迥》："平议。"徒鼎切。

（以上钱氏所举）

蹬　《广雅·释诂一》："履也。"曹宪音丁邓反。　　　　《广韵·四十八嶝》："蹭蹬。"徒亘切，音邓。

亶　《广韵·廿三旱》："信也，厚也，多也。"多旱切。　　　　《汉书·贾谊传》《翼奉传》等注："亶，读曰但。"

肚　《广韵·十姥》："腹肚。"当古切，音睹。　　　　《广韵·十姥》："腹肚。"徒古切，音杜。

敦　《广韵·廿三魂》："迫也。亦厚也。"都昆切。　　　　《汉书·地理志》："敦煌郡。"音屯。《诗·豳风·东山》："有敦瓜苦。"释文徒丹反。

垫　《方言》六："下也。"郭璞音丁念反。　　　　《广韵·三十帖》："地名，在巴中。"徒协切。俗音读徒念切。

爹　今俗音为帝邪切。　　　　《广雅·释亲》："父也。"曹宪音大可反。

隄　《广韵·十二齐》："防也。"都奚切，音低。　　　　《广韵·十二齐》："隄封。"杜奚切，音啼。

跌　今讹读丁结切。　　　　《广韵·十六屑》："跌踢。又差跌也。"徒结切。

透纽（次清）

荡　《玉篇·水部》："音汤。广也。"

土　《广韵·十姥》："《释名》曰：土，
　　吐也，吐万物也。"他鲁切。

他　《广韵·七歌》："非我也。"托何切。

堕　《广韵·卅四果》："倭堕，髻也。"
　　他果切，音妥。

嫷　《广韵·卅九过》："好皃。"汤卧切，
　　音唾。

桶　《广韵·一董》："木桶。"他孔切，
　　音侗。

桐　《汉书·广陵厉王胥传》："毋桐好
　　逸。"师古曰："桐音通。轻脱之貌也。"

侗　《广韵·一董》："直也。一曰长也。"
　　他孔切。

缇　《广韵·十一荠》："繻也。"他礼切。

佻　《广韵·三萧》："轻佻。《尔雅》
　　曰：佻，偷也。"吐彫切。

台　《广韵·十六咍》："三台星。又天
　　台山名。"音胎。

侹　《广韵·四十一迥》："长也，直也，
　　代也。"他鼎切。

达　《广韵·十二曷》："佻达，往来皃。"
　　他达切。

定纽（浊）

《广韵·卅七荡》："大也。又水名。"
徒朗切。

《诗·豳风·七月》："彻彼桑土。"
释文音杜。又佛氏净土。

《广韵·七歌》："委委佗佗，美也。"
徒河切，音驼。

《广韵·卅四果》："落也。"徒果切。

（以上钱氏所举）

《广韵·卅四果》："美也。《说文》
曰：南楚人谓好曰嫷。"徒果切。

《广韵·一董》："木器。"徒揔切，
音动。

《广韵·一东》："木名。《月令》曰：
清明之日，桐始华。"音同。

《广韵·一东》："扬子《法言》云：
倥侗颛蒙。"音同。

《广韵·十二齐》："《周礼》注：缇
衣，古兵服之遗色。"音啼。

《广韵·三萧》："独行皃。《诗》曰：
佻佻公子。"徒聊切。

《诗·大雅·行苇》："黄耇台背。"
释文汤来反，徐又音臺。《汉书·地
理志下》元菟郡"上殷台"，如淳音鲐。

《广雅·释诂三》："直也。"又："代
也。"曹宪音徒鼎反。

《广韵·十二曷》："通达。"唐割切。

脱　《广韵·十三末》："骨去肉。"他　　　《广韵·十三末》："肉去骨。"徒活
　　活切。　　　　　　　　　　　　　　　切。

兑　《诗·大雅·绵》："行道兑矣。"　　《广韵·十四泰》："突也。又卦名。
　　释文吐外反。　　　　　　　　　　《说文》：说也。"杜外切。

黮　《说文·黑部》："桑葚之黑也。"　　《广韵·四十八感》："黤黮，黑也。"
　　他感切。　　　　　　　　　　　　徒感切。

撢　《广韵·廿二覃》："《周礼》有撢人。"　《集韵·五十三勘》："探也。"徒绀
　　他含切。　　　　　　　　　　　　切。

<table>
<tr><td colspan="2" align="center">知纽（清）</td><td align="center">澄纽（浊）</td></tr>
</table>

朝　《广韵·四宵》："早也。又朝鲜国　　《广韵·四宵》："朝廷也。"直遥切。
　　名。"陟遥切。又朝歌，邑名。晋灼曰：　《史记·宋世家》《朝鲜列传》索隐朝皆音潮。
　　朝歌者，歌不时也。

长　《广韵·三十养》："大也。"知丈切。　《广韵·十阳》："久也，远也，永也。"
　　长幼。　　　　　　　　　　　　　直良切。长短。

张　《广韵·十阳》："张施也。又姓。"　　今纸革等计数曰张，音如丈。
　　陟良切。

传　《广韵·卅三线》："邮马。"知恋切，　《广韵·三十三线》："训也。《释名》
　　音啭。传舍，邮传。　　　　　　　曰：传，传也，以传示后人也。"直恋
　　　　　　　　　　　　　　　　　　切。传记，传道。

趁　《广韵·二仙》："同行难也。"张　　《广韵·二仙》："移也。"直连切。
　　连切。

椎　今通读如追。按：终葵为椎，见《说文》　《广韵·六脂》："椎钝，不曲桡。
　　《方言》及《考工》注。照、知今混同，　亦棒椎也。又椎髻。"直追切。
　　则音如追，正其合声。

植　《书·金滕》："植璧秉珪。"徐邈　　《广韵·七志》："种也。"直吏切。
　　音置。

著　《广韵·九御》："明也，立也，定也。"　《广韵·十药》："附也。"直略切。
　　陟虑切。　　　　　　　　　　　　《九鱼》："太岁在戊曰著雍。"音除。

谪　《广韵·廿一麦》："责也。"陟革切。　《广韵·廿一麦》又丈厄切。

彻纽（次清）

褫 《广韵·六止》：“彻衣。又夺衣。”敕里切，音耻。

趁 《广韵·二十一震》：“趁逐。”丑刃切。

湛 《集韵·四十七寝》：“湛潭，水貌。”丑甚切。

彻 《广韵·十七薛》：“通也。”丑列切。

撤 《广韵·十七薛》：“抽撤。”丑列切。

惄 《广韵·廿六缉》：“汗出貌。”丑入切。

妯 《广韵·十八尤》：“《诗》曰：忧心且妯。妯，动也。”丑鸠切。

绌 《广韵·十八尤》又音抽。

澄纽（浊）

《广韵·五支》：“蒘衣。又曰褫褫。《说文》曰：夺衣也。”音驰。

《广韵·十七真》：“越履。”音陈，《玉篇》：“除珍切。躁也。”

《广韵·廿一侵》：“《汉书》曰：且从俗浮湛。”直深切，音沉。

《广韵·十七薛》：“通也，明也，道也。”直列切。

《广韵·十七薛》：“发撤。又去也。”直列切。

《集韵·廿六缉》：“汗出貌。”直立切，音蛰。

《广韵·一屋》：“妯娌。”直六切。

按：《诗·小雅·鼓钟》：“忧心且妯。”释文引徐邈音直留反。

《广韵·十八尤》：“大丝缯。”直由切，音俦。

帮纽（清）

比 《广韵·五旨》：“校也，并也。”卑履切，音秕。

背 《广韵·十八队》：“脊背。”补妹切，音辈。

败 《广韵·十七夬》：“破他曰败，《说文》：毁也。”补迈切。

誖 《广韵·十八队》：“乱也。”补妹切。

别 《广韵·十七薛》：“分别，大别。”彼列切。

並纽（浊）

《广韵·六至》：“近也。又阿党也。”毗至切，音毗。《六脂》又音琵，和也。

《广韵·十八队》：“弃背。”蒲昧切，音佩。

《广韵·十七夬》：“自破曰败。”蒲迈切。

（以上钱氏所举）

《广韵·十八队》：“言乱。”蒲昧切。《十一没》：“言乱。”蒲没切。

《广韵·十七薛》：“异也，离也。”皮列切。

屏　《广韵·四十静》：“蔽也。《尔雅》曰：屏谓之树。”音饼。　《广韵·十五青》：“《三礼图》曰：扆从广八尺，画斧文，今之屏风则遗象也。”音瓶。

弊　《周礼·天官·大宰》：“以弊邦治。”释文必世反。　《广韵·十三祭》：“困也，恶也。《说文》曰：顿仆也。”毗祭切。

辟　《广韵·廿二昔》：“君也。亦除也。”必益切，音璧。　《广韵·廿二昔》：“便辟。又法也。五刑有大辟。”音擗。

併　《说文》：“竝也。”卑正切。　《广韵·四十一迥》：“立竝。”蒲迥切，音並。

扁　《广韵·廿七铣》：“扁署门户。”音编。　《广韵·廿七铣》：“姓也，卢医扁鹊。”音辡。◇《荀子·修身篇》：“扁善之度。”杨倞注：“扁，读为辨。”

皤　《广韵·八戈》：“老人白皃。”博禾切，音波。　《广韵·八戈》：“老人白也。”薄波切，音婆。

般　《广韵·廿六桓》：“般运。”北潘切。《廿七删》：“还师。”　《广韵·廿六桓》：“樂也。”薄官切，音盘。

麱　《广雅·释器》：“麴也。”曹宪音卑。　《方言》十三：“麴也。”郭璞音脾。

樸　《广韵·一屋》：“椷樸，丛木。”博木切，音卜。　《广韵·一屋》：“《尔雅》云：樸樕，心。”蒲木切，音瀑。

笨　《广韵·廿一混》：“竹里。”布忖切，音本。　《广韵·廿一混》：“竹里。又《晋书》史畴以大肥为笨伯。”蒲本切。

拨　《广韵·十三末》：“理也，绝也，除也。”北末切，音钵。　《集韵·十三末》：“绝也。”蒲拨切，音跋。

滂纽（次清）　　　　　### 並纽（浊）

泡　《广韵·五肴》：“水上浮沤。”匹交切，音抛。　《广韵·五肴》：“水名。”薄交切，音匏。

炮　《广韵·三十六效》：“灼皃。”匹皃切，音礮。　《广韵·五肴》：“合毛炙物也。一曰裹物烧。”薄交切。

匏　《广韵·三十六效》："面生气也。"　　《广韵·三十六效》："面生气也。"
　　匹皃切。　　　　　　　　　　　　　　旁教切，音铇（刨）。

掝　《广韵·四觉》："击声。"匹角切，　　《广韵·四觉》："击声。"蒲角切，
　　音璞。　　　　　　　　　　　　　　　音雹。

撲　《广韵·一屋》："拂著。"普木切，　　《说文·手部》："挨也。"蒲角切。
　　音扑。

樸　《广韵·四觉》："木素。"匹角切。　　《汉书·地理志》武威郡"樸劓"，
　　　　　　　　　　　　　　　　　　　孟康音蒲环。

摽　《广韵·四宵》："《字统》云：击也。"　《广韵·三十①小》："落也，拊心也。"
　　音漂。　　　　　　　　　　　　　　频小切。本音符少切，用类隔。今从附注，
　　　　　　　　　　　　　　　　　　　用音和。

僕　《庄子·人间世》："适有蚊虻僕缘。"　《广韵·二沃》："僮僕。"蒲沃切。
　　释文普木反。

誧　《广韵·十姥》："《文字音义》云：　《说文·言部》："大也。一曰人相
　　大也，助也。"音普。　　　　　　　助也。"博孤切②。

否　今相承读如鄙。匹鄙切。痞音同。　　《易·否卦》音义："备鄙反。闭也，
　　　　　　　　　　　　　　　　　　　塞也。"《广韵·五旨》符鄙切，用类隔。

辟　《诗·大雅·板》："民之多辟。"　　《玉篇·辟部》："婢亦切。法也，
　　释文："匹亦反。邪也。"　　　　　理也。"

扁　《广韵·二仙》："小舟。"音篇。　　《荀子·修身》："扁善之度。"杨倞注：
　　　　　　　　　　　　　　　　　　　"扁，读为辨。"

非纽（清）　　　　　　　　　　## 奉纽（浊）

夫　《广韵·十虞》："丈夫。"甫无切，　《广韵·十虞》："语助。"音符。
　　音肤。

父　《广韵·九麌》："尼父、尚父，皆　《广韵·九麌》："《说文》曰：父，
　　男子之美称。"音脯。　　　　　　矩也，家长率教者。"音腐。

---

① "三十"，原作"卅四"，误，径改。
② "博孤切"为清音帮纽字，非浊音并纽字。

扶 《礼·投壶》："室中五扶，堂上七扶。"释文方于反。
《广韵·十虞》："扶持也，佐也。"音符。

分 《广韵·二十文》："赋也，施也，与也。"府文切。
《广韵·廿三问》："分剂。"扶问切。名分、职分。

赍 《礼·射义》："赍军之将。"释文：徐邈音奋。
《尔雅·释鱼》："龟三足，赍。"《广韵》亦音坟。

扮 《广韵·十八吻》："扮动。又握也。"方吻切。
《广韵·十八吻》："握也。"房吻切。

坊 《广韵·十阳》："坊巷。亦州名。"音方。
《礼记·坊记》释文音防，符方切。徐邈扶访反。

藩 《广韵·廿二元》："篱也。亦藩屏也。"甫烦切。
《广韵·廿二元》："蕃芜，叶如韭。"音烦。

蕃 《广韵·廿二元》："蕃屏。"甫烦切。
《广韵·廿二元》："茂也，息也，滋也。"音烦。

復 《史记正义·发字例》："音福。徐役之也。"
《广韵·一屋》："返也，重也。"房六切，音伏。

蜚 《广韵·七尾》："《尔雅》云：蜚，蠦蜚。"府尾切。
《广韵·八微》："虫名，即负盘虫。"符非切，音肥。

俸 今相承讹读如葑。
《广韵·三用》："俸秩也。"扶甬切，音缝。

釜 今相承讹读如斧。
《广韵·九麌》："同鬴。《说文》：鍑属。"扶雨切，音父。

敷纽（次清）

佛 《说文》："见不审也。"敷勿切。《玉篇》孚勿切。
《玉篇》又符勿切。今神佛字，皆读奉纽。

费 《广韵·八未》："耗也，惠也。"芳未切。
《广韵·八未》："姓也，夏禹之后，出江夏。"扶涕切。

菲 《广韵·七尾》："薄也，微也。又菜名。"敷尾切。
《广韵·八未》："菜，可食。"扶涕切。

奉纽（浊）

刺　《广韵·八物》：“击也，斫也。”
敷勿切，音拂。

　　《广韵·八物》：“斫也，击也。”
符弗切，音佛。

番　《广韵·廿二元》：“数也，递也。”
孚袁切，音翻。

　　《广韵·廿二元》：“《说文》曰：
兽足谓之番。”音烦。

蝮　《玉篇·虫部》：“孚六切。毒蛇也。”

　　《集韵·一屋》又音房六切。

翡　今翡翠字，俗读如菲。

　　《广韵·八未》：“赤羽雀也。”扶涕切。

精纽（清）

载　《广韵·十九代》：“年也，事也，
乘也，始也。”作代切。

　　《诗·小雅·正月》：“其车既载。”
释文才再反。

尽　《礼记·曲礼上》：“虚坐尽
后①。”释文津忍反。

　　《广韵·十六轸》：“竭也，终也。”
慈忍切。

穧　《广韵·十二霁》：“获也。”子计切，
音霁。

　　《广韵·十二霁》：“刈禾把数。”
在诣切，音剂。

渐　《广韵·廿四盐》：“入也，渍也。”
子廉切，音尖。

　　《广韵·五十琰》：“渐次也，进也，
稍也。”慈染切。

曾　《广韵·十七登》：“则也。亦姓，
曾参之后。”音增。

　　《广韵·十七登》：“经也。”昨棱切。
曾经、何曾。

　　　　　　　　　　　（以上钱氏所举）

钱　《广韵·廿八狝》：“钱铫，田器。”
即浅切，音剪。

　　《广韵·二仙》：“《周礼》注云：钱，
泉也。又姓。”昨仙切。

齐　《诗·大雅·思齐》释文侧皆反。《小
雅·甫田》：“以我齐明。”释文音资。

　　《广韵·十二齐》：“整也，庄也。
春秋齐国。又姓。”徂奚切。

槽　《广韵·六豪》：“果华实相半也。”
音糟。

　　《广韵·六豪》：“马槽。”昨劳切，
音曹。

接　《广韵·廿九叶》：“交也，持也，
合也。”即叶切。音楫。

　　《礼记·内则》：“接以太牢。”《荀
子·大略》：“先事虑事谓之接。”
郑玄、杨倞注并读如捷。

---

① “后”，原作“前”，误，径改。《礼记·曲礼上》：“虚坐尽后，食坐尽前。”

倢　《汉书·外戚传序》："倢伃。"注　　　《广韵·廿九叶》："斜出也。又利也，
　　音接。　　　　　　　　　　　　　　　便也。"疾叶切，音捷。

嫧　《说文》："白好也。"则旰切。《广　　　《广韵·廿八翰》："不谨也。一曰
　　韵》："女从。"　　　　　　　　　　美好皃。"俎赞切。

造　《史记·龟策传》："卜先以造灼钻。"　　《广韵·卅二晧》："造作。"昨早切，
　　徐广音灶。　　　　　　　　　　　　音皂。

凿　《诗·唐风·扬之水》："白石凿凿。"　《广韵·十九铎》："鏨也。"在各切，
　　释文子洛反。　　　　　　　　　　　音昨。

湫　《广韵·十八尤》："水名。"即由切。　《广韵·四十四有》："湫，泄水渎也。"
　　　　　　　　　　　　　　　　　　在九切。

瘥　《广韵·九麻》："《尔雅》云：病也。"　《广韵·七歌》："病也。"昨何切。
　　子邪切，音嗟。

沮　《广韵·九御》："沮洳，渐湿。"　　　《广韵·八语》："止也。"慈吕切。
　　将预切。

清组（次清）　　　　　　　　　　　### 从组（浊）

从　《广韵·三钟》："从容。"七恭切。　　《广韵·三钟》："就也。"疾容切。
　　　　　　　　　　　　　　　　　　《三用》："随行也。"疾用切。

粗　《玉篇·米部》："在古、采胡二切，　　《广韵·十姥》："粗也，略也。"
　　粗大也。"　　　　　　　　　　　　俎古切。

捷　《诗·小雅·巷伯》："捷捷幡幡。"　　《广韵·廿九叶》："获也，伙也，疾
　　释文又音妾。　　　　　　　　　　　也，胜也。"疾叶切。

緁　《广韵·廿九叶》："连緁。"七接切。　《集韵·廿九叶》又音疾叶切。

造　《说文》："造就也。"七到切。　　　　《广韵·三十二晧》："造作。"昨早切，
　　　　　　　　　　　　　　　　　　音皂。

沮　《广韵·九鱼》："止也，非也。又　　《广韵·八语》："止也。"慈吕切，
　　水名。"七余切。　　　　　　　　　音咀。

湫　《广韵·十八尤》："水池名，北人　　《广韵·四十四有》："泄水渎也。"
　　呼。"七由切。　　　　　　　　　　在九切。

请　《广韵·四十静》："乞也，问也，　　　《广韵·四十五劲》："延请，亦朝请。"
　　谒也。"七静切。　　　　　　　　　　疾政切。

桼　《广韵·廿四盐》："削皮。"七廉切。　《广韵·四十九敢》："削版牍。"
　　又《五十五①艳》："插也。《论衡》　　才敢切。
　　曰：断水为桼。"七艳切，音堑。

崔　《广韵·十五灰》："姓也。"仓回切。　《广韵·十五灰》："崔嵬。"昨回切。

摧　今相承讹读如催。　　　　　　　　　《广韵·十五灰》："折也，阻也。"
　　　　　　　　　　　　　　　　　　　昨回切。

照纽（清）　　　　　　　　　　　　　### 床纽（浊）

折　《诗·齐风·东方未明》："折柳樊　《说文·屮部》："断也。"食列切。
　　圃。"释文之舌反。　　　　　　　　篆作𣂔。

啧　《广韵·廿一麦》："大呼声。"侧　《广韵·廿一麦》："啧啧，叫也。"
　　革切，音责。　　　　　　　　　　士革切。

咋　《广韵·廿一麦》："大声。"侧革切。　《广韵·二十陌》："吙咋，多声。"
　　　　　　　　　　　　　　　　　　锄陌切。

龃　《汉书·东方朔传》："令壶龃。"　《广韵·八语》："龃龉。"床吕切。
　　张晏注："音樝梨之樝。"师古注：
　　"音侧加反。"

齇　《广韵·九麻》："齇齖。"侧加切，　《广韵·九麻》："齇齖。"鉏加切，
　　音渣。　　　　　　　　　　　　　音查。

　　◇筲，《广韵·四觉》："鱼罩。"侧角切（照）；又士角切（床）。

　　◇齱，《说文·齿部》："齿搊也。一曰齇也。"侧鸠切（照）；《广韵·四觉》："齿相近兒。"
　　　士角切（床）。

槎　《说文》："衺斫也。"侧下切。　　《广韵·卅五马》："逆斫。"士下切。

榛　《广韵·十九臻》："亲栗。"侧诜切，　《玉篇·木部》："仕银切。木丛生。"
　　音臻。

---

①"五"，原作"四"，误，径改。

栈　《尔雅·释乐》："小钟谓之栈。"《集韵》阻限切。

《广韵·廿六产》："阁也。亦姓。"士限切。

事　《广韵·七志》："事刃。又作剚、倳。"侧吏切。

《广韵·七志》："使也，立也，由也。"鉏吏切。

穿纽（次清）

搀　《广韵·廿七衔》："搀抢，袄星。"楚衔切。

《广韵·廿六咸》："刺也。"士咸切。

傪　《广韵·五十九鉴》："杂言。"楚鉴切。

《广韵·五十八陷》："轻言。"仕陷切。

簎　《广韵·二十陌》："刺也。《国语》曰：簎鱼鳖也。"测戟切。

《广韵·四觉》："取鱼箔也。"士角切。

鋜　《集韵·四觉》："锄也。"测角切。

《玉篇·金部》："仕朔切。锁足也。"

齻　《广韵·五质》："齰也。"初栗切。

《广雅·释诂三》："啮也。"曹宪音士滑切。

齚　《广韵·廿一麦》："齿相值也。"楚革切，音册。

《说文·齿部》："齿相值也。一曰啮也。"士革切。

猎　《广韵·廿一麦》："矛也。"楚革切。

《广韵·廿一麦》："以叉矛取物也。"士革切。

影纽（清）

䴙　《广韵·十三耕》："屋响。"乌宏切。

《广韵·十三耕》："屋响。"户萌切，音宏。

莹　《广韵·四十六径》："莹饰也。"乌定切。

《广雅·释诂三》："磨也。"曹宪音胡冥切。

荧　《庄子·齐物论》："是黄帝之所听荧也。"释文荧音於迥反。
◇莹，《广韵》永兵（喻）、乌定（影）二音。

《广韵·十五青》："光也，明也。"户扃切。

鼃　《方言》十二："始也。"郭璞音蛙。

《广雅·释诂一》："始也。"户瓜反。

蛙　《广韵·十三佳》："虾蟆属。"乌娲切。

《玉篇·虫部》："胡娲切。虾蟆也。又乌瓜切。"

詯　《玉篇·言部》："乌回切。呼人也。" 　《玉篇·言部》又音户罪切。

鿭　《广韵·廿陌》："视遽。"一虢切。 　《广韵·廿一麦》："度也。"胡麦切。
　　《十八药》："度也。"音嬳。

嘖　《史记·信陵君传》："晋鄙嚄唶。" 　《广韵·廿陌》："嚄唶，大唤。"
　　集解音乌百反。《外戚世家》："下 　　胡伯切。
　　车泣曰：'嚄！'"索隐音同。

荥　《玉篇》："胡坰、乌迴二切。绝小 　《书·禹贡》："荥波即猪。"释文
　　水也。"字亦作濴。 　　户扃反。

焉　《广韵·二仙》："何也。"於乾切。 　《广韵·二仙》："语助也。"有乾切。

勇　今讹读如拥。甬、蛹、俑、涌皆然。 　《广韵·二肿》："猛也。"余陇切。
　　　　　　　　　　　　　　　　　　　按：甬、蛹、俑、涌皆同。

◇永，《广韵》于憬切；咏、泳，《广韵》为命切，皆喻纽，今皆转影纽。又韵转肿、用，读如拥、
　　如雍。

悠　今相承讹读如忧。攸同。 　《广韵·十八尤》："远也，遐也，思
　　　　　　　　　　　　　　　　　　也。"以周切，音猷。

往　今相承讹读如枉。 　《广韵·卅六养》："之也，去也，行
　　　　　　　　　　　　　　　　　　也。"于两切。《玉篇》禹傲切。

野　今讹读於也切。甬呼野兽、野蛮字，则读 　《广韵·卅五马》："田野。《说文》
　　喻母不误，惟韵转蟹部。 　　云：郊外也。"羊者切，音也。

于　今相承讹读如於。 　《广韵·十虞》："曰也，於也。"
　　　　　　　　　　　　　　　　　　羽俱切。

迂　《广韵·十虞》："曲也。"忆俱切， 　《广韵·十虞》："曲也。"羽俱切，
　　音纡。 　　音盂。

醮　《广韵·十虞》："能者饮，不能者 　《广韵·十虞》："宴也。"羽俱切。
　　止①也。"音纡。

莞　甬讹读如碗。 　《广韵·廿五潸》："莞尔而笑。"
　　　　　　　　　　　　　　　　　　户板切。

----

① "止"，原作"中"，误，径改。

晓纽（次清）	匣喻纽（浊）
憨　《广韵·二十三谈》："痴也。"呼谈切，音蚶。	《广韵·五十四阚》："害也，果决也。"下瞰切。
譀　《广韵·卅二狎》："夸诞。"呼甲切。《玉篇》："火鉴切，叫譀，怒也。"	《广韵·五十四阚》："夸诞。"下瞰切。
睆　《说文》："大目也。"况晚切。	《广韵·廿四缓》："目睆。"胡管切，音缓。
獋　《说文》："犬獿獿咳吠也。"火包切。	《玉篇》："呼交、胡狡二切。犬扰骇也，玃也。"
猇　《广韵·五肴》："虎声。"许交切，音哮。	《广韵·五肴》："虎声。又县名，在济南。"胡茅切，音肴。
泶　《说文》："夏有水、冬无水曰泶。"《玉篇》呼笃切。	《广韵·四觉》："涸泉。"胡觉切。《广雅·释水》："水自渭出为泶。"曹宪音乎角、呼笃二反。
扣　《广雅·释诂二》："裂也。"曹宪音呼没、乎没二反。	《广雅·释诂三》："穿也。"曹宪音乎没反。《广韵·十一没》："牵物动转。"户骨切。
诟　《说文》："謑诟，耻也。"呼寇切。	《玉篇》："许遘、胡遘二切。骂也，耻辱也。"
呴　《广韵·五十候》："耻辱。"呼漏切。	《广韵·四十五厚》："欲吐。"胡口切，音厚。
謑　《广雅·释诂四》："耻也。"曹宪音呼介、乎启二反。	《汉书·贾谊传》："謑诟亡节。"注音胡结反。
撷　《广韵·十六屑》虎结切。	《广韵·十六屑》："挦取。"胡结切。
颉　《广韵·十二曷》："頡颉，健也。"许葛切。	《广韵·十二曷》："頡颉，健也。"胡葛切，音曷。
芋　《诗·小雅·斯干》："君子攸芋。"释文：毛香于反，郑火吴反。	《广韵·十遇》："一名蹲鸱。"音雨。
雩　《广韵·十虞》："雩娄，古县名。"况于切。	《广韵·十虞》："请雨祭名。"羽俱切。

琴　《说文·巫部》："草木华也。"况　　《广韵·十虞》又羽俱切。
　　于切。

擘　《广韵·廿一麦》："擗也。"呼麦　　《广韵·廿一麦》又于戒切。
　　切。

华　《广韵·九麻》："《尔雅》云：华，　　《广韵·九麻》："草盛也，色也。"
　　荂也。"呼瓜切。　　　　　　　　户花切。

很　今通讹读黑垦切。　　　　　　　　《广韵·廿二很》："很戾也。"胡垦切。

苛　今通讹读如河。　　　　　　　　　《广韵·七歌》："政烦也，怒也。"
　　　　　　　　　　　　　　　　　　胡歌切，音河。

◇匣纽字今讹作晓纽者，不胜枚举，如酤、夥、悍、邯、骇、骸、撼、涸等皆是。北音讹转尤繁。

蟹　今北音讹为谴买切，齐齿。甬音喝买　　《广韵·十二蟹》："水虫。"胡买切。
　　切。开口。

虾　今北音讹为谴加切，甬音喝加切。　　《广韵·九麻》："虾蟆。"胡加切。
　　　　　　　　　　　　　　　　　　今借用为长须水虫鰕字。

下　北音讹为谴也切。　　　　　　　　《广韵·卅五马》："贱也，去也，后也，
　　　　　　　　　　　　　　　　　　底也。"胡雅切。

係　北音讹读谴诣切。齐齿。　　　　　《玉篇·人部》："何计切。《尔雅》
　　　　　　　　　　　　　　　　　　曰：继也。"

　　声纽之转，前修多谓喉牙舌齿唇五音，同音诸纽皆得相转。如牙音见、溪、群、疑得相互转，齿音精、清、从、心、邪得相互转，余类推。然稽诸字音通读、方言语转，以清浊互变为最繁，次则清与次清字音亦多通读，故亦相转。惟浊收鼻音之疑、泥、娘、明、微诸纽，与其同音诸纽相转者为少，非谓绝无，希见之也。如读鸟讹为嬝。至清浊交变，虽北音以次清与浊、南音以全清与浊相转为通例，然南人方言，亦有从北音之转者；北人言中，亦有取南音之转者。以交通互驰，语音参错，政教愈乱，人不安其方土，播迁愈多，语音亦传变愈夥。段玉裁《音韵随时代迁移说》其论古今音韵变异分段之期节，皆世乱剧甚之秋。稽史之多乱，致南北音相互羼杂，宜其混淆而递增。忆甬地方言，自清末迄今，数十年间，其杂入北音苏沪语，不可胜纪。以今例古，以近例远，则南北音清浊交变之互效，又何足异哉！

从邪床禅相转说

齿头精清从心邪五纽，从最浊，邪次之；正齿照穿床审禅五纽，床最浊，禅次之。江永曰："邪母必当轻呼，如呼之重，则与从母无异；床母须重呼，若轻呼之，则与禅母无异。"故读从之浊而浅之，便流于邪；读邪之浊而甚之，便入于从。床、禅亦如之。甬音齿头与正齿既混淆不分，而床纽字几多读作禅纽。如床纽切母用字，床读如尚，士读如市，船读如禅，食读如硕，皆非正音。今音知彻澄已与照穿床无别，故禅、床相混，禅、澄或亦相混。江有诰谓歙音邪尽混于从，床、禅亦相讹混，禅母音亦有混入澄母者，则其谬正与甬音相若。虽然，古人于床、禅，似亦互淆。检《广韵》床母三等音字，《玉篇》多音为禅纽。如"赎"，《广韵》神蜀切，《玉篇》市烛切；"船"，《广韵》食川切，《玉篇》市专切；"蛇"，《广韵》食遮切，《玉篇》市遮切；"绳"，《玉篇》市升切，"塍"，《玉篇》视陵切，"乘"，《玉篇》是升切，《广韵》皆音食陵切。甬音读床如禅者，于《广韵》为戾，于《玉篇》为不谬矣。

甬音从、邪既多互讹，其读邪之重浊，流变为从者，如"讼、诵、颂"，《广韵》并似用切。今读若随从之从。疾用切。"词、祠、辞、辟"，《广韵》并似兹切。今皆读若慈。疾之切。○甬呼宗庙曰"祠堂"，祠正读如似，邪纽不误。"璿、旋"，《广韵》并似宣切。今皆读若全。疾缘切。○俗呼环行盘绕为旋，音如羨，正作邪纽。"餳"，《广韵》徐盈切。甬呼饴糖为"餳糖"，餳音如情。疾盈切。"详、祥、庠、翔"，《广韵》并似羊切。今皆读若佯。在良切。○俗语"详梦""详签诗"之详读若象，正作邪纽。"囚、泅"，《广韵》并似由切。今皆读若酋。疾流切。"寻"，《广韵》徐林切。今读如鱘。昨淫切。○今甬呼寻觅字正邪纽。"烬、荩"，《广韵》并徐刃切。今读如尽去声。疾刃切。"续、俗"，《广韵》并似足切。今读如族。昨末切。

读从纽而轻浅之，流变如邪者，如"自"《广韵》疾二切。"字"，疾置切。今并读如寺。"前"，《广韵》昨先切。甬语音徐延切。"坐、座"，《玉篇》疾果（上）、才货切（下）。今皆读徐货切。"墙、蔷、樯"《广韵》并在良切。"匠"，疾亮切。今皆读如象。"象山"，县名，"象坎"，鄞县地名，象却读疾亮切，反读从纽。"晴"，《广韵》疾盈切，音情。甬语呼如餳。徐盈切。"层"，《广韵》昨棱切。今呼徐棱切。"蚕"，《广韵》昨含切。今读徐含切。"齐"，《玉篇》在兮切。今语整齐字音徐兮切。"材"，《玉篇》昨来切。甬呼棺材字徐孩切。"裁""材"音同，今呼成衣匠曰"裁缝"，亦如之。"贱"，《广韵》才线切。俗谓价贱字音徐线切。"皂、造"，《广韵》并昨早切。今呼肥皂、造物字皆似浩切。"静、净"，《广韵》疾郢切（上）、疾政切（下）。今皆读徐郢切。"萃、瘁"，《广韵》秦醉切。今读如遂。徐醉切。"凿"，《广韵》在各切。今读徐各切。"昨"音同"凿"，俗呼昨日字亦如之。"籍、藉"，《广韵》

并秦昔切。今读似昔切。"集"，《广韵》秦入切。今读如习。似入切。"贼"，《广韵》昨则切。俗呼似刻切。"杂"，《广韵》徂合切。俗语似合切。

读床纽而轻浅之，流变于禅者，如"床、状、俟、士、仕、事、柴、愁、骤"皆是。《广韵》中床纽字，《玉篇》音作禅纽，甬音与之相合者，举其习见常用字若干以证之。字下音切，皆从《玉篇》："示"时至切。"谥"时志切。"蚀"时力切。"实"时质切。"舌"时列切。"射"时柘、时益二切。"神"市人切。"船"市专切。"绳"市升切。"述"视律切。"塍"视陵切。○甬呼田塍作此音，读音则床纽不误。"乘"是升、是证二切。○甬呼乘凉则作此音，读音为床纽不误。"食"是力切。"术"食聿切。

读禅纽而更浊之，当流变于床；今音床、澄无别，床纽字少，而澄纽有其字，故读禅更浊，有流于澄者，亦有流变如从者，以床、从类隔，本近似也。如"臣"，《玉篇》时人切。本与辰同音，甬音如尘。澄纽。"承、丞"，《广韵》署陵切。今通读如澄。"成、城、诚"，《广韵》是征切。本与盛同音，今通读如呈。澄纽。"雠、酬"，《广韵》并市流切。甬音如俦。澄纽。"售"，《广韵》音授。今通读如胄。澄纽。"忱"，《广韵》氏任切。甬音如浮沈之沈。"蛇"，《玉篇》市遮切。甬呼如茶。"余"，《广韵》："姓也。"视遮切。俗作佘。今读如茶。"蜀"，《广韵》市玉切。今读如浊。澄纽。"社"，《玉篇》市者切。甬或呼除下切。澄纽。"殖、埴"《玉篇》并时力切。"植"《玉篇》时职切。今皆读如直。澄纽。"涉"，《广韵》时摄切。今通读如捷。从纽。"常、裳、尝"，《广韵》并市羊切。本与尚同音，俗语"时常""平常""衣裳""尝味道"，犹皆音如尚。今通读如藏。从纽。"盛"，《集韵》："姓也。"时正切。今盛姓字呼如才阳切。从纽。○韵亦耕、阳邻转。

反之，从、澄纽字，亦有讹作禅纽者。如"秦"，《玉篇》疾津切。鄞人呼秦姓音如辰。"漕、槽"，《广韵》并昨劳切。甬地河水曲入曰漕，见《释地篇》。音市豪切；马槽、猪槽字，音亦如之。"聚"，《广韵》慈庾切。甬读如树。此皆从转于禅也。"储"，《广韵》直鱼切，音除。今储蓄读如竖平声。"肇、兆"，《广韵》并治小切，音赵。甬音皆如绍。"召"，《广韵》直照切。亦音邵，甬正读邵音。"纣"，《广韵》除柳切。书讹为受。《西伯戡黎》："奔告于受。"传曰："受，纣也。音相乱。"惟声纽相近能转者，故乱耳。此皆澄转于禅也。

清心穿审相转说

齿头，心为准清，清为次清；正齿，审为准清，穿为次清。凡准清与次清，虽皆清而送气，故相似而易流转。犹浊音相似，从邪、床禅亦相转也。清与心既相互转，穿与审亦如之。而清、穿类隔声似，心、审亦如是，故清与审、心与穿，亦有相转者。又彻、穿今音无别，故审、彻亦或相转。故字音有两读准清与次清者，职是通转之由。略举其字，以证其轨辙。如上文清浊对转之例，表于后。

鬆 《广韵·三钟》："发乱。"七恭切。（清）　《广韵·三钟》："发乱皃。"息恭切。（心）

臬 《玉篇·臬部》："七消切。舃属。"（清）　《玉篇·臬部》："先到切。鸟群鸣也。"（心）

梭 《玉篇》："且泉切。木名。"（清）　《玉篇》："先和切。织具也。"（心）

憸 《玉篇》："七廉切。《说文》云：诐也。"（清）　《玉篇》又音息廉切。（心）《广雅·释诂一》："强也。"曹宪音七渐、四廉二反。

沁 《玉篇》："七鸩切。《汉书》：沁水，出上党。"（清）　《玉篇》又音先林切。（心）今多读此音。

哨 《广韵·卅五笑》："壶口黯者名也。"七肖切。（清）　《广韵·四宵》："口不正也。"音宵。（心）

罉 《广韵·卅二霰》："纺锤。《说文》曰：瓦器也。"仓甸切。（清）　《玉篇》："七钝、先见二切。瓦器也。"（心）

娋 《集韵·十八药》又音七约切。（清）　《说文·女部》："小小侵也。"息约切。（心）

参 《广韵·廿二覃》："参承，参觐也。"仓含切。（清）　《广韵·廿一侵》："参星。"所今切。（审）

仓庚 《广韵·十一唐》：仓，七冈切。（清）　商庚 《尔雅·释鸟》："仓庚，商庚。"异名声近。《广韵·十阳》：商，式羊切。（审）

衰 《广韵·五支》："小也，减也。"楚危切。（穿）　《广韵·六脂》："微也。"所追切。（审）

侈 《广韵·四纸》："奢也，泰也，大也。"尺氏切。（穿）　《玉篇》："昌是、式是二切。泰也。"（审）

纚 《广雅·释器》："紬也。"曹宪又音赤移切。（穿）　《广韵·五支》："缯似布。"式支切。（审）

椮　《玉篇》：“楚今切。木长皃。”（穿）　　《玉篇》：“所锦切。木实也。”（审）

帜　《广韵·七志》：“旗帜。”昌志切。　　《广韵·七志》又式吏切，音试。（审）
　　（穿）

鬖　《玉篇》：“楚今切。乱发也。”（穿）　　《玉篇》又音色减切。（审）

䫛　《广韵·卅六养》：“丑也。”初丈切。　　《广韵·卅六养》：“丑皃。”疏两切。
　　（穿）　　（审）

㵼　《广韵·卅六养》：“净也。”初两切。　　《广韵·卅六养》：“净也。”疏两切。
　　（穿）　　（审）

奲　《玉篇·多部》：“尺豉切。大有庆也。”　　《广韵·五寘》：“有大庆也。”施智切。
　　（穿）　　（审）

啑　《玉篇》：“叱涉切。多言也。”（穿）　　《玉篇》又音山涉切。（审）

产　今通读如铲，初限切。（穿）　　《广韵·廿六产》：“生也。”所简切。
　　（审）

鼠　甬音读如杵。（穿）　　《广韵·八语》：“小兽名，善为盗。”
　　舒吕切，音黍。（审）

暑　杭州人呼如杵。（穿）　　《广韵·八语》：“热也。”舒吕切，
　　音黍。（审）

憃　《礼·表记》释文：徐邈音昌容反。　　《广韵·三钟》：“愚也。”书容切。
　　（穿）　　（审）

啸　《礼·内则》：“不啸不指。”释文　　《广韵·卅四啸》：“吹声也。”苏吊切。
　　尺失反。（穿）　　（心）

絮　《广韵·九御》：“和调食也。”抽　　《广韵·九御》：“敝绵也。”息据切。
　　据切。（彻）　　（心）

挻　《玉篇》：“丑连切。长也。”（彻）　　《玉篇》又音式连切。（审）

　　审纽字亦有转读照纽者，如“识”，亦读如志；“啻、翅”，今甬音亦讹如志。然其例不繁，近于孤证，不足为恒律。若前修谓齿头心、邪为清浊，正齿审、禅为清浊，验之字音，对转而读，殊不多见。惟“松”，邪纽，《玉篇》徐容切，《广韵》祥容切。今读如鬆，为心纽；“旬”，《玉篇》似均切，《广韵》详遵切。音巡，今读如恂；“徇、殉”，《玉篇》似闰切，《广韵》辞闰切。读如濬，外此不多见。反之，心纽讹邪纽，尤未闻。至同音

类各纽，前人谓皆得相转，名为"近转"。齿头精、清、从、心、邪五纽通转，正齿照、穿、床、审、禅五纽通转，此可言其变，未可为恒律也。

日通泥娘禅床说

《切韵指掌图》曰："日字，却与泥、娘二字母下字相通。"江永曰："日为半齿，正齿禅母之余。"章炳麟有《古音娘日归泥说》，谓古无日纽，今日纽乃古泥纽之变。又曰："日纽之音，进而呼之则近来，退而呼之则近禅。"今验甬音，无日纽正音字，惟"儿、而、耳、尔、迩、二、饵"诸字，稍近似，然读音皆流于来。若方言中"儿、耳、二、饵"字，又转泥、娘。"尔"俗字作"你"，亦在泥纽。"儿子"呼作"婗子"，"耳朵"呼作"尼朵"，"一二三"呼作"一尼三"，"饵糕"音讹而字误作"年糕"。参看《释食篇》。余日纽字，有作禅纽者，有作泥、娘纽者，亦有流变如床、澄者。盖今音澄、床相混，禅与床同浊相转，既由禅而转于床，遂又转于澄耳。日纽读泥者，犹古音之遗。泥本古音，舌音字后多变为齿音，钱大昕说。故流变如禅。禅为次浊，泥为浊收鼻音，《指掌图》等谓之"不清不浊"。去其收鼻音，则送气较甚，故变为次浊。日为次浊，与禅同科，故相流转。日为泥变，来亦泥之余。江永说。来、日同源异派，犹昆仲之相似，故亦通转。惟来纽距泥尤近，方言中犹能作亢音，与泥之收鼻音声势相若，日纽则不能也。

日纽字，《广韵》中多有兼读泥、娘纽者，是古音蜕变而遗迹犹未尽泯也。如"桡"如招切，女教切。"相"人质切，女乙切。"孃"汝阳切，女良切。"襛、秾"而容切，女容切。"仅"而充切，尼辰切。"溺"而灼切，奴历切。"愞"而充切，奴乱切。"娆"而沼切，奴鸟切。皆是。甬音读日纽为泥、娘者，如"饶"读女尧切，"绕"读女沼切，"绒"读如浓，"戎"姓亦如浓，"软"音讹如女，"壬"读女音切，"任"姓亦如之，"热"读女节切，"箬"读女略切。

日纽字，甬音有读禅纽者。如"蕤"读如谁，"蕊、芮、枘、汭"读如瑞，"如、茹、儒、孺"读如殊，"人、仁"读如晨，"然"读如禅，"攘"读市羊切，阳韵禅纽字常、尝等，甬音皆讹入从纽，如藏。"柔、蹂"读时由切，尤韵禅纽字雠、酬等，甬音皆讹转澄纽，如绸。"髯、冉"皆音如禅。甬音盐添与先仙相混。上去声字，亦如之。如"乳、汝"读若树，"忍"若肾，"认"若慎，"润"若顺，"扰"若绍，"惹"若社，"染"若缮，皆是。入声"肉、辱"读如淑，[①]"日"读殊乙切，"弱、若"读如芍，"入"读如十。然读音在禅纽，而方言有仍在泥、娘纽者。如"人、

---

① 此谓"肉"读如淑，下文谓"肉"呼女屋切，彼此矛盾。宁波话"肉"不读淑，读女屋切。

仁"呼为奴因切，"染"呼为年，"肉"呼女屋切，"日"呼为匿，"让"呼为酿，"乳"音转字讹作"奶"。奴蟹切。鱼、支相转。蟹韵，支类也（参看《释形体篇》）。

日转为禅，又从禅而转为床、澄者，如"戎"读如"虫"，"茸、冗"读如重，"仍、礽、扔"读如澄，"蹂"或读如俦。此组之一转再转而声讹也。

喉牙通转说

牙音见、溪、群、疑往往与喉音影、晓、匣、喻相转。章炳麟《古双声说》谓喉、牙二音互有蜕化，喉音可为牙，牙音可为喉。马宗霍《音韵学通论》总喉、牙八组并为一类，易名为"腭音"，就其发音部位，大要言之也。今言音理体功者，以见、溪、群、疑、匣之粗音为舌根音，细音为舌前音。盖此五组，发音部位本相同，故匣组字音，往往兼读见、溪二组。方音疑纽字，又多读成匣、喻，喻本匣之细音。牙音诸组，有混入影、晓者，则又由匣之浊清转变而然耳。故喉、牙相转，当以匣为中心。匣声浊，凡喉、牙声转浊甚者，皆归之。此即万物皆归于土、众色皆归于黑之理。阴阳声同入相转，亦即此理，入声最浊也。喉、牙音相转，匣最为夥矣。

字音有匣、见二读者，如"繫、係"，胡计切；又古诣切，为见纽。北音则讹转晓纽如醯。繫又读口奚切，为溪纽。"虹"亦读如绛见。"降"有下江匣、古巷二切。"襘、会"亦读如侩见。"滑"读滑稽，如骨见。○ 今呼可笑为"滑稽"，误读如字，盖始于俳倡吴人王某。彼固浅人误读，而流俗效之，风行全国，可慨也！"活、佸"皆户括匣、古括见二音。"壊"亦读怪见。"解"亦读邂匣。○《庄子·胠箧篇》释文又苦懈反，为溪纽。"减"亦读嗛。下斩切，匣纽。○ 今衣物截损而短之呼为减，正作此音。"窐"音畦匣，又音圭见。他如"莞"古桓，胡官。"涫"古乱，胡乱。"校"古效，胡教。"盖"古害，胡腊。"湝"古皆，户皆。"茭"古爻，下绞。"绞"古卯，乎交。"炯"公迥，户顶。"櫰"古回，户乖。"械"古咸切，胡缄切。○ 以上十字音切，皆本《玉篇》。皆匣、见通读也。

匣、溪二读者，如"梡、棵"，胡管匣、苦管溪二切。"䶧"，胡八、苦骨二切。"倪"，胡典、苦甸二切。"𪒠"，胡甘匣、口含溪二切。以上音切本《广韵》。"咳"，何来匣、苦代溪二切。"匯"，胡罪、口乖二切。"嗛"，胡簟、苦簟二切。"𥅴"，户干匣、口间溪二切。以上音切本《玉篇》。"慊"，户兼《说文》、苦簟《广韵》二音。"蛞"，胡括《玉篇》、苦括《广韵》二音。"舰、槛"，今俗读苦减切，本胡黤切也。"豢"，胡惯切，今俗语纽转，字讹作看，饲养家畜，如"看牛""看鸭"是也。"㝩"，空也，苦管切，俗语纽转，字讹作完。"容"，貌也，余封切，喻纽。喻、匣通。俗语纽转，字讹作孔，今呼面容为"面孔"。

疑、匣相转者，如"鹤"，下各切，本匣纽，今读俄各切，为疑纽，如咢。读疑为匣者，如"伍、五、午"读若户，"吴"读若胡，甬语称述姓氏，吴、胡音混，于是有"口天吴""古月胡"之辨别。"涯、崖"读若谐，"桅"读若回，"顽"读若还，"玩"读若患，"牙"读若霞。"乐"，好也，五教切，甬音如效；音乐之"乐"，五角切，甬音如学。"牙"或读如霞，"兀"或读如滑，"外"读如坏。匣、喻同类，故读疑亦有入喻者，如读"鱼"如余，"阮"如远，"月"如越。以上不独甬音为然，吴越多有之。

◇和，俗或呼如鹅。牙牌全红八点曰"和牌"，俗呼"鹅牌"。鄞呼嬉戏曰"娆苛"，咸祥大嵩人呼如"娆鹅"。

或问：匣、疑相转，匣转疑音何少，疑转匣者何多？曰：疑浊而收鼻音，匣浊而直纾成音，呼疑纽而直纾之，失收鼻音，故易流于匣。匣纽转疑，须加收鼻音，造音之声势转曲。曲者劳，而直者逸。凡物情，由劳趋逸易，由逸转劳难，故匣转疑者少，疑转匣者多。段玉裁曰："大略古音多敛，今音多侈。"疑敛而匣侈，亦其例也。观侵、覃、盐、咸诸韵，古皆收声于闭口，而今多失其闭口，致与真、元、寒、删、先相混。能存古音，收声于闭口者，仅闽广少数地区，而辄近数十年来，亦渐趋衰减，其理正相同也。

匣转于群者，如"溃"，胡对切，甬读如匮。"环"，俗音逵还切。如铁环，耳珰呼"环子"，圆洞桥曰"环龙桥"。"褢"，藏也，通作怀，俗谓藏于胸襟曰"褢里"，音逵乖切。虫之蠕行曰"䖪"，见《夏小正》。甬语逵昆切。赌牌九者投鈺于必胜之方曰"坏窦"，犹云缺口，谓庄家瑕隙处也。甬俗坏音逵患切。甬俗怀、坏皆在删韵，皆、删同入相转故也。

影、见相转者，如"弇"，衣俭切，又古南切。"婠"，一丸切，又古玩切。"徼"，古尧切，又伊消切。"娟"，於缘切，俗读如涓。"弯弓"或借作"关弓""贯弓"。"押"，乌甲切，又古狎切。"婐"，乌果切，又古华切。

◇《说文》莙读若威，"威姑"即"君姑"。古音威、君相似，脂、真对转，影、见亦相转也。

影、溪相转者，如"蓝"，去尤切，又於于切。"洼"，口迥切，又乌圭切。"埲"，苦对切，又於卧切。"㖔"，苦后切，又乌后切。"椅"於离切，又丘奇切。

晓、见相转者，如"决、疚、泬"，并古穴切，又呼穴切。"诟"，古厚切，又呼候切。"枭"，古尧切，甬读许尧切。"嚄"，古获切，又霍虢切。"譞"，古县切，又许县切。"狷"古县切，又嬛缘切。

晓、溪相转者，如"气"，去既切，又许既切。"忾"，苦爱切，又许既切。"霩"，苦郭切，《说文》。又呼郭切。《玉篇》。"迄"，许讫切，今讹读如乞。"姁"，区遇切，又况羽切。"爌"，苦晃切，又呼晃切。"阚"，苦滥切，又火斩切。"顑"，口感切，又呼笘切。"㗛"，苦协切，又呼牒切。"礊"，口革切，又呼麦切。"牁"，苦后切，又音吼。

喉牙音作齐齿与齿音相混说

牙音见、溪、群、疑四纽，作细音齐齿呼时，除疑纽混入泥、娘外，见、溪、群三组，甬音往往与齿音精、清、从相若。齿头与正齿既类隔相似，甬音精、清、从每与照、穿、床相乱，故见、溪、群作齐齿，又常与照、穿、床相若。今音知、彻、澄与照、穿、床无别，故见、溪、群之齐齿，又或与知、彻、澄相若。试举甬音以证之。

见纽齐齿之与精、照、知相混者，如"鸡稽薑姜计继"见之与"跻齑将浆济祭"精相混。"张"知又读如"姜"。"肩见蹇骄叫兼"见之与"煎箭翦焦醮尖"精相混。"京惊荆洁激鸠"见之与"精晶旌节绩啾"精相混。"九韭"见之与"酒"精、又与"帚"照皆相混。"阄丩皎"见之与"啁啁昭"照相混。"今金吉颈缣"见之与"斟针枮整詹"照相混。"棘亟劫急汲"见之与"即稷接湒葺"精、又与"职织摺执汁"照皆相混。"兢"见之与"征"知相混。"脚"见之与"著"知○俗作着。又与"酌"照皆相混。镇海、慈溪读知，照纽字，如"珍真遭甄占哲浙"等字，或能分清与见纽细音有别，鄞县、奉化则混入见纽。

溪纽齐齿之与清、穿、彻相混者，如"区[①]溪挈羌钦"溪之与"枢妻窃锵侵"清相混。"卿轻谦契喫"溪之与"清青签砌戚"清相混。"遣谴窍"溪之与"浅倩俏"清相混。"邱欠泣"溪之与"秋堑缉"清、又与"抽觇瘛"彻皆相混。"跷硗"溪之与"弨敹"穿相混。

群纽齐齿之与从、床、澄相混者，如"虔乾墐乔仅强"群之与"缠廛尘潮陈肠"澄相混。"擎鲸"群之与"情"从、又与"呈程"澄皆相混。"技妓求臼"群之与"雉痔俦绸纣"澄相混。"弶极"群之与"仗直"澄相混。"旧钳件翘"群之与"就潜践樵"从相混。"剧屐及"群之与"掷踯蛰"澄相混。床纽字少，又甬读床纽字多作禅纽，今音床、澄无别，故取澄纽字而床阙。

喉音晓纽齐齿呼，往往与心、审混。江有诰谓晓呼如少，误。则歙人呼晓亦讹入审纽。关东俗髹（髤）漆谓之"捎漆"。见《汉书·外戚·赵皇后传》注。髤声转为捎，亦晓转为心、审也。捎有相邀、使交二切。喻纽齐齿，往往与邪、禅混，故喻纽字多有通读邪、禅者。

_____

① "区"是合口呼，不是齐齿呼。下文"枢"也是合口呼，且"枢"《广韵》昌朱切，昌（穿）纽字，而非清纽字，与"区"也不相混。

甬读晓纽与心、审混者，如"馨兴胁醯"晓之与"星升爕犀"心相混。"香乡飨胙"晓之与"襄相想膝"心相混。"麻抮夑阅"晓之与"羞洗信锡"心相混。"险諴兴吸"晓之与"陕闪胜湿"审相混。"朽谑睢矗"晓之与"潃削虽息"心、又与"首铄榱识"审相混。"晓嚣喜歆"晓之与"小宵玺心"心、又与"少烧裹深"审皆相混。"枕休嗅"晓之与"纤修秀"心、又与"苦收兽"审皆相混。

甬语呼"死"如喜，"棉花絮"如棉花戏。"娞"，丑也，许维切，甬谓人物之丑者曰"娞样"，而字讹作"死样"，皆讹心入晓也。"倏"音叔，甬读如蓄，讹审入晓也。慈溪山北人呼书如虚，输赢之输如煦，身如熏，并讹审入晓；又呼笋若驯，则讹心入晓。此等讹转，外地人亦往往有之。《广韵》："春，书容切。"审纽。奉化人读虚江切，晓纽，纽转韵亦移也。

喻纽字兼读邪纽者，如语助之"邪"，以遮切喻，"邪鬼""思无邪"，则似嗟切邪。"已甚""而已"之"已"，羊己切喻，"巳午"之"巳"，音似邪。"颂"，皃也，今作容。余封切喻，"歌颂"字似用切邪。"袖"，似祐切邪，《玉篇》又余久切喻。歆美、羡余之"羡"似面切，又《广韵》：延也，进也，于线切喻。"遂"亦似面、于线、以然三音。"鱏"，余针切喻，又徐林切邪。"引"，余忍切喻，又徐忍切邪。遗失、遗赠之"遗"以追切喻，郑玄读曰随，《诗·小雅·角弓》"莫肯下遗"释文。《集韵》又徐醉切邪。

邪、禅类隔声通，故喻纽字亦有声转而兼读禅纽者。如"鋋"，以然切喻，又市连切禅。"醓"，余针切喻，又时任切禅。"鷸"，《玉篇》余律切喻，又时律切禅。"栘"，《玉篇》余支切喻，又成兮切禅。

喻定相转说

喻既通转于禅，定亦通转于禅，黄侃谓禅乃古定纽之变。喻、定皆因禅之枢转而相通，故字音喻、定二纽通读者甚多。《说文》："柚，条也。"柚、条古音同类，幽类。为叠韵，因纽转而形变为条，条非柚也。当时呼柚有作条音者，遂以方音之条训柚耳。《诗·行苇》："黄耇台背。"台，徐邈音臺定，台又训我，读如怡喻。"台背"通作"鲐背"，鲐亦臺、夷二音。"棣、荑"并音啼定，又音夷喻。"委蛇"之"蛇"弋支切喻，亦读徒河切定。"轶"，夷质切喻，又同质切定。"潭"音覃定，又以荏切喻。"蟫"音覃，又音淫。"兲"音谈，《广雅》曹宪音淫，释诂四。"牏、歈、窬、揄"并音逾，又并音头。"陶"，徒刀切定，又余昭切喻。"铫"，徒吊切，又余昭切。"朓"，徒了切定，又以绍切喻。"鯠"，《玉篇》大吾切定，又弋居切喻。"鱓"，《玉篇》大果切，又弋水切。

喻转定纽，形随声变，不仅柚之为条。"奢"，歌也，奢、谣古今字。《说文》："奢，徒歌。"余招切。转定纽，俗字作调。《说文》："调，和也。"非歌调义。李善注《文选》谓"调犹韵也""犹辞也"，此皆循文为训，本非古义。"舀"，抒也，以沼切。俗语转影纽如杳。转定纽，俗字作掏，舀声、匋声古音同部，皆幽类。俗音亦转如调。今呼抒羹汤之匙为"调羹"是也。参看《释器篇》"掏"字释。

晓匣合口与轻唇相混说

晓纽合口轻呼之，往往与轻唇非、敷相似；匣纽合口轻呼之，往往与奉、微相似。故甬音读晓纽合口之"呼虎謼"与非纽之"肤府赋"、敷纽之"孚抚赴"，匣纽合口之"胡户护"与奉纽之"符腐附"、微纽之"无武务"，皆混而不分。此唯在虞、模韵中为最著，以古音鱼类字皆合口呼也。鱼类鱼、虞、模三韵，鱼、模韵无轻唇音字，惟虞有之；而鱼、虞有撮口字，模韵则悉作合口呼。苏省松江府属及邻近嘉善诸地，晓纽合口呼字混作非、敷尤多。如读"挥"为弗威切，"灰"为弗回切，"会"乏秽切，"汇"物隈切。甬语讹虺为飞，毒蛇名"采状虺"俗讹作"草上飞"，亦其例也。参看《释鱼虫篇》。又空尽曰"完"，俗或呼如"无"。猛犬曰"桓狗"，音或讹作"武狗"。

匣之合口既混为奉、微，或复由奉转重唇为并纽。如"壶、瓠、狐"皆匣纽，而俗音讹入奉纽，如符；复转重唇并纽，为蒲。甬称鲜白枣为"白壶枣"，"壶枣"见《尔雅·释木》。音讹为"白蒲枣"。《诗·豳风·七月》："八月断壶。"壶即瓠也，瓜属，可为蔬，甬俗呼如蒲。瓠实坚老，剖之可为瓢，甬呼为"蒲瓢"。狐裘贵而鼬皮贱，甬谚讥不自量力、以贱效贵曰"黄鼠狼看狐样"，狐音如蒲。阈，门限也，甬呼门限音如"地匐"，匐即"户阈"之合声。户，匣纽，俗读如腐，"腐阈"声合如伏，转重唇，故如匐。今俯伏字，亦呼如匐也。阈，职韵，古音为之类。之、幽声近相转，幽入于屋，故职韵字多有转读屋韵者。匐，职韵，亦入屋韵。

或问：晓、匣合口，其转轻唇，字何少耶？曰：晓、匣合口，必其同韵中有轻唇音，两相会遇，方讹转焉。《广韵》平声五十七韵，有轻唇字者九韵，东、钟、微、文、元、尤、凡、虞、阳是也。上、去例推。惟东韵有晓、匣合口，然烘、红诸字，今皆转开口，虽有犹无也。微、尾、未韵晓纽"挥徽虺卉讳"诸字，本皆撮口，而今皆变合口，故得与其非、敷纽字相混。如虺讹为飞。模、虞声似，模、姥、暮韵皆合口，其晓纽"呼虎冔"、匣纽"胡户护",故得与虞、麌、遇韵非、敷、奉、微诸纽字相混。外此则不可得已。虽然,有轻唇音诸韵,晓、匣纽字苟变作合口,则其混入轻唇非不可得,如松江、嘉善读"灰、汇"诸字即其例矣。

变音（上）　弍萬零四百四拾弍字

丁未[①]谷雨后二日眷竣

---

① "丁未"原作"丁巳",误,径改。

附　变音（下）

目　录

韵转概说

字音缓读，可析为反语，如椎为"终葵"，笔为"不律"，上字为纽，下字为

韵。纽之分类，守温三十六字母是也。字音纽变，上文已详之。韵之分类，《广韵》
二百六部是也。其中部殊，而后人读之，颇多混同者，《平水韵》乃并为百六部，今《诗
韵》取为标准。如支、脂、之为一，先、仙为一，萧、宵为一，覃、谈为一，诸凡是者，
今音则然，于古为乖。方言字音，有从今读者，有从古音者。及其语转讹变，有从今变者，
有从古变者。不论今古，其转变之规律有三：平、上、去声促则为入，入声长言则为平、
上、去，一也。异平同入则相转，异入同平亦相转，古音家所论阴阳声对转，多基于此，
二也。声相近，则邻转，三也。兹三者，言之简易，而能通明其说，有物有则，亦正匡易。
即以平、上、去各韵之配入，诸儒已多纷歧。声相近者区分为类，诸儒尤繁简各殊，
少者则十，多者至二十余。声类相近，序次邻比，诸家亦不尽同。核古今音读之异同，
明语转之原委，则段玉裁《六书音均表》为最。其所论合韵、异平同入，即肇转音之门户。
定阴阳声对转之差异，广迮逗通叶之证验，则严可均《说文声类》为著。后之言声类
通转者，多奉为圭臬。严书后出，多补正段、孔、戴、王之阙失。然段书自有其所长，
见仁见智，各有可传。揽此二家之菁英，以斠定古音之分类通转及古音入声所属，差
皆得其总持。章炳麟集前人大成，撰《成均图》，多阴本严说，而辅以戴震、王念孙表，
立对转、旁转、假道隔越诸转，亦广通转之法门。并录于左。

段氏《六书音均表》

（表中入声栏用括号载"同某部"者，其所隶韵目，原表本缺。此据段氏《异平同入说》补入）

	部	平声	上声	去声	入声
第一类	一	之咍	止海	志代	职德
第二类	二	萧宵肴豪	筱小巧晧	啸笑效号	（同一部）
	三	尤幽	有黝	宥幼	屋沃烛觉
	四	侯	厚	候	（同三部）
	五	鱼虞模	语麌姥	御遇暮	药铎
第三类	六	蒸登	拯等	证嶝	（同一部）
	七	侵盐添	寝琰忝	沁艳㮇	缉叶帖
	八	覃谈咸衔严凡	感敢豏槛俨范	勘阚陷鉴酽梵	合盍洽狎业乏
第四类	九	东冬钟江	董肿讲	送宋用绛	（同三部）
	十	阳唐	养荡	漾宕	（同五部）
	十一	庚耕清青	梗耿静迥	映诤劲径	（同十二部）

续表

	部	平声	上声	去声	入声
	十二	真臻先	轸铣	震霰	质栉屑
第五类	十三	谆文欣魂痕	准吻隐混很	稕问焮慁恨	（同十五部）
	十四	元寒桓删山仙	阮旱缓潸产狝	愿翰换谏裥线	（同十五部）
	十五	脂微齐皆灰	旨尾荠骇贿	至未霁祭①泰怪 夬队废	术物迄月没曷末 黠鎋薛
第六类	十六	支佳	纸蟹	寘卦	陌麦昔锡
	十七	歌戈麻	哿果马	箇过祃	（同十六部）

　　右表部次叙列，段氏自言皆以声相近为比，以之咍类为始，萧宵、尤幽声与之近，故次之。侯声近尤幽，故次尤幽。鱼虞模声近侯，故又次侯。循是以往，而以歌麻次支佳为终。然歌、咍同入于曷，麻、佳、咍同入于麦。古歌类字，今多转入支类。如皮声、多声、离声、垂声、奇声、义声、为声诸字，今多转入支、纸、寘韵。是歌、支声通，支、之声亦近，终始衔结，循环相贯者也。严可均以脂、支、之、歌合为一类，又以之、宵、幽亦合为一类。其说通明，足补段氏之不逮，而于段说并行无违者也。

严氏《声类表》

（原书无表，据其所说而为之）

阴声八类（阴阳声之辨，在有无鼻音为异。有则为阳声，无则为阴声）

		平声	上声	去声	入声
一	之类	之咍	止海	志代	职德
二	支类	支佳	纸蟹	寘卦	麦锡
三	脂类	脂微齐皆灰	旨尾荠骇贿	至未霁祭泰怪夬 队废	质术栉物迄月没 曷末黠鎋屑薛
四	歌类	歌戈麻	哿果马	箇过祃	
五	鱼类	鱼虞模	语麌姥	御暮	铎陌昔
六	侯类	侯	厚	候遇	屋烛
七	幽类	幽尤萧	黝有筱巧晧	幼宥啸	沃
八	宵类	宵肴豪	小	笑效号	觉药

---

① "祭"字原脱，径补。

阳声八类

		平声	上声	去声	入声
一	蒸类	蒸登	拯等	证嶝	
二	耕类	耕清青	耿静迥	诤劲径	
三	真类	真谆臻文欣魂痕先	轸准吻隐混很铣	震稕问焮恩恨	
四	元类	元寒桓删山仙	阮旱缓潸产狝	愿翰换谏裥霰线	
五	阳类	阳唐庚	养荡梗	漾宕映	
六	东类	东钟江	董肿讲	送用绛	
七	侵类	冬侵覃咸衔凡	寝感范	宋沁勘陷梵	
八	谈类	谈盐添严	敢琰忝俨槛	阚艳㮇酽鉴	缉合盍叶帖洽狎业乏

　　严氏区分声类，阴阳声皆八，凡叙列之数同，皆为对耦。如阴声一为之类，阳声一为蒸类，之、蒸相对，之为蒸阴声，蒸为之阳声，两类之声互转。又如阴声五为鱼类，阳声五为阳类，鱼、阳相对，鱼为阳阴声，阳为鱼阳①声，两类之声互转。余皆仿此。严氏所分声类，行次叙列，亦以声相近者为比。之始宵终，宵、之声亦相近，终而复始，循环相转也。其阳声始蒸终谈，谈、蒸声亦相近。

　　段氏区分声类十七部，严氏为十六类，盖合段表十二部十三部真、谆两部为一。真声较轻，谆声较重，细析之，可分为二；浑言之，固可为一。犹犬之与狼，虽驯猛不同，而形固相似。严氏广孔广森之说，以为声有阴阳，阴阳匹配，其数必耦。阴声类八，阳声类不当九，故裁谆归真，以相匹敌。章炳麟《成均图》阴阳声分部各九，阳声真、谆不并，而析阴声脂部为脂、至两部，以为阳声真、谆之对，于是阴声亦九。其匠心与严氏正同也。

　　段表第六部至十四部皆阳声，余为阴声，以声近鱼贯比次。阴声五部列在表首，三部殿表末，而阳声九部厕入其中。十五部脂灰类阴声，次十四部元寒类阳声之后，声本不近，然犹可假脂、元两类同入通转说之。若第六部蒸登阳声，次五部鱼虞模阴声之后，声不相近，而段氏强为附合，不可为训。盖阴阳声糅为同列，强求其声近比次，鱼贯成队，故有时而穷焉。严氏分阴阳声为两队，而以对转说以通之，此所以后来居上，补段氏合韵之不逮也。

---

① "阳"，原作"阴"，误，径改。

古音分类，段、严皆以《广韵》四声韵目分隶属之。然此不过假《广韵》今音以状古音之某类耳，非谓《广韵》某韵中字即属古音某类也。如《广韵》"一东"，段表隶第九部，亦即严氏阳声之东类。然东韵中"冯穹苔雄梦"诸字，古音则在蒸类；即段表第六部。"风枫芃"等字，古音则在侵类；即段表第七部。"雺霿瞀"古音则在幽类。即段表第三部。盖古音以其偏旁谐声为准。"冯"从仌声，"穹苔"从弓声，"雄"从厷声，"梦（夢）"从瞢省聲。仌声、弓声、厷声、瞢声古音皆在蒸登类也。"枫"从风声，"风（風）"从凡声，"芃"亦凡声，凡声古音在侵覃类。"雺霿瞀"皆从矛声，矛声古音在幽尤类也。又如"五支""四纸"韵中，"移廖侈恀"诸字皆从多声，"骑踦猗绮"诸字皆从奇声，奇从可声。"仪橯"等字皆从义声，义（義）从我声。古音皆在歌类。"亏（虧）"从虖声，虖从虍声。"戏（戲）"从慮声，慮从虍声。古音皆在鱼类。不可谓此诸字在支、纸韵，遂谓古音亦在支类也。

《说文》谐声偏旁诸字，段氏、严氏皆哀集成篇，古音分类，据以为准。朱骏声《说文通训定声》且以此为纲而成书。然古音家论谐声定类，亦互有牴牾。如銭声、兼声、金声，段入七部为侵类，严入谈类。即声、失声、血声，段入十二部真类，为阳声，严入脂类，为阴声。大体相同者多。

章氏《成均图》

　　章炳麟作《成均图》，亦主阴阳声相对，而阴阳声复各分侈弇。又以鱼、阳为阴阳之轴，于是如太极分两仪而为四象。其声类位列，亦以相近为比，与段、严相较，略有出入。朱骏声《说文通训定声》有泰部，所列多属《广韵》祭泰夬废及入声月曷末鎋韵中字。戴震《声类表》以阳声元寒桓删山仙，与阴声祭泰夬废，同入于月曷末黠鎋屑，同入则相转。江永以歌寒泰同入于曷，戈桓泰同入于末。歌部与泰部同入，故章氏合为同部。泰部字，段、严则入脂类。章名寒部，即孔、严之元类。

　　至部为王念孙所立，段、严则赅于脂类。章氏析至、脂为两部，欲与其阳声真、谆对也。至、脂本可合为一，真、谆亦可合为一，而章氏析之者，以鱼、阳既为中轴，其二翼侈弇，势当均等。侈者阴阳俱四，弇者阴阳亦当为四，析之所以均二翼也。队部为章氏创立，其所举字，段、严亦在脂类。

　　冬、侵同部，严说亦然。缉为侵入，盍为谈入，章氏合举名部，实与严、段无异。清部亦即严之耕类。

　　古音分部，繁简适中，本书多主严说。若字之偏旁谐声，各家所主何部，或有出入，本书择其有当于甬音者论之。非谓当于甬音必为正宗，第释说甬言，固以此为捷径矣。

述古音转变

　　古音分类，既如上定，而音之转变，由此类变入他类者，段、严、章三家皆有说，详其轨辙。段氏曰："第一部之韵，音转入于尤。第三部尤幽韵，音转入于萧宵肴豪。第四部侯韵，音转入于虞。第五部鱼虞模韵，音转入于麻。第六部蒸韵，音转入于侵。第七部侵盐韵，音转入于覃谈咸衔严凡。第二部至第五部，第六部至第八部，音转皆入于东冬钟。第九部东冬钟韵，音转入于阳唐。第十部阳唐韵，音转入于庚。第十一部庚耕清青韵，音转入于真。第十二部真先韵，音转入于文欣魂痕。第十三部文欣魂痕韵，音转入于元寒桓删山仙。第十三部、第十四部，音转皆入于脂微。第十五部脂微齐皆灰韵，音转入于支佳。第十六部支佳韵，音转入于脂齐歌麻。第十七部歌戈韵，音转亦多入于支佳。此音转之大较也。"又曰："古第二部之字萧宵肴豪，多转入于屋觉药铎韵中。""汉以后，多以鱼虞之字，韵入于歌戈。""第七部侵盐添、第八部覃谈咸衔严凡，汉以后乃多合用。""第十二部真臻先、十三部谆文欣魂痕、十四部元寒桓删山仙，汉以后用韵过宽，三部合用。""晋宋而下，多以第五部入声药铎之字，韵入于第十六部陌麦昔锡。"

　　又论各部声类之正变曰："音有正变。音之敛侈必适中，过敛过侈则皆变。哈为之变，屋为尤侯变，虞模为鱼变，登为蒸变，盐添为侵变，覃谈咸衔为严凡变，东为冬钟变，唐为阳变，庚青为耕清变，先为真变，魂痕为谆文欣变，寒桓删山仙为元变，齐皆灰为脂微变，佳为支变，麻为歌戈变。"

　　综观段氏所论音变诸例，除十三部、十四部转于脂微，近于阴阳声对转者外，余多属声类相近之变，章氏所谓"傍转"，犹地区相邻，方音乃渐变也。若戴震所言阴阳声同入相转，及孔广森所创之对转，段氏则略而未备。段氏虽有异平同入合韵之说，近于对转，然语焉不详，又多散见于《说文》注中，未作原始要终之通论。孔氏虽创阴阳声对转，第侵谈之转幽宵，严可均始裁定之。严氏论音变，轨辙尤广，既有对转，复有声近之转，合类之转。斯三者，复复用交错，于是繁衍益甚。章氏之次旁转、次对转、交纽转、隔越转等，实渊源于此。

　　严氏言阴阳声对转者八，即之蒸对转、支耕对转、脂真对转、歌元对转、鱼阳对转、侯东对转、幽侵对转、宵谈对转。其言声近相转者，邻比叙列，即如表行次。阴声之支脂歌鱼侯幽宵，宵复与之声近；阳声蒸耕真元阳东侵谈，谈复与蒸声近。又以阴声之支脂歌声皆相近，综合为一类，俱相通转。其对转之阳声蒸耕真元声亦相近，亦综合为一类，俱相通转。又以此阴阳声八部，既得声近对转，乃合为一大类，亦得互转。如之不仅对转通蒸，亦通真耕元，真不仅对转通脂，亦通之支歌。余如例。又之声敛，与宵幽声近，故之宵幽三部通转，亦合为一小类。其对转之阳声蒸谈侵，亦声近通转，亦合为一小类。以此两类阴阳声通，故六部合为一大类，互相通转。如之亦可通谈侵，谈亦可通之幽。余如例。

　　既有对转、邻转、合类之转，因转而再转，章氏谓之假道。故之脂支皆可通鱼。之支脂与歌合类，歌鱼相邻。之可通侯。之幽合类，幽侯声邻。支由之转，可通谈。支之合类，之谈大合类。脂从之转，可通幽宵；脂之合类，之幽宵亦合类。又可通侵谈。之又与侵谈大合类。歌从之转，可通幽；歌之合类，之幽合类。歌从鱼转，可通阳，歌鱼相邻，鱼阳对转。可通侯。鱼侯相邻。鱼从歌转，可通元；鱼歌相邻，歌元对转。鱼从侯转，可通幽宵。鱼侯相邻，侯幽相邻，幽宵相邻。侯从幽转，可通侵；侯幽相邻，幽侵对转。侯从鱼转歌，可通脂。侯鱼相邻，鱼歌相邻，歌脂合类。幽从侯转，可通东。幽侯相邻，侯东对转。蒸从元转，可通阳。蒸元合类，元阳声近。耕从之转幽，可通侯。耕之大合类，之幽合类，幽侯相邻。真从蒸转，可通侵谈；真蒸合类，蒸与侵谈合类。真从之转，可通幽宵。真之大合类，之与幽宵亦合类。元从之转，可通幽；元之大合类，之幽亦合类。从蒸转，可通谈。元蒸合类，蒸谈相邻。阳从鱼转，可通侯；阳鱼对转，鱼侯相邻。阳从元转，可通蒸；阳元相邻，元蒸合类。从东侯转，可通谈宵。阳东相邻，东侯对转，侯幽相邻，幽宵合类，东与谈为再邻。东从侵转，可通蒸谈；东侵相邻，侵蒸谈合类。从蒸转，可通真元，蒸与真元合类。可通之。之蒸对转。侵从之转，可通脂；侵之大合类，之脂合类。侵从蒸转，可通耕真元；侵蒸合类，蒸耕真元合类。侵从东转，可通阳。侵东相邻，东阳相邻。谈从之转，可通支脂歌；谈之大合类，之与支脂歌亦合类。谈从蒸转，可通耕真元；谈蒸合类，蒸又与耕真元合类。谈从东转，可通阳，谈东再邻，东阳相邻。可通鱼。由阳对转入鱼。

　　声类通转，严说繁矣。章氏撰《成均图》，就其方位，从衡这道，厘定通转之律，其繁亦不亚于严氏。且其所转，多与严氏合符。据图而转，为之说曰："阴弇与阴弇为同列，歌泰、脂队、至、支。阳弇与阳弇为同列；东、侵冬缉、蒸、谈盍。阴侈与阴侈为同列，侯幽之宵。阳侈与阳侈为同列。清真谆寒。凡两部同居，为近转；凡同列相比，为近旁转；凡同列相远，为次旁转；凡阴阳相对，为正对转；凡自旁转而成对转，为次对转。凡近转、近旁转、次旁转、正对转、次对转为正声；凡双声相转不在五转之例为变声。凡阴声、阳声虽非对转，而以比邻相出入者，为交纽转；凡隔轴心不得转，然有间以轴心，隔五相转者，为隔越转。凡交纽转、隔越转为变声。"据章氏图说，所得通转者如下：

近　转　歌泰同居 脂队同居 谈盍同居 侵冬缉同居
　　　　　以下"歌泰"但称"歌"，"侵冬缉"但称"侵"，"脂""谈"同例。

近旁转　歌脂至支鱼侯幽之　寒谆真清阳东侵蒸
　　　　↑↑↑↑↑↑↑↑　↑↑↑↑↑↑↑
　　　　↓↓↓↓↓↓↓↓　↓↓↓↓↓↓↓
　　　　脂至支鱼侯幽之宵　谆真清阳东侵蒸谈

次旁转　歌歌歌脂脂至　宵宵宵之之幽
　　　　↑↑↑↑↑↑　↑↑↑↑↑↑
　　　　↓↓↓↓↓↓　↓↓↓↓↓↓
　　　　至支鱼支鱼鱼　幽侯鱼侯鱼鱼
　　　　寒寒寒谆谆真　谈谈谈蒸蒸侵
　　　　↑↑↑↑↑↑　↑↑↑↑↑↑
　　　　↓↓↓↓↓↓　↓↓↓↓↓↓
　　　　真清阳清阳阳　侵东阳东阳阳

正对转　歌泰　脂队　至　支　鱼　侯　幽　之　宵
　　　　↑↓　↑↓　↑↓　↑↓　↑↓　↑↓　↑↓　↑↓　↑↓
　　　　寒　　谆　　真　清　阳　东　侵冬缉　蒸　谈盍

次对转　歌泰　脂队　至　　支　　鱼　　侯
　　　　↑↓　↑↓　↑↓　↑↓　↑↓　↑↓
　　　　谆真清　寒真清　寒谆清　寒谆真阳　清东　阳侵蒸谈
　　　　幽　　　之　　　宵
　　　　↑↓　　↑↓　　↑↓
　　　　东蒸谈　东侵谈　东侵蒸

交纽转　寒　歌泰
　　　　↑↓　↑↓
　　　　宵　谈盍

隔越转　宵　之　幽　侯　谈盍　蒸　侵　东
　　　　↑↓　↑↓　↑↓　↑↓　↑↓　↑↓　↑↓　↑↓
　　　　支　至　脂队　泰　清　真　谆　寒

　　严氏分声类十六，而设通转之轨辙八十一。章氏分部十八，而设通转之轨辙八十七。两家所设通转之例，援据古籍，固有所征。然颇有证例不繁，近于孤证偶合者；或比勘经籍异文同义，近于牵强附合、未为通说者。在方俗语转，合于两家之轨辙，要不过什之三四。章氏于《新方言》中，于转韵设例，亦自知其所定轨辙枝歧太甚，徒繁无当，乃删繁举要，韵目迆转仅存二十一例，合阴阳声对转，三十例耳。甬言转音，或不止此，虽亦不至八十余歧之繁。姑备其说，以为参稽。

异平同入相转说

　　《广韵》平声五十七部，上声五十五部，冬臻无上声，故少二部。去声六十部，臻无去声，而多祭泰夬废四部，皆无平上。入声仅三十四部。平、上、去多而入少，故入之承配三声，必有所兼。自来言平、入相配者，凡阴声皆无入，阳声痕部上、去很、恨同亦缺。阴声廿二部，支脂之微鱼虞模齐佳皆灰咍萧宵肴豪歌戈麻尤侯幽是也。上、去例推，去声又多祭泰夬废四部。然平、上、去三声，不论阴阳，急言声促，皆转为入。入声缓言声曳，亦可转为三声。理固简易，童孺犹能知。阴声廿二部，苟声促转入，未必无相应之声。故《切韵指掌图》四声相转，凡平皆有入。虽或有点窠作规，虚位无字，其声固在，不可谓其无字，遂谓其无入也。《四声等子》谓豪模侯咍灰脂歌戈等本无入，而假入于铎沃屋曷末质等韵。入声可假，则声促非无所归，虽无入，犹有入焉。入少平多，有一入专配一平者，如侵覃以下九部，侵覃谈盐添咸衔严凡。其入缉合等是。缉合盍叶帖洽狎业乏。有一入兼承数平者，如曷为歌入，亦为寒入，又为咍入，去声泰亦入于曷。屋为东入，鱼模尤侯幽萧亦兼入之。异平既能同入，因入声之枢转，此同入之数平，遂音互相变。如歌寒同入，故韩姓转为何，鼍亦读如檀，见《诗·大雅·灵台》释文。疼亦读如滩，柯义通于干，娥义同于嫦，《方言》十："嫦，好也。"《集韵》音岸。傩、戁俱从难声；掸，徒旱切，提持也，见《说文》。甬语呼为挓。歌咍同入，故笑为咍，亦为呵，又为歌；呼可切。见《广雅·释训》。懈为怠，亦为惰；欺曰诒，徒亥切。亦曰詒；《方言》一郭璞音大和反，《广韵》徒可切。陁，坏也，亦为殆；俱见《广雅·释诂一》。"个小儿"，见《唐书·李密传》。犹今言"该小儿"。寒咍同入，故甬音读汉如海，读看如开，读干如该，读寒如孩。歌泰同入，故大亦音驮，毻他外切又音唾，娧义同嫦，奈亦读那，那亦读奈；甬读他如泰，而泰甚之太，又读如佗；音拖。呼舟师曰"老舵"为"老大"。寒泰同入，故懒从赖声，阑俗讹作赖，颣之为纇；《说文》："颣，难晓也。"《广韵》："纇，迷惑不解理。"此本颣字，纇之本训为欠也。俗讥人不解事者曰"晓得纇"，俗又字讹作乱。甬读奈如难，读害如汗。泰咍同入，故北音读蔡如菜，甬呼戴如带，读盖如该，大讹转为臺（台）。甬语状事之甚者曰"介落台"，即"介落大"之讹转。《尔雅·释诂》："介、路，大也。"字训联言之。意纵曰泰，俗音如态。舒泰曰"舒态"。安甚曰"笃态"，即"倬泰"字。《说文》："倬，箸大也。"阴阳声之转，固多由异平同入；即阴声或阳声同入，亦未尝不转。江永《四声切韵表》曾就《广韵》异平同入之字，释其脉络相通，持论甚精。马宗霍《音韵学通论》采以制表，以为阴阳声对转之征。今录之，并广其例，以为说。

阴声 平上去	侯厚候	尤有宥	幽黝幼	萧筱啸	豪皓号	虞麌遇	肴巧效	脂旨至	脂旨至	微尾未	微尾未	灰贿队	歌哿箇	戈果过	皆骇怪	齐荠霁	祭
入	屋				沃	烛	觉	质	术	栉	物	迄	月	没	曷	末	黠	鎋	屑	薛
阳声 去上平	送董东	宋冬	用肿钟	绛讲江	震轸真	霰铣先	稕准谆	臻	问吻文	焮隐殷	愿阮元	恩混魂	翰旱寒	换缓桓	谏产山	裥产删	线狝仙

阴声 平上去	鱼语御	虞麌遇	宵小笑	模姥暮	豪皓号	麻马祃	佳蟹卦	麻马祃	支纸寘	麻马祃	萧筱啸	之止志	咍海代					
入	药	铎	陌	麦	昔	锡	职	德	缉	合	盍	叶	帖	洽	狎	业	乏
阳声 去上平	漾养阳	宕荡唐	敬梗庚	净耿耕	劲静清	径迥青	证拯蒸	嶝等登	沁寝侵	勘感覃	阚敢谈	艳琰盐	㮇忝添	陷豏咸	鉴槛衔	酽俨严	梵范凡

　　观表，可征阴阳声对转，皆源于同入。所谓东侯对转，即同入于屋耳；之蒸对转，即同入于职；咍登对转，即同入于德。古音之与咍、蒸与登皆声近，故之咍同类，蒸登亦同类，入声职德亦同类。古音家统举此二类之转曰"之蒸对转"，浑言之也。苟校以今音细析，之当对蒸，咍当对登；之转于登，乃对转而邻转。余如鱼阳对转、支耕对转，莫不如是。鱼类中，鱼虞对阳，模对唐；支类中，支对清，佳对耕。细析之，各有专对。鱼本转阳，方音或重浊之，遂流于唐，又邻转之也。苟轻清之，则退转于耕清，且越境矣。诸声类之韵转，皆可作如是观。惟表中无侵幽之转、谈宵之转。侵谈有入，而无阴声为对。侵谈二类凡九韵，本皆闭口音，声已沈细，再作阴声，更微不成声。参戴震说。然则幽之配侵、宵之配谈，又何说欤？章氏《国故论衡·二十三部音准》以侵幽皆齐齿、宵谈皆颐朵而下，故相转。此就声势为释。愚谓侵幽、谈宵之对，本严可均订正孔广森而作。孔氏《诗声类》以冬幽相对，缀宵相对，谈合相对。严氏并冬于缀，易缀为侵。古音冬与侵近，故合为一。侵东声近，幽侯亦声近，东既以侯为阴声，故侵以幽为阴声，东侯声皆洪，侵幽声皆纤，各以其类配焉。侵谈本同类，幽宵亦同类，幽类字今多入萧肴豪韵中，与宵类正相仿。惟侵幽敛，而谈宵侈，故以宵配谈。若孔氏以谈对合，合类中仅有入声，而无平、上、去，故段玉裁疑其不类。侵幽、谈宵之对，严氏既正之，

而援古证例，复足胜孔。章氏本之，益广其说。今验方言语转，尽多合其轨辙，不能以其无同入例而废之。至声类阴阳对转，皆以异平同入为枢，而此二者独无，当阙疑，以俟多闻也。

江氏各韵目平入相配，其源实本《切韵指掌图》。顾图中入之承平，其枝歧尚不仅如上表所载。如鱼虞模亦入于屋、泰亦入于没、哈亦入于曷、萧亦入于药等，表中皆阙未备。又如《四声等子》所主入之承平，歌戈亦入于铎、模亦入于沃、灰亦入于末等，《等韵切音指南》所主侯亦入于铎、尤亦入于药、齐亦入于术等，皆为《指掌图》所未及。稽于方言语转多有证验，不能漏失，局于一家之言，兹网罗之，别制一表，以便省览。表中以入声韵目为纲，所承之平声韵目汇属之。平赅上、去，故上、去韵目删略不载。惟去声如祭泰夬废别出，无平、上者，仍列之。

屋	沃	烛	觉	质	术	栉	物	迄	月	没	曷	末	黠	鎋	屑	薛	药	铎	陌	麦	昔	锡	职
东侯尤幽萧模鱼虞	豪冬模	钟虞鱼	江肴	脂真先尤之齐支	脂谆齐	臻之	微文	微殷尤之	废元麻齐	灰魂痕泰	歌寒泰哈	戈桓泰灰	皆删麻	夬山麻	齐先麻	祭仙麻齐	鱼虞宵阳萧尤	豪模唐歌戈侯	麻庚	麻佳耕	麻支清	萧青清	蒸之耕庚清

德	缉	合	盍	叶	帖	洽	狎	业	乏
登哈侯痕之	侵	覃	谈	盐	添	咸	衔	严	凡

入少平多，欲令凡平有入，故一入兼承数平，理势然也。然一平亦有兼作数入者何？以其音等异呼，或偏旁谐声，古音通转使然。江永《切韵表》、江有诰《入声谱》皆详言之。故脂呼开口入于质栉，合口入于术；微开口入于迄，合口入于物；泰开口入于曷，合口入于末，金以音等相同为入。古今读音，等呼或异；参看上文《音等自转说》。

南北侈弇，亦有不同。故诸家韵书平入相配，颇有出入。如侯入于屋也，或入于铎。铎药，本古音鱼类之入。鱼类鱼虞模三韵，鱼虞声轻，三四等。模声重，一等音。药为鱼虞入，铎为模入，就其音等所同、声之洪纤而相配。铎为一等，药为三四等。鱼侯声近，今音侯为开口呼，铎亦有开口，故侯或入于铎，皆一等音也。侯幽二类近似，以声之轻重洪纤而分。尤为三四等。侯既入铎，尤呼齐齿，故入于药，亦以轻重洪纤而攸归，尤药音等同也。宵萧与尤幽，声最相近，古音萧本幽类。尤入药，故宵萧齐齿，亦入药。尤幽萧既入于屋，又入于药者，与侯兼入于屋铎正相同也。萧宵豪同类，萧宵清纤，豪浊洪。萧宵入药，故豪又入铎，豪铎皆声重开口，一等音也。歌戈亦声重，一等音。歌鱼二类相邻，铎为鱼类入，歌无入，借邻之入为入，故亦入铎，歌开口，戈合口，铎亦具开合二呼也。歌麻同类，麻声纤，歌戈入铎，而麻不随之入药，而入于陌麦昔者，歌支二类亦声近，退而就鱼支声轻之入为入，陌麦开合皆具，又二等音，陌昔又具三等齐齿，与麻等呼皆合，故为入。歌戈又入于曷，麻又入于鎋黠屑者，歌无入，歌脂二类亦声近，借邻之入为入，曷具开口合口，皆一等音，歌戈与之等呼同，而古音偏旁谐声又多相通，故入焉。黠开口，鎋合口，皆二等，与麻等呼同，故为入，麻亦具开合二呼也。若屑薛为三四等，而麻韵作齐齿呼者，宜以为入。侯既入屋，又入于德者，屋德二部古音谐声多相通，如畐声、伏声、复声、郁声、㐱声字，本属之类，在职德韵中，而通入屋韵。又东入于屋，蒸入于德，东韵中亦多蒸部字，如“雄、弓、梦、冯”等字皆是也。德亦一等开口呼，循古音之踪迹，故侯亦入焉。

铎药声最重，屋沃烛觉次之，犹其平声唐阳，次之则东冬钟江，与之为邻也。平声重，应入铎药者，轻读而次之，往往退入于屋沃烛觉。如鱼虞模，本入药铎，声次而侈之，遂亦入屋浊，模亦入沃；萧侯尤幽，入药铎者，亦入屋，豪亦入沃。肴入觉，今音江唐声似，江声次唐，故不入铎而入觉。萧既入药，而又入锡者，固勺声、敫声字药锡二部通见，亦锡为支入，锡声轻，次于药，犹支次于鱼，退而又转弇也。萧阳对转，萧青亦对转，阳青声近也；萧冬对转，阳东亦声近也。

一平而数入，既因音等之差，读音转轻、轻重、转弇、转侈而歧移，方言字音之不齐，南北古今之异殊，则其声促为入之变化，岂仅如是而已。为入既多变，则其由入而枢转于他平，自更纷挐。方言双声语转，变入他韵，有轶出对转、旁转、次对转等之外者，于是可悟其故。章氏谓之“变声”。虽然，其变岂无由哉！

异平同入转韵续说

音韵流变，转入声近之韵，固恒有之，章氏所谓“旁转”也。凡非旁转，则为阴阳声之对转。对转之理，由于异平同入。同入对转，不仅阴阳声之匹配，如东侯相对、鱼阳相对、脂真相对，孔、严所举者而已；凡阴声与阴声，同入亦得相转。阳声亦如之。严氏所论通转，有再转、数转而叶韵者。章氏所云次对转、远旁转、隔越转等，亦往往是异平同入。如鱼阳宵同入于药，鱼阳对转，严氏、章氏皆援证言之；阳宵对转，戴震《声类表》亦论及；如䁘之与䁀，料之与量，扰之与攘，鱚俗作鲞，皆义通一声之转。鱼宵亦对转，章氏所谓"次旁转"也。若咀之与噍，妪之与妖，倨之与骄，虚之与枵，侣之与僚，义通声转。歌模豪同入于铎，故三者亦互转。歌模相转，亦即"次旁转"也。若吾之与我，胡之与何，误之与讹，厝俗作锉，芦菔之为萝葍；暮、慕、募、墓甬读如摩；慈溪山北人读午如我，呼阿婆如阿蒲；松江呼河如湖，呼火如虎；甬呼风炉如风楼，涎唾如屑吐，恶，屎也，俗呼如倭。皆其例。◇ 露之与裸，潞之与赢。歌豪相转，严氏所谓"歌之合类"，歌从之转，可通宵，之宵亦合类也。《老学庵笔记》谓闽人谓高为歌、谓劳为罗，正其例。萝葍，甬或呼老葍。誐，嘉善也，甬呼曰"嫯"。空无所有曰"阬垒"，即无个也。模豪相转，亦即鱼宵之转，"次旁转"也。若道之与途，嫷（恼）之与怒，糙之与粗，菢之与孵，毛之与无，号之与胡（《荀子·哀公篇》："君号然也。"注："号读为胡。声相近，字遂误耳。《家语》作'君胡然也'。"）。侯亦入铎，故与歌模豪亦相转。如侯之与何、与胡、与号，皆一声之转。又如篓之与筹，吪之与诃，剖之与破，訽之与可，鲦之与鮰，扣之与攷，母之与妈，部通厚姥二韵，皆其例也。东鱼同入于屋，故相转，"次对转"也。如祖之与宗，汝之与戎，固之与巩，徒之与童，妪之与拥（《小雅·巷伯》传），踊之与豫（《公羊·僖十年》）；酗从凶声，在遇韵；霖，亡遇切，亦入东韵。支麻同入于昔，亦"次旁转"，严氏谓之"支歌合类"。如罢音疲，俗呼如爬；稗从卑声，俗音如耙；嗟、瘥从差声，今差在支韵；戏谓之要（晓纽齐齿与审混）。佳麻同入于麦，亦"次旁转"，故两韵字音多相乱。北音家如佳，南音佳如家。"叉、蛙、洼、哇、蜗、娲"诸字，佳麻二入。他如东幽相转，同入于屋也；之侯相转，同入于德也；支宵相转，同入于锡也；之真相转，同入于质也。章氏《国故论衡》皆有说。见《小学略说》。然其持论以古声类为界域，移言今音韵谱，固无不可通也。

支脂微齐韵轻重音相转说

支脂微齐韵，皆有轻重音二类，上、去声例推。惟上声荠韵无重声字，去声祭韵亦有重声字。重声者，谓其声似灰贿队也。此类重声字，为韵摄者皆别列，不与轻声同处。《音韵阐微》亦别为一队，如支韵"为妫麾透赢垂锤吹随亏危规衰箷"诸组，脂韵"葵追龟蕤榱惟累绥遂"诸组，微韵"微挥韦霏非威归蘱"诸组，齐韵"圭暌攜烓"诸纽字，皆不与轻音同列。惟重声字与轻声字，各地读音亦不一致。有读重音为轻音者，如"惟微霏非携"诸纽字，甬皆读轻音。有读轻音为重音者，如"碑卑悲眉丕"诸字，甬读重声字。退转轻音，往往有流入鱼虞韵者，盖支脂两类与鱼声近，故相转耳。如俗语锤音如除，谁音如殊，吹音如处，水音如黍，乌龟如乌居，吃亏为吃区，归音如居，鬼音如举，贵音如据，围音如余，岁音如庶，心、审相通。柜音如具。亦有一字随所用异为轻重音者，如棉被之被为轻音，如避；被告、被动之被读並为切，作重音。媚奥之媚为重音；而女色媚惑之媚读轻音，如靡，俗遂误作迷。鲤鱼之鲤读轻音，如里；而小鲤鱼俗呼鲤娃，小孩称娃，本壶之讹，见《释亲篇》。音如累化。鲤音转重为累，犹涙（泪）音同累；转轻，俗呼如里矣。

真东二类相转说

《礼记·孔子闲居》："清明在躬，志气如神。嗜欲将至，有开必先。先，古音苏邻切，在真韵。天降时雨，山川出云。"此躬、神、先、云为韵。古音躬为东类，神、先、云为真类，躬读细音，转就真类，以相叶也。《诗·大雅·桑柔》："忧心愍愍，念我土宇。我生不辰，逢天僤怒。自西徂东，靡所定处。多我觏痻，孔棘我圉。"此间句叶韵，愍、辰、东、痻为韵，宇、怒、处、圉为韵。东读细音，与愍、辰、痻相叶，亦转东为真之例。凡声类彼可通转于此者，此亦必可通转于彼，故真类字亦有转洪与东类相叶者。如《大雅·召旻》："池之竭矣，不云自频？泉之竭矣，不云自中？溥斯害矣，职兄斯弘，不烖我躬。"以频与中、弘、躬为韵，是转真为东矣。弘今入蒸韵，古蒸类字多与东类通叶，故"弓、雄、冯、梦"等字古本蒸韵，今入东韵。若《文王》"无遏尔躬"与"有虞殷自天"天，古音铁因切，在真韵。相叶，不知躬读细音以就真，抑天读洪音以就东，既不能以同韵字之多者为主，只得存疑，然亦可征真东之相通。若先儒必以为躬读细音以韵天，斯亦固矣。章炳麟《新方言》韵目相转有真东相转例。严可均谓东侵声近，侵蒸合类，从侵转，可通谈蒸；从蒸转，可通真元。

蒸东声近，古蒸类字今多在东韵。真蒸亦声近。吴棫《韵补》亦谓古蒸真通。真由蒸转东，故甬语真谆文韵字呼作东类者甚多，鄞奉之交为尤甚。如呼人为禅红切，春音如葱，笋如耸，云如庸，君、军、鞁、如龚，九容切。苏吴人得其正音，甬读开口呼，非正音。薰如凶，裙如穷，准如肿，赈如种，赡养曰种，即赈字也。峻如宋。山坡之峻呼如宋。东转于真类亦有之，如呼风为分，凤为汶，裁缝呼如裁纹，胸如薰。

闭口音字与收舌齿音字通转说

　　《音韵阐微》曰："侵韵之音与真文韵相近，但真文韵收声于舌齿，侵韵收声于闭口。覃韵之音与寒韵相近，盐韵之音与先韵相近，咸韵之音与删韵相近，但寒删先收声于舌齿，覃盐咸收声于闭口。"钟案：《音韵阐微》所举韵目，盖就《平水韵》而言。即真概谆臻，文概殷，寒概桓，删概山，先概仙，覃概谈，盐概严添，咸概衔凡，元韵音亦近凡。《广韵》下平侵覃谈盐添咸衔严凡九韵皆收声于唇，为闭口。今南北读此数韵，作闭口音者，惟闽、广少数地区，余则真侵相混，寒覃相混，删咸相混，先盐相混。参看后对比表。甬音亦不外此。宋吴棫《韵补》谓侵古通真，盐沾严古通先，覃谈咸衔古通删。上、去声同例。入声叶帖业古通月。此皆闭口诸韵古通于收舌齿音诸韵也。江永《古韵标准》虽辟其谬，而《康熙字典》卷首所引《字母切韵要法》以津心同摄、樊凡同摄、干堪丹南同摄、尖先占禅同摄、入声遏哈法伐同摄，与《韵补》所通，例正相合。以今例古，侵真、覃寒等之相混，则吴氏所论，不为无因。且检《说文》偏旁谐声，脂类字与闭口入声字相通，不少其例。如盍通曷，盍为谈类之入，曷为泰类，即脂类支系。而盖（盖）从盍声，盖亦读颜、古盍切。读盍。从盍声磕、溘、鄐、曤又入泰韵。磕、鄐本盍韵，溘在合韵。曷声字在祭泰韵，宜也。偈、餲、绱入祭韵，愒、羯、蔼入泰韵。而猲入乏韵，搚入狎韵，繨入盍韵，蠍为蜡俗，朡为腊俗，皆入盍韵。世声、内声皆脂类也，故多入祭韵。如抴、泄、泄、迣、贳皆祭韵，芮、汭、枘、笍、蚋亦祭韵。内入队，队亦脂类。转入，则归没[①]黠。如讷、抐入没韵，呐、肭没黠两收，貀入黠韵。而枼从世声，枼声字多在叶帖洽狎韵，揲、蝶、渫、蹀又在薛韵，薛为脂类之入。从内声纳、軜、魶、妠、衲等，又在合韵。脅（胁）、拹从劦声，脅声之歇、欱、愶、噏皆业韵，而荔、瑹、梜从劦声，却在霁韵。尔（尔）声字在荠纸韵，宜也。如嬭、闑、祢、瀰、鬜、柟、镾皆荠韵，玺、迩入纸韵。而籋、镊入帖韵。遝从罙声，以及遝、樏、邃等皆合韵，而《说文》："罙，从目，隶省。读若与隶同也。"隶为脂类。褮、䍐并从罙声，褮及懷（怀）、懷、嬛、瀤等俱入皆韵；䍐，魂韵，为真类，即脂类之阳声。走从屮声，《说文》："屮，读若彻。"薛韵，为脂类。走声之捷、疌、倢、睫、緁、箑等字在叶韵。由是观之，脂类字与侵谈类之入，每相关通。脂真对转，脂为真阴声，则侵真相通，由脂而转，是亦当然。祭泰为脂类，亦为元寒删仙之阴声，见戴震《声类表》。是覃谈之入通祭泰之入，祭泰之入通元寒删仙之入，同入相转。覃谈

----

① 此"没"及下文两个"没"，原均作"月"，误，径改。"讷""抐""呐（呐）""肭"诸字《广韵》均在没韵而非月韵。

通转元寒删仙，由祭泰为枢，其理亦有可解者。故甂、齫从奭声而入帖韵，奭为元类，元转谈类，正其反证矣。他如猰从舌声，亦泰部在盍韵；漯从累声，读他合切，亦脂类在合韵；胅、狤皆从去声，在业韵，去为鱼类，鱼元两类固有转者。鱼歌声近，歌元对转。此则由元而复转谈矣。若《周礼·地官·乡师》《司市》注并云："故书莅作立。"司农云："立读为涖。"又《春官·小宗伯》注："故书位作立。"司农云："立读为位。古者立、位同字。"莅、涖、位今入至韵，古音为脂类。立，缉韵，为侵之入，是侵脂古通读也。故段玉裁谓"八部"与"十五部"古合韵。部别及其所隶韵目详前。"合韵"即通转之谓。第以其例不繁，经传少通叶，人遂存而不论。

附　真侵寒覃删咸先盐今音同字对比表

（僻字及甬音不同者，不取）

真侵音同字	巾金见 辛心心	瑾琴群 真斟照	银吟疑 甡森审	珍碪知 身深审	尘沈澄 寅淫喻	亲侵清 因音影	秦梣从* 邻林来
寒覃音同字	肝甘见 鼾蚶晓	刊堪溪 寒含匣	丹耽端 安庵影	坛昙定 兰蓝来	餐参清	残惭从	珊三心
删咸音同字	艰鉴见	颜岩疑	山衫审	闲咸匣			
先盐音同字	坚兼见 边砭帮	牵谦溪 煎尖精	虔钳群 千签清	妍严疑 钱潜从	天添透 先纤心	田甜定 烟淹影	年拈泥 延盐喻

* ◇ "梣皮"亦作"秦皮"，正其故。

方言上下字同化叠韵说

　　方言联绵为词，有下字从上字音变，同化而叠韵者。如蚌壳，甬语呼若"蚌慷"，壳随蚌叠韵而变慷。[①] 蚌，讲韵，今音讲、荡相混。炒米粉，呼若"炒冒粉"，米随炒叠韵而变冒。刺鲠，刺音辣。《说文》云："戾也。"谓有所梗阻、不通畅也，俗呼若"刺轧"，轧，今音共谒切。鲠随刺叠韵而变轧。鲠，古杏切，见纽清音转浊，故方言转为群纽。和众，谓全数也，和者，完之转音。《说文》："完，全也。"桓、戈对转，故变为和。俗呼若"和佐"，众随和叠韵而变佐。弄伤，谓计害之也，俗呼若"弄耸"，伤随弄叠韵而变耸。幽深，《尔雅·释

---

① "壳"读"慷"当是儿化音残留。《阿拉宁波话》"紫壳蟹"条："壳又音康。一种紫壳的梭子蟹。"（65页）音变情况相同。

言》："幽，深也。"字训联言为词。谓深居不恒见人也，俗呼若"幽羞"，深随幽叠韵而变羞。侵、幽对转，深亦得音变为羞。然此处却非此故。滑泰，《说文》："泰，滑也。"字训联言为词。谓滑去也，俗呼若"滑脱"，泰随滑叠韵而变脱。质性，谓人之性能也，俗呼若"质瑟"，讹作"脚色"，性随质叠韵而变瑟。仰求，谓有冀于人也，俗呼若"仰仗"，求随仰叠韵而变仗。凫鹜，湖沼中野鸭也，《广雅·释鸟》："鹜、凫（凫）、鹜、䳑。"王念孙疏证："䳑与鸭同。"俗呼为"水凫鹜"，鹜随凫叠韵而变鹭。东、模同入相转，鹜亦得音变为鹭。然此转音非此故。鹭虽亦水鸟，而非鹜也。略睒，流目恶视也，《说文》："略，袤视也[1]。"扬雄《解嘲》："鬼睒其室。"《广雅·释诂》："略、睒，视也。"俗谓盗匪睒视其室曰"略睒"，音转为"略廓"。睒，苦滥切，随略叠韵而变廓。参看《释动作篇》。

　　然亦有上字随下字音变而叠韵者。如全数曰"和众"，或呼作"红众"，则和随众叠韵而变红。坚实，俗呼若"结实"，坚随实叠韵而变结。坚硬，俗呼若"僵硬"，坚随硬叠韵而变僵。诋骂，谓巧言以谗也，俗呼若"朵骂"，甬音朵在马韵，都下切。麻、马、祃韵今无端纽字。则诋随骂叠韵而变入马韵。大家，谓共同也，俗呼大变麻韵，为徒嘉切，则大随家叠韵而变入麻韵。大亦入简韵，歌、麻固得相变。然此非其例。休铄介，《尔雅·释诂》："休、铄，美也。"又："介，善也。"谓德行之美善也，俗呼为"铄铄介"，则休随铄叠韵而变铄。休，晓纽，铄，审纽，晓之细音与心、审相混。略不繁，谓事少见，不频数也，俗呼若"烂板"，板即"不繁"之合声，略随板叠韵而变烂。端午，俗呼若"董红"，虞、东同入，午既转东韵而变红，午本疑纽，牙、喉相转入匣纽，故读午如户。端亦随红叠韵而变董。

　　夫矢口成声，上字之音既发，喉舌机括，乘前声之势，顺流波及其后，同化下字而叠韵，固其宜也。若上字反随下字之声同化而叠韵者，细究其故，往往下字重浊，胜于上字。凡发声轻清者易，而重浊者劳。人之理智，事劳者辄先为筹措，于是喉舌为将发重浊之音，作其声势。当疾言连贯之际，上字出切之后，未及行韵，而下字筹措待发之声势已涌现而出，骎骎混入上字之末而为切音，斯乃侵陵而叠韵。若是之变音，无关音韵转变之定律，其前后发音之声势迫使然也。

方言合声说

　　方言多合声。合声者，两字联呼，声促变为一也。两字声促，字化为一，自古有之。《尔雅》蒺藜为茨，《说文》茨作莿。蒵芜为须，冰台为艾，冰，古凝字，见《说文》，非冰霜字。

----

[1]《说文》原文作："略，眄也。"又："眄，一曰袤视也。"应氏把两条训释合在一起了。

狻麑后化为狮，鹠鸼后化为鹩。《韩诗》荒蔚为菔，《说文》枸杞为槛，韦注《晋语》茅蒐为韎，高注《淮南》鼓造为枭，枭本古尧反，萧、豪同声类。《方言》不律为笔，亦见《尔雅》《说文》。《释名》蔽膝为䟆。匏瓜，《本草》曰壶卢，即《说文》之瓠。白枣，《广志》曰蹙咨，即《尔雅》之檓。蚯蚓称蟪，莫貆云髦。见《尔雅》及《方言》，皆螳蜋也。言人名，则寿梦为乘，《春秋·襄十二年》，《左氏传》服虔注[1]。梦，古音在蒸类，与乘叠韵；寿，禅纽，乘，庄纽，床、禅声相通。勃鞮为披。《左·僖廿五年传》杜预注。勃，並纽，披，滂纽，北音並为滂浊，相转故也。言虚字，不可为叵，见《说文新附》；不肯为佣，见《广韵·等韵[2]》。言助词，何不为曷，如是为尔，奈何为那，而已为耳，者焉为旃，之焉亦为旃，之乎为诸，者与亦为诸，者也为者，也者又为也，则沈括、郑樵以及清代诸儒多言之。

　　考方言合声，有两端，曰同义类聚为词，曰异义相因成语。所以类聚同义字为词者，盖音同而义殊者多。《淮南子》曰："头虱与空木之瑟，名同实异也。"《秦策》谓玉未理者璞，鼠未腊者朴。虱、瑟音似，璞、朴声同，苟呼虱为虮虱，则闻者知非琴瑟也；卖朴者曰鼠朴，则玉贾不致枉顾焉。此方言所以类聚同义字为词，既昭别其字义，免与同音异义者混，且叠字重其语气，周备其旨。属文亦犹尔，故任曰胜任，慎曰谨慎，愧曰惭愧。《说文》："胜，任也。""谨，慎也。""惭，愧也。"集同义字为词，语文固无二致。然疾呼如反切，并为一声，又为讹俗孳乳之原。如厉、动皆作也，《尔雅·释诂》："厉，作也。"《说文》："动，作也。""厉动"联言，声合为弄。俗呼作为曰弄，弄本玩义，《尔雅·释言》："弄，玩也。"《说文》："玩，弄也。"今语犹曰"玩弄"，亦集同义字为词。非为也。篡、掠皆夺也，《史记·卫青传》索隐："篡，犹劫也，夺也。"《说文新附》："掠，夺取也。本音亮。""篡掠"集呼，声合为抢。俗称劫夺谓抢，抢不训夺。抢攘，不安皃，见《汉书·贾谊传》注。《玉篇》："搀抢，妖星也。"参看《释行事》。并、兼义通，《说文·秝部》："兼，并也。"《广雅·释言》："并，兼也。"皆同义，《广雅·释诂四》："兼、并，同也。""并兼"声合为砭，俗讹作边。先、盐声似，见上文。俗呼同时兼作二事曰边，如走且歌曰"边走边唱"，且作为且筹谋曰"边打边想"。边为畔义。参看《释词篇》。征、召皆呼人来也，《尔雅·释言》："征，召也。""征召"联言，声合为照，俗字作叫。叫为号叫，非呼人义。参看《释言篇》。瘜、瘤皆寄肉也，《说文》："瘜，寄肉也。"《玉篇》："瘤，瘜肉也。"瘜、瘤联言，声合为秀，俗作瘶。人体生赘胧，俗称"老鼠瘶"，字书无瘶字。参看《释疾病篇》。瓢、㰷，杓也，《玉篇》："㰷，杓也。"《三苍》："瓢，瓠勺也。江南曰瓢㰷。""瓢㰷"声合如皮，

俗呼镬中抒水之杓为"镬皮"。参看《释器篇》。

　　异义合声者，如奈何为那，何不为盍，即其例。余如失去为输，《说文》："输，委输也。"今为输赢字。要挟为押，《说文》："押，署也。"今为质押字。变幻为扮，《说文》："扮，握也。读若粉。"今用装扮字。气象为腔，《说文新附》："腔，内空也。"今用为贼腔、娘娘腔字。俗字勷，谓不欲也，即"弗爱"之合声。累布黏合如革，俗呼为袯，北末切。即"布革"之合声。莞草为席，俗呼"席子"，席读如滑，滑即"莞席"之合声。《说文》："莞，艸也。可以作席。"胡官切。《诗·小雅·斯干》："下莞上簟。"笺："小蒲之席也。"参看《释器篇》。"煎泡"声合为枣。甬俗岁腊，祭灶食品中"油枣""麻枣"是也，谓粉饵油脂煎之，张大中空如泡沤也。油枣亦名"油果"，麻枣亦名"麻团"，参看《释食》。油煎馓子，"煎馓"声合为赞，甬名"油赞子"。参看《释食篇》。彩蛋俗呼"皮蛋"，皮者，"被泥"之合声，谓外裹濡灰，如被泥也。参看《释食篇》。毳布之柔耎者为呢，呢、绒皆借声，非正字。乃"耎䋈"之合声。《通俗文》："物柔曰耎。"《说文》："䋈，西胡毳布也。"呢本呢喃字。参看《释衣篇》。丝缯有文彰曰䌷，乃"彰紬"之合声。䌷、绸正俗字。䌷本细葛义，葛非丝织也。参看《释衣篇》。雨须臾便止者谓之"硬䨙雨"，《说文》："䨙，雨止云罢皃。"苦郭切。硬者，"俄顷"疾呼之合声。参看《释天篇》。雪暂霁，日出而复雪者谓之"开雪眼"，眼者，"俄晏"之合声。《汉书·郊祀志》注："三辅谓日出清济为晏。"无理强语谓之缠，缠盖"竞言"字。《说文》："竞，强语也。"又："詰，竞言也。"瘧称"卖柴病"，谓每届时瘵也。瘧作有定时。《说文》："瘵，二日一发瘧也。"古谐切。"每届"声合为卖，届，怪韵，卖，卦韵，怪、卦声近相混。"时瘵"声合为柴也。瘵，皆韵，柴，佳韵，佳、皆声似；柴，床纽，时，禅纽，今床纽多混于禅。瘧又称"打板子"，谓颤冷变烦也，瘧多先寒战而后发热头痛。《说文》："烦，热头痛也。""颤冷"声合为打，颤，古音如亶，在端纽；冷，甬音在阳韵。"变烦"声合为板也。参看《释疾病篇》。

　　方言两字为词，既声合为一，其合成之音，或因语转而复有纽韵之变，纽变则为叠韵，韵变则为双声。其纽变者，如甬俗河不通前呼漕，水曲亦云漕。漕读时豪切，即"芮隩"之合声。《诗·公刘》笺："芮之言内也。水之内曰隩。"芮为汭假借。《说文》："汭，水相入也。"《广韵》："汭，水曲。"水渗入于坎窨，呼如甬音之坐，时夥切，在禅纽。即"汭涡"之合声。《广韵》："涡，水坳。"芮、汭本日纽，而锐切，日通禅、床，故俗读芮、汭若禅纽之瑞，"瑞隩"合声，豪韵无禅纽字，乃借从水曹声之漕为之；"汭涡"合声，仅存于方音，未有借字。参看《释地篇》。又如夏秋之交，乍晴乍雨，晴则骤霁日出，雨则暴倾如注，甬俗呼之，音如"赧大"。赧者，"睍晏"之合声，《广韵》："睍，日出好貌。"乃见切。《汉书·郊祀志》注："三辅谓日出清济为晏。"谓霁而日出也。大者，"涷淮"之合声，

《尔雅》："暴雨谓之涷。"《尚书大传》郑玄注："淮，暴雨之名也。"谓暴雨也。"涷淮"合声本如带，淮，皆韵，涷，端纽。皆韵无端纽字，皆、泰声近，故借用泰韵带字。清音变浊，端转定纽，故音如大。参看《释天篇》。又如肢体战兢，俗呼如斗。斗者，"颤頄"之合声。《通俗文》："四支寒动谓之颤頄。"《说文》："頄，颤也。"音宥。颤从亶声，亶又从旦声，颤之古音当如古公亶父之亶。亶，端纽，颤，照纽，知、照纽本古端纽之变。"颤頄"声合，音如俗字之丢。幽、侯声近，幽尤无端纽字，而侯韵有之，故邻转侯韵，变如斗。参看《释疾病篇》。又如鸟卵俗呼蛋，本"鸟卵"之合声。鸟，都了切；甬语乃正音。读如嫋者，从北音讹也。卵古读如关。见《说文》"缩"字下段注。"鸟关"声合本为单，清音转浊，端转定纽，故讹为蛋。蛋为蜑俗体，蜑，南方夷也。参看《释禽兽篇》。又如水母干者为饢，俗呼海蜇，蜇非其义，蜇，虫螫也。乃"蛇昔"之合声，《广韵》："蛇，水母也。形如羊胃，无目，以虾为目。除驾切。"《说文》："昔，干肉也。"今字作腊。腊又误为臘字。谓蛇之干腊也。蛇为澄纽，浊音转清，澄转知纽，音变为咤。《韵会》从俗音，作陟驾切。"咤昔"急呼，声合为哲。俗以水族鱼虫类也，借从虫折声字为之。参看《释鱼虫篇》。又如称之小者曰戥子，戥俗字，音如等，盖"锱称"之合声。或云是"耑称"之合声。《玉篇》引《广雅》："耑，小也。"锱铢，计重之轻微者也。锱，照纽，古音为端纽，略如低。之韵无端纽字。"低称"声合，故如登。蒸、登同部，蒸韵无端纽而登韵有之，作端纽，故必转登韵。今戥子权重，仅两以下钱分釐为事，故云尔。参看《释器篇》。又如编竹为器如盘者，俗曰簝，音寨，豺夬切。亦作筡，皆俗体，本"盛械"之合声。《说文》："械，器之总名。一曰有盛曰械，无盛曰器。"盛本禅纽，禅、床同浊相转，盛转床纽，故"盛械"声合如寨。有声无字，簝、筡谐声妄作耳。参看《释器》。他如规形环绕呼为圈，读如卷，丘圆切。本"空圆"之合声。空本溪纽合口呼，今音变开口呼。音等转细，为撮口，如穹。"穹圆"声合，故如卷。俗借圈为之，圈非圆周义。《说文》："圈，养畜之闲也。"求晚切。此音等自转，有类纽转也。

其韵转者，如叔媞，叔母也，《说文》："江淮之间谓母为媞。"音啼。"叔媞"声合为犀，脂、真对转，音变为莘，俗作婶。今呼叔母曰"阿婶"，鄞之乡鄙或呼为"阿犀"，则合声之未转韵者也，但存其音，未见其字。参看《释亲篇》。今人呼兄为哥，乃"羁兄"合声之变。《说文》："周人谓兄为羁。"《尔雅》作晜，《诗·王风》作昆。兄，古音似况。"羁况"声合为光，歌、唐同入相转，同入于铎。声变为哥。哥，古歌乐字。参看《释亲》。加午谓午刻，古语也。古人谓午刻为日加午，申刻为日加申。《三国·魏志·管辂传》："日加午而风起。"后人略其语曰"加午"，犹日冬至、日夏至，今但称"冬至""夏至"耳。"加午"声合为古，鱼、歌声近，音变为过。今称中午曰"昼过"。参看《释天》。路、巷皆道义，《说文》："路，道也。"巷，古作𨞰。《说文》："里中道也。"胡绛切。江、东同部相转，巷转东部为閧。巷本共声。"路閧"声合，俗字作弄，今谓屋中小道为弄。参看《释宫》。雌、麀皆牝也，《诗·大雅·灵台传》："麀，牝也。"幽尤转萧豪，麀转豪韵为麃，㸲、鑣皆从麀声。"雌麃"声合为草。俗呼母鸡为"草鸡"，牝马为"草马"，俗字作骉。参看《释禽兽》。今呼豕为"猪猡"，猡者，"娄豭"合声之变。娄豭，牝牡豕也。《左传·定十四年》："既定尔娄猪，盍归吾艾豭？"注："娄，求子猪；豭，牡豕也。""娄豭"联言，声合为麤。卢下切。麻、歌同部，音变为猡。猡本蛮族名。参看《释禽兽》。乌鲗干腊，甬俗名"蟛蜅"，本"墨鱼脯"之音变。乌鲗，一名墨鱼。吴越呼鱼音如吾衡切，鱼、阳对转也。姓氏之吴、数字之五，音亦如是。"墨鱼"声合，故如萌，俗乃借虫旁之蟛。参看《释鱼虫》。麗，卧也，见《玉篇》，音梯。"麗卧"声合为唾，歌、寒对转，音变为摊。今诮人僵卧曰摊。参看《释动作》。牴，触也，见《说文·牛部》。又《角部》："触，牴也。""牴触"声合为督。触（觸）从蜀声，古音为侯类，侯、萧同入相转，同入于屋。督转萧韵如刁，俗称牛角触人为刁。参看《释禽兽》。踶，躄也，见《说文·足部》。又《牛部》："觲，牛踶躄也。""踶躄"，声合为兑，泰、寒对转，音变为弹。今谓马牛举足蹴人为弹。参看《释禽兽》。胜任，常语也，《说文》："胜，任也。"事不胜任，俗呼"吃不消"。吃应作劼。劼，用力也。消即"胜任"声合之变。"胜任"声合为深，侵、幽对转，萧、幽同部，深转萧韵，俗借消为之。参看《释语篇》。原宥，常语也，《后汉·羊续传》注："原，免也。""原宥"声合为狃。疑、娘声通。幽、宵声近，音转字讹作饶。饶本日组，日通泥、娘。今谓赦宥曰饶。饶，饱也，无宥义。参看《释情志》。恚、怒义同，《说文》："恚，怒也。"恚、怒联言，声合为坞。鱼、阳对转，音变为盎。今谓发怒曰"犯盎"。婴、盈、苛，皆怒也，见《方言》七及二。"婴盈"声合为觥。庚、耕转阳，音变为犷。犷，古猛切。甬音在阳韵。俗称怒为"犷火"，火即苛也。参看《释情志》。计，簿书也，《齐策一》高诱注。计、数义通，《说文》："数，计也。"亦古成语。"计数"声合若祖。鱼、阳对转，字讹作帐，俗称会计之数曰帐。帐本帱帐字。参看《释货》。丝线粗者曰"二扣"，曰"三扣"。扣者，"缁缕"之合声。《说文》："缁，大丝也。"口皆切。"缕，线也。"缕从娄声，古音在侯韵，如楼。"缁缕"声合，故如扣。参看《释衣》。鞋内衬藉之布，俗呼"托底"。托读去声，他祸切。托者，"屦苴"合声之变。《说文》："屦，履中荐也。"他计切。"苴，履中之藉也。"子与切。鱼、模变麻，音变吐祸切。参看《释衣》。凡此诸例，皆合声而复转韵也。

　　方言形况事物，为曲尽其致，单字不足竟其义，乃集两字以状其幼眇，选字命意，有极精微。声合而为一者，特举数例以证之。今布帛染色曰"藏青"者，其色乃黑中兼赤青也。藏者，"皂绛"之合声，《广雅·释器》："皂，黑也。"《说文》："绛，大赤也。"谓皂绛而青也。甬菜有呼若"晪菜"者，晪音天上声。其叶黑而隐隐兼紫，叶面凹凸不平，皴襞繁细。呼若晪者，"黗薰"之合声。《说文》："黗，桑葚之黑也。"他感切。"薰，黑皴也。"

音茧。黮状其黑紫，有如桑葚孰者，黑中隐紫也；薰状其皴，亦言其色。参看《释草木》。皮蛋，俗亦名“彩蛋”。彩者，“黔黭”合声之语转。《说文》：“黔，浅青黑色也。”七感切。又：“黭，浅黄黑也。”《广雅·释器》：“黭，黑也。”曹宪音古闇反，则为甘去声。黔谓其卵黄色变浅青而暗，黭谓其卵白色变黑而隐有浅黄。“黔黭”联言，声合如参鼓之参。七绀切。今音覃、寒相混，则如粲。其语转为彩者，寒、咍同入相转同入于曷故也。若以卵白或隐有彩纹而名，则又浅言之。参看《释食》。小蚕豆，甬俗呼“罗汉豆”，罗者，蓏之讹；汉者，“藿蚕”之合声。蓏谓其茎如蔓，卧于地。《汉书·食货志》注引臣瓒曰：“木上曰果，地上曰蓏。”藿谓其叶俗称豆苗，可食。《广雅·释草》：“豆，其叶谓之藿。”《诗·小雅·白驹》：“藿，犹苗也。”“藿蚕豆”声合为蚶豆。覃、寒今似，蚶音若汉。“罗汉”习闻语，遂讹焉。参看《释草木》。俗以皮里阳秋之词诋人呼如钝，谓寓贬于褒，以谑为虐。钝者，“黩敦”疾呼之合声，《广雅·释言》：“黩，狎也。”《说文》：“敦，诋也。”谓狎而诋之也。参看《释言》。今拾取道上遗物呼如撮，拾得曰“撮来”。撮者，“篡掇”之合声。《尔雅》：“篡，取也。”《方言》：“取物而逆谓之篡。”篡，从厶，厶古私字，私为奸邪，故篡训取，谓逆理不义之取。掇，都括切。《说文》：“掇，拾取也。”“篡掇”谓营私非义之拾取。道不拾遗为廉，拾遗伤廉，故谓之篡。若己物堕地而拾取之亦呼如撮者，此“取掇”之合声，字训联言之，音同而字异也。参看《释行事》。河豚干鱐俗呼“乌浪鲞”，乌者，“悪怒”之合声。《说文》：“悪，怒也。”浪者，攄之转音。《方言》十二：“攄，张也。”鱼、阳对转，则如浪。河豚善怒，怒则腹张如球，故云尔。参看《释鱼虫》。凡此诸例，其正名辨物，无不精义入神。

方言纽韵俱变说

方言与字音之歧，或变其纽，则为叠韵；或变其韵，则为双声。双声叠韵虽与本字音异，究相仿佛。思维方言本恉，追踪同纽同韵之迹，寻求其本字，犹可体认而得也。若纽韵两者初变其一，继则其未变者亦变之，于是纽韵俱非，则与本字音读绝不相似，既不双声，又不叠韵。方言中若是者不鲜。苟有识者举其本字，人或疑之，甚且笑之，以为无丝毫近似之痕迹在焉。然检字音，古今之异读，如池读为沱，虹读为绛，耡读为藉，报读为赴，戏读为麾，耳读为仍，田、陈古同音，茶、荼本同字；同音假借，故燂或作朕，造或作聚，躬或作今，封或作邦，傩音转总，番音转盘，冯本读凭，繁又读婆，若是者不胜枚举，皆纽韵俱殊。设绳以纽韵转变之规律，则又无不适合轨辙。如山脉潜越江海崛起于彼岸者，似为异宗，勘其形势脉络，犹得认其本支。以字音古今异读之所变，准其法则，探赜索隐，以推求方言与本字纽韵皆异之机转，自可于幻中求真，得其玄珠，然非好学深思弗能知。兹举上述古今异读各字，疏释其音变原委，以为前鉴；复检取方俗语中与其本字纽韵俱殊者，附述数则，以证理之所适，古今正俗无不通贯也。

《礼记·礼器》："晋人将有事于河，必先有事于恶池。"释文："池，大河反。"《周礼·夏官·职方氏》："正北曰并州，其川虖池呕夷。"释文："池，徒多反。"皆音定纽歌韵。今池音驰，澄纽支韵。古无舌上音，澄纽字古例读定纽；又古歌部字后多转支部，故歌、支声通。定、澄为类隔，歌、支为合类，其纽韵之转皆合轨辙也。池今音同褫，池古读徒多反，故褫亦作拕。《易·讼卦》："终朝三褫也。"释文引郑本褫作拕，徒河反。其例正同，皆纽韵俱变，而音遂绝异也。

《尔雅·释天》："螮蝀，虹也。"释文引陈国武：虹，古巷反。为见纽绛韵。今读虹如红，匣纽东韵。牙喉见匣本相转，东、江古同类。见、匣纽转，东、江韵转，皆合轨辙。鄞县东南有村曰"虹麓"，鄞城西有桥曰"虹桥"，虹皆读如绛。盖方言多古音，俗为别虹音红之虹霓字，于虫上加丿作虹，不知虹本有绛音也。

《周礼·地官·遂人》："以兴耡利氓。"注："郑大夫读耡为藉。"又《里宰》："以岁时合耦于耡。"注引郑司农云："耡，读为藉。"耡，床倨切，床纽御韵；藉，秦昔切，从纽昔韵。耡从助声，助从且声；藉从耤声，耤从昔声。且声、昔声古音皆鱼类，昔为古鱼类之入。耡读为藉，是床纽转从，去声转入，固常轨也。

《礼·丧服小记》："报葬者报虞。"《少仪》："毋报往。"郑玄注并云："报，读为赴疾之赴。"报，帮纽，古音为幽类。赴，敷纽，古无轻唇，为滂纽；字从卜声，古音为侯类。段氏入幽类，与报为叠韵。侯、幽声近，帮、滂邻转，故相通读。或云，赴，古亦读帮纽，与报为双声。《韩诗》云："卜者，报也。"《诗·小①雅·大田》："秉畀炎火。"释文引。《白虎通·蓍龟篇》："卜，赴也。"皆以双声为训，报声通赴之脉络可见，赴古音亦在帮纽。今轻唇为敷纽读如簠者，非、敷邻转，犹簠亦读非纽为方武切矣。幽赅萧、豪，故报今入号韵；侯、虞通转，故赴今入遇韵。

《史记·灌夫传》："至吴将麾下。"又："武安乃麾骑缚夫。"《卫青传》："至匈奴右贤王庭为麾下。"此诸麾字，《汉书》皆作戏。颜师古注曰："戏，读曰麾。又许宜反。"戏、麾皆晓纽三等音，又同在支韵，故通读。然今音麾读重音，合口呼，若灰；戏读轻音，齐齿呼，同羲。音等粗细不同，宛若异纽；音殊重轻，有若别韵矣。

《汉书·惠帝纪》："上造以上，及内外公孙耳孙。"师古注："耳音仍。仍、耳

①"小"，原作"大"，误，径改。

声相近，盖一号也。"《尔雅·释亲》："晜孙之子为仍孙。"郝懿行义疏："仍孙，或称耳孙，耳、仍音相转也。"耳、仍日纽双声，耳，止韵，古音为之类，之、蒸对转，则音为仍；仍转阴声，即为耳。惟今吴越读仍如澄，在澄纽；读耳若来纽，耳、仍不复双声，音乃悬殊矣。日转澄纽，如戎、茸、冗、蹂，皆其例。说详上卷《日通泥娘禅床说》。

田、陈古同音，先儒屡言之。陈公子完奔齐，以国为氏，《史记》谓之"田氏"。故《说文》："田，陈也。"以同音为训。《诗·豳风·东山》笺曰："古者声寘、填、尘同也。"今音田、寘、填并定纽先韵，陈、尘并澄纽真韵。然澄为定变，先为真变，故田古音在真韵，读徒邻切；陈古音为定纽，亦徒邻切，田、陈故同音。及后田变其韵，陈变其纽，分道异趋，不复相谐矣。今真韵无定纽，先韵无澄纽，廛在仙韵，古音乃元类也。

茶、荼本同字，先儒亦言之。《诗·邶风·谷风》："谁谓荼苦？"释文："荼，音徒。"《汉书·王子侯表》："荼陵节侯诉。"师古注："荼，音涂。"《地理志下》："长沙国……荼陵。"师古注："荼，音弋奢反，又丈加反。"是荼有茶音，唐代已然。荼，音涂，定纽模韵；丈加切，澄纽麻韵。定、澄类隔之转，鱼、模变麻，亦合轨辙。故《广韵·九麻》亦收搽字，训"搽饰"，音宅加切。俗字作搽，即涂饰字，音变形换也。

《周礼·考工·弓人》："挢角欲孰于火而无燂。"注："故书燂或作朕。"夫同音相假，燂、朕古盖同读。今音燂，定纽覃韵；朕，澄纽寝韵。古读澄纽如定纽，故燂、朕古为双声；侵、覃古同类，从覃声字多通侵韵，今镡、蟫、瞫、薠等字，犹两韵通读。常相通转。故燂、朕今音异，而古音近，可相假。

《易·乾卦》："飞龙在天，大人造也。"释文："造，郑徂早反，刘歆父子作聚。"阮元《校勘记》曰："造、聚声相近。"造从告声，古音为幽类；聚从取声，古音为侯类。造、聚并从纽。幽、侯清浊之异，故造、聚声相近，可假也。若甬音聚读若叙，在邪纽，与造异纽又异韵。然从、邪同浊相转，亦合轨辙。说见上卷《从邪床禅相转说》。犹造屋之造，俗亦呼邪纽为徐告切也。幽通萧、豪，故造今在晧韵；侯、鱼声近，故聚今在麌韵。造、聚古音相近，今音则远也。

《礼·表记》："国风曰：我今不阅，皇恤我后。"释文："我今，《毛诗》作我躬。"《邶风·谷风篇》文。今、躬皆见纽三等音。今，侵韵，躬，东韵。侵、东邻转，三百篇多通叶，故借今为躬。然今音今为齐齿呼，躬为开口呼，韵既不同，音等粗细之变；纽亦判若异途矣。

《论语·季氏》："且在邦域之中矣。"释文："邦或作封。"孔安国注："鲁七百里之封。"皇侃本封又作邦。又："谋动干戈于邦内。"释文引郑本作"封内"。

《释名·释州国》："邦，封也。"刘宝楠《论语正义》曰："盖二字音义同。"邦，帮纽江韵，古音江近东、钟，今音江近阳、唐；封，非纽钟韵，非为帮变，古无轻唇，读非纽如帮纽，故古音封与邦双声。邦又与封为叠韵。今音虽殊，于古则同也。今东、冬、钟韵无帮纽，江韵无非纽。

《周礼·地官·廛人》："掌敛市絘布、緫布。"又《肆长》："敛其緫布。"杜子春皆云："緫，当为儳。"儳，士咸切，床纽咸韵；緫，作孔切，精纽董韵。今读两音，绝不相似。然字误由于音讹，音讹由于语转。儳变为緫①，固有其轨辙在焉。古音侵谈类与东类声近，故段玉裁论音之转变曰："第六部至第八部音，谓蒸登侵盐添覃谈咸衔严凡十一韵。皆转入东冬钟。"参看上文《述古音转变篇》。是古音董、咸韵近可通。床为从变，精、从清浊相转，故精、床亦通转。儳音讹为緫，是亦合乎规律。

《汉书·地理志下》："辽东郡……番汗。"注引应劭曰："番，音盘。"並纽桓韵。今读番如翻，为敷纽元韵，闻之迥异。然"番汗"方音读盘，自有其语转轨辙。番本兽足义，读曰烦，奉纽元韵。其读翻为敷纽者，北音浊清之转也。奉纽古读並纽，元、桓同类相转，故音变为盘。番，古音既读並纽，元、歌对转，又读为婆。《汉书·高帝纪下》："谓之番君。"师古注："番，音薄何反。"犹鄱阳湖之鄱，亦音婆，鄱亦番声也。

《说文》冯从仌声，仌，古冰字。本皮冰切，音凭，並纽蒸韵。姓氏读房戎切、为奉纽东韵者，並、奉类隔相转，古重唇后转轻唇；蒸、东通转，如东韵弓、芎、雄、梦诸字，古音本属蒸类转入也。

繁，附袁切，音烦，奉纽元韵；姓氏读为婆者，亦奉、並类隔，元、歌对转之故。犹番亦读为婆也。

古今音读之异，纽韵俱变者，不尽此数字，聊举数则以示例。若方言语转，与本字音读纽韵俱异者，各地多有。就甬言所闻，摭述数则以证之。

《说文》："待，竢（俟）也。"徒在切。段玉裁注："今人易其语曰等。"等，本训齐简，见《说文》。引申为等级义，然俟候曰等，宋人已云然。张炎《琐窗寒》词："小车未来犹自等。"即其义。等即待之纽韵俱变。待，定纽海韵，等，端纽等韵。定转端纽，浊音转清也；海韵转等，同入于德，即咍、登同入。阴阳声对转也。即之、蒸对转。待、等皆寺声，古音为之类也。故等亦入海韵，读多改切。参看《释行事篇》。

《说文》："投，擿也。"擿、掷古今字。投，定纽侯韵。定浊端清，侯浊幽清，

① "緫"，原作"孔"，误，径改。

投纽韵俱浊。方言语转，为纽韵俱清，则为端纽幽尤韵，音变端幽切。尤、幽韵俱无端纽字。俗字作丢。今谓投掷为丢，古无丢字。参看《释动作篇》。

《说文》："寻，绎理也。"引申为寻求义。徐林切，邪纽侵韵。邪、从同浊，故寻或读从纽，如鲟。昨淫切。侵、幽对转，音变为造。俗复转清，从转精纽，音如灶。俗字作找。今谓寻求为找，本寻之纽韵双变。参看《释行事篇》。

《广雅·释宫》："藩，篱也。"藩本甫烦切，非纽，又读奉纽如樊者，清音转浊也。古音无轻唇，非纽字读帮纽，藩古当读如班。元韵无帮纽字。元、歌对转，藩转麻韵，俗字作笆，今呼篱为"枪笆"是也。笆本训刺竹，见《玉篇》。藩音转巴，犹杜子春读藩如后稷播百谷之播矣。见《周礼·春官·大司乐》注。歌、麻同部也。参看《释宫篇》。

《释名·释船》："随风张幔曰帆。"《广韵》符咸切，又扶泛切，奉纽凡韵，古音为侵类。古无轻唇，奉纽字读並纽；侵、东声近相转，从凡声字，今多入东部。如风、凤、芃等皆是。帆转並纽东部，俗字作篷。今谓帆为"风篷"。篷，织竹夹箬覆舟也，见《广韵》。非风幔也。参看《释器》。

《玉篇》："俦，直流切。侣也。"澄纽。字从寿声，古音为幽类。幽赅萧、豪，澄、定类隔相转，俦转定纽豪韵，则音如淘。故俦亦音大到切，虽义异，而音转固有自也。涛、梼、焘、帱并从寿声。俗称俦侣曰"淘伴"，曰"淘伙"。字或作道，曰"合道"，音蛤。曰"一道"。淘、道皆俦字，纽韵双变也。俦、筹音同，故筹亦音变为道。赌花牌者，其胜算之数曰道，即筹字也。筹为胜算之数，见《礼·投壶篇》。投壶为竞胜戏，赌博亦竞胜事，故袭用古礼胜算之名为词。参看《释亲篇》"雠畴俦"条及《释货篇》"筹"条。

《说文》："谗，谮也。"士咸切。《大戴礼·千乘》："利辞以乱属曰谗。"谗，床纽，古音为谈类。孔广森、严可均入侵类，朱骏声入谦部，即严之谈类。此从朱说，而分部皆用严名。床、从类隔相转，故甬读谗如惭。咸韵无从纽字。谈、宵对转，音变为樵。今谓进谗毁人、图谋离间呼如樵，本是谗之纽韵双变。从严可均说谗入侵类，侵、幽对转，幽通萧、肴，亦音如樵。○ 参看《释言篇》。

《尔雅·释诂》："亹亹，勉也。"《说文》："勉，强也。"引申为自强气盛义。《诗·大雅·文王》："亹亹文王。"《崧高》："亹亹申伯。"皆美其自强不息，气盛有乾德也。亹，无匪切，微纽，古音为脂类。古读微纽如明纽，脂、真对转，音变为门。故阮云台谓："亹，读如凫鹥在亹之亹，音门。"见《尔雅义疏》引。又脂变为皆，亹转皆部，上声为骇韵。音变如买。骇无明纽字，借用声近蟹韵字。今诮人气盛倔强、刚愎自用曰"买门"，即《尔雅》"亹亹"之音变。气盛自强与刚愎自用近似，自强为美，自用为恶，而世俗用为反词以讥。参看《释情志篇》。

　　其，指事之词，犹彼也。群纽，古音为之类。浊音转清，群转见纽，故亦读如记、如基，《诗》"彼其之子""夜如何其"是也。其读见纽，本齐齿呼，与其、箕同音。见《广韵·七之》。之、咍同部，其，音等转粗，变开口，则韵随纽转，入咍韵。之昪，咍侈。俗字作该。今指事曰该，如"该人""该地"。即其之纽韵俱变。《说文》："该，军中约也。"无指事义。其通箕，其音读为该，犹箕子亦作"荄滋"。《易·明夷》："箕子之明夷。"释文："蜀才箕作其。刘向云：今《易》箕子作荄滋。"《汉书·儒林·孟喜传》引蜀人赵宾云："箕子者，万物方荄兹也。"师古注："荄，音该。"《淮南·时则训》"孟春"："爨其燧火。"高诱注："其，读该备之该也。"庄逵吉按语云："《易》：'箕子之明夷。'刘向曰：'今《易》箕子作荄兹。'是箕有荄音。因之，其亦有该音耳。"余姚人指事之该，呼如戤，共亥切。即其读群纽如字而转咍韵耳。参看《释词篇》。

　　《汉书拾遗》曰："倾，谓偃卧也。"《华严经音义下》引。倾本歁侧义，见《曲礼》疏。凡物势歁侧则仆，卧者人之仆，故引申倾为偃卧。倾，去营切，溪纽，撮口呼。甬音齐齿呼，如卿，音等稍移也。若转合口粗音，而耕、清韵溪纽无此音等字，韵适其纽，不得不移邻近真类之魂韵，音变为坤。俗乃造从目困声之睏为之。今称物偃卧曰"睏倒"，本是倾仆本义，而人误认为卧义之引申，是倒果为因，认影为形也。参看《释动作篇》及《音等自转说》。

　　《说文》："景，日光也。"引申为光景义。风雨阴晴，天之景也，故谓之"天景"，俗呼为"天家"。如云"晴天家""落雪天家"。家即景之音变。景，居影切，梗韵，见纽齐齿呼。音等转粗为开口，则如梗。麻、庚同入相转，梗为庚上声。○ 同入于陌。梗转麻韵，故如家。甬呼家为开口；读家为齐齿，与景正双声。家、景本同纽，以音等粗细之殊，不觉为双声矣。参看《释天篇》。

　　《说文》："虹，螮蝀也。"户工切，匣纽东韵。北音匣为晓浊，东、侯又对转，虹转晓纽侯韵，则如吼。甬俗呼虹霓为吼。或曰，甬呼虹为吼，乃雩之转音。郭注《尔雅》云："江东呼雩。"甬古江东地也。并详下条。

　　《尔雅·释天》："螮蝀谓之雩。"郭璞注："江东呼雩，音芌。"郝懿行义疏："雩，犹芌也。芌，惊呼也。《说文》："芌，大叶实根，骇人，故谓之芌也。"螮蝀映日，倏然成质，光气骇人，乍见惊呼也。"郝以芌释雩，芌为伟大义，然则当读《诗》"君子攸芌"之芌。芌、芋同。《诗》释文："芋，毛香于反，郑火吴反，或作吁。"《小雅·斯干》。毛为晓纽细音撮口，郑为粗音合口。鱼、侯声近，音变火侯切，如吼。江东呼虹为雩，音变为吼，音等转鸿，而韵随之异也。虞、模韵晓纽无开口呼，侯为开口。○ 参看《释天》。

　　《说文》："休，息止也。"晓纽，齐齿呼。古有训休为美者，《尔雅·释诂》："休，美也。"

乃好之假借。《说文》：“好，美也。”○《通训定声》谓喜之假借，非是。喜，古音在之类，与休异部。休声、好声古音相似，同属幽类。幽通萧、肴、豪，故好转入晧韵。休、好皆晓纽，休，齐齿，好，开口。以音等粗细之殊，聆之，不复为双声矣。今谓事终止曰好，如“饭吃好”“字写好”。即休之音变，转音等为开口，遂音同于好。古借休为好，今呼休为好，其音理同也。幽通萧、肴、豪，如孝、哮古亦幽类字，晓纽，今入效韵，读齐齿呼，而甬呼丧服为孝，如“孝堂”“孝子”“戴孝”。呼如好。哮亦呼如好也。参看《释语篇》。

《广雅·释诂三》：“嬉、遊，戏也。”游戏之戏，《广韵》香义切，晓纽，寘韵。戏（戲）从虛声，虛从虍声，古音为鱼类，故“呜呼”亦作“於戏”。戏，晓纽，齐齿呼，晓之齐齿每与心、审混，参看本卷上《喉牙音作齐齿与齿音相混说》。鱼、模又转麻，戏转审纽麻韵，音如沙。俗作耍。《篇海》已云：“耍，戏也。”则金时已有此语。戏音变耍，犹献豆、献尊、牺尊之献、牺字并读心纽如娑矣。参看《释语》。

《说文》：“咎，灾也。”《诗·小雅·北山》：“或惨惨畏咎。”笺：“咎，犹罪过也。”咎，群纽，古音为幽类。幽通萧、豪，群、见浊清相转，咎转见纽豪韵，音变为皋，故“皋陶”亦作“咎繇”。《易》言“无咎”最多，犹言无灾害、无罪过也。甬言凡事无害曰“呒皋”，即“无咎”也。参看《释语篇》。

《玉篇》：“嬭，女蟹切。乳也。”《广韵》奴蟹切，今形简作奶。然嬭亦俗字，本乳之纽韵双变。嬭亦训母，见《广雅·释亲》，曹宪奴解反。俗亦作奶。北人称贵妇曰“奶奶”，即以母义尊呼之。乳本有生养义，故引申以称母。乳，而主切，日纽，麌韵。日通泥、娘。麌为鱼类，鱼、支声近，支、佳同部。蟹为佳上声。故由麌转蟹，音变奴蟹切。鱼、虞、模韵多转于麻。今音麻、佳多相混，以麻、佳同入于麦故也。甬音读乳在禅纽，如树，与奶音遂纽韵双隔。参看《释形体》及《释亲篇》。

《尔雅·释言》郝懿行疏之曰：“言即字也。‘释言’即解字也。古以一字为一言。”《齐策》载齐人谏靖国君，以“海大鱼”三字为三言，即以一字为一言也。言，语轩切，疑纽，齐齿呼，元韵。牙、喉通转，疑或变为匣、喻；元韵与寒、删、仙同类，亦相转。甬音读言如仙韵喻纽之延，本纽韵俱移，非正音也。读言不变其纽而变其音等，作开口呼，于是韵徇其纽，元韵无开口音。则转为删韵，音如颜鲁公之颜。俗作眼。今谓字为“字眼”，即“字言”也。字、言同义，类聚为词，方言常例。言读如眼，犹甬读颜渊之颜为延，读颜色、颜鲁公之颜如眼色。言与眼本同疑纽，然在甬俗，读言在喻纽为比，则纽韵俱殊矣。参看《释言篇》。

《诗·大雅·桑柔》：“具赘卒荒。”传：“荒，虚也。”《国语·吴语》：“荒成不盟。”注：“荒，空也。”凡言空虚不可信者亦曰荒，俗作谎。荒，晓纽，合口呼，唐韵。阳、东二类声近相转，音变为烘，赫贡切。晓纽，开口呼，送韵。俗作哄。《广韵》："哄，唱声。胡贡切。"非其义。唐、送固异韵，晓之开合口音等变易，亦宛若异纽也。参看《释言篇》。

纽韵相应说

字母三十六纽，在二百六韵中，每韵不能备有其字；字母呼分四等，亦非每母皆具。此固口舌发音有所限，亦以纽韵配合，其二者之侈弇、清浊须相应而行。所以然者，纽为本，韵为末，齐其本末，则调和而音朗澈。反是，则口舌不便，声或聱牙不扬，或流变异趋。如幽尤萧宵之清弇，读牙音，必用三四等齐撮细纽，设配一二等开合粗纽，则韵为纽压，声屈不畅，遂无其字。如格尤切、骨尤切、阔萧切、客宵切、轧幽切、葵幽切、额萧切、兀宵切，皆戾于口，无其字。又如歌侯豪模之浊侈，读牙喉音，必用一等开合粗纽，设配三四等齐撮细纽，音乃混似齿音，有如精清从心。如结戈切侳、喫歌切蹉、竭歌切醝、谑歌切蠁、结侯切诹、喫侯切讙、谑侯切锼、结豪切糟、喫豪切操、竭豪切曹、谑豪切骚、结模切租、喫模切粗、竭模切徂、谑模切苏，皆混入齿音，可类推。或戾于口舌，语音不见，更无其字，如歌侯豪覃配以牙喉撮口是也。如厥歌、阙歌、掘歌、旭歌、厥侯、厥豪、厥覃、阙覃、旭覃诸切，皆不成语。以是韵虽同类，而以侈弇、清浊之异，或有舌头而无舌上，或有舌上而无舌头；有重唇者无轻唇，有轻唇者无重唇；音等粗者不兼细，细者不兼粗。如鱼虞模同类也，鱼虞有舌上无舌头，模则反是；鱼虞牙喉皆三等细纽，模则一等粗纽；虞有轻唇无重唇，模则反是。歌麻同类也，歌有舌头无舌上，麻则反是。阳唐同类也，唐之牙喉皆一等粗纽，阳则三等细纽；唐有舌头、重唇，而无舌上、轻唇，阳则反是。真文魂痕同类也，真文牙喉皆三四等细纽，魂痕一等粗纽；真有舌上无舌头，魂则反是；文有轻唇无重唇，魂则反是。真先同类也，真无舌头，而先有之。元仙同类也，元有轻唇无重唇，仙则反是。用类隔为音者，当正之。蒸登同类也，登一等粗纽，蒸则三四等细纽；蒸有舌上无舌头，登则反是。尤幽侯同类也，侯为一等粗纽，尤幽皆三四等细纽；侯有舌头无舌上，尤则反是；幽虽有帮明重唇彪缪字，而俗皆读如宵韵之标苗；尤虽有非敷奉轻唇不紑浮字，而俗皆转开口入侯韵。此皆口舌不便，音不朗澈，俗音转朗，遂潜移于相邻之异部。所以然者，韵适应其纽也。

纽韵侈弇、清浊须相应，而口舌顺，音始朗澈。方言语气轻重不等，有细纽读粗，如龚姓本撮口，甬读如公，为开口。荤音同熏，亦撮口，今读合口如昏。粗纽读细。如家，开口呼，北音读齐齿，甬读撮口。奸、鉴本开口，今或读齐齿，如坚、兼。或类隔变纽，古音犹遗，而韵亦往往随之而移，所以顺口朗澈其音。故见纽齐齿之“骄”，设音等转粗为开口，则必音变，移豪韵为“高”。反之，读“高”而音等转细为齐齿，又必音变，移宵韵为“骄”。试观俗读见纽之“交、胶”，弇之，声清则如“骄”；侈之，声浊则如“高”。今两音通读，由语气轻重变易而致也。萧宵看豪固同类通转，而转之者，等呼粗细为之界画也。设“胶”转合口，则为刮宵切或刮豪切，然萧宵看豪皆无合口字，且切音碍口不朗，于是，韵适其纽而转，势必移于萧豪相通之韵而音可朗澈者。萧宵与阳同入相转，同入于药。“胶”转阳韵，音变刮阳切，如甬呼“梗枝”之梗，梗本开口呼，甬呼“梗枝”为合口，亦音等之变。有音无正字。甬俗称淖靱之物施著于物上而不脱，呼如刮阳切，即“胶”字读合口之韵变也，谓胶著之也。参看《释行事篇》。或转入声药韵，音如虢。药韵与萧阳同音等，见纽皆齐齿与撮口，无合口字，故借用声近之陌韵虢字。俗作括。甬衣工施浆糊之竹刀谓之“括浆刀”。船艭著河畔不能行，俗呼“刮河塘”，刮亦“胶”字也。《庄子·逍遥游》：“覆杯水于坳堂之上，则芥为之舟。置杯焉则胶。”胶者，成疏谓“黏地不行”，俗名“搁浅”是也。

之咍同类，读咍韵之灾，弇其音等，则必音如之韵之菑，故灾通作菑。之韵侈其音等，则入咍，故“箕子”通作“荄滋”，纽侈，韵亦应之而移也。

模与歌侯声近，参看古音严可均《声类表》。皆侈浊，一等音，模合口，歌侯为开口。麻亦有开口，故模韵字转开口，不入于侯，即入于歌麻；若作阳声，又入于唐。徒、图、杜皆模属，北人呼杜姓如窦，心有计虑曰“念头”，曰“忖头”，头即图也。参看《释语》。被刑谓之徒，见《论衡》。引申为贱役之称，故用为叱辱之词，曰“寿头”，曰“木头”，曰“划头”，头即徒也。徒亦转歌韵如陀，俗作大，叱人为“戆大”，为“骇大”。参看《释流品》。秫音同徒，故秫米呼作“大米”。见《释草木》。徒转唐韵，则为唐，徒训空，唐亦训空。途音同徒，亦转为唐。《释宫》：“庙中路谓之唐。”涂瓷呼为“搪瓷”。敦塞谓之“搪塞”。敦亦音转为头，俗称器物闭塞之具曰“盖头”，曰“塞头”，敦，闭也，塞也。见《说文》及《广韵》。涂抹之涂，俗呼定加切，则又转麻韵，有音无字。麻无舌头纽。或转纽，俗字作搽，宅加切。涂本亦音茶，定澄类隔相转，模韵无舌上，歌侯亦无，唯麻有之，故韵随纽便，移麻韵以应澄纽也。

定澄类隔相转，真先同部，澄纽之“陈”，古本读定纽，今音真韵无舌头，而先有之，韵适其纽，转先韵，故变为“田”。参看上文《方言纽韵俱变说》“田陈古同音”条。

喻定互相转，纽转，韵随纽便，亦相应而转。《说文》：“柚，条也。”柚，橘属，条非其义，而以条释柚，盖当时呼柚音若条，遂为柚之别名。柚，喻纽，古音为幽类。喻定纽转，幽尤无定纽，而萧豪有之，幽固通萧豪，韵随纽便，转萧韵，而字变为条。

犹皋陶之陶，亦读为陶器之陶，亦喻定纽转，而韵随之移。

《广韵·十九侯》"揄窬歈揄蝓"皆音头，定纽；又入《十虞》，音逾，喻纽。从俞声字古音本为侯类，定喻相转，喻为撮口细音，故转入虞。侯模同入，得相转，同入于铎。不入模，而入虞者，模声侈浊，无喻纽，而虞有之。音等弇为细纽，故韵随之而轻。古音侯类字，如需声、朱声、刍声、区声、句声、取声等。今多转虞韵而少转于模者，以音等降细、浊音转清故耳。犹古歌类字，如奇声、皮声、离声、垂声、为声、多声、我声、宜声。后多转入支部，亦由侈而弇也。

古音有舌头，无舌上，古端透定纽，后或变为知彻澄。《尔雅》："水中可居者曰洲。"洲，知纽尤韵，古读端纽，呼如俗字之丢。端尤切。然今尤韵无端纽。尤侯声近，故平水韵合为一部。韵应纽便，转侯则音朗，故音侈为斗。甬属地处环水中者以斗名，如"施家斗"是也。参看《释地》。斗即洲也。环绕圆行俗呼"兜圈子"，兜即周也。周，匝也，俗作週。

《广韵》："偷，盗也。"透纽侯韵。类隔转舌上，为彻纽。侯为开口，无彻之齐齿纽。韵适纽便，转尤韵，音变为抽，尤有舌上纽也。象棋因利乘便、盗取人子曰偷，如"偷车""偷炮"，俗亦呼偷为抽，即偷音等转弇，韵亦转清。参看《释货》。

池、蛇古皆读为驼，定纽歌韵。定澄类隔相转，今床禅纽亦古定纽所变；歌韵无澄纽，歌支多相转，歌麻古同部，亦相转。支麻皆有澄纽，韵适其纽，池转支韵，故今读为驰；蛇转麻韵，故甬语呼为茶。《广韵》蛇有食遮、市奢二切，外地呼蛇正为市奢切，麻亦有禅纽也。定喻亦相转，蛇转喻纽，音移，《诗》称"委蛇"是也。歌无喻纽而支有之，韵应其纽，故入支。

倾，偃卧也。参看上文《方言纽韵俱变说》。清韵，溪纽，撮口呼。撮口转洪，为合口。清韵为耕类，同类庚耕清青诸韵皆无合口呼，耕真两类声相近，真类中惟魂韵有溪纽合口呼。韵适其纽，转魂韵，音变为坤，俗作睏。今谓卧为睏。

休，止息也。尤韵，晓纽，齐齿呼，古音为幽类。齐齿转洪，为开口。尤幽韵晓纽无开口，幽类通萧豪，豪为开口。韵适其纽，音变为好。今谓止息为"好"，事息曰"好了"。参看上文《方言纽韵俱变说》。好为好恶字，非止息也。

变，更也。《说文》。线韵，帮纽，古音为元类。重唇音后或转为轻唇，故帮非类隔相转，变转非纽。线韵无非纽字，元类中惟元韵有之。韵适其纽，音变为反。今绸布色变曰反，病变亦曰反。参看《释语》。

微纽字古读明纽，无，古音当如模。钱大昕、郝懿行俱有是说。无，今入虞韵，虞无重唇，而模有之。古读无为重唇，故音如模。模为合口，转开口，则音变为毛。模豪同入相转，同入于铎。韵适其纽，豪为开口呼也，故无通为毛。《后汉书·冯异传》："饥者毛食。"
《衍集》毛作无。《水经注·灅水章》："燕语呼毛为无。"正其反也。无、毋同音，
毋者，禁止之词。甬语禁人毋为曰"毛弄"，毋言曰"毛讲"，毛即毋也。歌模亦通
转，歌亦开口。韵适其纽，或转歌，则音如摩。摩入戈韵，本合口。今读戈韵皆同歌，作开口。
广东人呼无有曰"摩呀"，正如摩。释氏经典"南无"呼如"那摩"。参看《释词》。

　　钟案：字有纽韵俱变者，往往韵适其纽，韵纽相谐而转，其例甚多，不胜枚举。
凡字音纽转，不论清浊之转、类隔之转、古今异纽之转、如禅床古为定纽，泥娘即为日纽。
音等粗细之转，纽转而本韵无此音等，或无所变之纽者，韵辄适应其纽，移为有变纽
之韵，或有此音等之韵，上文所举诸例是也。亦有韵转而纽徇韵而转者，第其例较少耳。
是犹《方言上下字同化叠韵说》中所言，有下字随上字同化而叠韵，亦有上字随下字
同化而叠韵，其理正同。

杂说

　　鱼歌声近，歌元对转，或鱼阳对转，阳元声近，故鱼元两类，往往亦相转。甬音
桓韵字有如模韵者。瞒、馒、满读莫胡切，"莫胡"为模音。然甬读模在戈韵，如摩，故不取模
为音。盘、蟠、伴读若蒲、薄，官、观读若孤，宽、款读若枯。桓模皆合口，故桓讹于
模。元韵撮口字则混入虞韵。甬读元、原若愚，袁爰若臾，谖萱若煦，鸳若迂。谚云"朝
南向暖"，暖音如女。反之，子女之女，则呼如暖。虞为撮口，与元韵撮口相转，宜也。
若暖本合口，与女相转，则变其音等故尔。应许曰"应暵"。烝之曰煦，《说文》："煦，
烝也。"煦亦转为暵。许、煦皆撮口，转开口，故离鱼类入歌，而转旱翰耳。

　　侵与真似，皆三四等音，有舌上，无舌头。覃谈与寒似，皆一等开口呼，有舌头，
无舌上，无唇音，无正齿。盐添严与先仙似，皆三四等，齐齿呼。咸衔凡与删山似。
开合呼或读为齐齿，真变为先，侵亦变为盐；真通转寒删，侵亦赅覃咸；真脂对转，
脂亦通侵覃。所异者，真寒删山先仙收舌齿音，侵覃谈盐添严咸衔凡收唇音。苟收音
稍变，二类即可互通。以英文喻之，真寒删等尾音为 n，侵覃盐咸等尾音为 m，二者固相去甚微。今
除闽广少数地区外，侵覃咸盐皆混于真寒删先。故注国音符号者，徇众为主，下平侵
覃以下九韵收唇音字，皆以真寒删先等收舌齿音注之。试观《辞海·附录·国音常用
字读音表》所注符号，巾、金相同，心、辛相同，身、深相同，甡、森相同。他如肝
与甘、刊与堪、寒与含、艰与鑑、颜与岩、闲与咸、坚与兼、田与甜、钱与潜，无不
同符号为注。闽广收唇音，本为正宗，已废著不论。然此两类相混，旧已有之，故膽、

擔省作胆、担，借寒类旦声字通作谈类之用。是犹忝从天声，本真先类字，而《广韵》忝、添、桥等字列入侵盐类。真元类与侵谈类相混，古亦非无，吴棫《韵补》谓古相通，不为无据也。

今云"手头""脚头"，谓手脚之动作施为也。动本训作，见《说文》。东侯对转，故动音变头。手头，俗亦呼"手段"，段亦动之音变，东谈相转也。动转谈韵，本为谈。犹"张孟谈""赵谈"亦作"张孟同""赵同"。谈寒今混，故讹为段。段本训椎物，非作为义。

今云"边走边唱""边打边想"，谓且走且唱、且作且思。俗称边者，同时兼为两事义，即"并兼"之合声。并、兼义同，字训联言之。《说文》："并，兼也。"《广雅》："兼，并也。""并兼"合声本为砭，今讹为边，盐先相混也。

齐韵为脂类，先韵为真类，脂真对转，故齐先同入于屑。仙韵为元类，脂元相转，故齐仙同入于薛。之哈同部，与歌合类，歌寒对转，故哈寒同入于曷。此皆阴阳声同入者也。阳声有鼻音，去其鼻音，即变阴声。先仙寒皆阳声，齐哈皆阴声。甬音急促，外地人故云声硬。阳声字往往缩其鼻音而不见，遂变为阴声。故先仙韵字，有读作齐韵者。如舌头音之颠、天、田、年，读若低、梯、题、泥；重唇音之编、篇、便、眠，读若蓖、批、鼙、迷；从心之钱、鲜，读若齐、西；匣影之贤、烟，读若奚、翳；来之莲，读若藜；疑之妍，读若倪。盐添严韵今既与先仙混，故亦与齐混也。支脂韵之滂并明影喻来纽字，亦有与之相混者，以支脂齐与先，亦同入于质也。

寒韵字读如哈者，如肝之与该，看之与开，残之与才，汉之与海，寒之与孩，安之与哀。覃谈既混于寒，故亦与哈混，如含之与孩，庵之与哀，贪之与胎，皆同读也。抑哈为之类，之宵声近，宵谈对转，故亦相通。

支变为佳，脂变为皆，歌变为麻，支脂与歌既通转，故佳皆与麻亦皆同入相转。佳麻同入于麦，皆麻同入于黠。《广韵》佳蟹卦夬字多兼入麻马祃韵，如"叉差哇蛙洼娲蜗緺骊丫蒘"皆是。职是故耳。甬音读麻韵字，声弇而暗，如英文之用"ạ"；law, all, war, small。北音读麻韵字，声侈而朗，如英文之用"ä"。cär, härd, fär, pärk。甬音读佳蟹卦皆骇怪夬字，颇似北音之麻韵，如"街鞋排脾柴差斋揩楷挨矮蟹摆买拐派晒界怪"皆是。然佳皆类字，亦有读若甬音麻韵者，如佳读家，撮口呼。卦、挂读课，瓜去声，合口呼。罢读罷，画、话读畫。活为话入声，甬呼操作为"做生活"，音如"做生华"。

麻马祃之齐齿呼字为三四等，与其开合呼同于佳皆为二等音者颇异。北音读此，如英文之用"â"。âir, compâre, fâir, pârent。然麻韵之齐齿呼，甬音亦有读开口如"ạ"者，如车、奓音如叉，赊、捨、赦音如沙，遮、赭、蔗音如渣。反之，佳皆类字亦有如读麻之齐齿"â"音者，如"皆解介戒届"等作结也切是也。盖韵应纽转，纽既降其音等为齐齿，韵亦移其所宜者矣。

麻为歌变，歌元对转，故麻韵字与元寒桓删山相通转。如桓表今作华表，瘢今讹为疤。藩，篱也，今呼为笆。男女之私为欢，今讹为花。花癫、花酒、花嫖、花案。喜庆酬赏之财物俗名"花笑"，即"欢赏"字也。以上参看《释亲》及《释货》。捨，释也，舍，止也，俗皆讹作算，今事止释而不为曰"算了"。甬乡鄙呼沙或亦如算，舍下、舍弟，俗亦呼如算。

皆麻既相似，故皆韵字亦有读作删山韵，皆删同入于黠，固相通也。今读乖如关，怀、槐如还，埋如蛮。北人呼"坏话"如"关话"。

字训联言说

举一字为词，虽义极浅显，而人或不喻，以同音异义者多，不知其果何字。为救其敝，故恒类聚同义字连茹以为词。如慎曰"谨慎"，固曰"坚固"，律曰"法律"，喜曰"欢喜"，皆其例。顾连茹之字，往往为其字之所训，前人为训诂者，固取字义最切合比同者为训也。字训联言，其例尤多，习用语中，恒见之。

如法家为词，曰"宪法"，曰"习惯"，曰"秩序"，曰"行为"，曰"继承"，曰"要约"，曰"抛弃"，曰"履行"。稽诸《尔雅·释诂》："宪，法也。""贯，习也。"贯、惯正俗字。《书·尧典》传："秩，序也。"《墨子·经上》："行，为也。"《诗·秦风·权舆》传："承，继也。"《释名·释形体》："要，约也。"《说文新附》："抛，弃也。"《国语·吴语》注："履，行也。"

兵家成语，曰"冲突"，曰"警戒"，曰"攻击"，曰"战斗"，曰"间谍"，曰"斥候"。稽诸《国策·齐策》注："冲，突也。"《说文》："警，戒也。""攻，击也。""战，斗也。"《左传·庄二十八年》注："谍，间也。"《襄十八年》注："斥，候也。"

行政所称，曰"元首"，曰"命令"，曰"号令"，曰"制度"，曰"告示"，曰"印信"，曰"保安"，曰"纠察"，曰"奉行"，曰"施行"。稽诸《尔雅·释诂》："元，首也。"《国语·鲁语》注："命，令也。"《越语》注："制，度也。"《晋语》注："奉，行也。"《吕览·怀宠》注："号，令也。"《荀子·礼论》注："告，示也。"《富国》注："纠，察也。"《释名·释书契》："印，信也。"《诗·小雅·南山有台》传："保，安也。"《论语·为政》包注："施，行也。"

商市所称，曰"经理"，曰"会计"，曰"盈余"，曰"亏损"，曰"招来"。稽诸《吕览·察传》注："经，理也。"《周礼·地官·泉府》注："会，计也。"《说文》："计，会也。"《广雅·释诂四》："余，盈也。"又《释言》："招，来也。"《小尔雅·广言》："亏，损也。"

格致家语，曰"本质"，曰"体质"，曰"性质"，曰"质地"，曰"成熟"，曰"感应"，曰"试验"，曰"水准"。稽诸《易·系辞下》虞注："质，本也。"王注："质，体也。"《广雅·释诂三》："性，质也。"又《释言》："质，地也。"《吕览·明理》注："成，熟也。"《易·临》注："感，应也。"《无妄》释文："试，验也。"《说文》及《释名》："水，准也。"

称说形体，曰"眼目"，曰"喉咙"，曰"背脊"，曰"肌肉"，曰"皮肤"，曰"声音"，曰"容貌"，曰"形容"，曰"赘肬"，曰"怀抱"，曰"气力"。稽诸《说文》："眼，目也。""咙，喉也。""背，脊也。""肌，肉也。""声，音也。"《楚辞·招魂》注："容，貌也。"《广雅·释诂四》："形，容也。"又《释言》："赘，肬也。"《仓颉篇》："怀，抱也。"《吕览·审时》注："气，力也。"《说文》："膚，皮也。"膚（肤）为臚（胪）籀文。臚本甫无切，今读庐，为陈列义，乃旅之借字，音亦从之。

称说事物之词，曰"星宿"，曰"路道"，曰"坟墓"，曰"沟壑"，曰"尘埃"，曰"轨道"，曰"庖厨"，曰"蔬菜"，曰"食粮"，曰"衣著"，曰"绳索"，曰"器用"，曰"书籍"，曰"文书"，曰"图画"。稽诸《吕览·制乐》注："星，宿也。"《说文》："路，道也。""坟，墓也。""壑，沟也。""埃，尘也。"《国语·周语》注："轨，道也。"《说文》："庖，厨也。""蔬，菜也。"《国策·西周策》："食，粮也。"《论语·子罕》皇疏："衣，著也。"《说文》："绳，索也。"《左传·成十六年注》："器，用也。"《成二年》注："籍，书也。"《淮南·本经训》注："文，书也。"《广雅·释诂四》："图，画也。"

他如通俗恒言，以及日常书契习见诸词，曰："希，罕也。""艰，难也。""恭，敬也。""休，息也。""监，视也。""延，长也。""应，当也。""酬，报也。""永，远也。"皆见于《尔雅·释诂》。曰："指，示也。""幼，稚也。""作，为也。""咸，苦也。"皆见于《尔雅·释言》。"冲，动也。""追，随也。"见于《方言》十二。

其见于《诗》传者，曰："物，事也。"《大雅·烝民》。"基，本也。"《小雅·南山有台》。"皇，天也。"《大雅·文王》。"经，常也。"《小雅·小旻》。"胜，任也。"《商颂·玄鸟》。"成，就也。"《周南·樛木》。"发，行也。"《齐风·东方之日》。"将，养也。"《小雅·四牡》。"行，列也。"《周南·卷耳》。"娱，乐也。"《郑风·出其东门》。

"良，善也。"《邶风·日月》。"恩，爱也。"《豳风·鸱鸮》。

其见于《诗》笺者，曰："自，从也。"《召南·羔羊》。"保，守也。"《大雅·崧高》"永，久也。"《小雅·白驹》。"茂，盛也。"《小雅·南山有台》。"光，荣也。"《大雅·韩奕》。"爱，惜也。"《大雅·烝民》。"转，移也。"《小雅·祈父》。"翦，断也。"《鲁颂·閟宫》。其见于《诗》释文者，曰："温，柔也。"《小雅·小宛》引王肃。"隘，窄也。"《商颂·殷武》。"援，助也。"《君子·偕老》引《韩诗》。"发，明也。"《长发》引《韩诗》。

其见于《书》传者，曰："稽，考也。""平，均也。""洪，大也。"并《尧典》。"伦，理也。""服，从也。"并《舜典》。"集，合也。""扰，乱也。"并《胤征》。"面，前也。"《顾命》。

其见于《易》诸家注者，曰："亨，通也。"《乾》子夏传。"造，就也。"《乾》王肃注。"势，力也。"《坤》"象"虞翻注。"考，察也。"《复》向秀注。"丧，失也。"《坤》马融注。"鼓，动也。""润，泽也。"并《系辞上》虞翻注。"鲜，明也。"《说卦》疏。

其见于"三礼"注者，曰："物，色也。"《周礼·保章氏》。"造，作也。"《膳夫》。"设，施也。"《仪礼·士冠礼》。"端，正也。"《礼记·曲礼下》。"言，语也。"《哀公问》。"发，起也。"《大学》。"单，独也。"《间传》。"群，众也。"《祭法》。"变，动也。"《檀弓上》。"嫌，疑也。"《坊记》。"盗，贼也。"《表记》。"明，白也。"《曲礼下》疏。

其见于《春秋》"三传"注，曰："发，见也。"《左·昭元年》。"比，例也。"《左·文元年》释文。"毁，灭也。"《左·庄三十年》。"徒，党也。"《左·宣十二年》。"释，放也。"《左·襄二十八年》。"存，在也。"《公羊·隐三年》。"充，实也。"《穀梁·庄廿五年》。

其见于《论语》注疏者，曰："忧，患也。"《子罕》皇疏。"庄，严也。"《为政》包注。"清，洁也。"《公冶长》皇疏。"希，少也。"《季氏》孔注。"迁，移也。"《雍也》集解。"奢，侈也。"《八佾》皇疏。"区，别也。"《华严经》引马注。

其见于《孟子》注者，曰："普，遍也。""觉，悟也。"并《万章上》。"制，作也。"《梁惠王上》。"诚，实也。"《公孙丑上》。

其见于《楚辞》注者，曰："旋，转也。""故，旧也。"并《招魂》。"次，第也。"《思古》。"动，摇也。"《抽思》。"伴，侣也。"《惜诵》。

其见于《国语》注者，曰："豫，备也。""贵，重也。""静，默也。""固，定也。"并《晋语》。"举，动也。"《鲁语》。"治，理也。"《齐语》。"制，裁也。"《晋语》。"过，失也。"《周语》。"侵，犯也。"《楚语》。

其见于《国策》注者，曰："声，势也。""轻，便也。"并《齐策》。"利，便也。"《西周策》。"扶，助也。"《宋策》。"疑，惑也。""机，要也。""奋，勇也。""设，置也。"　"伤，害也。"并《秦策》。

　　其见于《荀子》注者，曰："利，益也。"《荣辱》。"方，法也。"《大略》。"权，要也。"《臣道》。"枯，燥也。"《劝学》。"祸，患也。"《富国》。

　　其见于《庄子》司马注者，曰："希，望也。"《让王》。"征，信也。"《逍遥游》。

　　其见于《吕览》注者，曰："得，知也。"《任数》。"知，觉也。"《情欲》。"分，明也。"《察传》。"生，活也。"《怀宠》。"能，力也。"《长见》。"受，用也。""境，界也。"并《赞能》。"等，级也。"《召类》。"程，度也。"《慎行》。"审，定也。"《顺民》。"审，慎也。"《孟冬纪》。"慎，重也。"《节丧》。"托，付也。"《贵生》。"交，接也。"《知士》。"专，一也。"《必己》。"加，上也。"《离俗》。"短，少也。"《先识》。"后，来也。"《长见》。

　　其见于《淮南子》注者，曰："根，本也。"《原道训》。"真，实也。""和，气也。"并《俶真训》。"公，平也。"《修务训》。"温，和也。"《时则训》。"浅，薄也。"《齐俗训》。"决，断也。"《时则训》。"减，少也。"《天文训》。"遗，失也。"《主术训》。

　　其见于《汉书》注者，曰："考，究也。"《东方朔传》。"究，竟也。"《晁错传》。"凑，趣也。"《扬雄传上》。"介，绍也。"《谷永传》。"凭，据也。"《郦食其传》。"信，任也。""适，当也。"并《贾谊传》。"真，正也。"《河间献王传》。"表，明也。"《叙传下》。

　　其见于《说文》者，曰："完，全也。""共，同也。""周，密也。""整，齐也。""调，和也。""壮，大也。""洁，瀞也。"瀞、净正俗字。"修，饰也。""措，置也。""反，覆也。""变，更也。""更，改也。""分，别也。""牴，触也。""紊，乱也。""溷，乱也。"溷俗作混。"技，巧也。""动，作也。""揠，拔也。"揠俗作挖。"把，握也。""擅，专也。""计，算也。""督，察也。""问，讯也。""譬，谕也。"今作喻。"叚，借也。"今作假。"保，养也。""健，伉也。"俗作康，非。"劈，勥也。"今作倔强。"勇，气也。""忼，慨也。"今作慷。"憿，幸也。"段玉裁曰：俗作侥倖，非。"凶，恶也。""惶，恐也。""惭，媿也。"今作愧。"忧，愁也。""懈，怠也。""怠，慢也。""偄，弱也。"偄、懦正俗字。"奉，承也。""奔，走也。""吹，嘘也。""玩，弄也。""疏，通也。""通，达也。""酝，酿也。""腐，烂也。""枯，槁也。""陊，落也。"徐铉曰：陊俗作堕。"下，底也。""低，下也。""展，转也。""束，缚也。""缠，绕也。""继，续也。""恩，惠也。""妨，害也。""寄，托也。""返，还也。""偿，还也。""俭，约也。""裨，益也。""觉，悟也。""饥，饿也。""湛，没也。"湛今作沉。

其见于《小尔雅》者，曰："放，弃也。""毁，坏也。""抵，当也。""辨，别也。""收，敛也。"皆《广言》。"颂，布也。"《广诂》。

其见于《释名》者，曰："时，期也。"《释天》。"担，任也。"《释姿容》。"幼，少也。""老，朽也。"《释长幼》。

其见于《广雅》者，曰："公，正也。""方，正也。""饱，满也。""陈，列也。""流，行也。""曲，折也。"以上《释诂一》。"招，呼也。""增，加也。""摵，裂也。"摵俗作豁。"料，理也。""赋，税也。"以上《释诂二》。"惆，怅也。""解，说也。""孤，独也。""约，束也。""打，击也。""请，求也。""解，散也。""虚，空也。"以上《释诂三》。"职，业也。""计，谋也。""合，同也。""斟，酌也。""牵，连也。""郑，重也。""了，讫也。""消，灭也。""安，静也。""显，明也。"以上《释诂四》。"贡，献也。""忍，耐也。""猜，疑也。""冤，枉也。""庆，贺也。""豫，早也。""风，气也。""泄，漏也。""周，旋也。""造，诣也。""书，记也。""供，养也。""效，验也。""如，若也。"以上《释言》。

其见于《字林》者，曰："摸，捼也。"今作索。"污，秽也。""团，圆也。"

其见于《字书》者，曰："祕，密也。""津，液也。""疏，远也。"

字训义同，故两者往往成为互训。《说文》："考，老也。""老，考也。""谨，慎也。""慎，谨也。""完，全也。""全，完也。"若是互训者，如技、巧互训，歌、咏互训，寄、托互训，耻、辱互训，竢、待互训，玩、弄互训，依、倚互训，剟、刊互训，弃、捐互训，其例繁多，不胜枚举。故经籍之字训，有颠倒而见于方俗语中者。如《尔雅·释诂》"业，事也。""绩，成也。""祀，祭也。""育，养也。""晨，早也。"今则曰"事业"，曰"成绩"，曰"祭祀"，曰"养育"，曰"早晨"。皆其例。

他如《诗》传所训："辰，时也。"《齐风·东方未明》。"训，教也。"《大雅·抑》。"据，依也。"《邶风·柏舟》。"对，配也。"《大雅·皇矣》。"龙，和也。"《周颂·酌》。"合，配也。"《大雅·大明》。"愆，过也。"《卫风·氓》。"秉，把也。"《小雅·大田》。"涂，泥也。"《小雅·角弓》。《易·夬》"象"注："忌，禁也。"《系辞上》虞注："务，事也。"《周礼·司厉》注："隶，奴也。"《孟子·告子上》注："戚，亲也。"《国语》注："任，胜也。""纳，归也。"并《鲁语》。"受，承也。"《楚语》。"给，供也。""险，危也。"并《周语》。"平，和也。"《齐语》。《楚辞》注："激，感也。"《招魂》。"落，堕也。"《离骚》。"闷，烦也。"《惜诵》。

又如《说文》所训："龄，年也。""息，喘也。""响，声也。""躣，踊也。"今作躍（跃）。"产，生也。""定，安也。""慰，安也。""命，使也。""事，职也。""释，解也。”“蓄，积也。”“敌，仇也。”“骇，惊也。”“僄，轻也。”“备，具也。”“讳，誋也。”今作忌。“识，知也。”“论，议也。”“摹，规也。”“勘，挍也。”今作校。“燥，干也。”“煖，温也。”“籥，呼也。”“恨，怨也。”“迥，遮也。”“避，回也。”今作迴。“屿，岛也。”

又如《广雅》所训：“术，法也。”“窄，狭也。”并《释诂一》。“限，界也。”“试，尝也。”并《释诂二》。“靪，补也。”“尚，高也。”并《释诂四》。“粹，纯也。”《释言》。“甜，甘也。”“餹，餳也。”餳，曹宪音辞精反。“餻，饵也。”并《释器》。○饵餻（糕）俗作年糕。

又如《字林》所训：“廓，空也。”“達，滑也。”《字书》所训：“佻，轻也。”

方言既多集同义字为词，其中又多字训联言。然疾呼声合，又变为切音单字。如《说文》：“兼，并也。”《广雅》：“并，兼也。”“并兼”声合为砭，俗讹作边，今同时兼作二事曰边，如“边走边讲”是也。《说文》：“欺，诈也。”“诈，欺也。”“欺诈”声合为车，今以诈言诈术欺弄愚钝者谓之“车木人”。木者，督之讹。《玉篇》：“库，藏也。”“库藏”声合为亢，俗呼藏为亢。《新方言》直以亢为之，非。参看《释词篇》。《说文》：“愍，痛也。”“愍痛”声合为雍，甬俗谓痛惜人之灾患为雍。《说文》：“颃，颤也。”颤，古音当如亶（多旱切），因知照纽字古皆读端纽。颤转照纽，犹亶亦读照纽为遮连切也。“颤颃”声合为斗，幽尤韵无舌上音，故转侯韵。俗谓战兢为抖。说文：“幖，识也。”识音志。“识幖”声合为招，今谓标徽识别之幡版曰“市招”是也。《尔雅》：“鲐，寿也。”鲐音台。“鲐寿”声合为头，舌上音，故转侯韵。今称老人为“老头”。《说文》：“煦，烝也。”“煦烝”声合为兴，蒸、之对转，音变为哈，海平声。俗作熯，甬俗称肴馔蒸之曰熯。《说文》：“闰，余分之月。”《玉篇》：“闰，余也。”“余闰”声合为运，甬语称闰年、闰月音如运。《说文》：“瀀，泽多也。”“泽瀀”声合为稠，幽尤通萧肴，俗字作潮，俗谓空气润泽曰“潮气”。方言若是者甚多，散见于本书各条，不备举。

变音（下）　五十页　式萬柒千玖百五拾叁字

补　遗

目　录
（括号内小字为俗音及讹字 [①]）

释天

晶晶　《说文·晶部》："晶，精光也。从三日。"段玉裁注："凡言物之盛，皆三其文。"朱骏声曰："象星三两相聚之形。"晶，精纽，清韵。清、支对转，音

[①]　"为俗音及讹字"，原作"方音或俗字"（脱"为"字），据全书体例改。

变为赀。脂、支今同，讹为姊。昴宿七星，相聚成图，俗称"七姊妹"，即"七晶昴"之音讹。昴从卯声，古音为幽类。幽、之声近，之、脂亦声近。妹，队韵，为脂类。昴转为妹，犹瑇瑁之瑁音妹。瑁从冒声，与卯声同为幽类也。"姊妹"现成语，故讹焉。又因"姊妹"之音讹，遂谓昴宿之神女也。①

凑 《说文·水部》："凑，水上人所会也。"引申为凡聚集之称。《楚辞·九叹·逢纷》："顺波凑而下降。"王逸注："凑，聚也。"凑（凑），候韵。候入于屋，凑转入声，俗字作簇。犹簇、蔟在去声，亦音凑也。甬俗呼昴星为"七簇星"，谓七星密聚也。

黝辽 《尔雅·释器》："黑谓之黝。"经传多借幽为黝。幽、侯合类，侯、鱼声近，故幽、侯、虞、模皆同入相转。同入于屋。黝转模韵，音变为乌。今称黑为"乌"，天暗曰"黑暗"，俗云"乌暗"，即"幽暗"也。昧爽曰"乌早"，乡人或云"乌老早"，即"幽辽早"也。《说文》："辽，远也。"萧、豪同类相转，音变为老，犹水中捞物，俗呼捞为辽。故辽远俗呼"老远"。且远谓相距之长，在时间为久义。"辽早"云者，谓久先于晨时也。辽，萧韵。萧、冬同类相转，音变为笼。鄞西人呼为"乌笼总"，早随笼声同化叠韵而变总。②

雱湿 《诗·邶风·北风》："雨雪其雱。"传："雱，盛貌。"雱，普郎切。北音转浊，为並纽，音变为彭。犹水盛为澎，澎亦兼读滂、並二纽也。雱本谓雨雪之盛，引申为雨露之盛。甬语状清晨露湿之盛曰"露水彭生"，即"露水雱湿"也。湿随雱声同化叠韵而变生。瑟阳切。③

释亲

君 《说文·口部》："君，尊也。"引申为尊人之称，曰"太君"、曰"老君"、曰"小君"、曰"少君"，各随其人之长幼爵次而名焉。君，文韵。文、微同入相转，音变为归。故君，渠殒切，《字林》亦音巨畏切。归音同鬼。吴越呼归、鬼音又转似居，于是尊人称君者，讹变为鬼，而呼似居。老练有远识、无可欺罔者，尊之为"老君"，字讹为"老鬼"，语呼为"老居"。年青者称为"少君"，字讹为"小鬼"，语呼为"小居"。自君音转字讹为鬼，义随文误，本尊称而用为嫚敿之词。犹虏本丑称，及音变

---

① "七姊妹"非"七晶昴"之音讹。
② "乌老早"非"幽辽早"之音转，"老远"亦非"辽远"之音转。"老"是副词很、极的意思。
③ "露水彭生"今不大说。宁波话另有"火种彭生"（形容有失火的危险）一词，两个"彭生"似有关联。

为郎，郎为美称，呼者、受者皆不以为侮矣。①

人 人，日纽。吴越读日纽似禅纽，故人音似辰。方言则从古音，读泥纽，则人音似银。银，疑纽，作齐齿，则同泥纽。真韵无泥纽字。真、元声近相转，辰转删韵，音如犁镵之镵。谁爰切。○ 今音咸、删混同。甬俗妇女叱童稚曰"小居"，或曼衍其词为"小居镵"，即"小君人"之语转。"小君人"本非恶词，而音变意误，遂作诃斥语矣。人，语音如银。真变为先，银变为年，乡曲翁妪呼小人音如"小年"。呼人名或殿以人字，名阿福者呼曰"阿福银"，或曰"阿福年"。此俗音，三四十年前盛行，今已衰杀。

◇或骂小人为"小棺材"，即"小官人"之音讹。人为真类，甬读人为禅纽。真、脂对转，脂、皆同部，音变寺皆切。甬音"棺材"之材亦若禅纽也。②

客 《说文·宀部》："客，寄也。"字从各。各，异词也。故凡出寄于异地者为客，异地来寄于此者亦为客。客，陌韵。陌为庚入，长言转平，音变为溪坑之坑。甬地禾孰收获之际，邻县客民多成群来此，为佣割稻，鄞人呼为"割稻客"，客音如坑。肩负行囊卖笔者，谓之"笔坑"。客音转坑，犹"伯伯"呼为"浜浜"矣。③

乱私 《大戴礼·本命》："乱家子不取。"卢辩注："乱，淫乱也。"《左传·宣十五年》："民反德为乱。"淫乱，反德也。乱，换韵，古音为元类。元、歌对转，歌、鱼相邻，故元、鱼时亦相转。参看《杂说》。桓、缓、换韵字今每混作模、姥、暮韵，如馆音混固、半音混布、叛音混哺是。职是故耳。乱转暮韵为露。俗称淫乱私通者为"露水夫妻"。水者，私之讹，本作厶。《说文·厶部》："厶，奸衺也。"《吕氏春秋·有度》："奚道知其不为私。"高诱注："私，邪也。"《左传·襄廿五年》："非其私昵。"杜预注："私昵，所亲爱也。"水，审纽，私，心纽，类隔相通。俗不得其解，谓私通暗昧不久，如露之为水，见日即消。涂附不可通。或傅会《诗·召南·行露》义，尤谬。④

瓶罍诒 《诗·小雅·蓼莪》："缾之罄矣，维罍之耻。"陈奂传疏："缾小而尽，以喻己不得养父母。罍大而耻，以喻其不能养之之故。"钟案：《蓼莪》本孝子哀失怙恃之词。孝子以缾（瓶）自喻，后人瘦词，遂以瓶为孤儿之称。俗复重益其词曰"罍瓶"。罍音由。《广雅·释器》："罍，瓶也。"瓶、缾通。集同义字叠举为词。犹瓶呼"罍瓶"、

---

① "老鬼""小鬼"即为正字，"鬼"非"君"之音转。"郎"亦为正字，非"虏"之音转。
② "小棺材"即为正字，非"小官人"之音讹。《阿拉宁波话》"小棺材"条："①骂人话，用于骂小孩或年纪较轻的人，相当于'短命鬼'。②对小孩的昵称：小棺材活灵入进倒还偿个。"（33页）"小居镵"非"小君人"之语转，正字当作"小鬼材"，当是由"小鬼"和"小棺材"混称讹变而来。
③ "客"读"坑"，为儿化音残留。
④ "露水夫妻"即为正字，"露水"非"乱私"之音转。

见《释器》。画呼"图画"、埃呼"尘埃",皆字训联言之。参看《字训联言说》。䍃、油音同,俗讹为"油瓶"。父死母改嫁,携孤儿同居继父家,俗呼"拖油瓶"。弄文者改作"拖有病",释之曰:孤儿有病,不得已,曳之同往。涂附之说,只解颐耳。

　　或曰,油瓶之油,乃诒之音讹。《说文·言部》:"诒,一曰遗也。"《韩诗·子衿》:"子宁不诒音?"传曰:"诒,寄也。"见《郑风》释文引。《穀梁·定元年》:"夫请者,非可诒托而往也。"范宁注:"诒托,犹假寄。""诒瓶"云者,谓寄托以孤儿也,亦遗以孤儿也。诒从台声,古音为之类。之、幽声近,转尤韵为油。"油瓶"现成语,音转而字讹。诒转为油,犹有、又、右古音皆在之类,如以,今方言称事之复再为"又",尚读为以矣。或曰,拖者,托之音转。义亦通。

　　义欢儿　《礼记·祭义》:"义者,宜此者也。"《孟子·离娄上》:"义,人之正路也。"凡从义而行,虽或病诸,犹不失其为正。甬俗童养媳既长大,摽梅愆期,而贫不能举婚礼,与其未婚夫私合而生子,乡鄙呼为"二货郎",盖"义欢儿"之音转。虽未婚私合,然本属夫妇,犹为义也。欢者,《古乐府》称男女相悦之词,今语转为花。俗称男女私昵之事为花。如花老、花酒、花案、花癫等。歌、桓相转,音变为货。夫妇而称欢者,以其未循婚礼而合,犹私昵之比。儿,日纽,今甬音在来纽;支、耕对转,耕、阳声近,故变为郎。俗犹呼小儿为"小郎"。二、义甬音同。二,日纽,义,疑纽,皆通转于泥也。

释动作

　　蹍振　《说文·足部》:"蹍,动也。"侧邻切。《广韵》章刃切。音义皆通震。《尔雅·释诂》:"震,动也。"又通振。《说文·手部》:"振,一曰奋也。"凡奋起者必迅动,故动义通奋也。蹍,照纽,古音为端纽,声近丁。真、震韵皆无舌头音。真变为先,音变为蹎。都年切。真、脂对转,音变为低。今鱼振尾而跃,人悲悼而踊,皆呼如蹎,或如低,本蹍之纽转韵移。①

释情志

　　骇而　《说文·马部》:"骇,惊也。"侯楷切。匣纽字今多读晓纽,如骸、蟹、虾、

---

① 表示身体剧烈挣扎义的这个词本字不是"蹍",明清小说写作"颠"或"撅"。如《二刻拍案惊奇》卷十四:"其妻杀猪也似喊起来,乱颠乱推。"又卷五:"(真珠姬)将身子在轿内撅掷不已,头发多撅得蓬松。"

苟、悍、哄等皆是，不仅北音匣为晓浊，相转故也。骇本开口呼，声近亥。奉化人称
惊险可危之事呼如"亥牢"，即"骇而"字也。而，助词，如"不其馁而""室是远而"
之而。而，古音为之类，之、宵声近，故音转如牢。

　　畏戮　《广雅·释诂三》："戮、羞、耻，辱也。"《说文》辱训耻，是戮亦羞耻义。
凡羞耻者内怯，畏见人，故甬俗谓怕羞赧颜者曰"畏戮相"，语转为"搵老相"。搵，
乌没切。畏，未韵，未、灰声似，古音皆脂类。灰入于没，音变为搵。戮从翏声，古音为幽类。
幽咍萧、豪，故音转如老，古音老亦幽类也。

　　戮为耻辱，引申之，能受耻辱者亦云戮。犹敢于毒害者为忍，残忍。敢受毒害者亦
为忍。忍耐。今称能受耻辱者曰"面皮老"，老亦戮字也。甬俗称不畏羞耻、若无其事者，
谓之"老括"，即"戮惯"字。惯，《说文》作遦，云："习也。"羞耻习惯，不以为事，
故面无惭色。遦，换韵，换入于末，故转入如括。[①]

　　謏诟　《说文·言部》："謏，耻也。"胡礼切。"诟，謏诟，耻也。"呼寇切。
謏通作謋、作奚。《汉书·贾谊传》："顽顿亡齿，奚诟亡节。"师古注："奚诟，
谓无志分也。""謏诟"，古成语，疾呼声合，则如厚。诟，晓纽，晓、匣清浊相转，
亦如厚，故《汉书》诟音后，《玉篇》亦音胡遘切。今谓不顾廉耻、恬然自安谓之"面
皮厚"，厚即"謏诟"字，亦可作"诟"字。无耻者不惭容，俗谓其"颜厚""颜老"。厚、
老训诂无义，傅会为曲说者以为皮厚老，能包羞也。郢书燕说，居然成理；讹字曲解，
若是者不少。[②]

释词

　　厥斯　《尔雅·释言》："厥，其也。"其为指人指事物之词，厥亦如之。厥，月韵。
月为元入，长言转去声，音如孌。居愿切。吴越读元韵字，有混入鱼、虞者，参看《杂说》。
故厥之去声讹转如据。甬俗与人语，讳言其人其物，辄作廋词，曰"老据"以代之，
或曰"老据山"。山者，斯之转音，支、歌声通，歌、元对转也。厥、斯皆指事词，
但泛指而为词，不显名而讳之也。老者，"老李""老张"之老，呼人之冠词。厥既
代其人，故呼厥，亦冠以老焉。[③]

　　厥，见纽，撮口呼。音等转粗，为开口，音变葛月切。甬俗指人指事物作是音者，

---

　①"搵老相""老括"今未闻。"面皮老"即为正字，"老"非"戮"之音变。
　②"面皮厚"即为正字，"厚"非"謏诟"之合音或"诟"之讹。
　③"老据"正字当作"老鬼"。"老据山"一般写作"老鬼三"，当是由"老鬼"和"老三"混称讹变而来。

亦厥之音变也。与《释词篇》"其"字条参看。

　　復加　《说文·勹部》："復，重也。"扶富切，宥韵，古音为幽类。幽、侵对转，音变扶鸩切，侵、沁韵无奉纽字，故不能拟直音。声近坋。扶问切。甬语称事之变本加厉者曰"更加"、曰"愈加"。乡鄙之人或曰"坋加"，即"復加"也。加亦重义。《尔雅·释诂》："加，重也。"復、加义同，方言类聚为词。更、愈，亦皆重益义。

　　屡　《诗·小雅·巧言》："君子屡盟。"笺："屡，数也。"《论语·公冶长》："屡憎于人。"孔安国注同。《先进》："屡空。"集解："屡，犹每也。"每与频数义通。《汉书》中多作娄。屡从娄声，古音在侯类，如楼。侯、幽声近相转，幽晐萧、豪，音变为老。今侯、豪亦同入相转。同入于铎。甬语谓事之每逢数见者曰"老老"，即"屡屡"也。①

　　壬畈　《尔雅·释诂》："壬、畈，大也。"大义近甚。甬语称事之真确甚者曰"壬真"，奉化人则曰"畈真"。畈，布绾切。《广韵·二十五潸》又音扶板切，奉化人正读此音。"壬真"，俗讹作"认真"；"畈真"，讹作"万真"，皆似是而非。

　　路大　《尔雅·释诂》："介、路，大也。"路，暮韵，其入在铎，路转入声，为落。大，泰韵，泰、咍同入相转，同入于曷。音变为臺（台）。凡大义近甚。大通读太，太即甚义。今状事之甚者曰"介落台"，如苦甚曰"苦得介落台"。或曰，介者，故之转音，乃指事之词。《尔雅·释诂》："故，今也。"今义通此，乃指事之词。见郝氏义疏"兹、斯，此也"条下说。故，古音为鱼类。鱼、歌声近，歌、泰同居，音转为介。抑鱼、麻相转，北音读麻声侈，亦如泰。"故路大"者，犹云若此之甚也。故为指事词，参看《释词篇》。②

　　忝大　《说文·大部》："大，天大、地大、人亦大，故大象人形。"说本《老子》。人者，《说文》云："天地之性最贵者也。"故人亦大焉。大象人形，故大有人义。大既得音转为台，说见上条。今谓人忝其身誉曰"坍台"，即"忝大"也。《说文·心部》："忝，辱也。"《诗·小雅·小宛》曰："无忝尔所生。"忝从天声，古音为真类。段玉裁谓忝是惉或体，或其然软？惉，惭也。惭与辱义通。惉从典声，与天声古本同部。真、元相转，音变为滩。俗作坍。"忝大"云者，即辱为人也，惭为尊贵也，犹《诗》"忝尔所生"之意。③

　　◇《广雅·释诂二》："塌，堕也。"曹宪音徒盍反。定、透清浊音转，故《集韵》又音托盍切。盍为谈入，长言转平，形变为坍。《广韵·廿三谈》："坍，水冲岸坏也。"他酣切，音舖。今讹作坍。犹舖亦讹作䑸也。冉、丹形似，又寒、谈声似，如"范丹"亦作"范冉"之例。今崩堕曰坍，盖本塌字。或云，是堕之音转。

────────────────

① "老老"即为正字，非"屡屡"之音变。"老"有副词经常义。
② "介落台"即为正字。"介"，指示代词，这样、如此。"落台"，下场、收场，非"路大"之音变。
③ "坍台"即为正字，非"忝大"之音变。

堕有惰、妥二音，读妥转阳声，歌、寒对转，音变为坍。

尽唐　《说文·皿部》：“盡（尽），器中空也。”引申之，凡空皆曰尽。《尔雅·释诂》：“空，尽也。”《声类》：“徒，空也。”《一切经音义》卷三引。《左传·襄廿四年》：“齐师徒归。”杜预注：“徒，空也。”凡“徒手”“徒步”“徒食”“徒然”，徒皆空义。鱼、阳对转，音变为唐。唐亦训空。《妙法莲华经·观世音菩萨普门品》：“福不唐捐。”《庄子·田子方》：“是求马于唐肆也。”唐皆空义。徒之为唐，犹途之为唐。《释宫》：“庙中路谓之唐。”唐即途也。甬语诮人妄为、无善果者曰“尽唐已”。尽音转如賮。徐刃切，邪纽。尽本从纽，浊转浅浊，故如賮，《韵会》固亦音徐刃切。“尽唐已”者，谓空罄而已也。犹俗云“弄得精光”，喻其后果不可收拾也。①

选　《广雅·释诂三》：“选，入也。”入有归属义，今言字入某部、某韵，会计分目入某户，以及入党、入会，皆归属于某方之谓。《说文》选训遣，遣亦往属义。选，心纽，狝韵，古音为元类。甬音读选如算。音等转粗，则转狝为缓，狝、缓同类故相转。今言事物归属于尔者曰“算你”，归属于我者曰“算我”，事物之不伦不类曰“算什么”。甬语则云“算些些”。谓其诡异，无可比拟归属也。算皆选字。《说文》：“算，数也。”非其义。虽经传选、算多互借，假算为选，乃数择之义，非归属之谓。方言中算字甚多，事止息曰“算了”，此算乃舍字，亦赦字。议定曰“算数”，此算乃删字，见下条。②

删素　《声类》：“删，定也。”《一切经音义》卷一引。《玉篇》《广韵》删亦兼训定，《说文》系传云：“孔子删《诗》《书》，言有取舍也。”凡有取舍，即意有所定，故引申训为定。《后汉书·孔奋传》：“作《春秋左氏删》。”李贤注：“删，定其义也。”段玉裁《说文》“删”字注曰：“凡言删剟者，有所去即有所取。如《史记·司马相如传》：‘故删取其要，归正道而论之。’删取，犹节取也。”节取，则去芜存菁，而论定矣。删，审纽。审、心类隔，桓、删同类相转，音变为酸。俗作算。今称议定曰“算数”，算即删之讹。数者，素之讹。素通愫，愫，向也。《玉篇》《广韵》。《汉书·邹阳传》：“见情素。”师古注：“素，谓心所向也。”心之所向，即志也，故素又训志。《后汉书·张衡传·应间》：“必旌厥素尔。”李贤注：“素，犹志也。”《士丧礼》注：“形法定为素。”谓明器之材，其形法可定为明器也。素亦心志之所向云尔。“删素”云者，谓论议有所取舍时，定其心志所向尔。简而言之，故事理既定曰“算数”，否定之者曰“不算数”。

---

① “尽唐已”一词今未闻。
② “算你”“算我”“算什么”之“算”即为正字，本字不是“选”。“算了”亦为正字，“算”与“舍”“赦”无涉。

《说文》："算，数也。""数，计也。"算、数乃计算之谓，非理定之词。[①]

　　戾道　《尔雅·释诂》："戾，止也。"《广雅·释诂二》："道，说也。"戾，霁韵，古音为脂类。霁、央同类相转，音变立快切，如拉车之拉。拉作亢音，若西乐沙拉西之拉。今相会言事，理趣不合而绝之曰"拉倒"，即"戾道"字之讹转，谓止不赘说也。道音转倒，浊音转清，定转端纽也。或曰，倒者，到之讹。《尔雅·释诂》："到，至也。"至义通止，故训止之字多兼训至，如戾、怀、碍皆是。到训至，故亦可训止。戾、到皆止义，方俗重言之，为止绝词尔。[②]

释语

　　荣　《尔雅·释草》："木谓之华，草谓之荣。"荣、华本谓草木之茂发，引申为人生显盛之称。《吕氏春秋·务大》："其名无不荣者。"高诱注："荣，显也。"《荀子·大略》："室宫荣与？"杨倞注："荣，盛也。"《汉书·扬雄传下·解嘲》："四皓采荣于南山。"师古注："荣者，谓声名也。"荣，永兵切，庚韵，喻纽。甬音庚、耕、清韵字多有读作东韵者，如兄、宏、轰、訇、咏等皆是，故荣亦如庸。喻浊转影清，又语转为雍。犹永、泳、勇、甬皆喻纽，今皆读作影纽。甬俗称人家庆吊大事仪饰繁盛者为"雍"，即荣也。引申为自负显达而骄人者亦谓之"雍"，此语与"鲜省淑"用法差同，俱反词以讥斥。参看《释流品篇》。骄甚曰"雍煞"。煞即肆入声。[③]

　　禄　《论语·为政》："子张学干禄。"郑玄注："禄，禄位也。"《汉书·百官公卿表上》："更名光禄勋。"应劭注："禄者，爵也。"禄为爵位，故引申为尊荣。《易·否·象》曰："不可荣以禄。"禄斯荣也。今称尊荣者为"荣"，音转为雍。见上条。自负尊荣者亦称为"禄"，俗转亢音如振动攞铃之攞。拉古切。凡来纽字，俗多转亢音。如捞、镂、拉、拎、弄皆是。遂误认为攞字。骄人甚者曰"攞煞"。意取趾高气扬，俗云"大摇大摆"是也。

　　负大　《说文·贝部》："负，恃也。从人守贝，有所恃也。"字亦作偾。《淮南·诠言训》："自偾而辞助。"高诱注："自偾，自恃也。"今通作"自负"。人恃其富贵才智骄人者，俗称"自负大"，音转为"自侮道"。盖负，房九切，有韵。有、厚

---

①　"算数"即为正字，"算"非"删"之讹，"数"非"素"之讹。

②　"拉倒"本字不是"戾道"或"戾到"。

③　"雍"，一般写作"勇"。《阿拉宁波话》"勇"条："神气；风光：年纪大嘞，呒没几年好～嘞。"（249页）可参。

粗细之转，今读厚韵房后切。侯、虞声通相转，故负音如侮。奉、微今相混。负、妇本同音，今妇亦读如侮，浮亦呼如无，"欺侮"北人有讹作"欺负"者矣。大亦入箇韵，音驮。歌、豪同入相转，同入于铎。音变为道。"自负大"者，谓自恃其尊善也。大训尊，亦训善。

　　《说文》："负，一曰受贷不偿。"负，奉纽，古音为之类。古无轻唇，读奉纽如並纽，故负古音当如倍。倍从音声，古音亦之类。浊音转清，入帮纽，音变为背。犹背盟之背，亦读为倍也。今贷钱未偿曰"负债"，俗呼"背债"，背即负之古音转清也。

　　晚暮荒　《说文·日部》："晚，莫也。"莫，今字作暮。引申为凡后之称。《广雅·释诂四》："晚，后也。"晚，微纽，阮韵。古读微纽为明纽。今呼"晚娘""晚稻"，晚音如慢，犹古音也。阮、狝同类相转，晚转明纽狝韵，音变为免。犹挽、娩与晚同音，亦通读为免也。甬语称时尚未届、当迟久在后者曰"晚"，音正如免。或曼衍其词曰"满免"，即"莫晚"之音变，字训联言而倒之。莫，暮韵。模、桓常相转，参看《杂说》。故变为满。或更曼衍之，曰"满免大亨"。亨，甬音在阳韵，黑羊切。亨者，荒之音变。《广雅·释诂一》："荒，远也。"荒，晓纽，合口呼。音等转开口，唐、阳同部相转，故音如亨。"大荒"谓时距大远也。[①]

释食

　　漉　《说文·水部》："漉，一曰水下皃。""沥，漉也。一曰水下滴沥也。""渗，下漉也。"漉、沥一声之转，谓水下渗而滴注。虚字实用，凡渗下之水亦谓之漉。漉从鹿声，古音为侯类。侯、鱼声近，音变为露。今瓜果笮（榨）取之汁曰露，肴馔漉聚之汁亦曰露。或作滷，亦非。《尔雅·释言》："滷，苦也。"《说文》作卤（卤），"西方咸地也"。非有肴馔汁液义。

释器

　　蓐兹　《尔雅·释器》："蓐谓之兹。"郭璞注："《公羊传》曰：'属负兹。'《桓十六年》文。兹者，蓐席也。"《三苍》："蓐，荐也。"《一切经音义》卷廿一引。字亦作褥。甬俗称卧中下荐之被曰"蓐兹"，书作"褥子"。子字似是而非，蓐音如恧。女六切。

[①] "晚"正字当作"未"。《阿拉宁波话》"未"条："音米。为期还远；（还）早着：儿子刚刚读大学，毕业还未嚱 | 该梗桥啥辰光造好？——未嚱！《三笑》第十一回：'（脱衣睡觉）还未勒，还要靠靠勒。'清范寅《越谚》卷下：'未，（音）米去声。'"（267页）"满免""满免大亨"今未闻。

蓐，日纽，古音本在泥纽也。妇女临产，血污下流，必藉以草蓐，故分娩曰"坐蓐"。蓐音时沃切。日纽字吴越多转读禅纽也。甬俗临产时，承以木桶，桶内浅如盆，而足高及髀，盆内敷草纸，婴儿出腹，盆以承之，桶名"坐桶"。坐即蓐之音变。甬音坐、蓐皆禅纽，为双声也。蓐，烛韵。烛为钟、鱼、虞之入，鱼、歌声近，音变为坐。"蓐桶"讹为"坐桶"，释之者以为临产所坐，其实非是。旧时甬俗分娩，皆人自后抱产妇腰，抱者坐于床，产妇仰倾于抱者之怀，桶承胯下，未尝以坐也。[①]

胡貉　《周礼·考工记·总目》："胡无弓车。"郑众注："胡，今匈奴。"《说文·豸部》："貉，北方貉，豸种也。"胡、貉皆北狄，泛用为外国异族之称。胡，匣纽，模韵。模、东同入相转，同入于屋。音变为红；模、豪同入相转，同入于铎。音变为和。貉，明纽，陌韵。陌、铎声通，铎为豪入，长言转平，音变为毛。甬俗称欧美异族人为"红毛人"，语呼为"和毛人"。凡外国产物，瓶曰"和毛瓶"，伞曰"和毛伞"，工匠习欧西方式者谓之"红帮"，如"红帮木匠"，"红帮裁缝"，帮即齩字，齩，部党也。[②]

释宫

窌　《说文·穴部》："窌，穿也。""穿，通也。"是窌亦通义。虚字实用，字亦作窌。《仓颉篇》："窌，小窗也。"《文选·西京赋》李善注引。窌，萧韵。萧、豪同类相转，音变为老。今屋顶开窗，自外望之如神龛，俗名"老虎窗"。即"窌风窗"之语转，犹云通风窗也。窌音转老，犹辽之云老，俗称"辽远"为"老远"。风，东韵，东、虞同入相转，同入于屋。音变为肤。虎，晓纽，晓之合口与非、敷混。且"老虎"现成语，遂讹焉。虎为猛兽，于是俗又讹传老虎窗所向之宅有灾晦，皆附会之说。[③]

陊倾　《说文·阜部》："陊，落也。"徐铉曰："今俗作堕。"《广雅·释诂一》："陊，坏也。"北音定为透浊，故定、透纽字往往通读，歌类中尤繁，如詑、貤、婿、隋、鱓、扡、襺等皆是。堕亦音妥，歌、元对转，音变为滩，俗作坍。今谓屋宇圮颓曰"坍"，甬音或转如胎，则歌、咍亦同入相转也。歌、寒、咍皆同入于曷。北人则称坍为"垮"。垮，俗字，倾之转音。倾，覆也。见《易·否》侯果注。《淮南子·原道训》："使地东南倾。"高诱注："倾，犹下也。"倾，清韵，溪纽，撮口呼。音等转粗为合口，清韵无合口，韵徇其纽，移入麻韵，麻、清同入于昔也。倾转麻韵，音变为夸，俗著土旁作垮。

----

①　"坐桶"即为正字，"坐"非"蓐"之音变。"褥子"之"子"为后缀，本字不是"兹"。
②　"红（和）毛"非"胡貉"之音变。
③　"老虎窗"非"窌风窗"之语转。

隅潼 《方言》十三："隅，益也。"郭璞音骂，注："谓增益也。"今物件交冓积叠而上谓之隅。如隅柴爿、隅年糕。《广雅·释诂一》："隅、潼，益也。"潼，曹宪音童。东、侯对转，音变为头。甬地大宅院墙，于其上复加女墙，如屏风，俗呼"马头墙"，即"隅潼墙"之音讹，谓墙复增益之也。"马头"无义，形亦不似。①

间瞯 《说文·门部》："閒（间），隙也。从门、月。"会意。有隙则可窥，引申为视义，《广雅·释诂三》："间，覗也。"字通作瞯、作覵。《方言》二："瞯，眄也。吴扬江淮之间或曰瞯。"《孟子·离娄下》："王使人瞯夫子。"赵岐注："瞯，视也。"《广雅·释诂一》："覵，视也。"间、覵本皆开口呼，声促转入，则为扴，古黠切。声近格。甬俗室内高处开小牖，可眺远者，俗呼"格子"，即"覵子"也。或作閤，亦非。閤为小户，而人可出入。②

释草木

裯 《诗·召南·小星》："抱衾与裯。"传："裯，禅被也。"释文："裯，直留反。"澄纽，古音为幽类。古无舌上音，澄纽字读定纽。然幽、尤无定纽字，幽、侯声通，幽、萧亦声通，侯、萧皆有定纽字。音等细为齐齿，则转萧韵，变为条音；音等洪为开口，则转侯韵，变为头音。今呼被为"被头"，即"被裯"也；谋合男女私通曰"拉皮条"，即"搂被裯"字，谓抱衾裯以荐枕也。参看《释亲篇》。海滨泥涂生落，细长如发，取而匀布干之，如裯被，俗名"苔条"，亦名"苔皮"，即"苔裯""苔被"也。俗以质纯美光泽为"苔皮"，恒常者为"苔条"，此市侩强分之耳。③

莽 《说文·茻部》："茻，众艸也。读若与冈同。"模朗切。经传多借作莽。《广雅·释草》："莽，草也。"阳、庚声近，音转为猛。苔条之粗老、色不青泽而微黄者，甬俗呼为"黄猛苔条"。苔条鲜濡如发者，俗名"苔生"，即"苔丝"之转音，支、耕对转也。

蔓 《说文·艸部》："蔓，葛属。"葛即《诗·葛藟》之葛，葛、藟皆藤延之草。凡植物之茎蜿蜒细长、能缠附他物上行者，皆谓之蔓。《楚辞·九思·怨上》："菽藟兮蔓衍。"豆之蔓生者甚多，如"扁豆""豇豆""带豆""罗汉豆"皆是。有似带豆而粗短如指者，甬呼"梅豆"，谓其生在黄梅时。实则先于梅熟时已入市为蔬，

① "马头墙"即为正字，非"隅潼墙"之音讹。
② "格子"正字不是"覵子"。
③ "苔条""苔皮"即为正字，本字不是"苔裯""苔被"。"苔皮"今未闻。

迨梅熟，已枯萎矣。盖梅者，蔓之转音。蔓愿韵，古音为元类。元、脂通转，故音讹如眉。眉、梅声似，俗乃作梅。[1]

落暑 《尔雅·释诂》："落，始也。"《左传·昭七年》杜预注："宫室始成祭之为落。"今屋宇建成犹称为"落成"，即始成也。笋冬生者曰"冬笋"，春生者曰"春笋"，其在初夏生者，甬俗名"龙须笋"。须音如苏。即"落暑笋"之讹。"落暑"犹云始夏耳，"龙须"无义。落，古音为鱼类。鱼、侯声近，侯、东对转，故音变为龙；抑钟、虞亦同入相转。同入于烛。暑，审纽，语韵，撮口呼。音等转洪为合口，故讹为苏；鱼、模同类相转，模为合口呼也。[2]

苞夏 《诗·小雅·斯干》："如竹苞矣。"《商颂·长发》："苞有三蘖。"传皆云："苞，本也。"《文选·吴都赋》："苞笋抽节。"刘逵注："苞笋，冬笋也。"钟案：本，根也。笋皆由竹根歧生而出，故云苞，不仅冬笋然也。苞，古音为幽类。幽、侵对转，侵变为盐，音变为砭。俗讹作鞭。今谓竹根为鞭，本苞之音讹也。夏生之笋，甬名"行鞭笋"，即"夏苞笋"也。夏，马韵，匣纽。麻、庚同入相转，同入于陌。音变为行。夏音同下，下等货，市阛呼为"行货"，参看《释货》。其音变，亦其例矣。

《尔雅·释木》："如竹箭曰苞。"郭璞注："篠竹，性丛生。"篠，《说文》作筱，云："箭属，小竹也。"甬俗称小笋细长如箭箨者谓之"笋标"，即"笋苞"之音转。苞从包声，古音为幽类，当如布搜切。参江有诰说。幽通萧、肴、豪，故转为标。犹彪本幽韵，今读彪亦如标也。[3]

簜 《书·禹贡》："篠簜既敷。"传："簜，大竹。"释文："簜，徒党反。"疏引李巡曰："竹节相去一丈曰簜。"孙炎曰："竹阔节者曰簜。"甬称毛竹之大者，节长而质薄，中孔宽广，谓之"毛筒"，筒即簜之音变，东、阳声近相转也。[4]

补遗　四一条　十三页　陆千柒百八拾八字

丁未大暑后五日誊竣

全书　四拾万零捌百五拾三字

---

[1] "梅豆"即为正字，"梅"非"蔓"之音变。

[2] "龙须笋"非"落暑笋"之讹。

[3] "行鞭笋"非"夏苞笋"之音变。"笋标"今未闻，且非"笋苞"之音转。

[4] "毛筒"即为正字，"筒"非"簜"之音变。

跋

　　鄞县应君石麟，潜心国学，受聘上海华成烟厂司文书，垂卅有二年。逮余应邀任该厂襄理，乃稔厥生平。君赋性端俨，以忠诚待人，愈久弥笃。虽处十里洋场，而深居简出，日惟执卷吟哦而已。平居博览群籍，旁通医筮，而尤邃于医。当时武进恽铁桥先生为沪上名医，以丕振古医自任，主编医刊。而君就其心得投稿，恽先生大为心折，于君文后必加按盛赞，且尊称大兄，则其医学之渊湛，可概见矣。出其绪余以应诊，亲友中之危疾痼疾，辄著手成春。及后知君返甬归休，乃争相延请，闻说在慈北挽留达累年者。客岁其介弟来访，惊悉君已召赴玉楼，遗命以生前著述手录之《甬言稽诂》全部赠余留念。展卷敬读，深慨君之探考吾甬乡音言语详核广博，非贯通小学、精研乎古人文字声韵之不苟，曷克臻此哉！余拜领下，殊为不安。窃惟是书为君心力辛勤所注，安忍供余一人秘藏，矧是书乃我桑梓专门著作，是宜公诸乡国考索之需，庶不负君著书之旨也。表兄朱君克辉深韪余言，并建议应奉贡吾郡天一阁更为适宜。今庚返里扫墓，携是书拜访君之遗属，征得同意，拟偿斯愿。得晤朱德毅表弟，慨然肩此使命。临别再开卷集观，深叹君之手书清秀整齐，一笔不苟，且全部都四拾万有余，始终如一，则其穷年誊正之毅力，岂常人之可比伦哉！睹君之文及手迹，正肃严恪，犹如其德行，缅怀哲人，益令人眷眷尔！

蛟川戴伦庠谨识

公元一九八〇年　岁次庚申夏四月初三日

主要参考文献

（汉）司马迁：《史记》，中华书局1982年版。

（汉）班固：《汉书》，中华书局1962年版。

（汉）许慎：《说文解字》，中华书局1963年版。

（南朝）范晔：《后汉书》，中华书局1965年版。

（宋）陈彭年等：《宋本玉篇》，北京市中国书店1983年版。

（宋）陈彭年等：《宋本广韵》，北京市中国书店1982年版。

（宋）丁度等：《集韵》，上海古籍出版社1985年版。

（清）段玉裁：《说文解字注》，上海古籍出版社1981年版。

（清）范寅：《越谚》，上海文艺出版社1987年版。

（清）郝懿行：《尔雅义疏》，北京市中国书店1982年版。

（清）钱绎：《方言笺疏》，上海古籍出版社1984年版。

（清）阮元校刻，方向东点校：《十三经注疏》，中华书局2021年版。

（清）王念孙：《广雅疏证》，江苏古籍出版社1984年版。

（清）王先谦：《释名疏证补》，上海古籍出版社1984年版。

（清）翟灏撰，颜春峰点校：《通俗编（附直语补正）》，中华书局2013年版。

（清）朱骏声：《说文通训定声》，中华书局1984年版。

陈训正：《甬谚名谓籀记（附甬句方言脞记）》，浙江省立图书馆印行所1936年版。

陈训正、马瀛：《鄞县通志·文献志·方言》，鄞县通志馆刊印1951年版。

汉语大词典编辑委员会：《汉语大词典》，汉语大词典出版社1990—1994年版。

汉语大字典编辑委员会：《汉语大字典》（第二版），四川辞书出版社、崇文书局2010年版。

李荣主编：《现代汉语方言大词典》，江苏教育出版社2002年版。

盛益民、李旭平：《富阳方言研究》，复旦大学出版社2018年版。

盛益民、马俊铭：《老派宁波方言同音字汇——基于〈宁波方言词典〉的字音汇编与校释》，《东方语言学》第二十辑，上海教育出版社 2020 年版。

汤珍珠、陈忠敏、吴新贤：《宁波方言词典》，江苏教育出版社 1997 年版。

王福堂：《绍兴方言研究》，语文出版社 2015 年版。

徐时仪校注：《〈一切经音义〉三种校本合刊》，上海古籍出版社 2008 年版。

徐通锵：《宁波方言的"鸭"[ɛ] 类词和"儿化"的残迹——从残存现象看语言的发展》，《中国语文》1985 年第 3 期。

许宝华、宫田一郎主编：《汉语方言大词典》（修订本），中华书局 2020 年版。

中国社会科学院语言研究所词典编辑室：《现代汉语词典》（第 7 版），商务印书馆 2016 年版。

周志锋：《周志锋解说宁波话》，语文出版社 2012 年版。

朱彰年、薛恭穆、汪维辉、周志锋：《宁波方言词典》，汉语大词典出版社 1996 年版。

朱彰年、薛恭穆、周志锋、汪维辉原著，周志锋、汪维辉修订：《阿拉宁波话》（修订版），宁波出版社 2016 年版。

宗福邦、陈世铙、萧海波主编：《故训汇纂》，商务印书馆 2003 年版。

宗福邦、陈世铙、于亭主编：《古音汇纂》，商务印书馆 2019 年版。

下编 《甬言稽诂》研究

说　明

1. 本书有关《甬言稽诂》研究成果通过两种方式呈现，一是校注，散见于上编；一是论文，集中于下编。

2. 就论文而言，本研究按国家社会科学基金项目申请书所拟定的研究计划进行，成果形式为系列论文。在实施过程中，根据实际情况，研究内容略有扩宽，论文数量略有增加。

3. 共收录系列研究论文 7 篇。其中《应钟和他的〈甬言稽诂〉》《〈甬言稽诂〉的成就和不足》《〈甬言稽诂〉音转说平议》等 3 篇文章是从不同的角度直接研究《甬言稽诂》的；《汉语方言大词典》最早征引《甬言稽诂》，引用数量多达 1400 余条，但也存在一些问题，特撰《〈汉语方言大词典〉引用〈甬言稽诂〉疏失考》一文予以辨正；《甬言稽诂》的核心内容是考证宁波方言的本字和来源，其说有得有失，《宁波方言里的若干本字——基于〈甬言稽诂〉的考察》《宁波、舟山方言洗涤义"丈"本字为"净"说》《方言比较与本字考释——以汉语方言喷射义"biāo"为例》等 3 篇文章或证成其说，或正其讹误，或补其未备。

4. 文章都已发表。由于不同的刊物有不同的格式要求，今除了删除英文摘要、注释统一采用脚注外，基本上按发表时的原貌排印，不讲究论文格式的整齐划一。

5. 《甬言稽诂》内容很丰富，可以挖掘的东西也很多，如应钟先生的音韵观、字词观、方言观，具体字词的考证与分析等，都有进一步研究的空间。本研究仅仅是个开端，希望今后有更多的同道一起关注或参与这项研究工作，更好地传承和弘扬宁波方言文化。

应钟和他的《甬言稽诂》①

【摘　要】　应钟撰写的《甬言稽诂》是一部考释宁波方言的著作，稿本，藏于宁波天一阁博物院。目前除了《汉语方言大词典》大量征引其手稿外，其人其书，学界几无所知。据考证，应钟（1907—1969）原名应石麟，宁波鄞县下应（今属鄞州区下应街道）人，长期在上海华成烟草公司担任文书。没有受过正规教育，通过自学，精通文字、音韵、训诂之学。《甬言稽诂》是应钟用 10 年时间精心撰写的唯一一部著作，具有较高的学术价值，特别是在考证宁波方言词语的来源和本字方面有不少创获。但也有明显的不足，方法不够科学，考证不够严谨，许多结论难以采信。《甬言稽诂》存在的疏失既有个人因素，也有时代因素，说明用传统语文学的观念和方法来研究方言，很难避免历史局限性。

【关键词】　应钟；《甬言稽诂》；宁波方言

关于应钟和他的《甬言稽诂》，学界一般是通过《汉语方言大词典》知道有这么一个人、有这么一本书的。据笔者手工统计，许宝华、宫田一郎主编的 1999 年版《汉语方言大词典》征引《甬言稽诂》1400 多条。这么高的引用率，势必会对方言研究者和爱好者产生一定的影响。但是，迄今为止，未见任何评介或研究其人其书的文章，应钟是什么样的一个人，《甬言稽诂》是什么样的一本书，一直都是个谜。笔者近年来专注于应钟及《甬言稽诂》研究，现根据第一手调研资料和研读书稿的心得，对应钟和他的《甬言稽诂》略做介绍和评说，希望对挖掘和弘扬浙江地方文化、促进吴方言尤其是宁波方言研究有所裨益。

一、应钟的生平和学行

有关应钟的文字记载极少，唯一的资料是镇海蛟川戴伦庠先生为《甬言稽诂》所

① 本文系国家社科基金项目"《甬言稽诂》校注及研究"（19BYY160）的阶段性成果之一，原载《浙江大学学报》（人文社会科学版）2021 年第 6 期。

作的跋，其中说：

> 鄞县应君石麟，潜心国学，受聘上海华成烟厂司文书，垂卅有二年。逮余应邀任该厂襄理，乃稔厥生平。君赋性端俨，以忠诚待人，愈久弥笃。虽处十里洋场，而深居简出，日惟执卷吟哦而已。平居博览群籍，旁通医筮，而尤邃于医。当时武进恽铁桥先生为沪上名医，以丕振古医自任，主编医刊。而君就其心得投稿，恽先生大为心折，于君文后必加按盛赞，且尊称大兄，则其医学之渊湛，可概见矣。出其绪余以应诊，亲友中之危疾痼疾，辄著手成春。及后知君返甬归休，乃争相延请，闻说在慈北挽留达累年者。

由此可以了解应钟先生的大致情况。但是，以上介绍文字比较简略，很难弄清应氏生平的具体情况，以致我们的研究工作曾经一度陷入了困境。

几经周折，笔者终于联系上了应氏唯一的后人——女儿应葆祯女士。应女士1947年出生，为人热情又健谈，现居上海。2019年12月13日，笔者登门造访，应女士向我详细介绍了她父亲的情况以及《甬言稽诂》的写作过程。此后又有多次电话、邮件及微信联系。至此，谜团逐一解开。

应钟，1907年6月16日(农历五月初六)出生，宁波鄞县下应(今属鄞州区下应街道)人。学名应书玉，字善品，工作以后改名叫应石麟。"应钟"则是他为写《甬言稽诂》而专门起的名字，相当于笔名；与之相匹配，还起了一个号叫"霜候"。其父应鸣和(本名应诗凤，字鸣和)供职于钱庄，曾是宁波灵桥某钱庄的"阿大"(经理)。应鸣和育有三子二女，应钟排行第二。1922年，应钟16岁，父亲送他到上海读书，不久又让他到武汉边读书边学习图纸设计。1926年，应钟返回上海，"受聘上海华成烟厂司文书"，在华成烟草公司工作了将近32年。1957年底，受妻子李玉清的堂兄李康年(民国实业家)被错划为"右派"的影响，全家从上海迁居宁波，借姐姐的房子，住在宁波江东演武巷1号。回到宁波后，应钟有两年多时间在宁波江东镇安联合诊所当中医医生，后辞职，把时间和精力都用在写作《甬言稽诂》上。在书稿完成两年后，1969年12月14日(农历十一月初六)，应钟先生选择了非正常死亡，享年63岁。

应钟入职上海华成烟草公司，与该公司董事长、总经理都是宁波人不无关系。当时华成烟草公司的董事长是戴耕莘，系宁波镇海蛟川人；总经理是陈楚湘，系宁波镇海贵驷人(后来任该厂襄理、为《甬言稽诂》作跋的戴伦庠就是戴耕莘的儿子、陈楚湘的女婿)。应钟在公司担任文书，兼任公司领导的私人秘书和私人医生。

应钟精通中医，这一点，戴伦庠在跋里讲得很充分：中医文章深得沪上名医恽铁桥好评，业余应诊往往妙手回春。至于"及后知君返甬归休，乃争相延请，闻说在慈北挽留达累年者"，据应女士回忆，应钟没有"在慈北（被）挽留（行医）达累年者"这件事，可见戴氏的"闻说"不实。需要补充的是，与近代中医学家恽铁樵痛失三子后弃文业医相类似，应钟女儿出生之前，也有三个儿子相继病夭。丧子之痛对应氏打击极大，这也成了他钻研医学、治病救人的动力。除了通医，应钟还通筮，会卜卦、算命、看相、看风水。

　　应钟能够写出《甬言稽诂》，说明他有很好的传统语文学的功底。应钟聪颖好学，从学龄儿童到少年阶段，读的是私塾，教书先生称赞他是"最聪明的一个学生"（据应葆祯女士回忆）。16 岁到 20 岁之间，先后到上海、武汉读书。考证方言词语是专业性很强的活儿，需要具备扎实的文字、音韵、训诂等知识，一般要经过专门训练。应钟小时候在私塾读"四书五经"，打下了很好的国学基础。至于文字、音韵、训诂等专业知识，应该是自学的。尤其是音韵学，被人称为"绝学"，深奥难懂，应氏对此却颇有钻研，在该书附录《变音》上、下篇中分别收录了有关声组的论文 11 篇、有关韵部的论文 13 篇。"虽处十里洋场，而深居简出，日惟执卷吟哦而已""平居博览群籍"，即其勤奋读书的写照。可以这么说，在考证方言词语方面，应钟是非常优秀的自学成才的"民科"。除了《甬言稽诂》以外，应钟还写过一些中医研究文章，可惜都失散了。

　　应钟完成《甬言稽诂》书稿后选择"自我了断"，大概有几方面原因。首先是政治方面的原因。受李康年"右派"案子的影响，应钟作为李康年的堂妹夫，被打发回宁波老家（不仅他本人，他的两个弟弟也受到牵连，先后离开上海，大弟应书金最后被调到西藏拉萨，小弟应玉麟被调到新疆乌鲁木齐工商银行），不但失去了工作，还遭受社会歧视和冷遇，这对他的心灵无疑是极大的打击。"文革"期间，他的处境更加艰难。其次是经济方面的原因。应钟回到宁波后，失去了稳定的经济来源，先到江东镇安联合诊所当临时工，但只做了两年多；开头几年还有华成烟草公司一些小股东的分红，"文革"开始后分红也断了，全家靠为数不多的积蓄和小弟及戴伦庠先生的资助勉强度日。应钟作为一家之主，经济上的压力也使他身心疲惫。最后是个性方面的原因。应钟经历了三子接连夭折之痛，因而信阴阳、信天命，为了以后能够留住孩子，甚至在 37 岁后蓄起了胡子。回到宁波以后，又遭遇到种种不如意的事情，加深了"出世"的念头。他把书斋取名为"鼫斋"①，也反映了他潦倒失意、自暴自弃的心理。那个时候，

---

① 《说文·鼠部》："鼫，五技鼠也。能飞不能过屋，能缘不能穷木，能游不能度谷，能穴不能掩身，能走不能先人。"许慎：《说文解字》，中华书局 1963 年版，206 页。

研究宁波方言、撰写《甬言稽诂》成了他生命的全部寄托。书稿完成后，心愿了却了，于是烧掉了家中所有藏书，自找"出路"，平静地走了。

二、《甬言稽诂》的成书过程、流转情况及编写体例

据应葆祯女士回忆，应钟1957年底回到宁波，1958年就开始撰写《甬言稽诂》，初稿完成的时间不详。好在誊录的时间比较清楚，除了第一册外，在第二册到第十一册末尾，应氏都注明了誊竣的时间。第二册末尾注"乙巳岁四月廿日（笔者按：即1965年5月20日）誊竣"，第十一册末尾注"丁未大暑后五日（笔者按：即1967年7月28日）誊竣"，说明光是誊写就花了2年多时间。此后又花了一些时间在书稿天头等处作少量增补。这样前后相加，共用了10年时间。

现藏于天一阁博物院的《甬言稽诂》书稿，俨然是一部古代线装书。全书730页（一个折页为1页），所用边栏为四周单边的纸张系专门印制而成；页面29.2cm×16.1cm，版框20cm×12cm；行款为半页10行，行27—31字，注解为双行小字；正文首页题"鄞县应钟霜候纂述"；版心有书名、篇名及"顐斋丛稿"字样。

《甬言稽诂》用文言文写成，竖排，使用旧式标点符号，其中断句只用句号及小圆点。用小楷誊录，清秀端庄，略无涂改，酷似印刷品。应钟擅长书法，尤工于小楷，常被人邀请写各种招牌字。

《甬言稽诂》最后被天一阁收藏，也有一段故事。戴伦庠先生1980年所作的跋有记载：

> 客岁其介弟来访，惊悉君已召赴玉楼，遗命以生前著述手录之《甬言稽诂》全部赠余留念。展卷敬读，深慨君之探考吾甬乡音言语详核广博，非贯通小学、精研乎古人文字声韵之不苟，曷克臻此哉！余拜领下，殊为不安。窃惟是书为君心力辛勤所注，安忍供余一人秘藏，矧是书乃我桑梓专门著作，是宜公诸乡国考索之需，庶不负君著书之旨也。表兄朱君克辉深题余言，并建议应奉贡吾郡天一阁更为适宜。今庚返里扫墓，携是书拜访君之遗属，征得同意，拟偿斯愿。得晤朱德毅表弟，慨然肩此使命。临别再开卷集观，深叹君之手书清秀整齐，一笔不苟，且全部都四拾万有余，始终如一，则其穷年誊正之毅力，岂常人之可比伦哉！睹君之文及手迹，正肃严恪，犹如其德行，缅怀哲人，益令人睿睿尔！

应葆祯女士说，应钟生前很想出版此书，但在当时背景下显然是不可能的。之所

以立下遗嘱将书稿赠予戴伦庠，一是世交至友；二是落难的时候曾得到过戴伦庠的资助，有把此书作为抵债的意思。应氏去世10年后即1979年，其弟把书稿送到了戴氏手里；戴氏深明大义，于1980年通过表弟又把书稿捐献给了天一阁收藏。1981年4月，应葆祯女士也获得了由天一阁文物保管所颁发的褒扬其捐赠父亲遗著善举的奖状。

1987年，复旦大学陈忠敏等先生带学生到宁波调查方言，联系人是当时在宁波市教育局教研室工作的董琳琳老师。董老师告知天一阁有本《甬言稽诂》，并带陈忠敏去天一阁查阅了此书。陈老师回去后即告诉许宝华先生。许先生当时正在主持编纂《汉语方言大词典》，急需相关材料，对这部书稿很感兴趣。但根据规定，此稿不能外借。于是许宝华先生让陈忠敏联系天一阁文物保管所，天一阁文保所再联系上应葆祯女士，征得应钟家属同意后，1988年下半年陈忠敏到天一阁复印了全稿[①]。后来《汉语方言大词典》大量引用了这部书稿（引用数量多达1400余条），《甬言稽诂》的社会影响也随之扩大了。

《甬言稽诂》正文10卷，另有附录《变音》和《补遗》，共分11册，全书400853字（应氏于每篇末尾都注明了词条数和字数）。按义类编排，具体为：卷一《释天》（87条，17292字）、《释地》（85条，14023字），卷二《释亲》（79条，18381字）、《释流品》（87条，17341字），卷三《释形体》（113条，19347字）、《释疾病》（74条，13868字），卷四《释动作》（137条，24755字）、《释行事》（133条，22381字），卷五《释情志》（94条，17265字）、《释言》（78条，13759字），卷六《释词》（42条，12868字）、《释语》（164条，32381字），卷七《释食》（133条，23799字）、《释货》（75条，15544字），卷八《释衣》（85条，14783字）、《释器》（116条，18055字），卷九《释宫》（53条，9326字）、《释草木》（54条，10789字）、《释禽兽》（50条，8637字），卷十《释鱼虫》（100条，21076字）。附录为《变音（上）》，主要讨论声纽，有11篇论文（20442字）；《变音（下）》，主要讨论韵部，有13篇论文（27953字）。最后是《补遗》（41条，6788字）。

撇开附录《变音》，《甬言稽诂》正文10卷加《补遗》共考释宁波方言词语1880条。由于不少条目一条当中包含了好几个词语，所以实际数目远远不止这些。

该书条目文字也很有特点。有的是方言词中的一个语素，有的就是一个方言词，有的是一个方言词当中的几个核心字或语素，有的是一个方言词的不同写法，有的是

---

① 以上根据陈忠敏教授和董琳琳老师的回忆以及时任天一阁文保所所长骆兆平先生1988年10月12日致应葆祯女士的信函梳理而成。特向三位表示感谢！

作者认为合音成词的原字。条目用字几乎都是作者认定的"本字",只有在目录中用括号及小字注出"俗音及讹字",正文条目中则没有这样的注。以下是卷一《释天》前 20 条条目:

霏(雨丝)　霢霂(毛毛雨)　溟濛(雨靡靡 雨濛濛)　潵浽(湄湄碎碎)　霮霭(雨丝散散)　霈(淋雨)　霤(落雨 落雪)　俄顷霏(硬壳雨)　俄晏(开雪眼)　椶(雪子)　晛晏涷淮(做报大)　烈晒漖淮(秋赖寨)　电霆(雷阵雨)　沱霈(阵头雨)　霝霣雪(龙三)　暴(打暴)　飙猋(风暴)　幽冥(乌风猛暴)　霁暳(阴矮)　霚(吼)

这种处理方式的优点是凸显了关键字词,缺点是看到某个条目,很难弄清楚它的确切含义,也不便于查检。

顺便说一下《甬言稽诂》书名的含义。"甬"是宁波的别称,"甬言"就是宁波话。"稽",查考,考证。"诂"有两义,作动词,义为解释古语或方言,核心是"解释";作名词,义为字词的古义,词语的意义。应钟先生自己没有解释书名,我们认为"诂"理解为动词比较合适。这样,"甬言稽诂"就是"宁波方言考证解释"的意思。

三、《甬言稽诂》的学术价值

从现有资料看,宁波方言考证工作始于明末清初。明末清初鄞县(今宁波市鄞州区)人高宇泰(1614—1678)著有《敬止录》,卷三十六为"方言考",考证宁波方言词语 111 条;晚清鄞县人陈康祺(1840—1890)著有《乡谚证古》四卷(民国三十五年约园铅印本);近人陈训正(1872—1943)著有《甬谚名谓籀记(附甬句方言脞记)》(民国二十五年浙江省立图书馆印行所出版)。除了个人论著以外,清代以来各地官修县志也大多有方言内容,如同治《鄞县志》卷七十三"方言"收录宁波方言词语 700 多条;光绪《镇海县志》、民国《象山县志》等都有方言专卷。特别是 20 世纪 30 年代完稿、1951 年刊印的《鄞县通志·文献志·方言》,分"音读""俗名""谚语""歌谣"四部分对宁波方言语音、词汇、谚语和歌谣作了非常详细的介绍,具有很高的资料价值和学术价值;其中"俗名"也即词汇部分,用表格形式列出"词(附短语)""本音""俗音""例语"和"疏证",在方言词语整理与考释方面既有继承又有创新,达到了很高的水平。

应钟就是在这样的历史背景下撰写《甬言稽诂》的。良好的宁波方言研究基础对应钟来说有利有弊:"利"是可以借鉴和吸收前人成果,"弊"是增加了创新和超越的难度。但应钟有深厚的语文学功底，又用了 10 年时间钻研，因而《甬言稽诂》与以上著述相比较，尽管都是属于传统方言研究，但在宁波方言词语考证方面，显得更为全面、更为深入。

《甬言稽诂》的学术价值主要体现在以下几个方面。

（一）保存了丰富的宁波方言语料

《甬言稽诂》搜集了大量宁波方言材料，这些材料对于研究方言演变情况以及宁波地域文化都有重要价值。这里选取其中两类略作分析。一类是仍然保留在口语中的方言词语，但目前代表性的宁波方言著作如朱编本《宁波方言词典》[1]、汤编本《宁波方言词典》[2] 及《阿拉宁波话》（修订版，下同）[3] 均失收的。例如：

1. 眼遏　上眼皮麦粒肿的俗称。"遏"音压 [ɐʔ⁵⁵]。《释疾病》"瘀"条：

> 《说文·疒部》："瘀，积血病。"声促转入，则为閼。閼、瘀皆从於声也。閼音同遏，遏亦训病。《诗·大雅·文王》："无遏尔躬。"《韩诗》云："遏，病也。"瘀、遏、痛皆一声之转，而并有滞止之义。《释名·释疾病》："痛，壅也，气壅否结裹而溃也。"今目睑病肿，由于两眥泪孔瘀塞而致，以鬃毛等通其瘀则愈，俗呼为"眼遏"，即"眼瘀"也。

需要补充的是，麦粒肿（睑腺炎）老派宁波话分两种：长在上眼皮的叫"眼压"，长在下眼皮的叫"偷针"。上眼皮的麦粒肿有眼皮往下压迫的不适感，故称"眼压"（与表"眼球内液体对眼球壁的压力"义的"眼压"是两回事）。"压"当是正字，与"瘀""遏"无关。应氏说本字不够准确，但论及的这个词很有价值，现在五十岁以下的宁波人已大多不知"眼压"为何物了。

2. 陵坟　造坟时堆土成坟。《释地》"陵"条：

> 《广雅·释丘》："坟、垄、陵、墓，冢也。"今谓造坟积土使高谓之"陵"，实字虚用① 也。或曰，此是峦字，说详下条。

---

① 《甬言稽诂》多处提到"实字虚用"和"虚字实用"，这是沿用古人的语法术语。刘永华认为："我国古代对于实字和虚字基本上有两种核心分类方法，一种是'有形体'和'无形体'的区分，一种是'有实义'和'无实义'的区分（季永兴 1999）。前一种方法基本对应于名词与非名词的区分，后一种方法则基本同于今之实词和虚词的区分。"（参见刘永华《"今之虚字，皆古之实字"考察》，载《语言科学》2013 年第 2 期）应钟的虚实概念属于前一种。故"实字虚用"相当于名词活用为动词，而"虚字实用"则相当于动词、形容词活用为名词。

又"厽絫垒"条：

厽、絫，古音为支类。支、耕对转，音变为岭。垒，古音为脂类。脂、真对转，音变为嶙。甬俗造坟，累土如丘，呼之音如岭，如嶙。即絫、垒字，谓增积其土也。

陈训正《甬句方言脞记》还有一种说法："舁土培墓，俗称为淋。其字当从廪。廪，堆米也。以土比米，故称廪坟。"[4]1 其他吴语也有类似说法，如《汉语方言大词典》（修订本，下同）"另"条义项③："〈动〉堆。吴语。上海南汇。《哭丧歌》上：'蚶子壳挑泥～坟山。'"[5]1084 "陵坟"的"陵"本字不好确定，但这个词是客观存在的。

3. 损　肌肉筋骨扭伤。如："爬山脚骨损了一记。""掇箱子背脊骨损了一记。"《释动作》"抮"条：

凡肢体有所了戾挫折，亦称"损"。"抮腰"亦呼"损腰"。俗呼"跌打损伤"，损为挫折义是也。

应氏谓"抮腰"（闪腰）亦呼"损腰"，今宁波话尚有"腰缚（腰）损了一记"之说。据《现代汉语方言大词典》，上海话管腰部劳损疼痛叫"损腰"，雷州话管扭伤了腰部叫"损腰倒"[6]4676，并可旁证。此外，应氏谓"跌打损伤"之"损"为挫折义，亦颇有见地。

这类词语还可举出很多，如鸡羽内所生的小飞虫叫"鸡癯"（癯音翼）、米糠里所生的小飞虫叫"糠癯"（均《释鱼虫》"蜚"条）、鸡鸭的胃叫"肫膅"（音谆掌。《释禽兽》"肫膅"条）、人或畜短脚卑矮者叫"矮脚彭"（《释禽兽》"耀矬"条）、空无所有说"罄空彭空"（《释语》"窒罄拔"条）等。

另一类是口语中已经消失的方言词语。应钟 1922 年 16 岁时离开宁波到上海读书，他青少年时代所熟知的宁波话距今已有 100 年了，其间发生了很大变化，有些词语现在已经废弃不用了。例如：

4. 驵人　媒合卖买的居间商。《释货》"驵"条：

甬俗称媒合卖买之居间商谓之"驵人"。驵音如沮，子鱼切。即驵读在古切，从纽转清音为精纽也。侩市粮谷者曰"谷驵人"，侩市宅舍者曰"屋驵人"。

5. 快马　轻便的客运小船。《释器》"马"条：

《释名·释船》："轻疾者曰赤马舟，其体正赤，疾如马也。"钟案：甬有客运小船，舟子一或二人，轻疾如健步，俗呼"快马"。水行名"马"，初讶其不类。究其名义，盖亦有所本，方言多古义也。

6.文、武　死了的鱼或胎儿叫"文"，活着的鱼叫"武"。《释疾病》"殁"条：

《说文·歺部》："殁，终也。"莫没切。殁……音变……如文。今谓鱼死曰"文"，胎儿死者亦曰"文"。文无义，即殁之音变也。死与活对，文与武对。既称死者为"文"，遂以生者为"武"。俗称鱼类之活者为"武"，如望潮鱼之活者曰"武望潮"。乃因讹而讹之辞。

他如：淡菜肉干叫"干肉林"（《释鱼虫》"蛤蜊"条）、南瓜子叫"南瓜瓤"（瓤音 [li²⁴]。《释草木》"瓤"条）、量粮食的斗叫"劳斗"（《释器》"料"条）、赞美人善叫"赞怀"（《释言》"伟"条）、嘲人虽好而不足称者说"茄花色"（《释衣》"瑕霞"条）、称心有患苦而抑郁为"乌苏"（《释情志》"忧伤"条），等等。这些宁波方言古词语，通行的宁波方言著作都不载，但带有历史的印记，反映了社会和语言的发展变化，具有特殊的认识价值和文化价值。

（二）考证了一批方言词语的本字

《甬言稽诂》的宗旨是考证宁波方言的来历和本字，因此，考证的质量直接决定了书稿的质量。综观全书，应氏在溯源头、求本字方面有不少创获，这也是最能体现该书成就和价值的地方。例如：

1.倭豆/豌豆　宁波话管蚕豆叫倭豆。关于"倭豆"名称的由来，《鄞县通志·方言（二）》谓"盖倭寇至时始成熟，故得此名"[7]2900，民间甚至还有把它与抗倭故事联系起来的。《释草木》"豌胡"条：

李时珍《本草纲目·谷部》以胡豆、戎菽即豌豆，而蚕豆亦名胡豆。于"豌豆"条曰："胡豆，豌豆也。其苗柔弱宛宛，故得豌名。种出胡戎，故有胡戎诸名。"于"蚕豆"条曰："此豆种亦自西胡来。虽与豌豆同名，同时种，而形性迥别。《太平御览》云：'张骞使外国，得胡豆种归。'指此也。今蜀人呼此为胡豆，而豌豆不复名胡豆矣。"钟案：今植物学书亦谓豌豆原产欧洲，蚕豆原产里海沿岸。是两豆本皆胡种，故皆名胡豆。甬人呼蚕豆为"倭豆"，即"豌豆"之转音。元、歌对转，故音如倭。犹浣乌官切，亦入簡韵为乌卧切也。

简言之,胡豆(子实大而扁平)古代叫豌豆,又叫蚕豆。宁波话继承了"豌豆"的说法,普通话则继承了"蚕豆"的说法。宁波话又把普通话的"豌豆"(子实小而圆)叫作"蚕豆",又叫"罗汉豆""细倭豆"。应钟谓"倭豆"即"豌豆"之音转,甚确。汪维辉先生《宁波方言词语札记三则·"倭豆"语源考》[8]一文对此有进一步论述,可参。

2. 笋麸/笋脯　朱编本《宁波方言词典》"笋麸咸齑"条:"鲜毛笋和咸菜一起切碎烧熟后的干制品。也叫'笋麸咸菜'。"[1]310 又"笋麸黄豆"条:"鲜毛笋切成丁,与黄豆一起煮熟后的干制品。"[1]310 汤编本《宁波方言词典》[2]280-281、《阿拉宁波话》[3]76-77 都收了这两个词条。从释义可知,这两种食物都与麸子没有关系,"笋麸"写作烤麸的"麸",不够贴切。《释鱼虫》"脡脯"条:

> 笋干甬名"笋脯"。脯本训肉干,泛称于蔬果之干亦云脯,如"杏脯""桃脯"皆是。

寥寥数语,既拈出了本字,又说明了"脯"词义发展的脉络。"笋脯"一词古已有之,如元虞集《奉别阿鲁灰东泉学士游瓯越》诗:"笋脯尝红稻,莼羹斫白鱼。"明徐渭《客饷我笋脯一小筐稚而甘澹拟谢》诗:"晨舾急十斛,笋脯美辽参。"清王士禛《香祖笔记》卷六:"越中笋脯,俗名素火腿,食之有肉味,甚腴。"并可证应氏说法正确。

3. 镶子/錾子　《现代汉语词典》(第7版)"錾子"条:"zàn·zi 凿石头或金属的小凿子:石~|油槽~。"宁波话管这种小凿子叫 [zæɪ²⁴ tsɿ³⁵]。[zæɪ²⁴] 的本字是什么?《甬谚名谓籀记》卷一:"錾,小凿也。今俗谓镶子,实即錾之音转。"[4]40《鄞县通志·方言(二)》"錾子"条:"錾读若蚕去声。在器物上镂刻花纹之小凿曰錾子。《说文》:'錾,小凿也。'字亦作鏨。《类篇》:'赵魏谓小凿为鏨。'俗通作镶子。"[7]2885 以上两家均谓本当作"錾",俗又作"镶"或"鏨"。但是没有说明语音依据,而"镶""鏨"宁波话读 [zɛ²⁴],与 [zæɪ²⁴] 也有一定距离。《释器》"錾"条:

> 《广雅·释器》:"镌谓之錾。"曹宪音惭。镌者,《说文》云:"琢石也。"《通俗文》:"石凿曰錾。"《御览》卷七百六十三引。《广韵·五十四阚》暂纽:"錾,镌石。又音蚕。"钟案:惭、暂、蚕皆从组,读从浊音而浅之,则变邪组。今吴越读蚕皆在邪组,徐含切。有音无字。甬俗称石凿曰"錾子",正读邪组,如蚕。

应钟举出《广韵》"錾,又音蚕"这个力证,证明 [zæɪ²⁴ tsɿ³⁵] 当作"錾子",结论不可移易("蚕""錾"宁波话实际读音声调为阳上)。顺便说一下,"錾"字《广韵》有藏滥、才敢、昨甘、慈染、士咸等五切,加上又音蚕(昨含切),则有6个读音。

今浙江吴语富阳、绍兴城区方言“鏨子”的“鏨”与“蚕”同音[9]86，可以比勘。两部《宁波方言词典》及《阿拉宁波话》均失收“鏨子”一词。

（三）探讨了一批方言词语的语源和理据

有些方言词虽有专字或后出本字，但一般人不明白得义之由；有些方言词光从字面看，很难弄清楚它的音义来源。对此，作者也作了积极的探索。例如：

1. 瘍/易　汤编本《宁波方言词典》“瘍”条：“ɦi²⁴ 疾病传染：小人出红痧要~个｜~过｜毛病~来 ‖ 广韵入声昔韵羊益切：‘病相染也。’宁波今读 [i] 韵阳平。”[2]40“瘍”为何有疾病传染的意思，本读入声为何今读舒声？《释疾病》“瘍”条：

> 《广雅·释诂一》：“瘍，病也。”曹宪音亦。《玉篇·疒部》：“瘍，羊赤切。病相染也。”《广韵·廿二昔》易纽义同。字与从昜之瘍（疡）音义皆殊。瘍，音易，长言转去，入寘韵，音如难易之易。以豉切。今谓病相染曰“瘍”，正呼如难易字。盖瘍从疒，从易亦声。易有移易义，实傷之假借。故训“病相染”。

“瘍从疒，从易亦声。易有移易义，故训‘病相染’”，这几句话很重要，点明了“瘍”的语源是“易”。“易”有移易、蔓延的意思，也可特指疾病传染，如《东观汉记·邓训传》：“吏士尝大病疟，转易至数千人。”“瘍”原为入声字，今读舒声字，犹交易之“易”老派宁波话读 [ɦiɪʔ¹²]，新派则读 [ɦi²⁴]。

2. 掰（扮）/绊　朱编本《宁波方言词典》“掰”条：“pɛ⁴⁴ 绊：踢脚~手｜儿歌：卜咚一跌~，倒翻两箩蛋。《集韵·裥韵》：‘~，绊也。博幻切。’”[1]417 汤编本《宁波方言词典》[2]131、《阿拉宁波话》[3]161 除了收录“掰”，都还收了“掰跌”条。“掰”字后出且少见，当非源词。《释动作》“绊”条：

> 《说文·糸部》：“绊，马馽（縶）也。”博幔切。段玉裁注：“《小雅》：‘縶之维之。’《白驹》文。传曰：‘縶，绊。维，系也。’《周颂》曰：‘言縶其马。’《有客》文。笺云：‘縶，绊也。’按：縶谓绳，用此绳亦谓之縶。……引申为凡止之称。”今步行足有所碍因之倾仆者谓之“绊”。音转如打扮之扮。盖绊帮纽换韵，换、裥同为元类相转故尔。甬音读绊如伴，转浊音並纽，讹也。

应钟认为，“绊”本读博幔切，帮纽换韵，音同半 [pũ⁴⁴]；后转为博幻切，帮纽裥韵，音同扮 [pɛ⁴⁴]。“掰跌”的“掰”最初就写作“绊”。今宁波话“绊”读作浊音並纽伴 [bũ²¹³]，是音讹。应氏以上分析很有道理，只是他不太重视唐宋时期的俗写，没有提及“掰”字。

3. 桂花／贵　老派宁波话有"桂花"一词，指人特别娇贵。如："我人桂花个，每日快活的，身体还东痛西痛。""桂花"这种用法是怎么来的？《释流品》"鲜省淑"条：

> 《尔雅·释诂》："淑、鲜、省，善也。"……然俗语往往有借褒作贬，以嘉美之辞为反语以诮人者。……此犹苏沪语诮人物之贱者曰"贵"。俗讹作"桂"，又复踵益其词曰"桂花"。贵本尊尚义，而反为下贱之词。

这段文字虽然主要讨论苏沪语"贵"有下贱义，但"贵""俗讹作'桂'，又复踵益其词曰'桂花'"的说法，富有启发性。宁波话"桂花"表示娇贵义，亦当是由"贵"到"桂"，再演变为"桂花"的。

（四）总结了宁波方言中一些带有规律性的东西

应钟在考证宁波方言的过程中，也探讨了一些有关语音演变、词语构造、音义关系、方言接触等理论问题。下面仅就语音方面胪列几条，例如：

1. 关于"匣转群纽"。《释行事》"揆薐"条：

> 喉、牙通转，匣转群纽……犹环、还、缳皆匣纽，今方言中或作逵关切是也。耳珰曰"环子"，玩具有"铁环"，物势回复曰"环转来"，时令谚云"七九六十三，破衣两头缳"，皆是。

又"缳"条：

> 甬俗呼环、还字往往在群纽，音如樵。跪硕切。如耳珰曰"环"，铁圈曰"铁环"，圆洞拱桥曰"环龙桥"，事势之回复曰"还转来"，环、还皆呼如樵。今衣帛、绳索屈而挂于竿，呼如"樵"，即缳之组、韵双转，谓络之也。时令谚云"七九六十三，破衣两头缳"，是天暖脱衣挂于肩为"缳"也。

以上归纳了宁波话喉、牙音可以通转，匣母往往转读群纽的音变现象。这对弄清"铁 $[gu\varepsilon^{24}]$""耳朵 $[gu\varepsilon^{24}]$""破衣两头 $[gu\varepsilon^{24}]$"的"$[gu\varepsilon^{24}]$"的本字大有帮助，原来都是"环"的音变（环、缳古通用）。

2. 关于"从、邪互转"。《释语》"详"条：

> 《说文·言部》："详，审议也。"似羊切。今遇恼怅迷离之事，揣测以求其是，

谓之"详",如"详梦""详签诗"是。俗呼详如像,遂以为像字。详,本像平声,皆邪组,甬语讹读①详为从组,为疾羊切,于是字语音歧。方言邈古相传,犹存正音。从、邪皆浊音,而从犹浊。读从之浊而浅之,便流于邪;反之,读邪而更浊之,便流于从。从、邪互转而讹读甚多,如墙、樯、蔷皆在良切,从组,今读如象平声,讹入邪组;匠,疾亮切,从组,亦读象去声,为邪组;祥、庠、翔、详皆似羊切,邪组,今读疾良切,讹入从组;晴音同情,本从组,俗呼晴雨字讹入邪组……从、邪互讹者,不仅此数字,聊举其习见者数则以证之。

作者通过大量实例,证明宁波话里从母字和邪母字常常发生互变,据此既弄清了"像梦""像签诗"的本字是"详",也可以解释宁波象山县的"象"为什么读弶 [dziã²¹³]",原来是邪组转读为从组了。

3.关于"支、脂、微、齐韵重音字俗语多转鱼韵"。《释语》"庆"条:

凡支、脂、微、齐韵重音字,俗语多转鱼韵。如龟、归、贵音如居,围音如余,水、岁音如庶,锤、捶音如除,吹音如杵,皆是也。

又《释鱼虫》"鲑"条:

鲑亦作鳜。《本草拾遗》云:"鳜鱼,肝及子有大毒,一名鯻夷鱼。以物触之即嗔,腹如气球,亦名嗔鱼。"……河豚去内脏为干腊,甬呼"鲑鱼鲞",鲑音如锯。鲑从圭声,古音为支类。支、鱼声近,凡支、脂、微、齐韵中重声字,即声似灰韵者。甬语往往转在鱼韵。如鬼、归、贵皆音如居,乌龟呼若乌居,锤音如除,围音如余,谁音如殊,岁、水音如胥,跪音如巨。此亦其例。

以上不仅揭示了支、脂、微、齐韵字文白异读的规律,还据此考证出河豚鱼俗称"[tɕy⁵³] 鱼","[tɕy⁵³]"的本字即为"鲑"。

四、《甬言稽诂》的历史局限

应钟属于传统语文学家,他用传统语文学的理论和方法来考证和解释宁波方言,本身存在着一定的历史局限性。尽管《甬言稽诂》有许多创新和发明,但是存在的问

---

① 把"从、邪互转"归为"讹读"(下文还有"讹入""互讹"等),不够准确。从母字(浊塞擦音)和邪母字(浊擦音)不仅宁波话里存在大量互变,其他吴语里也有互变的情况。这是一种正常的语音演变,不是"讹读"。全书把方言音变说成"讹读"的有很多,大多属于表述欠当。

题也是显而易见的。聊举数端如次：

（一）过分强调"方言名物多本雅训"，求之过深

《释货》"篹"条："凡方言用字，其初多本雅训。"《释衣》"黎鞮"条："方言名物，多本雅训。"诚然，方言来自古汉语，许多方言词语可以找到源头或本字，但并非都是如此，一味溯古，难免牵强附会。例如《释天》"霢"条：

> 《说文·雨部》："霢，小雨财零也。读若斯。"段玉裁注："财，今字作才。"霢本训小雨初下，引申为小雨亦云霢。《广韵·五支》斯纽："霢，小雨。"俗称小雨曰"雨丝"，丝，即霢也。或呼"雨毛丝"，毛即霂字。说详后"霢霂"条。古称小雨为霢、为霂，本有其字。后人习其语而遗其字，妄取"丝""毛"字为之，以为"丝""毛"皆细物，乃状事义。

又"霢霂"条：

> 《尔雅·释天》："小雨谓之霢霂。""霢霂"双声联语，疾呼声合仍如霂。《说文》霂从沐声，沐又从木声。木声、卯声，古音同在幽类。同部相转，音变为卯，遂流入豪韵，俗字作毛。今谓小雨曰"毛毛雨"，曰"雨毛丝"，毛皆"霢霂"合声之变也。

"雨丝""毛毛雨""雨毛丝"，"毛""丝"就是本字，"毛"不是"霂"的变音或"霢霂"的合音，"丝"也与"霢"无关。又，清翟灏《通俗编》卷一"雨毛"条："苏轼诗：'毛空暗春泽。'自注云：'蜀人以细雨为雨毛。'"黄侃笺识："此'霢霂'之声转。"[10]9黄侃谓"毛"为"霢霂"之声转，亦求之过深。

（二）大量采用"音转""合声"说，不够严谨

语音变化是导致方言本字不明的重要原因，所以从语音入手来考证方言，路子是对头的。但音变是有规律的，即便是例外音变，也可以找到合理解释。《甬言稽诂》的问题是音转太随意，尤其是"合声"，大多属于主观臆断。例如《释行事》"歧"条：

> 《尔雅·释宫》："二达谓之歧旁。"郭璞注："歧，道旁出也。"《列子·杨朱》："大道以多歧亡羊。"歧，支韵，支、耕对转，音变为擎。今迷路误入歧途呼如"擎走"，即歧走也。镇海江南"布阵岭"，俗音呼若"步旂岭"，阵音变旂（旗），

真、脂对转也，其例正相若。

宁波话迷路、走失叫"[dʑiŋ²⁴] 走"，如："后屁股跟牢，莫 [dʑiŋ²⁴] 走。""小人 [dʑiŋ²⁴] 走嗝，阿爹阿娘真真会急煞。"此词朱编本《宁波方言词典》及《阿拉宁波话》不收，汤编本《宁波方言词典》收之，写作"尽走"，"尽"字下加小圆，表示同音替代 [2]270。应氏认为 [dʑiŋ²⁴] 是"歧"之音变，不确。[dʑiŋ²⁴] 的本字当是"寻"。"寻走"谓因寻人寻路而迷路走失。"寻"《广韵》徐林切，邪母，今宁波话通读 [ziŋ²⁴]。但正如《释语》"详"条所说："从、邪互转而讹读甚多。""寻"转读从纽，即为 [dʑiŋ²⁴]。今杭州方言"寻"读 [dʑin²¹³][6]4594，亦可旁证。

又如《释疾病》"缇睑胗"条：

《广雅·释器》："缇，赤也。"曹宪音他礼反。《字略》："睑，谓眼外皮也。"《说文·目部新附》："睑，目上下睑也。"居奄切，音检。《三苍》："胗，肿也。"甬俗称眼睑病赤肿谓之"偷针"。偷即"缇睑"急呼合声之变，针即"胗"之讹。盖睑从佥声，古音为谈类，谈、幽声近，"缇睑"合声，而幽类无透纽字，欲作透纽，势必转邻部侯韵，音变如偷。胗，真类；针，侵类。今音侵、真相混，故讹胗为针。

上文说过，宁波话管长在下眼皮的麦粒肿叫"偷针"，应氏认为偷即"缇睑"急呼合声之变，针即"胗"之讹。陈训正《甬谚名谓籀记》卷一："覼，目蔽垢也。当侯切。今俗称目疾之一种曰'偷针'，即'覼胗'之讹。"[4]27《鄞县通志·方言(二)》"覼睛"条："覼读若偷。甬称目因泪管肿塞而发炎者曰'覼睛'。《说文》：'覼，目蔽垢也。'亦作'覼胗'。胗，疡也，又热病也。亦作'兜睛'，兜即蔽垢之意。俗讹作'偷针'。"[7]2840 章炳麟《新方言·释形体》："今浙西谓目眦生疮曰覼针。"① 前人对"偷针"一词的理据和写法众说纷纭，但均属过度解读。麦粒肿，现代汉语通称"针眼"，古代就叫"偷针"。隋巢元方《诸病源候论·目病诸候》："人有眼内眦头忽结成疱，三五日间便生浓汁，世呼为偷针。"明王肯堂《证治准绳·杂病·七窍门》："谨按世传眼初生小疱，视其背上即有细红点如疮，以针刺破，眼时即瘥，故名偷针。"现代方言亦多有沿用，参《汉语方言大词典》"偷针"条 [5]4848、"偷针眼"条 [5]4850、"生偷针儿"、"生偷针眼"条 [5]1207，《现代汉语方言大词典》"偷针"、"偷针眼"条

---

① 转引自许宝华、宫田一郎主编《汉语方言大词典》(修订本)"覼针"条，中华书局 2020 年版，6078 页。

[6]3847-3848。

（三）用"字训联言""同义类聚"求词源，结论难以采信

《释形体》"𦞚"条："凡方言名物，恒就其同类者联言为词。如眼曰眼睛，眉曰眉毛，皮曰皮肤，齿曰牙齿，皆是。"汉语（不仅仅是方言）里的确有不少同义复合词，但同义并列复合词只是构词法的一种，执此以例其他，又与"合声""音转"等纠结在一起，得出的结论往往难以服人。例如《释流品》"少劣"条：

> 《说文·力部》："劣，弱也。从力、少。"《广雅·释言》："劣，鄙也。"鄙有贱小义，弱义亦近小，故今以优劣为对称，即贵贱义也。《广雅·释诂三》："劣，少也。"少犹小也，与鄙贱义近。字训联言，"少劣"声合为薛。今慈溪山北及余姚人称人物之下劣者呼如"薛"，凡不善，亦云"薛"。

"薛"非"少劣"字训联言之合音，本字当是"疦"。《说文·疒部》："疦，病劣也。"《集韵·缉韵》迄及切，音吸。这个词不仅慈溪话、余姚话里习用，宁波话里也有，有"身体瘦弱""器物不坚固""不好；差"等三义，见《阿拉宁波话》[3]234；其他吴语如浙江绍兴话、杭州话、金华岩下话，徽语如浙江建德话也有这个词，义为"不好；差"，见《汉语方言大词典》[5]3131。

又如《释语》"虏钞"条：

> 《方言》十二："虏、钞，强也。"郭璞注："皆强取物也。"钞通作抄。《字书》："抄，掠也。"虏、钞同义类聚为词，疾呼声合，音变为捞。虏，姥韵，模、豪同入相转，虏亦得音变为捞。俗称非礼攫利曰"捞"，其含义近于窃夺，捞读亢音，如拉劳切。捞本训沉取，《通俗文》："沉取曰捞。"亦训钩取，《方言》："捞，取也。"郭璞注："谓钩捞也。"无窃夺义。

"捞"即为正字，非"虏""钞"同义类聚之合音或"虏"之音变。"捞"由"沉取""钩取"义自然可以引申出"用不正当的手段取得"义。

（四）缺乏现代语法学观念，把许多词缀解释成了实词

《释天》"沱霄"条："凡方言名事物，词末有云头者，皆有义理相切之字。或为同音，或为双声叠韵之转，或为合声，变化繁多。翟灏《通俗编》概以助词目之，未允也。"

其实，《通俗编》“概以助词目之”，是对的，应钟的语法观念与清人翟灏相比较，反而退步了。例如《释货》“度”条：

《说文·又部》：“度，法制也。”凡大小重轻，以法定其制，皆谓之度。故度又引申为数计义。《礼记·乐记》：“百度得数而有常。”郑玄注：“百度，百刻也。”今机械格物，测其寒温、燥湿、强弱、刚柔皆曰度，是也。度既有数计义，又引申之，可数计者亦云度。度，古音为鱼类，鱼、侯声近相转，音变为头。今于可数计之事有称“头”者，皆“度”字也。如市肆盈亏之数曰“赚头”、曰“蚀头”，全店之卖买曰“盘头”，暴利所得曰“篡头”，俗作窜。买物求益曰“饶头”、曰“賸头”，甬音如层。买布宽放之数曰“儀头”，工匠干没雇主之物曰“略头”，略音如洛。买物溢付其值而返还者曰“找头”，皆是。

本条所举“赚头”“蚀头”等之“头”均为名词后缀，非“度”之音变（“略头”当作“落头”，“落”有私下克扣钱物义）。除了本条，全书还有很多条目把词缀“头”当作实词来理解了。另外，词缀“老”“子”也有被误解为实词的，此不备举。

又如《释疾病》“痋疼”条：

《说文·疒部》：“痋，动病也。”徒冬切。……《说文》无疼字，各注家多以为疼即痋之或体。《释名·释疾病》：“疼，痺也，气疼疼然烦也。”……云“气疼疼然烦者”，即气血壅闭而动扰不宁。《玉篇》《广韵》分痋、疼为二字，疼皆训痛，征古医籍殊不然。《伤寒论·太阳篇》麻黄汤证：“身疼，腰痛，臂节疼痛。”又大青龙汤证：“身疼痛。”又次条：“身不疼。”是疼与痛异也。甬语称病况，疼字最多。如头脑昏痮（胀）曰“头痮痮疼”，饥者曰“肚皮颟领疼”，欲呕曰“胃里漾漾疼”，利下后重曰“屁眼急急疼”，事疚于心曰“心里怛怛疼”。疼者，即气壅于中而烦，其苦非痛非痠（酸），不可名状，俗称“不舒服”或“难过”是也，与《释名》之疼义暗合。

“头痮痮疼”“屁眼急急疼”之“疼”[dəŋ^{24}]实际读音为“动”[doŋ^{213}]，正字即为“动”，这里用作后缀。《阿拉宁波话》：“动，后缀，用在单音节动词或形容词重叠式后面，有‘……的感觉’‘……的样子’等意思：心忙忙动｜头晕晕动｜牙齿捞捞动｜油肉吃勒抬抬动｜该后生投投动个。《型世言》第五回：‘那董文虽是醉眼，早已看见，道：“活作怪，怎么米桶的盖会这等动起来？”便蹱蹱动要来掀看。’”[3]306 笔者曾有专文讨论宁波话里的后缀“动”[11]，可参阅。

五、结 语

综上所述，应钟童年在私塾接受启蒙教育，青少年时期在上海、武汉断断续续读过几年书，终其一生，未曾参与过语言文字学"学术共同体"的教育、研究和交流活动。但应钟天资聪颖，勤奋好学，通过自学，比较系统地掌握了文字、音韵、训诂等专业知识，其学识和研究能力达到了当时专业人员的水准。他用10年时间精心撰写的《甬言稽诂》，是传统语文学家研究宁波方言的殿军之作，具有较高的学术水平。该书比较全面系统地搜集和整理了20世纪60年代之前的宁波方言词汇，有很高的语料价值；运用钩稽古训、考察音变、比较方言等手段，对宁波方言词语进行了考释和寻源，提出了很多有参考价值的见解。该书虽有值得肯定的地方，但也有明显的缺陷，方法不够科学，考证不够严谨，许多结论是错误的甚至是荒谬的。《甬言稽诂》存在的局限性既有个人原因，应钟是传统语文学家，缺乏现代语言学的观念和修养；也有时代原因，当时不少大家也是用同样的理论和方法来考证方言的，有些片面观点至今仍有一定市场。因此，评价应钟和他的《甬言稽诂》，要立足于历史的视角。

关于应钟和《甬言稽诂》的研究目前还是空白，笔者主持的国家社科基金项目"《甬言稽诂》校注"也在进行中。本文抛砖引玉，希望专家同好一起关注或参与这项研究工作，为传承浙江地方文化尤其是方言文化贡献一份力量。

（本文写作过程中得到宁波天一阁博物院和应钟先生女儿应葆祯女士的大力支持，龚烈沸先生、孙方翀先生及友生周慧惠提供了有价值的线索，匿名审稿专家提出了宝贵的修改意见，一并表示衷心感谢！）

参考文献

[1] 朱彰年等：《宁波方言词典》，上海：汉语大词典出版社，1996年。

[2] 汤珍珠、陈忠敏、吴新贤：《宁波方言词典》，南京：江苏教育出版社，1997年。

[3] 朱彰年等原著，周志锋、汪维辉修订：《阿拉宁波话》（修订版），宁波：宁波出版社，2016年。

[4] 陈训正：《甬谚名谓籀记（附甬句方言塺记）》，杭州：浙江省立图书馆印行所，1936年。

[5] 许宝华、宫田一郎主编：《汉语方言大词典》（修订本），北京：中华书局，2020年。

[6] 李荣主编：《现代汉语方言大词典》，南京：江苏教育出版社，2002年。

[7] 陈训正、马瀛：《鄞县通志·文献志·方言》，宁波：鄞县通志馆刊印，1951年。

[8] 汪维辉：《宁波方言词语札记三则》，见上海市语文学会、香港中国语文学会合编：《吴语研究·第二届国际吴方言学术研讨会论文集》，上海：上海教育出版社，2003 年。

[9] 盛益民、李旭平：《富阳方言研究》，上海：复旦大学出版社，2018 年。

[10] 翟灏、梁同书：《通俗编（附直语补证）》，颜春峰点校，北京：中华书局，2013 年。

[11] 周志锋：《说后缀"动"》，《语文研究》2001 年第 4 期。

《甬言稽诂》的成就和不足 ①

【摘　要】　近人应钟撰写的《甬言稽诂》是一部考证宁波方言的专著，该书有不少创获，也有很多失误。其学术成就主要体现在以下几个方面：考证了一批宁波方言词语的来源和本字；揭示了宁波方言语音演变的一些特点；探讨了一些有关方言来源、构词特点、音义关系、方言接触等理论问题。不足之处主要有：考证方面的疏失；方法论方面的疏失；多说并存与同词异解等方面的疏失。《甬言稽诂》存在的问题既有个人原因，也有时代原因，所以要从历史的角度客观地予以评价。

【关键词】　《甬言稽诂》；成就；不足；宁波方言

近代宁波鄞县人应钟先生写过一部方言著作，叫《甬言稽诂》，稿本，藏于宁波天一阁博物院。迄今为止，学界对这部书知之甚少，相关研究还是空白。但是，许宝华、宫田一郎主编的《汉语方言大词典》引用该书稿达 1400 多条，这从一个侧面说明该书具有较高的学术价值，而且已经有了一定的社会影响。笔者目前正在从事《甬言稽诂》的校注及研究工作，据考证，应钟（1907—1969），原名应石麟，宁波鄞县下应（今属鄞州区下应街道）人，是一位自学成才的传统语文学家。《甬言稽诂》，用文言写成，正文 10 卷，另有附录《变音》和《补遗》，共分 11 册，全书 40 余万字，写作时间长达 10 年。关于应钟先生的生平学行以及《甬言稽诂》的成书过程、编写体例和总体情况，笔者在《应钟和他的〈甬言稽诂〉》② 一文里已有论及，本文拟在此基础上对《甬言稽诂》的成就和不足作进一步评述。

---

① 本文系国家社科基金项目"《甬言稽诂》校注及研究"（19BYY160）的阶段性成果之一。原载浙江大学《汉语史学报》第二十九辑，上海教育出版社 2023 年版。
② 见《浙江大学学报》（人文社会科学版）2021 年第 6 期。

一、《甬言稽诂》的成就

（一）考证方言本字

"甬言稽诂"就是"宁波方言考证解释"。顾名思义，考证和解释宁波方言的来源和本字是《甬言稽诂》的写作宗旨。从总体看，作者在探寻宁波方言源头、考求宁波方言本字方面有许多创获，这也是该书的价值和成就所在。下面分几个方面介绍。

1. 钩稽古训以求本字。

方言多本古训，古训多存方言。由于古今词汇兴替、词义演变，方言与雅训之间很难直接沟通了。从事方言历时研究的学者就要旁稽博考，探赜索隐，努力挖掘方言中的古词古义，把业已断开的古今链条重新连接起来。作者在这方面用力甚勤。例如：

> **泽**　《礼记·曲记上》："共饭不泽手。"郑玄注："泽，捼莎也。"疏："与人共饭，手宜絜净，不得临食始捼莎手乃食也。"钟案：《说文》："捼，两手相切摩也。"泽谓两手切摩以去垢秽也。甬俗濯衣帛，以两手切摩涤除其垢曰"泽"。或谓之"搓"……泽与择同音，皆音宅，本皆澄组，甬皆转从纽。（《释行事》"泽拗"条）

宁波话管洗叫"汏"（音丈 [dʑiã²¹³]，本字为"净"），在清水里搓洗叫"泽" [dzɐʔ¹²]。这个词汤编本《宁波方言词典》不收，朱编本《宁波方言词典》及《阿拉宁波话》（修订版，下同）均收之，写作"濯"。如《阿拉宁波话》"濯"条："音宅。在清水里搓洗：毛巾～一把 | 衣裳～～出。《广韵·觉韵》：'～，瀚～。直角切。'"（2016：159）"濯"音浊 [dzoʔ¹²]，而不是宅 [dzɐʔ¹²]。写作"濯"是因为我们找不到合适的字不得已而为之。"泽"有搓揉义（见上），又有洗涤义，如唐元稹《和乐天赠樊著作》："解悬不泽手，拯溺无折旋。"清顾炎武《天下郡国利病书·云南二》："江浃苗人以石堊就水泽发。""泽"与宁波话表示在清水里搓洗的这个词音义密合，应氏此说颇有见地。

> **愲**　《说文·心部》："愲，起也。"许六切。《诗·邶风·谷风》："能不我愲。"传曰："愲，兴也。"兴、起义同，皆奋动之意。今心振奋欲有所为，俗称"愲愲动"，即其字。自动曰"愲"，动人亦谓之"愲"。今以词鼓厉人心，令其奋起有所为，亦云"愲"。（《释言》"愲"条）

"惛惛动"，宁波话形容萌发想做某件事情欲望的样子（此词朱编本、汤编本《宁波方言词典》及《阿拉宁波话》均失收）。如："拨其一讲，我心里也惛惛动嚄。""阿哥买了一部宝马，阿弟惛惛动也想买一部。"尽管《诗经》"能不我惛"的"惛"各家有不同解释，但"惛"《说文》训"起也"，《玉篇》训"兴也"，且其字从心，与宁波话"惛惛动"的"惛"音义吻合。宁波话"惛"还有一种用法，当怂恿、逗引、激讲，如："该人交关精明，惛勿动个。""小张该抢股票做介好，钞票惛其眼出来请请客。"此词朱编本《宁波方言词典》写作"旻"（1996：252），汤编本《宁波方言词典》及《阿拉宁波话》写作"嚎"（1997：369；2016：141），但"旻""嚎"其实无此义，用的是同音字。应氏谓"自动曰'惛'，动人亦谓之'惛'"，就把"惛惛动"的"惛"与当怂恿讲的"惛"两者很好地贯通了。其说可从。

2. 考察音变以求本字。

除了古词消亡、词义演变之外，导致方言本字不明的另一个重要原因是语音变化。诚如应钟所说："音变字讹，辗转附会，方言义理之多歧，往往如此。"（《释疾病》"癙作癀"条）有鉴于此，应氏往往通过梳理古今语音变化的轨迹来探求本字。例如：

> **炊** 甬俗蒸米作饭，必须二次。初蒸，米虽熟，而粒未舒张，质坚未柔，须倾入桶中，沃以沸汤而均之，奄覆密贮，以俟其舒张。及既舒，复蒸之成饭，乃可食。其初蒸，古谓之"馈"……复蒸之，古谓之"馏"……甬俗称馈为"头处饭"，馏为"二处饭"，处音似纇，实乃炊字。炊音同吹，甬音呼吹亦如处，支、鱼声近，故相转。吹、处皆穿组，今音穿、彻每相捉，故甬音处又似纇。（《释食》"纇"条）

汤编本《宁波方言词典》收有"头处饭"（1997：195）、"二处饭"（1997：34），"处"音 [ts'ʮ⁴⁴]，当是记音字。音义接近的还有一个"次"[ts'ʮ⁴⁴]，但宁波话量词不说"次"，且"次"不读 [ts'ʮ⁴⁴]。所以应钟的说法是富有建设性的。"吹"，宁波话文读 [ts'ɐ¹⁵³]，白读 [ts'ʮ⁵³]，"炊""吹"同音，同隶《广韵》支韵，都是昌垂切，则"炊"按理也可白读为 [ts'ʮ⁵³]。"炊"在闽语厦门方言里可作量词，用于蒸的次数（李荣，2002：2377）。从理论上讲，"炊"在方言里作量词，前提是它可作动词当蒸讲。宁波话"炊"没有动词用法，但其他吴语里有，如金华话、温州话（均见李荣，2002：2376）、温岭话（阮咏梅教授告知），因此我们同意应氏的说法。盛益民先生等也认为，"头处饭""二处饭"的"处"本字当为"炊"，南部吴语多用"炊"表示"蒸"①。

> **腐**　《说文·肉部》："腐，烂也。"凡物烂者，辄柔弱如泥。烂通糷。故《尔雅》以饭之渜糜者谓之糷。今亦称物之糜烂如渜泥者谓之"腐"，豆腐、乳腐是也。腐，奉纽。古无轻唇音，今奉纽字古音为重唇并纽，故腐古音如薄。甬称物柔如湿泥者谓之"南薄薄"，即"渜腐腐"也。（《释地》"淤腐"条）

宁波话有 [nɐɪ²¹³ bu²¹³ bu²¹³] 一词，形容软软的，其中 [nɐɪ²¹³] 当作"㤊"（《集韵·勘韵》："㤊，柔革。奴绀切。"），本字不是"渜"。[bu²¹³]，朱编本《宁波方言词典》写作"馞"（1996：257），汤编本《宁波方言词典》写作"蒲"（1997：168），《阿拉宁波话》写作"脯"（2016：262），均为记音字。"腐，奉纽。古无轻唇音，今奉纽字古音为重唇并纽，故腐古音如薄。"应氏这个说法，为我们寻找 [bu²¹³] 的本字提供了一个新思路：这个词写作"㤊腐腐"更为贴切。此外，[bu²¹³] 还可作动词，指沙、土等受挤压而往不同方向移动；还有"胀 [bu²¹³]"一词，指米、面条等泡在水中过久而涨大。这些 [bu²¹³]，似都可以写作"腐"。

3. 辨识名物以求本字。

"辨识名物"在逻辑上与"钩稽古训""考察音变"不是并列的，考虑到方言名物的特殊性，我们把它单列出来进行讨论。例如：

> **王蝱**　甬之乡鄙，或呼蚁音如"王蝱"。王，大也。古名物之大者，曰马、曰牛、曰王……蝱者，蚼之转音。"王蚼"犹云马蚁也。蚼，呼口切，音吼，晓纽，开口呼。转合口鱼类，则为虎；侯、东对转，东、蒸声近，则变呼登切，如蝱。慈溪山北人呼蚁亦如"王蝱"。（《释鱼虫》"王"条）

宁波话里，蚂蚁有许多异称，如"蚂粉""胡蟥""蚂螽"等，见朱编本、汤编本《宁波方言词典》及《阿拉宁波话》（1996：254；1997：97；2016：113）。笔者老家北仑东部柴桥、郭巨一带叫"蚂螽"。其中"螽"正字为何，迄无所得。应氏"王蝱"的说解，解决了这个疑难问题。《释鱼虫》"玄蚼"条："《方言》十一：'蚍蜉，齐鲁之间谓之蚼蟓，西南梁益之间谓之玄蚼。'《玉篇》：'蚼，呼口、巨俱二切。蚍蜉。'《广韵·四十五厚》：'蚼，蚍蜉名也。'呼后切。""蚍蜉"是大蚂蚁，"蚼"

也是蚂蚁。"蚼，呼口切，音吼，晓纽，开口呼"，"侯、东对转……如薨"（薨、轰同音）。应钟这种说法是有道理的。《阿拉宁波话》"伛"条："音恔，又音瓮。弯（腰）；低（头）：～头磕脑｜～倒施揖｜背脊骨～酸。《说文·人部》：'～，偻也。'清胡文英《吴下方言考》卷十：'～，音欧去声。吴中谓低头曲背曰～。'"（2016：165）"伛"（yǔ），《广韵》於武切，侯部字，又可读欧去声 [œɤ⁴⁴]，又可读瓮 [oŋ⁴⁴]，正可与"蚼"既读吼 [hœɤ³⁵]，又可读薨 [hoŋ⁴⁴] 比较互证，都属于"侯、东对转"①。

　　蒲　《说文·瓠部》："瓠，匏也。"《诗》作壶。《豳风·七月》："八月断壶。"传："壶，瓠也。"……瓠之变种甚多，甬产多非细腰，大者如斗囊，小者如儿首，可作蔬，俗呼音如"蒲"。其长圆如臂者，俗名"夜开花"，藤蔓系于竹棚而生，日落开白花，日出花敛，故名。市肆名"长瓜"，乡鄙或亦呼为"蒲"……瓠读如蒲，即其音之讹变。瓠，匣纽。匣之合口，往往与轻唇奉、微混，故甬音奉、微之凫、符、巫、无与匣纽之胡、壶，混无所别。瓠既讹读为凫，为唇音，又从凫之轻唇转重唇并纽，变为蒲。（《释草木》"瓠瓤"条）

　　宁波话称瓠瓜叫"夜开花"，也叫"蒲"或"早蒲"。应氏认为，瓠读如蒲，是音变所致。瓠是匣纽字，匣纽合口字往往与轻唇音奉、微纽相混，所以宁波话奉、微纽的"凫、符、无"与匣纽的"胡、壶"声母混同无别。瓠既讹读为唇音凫，又从凫之轻唇音转为重唇音并纽，故变为蒲。经过以上梳理，由"瓠"到"蒲"的语音演变线索就很清楚了。另外，宁波老话"黄鼠狼看蒲样——吊杀""蒲子咬弗落咬茄子——畏强欺弱"，"蒲"本字也当是"瓠"②。

（二）揭示语音特点

　　方言与通语的最大差异是语音。加上方言中的古音遗留、文白异读、小称儿化、特殊音变等，方言语音面貌显得更加错综复杂。《甬言稽诂》在考证方言词语来源的

----

① "王薨""蚂轰"只是大略的记音，"薨""轰"是阴平字，"蚼"是阴上字，似乎声调不合；但"薨""轰"也可以读作或写作"哄（hǒng）"，则声调相合了。按照连读变调规律，宁波话前字是阳上，后字是舒声调类，后字往往读31，也即"薨""轰"与"哄"调值相同。"伛"是阴上字，[œɤ⁴⁴]、[oŋ⁴⁴] 都读阴去，声调不合；但从词义看，[œɤ⁴⁴]、[oŋ⁴⁴] 的本字就是"伛"。方言声调偶有与韵书不合的，如"䳤"，《玉篇·卤部》："䳤，音昌。卤渍。"（"昌"是阳韵字，《广韵·阳韵》"尺良切"）本读阴平 [tɕʻiã⁵³]，但宁波话里读阴去 [tɕʻiã⁴⁴]。

② "蒲"的本字还有另外说法。盛益民、李旭平认为，表示瓠瓜的 [bu²] 本字是"匏"，"匏"《广韵·肴韵》薄交切，读 –u 保留了上古幽部的读音。参看《富阳方言研究》，复旦大学出版社2018年版，62页。

时候，对宁波方言的语音现象尤其是特殊读法多有论析；在附录《变音（上）》《变音（下）》里，更是用20多篇文章集中探讨了宁波方言的变音问题，揭示了一些规律性的东西。

1. 声母方面。

疑、泥、娘、明、微、来六纽往往转亢音。例如：

> 凡疑、泥、娘、明、微、来六纽字，往往转鼻作亢音，《鄞县通志》谓之"反浊音"。反浊即清，与清音义涸，其名可商。（《释亲》"孄媓"条）凡疑、泥、来、娘、明、微诸纽，不清又不浊者，往往转亢音，深喉出之。（《释动作》"瞴盯"条）凡来纽字往往转亢音，如㩪铃之㩪、镂空之镂、拉车之拉、拎物之拎、辚辚车声之辚，皆其例。（《释行事》"捞"条） 俗音"蛮"以亢音读之。凡疑、泥、娘、来、明、微等不清不浊诸纽，往往激转亢音。（《释语》"茂儌"条）

以上揭示了这么一条语音规律：中古疑、泥、娘、明、微、来六纽字宁波话里有时读"亢音"。所谓"亢音"，《鄞县通志》称为"反浊音"，语音学上称为"紧喉音"。如"蛮好""野蛮"，前一"蛮"读紧喉，实际声母是 [ʔm]，后一"蛮"带浊流，实际声母是 [ɦm]。

轻唇音读作重唇音。例如：

> 古无轻唇音，今微纽字，古皆读重唇明纽……方言多古音之遗，故微纽字多作明纽。如尾音弭，蚊音如门，远望之望呼如忙，晚娘呼如曼娘，皆其例。（《释天》"激浂"条） 古无轻唇，读微纽如门。今听闻之闻、蚊虫之蚊、问路之问、物事之物，犹皆读明纽。（《释草木》"文椅"条） 古读微纽为明纽。今呼"晚娘""晚稻"，晚音如慢，犹古音也。（《补遗》"晚莫荒"条）

清代学者钱大昕有"古无轻唇音"的说法，应钟用宁波方言的实例既印证了钱氏的理论，又据以解释了相关宁波方言词的读音。

2. 韵母方面。

桓韵读若模韵。例如：

> 吴越读桓、换韵字往往误若模、姥韵者。如读盘若部，管若古，满若姥，款若苦，皆是。（《释货》"薄市贾"条） 桓、缓、换韵字今每混作模、姥、暮韵。如馆音混固、半音混布、叛音混哺是。（《补遗》"乱私"条）

这是说，中古山摄桓韵的帮、见、影组字，宁波方言读鼻化韵母，如盘读 [bũ²⁴]，管读 [kũ³⁵]，满读 [mũ²¹³]，款读 [k'ũ³⁵] 等。这类字新派宁波话有鼻化韵消失的趋势，即分别读成部（阳平）、古、姥、苦。

先仙韵读作齐韵。例如：

> 甬音急促，外地人故云声硬。阳声字往往缩其鼻音而不见，遂变为阴声。故先仙韵字，有读作齐韵者。如舌头音之颠、天、田、年，读若低、梯、题、泥；重唇音之编、篇、便、眠，读若萹、批、鼙、迷；从心之钱、鲜，读若齐、西；匣影之贤、烟，读若奚、翳；来之莲，读若藜；疑之妍，读若倪。盐添严韵今既与先仙混，故亦与齐混也。（《变音下·杂说》）

以上揭示了宁波方言韵母方面的一个特点：中古咸开三盐、严韵，咸开四添韵，山开三仙、元韵，山开四先韵的字，如"尖钳险盐""剑欠枚严""店甜兼谦""编绵连件""建健宪堰""边天面烟"等字，普通话读 ian 韵，今宁波方言读 i 韵，与蟹开四齐韵、止开三支脂之微韵字同韵。有人说宁波话比较"硬"，这也是"硬"的一个表现。

3. 其他方面。

方言往往存正音。例如：

> 《说文·肉部》："脘，胃府也。"《广韵》音管，《广雅·释器》曹宪亦音丸，喉牙见匣通转也。今俗读如腕者，又从丸音之匣组浊音转清，入影组。胃之上脘，正当胸中，故称胸中曰"胸脘头"。脘正读如管，方言却存正音。（《释形体》"脘膻中"条）

宁波话管胸腔、胸口叫"胸脘头"，"脘"音 [kũ³⁵]，与"管"同音。"脘""管"同属《广韵》缓韵，古满切。《释货》"资"条说："字音有讹读者，方俗语往往反存其正音"，此即其例。

方言上下字同化叠韵。例如：

> 方言联绵为词，有下字从上字音变，同化而叠韵者。如……炒米粉，呼若"炒冒粉"，米随炒叠韵而变……和众，谓全数也，俗呼若"和佐"，众随和叠韵而变佐。然亦有上字随下字音变而叠韵者。如全数曰"和众"，或呼作"红众"，则和随众叠韵而变红……大家，谓共同也，俗呼大变麻韵，为徒嘉切，则大随家叠韵而变入麻韵……端午，俗呼若"董红"，虞、东同入，午既转东韵而变红，端亦随

红叠韵而变董。（《变音下·方言上下字同化叠韵说》）

此说有一定道理，可以解释一些特殊的语音现象。如炒米粉（大米炒熟后加糖、干橘皮等配料磨成的粉末），宁波话叫"炒毛麸"（一般不说"炒冒粉"），"毛"字费解，应氏"米随炒叠韵而变"不失为一种合理的解释。又如当代词及副词一起、共同讲的"大家"音 [do^{213} ko^{53}]，"大"字读音颇为特别，用"大随家叠韵而变入麻韵"来解析，令人信服。

（三）探讨相关理论

作者在考证宁波方言的过程中，也探讨了一些理论问题，包括方言来源、构词特点、音义关系、方言接触等。这些论述往往散见于具体词语考证当中，其中有些对我们更好地认识方言、解释方言有积极意义。择要介绍如下。

1. 方言多本雅训。

全书诸如此类的论述有不少，如："方言名物，多本雅训。"（《释衣》"黎鞮"条）"方言名事物，初聆似不可解；细核之，皆隐含古训。"（《释衣》"纳"条）这些观点与黄侃（1983）"今世方言本之远古，今语之名物皆有所由来"一脉相承。例如：

> 《方言》七："隑企，立也。"《广雅·释诂四》："隑、起，立也。"曹宪音隑巨代反，而于《释诂二》隑音牛哀反。见"长也"条中。今慈溪山北人称立曰"隑"，或曰"隑起"，隑正读牛哀音。方言多本古训，而讹读别义之音，往往有之。巨代反，群纽；牛哀反，疑纽。（《释动作》"隑企"条）

宁波话里，"隑"字群纽巨代反与疑纽牛哀反两个读音仍然保留，前者音 [ge^{213}]，义为斜靠，如"墙倒隑着壁，吭子靠阿侄"，字后作"戤"；后者音 [ŋe^{24}]，义为站立，如"东立立，西隑隑"，与"慈溪山北人称立曰'隑'"用法相同。宁波话"隑"字两个音义有所自。又，《汉语方言大词典》（修订本，下同）"疑"条义项②："立。吴语。浙江绍兴。章炳麟《新方言·释言》：'今浙东绍兴谓立为"～"，读如"碍"。'"（许宝华、宫田一郎，2020：6002）此"疑"本当作"隑"。

2. 用仿词造新词。

"仿词"是一种修辞手法，就是根据表达需要，更换现成词语的某个语素，临时造出新的词语。方言词也有利用"仿词"创造的。例如：

> 今谓鱼死曰"文"，胎儿死者亦曰"文"。文无义，即殁之音变也。死与活对，

文与武对。既称死者为"文"，遂以生者为"武"。俗称鱼类之活者为"武"，
如望潮鱼之活者曰"武望潮"。乃因讹而讹之辞。犹鱼肉之经冷藏冰冻者俗呼"冷气货"，
其未经冷藏冰冻者则云"热气货"。其实何尝有"热气"哉？不过对"冷气货"
反词云尔。（《释疾病》"殇"条）

死了的鱼或胎儿叫"文"，活着的鱼叫"武"，今已没有这种说法了，但应氏记
录的语言现象却很有意思。原来"武望潮"之名是根据"文望潮"仿造出来的。至于
"冷气货"与"热气货"，应氏的解释也非常到位，"冷气货"的确"冷"，"热气货"
未必"热"，后者不过是仿造词语。今宁波话犹管冻肉为"冷气肉"，管鲜肉为"热气肉"。

3. 声相若义相通。

声近义通这种语言现象古代语言学家很早就注意到了，到了清代，乾嘉学派把它
发展成为一种重要学说。应钟则把这种学说运用到方言研究当中，书中时有论及，如：
"窠、空双声，亦东、阳声近相转，故训空诸字，多在溪纽。如窠、科、䆉、窟、廓、丘、
窍、窒、罄、阙皆是。"（《释语》"窠窒"条）"凡方言中纵缓义字，多在透纽。"（《释
语》"繦慄韬纾"条）他如：

《说文·禾部》："䅯，沛国谓稻曰䅯。"《玉篇》："䅯，乃唤切，黏也。
又乃卧切，秫名。"秫，亦稷之黏者，见《说文》。亦为黏稻之称。见崔豹《古今注》。
䅯从奊声，古音本在元类，元、歌对转，故又音乃卧切。䅯，俗作穤，见《玉篇》。
今又作糯。钟案：䅯之言偄也。《说文》："偄，弱也。"穤之言儒也。《说文》：
"儒，柔也。"䅯、穤皆谓其性柔弱，为食不坚硬也……凡声相若者，义每相通。
（《释食》"䅯"条）

应氏谓"䅯之言偄也""穤之言儒也"，是。"穤（糯）"不仅与"儒"音义相通，
还与"懦"同源。又，奊声与需声亦音义相通。

4. 方言接触与比较。

方言的产生和发展不是孤立的，方言与方言之间、方言与通语之间往往是互相作
用的。应氏在考证过程中，既注意外来语对本地话的影响，又注意方言之间的比较。
例如：

甬地渔民称作为音如"念"，为何事曰"念所些"，《广韵·十二霁》："些，何
也。"苏计切。当何为曰"那念念"。此本绍兴语，甬地渔民多绍籍，故所言多绍语。
外来语流传既久，往往成为土语。犹异方花木移种既久，遂作土产矣。（《释行事》

"𡠾义"条）

"甬地渔民称作为音如'念'"，以及"念所些""那念念"，今未闻。但"外来语流传既久，往往成为土语"的说法，颇有道理。

> 今谓河泽中小螺曰"私螄"。俗作螄。螄字《广韵》始有之，《六脂》："螄，螄螺。"外地人或倒语为"螺螄"。（《释鱼虫》"私师"条）

"螺螄"，宁波话叫"螄螺"，与普通话同素异序。应钟拈出《广韵》的材料，原来古人也叫"螄螺"，是"外地人或倒语为'螺螄'"了。书中不同方言的比较有不少，不赘举。

二、《甬言稽诂》的不足

（一）考证方面的疏失

考证方言的本字和来源颇为不易，音义密合是基本要求，最好还要有文献依据和其他方言旁证。《甬言稽诂》虽然在这方面取得了一些成绩，但是考证失当、结论可疑的情况也比较普遍。例如：

> 胕（桃）铺／桥铺　《广雅·释器》："胕，几也。"曹宪音尸赐反。《玉篇》除姚切，《广韵·四宵》音翘。几者，坐具，亦以废物，即今椅凳之属。今以几凳架版为床，谓之"胕铺"，胕音正如翘。或曰，"胕铺"字当作桃。《广雅·释器》："桃，版也。"曹宪音兆。兆，治小切，音赵，澄纽。甬读禅纽，如绍，音之讹也。盖澄、床相混，禅为床之浅浊故尔。架版为床，故云"桃"。且桃又训"杠也"，《广雅·释器》："桃，杠也。"杠者，床前横木。是桃又有床义。（《释器》"胕桃"条）

宁波话临时搭床铺叫"[dʑio²⁴] 铺"，也叫"[dʑio²⁴] 眠床"。应氏认为本字是"胕"或"桃"，但"胕"是几案义，"桃"是床板义（《集韵·小韵》："桃，床板。"），义不合。且"方言名物，当不若是之隐僻"（《释禽兽》"獴"条）。汤编本《宁波方言词典》写作"撬铺"（1997：113），"撬"下加小圆圈，表示同音替代。《汉语方言大词典》引《甬言稽诂》而用了一个同音字写作"翘铺"（2020：5277）。朱编本《宁波方言词典》及《阿拉宁波话》均写作"桥铺"（1996：298；

2016：192）。当年我们编词典，写作"桥"，仅仅是记音。笔者最近发现，"桥"其实就是本字。"桥"有动词架桥义，如《史记·司马相如列传》："桥孙水，以通邛都。"裴骃集解引韦昭曰："桥，为孙水作桥。"在凳子上放板搭铺，与架桥极为相似，故搭铺叫"桥铺"。"桥铺"的"桥"与"胮"或"桃"无关。

阻漏／捉漏　《左传·闵二年》："狂人阻之。"《吕氏春秋·知士篇》："故非之，弗为阻。"服虔、高诱注并云："阻，止也。"通作沮。《诗·小雅·巧言》："乱庶遄沮。"《大雅·云汉》："则不可沮。"传并云："沮，止也。"阻、沮皆从且声，古音为鱼类，其入铎、陌、昔。阻、沮转入声，音变为作。阻，照组，作，精组，类隔相转也。沮，从纽，作，精纽，浊音转清也。甬俗修治屋漏曰"作漏"，谓止其漏也。有技拙，修治弗善，漏益甚者，则诮之曰："斯诚作漏矣。"（《释宫》"阻沮"条）

这个词有"捉漏""筑漏""堲漏"等多种写法，正字当作"捉漏"，与"阻""沮"无涉。《鄞县通志·方言（二）》："甬称圬者在屋上觅雨漏处而修补之曰捉漏，谓如捕捉盗贼也。"《越谚》卷上"格致之谚"："晴天捉漏，雨落照旧。"又卷中"屋宇"收有"捉漏"条，均是。宋闻兵《"捉漏"考略》[①]、盛益民《"捉漏"补说》[②]均有论析，可参。

（二）方法论方面的疏失

考证失当往往跟考证方法不够科学有密切关系。应钟用传统语文学的观念和方法来考证宁波方言，大量采用"音转""合声""字训联言""同义类聚"等说法考本字求理据，还把许多词缀解释为实词。方法不得当，观念有问题，导致许多考证说服力不够强，许多结论虽有新意但难成定谳。

1."音转""合声"太随意。

上面已经说过，语音变化是导致方言本字不明的重要原因，因此，考证方言必须关注古今语音的发展变化，准确把握古今语音的演变规律。《甬言稽诂》虽然也很重视探讨音变现象，但科学性方面存在欠缺："音转"太随意，"合声"太离谱。例如：

酒𬸣／酒水　《说文·鬲部》："𬸣，鼎实。"桑谷切。字亦作鍊。《字林》："鍊，

---

① 见《语言研究》2007 年第 1 期。
② 见 2018 年 2 月 21 日《语言文字周报》。

鼎实也。"《易·鼎卦》："覆公餗。"疏曰："餗，糁也，八珍之膳，鼎之实也。"
释文引虞翻云："餗，八珍之具也。"《周礼·秋官·司烜氏》疏引《易·鼎卦》，
"郑义以为餗美馔"。古鼎食者，豪侈之筵，故鼎中食实必珍美。餗从束声，古
音为侯类，侯、鱼声近，长言转平，音变为胥。今称盛筵为"酒胥"，俗又讹为"酒
水"，以吴越呼水音如胥，之、鱼相转故也。（《释食》"鬻餗"条）

"鬻（餗）"，鼎中的食物，也泛指美味佳肴，词义有一定关联。但《广韵》桑谷切，
是入声屋韵字。应氏谓"餗从束声，古音为侯类，侯、鱼声近，长言转平，音变为胥"，
"之、鱼相转"，"酒胥"又讹为"酒水"，语音变化涉及屋→侯，侯→鱼，鱼→之。
层级多，跨度大，难以信从。笔者以为本字就是"酒水"。《阿拉宁波话》"酒水"条：
"①酒席（多指婚宴）：办了五桌~。《警世通言》第十五卷：'看看十日限足，捕
人也吃了几遍~，全无影响。'②酒席上的菜肴等：~交关好。"（2016：77）可参。

鸟卵/蛋　《说文·糸部》"绾"篆解曰："读若鸡卵。"段玉裁注："卵
古读如关，绾音亦如是。"……今音卵力管切，与古读关为叠韵，而纽变矣。今
呼卵音如弹，俗作蛋，盖"鸟卵"合声之变。鸟，本都了切，端纽，吊上声。甬
语呼如吊，正音也。而字读如嫋，转泥纽，从北语而讹矣。卵，鸟产，故曰"鸟
卵"。疾呼声合为疸，清音变浊，端转定纽，则为蛋。蛋本蜑简字。《广韵》："蜑，
南方夷。"今粤江舟居之蜑户是也。或以为囮字，谓卵形囮圈也。非。（《释禽兽》
"鸟卵"条）

"蛋"非"鸟卵"合声之变。"蛋"音义源自"弹"，取弹丸义。汪维辉（2018）《汉
语核心词的历史与现状研究》："'蛋'是近代汉语阶段兴起的一个口语词，最初写
作'弹'，清陈作霖《养龢轩随笔》云：'鸡鸭卵谓之弹，取其如弹丸也。'解释'弹'
的理据正确可从。'弹'始见于宋代，元明时期的白话文献中多见。……但由于'弹'
也是个多义词，而且很常用，容易产生歧义，……后来又被另一个民间俗字'蛋'所
取代了，并且一直用到今天。"可从。

2. "字训联言""同义类聚"多不确。

应钟所谓"字训联言"，是指训诂著作中被训释词与训释词（包括训释短语中的
某个词）合在一起；"同义类聚"则是指训诂材料中两个或两个以上的同义词合在一起。
作者在运用这两个术语的时候，又必定与"合声""音转"等连用。这种做法主观随
意性很大，观点很难置信。例如：

肿肤／瘃　《说文·肉部》："肤，骨差也。"徒结切。《通训定声》："谓骨差突出也。"引申为突起而肿者皆曰肤。《尔雅·释畜》"犦牛"郭璞注："领上肉肤起，高二尺许。"释文："即今肿领牛。"肤与肿义似，故《广雅·释诂二》："肤，肿也。"字训联言，"肿肤"疾呼，声合如顿，之出切。顿亦隆起义。甬俗称头上隆起如核者呼如"顿"。鹅头突起之硬骨曰"鹅顿"，老寿星头额突出如球者谓之"寿星顿"。（《释形体》"肿肤"条）

"鹅顿""寿星顿"之"顿"非"肿肤"字训联言之合音，本字为"瘃"（音足）。《说文·疒部》："瘃，中寒肿覈（核）。"陟玉切。宁波话冻疮叫"冻瘃"，引申之，鹅头上突起的肉质、人头上鼓起的包也叫"瘃"。如"公鹅瘃""头里撞起一只瘃"。

頟誖脀／鞋荸驰　《说文·页部》："頟，痴不聪明也。"五怪切。《肉部》："脀，骏也。读若丞。"《广雅·释诂三》："骏、誖、脀，痴也。"頟，疑纽，牙、喉通转，疑多转匣。如五、伍、午、忤读若户是。頟转匣纽，则音如鞋去声。甬呼鞋袜字为合怪切，开口呼。脀读丞，丞本禅纽，禅、澄常相转，说见前。故今读丞多如澄。脀既读澄，蒸、之对转，音变为驰。甬称痴骏不慧者音如"鞋荸驰"，即"頟誖脀"之转音耳，皆类聚痴义字为词也。（《释流品》"頟誖脀"条）

宁波话管低能儿、痴傻的人叫"鞋荸驰"，字或写作"鞋蒲荠"，本字不明。但可以肯定的是，不可能是类聚《广雅》痴义字为词，不可能是"頟誖脀"之转音。应氏于《释衣》"淡苟"条说："方言似不致用此僻词。"这句话正可施于本条。

3. 类义词"以同义词命名"太机械。

应钟认为，表示同类概念的词语，其命名理据往往相同。比如地名多取地界义或坟墓义，妓女、妖冶之女多取美好义，女佣（娘姨、矮姆）取奴婢义，生气、光火类词语来自愤怒义，满意、疼爱类词语来自爱怜义，等等。实际上，类义词的得名之由可以各不相同。用简单划一的方法来解释丰富复杂的词语理据，得出的结论大多经不起推敲。请看《释地》"畷""畦""畔""場疆"等条：

畷／埭　《说文·田部》："畷，两陌间道也。"……间道所以为界……则畷亦有界义。张劣切为知纽。古音无舌上，今知纽字于古读端纽。则畷古音如掇……今鄞地名，有康家埭、傅家埭、屠家埭等者，埭即畷之讹。谓其地康姓、傅姓、屠姓之界也。埭后出俗字。

畦／汇、横　《仓颉篇》："田五十亩曰畦。畦，埒也。"故畦亦有区界义……

洼本户圭切……户圭音似汇。甬乡有以"汇"名者，如李家汇、鲍家汇、符家汇。汇即洼也，谓李姓、鲍姓、符姓之区界也。

洼从圭声，古音为支类。支、耕对转，耕、庚声近，音变为横。鄞地名有以"横"称者，如童家横、任家横。横即洼之转音，谓童姓、任姓之区界也。

畔／畈　田界／埭　《说文·田部》："畔，田界也。"薄半切。浊音转清，并转帮纽，音变为半。桓、寒、元、删同类相转，又变为板……畔既纽、韵俱变，俗字作畈。鄞地名有林家畈、薛家畈等，谓林姓、薛姓之田界也。

"田界"疾呼声合为大。卦、泰声近。地有以"埭"名者，如周家埭、孟家埭、应家埭等。埭读如大。本谓周姓、孟姓、应姓之田界。《玉篇》："埭，徒费切。以土堨水。"考其地无堨水处，故知其为谐声借字。

場疆／洋　《诗·小雅·信南山》："疆場翼翼。"传曰："場，畔也。"畔，田界也。故《广雅·释诂三》："疆、場、畔，界也。"《说文新附》："場，疆也。"場从易声，古音为支类。支、耕对转，耕、阳声近，音变为洋。"場疆"字训联言，声合亦为洋。甬地名有以"洋"称者，其地本不濒海，如何家洋、李家洋、鲍家洋等。谓其地何姓、李姓、鲍姓之界也。

作者对康家埯、李家汇、童家横、林家畈、周家埭、何家洋等宁波地名中的"埯""汇""横""畈""埭""洋"等词进行溯源，认为都由本来表示界、区界、田界、边界义的词音转或合音而来，均属牵强附会。埯（音答），用作地名，意为一块地方（《集韵·盍韵》："埯，地之区处。德盍切。"）；汇，本指众水合流之处；横，指区域横延之处；畈，取田畈义；埭，取土坝义；洋，本指滨海之处。这些词各有来历。

4. 词缀多当实词解。

词缀是附加在词根前后的构词成分，意义已经虚化，只表示语法意义，不表示实在意思。应钟基本上不承认词缀说，他在《释天》"沱霈"条说："凡方言名事物，词末有云头者，皆有义理相切之字。或为同音，或为双声叠韵之转，或为合声，变化繁多。翟灏《通俗编》概以助词目之，未允也。"基于这种认识，作者把绝大多数词缀都当成了实词。例如：

覃／头　《说文·旱部》："覃，长味也。"《酉部》："醰，甜长味也。"从系传本。两字音同义若。长味者，谓味之永，食已下咽，口中犹有余味在焉。《新方言·释器》："今人通谓味为味道，本味覃也。双声相转，侵、幽对转，字变作道。覃之为道，若襌服作导服，谷道呼谷曋矣。"钟案：道从首声，古音本在幽类。

覃音转为道，或亦转为头，以幽、侯声近，幽尤无定纽字，欲作定纽，势必转入侯韵，音如头矣。今谓味咸苦者曰"苦头"，曰"咸头"，头即覃字也。甜味曰"甜头"，即"甜醰"也。食之有味曰"有吃头"，反之，曰"无吃头"，肴馔佐味之品曰"帮头"，头皆覃字，犹云味也。凡声色不悦耳者曰"无听头"，无可观者曰"无看头"，头亦覃字，味义之引申也。舌所以味，故称舌为"舌头"。（《释食》"覃"条）

"苦头""甜头""吃头""帮头""听头""看头""舌头"的"头"，都是后缀，而非"覃"之音变（今宁波话形容有点儿苦说"苦意头"，不说"苦头"；"咸头"亦不说）。诸如此类的说法很多，据初步统计，全书有70多条词条论及"头"字，所涉及的具体词语的数量则更多了。至于其观点，显然是不足取的。另外，词缀"老""子"也多有误解的，此不赘举。

（三）多说并存与同词异解等方面的疏失

一般而言，一个方言词只有一个本字或源头；一个方言词可以派生出几个相关的意思，这几个相关的意思也只有一个本字或源头。《甬言稽诂》在考证方言词语的过程中，往往有两说甚至多说并存的情况；也有把同一个词理解为不同的词而分别探源的；此外，前后矛盾、顾此失彼的现象也时有所见。下面分别举些例子。

1. 多说并存。

这一现象比较普遍，既反映了作者缺乏自信，又反映了考证过于随意。例如：

狙 / 覗 / 豸　《史记·留侯世家》："良与客狙击秦皇帝博浪沙中。"索隐引应劭曰："狙，伺也。一云狙，伏伺也。谓狙之伺物，必伏而候之，故今云'狙候'是也。"狙，应劭音七预反，徐广音千怒反，皆清纽。北音清从为清浊，狙转浊音，入从纽；又鱼、阳对转，音变为匠。疾亮切。今伏伺呼如弶，其亮切。上声，本狙之音变。或曰，是覗之音变。《说文》："覗，司人也。读若驰。"司即今伺字。司人谓伺候人也。支、耕对转，耕、阳声近，音变为仗。

◇《说文·豸部》："豸，兽长脊，行豸豸然，欲有所司杀形。"池尔切。段玉裁注："司今之伺字，许书无伺。凡兽欲有所伺杀，则行步详案（审），其脊若加长。豸豸然，长皃。文象其形也。"豸，纸韵，支、耕对转，耕、阳声近，音变为仗。今伺以相害呼如仗者，即豸之语转。（《释行事》"狙"条）

宁波话暗中监视、守候呼如仗 [dziã²¹³]，其词源，作者列了三说："狙之音变""覗之音变""豸之语转"（加◇号的第三说是补在书稿天头上的，当是作者最终观点）。"狙""觇""豸"与 [dʑiã²¹³] 语音差距很大，词义也不够密合。今谓本字就是"弴"。"弴"本是捕捉鸟兽的一种工具。唐玄应《一切经音义》卷十八："弴，今畋猎家施弴以取鸟兽者，其形似弓也。"用作动词，指用弴捕捉。《宋本玉篇·弓部》："弴，施罥于道也。"由此再引申，就有暗中监视、守候义，如："弴贼骨头""墙角落头弴其的"。

2. 同词异解。

明明是同一个词，却分析为几个不同的词，把简单问题复杂化了。例如：

少劣／薛　《说文·力部》："劣，弱也。从力、少。"《广雅·释言》："劣，鄙也。"鄙有贱小义，弱义亦近小，故今以优劣为对称，即贵贱义也。《广雅·释诂三》："劣，少也。"少犹小也，与鄙贱义近。字训联言，"少劣"声合为薛。今慈溪山北及余姚人称人物之下劣者呼如"薛"，凡不善，亦云"薛"。（《释流品》"少劣"条）

娷／胒　《说文·女部》："娷，一曰丑也。"许惟切。通作倠。娷，晓纽，齐齿呼。晓之细音每与心、审混，故娷音如徙……娷，脂韵，脂入于质，声促转入，音如胒。羲乙切。慈溪山北以及余姚等地凡称丑恶不良，皆呼如"胒"。（《释语》"娷颏"条）

癢、癢弱／削　《说文·疒部》："癢，减也。"《通训定声》："本训为病减，转注为凡减损消退之称，经传皆以衰为之。"钟案：人之气血消退，又转为病，故《广韵·六脂》："癢，病也。"此即虚弱之病。癢为脂韵重音，声近灰韵。灰入于没，癢转入声没韵，作细音齐齿，音如削。甬称人体衰弱多病谓之"削"，器物之㿙薄不强固者亦云"削"。或云，削者，即"衰弱"急言之合声。《穀梁·序》："昔周道衰陵。"疏："谓衰弱陵迟。""衰弱"今常语，急言则合为一尔。（《释疾病》"癢弱"条）

从语音看，"薛""胒""削"都是入声字，宁波话读音相同。从词义看，"今慈溪山北及余姚人称人物之下劣者呼如'薛'，凡不善，亦云'薛'""慈溪山北以及余姚等地凡称丑恶不良，皆呼如'胒'""甬称人体衰弱多病谓之'削'，器物之㿙薄不强固者亦云'削'"，这几个意思是有联系的。应氏分三条讨论，提出四个源头（"少劣"合音、"娷"之音转、"癢"之音转、"衰弱"合音），不确。其实，本字或源头只有一个，就是"疲"。《说文·疒部》："疲，病劣也。"《集韵·缉韵》

迄及切，音吸。这个词不仅慈溪话、余姚话里习用，宁波话里也有，有“身体瘦弱”“器物不坚固”“不好；差”等三义，见《阿拉宁波话》（2016：234）；其他吴语如浙江绍兴话、杭州话、金华岩下话，徽语如浙江建德话也有这个词，义为“不好；差”，见《汉语方言大词典》（2020：3131）。

3. 前后矛盾。

有些方言词语的解说前后抵牾，令人无所适从。例如：

> **隙釁 / 皵丝**　《广韵·廿二昔》：“皵，皮细起也。”七迹切。亦入《药韵》，音鹊。俗于手足爪后有皮裂起者谓之“倒皵皮”，皵正读如鹊。竹木有坼裂，其皮芒翘起者，亦曰“皵”。谚云“扁担寻皵丝”，“象牙筷寻皵丝”。俗语称“皵丝”，本“隙釁”之音变。其本旨为吹毛求疵、抵瑕蹈隙之意。釁，震韵晓纽，真、脂对转，晓、审相似，釁转审纽脂韵，其音如师。今音脂、之无别，师、丝掍同，故讹为丝。（《释疾病》“皴皵”条）
>
> **隙斯 / 皵丝**　《说文·阜部》：“隙，壁际孔也。”段玉裁注：“引申之，凡坼裂皆曰隙。”……隙既引申为坼裂，故人情之破裂亦云隙，隙又用为嫌隙怨仇义。《广雅·释诂二》：“斯、隙，裂也。”今谓窥间伺隙以寻衅，谓之“寻隙斯”，“隙斯”音似“皵丝”。俗讹而复緟益其词曰“象牙筷寻皵丝”，或曰“买扁担，寻皵丝”。（《释语》“隙斯”条）

“皵丝”，又叫“皵头”，指竹、木等表面的裂起处。“寻皵丝”即故意找碴儿。作者“皴皵”条说“俗语称‘皵丝’，本‘隙釁（衅）’之音变”，“隙斯”条又引《广雅》“斯、隙，裂也”之训，谓“‘隙斯’音似‘皵丝’”，即认为“皵丝”本来当作“隙斯”，互相矛盾。其实本字就是“皵丝”。

《甬言稽诂》内容很丰富，既有亮点，也有缺陷。应钟有良好的文字、音韵、训诂功底，又花了10年时间精研博考，因而于宁波方言古词古义多有发明；但应钟毕竟是一位传统语文学家，观念和方法都受到历史局限性的制约，因而不可避免地出现这样那样的差错。所以我们要带着分析的眼光来阅读、使用和研究这部著作。

参考文献

[1] 黄侃述，黄焯编．文字声韵训诂笔记 [M]. 上海：上海古籍出版社，1983：263.

[2] 李荣主编．现代汉语方言大词典 [M]. 南京：江苏教育出版社，2002.

[3] 汤珍珠，陈忠敏，吴新贤．宁波方言词典 [M]. 南京：江苏教育出版社，1997.

[4] 汪维辉 . 汉语核心词的历史与现状研究 [M]. 北京：商务印书馆，2018：258-260.

[5] 许宝华，宫田一郎主编 . 汉语方言大词典（修订本）[M]. 北京：中华书局，2020.

[6] 应钟 . 甬言稽诂 [M]. 宁波：天一阁藏稿本 .

[7] 朱彰年，薛恭穆，汪维辉，周志锋 . 宁波方言词典 [M]. 上海：汉语大词典出版社，1996.

[8] 朱彰年等原著，周志锋，汪维辉修订 . 阿拉宁波话（修订版）[M]. 宁波：宁波出版社，2016.

《甬言稽诂》音转说平议 ①

【摘　要】　方俗音变是造成古今语言隔阂的重要因素，根据音变规律来考证方言本字和来源是研究方言的有效手段。基于这种认识，应钟在《甬言稽诂》一书里大量运用了音转说。应钟有较好的音韵学修养，他的音转说在考证实践中也有一定的积极作用。但他对宁波方言的"古训本字"往往主观臆测，然后借助音转来弥缝其说，所以绝大部分考证结论经不起推敲。

【关键词】　《甬言稽诂》；音转说；积极作用；失误及原因

《甬言稽诂·变音篇》："造字之初，言文同声，今也言文音或殊歧。文本记言之声，言必有文，文必有声。而文与言声违者，二者必有一讹，流变而离其本音；或二者俱离，则其相违不可谐尤甚焉。明方言某语即为古训某字，执字音流变之定律，于是求核其本音，犁然有当于人心，言文复合于一声；退俗音流变孳乳之俗体，反稽于古训本字。"应钟先生这段话的大意是说，最初字和它所记录的词的读音是一致的。如果方言里的字和它对应的词的读音对不起来，要么是没有找到本字，要么是字音发生了变化。探讨方言词语本源，要根据语音的演变规律求本音，做到"言文合一"；要去除因方俗音变所产生的俗体，考察"古训本字"。

诚然，古今语音变化是导致方言词语本字不明、来历不清的重要原因，因此考证方言往往需要从语音入手。应钟深明此理，他在撰写《甬言稽诂》之前，就"精研乎古人文字声韵"；考证过程中，绝大部分条目都运用了古音理论和知识；在书稿附录《变音》里，收有音韵学论文 24 篇。这说明应氏既懂得音韵学对于方言研究的重要性，又有较好的音韵学功底。但由于方言本身的复杂性以及音变现象的复杂性，用音转理论来解释方言时存在着很大的风险，《甬言稽诂》的得和失都与此密切相关。

本文先对应钟的古音观念进行梳理，然后就《甬言稽诂》中的音转说进行评析。

---

① 本文系国家社科基金项目"《甬言稽诂》校注及研究"（19BYY160）的阶段性成果之一。原载四川大学《汉语史研究集刊》第三十五辑，四川大学出版社 2023 年版。

一、应钟的音韵学修养

应氏的古音观念集中体现在《变音》里。他在《变音篇》里介绍写作缘起时说："《甬言稽诂》于方言中既就其词恉本义，而举其本字；而本字音读有与方言异者，复释其转变之律。然散见各条，无以明其会通，探其本末。兹综述前修阐发音韵转变之定律，参酌鄙见，以通正讹字音之津梁，犹象胥之译夷言，作《变音篇》。"《变音》分上、下两篇，《变音（上）》主要讨论声纽，有 11 篇论文；《变音（下）》主要讨论韵部，有 13 篇论文。

先看《变音（上）》。11 篇论文具体为：《声纽古今转变互读说》《音等自转说》《牙喉音等双声标准表》《声母清浊对转说》《从邪床禅相转说》《清心穿审相转说》《日通泥娘禅床说》《喉牙通转说》《喉牙音作齐齿与齿音相混说》《喻定相转说》《晓匣合口与轻唇相混说》。

《声纽古今转变互读说》梳理了唐释神珙、守温、清李光地、江永、钱大昕、江有诰、近人章太炎、黄侃等有关古声母的论述，然后"折衷前修诸说，酌古证今，声纽流变可征信者，列表于后"，即用表格的形式按牙音、舌音、齿音、唇音、喉音列出古本音及流变之今音的声纽表，最后列举字书、韵书及其他注音材料中一字兼读舌头音与舌上音、重唇音与轻唇音的类隔互变实例，"以征方言语转之有自"。

《音等自转说》讨论字音之等呼（一至四四等，开合齐撮四呼）互相转变的现象，如："'嘉'音同'家'，甬俗呼'嘉兴、嘉善'为开口呼，'嘉靖、嘉庆'为撮口，习俗相承，不以为乖。"等呼主要是就韵母而言的，但与声纽也有关系，故应氏把《音等自转说》放在《变音（上）》讨论。

《牙喉音等双声标准表》鉴于反切上字音等粗细不同会影响拼读，提出"兹仿英文拼音之法，一律易用入声字，以其声促，与下字行韵易于融合"，并将"喉牙诸纽之开齐合撮入声字，列表于左，俾方言中喉牙音字之等呼转变，本为同组，乍聆如为异组者，可于此双声相较，以明其同母殊音变幻所由"。

《声母清浊对转说》一文先"参酌各家学说，验以方音，厘定清浊为六类：曰清、曰准清、曰次清、曰浊、曰次浊、曰浊收鼻音"，然后根据钱大昕《古今方音说》、江永《辨清浊篇》相关内容，详列文献及方言中一字通读清浊二音之例。

《从邪床禅相转说》根据江永"邪母必当轻呼，如呼之重，则与从母无异；床母须重呼，若轻呼之，则与禅母无异"的说法，结合方言实例，分析了甬音从邪互转、床禅互转以及从澄纽转禅的语音现象。

《清心穿审相转说》讨论了同一个字清与心互转、穿与审互转的情况。

《日通泥娘禅床说》讨论了日组字在甬音里兼读泥娘以及读禅、读床的情况。

《喉牙通转说》讨论了牙音见、溪、群、疑与喉音影、晓、匣、喻相转的现象。

《喉牙音作齐齿与齿音相混说》一文核心观点是："牙音见、溪、群、疑四纽，作细音齐齿呼时，除疑纽混入泥、娘外，见、溪、群三组，甬音往往与齿音精、清、从相若。齿头与正齿既类隔相似，甬音精、清、从每与照、穿、床相乱，故见、溪、群作齐齿，又常与照、穿、床相若。今音知、彻、澄与照、穿、床无别，故见、溪、群之齐齿，又或与知、彻、澄相若。"并举甬音以证之。

《喻定相转说》认为："喻既通转于禅，定亦通转于禅，喻、定皆因禅之枢转而相通，故字音喻、定二组通读者甚多。"

《晓匣合口与轻唇相混说》指出，晓组合口轻呼之，往往与轻唇非、敷相似；匣组合口轻呼之，往往与奉、微相似。故甬音读晓组合口之"呼虎滹"与非纽之"肤府赋"、敷纽之"孚抚赴"，匣组合口之"胡户护"与奉纽之"符腐附"、微纽之"无武务"，皆混而不分。

再看《变音（下）》。13篇论文分别是：《韵转概说》《述古音转变》《异平同入相转说》《异平同入转韵续说》《支脂微齐韵轻重音相转说》《真东二类相转说》《闭口音字与收舌齿音字通转说》《方言上下字同化叠韵说》《方言合声说》《方言纽韵俱变说》《纽韵相应说》《杂说》《字训联言说》。

《韵转概说》首先提出三大韵转规律："不论今古，其转变之规律有三：平、上、去声促则为入，入声长言则为平、上、去，一也。异平同入则相转，异入同平亦相转，古音家所论阴阳声对转，多基于此，二也。声相近，则邻转，三也。"然后重点介绍段玉裁、严可均、章太炎的古音学尤其是古音分类成果："核古今音读之异同，明语转之原委，则段玉裁《六书音均表》为最……定阴阳声对转之差异，广这遭通叶之证验，则严可均《说文声类》为着……章炳麟集前人大成，撰《成均图》……立对转、旁转、假道隔越诸转，亦广通转之法门。"最后列出段氏《六书音均表》、严氏《声类表》（原书无表，据其所说而为之）及章氏《成均图》。

《述古音转变》在上文介绍段、严、章古音分类的基础上，具体介绍三家关于古韵转变的学说，涉及对转、旁转、正变、合类、近转、近旁转、次旁转、正对转、次对转、交纽转、隔越转等概念。

《异平同入相转说》与《异平同入转韵续说》两文都是讨论"异平同入"及其转韵情况的。"异平同入"，是关于韵母系统关系的一个重要观点，详见下文介绍。

《支脂微齐韵轻重音相转说》一文指出："支脂微齐韵，皆有轻重音二类……重声者，谓其声似灰贿队也……惟重声字与轻声字，各地读音亦不一致。有读重音为轻音者，如'惟微霏非携'诸纽字，甬皆读轻音。有读轻音为重音者，如'碑卑悲眉丕'诸字，甬读重声字。退转轻音，往往有流入鱼虞韵者……如俗语锤音如除，谁音如殊，吹音如处……"这篇文章很好地解释了支脂微齐韵在方言中的文白异读现象。郑伟先生有两篇文章对此进行了更加全面深入的讨论[①]。

《真东二类相转说》根据古诗文押韵情况以及章氏《新方言》韵目相转中的真东相转例，论析了真东相转以及甬语真谆文韵字读作东类字的音变现象。

《闭口音字与收舌齿音字通转说》据李光地等《音韵阐微》"侵韵之音与真文韵相近，但真文韵收声于舌齿，侵韵收声于闭口。覃韵之音与寒韵相近，盐韵之音与先韵相近，咸韵之音与删韵相近，但寒删先收声于舌齿，覃盐咸收声于闭口"的论述作进一步阐述（舌齿音指收 [-n] 尾的韵母），并旁及脂类字（脂为真阴声）与闭口入声字每相关通，最后以甬音为例，附了一个《真侵寒覃删咸先盐今音同字对比表》。

《方言上下字同化叠韵说》讨论了宁波话里一种特殊的变音现象："方言联绵为词，有下字从上字音变，同化而叠韵者……亦有上字随下字音变而叠韵者。"其所举例子，有的成立，有的不能成立。

《方言合声说》谓"方言多合声。合声者，两字联呼，声促变为一也"；"考方言合声，有两端，曰同义类聚为词，曰异义相因成语"；"方言两字为词，既声合为一，其合成之音，或因语转而复有纽韵之变，纽变则为叠韵，韵变则为双声"。但所举例子，大多可疑可商。

《方言纽韵俱变说》认为："方言与字音之歧，或变其纽，则为叠韵；或变其韵，则为双声……若纽韵两者初变其一，继则其未变者亦变之，于是纽韵俱非，则与本字音读绝不相似，既不双声，又不叠韵。方言中若是者不鲜。"然后举文献中古今异读之字，疏释其音变原委；又举甬言中与本字音读纽韵俱异之字作为佐证。

《纽韵相应说》谓汉字读音，"纽韵侈弇、清浊须相应，而口舌顺，音始朗澈。方言语气轻重不等，有细纽读粗，粗纽读细。或类隔变纽，古音犹遗，而韵亦往往随之而移，所以顺口朗澈其音"，并举了许多实例来说明。

《杂说》讨论了甬音桓韵字读如模韵（官、观读若孤）、元韵撮口字则混入虞韵（元、

[①] 参看郑伟《"支微入虞"与现代方言》，《语言暨语言学》第 13 卷第 5 期，2012 年；又：《现代方言"支微入虞"的相对年代》，《中国语言学报》第十八期，2018 年。

原读若愚）、阳声字往往缩其鼻音而变为阴声（颠、天、田、年读若低、梯、题、泥）、寒韵字读如咍韵（看读若开）等语音现象。

《字训联言说》一文主要讨论古书中"类聚同义字连茹以为词"的现象，如慎曰"谨慎"，固曰"坚固"，喜曰"欢喜"。"顾连茹之字，往往为其字之所训"，故称"字训联言"。文章列举了文献中大量字训联言的例子，这部分与古音关系不大。后半部分说："方言既多集同义字为词，其中又多字训联言。然疾呼声合，又变为切音单字。如《说文》：'兼，并也。'《广雅》：'并，兼也。''并兼'声合为砭，俗讹作边，今同时兼作二事曰边，如'边走边讲'是也。"则与"合声说"相关，但其例子多不确。

综上可知，应钟先生对古音学尤其是清代以来的古音学有深入的研究，对钱大昕、江永、戴震、段玉裁、孔广森、严可均、江有诰、章太炎、黄侃等学者的古音学学说相当熟悉，在介绍前人研究成果、阐发音韵转变规律的时候，往往根据甬音，提出修正或补充意见。应氏正是凭借这些古音知识和理论，在考释过程中，对于"本字音读有与方言异者，复释其转变之律"的。

二、应钟音转说在考证实践中的积极作用

在《甬言稽诂》里，应氏所使用的音转说主要包括纽转、韵转、纽韵俱转、合声、上下字同化叠韵等。应氏的音转说对于考证宁波方言的本字和来源，在一定程度上是有积极意义的。下面我们择要举一些例子。

1. 关于纽转。例如：

鲠　《说文·骨部》："鲠，食骨留咽中也。"古杏切。古或借鲠、借哽为之。《汉书·贾山传》："祝鲠在后。"《后汉书·明帝纪》"二年"："祝哽在前。"《广韵·三十梗》："哽，哽咽。"《庄子·外物》："壅则哽。"释文："哽，塞也。"今食塞于咽谓之哽，不仅指骨鲠而已。甬语哽转浊音，为群纽，如共杏切。……甬俗叱人就食……或呼为"鲠"。皆谓食塞其口咽也。盖讥其贪馋，悍急于食之状。（《释动作》"鲠哽𫘝"条）

宁波话里动词"吃"有几个粗俗说法，其中一个就是"鲠"（又作"鲠""哽"），音 [gã²¹³]，如："鲠饭"，"供供冷，自家鲠"（意为用来祭祀的饭菜供完以后还是自己吃）。"鲠"，《广韵·梗韵》古杏切，见母字。宁波话"转浊音，为群纽，如共杏切"。其实，宁波话"鱼骨头鲠胡咙"之鲠即读 [gã²¹³]。见母字读成 [g] 声母，

这是一种"浊音构词"①,宁波话里类似的还有"拐""搁""扛""绞""搅""夹""刮""艮"等字。

当 《说文·田部》:"当,田相值也。"引申为相值皆曰当。凡身值其时、其地,曰"当日",曰"当时",曰"当代",曰"当地",则当犹此也,遂用为指事之词。当,端纽,转浊音,入定纽,则如唐。甬语称此处为"唐岸"。……当转训为此,甬语亦用于词尾。如人物在此曰"来当"……或呼曰"来东",东亦当之转音,阳、东声近相转也。他如卧于此曰"困东",坐于此曰"坐东",东亦呼如当。(《释词》"当闲"条)

宁波话近指代词音 [dɤ²¹³],有"荡""堂""唐""塘"等多种写法。关于它的来源,学界有多种说法,迄无定论②。应氏以为是"当"转训为此、转读为浊音定纽而来,可备一说。事实上,传统方言学者都持此说,如陈训正(1936:3)《甬句方言脞记》:"此地俗称'唐头'。案即当地也。地、头双声,当本有唐音。"("唐头"即这里、这边,谓"头"是"地"音变,不确)民国《鄞县通志》:"当,读音俗音皆为 [tɤ],惟俗音称此处曰'当头'时,则呼作 [dɤ]。"(陈训正、马瀛 1951:2744。原用方言注音符号,这里改写成国际音标)又:"甬指近处曰'当',即文字中'当时''当地'之'当'也。文字谓之'此',国语谓之'这'。如在此曰'来当',当即读本音。又如此处曰'当头''当堆',此方曰'当边''当向',皆读若堂去声。证以甬语此日曰'当日',此夜曰'当夜',仍读本音去声,可知必为'当'字。"(1951:2921)

2. 关于韵转。例如:

顷 《庄子·秋水篇》:"不为顷久推移。"释文引司马彪曰:"顷久,犹早晚。"早谓时之暂,晚谓时之久,则顷训早,犹暂也。《国策·秦策一》:"莅政有顷。"高诱注:"有顷,言未久。""未久"者,可以言时,亦可言年。则有顷者,如今语乃"一段时间"矣。《齐策》"居有顷""后有顷",皆如是。……顷,古音为耕类。耕、阳邻转,音变为羌。甬语谓有一时期曰"有羌",前一时期曰"前羌",当今时期曰"该羌"。羌即顷字。顷之为羌,犹"謦欬"之謦,俗语声转,

---

① 参看盛益民、李旭平《富阳方言研究》第 91 页;刘丹青《吴江方言 [g] 声母字研究》,《语言研究》1992 年第 2 期。

② 参看胡方《宁波方言的指示词》,《当代语言学》2018 年第 4 期。

字讹作唴矣。（《释天》"顼"条）

　　謦　　《说文·言部》："謦，欬也。"去挺切。《仓颉篇》："謦，声也。"
《通俗文》："利喉曰謦欬。"喉中气扰如有不利，鼓肺作声以利之，是为"謦"。
謦，古音为耕类，耕、阳声近相转，音变，俗字作唴。《玉篇》："唴，七相切。
鸟食。"非欬（咳）义。（《释疾病》"謦"条）

　　宁波话里，"顼"指一段时间，如"该顼"（这一段时间）、"上顼"（上一段时间）、
"下顼"（下一段时间）、"有顼"（有一段时间）等，"顼"音 [tɕʻiã³⁵]。"顼"《广韵·静
韵》去颍切，音韵地位是"梗合三上静溪"，古韵属耕部，"耕、阳邻转，音变为羌"
（"羌"当易为"抢"，读上声）。又，咳嗽叫"謦"，音 [tɕʻiã⁴⁴]。"謦"《广韵·迥
韵》去挺切，读上声；《集韵·径韵》诘定切，读去声，音韵地位是"梗开四去径溪"，
今宁波话读去声，当是继承了《集韵》的读音。李荣先生（1996）指出："古梗摄主
要元音今读 [a]，为我国东南部吴、赣、客、粤、湘、闽、徽诸方言区共性之一。这里
所谓 [a] 元音，包括鼻化的 [ã]，带不带塞音或鼻音韵尾，有没有介音。"应氏把"顼"
音转为 [tɕʻiã³⁵] 与"謦"音转为 [tɕʻiã⁴⁴] 进行比较互证，颇有说服力[1]；宁波话洗涤义
"净"读 [dʑiã²¹³]，亦可旁证（周志锋、郑晓芳 2021）。

　　戴　　泰咍同入，故北音读蔡如菜，甬呼戴如带，读盖如该……意纵曰泰，俗
音如态。舒泰曰"舒态"。（《异平同入相转说》）

　　宁波话姓氏的"戴"读 [teʔ]，"戴帽子"的"戴"读 [taʔ]，其他吴语也有类似的情况。
由于"带"在近代汉语里可当戴讲，"戴帽子"的"戴"本字到底是"戴"还是"带"
学界尚有分歧（盛益民、李旭平 2018：64）。应氏"泰咍同入，故北音读蔡如菜，甬
呼戴如带"的说法可从。宁波话里咍（海、代）韵转入泰韵的除了"戴"（代韵）以外，
还可找到旁证，如"埭"（代韵）读 [daʔ]，"台风"的"台"（咍韵）在"秋台"（秋
日连绵不断的阴雨）一词里读 [₅da][2]，"态度"的"态"（代韵）慈溪、余姚读 [taʔ]，
"杨乃武"的"乃"（海韵）慈溪、余姚读 [naʔ]。这些材料可以佐证"[taʔ] 帽子"的 [taʔ]
正字即为"戴"，[taʔ] 是"戴"的口语音。

---

[1] 《鄞县通志》亦谓甬称咳嗽曰"唴"，本当作"謦"。1951 年刊印本，第 3004 页。

[2] 《鄞县通志》："秋季骤风雨曰秋台。俗音台呼 [₅da]。"（方言注音符号改写成国际音标）1951 年刊印本，
第 2717 页。今宁波话"秋台 [₅da]"指"秋日连绵不断的阴雨"，参看《阿拉宁波话》（修订版）第 4 页。

3. 关于纽韵俱转。例如：

　　熛　《说文·火部》："熛，以火干肉也。"《广雅·释诂二》："熛，干也。"
曹宪音资力反。浊音转清，并转为帮，音变如逼。职、德同类相转，职、德皆之类。
又变布德切，甬音如迫。谓物之色味不润曰"燥熛熛"。口干欲饮水，俗亦呼为"口
熛"。（《释天》"熛"条）

　　宁波话管口渴为 [pɐʔ⁵⁵]，汤编《宁波方言词典》记作"柏"（下加小圆圈。汤珍
珠等 1997：297），《阿拉宁波话》（修订版，下同）写作"迫"（朱彰年等 2016：
221）。应氏认为本当作"熛"，有一定道理。"熛"又作"焟""熁""熿"等，
本义是"以火干肉"，引申之，指用火烘烤使干，《宋本玉篇·火部》："焟，火干
也。"再引申，泛指干，《广雅·释诂二》："熛，干也。"本为浊音并母字，转帮母，
音变如逼。至于韵母"职 [iɪʔ]、德 [ɐʔ] 同类相转"的现象，汉语及汉语方言里不乏其
例，如"别 [biɪʔ¹²] 字"读作"白 [bɐʔ¹²] 字"，清顾炎武《日知录·别字》："别字者，
本当为此字而误为彼字也，今人谓之白字，乃别音之转。"宁波话里更是常见，如鼻子、
鼻祖的"鼻"读 [biɪʔ¹²]，鼻头管、鼻头水的"鼻"读 [bɐʔ¹²]；今日叫"今 [miɪʔ¹²]"，
也叫"今 [mɐʔ¹²]"；转折连词不过的"不"读 [pɐʔ⁵⁵]，也读 [piɪ⁵⁵]；副词百发百中的"百"
读 [pɐʔ⁵⁵]，也读 [piɪʔ⁵⁵]（周志锋 2012：188-191）。总之，口渴就是口干，嘴巴 [pɐʔ⁵⁵]
煞，就是嘴巴焟煞。

　　俦　《玉篇》："俦，侣也。"畴、俦并从寿声，古音为幽类。曹声、匋声、
卯声、蚤声等今在肴豪韵者，古音亦在幽类。故幽尤韵字多与萧豪相通转。今澄
纽字古又读定纽，故俦转豪韵定纽，亦音如涛，《玉篇》及《广韵·卅七号》徒
到切是也。今同处朋侪曰"淘伙"，曰"淘伴"。或作道，曰"敆道"，曰"一道"。
淘、道皆俦字也。（《释亲》"雦畴俦"条）方言中字有用古义而讹读别义之音，
所在多有。如俦侣之俦，亦音涛，训翳也。见《说文》。而今伴侣曰"道"，如同道、
敆道。道即俦读翳义之涛音耳。（《释流品》"耽陶"条）　　《玉篇》："俦，直
流切。侣也。"澄纽。字从寿声，古音为幽类。幽赅萧、豪，澄、定类隔相转，
俦转定纽豪韵，则音如淘。故俦亦音大到切，虽义异，而音转固有自也。涛、梼、焘、
幬并从寿声。俗称俦侣曰"淘伴"，曰"淘伙"。字或作道，曰"合道"，音蛤。曰"一
道"。淘、道皆俦字，纽韵双变也。（《方言纽韵俱变说》）

　　吴语有"淘伴"（伙伴，同伴）、"淘里"（人群中，伙伴中间）、"一淘"（一

群，一帮，一起）、"同淘"（结伴，同伴）、"合淘"（结伴）等词语，其中"淘"又写作"陶""𠗢""蜩""騊""涛"等（石汝杰、宫田一郎 2005：589–591）。《甬言稽诂》多次提到，"淘、道皆俦字，纽韵双变也"。蒋礼鸿先生《义府续貂》"俦丑"条亦持此说，谓"一道""一淘"的"道""淘"，"此其字本为俦类之俦"（蒋礼鸿 1981：70）。

4. 关于上下字同化叠韵。例如：

延延螺 《尔雅·释鱼》："蚹蠃，蠮蝓。"郭璞注："即蜗牛也。"《说文·虫部》："蠃，一曰虒蝓。"郎果切。今作螺。段玉裁注："虒蝓，读移史二音。今生墙壁间湿处，无壳，有二角，无足，延行地上，俗呼'延游'，即虒蝓，古语也。盖螺之无壳者，古亦呼螺。"钟案：此虫《本草》谓之"蛞蝓"，甬俗呼为"延游螺"，即"虒蝓蠃"，字训联言为词也。或音转为"延延螺"，则延、游既喻纽双声，游又随上字延声同化叠韵而变为"延延"。外地人呼蛞蝓有名"鼻涕虫"者，以其体多滑涎，所经之处有涎痕如涕污也。（《释鱼虫》"蠮蝓蠃"条）

《阿拉宁波话》"蜒蚰螺"条："蜒蚰音移移。①蛞蝓，鼻涕虫。②蜗牛。"（朱彰年等 2016：113）"蜒蚰""延游"为什么读"延延"（移、延宁波话同音）？原来是"下字随上字延声同化叠韵而变为'延延'"，使人疑义顿释。

红众 大家 方言联绵为词……亦有上字随下字音变而叠韵者。如全数曰"和众"，或呼作"红众"，则和随众叠韵而变红……大家，谓共同也，俗呼大变麻韵，为徒嘉切，则大随家叠韵而变入麻韵。（《变音（下）·方言上下字同化叠韵说》）

表示全部、都的副词"和众"（一般写作"和总"）又说"红众"$[\hbox{ɦoŋ}^{24}\ \hbox{tsoŋ}^{35}]$，代词"大家"及当副词一起、共同讲的"大家"说成 $[\hbox{do}^{213}\ \hbox{ko}^{53}]$（$[\hbox{do}^{213}]$ 又可促化读 $[\hbox{doʔ}^{12}]$），正是上字随下字同化叠韵所致。方言上下字同化叠韵的音变现象在宁波周边地区也不乏其例，如余姚方言"草鞋"读 $[\hbox{tsʻɑ}^{435}\ \hbox{ɦɑ}^{24}]$（上字随下字音变），"厨师"读 $[\hbox{dzʮ}^{24}\ \hbox{sʮ}^{34}]$（下字随上字音变）（施长海 2019：494）；慈溪方言"绰号"读 $[\hbox{tsʻa}^{324}\ \hbox{ɦa}^{213}]$（先是"绰"字入声舒化，然后下字随上字音变）（任央君 2020：20），均其证。

三、应钟运用音转说的失误及其原因

尽管应氏具有良好的古音学修养，也很努力地把音韵学知识和理论运用到考证实践中去，但平心而论，从结果看，失多于得。可以这么说，绝大部分音转说都似是而非，经不起推敲。应氏考证方言的基本做法是观点先行，语音佐证。如果观点有问题，语音证据再充分也无济于事。下面分几方面加以分析。

1. 往往把理论上的"可音转"等同于事实上的"是音转"。例如：

么雀／麻将 《广雅·释诂四》："么，微也。"《字书》："么，小也。"《一切经音义》卷九引。字亦作麿。《汉书·叙传上·王命论》："又况么麿，尚不及数子。"郑注："麿，音么。小也。"歌、麻同部相转，音变为麻。俗称檐雀曰"麻雀"，犹云小雀也。《说文·隹部》："雀，依人小鸟也。从小、隹。"小鸟，故云"么雀"。雀，即略切，精纽，药韵。药为阳入，长言转平，音如将。甬呼麻雀如"马将"。（《释禽兽》"么"条）

"马将"一般写作"麻将"，正字就是"麻雀"，因其背部杂有黑褐色斑点，因而俗称"麻雀"。尽管歌、麻同部可以相转（歌、麻同属段玉裁第十七部），但是"麻雀"的"麻"取其上体羽毛"带细碎斑点的"义，本字不是"么"，不是取其形体"小"义。"雀"读如"将"，也不是因为"雀，即略切，精纽，药韵。药为阳入，长言转平，音如将"，而是儿化音残留。

追私／钉梢 《说文·辵部》："追，逐也。"《方言》十二："追，随也。"逐与随义虽有别，然皆行于人后，紧迫不舍之意。追，脂韵，古音当如自，古无知纽，读同端纽也。脂、真对转，音变都邻切。真韵无端纽字，俗讹作钉，以真、耕两类声近，又讹转也。今谓尾随人后而行为"钉"。人有褰行，潜随以觇谓之"钉梢"。梢者，私之转音。私，脂类，脂、萧二部常相转，说见《广雅疏证·释宫篇》"趂，犇也"条。引申为凡事逼迫不舍俗亦谓之"钉"，或云"钉牢"。《说文》："钉，炼鉼黄金也。"无追迫义。（《释行事》"追"条）

"钉梢"即为正字，"钉"非"追"之音变，"梢"亦非"私"之转音。"钉"有紧跟、监视义，"梢"取其尾梢义。明沈榜《宛署杂记·民风二》："追随曰钉着他。"徐珂《清稗类钞·方言·上海方言》："钉梢，蹑行人后，左则左之，右则右之，跬步不离之谓也。""盯"字晚出，后作"盯梢"（今一般写作"盯梢"）。

怠惰／调大 懈、慢、怠、惰皆有颓废不振之义，与紧急奋发相对……行事懈怠不紧急，义近逸豫，故怠惰引申为逸豫义。甬称事简逸豫为"怠惰"，音转为"调大"。怠从台声，古音为之类。之、宵声近相转，怠转宵类，音变为调。惰为歌类，歌、泰同部相转，音变为大。犹驮从大声，俗呼大亦如驮。（《释情志》"懈怠惰"条）

《阿拉宁波话》"调大"条："大文读。有空闲；不忙：田种落，生活～嚸｜该晗调调大大个，想搭外头去走走。《鄞县通志》：'甬称闲暇曰～。'"（朱彰年等 2016：218）"调大"[dio²⁴ da²¹³]，恐非"怠惰"之音转，本当写作"调泰"[dio²⁴ t'a⁴⁴]。"调"，调和，协调；"泰"，安宁，宽裕。"调泰"是近义复词。吴方言有"调泰"一词，如《温岭方言研究》："调泰，舒服。"（阮咏梅 2013：241）《汉语方言大词典》"调泰"条："舒服。吴语。浙江黄岩。"（许宝华、宫田一郎 2020：4521）又"调他"条："（时间）宽裕；从容。吴语。江苏苏州。"（2020：4519）（"调他"与"调泰"当是同词异写）宁波话里的"调大"与吴语其他方言里的"调泰"尽管具体意思不完全相同，但核心意义是一致的，本质上是同一个词。那么"调泰"为什么会读成"调大"了呢？下字"泰"受上字"调"的影响，产生了声母同化，由透组转读为定组了。关于上下字同化双声的现象详见下文。

2. "同入相转"跨度太大，结论往往难以置信。例如：

擘／扚　《尔雅·释诂》："劼、擘、固也。"郭璞注："擘然，亦牢固之意。"段玉裁曰："擘之言紧也，手持之固也。"《广韵·廿八山》：擘，苦闲切，音慳。《一先》又苦坚切，音牵。盖山为元类，先为真类，真、元声近，故相转。今谓紧持曰"擘"。声促转入则为"劼"。恪八切。劼亦训固，亦训用力，见《广韵·十四黠》。义亦相通。山、麻同入于黠、辖，先、麻又同入于薛，同入相转，擘转麻韵，音变为牛。口瓦切。俗称固持呼如"牛"，引申为拘捕亦呼如"牛"。（《释行事》"擘劼"条）

"牛"俗作"扚"（宁波话读 [k'o⁴⁴]），而"扚"的正字为"搭"。《集韵·祃韵》："搭，持也。丘驾切。""扚"非"擘"之音转。另外，作者在论证中使用了"同入相转"，有必要对这个概念作一简要说明。

上文提到，《甬言稽诂·变音（下）》收有《异平同入相转说》《异平同入转韵续说》两文，都是讨论"异平同入"及其转韵情况的。所谓"异平同入"，是指不同的平声韵可以同配一个入声韵。《异平同入相转说》一文指出：《广韵》"入少平多，欲令凡平有入，故一入兼承数平"；"异平既能同入，因入声之枢转，此同入之数平，遂音互相变"。"异平同入"说肇始于清人江永在《四声切韵表》里提出的"数韵同一入"，而后段玉裁在《六书音韵表》里又提出"古异平同入说",对古音研究产生了重要影响(吴庆峰 1989)。应钟对前人有关"异平同入"的说法进行了梳理,列举了许多文献和方言实例予以佐证,并制作了两个表格,使得"异平同入"情况一目了然。但我们发现,应氏的"同入相转"条件太宽,如据表二,"东侯尤幽萧模鱼虞"同入于"屋",则这些韵可以分别彼此相转。这么大的韵转跨度,再加上其他因素,应氏考证的严谨性和科学性就成了问题。在文字表述中,还存在"同入于某"与《异平同入相转说》所附表格不一致的地方,如"山、麻同入于黠、辖,先、麻又同入于薛",据该表,当是"山、麻同入于辖,先、麻又同入于屑"。

　　爹 / 大　　《广雅·释亲》:"爹,父也。"曹宪音大可反。歌、泰同入相转,同入于曷。音变为大。镇海人呼叔父音如"阿大",大读泰韵。即"阿爹"之变音。叔父亦父也,故以爹称之。(《释亲》"爹"条)

汉语方言里,称谓词"大"和"大大"用法很多,据《汉语方言大词典》"大""大大""阿大"等条,可以指称祖父、祖母、父亲、母亲、伯父、伯母、叔父、姑妈、哥哥、姐姐等(许宝华、宫田一郎 2020:207,209,2610)。就吴语明州片"叔父"称谓而言,象山、舟山都有"大大"或"阿大"的说法,镇海旧有"阿大"的说法。"大"文读,说明是个外来词,而不是"爹"之变音。

　　摹 / 描　　《说文·手部》:"摹,规也。"段玉裁注:"规者,有法度也。以法度度之,亦曰规。"《汉书·高帝纪下》:"规摹弘远矣。"注引邓展曰:"若画工规模物之摹。"又引韦昭曰:"如画工未施采事摹之矣。"今摹画谓之"描",即摹之音转。模、萧同入相转同入于屋故也。古无称画为描者,《广韵·五肴》茅纽:"描,打也。出《玉篇》。"今本《玉篇》无描字。此义虽经籍未见,似犹近古。其《四宵》苗纽:"描,画也。"疑宋人重修时,徇俗沾益之文。(《释行事》"摹"条)

"描"非"摹"之音转。蒋礼鸿先生认为,"描"又作"邈","邈"字原来应该作"貌","貌"的本义是容貌,转成动词,作图写容貌解,后来才出现"描"(蒋礼鸿 1988:145—147)。可见"描"来源于"邈","邈"来源于"貌",与"摹"无关。

　　趋 / 死　　《说文·走部》:"趋,走意。"许建切。《玉篇》云:"走皃。"晓纽齐齿每与心、审混,而先、支又同入相转,同入于质。故趋音得转如徙。徙篆作延。《说文》:"延,迻也。"徙亦有走动意。甬俗叱人行走曰"趋"。如云"趋进趋出"

等是。盖趡音讹为徙，而甬音呼死同徙，死为恶义，遂以行走之趡，谐为不祥之语，用为呵叱之词。（《释动作》"趡"条）

正字就是"死"（宁波话读 [ɕi³⁵]）。《汉语方言大词典》"死"字条义项④："〈动〉走；跑（骂人的话）。㊀冀鲁官话。㊁西南官话。㊂吴语。"（许宝华、宫田一郎 2020：1572）可参。

3."合声"说基本上是主观臆测，绝大多数都靠不住。例如：

余闰／闰 《说文·王部》："闰，余分之月也，五岁再闰也。"《广韵·廿二稕》："闰，闰余也。"如顺切，日纽。今江南苏浙诸地，日纽字多读为禅、床纽。禅、床同浊，而床尤浊。故读禅更浊之，便转于床。故杭州人呼闰月，音如纯月。甬人读闰如运，声转喻纽。盖"余闰"之合声，字训联言也。（《释天》"余闰"条）

"闰"与"润"同属《广韵》稕韵，都读如顺切，但宁波话两字不同音，"闰"读运 [ɦyøŋ²¹³、ɦyŋ²¹³]，"润"读顺 [zʮøŋ²¹³、zøŋ²¹³]，故应氏认为"闰"盖"余闰"之合声。日纽字宁波话多读为泥、禅、床纽，也有一部分读匣纽 [ɦ] 声母的，如戎、冗、茸（参茸）、容、融、荣、扰等。尤其是"闰""月"每连言，"月"是匣纽字读 [ɦyəʔ¹²]，"上下字同化双声"，因此"闰"就读成了 [ɦ] 声母。吴语苏州方言"闰月"的"闰"读 [ɦyøn³¹]（叶祥苓 1993：234），可旁证。要之，"闰"读作"运"是其变音，而不是"余闰"之合声。

汭隩／漕 《说文·水部》："汭，水相入也。从水，从内，会意。"《广韵·十三祭》："汭，水曲。"《诗》假"芮"为之。《大雅·公刘》："芮鞫之即。"笺曰："芮之言内也。水之内曰隩。"然则，芮犹隩也。《说文·阜部》："隩，水隈厓也。"《说文》："隈，水曲隩也。"芮、隩皆水入于内之谓。甬称河流曲入于内为"漕"，读禅纽，市豪切，即"芮隩"联言之合声，方言类聚同义字为词也……《说文》："漕，水转谷也。"往昔舟输粮谷之京称漕运，是其本义。今甬地以"漕"名者，不可胜数，皆其地有河流深入可稽。（《释地》"汭隩"条）

"漕"非"芮隩"之合声，亦非类聚同义字为词。"漕"本指水道运输，引申为可供漕运的河道。宁波话则指一头不通的河汊，多用于地名。作"漕"是。

替頞（挞）／塌 《说文·页部》："頞，鼻茎也。"乌割切。字亦作齃。《释名·释形体》："頞，鞍也，偃折如鞍也。"段玉裁曰："鼻直茎谓之頞。鼻有中断者，蔡泽、诸葛恪之相是也。"鼻頞,或称鼻梁。《素问·气厥论》:"胆移热于脑,则辛頞鼻渊。"鼻病酸辛,固在鼻梁之内。鼻梁左右如坡,故《释名》以鞍喻之。今谓鼻梁中断不起者,谓之"拨鼻头管"。拨即"替頞"之合声。《说文·竝部》:"替,废也。一曰偏下也。"鼻頞中断,故云"偏下"。(《释形体》"替頞坦"条)

"拨鼻头管"之"拨"非"替頞"之合声,自有本字,即"塌"(音塔 [t'ɐʔ⁵⁵])。《集韵·盍韵》:"塌,地下也。托盍切。"引申为塌下的、凹下的,如塌鼻子。汤编本《宁波方言词典》和《阿拉宁波话》均写作"塌鼻头管"(汤珍珠等 1997:307;朱彰年等 2016:43),是。

宁波方言里确实有一些合音词,如"甮"[vəŋ²⁴],"勿用"的合音合义词;"哦"[vɐʔ¹²],"勿啦"的合音合义词;"该"[kiɪʔ⁵⁵],"个一"的合音词,义为这、那;"告"[kɔ⁴⁴],"个(该)貌"的合音词,义为这样、这种,等等。但涉及名词、动词、形容词的合音词其实非常少。《甬言稽诂》在探讨本字的时候,大量采用"合声"来解释,但可信者极少。上节讨论"音转说在考证实践中的积极作用"时,本来也想提一下"合声",遗憾的是很难找到一两条令人信服的例子,只好阙如。

4. 论述了"上下字同化叠韵",但没有顾及"上下字同化双声"。例如:

烂泥 《说文·水部》:"淖,泥也。"奴教切。《仓颉篇》:"淖,深泥也。"字训联言,今呼泥曰"淖泥"。音转为"壤泥"。壤读阳韵,奴亮切。盖淖效韵,肴、阳同入相转,同入于药。淖转漾韵,故音如奴亮切。或曰,泥呼"壤泥",乃"壤泥"之变音。《说文·土部》:"壤,柔土也。"如两切。日组字多转为泥、娘,壤转泥纽,故为奴亮切。壤、泥同土义,故方言类聚言之。或曰,乃"泞泥"之转音。《广雅·释诂三》:"泞,泥也。"《左传·僖十五年》:"晋戎马还泞而止。"杜预注:"泞,泥也。"《广韵》泞乃定、乃挺二切。耕、清转阳,故音变奴亮切。(《释地》"淖壤泞爛"条)

今宁波话泥土(包括湿的和干的)叫"奶泥"(奶文读 [na²¹³]),而不是叫"壤泥"(壤读奴亮切 [n̠iã²¹³])。关于"[na²¹³] 泥"的写法,应氏列了三种说法:"淖泥""壤泥""泞泥",也即认为 [na²¹³] 是"淖""壤"或"泞"之音转。其实,"[na²¹³] 泥"是"烂泥"之音变,《周志锋解说宁波话·"烂泥"不是稀烂的泥》有说(2012:198—201)。"烂泥"的"烂"读 n- 声母的还有崇明(张惠英 1993:72)、上海(许宝华、陶寰 1997:88)、富阳(盛益民、李旭平 2018:87)等地。张惠英(1993:72)认为,"'烂'

音 ɦiɭœ³¹³，和'泥'连读，同化为'烂'ɦinœ³¹³"；盛益民、李旭平（2018：87）认为，"烂泥"的"烂"读 n- 声母，"大概是受'泥'声母的逆同化所致"。以上几位先生解释"烂"音变原因非常正确。

来年 来为半舌音，江永谓为泥之余，故来纽易转为泥母。甬语来年呼若"耐年"，职此故耳。犹日为半齿音，为禅之余，并江永说。日纽字往往转为禅纽。如人、日、芮皆日纽，甬读人如纯，读日如十，读芮如瑞，皆其证。（《释天》"来"条）

宁波话明年叫"[ne²⁴] 年"，汤编《宁波方言词典》写作"念年"（念下加小圆圈。汤珍珠等 1997：123），《阿拉宁波话》也写作"念年"（朱彰年等 2016：16）。应氏谓本作"来年"，是；用"来为半舌音，江永谓为泥之余，故来纽易转为泥母"来解释，也有一定道理。盛益民、马俊铭（2020：126）认为，"'来'读鼻音声母，也可能是受了'年'的声母逆同化"。我们赞同这一说法。

宁波话方言上下字同化双声的例子还可以举出一些，下字随上字音变的，如"厉害"读作 [li²¹³ le²¹³]，"泥螺"又读作 [n̬i²⁴ nəu²⁴]，"铜钱"读作 [doŋ²⁴ di²⁴]（陈训正、马瀛 1951：2731；盛益民、李旭平 2018：88），"调泰"（有空闲，不忙）读作 [dio²⁴ da²¹³]，"同年"（同岁）北仑东部又读作 [doŋ²⁴ di²⁴]；上字随下字音变的，如"芋艿"读作 [n̩²¹³na²¹³]（盛益民、李旭平 2018：82—83），"闰月"读作 [ɦyəŋ²¹³ ɦyəʔ¹²] 等。

5. 由于历史原因，对于小称音变，未能做出合理解释。例如：

鸭 《说文·鸟部新附》："鸭，鹜也。俗谓之鸭。"字从甲声。甲，见纽……牙、喉声转，鸭字音又为乌甲切，狎韵。狎为衔入，长言转上声，如黯。於槛切。甬呼鸭为黯。然其卵则曰"鸭蛋"，鸭读入声如字，不云黯也。（《释禽兽》"鸭"条）

猫 《礼记·郊特牲》："迎猫，为其食田鼠也。"《玉篇·犬部》："猫，眉骄切。食鼠也。或作猫。"甬呼猫或如茅，宵、肴、豪相转也……猫，宵韵，古音为宵类。宵、谈对转，音变如蛮。甬呼猫多为蛮，惟饲猫"猫饭"及猫矢曰"猫污"，音屑。猫皆呼茅，不作蛮声。（《释禽兽》"猫"条）

娃 《方言》十二："矗、律，始也。"章炳麟《新方言·释言》："今通谓小儿为小矗子。吴越之间谓小儿为小律子。俗或作娃，作㮚，皆无义。凡儿始生，即以训始之义名之。"……愚意矗者，么之假借……么又孳乳为幼……然则今小儿为"娃"，正幼之音变……娃转删韵，音变为弯。今称小儿音如"弯"。慈溪及苏沪赅男女言之，鄞则专呼男孩矣。或曰，小儿呼为"弯"，即"幼"之音变。鄞呼男孩为"弯"，即"幼男"合声之变。（《释亲》"幺毊"条）

    伯   《说文·人部》："伯，长也。"伯，陌韵，古音为鱼类。鱼、阳对转，音变博阳切，如俗音河浜之浜。今甬人呼伯父曰"伯伯"。音转平声，正如浜。（《释亲》"伯"条）

    叔   《白虎通·姓名》："叔者，少也。"伯叔之叔，本少之假借。少、叔审纽双声。又古音少为宵类，叔为幽类，宵、幽声近，故相通假。父弟为叔父，甬人简呼为"阿叔"。叔音或转为"崧"。盖叔幽类，幽、东同入相转，同入于屋。叔转东韵，故如"崧"。（《释亲》"叔"条）

徐通锵（1985）《宁波方言的"鸭"[ɛ] 类词和"儿化"的残迹——从残存现象看语言的发展》一文认为，"宁波话在历史上也曾经有过一个儿化的时期"。宁波话的"儿"今天念 [ŋ]，在念 [ŋ] 之前还有一个念 [ɳ] 的时期。鸭读鱑 [ɛ]、猫读蛮 [mɛ]、娃读弯 [uɛ]、绢帕（手帕）的帕读攀 [p'ɛ]、伯读浜 [pã]、叔读崧 [soŋ]，均是儿化音残留。徐通锵先生这篇文章发表于 1985 年，此前从专家到普通老百姓都认为鸭的两个读音押 [aʔ] 与鱑 [ɛ] 是文白异读关系，没人发现鸭读鱑 [ɛ] 是儿化音残留（其他类推），因此在这一点上我们不能苛求应钟先生。

参考文献

陈训正. 甬谚名谓籀记（附甬句方言脞记）. 杭州：浙江省立图书馆印行所，1936.

陈训正，马瀛. 鄞县通志. 宁波：鄞县通志馆刊印，1951.

蒋礼鸿. 义府续貂. 北京：中华书局，1981.

蒋礼鸿. 敦煌变文字义通释（第四次增订本）. 上海：上海古籍出版社，1988.

李荣. 我国东南各省方言梗摄字的元音. 方言，1996（1）.

任央君. 慈溪方言. 宁波：宁波出版社，2020.

阮咏梅. 温岭方言研究. 北京：中国社会科学出版社，2013.

盛益民，李旭平. 富阳方言研究. 上海：复旦大学出版社，2018.

盛益民，马俊铭. 老派宁波方言同音字汇——基于《宁波方言词典》的字音汇编与校释 // 东方语言学：第二十辑. 上海：上海教育出版社，2020.

施长海. 余姚方言词语汇释. 宁波：宁波出版社，2019.

石汝杰，宫田一郎．明清吴语词典．上海：上海辞书出版社，2005．

汤珍珠，陈忠敏，吴新贤．宁波方言词典．南京：江苏教育出版社，1997．

吴庆峰．论"异平同入"．齐鲁学刊，1989（2）．

徐通锵．宁波方言的"鸭"[ɛ] 类词和"儿化"的残迹——从残存现象看语言的发展．中国语文，1985（3）．

许宝华，宫田一郎．汉语方言大词典（修订本）．北京：中华书局，2020．

许宝华，陶寰．上海方言词典．南京：江苏教育出版社，1997．

叶祥苓．苏州方言词典．南京：江苏教育出版社，1993．

张惠英．崇明方言词典．南京：江苏教育出版社，1993．

周志锋．周志锋解说宁波话．北京：语文出版社，2012．

周志锋，郑晓芳．宁波、舟山方言洗涤义"丈"本字为"净"说．宁波大学学报，2021（5）．

朱彰年等原著；周志锋，汪维辉修订．阿拉宁波话（修订版）．宁波：宁波出版社，2016．

《汉语方言大词典》引用《甬言稽诂》疏失考①

【摘　要】　《汉语方言大词典》引用《甬言稽诂》1400多条，既丰富了《汉语方言大词典》的内容，也扩大了《甬言稽诂》的社会影响。但在征引过程中，也存在一些问题。为了还原方言本真，避免以讹传讹，有必要进行辨析。文章分"理解原书不准确造成的疏失""原书表述不清晰造成的疏失""引用原书文字方面的问题""原书明显有误而照搬照录"等四方面进行探讨。

【关键词】　《汉语方言大词典》；《甬言稽诂》；引用；疏失

许宝华、宫田一郎两位先生主编的《汉语方言大词典》是我国古今汉语方言资料的大集成、大汇编。词典附录《本词典引用古今语言文字类文献目录》"说明"第一条说："本目录收录《汉语方言大词典》所引用的古今语言文字类的文献，主要是有关汉语方言词汇的研究专著、辞书和论文，其中有一部分是未刊稿，共1200多部（篇）。"有关宁波方言的，就大量引用了未刊稿《甬言稽诂》。

《甬言稽诂》是近人应钟先生②（1907—1969）撰写的一部考证宁波方言词语的著作，手稿本，藏于宁波天一阁博物馆。据笔者手工统计，《汉语方言大词典》引用《甬言稽诂》语料总数达1400多条。《甬言稽诂》大大丰富了《汉语方言大词典》的内容，而由于被《汉语方言大词典》大量征引，也扩大了《甬言稽诂》的社会影响。两者可谓相辅相成，相得益彰。

《甬言稽诂》记录的是20世纪60年代之前的宁波方言，用文言写成，广引群书，详为考证，并大量采用了"音转""合声"等说法，结论或是或非。这些特点决定了《甬言稽诂》与其他方言文献不同，征引起来有一定难度。《汉语方言大词典》引用《甬言稽诂》，大部分是做得好的，但也存在着一些问题。由于《汉语方言大词典》影响大，

---

① 本文系国家社科基金项目"《甬言稽诂》校注及研究"（19BYY160）的阶段性成果之一。原载《宁波大学学报》（人文科学版）2023年第3期。
② 关于应钟先生的生平以及《甬言稽诂》的总体情况，笔者《应钟和他的〈甬言稽诂〉》一文已有论述，见《浙江大学学报》（人文社会科学版）2021年第6期。

受众广，为了还原方言本真，避免以讹传讹，特就其引用疏失择要进行分析与考辨，拟分"理解原书不准确造成的疏失""原书表述不清晰造成的疏失""引用原书文字方面的问题""原书明显有误而照搬照录"等四部分展开讨论。

一、理解原书不准确造成的疏失

编纂者对《甬言稽诂》原文理解不准确，或对宁波方言不熟悉，导致征引时义项归纳不够科学，引文取舍不够合理。具体又有以下几种情况。

1. 有的释义与原书不符。例如：

【上桚】〈动〉坐牢；入狱。吴语。浙江宁波。应钟《甬言稽诂·释语》："《说文·木部》：'桚，槛也。以藏虎兕。'槛者栊也。实词虚用，移言囚禁，亦曰桚。今失行而受制于人，俗呼～。"（一/289）（引文据《汉语方言大词典》修订本，斜杠前指卷数，斜杠后指页码，下同。《汉语方言大词典》有时简称《汉方》，《甬言稽诂》有时简称《稽诂》）

"囚禁"是解释"桚"，"失行而受制于人"才是解释"上桚"。所以把"上桚"释作"坐牢；入狱"，误。《汉方》"落桚"条："〈动〉因做了不该做的事而受到人家的管制。吴语。浙江宁波。应钟《甬言稽诂·释语》：'《说文·木部》："桚，槛也。以藏虎兕。"槛者，栊也。实词虚用，移言囚禁，亦曰桚。今失行而受制于人，俗呼～。桚，音如侵轧之轧。'"（八/5182）据应钟《释语》"桚"条："桚……音变为俗字侵轧之轧。共甲切。今失行而受制于人，俗呼上桚，或呼落桚。"《汉方》对"落桚"的解释近是。"桚"一般写作"轧"，今宁波话不说"上轧"，只说"落轧"。《阿拉宁波话》（修订版，下同）"落轧"条："言行不慎被人抓住把柄：闲话讲～嘞｜俗语：牛怕上轭，人怕～。"（199）可参。

【头脑】③〈名〉工头。吴语。浙江宁波。应钟《甬言稽诂·释亲》："甬称男佣执劳役者为～。"（二/1300）

《释亲》"僮奴"条："甬称男佣执劳役者为'头脑'，实即'僮奴'字。……浅人或为之说曰：'头脑'乃魁首之意，犹队伍之头目也，尊尚之称。何其谬欤！……然畴昔士绅之家，所佣一二男仆，本称头脑，其何魁率之有？"应氏谓"头脑"乃"僮奴"之音转，恐不确；但对"头脑"的训释是明确的，即"男佣执劳役者"，也即"男佣"，而非"工头"。

【和坌】①〈代〉全部。吴语。浙江宁波。应钟《甬言稽诂·释语》："甬俗称事物之全体曰和，如全列曰～。"（五/2982）

《释语》"完"条："甬俗称事物之全体曰'和'。如全家曰'和家',全般曰'和盘',全列曰'和坒',曰'和排',全数曰'和众'。"原文明确说"全列曰'和坒',曰'和排'","和坒"同"和排",是全列、整排的意思(坒音避,量词,排;列;层)。释为"全部",不确。

【挈斤两】 〈动〉弄清是非和善恶。吴语。浙江宁波。应钟《甬言稽诂·释言》："《说文·言部》:'诘,问也。'去吉切。凡穷究其是非淑慝,俗皆谓之诘,或云～。"(七/3984)

关键部分没有引出来。《释言》"诘"条："凡穷究其是非淑慝,俗皆谓之'诘'。如讯问行踪可疑之来历曰'诘',考询人之学艺深浅亦曰'诘'。俗称'诘'者,或云'挈斤两'……盖诘与挈双声,甬俗称悬持为'挈','挈斤两'者,意谓手持戥戤以衡量之也。""挈斤两"即"手持戥戤以衡量之",而非"穷究其是非淑慝"。汤编本《宁波方言词典》"挈斤两"条："估量人的才能、学识、水平等。"(360页)释义是。"挈斤两"又说"挈分量"。

【装】 ⑩〈动〉具有;齐备。吴语。浙江宁波。应钟《甬言稽诂·释语》："甬俗称具备以俟,呼如～。"(九/5519)

《稽诂》说"具备以俟"叫"装",没有说"具备"叫"装",《汉方》理解有误。《阿拉宁波话》"装"条："准备(钱、物):想买屋,钞票先～好 | 野营去个家生搭侬～好的嗄。"(200页)可参。

【鼻头管】 〈名〉鼻孔。吴语……浙江宁波。应钟《甬言稽诂·释形体》："甬……呼鼻为'～'。"(九/5991)

《释形体》"涕洟"条："甬称鼻涕曰'鼻头',而呼鼻为'鼻头管',谓鼻涕所出之管也。鼻音转入如孛。"应氏明确说"呼鼻为'鼻头管'",宁波话"鼻(音孛)头管"就是鼻子,而不是鼻孔。上海、苏州话等"鼻头管"确实指鼻孔,如《海上花列传》第二十六回："幸亏生两个鼻头管,勿然要气煞哉!"《汉方》把两者混同了。

【樱】 吴语。浙江宁波。③〈象声〉关闭声。应钟《甬言稽诂·释宫》："《说文·门部》:'阒,门声也。''阒'转阳韵,音如樱桃之～。今谓门之启闭作声呼如～。"(十/6095)

象声词"樱"是模拟开门、关门的声音,而不仅仅是"关闭声",也不能泛指其他的"关闭声"。

2. 有的释义不够精准恰当。例如:

【火萤团】 〈名〉萤火。吴语。浙江宁波。应钟《甬言稽诂·释器》："甬俗称

萤火为～。”（二 /809）

《汉方》照录《稽诂》，虽然不误，但费解。“萤火”一词《现代汉语词典》（第7 版）不收，《现代汉语规范词典》（第 3 版）收了，有两个义项：①萤火虫发出的光。②比喻微弱的光亮。“火萤团”显然不是这两个意思，而是指萤火虫。“萤火”古今都可指萤火虫，见《汉语大词典》及《汉方》“萤火”条。又《汉方》“火婴团”条：“〈名〉萤火虫。吴语。浙江宁波。应钟《甬言稽诂·释鱼虫》：‘甬俗称飞萤为火萤炮，音如～。’”（二 /809）“火萤团”同“火婴团”，正字即为“火萤头”（“头”为后缀）。

【吐】　①〈动〉嘱托。吴语。浙江宁波。应钟《甬言稽诂·释言》：“《说文》：‘属，连也。’之欲切。今以事请托于人而不时频续相语者，谓之～。”（五 /2944）

这个词不是指嘱托，而是指软磨。《阿拉宁波话》写作“拄”，义项②释为：“指软磨：～功好｜其想调工作，长日领导后屁股～该。”（148 页）可参。

【该岸】　〈代〉河那边。吴语。浙江宁波。应钟《甬言稽诂·释词》：“彼岸曰～。”（五 /3250）

释义大误。“该”，远指代词，那；“岸”，表处所，相当于处、里、面。《稽诂·释地》“浔湄厓边”条：“甬呼彼方曰‘该岸’，此方曰‘唐岸’。”《阿拉宁波话》“该面”条：“那里；那边：～啥事体啦，人蓬带拢介多？也说‘该头’‘该厢’‘该边’‘该岸’。”（39 页）

【𡎺鱼】　〈名〉一种与鲌鱼相似的海鱼。吴语。浙江宁波。应钟《甬言稽诂·释鱼虫》：“海鱼有[①]与鲌鱼形味俱相类者，甬名～。”（六 /3953）

释义不够具体。《稽诂》“甬名‘𡎺鱼’”后面还有一句：“外地人曰‘鯏鱼’。”宁波话叫“𡎺鱼”的，就是“鯏鱼”。

【配办】　〈动〉见义勇为。吴语。浙江宁波。应钟《甬言稽诂·释语》：“甬俗于任气有所决为，愿备若干财物，不惜消损，以为之[②]者，谓之～。”（七 /4016）

释义不确。《阿拉宁波话》“配办”条：“拼着；豁出去：我～屋爿卖掉，小人毛病也要看其好｜俗语：～一个头，皇帝老官打其跑。《鄞县通志》：‘甬称不顾一切而为之曰～。’也说‘抵配’：《邻女语》第七回：‘抵配一死，顿时放开脚步。’”（202 页）可参。

【套】　⑦〈动〉环绕。吴语。浙江宁波。应钟《甬言稽诂·释语》：“凡包藏之

---

① “有”，原作“中”，误，径改。
② “之”，原作“人”，误，径改。

者，必环绕其物，故引申环绕亦曰韬，俗亦作～。环绕而行，俗称'～过去'，'～转来'。"（七／4091）

"套"不是"环绕"，而是"环绕而行"，走路绕圈子。《阿拉宁波话》"套"条："绕；走迂回而较远的路：～了一个圈子｜路走错嘞，～来～去～了半日。"（162页）

【趓】　〈动〉奔；行动快速。吴语。浙江宁波。应钟《甬言稽诂·释动作》："《说文·兔部》：'毚，疾也。芳遇切。'音赴。《玉篇》：'毚，急疾也，今作赴。'又：'～，孚务切，疾也。'今状行动之急疾者曰～。如突跃而前，曰～窜过去。"（九／5913）

"今状行动之急疾者曰趓"，"状"字不能忽略。"趓窜过去"之"趓"，其实不是动词，当是拟声状形词。《甬言稽诂·释禽兽》"翥"条："甬语状鸟飞曰'妒飞去'，亦曰'度飞去'。""妒""度"也是拟声状形词，可比勘。又，"芳遇切"不当阑入引号内，《说文》本无反切。"今作赴"当作"今作趓"。"今状行动之急疾者曰～。如突跃而前，曰～窜过去"，两"～"原文作"毚"。本条见《释动作》"毚趓"条，应氏以"毚"为正字，当以"毚"字出条。

3. 有的词性搞错了。例如：

【茜枕】　〈名〉用草或芦絮做芯的枕头。吴语。浙江宁波。应钟《甬言稽诂·释器》："甬俗以草或芦絮实布囊中为枕，谓之～。"（六／3383）

"茜枕"是动词，不是名词。《释器》"茜"条："《说文·艸部》：'茜，以草补阙。从艸，丙声。读若陕。'钱坫《斠诠》曰：'今俗语以物填塞之曰茜，声如霎。'钟案：甬俗以草或芦絮实布囊中为枕，谓之'茜枕'。褚棉入衣，或亦呼为'茜'，音正如陕。实枕褚衣，皆补阙义之引申。"今谓"茜"本字实为"絮"（宁波话音细），义为在衣服、被褥等里面铺棉花、丝绵等（褚也指用丝绵装衣服）。"茜枕"即"絮枕头"，塞枕头心子。此外还有"絮被头""絮棉袄"等说法。

【落舍货】　〈名〉偷来的或私没的钱物。吴语。浙江宁波。应钟《甬言稽诂·释语》："工匠干没雇主材料，甬俗呼为～。舍货者，谓私邪之财也。货，财也。落者，略之音变。《方言》二：略，强取也。"（八／5189）

词性有误，当是动词。《阿拉宁波话》写作"落沙货"，释为："趁机私下克扣钱物：货款阿里去啦？吤数拨其～的嘞！"（324页）

【答】　④〈名〉家禽家畜的食物。㊀吴语。浙江宁波。应钟《甬言稽诂·释禽兽》："鸡、鸽食呼如～。"（九／5404）

《释禽兽》"唼嗻"条："鸡、鸽食呼如'答'，乃'啄'之音变。"此"答"是动词，义为禽类用嘴啄取食物。《广韵·觉韵》："啄，鸟啄也。竹角切。又丁木切。""答"音来自"啄"的丁木切。

【缠话】〈动〉指好跟人争辩。吴语。浙江宁波。应钟《甬言稽诂·释言》："靳者，固执己意，不受人言，故与人言相枝格……故与人言相枝格曰~。"（九/5874）

此出《释言》"嬉"条。"嬉"之上一条"詰竞"条："强语者，强词夺理以为语，今谓'讲缠话'是也。""缠话"不是动词（"讲缠话"才是动词），而是名词，又写作"忮话"。《阿拉宁波话》"忮话"条："忮音技。跟人作对又没有道理的话。"（52页）又"讲忮话"条："讲与别人观点相反又没有道理的话：该人欢喜~，莫去听其。"（318页）可参。

【鞋荂驰】〈形〉痴呆。吴语。浙江宁波。应钟《甬言稽诂·释流品》："……甬称痴骏不慧者音如'~'，即'頟誖胥'之转音耳。"（十/6102）

"鞋荂驰"或写作"鞋蒲荠"，是名词。《阿拉宁波话》"鞋蒲荠"条："低能儿；痴傻的人。"（29页）另外，"鞋荂驰"本字不明，但不是"頟誖胥"之转音。

【譩】〈名〉行为；举动。吴语。浙江宁波。应钟《甬言稽诂·释行事》："甬语称作为曰以，音转如譩。"（十6256）

音如譩的这个词是个泛义动词，相当于"弄"，而不是名词。字也作"伊"。《型世言》第二十七回："我叫你不要做这事，如今咱伊？""咱伊"犹"咋伊"，即怎么办。

4.有的把非宁波话当作宁波话了。例如：

【引线】〈名〉缝衣针。吴语。上海……上海松江、崇明……江苏苏州……江苏太仓……浙江宁波。应钟《甬言稽诂·释器》："以器之功用为名，犹呼缝衣之针为~。"（二/844）

《释器》"挑"条："今称羹汤之匙曰'调羹'，即'挑羹'也，以器之功用为名。犹呼缝衣之针为'引线'，苏沪语。缝纫之揸为'抵针'，绍兴谓之"针箍儿"。词例皆同。"应氏说得很明白，呼缝衣之针为引线，是"苏沪语"，《汉方》误认为宁波话了。缝衣针宁波话不叫"引线"，而叫"縄被针"（縄音影）。

【痦子】〈名〉痱子。吴语。江苏江阴。浙江宁波。应钟《甬言稽诂·释疾病》："甬人……称痱子为~。"（九/5816）

《释疾病》"痱癗"条实作："甬人业于沪者多，或效沪语，称痱子为'痦子'。痦读如倍。""称痱子为'痦子'"是上海话，不是宁波话。

二、原书表述不清晰造成的疏失

《稽诂》是用文言写的，又是考证性的，不可能通俗易懂；作者主张方言"多本雅训"，往往把口语词去对应古语词，又增加了理解的难度；至于原书解释不当、文字错讹则更会引起费解、误解。这些因素致使《汉方》引用时多有失误。

1. 因原书说解不够具体明白导致的差错。例如：

【芋艿翁仲】 〈名〉跳加官。吴语。浙江宁波。应钟《甬言稽诂·释鱼虫》："优伶跳加官，戴面具，步履柔曲多姿，鄞俗呼～。"（三 /1433）

《释鱼虫》"柔桄"条原文作："优伶跳加官，戴面具，步履柔曲多姿，鄞俗亦呼'芋艿蓊虫'。其正字当为'柔桄翁仲'。"根据"百度汉语"，"跳加官"指旧时戏曲开场或在演出中遇显贵到场时，加演的舞蹈节目，由一个演员戴假面具，穿红袍、皂靴，手里拿着"天官赐福"等字样的布幅向台下展示，表示庆贺。细玩应钟原文，"芋艿蓊虫"当指跳加官的人，而不是指跳加官这种舞蹈。

【乔话】 〈动〉假意称赞别人。吴语。浙江宁波。应钟《甬言稽诂·释言》[①]："甬俗谓诈伪誉人为～。"（三 /1767）

"乔话"是名词，不是动词。《释言》"矫"条："《汉书·严安传》：'杀人以矫夺。'师古注：'矫，伪也。'矫，居天切，见清转群浊，音变俗字作乔……甬俗谓诈伪誉人为'乔话'。乔，小韵，宵肴豪相转，音闳则转皓韵，声如造……甬俗又称诈伪之言为'造话'。"应氏认为"造话"乃"乔话"之音变，则两者都是名词谎话的意思。汤编本《宁波方言词典》"乔话"条释为"虚伪的捧人的话"（113 页），是；《汉方》"造话"条义项①："〈名〉谎话。吴语……浙江宁波。应钟《甬言稽诂·释言》：'甬俗称诈伪之言为～。'"（七 /4277）亦是。

【昏】 〈动〉因急食而噎着。吴语。浙江宁波。应钟《甬言稽诂·释动作》："甬俗叱人就食，呼为～，谓食塞其口[②]咽也。盖讥其贪馋，悍急于食之状。"（四 /2474）【裁】 ①〈动〉叱喝着令人吃。吴语。浙江宁波。应钟《甬言稽诂·释动作》："《说文·食部》：'飤，粮也。'字亦作饲。……甬俗叱人就食，呼如～。谓以畜类之饲名之，贱之也。"（八 /5200）【裁头昏脚】 〈熟〉骂人贪食，像家畜那样，嘴里塞满浊秽的食物。吴语。浙江宁波。应钟《甬言稽诂·释地》："叱人为昏脚者，

---

① 此处原有"卷五"二字，按体例径删。
② "口"字原无，据原文补。

或曼衍其词曰～……"（八 /5201）

　　应氏所谓"叱人就食"，就是叱骂人吃东西。宁波话里，"昏"（音刮。《说文》："昏，塞口也。"）、"裁"都是"吃"的贬称，"吃"的粗俗说法，"裁头昏脚"则是形容贪吃、猛吃的样子，也含贬义。应氏原文花了很多笔墨探讨"昏""裁""头""脚"的本字，为了自圆其说，又加上了很多内容，大多不可从。《汉方》没有弄清楚这些方言词的确切意思，勉强作解，亦不确。此外，《汉方》还据《稽诂》收有"昏脚""裁逗淬"两个词条（今宁波话均不说），前者释为"因贪馋而嘴里塞满了东西"（四 /2474），后者释为"叱喝着令人吃粗劣的食物"（八 /5200），释义存在同样的毛病。

　　【侏赞赞】　〈名〉身材矮小的人。吴语。浙江宁波。应钟《甬言稽诂·释形体》："甬呼短者曰侏，亦曰～。"（五 /3005）

　　民国《定海县志》："俗凡草木及头发等短者皆谓之侏。""侏"，短。"侏赞赞"，形容短的样子。"侏赞赞"是形容词，不是指称人的名词。

　　【漕】　③〈动〉河流弯向里面。吴语。浙江宁波。应钟《甬言稽诂·释地①》："甬称河流曲入于内为～。"（九 /6037）【漕注】〈名〉支流。吴语。浙江宁波。应钟《甬言稽诂·释地》："河流枝歧入内，俗又呼～。'注'是'枝'之转。"（九 /6037）

　　"漕"是名词，不是动词。"漕"本指水道运输，引申为可供漕运的河道。宁波话则指一头不通的河汊，多用于地名。"漕注"正字当作"漕嘴"，义为一头不通的河汊子，释为"支流"不够准确。又，"漕注"条引文与原文出入很大。

　　【骤时里】　〈动〉事情突然地发生。吴语。浙江宁波。应钟《甬言稽诂·释行事》："今称事起暴猝者曰～。"（十 /6438）

　　"骤时里"不是动词，而是副词。一般写作"趌时里"。《阿拉宁波话》"趌时里"条："趌音石。一时；一下子：介多债，～还勿出个｜～起风嗥。《广韵·洽韵》：'趌，行疾也。士洽切。'也说'趌时'。"（289 页）可参。

　　【癞撷小娘】　〈动〉嘴角肿裂而微痛。吴语。浙江宁波。应钟《甬言稽诂·释疾病》："甬俗称唇角肿裂而微痛者，呼若'～'。'癞'者，列之转音。《说文·刀部》：'列，分解也。'"（十 /6474）

　　"癞撷小娘"不是动词，是名词。汤珍珠等编《宁波方言词典》"嘴角疮"条："＝〖癞嘴小娘〗嘴角肿裂，旧时有人用洗净的碗脚上的水抹嘴角，据说可以治好嘴角疮。"

---

① "·释地"原无，据引书体例补。

（8页）

2.因原书解释不当、附会古训导致的差错。例如：

【老汤】 ③〈形〉对别人的才干或家境表示轻视之意。吴语。浙江宁波。应钟《甬言稽诂·释流品》："甬俗鄙夷人之才器、家道无足称羡者曰~。"（三/1447）

《阿拉宁波话》"老口"条："①不多：兴趣~｜花头~｜今年是小年，杨梅生勒~个。②不好：味道~。《鄞县通志》：'甬称不多或不好曰~。案古口法以六十五岁以上为老口，盖谓其来日无多且精力衰颓也，故以为喻。'也说'老汤'。"（224页）宁波话"老汤"有不多、不好义，不限于才干、家境等。应氏表述不完备，词典照录，致使有违方言原意。

【杀婆】 吴语。浙江宁波。③〈形〉极大。应钟《甬言稽诂·释语》："甬称事物之壮甚，呼若~，即肆伴之变音。《小尔雅·广言》：'肆，极也。'《说文·人部》：'伴，大皃。'肆伴，犹云极大也。"（三/1861）

《汉方》本条文字实为糅合《稽诂》"肆""伴昆"两条相关内容而成。"杀婆"不是"极大"义。应氏本训"称事物之壮甚"，所谓"犹云极大也"，是探讨词源（探源不一定准确）。《阿拉宁波话》"煞格"条："①厉害；数量多，程度深：开会整顿考风，校长闲话讲勒交关~｜该碗饭~猛｜煞煞格格打其一顿。②过瘾：舱蟹过饭顶~。也说'煞缚'（缚音婆去声）。"（250页）应氏表述不够清楚，词典承袭而误。

【杀寇】 〈形〉很大；极盛。吴语。浙江宁波。应钟《甬言稽诂·释语》："《方言》一：'凡物盛多谓之寇。'盛多犹甚也。甬俗称事态之甚盛者曰~。如天雨甚曰雨~落，狗狂吠曰狗~叫。杀即肆之入声。肆，极也。肆寇犹极盛也。"（三/1861）

"杀寇"不是形容词，而是程度副词。《阿拉宁波话》写作"煞扣"，解释说："拼命；竭尽全力地：~哭｜~吃｜~赚钞票。"（295页）"雨杀寇落""狗杀寇叫"的"杀寇"，用"很大；极盛"解释不通，用"拼命；竭尽全力地"释之则可通。

【嚆不晓】 〈动〉相问而不知所答。吴语。浙江宁波。应钟《甬言稽诂·释流品》："《广雅·释言》：'嚆，諫也。'《方言》第十：'諫，不知也。沅澧之间，凡相问而不知①答曰諫。'……痴騃之人，凡相问而不知所答者，甬俗谓之~。"（六/3578）

释义不确。"嚆不晓"指"痴騃之人"。或写作"朝白笑"。《阿拉宁波话》"朝白笑"条："傻瓜；白痴：装~。"（28页）

---

①"知"后原有逗号，误，径删。

【楦】　②〈动〉伸脚碰到了人。吴语。浙江宁波。应钟《甬言稽诂·释动作》："甬俗称伸足触及于人呼如～。"（九/5583）

《稽诂》认为"楦"是"伸"的音变（其实不是），故释义时突出"伸"。宁波话里该词不是这个意思。《阿拉宁波话》写作"扚"："音鞋楦之楦。①用脚踢：扚其一脚｜小人眠相坏猛，被头老老要扚掉。②用拳打：莫引犯其，当心一拳扚过来。《广韵·霰韵》：'扚，击也。许县切。'也作'揎'：《冷眼观》第四回：'当下不顾礼法，一脚揎开房门。'"（162 页）可参。方言自造字又作"㨄"，《汉方》"㨄"条："〈动〉打。吴语。上海 [ɕy⁴⁴] ～伊一记耳光。浙江宁波：我～了他一脚。"（十/5922）

【跻邹】　〈形〉（小孩）烦闷懊恼。吴语。浙江宁波。应钟《甬言稽诂·释情志》："《方言》'南楚饮毒药懑，谓之氐惆'郭璞注：'氐惆，犹懊憹也。'懊憹谓胸中烦愤，不可名状，以是躁扰①不宁也。戴震曰：'俗谓小儿烦懑懊恼，声如跻遭，即氐惆之转也。'甬语读跻遭声如～，当地方言也②。"（九/5715）

《稽诂》在戴震说的基础上，认为宁波话的"跻邹"就是"跻遭"。但宁波话"跻邹"不是"小儿烦懑懊恼"的意思，而是义同"百债"。《阿拉宁波话》"百债"条"①纠缠不休，惹人厌烦：好好叫自家嬲和，莫来～｜该小鬼一晌要买该样，一晌要买该样，真真拨其～煞。②形容词。爱纠缠；烦人：介～老姝吭没看张过。也说'叽奏'。"（198 页）可参。

3. 因原书训释文字有疑义导致的差错。例如：

【打暴】　②〈名〉大风。吴语。浙江宁波。应钟《甬言稽诂·释天》："甬俗称大风曰～。"（二/911）

《释天》"暴"条："《尔雅·释天》：'日出而风为暴。'《诗·邶风·终风》：'终风且暴。'传曰：'暴，疾也。'疏引孙炎曰：'阴云不兴，而大风暴起。'钟案：孙说融合两说而为一……后人遂因袭孙说，用暴为大风名矣。暴，并纽，浊音转清，并转帮纽，音变为报。甬俗称大风曰'打暴'，暴音如报。""暴"为大风名，"打暴"则是动词，刮大风。《阿拉宁波话》"暴"条："音报。猛然而至的大风：打～｜乌风猛～。"（3 页）应氏"甬俗称大风曰'打暴'"，"大风"前疑脱"刮"字。

【亚脸】　〈形〉厚颜无耻。吴语。浙江宁波。应钟《甬言稽诂·释形体》："鄞称人亏德可耻曰～。《说文·亚部》：'亚，丑也。'～，谓颜面之丑也。"（三

---

① "扰"，原作"忧"，误，径改。
② 原文无"当地方言也"一句。

/1522）

　　"亏德可耻曰亚脸"，宁波话无此说法，而说成"亚脸孃其"（不要脸）。因此颇疑"亚脸"下脱"孃其"两字。"亚脸"，一般写作"丫脸"，今为面孔的贬称。应氏表述模糊不清，词典承袭而误。

三、引用原书文字方面的问题

　　《稽诂》在考证时往往会涉及古字、音转字、俗音字等，这给《汉语方言大词典》编纂者确定词目用字带来了困难；考证文字一般比较长，征引时作些省缩甚至调整都是可以的，但如果是改写，就不属于直接引用了；文字、标点的差错也会影响传达作者原意。下面分别举例说明。

　　1.词目用字选择不当。例如：

　　【罃】　③〈动〉把线或绳索缠绕在器物上。吴语。浙江宁波。应钟《甬言稽诂·释衣》："《通俗文》云：'收绩为縈。'……今甬语收引线索络绕于器谓之縈，呼如～。"（八／4787）

　　当以"縈"出条，"縈"即本字。《释衣》"縈"条还引有："《说文·糸部》：'縈，收䍔也。'於营切……段玉裁曰：'收卷长绳，重叠如环，是为縈。'"可证。又，《汉方》"縈"条："①〈动〉把纱、线、绳子等收卷起来或绕成团儿。㊀吴语。浙江宁波 [in⁵³]。"（八／4618）以"縈"为词目，是；释义也优于前者；且有准确注音。《汉方》可删"罃"条义项③，把《稽诂》材料移置于"縈"条下。

　　【犁镶朴】　〈名〉眼镜蛇。吴语。浙江宁波。应钟《甬言稽诂·释鱼虫》："甬名毒蛇多云蝮，称眼镜为犁镶蝮。因该毒蛇头部能变形，或如圆柱，或扁薄如犁镶，故名。蝮皆呼如朴，故俗称眼镜蛇为～。"（八／4822）

　　《释鱼虫》"蝮"条："甬名毒蛇多云蝮，如'犁镶蝮'、即眼镜蛇，头部能变形，或如圆柱，或扁薄如犁镶，故名。'狗屎蝮'、形灰黑，蟠屈时乍视有如狗屎。'黑炭蝮'。色黑如焦炭。蝮皆呼如朴，犹古音之遗。"比较可知，文字差异很大，有漏字的（"眼镜"当作"眼镜蛇"），有增字的，有调整或添加句子的。其实可用"犁镶蝮"出条，释文据原文省缩即可："甬名毒蛇多云蝮，如～，即眼镜蛇，头部能变形，或如圆柱，或扁薄如犁镶，故名……蝮皆呼如朴，犹古音之遗。"

　　【趣头】　〈名〉猪鼻子。吴语。浙江宁波。应钟《甬言稽诂·释食》："《广韵》：'嫐，豕求食也。'音转为趣。豕嫐地求食则以鼻，故市肆售豕肉者名其鼻为～。"（十

/6111）

《释食》"豛"条："《玉篇·豕部》：'豛……豕豛地。'《广韵·廿三问》：'豛，豕求食也。'音居运切，即鞁音也……入溪纽，则为趣。丘运切。'豕豛地'，所以'求食'也，义实相通。其豛地求食则以鼻，故市肆售豕肉者名其鼻为'豛头'，豛音正读如趣。"《说文·走部》："趣，走意。"《集韵·焮韵》："趣，走也。丘运切。""趣"是注音字，本字为"豛"。应氏说"名其鼻为豛头"，编者改为"名其鼻为趣头"，不妥，当以"豛头"出条。

2. 对原文改动太大。例如：

【利市】　〈名〉猪头。吴语。浙江宁波。应钟《甬言稽诂·释天》："本称祭肉之豕首为～。后，虽非祭肉，也泛称豕首为～。"（四/2361）

《释天》"互"条："'利市'本称祭肉之豕首，后泛称豕首为'利市'，虽非祭肉亦名之矣。"引文与原文的文字及次序相差很大。原文表述清楚明白，直接引用即可。

【亩】　〈名〉田地。也用于地名。吴语。浙江宁波。应钟《甬言稽诂·释地》："～为田亩。地名以～称者①，如鄞东秦家～，谓×姓之田也。"（四/2477）

《释地》"畮（亩）"条："甬称田之面积曰几亩，亩音即如萌。鄞东乡有小村曰'秦家亩'，俗音正如萌，英文爱姆之姆。谓秦姓之田也。"两相比较，文字大异。如果采用节引，只引"鄞东乡有小村曰秦家亩，谓秦姓之田也"即可。

【饐】　〈名〉淀粉调成的稠汁，加入菜肴中使汤汁黏稠。㊀吴语……浙江宁波。应钟《甬言稽诂·释食》："浙西人以粉和羹，谓之加～。则和羹之粉即～。"（九/5775）

《释食》"絮饐"条："《广韵·廿八狝》有饐字，云'黏也'，音遣。浙西人以粉和羹谓之'加饐'，疑即此字。其词意，犹苏吴所谓'著黏'。"（"著黏"一般写作"着腻"，指勾芡）"则和羹之粉即饐"一句原文无，系编者外加的。又，应氏谓"加饐"是浙西人的说法，不是"浙江宁波"话；宁波话也没有把"淀粉调成的稠汁"叫"饐"的说法。

【潭】　③〈名〉作地名用。吴语。浙江宁波。应钟《甬言稽诂·释地》："甬乡地名有以～称者，如孔家～、钟家～、王家～。一、其地并无深渊者，～即'畴'之变，意即某家之田界也。二、地处河滨者，～即'浔'字。"（十/6240）

改写太甚。《释地》"井畴"条："甬乡地名有以'潭'称者，如孔家潭、钟家潭、

————————

① "者"，原作"著"，误，径改。

王家潭等。顾其地并无深渊，盖潭者即畴之音变，谓孔姓、钟姓、王姓之田界也。地名称'潭'者，其村多处河滨，潭盖浔字。"

【劗断】　〈动〉用锋利的刀刺物或断物。吴语。浙江宁波。应钟《甬言稽诂·释行事》："《说文·刀部》：'劗，断也。鉏咸切。'《说文》：'剽，砭刺也。'是劗亦训刺。今以针刃之锋密刺曰劗，以铦器断物，亦曰劗，俗称～是也。劗，皆读士咸切，如曹音。"（十/6507）

有多处可商。1.应氏引《说文》"劗"条原文是："劗，断也。一曰剽也。"编者略去"一曰剽也"，则与下文"《说文》：'剽，砭刺也。'是劗亦训刺"不连贯了。2."劗，皆读士咸切，如曹音"，可能会引起误解。原文于"鉏咸切"后面有这样一句："从、床类隔相转，故《广雅》曹宪音士咸切。""曹音"指的是《广雅》曹宪音。前面这句话既然没引，"如曹音"三字也当去掉。3."鉏咸切"不是《说文》原文，不当阑入引号内。

3.文字、标点有错讹。例如：

【芋艿翁虫】　〈名〉蛾蝶幼虫。吴语。浙江宁波。应钟《甬言稽诂·释鱼虫》："蛾蝶幼虫如蚕者，甬俗呼为～。实则芋艿上无此虫。"（三/1433）

此见《释鱼虫》"蝡乌蠋"条，"芋艿"下脱"茎"字。

【羊舌头】　〈名〉蓚。即羊蹄菜。吴语。浙江宁波。应钟《甬言稽诂·释草木》："《说文·艸部》：'蓚，苗也。徒聊切。'其根如胡萝卜，俗名土大黄……其茎粗，叶长尺许。甬俗呼此草为～，则以叶名。"（三/1954）

三处有误。1."苗"当作"苖"。2."徒聊切"不是《说文》原文，句号后面的右单引号当移置于"徒"字前。3."则以叶名"，"叶"后脱"形"字。

【寻敧头】　〈动〉寻衅；找茬儿。吴语。浙江宁波。应钟《甬言稽诂·释语》："今谓窥闲伺隙以寻衅，谓之寻隙斯，隙斯音似敧丝，故曰寻敧丝。或称敧丝为敧头。"（三/2000）

两处可商。1."窥闲伺隙"的"闲"，原文作"閒"，繁简转化后当作"间（jiàn）"，"窥闲"与"伺隙"系同义对举。2."故曰寻敧丝"，原文无，且不加这一句句子亦通，文意亦明。下条"寻敧丝"误同。

【昏头趚趚】　〈熟〉刚睡醒走路不稳的样子。吴语。浙江宁波。应钟《甬言稽诂·释动作》："俗称寐起朦胧，步履不稳，曰～。"（五/3086）

"趚"原文作"趢"。"趚"字不见字书。"趢"，《玉篇·走部》："趢，丑足切。小儿行。"《广韵·肿韵》："趢，小儿行皃。丑陇切。"

【笃】　②〈动〉敲；戳；刺；指。㊀吴语……浙江宁波。应钟《甬言稽诂·释动作》："今以篙刺船，以杖竿直刺，皆呼如～……又今谓以指直人物亦呼为～。"（六/3684）

《释动作》"擉"条末句实作："今犹称以指直指人物为'擉'，音呼为笃。"其他文字差异关系不是很大，引文"直"下脱"指"字，则少了一个谓语动词，句子不通了。

【揿】　①〈动〉用手按；摁。㊀吴语……浙江宁波。应钟《甬言稽诂·释动作》："《史记·扁鹊传》：'不待切脉。'正义引杨元操注《素问》云：'切，按也。'按，之云切，亦深著之意。今以指掌重按其物谓之～。～俗字，即切之长音转平也。"（八/5250）

有两处小错误。"按，之云切"中间逗号当删。"长音转平"原文作"长言转平"。

四、原书明显有误而照搬照录

原书明显有误而照搬照录的情况很多。虽然忠实于原著，却少甄别之功。限于篇幅，下面聊举数例，以见一斑。

【去你做】　〈动〉表扬人家勉为其难。吴语。浙江宁波。应钟《甬言稽诂·释语》："《广雅·释言》：'庆，贺也。'《释诂一》：'庆，善也。'音变为去。今赞美人作难为之事曰～。甬言作去，北人语多作亏。"（二1009）【去得你帮忙】〈熟〉多亏你帮忙。吴语。浙江宁波。应钟《甬言稽诂·释语》："《广雅·释言》：'庆，贺也。'《释诂一》：'庆，善也。'音变为去。今感谢人助曰～。甬言作去，北人语多作亏。"（二/1010）

"去你做""去得你帮忙"之"去"即"亏"之音变。应氏认为"去""亏"皆"庆"之音变，不确。故"《广雅·释言》：'庆，贺也。'《释诂一》：'庆，善也。'音变为去"云云，无烦引用。

【夜羹饭】　〈名〉（迷信的人）祈祷厉鬼消除灾殃时所设的祭品。吴语。浙江宁波。应钟《甬言稽诂·释天》："禳解厉祟，设筵以祭之，俗呼～。'夜'者'野'之讹，谓非所祭而祭之，故云'野'。'羹饭'即'贡膰'之音变。贡，献也；膰，祭肉也。"（五/3115）

此见《释天》"贡膰"条，文字较原书有较大调整。"夜羹饭"即为正字。《阿拉宁波话》"夜羹饭"条："用来祭门口小鬼的羹饭：摆～｜～鬼。"（77页）原书关于"夜羹饭"三字本字考证的内容可删。

【夜祷】　〈名〉夜里。吴语。浙江宁波。应钟《甬言稽诂·释天》："今称夜为～。祷为黓（黑貌）之音变。谓夜景黑暗也。"（五 /3110）

"夜祷"正字作"夜到"，指宁波话晚上。应氏求之过深，不可从。《汉方》照录，亦有失裁择。

【昼果】　〈名〉中午。吴语。浙江宁波。应钟《甬言稽诂·释天》："今称午刻曰～。果即加午合声之变。加午，犹今谓午时。"（六 /3919）　【昼过头】　〈名〉中午。吴语……也作"昼果头"：浙江宁波。应钟《甬言稽诂·释天》："俗呼午曰～。果即加午之合声，加午即午时；头即度，表时刻义。"（六 /3919）

"昼果"正字作"昼过"，"昼果头"正字作"昼过头"（"昼"有中午义）。应氏过度解读，编者照搬照录，均不可取。

参考文献

汤珍珠、陈忠敏、吴新贤：《宁波方言词典》，南京：江苏教育出版社，1997 年。

许宝华、宫田一郎主编：《汉语方言大词典》（修订本），北京：中华书局，2020 年。

应钟：《甬言稽诂》，宁波：天一阁藏稿本。

朱彰年等原著，周志锋、汪维辉修订：《阿拉宁波话》（修订版），宁波：宁波出版社，2016 年。

宁波方言里的若干本字——基于《甬言稽诂》的考察^①

【摘　要】　《甬言稽诂》考证方言本字有得，有失，有遗漏。今以该书为考察中心，对宁波方言里的一些本字作进一步考释。该书已及者，证成其说，如义为陡音为 [soŋ⁴⁴] 的本字是"峻"，义为神情、姿态的"意 [tɕi⁴⁴]"当作"意姿"，义为门钉锦的"门 [dʑiŋ²⁴]"当作"门扃"；该书不确者，订正疑误，如义为天转阴音为 [a⁴⁴] 的本字是"靄"，义为外号的"[tɕʻiɪʔ⁵⁵] 号"当作"绰号"；该书失考者，补苴疏漏，如义为粗麻绳的"麻 [dɛ²⁴]"当作"麻繵"，义为盛音为 [tɕi⁴⁴] 的本字是"𧤛"，义为瘾音为 [n̠i²¹³] 的本字是"念"。

【关键词】　《甬言稽诂》；宁波方言；本字

《甬言稽诂》是鄞县人应钟（1907—1969）用十年时间精心撰写的一部研究宁波方言的著作，稿本，藏于宁波天一阁博物院。《甬言稽诂》的宗旨是考证和解释宁波方言的来源和本字，笔者研读全书，发现该书在求词源、考本字方面的确有许多创获，但同时也发现有很多失误，还有不少遗漏。本文以《甬言稽诂》作为参照对象，运用音义互证、古今参校、方言比较等方法，探讨宁波方言里的一些本字，分三个方面展开讨论：应氏已及者，证成之；应氏有误者，是正之；应氏遗漏者，补苴之。这些方言词都是疑难方言词，有的不仅在宁波话里使用，而且还见于其他吴语甚至非吴语方言。

一、有些"本字"应氏已有论及，今证成其说

有些宁波方言的本字应钟已经讨论过，且结论可信，但由于《甬言稽诂》稿本不易见到，学者无法吸收采纳；另外，应钟先生虽有论及，但往往语焉不详，要被大家

---

① 本文系国家社科基金项目"《甬言稽诂》校注及研究"（19BYY160）的阶段性成果之一。原载《宁波大学学报》（人文科学版）2022 年第 4 期。

接受认可，还需要加强论证。兹举三例。

（一）峻

宁波话管陡峭为 [soŋ⁴⁴]，有"峻"和"耸"两种写法。《甬言稽诂》写作"峻"，全书两处提到这个字。《释天》"靁霅雪"条："甬语真、文韵字，往往有转作东、冬者……又如呼笋若松，云若庸，军若堃，醺若凶，峻若宋。"《变音（下）·真东二类相转说》："甬语真谆文韵字呼作东类者甚多，鄞奉之交为尤甚。如呼人为禅红切，春音如葱，笋如耸，云如庸……薰如凶，裙如穷，准如肿……峻如宋。山坡之峻呼如宋。"

应氏依据宁波方言"真东二类相转"之通例，说"峻"宁波话读如"宋"。但细玩所举诸例，其他各例本音与变音的声母宁波话里是相同的，此例"峻"与"宋"的声母则不同。也就是说，应氏只注意到"峻"的韵母变化，没有解释其声母的差异。

今人往往写作"耸"。例如：

汤编本《宁波方言词典》"耸"条："soŋ³⁵ 陡峭：岭交关～。"[1]291

朱彰年等《阿拉宁波话》（修订版）"耸"条："读去声。陡；坡度大：山交关～，爬勒气呼大呼。《广韵·肿韵》：'～，高也。息拱切。'也说'笃'（通作'陡'）。"[2]228

"耸"有矗立、高起义，但古今多作动词，与宁波话作形容词的词性有别；"耸"是上声字，但宁波话表陡峭义的实际读音是阴去（汤编本标为阴上不确），声调也不一样。因为找不到合适的字，大家就用音义比较接近的"耸"来记录了。

其实本字就是"峻"，应氏的说法是正确的。只是应氏仅仅把"峻"读如"宋"作为"真东二类相转"的一个例子，没有作为专条讨论，尤其是没有注意到"峻"读心纽"私闰切""思俊切"（两者同音）这个古音。今补说如下：

"峻"，普通话读 jùn，宁波话读 [soŋ⁴⁴]，表面看距离很大，但这种差异在音理上可以得到合理解释。

"峻"，《说文》有"陖""峻""陵"三种写法。《说文·山部》："陵，高也。从山，陵声。峻，陵或省。"[3]190 又《自部》："陵，陗高也。"[3]305（《宋本玉篇·阜部》："陵，思俊切。险也，高也。亦作峻。"[4]417）《广韵·稕韵》："陖，高也，长也，险也，峭也。私闰切。峻，上同。"[5]374 "峻"本读私闰切（思俊切），音韵地位是"臻合三去稕心"。宁波话里，中古臻摄开口三等真（轸、震）韵知母、章组、日母文读今音读 [oŋ]；合口三等谆（准、稕）韵精组、章组今音读 [oŋ]，日母白读、见系读 [yoŋ]；合口三等文（吻、问）韵见系今音读 [yoŋ][6]41, 65, [7]11, 80。以合口三等谆韵精组、章组为例：

俊骏（精）谆肫^鸭肫准（章）[tsoŋ]，皴开皴疯（清）春蠢（昌）[tsʻoŋ]，荀询笋桦桦头（心）旬殉徇（邪）舜瞬（书）[soŋ]，循巡（邪）唇顺（船）纯莼（禅）[zoŋ]

"峻"《广韵》私闰切，折合成普通话读 sùn 或 xùn，折合成宁波话则正读 [soŋ⁴⁴]。

"俊""骏""竣""峻""浚"等字《广韵》不同音。"俊""骏"子峻切，精母；"竣"七伦切，清母；"峻""浚"私闰切，心母。"峻"《集韵·稕韵》有须闰、祖峻两切 [8]541，其中祖峻切就是后来精母 jùn 读法的由来。

"峻"宁波话通读 [tsoŋ⁴⁴]，与"俊""骏""竣"同音，如"高山峻岭""形势严峻"。一般人只知道这个文读音，而没有注意到私闰切这个古老的白读音，以至于没有把它与"山交关峻"的"峻 [soŋ⁴⁴]"联系起来。

表示陡峭的"峻"读私闰切，通行于吴语甬江片（宁波和舟山）。此外，温州、温岭等地也读私闰切，例如：《温州方言词典》"峻"条："ɕyoŋ⁴² 高而陡：楼梯忒～｜俗语：个山真～。"[9]357《汉语方言大词典》（修订本，下同）"峻"条："①〈形〉陡。吴语。浙江苍南金乡 [ɕyoŋ⁵²] 山～显，爬不上去。浙江温州 [ɕyoŋ⁴²]、黄岩。"[10]4194《温岭方言研究》："峻 ɕyn⁵⁵ 陡。"[11]233

民国时期宁波方言著作多写作"峻"，如《鄞县通志·方言》"俗名"（即词汇）里没有讨论"峻"字，但在"谚语"里出现了"峻"字："吃饭像峻山划土，做生活声声叫苦。"释曰："讥贪食而怠于作事者。峻山划土，一时即下。"[12]3228"峻"注音ㄙㄩㄣ，即读 [syøŋ]，今也读 [soŋ]。近人陈炳翰《古菫谚铎》（附在《鄞县通志》方言卷）卷二："吃饭峻山捯土，做生活声声叫苦。"[12]3337

汤编本《宁波方言词典》"倒笡耸"条："倒斜；外高内低：该块地坪有眼～个，水反向流进屋里来嗟。"[1]77 又"翘耸耸"条："形容翘起并耸动的样子：△驼背老公公，牙须～。"[1]113

"倒笡耸""翘耸耸"之"耸"本字也是"峻"。其中"翘耸耸"，《鄞县通志·方言》"歌谣"作"老公公，牙须趮松松"[12]3528，"翘耸耸""趮松松"犹"翘陡陡"，释为"形容翘起并耸动的样子"，有望文生训之嫌。

（二）姿

宁波有句很有名的老话叫"三岁意 [tɕi⁵³] 看到老"（从小时候的表现可以推测将来），其中"意 [tɕi⁵³]"一词写法五花八门。应钟先生认为当作"意姿"。《甬言稽诂·释货》"资"条："今称人家财为'家当'，亦呼'家资'，资正读即夷切。资、姿同音，姿亦讹读如支。然俗称人意态曰'意姿'，姿亦正读即夷切。字音有讹读者，方俗语往往反存其正音，此亦其例。"

应氏是在讨论"家资"（通作"家计"）时顺便说到"意姿"的，很有见地，可惜没有单列一条专门讨论。笔者参与编写的宁波方言著作与之暗合，大多写作"意姿"，如《阿拉宁波话》"意姿"条："姿音季。言谈举止：三岁~看到老。"[13]37《宁波市志·方言》："意姿 tɕi⁵³ 计，言谈举止。"[14]2867 又："三岁意姿（音尖）看到老。"[14]2894《阿拉宁波话》（修订版）"意姿"条："姿音基。①言谈举止：俗语：三岁~看到老。②小孩做出来的表情、姿态：小毛头装~嗰｜~介难看啦！《广韵·脂韵》：'姿，姿态。即夷切。'"[2]51

此外，至少还有四种写法：

一作"意致"，如《鄞县通志·方言》"谚语"："三岁意致看到老。"[12]3190 近人张延章《宁波俗话诗》（附在《鄞县通志》方言卷）："三岁意致看到老，世间好物不坚牢。"[12]3387

一作"意见"，如近人陈炳翰《古堇谚铎》卷二："大相公老毛病，三岁意见看到老。"[12]3330 朱编本《宁波方言词典》"意见"条："[i⁴⁴ tɕi⁴⁴]〈名〉言谈举止：俗语：三岁~看到老。"[15]438

一作"意基"，如汤编本《宁波方言词典》"意基"条："i⁴⁴⁻⁴ tɕi⁵³⁻⁴⁴〈名〉言行举止：三岁~看到老。"[1]42《鄞州方言研究》"装意基"条："[tsɔ⁵³ i⁴⁴tɕi⁵³] 撒娇，作态（多指小孩）。"[7]264《北仑方言》"意基"条："①言谈举止：俗语：三岁~看到老。②矫揉造作的姿态：装~。"[6]123

一作"意计"，如《鄞州方言研究》"意计"条："[i⁴⁴ tɕi⁵³] 言行举止：三岁~看到老。"[7]318（"意计"又见该书 67 页。264 页则作"意基"）

上列四种写法当中，"意致"的"致"《鄞县通志》注音ㄓ一，即 [tsi]，今音读 [tɕi]，但"致"宁波话实读 [tsɿ]，不读 [tɕi]，且"意致"文义不合。"意见"的"见"今读 [tɕi]（韵母 ian 宁波话今读 i），但"意见"意思对不上号。"意基"的"基"下面原书加有小圆圈或波浪号，表示同音替代字。"意计"《汉语大词典》收有"意图，心计"等义项，于义似亦未惬。相比之下，"意姿"这个词形比较贴切。

《广韵·脂韵》："姿，姿态。即夷切。"[5]32"姿"的音韵地位是"止开三平脂精"，今宁波话通读 [tsɿ⁵³]。止摄开口三等脂（旨、至）韵精组字在今天的宁波话里往往有 [i]、[ɿ] 两读，例如：

姊（精、旨）[tɕi³⁵] 白读　[tsɿ³⁵] 文读　　死（心、旨）[ɕi³⁵] 白读　[sɿ³⁵] 文读

自（从、至）[ʑi²¹³] 白读　[zɿ²⁴] 文读

同理，"姿"也应该有 $[t\varphi i^{53}]$、$[ts\eta^{53}]$ 两读，且 $[t\varphi i^{53}]$ 属于早期的白读层。

事实上，无须烦琐论证，反切"即夷切"就可以拼出"姿"的宁波话读音就是 $[t\varphi i^{53}]$。

"意姿"一词，文献少见，但亦有之。如唐玄应《一切经音义》卷五"妖态"注："态，意姿也，谓度人情皃也。"唐慧琳《一切经音义》卷二十六"姿态"注："下他代反。意姿也，谓能度人情皃也。"宋叶适《观文殿学士知枢密院事陈公文集序》："意姿坚峭，所论驳屈，明主委曲调护不能回。"清钱大昕《诸蔼堂招同仇一鸥王心原蒋霮夫游湖上》诗其三："浓澹无心画，烟云作意姿。"（后两例系友生胡羽蒙提供）

本字既定，有必要重新考虑"意姿"的释义问题。上述各家对"意姿"（包括其他各种写法）的训释大同小异，几乎都释为"言谈举止"或"言行举止"，有的在此基础上再分出一个义项。三岁小孩，尚在咿呀学语，拿用于成年人的"言谈举止""言行举止"来释专属于小孩的"意姿"，似欠的当。其实，正如应氏所说，"意姿"就是意态，也即神情姿态或表情姿态（多用于小孩）。这样解释，不但更加符合"三岁意姿看到老"的语境，也能顺利讲通宁波话"小毛头装意姿嗬""意姿介难看啦""意姿交关多"等用例。

（三）扃

宁波话管铁制门襻（门钉锔）叫"门 $[d\varphi i\eta^{24}]$"，后一字有"扃"和"钤"两种写法。应钟先生主张写作"门扃"。《甬言稽诂·释宫》"扃特"条："《说文·户部》：'扃，外闭之关也。'古荧切。清音转浊，见转群纽，音变如檠。音鲸。甬俗系门为外闭之具曰'门扃'，扃音正如檠。俗或作扨（笔者按，扨《广韵》如乘切）。其制，以铁带如厚革，首尾皆有孔，尾孔贯连门上之小环，首孔为关牝，门外之铁钮为关牡。首孔韬于铁钮，以受其牡。"

一般写作"门钤"。例如：

朱编本《宁波方言词典》"门钤"条："mən^{233} dʑiŋ^{233}〈名〉铁制的旧式门襻，用于加锁。"[15]23

汤编本《宁波方言词典》"门钤"条："mən$^{24-22}$ dʑiŋ$^{213-44}$ 铁制的旧式门襻，一端固定于门上，另一端有孔，可扣于门钮上加锁。"[1]250

"钤"有锁义，但无门钉锔义；《广韵·盐韵》巨淹切，折合成宁波话读 $[dʑi^{24}]$，音亦不合。

今谓应说为长。"扃"，《说文》释为"外闭之关也"，本义为从外面关闭门户的门闩。引申之，当门钉锔讲，讲得通。

"扃"普通话读 jiōng，宁波话读 [tɕyəŋ⁵³]。但是，"扃、炯、迥"等字宁波话口语不说，今读 [tɕyəŋ]，是受普通话影响。"扃"《广韵·青韵》古萤切，《广韵·青韵》除见母外，今都读 [iŋ] 韵母。古萤切折合成今音是 [kiŋ]，声母由舌面后音变为舌面前音，就读 [tɕiŋ]；而《集韵·青韵》"涓荧切"，折合成宁波话正是 [tɕiŋ]。再由"清音转浊，见转群纽"，就读 [dʑiŋ]。下面从声、韵两方面略作说明。

从韵母看，"iong""ing"两个韵母可以转化。如"荧"有"yíng"（《广韵》户扃切）与"jiǒng"（《集韵》户茗切）两读；"高"音"qǐng"（《集韵》犬颖切），其字"从高省，冋（jiōng）声"，重文作"𩫖"（《说文·高部》）；"颎"音"jiǒng"（《广韵》古迥切），其字"从火，顷声"（《说文·火部》）；"茕"音"qióng"（《广韵》渠营切），其字"从卂，营省声"（《说文·卂部》）。

从声母看，《甬言稽诂·变音（上）·声母清浊对转说》指出："方言中，字音讹变，往往有清浊相转者。"文章列举了大量例子来说明"稽诸字音通读、方言语转，以清浊互变为最繁"。底下我们举一些宁波话里 [tɕ]、[dʑ] 声母相转的例子（不限于见转群纽）：

劲（见、劲）[tɕiŋ⁴⁴] 干劲   [dʑiŋ²¹³] 劲道：力气

兢（见、蒸）[tɕiŋ⁵³] 本音   [dʑiŋ²⁴] 又音

谨（见、隐）[tɕiŋ³⁵] 本音   [dʑiŋ²¹³] 又音

拯（章、拯）[tɕiŋ³⁵] 本音   [dʑiŋ²¹³] 又音

张（知、阳）[tɕiã⁵³] 通读   [dʑiã²⁴] 量词，一张纸，一张床

仗（澄、养）[tɕiã⁴⁴] 打仗   [dʑiã²¹³] 仗人势

可见，"扃"由普通话 jiōng 读作方言 [dʑiŋ²⁴]，合乎音理。

综上，宁波话门钉锦写作"门扃"，比写作"门铃"更为合适。

二、有些"本字"应氏说法不确，今是正疑谬

考证方言本字是一项专业性很强、难度很大的工作，尽管应钟先生在这方面用力甚勤，但他毕竟是一位传统语文学家，无论是语言观念还是研究方法都带有历史的局限性，因此不少考证结论可疑可商。关于这一点，笔者在相关文章里已有论及 [①]，这里再举两例。

---

① 参看本书下编其他各篇文章。

（一）靉

宁波话管天转阴叫"[a⁴⁴]"，天阴、不见阳光叫"阴[a⁴⁴]"，形容天阴沉沉的叫"[a⁴⁴]愁愁"。应钟先生专门讨论过"阴[a⁴⁴]"的词形和词源，认为本作"霠曀"。《甬言稽诂·释天》"霠曀"条："《说文·云部》：'霠，云覆日也。'於今切。《玉篇》云：'今作阴。'霠即今之阴晴字也。《开元占经》引《说文》：'曀，天地阴沉也。'《释名·释天》：'曀，翳也，言掩翳日光使不明也。'曀，於计切，音翳。古音霠、泰同部，皆脂部。同部相转，曀转泰韵，变作於大切，如俗音之矮。甬称重云翳日曰'阴矮'，即霠曀也。"

应氏认为"阴[a⁴⁴]"的"[a⁴⁴]"是"曀"之音转，但两者语音差距太大，恐不可从。

"[a⁴⁴]"一般写作"靉"。《鄞县通志·方言》"靉"条："本音爱，俗音读若挨去声。甬称天有云而暗曰'靉'。如日为浓云所蔽曰'天家靉拢'，亦曰'阴靉'。'靉'亦作'暧'，'阴靉'亦作'隐暧'，谢庄诗：'隐暧松霞被。'又作'黝暧'。《说文》：'黝，云覆日也。'"[12]2922 沿袭这个说法，今人撰写的宁波方言著作都这么写。例如：

汤编本《宁波方言词典》"靉愁愁"条："a⁴⁴⁻⁵⁵ zœɣ²⁴⁻³³ zœɣ²⁴⁻²¹ 形容天阴沉灰暗的样子：今末天～个，呒数可能还要落雨的嚯。"[1]68 又"阴靉天价"条："iŋ⁵³⁻³³ a⁴⁴⁻⁴⁴ t'i⁵³⁻⁴⁴ ko⁵³⁻⁵⁵=〖阴天〗天空多云，不见阳光：～，冷勒交关难熬。‖ 靉，集韵去声代韵於代切：'靉靆，云暗貌。'宁波今读 [a] 韵母。"[1]274

《阿拉宁波话》（修订版）"靉"条："音矮去声。天转阴；云遮住太阳：天家～掉嚯 | 天～拢来嚯。辽希麟《续一切经音义》卷三引《通俗文》：'云覆日为～靆也。'《集韵·代韵》：'～，～靆，云暗貌。於代切。'"[2]212 又"阴靉"条："天阴；不见阳光：～天家 | 梅时里每日阴阴靉靉，交关难熬。"[2]257 又"靉愁愁"条："形容天阴沉沉的：天家～个，莫要落雨的嚯 | 俗语：天亮红霞～，夜快红霞晒开头。"[2]257

《汉语方言大词典》"隐靉"条："〈形〉天有云而暗。吴语。浙江宁波 [iŋ⁵³⁻³³ ɛɪ⁴⁴⁻⁵³]。"[10]5104 （"靉"字标音不准确，当为 [a⁴⁴⁻⁵³]）

《广韵·代韵》："靉，靉靆，云状。乌代切。"[5]370 据反切，"靉"音爱 [e⁴⁴]。"靉靆"字书、韵书或释为"云暗貌"，或释为"云盛貌"，或释为"云覆日"，意思对得上，但"靉靆"是个联绵词，往往连用。所以笔者总觉得"靉"与宁波话里表示天转阴的那个 [a⁴⁴] 还是有一点距离。有没有音义更加契合的字呢？有，就是"靄"。

靄，普通话读上声 ǎi，中古则有去、入两读。《广韵·泰韵》："靄，云状。於盖切。

又於葛切。"[5]360 宁波话通读入声於葛切，音 [ɐʔ⁵⁵]。但是，其於盖切的音韵地位是"蟹开一去泰影"，蟹摄开口一等泰韵端系（除泥母）、清母、来母今读 [a] 韵母，例如：

带 [ta⁴⁴]　泰太汰 [tʻa⁴⁴]　大 [da²¹³]　蔡 [tsʻa⁴⁴]　赖癞 [la²¹³]

据此，"霭"在泰韵，读去声於盖切，音 [a⁴⁴]，完全符合音理。

从词义看，"霭"字《汉语大词典》收有"云气；烟雾""笼罩貌""晦暝貌"等义。此外，《故训汇纂》"霭"条有"云集貌""本训云集"两条训释值得重视："④～，云集貌。李白《送内寻庐山女道士李腾空》'素手掬青～'王琦辑注引《韵会》｜杜甫《赠比部萧郎中十兄》'风雅～孤骞'仇兆鳌详注引《正韵注》。⑦～，本训云集。云集则天光为之掩蔽，故于此作掩蔽解也。李贺《出城别张又新酬李汉》'光明～不发'王琦注。"[16] 所谓"天家霭拢"，正是"云集"所致。

宁波话管阴天叫"阴霭天家"，《鄞县通志》举南朝宋谢庄《游豫章西观洪崖井》诗"隐暧松霞被"为证，但是这个"隐暧"《汉语大词典》释为"指草木浓盛茂密貌"，与方言义别。另外，"阴暧"罕见，《汉语大词典》不收，只查到一例：晚清台湾《恒春县志》卷十五："路岸穴孔如碗，火即出，无烟而焰；焰高尺余，阴暧天可见。"此例"阴暧"与宁波话用法一致。而"阴霭"则古书用例很多。《汉语大词典》"阴霭"条："浓云。明高叔嗣《病起偶题》诗：'微雨东方来，阴霭倏终夕。'"其实，"阴霭"除了作名词指"浓云"外，还可作形容词，有"昏暗；阴暗""天阴；不见阳光或月光"等意思。前者如明郑仲夔《耳新》卷三："（姚思仁）魂忽离体，信步而行。见城郭车马人物，一如人世，惟阴霭无光，气象惨淡。"近人金云铭《陈第年谱》"万历二十六年"引《游九星岩》诗："古洞玲珑悬夜月，层崖阴霭吐寒烟。"后者如北宋司马光《八月十五夜陪邅守宣徽登西楼值雨待月久不见》诗："经岁待佳节，无如阴霭何。果然时雨足，安用月华多。"北宋苏颂《和胡俛学士游西池书事》诗："晴明天垂幕，阴霭地滋脉。"南宋楼钥（1137—1213，明州鄞县即今浙江宁波人）《湖上次袁起岩安抚韵》诗："山外斜阳湖外雪，夜来阴霭晓来晴。"又《夫人携家泛湖》诗："阴霭在前雷雨后，特晴此日称君游。"近人陈衍《石遗室诗话》卷十二："高逋村有《春闺杂诗》二十四首云：……'二分阴霭一分晴，窗眼无尘障水晶。'"后四例"阴霭"与"晴明"或"晴"对举，与宁波话"阴霭天家"的"阴霭"意思完全相同。由此亦可知，宁波话"阴霭"这个词，宋代已经有了。

上面说过，《鄞县通志》是主张以"暧"为本字的，但我们发现有一处却写作"霭"。《鄞县通志·方言（三）》"歌谣"："东边出日头，西边霭愁愁。"[12]3524

综上所述，"霭"与"暧"相比较，"霭"在泰 [tʻa⁴⁴] 韵，"暧"在代 [de²¹³] 韵，"霭"

读 [a⁴⁴] 音更加自然合理；"霭"单独成词，"瑷"一般只出现在"瑷瑷"这一叠韵联绵词中；"阴霭"古书习见，且有与宁波方言用法完全相同的实例，"阴瑷"则罕觏。因此，我们认为，宁波话表示天转阴的 [a⁴⁴]，写作"霭"要比写作"瑷"更加准确。至于应氏"曀"之音转的说法，"曀"既不如"瑷"音义接近，更不如"霭"音义密合。

（二）绰

宁波话管绰号叫"[tɕʻiɪʔ⁵⁵] 号"，应钟先生认为即"称号"之音讹。《甬言稽诂·释言》"称"条："《逸周书·祭公篇》：'公称丕显之德。'孔晁注：'称，谓举行也。'《国语·晋语八》：'其知不足称也。'韦昭注：'称，述也。'　'称述'古亦为成语。《法言·序》：'称述品藻，譔《渊骞》。'李轨注：'定其差品及文质。'今举人行状、定以巧譬之词谓之'绰号'，即'称号'之音讹。称、绰穿纽双声，称，蒸韵，其入在职，声促转入，本为处力切，甬语'绰号'字正作是音。而小说家皆作绰字，绰，昌约切，药韵，颇不侔。"

应氏认为"绰号"包括宁波话里的"[tɕʻiɪʔ⁵⁵] 号"即"称号"之音讹，但音义均不合，恐不确。

宁波话"[tɕʻiɪʔ⁵⁵] 号"一词朱编本、汤编本《宁波方言词典》均不收。《阿拉宁波话》（修订版）收了，用了一个同音字，写作"切号"，解释说："绰号；外号：～莫搭人家乱取。"[2]129

《宁波市志·方言》"同音字表"在"tɕʻieʔ 阴入"（ieʔ 与 iɪʔ 记录的是同一个韵母）下收有"绰~号"[14]2861，即认为"绰"读 [tɕʻieʔ⁵⁵] 是白读音，"[tɕʻieʔ⁵⁵] 号"本作"绰号"。《鄞州方言研究》"同音字汇"于"tɕʰiɪʔ/ 阴入"下亦收有"绰~号"[7]86。

今谓"切号"本作"绰号"，是。

《广韵·药韵》："绰，宽也。昌约切。"[5]482 今宁波话通读 [tsʻoʔ⁵⁵]（"绰"虽在药韵，但药韵"斫、烁、勺"等字宁波话都读 [oʔ] 韵），如"宽绰""绰绰有余"。[tsʻoʔ⁵⁵] 与 [tɕʻiɪʔ⁵⁵] 韵母有别，这正是我们判定"切号"本字所疑惑的地方。

我们推测，"绰"之 [tɕʻiɪʔ⁵⁵] 音恐怕不是由"绰"之 [tsʻoʔ⁵⁵] 音直接转变而来，中间应该有一个过渡环节 [tsʻɐʔ⁵⁵]。

由 [oʔ] 韵变为 [ɐʔ] 韵，宁波话有其例。如："促"，通读 [tsʻoʔ⁵⁵]，在"短命促死"（骂人短命）中，音 [tsʻɐʔ⁵⁵]；"簇"，通读 [tsʻoʔ⁵⁵]，在"簇刮新"（崭新）中，音 [tsʻɐʔ⁵⁵]；"薄"，通读 [boʔ¹²]，在"薄刀"（菜刀）中，音 [bɐʔ¹²]。近代汉语文献材料也可印证。如："绰趣"（逗趣取乐）又写作"插 [tsʻɐʔ⁵⁵] 趣"；"八抬八绰"（用八人抬轿、八人扶轿）

绰：扶）又写作"八抬八插""八抬八擦"等。甚至"绰号"文献里也可写作"插号"或"拆号"：

《禅真后史》第二十一回："只因这刘爷慈祥好善，引动一个强徒，姓金，插号为焦面鬼。"《型世言》第十六回："请了一个医生来，插号叫做李大黄，惯用大黄。"《一片情》第二回："却好间壁有个小伙子，叫做杜云，插号又叫火里焰。"《清风闸》第十九回："一个极停当的挑工，众人起了一个插号叫笑面虎的。"《海上花列传》第四十九回："问这混江龙是否拆号，翠凤道：'该个末，倪无啥个妍头晼。'"

以上"插""擦""拆"宁波话同音，都读 [tsʻɐʔ⁵⁵]。

而 [ɐʔ] 韵与 [iɪʔ] 韵互转的现象，在宁波话里非常普遍。如"尺""赤"同隶《广韵》昔韵，都是昌石切，但宁波话"尺"音 [tsʻɐʔ⁵⁵]，"赤"通读 [tɕʻiɪʔ⁵⁵]。下面是《周志锋解说宁波话》讨论宁波方言文白异读现象时所举的例子：

"部分古入声字造成的文白异读：漆 tsʻɐʔ⁵⁵ 漆黑，漆乌；tɕʻiɪʔ⁵⁵ 油漆，漆匠。赤 tsʻɐʔ⁵⁵ 赤豆，赤佬；tɕʻiɪʔ⁵⁵ 赤字，赤泡茶。释 sɐʔ⁵⁵释雪，释水，棒冰释掉；ɕiɪʔ⁵⁵ 释放，解释。湿 sɐʔ⁵⁵ 湿衣裳，水里湿一晌；ɕiɪʔ⁵⁵ 淋湿，湿溚溚……"[17]

综上，"绰"的读音由 [tsʻoʔ⁵⁵] 到 [tsʻɐʔ⁵⁵]，再由 tsʻɐʔ⁵⁵ 到 [tɕʻiɪʔ⁵⁵]，最终完成了"绰号"读音由 [tsʻoʔ⁵⁵ ɦɔ²¹³] 到 [tɕʻiɪʔ⁵⁵ ɦɔ²¹³] 的转变。

三、有些"本字"应氏未予关注，今补苴罅漏

《甬言稽诂》共考释宁波方言词语 1880 条，其中不少条目一条当中包含好几个词语，因此实际考证的词语要多于这个数目。尽管应钟先生论及的方言词范围广、数量多，但仍有不少遗漏，有些颇有特色的方言词语未曾措意。聊举三例如次。

（一）纑

据应钟先生考证，宁波过去有一种篾制的粗绳叫"篾剿"（剿音妾），《甬言稽诂·释器》"绹剿"条："绳或名为剿。《方言》六：'剿，续也。秦晋绳索谓之剿。'郭璞音妾。今以篾相纠为粗绳，俗谓之'篾剿'。""篾剿"一词今未闻。与此相关，还有一种特别粗的麻绳叫"麻 [dɛ²⁴]"，过去宁波常见常说，尤其是乡村，农家大多备有这种农具。此词应氏没有提到。

"麻 [dɛ²⁴]"后一字写法不一：

或作"麻繏"。如《阿拉宁波话》"麻繏"条："繏音但。麻制粗绳子：俗语：

小舌头使～吊 ①。《玉篇》：'繦，大绳也。'" [13]81

或作"麻弹"。如朱编本《宁波方言词典》"麻弹"条："麻制粗绳子：俗语：小舌头使～吊。"[15]371《阿拉宁波话》（修订版）"麻弹"条："一种特别粗的麻绳，常用来捆石板等重物：俗语：小舌头使～吊。" [2]105

《宋本玉篇·系部》："繦，徒郎切。大绳也。"[4]495"繦"字义合音不合，当初我们在编写《阿拉宁波话》时，找不到合适的字，就用"繦"来记录。我们后出的两种书都改用了同音字"弹"。

"[dε²⁴]"本字当作"繵"。《集韵·寒韵》："繵，绳也。唐干切。"[8]145山摄开口一等寒韵除了见系字外，今宁波话读 [ε] 韵母，如"弹""檀""坛"与"繵"同音，都读 [dε²⁴]。

"繵"训绳，文献中多指牵船之绳。明李梦阳《豆莝行》："纵健征科何自出，大儿牵繵陆挽驮。"明夏原吉《桃花滩》："扁舟欲上不能上，牵繵百丈何艰哉！"两例"牵繵"都是拉纤的意思。由于牵船之绳多以竹篾为之，故字又作"簟"。《字汇补·竹部》："簟，纤索。同丹切。"宋孙奕《履斋示儿编·正误·百丈》："赵云：百丈者，牵船篾。内地谓之簟，音弹。"元高文秀《襄阳会》第一折："河里一只船，岸上八个拽。若还断了簟，八个都吃跌。"明黄福《奉使安南水程日记》："夹傍有小径，舟子得以牵簟。"

《鄞县通志·方言》不收"麻繵"，但收有"篾簟"，解释说："簟音谈。甬称系船竹缆曰'篾簟'。《示儿编》'牵船篾，内地谓之簟'是也。《字汇补》以为即'纤'，非。纤以麻制，不以篾制也。" [12]2887"篾簟"（包括"篾繵"）是竹篾加麻丝拧成的粗绳，考察文献资料，它有两种用途，一是用来拉船，相当于纤索；一是用来照明，相当于火把 [18]、[19]。但宁波用于栓船，相当于缆绳。

由于"繵""簟"比较生僻，古或借"弹"同音替代。宋周密《齐东野语》卷二十："余生长泽国，每闻舟子呼造帆曰'欢'，以牵船之索曰'弹子'。"元张养浩《折桂令·通州巡舟》："桂棹举摇开翠烟，竹弹斜界破平川。"孙锦标《南通方言疏证》："牵船之索，本作'繵子'，俗作'弹子'。""弹"字此义《汉语大词典》《汉语大字典》均收之。

要之，"繵"，绳索；以其竹篾制成，字又作"簟"；宋代已出现借"弹"为"繵""簟"

---

① 这句俗语《鄞县通志》作"小舌头使麻丝吊"（3285 页），注："饕餮者垂涎之隐语。甬语喉中悬垂曰小舌头。"汤编本《宁波方言词典》作"小舌头使麻绳吊"（96 页），注："意思是骂人嘴馋，要用绳索将其舌头吊起来。"

的用法[20]。这样看来，朱编本《宁波方言词典》及《阿拉宁波话》（修订版）把"麻[dɛ²⁴]"写作"麻弹"，歪打正着，还不算太离谱。事实上，据友生王凤娇博士见告，南宋宁波地方志《开庆四明续志》就有写作"麻弹（索）"的，如卷六："若火队器具，则铁锅六口，水桶一十二只……匾担六十条，麻弹索四十条。"

（二）置

把东西装入容器里，宁波话叫[tɕi⁴⁴]。此词未见《甬言稽诂》论析。字多写作"齮"①：

美国传教士睦礼逊《宁波方言字语汇解》："齮在玻璃瓶里。""有多少油好齮？""盆子齮来。"[21]50, 92, 127

施文涛《宁波方言本字考》"齮"条："[tɕiʔ 齮] 盛食物曰～。盛饭说'～饭'。盛菜说'～菜'。《集韵》去声御韵：'～，吴俗谓盛物于器曰～'，陟虑切。"[22]

除了宁波，其他吴语地区甚至非吴语地区也有这个词。如《温州方言词典》"齮"条："tsei⁴² 将东西放在容器里：～桐油个桶～不得菜油｜该个家生伙觇去琐，物事还会～甚……"[9]262《绍兴方言同音字汇》"tsʅ 阴去"下："齮盛：～饭"[23]。《汉语方言大词典》"齮"条："zhù〈动〉盛（盛东西到容器内）；装。㊀江淮官话。江苏南通。清光绪二十二年《通州直隶州志》：'齮，盛物也。'江苏如皋。㊁吴语。浙江宁波[tɕy⁵⁵]②～饭｜～菜。浙江象山。清道光十四年《象山县志》：'盛物曰～，音著。'浙江鄞县。◇《集韵·御韵》：'～，陟虑切，音著。吴俗谓盛物于器曰～。'㊂闽语。广东汕头[tʃʻo⁵]～物件东西。广东潮州。福建建瓯[tɔŋ⁵⁴]。"[10]5279 又"齮东西"条："〈动〉盛物。江淮官话。江苏南通。孙锦标《南通方言疏证》卷三：'今俗以盛物为～。'"[10]5279

把"齮"看作本字似乎音义密合，但仍有疑问。正如李荣先生在《考本字甘苦》"荐屋"条所说："'荐'字不见于旧籍，作为一个俗字，通行的范围这样广，都是'屋斜使正'的意思。以常理推之，这种俗字往往有本字可考。"[24]盛、装是一个基本动作，而"齮"字始见于宋代《集韵》，说它是本字，有违常理；"齮"充其量只是一个后出本字或后起专字。

民国宁波学人写作"置"。《鄞县通志·方言》屡见"置"字，如"谚语"："少来弗积财，老来要置舍棺材。"注释："舍棺材即人所施舍之棺。置即装意。"[12]3159 又："小孩跑春头磕开，老头跑春置棺材。"[12]3229"歌谣"："自家吃之，还要置一碗畀

---

① 德国学者穆麟德编著的《宁波方言便览》写作"寄"，注音 kyi（记），如："葛个甏有多少东西好寄？""葛只箱子好寄许多东西。"美华书馆 1910 年版，第 116—117 页。

② [tɕy⁵⁵] 当是 [tɕi⁵⁵] 之讹。宁波话"齮"读 [tɕi⁵⁵]，不读 [tɕy⁵⁵]。

邻舍家。"[12]3414 又："大篮置置置弗落，小篮置置置弗落，隔壁叔婆碗头篮一置就置落。"注释："甬称物盛器中曰置。置弗落，盛不下也。"[12]3436 近人陈炳翰《古堇谚铎》卷二："成群结党，一盆子置血。"[12]3346

尽管《鄞县通志·方言》在"音读"及"俗名"里都没有专门讨论"置"字，我们认为，上述例句中的"置"字并非训读字，而正是本字。"置"宁波话有 [tɕi⁴⁴] 音，只是人们没有注意到。

《广韵·志韵》："置，安置也。陟吏切。"[5]337 "置"的音韵地位是"止开三去志知"，今宁波话通读 [tsʅ⁴⁴]（放置），又读 [tsʅ⁴⁴]（位置）。止摄开口三等知、章组字今宁波话里往往有 [i]、[ʅ] 两读[6]38, 59-60, [7]9, 66-67，相应地，声母也有舌面前音和舌尖前音的变化。例如：

枝（章、支）[tɕi⁵³] 荔枝　　　　　　[tsʅ⁵³] 树枝

脂（章、脂）[tɕi⁵³] 胭脂　　　　　　[tsʅ⁵³] 脂肪

池、驰（澄、支）[dʑi²⁴] 白读　　　　[dʐʅ²⁴] 文读

迟（澄、脂）[dʑi²⁴] 白读　　　　　　[dʐʅ²⁴] 文读

持（澄、之）[dʑi²⁴] 白读　　　　　　[dʐʅ²⁴] 文读

痔、峙（澄、止）[dʑi²¹³] 白读①　　　[dʐʅ²¹³] 文读

值得注意的是，与"置"同为止摄开口三等之（止）韵的"持、痔、峙"有 [dʑi]、[dʐʅ] 两读，尤可证"置"亦当有 [tɕi]、[tsʅ] 两读。

一般以为，[i] 比较古老，属于白读层，[ʅ] 是 [i] 舌尖化的结果。其中少数支、之韵知组字舌尖元音 [ʅ] 圆唇化，读如合口，今读 [ʮ][6]38, 59, [7]9, 69。例如：

知、蜘（知、支）[tsʮ⁵³]　　智（知、寘）[tsʮ⁴⁴]　　痴（彻、之）[tsʻʮ⁵³]

《鄞县通志·方言》所收谚语皆附有注音，其中"置"注音ㄗ一，即 [tsi]②，后来尖团合流，读 [tɕi]；又经过舌尖化、圆唇化，于是今读 [tsʮ⁴⁴]。

"齿"是"置"的后出俗体。"齿"陟虑切，音韵地位是"遇合三去御知"。"御"为"鱼"之去声。据胡方先生研究③，遇摄合口三等鱼韵，"[i] 是比较早期的读音层次，

___

① "峙"常用作地名，如宁波北仑区有"塔峙""青峙""屺峙""华峙""外峙""峙头"等，"峙"均读 [dʑi²¹³]。

② 《鄞县通志·方言》完稿于 1937 年前，从它所记录的语音看，当时宁波方言还分尖团音。成书于1876 年的《宁波方言字语汇解》"齿盆子"注音为"tsi beng-ts"（375 页），"打一记"注音为"tang ih kyi"（47 页），"齿"（tsi）与"记"（kyi）不同音，也反映了区分尖团音的情况。

③ 《北仑方言》上篇"语音"由胡方先生撰写，下篇"方言词"由笔者撰写。

如常用字'锯'、'去'、'箸'、'渠他'、'吕'、'旅'、'虑'、'滤'、'徐'等今音或今音白读层均为 [i]，其相应的文读层则为 [y]。"[6]36 可见，"齿"宁波话也可读 [tɕi⁴⁴]。在吴语甬江片当中，宁波、鄞州、镇海、北仑、象山、舟山"齿"字都读 [tɕi]，奉化、宁海读 [tsʅ][25], [26]。此外，与奉化交界的新昌也读 [tsʅ]（汪维辉教授告知），绍兴东头埭也读 [tsʅ]（与"置"同音）[23]。这与止摄开口三等知、章组字今宁波话里有 [i]、[ʅ] 两读的情况非常相似。

"置"在古汉语里基本意义是放置、安放，方言里特指盛、装，而盛、装本质上也是放置，只不过词义缩小了，两者意义演变关系还是非常清楚的。金华方言即写作"置"。《金华方言词典》"置"条："tɕy⁵⁵ ①装，盛放：些谷～得袋里｜酒～得瓶头里。②盛（饭菜）：～饭吃｜～碗粥来｜菜～挈。‖广韵志韵陟吏切，开口。金华读如合口。"[27]《汉语方言大词典》"置"条："①〈动〉盛；盛放。吴语。浙江金华岩下 [tsʅ⁵²] ～饭｜～粥儿｜袋里～满罢。"又"置饭"条："〈动〉盛饭。吴语。浙江金华 [tɕy⁵⁵ vɑ¹³]。"[10]5728 我们说"置"是"齿"的源头，这也是一个旁证。

（三）念

宁波话管瘾为 [ȵi²¹³]（有的记作 [ni¹¹²]），此词《甬言稽诂》未予考辨。字多写作"瘾"，例如：

《阿拉宁波话》"瘾头"条："瘾音二白读。瘾儿：其吃香烟～交关大。"[13]97

《宁波市志·方言》"同音字表""ni 阳上"下："瘾上～"[14]2859。

朱编本《宁波方言词典》"瘾头"条："[ni¹¹² dœø²³³]〈名〉瘾儿：其吃香烟～交关大｜鸦片～到，比死还难熬。"[15]480

汤编本《宁波方言词典》"过瘾"条："kəu⁴⁴⁻³³ ȵi²¹³ 满足某种癖好或嗜好：吃支香烟过过瘾。"[1]186

《鄞州方言研究》"同音字汇""ȵi"下："瘾过～"[7]67。

可见，各家都把"瘾"当作本字，有的还认为"瘾"读 [ni¹¹²] 是白读音。

"瘾"本指瘾胗（荨麻疹）。《集韵·隐韵》："癮、瘾，癮胗，皮小起兒。或不省。倚谨切。"[8]358 后借"瘾"表示癖好、嗜好义。"瘾"是上声隐韵影母字，今宁波话读 [iŋ³⁵]，声韵调都与 [ȵi²¹³] 不同，不可能音转为 [ȵi²¹³]。

另外，宁波话 [ȵi²¹³] 与普通话"瘾"用法上也有一些差异。普通话"上瘾""成瘾""过瘾"，宁波话可说"上 [ȵi²¹³]"，不说"成 [ȵi²¹³]"，而"过瘾"普通话一般作形容词，宁波话"过 [ȵi²¹³]"还可作动词。更主要的是，宁波话 [ȵi²¹³] 还可作形容词，表示瘾大，如："该人老酒交关 [n̠i²¹³]，一日三餐每顿必吃个。""侬香烟介 [n̠i²¹³] 啊？看侬一支接一支吪没断过。"普通话"瘾"没有这种用法。这也说明宁波话 [n̠i²¹³] 与普通话"瘾"不是同一个词。

《阿拉宁波话》（修订版）写作"念"，如"念头"条："念音碾（《广韵·桥韵》奴店切）。瘾儿：其香烟～交关大，一日要吃两包。"[2]128 又"上念"条："念音碾（《广韵·桥韵》奴店切）。上瘾：该爿饭店剁椒鱼头做勒交关好，吃仔要～个。也说'上念头'。"[2]138 所谓"念音碾"，也即音 [n̠i²¹³]。

今谓作"念"是，"念"就是本字。下面从读音、词义及方言比较三个方面加以分析。

"念"，宁波话通读 [ne²¹³]，如挂念、念佛、私心杂念。《广韵·桥韵》："念，思也。奴店切。"[5]424 "念"的音韵地位是"咸开四去桥泥"，咸摄开口四等添（忝、桥）韵宁波今音均是 [i]，如点、添、甜、兼、歉、濂等，"奴店切"的宁波话读音正是 [n̠i²¹³]。现在一般情况下，"念"已经不读 [n̠i²¹³] 了，但还有遗迹。《北仑方言》"同音字汇""n̠i 阳去"下："念又音，旧"[6]60，即其证。

"念"古今读音变化与"验"很相似。"验"，宁波话通读 [ne²¹³]，如化验、实验、验收、验证。《广韵·艳韵》："验，证也，征也，效也。鱼窆切。"[5]423 "验"的音韵地位是"咸开三去艳疑"，咸摄开口三等盐（琰、艳）韵宁波今音也是 [i]。"验血""验身体"的"验"，老派宁波话正读 [n̠i²¹³]。就"念""验"二字而言，[i] 是固有读法，是白读；[ne] 是受通语影响而产生的文读音。也就是说，"验血"的"验"读 [n̠i²¹³]，"念头"（义为瘾头）的"念"读 [n̠i²¹³]，是正宗的宁波话早期读法。

从词义看，《说文·心部》："念，常思也。"[3]217《古文苑·王粲〈太庙颂〉》："念武功，收纯祜。"宋章樵注："念，不忘也。""念"作动词，指惦记、常常想；作名词，指念头、想法。而"瘾"是一种特别深的嗜好，其实正是常常惦记的、念念不忘的念想！因此，"念"由常用义发展为表示瘾，语义上完全讲得通。

从横向比较看，用"念"表示瘾，不限于宁波话，吴语好多地方都这么说。《汉语方言大词典》"念"条："⑧〈名〉瘾头。吴语。浙江苍南金乡 [ni²¹²] 嬉了一天还未过～。"[10]3040 又"念头"条："〈名〉瘾；瘾头。吴语。江苏江阴、吴江、常熟、苏州。上海、上海松江、宝山罗店、南汇周浦。浙江宁波、温州、杭州、绍兴、苍南金乡 [ni²¹²⁻²¹ dao²²⁻¹¹] 香烟～上来了。"[10]3041 又"过念"条："①〈形〉过瘾。吴语。浙江苍南金乡 [ko⁵² ni²¹²] 这顿饭，吃得太～了｜这出戏唱腔优美，听起来真～。"[10]1624 又"杀念"条："①〈形〉过瘾；有劲儿。吴语。上海奉贤 [sæʔ³³ n̠ij³⁴]、崇明。江苏苏州。"[10]1860《崇明方言词典》"念"条："ɦn̠ie³¹³ ④指瘾、癖好、兴趣，用于复

合词中：过～过瘾 | 杀～过瘾，痛快。"又"念头"条："ɦɲie^{313} dθ$^{24-55}$ ②瘾：吃香烟要有～个。③泛指浓厚的兴趣：夷看戏个～最大。"[28]《上海方言词典》"过念头"条："ku^{35} ɲie$^{13-11}$ dɣ$^{13-33}$ 过瘾，动词：吃支香烟，过过念头。"[29]（"念"字下都加小圆圈，表示该字为同音替代，其实"念"就是本字）《上海话大词典》"念头"条："ɲi$_{22}$dɣ$_{44}$〈名〉瘾：掰个人香烟～真重。"[30]125 又"过念头"条："ku$_{44}$ɲi$_{22}$dɣ$_{44}$/ku$_{33}$ɲi$_{55}$dɣ$_{21}$ 过瘾：吃支香烟，过过念头。"[30]323（"念"注音 ɲi，与宁波话声韵相同）

　　"念"表"瘾"义，吴语其他点"念"字读音一般没有变化，因而确定本字相对容易些。宁波话则不然，"念"有文白两读，白读音又隐藏得比较深；且"念"的常用义与"瘾"义毕竟有一定的距离，所以人们很难将义为瘾音为 [ɲi^{213}] 的本字与"念"联系在一起。

　　上面已经说过，《阿拉宁波话》2016 年修订版写作"念"，因为修订时我们觉得用"瘾"字的话，语音相差太大；而"念"《广韵》奴店切，与 [ɲi^{213}] 音合。2019 年 9 月，复旦大学盛益民先生发给我他与学生马俊铭合作的《老派宁波方言同音字汇——基于〈宁波方言词典〉的字音汇编与校释》一文电子稿，其"ɲi 阳上去"下收"瘾（过～）"，脚注："本字当为'念'，用'念'表示'瘾'在吴语中常见。"①甚确。今更详为论析，进一步佐证这种写法和说法。

参考文献

[1] 汤珍珠，陈忠敏，吴新贤 . 宁波方言词典 [M]. 南京：江苏教育出版社，1997.

[2] 朱彰年，等 . 阿拉宁波话 [M]. 修订版 . 周志锋，汪维辉，修订 . 宁波：宁波出版社，2016.

[3] 许慎 . 说文解字 [M]. 北京：中华书局，1963.

[4] 陈彭年，等 . 宋本玉篇 [M]. 重修本 . 北京：北京市中国书店，1983.

[5] 陈彭年，等 . 宋本广韵 [M]. 北京：北京市中国书店，1982.

[6] 周志锋，胡方 . 北仑方言 [M]. 北京：中国文史出版社，2007.

[7] 肖萍，郑晓芳 . 鄞州方言研究 [M]. 杭州：浙江大学出版社，2014.

[8] 丁度，等 . 集韵 [M]. 上海：上海古籍出版社，1985.

[9] 游汝杰，杨乾明 . 温州方言词典 [M]. 南京：江苏教育出版社，1998.

[10] 许宝华，宫田一郎，主编 . 汉语方言大词典 [M]. 修订本 . 北京：中华书局，2020.

[11] 阮咏梅 . 温岭方言研究 [M]. 北京：中国社会科学出版社，2013：233.

---

① 该文后来发表于上海师范大学语言研究所《东方语言学》第二十辑，上海教育出版社 2020 年版。

[12] 陈训正，马瀛，主编. 鄞县通志 [M]. 宁波：鄞县通志馆刊印，1951.

[13] 朱彰年，等. 阿拉宁波话 [M]. 上海：华东师范大学出版社，1991.

[14] 俞福海，主编. 宁波市志 [M]. 北京：中华书局，1995.

[15] 朱彰年，等. 宁波方言词典 [M]. 上海：汉语大词典出版社，1996.

[16] 宗福邦，陈世铙，萧海波，主编. 故训汇纂 [M]. 北京：商务印书馆，2003：2466.

[17] 周志锋. 周志锋解说宁波话 [M]. 北京：语文出版社，2012：248.

[18] 石汝杰，宫田一郎，主编. 明清吴语词典 [M]. 上海：上海辞书出版社，2005：437.

[19] 白维国，主编. 近代汉语词典 [M]. 上海：上海教育出版社，2015：1284-1285.

[20] 王凤娇.《恒言录》《恒言广证》研究 [D]. 上海：复旦大学博士学位论文，2019：161-163.

[21] 睦礼逊. 宁波方言字语汇解 [M]. 上海：美华书馆，1876.

[22] 施文涛. 宁波方言本字考 [J]. 方言，1979（3）：161-170.

[23] 王福堂. 绍兴方言同音字汇 [J]. 方言，2008（1）：1-17.

[24] 李荣. 考本字甘苦 [J]. 方言，1997（1）：1-13.

[25] 奉化市地方志编纂委员会. 奉化市志 [M]. 北京：中华书局，1994：849.

[26] 陈一兵. 宁海话 [M]. 宁波：宁波出版社，2016：100.

[27] 曹志耘. 金华方言词典 [M]. 南京：江苏教育出版社，1996：25.

[28] 张惠英. 崇明方言词典 [M]. 南京：江苏教育出版社，1993：47.

[29] 许宝华，陶寰. 上海方言词典 [M]. 南京：江苏教育出版社，1997：52.

[30] 钱乃荣，许宝华，汤珍珠. 上海话大词典 [M]. 上海：上海辞书出版社，2007.

宁波、舟山方言洗涤义"丈"本字为"净"说①

【摘　要】　宁波、舟山方言管洗叫 [dʑiã²¹³]，方言自造形声字作"汏"。其本字，或以为是"滰"，或以为是"濯"。文章运用音义互证、古今参差、方言比较等方法，对该词的本字进行了考辨，认为本字就是"净"。"净"有文白两读，清洁义的"净"文读，音 [zin²¹³]；洗涤义的"净"白读，音 [dʑiã²¹³]。"净"的白读音与文读音距离较大，词性也有动、形之别，以至于人们很难把两者联系到一块儿。

【关键词】　净；洗；宁波舟山方言；本字

新冠疫情期间，全社会都提倡"不聚集，戴口罩，勤洗手"。其中"洗手"的"洗"，宁波话、舟山话叫"丈"[dʑiã²¹³]，洗脚、洗脸、洗头、洗碗、洗衣裳的"洗"都叫"丈"。"丈"是记音字，方言自造字作"汏"。据曹志耘主编《汉语方言地图集·词汇卷》，洗澡叫"丈⁼浴"或"丈⁼人"的，有舟山、镇海、鄞州、奉化、象山、宁海、慈溪、余姚等。[1]据傅国通等编著《浙江方言词》，洗脸叫"汏面"的，有镇海、定海、宁波、奉化、象山、宁海等；[2]350 可见，管洗叫"汏"，通行地域为宁波、舟山两地，"汏"是吴语明州片的一个特征词。

有人认为这个词有音无字或本字不明，就是毛奇龄所谓"呼其音而不得其文者"[3]；也有人认为这个词有本字，本字当作"滰""濯"等。本文认为，这个疑难方言词"字非奇僻，特因古今音变而莫探其原"[4]2767，本字就是"净"。

李荣先生强调，考本字必须要具备三个基本条件：一是要讲清古今音的演变规律，二是要与其他方言作对比论证，三是要有书证。[5]下面我们大致按照这三条进行论析。

---

① 本文系国家社科基金项目"《甬言稽诂》校注及研究"（19BYY160）的阶段性成果之一。本文与郑晓芳老师合作，郑晓芳老师为第二作者。原载《宁波大学学报》（人文科学版）2021 年第 5 期，又见人大复印报刊资料《语言文字学》2022 年第 1 期。

一、前人说法检讨

关于"汏"的本字，前人曾有研究，主要有以下两种说法：

一说"潠"。民国《定海县志》"潠"条："潠，其两切。《说文》：'潠，浚干渍米也。'今谓洗物曰潠，正作此音。"[6]《鄞县通志·方言（二）》"潠（溔）"条："潠，强上声。潠衣裳，潠东西。甬称洗涤一切物品曰潠。《说文》：'潠，浚干渍米也。'《越谚》作'溔'，谓'荡上声，宁波人读若祥。凡洗瓶钵，但用水荡漾也'。案：甬语潠与瀳异，瀳亦读若荡上声，即《越谚》所谓'但用水荡漾也'。潠自别一字，《越谚》误合为一。"[4]3069

一说"濯"。近人应钟《甬言稽诂·释行事》"濯"条："濯，《说文·水部》：'濯，瀚也。'直角切。甬音读如族。澄、从声近，讹转故也。瀚、澣正俗字。瀚者，《说文》云：'濯衣垢也。'字亦作浣。何休注《公羊》云《庄三十一年传》：'去垢曰浣，齐人语也。'然则濯亦去垢义耳。'濯缨''濯足'，皆以水去垢之谓。濯从翟声，古音为宵类，燿、曜、耀、嬥、櫂、㸌皆其例。故濯亦读直教切。《广韵·卅六效》：'濯，浣衣。'宵、阳同入相转，同入于药。音变为长。甬俗称水洗去垢呼如'长'，即濯读澄纽正音而转耳。"[7]

此外，还有一些说法和写法：

"溔"，如《鄞县通志》所引，晚清范寅《越谚》认为宁波人读若祥的这个词是"溔"之音转。《越谚》卷下《音义·单辞只义》"溔"条："'荡'上声，宁波人读若'祥'。凡洗瓶钵，但用水荡瀳也。《说文》。"[8]

"潒"，德国学者穆麟德（P.G.von Möllendorff）编著的《宁波方言便览》（*The Ningpo Handbook*，1910年）记作"潒"，注音 gyiang，即今 [dʑiã]。如："我一日里头两遭潒肉。"[9]10（潒肉，洗澡）又："锅潒一潒把葛个油熬一熬。"[9]89 又："肥皂可以潒掉油腻。"[9]114 又："衣裳潒来顶干净。"[9]115 又："碗要潒拉干净。"[9]116 此外，《简明吴方言词典》"潒"条："（宁波 [dʑiaŋ²¹³]）宁波一带的话。动词。洗：～衣裳｜手交关醒龊，快点～一～。"又"潒浴"条："（宁波 [dʑiaŋ²¹³ ȵioʔ²]）宁波一带的话。动词。洗澡。"[10]《汉语方言大词典》（修订本，下同）"潒"条、"潒浴"条引用了《简明吴方言词典》内容。[11]6243

"洗"，美国传教士睦礼逊（W.T.Morrison）编著的《宁波方言字语汇解》（*An Anglo-Chinese Vocabulary of The Ningbo Dialect*，1876年）记作"洗"，注音 gyiang，亦即今 [dʑiã]。如："gyiang ih-go nyüoh 洗一个浴。……gyiang-nyüoh-dong 洗浴桶。"[12]36 又："gyiang-siu-un 洗手碗。"[12]50 又："gyiang ken-zing 洗干净。"[12]76（浴，

注音 nyüoh，音同玉）

"浆"，《汉语方言大词典》"浆面手巾"条："〈名〉手巾。吴语。浙江定海 [tɕiã^{223-13} mĩ^{113-33} ɕiu^{334-53} tɕiŋ^{53-42}]。"[11]4511（"浆"字注音恐有误，当读 [dʑiã^{113}]）

诸说当中，"浇"字说影响最大，如《鄞县通志·方言（三）》："六月六，黄狗猫浇浴。"[4]3240 又："六月六，黄狗老猫浇浇浴。"[4]3503 又："四九三十六，出汗如浇浴。"[4]3510（浇浴，洗澡。浴音肉）近人陈炳翰《古董谚铎》（附在《鄞县通志》方言卷）卷二："扫地扫一地中央，浇面浇一鼻头梁。"[4]3337 此外，写作"浇"的还有：《宁波市志》[13]、朱编本《宁波方言词典》[14]456、《宁海话》[15]、《象山方言志》[16]452 等。

但是，从音义两方面考察，"浇""濯""漾""强"等均不够贴切，下面略作分析。

关于"浇"。《说文·水部》："浇，浚干渍米也。从水，竟声。《孟子》曰：'夫子去齐，浇淅而行。'"《广韵》其两切。桂馥义证："浇者，漉淅米使干。"《广雅·释诂二》："浇，盪也。"王念孙疏证："浇之言竟，谓漉干之也，今俗语犹谓漉干渍米为浇干矣。""浇"是淘米使干、淘米后滤净泔水的意思。"浇"其两切的读音与宁波话表洗涤义的 [dʑiã^{213}] 吻合（"糨糊"的"糨"异体字作"糡"，可证"强""竟"两声相通）。由于找不到合适的本字，于是人们用读音相同而意义似乎有点关联的"浇"来表示，并用引申说来弥缝其词义上的隔阂，如朱编本《宁波方言词典》"浇"条："《说文·水部》：'浇，浚干渍米也。'其两切。引申为洗。"[14]456《象山方言志》第八章《常用词本字考》"浇"条："音'强'。动词。淘米后滤净泔水。……引申作'洗涤'讲。"[16]171 但"淘米使干"义与"洗涤"义距离很大，且"浇"字非常冷僻，文献中几乎没有实际用例，而表示洗涤义的是常用词，故"浇"不可能是本字。

关于"濯"。《说文·水部》："濯，瀚也。从水，翟声。"（"瀚"同"浣"）《广雅·释诂二》："濯，洒也。"（"洒"同"洗"）《诗·大雅·泂酌》："泂酌彼行潦，挹彼注兹，可以濯罍。"毛传："濯，涤也。"《楚辞·渔父》："沧浪之水清兮，可以濯吾缨；沧浪之水浊兮，可以濯吾足。""濯"有洗涤义，但《广韵》直角切（音浊），又直教切（音棹），义合音不合。应钟先生谓"甬俗称水洗去垢呼如'长'，即濯读澄纽正音而转耳"，音转过于随意，靠不住。

关于"漾"。《广韵》徒朗切。主要有两个意思，一是水荡漾貌，后作"荡"。《说文·水部》："漾，水漾瀁也。从水，象声。读若荡。"段注："漾瀁，叠韵字，摇动之流也。今字作'荡漾'。"二是荡涤。《广雅·释诂二》："漾，洒也。"王念孙疏证："漾，与荡通，字亦作盪。"第二个意思就是宁波话"荡嘴巴""荡夜桶"的"荡"。可见，

"漗"与洗涤义 [dʑiã²¹³] 音义均不合。《越谚》成书于光绪四年（1878），这是学者较早著录宁波话管洗叫 [dʑiã] 的材料（"宁波人读若'祥'"），所以《越谚》的说法也有一定的史料价值。

关于"漒"。《集韵》渠良切。《汉语大词典》收有两个义项：①水名（《集韵·阳韵》："漒，水名，在河南。"）。②用同"犟"，性情固执。《宁波方言便览》等用"漒"，纯粹是借其从水强声的形声字字形。且"强"是阳平字，表洗涤的 [dʑiã²¹³] 是阳去字，声调略有差异。

关于"洗"。"洗"是训读字。所谓训读，是指"用方言口语常用词的字音去读另一个意义相同或相近的字"。1876 年出版的《宁波方言字语汇解》用"洗"来训读 [dʑiã]，就我们目力所及，这是洗涤义 [dʑiã²¹³] 迄今首见著录。

关于"浆"。"浆"指衣物洗净后，浸以米汁，干后使之平挺，"浆洗"指洗净并浆挺衣物。"浆"与洗涤义 [dʑiã²¹³] 音义都有些沾边，所以用了这个字。其实音义都不合。

考虑到以上书写形式都有问题，于是出现了自造字形声字"丈"。傅国通等先生编著的《浙江方言词》较早使用了这个字 [2]350，并逐渐为大家所接受。如汤编本《宁波方言词典》[17]、《北仑方言》[18]167、《周志锋解说宁波话》[19]、《阿拉宁波话》（修订版）[20]、《鄞州方言研究》[21] 等都写作"丈"。

二、"净"字音义分析

今谓本字实作"净"。

宁波话里，"净"字通常的用法是读 [ziŋ²¹³]，作形容词，表示清洁、纯等意思，如干净（书面语。口语说"清爽"）、净赚、净货等。① 而洗涤义是动词，音 [dʑiã²¹³]，两者音义距离都很大，怎么会是同一个词呢？

先看读音。《广韵·劲韵》："净，无垢也。疾政切。""净"字音韵地位是"梗开三去劲从"。"疾政切"折合成宁波话的今读是 [dʑiŋ²¹³]（从母宁波话今读有 ʑ、dʑ

---

① 《现代汉语方言大词典》第 3 卷 2352 页"净"条："宁波 tsən³²，下列"清洁；干净""纯""剩下""表示单纯而没有别的，只"等 4 个义项。此系误植，不是宁波方言的，而是东莞方言的。见詹伯慧、陈晓锦编纂《东莞方言词典》，江苏教育出版社 1997 年版，231 页。熊正辉、张振兴、沈明主编《新华方言词典》"净"条义项①："剩余下来的。如宁波 tsən³²：使～一蚊块钱。"误同。见商务印书馆 2011 年版，487—488 页。

等，故"净"声母有 z、dz 两读），与 [dziã²¹³] 声母、声调都一致。差异在于韵母，下面重点讨论。

"净"字韵母 iŋ，又读作 iã，看似很特殊，但从古今音变角度分析是讲得通的。李荣先生指出："古梗摄主要元音今读 [a]，为我国东南部吴、赣、客、粤、湘、闽、徽诸方言区共性之一。这里所谓 [a] 元音，包括鼻化的 [ã]，带不带塞音或鼻音韵尾，有没有介音。"[22] 就宁波方言而言，古梗摄主要元音今读 [ã]，绝大多数是梗摄开口二等字。例如：

绷 pã⁵³，烹（烧菜时浇入酒、醋、水等）pʻã⁵³，彭 bã²⁴，孟 mã²¹³，打 tã³⁵，冷 lã²¹³，撑（撑船）tsʻã⁵³，锃 dzã²¹³，生 sã⁵³，耕 kã⁵³，坑 kʻã⁵³，鲠（鱼骨头鲠胡咙）gã²¹³，硬 ŋã²¹³，杏 ɦã²¹³，樱 ã⁵³。合口二等字有：横 ɦuã²⁴。

宁波话梗摄开口三等字主要元音读 [ã] 的比较少，但也有，例如：盛（姓，与"净"同属《广韵》劲韵）dzã²¹³，皱（青皱皱，颜色发青）ã⁵³，映（反映，放映）iã⁴⁴。合口三等字有：顷（一段时间，如上顷、该顷、过一顷）tɕʻiã³⁵。

另外，"净"从争得声，争或争声字宁波话多读 ã 韵，例如：争（争口气，两人争起来）tsã⁵³，睁（眼睛睁勿开）tsã⁵³，挣（挣家计）tsã⁵³，桢（树桢：树节子）tsã⁵³，胫（手胫子头：胳膊肘儿）tsã⁵³。

如果横向比较，我们发现"净"在其他方言里也有主要元音读 [a] 的，例如：于都 tsʻiã⁴²，福州 tsiaŋ²⁴²，温州 tɕiaŋ⁴²，绩溪 tɕʻiã²²，梅县 tsʻiaŋ⁵³，南昌 tɕiaŋ¹¹，[23]2351-2353 广东台山台城 tiaŋ³¹，广东恩平牛江 tsiaŋ³¹，广东惠州 tsʻiaŋ³¹，广东东莞清溪 tsʻiaŋ⁴²，广东中山南萌合水 tsʻiaŋ⁵⁵，江西莲花 tɕʻiã³³，江西赣州蟠龙 tɕʻiã⁵³，山西襄汾 tɕiaŋ⁵³，江西瑞金 tɕʻiaŋ⁴²，[11]3159-3160 江西临川 tɕʻiaŋ²²，广东中山 tsiaŋ²²。[22]

综上，"净"读 [dziã²¹³]，是符合古今语音演变规律的。而且，这是一个不易被察觉的古老的白读音。

再看词义。"净"，《说文》作"瀞"，释作"无垢薉（秽）也"，本是形容词。用作使动，把动作结果变为动作本身，就当洗涤讲。《国语·周语中》："净其巾幂。"韦昭注："净，洁也。"近代汉语里用例甚繁，例如：唐庄翱逸句："焚香暮入翻花殿，净手秋开贝叶经。"《法苑珠林》卷八十九《感应缘·唐居士张法义》引《冥报记》："乃令净浴清净，披僧衣，为忏悔。"《西游记》第八十三回："这太子三朝儿就下海净身闯祸，踏倒水晶宫，捉住蛟龙要抽筋为绦子。"《金瓶梅词话》第七十四回："当日却是安郎中摆酒，西门庆起来梳头净面出门。"《古今小说》第二十二卷："那妇人又将大磁壶盛着滚汤，放在桌上，道：'尊官净口。'"《笑府》卷六："面主人持面至，倾之卓上，曰：'你胡乱吃罢，我要紧净碗。'"《红楼梦》第七十五回："奶奶今日中晌尚未洗脸，这会子趁便可净一净好？"《后红楼梦》第二十回："湘云笑道：'宝哥哥，你快快的把脑瓜子再往河泥里钻一钻，好等林妹妹试个净头的手段儿。'"《七侠五义》第七回："要净面水，唤开水壶，吵嚷个不了。"以上各例除了"净口"为漱口，其余"净"都与洗同义。甚至现代汉语也保留了"净"的动词用法，如老舍《骆驼祥子》19："眼睛直勾勾的，进门先净了手，而后上了香。"《现代汉语词典》（第7版）："②擦洗干净：～一～桌面儿。"《现代汉语规范词典》（第3版）："②使清洁：～一～桌面｜～～手。"

三、方言综合比较

近代汉语里，"净"当洗讲，几乎南北都说。那么，现代方言里的情况又如何呢？先看《现代汉语方言大词典》的相关材料：

崇明【净】洗；洗刷：～碗｜～镬子洗锅｜手～～干净手洗干净。【净手】洗手：～净净干净。【净衣裳】①洗衣裳。②用做妇女例假的讳词。【净脚】洗脚。

上海【净浴】→〖汏浴〗（"汏浴"条释为"洗澡"）。

济南【净】②使干净：～身。【净面】入殓前由死者的儿女用棉球蘸酒擦脸。

于都【净】投洗（衣服）：这件衫洗正头到，你拿得河下～干来。

福州【净】②擦洗、打扫干净：～厝屋子。

娄底【净身】入殓前为死者擦洗身子。[23]2351-2353

再看《汉语方言大词典》的相关材料：

【净】①〈动〉洗；洗涤。吴语。上海。……《沪谚外编》："十月交到十一月中，敲冰～菜叫长工。"上海奉贤。《白杨村山歌》："新的衣裳布眼头～得清，旧的衣裳～来要轻轻能。"上海松江：～手｜～脚｜～衣裳。【净手】〈动〉洗手。吴语。上海松江。江苏海门。浙江湖州双林。【净去】〈动〉洗去。吴语。上海崇明。【净头】〈动〉洗头。吴语。上海崇明。【净面】〈动〉洗脸。吴语。上海。江苏海门。【净浴】〈动〉洗澡。吴语。上海。上海嘉定。江苏海门。【净菜】〈动〉洗菜。吴语。上海松江。江苏海门。浙江。【净脚】①〈动〉洗脚。吴语。上海松江。江苏海门。【净衣裳板】〈名〉洗衣板。吴语。上海松江。【净澡】洗澡。中原官话。河南。[11]3159-3161

此外，《苏州方言词典》：【汏】洗。……苏州郊区根据所洗的不同对象有不同的说法，如汏手说"净手"。[24]《上海话大词典》：【净】旧洗：～衣裳。[25]《山东方言词典》：

【净面】入殓时，用水把死者的面部擦干净。（阳、青）[26]244　　又：【净】冲洗。（牟）[26]393

上举各例，除于都方言外，"净"作动词与作形容词，读音相同。

不难看出，现代方言管"洗"为"净"的，主要是吴语地区，如上海（包括崇明、奉贤、松江、嘉定）、江苏（海门及苏州郊区）、浙江（《汉语方言大词典》没有交代具体方言点，据笔者所知，余姚、慈溪就有说"净"的，分别见《余姚市志》[27]974, 984、《慈溪县志》[28]921方言章。事实上，吴语明州片都说"净"，只不过语音变化太大，一般人没有意识到）。其他方言虽然也有用"净"表示类似洗的概念的，但词义和用法都有一定限制，"净"和"洗"不能互相替换。在现代汉语里，"净"和"洗"也不能完全划等号，如"净一净桌面"显然不是洗一洗桌面的意思。

"洗"的意思，吴语往往不说"洗"，而说"净"或"汏"，据《现代汉语方言大词典》，说"汏"的主要是苏州话、杭州话、上海话（旧也说"净"，且使用范围较窄）；[23]1549而据《汉语方言大词典》，说"汏"的主要是吴语，此外江淮官话（江苏泰州）、闽语（广东潮阳、汕头）也说。[11]1941为什么不说"洗"，而说"净"或"汏"？这恐怕与文化及民俗有关。乾隆《昆山新阳合志》卷一："讳'死'，呼洗曰'净'。"①《方言与中国文化》说："苏沪一带忌'死'[sʅ]音，口语改用[ɕi]这个音。又因[ɕi]和'洗'同音，遂不用'洗'这个词，改用'汏'或净。否则'侬先洗'就等于'侬先死'了。"[29]其说甚碻。"死"，《广韵·旨韵》息姊切（姊，宁波话读挤），与"洗"同音，出于讲忌讳求吉利的文化心理，于是宁波方言就用"净"来表示"洗"。

如上所说，"净"当洗讲，一般都与干净的"净"读音相同，但也有例外，即"净"有文白异读，作形容词，文读；作动词，白读。例如江西于都方言：

【净】tsʻẽ42①清洁；干净：倒碗～水来，涧你取仙丹。②纯：～重｜㑅今年除了本，～赚一万块[30]197。tsʻiã42投洗（衣服）：这件衫洗正头到，你拿得河下～干来[30]166。

浙江慈溪、余姚方言也有类似的情况：

慈溪【净】[dʑien223]干净[28]898　　[ɦien223]洗涤[28]921

余姚【净】[dʑiã13]干净　　　　[ʑiã13]洗面孔～得清爽[31]

慈溪、余姚方言"净"的形、动两义只是声母有变化，所以比较容易看作一个词；而宁波、舟山方言形容词音[ʑiŋ213]，动词音[dʑiã213]，声母、韵母都有变化，所以不容易察觉本是一个词。

事实上，过去也有学者注意到宁波话表洗义的本字就是"净"。陈训正1932年所

---

① 转引自石汝杰、宫田一郎主编《明清吴语词典》"净"条，上海辞书出版社2005年版，331页。

撰《甬句方言脞记》首页："俗呼洗净曰浈，其两切。案扬子《方言》：'干黏曰浈。'此浆糊字，当作浈黏。若洗衣之称，即是净字。净从争得声，甬俗争读张，则净之声转亦得为其两切。俗作浈者非。"[32]陈氏以争声字的方言读音为依据来立论，虽嫌简略，却颇有见地。①2007年，笔者与中国社科院语言所胡方先生合作编写家乡方言著作《北仑方言》时，胡方先生负责上篇"语音"，其PDF电子稿"同音字汇""iã"韵母下有："dʑ　13丈仗杖净洗，白读"。由于在"历史音韵特点与来源"里未作具体说明，而我负责的下篇"方言词"表洗义的词写作"汶"，为求统一，"同音字汇"的"净"也改成了"汶"。[18]64现在看来，胡方先生的说法是正确的。②至于近年来出版的有关宁波方言的著作写作"净"，有的恐怕是采纳了笔者私人交流时的意见。

（本文写作过程中，宁波大学肖萍教授提供了一些参考文献；浙江大学汪维辉教授审阅了初稿，提出了一些修改意见。一并表示感谢！）

参考文献

[1] 曹志耘，主编. 汉语方言地图集·词汇卷 [M]. 北京：商务印书馆，2008：157.

[2] 傅国通，方松熹，傅佐之. 浙江方言词 [M]. 杭州：浙江省语言学会印行，1992.

[3] 毛奇龄. 越语肯綮录·序 // 续修四库全书：第194册 [M]. 上海：上海古籍出版社，2002：135.

[4] 陈训正，马瀛. 鄞县通志 [M]. 刊印本，1951.

[5] 谢奇勇. 论李荣之"考本字" [J]. 湖南科技大学学报，2009（5）：109-116.

[6] 陈训正，马瀛. 定海县志 // 曹小云，曹嫄，辑校. 历代方志方言文献集成：第四册 [M]. 中华书局，2021：2629.

[7] 应钟. 甬言稽诂 [M]. 宁波：天一阁藏稿本.

[8] 侯友兰，等. 《越谚》点注 [M]. 北京：人民出版社，2006：301.

[9] 穆麟德. 宁波方言便览 [M]. 上海：美华书馆，1910.

[10] 闵家骥，范晓，朱川，张嵩岳. 简明吴方言词典 [M]. 上海：上海辞书出版社，1986：360.

[11] 许宝华，宫田一郎，主编. 汉语方言大词典 [M]. 修订本. 北京：中华书局，2020.

[12] 睦礼逊. 宁波方言字语汇解 [M]. 上海：美华书馆，1876.

---

① "干黏曰浈"见《康熙字典》引《方言》。又，陈训正为浙江慈溪官桥村（今属余姚三七市镇）人，"甬俗争读张 [tsã⁵³]"，反映的是他老家口音，宁波话张读 [tɕiã⁵³]。
② "汶"在排印过程中又出差错，最后莫名其妙地变成了"㵡"。见《北仑方言》64、167页。

[13] 俞福海，主编．宁波市志 [M]．北京：中华书局，1995：2873．

[14] 朱彰年，薛恭穆，汪维辉，周志锋．宁波方言词典 [M]．上海：汉语大词典出版社，1996．

[15] 陈一兵．宁海话 [M]．宁波：宁波出版社，2016：94．

[16] 叶忠正．象山方言志 // 象山县地方文献丛书 [M]．北京：中华书局，2010．

[17] 汤珍珠，陈忠敏，吴新贤．宁波方言词典 [M]．南京：江苏教育出版社，1997：218．

[18] 周志锋，胡方．北仑方言 [M]．北京：中国文史出版社，2007．

[19] 周志锋．周志锋解说宁波话 [M]．北京：语文出版社，2012：154．

[20] 朱彰年，等．阿拉宁波话 [M]．修订版．宁波：宁波出版社，2016：159．

[21] 肖萍，郑晓芳．鄞州方言研究 [M]．杭州：浙江大学出版社，2014：70．

[22] 李荣．我国东南各省方言梗摄字的元音 [J]．方言，1996（1）：1-11．

[23] 李荣，主编．现代汉语方言大词典 [M]．南京：江苏教育出版社，2002．

[24] 叶祥苓．苏州方言词典 [M]．南京：江苏教育出版社，1993：34．

[25] 钱乃荣，许宝华，汤珍珠．上海话大词典 [M]．辞海版．上海：上海辞书出版社，2007：204．

[26] 董绍克，张家芝，主编．山东方言词典 [M]．北京：语文出版社，1997．

[27] 余姚市地方志编纂委员会．余姚市志 [M]．杭州：浙江人民出版社，1993．

[28] 慈溪市地方志编纂委员会．慈溪县志 [M]．杭州：浙江人民出版社，1992．

[29] 周振鹤，游汝杰．方言与中国文化（第二版）[M]．上海：上海人民出版社，2019：222．

[30] 谢留文．于都方言词典 [M]．南京：江苏教育出版社，1998．

[31] 肖萍．余姚方言志 [M]．杭州：浙江大学出版社，2011：46-47．

[32] 陈训正．甬谚名谓籀记（附甬句方言脞记）[M]．杭州：浙江省立图书馆印行所，1936：1．

方言比较与本字考释
——以汉语方言喷射义"biāo"为例 ①

【摘　要】　方言比较是考证本字的重要方法。以汉语方言喷射义"biāo"为例，这个词通行于吴语、闽语、粤语、赣语、江淮官话、西南官话、南宁平话等，至少有"滮""瀌""飙""彪""标""膘""嘌""镖""摽""穮""猋"等十一种写法。用字分歧这么大，与有些学者囿于单个方言考求本字不无关系。通过方言比较可知，本字当为"猋"。"猋"由群犬奔貌，引申为人奔跑，再引申为液体急速射出，其核心意思都是"飞速移动"。成都、武汉等方言里"猋"兼具"飞速奔跑"和"液体急速射出"等意思，就是明证；"蹿"有疾行义，又有喷射义，为"猋"喷射义产生路径提供了相关平行证据。这一个案进一步印证了方言比较对于考证本字的重要性。

【关键词】　方言比较；本字考释；喷射义；本字；猋

　　李荣先生《关于方言研究的几点意见》一文说："考求本字，就是从古今比较、方言比较入手的……考求本字当然还要读书。"[1] 谢奇勇《论李荣之"考本字"》一文通过深入考察李荣近 20 篇与"考本字"有关的文章，进一步指出：李荣先生强调考本字必须要具备三个基本条件：一是要讲清古今音的演变规律，二是要与其他方言作对比论证，三是要有书证[2]。通过古今比较弄清语音的演变规律，通过读书找到相关的书证，的确是考本字的基本方法；而方言之间的比较论证也是考本字的重要手段。往往有这样的情况：局限于某个方言考求本字，不是难以索解，就是结论似是而非；比较其他方言，则有可能弄清楚某个方言词的来龙去脉。

　　汉语方言里，有一个表示液体急速射出、普通话读为 biāo 的方言词，这个词通行范围非常广泛，几乎遍及小半个中国，但各家用来记录的文字却各不相同。究其原因，

① 本文系国家社科基金项目"《甬言稽诂》校注及研究"（19BYY160）的阶段性成果之一。本文与郑晓芳老师合作，郑晓芳老师为第一作者。原载《宁波大学学报》（人文科学版）2022 年第 2 期，又见人大复印报刊资料《语言文字学》2022 年第 7 期。

学者大多是囿于某个方言来追本溯源，没有顾及利用其他方言来比较互证（笔者过去也是如此）。今根据业已出版的方言词典、方言研究著作等资料，以方言比较为主，结合音义分析、同源词旁证等方法，对该词的来源和本字试作探讨①。本文试图通过这个个案，进一步说明方言之间比较对于考证本字的重要性。

一、"biāo"的通行地域和书写形式

《汉语方言地图集·词汇卷》不收该词。我们通过《汉语方言大词典》《现代汉语方言大词典》等来考察喷射义"biāo"的通行范围以及记录该词的文字形式。

据《汉语方言大词典》（修订本，下同），"滮"条："①〈动〉喷射；冒。㊀西南官话。贵州清镇 [piau⁵⁵] ～口水 | ～稀拉肚子。㊁粤语。广东广州 [piu⁵³] ～好多汗。" [3]6039 "飙"条："③〈动〉喷射出液体。吴语。江苏苏州 [piæ⁵³] 自来水从水枪里～出来。" [3]6296 "彪"条："②〈动〉液体很快地喷射溅出。㊀冀鲁官话。河北。孔厥、袁静《新儿女英雄传》：'一抽动血就～了他一身。'㊁吴语。上海 [piɔ⁵³] 皮管里水～了出来。上海松江。浙江杭州 [piɔ³³]。江苏丹阳 [piɔ²⁴] 冬冬，勿好拿洋碱水～人！◇长篇叙事吴歌《五姑娘》：'船前头浪起就像六人头车水水头～。'㊂粤语。广东。木鱼书《关伦卖妹》：'唐茂呼天又叫地，打得皮开血乱～。'㊃闽语。广东揭阳 [piu³³]刺落去到血准～出来。" [3]4713 "标"条："③〈动〉喷射；冒出。㊀西南官话。云南昆明 [piɔ⁴⁴] 水～呢太高了 | 水管～水。贵州大方 [piɑo⁵⁵]。广西宜山：甲鱼也好龟也好，下锅要你屎尿～。《广西情歌》第三集：'心中有话嘴难讲，石缝～笋手难挖。'㊁吴语。浙江温州 [piɛ³³] 肩胛头勾人剆砍一刀，血逮面上沃～起。㊂赣语。湖北蒲圻 [piau⁴⁴]。㊃粤语。广东广州 [piu⁵³] 水～出嚟。香港。林迪《半生牛马》：'这一拳打得我打坏辉眼水直～。'㊄闽语。广东海康 [piɔ²¹³] ～出汗。" [3]3338 "嘌"条："③〈动〉（火花、热油、泥浆、水等）溅。㊀西南官话。贵州榕江。萧腾蛟《榕江方言词语考源》：'今榕江谓火星或热油溅射为～。'㊁湘语。湖南长沙 [piau³³] 火星子～到我身上来哒。" [3]6236 "嘌"条："〈动〉喷射。西南官话。云南昆明 [piɔ⁴⁴] 水都～出来了。云南楚雄 [piʌ⁴⁴] 水管的水～出来了。" [3]5940 "镖"条："③〈动〉（液体或气体）喷射。西南官话。云南昆明 [piɔ⁴⁴]、昭通 [piɔɔ⁴⁴]、曲靖 [piɔɔ⁴⁴]、大理 [piɔɔ⁴⁴]、保山 [piɑo⁴²]、

---

① 研究生毕文竹《潜山方言里的几个古词语》（《汉字文化》2021 年第 13 期）一文有"焱"条，讨论潜山方言表示液体喷射义的方言词的写法（其中各地方言材料系本文第二作者修改该文时所补），对本文写作有一定参考作用。特此说明并表示感谢。

玉溪 [piaɔ⁴⁴]、新平 [piaɔ⁵⁵]、临沧 [piaɔ⁴⁴]、文山 [piɔɔ⁵⁵]、蒙自 [piaɔ⁵⁵]、思茅 [piaɔ⁴⁴] 这个娃娃可恶了，拿着水枪到处~人。"[3]6327 "猋"条："④〈动〉喷射。㊀江淮官话。安徽安庆 [piau³¹] 壶漏的直~。湖北广济、麻城。㊁西南官话。湖北武汉 [piau⁵⁵] 水~射了一身。四川成都 [piau⁵⁵] 把刀一抽，血就直往外~。㊂吴语。浙江宁波。应钟《甬言稽诂·释地》：'以权力挟水，胁之疾流，则水激射如矢，或飞空作长条，俗呼音如~。~，即泌之音转。'"[3]5217

据《现代汉语方言大词典》[4]分卷词典，《上海方言词典》[5]、《宁波方言词典》[6]107、《建瓯方言词典》[7]151、《福州方言词典》[8]写作"澎"；《杭州方言词典》[9]、《柳州方言词典》[10]177、《南宁平话词典》[11]122 写作"瀌"；《丹阳方言词典》[12] 写作"彪"（"彪"下加小圆圈，表示记音字）；《温州方言词典》[13]、《扬州方言词典》[14]、《南京方言词典》[15]、《黎川方言词典》[16]、《东莞方言词典》[17]137 写作"标"（前四本词典"标"下均加小圆圈）；《长沙方言词典》[18]119、《娄底方言词典》[19]134 写作"飘"；《南昌方言词典》[20] 写作"镖"（"镖"下加小圆圈）；《贵阳方言词典》[21] 写作"摽"；《广州方言词典》[22]253 写作"穮"；《武汉方言词典》[23]195、《成都方言词典》[24]223 写作"猋"。

这个方言词也见于明清文献，有"澎""彪""标""摽"等几种写法。写作"澎"的，如明蒋一葵《长安客话·海淀》："高梁桥西北十里，平地有泉，澎洒四出，淙泪草木之间，潴为小溪，凡数十处。"（《汉语大词典》"澎洒"条释为"水喷流貌"，引此一例）写作"彪"的，如《三宝太监西洋记》第八十八回："小鬼们把柱头上一敲，龙口里就彪出㳽滚的香油。"写作"标"的，如《野叟曝言》第一百三回："岑兵魂飞魄散，屁出尿标。"《品花宝鉴》第八回："这口酒就从鼻孔里倒冲出来，绝像撒出两条黄溺，淋淋漓漓，标了一桌。"写作"摽"的，如《品花宝鉴》第四十回："得月连说'不好'，身子一动，一股热气直冒出来……'喀'的一声，摽出许多清粪。"喷射、冒出的物体除了液体，还可以是其他，如《三宝太监西洋记》第六十九回："（那畜生）尾巴头彪出一道火来，赤焰腾腾。"《俗话倾谈二集·好秀才》："继业转马侧身进前一挨，用手拨开，顺拳搭上继功正额，眼中水火都标。"《活地狱》第十九回："（单太爷）捡起那根长的铁棍，举起来，对准盗犯的肚子，打了下去。一声响亮，早已肝花五脏随着棍子头标了出来，标了满地都是。"

综上，汉语方言里义为液体急速射出、普通话音为 biāo 的方言词，通行范围涉及吴语、闽语、粤语、赣语、江淮官话、西南官话、南宁平话等，至少有"澎""瀌""飙""彪""标""飘""嘌""镖""摽""穮""猋"等十一种写法。

二、各家记录"biāo"的文字音义分析

由于没有统一的、公认的写法,学者们在编纂方言词典、描写方言词汇过程中,如何选择喷射义"biāo"的书写形式,是颇费周章的。有的单纯用同音字来替代,有的用音义相近的字来表示,有的则明确说明某个字就是本字。下面对上述十一个记录文字分别作简要分析。

关于"滮"。写作"滮"的最多,上面已经提到的不复举(下同),此外还有:《吴方言词典》[25]554、《吴方言中的冷僻本意字》[26]、《富阳方言研究》[27]、《绍兴方言研究》[28]、《靖江方言词典》[29]、朱编本《宁波方言词典》[30]、《阿拉宁波话》(修订版)[31]、《北仑方言》[32]、《鄞州方言研究》[33]、《余姚方言词语汇释》[34]、《象山方言志》[35]、《宁海话》[36]、李如龙等编《福州方言词典》[37]等。其中有的还附有考证,如:

汤编本《宁波方言词典》"滮"条:"pio⁵³ 液体激射:火着辰光,消防车马上赶到,用水龙头~,火一晌就熄曜‖本字作'淲',广韵平声幽韵皮彪切:'水流貌。'宁波今读 [p] 声母。"[6]107

《说文·水部》:"淲,水流皃。从水,彪省声。"段注:"隶不省。"《广韵·幽韵》:"淲,水流皃。亦作滮。皮彪切。"《集韵·幽韵》:"滮,水流也。平幽切。""淲"是"滮"的古字,两者是异体字关系。写作"滮"似乎有一定道理,从字形从水彪声、词义水流貌、今音读为 biāo 三个方面看,"滮"比较容易被大家所接受,这也是许多著作写作"滮"的主要原因。但其实音义不够密合,"滮"水流貌、水流的意思,与液体急速射出的意思尚有一定距离;"滮"是并母字,"[pio⁵³]"是帮母字,声母有清浊之别。

关于"瀌"。《安庆方言常用动词和形容词本字考释》[38]也作"瀌";巴人《牛市》:"他于是用刀子向牛的喉头刺进去,看它一溜鲜血直瀌出来。"《说文·水部》:"瀌,雨雪瀌瀌。"《广韵·宵韵》甫娇切,《集韵·宵韵》悲娇切。《诗·小雅·角弓》:"雨雪瀌瀌,见晛曰消。"郑玄笺:"雨雪之盛瀌瀌然。""瀌瀌"指雨雪盛貌,音合而义不合。

关于"飙"。写作"飚"的还有《安庆市志》[39]、《上海话大词典》[40]、《上海话小词典》[41]等。《说文·风部》:"飙,扶摇风也。""飙"本义为旋风、暴风,虽隐含迅疾的意思,毕竟与喷射义距离比较远。

关于"彪"。《吴越文化视野中的绍兴方言研究》[42]写作"彪"("彪"字加有记号,表示是同音字)。此外,《简明吴方言词典》[43]、《吴方言词典》[25]433也写作"彪"。

《说文·虍部》："彪，虎文也。""彪"显然是记音字。

关于"标"。《玉篇·木部》："标，木末也。""标"本义是树梢，也是记音字。

关于"熛"。《余姚方言志》[44]、《江西吴城方言词典》[45]也写作"熛"。"熛"从火，与方言里表示火星飞溅的意思对得上，但用于液体喷射就不恰当了。详见下文。

关于"嘌"。《说文·口部》："嘌，疾也。"《广韵·宵韵》："嘌，疾吹之皃。抚招切。"《集韵·宵韵》："嘌，疾也，声也。卑遥切。"可见"嘌"与喷射没有直接关系。

关于"镖"。《说文·金部》："镖，刀削末铜也。"（削同鞘）《广韵·宵韵》："镖，刀剑鞘下饰也。抚招切。""镖"本义为刀剑鞘末端的铜饰物，与液体喷射义无涉。

关于"摽"。《说文·手部》："摽，击也。"《广韵·宵韵》："摽，《字统》云：击也。抚招切。""摽"是个多音多义字，都与喷射义无关。

关于"穮"。除了《广州方言词典》写作"穮"，《东莞方言词典》虽以"标"出条但附有考证，谓本字当作"穮"。《集韵·宵韵》："穮，稻苗秀出者。卑遥切。""穮"本是稻抽穗的意思，义不合。

关于"猋"。《四川方言词典》[46]、《成都话方言词典》[47]也写作"猋"（还分别附有"镖、镳""镖"等写法），《安庆方言词汇》[48]也写作"猋"。《说文·犬部》："猋，犬走皃。"《广韵·宵韵》："群犬走皃。甫遥切。"《字汇·犬部》："猋，犬疾走貌。"如果单从"猋"本义看，似乎与喷射义也不是十分吻合。其实不然，详见下文。

此外，近人应钟先生另有一说。《甬言稽诂·释地》"泌嘐流"条："《说文·水部》：'泌，侠流也。'兵媚切。……钟案：侠为挟借字。……以权力挟水，胁之疾流，则水激射如矢，或飞空作长条，俗呼音如'猋'，救火器射水龙头出水，俗即呼为猋。即'泌'之音转也。……泌通嘐。《广雅·释言》：'嘐，流也。'《文选·魏都赋》李善注引《说文》曰：'泌，駃流也。'与嘐同。駃流者，疾奔之流也。水激射今呼为'猋'者，与疾奔义似。'駃流'与'侠流'，词异而义可通，用相参证。或曰，俗称'猋'者，乃'泌流'声合之变，字训联言例也。'泌流'声合为彪。"[49]应氏从音变角度考察，认为水激射今呼为"猋"者，即"泌"之音转或"泌流"声合之变。但是，"泌"与"猋"[pio^{53}]语音相差太大，"泌流"声合之变也显得随意，不可从。

三、喷射义"biāo"的来源和本字

如此广泛、高频使用的方言词，不可能是凭空、突然出现的，当有来历。我们认为，本字就是"猋"。

"猋"本义为犬奔貌、群犬奔貌，引申为疾进貌。《楚辞·九歌·云中君》："灵皇皇兮既降，猋远举兮云中。"王逸注："猋，去疾貌也。"清曾国藩《江忠烈公神道碑铭》："遂挈师由九江踔四百里，猋入南昌。"汉语方言里则多指人奔跑，正如《说文》"猋"字段注所说："引申为凡走之偁。"例如：《汉语方言大词典》"猋"条："biāo①〈动〉奔跑。㊀西南官话。四川宜宾。明李实《蜀语》：'快走曰~。~音标。'贵州遵义、沿河 [piau⁵⁵] 你要是叫他去耍的话，他一下儿就~不见了。云南昭通。姜亮夫《昭通方言疏证·释词》：'昭人谓急走曰~，又凡物飞跃前亦曰~。声与儦同。'㊁湘语。湖南长沙 [piau³³] 他一下就~到城里去哒｜他走路都起~。……四川达州 [pie³³]。"[3]5217 字又可以写作"滮""彪""标""镖""飙"等（当均是"猋"之借字），词义也不限于人奔跑。例如：《汉语方言大词典》"滮"条："②〈动〉蹿；窜逃。㊀西南官话。贵州清镇 [piau⁵⁵] 那条蛇~得好快。㊁粤语。广东广州 [piu⁵³] 拿拿声~出去赶忙蹿了出去。"[3]6039 "彪"条："①〈动〉蹿跳。㊀冀鲁官话。河北。李克《地道战》：'振海垂着枪口，嗖的一下~出院子。'㊁西南官话。云南永胜 [piau⁴³⁴] 鱼~得很快。㊂粤语。广东。木鱼书《仁贵征东》：'工人大小齐~落。'"[3]4713 "标"条："④〈动〉窜；疾冲。㊀西南官话。广西柳州。《柳州情歌》：'连夜想妹连夜~，遇着老虎当做猫。'云南昆明 [piɔ⁴⁴]。㊁赣语。湖北蒲圻 [piau⁴⁴] 莫满处~。㊂客话。广东惠州 [piɐu³³]。④粤语。广东广州 [piu⁵³] 条鱼畀佢~咗出去。香港。漫天雪《姐妹》：'车子~得快，险些掌不住它。'⑤闽语。广东揭阳 [pio³³] 伊看见条蛇在树顶上~落来。"[3]3338-3339 "镖"条："②〈动〉疾驰；狂奔。粤语。广东阳江 [piu³³]。"[3]6327 "飙"条："②〈动〉溜走。江淮官话。湖北广济 [piau³²] 我还冒没转身，细鬼儿就~了。"[3]6296

无论是人飞速奔跑，还是蛇、鱼飞速游动，还是车子飞速行驶，核心意义都是"飞速移动"。而液体急速射出的核心意义也是"飞速移动"，因此，"猋"又引申出喷射的意思。同一个方言里"猋"（包括其他写法）同时具有上述两个意义，就是明证。请看：

《武汉方言词典》"猋"条："piau⁵⁵①走得极快：他一下子就~了｜~得真快｜你莫~起走了！②（水等）短暂地喷射：~了我一身的水｜血~得蛮远‖集韵宵韵卑遥切。"[23]195《成都方言词典》"猋"条："piau⁵⁵①飞速地喷射、奔跑、流淌：

你咋个搞起得嘛怎么搞的？弄些水来～了我一身｜兔儿一～就不见了｜你看他汗水直见～。"[24]223《安庆方言词汇》"[猋 piau³¹]"条："①快：他跑的直～。②形容液体从容器中急速漏出的样子：壶漏的直～。"[47]298（引者按：把"猋"这两个意思看作形容词，不够准确。应该都是动词用法，前者相当于"蹿"，后者即"喷射"）

此外，据《汉语方言大词典》，广东广州方言、贵州清镇方言"滮"有"喷射；冒"和"蹿；窜逃"两义[3]6039，云南昆明方言"标"有"喷射；冒出"和"窜；疾冲"两义[3]3338-3339。据《现代汉语方言大词典》分卷词典，《广州方言词典》"穮"条收有"突出，冒出""蹿"两个义项[22]253，《东莞方言词典》"标"条收有"喷射""冒；出芽""窜""长高"等义项[17]137；《长沙方言词典》[18]119、《娄底方言词典》[19]134、《建瓯方言词典》[7]151、《柳州方言词典》[10]177等"biāo"也收有"飞奔；蹿"和"喷射；冒"两义，只是分别采用了不同的词目用字。总之，尽管记录文字不一样，有的还把上述两义看作两个词，但如果站在宏观的角度，通过汉语方言综合比较，考察词义发展演变规律，不难发现，把这两个意思看作是"猋"同一个词的两个义位，是有道理的。上引应钟"水激射今呼为'猋'者，与疾奔义似"，这一说法可取；蒋宗福先生《四川方言词语续考》"猋僄僄趨骉"条："疾进。……又引申指液体喷射或迅猛地流淌。"[50]74-76可谓灼见。

我们说液体喷射义与奔跑、蹿跳义有密切关系，前者是后者引申而来，还有一些旁证。其一，"蹿"也同时具有上面这两个意思。《现代汉语词典》（第7版，下同）"蹿"条："①向上或向前跳：身子往上一～把球接住｜猫～到树上去了｜他一下子～得很远。②〈方〉喷射：鼻子～血。"《现代汉语规范词典》（第3版）"蹿"条："①快速向上或向前跳跃：身体向上一～｜兔子一转眼就～得没影了。→②〈口〉往上冒；喷射：火苗往上～｜～稀（泻肚）。""蹿"除了表示"向上或向前跳"外，还有奔跑、疾行义，如元刘时中《新水令·代马诉冤》："一地里快蹿轻踮，乱走胡奔，紧先行不识尊卑。"又有喷射、疾流义，如刘白羽《战斗的幸福》："一掌子就给剁倒地下，碰得顺鼻子、嘴往外蹿血。"今哈尔滨、徐州、扬州等方言里还有"喷射；冒"义[4]6411。其二，腹泻，乌鲁木齐、合肥、舒城等方言叫"跑稀"[3]5333；东北官话、北京官话、中原官话及兰银官话等叫"蹿稀"[3]6500；成都方言叫"猋稀"[3]5217，贵州清镇方言叫"滮稀"，云南玉溪方言叫"镖稀"[3]6039、6327。腹泻往往是稀屎喷射而出，"跑稀""蹿稀""猋（滮、镖）稀"同义。"蹿""跑"的喷射义显然是由其奔跑、蹿跳义引申而来，根据同步引申规律，可证"猋"的喷射义也当由其奔跑义引申而来。

四、方言著作与"biāo"相关的条目讨论

喷射义"biāo"的文字选择,既跟学者的学术观点有关系,又跟学者所处的方言坏境有关系。就后者而言,武汉、成都等西南官话因为"biāo"同时具有飞速奔跑和液体急速射出两义,所以当地学者相对比较容易把它们看作是一个词的两个不同意义,通常写作"猋"。广州、东莞等粤语"biāo"有喷射义,有蹿、窜义,又有植物冒芽、起薹、出穗等义,于是有人把"穮"看作本字。江浙方言里"biāo"只有喷射义,没有奔跑义,因而在寻找本字的时候很难将它与"猋"等联系在一起,便用"滮""瀌""飙""彪""标"等来记录。这表明,方言用字选用往往带有地域性的特点。

下面择取方言词典、论文中若干有代表性的跟喷射义"biāo"相关的条目、说法进行辨析,尤其关注方言地域性的问题。

《长沙方言词典》"熛"条:"piau³³(火星儿、泥、水、油等)飞溅:火星子～到我身上来哒 | 汽车过身的时候,～我一身泥巴 ‖ 广韵宵韵甫遥切:'飞火。'"[18]119又"猋"条:"piau³³迅速奔走:他一下就～到城里去哒 | 走路都起～意谓走得特别快 ‖ 广韵宵韵甫遥切:'群犬走貌。'"[18]119《娄底方言词典》"熛"条:"piɣ⁴⁴迸溅:脑壳撞到只尖角子石头高里,撞得血只个～。"[19]134又"蹿"条:"piɣ⁴⁴指速度极快:已只黄牯黄牛捭者械张犁～走个 | 他接者封信爱癫哩个爱高兴得发狂,一～就回去哩 ‖ 蹿,广韵宵韵抚招切:'《说文》曰,轻行也。'"[19]134《说文·火部》:"熛,火飞也。"《龙龛手鉴·火部》:"熛,火星飞也。""熛"字"火飞""火星飞"的训释虽然与方言里火星飞溅义对得上号,但是,古代文献里"熛"主要当火焰讲,表示"火飞"的用例罕见;长沙、娄底等方言里的"熛"除了表示火星飞溅,更多的是表示液体飞溅,并且与表示飞速奔走义的读音相同。因此,合理的解释是:由"猋"的飞速奔走义引申为液体喷射义及火星飞溅义(上文引有"眼中水火都标""尾巴头彪出一道火来"等例,可旁证),两个词条其实可合并为一个。又,"蹿"是"趱"的异体字,《正字通·足部》:"蹿,同趱。"《说文·走部》:"趱,轻行也。"《龙龛手鉴·走部》:"趱,行疾兒。""趱"与"猋"《广韵·宵韵》都是甫遥切,可见"蹿(趱)""猋"音同义通。

《广州方言词典》"穮"条:"piu⁵³①突出,冒出:～青 | ～好多汁(当作汗) | 吓到～尿 | ～屎。②蹿:喇喇声～出去 | 佢忽然～出来 ‖ 集韵宵韵卑遥切:'稻田(当作苗)秀出者。'"[22]253《东莞方言词典》"标"条:"piu²¹³①喷射:水响个窿处眼儿处～出嚟。②冒;出芽:～冷汗 | ～芽。③窜:因住小心条鱼～出嚟。④长高:一年

唔见，星仔又～高敲‖本字当作 '穮'，集韵宵韵卑遥切：'稻苗透（当作秀）出者。'"[17]137
《广州方言词典》还收有 "穮芽"（[植物]出芽）、"穮头"（出人头地，超赶过前人）、
"穮高"（长高，长个儿）、"穮青"（出类拔萃，出众，出色）诸条；《东莞方言
词典》还收有 "标花"（水稻扬花）、"标心"（指青菜等植物起薹）、"标青"（①
相貌出众。②拔尖儿；超群）诸条。上面已经说过，"穮" 本是稻抽穗的意思，谓喷射、
冒出、蹿或窜、长高等意思由此派生而来，恐怕逻辑上很难讲通。为了更好地说明问题，
我们不妨比较一下《牟平方言词典》《徐州方言词典》"蹿" 条。《牟平方言词典》：
"蹿 ts'an⁵¹ ①向上跳：水里的鱼直往上～｜他一个高儿～出来了。②小麦、谷子、蒜
等农作物开始由叶鞘长出穗、薹：麦子～穗儿了｜蒜薹都～上来了｜菠菜一～薹就老
了。"[51]《徐州方言词典》："蹿 ts'uæ²¹³ ①快速地向上爬或向前进：猫～树上去了｜
你望老王～得多快，一眨眼儿就没影了。②（小孩儿）身高长得快：这年把儿没见，他～出
一头长高了一头。③升（官）：老马这二年～得多快，早当局长了。④火苗向上跳跃：
火苗一～多高。……⑥喷射：鼻子往外～血。⑦泻（稀）：～稀｜脸～得蜡黄。"[52]
从语言类型学的角度看，广州、东莞等方言的 "穮（标）" 本字其实就是 "猋"，其
词义发展脉络应该是这样的：由快速奔走、蹿跃，引申为液体喷射或迅猛流淌、植物
快速生长（如冒芽、起薹、出穗等）、身体快速生长等。"猋""蹿" 原义相同相近，
词义平行发展，于是引申义也大多相同相近，两者可以比较互证。

　　《柳州方言词典》"灖" 条："pia⁴⁴ 液体飞溅或急速冒出来：刚才那部汽车～了
我一裤子泥｜急得～汗‖集韵宵韵蒲娇切：'灖灖，雨雪盛貌。'"[10]177 又 "熛" 条：
"pia⁴⁴ 火迸射：轰的一声～出一团火来｜打铁不怕火星～，唱歌不怕杀人刀彩调剧《刘
三姐》李小牛唱｜痛得两眼～火星‖集韵宵韵卑遥切：'火飞也。'"[10]177 又 "趭" 条："pia⁴⁴
飞跑；跑得快：那条狗差点掸汽车车到，它一～就～过街对面去了｜你这部单车自行车
好～的，我同你校一下还要～得快‖集韵宵韵卑遥切：'轻行也。'"[10]177 又 "穮"
条："pia⁴⁴ 植物旺盛地生长：～苗｜～叶｜～枝｜～笋｜～青｜这棵树～好快，一年
差不多～了一人高‖集韵宵韵卑遥切：'稻苗秀出者。'"[10]177 又 "嘌" 条："pia⁴⁴
声音嘹亮、飞扬，形容词兼动词：歌声～，唱歌～上九重霄柳州民歌‖集韵宵韵卑遥切：
'疾也，声也'；广韵抚招切：'疾吹之貌。'"[10]177 词典分得很细，五个意思分别
用五个字来表示，而且都有一定依据。我们认为，"灖""熛""趭""穮""嘌"
等五条实可合而为一。"趭" 义同 "猋"，"灖""熛""穮""嘌" 皆似是而非，
恐非真正的本字。词义引申轨迹当是以飞跑为中心，派生出液体喷射或迅猛流淌、火
星迸射、植物旺盛快速生长、声音激越飞扬等。又，《南宁平话词典》列有 "灖"（迸

射）、"趫"（[鱼蛇等]像箭一样飞速前进）、"穮"（冒出）三条[11]122，亦可并为"趫"一条。

《安庆方言常用动词和形容词本字考释》"瀌"条："piau³¹雨雪急下，水急出。如：雨太大着，直瀌的。引申为液体冲射而出。如：盖子一打开，油就往外一瀌。按：《广韵》平声宵韵甫娇切：'雪貌。《诗》云：雨雪瀌瀌。'……今安庆音义俱合。"[38]又"猋"条："piau³¹本为犬奔貌、群犬奔貌。引申为迅速奔走。如：摩托车一下子猋多远。按：《集韵》平声宵韵卑遥切：'猋，《说文》犬走貌。'……《（安庆方言）词汇》将'瀌'的词义看成'猋'的第二个义项，即将'瀌、猋'二字合为一字，不正确。"[38]今谓《安庆方言词汇》处理不误（只是词性和释义有点小问题，上文已指出），而把液体冲射而出义写作"瀌"，不确。他如《建瓯方言词典》"滮"条："piau⁵⁴小股水、血喷射出来奔：自来水管必开，水～出来 | 当昼手剚只堰，血～出来中午手被刺个洞，血喷出来。"[7]151又"猋"条："piau⁵⁴飞奔：～出去 ‖ 广韵宵韵甫遥切：'群犬走貌。'"[7]151如果不考虑从俗原则的话，"滮"可并入"猋"。

五、"猋"有一些声近义通的同源词

一般而言，一个方言词只有一个本字。但如果考虑到同源词，本字未必只有一个。黄侃《文字声韵训诂笔记》"考求今世方言本字须有明证"条说："以音理相近之字，其意义多有可通之处。如一通假字，既指一文为本字矣，虽更一文以为本字，亦可成立。故求本字时，不能拘定一本。"[53]263又"《广雅》"条说："音理圆周，义多联属，凡音理相近之字，其意义多有可通之处。故探求本字时，不能拘定一本。"[53]266

就"猋"而言，有些词跟它音同音近，意义相通。例如："骉"，《说文·马部》："骉，众马也。从三马。"王筠句读："似挩'行'字。《字林》：'骉，众马行也。'"王说是。《广韵·宵韵》："猋，群犬走皃。骉，众马走皃。""猋""骉"《广韵》都是甫遥切，音标，音同义通，显然是同源词。至于表示人奔跑义的就比较多了。蒋宗福先生《四川方言词语续考》"猋僷僄趫骉"条有详考，认为这组词均有"疾进"义。其中"猋"趫""骉"上文已有论及，"僄"，《说文·人部》训"轻也"，是轻疾的意思，与"疾进"义稍隔；下面择要引其对"僷"字的考释："疾进。……（猋）亦作'僷'。《说文·人部》：'僷，行皃。'《诗·小雅·吉日》：'僷僷俟俟，或群或友。'毛传：'趋则僷僷，行则俟俟。'陆德明释文：'僷，趋也。'章炳麟《新方言·释言》：'今通谓疾走曰僷，音如鹿。'民国十三年《江津县志》卷十一《风土志·方言》：'邑语谓疾走曰僄，如云一僄就过了，一僄就拢来了。僄，《释文》读表骄反。'民国十八年《合江县志》卷四《礼俗·方言》：'僄，疾走也。'"[50]74-75 又，民国二十八年《巴县志》卷五《礼俗·方言》："人疾走曰僄，犬疾走曰猋，风疾曰飙。"可见，在疾进、快走的意义上，至少"骉""僄""趬（蹗）"等字与"猋"是音义相通的。

　　尽管"猋"有不少同源词，考虑到"猋"产生时间比较早，文献用例比较多，而且已经有了一定的使用基础，把它看作喷射义的本字，应该是最合适的。我们赞同《武汉方言词典》《成都方言词典》等的处理方法。由于"猋"字比较冷僻，字形也与喷射义毫无关系，一般人不容易接受，特别是没有奔跑、蹿跃义的方言区的人恐怕更加难以接受，因此从实用上说，也可以用同音字来记录这个词。但如果认同本文的观点，加注一句"本字当作'猋'"，那就做到通俗性和学术性兼顾了。

　　20世纪90年代之前，由于客观条件限制，方言比较很难展开；20世纪90年代之后，方言研究成果大量涌现，尤其是大型工具书《汉语方言大词典》《现代汉语方言大词典》相继问世，为方言比较提供了可能和便利。有意识地利用这些成果，注重方言之间的比较，势必大大推进方言词语的溯源工作。

参考文献

[1] 李荣. 关于方言研究的几点意见 [J]. 方言，1983（1）：1-15.

[2] 谢奇勇. 论李荣之"考本字"[J]. 湖南科技大学学报，2009（5）：109-116.

[3] 许宝华，宫田一郎主编. 汉语方言大词典 [M]. 修订本. 北京：中华书局，2020.

[4] 李荣主编. 现代汉语方言大词典 [M]. 南京：江苏教育出版社，2002.

[5] 许宝华，陶寰. 上海方言词典 [M]. 南京：江苏教育出版社，1997：169.

[6] 汤珍珠，陈忠敏，吴新贤. 宁波方言词典 [M]. 南京：江苏教育出版社，1997.

[7] 李如龙，潘渭水. 建瓯方言词典 [M]. 南京：江苏教育出版社，1998.

[8] 冯爱珍. 福州方言词典 [M]. 南京：江苏教育出版社，1998：186.

[9] 鲍士杰. 杭州方言词典 [M]. 南京：江苏教育出版社，1998：112.

[10] 刘村汉. 柳州方言词典 [M]. 南京：江苏教育出版社，1995.

[11] 覃远雄，韦树关，卞成林. 南宁平话词典 [M]. 南京：江苏教育出版社，1997.

[12] 蔡国璐. 丹阳方言词典 [M]. 南京：江苏教育出版社，1995：161.

[13] 游汝杰，杨乾明. 温州方言词典 [M]. 南京：江苏教育出版社，1998：134.

[14] 王世华，黄继林. 扬州方言词典 [M]. 南京：江苏教育出版社，1996：168.

[15] 刘丹青. 南京方言词典 [M]. 南京：江苏教育出版社，1995：152.

[16] 颜森. 黎川方言词典 [M]. 南京：江苏教育出版社，1995：87.

[17] 詹伯慧，陈晓锦. 东莞方言词典 [M]. 南京：江苏教育出版社，1997.

[18] 鲍厚星，崔振华，沈若云，伍云姬. 长沙方言词典 [M]. 南京：江苏教育出版社，1993.

[19] 颜清徽，刘丽华. 娄底方言词典 [M]. 南京：江苏教育出版社，1994.

[20] 熊正辉. 南昌方言词典 [M]. 南京：江苏教育出版社，1995：125.

[21] 汪平. 贵阳方言词典 [M]. 南京：江苏教育出版社，1994：174.

[22] 白宛如. 广州方言词典 [M]. 南京：江苏教育出版社，1998.

[23] 朱建颂. 武汉方言词典 [M]. 南京：江苏教育出版社，1995.

[24] 梁德曼，黄尚军. 成都方言词典 [M]. 南京：江苏教育出版社，1998.

[25] 吴连生，骆伟里，王均熙，等. 吴方言词典 [M]. 上海：汉语大词典出版社，1995.

[26] 陈国宾. 吴方言中的冷僻本意字 [M]. 苏州：古吴轩出版社，2016：11.

[27] 盛益民，李旭平. 富阳方言研究 [M]. 上海：复旦大学出版社，2018：43.

[28] 王福堂. 绍兴方言研究 [M]. 北京：语文出版社，2015：254.

[29] 苏增耀主编. 靖江方言词典 [M]. 南京：江苏人民出版社，2009：303.

[30] 朱彰年，等. 宁波方言词典 [M]. 上海：汉语大词典出版社，1996：455.

[31] 朱彰年，等. 阿拉宁波话 [M]. 修订版. 周志锋，汪维辉，修订. 宁波：宁波出版社，2016. 211.

[32] 周志锋，胡方. 北仑方言 [M]. 北京：中国文史出版社，2007：176.

[33] 肖萍，郑晓芳. 鄞州方言研究 [M]. 杭州：浙江大学出版社，2014：73.

[34] 施长海. 余姚方言词语汇释 [M]. 宁波：宁波出版社，2019：385.

[35] 叶忠正. 象山方言志 [M]// 象山县地方文献丛书. 北京：中华书局，2010：171.

[36] 陈一兵. 宁海话 [M]. 宁波：宁波出版社，2016：94.

[37] 李如龙，梁玉璋，邹光椿，等. 福州方言词典 [M]. 福州：福建人民出版社，1994：21.

[38] 鲍红，李明. 安庆方言常用动词和形容词本字考释 [J]. 安庆师范学院学报，2012（4）：26−31.

[39] 安庆市地方志编纂委员会. 安庆市志 [M]. 北京：方志出版社，1997：1739.

[40] 钱乃荣，许宝华，汤珍珠. 上海话大词典 [M]. 辞海版. 上海：上海辞书出版社，2007：244.

[41] 钱乃荣. 上海话小词典 [M]. 第 2 版. 上海：上海大学出版社，2018：15.

[42] 吴子慧. 吴越文化视野中的绍兴方言研究 [M]. 杭州：浙江大学出版社，2007：115.

[43] 闵家骥，范晓，朱川，等. 简明吴方言词典 [M]. 上海：上海辞书出版社，1986：267.

[44] 肖萍. 余姚方言志 [M]. 杭州：浙江大学出版社，2011：36.

[45] 肖萍，肖介汉．江西吴城方言词典 [M].北京：商务印书馆，2017：114.

[46] 王文虎，张一舟，周家筠．四川方言词典 [M].成都：四川人民出版社，2014：20.

[47] 罗韵希，冷玉龙，韦一心，等．成都话方言词典 [M].成都：四川省社会科学院出版社，1987：13.

[48] 郝凝．安庆方言词汇 [J].方言，1982（4）：297-313.

[49] 应钟．甬言稽诂 [M].宁波：宁波天一阁藏稿本．

[50] 蒋宗福．四川方言词语续考 [M].成都：巴蜀书社，2014.

[51] 罗福腾．牟平方言词典 [M].南京：江苏教育出版社，1997：241.

[52] 苏晓青，吕永卫．徐州方言词典 [M].南京：江苏教育出版社，1996：306.

[53] 黄侃，述．文字声韵训诂笔记 [M].黄焯，编．上海：上海古籍出版社，1983.

条目首字音序索引

后　记

　　在宁波方言研究史上，应钟先生的《甬言稽诂》是少有的一部考释宁波方言词语本字和来源的专著。这部书稿1967年誊毕，1980年入藏宁波天一阁。如果从完稿之日算起，至今已有55年了。1999年，许宝华、宫田一郎两位先生主编的《汉语方言大词典》问世，该词典大量引用了这部书稿，使得《甬言稽诂》逐渐进入了学者的视野。但由于《甬言稽诂》是稿本，即便是宁波人查阅起来也非常不便，更不要说是外地读者了。为了让《甬言稽诂》从沉睡中醒来，焕发出应有的生命活力，2016年，我以"《甬言稽诂》校注"为题，申报了宁波市人民政府与中国社会科学院合作共建"浙东文化与宁波文化大市建设研究中心"的年度课题并得以立项；2019年，又以"《甬言稽诂》校注及研究"为题，申报了国家社会科学基金项目并得以立项。经过6年时间的校注整理、研究打磨，现在，《〈甬言稽诂〉校注及研究》终于完稿了，同名的国家社科基金项目也以优秀等级顺利结题了。

　　后记主要用来致谢。本书能够顺利完成，确实需要感谢很多人。

　　应钟先生唯一的子女、现定居上海的应葆祯女士热情接待笔者的拜访，向我详细介绍了她父亲应钟先生的生平经历、《甬言稽诂》的写作过程等情况，使我获得了研究应钟和《甬言稽诂》的第一手材料。此外，应女士还授权我校注出版《甬言稽诂》。

　　天一阁博物院庄立臻院长慨然应允我使用院藏《甬言稽诂》扫描件电子版，给我研究工作提供了很大便利。天一阁博物院周慧惠研究馆员为我查阅《甬言稽诂》稿本、联系应葆祯女士给予了大力帮助。

　　天一阁博物院龚烈沸先生、宁波市档案馆孙方翀副馆长向我提供了有关《甬言稽诂》和应葆祯女士有价值的信息。

　　当年的研究生王凤娇、吴小萱、刘桥、梁逍、徐茹钰帮我将《甬言稽诂》稿本的扫描件电子版录入电脑，花费了大量的时间和精力。

　　浙江大学汪维辉教授一直很关心本书的写作，特别是对下编"《甬言稽诂》研究"中的部分论文提出了很好的修改意见。

复旦大学盛益民教授也很关心本书的写作与出版，他论著中有关吴方言词语考证的成果对本书写作很有参考价值。

宁波大学科学技术学院郑晓芳老师、徐莉老师也为本课题做出了一定的贡献。

对于以上各位的帮助和支持，在此一并表示诚挚的感谢！

还要感谢宁波市教育局，将"《甬言稽诂》校注"列为宁波市与中国社会科学院合作共建研究中心的课题；感谢全国哲学社会科学工作办公室，将"《甬言稽诂》校注及研究"列为国家社会科学基金项目；感谢宁波大学科学技术学院人文学院，将本书列为学科建设项目予以资助出版；感谢宁波大学人文与传媒学院中文系及语言学科团队，一直鼓励和支持我从事学术研究；感谢浙江大学出版社和责任编辑胡畔老师长期以来对我的厚爱——这是我在浙大出版社出版的第三本书，胡畔老师一如既往地热情接洽，精心编校，积极助推拙著早日顺利出版。

周志锋

2022 年 12 月 26 日

于宁波大学科学技术学院